U0145404

當代法國哲學導論

Introduction à la philosophie française contemporaine

高宣揚◎著

五南圖書出版股份有限公司

圖1　本書作者在法蘭西學院列奧‧施特勞斯研究室與列奧‧施特勞斯共同討論問題

圖2　本書作者與保爾‧利科在其寓所圖書室內

圖3　本書作者與布迪厄在法蘭西學院研究室

圖4　1983年8月在加拿大蒙特利爾大學召開的第17屆世界哲學大會上，高宣揚（左一）與列維
　　　納斯（右一）坐在主席臺上。左二為巴黎第一大學哲學系主任貝拉瓦爾教授，右二為美國
　　　女現象學家蒂緬茲卡教授。

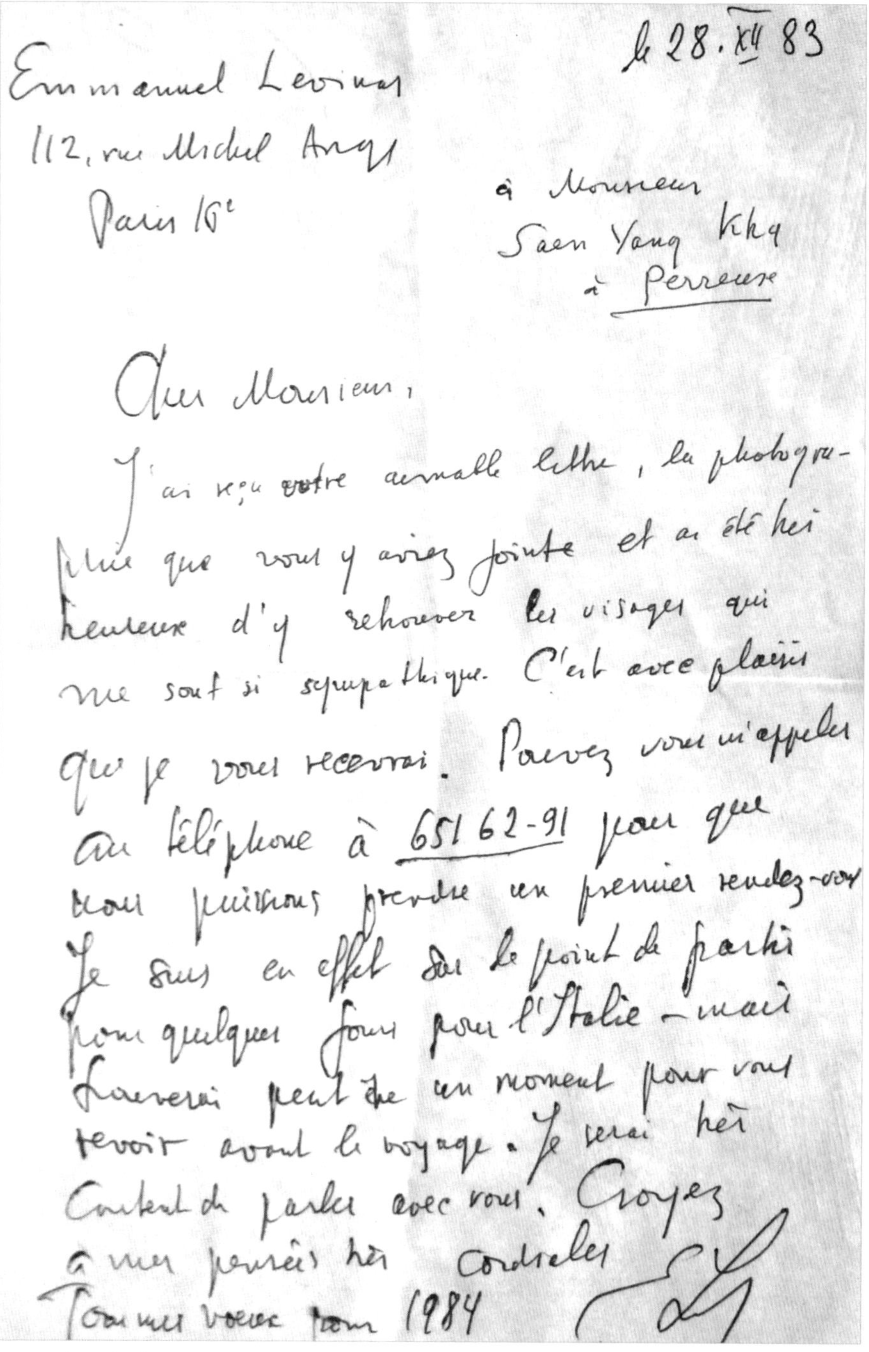

Emmanuel Levinas
112, rue Michel Ange
Paris 16ᵉ

le 28.XII 83

à Monsieur
Saen Yang Kha
à Perreuse

Cher Monsieur,

J'ai reçu votre aimable lettre, la photogra-
phie que vous y aviez jointe et ai été heu-
reux d'y retrouver les visages qui
me sont si sympathique. C'est avec plaisir
que je vous recevrai. Pouvez vous m'appeler
au téléphone à 651 62-91 pour que
nous puissions prendre un premier rendez-vous
Je suis en effet sur le point de partir
pour quelques jours pour l'Italie — mais
trouverai peut être un moment pour vous
revoir avant le voyage. Je serai très
content de parler avec vous. Croyez
à mes pensées très cordiales
Tous mes vœux pour 1984

圖5　列維納斯寫給本書作者高宣揚的一封信

INSTITUT DE FRANCE

ACADÉMIE DES SCIENCES MORALES
ET POLITIQUES

Paris le 11 septembre 2004

Cher Monsieur le Professeur,

Voici, comme promis, le texte de la Préface que vous m'avez fait l'honneur de me demander. J'espère qu'il ne vous décevra pas trop.

Mes vœux accompagnent la préparation et la tenue du colloque où je regrette derechef de n'avoir pas la possibilité de me rendre. Je ne doute pas de son succès.

Je vous prie d'agréer, cher Monsieur Kha, l'expression de mes pensées les plus cordiales.

Bernard Bourgeois

圖6　貝爾納特·布爾喬亞院士寫給本書作者高宣揚的一封信

布爾喬亞院士序（中文版）

　　對於經歷了天翻地覆變化的上一世紀的文化生活，特別是對於在當時成為了由1914至1918年和1939至1945年的兩大世界性衝突，以及在1968年激化起來的社會倫理危機所構成的三大深刻動盪的主要戲劇舞臺的法國文化生活，進行歷史性分期切割，確實是人為的，甚至帶有一定風險性。法國在1968年的動盪，更多地導源於法國國內的原因，而且，更具有法國的特殊性質；更確切地說，這場動盪，比表面上所看到的，簡直更明顯地標誌著一個轉捩點，因為它原本導源於法國哲學中剛剛發生過的事情，即直接導源於它的命運本身。關於這一點，儘管二十世紀的思想，顯示了全球化的開放性質，使它比前一世紀更加從民族的特性中解脫出來。只要注意到這一點，在首先區分出由1960至1970年所開創的二十世紀最後三分之一後，我們就可以接著對這一世紀，相當於兩個三分之一的前兩個時期，也就是對三〇年代之前和之後，分別進行歷史分期。然而，最大的斷裂，確實就是發生在六〇年代；正是在這個時候，法國哲學在它的狀況、內容和形式方面，都有明顯的改變。

　　當然，即使是在高宣揚教授廣泛地和精細地加以探索和分析的那個歷史時期以前，也就是在第二次世界大戰結束至今的當代法國哲學之前，在三〇年代左右，發生過一場變化。至當時為止，法國的哲學思想從十九世紀以來，是由兩位特殊人物，列昂・布蘭希維克和亨利・柏格森為代表的兩支相互對立的思潮所統治；他們同是1901年成立的法國哲學會的創立者。布蘭希維克是通過他作為全國哲學教師資格考試委員會主席的身分而掌控法國哲學；柏格森在制度和機構領域較處於邊緣地位，是由於他在與巴黎大學相對立的高級層面上，即在法蘭西學院享有盛譽，而且，他的輝煌文采使其為更多的人所知曉。布蘭希維克作為法國傳統的精神哲學或理智和道德主體哲學的繼承者，是通過他在他的理論和實踐活動中的反思而聞名的。柏格森更有創新精神，是和主張「自我」對具體而活躍的自身進行直觀反思的抽象觀念論直接相對立的。這兩個相互對立的哲學，分別將自身意識的客觀內容，在其各種運動中所產生出來的能量釋放無遺。但是，在三〇年代左右，一個新的爭議觀點顯示出來了；它試圖在原屬於主體自身的動力機制中，納入主體對其物件確實給予活力和具體化的關係；當然，這又是由主體首先確認和保障其自身動力的情況下，主體力圖加以控制的一種關係。在1927年，布蘭希維克主持加斯東・巴舍拉（Gaston Bachelard, 1884-1962）的博士論文《論近似知識》的答辯，把布蘭希維克的知識論推成為過時的東西。當柏格森於1932年

發表其最後著作《論道德與宗教的兩個來源》時，讓－瓦爾在他的《面向具體》的書中，呼籲法國哲學要從反思的或直觀的內在性唯我論中走脫出來，同時還要從當時貫徹「返回事物自身」流行口號的外國現象學和存在哲學的實踐中充實自己。這正是沙特在大戰前夕所開始做的事情。

巴舍拉在大學領域，沙特在外面，從此成為更新法國哲學的兩大象徵性代表人物。對於新的法國哲學來說，主體對其自身的關係，再也不是自身對自身的建構或直觀的平靜主動關係，或者，也不是通過自身而實現對世界或生活的建構或直觀的平靜主動關係；它變成為一種否定的關係，表現出由主觀所承擔的客觀運動，更具體地表現在人與自然、或人們之間的歷史關係的異化，但最終是解放的關係之中。這種否定性以其多樣的意義，被稱為「辯證的」。因此，主體並不同其自身相符合，就像人文科學（人類學、精神分析學、經濟學、社會學、歷史學等等）向哲學所導入的那樣；相反，主體必須優先在他的自然或人的領域中贏得其自身。由瓦爾、科耶夫（Alexandre kojève, 1902-1968）、依波利特（Jean Hyppolite, 1907-1968）從戰前開創的黑格爾主義的理論傳播、馬克思主義的理論和實踐在戰後的傳播，從哲學內部本身確證了法國思想的這一新的方向；它比此前占統治地位的哲學，更堅定地顯示為自我建構的，或與其自身相吻合的主體哲學。巴舍拉的辯證法和沙特的辯證法是根本相互區別的，但它們都來自黑格爾的和馬克思的辯證法。他們尤其強調反對辯證的和歷史的、庸俗的唯物主義，主張人類歷史具體狀況的自由活動。這是因為，法國哲學在傾聽人類歷史活動的辯證必然性的同時，仍然保持它基本上作為自由的人道主義哲學的性質。它認為：主體與客體原本的和恆久的關係，是由主體所主導的；或者說，人基本上主導著他與世界天生的和確定無疑的關係。而正是這種人道主義在六〇年代受到了質疑。

從1960年發表之日起，沙特的《辯證理性批判》便遭受質疑。通過沙特式的總體化的歷史主體，實際上仍然是自身，儘管它已經被具體地客觀化，但為滿足世俗客觀化過程的需要，作為「肉體」（梅洛・龐蒂），或作為語言，在其「在場或不在場」中被否棄掉。主體和客體的統一性，被認為是由客體所主宰；根本不同於自身，客體對於自身的客體化或對立化，把上述統一性歸結為單純排列而成的「結構」。由於沒有絕對支配權，不能被控制的結構，它的活動是一種同其本身在互動中的各種差異而進行的遊戲。這樣一來，由結構主義的科學主軸所推動的語言學探索，就將「我思」，引向一種「這是由我來說」的狀況中。關於歷史源起的總體化統一性，讓位於知識〔米歇・福柯（Michel Foucault, 1926-1984）〕或社會種族（施特勞斯）的結構模式的共時性散播和擴散。行動獨具特色的差異，即賈克・德希達（Jacques Derrida, 1930-2004）的「延異」，否棄了

傳統的統一性活動。尼采（Friedrich Nietzsche, 1844-1900），作為多元化和混沌的思想家，驅趕那主張將存在統一於「大全」、又將「大全」最終統一於自身的黑格爾。混沌不應該只存在於哲學的內容中，而且，也包含於其形式中；論述亦轉換成既自我解構、又解構其物件的「反論述」。而且，混沌也是哲學的存在方式；哲學語言的多調化從此使哲學協奏曲成為不可能的事情。

但除此之外，還要補充說：當代法國哲學的這種爆裂，也強化了對於它本身、對於人及其有關人本身論述的分崩離析反感情緒。當代法國哲學界的某些人，主張通過人環視他人的超驗指令（列維納斯），或通過人的自我激發的內在衝動〔米歇·亨利（Michel Henry, 1922-2002）〕，來重新肯定人自身。而且，黑格爾，這位以高度自由的論述型思想進行協調的哲學家，他的思想，至今仍然始終伴隨著法國哲學，促使它尋求一位有能力思索我們時代的思想家，以便通過他對其自身的思想，使法國哲學豐盛起來。

當然，法國還存在一位哲學家；他比上一世紀年輕，但始終跟隨、或有時先於我們以走馬看花方式概述的那個時代，這就是利科。他作為偉大的哲學見證人，以特別細膩的方式，傾聽他的時代，不斷地從他自己的連續貢獻，又從與他對立的思想中，吸取養料，並同時賦予它們新的豐富意義。他試圖建構一種具體化的精神哲學之廣闊體系，以非折衷主義的方式，把它們加以協調。他曾經在不久以前，為高宣揚教授的書《李克的反思詮釋學》寫序；他對法國哲學的了解是最清晰不過的了。現在，我很榮幸能夠藉此機會，同時讚頌他們兩位對如此難以把握，而又極其複雜的哲學現狀所給予的清晰的環視。我想，無需我給予更多的強調，由高宣揚教授進行這樣一個既要求具備豐富資料，又能給予所有讀者以深刻印象的反思和展現研究工作的價值及其所取得的成功，是不言自明。我希望，不論在中國或其他地方，能夠有很多像這樣里程碑式的論述當代法國哲學的作品。

Bernard Bourgeois

貝爾納特·布爾喬亞
法國道德與政治科學科學院院士、法國哲學會主席

Préface

par Bernard Bourgeois

Il est bien artificiel et risqué de pratiquer des découpages dans la vie culturelle d'une époque aussi boulversée que l'a été le siècle écoulé, et notamment dans une France qui fut alors le théâtre, et un théâtre principal, des trois profondes secousses constituées par les deux conflits mondiaux de 1914-1918 et 1939-1945, ainsi que par la crise éthico-sociale qui s'est aiguisée en 1968. Le dernier ébranlement, d'origine plus intérieurement et de nature plus spécifiquement française, a davantage marqué, presque comme un tournant, plus prononcé qu'ailleurs en raison même du passé récent de la philosophie en France, le destin de celle-ci; et cela, même si l'ouverture mondialisante de la pensée au XXe siècle l'a partout libérée du caractère plus national qu'elle s'était donné au cours du siècle précédent, Ces précautions prises, on pourait, en ayant donc d'abord distingué le dernier tiers du XXe siècle, s'inaugurant dans les années 1960-1970, faire se succéder auparavant deux périodes correspondant à peu près aux deux premiers tuiers de ce siècle, en amont et en aval des années 30. La grande coupure, cependant est bien celle qui intervient dans les années 60: c'est alors que la philosophie française voit changer à la fois son statut, son contenu et sa forme.

Il y a, certes, avant même la période si amplement et méticuleusement explorée et analysée par le Professeur Kha Saen Yang, celle de la philosophie française contemporaine depuis la fin de la seconde guerre mondiale jusqu'à nos jours, un changement qui s'opère vers 1930. Jusque là, la pensée philosophique a été dominée en France, depuis la fin du XIXe siècle, par deux grands courants antagoniques représentés par les deux personnalités exceptionnelles de Léon Brunschvicg et de Henri Bergson, deux des cofondateurs, en 1901, de la Société fraçaise de philosophie. Brunschvicg dominera celle-ci comme il régnera dans l'Université, à travers, particulièrement, la présidence du jury du concours de l'agrégation de philosophie ; Bergson, plus marginal dans l'institution, s'illustrera dans le haut lieu rival de la Sorbonne, le Collège de France, et son éclat littéraire le rendra – pour utiliser un anachronisme – plus 'médiatique'. Brunschvicg, plus héritier, accomplit la tradition de la philosophie de l'esprit ou du sujet intellectuel et moral se connaissant par la réflexion sur son activité théorique et pratique; Bergson, plus novateur, oppose à l'idéalisme abstrait de la réflexion l'intuition de soi vivante et concrète du Moi. Deux philosophies opposées qui libèrent toutfois l'une et l'autre l'énergie de la conscience de soi de tout mouvement automatique de son contenu objectif. Mais, vers les années 30, une contestation se dessine, visant à introduire, dans le dynamisme originairement identque à soi du sujet, son rapport vraiment vivifiant et concrétisant à l'objet, rapport que le sujet s'efforce de maîtriser, mais en le reconnaissant et assumant d'abord dans sa dynamique propre. En 1927, Brunschvicg fait soutenir la Thèse doctorale de Gaston Bachelard, l'Essai sur la connaissance approchée, dont l'épistémologie va renvoyer la sienne au passé; en 1932, l'année de la parution du dernier ouvrage de Bergson, Les deux sourges de la morale et de la religion, Jean Wahl appelle la philosophie française, dans son livre Vers le concret, à sortir du solipsisme de l'intriorité réflexive ou intuitive et à s'enrichir de l'actualisation phénoménologique et existenteille étrangère du mot d'ordre: 'Aux choses mêmes !', ce que Sartre commence de faire à la veille de la guerre.

Bachelard, dans l'Université, et Sartre, en dehors, seront les deux figures emblématiques de la philosophie française renouvelée. Pour celle-ci, le rapport du sujet à lui-même cesse d'être un paissible rapport positif de construction ou intuition de soi et, à travers soi, du monde ou de la vie. Il devient un rapport négatif exprimant le mouvement même de l'objet assumé subjectivement, dans l'aliénation, finalement libératrice, de la relation historique des hommes à la nature ou les uns aux autres : cette négativité est appelée, en des sens divers, dialectique. Le sujet ne coïncide donc pas d'abord avec lui-même, comme les sciences humaines (anthropologie, psychanlyse, économie, sociologie, histoire....) en instruisent la phiosophie, mais il doit se conquerir dans son milieu naturel ou humain. La diffusion théorique du hégélianisme dès l'avant-guerre (Wahl, Kojève, Hyppolite), celle, théorique-pratique, du marxisme, après la guerre, confirment, de l'intérieur même de la philosophie , cette nouvelle orientation de la pensée française, qui s'y jette d'autant plus résolument qu'avait été dominatrice auparavant la philosophie du sujet se construisant lui-même ou coïncidant avec lui-même. La dialecticité bachelardienne et la dialectitité sartrienne sont assurément fort différentes entre elles et toutes deux de la dialecticité hégélienne et marxiste, et elles soulignent, notamment, contre la pratique vulgaire du matérialisme dialectico-historique, la libre activation des conditions concrètes de l'histoire humaine. Car la philosophie française, en son écoute de la nécessité dialectique de l'activité histoirque des hommes, reste fondamentalement une philosophie de la liberté. Elle considère que le rapport original et constant du sujet

et de l'objet est porté par le sujet, ou que l'homme maîtrise essentiellement son lien na-
tif et définitif au monde. C'est cet humanisme qui est contesté dans les années 60.

Dès sa parution en 1960, la Critique de la raison dialictique de Sartre est mise en
question. A travers le sujet total sartrien de l'histoire, c'est le Soi, même concrètement
objectivé, qui est recusé au profit de l'objectivité mondaine, présente/absente à elle-
même comme 'chair' (Merleau-Ponty) ou s'exprimant elle-même comme langage :
L'unité du sujet et de l'objet est considérée comme portée par l'objet, dont l'objection
ou opposition à soi, la différence d'avec soi essentielle, réduit cette unité à la multi-
plicité simplement ordonée d'une structure. L'activité de celle-ci, non maîtrisée car non
hégémonique, consiste dans un jeu avec elles-mêmes des différences en interaction.
L'exploitation de la linguistique, promue science-pilote du structuralisme, permet ainsi
de ramener le 'Je pense' à un 'Cela parle en moi'. L'unité totalisante de la genèse his-
torique cède la place à la dispersion et dissémination synchronique des configurations
épistémiques (Foucault) ou ethno-sociales (Lévi-Strauss). La différence originairement
agissante, la 'différance' (Derrida), dément l'identification traditionnelle de l'activité
à l'unification. Nietzsche, le penseur du multiple et du chaos, chasse donc Hegel, qui
identifiait l'être au tout, et le tout au Soi. Le chaos ne devant pas seulement se trouver
dans le contenu de la philosophie, mais aussi dans sa forme, le discours se renverse
en un contre-discours qui se déconstruit en déconstruisant son objet. Chaotique est
aussi le mode d'exister de la philosophie, dont la polyphonie n'est guère concertante,
c'est le moins que l'on puisse dire. Il faut ajouter que cette explosion de la philosophie
française contemporaine s'augment encore de réactions hostiles à elle, à la brisure de
l'homme et de son discours sur lui-même. Certaines d'entres elles demandent la réaf-
firmation par l'homme de son Soi à l'injonction transcendante du regard de l'Autre
(Levinas) ou à l'impulsion immanente de son auto-affection (Michel Henry). Et puis, la
pensée de Hegel, le philosophe de la réconciliation par la pensée discursive pleinement
libre, hante toujours la philosophie française à la recherche d'un penseur capable de
penser notre temps, aussi en la luxuriance éclatée de ses pensées sur lui-même.

Il est bien pourtant en France, un philosophe, plus jeune que le siècle passé mais
qui a suivi, accompagné, parfois précédé, l'époque que nous venons de parcourir d'une
façon si cavalière. A l'écoute – une écoute exceptionnelle – de son temps, Paul Ricoeur
en est le grand témoin philosophique, se nourrisant de ses apports successifs et oppo-
sés, les restituant en leur sens fécond, tentant de les réconcilier sans éclectisme dans

l'élaboration d'une vaste philosophie de l'esprit incarné. Il préfaça, il y a quelque temps un précédent ouvrage du Professeur KHA Saen-Yang sur la philosophie française: il ne pouvait y avoir un meilleur éclaireur ! C'est pour moi un honneur que de pouvoir louer ici, maintenant, ces deux regards éclairants sur un paysage dont la complexité actuelle est si difficile à siasir. Je ne saurais trop souligner le mérite et le succès du travail mené à bien par le Professeur KHA Saen-Yang, un travail exigeant une information, une réflexion et une exposition qui impressionneront tous les lecteurs, que je souhaite très nombreux, en Chine et ailleurs, de ce monumental ouvrage sur la philosophie française contemporaine.

(Bernard Bourgeois)
Membre de L'Institut
Président de la Société française de philosophie

作者序

　　當代法國哲學是本人自1978年留法後一直持續思考研究的重要學術領域。在留法的四十年間，我陸續撰寫了各種有關當代法國哲學的學術論文及專書，試圖從各個角度，總結我本人在這方面的研究成果，同時也記錄和分析我同法國各重要思想家以及各種思潮的對話過程。在研究方法方面，我始終採取多樣化和變動的方式，既從哲學層面，又同時穿越人文社會科學的各個具體領域，反覆地從總體的一般景觀，又從局部深入分析的角度，在當代法國哲學和人文社會科學各個學科的文本內外，來回穿梭，反思推敲。這種研究過程實際上貫徹了保爾・利科（Paul Ricoeur, 1913-2005）反思詮釋學所提倡的「透過最客觀的人文科學的長程迂迴」（le long détour par les sciences humaines les plus objectives）的原則；也採納了列奧・施特勞斯（Claude Lévi-Strauss, 1908-2009）所形象概括的「既從近處，又從遠處」（de près et de loin）進行的動態立體觀察的方法。

　　其實，任何哲學史，包括當代法國哲學史，並不只是對以往哲學思想演變的單純描述，它是一個富有精神生命力的文化生命體。哲學史所表現的，不是已經停止思維的抽象理論；恰恰相反，它是哲學思考的精神生命本身，進行不斷再生產及更新的自我實現過程；而在其中所展現的，不只是作爲研究物件的哲學思想在文本中的重現與復活，也是哲學一般理論的自我更新，更是作爲研究者的哲學史作者本人的個體精神生命，在哲學史研究過程中，進行自我薰陶和自我創造的過程。

　　因此，在撰寫當代法國哲學史的整個過程中，我所完成的實際上是四重精神生命的穿插性再創造運動：（一）當代法國哲學本身的創造生命的延續；（二）當代法國哲學史的研究者個人的思想創新；（三）哲學文本的自我生產運動；（四）環繞當代法國哲學的社會文化氛圍的再現。1988年利科爲拙著《利科的反思詮釋學》一書所寫的序言中說：思想是在漫長而曲折的長程迂迴中，通過同其他各種文化因素的對話，一再地透過「他者」的仲介，不斷實現其自身的自我發展和自我充實。同拙著《當代法國思想五十年》一樣，這本書試圖呈現的，就是哲學思想創造的嘔心瀝血過程。

　　在撰寫這本書的過程中，我得到了法國許多哲學家的親自指導、支持和幫助：在二十世紀末和二十一世紀初短短幾年內相繼去世的德勒茲（Gilles Deleuze, 1925-1995）和布迪厄（Pierre Bourdieu, 1930-2002），以及年近百歲的施特勞斯和利科，還有法國哲學會前後兩任主席賈克・董特（Jacques D'Hondt, 1920-

2012）教授和貝爾納特·布爾喬亞（Bernard Bourgeois, 1929- ）院士，都在原始資料、具體思路和基本觀點方面，給予我親切熱誠的幫助和指導。作為法國哲學會主席、法國政治與道德科學院院士和巴黎大學終身榮譽教授的布爾喬亞教授，更熱切地期望這本書的出版會有助於推動中法兩國的思想交流。因此，他特地專門為本書寫了一篇序言。在此，謹向所有法國朋友及同事，致以由衷的謝意。

2004年底由同濟大學出版社發表《當代法國哲學導論》上下卷之後，我又對當代法國哲學繼續進行更深入的研究，不但試圖彌補初版時的疏漏和不足，而且也緊跟充滿著創造生命力的當代法國哲學的自我更新和發展的步伐，一方面盡可能完備地反映出當代法國哲學的全貌，同時也再度喚醒本來凝聚在書中的反思生命體。

我們現在所生活的二十一世紀，總是以不斷變化的頻率和節奏，在不確定性與希望之間來回運動，使全球面臨人類歷史上最嚴重的挑戰，但也同時提供了前所未有的創新機遇和開闢新前景的希望。

二十一世紀是以「911事件」及其後發生的一系列「反恐戰爭」為開端；曾幾何時，人們的緊張狀態尚未平靜下來；至2015年，巴黎又發生「11月13日恐怖事件」，恐怖集團以常規武器直接威脅一般平民，把習慣於消費閒暇生活的年輕一代，拋向不可知的漩渦，迫使他們重新思考並以創新精神尋求未來可能的思考和生存方式。接著，正當人們冷靜思索社會亂象的複雜原因時，2016年7月法國全民歡度國慶的日子裡，在南部的度假勝地尼斯，恐怖殺手竟然瘋狂地突襲參加慶典的平民，大開殺戒，使人們又一次打破了嚮往平靜幸福生活的幻想，催促他們對自身生命的未來命運進行更嚴肅的探索。

如果說，世界已經陷入動盪不安與充滿創新機遇的悖論中，那麼，哲學的命運同時不可避免地沉落到新的難以測定的維度中；然而，不安的創作氛圍對哲學並不陌生。

其實，法國哲學從來都是在社會發生激烈動盪的時期內，「在場出席」呈現它的積極創造精神；過去是這樣，現在還是這樣。

首先，在法國，哲學思維活動已成為整個社會成員的普遍活動，哲學已經不是單純作為一個專業人士所壟斷的思想創造領域，也不只是一門學科、一種知識。

2016年，即使發生了一系列恐怖事件，法國哲學家仍然與社會大眾一起，共同舉辦一系列獨具特色的哲學爭論及各種研討會，他們不但熱烈地響應聯合國教科文組織的「哲學月」活動，還比過去更廣泛地在巴黎和各大城市的咖啡店舉辦「哲學咖啡沙龍」（café philo），形式多樣，內容豐富，使哲學真正成為「城

邦」市民的優雅思想文化活動，構成他們的日常生活的一部分。

在巴黎，針對全球普遍發生的緊張關係及各種矛盾，在聯合國教科文組織總部舉辦了題為「寬容與和平」（la tolérance et la paix）的學術演講，教科文組織主席伊莉娜‧波克娃指出：「哲學並非只是學術的和大學院校的一門學科而已；它是一種有助於更好地和更人文地生活的日常生活實踐」（La philosophie est advantage qu'une discipline académique et universitaire–c'est une pratique quotidienne qui aide à vivre mieux, et plus humainement）。研討會重申：哲學是非常重要的學科，尤其對於年輕一代，它鼓勵進行批判和獨立的思想，有助於更好地理解整個世界，並宣導寬容與和平。

在法國，哲學長期以來已經成為中學教育的核心：掌握必要的哲學知識和哲學思維能力，是年輕人高中畢業的必要條件和前提條件，所有的高中畢業生必須首先通過哲學論文（dissertation philosophique）考試，才能有資格正式進行高中畢業統考。這也就意味著：法國人已經公認必須把哲學思考能力的基礎訓練，當成進入高等院校以及到社會就業的前提條件。

在2016年，法國高中畢業的哲學考試，按不同門類，規定了不同的考試題目作為哲學論文的思考焦點。教育部給科學技術類高中畢業生設定的哲學論文題目，包括：「工作越少，是不是就活得更好？」（Travailler moins, est-ce vivre mieux？）、「認識是否非要論證？」（Faut-il démontrer pour savoir？）、「請對馬基維利著作《君主論》選段進行說明」（explication d'un texte de Machiavel extrait du Prince）、「我們是否始終知道我們需要什麼？」（Savons-nous toujours ce que nous désirons？）、「我們為什麼對研究歷史感興趣？」（Pourquoi avons-nous intérêt à étudier l'histoire？）、「請解釋以下笛卡兒著作《論哲學原則》選段」（Explication d'un texte de René Descartes : Principes de la philosophie）、「我們的道德信念是否以經驗為基礎？」（Nos convictions morales sont-elles fondées sur l'expérience？）、「欲望是否在本質上就是無限的？」（Le désir est-il par nature illimité？）、「請解釋漢娜‧鄂蘭著作《真理與政治》選段」（explication d'un extrait de Vérité et politique, d'Hannah Arendt）、「為了正義是不是單靠服從法律就足夠了？」（Pour être juste, suffit-il d'obéir aux lois？）、「我們是不是永遠都可以為我們的信仰進行論證？」（Pouvons-nous toujours justifier nos croyances？）、「請解釋梅洛‧龐蒂著作《閒談錄》選段」（explication de texte d'un extrait des *Causeries* de Merleau-Ponty）等等。

如果說，對青年人提出了嚴格的哲學訓練已經成為法國的傳統的話，那麼，同樣的，一般的法國公民也已經形成進行哲學思維和參與哲學爭論的生活習慣。

　　巴黎的許多咖啡店早從十八世紀開始就成爲哲學討論的場所。與上層貴族豪門宮廷中的各種沙龍相對稱，街道邊上的咖啡店也熱衷於舉辦各種哲學對話或論壇。2016年在法國各地舉行的多樣化「咖啡哲學沙龍」遍地開花，異常熱鬧。

　　雖然巴黎2016年屢遭恐怖襲擊，但巴黎人還是照樣以平常心過日子。在秋冬季節，天氣稍稍變冷，巴黎人更積極地前往住家附近的咖啡店；而在週末或節日時，就興致勃勃到著名的「哲學咖啡」參加哲學討論；運氣好的時候，還可能在哲學咖啡期間，聆聽著名哲學家的演講，並與他們對話，參與討論各種哲學議題。

　　坐落於巴黎市中東部巴斯迪廣場塞納河邊的「燈塔咖啡廳」（Café des phares），多年來以「第一哲學酒吧」（Premier Bistro Philo）著稱，每週吸引眾多哲學業餘愛好者，邊喝咖啡、邊討論哲學。咖啡店老闆每週還邀請著名哲學教授爲哲學愛好者講哲學。2016年12月10日下午五點開始的哲學咖啡，所討論的題目是：「對一個事件表示忠誠的程序（Processus d'une fidélité à un événement）」。

　　問題的提出並非偶然。參與者和討論者之所以感興趣，就是因爲法國哲學家阿蘭・巴迪歐（Alain Badiou, 1937-　）說過：「被人們稱爲『事件』的事情，往往以不可還原的方式突然發生，它們隨意地作爲一種附加性的事情，迫使我們以另一種方式存在或活動於這個世界上」。這就是說，按照阿蘭・巴迪歐的觀點，某些突發性事件強制性地把我們帶到它所傾向於規定的地方，不再遵循常規，讓我們不得不以它們所制定的姿態去活動和生活。阿蘭・巴迪歐說，這樣的事件已經被歷史所證實；例如，中國文化大革命時，愛洛伊斯與阿伯拉德的相遇，以及音樂家旬貝爾格發明的十二音技法等就是這樣。所以，在愛情中，如果我一見鍾情，鍾愛一個人，爲了忠誠於自己的愛人，就必須迫使自己完全改變生活方式，按照我所愛的人的理想，讓自己進入一個新的世界。

　　遇到突發情況，我們究竟應該如何抉擇？是改變自己而順從事件，還是使自己採取多樣的方式，例如，採取忠於某個眞理的方式，或者，採取綜合以上各種方式的混合性態度？這是探討不確定年代裡如何提升自己生活智慧的問題。咖啡店老闆特地邀請德國哲學家、心理學家兼哲學咖啡組織者貢德爾・格爾汗（Gunter GORHAN）來主持這場哲學咖啡的爭論。

　　很多人只注意到二十世紀當代法國哲學接二連三創出來的新概念及其代表人物，並不細心考察法國哲學史微觀運程複雜線索結構的動力學特徵，更沒有深入分析隱含在法國哲學發展思路中的強大精神力量及其動力學密碼，很容易滿足於觀望法國哲學爭論與創新的表面熱鬧景象，一旦出現社會危機和思想發展的斷

裂階段時，便急於詢問當代法國哲學是否產生新的思想明星，同時也對當代法國哲學的發展前景產生懷疑。

仔細回顧法國哲學發展歷程，從近代社會孕育時期的十六世紀開始，就形成了關切社會生活命運、批判革新和繼承優良傳統相結合以及發揚思想家個人思想創新精神的三大特點，使法國哲學在近六百年間，始終保持創新浪潮迭起的歷史動態。

早在近代社會的黎明時刻，就湧現了傑出的政治哲學家讓－布丹（Jean Bodin, 1530-1596）和多才多藝的思想家蒙田（Michel Eyquem de Montagne, 1533-1592），爲近代法國思想的興盛譜寫動人心弦的前奏曲，也爲勒內・笛卡兒（René Descartes, 1596-1650）的近代哲學奠定牢固的基礎。隨後的十七至十八世紀，帕斯卡（Blaise Pascal, 1623-1662）、波舒哀（Jacques-Bénigne Bossuet, 1627-1704）、貝爾（Pierre Bayle, 1647-1706）及豐特奈爾（Bernard le Bovier de Fontennelle, 1657-1757）等人，進一步發揚閃耀著文學自由創造風格的哲學論述，爲後來法國哲學與人文社會科學各學科的相互融合及相互滲透開創歷史先河。

在十八世紀啓蒙運動高潮時期，法國哲學界仍然充滿百花齊放、百家爭鳴的精神：既有歌頌理性的理性主義思想家，又有非理性和反理性的鼓吹者；既有人本中心論，又有回歸自然論；既有嚴謹的邏輯主義，又有浪漫主義；既有對新時代的謳歌和寄望，又有對近現代社會的批判；既對宗教進行嚴厲的批判，又催促了新宗教的產生。傳統法國哲學史在論述啓蒙運動的時候，只強調理性主義哲學的重要地位，誤導了讀者，使讀者誤認爲啓蒙時期只是理性主義一家獨霸了哲學界。

在十八世紀激烈哲學爭論的基礎上，從十九世紀初開始，法國哲學就已經打破笛卡兒意識哲學的主導地位，著手批判笛卡兒和黑格爾過分強調理性和過分強調歷史的傾向，紛紛探索情感、意志、感知以及人的非理性部分的奧祕，對生存維度的單一性和直線性表示質疑，先後產生了意識形態學派、實證主義、自由主義、無政府主義、浪漫主義、心靈哲學、現代主義、知識哲學、象徵主義、表現主義、印象主義等諸多學派及多種思潮相互爭鳴交流的生動活潑局面。

這一切，使法國哲學在十九世紀下半葉至二十世紀之間，出現了一大批新一代哲學家，拉維松・莫連（Jean Gaspard Félix Ravaisson-Mollien, 1813-1900）、伊波利特・泰納（Hypolitte Taine, 1828-1893）、拉舍利耶（Jules Lachelier, 1832-1918）、阿爾弗列德・弗耶（Alfred Fouillee, 1838-1912）、埃米爾・布德魯（Emile Boutroux, 1845-1921）、喬治・索雷爾（Georges Sorel, 1847-1922）、居爾・拉紐（Jules Lagneau, 1851-1894）、亨利・龐加萊（Henri Poincare, 1854-

1912）、皮埃爾・杜衡（Pierre Duhem, 1861-1916）、莫里斯・布隆岱（Maurice Blondel, 1861-1949）、路易・谷杜拉（Louis Couturat, 1868-1915）、夏爾・利歇（Charles Richet, 1857-1904）、亨利・柏格森（Henri Bergson, 1859-1941）、埃米爾・麥爾森（Emile Meyerson, 1859-1933）、勞赫（Frederic Rauh, 1861-1909）、安德列・拉朗德（André Lalande, 1867-1963）、阿蘭（Alain, 原名Émile-Auguste Chartier, 1868-1951）、列昂・布蘭希維克（Léon Brunschvicg, 1869-1944）、馬歇爾・毛斯（Marcel Mauss, 1872-1950）、阿貝・雷伊（Abel Rey, 1873-1940）、埃米爾・布列耶（Émile Bréhier, 1876-1952）、哈博瓦（Maurice Halbwachs, 1877-1945）、路希安・斐波伏勒（Lucien Febvre, 1878-1956）、勒奈・勒森（René Le Senne, 1882-1954）、阿爾伯特・里沃（Albert Rivaud, 1876-1956）、亞歷山大・柯依列（Alexandre Koyre, 1882-1964）、路易・拉維爾（Louis Lavelle, 1883-1951）、賈克・馬里坦（Jacques Maritain, 1882-1973）、埃健・吉爾松（Etienne Gilson, 1884-1978）、馬克・布洛赫（Marc Bloch, 1886-1944）、讓・拉博特（Jean Laporte, 1886-1948）、讓－瓦爾（Jean Wahl, 1888-1974）、皮埃爾・勒韋爾迪（Pierre Reverdy, 1889-1960）、亨利・古依耶（Henri Gouhier, 1898-1994）、戈魯德（Martial Gueroult, 1891-1976）、哈梅林（Octave Hamelin, 1856-1907）、費爾南特・布勞岱（Fernand Braudel, 1902-1985）、阿爾伯特・羅德曼（Albert Lautman, 1908-1944）等人，成為連接十九世紀和二十世紀法國哲學發展的關鍵人物，也為二十世紀新一代思想家的哲學探索奠定基礎。

中國學術界對法國十九世紀哲學的研究還留存很大的空白領域，對上述許多哲學家尚未進行必要的探索，很容易對二十世紀法國哲學的繁榮原因產生誤解。

其實，沙特（Jean-Paul Sartre, 1905-1980）、梅洛・龐蒂（Maurice Merleau-Ponty, 1908-1961）、卡繆（Albert Camus, 1913-1960）、利科、列維納斯（Emmanuel Levinas, 1906-1995）、拉岡（Jacques Lacan, 1901-1981）等人，當他們在高級中學及大學讀書的時候，都接受了這些老一代哲學家嚴格的哲學思維訓練和方法論的教育。沙特本人曾說，他在巴黎亨利四世中學和巴黎高等師範學院就讀時，主要學習笛卡兒式的沉思；而梅洛・龐蒂在回憶他年輕時代的哲學教育時，也念念不忘上一代給予他的思想培育之恩。現任法國哲學會會長布爾喬亞和副會長馬尼亞德（Pierre Magnard, 1927-　），在總結當代法國哲學的發展歷程時，都強調了十九世紀後三十年至二十世紀第一個三十年期間老一代哲學家的理論貢獻。

毫無疑問，除了在檯面上特別活躍的各種類似於流行思潮的新型學派以外，還存在比較「沉默」或「隱晦」的思想流派或個別思想家，他們並不願意過多地

拋頭露面，而寧願寂靜地在大學院校和研究機構中進行獨立教學、研究、思考和創作，在他們所從事的教學和研究領域中默默地耕耘，精雕細刻，一絲不苟地鑽研專業性理論和重要專題，使他們也在推動法國當代哲學發展方面，做出了他們的特殊貢獻。在這方面，法國各個大學院校和專門研究機構裡任課、研究的哲學教授，以及從事專門研究的傳統思想家，尤其突出。由於他們很少顯露在公眾場合，不願意招搖過市，所以，他們往往不太顯赫出名，容易被人們所忽視。本刊為了更全面地分析問題，不打算忽略這些思想家的成就。

顯然，當代法國哲學不是在一個封閉孤立的象牙塔中所杜撰出來的抽象概念體系，也不是思想家們所論述的單純語言文本的堆積，而是生生不息、一再創造、不斷重建、充滿張力的文化生命體；它源自不同哲學家的思想創造力，立足於歷史本身，又扎根於生活之中，集中了時代的氛圍，連貫著文化的脈絡，穿梭於人文社會科學及文學藝術之間，總結了它與科學、宗教的頻繁對話成果，呈現出人類所獨有的無限超越精神。

當代法國哲學在世界文化發展史上的偉大意義，是來自它本身所固有的深刻理論特點及其基礎理論。從近代文明產生起，法國思想就以其深刻的哲學基礎在世界文化寶庫中獨居其特殊地位。通觀近五十年來當代法國哲學的發展和演變進程，我們也同樣發現：它的獨創性，始終都使它成為當代整個世界文明及其理論思想發展的重要依據和基石；而且，如同近代社會黎明時期一樣，它的思想威力是與同時代法國哲學理論的高度創造精神緊密相連。

當代法國哲學的自我超越精神，具有其獨特的歷史內容及特徵。哲學本來就是人的自我超越精神的理論表現。自古以來，哲學之所以存在、發展和不斷更新，就是因為它自身具有自我超越精神。當代法國哲學發揚了哲學的傳統自我超越性，在新的歷史條件下，不斷向新的方向、新的維度和新的領域，特別向「無人」和「非人」的境界，實行冒險的逾越活動，是當代法國哲學呈現出史無前例的超越性。

在整個二十世紀下半葉，法國哲學及整個人文社會科學，經歷了曲折而複雜的重建過程。法國哲學和人文社會科學的理論和方法論的變革，是當代法國哲學家進行一切思想革命和觀念改革的真正出發點。正因為這樣，當代法國思想的一切成果，都是扎根於哲學和人文社會科學的理論和方法論變更的基礎上。當代法國哲學的理論性、實踐性和語言性，不僅是當代法國思想的特徵，也是它呈現重要世界歷史意義的內在根源。

更重要的是，法國哲學還不只是實現了各學科間的對話，還注意到各種社會文化實踐和最普通的日常生活實踐，將近現代社會所扭曲化的人及其生活世界，

重新恢復其本來面目，找到其本身活生生的生命運動形式，並在具體實踐活動和「實踐智慧」中，吸取哲學改造的動力和養料，使哲學的重建獲得了強大生命力，並帶動了整個人文社會科學理論研究的思維模式和風格的澈底改造，同時反過來又使社會生活和人的生活風格和生活實踐模式，也發生了重大的變化。

正因為這樣，法國哲學從來沒有出現過由單一的哲學思想體系或某一個大牌哲學家的思想壟斷哲學界並「一統天下」的局面；相反，呈現於法國哲學史上的思想創造景象，總是在多元化和多樣化的哲學思路中，一再地出現變動和創新。

由此可見，不管世界發生什麼動盪或轉折，法國哲學界仍然活躍地爭論各種重要論題，堅持以「在場出席」的精神，採用生動活潑的思想語言，展現哲學的生命力。

我真誠希望，法國哲學的創新精神及其活力，將鼓舞和引導人類二十一世紀的新一代，創建一個更加美好的社會和文化。

高宣揚

2017年初冬

於法國巴黎東郊馬爾納河谷寒舍

Contents
目録

第一章

當代法國哲學的獨創性

第一節　反啓蒙的啓蒙

　　這本書所要講述和分析的，是**從第二次世界大戰到二十一世紀初的法國哲學的演變歷程**。在這半個多世紀中，法國哲學不愧爲現代西方思想史和理論史上，內容最豐富、創造精神最活躍的人類精神生活的典範；它不但總結了前一歷史階段人類文化和思想發展的精華，也集中二十世紀時期內，面對自然和社會文化危機挑戰的人類智慧所展現的創造精神的歷史特徵。因此，當代法國哲學的思想歷程及其成果，直接成爲整個人類在二十一世紀的新生活環境中，進一步探尋文化再生產和實行思想更新的開拓性實踐的一個重要基礎，尤其成爲西方文化和思想進行重構和重建的出發點。

　　本書在論述當代法國哲學思想的過程中，將重點地論述發生在當代法國哲學領域中的多次重大爭論，闡明和分析當代法國哲學的思考主題、思維模式、基本概念、論戰過程及其重構歷程，同時，也將具體分析對世界思想和文化生活發生決定性影響的當代法國主要哲學思潮的理論基礎及其具代表性的思想家，並分別評估由此導出的各種帶啓發性的重要思想觀點的意義及其社會效應。

一、時代精神和歷史意義

　　當代法國哲學是從第二次世界大戰結束到本世紀初的半個多世紀內，由這一歷史時期中一批卓越的法國思想家所創造，並不斷充實和發展起來的集體思想產品。它既是由許多單個傑出哲學家，以其各自獨特的風格和邏輯思路所累積形成，又是這一時期各思想家之間自由平等地相互爭論，各持己見、又相互取長補短的時代精神（l'esprit de l'époque）所凝聚的理論精華；同時，它又是廣大法國普通老百姓，經歷其獨具時空架構的「生活世界」（le monde veçu; World of Life; Lebenswelt）的歷史經驗之思想結晶。

　　簡言之，當代法國哲學具有明顯的三大特點：第一，它是個充滿自由思想創造精神的哲學家的多元、多質、多極的文化生命體，組成整個當代法國哲學的各個理論體系，都各自體現了明顯的思想個性；第二，它是特定時代精神的理論結晶，它同其所處的社會歷史環境保持緊密的關係；第三，它是法國人民的生活經驗和文化傳統的自身結構化及其不斷重構過程的理論體現。

　　當代法國哲學，當然表現出它強烈的創造性和批判性；但它又不是完全脫離歷史傳統、沒有思想淵源、高掛天空的觀念幻影，而是吸收了豐富精神營養和經歷曲折複雜的考驗的理論寶庫：它既儲存了自笛卡兒以來整個四百年法國近代哲學的發展成果，又涵括了源自古希臘羅馬文化的源遠流長的西方傳統精髓，特別

是同近現代德國哲學保持密切的交流關係。

更具體地說，當我們分析當代法國哲學的思想和理論淵源的時候，我們尤其要注意，一方面，當代法國哲學與此前最近歷史發展階段，即十九世紀末及二十世紀初的法國哲學，內在保持著深刻的思想姻緣關係；因此，它們兩者之間的歷史劃分，絲毫不意味著兩者之間存在一個不可逾越的鴻溝；另一方面，當代法國哲學還特別從德國近代六位哲學家和思想家那，吸取了深刻的啟示，這六位德國哲學家就是：馬克思（Karl Marx, 1818-1883）、尼采、佛洛伊德（Sigmund Freud, 1856-1939）、黑格爾（Georg Wilhelm Friedric Hegel, 1770-1831）、胡塞爾（Edmund Husserl, 1859-1938）、海德格（Martin Heidegger, 1889-1976）。每當法國人談論當代法國哲學的成果時，他們往往懷著感恩的心情，親密地稱前三位哲學家為「三位懷疑大師」，而稱後三位為「3H」。

當然，法國當代哲學家並不忽視英美哲學的研究成果，但他們對於英美流行的分析哲學和邏輯實證主義的研究程度和力度，畢竟次於對德國哲學的研究。如果說，在當代法國哲學家中，我們可以發現大量深受德國哲學影響的人物的話，那麼，精通或專門研究英美分析哲學的法國哲學家卻為數極少，其中只有賈克·布維列斯（Jacques Bouveresse, 1940- ）院士在這方面取得了顯著的成果。此外，利科也在研究英美分析哲學方面做了大量的工作。

因此，在全面展示當代法國哲學之前，本書將一再地強調當代法國哲學同十九世紀末至二十世紀上半葉之間的法國著名哲學家之間的深刻理論和邏輯關係。這些哲學家就是：夏爾·利歇、柏格森、麥爾森、安德列·拉朗德、阿蘭、布蘭希維克、阿貝·雷伊、布列耶、哈博瓦、勒奈·勒森、里沃、拉博特、讓－瓦爾、皮埃爾·勒韋爾迪、古依耶、戈魯德、哈梅林、羅德曼等人所積累的研究成果。這些屬於上一代的法國哲學家的理論思考成果，無可懷疑地成為了當代法國哲學家進行思想革命的出發點。這些主要在二十世紀三〇年代之前進行哲學反思的思想家們，不論就他們向新一代傳遞笛卡兒以來法國哲學傳統的努力而言，還是在奠定新一代思想家的哲學基礎方面，都有不可磨滅的歷史功績。沙特、梅洛·龐蒂、卡繆、利科等人，當他們在高級中學及大學讀書的時候，都接受了這些老一代哲學家嚴格的哲學思維訓練和方法論的教育。沙特本人曾說，他在巴黎亨利四世中學和巴黎高等師範學院就讀時，主要學習笛卡兒式的沉思；而梅洛·龐蒂在回憶他年輕時代的哲學教育時，也念念不忘上一代給予他的思想培育之恩。現任法國哲學會會長布爾喬亞和副會長馬尼亞德，在總結當代法國哲學的發展歷程時，都強調了二十世紀第一個三十年期間老一代哲學家的理論貢獻（Magnard, P. 1987; Bourgeois, 2001）。他們認為，當代法國哲學的任何重要理論

成果，都隱含著二十世紀第一個三十年的老一代哲學家進行艱苦思考所付出的精神代價。

顯然，當代法國哲學不是在一個封閉孤立的象牙塔中所杜撰出來的抽象概念體系，也不是由思想家所論述的單純語言文本的堆積，而是生生不息、一再創造、不斷重建、充滿張力的文化生命體；它發源自不同哲學家的思想創造力，立足於歷史本身，又扎根於生活之中，集中時代的氛圍，連貫著文化的脈絡，穿梭於人文社會科學及文學藝術之間，總結了它和科學、宗教的頻繁對話成果，呈現出人類所獨有的無限超越精神。正因為如此，當代法國哲學是人類文化史和世界哲學史上罕有的珍貴文化寶庫。在西方文明史上，只有古希臘、文藝復興和啓蒙運動時期，在極其特殊的社會條件下，才有可能發生類似於當代法國哲學那樣繁榮昌盛和思想持續創新的局面。因此，可以說，當代法國哲學真正地集中了自啓蒙時代以來的西方文化和思想的精髓，是研究西方思想和文化的基石。

毫無疑問，近半個多世紀以來的法國哲學，迸發出空前未有的強大生命力和獨特的創造精神，使它成為了二十世紀人類思想、文化和整個人文社會科學發展的重要理論基礎，在過去五十年中，它極大地推動了整個人類文化的變革和重建。凡是研究二十世紀人類思想和文化的人，都可以發現：二十世紀下半葉，正值人類思想文化發生根本轉折的關鍵歷史年代，當代法國哲學思想演變所隱含的重大歷史意義及其對於整個世界文明的貢獻，是不言而喻的。

二、宏觀視野與微觀思路的交錯

當代法國哲學的發展歷程，並不是筆直平坦的，而是曲折複雜，反覆迂迴，穿插重疊，既充滿著各種思想觀念之間的間隙、斷裂和碰撞，又可能隱含內在聯繫網路。在思想展現過程中，各種思想代表人物，有時相互借鑑，有時又尖銳對立，互不相容。所以，為了闡明當代法國哲學的豐富內容，本書將同時採用多重取向，並在必要的地方，以特殊的方式，集中分析最關鍵的概念或思想，然後，又繞道迂迴地使之和已經講述過的某些概念進行反覆對比。有時又要從整體的眼光，籠統地給予概括的掃描式一瞥。研究方法和分析策略的貫徹，只能相應於思想的創造邏輯本身。用施特勞斯的話來說，就是「既從近處，也從遠處」（Lévi-Strauss, 1983; Lévi-Strauss / Eribon, D, 1988），觀察哲學思路的曲折伸縮過程，盡可能沿著哲學思路原本發生的路徑，在新的層面上，重演思想本身的固有邏輯。同樣地，本書既要從宏觀和總體的角度，又採用微觀局部分析的方法，對發生於當代法國哲學領域內的重大爭論和思想創新，進行交錯分析。

從**宏觀**和**總體性**的問題出發，本書將概括地論述貫穿於近五十年法國

哲學發展中的核心論題。這些核心論題，包括關於人（l'homme）及其生存（l'existence）、主體性（la subjectivité）、異化（l'aliénation）、語言（le langage）、論述（le discours）、結構（la structure）、歷史（histoire）、生活世界（le monde vécu）、欲望（le désir）、權力（le pouvoir）、性（la sexualité）和現代性（la modernité）等等。讀者可以由此看到：哲學作為當代法國哲學爭論主題的基本範疇和概念，幾乎完全不同於以往歷史時代的概念體系。這些哲學基本概念之所以能夠成為爭論的焦點，正是反映了時代的特徵。所有關於這些基本概念和論題的爭論，觸動了哲學這個生命體的神經中樞及其思想關節點，往往導致關於「什麼是哲學」的最一般理論性爭論，也引起和帶動整個思想理論框架的創造和革新過程；因而，在某種意義上說，關於這些基本概念和論題的爭論，成為了當代法國思想發展和變革的「發條」（le ressort）或「發動機」（le moteur），同時也突顯了當代法國哲學發展的基本歷史特徵。正如黑格爾所說，概念是思想脈絡的關節，呈現了思想本身的基本內容。當然，這些引起爭論的概念之間，並不是相互孤立和分割的；它們之間本來就存在著密切的內在聯繫。但在不同時期，這些概念中的每一個或幾個，往往成為爭論的重點，引起其他有關概念的爭論，並會導致整個理論領域的變革，甚至造成所謂的「理論典範的轉換」（le tournant paradigmatique）：一方面從根本上顛覆了原有觀點、理論及思維模式，另一方面又打造和奠定了新興的理論體系的核心部分或基礎，並對未來思想的發展方向，發生決定性的影響。所以，在本書的宏觀論述部分，將根據論證和分析的需要，簡單地闡明這些不同概念的爭論焦點及其展開過程，從而說明當代法國哲學思想發展的軌跡及其特點。

與此同時，本書將集中對當代法國哲學思想發展進程發生決定性影響的主要思潮及著名思想家進行個別的微觀分析；在這方面，主要是分析影響著當代法國哲學思想發展整個進程的存在主義（l'existentialisme）、結構主義（le structuralisme）、現象學運動（le mouvement phénoménologique）、後結構主義（le post-structuralisme）、解構主義（le déconstructio nnisme；le déconstructivisme）、建構的結構主義（le structuralisme constructiviste）或結構的建構主義（le constructivisme structuraliste）、符號論（la Sémiotique）、新符號論（la néo-sémiotique）、社會文化符號論（la sémiotique socio-culturelle）、反思的象徵性社會文化批判論（la théorie critique, réflexive et symbolique, de la société et de la culture）、消費文化符號論（la sémiologie culturelle de la consommation）、女性主義（le féminisme）和後現代主義（le post-modernisme）等各種思潮及其代表人物。

　　當然，毫無疑問，除了在檯面上特別活躍的各種類似於流行思潮的新型學派以外，還存在比較「沉默」或「隱晦」的思想流派或個別思想家，他們並不願意過多地出頭露面，而寧願寂靜地在大學院校和研究機構中進行獨立教學、研究、思考和創作，在他們所從事的教學和研究領域中默默地耕耘，精雕細刻，一絲不苟地鑽研專業性理論和重要專題，使他們也在推動法國當代哲學發展方面，做出了他們的特殊貢獻。在這方面，在法國各個大學院校和專門研究機構裡任課和研究的哲學教授以及從事專門研究的傳統思想家，尤其突出。由於他們很少顯露在公眾場面，招搖過市，所以，他們往往不太顯赫出名，容易被人們所忽視。本書爲了更全面地分析問題，不打算忽略這些思想家的成就。

　　從二十世紀初至當代法國哲學的發展過程中，始終存在兩大方面的思想家隊伍：一方面是在大學院校內研究和教學的哲學家，另一方面是在院校的圍牆之外從事實際哲學創造活動的哲學家；這兩大類型的哲學家，以不同的風格思考著不同的論題。根據布爾喬亞的分析，早在二十世紀第一個三十年中，就出現了這種奇特的現象：一派是在大學院校研究和教學的哲學教授們，他們以噶瓦耶（Jean Cavaillès, 1903-1944）和布蘭希維克爲主導，另一派是在院校圍牆之外的哲學家，以柏格森爲主。在第二個三十年，即從四、五〇年代到七〇年代，學院派是以布蘭希維克的學生和繼承人巴舍拉及岡格彥（Georges Canguilhem, 1904-1995）爲主，院校以外的哲學家，則是以沙特和梅洛‧龐蒂爲主。在第三個三十年，即從二十世紀七〇年代到二十世紀末，學院派的成員也發生很大的變化，因爲長期統治學院哲學教學的關鍵人物，布蘭希維克、巴舍拉及其後繼者，已經不可能如同前六十年那樣，絕對地占據學院陣地；大學的哲學教授隊伍，越來越多樣化和多中心化。所以，在第三個三十年中，學院派哲學家不像前六十年那樣，只隸屬於一、兩派學圈。不屬於任何派別的巴黎大學的布爾喬亞、孔舍（Marcel Conche, 1922-　）等人，儘管已經退休，但仍然發揮理論影響，因爲他們發表了大量著作。

　　本書在研究當代法國哲學時，特別注意到這種屬於當代法國哲學發展的特點。

　　2001年12月，正值法國哲學會（L'Association de la philosophie française）成立一百週年。法國哲學會在它所舉辦的紀念會上，總結和討論了當代法國哲學的主要成果及其基本經驗。會上，本屆哲學會主席、巴黎大學哲學教授及法國精神與政治科學院（Académie des sciences morales et politiques）院士布爾喬亞，發表了題爲〈哲學會的青年時代〉（Jeunesse d'une société）的學術報告，總結了法國哲學會第一個三十年的基本歷程及主要問題，然後，大會主席團委託哲學會

副主席聖舍甯（Bertrand Saint-Sernin）教授，向大會提出供大會進行公開爭論用的討論主題草案（problèmes ouverts），建議與會的哲學家們圍繞這些主題，一方面總結法國哲學近一百年來的成果，另一方面探討未來的可能發展方向。聖舍甯教授所提出的討論主題草案，包括二十個子題，按**自然哲學**（Philosophie de la nature）、**精神（心靈）哲學**（philosophie de l'esprit）、**行動哲學**（philosophie de l'action）和**宗教哲學**（philosophie de la religion）四大領域進行分類。在展開討論時，大會更具體地圍繞科學哲學、心理學、美學、哲學教育、一般哲學、形上學、宗教哲學、政治哲學、道德等領域的問題。最後，大會圍繞「**這個世紀需要什麼樣的哲學**」（Quelle philosophie pour ce siècle?）的問題，進行激烈的爭論，爲我們了解法國哲學在新世紀的動向指明了清楚的探測方向（Centenaire de la société française de philospohie, in Bulletin de la société française de philosophie, Numéro du centenaire, 15 décembre 2001, Paris）。

從法國哲學會所總結的內容來看，當代法國哲學所開展的思想革命，仍然環繞著：1.人與自然的關係；2.人的思想心靈的內在邏輯；3.人的政治、經濟、文化創造以及倫理道德行動；4.宗教與科學的問題。

過去五十年，法國哲學以人的問題爲中心，環繞上述四大方面，一方面嚴厲批判了傳統哲學理論，另一方面創造了一系列新興的概念和範疇。顯然，法國哲學的思考，無論經歷什麼樣的歷史環境，還是沿著西方傳統的人文關懷的路線。只是當代法國哲學家，依據時代的根本轉變，重新提出「**人究竟是什麼？**」的問題，試圖使現代人，跳出傳統的人的概念的約束，在新的社會條件下，得到充分的自由的可能性。爲此，思想家們都試圖越出傳統人文主義的藩籬，特別是試圖澈底揭示近代哲學以「**主體性**」爲中心所提出的各種人文主義論述的性質，以便爲現代人在當代生活條件下，追求和實現他們的實際願望和需求的自由，提供新的理論正當性的論證。

因此，從沙特開始，經歷拉岡、施特勞斯、福柯、德希達、布迪厄、羅蘭·巴特（Roland Barthes, 1915-1980）、梅洛·龐蒂及讓－弗朗斯瓦·利奧塔（Jean-François Lyotard, 1924-1998）等人，都在其本身的理論體系中，一再地顯示出對人的實際命運的關懷。但他們不願意尾隨傳統的主體意識哲學，不同於傳統的人文主義，在嚴厲地批判和顛覆「主體性」原則的基礎上，各自提出了他們自己獨創的人文關懷思想體系。所以，由法國哲學會所總結的上述四大方面，一方面呈現了西方哲學的一貫的人文關懷精神，另一方面卻表現了新時代條件下，當代法國哲學的新型思考模式和理論典範的某些重要特徵。

但是，上述法國哲學會所總結的問題，只能作爲我們分析問題的參考。本書

將採用更獨立的分析方法，探討法國當代哲學的基本問題。所以，我們打算首先分析產生哲學爭論及創造發明的特殊時代根源。在這方面，尤其要重點地參考各個著名的、具有代表性的哲學家的自述以及他們的分析。其次，還要重點地分析環繞哲學本身的性質的爭論，對哲學及其和人文社會科學的相互關係進行更深入的探討。只有將同體概括描述與仔細微觀分析相結合，才能對當代法國哲學的發展歷程，獲得較爲客觀的認識結論。

三、群星高照的哲學園地

十九世紀末，當尼采站在「超人」的最高地平線上，以「眞正藝術家的眼睛」，穿透人類整個歷史、而發出「重估一切價值」的豪邁口號的時候，他並沒有忘記由衷地感恩他的最早的「教育者」（als Erzieher）叔本華對他的最初思想啓示（Nietzsche, Unzeitgemäße Betrachtungen, 1873-76）。今天，當我們剛剛跨出二十一世紀的門檻，試圖探索未來哲學和文化重建的可能思路的時候，也應該以尼采的上述一覽無遺的「永恆回歸」的廣闊視野，回顧法國哲學領域中所發生過的重大理論變革，不但要以哲學家的眼光，而且特別要盡可能地以詩人的感情，像法國詩人瓦勒里（Paul Valéry, 1871-1945）所說的那樣，以驚人的毅力和近乎於瘋狂的執著，百折不撓地聚精會神瞄準法國哲學發展中的各種思想焦點，反覆思考一切最關鍵的論題，並不怕重複地在已經精心挑選過的語詞中，一再地進行近於苛求的極其審愼的字斟句酌和修辭提煉，以便以最好的詩性語言和隱含多重意義的寓言，在廣闊無際的視野中，重現那些發生過的驚心動魄的理論事件，激蕩起潛藏於內心深處的精神波濤，從中發現哲學創造遊戲的審美樂趣及其激發生命衝動的自由本質。

正是爲了造就這樣一種特殊的視域，我們首先要粗略地環視展現在我們眼前的當代法國哲學的宏偉歷史圖景，進入那充滿靈感的思想創造場域，和出現在當代法國哲學史上的思想家們，表演面對面的會見和藏身遊戲，回瞻、並重構發生過的思想爭論的活躍局面。

須知，從第二次世界大戰結束到本世紀初的半個多世紀，是西方**「現代性」**（modernité）文化，從十六世紀開始，經歷近四百年成長、發展和反覆危機的過程之後，終於達到自覺地進行自我反省和全面自我批判的時代，因而也是「現代性」達到成熟階段、並在其內部隱育著「後現代性」（post-modernité）萌芽的充滿矛盾的年代。這就意味著：正當法國當代哲學突破舊思想的羈絆而進行澈底創新的時候，西方現代性正遭遇其內部所產生出來的**「後現代性」**的挑戰之不平靜的年代。正因爲這樣，當我們考察法國哲學的當代思想創造歷程的時候，在我們

面前展現的，一方面，是從二次世界大戰結束後連續不斷進行的自由學術爭論所帶來的理論建設和文化重構的活躍繁榮局面；精神分析學、存在主義、現象學運動、新馬克思主義、符號論、詮釋學、結構主義、後結構主義、解構主義、建構主義、新女性主義和後現代主義等思潮，各種理論派別、意識形態和科學理論，先後登場，各抒己見，後浪推前浪，波瀾壯闊，一派百花齊放、百家爭鳴的自由創造局面。它們之間不但開展了空前未有的相互爭論和批判，而且連各個學派自身，也不停地進行自我革新；用福柯的話來說，它們果眞實現了「不斷地把自身從經驗中拔除出來」的豪邁諾言；另一方面，一種由多元形式和多變的形態所呈現出來的各種思潮，實際上把顛覆、粉碎以及埋葬舊思想、舊傳統和舊文化，當成它們最基本的任務。

　　在近半個多世紀當代法國哲學的高空中，耀眼地閃爍著成群的思想明星，由他們所散發出來的智慧光芒，至今仍然照亮著哲學創造的思路。如果按出生年代的順序簡單排列的話，那些影響著二十世紀下半葉哲學發展方向、並有資格被稱爲「哲學大師」的當代法國哲學家，眞是不計其數，舉不勝舉：馬里坦、埃健・吉爾松、巴舍拉、讓－瓦爾、伽普里爾・馬爾塞（Gabriel Marcel, 1889-1973）、喬治・巴岱（Georges Bataille, 1897-1962）、科耶夫、喬治・杜美濟（Georges Dumézil, 1898-1986）、拉岡、柯以列（Alexandre Koyré, 1892-1964）、岡格彥、埃曼奴爾・牟尼耶（Emmanuel Mounier, 1905-1950）、沙特、雷蒙・阿隆（Raymond Aron, 1905-1983）、列維納斯、依波利特、埃利克・維爾（Eric Weil, 1904-1977）、梅洛・龐蒂、施特勞斯、西蒙・波娃（Simone de Beauvoir, 1908-1986）、亨利・勒斐伯勒（Henri Lefbvre, 1901-1991）、喬治・波里茲（Georges Politzer, 1903-1942）、米凱爾・杜夫連（Mikel Louis Dufrenne, 1910-1995）、卡繆、利科、羅蘭・巴特、格雷馬斯（Algirdas Julien Greimas, 1917-1992）、阿圖塞（Louis Althusser, 1918-1990）、愛德格・莫林（Edgar Morin, 1921- ）、勒耐・傑拉特（René Girard, 1923-2015）、利奧塔、德舍多（Michel Jean Emmanuel de la Barge de Certeau, 1925-1986）、德勒茲、阿蘭・杜連（Alain Touraine, 1925- ）、福柯、鮑德里亞（Jean Baudrillard, 1929-2007）、布迪厄、德希達、米歇・謝爾（Michel Serres, 1930- ）、露斯・伊麗加蕾（Luce Irigaray, 1932- ）、莎拉・柯夫曼（Sarah Kofman, 1934-1994）、哥德里耶（Maurice Godelier, 1934- ）、尼柯斯・普蘭查（Nicos Poulantzas, 1936-1979）、斐利普・索耶（Philippe Sollers, 1936- ）、阿蘭・巴迪歐、多明尼克・雅尼葛（Janicaud Dominique 1937-2002）、莊・呂克・南西（Jean-Luc Nancy, 1940- ）、克莉絲蒂娃（Julia Kristeva, 1941- ）、溫森・德宮波（Vincent Descombes, 1943- ）、莊・呂

克‧馬里墉（Jean-Luc Marion, 1946-　）、貝爾納特‧亨利‧列維（Bernard-Henri Lévy, 1948-　）等。這些哲學家，一代接一代，其出生歲月，上接十九世紀末，下至二十世紀四〇年代，毫不間斷地，幾乎每十年冒現一個星群，相隔二十年則堆積成一個更大的星團，創造氣勢排山倒海，思想浪潮洶湧澎湃，其革新動力從不衰減，個個無不是才華橫溢、創見獨特、著作等身的多產思想家，而且又是語言雋永，表達和論證藝術高人一等、各具特色的理論家。

正如大家所看到的，這些名單還沒有包括一大批具有深刻哲學見解的傑出文學家和藝術家，也沒有包括在這一時期內流亡法國、受到法國哲學氛圍的薰陶而做出重要理論貢獻的外國哲學家，例如於1935至1940年間流亡法國的德國哲學家本雅明（Walter Benjamin, 1892-1940）、原籍俄國的弗拉基米爾‧揚科列維奇（Vladimir Jankélévitch, 1903-1985）、在五、六〇年代移居巴黎的原籍羅馬尼亞的宗教理論家米爾西亞‧埃利亞德（Mircea Eliade, 1907-1986）、另一位原籍羅馬尼亞的哥德曼（Lucien Goldmann, 1913-1970）、希臘流亡思想家卡斯托里亞迪斯（Cornelius Castoriadis, 1922-1997）以及希臘血統的思想家阿克謝洛斯（Kostas Axelos, 1924-2010）等人。

不難看出，這群當代法國思想明星，包含了從十九世紀末、二十世紀初到二十世紀四〇年代出生的不同世代的哲學家。他們各自出生在不同歲月，卻在二十世紀下半葉，集聚在當代法國哲學園地中。由他們所開創的思想創造宏偉場面，似乎重演了古希臘、文藝復興和啓蒙運動的歷史圖景。他們敢於面對時代的挑戰，一次又一次「突破極限」，「逾越」（transgression）一切理論思想的「禁忌」和陳規戒律，不僅勇於吞噬和消化一切歷史傳統，而且也表現出將大無畏探險和非凡創造巧妙地相結合的實踐智慧。他們個個都以獨特的創造風格，建構自己的思想體系，致使半個世紀以來的法國哲學，眞正成爲了當代整個西方思想革命和理論創新的眞正動力基礎，不愧爲現代人類思想史上最活躍和最深刻的思想探險和理論創造活動，簡直可以同二百多年前的啓蒙運動相媲美，具有著歷史里程碑的偉大意義。

四、後啓蒙時代的反啓蒙運動

當代法國哲學，以其卓越的理論貢獻和思想創新精神，自然地成爲了當代歐洲和整個西方文化（la culture occidentale）及其基本理論的一切重大變革的重要精神支柱和思想基礎。由當代法國哲學家創造的精神財富，形成爲強大的理論場域，成爲啓蒙運動之後人類文化再創造的最富有啓發性的丰韻氛圍，照亮了二十一世紀未來新文化創造的航程。

　　如果說在近代資本主義社會和文化發展歷史上，法國十八世紀啓蒙運動曾經是整個歐洲思想革命的理論源泉和「哲學導論」（Engels, F., 1886）的話，那麼，在人類歷史進入二十世紀末和二十一世紀初的關鍵時刻，當代法國哲學，又一次光榮地成為了西方文化澈底重構的主要動力來源和「哲學導論」。

　　當然，發生於二十世紀下半葉至世紀末的當代法國思想革命運動，不僅不是第一次啓蒙運動的簡單延續或翻版，而且，它的創造性和澈底性，簡直就是**一場具有「反啓蒙」意義的「第二次啓蒙」或「後啓蒙」**。這是西方人文社會科學最深刻的理論典範轉換的階段，也是人類歷史和文化發生急劇變化的世紀轉折的關鍵時刻。但從另一方面來看，由當代法國哲學家們所進行的曠日持久的理論變革，實際上是啓蒙運動所宣導、並在其後兩個世紀內一直蔓延氾濫的理性主義的內在危機及其矛盾的直接產物。伽達默（Hans-Georg Gadamer, 1900-2002）在評估二十世紀文學變革的性質時說，它們「從十九世紀的歷史束縛下大膽地自我解放出來，成為一種真正敢於冒險的意識，使所有迄今為止的文學都成為過去的東西」（Gadamer, 1975: 6-7）。同樣地，由當代法國哲學家們所進行的「後啓蒙」思想革命，就其澈底反思和顛覆啓蒙思想以來的傳統而言，不僅是對於第一次啓蒙運動的歷史審判，而且也是人類跨入新世紀後對整個文化的重建的「第二次啓蒙」。

　　福柯在探討啓蒙的意義時說：「啓蒙時代在我們的歷史上，特別是就其政治意義而言，無疑是一段極端重要的歷史階段」（Foucault, 1994: IV, 136）。根據福柯等當代法國哲學家的看法，啓蒙思想的至關重要性，不僅在於樹立理性的至高無上地位，建構了現代西方文化和知識體系的**理性主義基本精神**，而且，更重要的，還在於奠定了近現代社會自由民主制度和思想體系的理論基礎，特別是決定了整個西方自由民主政治制度的政治權力運作邏輯和模式，決定了包括法國人在內的整個西方人的命運和基本生活方式。啓蒙運動的理性主義所提出的「**主體性原則**」（le principe de la subjectivité），尤其強調了現代人的個人「自決」、「自主」、「自由」的至關重要性和至高無上性以及「**自我意識**」和「**自我肯定**」的社會政治意義，使之成為現代各種「道德義務」（devoir）、「法權」（droit）、「公正」（équité）、「正義」（justice）的人性基礎，不僅成為每一位現代公民安身立命的基本原則，也成為他們判斷一切社會文化行為的「正當性」（la légitimité）的普遍標準。

　　因此，啓蒙運動所開闢的西方文化發展方向和思想原則，構成了所謂「**現代性**」（Modernité）的核心和基礎。福柯一再地強調：「啓蒙」所闡揚的理性，不但成為西方社會文化的靈魂，也成為西方人的主體身分（l'identité）的正當性尺

度（critère légitime）（Foucault, 1994: III, 431-433; 783; IV, 562-568; 571-573; 679-687; 765-768）。本來，古希臘的哲學家曾經從許多方面說明人的複雜性。他們不會像啓蒙思想家那樣獨斷地只強調人的理性特徵。從最早的泰勒斯、阿納克西曼德、阿納克希米尼、赫拉克利特、德謨克利特，到蘇格拉底、柏拉圖和亞里斯多德，往往都從人的語言性、理性、情感性、意志性、行動性、不穩定性及超越性等多方面，反覆對人進行分析。關於人的定義，並不是單一的。即使是在十六世紀之後，也就是在文藝復興後的相當長時間內，理性並不是被奉爲至高無上地位的唯一原則。福柯特別讚揚一直被「正統」思想家和評論家所忽視的沙德（Donatien Alphonse François, maquis de Sade, 1740-1814）等人的文學作品，因爲他們所歌頌的，正是人性中最自然的欲望、情感和幻想力，是有血有肉、活生生的人的本來面目。福柯尤其讚美沙德在他的《道德的犧牲品》（*Les infortunes de la vertu*, 1787）、《貴婦小客廳中的哲學》（*La philosophie dans le boudoir*, 1795）、《新生的朱絲丁：道德的厄運》（*La nouvelle Justine ou les Maalheurs de la vertu*, 1797）、《愛的罪惡》（*Les crimes de l'amour*, 1800）等作品中所表現的「逾越」（transgression）精神（Foucault, 1994: I, 233-236; 240-241; 25-257; 521-522; 660-661; II, 113-115; 375-376; 818-822）。福柯特別強調指出，只是在近現代科學知識得到長足進步的十九世紀之後，相當多的思想家，才把啓蒙精神單純地理解爲理性主義，只把理性提到最高的優先地位，並以此作爲他們創建新社會制度的唯一合法尺度。在他們的片面思想的推動下，作爲現代社會的基本精神支柱的法制、道德和科學知識體系，越來越成爲理性的最高體現。

這樣一來，究竟怎樣對待啓蒙思想，並不只是一個簡單的歷史評估和純粹理論性的問題，而是關係到當代人的實際命運以及關係到整個哲學和人文社會科學基本研究方向的問題（Foucault, 1994: IV, 136：578; 679）。

所以，在當代法國哲學革命過程中，哲學家們所面臨的首要問題，就是重新審查和澈底批判啓蒙運動所奠定的基本思想原則。在這個意義上說，當代法國哲學的創造性，就是從批判啓蒙思想及其基本原則出發，顛覆一切被「正統的」啓蒙思想所肯定的現代知識的理論基礎，爲當代人文社會科學，重構一種史無前例的嶄新的思想創造原則。

五、哲學的自我超越性及其自我更新

當代法國哲學在世界文化發展史上的偉大意義，是來自它本身所固有的深刻理論特點及其基礎理論。從近代文明產生起，法國思想就以其深刻的哲學基礎而在世界文化寶庫中獨居其特殊地位。通觀近五十年來當代法國哲學的發展和演變

進程，我們也同樣發現：它的獨創性，始終都使它成爲當代整個世界文明及其理論思想發展的重要依據和基石；而且，如同近代社會黎明時期一樣，它的思想威力，是與同時代法國哲學理論的高度創造精神緊密相連。

當代法國文化思想寶庫中最核心的部分，仍然是它的哲學理論。當代法國哲學（la philosophie française contemporaine）是西方文化寶庫中最富有創造力的一個部分。但是，當代法國思想中的哲學理論，已經不是傳統意義上的哲學，因爲它不但澈底顛覆了傳統西方原則，改變了哲學本身的性質、內容和基本方法，而且還使哲學進一步同其他人文社會科學及自然科學、同人的日常生活和整個社會文化活動，緊密地結合在一起。在當代法國哲學中所進行的理論變革和自我批判，始終是整個法國思想界發生根本性重大變動和不斷創新的基本出發點。法國哲學的優點，正是在於它不自限於傳統的理論羈絆，而是永無止盡地創新和進行**自我超越**（auto-transcendance）。

當代法國哲學的自我超越精神，具有其獨特的歷史內容及特徵。哲學本來就是人的自我超越精神的理論表現。自古以來，哲學之所以存在、發展和不斷更新，就是因爲它自身具有自我超越精神。當代法國哲學發揚了哲學的傳統自我超越性，在新的歷史條件下，不斷向新的方向、新的維度和新的領域，特別向「無人」和「非人」的境界，實行冒險的逾越活動，是當代法國哲學呈現出史無前例的超越性。

在整個二十世紀下半葉，法國哲學及整個人文社會科學，經歷了曲折而複雜的重建過程。法國哲學和人文社會科學的理論和方法論的變革，是當代法國哲學家進行一切思想革命和觀念改革的眞正出發點。正因爲這樣，當代法國思想的一切成果，都是扎根於哲學和人文社會科學的理論和方法論變更的基礎上。當代法國哲學的理論性、實踐性和語言性，不僅是當代法國思想的特徵，也是它呈現重要世界歷史意義的內在根源。

經歷近五十年的變革，當代法國哲學已經遠遠地脫離了傳統哲學的形式、內容和範圍，成爲一種同多學科研究緊密相關的廣闊理論創造的新天地，開闢了光明燦爛的自由創作視野。1958年，針對英國語言分析哲學一再強調哲學及其方法的「嚴謹科學性」，讓－瓦爾向奧斯丁（John Langshaw Austin, 1911-1960）提出一個非常嚴肅的問題：「難道哲學只是一個小島嗎？」換句話說，哲學是不是一個具有清晰的明確界限、並必須遵循特定的專門方法的研究領域？這一問題反映了當代法國哲學家們恰正思考著超越傳統哲學範圍的傾向和意願。一切舊的傳統都受到無情的質疑和批判（critique），新的創造是在無拘無束和空前自由的情況下進行的。哲學的革命和改造，引起了人文社會科學和自然科學的重構，也促使

各個學科實現澈底的理論和方法論的變革。同時，當代法國思想的重構和革新歷程，又促進了整個社會文化以及人民生活方式、行動作風、思想風格、個人心態和思想感情的變動。正如許多法國思想家們所肯定的，近五十年的思想變革不但改變了學術理論面貌，而且也改變了人民的生活風格和思想感情。當代法國思想同理論、同人民實際生活的緊密關係，為世界各國的思想革命創立了新的典範。哲學及整個人文社會科學的理論創造，歸根究柢，本來就是對於人們習以為常的生活本身的一種反思活動。由於當代哲學和整個人文社會科學以及自然科學的創造活動同人民日常生活活動的緊密聯繫，人們更典型地看到了：當代法國人最普通的日常生活，已經遠遠地超越了傳統日常生活的範疇（catégorie），使人們看到在其中所隱含的豐富內容：它既是平凡的、瑣碎的和重複的，但又是富有啟發性和反思性，是最高尚的人類思想情感超越活動的真正基礎。以往被認為遠遠脫離日常生活活動的藝術（l'art）、哲學（la philosophie）和科學（la science）創造活動，如今更頻繁地在日常生活中顯示出來。最高級的精神創造活動同最普通的肉體活動、日常生活的緊密結合，顯示了當代法國文化的先進性和典範意義。

從當代法國哲學的發展中，我們清楚地看到：哲學的自我超越，典型地顯示出人的自我超越精神，也同樣典型地顯示出整個人類文化的自我超越性。人和人類文化（la culture humaine）的自我超越性，在當代法國哲學中發展到極其典型的程度。當代法國哲學在其自我批判中，真正地跨越了傳統學科和傳統理論的界限，大膽地同各個學科對話（dialogue），並突破了理論的原有架構，將理論研究和精神創造活動推進到一個新的階段。當代法國哲學不只是實現了同人文社會科學各學科交流，而且還同自然科學溝通穿梭。在當代科學技術進入科際整合、符號化及數碼化的時代，法國哲學充分地估計了當代科學技術的特徵，使哲學思考從當代科學技術的最新成果中吸取了最豐富的養料，從而實現了哲學本身的澈底改革。

法國精神與政治科學科學院（L'Académie des Sciences morales et politiques）主席兼法國國際關係學院院長孟德波利亞（Thierry de Montbrial），在他致法國哲學會所作的學術報告中提到，二十一世紀初，資訊學（l'informatique）已經不是單純是科學或技術，而是一種遠比文字本身更複雜得多、超越時間與空間的新事物（Montbrial, Thierry de, 2001）。孟德波利亞說，資訊並不侷限於線性表達方式，也不能靠時間與空間加以確定。資訊學的出現，意味著我們的文化生活中，產生了一種「超文字」（hyperécriture），它一方面具有文字本身所包含的語音和圖像的雙重關係，另一方面又借助於技術所提供的聯結方式，可以在各種文本所構成的「超文本」（hypertexte）之間進行穿梭和遊行（Ibid. :1）。正因

爲這樣，資訊的氾濫和傳播，就好像以往人類歷史上文字的出現那樣，深刻地影響了文化、思想及社會組織。嚴格地說，資訊的出現及傳播，歸根結柢，關係到人本身及其文化的命運。鑒於此，法國哲學近年來加強了對科學技術的研究，並由此深刻地改變了哲學本身的性質及表達方式（參看Thierry de Montbrial, L'Informatique et la pensée. In Bulletin de la société française de philosophie, 95 année, No.2, Avril-Juin 2001, Paris）。

更重要的是，哲學還不只是實現了對話，而且還注意到各種社會文化實踐和最普通的日常生活實踐，將近現代社會所扭曲化的人及其生活世界，重新恢復其本來面目，找到其本身活生生的生命運動形式，並在具體實踐活動和「實踐智能」中，吸取哲學改造的動力和養料，使哲學的重建獲得了強大生命力，並帶動了整個人文社會科學理論研究的思維模式和風格的澈底改造，同時反過來又使社會生活和人的生活風格和生活實踐模式，也發生了重大的變化。

六、以想像及批判爲基礎的創造

當人類剛剛跨入新的二十一世紀的時候，有必要從法國當代哲學在近五十年的「浴火重生」歷程中吸取經驗教訓，以便爲新世紀人類文化的創建和新生，提供有益的啓發和思路。

當代法國哲學在整整半個世紀內所發生的思想革命，集中地顯示了當代法國哲學的精神創造活動的強大生命力及其獨創性。當代法國哲學的獨創精神，首先來自思想家們的自由想像活動。

想像（imagination）是一切創造活動的出發點。首先必須敢於和善於想像，才有可能實現進一步的創新。當代法國哲學中所表現出來的想像，其本質就在於：1.它是一切懷疑的基礎；想像爲思想和行爲開闢了廣闊的新視圈，也拓殖了語言、思想和行爲的新時空架構，創造了逾越現實的可能條件；2.實現對現存的一切進行挑戰；眞正做到「目空一切」。在當代法國哲學的想像活動中，在思想理論的視野和視線範圍內，是不存在足以阻擋想像的任何障礙的，也沒有任何力量可以約束想像力的展現。思想者的想像視線，永遠是空曠清晰的無邊時空。3.敢於打破一切禁忌，視一切現有規定和成果爲「零」，大膽地進行冒險的開拓活動；4.想像就是可能性本身，或甚至是對一切可能性的憧憬和期待，同時又是可能性的實施和實踐；5.毫無顧忌地托出空前未有的新設計方案，在想像中建構新型的實踐方案。在這個意義上說，想像又是實踐本身的前提。

傳統哲學把自身禁錮在理性和抽象概念的範圍內，將想像拱手讓給文學和藝術，實際上就是自我限制和放棄創造的能力。在以往的哲學教科書上，想像是沒

有它應有的地位的；甚至錯誤地將想像歸結爲一種「無根據地」杜撰的能力。與此相反，當代法國哲學家們將大膽懷疑同自由想像相結合，使他們始終不滿足於現存的理論和方法，不拘泥於實際的規則和現有的成果，努力在未被發現的領域中施展自由的想像力。靠想像的力量，思想家們一方面敢於否定一切現存的事物和已有的各種觀念、方案，而且也毫無顧及地設想前所未有的各種新觀念。正如沙特所說，只有靠自由想像力才能有所發現，有所創造。和沙特幾乎生活在同一時代的列維納斯（Emmanuel Levinas, 1906-1995），也在他的思想歷程中，反覆進出和迂迴於「烏托邦」的想像世界中。而福柯也同樣強調，想像之爲想像，實際上就是敢於在任何時候和在任何領域進行某種「**逾越**」（transgression）。從巴岱到福柯，這種「逾越」精神，在開創新視野、實行大膽的冒險及創立新觀點方面，始終構成內在的主要推動力量。

其次，當代法國哲學的偉大成果，還來自**對於人的自由本質和人的尊嚴**（la dignité humaine）**的絕對肯定**。思想創造活動本來就是人的自由本質的集中流露和集中表現。人的生命的高貴之處，就在於始終在思想上無止盡地追求自由。自由的眞正意義就在於衝破舊界限的自由（liberté）。自由在本質上就是尋求新的生活目標。人的自由的無止盡性質，決定於它的人性根源。人作爲人，永遠試圖超越。人的超越性決定了人的自由的無止盡性質。當代法國哲學家們對於人的自由和個人尊嚴寄予最高的期望，並把發揮和發揚人的自由和尊嚴，當成其思想活動的軸心。在當代法國哲學界的各種爭論中，人的問題始終是其關懷的重點。

第三，當代法國哲學的偉大成果，也來自**對於語言的批判**（critique）**和解構**（déconstruction）。長期以來人們總是對語言表達思想和進行溝通（communication）的能力深信不疑，甚至對語言的準確性和可表達性加以崇拜，以爲語言運用得越熟練，表達和溝通就越順利。但人們忽視了語言運用中扭曲和改變思想感情的事實。當代法國哲學家們總結法國和西方各國思想家對於語言的研究成果，從其自身的創作經驗中探索了解構語言的可能性和途徑。解構語言不但沒有阻礙思想和溝通的表達，反而促進了創造活動本身。這是因爲語言本來就隱含著豐富的人類歷史經驗，而且，語言原本就是人的生存的基礎，是「存在的家」。

最後，當我們通觀當代法國哲學的發展歷程，可以明顯地發現**批判**精神在推動思想創造中所展現的關鍵力量。「批判」本來是西方哲學發展中的基本動力。但是，**當代法國哲學所表現的批判精神**，具有明顯的時代特點：首先，就**批判的歷史動力來源**而言，它不僅是黑格爾、馬克思、尼采、佛洛伊德、海德格、胡塞爾的批判精神的總和和延續，又是對他們的批判原則和批判實踐的超越；其次，就**批判的性質**而言，它是將顛覆傳統與革新創造相結合的反思性理論重建活動；

因此，**當代法國哲學的批判精神**，一方面是**逾越一切既定事物和既定理論的極限**，是對以往一切歷史的解構，另一方面也是創造性探險活動的動力。第三，就**批判的主要對象**而言，它主要是針對**現代性**的主體性原則，是對啓蒙原則主導下所發展起來的資本主義自由民主社會制度和現代文化的澈底審判，集中批判西方語音中心主義（phonocentrisme）、邏輯中心主義（logocentrisme）和種族中心主義（ethnocentrisme）。第四，就**批判的目標及其對未來的關係**而言，它是為二十一世紀人類新文化重建事業的開創性探險試驗活動的一個歷史預演，因而，它完全有資格被稱為「後啓蒙」時代中具有「反啓蒙」性質的文化革命的哲學導論；第五，是**批判對其自身的態度**而言，是一種澈底的反思原則，也就是批判對其自身所採取的反覆主動的自我否定態度。這是批判是否澈底的最高和最後標誌。法國哲學的最大特徵，就是它的澈底自我批判精神，即一種「自我顛覆」。正如福柯所說，它要永遠使自身變成為異於原有自身的新出發點。第六，就批判的**形式**而言，它是從人類誕生以來一直伴隨著人類文化創造的**遊戲**活動的最新表演。當代法國哲學所實行的創造遊戲形式，使哲學實現了真正自由的自我超越，不僅超越傳統哲學本身的理論領域，而且也在整個人文社會科學之間進行穿梭。用利科的話來說，就是「進行最大限度的迂迴」，以便完成哲學本身的無限度的革新。同時，哲學遊戲還滲透到文學和藝術，滲透到日常生活之中，形成哲學和生活的詩化，不但加強哲學的詩性，也提升生活的審美價值。正因為哲學創造在遊戲中進行，當代法國哲學特別注重哲學論述的策略和語言遊戲的實踐智慧性質。

當代法國哲學在這半個多世紀所取得的豐碩思想成果並不是偶然的。除了哲學自身的自由想像以外，它還來自法國文化和哲學的深遠歷史傳統，來自二十世紀上半葉及第二次世界大戰期間的激烈思想爭論和思想家們的勤奮而嚴謹的理論研究態度。

在上述舉行於2000年12月的法國哲學會上，現任法國哲學會主席布爾喬亞，在他的題為〈**哲學會的青年時代**〉（Jeunesse d'une société）的學術報告中，總結了法國哲學近百年來取得偉大成果的歷史原因，特別指出了二十世紀第一個三十年期間法國的第一代思想家的奠基性貢獻。他認為，沒有第一代卓越的哲學家的思想創造，就不會有近一百年整個成果（Bourgeois, 2000）。

在屬於二十世紀初期的第一代哲學家中，包括了柏格森、巴舍拉、布蘭希維克、阿蘭等人。因此，本書在系統地探討近半個世紀以來法國思想歷程的時候，又不可避免地要涉及到與之相鄰的歷史時期內所發生的各種思想爭論。這就使這本書所探討的範圍，有的時候不得不回溯到第二次世界大戰時期及其前後的一段

社會文化歷史。

當代法國哲學所涉及的範圍及領域，不但是多方面的，而且其主題也是不斷變換和不斷更新的。但是，深入探索西方文化的奧祕、並時時關懷人的命運（le destin humain），始終都是當代法國哲學爭論的焦點。從第二次世界大戰結束以來，法國思想家們繼承法國歷史和整個西方社會文化傳統，特別是二十世紀以來法國的哲學與文化的最新成果，針對法國和整個西方世界所面對的基本問題，把關懷的重點集中指向人的命運、西方文化的基本結構及其核心問題。

第二節　思想歷程的曲折性和反覆性

一、思想歷程的階段性和迴圈性

如前所述，當代法國哲學家們所進行的理論革命，並不是一蹴而就的；他們幾乎花費了整整半個多世紀的時間，開展一次又一次艱苦卓傑的革新，前後經歷了（一）從第二次世界大戰結束前後到六〇年代、（二）從七〇年代到八〇年代，以及（三）從八〇年代末到二十一世紀初的三大不同階段，才譜寫出現代思想史上最光輝的哲學史詩。

在當代法國哲學的三大發展階段中，各個階段之間，既不是絕對相互分割，又不是單向地或直線地相互連接；它們之間有相互穿插和相互滲透，又有斷裂和分離；各個階段之間的界限往往呈現模糊的交錯形式。

顯然，本書之所以將當代法國哲學的發展歷程劃分為三大階段，在很大程度上，只是出自便於描述和分析的目的。在實際上，任何哲學的發展和演變，都不可能簡單地被劃分為相互區分的不同階段。哲學本身的複雜性，使它在歷史呈現形式方面，顯示出遠比語言直線表達模式和邏輯規定的一貫性更複雜得多的形態。

所以，當代法國哲學的演進，在本質上是非單一、非直線、非連續，其內容和形式，並非單靠理性或邏輯就可以弄清楚的。簡單地說，當代法國哲學的各個發展階段，是哲學史研究者描述和總結哲學發展所採用的表達方式，它並不是現實的哲學呈現模式。

作為對當代法國哲學發展歷程的描述和分析的方式，各個被劃分的發展階段之間，也是既有區別，又有重複；它們之間如同文化板塊一樣，相互斷裂，又發生重疊；既有裂痕，又有相互滲透。德希達、福柯、德勒茲、利科和依波利特等人，在總結當代法國哲學的發展歷程時，幾乎都異口同聲地指出：哲學思想的發展是曲折而重複的，同時又是前後斷裂和相互重疊的。他們顯然是從當代法國哲

學的獨創性出發，強調各個時期的哲學思想之間的根本差異性、不可翻譯性以及不可化約性。

　　但是，從第二次世界大戰到本世紀初，法國在思想創造和文化發展方面，呈現出較爲明顯的歷史特徵，可以構成爲一個較爲完整的歷史時代。一般地說，在這一歷史時代的法國哲學，經歷了上述三大階段，使二十世紀的法國哲學的發展歷程，表現出布爾喬亞院士在本書序言所指出的那種高度複雜性。按照布爾喬亞院士對法國二十世紀哲學發展的深刻洞見，本書所要論述的上述三大階段中的第一階段，基本上也就是由沙特爲代表的非學院派與巴舍拉和岡格彥爲代表的學院派所統治的時期。在這一時期，沙特等人強調人的有意識的主體性對人自身決定自己的命運的關鍵意義。沙特在其晚期著作《辯證理性批判》中，甚至還試圖進一步將上述思想同馬克思的歷史唯物主義結合在一起，使主體意識的主動創造精神，在有廣大人民群衆參與的歷史實踐中找到實際貫徹的力量。而與沙特同時代的巴舍拉和岡格彥，在這一時期則集中研究了知識論述的結構及其同現代社會實際運作的複雜關係，採用新型的結構主義和新尼采主義的方法和觀點，從而更遠地脫離主體意識哲學的傳統影響，奠定了二十世紀最後三分之一時期（從1970年代到二十世紀末）的法國哲學的多元、多質、多極、多向的特色。

　　如前所述，由於哲學的複雜性，對於法國這一時期三大階段的哲學發展，既不能依據由啓蒙以來所奠定的、傳統的「歷史單線單向發展進步觀」，也不能使用近現代自然科學方法所崇尙的那種分類和分析方法，進行化約、歸納或割裂；相反，只能依據思想創造本身的邏輯，對各個哲學思想進行具體的分析。這就是說，在必要的時候，固然要看到不同階段哲學思想之間的複雜聯繫，甚至相互交錯；但在這種情況下，尤其要看到它們之間的界限的模糊性，切忌不可以「一刀切」的分割方式，絕對地區分開來。但與此同時，各個哲學思想之間，更多的，又是彼此間的「斷裂」（la rupture）或「跳躍式」（par bonds）的間距化。這種跳躍性和斷裂性，意味著上述三大階段的更替，往往是以艱苦的批判和創新，作爲其實現的代價。正是由於各個不同階段的思想家的批判和創新精神，才使各個階段所呈現的思想觀點和採用的思索方法，有顯著的尖銳對立性、巨大的差異性，使各個階段之間，眞正具有「不可化約性」、「不可通譯性」和「不連貫性」的特徵。

　　各階段之間的這種斷裂性，顯示了當代法國哲學發展歷程中，其各個階段所完成的思想革命的澈底性。例如，存在主義和結構主義、解構主義之間，關於一系列基本問題的對立性，都達到了不可協調的尖銳程度。沙特的存在主義強調個人生存的主體性基礎，而結構主義則忽略主體性，強調思想和語言結構不以主體

的轉變而變化。結構主義以語言的無主體性，顛覆存在主義和一切意識哲學的主體性原則。

哲學發展的階段性，是由一些重要因素所決定的；這些因素主要是指在不同階段中：1.扮演主要角色的關鍵人物、2.具影響性的著作、3.重大的理論爭論以及4.重要歷史事件的不可替代性。所有這些因素，都呈現非常明顯的「一次性」或「不可重複性」，對哲學思想的創造活動，提供了獨特的歷史條件和精神力量；但是，同一般歷史一樣，思想史和哲學史也經常走回頭路，在不可預測的力量的影響下，往往出現多次重複、回歸、退後、再演、迂迴、旋轉和「反芻」，使當代法國哲學的演變過程，如前所述，既沿著延續的軌跡，又出現斷裂和重疊。

首先，我們看到：三個階段的主要代表人物，有明顯的變化和更替。當代法國哲學三個階段中的主要代表人物，基本上是由相當於三個世代的思想家所交錯構成的。也就是說，這五十年，作為一個歷史時代，是由三代人中的傑出思想代表的創造活動所譜寫出來的。第一代人，主要是沙特、西蒙‧波娃、柯以列、科耶夫、巴岱、克洛索夫斯基（Pièrre Klossowski, 1905-2001）、杜美濟、雷蒙‧阿隆、依波利特、阿圖塞、巴舍拉、岡格彥、利科、讓－瓦爾、拉岡、梅洛‧龐蒂和卡繆等人，作為二十世紀在思想和文化方面對啟蒙精神的第一代叛逆者，早已從三〇年代起，隨著第二次世界大戰的爆發，對啟蒙及其所建構的**現代性**（Modernité）文化總體結構，發起了總攻擊，開鑿了一個又一個粉碎性和顛覆性的裂縫，為福柯、德希達、利奧塔等出生在二、三〇年代的第二代思想家所組成的隊伍，開創了在六、七〇年代對啟蒙思想文化進行澈底叛逆的光輝先例，也為出生在三〇年代中期至四〇年代，以莎拉‧柯夫曼、哥德里耶、斐利普‧索耶、克莉絲蒂娃、貝爾納特‧亨利‧列維、莊‧呂克‧馬里墉為代表的第三代思想家，在八〇年代至二十世紀末期間，繼續叛逆和重新創造提供了有利的社會文化條件。

所以，作為對傳統思想的第一代叛逆者，沙特等人成為了近半個世紀思想革命的發動者和啟蒙者；但由於他們是思想革命的先鋒和開拓者，剛剛從傳統的束縛中解脫出來，所以，免不了仍然帶有傳統的痕跡。在這個意義上說，第一代思想家是從傳統轉向澈底思想革命的過渡性人物。而在六、七〇年代開始，對啟蒙思想體系進行澈底「解構」的德希達、福柯等第二代思想家，則是澈底改變當代法國哲學主體思想的「逾越者」。從八〇年代起，為二十一世紀思想文化建構工程尋求新理論基礎的第三代思想家，實際上承擔了新世紀文化創新的艱巨任務。

但是，上述所謂第一和第二代人，實際上也會延續地對第二和第三代思想家繼續發生影響；他們甚至會在第二或第三階段中重新出現，繼續發揮他們的理論

的威力；只是在後來的各個階段，他們已經蛻變成新的人物，他們的思想也往往經歷了很大的變化。

嚴格地說，當代法國哲學思想的發展，只有到了第二階段，其創造程度和理論形態，才趨於成熟化和體系化。所以，只有到了第二階段，主要思想家們的思想理論，才表現出澈底脫離前一世紀思想影響的陰影的特徵。這是指兩方面：一方面，是指他們敢於澈底同傳統決裂，清晰地表現出「斷裂性」；另一方面，他們的創造顯示了二十世紀文化和思想所特有的性質。

第二階段的主要代表人物是福柯、德希達、羅蘭·巴特、鮑德里亞、布迪厄……等人。如前所述，他們在思想創造方面，顯然已經同沙特以前的傳統哲學家完全決裂，試圖澈底拋棄傳統形上學、認識論、倫理學和美學的基本模式，澈底拋棄主客觀二元對立的模式，澈底否定近代科學技術的歸納和分析方法。他們的思想體系，往往因此被人們稱爲「無主體的哲學」或「後形上學的哲學」，甚至也被稱爲「非哲學的哲學」或「文學化和修辭化的哲學」。

第三階段的代表人物，斐利普·索耶、克莉絲蒂娃、貝爾納特·亨利·列維、莊·呂克·馬里塘等人，既然是在第二階段澈底思想革命基礎上產生的，所以，他們不但與第一階段的代表人物有根本的區別，而且，也同第二階段的代表人物有所不同。第三代的思想代表人物是屬於新世紀的，明顯地刻上了二十一世紀的特徵。這些沾染上「新新人類」性格的新一代思想家，試圖在他們的思想中表現出數碼時代的不確定符號或象徵的無規律變化的特點，使用非傳統語言的符號和象徵，組成他們的論述體系。

除了人物方面的變化，在上述三大階段中，法國哲學界還發表了一系列帶有時代里程碑性質的重要著作，不僅在法國國內，決定了思想發展的方向，而且，在國際學術界，也產生深遠的影響。例如，作爲第一階段最重要的哲學家，沙特在1938年、1943年、1947年，先後發表的《嘔吐》、《存在與虛無》及《存在主義是一種人道主義》，不僅決定了第一階段各種哲學討論的內容和方向，而且也影響了第二階段及以後法國哲學的基本性質。

面對社會和歷史的根本轉折，許多思想家，如同沙特那樣，幾乎都不約而同地就它們所關注的問題，進行深刻的反思，導致這一時期幾乎同時出版了許多富有思想性的著作。正如我在《當代法國思想五十年》一書中所說，第二次世界大戰，成爲了培訓和鍛煉法國思想家的熔爐。沙特、卡繆、梅洛·龐蒂、利科等人，都在大戰的洗禮中，思考它們所關心的問題，寫出了他們帶有里程碑性質的作品。這些著作包括：梅洛·龐蒂的《行爲舉止的結構》（*La structure du comportement*，1942）、《感知的現象學》（*Phénoménologie de la perception*,

1945）、《意義與非意義》（*Sens et non-sens*, 1948）、《哲學的讚頌》（*Eloge de la philosophie*, 1953）、《辯證法的歷險》（*Les aventures de la dialectique*, 1955）等，卡繆的《叛逆的人》（*L'Homme révolté*, 1951）、《在瑞典接受諾貝爾文學獎典禮上的演講》（*Discours de Suède*, 1958）、《西希弗斯的神話》（*Le Mythe de Sisyphe: Essai sur l'Absurde*, 1961）等。

最值得注意的是，在同一時期由施特勞斯和拉岡所發表的結構主義著作。前者先後發表了《南比克瓦拉印第安部落的家庭與社會生活》（1948）、《親屬的基本結構》（1949）、《憂鬱的熱帶》（1955）、《結構人類學》第一卷（1958）、《當代圖騰制》（1962）和《原始思維》（1962）等著作；後者發表了《從人格關係看偏執狂病態心理》（1932）和《文集》（1966）。拉岡和施特勞斯的著作，向雷電發出的閃光那樣，在原來由存在主義一統天下的法國思想界，照射出一片令人耀眼的新天地，開闢了振奮人心的新視野。

除了上述屬於時髦思潮的思想家以外，在大學任教的著名哲學家，特別是巴舍拉、科耶夫、依波利特、岡格彥等，也發表了具很大影響力的著作，諸如巴舍拉的《否的哲學》（*La philosophie du non*, 1940）、《水與夢幻》（*L'eau et les rêves*, 1942）、《空氣與幻想》（*L'air et les songes*, 1944）、《意志的領地與幻想》（*La terre et les rêveries de la volonté*, 1948）、《休閒的領地與幻想》（*La terre et les rêveries du repos*, 1948）、《現代物理的理性主義活動》（*L'activité rationaliste de la physique contemporaine*, 1951）、《合理的唯物主義》（*Le matérialisme rationel*, 1953）、《空間的詩意》（*La poétique de l'espace*, 1957）、《幻想的詩意》（*La poétique de la reverie*, 1960）、《一支蠟燭的火焰》（*La flamme d'une chandele*, 1961）、《幻夢的權利》（*Le droit de rêver*, 1970）、《論文集》（*Etudes*, 1970）；科耶夫的《閱讀黑格爾著作導引》（*Introduction à la lecture de Hegel*, 1947）、《法的現象學概論》（*Esquisse d'une phénomélogie du droit*, 1981[1943]）、《論康德》（*Kant*, 1974[1955]）、《異端哲學推論史》（*Essai d'une histoire raisonnée de la philosohie païenne*, 1968[1958]）；依波利特的《黑格爾的〈精神現象學〉譯文序言》（*Préface et traduction de Hegel <La phénoménologie de l'esprit>*, 1939-1941）、《黑格爾的〈精神現象學〉的誕生及其結構》（*Génèse et structure de <La phénoménologie de l'esprit> de Hegel*, 1946）、《黑格爾的〈歷史哲學〉導論》（*Introduction à <La philosophie de l'histoire> de Hegel*, 1948）、《邏輯與存在》（*Logique et l'existence*, 1953）、《論馬克思與黑格爾》（*Etudes sur Marx et Hegel*, 1955）、《對佛洛伊德的「否認」概念的口頭說明》（*Commentaire parlé sur la <Verneinung> de Freud*, 1966）等。這些屬於學院派的

哲學家的著作，不論在內容和風格上，都不同於上述屬於時髦思潮的哲學家。但他們對這一時期絕大多數在大學受教育的青年一代，產生了很大影響。我們只有把時髦思潮和大學研究院中的哲學家的著作統一起來分析，才能全面了解這一時期的哲學思想創造的動向及其實際影響。

　　在第二階段中，除了施特勞斯和拉岡繼續發表他們的結構主義輝煌著作以外，一批年輕一代思想家，德希達、福柯、羅蘭·巴特等人，以後浪推前浪的宏偉氣魄，連續發表了具有里程碑意義的著作。德希達的《胡塞爾的幾何學的起源》（1962）、《論延異》（1967）、《書寫與延異》（1967）、《語音與現象》（1967）和《文本學》（1967）、《散播》（1972）、《哲學的邊沿》（1972）、《立場》（1972）；福柯的《瘋狂與非理性：古典時期的精神病的歷史》（1961）、《精神病治療所的誕生》（1963）、《語詞與事物》（1966）、《知識考古學》（1969）、《論述的秩序》（1971）、《監視與懲罰》（1975）、《性史》第一卷（1976）等；羅蘭·巴特的《書寫的零度》（*Le Degré zéro de l'écriture*, 1953[1947]）、《論米謝勒》（*Michelet*, 1954）、《神話學》（*Mythologies*, 1957）、《論拉辛》（*Sur Racine*, 1963）、《符號論要義》（*Eléments de sémiologie*, 1964）、《評論文集》（*Essais critiques*, 1964）、《批評與眞理》（*Critique et vérité*, 1966）、《流行時裝的體系》（*Système de la mode*, 1967）、《S/Z》（*S/Z*, 1970）、《符號帝國》（*L'Empire des signes*, 1970）、《論沙德、傅立葉和洛約拉》（*Sade, Fourier et Loyola*, 1971）、《文本的樂趣》（*Le plaisir du texte*, 1973）、《戀人絮語》（*Fragments d'un discours amoureux*, 1977）、《課程》（*Leçon*, 1978）、《作家梭列爾》（*Sollers écrivain*, 1979）和《符號論的歷險》（*L'Aventure sémiologique*, 1985）等。布迪厄和鮑德里亞等人，從六〇年代起，連續三十多年，發表影響著全世界光輝著作。布迪厄的《阿爾及利亞社會學》（*La sociologie de l'Algérie*, 1958）、《繼承者》（*Les héritiers.Les étudiants et la culture*, 1964）、《一種普通的藝術：攝影的社會運用》（*Un art moyen. Essai sur les usages sociaux de la photographie*, 1965）、《對藝術的愛》（*L'amour de l'art. Les musées d'art européens et leur public*, 1966）、《社會學家的職業》（*Le métier de sociologue*, 1968）、《論哥德式建築及其與經驗哲學思維方式的關係》（*Postface à Panofsky, Architécture gothique et pensée scolastique*, 1970）、《再生產》（*La reproduction. Elément pour une théorie du système d'enseignement*, 1970）、《實踐理論概述》（*Esquisse d'une théorie de la pratique*, 1972）、《海德格的政治本體論》（*L'ontologie politique de Martin Heidegger*, 1975）、《論區分》（*Distinction*, 1979）、《論實踐的意義》（*Le sens*

pratique, 1980）、《關於社會學的一些問題》（*Questions de sociologie*, 1980）、
《說話所要說的意義：語言交換的經濟學》（*Ce que parler veut dire. L'économie des échanges linguistiques*, 1982）、《學人》（*Homo academicus*, 1984）、《被說出的事物》（*Choses dites*, 1987）、《國家顯貴》（*La noblesse d'État*, 1989）、
《藝術的規則》（*Les règles de l'art*, 1992）、《語言與象徵性權力》（*Langgage et le pouvoir symbolique*, 2004）等，在二十世紀最後三十年中，給予了法國哲學和人文社會科學很深的啓示。而鮑德里亞的《事物的體系》（*Le système des objets*, 1968）、《消費社會》（*La société de consommation*, 1970）、《關於符號的政治經濟學批判》（*Pour une critique de l'économie politique du signe*, 1972）、《生產之鏡》（*Le miroir de la production*, 1973）、《象徵性交換與死亡》（*L'échange symbolique et la mort*, 1976）、《忘掉福柯》（*Oublier Foucault*, 1977）、《波堡的效果》（*L'effet Beaubourg*, 1977）、《在沉默的多數派的影子下》（*A l'ombre des majorités silencieuses*, 1978）、《法共或政治的人爲樂園》（*Le PC ou les Paradis artificiels du politique*, 1978）、《論誘惑》（*De la séduction*, 1979）、
《擬像和仿眞》（*Simulacres et simulation*, 1981）、《命定的策略》（*Les straté-gies fatales*, 1983）、《神靈的左派》（*La gauche divine*, 1984）、《亞美利加》
（*Amérique*, 1986）、《他人自述》（*L'autre par lui-même*, 1987）、《酷的回憶》（*Cool memories*, 1987），以及《惡的透明性》（*La Transparence du Mal*, 1990）、《終結的幻相或事件的罷工》（*L'Illusion de la fin, ou la grève des évé-nements*, 1992）、《完美的罪惡》（*Crime parfait*, 1995）、《總螢幕》（*Ecran total*, 1997）、《無足輕重的病入膏肓》（*Paroxyste indifférent*, 1997）、〈不確定性是我們的唯一不確定性嗎？〉（L'Incertitude est-elle notre seule certitude?, 1998）、《通關密語》（*Mots de passe*, 2000）、《遠距離成形》（*Télémorphose*, 2001）、《從一個片段到另一個》（*D'un fragment ã l'autre*, 2003a）及《世界的暴力》（*La violence du monde*, 2003b）等，也成爲了這一時期所謂的「消費社會」的最重要的理論文獻。由利奧塔所發表的《後現代狀態》，則是盛行於二十世紀末的「後現代主義」的奠基性哲學著作。

　　第三階段的重要著作，是由第三代思想家斐利普·索耶、克莉絲蒂娃、貝爾納特·亨利·列維、莊·呂克·馬里壩等人所撰寫的作品。他們幾乎都尊重時代的文化特徵，對符號及象徵等超語言的新文化因素，給予充分的重視。斐利普·索耶的《仲介》（*L'Intermédiaire*, 2000）、克莉絲蒂娃的《符號單位研究：關於一種意義單位分析的探究》（*Semeiotikè. Recherches pour une sémanalyse*, 1969）、《小說的文本：對變換的論述結構的符號論研究》（*Le texte du roman.*

Approche sémiologique d'une structure discoursive transformatiomelle, 1970）、《符號的穿越性》（*La traversée des signes*, 1975）、《多元化的論說形式》（Poly-logue, 1977）、《瘋狂的眞理》（*Folle vérité*, 1979），以及莊・呂克・馬里墉的《論笛卡兒的「灰色存在論」》（*Sur L'ontolgie grise de Descartes*, 1993）、《偶像與間隔》（*L'idole et la distance*, 1977）、《化約與贈送》（*Réduction et donation. Recherches sur Husserl, Heidegger et phenomenology*, 1980）、《論笛卡兒的白色神學》（*Sur la théologie blanche de Descartes*, 1981）、《不存在的神》（*Dieu sans l'être*, 1982）、《論笛卡兒的形上學稜鏡》（*Sur le prisme métaphysiue de Descartes*, 1986）、《一旦捐贈：捐贈現象學研究》（*Etant donnée. Essai d'une phénoménologie de la donnation*, 1998）、《論過量》（*De surcroît*, 2001）、《論色情現象》（*Le phénomène érotique*, 2003）及《論禮物的理性》（*La raison du don*, 2003）等。但由於他們正處於繼續創作的實際活動中，他們的代表作儘管已經顯露特殊才華，卻還未完全定型，尙處於摸索和試探的過程中；有許多基本的理論問題，仍然處在論證和展示的過程中，而他們所提出的某些問題，甚至是試探性的，只能是具有可能性的問題。所有這一切是有待觀察和證實的。

作爲各個階段劃分的重要參考，發生在各個時期的重大事件，也是緊密地同哲學及人文社會科學的發展內容緊密相聯繫。因此，闡述當代法國三大階段的哲學史，免不了也要提到各個重大歷史事件及其對於哲學的具體影響。

在**第一階段**，具有重要意義的文化事件，是以沙特爲代表的存在主義，成爲了從傳統到革新的過渡型或轉變型的思想體系。在沙特之旁，是整個現象學學派的發展。法國現象學運動具有它的特色，它起源於三〇年代，橫穿當代法國哲學發展的三個階段，並在其不同時期，呈現出不同的特徵，也具有不同的代表性人物。同沙特一起，一批思想家從他們的各個角度，對現象學進行研究，以至使現象學在法國產生了不同的詮釋版本。

與此同時，對於語言的哲學研究，在語言學、人類學、歷史學、心理學、社會學以及文學藝術的研究成果的基礎上，逐漸地形成了和存在主義根本對立的結構主義理論。拉岡和施特勞斯，作爲這個新思潮的最傑出的最早代表，實際上早從二〇年代起，就已經以他們自身進行科學研究所取得的成果的基礎上，從語言結構的穩定性、不變性、系統性和無主題性的基本特徵出發，創立了結構主義的新精神分析學和結構主義人類學，而他們的基本結論，立即震撼了哲學和人文社會科學界。

當然，作爲這一時期的開創性事件，最具有典範意義的，首先是沙特在1943年發表的〈存在與虛無〉和1945年10月15日出版發行的《現代》雜誌（*Les Temps modernes*）。《現代》雜誌是由沙特和西蒙・波娃，同雷蒙・阿隆、梅洛・龐蒂、米歇爾・萊里斯（Michel Leiris, 1901-1990）、莊・包蘭（Jean Paulhan, 1884-1968）以及艾建伯爾（René Etiemble, 1909-2002）等著名哲學家、文學家和作家所主辦的。沙特為創刊號寫了題為〈身處於環境中的作家〉（L'écrivain en situation）的獻辭（La Présentation）。《現代》雜誌作為一個自由論壇，典型地反映了當時整個法國的人文氣氛，也概括地反映了當時思想界所關心的基本問題。不同派別的文人和思想家，即相互寬容和合作，又各自維持自己的獨立性而展開平等的爭論，為當時的思想創造提供了良好的條件。

當然，在1945年前後，還發生了一系列重大的歷史事件，同思想界及學術界中關於「異化」和「主體性」的激烈爭論，形成了相互共鳴的效果。

從1945年到1948年，短短的三年間，法國創立了一系列具有人文社會科學意義的雜誌和刊物。1945年一開始，由當時的法共所支持的雜誌《思想》（*La pensée*）發行了它的第一號，並聲稱自己是「當代理性主義的雜誌」（revue du rationalisme contemporain）。與此同時，「十字路口」（Carrefour）雜誌舉辦，並得到基督教思想家和一部分作家的支持而進行的題為「作家的責任」（La responsabilité de l'écrivain）的廣泛調查，在文學界引起強烈的反應。

面對結構主義的挑戰，沙特立即在他所主持的《現代》雜誌中發表一篇與此激烈的批判性文章，強烈指責施特勞斯關於結構穩定性、不變性和統一性的觀點以及由此引出的關於歷史的間斷性的反歷史主義思想。

在五○年代所發生的存在主義與結構主義的爭論，為第二階段的後結構主義、解構主義和新符號論的產生奠定了基礎。

第二階段的重大事件，就是發生在1968年的學生運動。學生運動把所有的意識形態和思潮，都攪動到政治鬥爭的漩渦中，並受到了歷史的裁判。

與此同時，由福柯等人所發動的對「主體性」概念的批判，由德希達所帶動的「解構」策略在哲學研究中的運用，也成為這一階段決定著哲學研究方向的重大理論事件。

第三階段的重大事件，是發生在八○年代末的蘇聯、東歐原共產主義集團國家的垮臺、全球化、歐盟的成立和擴大、生命遺傳工程的成功及開展、世紀末文化特徵的爭論以及所謂「恐怖主義」的問題。這些事件，雖然有些是遠離哲學和思想領域，但對哲學發展，仍然發生很大影響。

總之，決定當代法國哲學發展的各種上述重大因素，使當代法國哲學顯示出一定的演變的階段性。我們只是在研究和分析當代法國哲學的特徵時，才對它們的不同表現進行區分。正如布迪厄所說，任何理論分析，都必須注意區分「實際

邏輯」和「紙上邏輯」的差異；而兩者的區分，又只是爲了進一步進行必要的反思和正確的理解。

二、在世界大戰中浴火重生

當代法國哲學的形成和發展，是從第二次世界大戰的爆發和結束作爲歷史的出發點。所以，第二次世界大戰不僅具有時代的歷史意義，而且也直接成爲當代法國哲學誕生的歷史搖籃。

由上述分析，我們可以看出：當代法國哲學之所以取得如此輝煌的成果，不但是歸功於這一時期傑出的思想家，而且還存在深刻的歷史和社會根源。二十世紀上半葉所發生的兩次世界大戰，實際上不只是歐洲各國政治經濟政策的延續，而且也是其社會文化發展的必然結果。在法國現代史上，兩次世界大戰的戰火洗禮，尤其成爲各種思想及理論創造重新活躍的歷史契機。戰爭破壞了人們幸福的和平生活，但也摧毀著生活中的邪惡勢力，擦亮了人民的眼睛，揭露了長期隱藏的社會文化危機的眞正根源，同時激勵了人民的精神創造活動，使人民更加酷愛自由，加強了人們的思想反省能力，更加明確了改造社會文化的新方向。

第二次世界大戰實際上就是尋求自由民主社會的理念同主張獨裁專制的法西斯力量之間的一場決戰；而在這場決戰中，同時也包含了資本主義（capitalisme）和共產主義（communisme）之間的歷史遭遇戰。所以，這場戰爭並不只是兩大對立的軍事聯盟集團之間的一場軍事、政治和經濟力量方面的大搏鬥，而且也是人類社會中相互對立的理念和文化價值觀之間的決鬥。這場偉大的戰爭，雖然決定了現代自由民主力量與法西斯惡勢力之間的勝負，卻也爲資本主義與共產主義之間在二十世紀末的新決戰，作了最好的歷史準備，並奠定其勝負的基礎。戰爭熔煉著人，教育出新的一代。福柯的老師岡格彥在第二次世界大戰以前是一位和平主義者，但到了1940年時，由於戰爭的教育，使他立即成爲了抗擊德國法西斯的戰士。深受戰爭影響的新一代思想家，如卡繆、梅洛‧龐蒂等人，都在戰火中受到了錘煉，而列維納斯、沙特、阿圖塞等人，更在殘酷的戰爭期間，被關押在法西斯的「戰俘營」中，親身體驗戰爭對於人身自由的殘酷剝奪。在炮火隆隆聲中，儘管他們的肉體和身軀被拘禁在戰俘營，但他們的思想卻逾越出鐵絲網，不停地思考著「人」的基本問題，對「現代性」有所省悟，發出他們的深刻而感人肺腑的哲學吶喊。列維納斯在1947年發表的《從存在到存在者》和沙特在1943年發表的《存在與虛無》等重要哲學著作，都是在戰俘營裡草擬出來的。沙特自己說過，納粹的法西斯統治使他眞正理解了自由的本質。卡繆雖然身患結核病，卻仍然積極地投入抗敵反戰的地下活動，並同時擔任《巴黎晚報》

（*Paris-Soir*）主編，發表《異鄉人》（*L' Etranger*）、《西西弗的神話》（*Le mythe de Sisyphe*）、《誤解》（*Le Malentendu*）及《加里古拉》（*Caligula*）等著作，用他的思想和手中的筆，同法西斯戰鬥；梅洛‧龐蒂在1945年發表的《知覺現象學》是在他參與抗德游擊戰時草就的。因此，第二次世界大戰是近現代社會文化的內在危機（crise）的總結果，同時又成為法國思想家們進行反思的最好歷史時機。

正是在這樣的歷史和時代背景下，法國思想界將文化重建、社會改造、思想探索、精神心靈陶冶以及生活方式轉變，新舊更替，結合在一起加以反思，意識到西方思想和文化的發展，已經面臨著一個新的戰略轉捩點。

十九世紀的資本主義社會孕育和產生了共產主義思想和理論；二十世紀的資本主義社會又生產了法西斯主義這個怪胎。為什麼在西方自由民主制及資本主義思想體系充分發展的歷史時段內，會產生與民主制根本對立的共產主義和法西斯主義？資本主義的哪些因素同共產主義與法西斯主義有緊密關係？顯然，並不是社會的支節和局部缺陷或偏差，而是指導著資本主義社會運作的根本原則，隱藏著內在矛盾和危機。當社會歷史發展到這樣關鍵時刻的時候，思想家們所要反思的主題，是那些構成整個西方文化內在核心或基礎的根本性問題。這就是始終貫穿於西方社會文化和思想中的**人文主義和理性主義的基本原則**。這個基本原則歷經長期發展和演變，到了近代和現代社會階段，已經變成為滲透於西方社會整個制度、生活方式、思考模式以及西方人心靈深處的牢固因素；但也正因為如此，面對當時西方社會和文化的危機，法國思想家們意識到這實際上是一場深刻的文化革命和思想革命。這場革命的焦點勢必集中到西方思想傳統的核心問題，即上述人文主義和理性主義的基本原則。

從二十世紀中葉開始，西方社會和文化的發展，隨著其內在矛盾和危機的激化及其全面展現，更顯示出其與人性本質的衝突。更確切地說，西方社會文化的發展，更清晰地顯示了原來自詡符合人性的西方社會文化的反人性本質。這個衝突自然地引導思想家們反思貫穿於西方文化中的傳統人文主義和理性主義原則。關於人的命運及其與文化的相互關係問題，就這樣自然地成為了人們關懷的重心。

三、懷疑和批判浪潮的興起

向傳統挑戰，並不是輕而易舉、一帆風順的。所以，在法國思想革命的第一階段，正如德希達所說，從二十世紀三〇年代到六〇年代初，法國整個思想場域，還充滿著傳統的影響，法國思想界還保留較濃厚的人道主義氣息；人格

主義、價值哲學、新馬克思主義和存在主義占有很大勢力，而沙特的存在主義尤其強烈。它們基本上源於這一時期思想家對黑格爾、馬克思、胡塞爾和海德格的作品的「人類學解讀」（l'interprétation anthropologique）（Derrida, la marge de la philosophie）。所謂「人類學解讀」，指的是從傳統的人本中心主義（l'anthropocentrisme）的理論視野，將人放在世界和自然的「主體」地位，把世界和自然當成觀察和思索的「客體」或物件。這顯然是傳統形上學的二元對立思考模式的延續。

所以，第一階段的主要思想家，是環繞著沙特或同沙特相對立的人物。沙特的存在主義，通過對於人的個體主體性的「在世生存」的特殊分析，取代了傳統形上學的一般化主體理論，使長期以來已經隱含內在矛盾的主體性觀念及其論述，成為當時理論論戰的焦點。因此，沙特的思想具有雙重特徵：既保留傳統的主體性原則，又舉起嚴厲批判傳統形上學的旗幟。所以，沙特的許多思想觀點，後來雖然成為新起的思想體系的批判對象，但它在許多方面仍然不失為新思想的啟蒙者。正如貝爾納特‧亨利‧列維在二十世紀末的一篇論文所指出的，沙特不愧是近半個世紀理論革命的啟蒙者；他是二十世紀的第一位、也是最後一位思想家。沙特比同時期其他哲學家更早和更尖銳地提出問題，他雖然沒有從根本上解決問題，但動搖了傳統觀念的基礎（Levy, B.-H. 2000）。

與沙特屬於同一世代的著名思想家**梅洛‧龐蒂、卡繆、利科、羅蘭‧巴特、列維納斯、施特勞斯、拉岡**等人，都具有與沙特相類似的特點，這就是在他們的思想創造中，提出了深刻的理論問題，足以動搖傳統的思想觀念及其整個體系，但同時又仍然保留舊形上學的餘跡。撰寫拉岡傳記的女作家魯迪內斯柯（Élisabeth Roudinesco）指出：拉岡是卓越的思想家，但他同時又是一位非常謹慎，在許多情況下，甚至不願意直接與傳統理論權威相衝突的機靈人物（Roudinesco, 1993）。在羅蘭‧巴特那裡，同樣可以看出，他對傳統，是展示了一種既執著、又反叛的雙重性格。

儘管如此，沙特等人不愧為當代法國哲學的開創者、啟蒙者和開拓者；他們的基本精神，就是對傳統思想進行了最深刻的懷疑。而且，他們並不停留在思想懷疑的階段，特不滿足於進行單純懷疑的層面上。他們在懷疑的同時，以批判的實際精神和行動，對傳統中某些基本原則進行批判。所以，懷疑和批判，成為了當代法國哲學發展第一階段的基本指導思想。

四、逾越各種極限的創造遊戲

第二階段是六〇年代末到八〇年代，主要是結構主義、後結構主義、解構主

義、後現代主義以及各種符號論的出現，使原來已經在第一階段開創的哲學懷疑和革新，眞正進入成熟的全面創作的時期。在這一時期，雖然存在主義繼續發生影響，但它慢慢地退潮和衰落，越來越多的人放棄存在主義而接受結構主義等新思潮。當然，各種思潮的更替，只能部分地表現了理論本身的性質，因爲思潮的起落，除了思想本身的性質所決定，在很大程度上，主要是受到群衆對「時髦」的盲目追求的心理的支配。

1968年學生運動的興起及其失敗，是一個歷史的轉振點。這一歷史轉折，一方面將陳舊的思想體系，更激底地送進歷史的博物館，另一方面，又引起新的思想衝突，加深和激化了原有的理論爭執，使原有的思想營壘發生新的分化。原有的激進派隊伍中，有一部分思想家，面對社會現實狀況與他們的所懷抱的理念之間的差距，寧願從新選擇自己的意識形態立場、觀點和方法。正是在這種情況下，在哲學領域中，以結構主義爲基本思想動力，各種以批判傳統思想爲特徵的新思想，以百花齊放的方式展示出來，並在它們之間相互競爭，同時也把它們對傳統思想的批判，進行得更加激底；而從原有激進派中分離出來的青年思想家，以格呂克曼（André Glucksmann, 1937-2015）、貝爾納特・亨利・列維、莊・馬里・貝努阿（Jean-Marie Benoist, 1942-1990）、莊・保爾・多列（Jean-Paul Dollé, 1939-2011）、米歇・格林（Michel Guérin, 1946- ）、柯理斯蒂安・鐘貝（Christian Jambet）、吉・拉德魯（Guy Lardreau, 1947-2008）、弗朗斯瓦絲・列維（Françoise Lévy）及費理普・內莫（Philippe Némo, 1949- ）爲代表，給自己貼上「新哲學家」（les nouveuax philosophes）的標籤，對他們自己以往的哲學觀點，進行懺悔式的理論清理，試圖創立新的時髦思潮「新哲學」（le nouvelle philosophie）（參見：<Les nouvelles littéraires>, No. 2536, 10 juin 1976; <Le Magazine littéraire>, No. 117, octobre 1976; <Le nouvel observateur>, No. 611, 12 juillet 1976）。

所以，在第二階段中，從結構主義發展出來的解構主義、後結構主義和各種新符號論思想家，成爲了新的重要思想派別及體系的創造者，既激底地完成了沙特等人所沒有全部完成的批判傳統的工作，也深刻地影響了後世的思想創造方向。他們的理論作品所產生的思想威力，還遠遠地超出哲學領域，也傳播到西方所有的國家，成爲了從六〇年代起、連續二、三十年，甚至直至二十世紀末都一直啓發著西方人文社會科學界理論創造的重要思想動力。

由此可見，原本已經在上一階段產生的結構主義，只有到這一時期，才從人類學、語言學和文學評論的狹隘範圍走出來，成爲廣泛影響人文社會科學的新方法論基礎。

　　結構主義的最大理論貢獻，就在於它以新論述模式，取代原來西方傳統思想主體與客體的二元對立模式及其主體中心主義原則。結構主義的新思考模式及其論述模式，澈底地顛覆了貫穿於整個西方思想和文化的「人」的觀念的「標準化」及其「正當性」基礎。所以，結構主義之所以成爲法國當代思想革命旋風的啓動者並非偶然。在結構主義思想深處，實際上隱含了整個二十世紀下半葉理論和思想革命風暴的種子。

　　在談到結構語言學的重要意義時，施特勞斯指出，結構語言學對於整個社會科學的影響，就好像核子物理在整個物理科學所具有的革命性意義一樣。在他看來，結構語言學爲社會科學提供的結構主義基本方法，主要包含四條原則：第一，結構語言學從對於有意識的語言現象的研究，轉變成對於其無意識的基礎的研究。第二，它並不把語詞當成獨立的單位來研究，而是把語詞間關係的研究當成分析基礎。第三，它導入「系統」（Système; System）的概念。第四，結構語言學把揭示一般性通則（lois générales; general law）作爲其研究的基本目標（Lévi-Strauss, C., 1977[1958]: 33）。

　　施特勞斯所總結的以上有關結構語言學的四大特徵，對於批判傳統思想模式以及傳統方法論具有決定性的意義。首先，它意味著將無意識列爲重要因素，從而否定了傳統思想將「理性」和「意識」列爲首要地位的原則。這也就意味著尼采及佛洛伊德精神分析學的反理性主義路線的勝利，使思想創作的範圍從意識和理性擴大到包括無意識在內的整個精神活動領域。第二，它突出地顯示了「相互關係」和「系統」對於「主體中心」的優先性，有助於進一步加強對於主體中心主義和意識哲學的批判，也有利於深入批判二元對立統一的思想模式。從以上兩點來看，以沙特爲代表的存在主義之所以在結構主義和後結構主義的批判面前潰不成軍，最主要的，是沙特等人過於對主體性和主體意識寄予期望或甚至是幻想。沙特在《辯證理性批判》中對主體性及其主動精神的論證以及對主體在實踐中的「自爲」功能的肯定，都在1968年的社會運動考驗中遭遇到挫折。相反，結構主義和後結構主義所強調的「相互關係性」和「社會結構」的穩定性的論述，卻得到了確證。也就是說，主體一旦面對強大的實實在在的權力網路及其運作，便顯得軟弱無力，或甚至陷於被奴役的狀態。這一切，導致了結構主義在社會中的迅速傳播。

　　但是，在上述結構主義方法中，仍然保留傳統的意義理論，仍然強調了語音與意義的二元對立關係的重要性，顯示了結構主義本身在反傳統方面的一定侷限性。

　　然而，在結構主義的基礎上，整個法國思想界畢竟開創了新的格局，使法國

思想界在近半個多世紀以來顯示出空前未有的活躍局面。受到施特勞斯的影響，愛德格‧莫林、阿圖塞、哥德里耶、勒耐‧傑拉特和米歇‧謝爾等人，也創造性地將結構主義廣泛地運用於社會學、人類學、語言學、心理學、歷史學及政治學等領域。

結構主義的產生點燃了沙特與施特勞斯的爭論的火種。沙特和施特勞斯，各自從自己的不同理論立場出發，就主體、歷史和思想方法問題展開爭論。首先是沙特在他的《辯證理性批判》第一卷中，嚴厲地批評了施特勞斯的結構主義。施特勞斯在五○年代發表的《憂鬱的熱帶》（Tristes tropiques, 1955），通過他所觀察到的人類學事實，宣稱印第安部落生活的「無歷史」性質，並稱之為「冷的社會」（la société froide）；按照施特勞斯的說法，在人類的文化創造過程中，「共時」（synchronique）比「歷時」（diachronique）更重要，因為作為文化創造的基礎，語言和神話都是以共時結構為基礎；語言和神話的基本結構是穩定的、不變的。語言的基本結構，諸如語言中母音與子音、銳音與鈍音等要素的對立結構，並不以人類歷史的發展而發生變化。所以，實際上存在的，是一種「沒有歷史的社會」（la société sans histoire）。沙特在1961年發表的《辯證理性批判》宣稱自己試圖捍衛馬克思主義的歷史主義，強調歷史的辯證發展規律；而且，沙特還特別捍衛他的主體性原則，認為歷史的主體永遠是人民群眾。

施特勞斯針對沙特的非難，在他的《原始思維》（La pensée sauvage, 1962）中，再次強調了他的基本觀點的重要性。施特勞斯指出：作為符號系統，語言的發展是以其本身的差異性為基礎，而這種符號差異及其相互對立規則是始終不變的；語言的意義則是以言語論述中的變化為基礎而產生。語言符號的差異基本結構的穩定性，比語言的言語論述結構的變化還重要、更帶根本性。所以，任何主體，首先是說話主體，對語言結構而言，是次要的。接著，施特勞斯進一步指出了沙特在論證上的矛盾：「當我們閱讀《辯證理性批判》時，我們發現作者的自我辯護是不夠完滿：他在兩種概念之間搖擺不定，也就是說，在兩種辯證理性之間猶豫不決。沙特一會兒宣稱分析理性和辯證理性的對立性，把它們比作錯誤和真理的對立，甚至比作魔鬼和善良的上帝的對立；可是他一會兒又把兩者當成相互補充的因素，甚至把它們當成兩條到達真理的不同道路。……如果分析理性和辯證理性都最終達到同樣的結果，如果它們的真理性都最終混同於同一種真理之中，那麼，又是根據什麼把它們對立起來？特別是根據什麼居然宣稱前者優越於後者？在某種情況下，沙特的論證似乎是矛盾的；這些論證似乎是多餘的」（Lévi-Strauss, 1962a: 325）。所以，在施特勞斯看來，「問題並不在於了解或試圖理解，上述兩種理性是否能夠把握意義，而在於如何智慧地保存，或在一定情

況下又善於理智地放棄某些意義。在這方面，沙特似乎沒有能夠正確地總結從馬克思和從佛洛伊德那裡所引出的教訓。……試圖從歷史意識中獲得最正確的眞理是徒勞的」（Lévi-Strauss, Ibid.: 335-336）。施特勞斯批評沙特只是從自己的文化「短距離」的立場去分析處於「遙遠的」印第安民族的社會和文化。施特勞斯強調：不能把人類學家觀察遙遠的原始民族的方法，與西方人自己觀察西方社會的方法簡單地加以模擬或比較（Ibid. :331）。

在施特勞斯之後，試圖將結構主義運用於馬克思思想分析的阿圖塞，也不甘示弱，批評沙特未能正確理解馬克思的歷史觀。阿圖塞實際上試圖通過結構主義的成果，修正或甚至消除馬克思的歷史觀。阿圖塞在《致答約翰·列維斯》一文中說：「歷史的主體的問題消失了（la question du sujet de l'histoire disparait）。歷史是一種自然地運動中的巨大體系，而它的動力是階級鬥爭。但歷史是一個過程，一個無主體的過程。那種試圖認識人究竟如何建構歷史的問題，已經完全消失了。馬克思主義理論把這個問題完全地拋回到它產生的地方，即資產階級意識形態。與此同時，關於人作爲主體的『超驗性』概念，也一起成爲沒有必要的了」（Althusser, 1972: 31）。

結構主義不僅點燃了對主體性原則的批判，而且，還進一步推動了對西方人文主義思想傳統的批判浪潮。一場環繞「人」的概念之轟轟烈烈的爭論，終於在二十世紀六〇年代開展起來了。

更值得注意的是，當時同在巴黎高等師範學院學習和成長的德希達和福柯等人，代表了這一時期的思想改革的主流方向，他們都一樣深受現象學和尼采哲學以及結構主義的影響，把矛頭指向傳統文化及其基本原則，集中對語言論述問題深感興趣，將結構主義所啓迪、而沒有澈底完成的反傳統形上學的理論鬥爭繼續開展下去。

但是，德希達和福柯的思想方法及風格，並不完全一樣，探討的重點也不同。德希達更對於人文思想、哲學和文學藝術感興趣，他更關心西方文化的語言符號核心問題；而福柯則更多地揭示主體性原則，研究社會科學的基本問題，對於當代社會的基本運作機制進行深入的分析，以他所獨創的知識考古學、權力系譜學和道德系譜學以及「關於自身的歷史本體論」，對於現代社會的制度、規範、法制和權力機制給予無情的揭露。

德希達和福柯，作爲第二階段的典型代表人物，他們的作品和解構批判行動，突出地顯示了他們這一代同上一代思想家的關係及其澈底反傳統性質。

在第二階段中，除了哲學領域的爭論以及社會運動中的重大事件以外，還必須充分地考慮到發生在文學和藝術界的新變革。當代法國哲學的歷程，從來不能

與文學藝術的創作實踐相脫離。因此，法國文學和藝術在六、七〇年代所出現的各種時髦浪潮：「荒謬劇」、「新小說」、電影創作和導演活動中的「新浪潮」（les nouveaux vagues）等。它們構成了哲學思想創造的重要思想基礎。

作為文學創作新浪潮的代表人物，羅伯‧格利耶（Alain Robbe-Grillet, 1922-2008）首先集中評論沙特和卡繆的創作觀點，因為他認為這兩位作家代表了現代文學的主流思想，必須澈底加以清理，才能使嶄新的文學脫穎而出。羅伯‧格利耶說，沙特和卡繆並不是神聖不可侵犯的現代巴爾扎克或左拉。羅伯‧格利耶追蹤他所說的「擬人論」的創作路線，強調在沙特和卡繆的小說中，實際上無法找到人們所尋求的人物角色。小說不應該以某個主角為中心開展其情節。羅伯‧格利耶讚賞貝克特和福爾克納的創作方法，因為他們並不描述什麼固定的人物，而寧願以模糊不清的人物個性，表達故事情節的複雜性及可變性。貝克特根本不重視人物的名字，經常變換它們；而福爾克納則以同一個名字稱呼兩位不同的人物；至於卡夫卡，則更不願意在他的《城堡》小說中，以全名稱其角色，只是以其名字的第一個字母命名，因為卡夫卡並不認為一個人的名字是非常重要的。在卡夫卡的《城堡》中，那位小說人物，既沒有完整的名字，也沒有家，沒有特定的面貌，總之，他什麼都沒有。這就說明：在小說中不需要有固定的人物主體性（Robbe-Grillet, A., 1959: 32）。

福柯、德希達等哲學家，無一不對這些文學和藝術新浪潮發生極大的興趣。不僅如此，他們甚至將文學和藝術的這些新思潮，當成哲學理論創造的直接原料（Derrida, 1978b; 1987b; Foucault, 1994: I, 326-337; 272-279 424-427; II, 119-122; III, 589-590）。福柯承認，新小說作家羅伯‧格利耶的創作原則，具有深刻的哲學意義（Foucault, 1994: I, 272-279; IV, 599-600; 607-608）。文學和藝術的各種新思潮，成為了當代法國哲學在第二階段進一步得到繁榮的精神基礎。

五、在世紀轉折中開拓新路

第三階段是八〇年代末之後的所謂「世紀末時代」，它更集中地呈現了當代法國哲學思想創造的重要歷史意義，特別顯示了當代法國哲學在總結二十世紀思想文化成果方面的積極態度。如前所述，從八〇年代以來，歐洲和整個世界，都發生了重大的社會變革和歷史事件。首先，是以蘇聯為中心的原有東歐「社會主義」國家集團，隨著柏林牆的倒塌，其政治和思想方面的深刻影響，引起哲學和人文社會科學整個領域在理論上的激烈爭論，同時也引發法國哲學家對「主體性」、「真理」等傳統基本範疇的深入反思；其次是指歐盟的迅速發展和擴大。2004年五月一日起，歐盟更從原有的十五個成員國，擴展成二十五個成員國，把

原屬蘇聯集團的十個中歐國家（愛沙尼亞、立陶宛、拉脫維亞、波蘭、斯洛伐克、捷克、匈牙利、斯洛文尼亞）囊括進來。這一事件，不僅改變了原有的東歐國家的命運，而且，也震盪了西方國家的思想界和理論界。第三，西方國家本身內部，也在這一時期發生了根本的變化：一是全面地實現了全球化的過程，二是全面地進入新的所謂消費社會、程序化社會和數碼化社會。米歇・謝爾在2003年末接待《新觀察家》雜誌的訪問時指出：最近，法國和整個西方國家幾乎都發生了兩大「地震」：第一種是人口結構的變化，第二是生活方式的改變。換句話說，歐洲不論在經濟方面，還是人口結構方面，都發生了質變。在1900年，法國農民占全國人口的79%，而在2000年農民只占2.3%。幾千年來以武士、教士、農民所組成的法國傳統農業社會，從此澈底結束了。社會進入到一種只講享受和流行的時代。年輕人不知道什麼是戰爭（Le nouvel observateur, No. 2042-2043, 2003: 140）。因此，整個說來，不僅社會結構和生活模式發生了變化，而且，文化、思想和人們的精神心態也發生根本變化。人們不再關心眞理、道德和歷史，長期以來作爲哲學理論創造的基礎的重要因素，幾乎都消失得蕩然無存。「什麼是哲學」，這樣的問題，似乎已經不存在。哲學家面對重新考慮改變自己的思想以及整個理論基礎的問題。

　　所有這些變化，成爲了這一時期法國哲學進行改革的社會文化基礎。從二十世紀的最後十年起，法國哲學家一方面以積極的態度總結整個二十世紀哲學發展的歷史經驗，同時也更集中地探討影響著世界未來命運的（一）全球化、（二）現代科學技術革命，以及（三）人及其生活世界的命運問題。

　　爲了總結一個世紀的哲學發展經驗，在二十世紀末最後二十年內，法國哲學家或以個人的名義，或採取討論會和研討會的形式，對二十世紀以來發生重大影響的思想家及其發表的哲學重要著作，進行評論。

　　首先是法國哲學會所組織的研討會以及歷史資料整理工作。前哲學會主席、黑格爾哲學專家賈克・董特特意組織研究了法國哲學會自1901年成立以來的學術活動史，系統地列出哲學會在二十世紀最後二十五年所討論的基本論題。正如賈克・董特所指出的，法國哲學會所召集的學術報告會暨研討會，對促進法國二十世紀哲學思想的繁榮，做出了重要貢獻（Bulletin de la Société française de Philosophie, Table générale des matières, Novembre 1975-Avril 1985, Paris: Armand Colin: 1）。董特指出：爲了推動一般哲學研究工作的發展，法國哲學會在最初年月裡，在著名的哲學家安德列・拉朗德的指導下，編寫了《哲學技術與批判辭彙》（*Vocabulaire technique et critique de la philosophie*）工具書。與此同時，哲學會還按季度地召開學術報告和研討會，先後邀請國內外著名思想家愛因斯

坦、路易·德·布羅格里（Louis de Broglie, 1892- ）、奧本海姆（Julius Robert Oppenheimer, 1904-1967）、柏格森、布蘭希維克、巴羅迪（D. Parodi）、盧卡奇（György Lukács, 1885-1971）、埃米爾·布列耶、勒奈·勒森、巴舍拉、柏涅德多·克洛齊（Benedetto Croce, 1866-1952）、沙特、梅洛·龐蒂、福柯、德希達、羅素（Bertrand Russell, 1872-1970）、阿爾諾德·雷蒙（Arnold Rey-mond）、理查·麥克凱恩（Richard McKeon）、艾耶（A. J. Ayer）、蔡姆·貝勒曼（Chaim Perelman, 1912-1984）、利科等，發表學術演講。法國哲學會的學術活動內容，幾乎涉及了傳統哲學的所有領域，也表達了多種不同見解，表現了哲學發展中的百家爭鳴景象。

哲學始終都是對於歷史的懷念和感恩。哲學研究永遠離不開歷史的思路。當代法國哲學的研究，到了世紀末的轉折時刻，尤其重視對一個世紀哲學發展做出貢獻的哲學家們，儘管他們持有不同的立場。所以，就連曾經長期爭論、甚至站在完全對立立場的思想家之間，也會在總結歷史思路時，表現出較為客觀或中立的態度，因為他們把歷史看作比自身的哲學觀點更加重要；忠實於歷史，是思想家的最高品格。六、七〇年代曾經與沙特對立的貝爾納特·亨利·列維，在其最新著作《沙特的世紀》（Le siècle de Sartre）中確認：「沙特不愧是二十世紀的哲學家」（B. H. Lévy, 2000）。

另一方面，針對未來，德希達在其最近發表的《明天將會怎樣……》的對話錄中，列舉了哲學思考的最緊迫的具體問題：暴力、恐怖主義、人性、數碼化知識、虛擬文化、環境保護、法制、死刑、動物虐待、複製人、多元文化等等（Derrida/Roudnesco, 2001）。德希達認為，在全球化的過程中，西方國家實現了它們在殖民時期所未能完成的「漂白世界」的使命。他尖銳地指出：「通過帝國主義、殖民主義以及所有西方思想的傳播方式，進行輸出的，一般地說，並不只是規範、既得物和立場，而且還有危機以及非常脆弱、很容易引起粉碎的問題；而所謂『主體』，也只有在它受到考驗的時候才出現。現在，人們往往同時堅持兩方面的事情，一方面主張鞏固一切與法制、政治和公民性有關的事情，堅持『主體』的主權，另一方面又主張使主體得到解構或摧毀。因此產生一種矛盾，也就是說，全球化就是歐洲化（la mondialisation, c'est l'européanisation）」（Derrida/Roudinesco, 2001: 288）。德希達在這裡所揭露的，是伴隨全球化和歐盟擴大而產生的世界性悲劇。

在2001年12月召開的法國哲學會成立一百週年紀念會上，許多與會者指出：「上世紀的最後幾十年內，思想觀念和歷史事件的景觀發生了根本變化：蘇聯式夢幻或惡夢的終結，世界的急遽多極化，美國超級大國的統治，阿拉伯和穆斯林

世界的不確定性，中東衝突的持續性，愛滋病的悲劇性蔓延，……等等。在這種騷動中，很難預測即將發生的事情。……」（Centenaire de la société française de philosophie. 2001, decembre, p.23）。

不管怎樣，法國哲學家針對新世紀的變化，將優先思考哲學本身的普及化、生活化、大眾化和跨學科化，同時思考哲學語言表述的多元化、多民族化和多語化。在這方面，上半個世紀法國哲學已經通過哲學的多學科化、文學化和生活化而取得了顯著的成果。爲了完成哲學在新世紀的變革，根據德希達在法國哲學會成立一百週年紀念會上發表的意見，應該從兩方面加強工作：一方面改造學校的哲學教育制度，另一方面使哲學變成爲社會大眾日常關心的領域。哲學本身面臨著自我革命；而哲學的自我革命，則必須從哲學走出其傳統狹隘範圍開始（Centenaire de la société française de philosophie, 15 décembre 2001）。

爲了尋求建構嶄新的文化的條件以及開闢新生活的出路，福柯在其晚年集中探討了生存美學的問題。其目的仍然是探索哲學思考的眞正自由的權力。他認爲，眞正的哲學只能是關於人的生存的藝術和技藝。二十一世紀的哲學應該努力使自己成爲生活的藝術和美學。

傳統的思想仍然繼續發揮它的威力，只是它將被限制在一定範圍內，而且，它的效力將決定於未來的哲學家所採取的思想創造態度。

第三節　在生存世界中探索人的自由

一、自由的歷史性及其限制

第二次世界大戰結束後，由沙特等第一代二十世紀哲學家所開創的理論革命進入了關鍵時刻：這是從傳統陰影下走出、迎向嶄新的全面創造時期的歷史轉捩點。

在當代法國哲學發展的第一階段，哲學思考所面臨的，是西方社會的三大危機：希特勒政權的出現、文化和科學危機以及嚴重的異化現象。這三大危機使「人及其自由」的問題，顯著地成爲哲學家們思索的焦點。如果說，啓蒙運動曾經向人們許諾過「自由」和「解放」的話，那麼，兩百年來的「現代性」的歷史，給人類所帶來的，僅僅是西方近代自由民主制範圍內的「自由」；事實證明了這種自由的內在矛盾性：它一方面確實給予個人遠比中世紀多得多的自由，另一方面它又使人陷入一系列現代「自由的」法制、規範和規則的枷鎖中，強制人們變成福柯所說的那種不折不扣的「溫馴的人」（Foucault, 1975）。其實，這一切，只是盧梭早在十八世紀所作的批判的見證。盧梭在他的《社會契約論》

中，開宗明義就指出：「人生來自由，但卻發現自己處處被套在枷鎖之中」。就連現代法制理論的創始人之一孟德斯鳩也直截了當地揭示了現代自由同遵守法制的一致性：「所謂自由就是遵守法規」。福柯、利奧塔等人的貢獻就是結合現代社會發展進程的活生生的事實，論證了現代自由的有限性及其對人本身生活自由權的侵犯。而且，福柯等人並不把自由問題孤立起來討論。他們結合當代國家政權及現代民主制的實際進展狀況，揭示了現代自由對人性摧殘的必然性。他們把現代國家的濫權現象當作最關鍵的問題來討論。自然權利論思想家當初所作的對現代國家政權的限制承諾，隨著現代國家機器的發展而逐漸地和澈底地泡沫化。

在西方民主制範圍內而出現的德國法西斯，集中地證實了西方自由民主制本身的危機及其矛盾性質。與此同時，由一系列社會危機和科學技術發展所造成的人的生存的異化，也促使人越來越感受到自身無法掌握自己的命運。人的自由本身受到了威脅。人們無法掌握自己的命運。

為此，作為向傳統形上學開戰的先鋒，沙特早在1934年，就寫出了《嘔吐》（*La nausée*），生動地揭示被「拋入」世界而存在的人的「荒謬性」。沙特通過他自己所經歷的社會事件，深深感受到個人再也不是個別的「單子」，而是同周遭世界的命運連成一體的生命單位。沙特所處的具體生活世界，教育了沙特本人，使他感受到自己已經不由自主地「介入」到了他所試圖超越的世界中去。沙特的思想轉變，使他越來越意識到：個人是不可能超越歷史和環境。正如他自己所說：或者盲目地被時代推著走，或者主動地承擔起歷史的責任，「自為地」介入到時代的洪流中去。

對一個人來說，當他面臨社會的重大變化和時代的挑戰，他究竟介入不介入，這是個人要不要自由的問題；或者，更確切地說，問題不是「有自由」或「要不要自由」，而是個人要「選擇」什麼樣的自由的問題。沙特認為，對於具有意識的人來說，每個人都毫無例外地擁有選擇的自由。所以，沙特說，個人存在的自由，是注定的：「**注定是自由的**」（Sartre, 1943）。自由之所以是注定的，是因為一方面它取決於個人的選擇，另一方面它又受制於時代和環境。因此，自由是矛盾的，具有兩面性：就自由同環境的不可分割的聯繫而言，「**偶然性是最根本的**」（l'essentiel, c'est la contingence），也就是說，是環境決定你的自由，它是無可選擇的。但自由歸根結柢又是個人選擇的結果，因為人畢竟是有意識的存在，人可以、也必須以自己的意識而選擇自己的自由：選擇或不選擇，都是選擇，都是自由。所以，沙特才說：「人的自由先於人的本質、並且還使人的本質成為可能；所以，人的本質懸掛於它的自由之中」（la liberté humaine précède l'essence de l'homme et la rend possible, l'essence de l'être humain est en suspends dans sa liberté）（Sartre, 1943: 61）。

沙特在這個特殊的時代探討人的自由問題，又是他的現象學哲學的性質所決定的。胡塞爾的現象學，不同於把人對於自然的主體地位列為首位的傳統西方哲學，強調人與人之間的「主體間性」以及「生活世界」的重要性。因此，掌握和應用現象學觀察人生問題的沙特，很自然地將研究焦點指向個人的自由問題。與沙特同時代的其他存在主義思想家，馬爾塞‧艾默（Marcel Aymé, 1902-1967）、卡繆、利科、列維納斯等人，也同樣關心自由問題。雖然都同屬於存在主義哲學家，但他們之間仍然有激烈的爭論，並在自由問題上，各持己見，展開公開的討論，提升了這一時期人們對自由的理解。

最典型的，是卡繆和沙特環繞自由的爭論。卡繆當然也同沙特一樣，感受到這個現實世界對人的自由的限制。卡繆所追求的，是一個真正自由的人。所以，卡繆一方面否定「無所不在的萬能的」上帝，因為這意味著上帝可以隨時隨地限制人的生存；另一方面卡繆也反對現實世界中的暴政統治者。在《卡里古拉》（Caligula）中，卡繆通過他所塑造的人物Martha（一位被誤解的「罪犯」）說：「啊！我恨這個把我們歸化為神的世界！」（1962, Théâtre, Récits, Nouvelles. présentés par Roger Quilliot avec une préface de Jean Grénier. Editions Pléiade: 171）。同樣地，在他的小說中那位被禁閉在牢籠中的人物Nada也說：「神否定這個世界，而我就否定神。」（Ibid.: 237）在卡繆看來，真正的人，就是敢於使自己變成為比他所生活的環境更為強大的人（Camus, Actuelles, I., 1950, Galliamrd: 24）；而真正自由的人，就是「既敢於拒絕執行暴政，又敢於拒絕接受暴政的人」（Actuelles III, Galliamrd, 1958: 184）。如果說沙特只滿足於「我存在，因此，我存在」的話，那麼，對卡繆來說，最根本的，毋寧是「我造反，因此我存在」（je me révolte, donc nous sommes）（L'Homme révolté, Gallimard. 1951: 36）。由於造反和叛逆構成偉人的自由存在的先決條件，所以，造反，對人來說，是具有形上學性質：「形上學的叛逆，就是人反對他的生活條件及反對一切造物主的造物行為而使人自行站立起來的一場運動。這種叛逆之所以具有形上學的性質，就是因為它不同意人和神的創造的目的性」（Ibid.: 38）。

自由的問題，歸根結柢，就是理性的限制問題。其實，理性作為歷史的產物，也同時受到歷史的限制。所謂「萬能」和「永恆」的理性是不存在的。「現代性」所頌揚和崇拜的理性，在個人自由受到威脅的時候，集中地暴露了它的歷史有限性。

為了維護個人生存的自由，沙特受到胡塞爾和海德格的影響，直接向傳統形上學開刀，反對將理性置於至高無上的地位，徑直轉向個人的「在世生存」，將

希望寄託在「自爲」的個人所選擇的自由。爲了自由的實現，沙特爲人下賭注，不指望神。他明確地說：「我爲人下賭，不指望神」。沙特強調指出：「**人是以其出現而造就一個世界的存在**」（l'homme est l'être don't l'apparition fait qu'un monde existe）（Sartre, 1946）。在沙特對於自由的探討中，我們看到，沙特所討論的人，是充滿矛盾的生存物。人追求自由，但他又意識到他的自由的實現，是無時無刻受到限制的。然而，人作爲生來自由的生存物，又必定頑固地追求絕對的自由。這是人的悲劇，也是人的煩惱，但同時又表現了人的可貴之處。人寧願在煩惱中度過，也不要沒有自由的生活。而且，儘管存在著種種困難和障礙，人始終都要不惜代價地追求自由。沙特比他同時代的人都更深入和更執著地尋求自由的道路。

沙特所揭示的自由的雙重性，表現他本人的雙重性：他既要追求自由，有意識到必須受到環境的限制，必須承擔環境所賦予的介入責任。因此，他與傳統的關係以及當時馬克思主義的關係也是矛盾的：它既反對傳統，又與傳統保持一定的聯繫；它既擁戶馬克思主義，又強調個人自由的不可剝奪性。

沙特雖然於1980年去世，但他仍然不失爲二十世紀的思想家；正如貝爾納特·亨利·列維所說，二十世紀是「沙特的世紀」（Henri-Lévy, 2003）。問題在於：沙特本人所屬的時代以及他所執著的主體意識哲學，使他所尋求的自由，始終無法跳出意識的範圍，而當沙特始終堅持意識的意向性的首要地位時，它實際上就是仍然使自己陷入傳統理性主義的圈套。這就決定了沙特等人所主張的自由，只能是意識想像的自由，是從屬於理性的自由；或者，如同他自己所說，只能是一種「虛無」。沙特對於自由的哲學探索所得出的結論，不但不能澈底解決實際問題，而且也同他本人的實踐存在很大的矛盾。這就決定了沙特哲學的命運：他很快就在二十世紀七、八〇年代，在風起雲湧的思想變革的浪潮中，被新一代思想家所拋棄。以福柯、德希達等人爲代表的新一代哲學家，寧願從更實際的生活世界中，在實際的冒險挑戰中，澈底脫離理性的限制，在理性的範圍之外，探索自由的可能性。

所以，當代法國哲學對自由的探索，在較晚時期，表現出三大特點：第一，繼續與實際的生活世界緊密相關，從現實的生活世界出發；第二，顯示其逾越理性的特徵，不再考慮理性的規定，而是在理性的限制之外，探索自由的各種可能性；第三，從脫離現實與虛幻的想像出發，甚至在必要時，透過返回歷史的途徑，探索自由的限度。

福柯、德希達和德勒茲等人，從對於生活世界的解構入手，注重於人的肉體和精神本身所給予的具體條件，從欲望、感情、意志、個人能力、身體狀況以

及身體與世界的相互關係，更深入地探討自由的可能性。與此同時，部分哲學家主張以中世紀經院哲學家爲榜樣，在彼岸的幻想世界中探索自由的可能性（Yves Cattin, La liberté sans repentir ni pardon. In Bulletin de la société française de philosophie, Séance du 25 janvier 1992）。

當沙特探討人的自由的時候，施特勞斯和拉岡就已經在語言的結構中發現了人的生存的奧祕。對他們來說，要探索自由，首先要嘗試突破理性的限制，而突破理性和各種規範的界限，就意味著必須突破語言本身給人帶來的界限，深入到語言之中，揭破語言本身的結構，在語言中探索人的自由的可能性，探索人的創造的可能性及審美性。

所以，同沙特等人的思索方向相反，施特勞斯、拉岡和福柯等人試圖從另一個角度探索人的自由。他們認爲，僅僅在抽象的存在論層面上，在現存社會制度範圍內，是無法找到眞正的自由：必須在西方實際的社會制度和語言規則之外，在現代性社會文化的歷史脈絡中，探索人的解放問題。

要自由，就必須向語言尋求自由；必須向語言提出「人爲什麼沒有自由」的問題。結構主義的重要貢獻，就在於把注意力集中地轉向限制著人的自由的語言，轉向作爲思想和文化的基礎的語言，尤其集中批判具體運作權力宰制機制的現代知識論述體系。

沙特所沒有澈底解決的自由問題，由後結構主義和解構主義思想家們，在新的基礎上繼續探討下去。後結構主義和解構主義者是從兩方面深入探討自由問題。一方面，他們繼承和發揚從勒斐伯勒開始的日常生活研究，由羅蘭·巴特、布迪厄、德舍多和鮑德里亞等人，更廣泛地結合現代社會的日常生活現象及其矛盾，揭示現代人在日常生活和消費文化中的自由的雙重矛盾性。另一方面，拉岡、福柯和德希達等人，乾脆摒棄抽象的個人自由目標，寧願採取更具挑戰性和更積極主動的「逾越」實踐，作爲實現個人自由超越的主要途徑。

德希達和福柯等人，都蔑視各種限制人的自由的「界限」。對他們來說，所謂自由，就是逾越界限。人的最根本的特點，就是不斷地以創造精神建構獨特的自身。人是要不斷追求自由的生存物。但什麼是自由？德希達和福柯都說，他們對「自由」這個詞和概念，就好像對「人」這個概念一樣，始終都保持一種警惕性，保持一個距離。他們清醒地意識到：社會上存在的各種「自由」，始終都是以這樣或那樣的代價，以個人失去其自身的眞正身分的先決條件而實現。因此，他們雖然酷愛自由，但他們所理解的自由，並不是「主體的自由」或「意識的自由」，也不是現代社會所給予的自由，因爲一切「主體的自由」和現代社會的自由，都是以主體化過程中所必須遵循的法制和規範作爲標準，以犧牲自身的自

由、使自己順從於規範作爲代價而實現的。正因爲這樣，德希達說，他儘管熱愛自由，但很少使用「自由」這個概念，甚至寧願不用自由這個概念。「我對『自由』這個詞是不信任的，但這並不是因爲我屬於某種類型的決定論。這是因爲這個詞，往往包含對主體或意識（即以自我爲中心的邏輯主義）過多幻想的形上學假設，似乎這些主體和意識具有不依賴於衝動、計算、經濟和機器的獨立性。如果自由是指超越一切機器遊戲，超越一切決定論的機器遊戲的『過度』的話，那麼，我就是確認和尊重這種自由的積極支持者；但我畢竟傾向於不講主體的自由或人的自由」（Derrida/Roudinesco, 2003: 85-86）。

福柯也同德希達一樣，強調他並不稀罕現代社會所給予的各種「自由」，他寧願以艱苦卓絕的探險遊戲和闖越各種界限的創造活動，追求自身的審美生存方式。所謂「自由就是對規律的認識」，在福柯看來，無非是啓蒙運動的虛幻理念，早已經湮沒在現代知識和科學技術的成果所造成的災難（社會的和自然的災難）之中。福柯一生不停頓地批判知識、道德和現代權力，其目的，正是揭露現代知識與權力運作共同宰制現代人的策略詭計，以便使個人能夠實現其自身不斷逾越的審美快感。所以，由沙特在第二次世界大戰期間所掀起的個人自由問題，終於在嶄新的哲學視野中，轉換成爲新一代哲學家無限地探索審美生存的創造性遊戲。

除了存在主義、結構主義、後結構主義和解構主義思潮以外，在第二次世界大戰之後以現象學方法探索自由的哲學家，還有弗拉基米爾‧揚科列維奇、雷蒙‧柏林（Raymond Polin, 1910-2001）、列維納斯和利科等。他們都先後試圖在重建現象學的倫理學的基礎上，一方面批判現代自由觀的缺欠，另一方面嘗試通過對「他人」和其他仲介的介入，在倫理道德的基本原則的基礎上闡述自由的問題。

揚科列維奇是在第二次世界大戰結束後不久發表他的《論道德性》（*Traite des vertus*, 1947），然後，他始終關切道德問題，並反思了道德本身所隱含的矛盾性及其困境，發表《道德的悖論》（*Paradoxe de la morale*, 1981）。他在《道德的悖論》中深刻指出：「存在越多，就有越多的愛；而越多的愛，存在就越少」（Plus il y a d'être, plus il y a d'amour, et plus il y a d'amour, moins il y a d'être）。這就是道德的悖論。這種悖論暗示了一種沒有神的神祕感，促使存在爲其自身的存在而奮不顧身地存在著，並由於顚倒了兩者的關係而忘卻了自身。揚科列維奇強調：現象學並不是一種特殊的科學的哲學，而是自身在眾人的意識中對其自身關係的一種必不可少的方式。

雷蒙‧柏林強調價值的重要性，主張復興蘇格拉底主義，甚至恢復昔尼克學

派的幸福論。他認為，現象學應該重建價值，把它們當成主體的現象加以描述。但是，正是從這裡出發，柏林的價值現象學逐漸地遠離胡塞爾。

從揚柯列維奇和柏林的現象學倫理學，可以看出法國哲學家在把現象學應用於倫理學時所採取的態度，這是由笛卡兒以來法國哲學傳統所確立的特殊的人文主義精神所決定的。列維納斯早在1933年，就已經在他發表於立陶宛的一篇論文《法國與德國文化對精神性的不同理解》（*La compréhension de la spiritualité dans les cultures française et allemande*）中指出：根據笛卡兒關於人的肉體和精神的二元論，身體和精神只能靠神的恩惠才能結合起來；由身體和精神的聯結所形成的心理活動，不是純精神性的，而是被身體所污染。但法國人認為，精神具有強大的力量，可以在理性的思維中，超越想像、感性和激情，特別是在科學理論的創造和論證中，把人的尊嚴提升到最高層次。因此，帕斯卡說：「人的尊嚴就在於他的思想」（la dignité de l'homme est en sa pensée）。列維納斯為此強調指出：「正因為這樣，法國人非常關注世界的道德，並直接訴諸於理性，惟其如是，他們自然地把道德當成正義來接受。所以，在法國，一直以很大的力量探討道德：從十八世紀到當代的道德家，包括涂爾幹（Émile Durkheim, 1858-1917）、勞赫（Rauh）和列維·布呂爾（Lucien Lévy-Bruhl, 1857-1939）。他們的出發點就是：人的精神性就表現在理性，就在於有能力使自己的行動合理化、並賦予意義」。

促使列維納斯深刻思考倫理學的直接原因，是第二次世界大戰的殘酷性、希特勒法西斯對猶太人的迫害以及他本人對猶太教和基督教的忠誠態度。值得指出的是，列維納斯和利科並不是單純實現現象學在倫理學領域的應用，而是把現象學的思考方向，從根本上轉向了倫理學領域；也就是說，現象學不應該像胡塞爾那樣，單純以先驗的自我為基礎探尋科學的思維方法，也不應該像海德格那樣，只是關心以個人的「此在」為中心的存在論建構，而是應該把倫理列為主軸，探索無限超越的人生最高境界的可能性。這關係到現象學帶根本性的倫理學改造工程。

海德格只是關懷個人的存在。但列維納斯卻更加關切他人的存在。

二、解構歷史與反思生活世界

現實生活中的自由，並不是脫離歷史的行程而突然降臨於世界。人的自由始終伴隨歷史整體性的本質結構而變動，它所表現的，正是人在其過去、現在、將來的生存過程中，基本生活模式的變化及其探索新生活方式的努力程度。正因為這樣，西方思想和文化，從其根源起，就一直很重視對於歷史本身的敘述、重

構和再現。**歷史**（histoire）是整個西方的奧祕所在。歷史向來是西方文化傳統的核心和根基。要實現真正的自由，必須首先從歷史的約束中解放出來。正因為這樣，福柯和德希達等現代法國哲學家，很重視對歷史的研究，並直接通過「解構歷史」的活動，來「診斷現實」本身。福柯在臨死前接見評論家羅傑－鮑爾·德洛阿（Roger-Pol Droit, 1949- ）時說：「我對歷史學家所做的工作特別感興趣，但我所要做的，是另一類型的歷史研究工作。……我所感興趣的，是弄清楚被人們稱為『現代性的門檻』的十七至十九世紀。從這個門檻開始，西方的論述展示了非常令人恐怖的全球化的霸權。現在，根據他們最主要的概念及其基本規則，可以運載著隨便任何一種『真理』，……所以，歸根結柢，我的歷史研究目標只有一個，這就是穿透現代性的門檻」（La confession de Michel Foucault, Entretien inédit de Roger-Pol Droit avec l'un des grands penseurs du XX siècle. In <Le Point>, No. 1659, le 1 juillet 2004: 85-93）。

什麼是歷史？真正的歷史，絕不是歷史學家所製造出來的歷史（論述）話語體系，而是由一系列歷史事件（les événements historiques）和歷史事蹟（les monuments historiques）所構成的自然堆積。歷史本身，如同自然界一樣，就其本真結構而言，是零亂無秩序的「皺褶」。至於歷史中的文化和人類創造精神因素，在尼采看來，無非是「永恆回歸」的歷史力量的不斷展現。因此，歷史並不是沿著直線式的結構而連續地展現出來，更不存在歷史學家所宣稱的「意義」，同樣也不是以定向的「進步」路線，由「簡單」向「複雜」，由「低級」向「高級」而延伸開來。真正的歷史遠比人們所想像的更充滿著偶然性、不可預測性和混亂性的因素。

西方思想和文化在本質上是壓抑性和向外擴充性。福柯和德希達在他們的著作中深刻地揭露：歷史就是西方文明產生和發展的寫照，它既是西方人自己向自身套上文化枷鎖的過程，也是西方人向世界各民族進行政治、經濟、文化和思想擴張的論述版本。西方文化和思想的建構和發展過程，在這個意義上說，就是西方文化對內實行壓抑、對外進行擴張，並建構其世界霸權的歷史見證。整個西方文化史，就是西方不斷發動內外種族戰爭、進行種族滅絕政策的歷史（Foucault, 1997）。也正因為這樣，西方人所編寫的歷史，始終具有雙重的性質：一方面是以他們的主體性原則，用他們的理性和他們的語言所編寫，另一方面，又是用他們手中的火和劍，用種族戰爭和對外侵略戰爭中所流射出來的又腥又紅的血而譜寫出來的。歷史既是文質彬彬，具有邏輯性和論證性，又是血淋淋，具有征服性、強制性和暴力性。

早從古代起，歷史成為了西方人自身形塑主體性，建構其文化、實現其社會

制度的正當化的基礎，也是白種人實現自我站立、確立其世界霸權的出發點。當西方文明誕生於希臘時，希臘人便將文明的發展同整個西方的命運、同人類歷史的結構及其未來結合在一起。到了近代之後，由笛卡兒所建立的主體中心主義，尤其成為西方歷史論述體系的撰寫原則。近代西方歷史學家，緊密地結合西方對外殖民戰爭的利益，重構了整個人類歷史，試圖由此論證：西方才是人類的中心和希望所在。所以，西方人所編寫的歷史，既是他們本身文化和思想發展的紀錄，又是他們征服全世界、在世界上建構其霸權統治的過程之罪證。

根據福柯和德希達等人的分析，西方歷史中所貫徹的，無非就是西方思想和文化中的西方種族中心主義、西方語言中心主義和西方理性中心主義的原則。在這個意義上說，西方人用火和劍所鑄造的歷史，是同他們用文字和理性所譜寫的歷史一脈相承的。因此，只有將批判傳統的鬥爭澈底貫徹到歷史領域中，才能真正地揭示西方傳統的實質，也才能真正與它澈底劃清界限。在當代法國哲學發展歷程的第一階段中，沙特等人之所以在其創造活動中未能超出傳統的視野，未能澈底放棄主體性原則，就是因為他們未能從傳統西方歷史主義中走脫出來。

在西方的歷史學中，歷史同理性的關係是雙重的：一方面，歷史是理性的表現和展示形態，另一方面歷史本身的展現又是理性自我證成的過程。這樣一來，歷史的命運就是理性的命運；歷史的發展又是理性實現的根據。堅持一種歷史主義，就是堅持主張歷史是由某一個以理性為基礎所建構的主體所創造的。所以，歷史主義又是同一種**主體**中心論和**邏輯**中心論密切相聯繫。任何解構理性主義的工程，都勢必導致對歷史本身的解構；同樣的，任何解構歷史的工作，都成為澈底批判理性主義的前提。從馬克思到沙特，雖然都試圖批判傳統思想，但到頭來，他們都仍然是理性主義和歷史主義的擁護者，使他們不但未能與歷史領域中的理性主義劃清界限，而且還甚至試圖比傳統思想更澈底地在歷史中貫徹理性原則，竟然宣稱自己發現了歷史的理性「規律」，並號稱自己「使歷史學變成了科學」。由此可見，凡是未能將歷史主義與理性主義當成同一個東西加以批判的人，最終將因其理性主義歷史觀的導引，而重新陷入傳統的窠臼。要使自己得到真正的自由，首先必須使自己從歷史的羈絆中解脫出來，必須使自己不再成為歷史的奴隸。

為了澈底批判西方傳統，福柯和德希達等人，集中揭露了作為西方歷史靈魂的**種族中心主義**（Ethnocentrisme）（Foucault, 1997; Derrida, 1971; 1998）。福柯和德希達都從西方文化史，特別是從資本主義發展史的角度，揭露西方人編纂和「統一」人類歷史的西方種族中心主義的實質。

福柯在研究西方性史的時候，就深刻地指出了西方文化的主體性原則及其與

種族中心主義、與整個西方文化的內在侵略性和擴張性的密切關係。福柯在其《性史》的論述中指出，早在西元前一千多年前，希臘奴隸制剛剛形成的時候，希臘人就開始向外移民了。他們首先是向東方，經愛琴海諸島，在東岸的小亞細亞沿岸地區，建立了一些殖民城邦。小亞細亞屬於土耳其，古希臘語當時稱為「安那托利亞」（Anatolia），意思是「太陽升起的地方」。後來腓尼基人首先稱之為「亞細亞」，意思是「東方」，西方人從此沿用它。隨著西方人對東方地域認識的日益擴大，凡是位於他們的東方的地方，都以他們為中心被稱之為「亞細亞」。德希達指出，西方白種人的種族中心主義政策，使他們在編纂歷史時，不遺餘力地「漂白」整個人類歷史。現在的亞洲就是這樣被具有特別強大「漂白能力」（la capacité de blanchir）的「白種人」（la race blanche）「命名」；同時，也以西方人的統治中心為標準，被「漂白」為「東方」，並把它劃分為「遠東」、「中東」和「近東」三大部分（Derrida, J., 1998; 1998d）。按照德希達的說法，西方人所謂「命名」（la nomination），就意味著以命名者的「主體」為中心，以命名者所樹立的法制和規範作為標準，對作為「客體」的「被命名者」給予、並確認其身分；這樣一來，被命名者也就自然地隸屬，並歸屬於「命名者」，使被命名者成為命名者的一部分。命名活動在這個意義上說，也就是建構「中心」和「邊陲」的「差異」的一種區分活動（Derrida, J., 1972b; 1983b; 1984; 1995c）。

按照福柯和德希達的看法，西方人的種族中心主義歷史偏見是同希臘和西方文化的內在發展邏輯，特別是其形上學本體論基本原則緊密相關的（Derrida, J. 1972b）。關於這一點，德希達在其論詩學（poétiques）的文章中曾經作了進一步的深刻揭露（Derrida, J., 1971）。他在那篇文章中以隱喻方式，分析希臘形上學本體論論述的特徵，指明其「白種人」、「漂白」異族文化的邏輯和「白人神話」（la mythologie blanche）的基本原則。

從那以後，西方白種人以他們自身為主體和中心，在向全世界擴張的過程中，一方面不斷「漂白」和「命名」全球各地及其歷史，而且另一方面還將其「漂白」和「命名」活動，透過他們所確立的法制和規範加以正當化，使他們所「命名」和「漂白」的歷史，也成為最「科學」和最「客觀」的歷史的標本。

西方種族中心主義總是強調人類文化起源於西方，並且都是由西方人所創造出來的，而西方文化就起源於希臘。這種散發西方種族中心主義氣息的論調認為，作為西方人的最早祖先和文化的開創者，希臘民族是一群得天獨厚具有天賦、具有理性思維的唯一優秀民族，比世界上所有其他民族都高明，以此蔑視東方和其他地區的古老文明。黑格爾就說過：「在希臘生活的歷史中，當我們進一

步追溯、並在有必要追溯時，可以不必遠溯到東方和埃及，單純只在希臘世界和希臘生活方式內，就可以追尋出：科學與藝術的發生、萌芽、發達、直到最盛的歷程，以至它們衰落的根源，都純粹在希臘人自己的範圍之內」（Hegel, 1833, Vol. I）。

根據英國歷史學家羅斯托采夫的《古代世界史》（Rostovtzeff, M. *A History of the Ancient World*, Vol. I: The Orient and Greece）牛津版所說：「從整個希臘歷史中，我們可以看到所有希臘人有一種日益增長的意識：他們屬於一個民族，構成一個統一體。這個統一體不僅以共同的宗教、共同的語言為特徵，而且以或多或少共同擁有的文化為標誌。殖民運動以及相應的貿易的擴展大大促進這種民族感情」（Rostovtzeff, M., 1976[1925]：229-237）。恩格斯（Friedrich Engels, 1820-1895）在講到雅典國家的產生時說：「雅典相鄰的各部落單純的聯盟，已經逐漸地由這些部落融合為統一的民族所代替了。」

值得注意的是：正是由於有了共同的「希臘人」的思想，這時就逐漸形成了兩個概念：「異邦人」（或「別的希臘城邦的人」the other Hellenes）和「異族人」（或「野蠻人」barbarians）。他們很自然將同屬希臘人的不同城邦的人，即使是遠至西西里、西班牙、北非的希臘殖民城邦的人，都稱為「異邦人」，但認為他們和自己一樣，都是希臘人，不過是居住於不同城邦而已。西方人「自身」，將異族人稱為「他人」或「他者」，把「沒有主體性」的異族人，當成具有「主體性」的西方人「自身」的「客體」，就是伴隨著希臘形上學本體論關於主客體二元對立統一理論而開始。

西方種族中心主義理論奠基人柏拉圖認為，凡希臘人都以血統和感情聯結在一起，而把非希臘人稱為「異族人」。只有希臘人與異族人之間的爭鬥，才叫做「戰爭」；而在希臘人和希臘人之間，即不同的希臘城邦之間的爭鬥，只能叫「紛爭」，不能叫「戰爭」。凡是希臘人，就不應當蹂躪和劫掠希臘人的土地，焚毀希臘人的房屋。他認為，應該將這點寫進「理想國」的法律中去（Plato, Republic: 469B-471D. In Plato, 1973）。希臘人所確定的對「異族人」的「戰爭」政策及其主客對立原則，後來也成為整個西方人開展對被稱為「他人」的「異族人」進行種族戰爭、並同時進行文化「漂白」的基本原則。

西方人不僅以自身種族及其文明的優越性為傲，而且也往往視自己本種族語言所創造的文化論述體系為「典範」，同時也把他們以其語言文字所編纂的人類歷史當成「典範」。當他們向外擴張、進行殖民或對外交流時，總是將西方文化論述體系及其歷史論述當作真理的標準，要求作為「他人」的全球「異族人」，接受他們的文化和歷史論述體系，並以此「典範」貫徹於「他者」的生活和文化

再生產過程中。

　　西方基督教，也是在「創造」和掌控人類歷史方面，不遺餘力。從早期的教父哲學時期的聖奧古斯丁（St. Augustin, 354-430）到「經院哲學」（「士林哲學」、「煩瑣哲學」）的代表人物托瑪斯・阿奎那（Thomas Aquinas, 1225-1274）等人，都一再地試圖論證：基督教作爲「普世性」的宗教，是全人類歷史的創造者，也是人類歷史的中心；而人類歷史不過是「天上之國」的永恆存在的一部分，是至高無上的神實現其救世的歷史。因此，人類歷史無非就是人類沉淪於世、犯罪的歷史，也就是教會史和救世史。正如聖奧古斯丁所說，人和人的歷史是由於同天主的相遇和關係而形成的。只是因爲天主進入世界，人類歷史才有了意義。研究歷史的目的無非就是找尋「天主」的旨意。因此，人的歷史「始於」啓迪，而終於天主圓滿的啓示。

　　就基督教而言，在德希達看來，它就是隱喻著人世間的「太陽」就在西方，而基督教聲稱它本身就是「普世的宗教」也意味著整個世界各個民族都必須、而且最終都必然統一地信仰西方人所崇拜的唯一的神。所以，語音中心主義實際上又是一個「神學形上學」原則，是一種「形上學化的神話」或「神話化的形上學」，試圖將全世界各種族及其歷史，都歸屬於西方的「神」的全面統治（la domination universelle）。

　　福柯還認爲，在整個中世紀時期，西方人進一步建構了「基督教教士權力模式」（le pouvoir pastoral），不但用之於其本土範圍內，而且也運用於其世界各地的殖民地統治，並貫穿於他們所編寫的人類歷史論述體系之中。這種「基督教權力模式」的主要特點，是將其統治的重點，從單純的占有領土而轉向控制「羊群」（即被統治者、被殖民者）。「教士」（即西方統治者）既是「羊群」的導引者、教導者、管教者，又是懲罰者、持鞭者、規訓者；既是最高權威，又是「救世主」、「施恩者」。這種基督教模式，顯然把統治和規訓的重點放在「羊群」中的每個個體，試圖使其統治滲透到每一個被統治者身上。到了資本主義時期，基督教模式被全盤繼承下來、並以新的科學、理性和民主的觀念加以改善，不僅成爲西方各國國內統治，也成爲其對外殖民統治的基本模式，成爲整個人類歷史標準文本的重要理論參考指標（Foucault, M., 1994: IV, 137-139; 230-232）。

　　福柯指出：從「種族」概念到「民族」概念的轉變，標誌著西方種族主義已隨著近代資本主義的產生和發展而採取了新的理論和實踐形式；因此，從「種族」到「民族」的轉變，不但絲毫未能改變西方種族中心主義的實質及其全球霸權主義基本目標，而且，反而更顯示了西方種族中心主義同當代理性主義、同當代科學技術以及自由民主制的緊密複雜結合關係，使全球範圍內的種族問題也變

得更複雜，並招致新的麻煩。而在歷史論述體系中，上述資本主義民族主義原則也被全面貫徹執行。

　　福柯認為，在資本主義制度建立以後，「種族主義（le racisme）首先隨著殖民一起發展，也就是說隨著殖民者的種族滅絕主義（le génocide）政策一起發展」（Foucault, M., 1997:241）。資本主義為了取得對於世界的霸權，在向全世界推行其「規範化體系」時，需要透過種族主義作為殺人和處死人的重要手段。為此，從十九世紀開始，福柯發現了一個非常重要的現象：為了使殺人和推行種族戰爭的政策獲得正當化的「科學論據」，「生物學理論迅速地同權力話語結合在一起」，以便用生物學，特別是以「人種生物學」（l'ethnobiologie）的術語，改寫和掩飾政治話語，重新編寫人類歷史，並以此思考殖民關係、戰爭的必要性的問題。

　　這也就是說，資本主義推行殖民戰爭政策的正當化依據，無非是兩方面：首先是以自由、民主為理由，迫使全世界接受「理性的規範」，實行種族文化滅絕（l'ethnocide）進行的政策，進行德希達所說的那種全球文化的「漂白」；另一方面是以科學，特別是生物學為理論基礎，強制性地透過軍事、政治和經濟並進的途徑，改變歷史造成的種族分布和生活狀況（Ibid. ; Derrida, J. 1971）。西方人對於人類歷史的竄改，已經不滿足於單純透過語言文字的論述編寫形式，還要進一步透過實際的事實改變過程，透過對於原有歷史所奠定的文化構成結構的改造和強制性改變，達到對於整個人類歷史及其現實結果的全面控制。

　　福柯在1976年1月至3月在法蘭西學院的系列演講中，結合西方近現代社會建構和發展的機制，特別是結合作為近現代西方社會和文化制度核心的權力、知識和道德三者之間的緊密內在關係，揭示了現代資產階級民族主義的西方種族中心主義（l'ethnocentrisme）的實質。福柯指出：「相對於哲學家與法學家來說，從根本上和結構上處於邊緣的各種話語，例如古希臘時代狡猾的雄辯家話語、中世紀的信徒的話語、戰爭和歷史的話語、狂熱的政治家的話語以及被剝奪財產的貴族話語等等，在十六世紀末和十七世紀中期非常確定的環境中，這些曾經被邊緣化的話語，在西方開始了自己的、也許是一個新的歷程。從此以後，我認為它取得了相當大的發展，直至十九世紀末和二十世紀，它們的範圍擴張得很大很快。……辯證法（la dialectique）也作為矛盾和戰爭普遍的和歷史運動的話語，變成為作為哲學和法律的話語，在古老形式中復蘇和置換過來。實際上，辯證法把鬥爭、戰爭和對抗，在邏輯或所謂矛盾的邏輯中編碼。辯證法把它們納入整體性的雙重程式，並建立了一種最終的、根本上無論如何也不能被推翻的合理性。最後，辯證法透過歷史，保證了普遍主體的建構，得到調和的真理建構和法律建

構，在其間，所有的個體最終都有自己被安排好的位置。黑格爾的辯證法以及一切追隨者，都應當被理解爲哲學和法律對作爲社會戰爭話語的紀錄、宣告和活動的歷史政治化與進行殖民和專制的和平化。辯證法對這種歷史政治話語進行了殖民，後者在歐洲幾個世紀中，有時在閃光中，經常在陰暗裡，有時在博學中，有時在血泊裡，走過了它的道路」（Foucault, M., 1997: 52）。

福柯試圖從歐洲社會和文化的歷史變遷過程，來說明作爲歐洲文明建構基本力量的各種近現代理性主義和科學眞理的話語論述，特別是其中的歷史話語論述，實際上都掩蓋著以西方種族主義爲中心的文化霸權的建立過程。福柯把近現代文明的各種話語論述的建構和擴張，當成西方以其種族中心主義爲原則所建構的近代資本主義世界秩序正當化的理論基礎。

爲了進一步論證資本主義社會和文明的世界秩序建構過程就是一種不停的**種族戰爭**，福柯特別集中分析了作爲近代資本主義歷史分水嶺的十七世紀的狀況，特別集中分析了當時的英國革命前後以及法國路易十四統治末期的**歷史話語**結構。他說：「從十七世紀開始，認爲戰爭構成爲歷史絕無終止的經緯脈絡的基本觀點，以一種精確的形式表現出來：在秩序和和平下進行戰爭，使戰爭加工改造我們的社會，並把它分爲二元的模式，這實際上就是種族戰爭。馬上，人們就發現了組成戰爭的可能性，以及保證其維持、繼續和發展的基本要素：人種的差異，語言的差異；力量、權力、能量和暴力的差異；原始性和野蠻性的差異；一個種族對於另一個種族的征服和奴役。社會實體正是建立在兩大種族之上。根據這種觀點，社會從頭到尾遍布種族衝突。從十七世紀開始，它就作爲人們研究社會戰爭的面目和機制的各種形式的模型而被提出來」（ibid.: 53）。**整個近現代世界史，可以說就是由西方種族中心主義新全球霸權話語所編寫和規定出來的；而在這場以種族戰爭爲基本內容的歷史論述體系中，西方人以其政治、經濟、文化和科學技術的優勢，論證了由他們所建構的新世界秩序的正當性。**

由此可見，到了近代資本主義文明形成的時候，歷史被賦予理性的色彩。西方人更是自命爲「歷史的進步」和「發展」的化身，並將其西方文明當成整個人類文明的標準。自始至終，西方人在建構和發展其文明時，都試圖論證他們就是人類歷史的主人和中心，也是歷史發展的動力。在他們看來，歷史就是屬於他們的。從十五、六世紀開始的近代資本主義殖民時代，西方人不惜採用「文明」和赤裸裸的強盜手法，將世界上最古老的文化創造作品，從埃及、印度、中國、中東及美洲地區，搶回倫敦、巴黎的博物館，以宣示他們對於人類歷史的獨占權利和詮釋權。由此可見，即使在原來西方人缺席的遠古歷史的地盤中，他們也試圖透過竄改、編制和重展的手法，使人類歷史全部納入西方文明的邏輯體系之中。

　　發生在二十世紀、由西方人自己所發動的兩次世界大戰的殘酷性及其野蠻性，澈底掀開了西方人所編寫和詮釋的「人類歷史」中最醜惡的一頁，終於沉重地打擊和粉碎了人們對於歷史熱情的狂想。歷史地圖因此也在世界範圍內被重新標示。在第二次世界大戰以後，西方再也沒有一位歷史學家，敢於聲稱他可以窮盡歷史事件的眞相和意義。歷史的範圍不僅變得模糊和眞假難辨，而且，各種悲觀和宿命的觀點也在一定程度上浮到表面。西方歷史神話的瓦解，加速了西方文化的危機。歷史從來沒有像現在這樣得到全面的懷疑；解構歷史的活動，也從來沒有像現在這樣顯得特別迫切。

　　但是，引起關於歷史性質及其結構之爭論的，並不只是上述社會歷史背景，還同當時所出現的一系列新思潮和新理論緊密相關。

　　自馬克思、尼采和佛洛伊德以來對於歷史所作的批判，也爲當代法國哲學家們解構歷史的理論工程，提供了多元的可能方案。現代人文社會科學和哲學，特別是當代法國哲學的發展及其「語言學的轉折」，結構主義的產生，詮釋學的新發展，從語言與歷史事件相互關係的角度，使絕大多數歷史學家相信：各種歷史的意義是要靠詮釋者及整個詮釋過程來決定；歷史的絕對「客觀性」，已經不太可能。歷史必須開放；歷史有待人的各種詮釋。歷史將在各種詮釋中，在語言和話語的解構中復活，並以「將來的過去」或「過去的將來」的形式，重新出現的超時空的社會生活結構中。傳統歷史學所論證的歷史連續性、發展性、進步性等觀點，逐漸被間斷性、中斷性、共時性的觀點所取代。至於把歷史當成線性的單向發展過程的傳統看法，也隨著結構主義的「無主體的歷史」的出現而遭到前所未有的猛烈批判。

　　總之，從來不存在純粹的所謂「客觀」的歷史；歷史總是在語言中顯現，並通過某一主體的話語，隱含著未來的趨勢，又呈現在現實中。所以，**歷史**（histoire）**是透過語言而同現實、同未來交織在一起的特殊論述體系**。因此，讓歷史在現實中重新復活，從歷史事件的實際運作過程中釋放出它自身的能量，使之成爲透視現實的銳利武器，並讓獲得了新生命的歷史，以其廣闊的時空視野，穿透被層層紗幕掩蓋的現實，進一步解構現實和透視未來。這就是福柯的考古學和系譜學的方法，也就是他研究和批判現實的藝術。所以，對於福柯來說，根本沒有傳統歷史學家所說的那種純粹過去了的歷史，有的只是由歷史學家所製造的歷史話語，以現時的表現形態，潛伏著未來的活生生的歷史。這種歷史是用語言說出和寫出的「話語中的歷史」，因而它只能是從屬於寫和說的主體及其存在脈絡，並在現實的權力和道德的交錯關係中被扭曲。因此，歷史絕不是連續展現、並以歷時表演的形式，呈現在我們面前。歷史乃是在現實中活動的話語力量，被各種

社會文化關係脈絡所控制，成為現實社會文化境遇的組成因素。歷史，對於福柯來說，並非被埋葬了的過往遺物，而是隱含在現實深處的神祕力量，可以喚起思想和語言網路的象徵性力量，參與到現實的各種權力競爭。正因為這樣，歷代統治階級總是利用歷史話語，控制時代發展的動向，以決定社會的未來狀況。

因此，福柯主張使歷史從話語體系中解脫出來，還原成它的實際結構，揭示其中隱含的權力鬥爭狀況，成為「診斷」和改造現實的批判手段。同時，還要讓歷史重新講述它自身被閹割的過程，展示它自身本來的面目，以利於社會大眾認清自身被宰制的歷史原因。

為了使這種方法和研究藝術變得越來越熟練，福柯不惜一再地將現實折疊到歷史中，並不斷地又將歷史的脈絡展現在現實的社會結構中，讓歷史活生生被扭曲的圖景，重新呈現在當前的論述之中。在他題為《必須保衛社會》的法蘭西學院演講中，福柯以大量篇幅，分析了西方的各種戰爭話語和歷史話語的相互重疊及相互轉換，以揭示當代歷史學為統治勢力服務的真正面目（Foucault, 1997）。

所以，當福柯撰寫精神病診療史的時候，他所說的歷史，已經不是傳統的歷史論述。福柯所要論述的，是同「正常」的標準相反的「異常」精神病治療史。這種「新」的歷史，不是由傳統的論述所構成，而是由「無聲的檔案」（l'archives silencieuses）堆積起來，是沒有固定順序、前後斷裂、沒有連續性的結構。正是透過「異常」的精神病治療史、精神病診療所的歷史、西方監獄史以及西方人的性史，福柯試圖揭露：取得了正當化地位的精神治療學及各種「科學知識」，透過其自身確認的「標準」，將精神病患者及其他「異常者」列為監控、宰制和鎮壓的對象。由此可見，以精神病治療學為代表的現代科學的歷史，就是以科學知識為手段，將社會分化為「正常」和「異常」相對立的歷史。由此可見一斑：一切歷史論述，都是以一種「同一性」原則為基礎，將符合標準的所有的人，設定為歷史的主人。顯然，這種同一性是以某種排斥性作為其條件：一切不符合標準的人，都是「異常」的人，是被排斥在歷史之外。福柯透過精神病治療史的解構，指出了傳統歷史論述的同一化和排斥化功能及其策略，並試圖說明傳統「歷史」就是以這樣的方式「論述」出來的。換句話說，作為歷史論述基礎的同一性原則，無非是從「正常」和「異常」的對立出發。歸根究柢，歷史的同一性是以理性與非理性的對立為基礎。任何以往歷史，如果沒有這種將「正常」與「異常」的對立策略，就不會存在和維持下來。所以，歷史是為「正常」的人們服務的，也是那些「正常者」自己的歷史；而被排斥的「異常」者，不但被排斥在歷史之外，而且也對歷史本身一直保持沉默。

福柯的新歷史觀，其實是受到尼采、喬治‧巴岱和布朗索（Maurice Blanchot, 1907-2003）的影響。尼采早就指出，在「神之死」和「人之死」之後，歷史就來到了它的終結點：西方的歷史隨著其論述的瓦解而死去。

　　西方傳統歷史觀的思想基礎是形上學的本質主義和總體性原則。反過來，傳統歷史觀也成爲形上學本質論和總體性原則的論證根據。歷史是同形上學如此緊密地聯繫在一起，以至於任何批判歷史的活動，都不可避免地必須與批判形上學同時進行。西方的歷史觀，早在古希臘時期，就是與形上學思維方式和基本原則同時形成、相互論證的。關於歷史有其起源、終極本質、基本意義和最終目的的神話，從一開始就是在古希臘形上學的理論論證的正當化過程而鞏固起來的。形上學極力論證，包括歷史在內的世界上一切事物，都存在某種「本質」和「終極原則」，都來自同一的「根源」。一切事物及其發展歷史，都是靠其本質和源泉來維持的。本質產生並決定歷史，而歷史則成爲本質和源泉的展現過程和證實過程。但本質永遠是藏在隱蔽處，永遠是被現象所遮蓋和掩蔽，同時又是被歷史所吸收和掩蓋，成爲歷史本身的神祕動力和根基。

　　形上學對於歷史本源和本質的清理，始終都是以論證終極真理爲其基本目標。凡在歷史走過的地方，就隱含著真理的足跡。歷史不過是真理的領地和隱現場所。只有靠真理的指引，才有可能存在、並發現歷史。所以，在西方之外的世界各個角落，不管那裡存在和發展什麼樣的文化，都需要靠西方理性知識體系的支持和論證，才能在人類歷史的系統中占據一定的席位。西方種族中心主義爲了以它們的標準統一世界歷史，製造出一種單向線性歷史觀，以連續性、發展性、統一性和同質性爲特徵，試圖將世界各個民族的文化，強制性地納入西方理性規則的軌道中。西方種族中心主義者把一切非西方的文化及其歷史，都視爲欠缺的、偶然的、片段的時空碎片，當作異質的、支節性的和散狀的紊亂，被排除在人類歷史總體體系之外。只有經過他們的加工和整理的歷史，才是符合理性和真理系統的歷史的一部分。所以，在西方標準的歷史教科書背後，往往隱藏著無數被「流放」和被貶抑的事件，它們被當成歷史的垃圾，受到了「正統」歷史的壓抑和吞噬。由於歷史論述的書寫和生產過程長期被統治者所壟斷和控制，現有的一切歷史論述無非都是「大敘述」體系，並標榜自身是標準的知識形式。歷史和知識，終於以統一的敘述形式，發揮它們共同的壓抑功能：將一切非西方的、非理性的和非同質的人物和事件，統統清洗出歷史的大門之外。

　　福柯在他的《知識考古學》一書的導論中，簡略地敘述了當代歷史觀的轉變過程。他認爲，最重要的，是在各種觀念史、知識史、科學史、哲學史、思想史及文學史的領域中，歷史學家的注意力已經轉向斷裂和非連續性（discontinuité）的現象（Foucault, M., 1972: 3-4）。如果說傳統的歷史是把以往的、過去了的

「遺蹟」（monument）記憶化，使之轉變成為「文獻」（document）形式的話，那麼，當代的歷史研究者就把「文獻」轉變成「遺蹟」（Foucault, M., 1972: 7）。傳統歷史觀將遺蹟實現記憶化的過程，就是使之文字化、並對它進行線性處理的過程。反過來，將歷史當成遺蹟本身，就是使之重新恢復其原貌、顯示其斷層重疊基本結構的過程。這是兩種對待歷史的根本對立的態度，也是對待理性主義和主體中心主義的不同立場的表現。所以，解構歷史，對福柯來說，不僅是批判以往歷史的欺騙性及其種族中心主義和邏輯中心主義，而且就是具體地貫徹實際的知識考古學、道德和權力系譜學的策略之實踐過程。只有將傳統的歷史撰寫改變成斷裂的與重構的知識考古學和權力系譜學，才能使歷史的解構，不只是停留在批判的層面上，而且也為實際地重建新的生活世界鋪平道路。

福柯就是這樣通過對傳統歷史的批判和解構，把它對於傳統形上學的批判進一步貫徹到底，終於在歷史領域中，把形上學從它頑固的最後堡壘中趕出去，也為他所追求的真正自由的生活奠定基礎。

三、在日常生活中超越和擴大自由

歷史的解構同生活世界的重構的關係就是這樣：一旦歷史的假面具被澈底揭開，日常生活的活生生的節奏、情節及其不斷自我再生的動力，就被澈底地解放出來。生活世界只有澈底擺脫了歷史的陰影，才有希望在個人自身的真正自由的基礎上被重建起來。

當代社會先進科學技術的發展及其在社會生活領域中的實際運用，以及當代社會本身由於權力干預的加強和社會分工的日益專門化而產生的高度制度化傾向，造成了當代社會越來越遠離，甚至破壞自然（nature）的惡劣狀況。破壞自然呈現為兩大主要面向：一方面使自然界本身遭到直接的破壞，另一方面人的日常生活（vie quotidienne）也逐漸失去其自然性質，使現代人過著由人工科技力量所設計和控制的非自然的生活。這實際上構成了對現代人的自由的新威脅。

沙特在探索自由的可能性時，根據現象學的返回生活世界的原則，在世界的生活世界中深入分析開創自由新視野的可能性。

如果說，沙特一再強調「超越」對於人的生活和思想創造活動的決定性意義，那麼，法國當代思想家們就進一步發現：「超越」並不是同現實生活相矛盾；超越本來是可以在現實生活世界中實現，而且，它還構成現實生活的一個重要方面。換句話說，現實生活世界不但是人們腳踏實地經營自己平俗生活的領域，也是待人們不斷地超越的整個世界的一部分。傳統的思想將「超越」推向遙遠的、甚至是不可及的彼岸，使人誤解現實生活世界，以為現實生活本身並不包

含「超越」。但實際的狀況表明：現實世界中包含了兩個相互連接和相互轉化的部分：實際的世界及待超越的世界。在原有的思想和社會生活領域中，還存在著大量仍待開闢的可能性世界。超越的世界固然是無限的，但現實世界也是無限的，而且也是充滿著希望和可能性；超越的世界同現實世界是相互交叉的。現實中的待超越的世界，也是一個無限的可能性世界，它的廣闊度和時空維度，並不亞於實際生活世界以外的「彼岸世界」。由此出發，人們逐漸發現人自身、思想、精神、心理、身體、語言、社會生活以及人際關係的特徵及其雙重結構（double structures）：它們往往都是既有主動、積極、創造的一面，又有被動、消極、破壞的一面。

為了填補因不斷超越所造成的空虛，為了滿足不斷增長的「非人性」的需求，在沙特之後的法國思想家們，試圖走出傳統思想和社會生活的限定範圍，在人的思想及其社會世界的限定之內和之外，開闢更大的活動空間和創造天地。

為此，他們首先把人的自由，從思想的狹小範圍擴大到整個精神和肉體活動的創造領域。什麼是思想？傳統思想家總是將「思想」同「理性」緊密聯繫在一起，並把思想同現實的日常生活割裂開來，實際上是企圖以理性約束思想自由，縮小思想的可能範圍和可能深度；同時也是為了將生動活潑的日常生活變成為思想和理性的奴隸，使社會大眾即使在他們的普通的日常生活中，也仍然嚴格地受到思想、道德和法制的控制和宰制。

與此相反，當代法國哲學家們所追求的思想自由，是「想其所想」的自由。在他們看來，想什麼、如何想、為了什麼而想，以及想的結果如何，等等，都不應有所限制、不應有所規定、不應該確定或樹立「標準」，作為限制思想自由的藉口，更不能因此而限制思想的自由；思想同情感本來是聯繫在一起，並如同情感一樣，沒有某種可以約束它的規範、原則或法制；而且，它也如同情感一樣包含著非理性的成分，並同實際的日常生活緊密相關。思想應該為生活服務，應該為生活開闢更廣闊的領域和時空範圍。既不是思想決定生活，也不是生活決定思想，而是思想和生活都雙雙自由化，相互在朝向自由的道路上競賽；應該使思想順應生活的需要，有利於生活的更加自由化，又要使生活像思想那樣實現高度的自由化。思想還應該以生活為榜樣，應該從生活中吸取營養和力量，如同生活那樣，永遠充滿著活力，同身體的快樂、幸福、欲望及其滿足相呼應。因此，真正的思想不應限定其所想的物件、目的、方式，也不應限定其表達方式。真正的思想就像原始人的神話創作模式，將精確性與模糊性、確定性與變動性、區分與同一混雜在一起，是理性與非理性相互交叉的可能性世界，是既廣闊無邊、又深邃無底的宇宙，是可以任想像自由地馳騁和翱翔的地方。將思想脫離理性的約束，

使思想活動進入混沌和迷宮式世界，就是使思想本身真正地實現「想其所想」、「無所不想」和「任其所想」。

其次，受到尼采哲學、精神分析學和現象學的影響，當代法國哲學家們不再將精神和肉體、思想和欲望、理性與感情嚴格地分隔開來或對立起來。梅洛・龐蒂和拉岡是在這方面取得了輝煌成果的傑出思想家。在他們的影響下，從二十世紀六○年代之後，當代法國哲學家們除了進一步發揮思想意識本身的自由想像空間，還在思想意識之外發現情感、無意識和意志以及肉體等因素，並把這些因素當成比思想意識更廣泛和更頻繁地影響著人們實際生活的實際力量。擴大思想意識領域，就意味著首先使思想意識本身擺脫語言、語言論述和一切傳統符號體系的約束，使思想及意識都能夠不再以附屬於各種邏輯規範體系的語言及傳統符號作為其主要表達手段。思想及意識一旦擺脫語言和各種傳統符號，就像脫了韁的野馬那樣自由。

再次，他們不只是把社會當成既成的現實生活世界，不只是強調社會關係網路的現實性，而且還深入探討人在不同社會生活領域中不同性質的實際活動，同時也不斷開闢在規範和法制所規定的社會內外的各種新領域。實際的社會生活領域是非常豐富多彩的，也是具有高度伸縮性的可塑性的世界。在當代法國哲學家們看來，生活世界和日常生活領域是最堅不可摧的社會生活基礎，它在任何時候都是照樣正常進行，照樣無可阻擋地按其節奏和規律循環往復地進行；而且，日常生活也並不是僅限於傳統社會規範所規定的範圍，而是一個可以不斷打破各種「禁忌」的快樂世界，一個具有無限開拓遠景的可能性世界，也是一個具有超越性質的世界。傳統思想歷來將日常生活世界貶為無限重複的「庸俗」領域，甚至將之等同於誘惑人犯罪的「罪惡世界」；並在其中設定一層又一層的「禁忌」重疊的結構，試圖限定人，特別是限定肉體、欲望和感情活動的範圍。如今，它卻躍升為隱含超越性質和具有無限可能性的虛幻世界。因此，實際的社會生活的廣度和深度，決定於生活在其中的人們的生活態度和創造精神：思想麻木者總以為社會生活就是循規蹈矩的生活模式的無限迴圈；而具有創造精神的人們卻會在實際的社會生活中不斷發現新領域、探索新的樂趣、開闢新的希望。越是禁忌叢生、規矩林立的地方，越要大膽地超越它或逾越它。新一代法國思想家們把逾越禁忌當成一種遊戲活動，把逾越禁忌所面臨的危險和冒險境界，當成尋求快樂和滿足創造欲望的理想境界。

當代法國哲學家們，根據他們所專研的不同領域，分別深入探討人在其宗教、藝術、哲學、科學、經濟、政治等實際活動中的特徵。他們越深入探討，越發現其中的無窮樂趣和潛在可能性。而且，他們越探索實際的社會生活領域，他

們越感受到回歸到原始社會生活的情趣及其自由。原始社會中所自然呈現的「宗教人」（Homo religious）、「遊戲人」（Homo luden）、「旅遊人」（Homo viator）、「游牧人」（Homo nomadus）的生活風格，尤其成爲現代法國思想家們所嚮往的生活模式。

從此，日常生活和實際生活，成爲歷史和現實理論研究的眞正基礎。德希達說過：「我是一位到處流浪的哲學家」（Je suis un philosophe errant）。德希達的話體現了古希臘早期以「無爲」爲樂的樂觀主義哲學家們的生活理想。到處流浪的人之所以到處流浪，不是因爲沒有希望，而是恰恰相反，正因爲抱有希望，才不斷地向前走。流浪的人是典型的「旅遊人」（Homo viator），是開天闢地時期人類的最早原型，是最原始的人面對周遭世界而尋找出路，不斷抱有驚奇性態度，並期望在冒險中重現新希望和有新發現的人。只要是在旅遊中遊蕩，就意味著存有生活的希望。「目標」本身的具體性並不重要，因爲目標越是具體，繼續走下去的希望就越小和越有限。因此，眞正的人寧願在旅遊中進行無始無終的遊蕩，尋求非具體的目標，以便達到永遠尋求目標、永遠抱有希望的目的。德國哲學家海德格深刻地以「林中路」（Holzwege）作爲象徵性的比喻，表示人無目的之思考所處的理想境界。在本質上是自由的思考，本來毋需任何預定的目標，也毋需遵循固定的路線。惟其如此，自由的思考才有可能眞正自由地展開，才有可能達到自由思考所追求的眞理。林中路，就是沒有方向和無目的的路。人的一生，就是在類似於「林中路」的人生道路上進行自由的探索。當代法國哲學家們所期望的日常生活方式，就是這種在迷宮式的遊蕩林中路中無止盡地遊蕩、無固定居所、遊蕩無法無天的生活。

四、擺脫傳統本質論的約束

研究人的思想、生活方式、社會現象和社會行動是脫離不開對日常生活的觀察和分析的。但在西方傳統的社會研究歷史中，受到傳統「本質論」的影響，從古希臘開始，由於只重視社會對象的本質問題和本質結構，社會科學研究人員和社會學家往往只看到被當作「本質」的社會制度和重大的社會活動。他們往往把大量在日常生活中出現的瑣碎的事情，看做是非本質的現象加以排斥。顯然，這種忽視日常生活現象的社會研究傳統，存在著其形成和發展的理論上和方法論上的根源。

在傳統形上學的本質論基礎上，將日常生活和各種普通的社會現象當成異質性因素，成爲附屬於空洞的抽象概念的「墊腳物」，或者成爲供總體性論證的螺絲釘或下腳料。日常生活和各種生活現象就這樣終於被排斥和被吞噬，尤其被

驅除出理論的視域之外。沙特早在他的《存在與虛無》中就已經批判傳統形上學的本質論，強調存在和生活並無本質，凡是在本質論劃定「必然」和「統一」的地方，實際上只是無秩序的偶然、機遇、怪誕和變換不定的虛幻。但沙特無法澈底擺脫傳統形上學的約束，使他最終又訴諸於「總體性」，也使他的存在主義未能將日常生活現象完全從本質論的控制下解脫出來。當代法國哲學家們卻發揚尼采的精神，比沙特走得更遠，終於以日常生活和身體的第一感受作爲思想的出發點。尼采宣布：日常生活是以身體的第一需要爲目標的，是生命最重要的動力來源和基地，必須讓整個身體及其各個部位，都從理性和總體性的系統中解放出來。身體以及爲之滿足的日常生活，應該以它們的生物性、感性和肉體性作爲第一優先，把道德、法制和各種統一性的標準，都退離生活領域之外。只有讓身體和日常生活從長期約束它的理性中解脫出來，才能恢復它們的真正活力，使之真正成爲帶動整個思維活動和精神創造活動的原動力。

在社會研究中，最容易引起研究者注意的問題，不一定是社會的本質。恰恰相反，爲人們常見的各種具體社會現象，反而會引起人們和研究者的注意，作爲他們觀察和研究的起點。但是，本質論的傳統影響給予研究者一個錯覺，以爲凡是本質的東西一定是社會中占決定地位的強大力量或具有重大影響的組織制度。在這樣的錯覺的指引下，西方社會科學研究，除了個別的例外，幾乎都把重心放在社會制度、社會結構和權力關係的研究中，或者集中地研究社會歷史中發生重大影響的各種事件，而忽視對日常生活和生活世界的研究。

五、加強對日常生活基本結構的研究

日常生活（la vie quotidienne; everyday ordinary life）是人在世界上和社會中生存的重要內容和基本結構。人在世界上和社會中生存總是在時間中度過。日常生活在人生在世的時間結構中，占據了大半的部分。從人生的基本時間結構中的日常生活所占據的地位來看，日常生活無疑具有重要的決定性意義。日常生活的重要意義對於所有的人都是普遍的。因此，在這裡首先必須扭轉以往傳統社會學的片面觀點，似乎日常生活只是同作爲公共生活對立物的「私生活」（la vie privée; private life），或者把日常生活看做是同所謂高雅的政治文化生活相對立的庸俗生活活動，或者甚至把日常生活理解成同極少數「偉人」的「偉大活動」相對立的低級生活活動。因此，從日常生活在「人生在世」時間結構中的重要地位來看，所有的人，不管是平民還是皇帝；不管是俗民還是偉人，都有其自身的日常生活，而且這種日常生活在時間上占據了其一生的絕大部分。

日常生活的重要表現就是它日復一日的重複性，以及由此形成的日常生活的

習慣性、惰性、無意識性和庸俗性。這些性質在日常生活的流程中又相互影響，進行惡性循環，導致日常生活的盲目性和社會學家對它的忽略性。

日常生活日復一日的重複性，顯示了日常生活的節奏性。節奏性可以產生固定的生活方式、生活模式和生活態度，也可以決定不同人和群體的行為方式。節奏性也可以透過內在化而影響人的精神生活方式，影響著人的性情、愛好和各種情感，甚至影響著人的思維方式和思想模式。節奏性使得日常生活本身帶有反思的性質。節奏性給予日常生活一種優越的地位，使它與人的別類生活方式相比，自然地成為了人生的基本成分。節奏性占據了人生時間結構中的絕大部分，只是採取了過於單調的形式和重複的特點。當然，單調性和重複性一方面掩蓋了日常生活的重要性；另一方面，又使日常生活自然地與不知不覺地消耗了人生的大部分，並使日常生活成為思想活動的反思源泉。

日常生活是由每個人的每一個平常日子所組成的。平常日子的活動當然首先是滿足人生的基本生存需求。在這一點上，不分階級、地位和角色，人人都回避不了。滿足人生的基本生存需求的日常生活活動，對於所有的人來說，幾乎都是相類似的。例如，吃飯、睡覺和工作等等，所有的人都是一樣的。日常生活活動的上述普遍意義，進一步顯示了日常生活研究的重要性。沒有任何其他的社會文化生活方式能比日常生活更加重要和更加穩定；即使在殘酷的戰爭和革命歲月，當其他活動都不得不停止的時候，惟獨日常生活照常進行。所以，日常生活是最禁得起各種社會事件考驗的唯一最堅不可摧的活動。而且，往往是在滿足人生基本需求的日常生活中，可以最直接地顯示出各種不同的人生態度，顯示出不同的人對於社會的不同觀點。由於日常生活的自然性，使得日常生活中的表現更帶有直接性、原始性和真實性（l'authenticité）。如同原始社會的原始文化更直接的表現人性一樣，日常生活的表現也在某種意義上說，更直接地表現了不同的人生態度。

由於日常生活和人的生存的基本需求有密切的關聯，日常生活領域也就成了極其複雜而尖銳的社會鬥爭的一個重要場所，成為了顯示社會結構基本特徵的重要場域（champ）。

日常生活的節奏性，在很大程度上決定了日常生活的共時性結構。日常生活的共時性結構，使它成為了累積和凝結不同歷史結構中不同因素的最有利場所。因此，日常生活也成為了核對總和分析歷史經驗的最好基地。日常生活中的各種習慣（coutume），在這個意義上說，表現了歷經長年累月累積和發展的文化傳統和各種文化特徵。所以，對日常生活的研究，也是深入揭示各民族、各社會文化結構的鑰匙。

　　研究日常生活還意味著深入探討日復一日的日常生活結構和歷史劇變、和各種偶發事件的衝突，並由此深入研究人類社會發展中複雜而曲折的過程，深入研究社會複雜結構中，複雜的人類社會行動。日常生活並不能永遠長期脫離歷史劇變和社會事件而存在，也不能完全置社會結構於不顧，而麻木地進行。因此，研究日常生活與社會制度、社會組織和各種社會行動的複雜交叉和互動，是有重要意義的。

　　日常生活儘管是帶有直接性、單調性和節奏性，但是它同樣也易於異化。日常生活的異化，可以表現爲人們對於日常生活的麻木不仁或盲目重複，或者也可以表現爲對於日常生活的過分沉溺和陶醉。日常生活的異化造成了對於日常生活研究的障礙，爲研究日常生活蒙上了一層紗幕。

　　由於當代社會結構的變化，一方面社會財富的遽增造成了日常生活的多樣化及其內容的不斷豐富；另一方面，社會自由的發展所造成的個人自律的增強，使日常生活的問題成爲了重要的社會問題。當代社會學家越來越多的人注意到了日常生活問題。

　　對於日常生活問題的研究的最重要表現，就是當代社會理論中「生活世界」、「俗民語言」、「生活風格」和「生活愛好」等新概念的普遍提出。

　　日常生活結構及其意義，隨著社會的發展而不斷發生變化。在不同的社會中，日常生活的結構及其意義有所不同。這就是說，社會的狀況與日常生活的結構及其意義之間是有互動的關係。日常生活的結構及其意義在很大的程度上決定於、也表現了社會的基本結構。但是，反過來，日常生活的結構及其意義又在一定程度上影響著社會的結構本身。

　　法國當代社會學家勒斐伯勒從第二次世界大戰後就很重視日常生活的研究。他認爲，近代社會的形成，特別是現代性和後現代性結構的產生，爲日常生活結構的劇烈轉變及其多元化開闢了新的歷史前景（Lefebvre, H., 1971）。近代社會的發展，推動了文化生活的複雜化及其在整個社會生活中的優先地位的產生。近代社會和現代性加速了日常生活的都市化過程，越來越多的平民集中到由現代文化控制的大都市中生活，使越來越多人的日常生活在大都市結構中度過。近代社會的都市化，從根本上改變了人的日常生活方式及其意義。

　　日常生活世界占據普通人實際生活的絕大部分。爲了控制和宰制社會大衆，除了在理論上和思想上有意識地回避或貶低日常生活的意義以外，歷代統治者還進一步設定一系列理性規則和社會道德制度，規定日常生活的基本原則和規範。思想成爲高高在上的領域，駕馭著日常生活的一舉一動。福柯在其著作《性史》中，以大量事實揭示歷代統治者控制日常生活世界的一貫技倆或計謀，他把

這種技倆或計謀稱爲「自身的技術」（technique de soi）。數不勝數的「自身的技術」如同約束著孫悟空的「緊箍咒」一樣，日日夜夜無時無刻地監視和控制著老百姓日常生活的一言一行和一舉一動。而統治者爲了使這種控制的「技術」正當化，竟美其名曰「自身的技術」；意思是說，這一切是爲了建構有「教養」的「自身」，爲了使每個人都在其日常生活行爲中無時無刻地遵循著社會的規範和制度（Foucault, M. 1976; 1984a; 1984b）。所以，福柯等人反其道而行之，主張在日常生活領域中實現高度的自由，置一切「自身的技術」於不顧。他們認爲，不應該使生活成爲思想的「奴隸」，不應該把自己自由生活的權力交給思想去掌握，而是相反，應該使生活擺脫思想的牢籠而任其所爲，使生活領域成爲生活本身的天地，使生活不再成爲理性或道德的「婢女」。

　　如果說傳統社會中的日常生活領域早已透過「自身的技術」所操縱和控制（contrôle），那麼，在現代社會中，當代統治階級更利用其社會優勢及權力，一方面將絕大多數社會成員進一步吸引到日常生活領域之中，另一方面又憑藉他們在政治、經濟和文化方面的強大資源和能力，利用他們所控制的現代科學技術和整個社會高效率的管理制度，把日常生活領域改造成有利於麻醉社會大眾的場所，使社會大眾在其中進一步受到他們在職業活動以外的「第二次剝削」，承受「第二次被宰制」。鮑德里亞和布迪厄等人將其理論研究活動的重點轉向當代日常生活領域，深刻揭示了當代日常生活領域整體結構的根本改變及其運作原則。他們還以大量的事實揭示當代日常生活結構以及人們生活方式和生活風格的轉變，說明當代日常生活場域中各種社會力量的新型競爭邏輯及其基本策略（Baudrillard, J., 1968; 1970; 1972; 1976; 1981; 1983; 1995; Bourdieu, P., 1979a; 1991）。當代法國哲學家們以現代社會生活方式轉變的事實，從理論上論證生活本身的尊嚴及其在本體論上的特殊意義。現代人應該在生活上思想，讓思想像日常生活那樣自由自在地進行，像日常生活那樣排除一切約束或禁忌。思想本來應該是爲生活本身服務的。

六、日常生活的反思性

　　日常生活固然常因其反覆性而表現爲盲目性和異化，但又同時具有反思性。在多數的情況下，人們總是在日常生活的行爲中進行或多或少的「考量」或「估計」活動。所以日常生活行爲往往是一種「反思性的實踐」。

　　這種反思性的實踐具有明顯的無意識性。但是，日常生活的反思性，爲人的行爲提供源源不斷的經驗智慧的意義。換句話說，日常生活例行化所總結的經驗，表面看來，都是人在生老病死過程中最普通的事情，但是，其中卻隱含著人

生在世所必需的各種智慧和經驗。日常生活經驗的珍貴性，就在於它以重複的形態濃縮著人生在世的本質結構，集中了生活中最穩定和最內在的方面，為人生在世積累最基本的生活本領和經驗，也累積了應付各種複雜環境所必需的反應能力。日常生活的這種反思性，使人生過程中的任何時刻，當人面臨各種複雜環境而需要作出決定性的反應時，它能為人的行為提供必要的啟示和各種可能的解決方案和方法。在這個意義上說，日常生活的反思性使日常生活本身成為了人的社會行為和社會結構不斷更新和不斷重建的最大能源儲備所和最豐富的土壤。

日常生活的反思性也決定了日常生活結構及其意義結構的象徵性。這主要是指日常生活結構及其意義結構的不斷複雜化和層次化，同時也是指其語言化和符號化。當代社會理論深入研究了日常生活經驗與日常生活語言的相互關係，並同時研究兩者之間在長期重複過程中的互動及其再生產的過程。耶穌會會士、先後在法國及美國著名大學擔任歷史學、人類學、哲學和社會學教授的德舍多（Michel-Jean-Emmanuel de la Barge de Certeau, 1925-1986）在其著作《日常生活的發明：做事的藝術》（*L'invention du quotidien. I. Arts de faire*）中，不但闡述了日常生活的豐富內容，而且也分析了它的反思性及語言性（Certeau, M. de, 1980）。他認為，日常生活占據了人的生活時空的絕大部分，而且，也訓練了人的生活基本技能，培訓人的思想和行為的模式，使人懂得如何面對生活、他人和世界。因此，日常生活為人們提供豐富的實踐智慧，尤其是說話和待人處世的藝術。同他一樣，當代法國哲學家們在日常生活世界中發現了越來越多原來不為人知的真理，隱含著深刻的本體論和方法論意義。

理論研究一旦回到日常生活領域，人在日常生活中的各種感情、思想、行為及其細微表現，都成為了探討的對象。正是在這些長期被忽略的地方，存在著人在世界上安身立命的道理。傳統理論所推崇的「理性」、「真理」和「道德」等，其實都來自日常生活的實踐，同時也同其中的其他各種因素嚴格地混雜在一起。傳統理論把其他因素剔除掉，只誇大「理性」、「真理」和「道德」，不但違背事實，而且也使理性本身僵化和失去生命力，脫離它的生產土壤。對於日常生活的肯定和重視，為當代理論思維及各種思想創造提供新的出發點。

當代法國哲學家們重新探討理性（raison），正如梅洛‧龐蒂所說，他們看到了理性的更為廣闊的內容及其複雜成分，同時也看到它同其他因素之間的互動關係，使理性重新在現實的關係網絡中活躍起來。日常生活中的理性及其表現形態，是多種多樣、並變化無窮。日常生活中的理性，實際上主要表現在人與人之間的複雜關係中，表現在人同自然、社會及整個世界的關係中。理性應該在其活生生的關係網絡中加以考察。理性不只是概念、不是實體，也不是本質或看不見

的「形式」，而是存在於現實的各種關係中，並在這些關係中呈現出千變萬化的可能形態。於是，「合理性」概念就代替了「理性」，並包含了「理性」。

與此同時，理性以外的意志、情感、欲望以及各種在日常生活中所出現的複雜而又帶偶然性的因素，也成爲當代法國哲學家們研究的研究主題。決定人的基本因素，並不是理性，而是日常生活中的生活風格、生活態度、生活情趣、生活方式。在所有這些理性與非理性相混合的因素和力量中，存在著人之爲人的重要基礎。因此，各種生活方式和生活風格，隱含著人之成爲人的奧祕。當代法國哲學家們爲此集中探討了與各種生活風格、生活方式密切相關的意志、感情、欲望及愛好等方面，並把這些因素提升到本體論的高度。

七、重新評價西方人性論

「人」（l'homme）的概念是整個西方社會文化及其制度體系的基礎和出發點。從古希臘開始，一直到現代西方社會，從來都是以建構一個符合該社會及時代要求的「人」的概念爲中心，同時建構其社會文化系統，以便使各個時代的社會及文化，都能夠和諧地圍繞著生活於其中的人而運作；同時，反過來，歷代思想家們也要求生活於各個時代的人們，都能夠按照該時代社會文化制度的正當化標準而生活。整個傳統「人性論」（l'humanisme）的背後，始終是傳統形上學關於「本質」、「總體性」和「主客體同一性」的基本原則；在這些傳統「人性論」的基礎上，各個歷史時代的統治者才有可能建構起穩定的社會文化制度及一系列規範。在任何時候，每當關於「人」的概念及其理論體系失去其正當性的條件下，便會出現整個社會文化制度的動亂，甚至導致它們的危機和滅亡。同樣的，各個時代的反抗力量，首先也把各個時代的官方「人性論」列爲他們的主要思想攻擊目標，以便在摧毀各個特定「人性論」的前提下，實現對於整個社會文化制度的改造和顛覆。

當代法國哲學家們所展開的理論和方法論革命，始終以對於「人」的歷史命運及其文化的討論爲中心，顯示出他們對於人本身的前途及其實際處境的高度關注，也表明他們始終都能夠緊緊抓住以「人」爲中心、改造社會文化制度及其各種論證性理論體系的關鍵問題。人的問題並不只是同人的實際狀況及其實際利益相關，而且還同人文社會科學以及一切科學理論的基本原則密切相關。所以，有關人的問題的討論，始終環繞著實際和理論兩個面向，而且，兩者也是不可分割、相互緊密相聯繫的。

當代法國哲學家們之所以很重視3H和3M的思想，是因爲這六位偉大的思想家，都始終將他們的理論創造和批判活動緊密地同關於「人」的問題的探討聯繫

在一起。3H和3M在這方面的論述及其對於傳統人性論的批判，成爲了當代法國哲學家們探索「人」的奧祕的榜樣。

黑格爾、胡塞爾和海德格都在他們的理論體系中深刻地探討人的問題。海德格在其《存在與時間》一書中，以人的個人存在爲中心，顛覆傳統形上學關於人的本體論體系，並強調唯有靠人本身的自我展示和自我詮釋，才能眞正領會生存的本體論構造及其特徵。他認爲，人是唯一能夠靠其自身的自我展示和自我詮釋來發現自己的存在本質的生存物。人在其自我展示和自我詮釋中，意識到自己的生存必須經過不斷的「被抛棄」、「沉淪」、「與他者共存」、「與世界相遭遇」以及「論說」等過程，才能創造出自己獨具特色的存在方式。因此，人的存在是不可界定的，也是不甘心由世界來規定其存在的方式的。人只有靠其自身的自我創造才能克服其生存中的各種「煩惱」、「焦慮」（angoisse）、「憂愁」和「困擾」，最終達到對於自身存在的理解。因此，在海德格那裡，就已經強調了人的存在的獨特性、唯一性、親在性及其不可取代性。其實，海德格早在撰寫《存在與時間》以前，就已經深刻地指出：關於人的問題，是西方思想史上唯一被不停地探討、又未能被正確解決的問題，因而也是唯一被討論得非常混亂的問題。由此可見，海德格已經明確指出人的問題在整個西方文化傳統中的關鍵地位。海德格等人對於人的存在的論述及其對傳統形上學的批判，實際上也是繼承了尼采等人關於人的基本思想。

尼采早已指出：人是由他的生存權力意志來創造自己的存在方式的。尼采嚴厲地批判那些循規蹈矩的「庸人」，強調人唯有靠自己權力意志的自我擴張，才能創造出自己的偉大事業（Nietzsche, F., 1966[1886]; 1969[1883]）。所以，尼采早在十九世紀末，就已經吹響了澈底批判資產階級人性論和人性論的號角。尼采在批判資產階級人性論時，尤其集中批判它的個人自由觀。尼采認爲，作爲個人自由觀的基礎，「個人」並不是像自然權利論（la théorie des droits naturels）思想家們所說的那樣，可以被化約爲一個一個獨立的「實體」。尼采認爲，眞正的個人不是原子式的單位，不能像一般的自然物體那樣可以被當成一種計算單位，也不能被化約或被概括成某種帶普遍性的一般概念。尼采說：「個人是多元性和不斷成長的；個人比人們所想像的人格還複雜得多，『個人』或『人格』只是爲了強調其特點和集中描述其性質罷了」（Nietzsche, F., 1977[1888-1889], Vol. XIV: 25[113]）。因此，尼采主張將個人任其自身生存，不能加以任何限制；而一旦將個人限定在一定範圍內，並以統一的規範約束他們，這種「個人」就實際上死亡了。不難看出，當代法國哲學家們對於「人」的概念的討伐和顛覆，正是由上述尼采思想出發的。

八、對近代人性論的反叛

當代法國哲學家們充分意識到：環繞著「人」的範疇而發生的西方社會文化危機，還必須放在更長遠的歷史範圍內，同整個西方社會文化的歷史變遷特徵相結合。嚴格地說，西方的社會文化危機並不是只有在現代時期的範圍內才發生的事件。只要仔細地分析西方社會的發展過程，就很容易地發現：在西方發生的各種社會文化危機，幾乎沒有一個不是由於對過時了的「人性論」的絕對肯定所引起的。在西方社會文化歷史上，西方傳統文化及其維護者，爲了給統治階級的統治行動所進行的「正當化」論證，一向都是自稱爲「人」的一般利益的最高代言人，總是將自己說成爲「全人類」的普遍利益的代表。而當社會統治階級鎮壓、打擊被壓迫階級的時候，統治著也總是把「反人性」的罪名強加於被壓迫階級頭上。遠在古希臘時期，正當西方人爲他們的文化尋求出路和確定基本模式的時候，困擾著他們的首要問題，就是「人」的「身分」問題：人是什麼？人與神的關係怎樣？人的生活有什麼意義？人的生活目的是什麼？人在宇宙和整個世界中，處於什麼地位？在他們尋求答案時，他們就已經預先選擇了「人是世界的中心」和「人是自然的主人」的結論。人的歷史使命及其命運，以肯定的「絕對命令」被確定爲今後長期思考的方向。從此，西方社會各個時代的統治階級以及占統治地位的傳統文化，都是號稱「人性」的最高代表，是「人」的正當利益的集中代表。凡是被傳統文化所討伐和壓抑的社會勢力以及受到社會「正當化」制度迫害的思想家，都無例外地被冠予「反人性」或「野蠻」的稱號。每當社會發生重大變化，每當決定著整個社會制度的各種關鍵性環節發生變化，就會出現影響著整個社會的社會文化危機，而這些一個又一個的歷史危機，又都同有關「人」的爭論緊密相關。爲此，創立新的思想觀念的思想家們，往往都首先突破關於人的傳統論述的束縛。

如果說統治西方一千多年的基督教（christianisme）就是從人的問題出發，全面修正古希臘的古典「人性論」的話，那麼，同樣的，當近現代資產階級試圖揭開歷史的新序幕的時候，也首先顛覆基督教的神學人性論，而聲稱他們的人道主義、人性論和自然科學人性論的普遍性和合理性。由此可見，在西方，每個新時代的思想家們，都從批判和顛覆舊人性論、提出自己的新人性論開始，進行他們的理論上和思想意識方面的意識形態鬥爭。

這一狀況，尤其是在西方近代資本主義社會的形成過程及其後的各個時代，表現得特別突出和特別明顯。首先，雖然關於「人」的概念及一系列有關「人」的理論和知識體系，早已在古希臘西方文明的形成時期就被當成核心問題，但只有到了資本主義社會階段，西方社會和文化才更以「人性」、「人道」及「人

權」（droit de l'homme）等範疇作爲其整個文化的基礎。而且，越是到了近現代時期，思想家們越將他們的人性論同科學知識、科學技術的發明緊密結合在一起，使得近現代各種人道主義、人性論以及自然科學的人性論，採取了越來越「理性」和「科學」的形式，聲稱自己是最「客觀」的眞理論述形式，因而它們就更加具有掩飾性和欺騙性。所以，探討環繞著「人」的問題而發生的社會文化危機，尤其必須緊密地結合現代西方社會的發展來進行。實際上，西方社會及文化的危機是從資本主義社會形成時期就開始的。而後，每當資本主義社會向前發展一步，西方社會和文化關於「人」的定義及其理解，就不斷地有所變化；同時，這些變化也引起整個社會文化的重大變化。

在整個西方社會文化歷史上，隨著不同社會制度的出現，曾經出現過三種不同歷史範疇的「人性論」：1.古希臘的人性論；2.羅馬帝國時期的基督教神學的「人性論」以及3.近現代資產階級人性論。

近現代資產階級人性論是西方傳統人性論的集大成者：它總結了古希臘、羅馬時期基督教的人性論，並在批判它們的基礎上，以「科學」的形式加以論述。近現代資產階級一出現在歷史舞臺上，爲了發展社會生產力及其商業經濟活動，大力推動自然科學及技術的革命，發展現代科學技術知識及實際管理方法。所以，近現代資產階級的人性論的最大特點，就是以近現代自然科學、社會科學和歷史哲學作爲理論基礎，論證「人」的個人自由的至高無上價值。

回顧整個西方資本主義社會的發展史，不難看出，曾經出現過四次緊密地與「人」的概念危機相關聯的大規模社會文化危機。第一次是在資本主義社會出現前夕及初期，也即在十六世紀左右。當時，剛剛形成的資產階級及其文化代言人，很需要確立一種不同於中世紀社會文化制度的新文化及新社會制度。具有個人主體性的「人」的自由，維護人的基本權利，就成爲最關鍵的問題而被提出來。這就是所謂的「古典時期」（L'Âge classique）。環繞著「人」的主體性及其自由、平等的基本權利而從哲學上論證的笛卡兒意識哲學（la philosophie de conscience）及英法等國思想家們所提出的自然法理論，就是在這樣的歷史條件下形成的。這又可以被稱爲「第一現代性時期」的人性論及文化危機。福柯曾在他的《古典時期的瘋狂的故事》生動地描述和揭露了這個時期整個意識形態以及生物科學等新興自然科學，將「人」區分爲「正常」和「異常」（anormal）的基本策略，說明當時所謂人的自由以及個人基本權利的眞正社會意義及其虛僞性。第二時期是十八世紀「啓蒙時期」（L'Âge des Lumières; The Age of Enlightenment）。人們因此也將啓蒙時期稱爲「第二現代性時期」。在這一時期內，一系列啓蒙思想家進一步爲人性和人權作辯護和論述，建構了許多新的理論和知識

體系，進一步顯示出所謂新的哲學、認識論以及自然科學等各種現代科學知識，無非就是為了為新的社會制度，造就和培訓一種符合新社會規範和社會法制的「人」罷了。而這一時期的一切有關「人」的論述，不管是科學論述，哲學論述，還是政治論述，都是以建構有利於鞏固新的法制統治為中心目的。第三次是在十九世紀中葉，資本主義社會經歷一段蓬勃發展的過程之後，那些最敏感和最有思想創造能力的作家、詩人、藝術家及哲學家們，如法國的波特萊爾（Charles Baudelaire, 1821-1867）和德國的尼采等人，最早發現了資本主義社會本身對於文化的雙重態度的矛盾性和悖論性：既有積極推動和維護人權的面向，又有侵犯和破壞人權的消極傾向。他們從資本主義社會的文化及社會制度中，看到了資本主義社會的內在矛盾，看到了它們的雙重性格及雙重面貌：它們是科學的，然而又是最野蠻的；它們是推崇法制的，然而又是最偽善的；它們是尊重人權的，然而又是最踐踏人權的。於是，尼采和波特萊爾等人便掀起了批判資產階級古典文化的浪潮，出現了前所未有的所謂「現代性」。到了這個時候，人們才對「現代性」有充分的認識。「現代性」也因此才從這個時期開始被人們廣泛應用，由此才使人們將「現代性」誤認為這個時期內首次出現的「新」事物，因而也冠以這一時期的文學和藝術為「現代性」的最典型代表。其實，這一時期的現代性無非是「第三現代性」，是前兩次現代性的繼續和成熟表現罷了。**第四時期**是從第二次世界大戰之後出現的現代性。有一部分思想家稱之為「後現代性」。但不管是「現代性」還是「後現代性」，也不管是哪一時期的「現代性」，都同「人」的範疇及其理論緊密相關。從二○年代末興起的德國法西斯勢力，把原有西方傳統的「人」的觀念及其一切社會文化產物中所隱含的否定因素，都澈底地暴露出來。法西斯在短短二十年內所實行的一切倒行逆施，使人們清楚地看到了西方傳統所謂「人性」的「非人性」面向。這是近代資產階級歷史上的「第四現代性時期」，也是近現代文化最終面臨被澈底顛覆的「世紀末危機時期」。當代法國哲學家們所面臨的西方文化及其人性論，就是在這種「世紀末危機時期」所表現出來的人性論，因此，他們將採取最革命的批判方式去顛覆它們。

九、在逾越中尋求自由

　　第二次世界大戰所產生的社會文化危機是空前的。這一危機促使西方思想家重新探討西方文化中的「人」的概念及其系譜，全面懷疑它的正當性，尤其是將它同整個資本主義社會的社會文化制度聯繫在一起加以批判。

　　首先從理論上關切「人」的問題的，是最早將黑格爾思想傳入法國思想界的科耶夫。因此，黑格爾的辯證法成為了批判舊有的傳統「人性論」的銳利思想

武器。科耶夫在他的講座中，提出了「否定性」、「虛無化」同「人」和「人性化」的相互辯證。他在談到黑格爾的精神哲學時說：「黑格爾所說的道德到底是什麼？……說穿了，就是：一切作為存在的存在，就是存在本身。一切行動，作為對於現存的存在的否定，其本身就是不好的，也就是『罪惡』。但罪惡可能是可原諒的。怎麼成為可原諒的？就靠它的成功。成功取消了罪惡，因為成功就是一種新的**存在著的**現實性。但如何判斷成功？為此，歷史必須終結」（Kojève, A., 1947: 95）。這就是為什麼一切行動，特別是革命行動，都是殘忍的、甚至是血淋淋的。黑格爾哲學最終導致對於存在化的一切行動的頌揚和肯定。只要有能力和有可能成為現實的存在，就有可能成為真理本身。換句話說，存在的真理性，就隱含在「存在」本身的「存在化」。這一切，啓發了所有參與黑格爾講座的思想家和作家們，特別推動巴岱、拉岡等人，重新思索人的自由及「逾越」的問題。

對於這些問題的探討，在二十世紀中葉，最早應該是由沙特開始的。如前所述，沙特在其現象學和存在主義的哲學研究中，敏銳地抓住了人的命運問題，並將人的自由列為首位（Sartre, 1943）。在沙特看來，人的自由本質給人帶來的最高價值，就是**使人成為一個創造者**，成為他自己和他的世界的創造者。「**人是以其出現而創造一個世界的生存物**（L'homme est l'être dont apparition fait qu'un monde existe）」。這也就是說，對人而言，生存就意味著尋求自由，就意味著創造。但對人來說，所謂創造，總是包含雙層意涵：創造自己和創造世界；因為人的個體生存，永遠脫離不了與他人共存，脫離不了與其周在世界共存。沙特對人的探究的最大貢獻，就在於揭示人的生存中人與其世界的共存性。

與沙特同時代的另一位存在主義思想家和作家卡繆也同樣最早揭露了現代人的「荒謬」（l'absurde）。他說：「荒謬的人（l'homme absurde）於是隱約看見一個燃燒的而又冰冷的世界，透明而又有限的世界：在這個世界裡，並不是一切都是可能的，但一切都是既定的，越過了它，就是崩潰與虛無」。（Camus, A., 1961）。卡繆尖銳地批判傳統人性論中的各種道德觀和自由觀。他說：「荒謬的人明白，他迄今為止的存在，是與這個自由的假設緊密相關的；這種自由是建立在他賴以生活的幻想之上。在某種意義上說，這成為了他的障礙。在他想像他生活的一種目的的時候，他就適應了對一種要達到目的的種種標準化要求，並變成了他自身自由的奴隸」（Ibid.）。至於傳統道德，卡繆更是痛加鞭笞：「對生命意義的篤信，永遠設定著價值的等級，設定著一種選擇以及我們的傾向」（Ibid.）。卡繆在揭露現代人的「荒謬性」（l'absurdité）的時候，很自然地訴諸於早在現代社會黎明時分就已經無情批判現代人文主義的虛偽性的尼采。卡繆

說：「當尼采說，『顯然，天上地下最重要的，就是長久地忍受，並且是向著同一個方向。長此以往，就會被引導到這個大地上某些值得經歷和體驗的東西，比方說，藝術、音樂、舞蹈、理性、精神等等。這些都是某種改變著的東西，某種被精心加工過的、瘋狂的或是富有神靈的東西』。尼采闡明了一種氣勢非凡的道德標準，但他同時還指出了荒謬的人的出路。屈從於烈火，這是最容易而同時又是最難以做到的。然而，人在與困難較量時，進行一些自我判斷是件好事」（Ibid.）。卡繆讚賞尼采在「忍受」中對抗和化解傳統道德力量的偉大精神，欣賞尼采將希望寄託在文學、藝術和各種精神創造性活動的做法，把這種態度作為否定和拒絕傳統人性論的最有效手段。

同沙特和卡繆一樣，新一代法國思想家們，也把自己的思考活動環繞著「人」的問題。人的問題實際上又始終伴隨著有關人的主體性、知識和自由的雙重悖論，而其核心就是**有關人的限定性及其不斷逾越限定性的能力界限**。因此，福柯指出：人是一個既受限定、又不斷超越和逾越其限定性的生存物。人的這種特徵，使他命定地要自限於其自身的能力，受困於自身有限的能力和視線之內，遭受其生活環境和生活世界的限定，但又同時要一再地逾越和超越，受到其內在的無限欲望與理念的引誘和啟發，無止盡地追求新的目標，但又在其目標的追求中失去方向。在這種雙重的矛盾中，人使自己一再地改變自身的性質和特徵，使自身的自由成為永無止盡的超越活動。

十、人的論述形象的消逝

在沙特之後的法國思想家們比沙特更徹底地批判傳統人性論和人觀。德希達、福柯和德勒茲等人認為，被現代經典思想家們及「人文科學」所捍衛和讚賞的那種「人」，只是存在於概念之中。在現代社會的實際生活中，人早已經「死亡」，早已不存在。由於近現代經典思想家們採用主客體二元對立模式分析和論證「人」的主體性、理性、個人自由及其基本權利，所以，近現代一切有關人的論述，充其量也只是以語言、理性和法制所分割、區分和限定的邏輯結論；實際的人的一切活生生的血肉、情感、性格、愛好、欲望和思想等等，都被抽掉得一乾二淨；他們的肉體被肢解、被監視、被規訓，徹頭徹尾地成為了生物科學、道德科學和政治科學的研究物件，成為創造財富的勞動工具，像被關押在全方位立體敞視所監控的監獄中的「囚徒」一樣，其一切思想言行都受到嚴格監視和控制。所以，福柯在其所著的《語詞與事物》一書的結論中說：人只剩下空洞的形象，就像那大海沙灘上的人形一樣，被海水沖洗得面目全非；「人」終於消失無蹤（Foucault, M., 1966）。而且，自從近現代「人文科學」建立以來，實際上也

始終受到自然科學及其方法論的控制，以至於其本身既沒有明確的研究物件及研究領域，也沒有眞正獨立的科學研究方法。正如福柯所指出的，自詡爲捍衛人的個人自由、價値和尊嚴的人文科學本身，實際上只是隸屬於語言學、經濟學和生物學的一種邊沿科學和「複製科學」：「與生物學、經濟學和語言科學聯繫起來看，人文科學並不缺乏確切性和嚴格性；它們就像複製科學，處於『後設認識論』的位置」；而作爲其研究物件的「人」，實際上只是生物學、語言學和經濟學意義上的人，這種人，是按照生物學規則活動的生命單位，是按語言學規則說話的人，也是按經濟學原理而爲社會創造財富的勞動的人，根本就不是實際的活生生的人（Foucault, M., 1975; 1976; 1984a; 1984b）。即使是現代精神分析學形成以來，人的命運也沒有改善多少，因爲在精神分析學中的人，只是一種「分裂的人」和「被隔離的人」（Foucault, M., 1966; Deleuze, G. 1990）。由拉岡所發展的後佛洛伊德精神分析學更是明確地揭示了人的精神分裂特質：人所謂的主體性，不再是統一的、完整的和總體的結構，不再是由「我思」所掌控和維持的理性自我，而是充滿著無限欲望能量、難於駕馭的物質性的自然肉體和能源中心。正如拉岡所指出的，主體其實就是一種由千變萬化的「能指」和「象徵性的陽具」爲中心的「欲望機器」（appareil du désir），根本就不是按部就班地依據理性邏輯規則而運作的「我思」統一體。德勒茲和費力克斯・加達里（Félix Guattari, 1930-1992）甚至將現代人當成類似於「精神分裂病患者」（schizophrène）那樣的「戰爭機器」。因此，迄今爲止一切爲人的主體性進行論證的「科學」和「理論」的論述，都早已將眞正的人化解爲沒有尊嚴、沒有實際自由、沒有自主性和喪失肉體的「死人」。

傳統人性論對於「人」的一切理論論證，都是圍繞著人的主體性的建構及其社會協調的問題。根據傳統思想的說法，人之所以「應該」成爲世界的中心，成爲自然的主人，首先是因爲人具有主體性。近代哲學從笛卡兒開始，歷經盧梭、康德等人，進一步將人的主體性歸結爲人的意識的主體性，歸結爲人的個人思想的自由。「我思故我在」。但對於近代思想而言，人的思想自由及其主體性，主要是依賴於人對於現代知識的掌握及其經驗運用的程度。人必須有知識，並利用他的知識進行符合知識要求的「合理」行動，才能使自己成爲生活的主人和世界的中心。這一切，正如福柯所指出的：「現代思想認爲，人的存在方式使自身能夠扮演兩個角色：他既是所有實證知識的基礎，又毫無例外地加入經驗客體之列。這與人的一般本質無關，而是自十九世紀以來幾乎不證自明地充當我們思想基礎的那種歷史先驗性所造成的」（Foucault, M., 1966）。福柯認爲，近代思想開創以來所確認的「人」的概念及其主體性等「屬性」，都是在現代知識論述建

構過程中不知不覺地強加於現代人身上的結果。這樣一來，「人文科學談論的，並不是人的形上學本體論地位或其無法抹去的超驗性，而是他們置身的認識論裝置的複雜性，以及他們同知識的三維空間（即由數學和物理科學所探索的第一維空間，由語言、生命和財富生產及分配的科學所研究的第二維空間以及由哲學思考所探討的第三維空間）的持久關係」（Ibid.）。「人文科學的物件並不是那個注定從世界的黎明時分、從他的黃金歲月的第一聲啼哭起就必須工作的人。……」而且，「人文科學的物件也並不是人所說的語言，儘管只有人才有語言；而是那個從包圍著他的語言內部透過言說（parole）向自己再現語詞或語句意義、並最終為自己提供語言本身的存在」（Ibid.）。總之，「人文科學並不是對人的天性的分析，而是將分析從實證的人（有生命的、言說的和勞動的存在），擴展到使這個存在者得以認識（或努力認識）生命的意義、勞動及其規律的本質以及他的言說方式的層面」（Ibid.）。

　　福柯對於「人」的批判，對於整個當代法國思想界的理論和發展方向，都是具有決定性意義的。第一，他繼續發揚了尼采對於傳統人文主義的批判精神，揭示了一切人文主義及其人文科學的知識理論形式所隱含的非人性和反人性的因素。第二，他指明了批判現代人文主義的三個主要重點，即作為認識主體的人、作為權力運作主體的人和作為道德活動主體的人。在他看來，作為主體的人，儘管在社會生活和文化生活領域，可以表現為「勞動的人」、「說話的人」、「做事的人」、「思想的人」和「施欲的人」等，但作為現代的人，知識、權力和道德是最根本的。第三，他明確地將新人文主義分析成不同類型的資產階級意識形態，並針對不同形態的人文主義，揭露他們的歷史侷限性，特別是對於人性的各種扭曲。他說：「我們對於自身的永恆批判必須避免人文主義和啟蒙運動精神之間的過分簡單的混淆」（Foucault, M., 1994: Vol. IV. 572）。接著，福柯指出：「人文主義同啟蒙運動根本不同，它是西方社會中不同歷史時代多次出現的一種論題或者是一種論題的集合體（ensemble）。這些論題，始終都是同有關價值的判斷相連結，因此不論就其內容或就其採納的計價值而言，始終都是有很大的變化。而且，人文主義還被用來當作區分化的批判原則。曾經有過一種人文主義，它是作為對於基督教和一般宗教的批判而呈現出來；也有過一種基督教人文主義（大約在十七世紀），它是同禁欲主義（l'ascétisme）的人文主義相對立的，而且它帶有更多的神正論色彩；在十九世紀也出現過一種對於科學抱著不信任、仇恨和批判態度的人文主義，與此同時又存在一種對同樣的科學抱有希望的人文主義。馬克思主義也曾經是一種人文主義。存在主義和人格主義也曾經是人文主義。曾經有過一段時間人們還擁護過由希特勒國家社會主義所表現的那種人文主

義價值。同樣的，史達林主義者也自稱是人文主義者。我們當然不能由此得出結論，而把所有自稱人文主義的人或思潮加以否定。但是，我們只能說人文主義的各種論題其自身對於思考是過於靈活，而且非常多樣化和缺乏一貫性。至少存在這樣一個事實，從十七世紀以來人們所說的人文主義，始終都必須以某種特定的人的概念作爲基礎，爲此，人文主義不得不向宗教、科學和政治尋求某些觀念。因此，人文主義是用來爲人們所追求的那些有關人的概念進行掩飾和證成的。正因爲這樣，我認爲必須針對這樣的人文主義論題提出一種批判的原則，這是一種有關具有自律性（l'autonomie）的我們自身的永恆創造。這樣一種原則實際上就是啓蒙運動自身所固有的那種歷史意識。從這個觀點看來，我寧願看到在啓蒙運動精神和人文主義之間的一種緊張關係。總之，將人文主義和啓蒙運動精神混淆起來是危險的，而且，從歷史上來說也是不確切的」（Ibid.: 572-573）。啓蒙運動所追求的最高理想是全人類的解放。但是，在福柯和後現代主義者看來，啓蒙運動所追求的這個最高理想，是建立在兩個最基本的邏輯錯誤的基礎上。首先，啓蒙運動思想家假設了某種具有普遍性的人性的存在。按照啓蒙運動思想家的邏輯，人具有某些普遍的共同特徵，同非人類嚴格地相區分。他們將人同非人類區分開來的思想基礎，仍然是自古希臘柏拉圖和亞里斯多德以來所確立的理性中心主義以及依據它所規定的二元對立統一原則。其次，啓蒙運動思想家總是把他們自己所代表的社會階層和社會階級，當作全人類進行思想活動和社會文化活動的標本。由此出發，他們不僅把他們所代表的社會階層和社會階級加以普遍化和理想化，而且也把他們誇大成爲世界的中心和歷史的中心。在這種情況下，啓蒙運動思想家所論證的普遍人性和人類解放的理念，實際上忽略和扼殺了實際社會中處於不同生活世界的個人的特徵，忽略和剝奪了這些個人生存的實際權利，強制他們納入啓蒙運動思想家所設定和鼓吹的社會文化發展方向，並以啓蒙運動思想家所代表的社會階層的實際利益作爲標準，去衡量和要求生活世界中存在的每個人。

　　如果說，海德格是從人的生存出發，經過對於「存在」的一般結構和本體論意義的反形上學探討之後、而達到「語言是存在的家」（Sprache ist das Haus des seins）的結論的話，那麼，德希達和福柯則恰恰相反，他們都從分析和批判人說出來的「話語」和「論述」出發，進一步揭示在語言指涉物件「不在場」的情況下，人的「不在場」的本質。這樣一來，德希達和福柯以及受他們影響的整個法國當代後現代主義思想家，都是從批判傳統語言文字的「不在場」性質及其悖論性出發，集中批判作爲資本主義現代文化核心的人文主義，徹底揭露現代人文主義將人的概念掏空、異化和扭曲的過程，尤其揭露現代人文主義作爲一種特殊的

論述的「非人性」（l'inhumain）功能。

德希達的整個著作，都是集中批判作爲現代人文主義基礎和核心的語音中心主義。整個西方文化，從古希臘搖籃時期開始，當建構以人爲主體的人文主義傳統的時候，就同時建構語音中心主義的基本原則。按照這個原則，人面對自然和整個客觀世界的主體地位以及人面對他人和整個社會的主體地位，都是由「說話的人」和「理性的人」的基本事實出發的。說話的人，根據「聲音／意義」的二元對立關係，將理性的原則在處理主客觀關係的過程中現實化，從而保障了人的主體地位，同時也保障人在處理主客觀關係中的理性原則。

但是，德希達在批判胡塞爾現象學和西方整個傳統文化的過程中，發現上述語音中心主義和理性主義所建構的整個人文主義文化中，以「聽得見、但看不見」的聲音符號去指涉和取代那些「既聽不見、又看不見的客觀物件和客觀意義」；然後，傳統思想家們又將被他們所論證的那些「既聽不見、又看不見的客觀物件和客觀意義」，當成既成事實，並封之爲「絕對眞理」，要求所有的人以此爲準則說話和行爲。同德希達一樣，福柯的後結構主義對於現代性社會和文化的批判，雖然是從對於現代知識和語言論述的分析和解構開始，但其批判方向始終是針對現代人文科學，特別是在現代人文科學中作爲中心概念的「人」及其主體性理論論述體系。福柯認爲，「人」是不可界定的。傳統理論硬要給人下定義，並要求每個人都必須確立自己的主體性，必須遵守「同一性」原則，使自己不但在說話和論述時「前後一致」，符合自我認同法則，而且，要使自己的言行隨時隨地都符合社會規範和法制，使自己達到社會所公認的「人」的標準。所有這一切無非就是要剝奪人的神聖不可侵犯的自由。

在德希達和福柯之後，針對啓蒙運動思想家上述對於普遍人性和人類解放的「後設論述」（méta-discours），利奧塔從多方面進行批判。首先，利奧塔揭露了啓蒙運動思想家進行普遍人性和人類解放後設論述的邏輯中心主義錯誤原則。他同其他後現代主義者一樣，遵循現象學方法論關於「返回事物自身」的原則，反對對於活生生的個人進行邏輯的普遍歸納和抽象分析。他發揚胡塞爾和海德格關於生活世界中個人的現象學分析原則，強調個人生活中的不確定性和具體性，強調個人的創造性的自由本質。第二，利奧塔批判了有關人類普遍歷史的錯誤概念。他認爲，由中世紀基督教神學家和思想家所進一步加強的人類普遍歷史的概念，不過是繼承和發展自古希臘以來所確立的傳統人觀和歷史觀。利奧塔指出，不管是現代社會的著名文學家拉布雷（François Rabelais, 1494-1553），還是思想家蒙泰涅（Michel Eyquem de Montaigne, 1533-1592）和笛卡兒，都是從中世紀神學家聖奧古斯丁那裡借來「人類普遍歷史」的概念。而且，在利奧塔看來，整個

十九和二十世紀的思想和行動，基本上都受到一個重要概念的指導，而這個重要概念就是「解放」的概念（Lyotard, J. -F., 1988b: 40-41）。第三，利奧塔嚴厲批判現代人性論的形上學基礎。現代形上學在歌頌和崇尚人性的同時，不僅將人性理想化和抽象化，使人性透過邏輯抽象完全脫離現實的生活世界，脫離活生生的有生命的個人，而且也將人性同非人性絕對地割裂和區分開來，甚至對立起來。現代形上學的這種錯誤，不僅同上述理性中心主義及其二元對立統一原則密切相關，而且試圖剝奪在現實生活世界中實際存在的多元化人性表現，強制性地將變動著、處於潛伏狀態和有待未來發展的人性加以約束，使他們成爲占統治地位的論述主體和權力主體追求利益的犧牲品。第四，利奧塔從後現代不斷區分的基本原則出發，強調人性和非人性的不斷區分化過程的生命特徵，強調人性和非人性的相互滲透及其不穩定性，並把人性和非人性的不穩定性當作人的基本實際存在狀態。利奧塔在《非人性》一書中指出：人性是在非人性發展中隱含的。現代性以「進步」的基本概念吞併了非人性，並把非人性排除在「進步」之外，試圖論證現代性的「進步」的人性本質（Lyotard, J. -F., 1988a）。

同福柯一樣，後現代主義思想家利奧塔也認爲，一切理論論述所論證的「人」，無非是「非人」的概念（Lyotard, 1988a）。利奧塔以「非人」爲題發表他的論著《非人》（L'Inhumain, 1988a），其目的在於從兩方面批判古典的人性論。首先，他認爲，一切傳統的人性論都是徹頭徹尾的反人性，是對於人的澈底否定；另一方面他又認爲，按照真正的實際的人的狀況，人是無法同「非人」絕對分開的，人永遠包含著非人的成分，人同非人之間是沒有明確界限的。而且，「人」只有在經歷「非人」的階段之後，只有在同「非人」相遭遇之後，才能使自己改造成真正的人。真正的人是不回避非人性的。從古以來，一切最優秀的思想家和作家，都在他們的作品中形象地描述和論述人和非人之間的辯證關係。早在古希臘時代，許多神話就已經講述了人的非人性質，並以生動的故事情節描述人的非人性。在古羅馬作家和思想家塞內卡（Lucius Annaeus Seneca, 4-65 B. C.）根據古希臘神話所改寫的悲劇《默岱》（Médée）中，對愛情、親情、友情抱有強烈忠誠態度的女主角默岱女神，同時又是最殘酷無情與非人性的妻子、母親和女兒。她爲了追求真正的愛情、親情和友情，不惜以最殘酷的手法殺害自己所愛的情人、孩子和父親。究竟默岱是人還是非人？其實她是最真實的人，又是最真實的非人。同悲劇中所講述的人一樣，現實生活中的人，在實際上，也只有遭遇到非人的殘酷經驗之後，才會對人的真正本質有所理解。對於法西斯的殘酷無情的反人性本質有痛切體會的阿多諾（Theodor Wiesengrund Adorno, 1903-1969），曾在1969年說：「藝術只由於人的非人性才忠實於人」。同樣的，超現實主義

詩人阿波里奈（Guillaume Apollinaire, 1880-1918）也說：「首先，藝術家是一些想成為非人的人」。生活在十九世紀的雪萊夫人（Mary Godwin Shelley, 1797-1851）針對資本主義社會的人性的殘暴以及現代科學技術對於人及其生活環境的人為扭曲，創作了《弗朗肯斯坦：現代普羅米修斯》（*Frankenstein*, 1817）的小說，模仿歌德的《浮士德》中的魔鬼形象，塑造出弗朗肯斯坦這個角色。這位由科學家人為地創造出來的有意識、又有強大無比能力的魔鬼，最後終於感受到自己的孤立，親自殺害了製造它的那位科學家本人。雪萊夫人所撰寫的這個故事，生動地表明：現代人自以為有智慧掌握和使用科學技術，但恰恰是現代人自己包含著更多的非人性，是最殘暴無情的非人。

從理論上來看，對「人」的否定，一方面表現了從古代以來所確立的傳統主體性原則的失敗及其崩潰，另一方面它又恰好表現了人作為人的自我超越精神，反映了現代人不滿足於現狀，永遠向上進取、向周圍的異在世界奔馳的豪邁氣魄。人只有敢於進行不斷的自我否定，才能真正地體現自己的冒險精神，才能在瞬息萬變的今天把握自己的命運。所以，利奧塔認為：「將重點放在非人性衝突上的作法在今天比在昨天更正當」（Lyotard, 1988a）。

透過對於人的否定，當代法國哲學家們一方面否定和顛覆了自古以來一切傳統理論和道德，另一方面又強烈批判被現代社會統治者所維護的現實生活秩序，否定現實的人的生活條件，從而更激進地推動了二十世紀末以來的社會文化革命。

第四節　在語言與符號遊戲中逾越各種極限

一切哲學問題，都必須、也完全可以歸結為語言問題。正如維根斯坦（Ludwig Wittgenstein, 1889-1951）早就指出：哲學歸根結柢要通過語言來表述，也要通過語言來證實其正當性。因此，哲學所探討的基本問題，包括真理與道德等，都不能不通過語言這個仲介，在同社會與歷史的曲折交往中得到解決。其實，當代法國哲學探索人的自由時，就已經潛在地包含了語言的限制問題。人的存在離不開語言；而語言從一開始建構，就建立在一系列協商、共識和約定過程，制定了各種各樣既有利於溝通、又約束著表達的規範。值得指出的是，西方理性主義從最早的古希臘時代，就在語言及其論述的結構和邏輯中大做文章。所以，哲學理論，作為最抽象的思想產品，更要遵守最嚴謹的語言約束的規定。正如海德格所揭露的，傳統形上學就是靠對於語言和話語的哲學抽象，憑藉語言抽象過程中的主客二元對立統一模式，而建構其理論大廈（Heidegger, 1986[1927]）。同樣

地，當代法國哲學家們，也發現：人的自由問題，歸根結柢，仍然要在語言及其使用中，找到解決它的神祕密碼，並由此尋求新型的文化創造自由。尋求人的自由，不能不首先向語言求自由；語言之所以含有人的自由的奧祕，是因爲語言一方面有其結構上的先天優勢，它的符號象徵的雙重性及其同意義關係的雙重性，使它有可能反過來宰制進行語言遊戲的人本身；另一方面又是因爲語言的任何使用，都離不開人和社會的實際關係網絡的牽制。語言因此成爲了當代法國哲學進行創造活動的關鍵場域、戰場和基礎。

因此，承擔著批判傳統和創造新型哲學的重任，當代法國哲學首先集中地圍繞語言問題進行爭論，並逐步地將爭論的焦點，集中到語言的論述（le discours linguistique）及其實際運用過程。

語言具有令人驚訝的兩面性：它把人從自然中解放出來，卻又把人帶進人爲的文化牢籠；人沒有語言就不能生活和思想，但有了語言卻又減少以及失去了更多的自由。語言所隱含和道出的「邏各斯」（logos），一方面爲表達思想和意義提供了必要的規則，另一方面又約束了思想表達和生存的自由本身。但是，語言又有另一類的兩面性：它一方面約束人的精神的自由追求，另一方面，它又爲人們擺脫各種約束提供了最大的可能性。在這個意義上說，語言的雙重性，不只是具有消極的因素，而且，還包含積極的效用；而語言的雙重性究竟朝向什麼方向發展，決定於同語言相遭遇的人的態度。正如福柯、巴岱和貝克特（Samuel Beckett, 1906-1989）所說，語言固然限制了人的創造性，但是，語言對人的限制本身，恰恰又爲人們開闢了突破界限和限制的可能條件。對於深受黑格爾辯證法思想影響的巴岱等人來說，任何限制都同時提供了反限制的可能性。語言到底是什麼？語言中所隱含的哪些因素，導致說話和寫字的人面臨新的矛盾和悖論？爲什麼各種權力運作和社會力量總是千方百計控制語言論述的生產與再生產的過程？語言同思想及行動的關係究竟是什麼？所有這些問題表明：對語言進行的解構就成爲了探索西方人、西方文化以及西方社會制度的奧祕關鍵。

實際上，語言對人的自由的限制，實際上來自它本身結構及其運作中的兩面性。所以，語言的兩面性，除了以上所說的兩方面以外，還包含了第三個層次：這就是語言在象徵符號的雙重性中構成、運作及不斷差異化，導致語言的意義結構的一再雙重化的可能性。語言本身的這種兩面性，使語言有可能在運動中獲得其本身的自律生命，而在符號雙重化遊戲中，一方面爲人所操縱，另一方面又反過來宰制人本身。這是因爲語言本身的符號象徵性雙重結構，使它一方面可以在原來的符號及意義的關係中，一再地變動，使所謂的能指與所指關係發生變化；另一方面又有可能從原有的符號及意義的關係中解脫出來，否定能指與所指的相

互協調關係，是能指與所指都雙雙以其本身的意願，自行建構自身的自我生產系統。

在總結近一百年批判語言的基礎上，拉岡和施特勞斯幾乎同時地在精神分析學和人類學領域內，創建了結構主義，成爲了當代法國哲學向傳統思想和文化進行顛覆性批判的銳利武器。拉岡和施特勞斯的偉大貢獻，不但在於總結和發展以往與同時代中，文學藝術界和人文社會科學界批判語言所取得的成果，而且還在於通過對於語言的解構，深刻地揭示了語言本身的象徵性結構，同時也從語言結構的整體性、共時性、不變性和穩定性出發，對傳統的主體性、意識、歷史以及人的一般觀念，找到了進行澈底解構的基礎。

從六○年代起，一方面從結構主義接過思想革命的接力棒，另一方面接受黑格爾、胡塞爾、海德格、尼采、佛洛伊德和馬克思等德語國家思想家的啓發，新一代法國哲學家全面展開了逾越語言的創造性遊戲。第一，他們把對於語言的批判，從單純進行語言形式結構的分析，轉向揭露語言本身的雙重矛盾性質，批判語言同其意義之間的傳統二元對立同一性原則，強調語言的一義性和多義性、同義性和歧義性、準確性和模糊性、精確性和不確定性的特點。第二，對語言中的能指與所指相互關係重新進行探討，一方面澈底顛覆傳統西方文化中的語音中心主義，另一方面將能指與所指的二元固定關係，從它們的封閉體系中解放出來，釋放出語言解構中隱含於能指與所指中的創造生命力，使它們從原有的傳統意義世界中解脫出來，成爲人類重建所必需的無限能量的源泉。在拉岡、德希達和羅蘭·巴特等人的新型能指理論中，能指與所指各自以其內在的象徵性結構差異力量的伸縮及延異的遊戲，創建了超語言遊戲的可能性。第三，他們集中對語言運用和語言論述的諸因素間相互關係網絡進行研究及解構。不論是福柯、德希達、布迪厄，還是利科、羅蘭·巴特，都以獨特的觀點和方法對論述進行創造性研究，創立了多元化的論述理論，爲這一時期法國哲學所進行的語言逾越遊戲提供了基礎。第四，通過對語言在論述建構與擴散過程中各內在因素的緊張關係的研究，深入揭示了知識、政治及歷史論述中的權力運作機制，爲澈底批判現代社會文化制度中的權力氾濫及其同語言論述的結合策略奠定基礎。在這方面，福柯的知識考古學和權力系譜學固然是具有典範意義的成果，布迪厄、鮑德里亞和羅蘭·巴特以及利奧塔的社會文化符號批判理論也是富有新意的。第五，探索超語言遊戲和擬像遊戲的可能性，結合當代社會的各種消費文化和數碼文化的運作邏輯，深入探討語言遊戲在重建人類文化的事業中所可能扮演的角色。

一、揭開語言及其論述的奧祕

從戰後一段時期的存在主義一支獨秀以及存在主義和結構主義的爭論中，當代法國哲學把關於人的主體性以及意識創造自由的論題，改變爲語言及其論述的結構及其解構問題。經過相當長的理論證明以及創作實踐，當代法國思想家們，越來越意識到：與人的思想和生活緊密相伴隨的語言，往往以其純粹的語言性，特別是以語言自身的外在形式、規則或那些所謂「語言物質外殼」，掩蓋或簡化語言的內在本質及其背後所隱含的社會意義，特別是掩蓋其背後所進行的複雜社會鬥爭和思想矛盾，也掩蓋人在使用語言時所面臨的許多實際問題，掩蓋其背後所包含的社會文化因素和活生生的實際關係，掩蓋與語言應用所關聯的時空結構及其運作……等等。爲此，爲了揭示人的奧祕，當代法國哲學家特別強調人在其社會生活中的**語言性**，特別突顯語言在社會生活中的中心地位，從而**把人的社會性歸結爲人的語言性**，並透過語言這個「魔術杖」，將人引導到一切可能的領域。

簡單地說，沙特之後的法國思想家們，在探討人的問題時，一方面以精神和肉體，特別是以精神中的欲望、無意識、情感和意志爲中心，以人的實際生活行動爲參照體系，取代以往單純以思想意識爲中心，也取代以往那種以「主體性」爲中心的思考模式；另一方面以語言爲主軸，特別是透過語言（langage）在其實際應用中的魔術般的變化及其社會效應，對人的傳統概念進行「解構」，爲人的社會生活和創造活動，開創一個比現實世界更廣闊、更自由的可能性領域。對於當代法國哲學家們來說，決定著人的未來命運的，以其是思想意識，不如說是語言。語言是伴隨人的社會文化生活始終的符號象徵體系，又是構成人的精神生命的文化基礎；**人是透過語言同其自身及其世界打交道的一種特殊生命體**。正是語言，使人能夠進行思想活動，並給予人無限的自由，使人有可能透過語言的應用，透過它的無限可能變形的符號與象徵，想像新的文化景象，建構適合於自己生活、滿足本身需要的社會制度及各種規範，調整人與人的相互關係，並透過人際關係的更新，改造和利用自然界，開創一個又一個新世界。沒有語言，不但人不能思想，甚至無法生存於其世界之中。但是，也正是語言本身，大大地約束了人的自由，縮小了人的生活空間，並限制了人的精神創造活動。傳統思想及其維護者，往往透過語言及其論述形式的運作，無止盡地控制著社會文化的各種創作活動，駕馭著整個社會文化制度的建構、運作和更新過程。

語言對人的思想和社會文化生活的限制，主要表現在：第一，一切語言使用規則和形式，就其目的而言，與其是爲了人們之間的交往和相互理解，不如更是爲了整合人的思想，是爲了達到思想的同一性和統一性，因而主要是爲了有利於

社會的整體統治，不利於思想的自由及其個別性、多樣性和創造性；第二，語言的使用及其社會效應，主要決定於它同實際權力的運作的關係；因此，幾乎所有的語言運用規則及法規，都是在統治者的統一操縱之下被制定出來、並被強制性地貫徹於社會之中的，同時又是爲了維護他們的權力運作本身。第三，語言的內在自然因素及其活生生的生命力，始終被各種外在的規則所約束，因此，必須深入揭示作爲實際符號和象徵的語言的眞正結構及其原始的運作規律，使語言不再是傳統語言系統那樣僵化的不變體系，而是轉化成爲按其自身自由運動的純符號或象徵。爲此，必須研究作爲符號和象徵的語言的自然特徵，發揮其有利於思想自由的方面。

因此，當代法國思想家們把研究語言的重點，集中在三個方面：第一，是語言對人的思想創造的限制，並把這種限制看成是比社會中物質條件對人的實際生活的限制更不可忍受；他們對思想自由的渴望、對自由使用語言的渴望，大大地優於對實際豐裕物質條件的追求。第二，是更加關心傳統社會文化力量操縱語言的策略和程式，把批判傳統語言規則和形式的約束性，當成是揭示語言本質的首要方面，因爲他們認爲：傳統思想及其維護者總是借助於語言的無形約束力，對廣大社會群眾和思想家進行思想宰制。第三，是集中揭示語言與思想之間的內在關係，使批判語言和解構語言的鬥爭變成爲批判思想限制的精神解放運動。

二、法國當代語言學轉折的特點

（一）發生語言學轉折的具體歷史時空

對於語言的研究，在西方人文社會科學界，並不是起自二十世紀中葉，而是早已從十九世紀中葉、從文學現代性和尼采哲學開始，就在整個西方全面進行。德國和英美各國的哲學界，早已從語言形式及其意義的多重關係，從語言的符號及象徵結構的特徵，從語言及人的行動的關係，從語言的生活世界性質的角度等方面，進行了深入的探索。所以，對於語言的研究並非當代法國哲學家的獨自首創，而是西方文化的普遍現象。

但是，在法國人文社會科學界，對語言的研究，不同於一般西方傳統的地方，就在於它同當代法國思想和文化傳統的緊密特殊關係。在這方面，我們必須深入地揭示當代法國文化和思想的特殊發展歷史及其所面臨的問題。

在二十世紀五、六〇年代，法國思想爭論已經進入關鍵時刻：這是從傳統陰影下走出、迎向嶄新的全面創造時期的轉捩點。在這個關鍵時期，表面看來，似乎只是代表最新思潮的結構主義同沙特存在主義之間的理論爭執，典型地表現了

新的思想潮流同多多少少仍然帶有傳統色彩的思想之間的一次決戰；但實際上，在這場爭論中，或在它的背後，還包含著更爲複雜和更爲久遠的理論爭論的因素。結構主義之所以可以作爲新的思潮的典型代表，是因爲結構主義者關於思想與語言的基本結構的觀點，強調了兩者的超歷史時空性、超主體性及其極端穩定性。這是向傳統的主體中心主義和傳統歷史主義的嚴重挑戰。更確切地說，在結構主義看來，思想和語言的基本結構，是脫離主體性而存在和運作的；思想與語言的基本結構同主體無關，也同歷史的時空變化無關。人們由此看到了「主體」對於思想和語言的固定模式所產生的有限意義，因而也發現沙特等人將主體的同一性絕對化以及將主體本身絕對化的「意識哲學」基本原則的有限性。這一切，使法國當代思想家們決心跳出沙特等人的存在主義所強調的「個人主體性」的思考模式，在思想與語言的穩定結構中深入探索符號象徵的一系列性質。由此也可以看出：人們對於語言和思想結構的新認識，澈底地動搖了傳統的「主體第一優先」的原則。

從另一方面來講，在語言結構方面的新結論，如果單純從它同法國思想發展脈絡的直接關係來看，它確實是戰後沙特存在主義對於主體性問題進行深入探究的一個結果，同時，它又是與沙特的存在主義意識哲學原則進行激烈爭論的結構主義的重要研究成果。換句話說，如果沒有沙特等人對於個人主體性廣泛而深入的研究，在他們之後就不會對於個人主體性論題的限定性及片面性有比較深刻的認識。因此，正是沙特的窮盡思索精神及其偉大成果，奠定了其後各學派思想家們對於新論題的探索；同樣的，如果沒有施特勞斯等人的結構主義對於語言和神話思維結構的獨特研究，人們也不會擴大對於語言和思想結構的理論視野。

法國結構主義的興起，雖然對於推動當代法國哲學家們的語言探索活動來說，具有重要的決定性意義，但它畢竟不過是這一時期人們轉向語言研究的整個學術活動的一個部分。不論在法國，還是在整個西方學術界，對於語言的集中探索，都是經歷了極其長久和極其曲折的歷史過程，也隱含著極其複雜的理論脈絡。所以，要正確了解法國當代語言學轉折的意義，必須緊密聯繫法國本國學術和理論脈絡以及從整個西方關於語言的爭論背景兩方面的因素。

（二）現代派和後現代派文學藝術創作經驗的啓發

法國當代理論界和思想界的語言學轉折，作爲西方整個學術界語言學轉折的一部分，具有明顯的兩方面的特點：一方面，它具有特殊的歷史淵源，另一方面它採取了特殊的具體表現形式，並在探討內容上，也具有別的國家所沒有的特色。

　　就歷史淵源來說，當代法國對於語言的集中研究，主要受到文學藝術領域和人文社會科學界關於語言問題爭論的影響。如果沒有來自法國現代文學藝術界的創作思潮及創作經驗的啟發、沒有法國當代人文社會科學界長期經歷的理論爭論，就不會有當代法國的語言學轉折。對於語言的探索，本來便不能單純在語言學狹隘範圍內進行，它並不只是同探討思想表達方式和手段的問題有關，也不只是同思想創造活動及文化創作有關，而且還是深入揭示社會文化現象的學術研究活動的需要，同時，也是人文社會科學理論及方法論變革所不可避免要遇到的問題。所以，對於語言的深入探討，從一開始，始終都是跨學科性的、帶有戰略性意義的重大事件。從另一方面來講，語言系統中的各種矛盾，也只有在具體的語言運用實踐中，才能明顯地呈現出來。所以，文學創作活動，作為直接使用語言的特殊活動，面臨著許多同語言性質相關的深刻問題。毫不奇怪，法國現代派作家能夠最先和最敏銳地發現語言本身的內在矛盾。

　　法國的文學藝術界早從十九世紀三〇年代開始，由於現代主義思潮的興起以及它同古典主義（classicisme）的爭論，就已經提出了語言表達方式同創作思想的相互矛盾的問題。現代派作家，以波特萊爾為首，深感舊有的文學語言形式及其使用規則對於創作的約束。因此，從波特萊爾開始，一系列法國作家就在自己的創作中，不斷試圖突破舊有語言的約束，並試圖以新的語言和符號表達方式，甚至以「非語言」或「超語言」的符號形式，為自己的創作自由開闢道路。對於完滿形式美的固執追求，又孕育著對「絕對」（L'absolu）的更深反思。波特萊爾並不滿足於同時代帕爾納斯流派的純形式創作口號，他賦予藝術比尋求「純美」更高、更神祕的使命，決意讓藝術超越平俗時空框架而導向語言和道德王國之外的「不可知」意境。他的《惡之花》（Les fleurs du mal, 1857），將形象同象徵巧妙地結合起來，在藝術上獨樹一幟，向傳統思想和美學觀點挑戰，大膽地突破傳統詩歌語言形式，不再拘泥於語言規則，標誌著現代詩歌從象徵主義（le symbolisme）向超現實主義（le surréalisme）的過渡，成為了現代主義文學的先導，也成為現代派文學藝術向語言極限挑戰的信號。在他之後，才氣橫溢的馬拉美（Stéphane Mallarmé, 1842-1898），從其處女作《蔚藍色》（L'Azur, 1864）開始，就以驚人的獨特風格，注重語言的節奏及其音樂效果，被稱為「無聲的音樂」；作為波特萊爾的追隨者和艾倫‧坡（Edgar Allen Poe, 1809-1849）的仰慕者，馬拉美提出了「不為事物本身、只為事物的影響而創作」的象徵主義和印象主義的響亮口號，使他的詩歌《窗戶》（Les fenêtres, 1865）和《海風》（Brise marine, 1865）等，衝破了語言絆籬的約束，成為詩人對於「死亡」和「虛無」的永恆肅穆寧靜的無言謳歌。馬拉美承認：在創作中，他所創造的，是一種「完

全不同於一般語言的總體的和新型的，並類似於詛咒式的語詞」（un mot total, neuf, étranger à la langue et comme incantatoire）。

在波特萊爾的影響下，象徵主義者維爾連（Paul Verlaine, 1844-1896）所感興趣的，不是井然有序的合理性和均衡，而是「尋求不和諧」（la recherche de la dissonance）；因爲正是在「不和諧」中，深藏著無窮無盡的「可能性」，也就是萌生各種轉機的深不可測的神祕「黑洞」（le trou noir）。他以其渾厚深沉的《農神體詩》（Poèmes saturniens, 1866）表現出「後波特萊爾時代」充滿憂鬱傷感的象徵主義和印象主義（l'impressionisme）時代的到來；他以《無言的抒情曲》（Romances sans paroles, 1874）襯托出由音樂節奏和飄浮不定的「印象流」（flux des impressions）所構成的千變萬化的人生幻夢境界。在他看來，作爲創作基礎的意識流是無法由規則的語言系統表達出來的。因此，突破、超越和破壞語言，已經成爲自由創作的必要條件。不用語言或廢除語言，能否繼續創作？現代派的意見顯然是肯定的。對於他們來說，突破和廢除語言，不但不妨礙創作，反而更有利於自由創作的展開。其實，現代法國文學藝術界對於語言的反叛，實際上已經在整個文學藝術界發生深遠影響。同現代派一起，其他文學家和藝術家，也紛紛批判和顛覆傳統語言的規則。在這方面所取得的成果，深深地影響著人文社會科學界的理論變革。

在二十世紀，法國文學界和藝術界繼續對語言進行解剖和顛覆。從二十世紀初的達達主義（dadaïsme）到二、三〇年代的超現實主義（sur-réalisme），都無例外地在語言方面向傳統挑戰。超現實主義詩人哥克多（Jean Cocteau, 1889-1963）曾經揚言，他是靠他的手、而不是依據思想和語言的邏輯來創作的：他在創作時，手帶領著他的筆，寫出了他連想都沒有想過的詩句。

與超現實主義有密切關係的尼采主義作家巴岱和布朗索，在向語言挑戰、突破語言邏輯的界限方面，也給予福柯等後結構主義思想家深刻的影響。

二十世紀五、六〇年代的「殘酷戲劇」和「荒謬戲劇」的代表人物，特別是尤內斯庫（Eugène Ionesco, 1909-1994）、貝克特、阿達莫夫（Arthur Adamov, 1908-1970）、熱內（Jean Genet, 1910-1986）、卡繆、阿爾托（Antonin Artaud, 1896-1948）以及在1955年於海德格會面的詩人勒內·沙爾（René Char, 1907-1988）等人，在德希達正式提出「解構」概念以前，就已經在文學、藝術和文化領域中，在他們的戲劇、小說和詩歌創作中，進行了顛覆傳統文學藝術的實際活動，並以「殘酷」和「荒謬」概念爲中心，對傳統理性主義，特別是傳統的語言論述，進行了猛烈的批判，開創了後現代文學藝術創作高潮的序曲。

正是在這些文學家和藝術家的影響下，德希達在《書寫和延異》以及在他的

《使畫面瘋狂：論安東尼·阿爾托的繪畫和圖像》中，對於傳統藝術和語言進行澈底否定的批判（Derrida, J. 1967a; 1986a）。在德希達看來，經過傳統形上學、邏輯和語言的限定和表達的藝術，已經不是原原本本以自然面目呈現的藝術活動本身。德希達認爲，在傳統形上學基礎上，經邏輯的理性加工和清理，由傳統語言的途徑和形式所表達和表現的一切藝術，都是「神學性的」（théologique）（Derrida, J., 1967a: 35）。他所說的藝術「神學性」，指的是藝術由於形上學、邏輯中心主義和語音中心主義的介入而神祕化，成爲在藝術活動和作品中不在場的社會文化宰制者用以表達其理念和獲取其利益的工具。就藝術的本來意義來說，藝術活動及其產品都是同形上學、邏輯和語言毫不相干的。眞正的原本意義的藝術，是人的思想情感及其各種身體表現的藝術性表演，是人的思想情感和肉體表演的赤裸裸呈現。藝術一旦被形上學、邏輯和語言所介入和控制，在形上學、邏輯和語言運作過程中所關聯的一切因素，都默默地和不自覺地潛入藝術中，破壞藝術內部各內在構成部分之間的自然協調比例結構，同時也使藝術成爲語言中一切不在場的力量的附屬品。同時，藝術同藝術創作中緊密地與自然、與生活相關聯的各種因素，也因形上學和語言的介入而被排斥或被扭曲。這樣一來，不但藝術中原本內在於藝術創作活動的自然生命被扼殺，同時，藝術創作中原本同人的整個生命活動相關聯的因素也被改造和修正。所以，經過形上學、邏輯和語言的改造的傳統藝術，本來就已經不是藝術本身。正如德希達所說：「西方戲劇的劇場——這也是它的本質力量——所做的一切努力，到頭來只是爲了消除舞臺」（Ibid.: 347）。換句話說，傳統藝術在傳統文化中的附屬地位，特別是傳統藝術長期被傳統語言所控制的歷史，已經「前結構地」決定了傳統藝術必然採取語言表達和語言呈現的基本形式；而傳統藝術中所表現出來的那些各種各樣具有藝術特色和風格的所謂「藝術形式」，只不過成爲藝術的語言表達形式的附屬品。換句話說，傳統藝術中的表達形式總是居於優先和決定性地位，具有方向性的指導意義；而藝術所表達的那些藝術形式，反而居於次要地位，處處被藝術的語言表達形勢所操縱，並在很大程度上決定其實際意義。所以，在傳統藝術的表達和呈現中，出現在讀者和觀眾面前的藝術，只是以邏輯和語言形式所表達的那個隱藏於其背後的原本藝術形式的「替身」，只不過這種「替身」被傳統文化和傳統形上學冒牌地被稱爲「藝術」。阿爾托在1938年所寫的《戲劇及其副本》（Le théatre et son double）一書中，曾經提出過「殘酷戲劇」（le théatre de la cruauté）的概念。他的殘酷戲劇概念，實際上就是試圖將傳統語言從藝術領域中驅除出去。阿爾托認爲，戲劇應該透過舞臺表演將人的自然生活赤裸裸地呈現出來，不需要經過「文本」或「臺詞」的表達或對話，而是要讓演員的肉體表演

自然地表達戲劇本身所要呈現的東西。阿爾托反對文本的語言、演員的對話話語以及在舞臺之外的各種語言文字對於表演的干預。他認為，被劇作家的文本語言文字和思想所竊據和占領的舞臺，由那些「聽話的」演員和導演說出來的話所控制的劇情和舞臺表演，都是非真正的舞臺，都是遠離真正的舞臺的本來面目。正是由於西方傳統形上學和語音中心主義的統治，那些真正的舞臺「替身」反而流行於演劇表演中，它們的一再重複，使「替身」反而成為具有正當化地位的戲劇舞臺。其實，任何一個具有自由創造精神作家和藝術家，都會在其藝術創作實踐中感受到傳統形上學和語言的約束，都會感受到它們對於真正的藝術的排斥。因此，和阿爾托同時代的法國劇作家和導演查理‧杜林（Charles Dullin, 1885-1949）也主張戲劇不能單純搬用劇本，極力抵制劇本原作者（l'auteur）文本對於舞臺表演的干預。而對於傳統語言干預的反抗，同時也在文學界和戲劇以外的其他領域積極展開。在文學和藝術領域中，這股反語言的創作活動，實際上就是對於傳統藝術定義的否定，也是後現代「反藝術」（anti-art）對於藝術反定義的表現。

文學作品本來是要靠文學的語言來構成。不存在沒有語言的文學作品。所以，長期以來，文學是藝術中最受傳統語言約束和干預的領域，也是傳統語言高於藝術最典型的場所。法國當代文學家和藝術家所思考的問題，正好是向傳統文學和傳統文學中的語言優先主義挑戰，試圖使文學和藝術的革命，導致一種反語言、反文學和反藝術的結果，澈底掙脫傳統語言對於文學和藝術創造的約束，以「反文學」和「反藝術」的途徑，來從事真正的文學和藝術創作活動，使文學和藝術的創作活動獲得新的生命。

顯然，在當代法國文學家和藝術家看來，要達到文學藝術的高度自由，首先就是要在創作中不斷破壞傳統語言的基本原則，使任何一個創作程式都變成為非語言、反語言和超語言的探索過程，使作品中隱藏的藝術生命，在超脫語言的昇華中成為文學作品的靈魂（l'âme）。這樣一來，文學藝術創作，就成為「在使用語言中不斷破壞和超越語言」的過程。貝克特和熱內作為反文學的先鋒，寫出了一系列用語言反語言和超語言的作品。

透過當代法國文學家和藝術家在其創作中的反語言的實驗，生動地顯示了語言的兩面性：它既是精確的，又是模糊的；它既是一義性，又是歧義性；既是創作的必要手段，又是約束創作的表達形式。文學家和藝術家越是追求更多的自由，越感受到語言的限制作用。

福柯在談到他的思想變化過程時，特別提到文學家布朗索對他的決定性影響。布朗索不論在批判語言方面，還是在發揚尼采思想精神方面，都激發著福柯

朝著「解構」語言和批判論述的方向進行理論變革。

同樣的，羅蘭・巴特對於語言和符號的解構活動，就是從對於文學藝術作品的語言符號分析和解構開始的。他透過對文學藝術作品的語言符號結構的分析，逐漸看到了語言符號的特殊性質及其解構的可能性。

（三）從多學科及多景觀的語言研究中吸取養料

當結構主義與存在主義發生激烈辯論的時候，也就是整個西方人文社會科學界發生「語言學轉折」的時期。從五〇年代到六〇年代，法國思想界對於語言的研究產生濃厚的興趣。各種各樣與結構主義相類似、並同結構主義有密切關係的思潮和理論，包括符號論、詮釋學和新的精神分析學，以及文學、藝術和文藝評論界，都熱衷於探討語言及各種符號的功能、運用邏輯，並試圖以新的語言和符號理論，重新探討人文社會科學及文學藝術的問題。

在法國學術界所發生的上述現象和傾向，是同整個西方人文社會科學界中所經歷的「語言學轉折」的重大歷史事件相平行的；而且，在某種意義上說，它們也是相互補充和相互影響。但是，正如我們一再強調的，法國的「語言學轉折」儘管是整個西方人文社會科學界的「語言學轉折」的一部分，但又具有它自身特殊的內容及特徵。

由英國經驗主義的當代分析哲學所開創的當代語言哲學以及由維也納學派（Cercle de Vienne; The Vienna Circle）所發揚的邏輯實證主義（positivisme logique）語言哲學，在法國的影響是很有限的；它們在法國，並沒有像西歐其他國家那樣，得到廣泛的回應。倒是與精神分析學、現象學、詮釋學與結構主義密切相關的語言研究取向，以及在社會學、語言學、文學藝術、心理學、人類學和科學哲學等多學科領域所進行的語言研究過程及其理論成果，在法國有更廣泛的影響，並同十九世紀以來法國本身的傳統語言研究相結合，形成了法國當代語言哲學及語言研究的特徵。

最值得注意的是，法國哲學對於語言的獨特研究，同法國文學藝術的語言創造經驗保持密切的聯繫。如前所述，法國作家和詩人，從十九世紀中葉的波特萊爾等現代派開始，經過十九世紀下半葉及二十世紀上半葉的現代派、印象派、後印象派、意象派、表現主義、達達主義、立體主義、超現實主義等流派的變遷和發展，對語言反覆進行了連續的挑戰，試圖打破傳統文學藝術語言的各種規則，逾越各種禁忌，穿越極限的限制，在向語言本身的反覆批判中，開闢了廣闊的創作視野和前景。在這方面，直接影響了法國哲學家的文學家和藝術家，不計其數；而其中最重要的，是波特萊爾前後的高吉耶

（Théophile Gauthier, 1811-1872）、弗洛芒丁（Fromentin, 1820-1876）、維爾連、貝爾納諾斯（Bernanos, 1888-1948）、巴岱、馬拉美、阿波里奈、瓦勒里、莫里亞克（François Mauriac, 1885-1970）、布列東（André Breton, 1896-1966）、沙特、梅里美（Prosper Mérimée, 1803-1870）、米索（Henri Michaux, 1899-1984）、莫朗（Paul Morand, 1888-1976）、繆塞（Alfred de Musset, 1840-1857）、奈爾瓦爾（Gérard de Nerval, 1808-1855）、貝季（Charles Péguy, 1873-1914）、普列維普（Jacques Prévert, 1900-1977）、普魯斯特（Marcel Proust, 1871-1922）、雷蒙·格諾（Raymond Queneau, 1903-1976）、列納德（Jules Renard, 1864-1910）、林波（Arthur Rimbaud, 1854-1891）、沙德、聖埃克絮貝利（Saint Exupéry, 1900-1944）、聖波夫（Sainte Beuve, 1804-1869）、喬治·桑（George Sand, 1804-1876）、娜塔莉·莎羅德（Nathalie Sarraute, 1900-1999）、喬治·西默農（Georges Simenon, 1903-1989）、蘇貝維爾（Jules Superville, 1884-1960）、瓦列斯（Jules Vallès, 1832-1885）、維尼（Alfred-Victor, comte de Vigny, 1797-1863）、韋利耶·德斯拉達穆（Villiers de l'Isle-Adam, 1838-1889）、尤斯納（Mrguerite Yourcenar, 1903-1987）、卡繆、勒內·沙爾、左拉（Emile Zola, 1840-1902）、克勞岱爾（Paul Claudel, 1868-1955）、哥克多、埃呂亞德（Paul Eluard, 1895-1952）、阿納多里·弗朗斯（Anatole France, 1844-1924）、熱內、紀德（André Gide, 1869-1951）、吉魯度（Jean Giraudoux, 1882-1944）、格拉克（Julien Gracq, 1910-　）、朱里安·格林（Julien Green, 1900-　）、尤內斯庫、阿爾弗德·賈里（Alfred Jarry, 1873-1907）、拉波（Valery Larbaud, 1881-1957）、伊西多爾·度卡瑟（Isidore Ducache, 1846-1870）、奴沃（Germain Nouveau, 1851-1920）、米歇爾·萊里斯、馬爾羅（André Malraux, 1901-1976）及羅傑·馬丁·杜卡（Roger Martin du Gard, 1881-1958）等。這些作家、詩人和文學家，都在探索語言的奧祕，試圖突破語言的傳統約束，穿越各種界限，尋求創作的更大自由。

　　當然，當代法國哲學家們並不侷限於吸收法國文學家和藝術家的語言創造經驗，而且也吸收英國、愛爾蘭、德國、美國及俄國等國的詩人和作家們的創造性語言及其研究成果。

　　當代法國語言學雖然也在某種意義上同西方其他國家的語言學有一定關係，但畢竟呈現出它的獨特性質。當代法國語言學從索緒爾（Ferdinand de Saussure, 1857-1913）的結構主義語言學之後，按照它自身的理論脈絡向前發展。最顯著的，是安端·梅耶（Antoine Meillet, 1866-1936）和埃米爾·本維尼斯（Emile Benveniste, 1902-1976）的巴黎學派語言學、格雷馬斯的結構主義符號論以及克

莉絲蒂娃的文本間符號論。安端・梅耶的語言學研究明確地指出了語言結構同一性及其在不同語系中的變形規律，同時他還強調對於活生生的口語進行研究的重要性。他的學生本維尼斯超越語言學的範圍，試圖在語言研究中，綜合生物學和文化、主體性和社會性、信號和物件、象徵與思想以及多種語言間的相互關係。更重要的是，本維尼斯特別重視語言和人的思想、行動和社會生活以及社會環境的複雜關係，並在他的晚期著作中，集中研究了「話語」和「論說」（le discours），突破了索緒爾的結構主義語言學的範圍，強調了「語言」同「話語」的區別。他天才地發現：人的主體性是同他的語言使用緊密相關的。這就表明：本維尼斯已經明確地提出了「論述」的特別意義。本維尼斯的語言論述理論對於當代法國哲學家們產生了深遠的影響。利科在談到本維尼斯的論述理論時說，本維尼斯的論述理論使思想家們更明確地意識到：主體性及其帶時間性的經驗對於語言運用的依賴關係（Ricoeur, P. 1986: 13）。對於當代法國哲學家們的語言符號理論發生更大影響的，是格雷馬斯的「結構語義學」（sémantique structurale）。他綜合了法國現代語義學和語言學的研究成果，從1958年起就創立了他的結構語義學的雛型。他具有決定性意義的語言學理論著作，是在1966年發表的《結構語義學》。這本具有歷史意義的語言符號理論著作，不同於英國經驗主義分析哲學傳統的語言研究，從實踐、理論和認識論三大面向創建語言符號論的架構，爲此後法國思想家們從事超語言的符號論研究提供廣闊的理論前提。如果說在英國分析哲學中，對於語言的分析是以理想的「科學語言」，以人爲的「標準化」的符號系列爲中心，試圖建構最具有規則性的符號變化系統，那麼，在格雷馬斯的新的語言符號論中，理論並不同實踐相對立，而是在堅實的認識論基礎上緊密地相互關聯與相互補充。而且，格雷馬斯的結構語義學也不同於維也納學派的語義學分析，將語義分析同符號的變化以及社會文化環境的狀況緊密結合起來。這就爲當代法國哲學家們從語言的運用層面研究語言與思想、行動的關係奠定了基礎，也爲此後打破傳統語言學界限、而更廣泛地從符號論角度探索語言開創了良好的先例。受到格雷馬斯的直接影響，文學評論家斐利普・索耶和克莉絲蒂娃等人，進一步在創立新的語言符號論方面做出了重大貢獻。作爲傑出的文學家，索耶將文學創作及其文字表達風格同語言學、精神分析學、詮釋學的分析結合起來，把文字和書寫（écriture）看成爲寫作活動的唯一物件。在索耶之後，克莉絲蒂娃進一步將語言符號的分析以及書寫的邏輯同拉岡新的結構主義精神分析學結合在一起，使「語義素分析學」（la Sémanalyse）作爲一門新的學科終於形成。克莉絲蒂娃認爲，新的語義素分析學是爲了研究「與意義邏輯有根本區別的文本邏輯學（logique textuelle）」。文本的邏輯根本不同於古典的亞里斯多德（Aristotle,

384-322 B. C.）邏輯學，而文本不過是具有「能指」功能的一系列符號的具體實踐罷了。克莉絲蒂娃由此強調「文本間」相互穿插和相互呼應的運作邏輯，使語言語義符號的研究更具體地同「主體間性」的社會文化背景聯繫在一起。她所創立的「文本間性」（intertextualité）概念及牢理論是當代法國語言符號研究的重要成果。由於格雷馬斯及索耶和克莉絲蒂娃等人的研究，法國當代語言研究顯然走出了它自己的獨特道路。

由此可見，當代法國語言學研究的歷程，明顯地呈現出三個階段性的歷史特點：第一階段是以語言學觀點探討符號、信號和象徵；這是法國語言學研究的古典時期。第二階段是從語言學轉向符號論語言學；索緒爾開創了這一新時代。他的後繼者施特勞斯將這一研究取向推進到更高階段，在他的神話研究中體現出來。而拉岡也透過精神分析學和精神治療學的實踐途徑及理論研究，創立了「後佛洛伊德主義」的語言符號論，從語言符號的變化觀點，深入探討人的精神心理特質的語言結構基礎。第三階段是從符號論語言學轉向新符號論。符號論成為了比語言學更廣泛得多的新學科，從多學科的角度，專門探討語言及語言以外的各種符號、象徵和信號等的運作原則，並將這些不同類型的符號放在它的實踐脈絡和生活實踐歷程中，結合它們在運用中所遇到的綜合性問題，以多學科的取向和景觀，對語言及語言同整個社會及文化的相互關係進行更深入的研究，以便探索出語言同思想、文化產品以及社會行動之間的內在關係；並透過語言這個管道，深入破解和解構西方傳統思想與理論的深層結構及其運作原則。

法國語言學研究始終都不僅限於語言學本學科的狹隘範圍內。在人類學、宗教學、精神分析學和神話學等研究中，語言問題始終都占據非常重要的地位。社會學家和人類學家愛德格·莫林，在他的三卷本的《論方法》（La méthode）中，明確提出「不確定性」的重要概念，並**把整個世界當成一個不確定的混沌系統**（un système incertain du chaos）。他還以語言符號及溝通過程中的符號變化，說明世界、社會以及人的生活世界的語言符號基礎（Morin, E., 1977-1992）。專門研究宗教史的杜美濟就是以各個民族語言系統的比較研究為基礎，探討宗教觀念基本結構在不同發展階段的表現。他認為，宗教的發展同各民族的語言有密切關係。因此，如果不研究語言，就無法了解宗教現象及其發展史。由於他在宗教史方面的傑出成就，他甚至成為了施特勞斯結構主義神話研究的先驅。更值得指出的，是後佛洛伊德精神分析學家拉岡對於語言的研究。他在探索主體結構時發現：不是主體決定著語言的運用，而是語言透過他者的關係網絡控制著主體的形成及其功能的運作；正是透過語言而使主體陷入「異化」的王國，使人的主體性成為語言符號遊戲的奴隸和崇拜者。主體從此對語言論述及其運作，畢恭畢敬，

任其宰割和支配，不得不陷入受語言論述規範化的泥潭之中而失去思想和行為的自由。

當代法國哲學家語言學研究還特別受到詮釋學的啓示。海德格和伽達默的哲學詮釋學尤其成爲當代法國語言研究的重要理論出發點。

值得注意的是，羅蘭·巴特在這一時期對語言符號的研究，取得了顯著的成果。他結合了結構主義的語言觀，從文學藝術評論出發，結合整個人文社會科學在這方面的研究成果，創立了新的符號論，遠遠超出了結構主義語言學的範圍，使語言符號的研究、解構、分析和運用，都全面地得到了更新。因此，羅蘭·巴特的語言符號新理論典型地和集中地表現了當代法國語理論的特徵。

正如我們在論述日常生活問題的時候所說，當代法國哲學家們在探索日常生活領域的結構及其反思性的過程中，早已注意到日常生活場域中的特殊語言結構，並對它進行了深入的研究，同時還將日常生活中的語言運用與各種論述的運用策略結合起來加以觀察。勒斐伯勒和德舍多在這方面的研究著作，爲當代法國語言研究的進一步發展奠定了堅實的基礎（Lefebvre, H., 1971; De Certeau, M. de 1980）。

與此同時，阿圖塞結合原有馬克思理論中的基本原則，試圖以結構主義重建馬克思的社會理論，也對於當代法國語言研究做出了貢獻。同樣的，德希達從六〇年代起，透過對於胡塞爾現象學語言觀的批判，進一步探索了西方語音中心主義和邏輯中心主義的歷史根源，並創立了解構主義理論和方法。福柯則在其對於精神治療學歷史和知識考古學的研究中，以「論述」問題爲核心，深入揭示知識、道德和權力三大方面借用語言論述宰制整個社會的奧祕。與此同時，布迪厄、鮑德里亞等人，進一步在社會學、語言學、人類學和心理學等領域，深入探討語言論述的社會功用及其策略原則，對於整個西方社會學及社會科學研究發生決定性的影響。

三、拔除西方語音中心主義的根源

（一）追索並顛覆語音中心主義的重要性

德希達等人對於西方傳統理論和基本原則的顛覆和批判，其顯著的特徵，就是試圖從根本上探索其歷史淵源，並從哲學和人文社會科學整體的觀點，全面探討西方思想傳統同語音中心主義和邏輯中心主義的關係。正是在追根索源的過程中，德希達等人明確地把批判傳統文化和傳統思想的重點，集中到對於西方語音中心主義和邏輯中心主義的批判之上。

德希達認為，作為西方傳統思想主幹的各種重要概念及其論述，都是以西方語言本身的結構特徵及其運用邏輯為基礎。作為西方文明搖籃的古希臘文化，其建構過程，始終圍繞著語言運用的邏輯架構，奠定了人的思想、行為及社會生活的模式。在德希達之前，海德格在其《存在與時間》一書中，為了批判傳統本體論和形上學，曾經探索過語言與其社會運用邏輯的相互關係。正因為這樣，德希達等人對於語音中心主義和邏輯中心主義的批判，是海德格等人的前期批判工作的繼續和延伸。

在西方的傳統中，語言是各種「話語」和論述（le discours）的基礎。語言離開了人的實際生活，離開了社會和文化，就是一堆死的、毫無意義的符號。所以，語言作為語言，當它在人的社會生活中發揮其威力和功能的時候，它已經不是原來那些死板的符號碓積，而是具有其本身運作邏輯的「話語」、「論說」或「論述」。正是這些各種各樣的「話語」和「論述」，建構了各種各樣的社會文化制度及各種社會規範、規則和法制，使整個社會能夠在一定的秩序中維持下來。所以，在社會實際生活中發揮語言作用的那種語言，就是在實際運作中的話語及論述。要真正揭示語言的奧祕，要揭示語言同社會生活的緊密關係，必須從實際運用中的話語出發。

（二）使語言從邏輯中解脫

古希臘人認為，話語之成為話語，是因為它包含了話語的邏輯。**貫穿於話語中的邏輯成為了話語的靈魂。**正因為這樣，古希臘人才把話語同邏輯等同起來，並直接將「話語」說成為「邏各斯」（logos）。因此，即使人說了話，如果不按照說話的邏輯進行，就不成為話語：充其量那也不過是一連串的聲音的堆積罷了。也就是說，話語之成為話語，並不在於人說了話，而在於說話的人在說話時遵守了一定的說話邏輯。沒有邏輯的話語，並不是話語，而是如同任何一個動物所發出的聲音，也如同自然界任何物體運動時所發出的聲音那樣，毫無規則，更毫無意義，只是一連串音素的連接。由此，西方人把話語的邏輯優先地擺在比話語本身更高的地位之上，認為話語中的邏輯，才是人的語言之所以高於動物的聲音的關鍵因素，也是文明人之所以高於「野蠻人」之上的主要原因。

在德希達的批判胡塞爾現象學的著作中，他明確地從西方語言的歷史根源進行揭露（Derrida, J., 1967b）。德希達認為，西方文化從一開始就強調邏輯同語言正確使用的一致性。在古希臘時期，當蘇格拉底（Socrates, 470-399 B. C.）和柏拉圖（Plato, 427-347 B. C.）建構認識論和邏輯學的時候，就確立了**主觀思想認識過程、客觀物件真理結構和語言表達邏輯結構的同一性**的基本原則。這就是說，

主客體同一性（Identité entre le sujet et l'objet; identity of subject and object），不但要表現在語言論述中所用語詞及有關語句的意義同被表達物件的本質之同一性，而且也要透過語言使用的這種同一性邏輯原則，實現主客體統一的眞理結構的普遍化和客觀化之目的。因此，語言使用的正確性，不但關係到正確遵守語言本身的規範化原則，也關係到正確思維能否運作、並持續深入進行下去的問題，而且還關係到作爲認識主體、道德主體和行爲主體的人，能否確立無疑並持續維持其人格，關係到能否正確地認識和表達客觀物件的眞理性問題，而且也是作爲主體的人，能否在社會中相互交流經驗、並建構和協調主體間的相互關係的關鍵。

到了近代哲學階段，笛卡兒更是進一步將主體意識的同一性同知識中的語言論述邏輯性緊密結合在一起。人的主體性成爲語言論述的邏輯建構問題，成爲語言論述的社會文化創作機制及其實際運作的問題。從此，成爲了論述的語言，已經不是單純的說話手段和表達工具，也不是外在的無生命的語音和文字外殼，而是隱含著知識內容和實際權力的實物本身，是有比重、密度和組織形式的現實存在，是貫穿著權力運作的社會文化手段和統治的工具，它又是在社會文化脈絡中能夠自我生產和自我膨脹的一股社會文化力量，成爲了一個具有自律的封閉性符號差異系統。語言論述也因此成爲橫行於社會文化場域中，網狀多觸角的怪物，反過來控制著說話的人和生產勞動的人。在蘇共統治的二十世紀五〇年代期間，曾經有一位叫馬爾的蘇聯語言學家，說出了「令人驚訝」的一條眞理：語言是生產財富的神祕東西。壟斷著理論宰制權的史達林（Iosif Vissarionovich Dizhugach-vili Stalin, 1879-1953）立即寫了一部批判馬爾的著作《馬克思主義與語言學問題》，諷刺馬爾的「資產階級觀點」。史達林忘記了一個最普通的事實：他作爲一位獨裁者之所以能夠對馬爾的語言觀進行封殺，對馬爾的「論述」給予死刑的判決，恰恰就是因爲他握有統治權。史達林的論述所蘊藏的強大物質力量，使馬爾等語言學家及其他理論家的任何論述都無法招架。事實正是證明了馬爾的語言觀之正確性。

（三）語音中心主義是傳統形上學的基礎

柏拉圖作爲西方**邏輯中心主義**（logocentrism）和**語音中心主義**（phonocen-trism）的創始人，在他的《美諾篇》（*Menoxenus*）等對話錄中，不但提出了西方哲學史上第一個最有系統的「相論」或「理念論」（Theory of Ideas），而且也具體地論述了邏輯中心主義和語音中心主義的重要性。因此，德希達把批判的矛頭直指柏拉圖的哲學理論的核心概念。

正如胡塞爾所指出的，從蘇格拉底和柏拉圖開始，人們把巴門尼德（Parmenides, 515-445 B.C.）早就提出的「**存在**」問題**轉**向了**語詞**（共相）和**語句**（邏各斯）（logos）的問題（Husserl, E., 1954[1935-1936]: 25）。

實際上，柏拉圖所建立的邏輯中心主義和語音中心主義，並沒有真正解決存在物和語言的關係問題。**語詞「房子」**，把我們透過感官明明感覺到的一棟一棟具體的個別房子，一下子轉變成用來指稱和表示實際存在的任何一棟房子的名稱。也就是說，**語詞一旦指謂某個具體物件，就同時將該物件改變成為一般性的同類事物**。同樣的道理，這所房子的瓦片、棟梁和窗戶等等，也因為我們用語詞說出或指謂，即刻成為一般的瓦片、棟樑和窗戶。就這樣，一棟具體的實際房子，因為我們用語言去表達和對它思考而變成了許多不同的「**一般**」事物的集合。顯然，柏拉圖發現了：人是透過語言而將物變為共相，但他並沒有實際解決關於**這個共相的可知性**的問題。仔細地加以分析，當我們說這是一棟房子的時候，根本不等於說「這」就是那棟實際的房子，同樣也不等於說「這」與「一棟房子」是同一的。柏拉圖所發明的「共相」，實際上就是要透過主體的人所說的話，用語詞對於物的指謂，取代或代替實際的物。柏拉圖極力論證的，是用**語詞運作的思想觀念**以及**透過語詞所指謂的概念同語詞指謂的物**之間的同一性。柏拉圖忘記了他所論證的並不是**思想觀念、語詞所指謂的概念和語詞指謂的物**之間的**實際同一性**，而只是它們之間的**認識論上和邏輯的同一性**。

從那以後，西方傳統思想和文化，就始終以論證語詞論述和論述物件的物之間的「**同一**」或「**符合**」為發展主軸，並將兩者的**認識論上和邏輯的同一性**與兩者的**實際同一性**混為一談。

（四）語音中心主義是傳統真理論和道德論的靈魂

從根本上講，柏拉圖關於共相的理論也是西方傳統**認知論**（Théorie de la connaissance; Theory of Knowledge）和**真理論**（Théorie de la vérité; Theory of Truth）的核心。但是，不論是柏拉圖或是他的老師蘇格拉底，他們關於建構共相理論的一切努力，不但不是單純侷限於認知論和真理論，而且，都是與維護語音中心主義基本原則有關。到了近代，是笛卡兒進一步將邏輯中心主義原則和認識論結合在一起，建構了作為整個西方近代科學理論基礎的近現代認識論體系和方法論原則。

如果說德希達的批判重點是柏拉圖等人的哲學理論，那麼，與他同時代的福柯，就把批判的重點，集中在近現代認識論和真理論的論述體系及其策略基礎。

注意到語言問題在建構和鞏固社會制度方面的決定性意義，近現代社會從一

開始就創立了語法學和語言學作爲基本學科，作爲調整整個社會制度及維護新社會秩序的理性知識手段。福柯在談到他的《語詞與事物》一書時指出，近現代資產階級的知識基本結構，始終圍繞著關於語言、關於財富和關於生命的三大組成部分。現代知識的這種基本結構，從十六世紀到十九世紀一直沒有改變。福柯說：「我所研究的，是人類主體如何進入到關於眞理的遊戲之中，不管這種眞理遊戲是採取某種科學的形式或者參照某種科學的模式，也不管這種眞理遊戲是在某些制度和控制的實際活動中表現出來的。這就是我的著作《語詞與事物》的研究主題。在那本書中，我試圖觀察，**人類主體是如何在科學的論述中自己確定爲說話的、活著的和勞動的個人**」（Foucault, M., 1994. Vol. IV: 708-709）。近現代知識體系中的語法學和語言學，無非就是現代社會訓練其社會成員「學會正確地說話」的「科學」；它是與訓練人「正確地活著和勞動」的其他兩門學科，即生物學和政治經濟學，同時產生、並同時被現代社會統治者所提倡和極力推廣的基本知識。

福柯在他的《語詞與事物》、《知識考古學》及《性史》等著作中，始終都把對於西方論述體系的「解構」策略作爲他的探討中心。在他看來，只要抓住論述結構中的基本模式，並對之加以解構，就可以看到貫穿於整個西方論述體系的軸心，就是知識與權力和道德的相互循環論證及其相互勾結，它們構成整個西方傳統思想和社會文化制度的中心支柱。所以，批判和解構論述就成爲了他的整個理論探索活動的基本目標（Foucault, M., 1966; 1967; 1976; 1984a; 1984b）。

透過德希達和福柯等人的上述批判和解構活動，作爲整個西方傳統文化和思想的語音中心主義和論述策略，不但無所遁形地澈底暴露出來，而且，連由這種語音中心主義和邏輯中心主義所建構的社會文化制度也隨之搖搖欲墜。

（五）語音中心主義與主體中心主義的一致性

爲了鞏固上述語音中心主義在整個社會和文化中的統治地位，柏拉圖以來的所有傳統思想家們，都不但竭盡全力論證它，而且還千方百計透過理論論證和策略遊戲，使之神祕化，並在完成其神祕化的同時，實現其正當化的程式。因此，德希達和福柯等人在批判這些傳統原則的過程中，也全力揭露它的神祕性，使之從它的迷思中顯露其眞面目。在這基礎上，整個語音中心主義及其論述體系，也失去其正當化的基礎。

德希達指出，柏拉圖在《斐多篇》中，在論證「相」的存在的時候，他透過蘇格拉底之口指出，由於「相」是一種最高的存在，是一種理想的物件，採取了最抽象不可見的「形式」而存在；而人又不得不生活在感性的有形世界中，總是

不可能透過自己的感官直接地觀察到「相」的存在，所以，人不得已要靠某種中間的手段去認識「相」的存在，而這種中間的手段就是**「邏各斯」**，就是正確使用的「話語」。這就好像一個人看日蝕不能直接去看太陽一樣，只能透過水中太陽的影子來看太陽。所以，求助於邏各斯，固然可以透過它而認識存在和真裡，但它畢竟是一種「次好的」第二等方式。柏拉圖本來要講的是真實存在的「相」本身，而「相」本身是超感性和超知覺的，但悲劇就在於，人為了說明它，還是不得不藉助於感性知覺的東西，而且，也不得不藉助於充滿矛盾的語言。為此，他經常不得不承認，他所要說的哲學，只能用第二等的次好的方法來講。

所以，用話語講出來的「相」，已經不是柏拉圖原先所想像的純粹的「相」，而只是它的影子。柏拉圖雖然已經模糊地意識到：不得不使用日常的辭彙和語言會傷害純粹的「相」的本質，但除了藉助於邏各斯以外，他又找不到別的辦法。

為了論證「邏各斯」所表達的存在的性質具有真理的意義，柏拉圖絞盡腦汁提出一系列邏輯原則，論證**「邏各斯」**具有正當化的性質。他所提出的邏輯原則，包括他所提出的**「假設法」**和**「比喻法」**之類。柏拉圖的假設法的特點，就是從結果推原因，從最直接可感知到的原因，逐級上升，藉用語言的概括功能不斷地抽象化，直到最後最抽象的、也就是無法感知到的終極原因。由於柏拉圖的認識論同時具有目的論的道德性質，因此，他所說的終極原因也成為了所謂的「最高目的」，即「至善」。因此，他的假設法就是尋求最終目的的假設法，是一種向內的、向上的和走向更高的，以致最高的邏各斯的推理過程。

柏拉圖在《智者篇》中強調：「必須肯定邏各斯是存在的一個『種』。如果剝奪了它，也就是剝奪了哲學，這可是非常嚴重的事情。現在我們對邏各斯的性質取得一致的看法，因為如果沒有邏各斯，那就什麼都不能說了」（Plato. 1973: 260a-b）。在這裡，柏拉圖巧妙地透過語言概括的抽象性、「相」的不可感知性、實際的存在在認知過程中的二重化，一下子把語詞中抽象的概括性變成了實際的邏各斯的「種」的存在。由此，柏拉圖又把邏各斯的「種」的存在變成了客觀事物的真理的客觀存在。**由此可見，把認識中的語言的「種」的存在等同於客觀物件的真理的存在，是西方邏輯中心主義和語音中心主義文化的基石。**

柏拉圖認為，思想（dianoia）、**邏各斯**和現象（phantasia）三者都是有真有假的。他說：「思想和邏各斯是相同的，不過思想是**靈魂內部不發出聲音的對話**，而**將它發出聲音來就是邏各斯**（說話、判斷）。邏各斯中有肯定和否定，靈魂中無聲思想的肯定和否定就是**意見**（doxa），透過感官知覺到的意見便是**現象**。所以，思想是靈魂自己的自我對話。思想的結果產生意見，和感覺結合的意

見就是現象，它們都和邏各斯一樣，其中有一些在某種情況下是假的」（Ibid.: 263d）。至此，柏拉圖不但確立了人作為概念間邏輯關係的主體性地位，也強調了說話的邏各斯的優先地位。而且，這也說明了柏拉圖哲學的道德理想，並不在於實現個人的智慧能力和幸福，而是在於追求人類整體作為一個「種」的倫理的完美。也就是說，凡是在道德意義上真實存在的東西，都不是屬於個別人的，而是全人類的；這樣一種最高的倫理理想，就是個人在國家中的有機結合。倫理理想於是變成了政治理想，成為了認識活動的最高目標。

胡塞爾對於柏拉圖的上述結論給予高度評價，他認為**柏拉圖哲學對於人類普遍理想的哲學論證及其勝利，正是體現了西方主體性哲學的第一次勝利**，因為對於類概念的肯定以及將類概念當作人生理想，當作認識目標和道德目的，就意味著：實現認識和道德的最高目標是整個人類，而不是個人所能完成的理想。

由此可見，從柏拉圖開始，一直到近現代思想家和哲學家，**為了維護語音中心主義的正當性，總是竭力透過具有神祕性的理論抽象化和一般化程式，將整個傳統的論述體系神祕化，使之具有普遍性和一般性的特質，以便更有利於掩飾其片面性及其論證方面的詭辯性，使之具有客觀化和中立化的假相，並使整個社會將它們當作某種「共識」、「客觀真理」或「社會契約」加以接受和加以貫徹執行**。

四、在生活世界中破解語音中心主義的迷思

（一）從生存的雙重性揭示語言象徵的雙重結構

西方文化從一開始建構所面臨的上述在語言及其使用方面的矛盾或悲劇，是人這個特殊的生存物本身（在肉體和精神兩方面）的雙重生命及其在生活中的雙重需要所引起的。人的雙重生命及其肉體上和精神上的雙重需要，固然顯示著人的高於其他生物的優越性，顯示出人的生命本身包含著永遠相互矛盾、不斷超越、永遠不滿足於現狀、永遠追求著更高自由的永不枯竭的內在動力，使人類有可能創立並不斷發展自己的文化，不斷建構和改善自己所追求的**生活世界**（le monde vécu; the world of life）。與此同時，也顯示出人的生命存在本身，內含著永遠不可克服的矛盾和困擾，使人永遠處於不滿足的緊張和匱乏精神狀態，並以永無止境的「不滿足」來折磨自己，使人的任何文化建構過程及其文化產品，都不可避免地內含著二重性：一方面超越舊的文化，另一方面又面臨著被改造和被克服的命運。而在這過程中，**文化創造及其產品的二重性，又體現在人的思想及其象徵性語言本身的二重性**。語言，如前所述，作為人所追求的理想和現實物件

之間的仲介，作為人的思想同其現實物件、同其理想物件之間的雙重仲介，作為被描述和被表達的物件和實際物件之仲介，作為主體的人同他周圍的他物和他人的關係之仲介，亦作為現實文化同過去和將來的文化之間，也就是作為「在場出席」的文化同一切「不在場」或「缺席」的文化之間的仲介，不可避免地包含著，並時時呈現出上述人本身及其文化的二重性。但是，**語言的二重性**，作為語言的一種特殊的象徵性社會符號體系的二重性，又不同於上述人本身及其文化的二重性。具體說來，語言的二重性，就是語言的有限性和無限性、封閉性和開放性、精確性和模糊性、一義性和多義性（歧義性）、共時性和貫時性、可表達性和不可表達性……等等。

實際上，人本身、人的文化和人的語言的二重性，一方面是三者各自的本性和結構所產生和決定的，另一方面又是三者之間密不可分的相互制約象徵性關係所決定的。同時，三者中的任何一方的二重性，對於三者中另外二方的二重性，又保持著相互決定和相互依賴的關係。因此，在研究西方文化的發展過程及其各階段文化的時候，一方面要看到上述三者二重性特徵的具體歷史表現及其對於不同時代文化的影響，另一方面又要深入分析三者各自不同的二重性的具體演變狀況以及各時代思想家們對於這些二重性的具體態度。

西方文化和社會理論的發展過程，深刻地表明人本身、人所處的客觀世界、人在實際言行中所涉及到的生活世界、人的認識和各種社會活動、人的象徵性文化及其語言的雙重性及其矛盾，都是緊密地相互聯繫在一起，相互影響和相互滲透，但同時，它們又各自表現出不同的特殊結構和性質。人的文化的發展過程，不但表現了上述矛盾的不斷變化和發展，也表現了從事文化創造的人本身對這些矛盾的認識狀況以及這些認識狀況對於不同歷史文化的影響（其中始終包括積極的影響和消極的影響兩方面）。

如果說，上述相互聯繫而又各自不同的二重性，對於西方文化發展的影響呈現出一種客觀的歷史演化過程的話，那麼，各時代的思想家們對於這些二重性的具體態度，就在很大程度上表現出人的主觀因素對於自己所創造的文化的矛盾態度及其約束性和限制。而在這後一方面，對語言的二重性（dualité du langage）的認識過程和狀況，對以邏輯中心主義和語音中心主義為基本原則的西方文化來說，是一個決定性的重要因素。

對語言二重性的認識過程和狀況，不但顯示了不同時代的西方思想家對於人本身、社會、自然世界以及文化的不同態度，顯示出不同歷史時代的西方文化的特徵，而且，也在很大程度上，表現了西方思想家的自我意識同其認識理想、道德理念之間的矛盾，也表現了他們對語言和文化的認識能力的有限性。西方文化

的發展證明：上述過程是非常複雜而曲折的，人類在文化創造中，為此付出的代價是不可估量的。但總的來說，西方文化的發展是與不同時代的思想家們對於語言的二重性的認識，是與他們對語言和人的文化之相互關係的認識密切相關。哲學、人文科學以及各種社會理論，作為西方文化中深刻涉及到社會和文化結構和性質的重要組成部分，其發展尤其和不同時代的思想家們對於語言的二重性的認識，與對於語言和人的文化之相互關係的認識有直接關聯。

（二）人類經驗同語言象徵雙重性的密切關係

經驗同人的生活和認識活動之間的關係，實際上是互動的。這就是說，一方面隨著古希臘羅馬歷史發展所帶來的豐富生活經驗，為西方人擴大和提高自己的認識能力，為發展各種關於世界、社會和人自身的實際知識，提供了越來越堅實的基礎，使西方人越來越意識到從事創造性的認識活動對於豎立人的主體地位的決定性意義。另一方面，自古希臘以來所奠定的邏輯中心主義和理性主義原則以及以此原則為基礎所發展起來的認識能力，歷經一千多年對於世界、社會和人本身的宏觀總體觀察所累積的各種知識，又使西方人反過來更重視自己的歷史經驗，並不斷提高總結歷史經驗和生活經驗的能力。

正如我們已經在前面反覆指出的，現代知識在思想和文化建構中占據絕對優勢的地位，而經驗則是現代一切知識，特別是實證知識的基礎和基本研究物件。**但是，什麼是經驗？就其拉丁原文（experiri）的原意，它從西方本體論和認識論建構的時候起，就意味著「感受」和「嘗試」。**所謂「感受」（éprouver），就是主體對於物件及其本身實際經歷的體驗和感知，而所謂「嘗試」（essayer）是主體意欲開創新生活所採取的帶有冒險性的實驗活動。經驗的這種兩方面的含意，都在強調主體意識和主體精神同其異己的現實遭遇以及在這種遭遇中主體所接受的資訊及其認識狀況。所以，「經驗」驗證了人類精神在其同世界的遭遇中所面臨的雙重關係：主動的和被動的關係，即它對它所面對的世界採取的「接受」和「自由」的雙重態度。也就是說，經驗具有如同語言那樣的雙重性：既能夠給人知識、能力和採取創造行動的自由，又能夠限制、約束人。經驗同語言的雙重性，使兩者在很大程度上相互依存、相互轉化和相互進行循環論證。

經驗是由語言來總結的。在傳統西方文化和思想史上，對於經驗和對於語言的重視是一致的。在近現代科學產生以後，經各種科學實證性實驗所驗證的各種經驗，必須靠具有邏輯結構的語言性「科學論述」來表達、描述和傳遞。語言的象徵性結構和性質，以及人們對於語言的這種象徵性的有意操作，使特定社會歷史條件下的語言論述，在使經驗異化的過程中，充當了決定性的關鍵角色。在西

方社會文化的發展史上，邏輯中心主義、主體中心主義和語音中心主義進一步密切地結合在一起，成為一切傳統文化和現代知識體系得以正當化的基本條件。對於經驗、科學語言論述、知識和對於社會文化穩定秩序的正當化，成為了完全一致的事情。維護科學語言論述的神聖性和至高無上性也成為近現代各種「科學哲學」和科學理論的基本任務。反過來，為了加強科學語言論述的神聖性和至高無上性，論證經驗本身的重要性也自然地列為科學理論的日常基本任務。翻閱近現代科學理論和科學哲學的歷史，幾乎沒有一個學派不極力為經驗的神聖性質進行辯護：從以孔德為代表的古典實證主義、以皮爾士（Charles Sanders Peirce, 1839-1914）、詹姆斯（William James, 1842-1910）和杜威（John Dewey, 1859-1952）為代表的實用主義（le pragmatisme），到以維也納學派為核心的邏輯實證主義（le positivisme logique）或經驗實證主義（le positivisme empirique），一直到最新的各種科學理論，都反覆將經驗捧為科學理論論述的基礎和核心。他們的論述遵循著一種奇特的「套套邏輯」（同語反覆）（tautologie）：經驗是科學論述的基礎，而科學論述又是以實證性驗證的經驗為依據。

所以，只要揭示科學論述所反覆正當化的「經驗」的實際性質，就無疑將揭開「科學論述」的神祕性外衣。福柯為此從另一角度揭示經驗的性質。他遵循尼采、巴岱和布朗索的思路，強調經驗既不是什麼「客觀」或「中立」的事物，也不是一旦經科學實驗證實就赫然成為「真理」的基石。福柯認為，傳統理論所維護的經驗，帶有很大的主觀性，它本身是主體性的產物。如前所述，經驗及其神聖性的建構和正當化，是同知識、主體性及語言論述的神聖性之建構同步進行的。在傳統的循環論證過程中，**經驗之成為知識和語言論述的基礎，是仰賴於論述本身的正當化和神祕化過程**。所以，為了揭示經驗、真理和科學的實質，在福柯的知識考古學中，問題並不在於探討一門科學的歷史是以什麼程度接近真理本身，而是在於考察：知識及其論述究竟同其本身保持什麼樣的關係？論述同其本身的這種關係究竟又是在什麼樣的歷史中形成和變化的？也就是說，真理本身本來就是構成論述的歷史的一部分，所謂真理不過是一種論述或一種實踐的一個結果罷了（Foucault, M., 1994: IV, 54）。因此，經驗或真理的歷史及其實質，實際上也就是論述本身的某些變戲法的結果。任何論述之所以能夠在科學歷史上扮演如此重要的角色，其奧祕正是在於：語言論述是靠建構它的社會文化條件而在特定社會歷史情況下形成的。福柯以精神病治療學史為例，生動地說明：在精神病治療學歷史中，從來都不存在什麼客觀的真理，也不存在什麼經「科學驗證的經驗」作為基礎和客觀標準的問題。精神病治療學史所揭示的，是某種特定的「科學實踐」（la pratique scientifique），既建構這門科學的「主體」，又建構它的

「對象」。福柯指出：「問題的癥結在於探討，在西方世界中，爲什麼瘋子只能是在十八世紀之後才成爲科學分析和調查的具體對象？……由此，人們可以核對總和驗證，正是在瘋子成爲物件的同一個時刻，那些有能力研究和理解瘋子的主體也同時被建構起來。也就是說，同作爲物件的瘋子之建構相對應的，就是一種理性化的主體的建構；這些主體具備了有關瘋子的知識，因而有能力認識他們。在《瘋狂與非理性：古典時期的精神病史》一書中，我就是試圖了解，在十六世紀和十九世紀之間，這種類型的集體的、多樣的和確定的經驗。這種經驗的特點，就是以一種具有理性能力的人和患有精神病的人之間的互動關係或相互依賴關係；前者有知識能夠確認和認識瘋子，後者則有可能成爲理解和確認的對象」（Ibid.: 55）。福柯進一步指出：他對於精神病史的研究，「就是要指明：這種關於作爲物件的瘋子同認識他們的主體同時建構的經驗，只有在嚴格地探索其歷史過程的情況下，才能被充分理解。這個特定的歷史過程，實際上關係到某種規範化的社會的誕生。此種規範化的社會，是同具備關押技術和實踐、同一種特定經濟和社會狀況緊密相聯繫的；這就是同某種都市化的階段、同資本主義的誕生、同一群流浪和散播於各處的人之存在相適應；而這些流浪和散播於各處的人群，又是特定經濟和國家形式新的要求所不能容許的」（Ibid.: 56）。福柯等人對於語言論述神祕性的揭露，就是這樣始終伴隨著對於被捧爲眞理基礎的「經驗」之解剖和解構。由於福柯的揭露，以往所謂具有眞理性和客觀性的經驗論述，無非就是採用科學外衣的特定社會文化機制和充滿著權力鬥爭的運作與操縱過程的產物。

（三）現代日常生活對破解語言迷思的啓示

　　語言的極限和界限，限制了思想自由的展開，卻又爲思想的逾越提供潛在條件。語言的界限，在沒有打破對於語言的迷信以前，就是人思想的界限和極限，也就是人的極限和界限。爲此，當代法國哲學家朝著超越語言、打破語言極限的方向努力，試圖探索在語言之外，人的自由究竟能擴張到何種程度。

　　隨著現代社會日常生活領域的不斷擴大及其內容的多樣化，日常生活對於整個社會結構及其性質的影響越來越大。當代日常生活結構的重大變化以及日常生活在社會整個體系的運作過程中的決定性意義，改變了思想家們的語言觀，同時也影響了當代社會理論的建構和重建的基本方向，導致了當代社會理論許多新派別的出現，也豐富了當代社會理論的研究內容，爲當代社會理論的進一步發展開闢了新的前景。

　　在西方哲學思潮中，首先重視文化中的日常生活問題和語言使用問題的學

派，是十九世紀末到二十世紀初時期，以凱西勒（Ernst Cassirer, 1874-1945）、狄爾泰（Wilhelm Dilthey, 1833-1911）等人爲代表的**新康德主義文化學派**，以皮爾士和詹姆斯爲代表的美國**實用主義**，以羅素、維根斯坦等人爲代表的現代英國**分析哲學**，以及佛洛伊德的**精神分析學**。狄爾泰等人透過詮釋學，對語言在思想、社會功能、人際關係等方面的意義，進行分析，說明語言是人在世界上生活的主要手段。皮爾士集中分析語言及其他各種符號同人的思想、行爲及整個社會活動的緊密關係，而在當代社會理論中，對於日常生活領域以及日常語言進行重點研究、並獲得重要成果的派別，包括**俗民方法論**（ethnométhodologie; ethnomethodology）、**現象學社會學**（sociologie phénoménologique; phenomenological sociology）、**象徵互動論**（interactionisme symbolique; symbolic interactionism）和**溝通行爲理論**（Théorie de l'agir communicationnel; Theory of Communicative Action）。其中，俗民方法論、現象學社會學和象徵互動論，是早在第二次世界大戰前就已經形成、並在近半個多世紀的歷史時期內取得了顯著的進展。

這些理論派別在研究日常生活同社會的關係的時候，充分意識到**語言**對於理解兩者關係的重要意義。**語言**不只是溝通的工具，而且貫穿於人的各種活動中，也貫穿於人的各種關係中。因此，語言也成爲了生活和社會的實際組織力量。同時，由於語言記錄了人的行爲經驗，伴隨著人的思想而滲透到人的各種創造作品中去，因此，語言也成爲了不同世代的人和文化之間的繼承媒介，成爲了不同時代的生活和社會相連結的橋梁。語言不僅成爲了生活和社會靜態組織和靜態制度的仲介性連結和構成因素，而且也成爲了生活和社會不斷運動和再生產的動力脈絡，成爲生活和社會中各種動力性力量的負載者。在語言的運用和交流中，貫穿著社會和生活中各種力量和權力的流通與競爭，不但表現著這些力量和權力的意志、意願和權威（l'autorité），而且也表現了它們在運作中所可能採用的策略和技巧。在一切生活和社會活動所到達的時間和空間中，語言的因素也同時呈現出來；反過來，在語言所呈現和到達的地方，同時也存在著或留存著生活和社會的痕跡，表現了生活和世界中實際的和可能的界線。**語言成爲了社會和生活的真正象徵、標誌、條件和載體**。由於語言具有可塑的抽象功能，同時又包含象徵性的結構，使語言比生活和社會的實際結構更具有可變和可塑的**向量結構**（vectorial structure），使生活和社會可藉助於語言而變爲多維度和多面向的新結構，也具有可見和不可見、有形和無形以及實際和可能的**雙重結構**（double structures）。在這個意義上說，語言不只是生活和社會的實際時間和空間結構的重要因素，而且也成爲它們在時空方面不斷擴大或縮小的重要仲介手段，使生活和社會有可能透過語言的管道或支架而擴大或縮小，有時甚至有可能在「**現場出席**」（或「在

場」）和「缺席」（或「不在場」）之間來回走動和轉換。語言在生活和社會中的上述重要功能和作用，使生活和社會中的人擴大了視野，增加了智慧和才能，也爲人的生活和社會在時間和空間方面的不斷更新和不斷發展提供了廣闊的前景。在這個意義上說，語言不僅爲社會和生活的維持和發展提供了可能的條件，也替這些可能性轉化爲現實性創造了條件。語言是使社會和生活成爲可能與成爲現實的必要條件。當然，語言之所以可以同時成爲社會和生活之可能的和現實的必要條件，又是因爲社會和生活本身給予語言生命，給予語言以存在和發展的空間和時間，給予語言以創造性運作的條件。**語言、社會和生活就是這樣相輔相成、相互滲透和相互轉化。三者的相互迴圈式的依賴關係，使任何研究社會和生活的社會理論家越來越重視對語言的研究。**

當代法國人文社會科學界在探討社會結構和行爲的相互關係時，經歷了相當長的時間，並付出了相當大的理論上和實踐上的代價，才逐漸地發現：社會理論的許多基本概念和基本問題，關係到整體社會結構和人的行爲的一般性質問題，實際上是同日常生活的普通行爲和各種言談有密切關係。社會理論的這種曲折發展過程，一方面同社會理論本身的成長和自我認識有關，另一方面也同西方哲學、方法論對理論與生活的關係的片面認識有關。西方哲學和方法論長期以來片面地將理論與生活割裂開來。從理論上看，社會結構和一般行爲的問題似乎帶有很抽象的性質，似乎距離普通人的日常生活和語言交往比較遠。社會理論的前期發展過程，深受西方傳統哲學和方法論的影響，把抽象的理論問題和帶普遍性的客觀眞理問題，劃歸爲純粹認知活動領域和理論思維的範疇。近代社會學產生以後，又受到資本主義社會專業化和社會分工合理化的影響，把社會學研究社會當作一門專門的學問，也同實際生活分隔開來。這種傾向又隨著自然科學研究方法的影響，從十九世紀末到二十世紀二〇年代有進一步的發展。但是，脫離實際生活的理性主義和邏輯中心主義方法越是發展，越遭到社會理論發展本身的曲折經驗所質疑，同時也遭到重視生活和感性經驗的各種新哲學與新方法論的批評和挑戰。所以，從十九世紀末開始，佛洛伊德的精神分析學、尼采等人的生活哲學、重視實際經驗的實用主義、強調科學研究同生活世界相結合的現象學派等等，開始以新的觀點和方法，從實際生活和日常語言的使用入手，去深入探討社會和人本身的基本問題。

怎樣從日常生活和日常生活中的語言使用去發現社會的奧祕？日常生活和日常生活中的語言使用同人們觀察社會的基本觀點和基本方法，又有什麼關係？如何透過日常生活和日常生活中的語言使用去探討人的社會觀？所有這些問題，並不是一目了然的。這不僅同社會的複雜性有關、同人觀察社會活動的複雜性有

關，而且也同生活、語言運用及其同社會關係的複雜性有關，又同人在觀察這些現象時複雜的認識活動、同認識活動中主客體因素的複雜變化有關。

五、探索語言奧祕的典範轉換

關於語言在社會生活中的重要意義和仲介作用，特別是關於語言在人類文化生活中的決定性意義，從古以來，本來一直就已經成為西方社會理論家和思想家們的重視物件和研究中心。但是，從問題的提出和出現，到正確解決這些問題，總是要經歷非常漫長和非常曲折的過程，而其解決過程又同整個西方文化和傳統思想以及傳統認識論的曲折發展過程密切相關。

西方思想家們對於語言的探討，在近代經歷了三大歷史階段：**第一階段**是把語言當成語言自身，就語言研究語言，即只是在純粹語言的範圍內探討語言；這是語言學研究階段。**這一階段涵蓋了十九世紀末以前的整個歷史時期。第二階段**是超出語言的範圍，從語言的本體論、認識論和方法論意義，並從語言的社會使用過程及其所引起的一系列複雜關係網絡來研究語言，打破了純粹以傳統語言學觀點研究語言的狹隘視野和方法，從哲學、人類學、社會學、心理學、美學及其他人文社會科學的整合角度，不只是將語言當成已經說出來的話或寫出來的文字，即不單純將語言當成一堆死而不動、只是被動地受到語法規則規定的符號系列，而是當成活生生的文化創造生命體、當成與人的社會生活緊密相關的社會文化現象、當成人的思想與社會活動本身、當成能夠進行自我生產和自我創造的動態社會文化結構、當成人的思想和行動創造的活動場域，也當成人向一切可能性開拓其自由領域的橋梁。這是對於語言的語言哲學、語言心理學和語言社會學的研究階段。**這一時期大約是從十九世紀末到二十世紀中葉為止**，其間曾先後出現精神分析學、實用主義、語用論、現象學、分析的語言哲學、存在主義、象徵互動論等學派。**第三階段**是超越語言、解構語言和否定語言，並使語言同社會文化創造活動緊密結合起來，將語言當成人超越其自身及其世界的一個仲介手段，深刻揭示語言本身的界限和極限，從而打破語言對於人的自由創造的束縛，試圖在語言之外探索非語言的各種多元新因素，以便透過這些非語言因素，包括各種非語言和超語言的象徵、符號、信號、號誌、圖像、物語、意象及擬象等，將人的生活世界進一步擴散到新的境界。伴隨著超越語言的活動，思想家們寧願在不確定的、冒風險的可能的世界中遊蕩，也不願滿足於現實穩定的充斥著「人的發明物」的現代社會之中。當代法國哲學家們對於語言、語音中心主義及語言論述的理論，包括施特勞斯人類學結構主義和神話學、羅蘭·巴特新符號論、德希達對於語音中心主義的解構理論、福柯的論述解構理論及策略、布迪厄象徵性思想人

類學和社會學、鮑德里亞擬像理論以及利奧塔後現代主義對於「大論述」的解構理論，都是這一時期的代表性理論成果。

同上述研究語言的三大階段相適應的，是西方思想家們的思考模式、認識典範和思想方法的轉變。在**第一階段**是意識哲學占統治地位時期，人們將思想當成人的本質，因而也以主體中心主義或理性中心主義的基本原則探討語言。在這一階段，主體中心主義的思考模式採取主客體二元對立統一的主要形式；一切都是在主客體二元對立統一中加以分析和解決，其最終目的無非就是要樹立人在世界上的主體地位，以至於將人當成與客觀世界相對立的世界宰制者和統治者。意識是人的主體性的基礎。這是從古希臘以來的西方傳統人文主義和理性中心主義的直接結果，更是近現代哲學發展的思想產物。在**第二階段**是語言哲學和語言社會學占統治地位的時期。與這一時期相對應的，是思想家們所採取的結構主義模式，試圖將語言結構置於主體之上，導致對於人的主體性的否定，並在「無主體的人」的自由創造活動中，尋求人的語言活動遊戲的最大樂趣，享受語言遊戲為人類所帶來的新的自由創造天地。在這一時期，思想家們的思考模式是「結構至上」，由語言符號所建構的人際關係被列為首位，於是一種「主體間性」的思想典範取代了主體中心主義。**第三階段**是「去中心主義」和混沌以及不確定的時代，思想家們寧願採取多變多元的方式，不再尋求確定的「意義」或某種「真理」標準，只強調思想發現的各種可能性及符號遊戲的基本策略，在「相互關係性」（relationalité）和「相互關係網絡」的範圍內來回迴圈運動，盡可能跳出傳統理論追求體系化和絕對化的模式。

透過當代法國哲學家們近半個世紀的曲折探討過程，我們大致可以看到：關於人的思想同語言的關係，實際上可以從四個不同取向去探討：1.人的思想帶動和決定語言及其使用；2.語言帶動和決定思想的展開；3.人的思想和語言是共時進行、並互為推動和互為條件的；4.不論是思想還是語言，都離不開人的實際生活及其社會環境，因此，思想和語言都是社會生活的產物。至於研究和探索語言的奧祕，除了不可避免地要探討語言同思想的相互關係以外，還要深入解析語言實際運用中的各種過程、策略及其運作機制。正如當代法國哲學家們在探索語言過程中所總結出來的基本經驗那樣，單純研究語言本身的結構並不難；難的是要揭示語言何以在社會生活中成為整個社會運作的關鍵。這就直接關係到語言的實際運用中，各種連接關係網絡及其連接機制和基本因素；而且，這些連接機制和基本因素，在不同的社會歷史環境中呈現多種多樣形式和極其複雜的運作過程。這一切是靈活變動的，是有其生命運作邏輯的。當代法國哲學家們的卓越貢獻，就在於集中地深入探索了這些問題，並成功地提出了他們獨具特色的理論方案和

論證程序。

最後，當我們回顧整個當代法國哲學家對於語言的探索過程時，令人驚訝的發現爲：整個當代法國思想圍繞著人和語言的爭論，先是從對於沙特哲學的否定開始，最後卻又以重評沙特的理論而告終。沙特戲劇性地同時成爲了這個時期法國思想爭論的發動者、發難者和總結者、審判者。

第五節　對現代性的批判

由於批判本身的全面性和澈底性，使當代法國哲學家們對於當代社會的批判，集中到對於「現代性」問題的批判。一般地說，所謂「**現代性**」，是指自啓蒙運動以來的資本主義歷史時代所建構的各種社會文化制度及其基本精神。它實際上包括資本主義社會形成和建立以來所建構、傳播、維護和進行正當化，並貫徹實行的一系列思想、理論、知識、技術、社會制度、文化、生活方式及精神狀態等。

對於現代社會及其現代性所做的批判，在當代法國思想的演變歷程中，從四、五〇年代集中表現在存在主義思潮對於「人」的「在世存在」的批判，逐漸演變成結構主義對於語言及社會文化基本結構的探索，導致現代社會各種社會制度及文化成果，遭受到全面的語言符號解構。到六、七〇年代後，這種批判又轉化成爲各種類型的「後結構主義」或「解構主義」，並直接進一步發展成爲波瀾壯闊的「後現代主義」的思潮。所謂「**後現代**」，本來是孕育於「現代性」內部、而又不斷地進行自我超越的社會文化力量。**對現代性的批判，乃是後現代主義自我形成、不斷自我超越的一個內在動力和重要條件，因而也構成後現代主義的一個重要特徵。**所以，後現代主義思潮的基本內容，實際上就是對於現代性本身的無止盡批判。

後現代主義對於社會政治、經濟和文化問題的全面批判和顛覆，使後現代主義成爲二十世紀末最具挑戰性的思想精神力量。後現代主義越批判現代性，不但越顯示現代性的矛盾和危機，而且越推動現代性本身的發展和自我更新，越爲後現代主義本身的不斷創新，提供取之不盡的精神動力。

一、現代性及其自我批判力量的形成

當代法國哲學家們身處於現代社會中，但他們從來都不會滿足於現狀，始終都抱著懷疑、警惕和反思的態度，來對待他們所生活和面對的現代社會。他們的思想立足於現實生活，但又超越現實；他們抱著不斷改造和超越現實社會的態

度，對於現實的當代社會及其各種思想、理論、知識體系、社會制度、文化形態、社會風氣及生活方式，進行不停止的和永不滿足的反思、顛覆和解構。這就是說，他們使自己盡可能地跳出社會之外，從社會所給予他們的生活條件和教育中解脫出來，把清醒而認真的反思之思考分析，同大膽的，甚至是冒險的「烏托邦式」的懷疑和妄想結合起來，既對現代社會進行「地毯式」的全面質疑和探索，又對重大的、帶根本性的問題，抱著一種「鑽牛角尖」的態度進行追根究柢的探討。

由於批判本身的全面性和澈底性，使當代法國哲學家們對於當代社會的批判，集中到對於「現代性」問題的批判。一般地說，所謂「**現代性**」，是指自啓蒙運動以來的資本主義歷史時代所建構的各種社會文化制度及其基本精神。它實際上包括資本主義社會形成和建立以來所建構、傳播、維護和進行正當化、並貫徹實行的一系列思想、理論、知識、技術、社會制度、文化、生活方式及精神狀態等。

資本主義的誕生和形成，可以上溯到十四世紀左右；但只是在十六、十七世紀之後，經過十八世紀的歐洲啓蒙運動，也就是經過一種人類歷史上空前未有的思想精神方面的解放運動之後，又經過美國和法國的資產階級大革命，才使人類社會和人類文化進入到一個新的階段，產生了特有的「現代性」精神狀態和生活以及創作的態度（Baudelaire, C., 1976: tome II, 695; Braudel, F., 1979[1967]; Marx, K., 1873[1867]）。所以，也有人把「現代性」，特別限定爲由資本主義的產生和發展所形成的那種精神狀態和態度，而這種精神狀態和態度，尤其集中在現代文化上。各種現代文化，特別是現代文學和藝術，最敏感以及最典型地表現了現代社會的基本精神。然而，「現代性」的心態和文化也緊密地同資本主義政治、經濟和整個社會制度相關聯。所以，**廣義而言，「現代性」也包括同資本主義精神緊密相關的資本主義政治、經濟、文化和整個社會制度、思考和行爲模式以及生活方式。**

資本主義的現代性，以其自身的內在矛盾性，孕育著批判和背叛其自身的精神力量和文化力量。後現代主義就是這股批判和叛逆力量的一個重要組成部分。它是隨著現代性本身的發展而成長的文化矛盾體。

在資本主義現代社會發展過程中，只有到了十九世紀三、四〇年代，當經濟發展引起工業革命、而導致資本主義全面繁榮的時候，現代性的內在矛盾才第一次公開呈現出來，使對於現代社會的批判、改革、革新和革命的社會力量及其運動，正式登上歷史舞臺。在經濟領域，勞資間的衝突導致英、法、德等各重要工業國家工人罷工運動的興起，並很快地發展成爲席捲全歐的一八四八年政治革命

浪潮。

作爲時代精神晴雨錶的文學藝術創作領域，最敏感地孕育出全面批判現代性的「後現代主義」思想的萌芽。以法國作家和藝術家爲核心，特別是以波特萊爾爲代表，從十九世紀三、四○年代以來，形成了一股批判現代性的精神力量。與此同時，馬克思、尼采和佛洛伊德等人，更是從思想、意識形態和根本性的社會制度方面，對現代社會進行無情的批判。從那以後，這股批判現代社會的浪潮，就作爲「現代性」母體中產生出來的一股內在批判力量而不斷成長和發展。這個批判力量又隨著現代性在二十世紀的高度成熟而急遽增強，逐漸演變成爲現代性內部突發出來的強大自我超越力量，以至於現代社會的任何面向，都遭到澈底的否定和顛覆。

對於「現代性」概念，當代法國哲學家們並不是採取同一種看法或觀點。例如，福柯曾系統總結自啓蒙以來現代性發展中的批判成果，嚴厲地批判現代社會和現代文化，並把現代社會和現代文化，看成傳統社會和傳統文化長期發展的一個結果。而在談到「現代性」的時候，福柯也曾經表示一種矛盾態度，某種「躊躇猶豫」的心態。他說：「我要說，我對於所提出的有關現代性的問題感到躊躇。首先是因爲我從來都不很了解，在法國，『現代性』這個詞究竟包含什麼意義。當然，在波特萊爾那裡，是有過這個詞。但是我認爲它的意義後來慢慢消失。我不知道德國人賦予現代性什麼意義。我知道美國人曾經召開過某種研討會，哈伯瑪斯（Jürgen Habermas, 1929-　）和我都參加了。我知道，哈伯瑪斯在那裡提出了現代性的論題。但是我很躊躇，因爲我並不了解它到底是講什麼，也不知道這個詞究竟是針對什麼類型的問題，同樣不知道這些現代主義者同所謂的後現代主義者有什麼共同點；儘管用什麼詞本身並不重要，因爲人們永遠都可以隨便地使用一個詞作爲標籤。就我所知，在人們稱之爲結構主義的背後，存在著某些問題，諸如關於主體和主體的消逝；而我並不知道，在人們稱之爲後現代或後結構主義者那裡，究竟存在什麼共同的問題」（Foucault, M., 1994: IV, 446-447）。

接著，在另一個地方談到「現代性」時，福柯主張將**「現代性」**理解爲**某種特定的態度**，而不是特指某一個特定的歷史時代。作爲一種態度的現代性，就是對現實所採取的某種模式。他說：「借用康德的說法，我想是否可以把『現代性』更多地當作某種態度（une attitude），而不是某一個歷史時期。**所謂態度，我想說的是對於現實的某種關係的模式。這種對於現實的關係模式，是由某些人自願作出的選擇。**同時，所謂『現代性』也可以當作是思考和感覺的一種方式，當作是行動和舉止的一種方式，它同時表示某種從屬關係，並作爲一種任務表現

出來。所以，也很像希臘人所說的那種『情態』、『德性』（êthos）。因此，與其想要把『現代時期』同『前現代』或『後現代』時期區分開來，不如更好地探索現代性的態度，探索現代性自形成以後，以及自從它同『反現代性』的態度發生爭執以後的那種特殊態度」（Ibid.: 568）。福柯強調對於現代性的態度，就是**對於現實的某種關係的模式**，意思是指同現實所保持的關係。現代人身處於現實的現代社會，顯然存在著如何處理同現實社會的關係問題。這個同現實所保持的關係，可以是同一的關係，也可以是相對立的關係、批判的關係乃至於否定的關係。當代法國哲學家們的大多數，往往都使自己保持一種與現實之間的間隔，使自己不盲目地為現實社會進行正當化的論證，而是採取批判、反省、反思、懷疑甚至是否定的態度。

對於資本主義這個歷史階段及其基本精神狀態和心態，從資本主義誕生的時候起，有許多思想家就陸陸續續地進行反省、研究、分析和批判。這些反省、研究、分析和批判，顯然是依研究者本人對於資本主義這個歷史現象和現實狀態的立場和態度而異。不同的思想家，由於不同的立場和態度，就表現出對於現代性的不同分析。

早在**資本主義的原始階段及其形成時期**，就明顯地表現出對於資本主義的兩種根本對立的立場和批判態度。

第一種立場和態度，是對資本主義的歌頌和謳歌以及對於資本主義基本原則的肯定態度。在資本主義剛剛形成的時候，這種態度對於一些思想家來說，是難以避免的，也是可以理解的。這是因為當時資本主義正處於初生階段，同在它以前的封建社會來說，它是一種新生的力量，具有無比的優越性和進步性。在這種情況下，作為一種新生力量，它顯然需要有一些傑出的思想家為它進行論證和辯護，並同時對封建社會進行無情的批判。所以，當時出現了一大批優秀的思想家為資本主義社會的基本原則和思想基礎進行正當化的論述。在這種態度下，他們不但論證資本主義社會文化制度的合理性，同時也不遺餘力地為其「制度化」和「正當化」效勞，並為此創立了各種「理論論述」，試圖從理論和思想的高度，說明和論證現代性與人性之間的一致性。屬於第一種立場和態度的思想家，包括從文藝復興時代出現的一系列人文主義作家和思想家，也包括此後在十八世紀啟蒙運動中為資本主義基本原則的「正當化」作出重要貢獻的啟蒙思想家，以及在浪漫主義時代遍布於英、法、德各國的浪漫主義作家、思想家和古典主義的思想家們。

第二種立場和態度，是對於資本主義原始積累中的殘酷剝削的嚴厲批判和鞭笞（Marx, K., 1873[1867]）。對於資本主義的批判，最早取得重大成果的，是

十六、七世紀至十八世紀所興起的**空想社會主義運動**。空想社會主義思想家們作為向剛剛誕生的資本主義進行批判和猛烈開火的先鋒隊，集中地揭露了資本主義作為社會和文化體系的私有制本質，揭露資本主義將人類歷史上早已存在和緩慢發展的貧富不平等現象膨脹到極點的罪行，揭露資本家壓榨工人和消滅傳統個體農業勞動者的殘酷性。英國的莫爾（Thomas More, 1478-1535）、培根（Francis Bacon, 1561-1626）、哈林頓（James Harrington, 1611-1677）、歐文（Robert Owen, 1771-1858）；義大利的康帕內拉（Tommaso Campanella, 1568-1639）、維科（Giambattisto Vico, 1666-1744）；法國的馬布利（Mably, 1709-1785）、梅葉（Jean Meslier, 1664-1729）、卡貝（Etienne Cabet, 1788-1856）、諾埃爾（François Noel, 1760-1797）、聖西門（Saint-Simon, 1760-1825）、傅立葉（Charles Fourier, 1772-1837）；德國的閔采爾（Thomas Münzer, 1489-1525）等等，都是嚴厲批判資本主義現代社會和現代文化的空想社會主義思想家。

空想社會主義思想家對於資本主義的批判，不只是對馬克思主義發生影響，而且也對啓蒙運動以來現代社會和現代文化的發展本身發生影響。從十六世紀到十九世紀，不論是宗教改革運動、啓蒙運動、浪漫主義運動，也不論在經濟領域發生的工業革命運動、在政治領域發生的一八四八年歐洲大革命運動，以及工會運動和爭取社會福利的運動，都可以看到上述空想社會主義思想的影響和痕跡。作為空想社會主義運動的最後一個傑出代表，法國的聖西門對於資本主義意識形態、技術以及實證科學的批評，都直接成為由十九世紀上半葉所興起的「現代主義」的某種出發點。例如，作為現代主義意識形態之一的實證主義，就是由聖西門開始，並經孔德而系統化完成的（St. Simon, 1807）。而對於資本主義意識形態的批判，也同樣經由聖西門及其同時代的德拉西（Destut de Tracy, A., 1754-1836），而進一步發展成為整個十九世紀、包括馬克思主義在內的各種批判運動的一個起點。

同上述批判態度相對立的，是啓蒙思想家、人文主義者和浪漫主義者對於現代性的各種描述和分析，其中包含著他們的肯定和歌頌的態度，寄託著他們對於現代性的各種理念，表達出他們進行、實現所謂的「人性解放」的歷史諾言。所以，在現代性中，就包含著這些思想家所論述的「啓蒙理性」、「人文主義理念」和有關各種現代真理體系和科學技術知識的頌歌。

從十四世紀文藝復興時代到十八世紀末和十九世紀初，歌頌和擁護資本主義的思想家和作家們，由於符合資本主義「正統」文化和意識形態的基本原則，一向受到整個社會的支持和推廣。他們為資本主義的基本特徵及其基本原則所作的許多肯定和總結工作及其論述資本主義的著作，也均已列為「經典」而被推崇。

屬於第二種立場和態度的思想家，則受到不公平的待遇，也常常被人們所忽略或忽視。只是到了十九世紀三、四〇年代，對於資本主義的批判，由於取得了顯著的理論成果，同時又在現實的創作中體現出它本身對於資本主義發展的積極作用，才激起對於「現代性」的批判的新浪潮。這股對於現代性批判的新浪潮，慢慢地發展成爲由自我批判力量所推動的反現代性的創作運動，爲此後資本主義的後續發展增添了新的動力。

當代法國哲學家們對於現代性的批判，可以說就是上述隱含於西方社會內部的批判力量的延續，也是他們的批判精神在現代條件下的進一步發揚。在這個意義上說，當代法國哲學家們的現代性批判，在很大程度上，是將上述兩種態度相互結合起來，使對於現代性的批判，既同時地具備上述兩種批判傳統的優點，又在此基礎上，同它們兩者相區別。正如我們在前面已經指出的，當代法國哲學家的獨創精神，首先來自思想家們的**自由想像**活動。靠這種想像活動，他們才敢於對現存的一切進行挑戰；眞正做到「目空一切」。他們靠烏托邦式的想像，敢於打破一切禁忌，視一切現有規定和成果爲「零」，大膽地進行冒險的開拓活動；同時又毫無顧忌地托出空前未有的新設計方案。當代法國哲學家們將大膽懷疑同自由想像相結合，使他們始終不滿足於現存的理論和方法，不拘泥於實際的規則和現有的成果，努力在未被發現的領域中施展自由的想像力。

二、作爲現代性的內在批判力量的當代法國思想

不管福柯或其他當代法國哲學家賦予「現代性」什麼樣的內容和意涵，他們幾乎都以**批判現代性**爲己任，把對於現代性的批判當成他們理論批判的主要對象，並對「現代性」進行各方面的探索，力圖澈底揭開傳統理論對於現代性的各種迷思，揭示現代性的不合理性及其非正當性。當代法國思想本來是在現代社會及文化發展到極端成熟的時候，在現代社會的各種內在矛盾和悖論性不斷顯露時形成的。因此，當代法國哲學家們不但親身經歷了現代社會各種矛盾和危機，深切體會到現代社會的內在悖論性，獲得了批判現代性的良好歷史機會，而且，也使他們有充分條件，根據他們自己親身經歷的實際經驗，根據現代社會和文化在思想理論上的各種研究成果，深入分析現代社會及文化的各種實際問題。

對於現代社會及其現代性所做的批判，在當代法國思想的演變歷程中，從四、五〇年代集中表現在存在主義思潮對於「人」的「在世存在」的批判，逐漸演變成結構主義對於語言及社會文化基本結構的探索，導致現代社會各種社會制度及文化成果，遭受到全面的語言符號解構。到六、七〇年代後，這種批判又轉化成爲各種類型的「後結構主義」或「解構主義」，並直接地進一步發展成爲波

瀾壯闊的「後現代主義」思潮。所謂「後現代」，本來是孕育於「現代性」內部、而又不斷地進行自我超越的社會文化力量。對現代性的批判，乃是後現代主義自我形成、不斷自我超越的一個內在動力和重要條件，因而也構成後現代主義的一個重要特徵。所以，後現代主義思潮的基本內容，實際上就是對於現代性本身的無止盡批判。

後現代主義對於社會政治、經濟和文化問題的全面批判和顛覆，使後現代主義成爲二十世紀末最具挑戰性的思想精神力量。後現代主義越批判現代性，不但越顯示現代性的矛盾和危機，而且越推動現代性本身的發展和自我更新，越爲後現代主義本身的不斷創新，提供取之不盡的精神動力。

所有上述對於現代社會及其現代性的批判，顯然並不只是單獨地發生在法國思想界；這是席捲整個歐洲思想界的批判活動。但正如我們從一開始就已經指出的，當代法國哲學家們無疑成爲西方各國批判現代性的整體力量的核心和先鋒。他們在半個多世紀的思想創造活動中，始終都集中思考現代社會的基本問題，使他們對於現代性的批判，從思想和基本理論方面，爲整個西方社會的批判活動，提供最及時、最銳利和最有效的思想理論，成爲整個西方當代社會文化批判力量的中堅和先頭部隊。

三、對現代社會三大主軸的解構

由文藝復興、宗教改革及其後的啓蒙運動所開闢的西方現代社會，不但在結構上，而且也在人的思想和基本心態方面，都發生了根本的變化。從此以後，社會和人們所關心的基本問題，是作爲主體的人同整個社會的相互關係。

如前所述，主體性本來就是強調作爲個體的人對於自身和對於社會的雙重性的理性原則。當現代社會提出主體性的原則時，爲了同以往的專制社會相區分，並突顯新社會制度的優越性，往往片面強調主體性對於個人自主性和個人自由的重視，把個人價值列爲首位。

在古代和中世紀社會中，不論是統治者或者社會的一般成員，都認爲統治世界的中心和主體只有一個，這就是社會和國家的最高統治者（國王、皇帝等等）。文藝復興所激發出來的人性解放運動，對於個人價值的推崇，完全改變了人們對於主體的基本觀點。文藝復興所推崇和正當化的一種基本意識形態，就是個人主義。個人主義所強調的，是一個一個具有獨立自決權的個人主體。因此，文藝復興後，特別是經歷啓蒙運動後所產生的現代社會，就面臨著如何正確處理作爲個體性主體的社會成員同整個社會的相互關係的問題。

對於現代社會所依據的主體性原則，必須放在特定歷史活動的脈絡中加以分

析和解剖，特別是將它同近代社會的形成過程及其複雜的鬥爭場域相結合。當代法國哲學家們以他們各自不同的立場、理論和思想觀點，對現代社會的主體性問題做了全面的探索。福柯在論述現代主體性建構過程時，特別強調**權力、法律同眞理的三角關係**。他指出：「研究權力是怎樣的，也就是說試圖理解它處於兩個標誌或限制之間的機制：一方面，法律的規定從形式上劃定了權力的極限和界限；另一方面，則是另一個極限，另一個限制，也就是這個權力產生出、並引導出眞理的效力，而後者又反過來引導這個權力。這就形成一個三角關係：權力、法律和眞理」（Foucault, M., 1994: III, 175-176）。福柯把他的上述分析和考察，歸結爲下述問題：「爲了生產眞理論述，權力關係所實施的法律規則是什麼？或者，在我們這樣的社會裡，眞理論述被賦予如此強大的效力，用以生產它的權力究竟是屬於哪一類型？」（Ibid.）。所以，**現代社會的主體性問題**，實際上就是**扭成一體的權力、法律和眞理的三角結構的論述力量，共同塑造、薰陶、箝制、控制個人主體的建構及其社會實踐的問題**。塑造和薰陶是「軟性」的手段，控制和箝制是「硬性」的、帶強制性的手段；兩者一張一弛、緊密結合、相互迴圈轉化，致使西方現代社會的主體性建構、理論化、正當化、制度化及其運作和控制的過程和程序，極端純熟地實現了由個人和社會兩方面的巧妙結合，即實現了個人自身進行自我規訓，同社會整體對個人進行全面嚴格的監督，緊密地相結合的程度；在這方面，西方主體化的程序，不愧是世界史上人類文化創造中，登峰造極的精神產品。

　　權力（pouvoir）的問題，關係到兩大層面。第一層面是作爲社會基礎的個人主體所應該享有和擁有的權力。第二個層面是社會整體和社會統治機構的權力結構、權力分配原則及其權力運作的機制。前者關係到近代社會權力結構的個人主義和自由民主性質；後者則關係到近代社會秩序的統治權力機構及其權力分配原則的民主運作程序。這兩大層面又相互關聯，並同金錢和理性兩大主軸之間發生密切的關係。因此，從現代性建構以來，不論是主體化的個人還是社會的統治者，都始終關心著權力的基本問題。

　　福柯在談到個人的主體性同整個社會權力運作的關係時說：「個人不是權力的對立面，我認爲它是權力最初的結果之一；個人是權力的一個結果。但同時，在它是權力結果的意義上說，個人又是具有這樣的傳遞作用，使權力能夠透過它自身所建構的個人而運作」（Ibid.: 180）。在現代社會中，個人的主體性無疑是現代社會權力網路運作的一個產物，但反過來，個人又是社會權力得以運作的仲介。所以，個人的主體性同社會權力整體結構的關係是互爲依賴、相互限制和互爲促進的。

從文藝復興和宗教改革到十八世紀啓蒙運動以及到十九世紀自由資本主義發展的繁榮時期，各種各樣思想派別的理論家都思考著權力的基本問題。在文藝復興時期最著名的思想代表人物馬基維利（Niccolo Machiavelli, 1469-1527），最先提出了以個人主義思想爲基礎的近代權力觀。接著，霍布斯（Thomas Hobbes, 1588-1679）、洛克（John Locke, 1632-1704）、休謨（David Hume, 1711-1776）、弗格森（Adam Ferguson, 1723-1816）、孟德斯鳩、盧梭、康德、黑格爾、馬克思、邊沁（Jeremy Bentham, 1748-1832）、彌爾（John Stuart Mill, 1806-1873）和亞當‧斯密（Adam Smith, 1723-1790）等人，作爲這一時期傑出的思想家們，都絞盡腦汁思考著權力的基本問題，並在思考權力問題時，同樣極端關心個人主體同整個社會的權力的相互關係。

在當代法國哲學家中，對現代社會權力結構及其運作原則的分析和批判，除了福柯以外，布迪厄、阿蘭‧杜連和鮑德里亞等人，都在理論上做出了傑出的貢獻。他們的權力理論，各自具有特殊的論述方式，對於了解當代社會的權力結構及其特點，是很有幫助的（Bourdieu, P., 1979a; 1980a; 1989; Touraine, A., 1965a; 1969; 1976b; Baudrillard, J., 1968; 1970; 1972; 1976; 1981; 1995）。布迪厄、阿蘭‧杜連和鮑德里亞等人對於當代社會權力結構及其運作原則的分析，主要是結合了當代社會文化再生產的新特點，強調社會權力並不只是侷限於政治領域，而且更重要的，是在文化領域或場域的權力鬥爭的象徵性結構，這就更深刻地揭示了當代社會權力同知識、理性、文化的密切關係。

不管是金錢還是權力，到了近代資本主義社會，其不同於古代和中世紀的基本特徵，就是高度**理性化**。**金錢和權力的理性化，就是近現代社會的基本特徵**。**理性**顯然也成爲了現代性的一個主軸而同金錢和權力相互滲透，構成爲驅動和宰制現代社會的基本力量。

現代社會的**理性**不只是個人主體的一種思想、認知和判斷能力，而且也是社會上各種知識、道德和法制體系的基礎。關於這一點，後現代主義者利奧塔正確地指出：「理性與權力，本來就是一碼事」（Lyotard, J.-F., 1973b: 13）。利奧塔實際上是重複了資本主義形成時期英國思想家培根的著名論斷：「**知識就是權力**」（Bacon, F., 1620）。作爲個人主體的一種官能和能力，理性是個人主體化的基礎和基本保證。作爲社會上各種知識、道德和法制體系的基礎，理性往往採取主**觀**化和客**觀**化、內在化和外在化的普遍形態而發生作用，並由此而同金錢和權力相互絞結滲透到社會生活的各個領域。也就是說，理性的知識、道德和法制形態，一方面要滲透到個人主體化的一切程序中，使個人在思想意識上接受和消化它們，從而使知識、道德和法制也成爲個人主體化的一個重要表現；另一方

面，知識、道德和法制還要在社會層面上，實現制度化、組織化和正當化，落實到實際的社會生活中，並成為整個社會運作的基本槓桿。

作為知識體系的理性（raison），在現代社會中主要又採取理論和技術兩種表現形態而直接或間接地滲透到主體化的個人和社會整體中去。現代社會的知識體系，往往將理論化的知識分為自然科學理論和人文科學、社會科學理論兩大類，其中自然科學理論主要是探討主體化的個人同自然世界的相互關係之合理性，而人文社會科學理論則探討主體化個人自身及其同社會世界的相互關係之合理性，當然也探討了有關主體化個人的道德和法制修養的問題，也探討社會的道德化和法制化的問題。技術化的知識除了同樣探討主體化個人同自然世界的一般關係之外，還探討了更具體的勞動、生活和個人技巧訓練的問題。技術（technique; technologie）成為了現代社會最展現理性的實力的手段，同時也展現出理性同權力和金錢相勾結的最生動的方面。技術成為了創造財富、追求金錢和擴張權力的重要手段。在技術這方面，可以赤裸裸地表現出理性同金錢和權力之間的交換關係，比在理論化知識中採取隱蔽得多的形態更深刻地說明了理性同金錢和權力之間的不可分割關係。因此，技術成為了現代社會最重要的理性力量，直接同權力和金錢相互結合在一起，致使現代社會越來越演變成為「技術專制」的社會。知識化的理性從此也成為社會和文化正當化的基礎。

理性的道德化和道德的理性化，也是現代性的一個重要表現。現代性道德當然也同古代和中世紀的道德一樣都以理性為基礎。但是，現代性的道德的理性基礎的基本特徵，第一，主要強調了作為道德主體的個人的重要性。第二，強調追求財富和金錢是主體化個人道德修養的一個基本內容。第三，尊重和遵守法制是主體化個人實現道德化的一個社會準則。第四，把個人利益放在首位，同時又強調個人和社會整體的法制相協調。第五，強調道德化過程的自身自律化。第六，強調道德化同知識理性化的緊密關係，以知識為基礎實現道德化的整個過程。

現代理性的一個最重要表現就是它的法制化和制度化。法制化和制度化實際上就是理性的客觀化和外在化過程及結果。近現代思想家把法制當成是理性的實現。因此，一方面強調主體化個人利益同法制的利益的一致性，另一方面，也強調法制在社會統制的至高無上地位。透過理性的法制化，現代社會不僅正確處理了理性同金錢和權力的相互關係，而且也確保了主體化個人的正當地位，亦保障了個人同社會整體之間的協調關係。

現代社會處理主體化個人同社會之間相互關係的關鍵，就是透過個人主體化的過程，完成個人向自律的勞動主體、說話主體、生活主體的轉化。但另一方面，個人向自律的勞動主體、說話主體、生活主體的轉化，又同社會整體結構中

金錢、權力和理性之間的相互配合過程相適應，使得個人的主體化同社會整體、同組織起來的國家整體的整合化過程相適應，完成個人主體化同社會化的緊密結合。因此，個人自律的勞動主體、說話主體和生活主體的建構過程，實際上同時也就是權力主體、認識主體和道德主體建構的過程。

現代社會的理性，不論是在個人層面和社會層面上，都同時地貫徹著同一化和差異化的原則。在理性的同一化和差異化實現的過程中，理性一方面成為個人和社會確立其「正當化」身分的基礎和標準，另一方面又成為個人和社會實行自我同一和自我分化的手段和標準。由於現代性要求實現個人的自由平等權利和社會的合理秩序，所以，理性也作為謀算和算計事物的手段，同時又成為對於目的保持中立的客觀標準。麥克泰爾正確地指出：「理性是用來計算的：它可以確定事實的真假，可以看到數學上的關係，但僅此而已。因此，在實踐領域內，它僅可涉及手段，在目的問題上，它必須保持沉默」（MacIntyre, 1984[1981]: 69-70）。霍克海默和阿多諾也指出：「理性世紀計算和計劃的機關，對於目的它是中立的」（Horkheimer, M. /Adorno, Th. W., 1972: 88）。這樣的理性，當它貫徹同一性原則的時候，成為了計算和分類的標準，因而也成為了主體化個人和社會秩序標準化的準則；當它貫徹差異化原則的時候，它又成為與權力相結合而建構起排除的構造的基礎。因此，理性不僅是人類自己設定的目的論基礎、是正常或規範的代名詞，同時也成為鎮壓差異的正當性論說和法制的根據。這樣一來，理性一旦同權力和金錢相勾結之後，就變成一種具有雙面刃結構的利刀，成為知識、權力和道德的判准和執行的手段。同時，這樣一來，理性也具有人的主體性和國家裝置正當化所具有的那種既矛盾又統一的悖論性質。

因此，現代性從一開始就呈現出複雜的內在矛盾，同時也呈現為對於資本主義社會的矛盾態度。現代性，顯然就包含著積極的一面和消極的一面，包含著其本身的自我肯定和自我批判，也包含著其對立力量所進行的批判。因此，**現代性本身就是一種不斷變化和不斷發展的社會文化力量；它始終受到來自其本身的自我批判和來自它之外的外來批判的雙重性批判**。不僅現代性本身就是在這種雙重性批判中成長和發展，而且後現代性也正是從現代性的這種雙重性批判中吸取一部分養料和力量。

顯然，作為現代性本身發展的一個結果，當代法國思想也同樣會包含各種矛盾和兩面性。當代法國哲學家們對於現代性的批判本身，也具有其自身的兩面性和不可克服的悖論。然而，當代法國哲學家所要肯定和發揚的，在某種意義上說，正是早已在現代性中爆發的那種矛盾。由當代法國思想所產生的「後現代主義」，試圖在這些永遠發生、又永遠不可一勞永逸地解決的矛盾中，尋求進行創

造、並使自身永遠陷入不穩定的更新狀態的原動力。

　　相對於中世紀封建社會，資本主義的社會文化制度具有明顯的優越性和「進步性」。但它從一開始便不是作爲十全十美的社會文化制度而存在。**資本主義是人類社會自產生私有制以來最自由、最民主和最完備地制度化的一種私有制社會**。作爲一種私有制，畢竟克服不了私有制社會的最大通病：建立在人對人的剝削的基礎上。資本主義的剝削制，使其自由民主的實現和發展，充其量也只限於私有財產（包括物資、精神和文化方面的財產）占有者所容許的範圍內。上述現代社會所立足的三大主軸，其實際運作，幾乎沒有一個是不同現代社會的私有制度及其膨脹過程密切相關。所以，面對現代社會的各種複雜內在矛盾，當代法國哲學家們始終抱著審愼的批判態度，並不斷地對它進行深入的解剖、顚覆和重構。由於他們所處的時代已經是現代社會的高度成熟階段，所以，他們對於現代社會各種矛盾的解析，往往不只是停留在資本主義形成初期的歷史階段，而是更廣和更深地觀察了資本主義社會及其文化的整個發展歷史過程，對於它的兩面性進行更激底的揭露，並把現代社會的內在矛盾及其悖論性，理解爲西方傳統文化本身內在矛盾的集中表現。因此，他們對於現代社會的批判，最終都彙集到對於西方傳統文化的基本原則的激底解構和重構的努力方面。

四、對現代文化及技術的哲學批判

（一）現代性批判的焦點：現代文化與技術

　　究竟如何批判當代社會？怎樣批判現代性？在當代法國哲學家那裡，並沒有採取統一的立場和觀點。但是，他們基本上都一致批判現代社會的不合理性及其非正當性，並集中針對現代社會的文化及其基本精神和指導原則，從它們的歷史、形成及其實際運作狀態進行分析，從中揭露現代社會在政治、經濟、文化和社會生活各個方面所建立的制度的內在矛盾，試圖顚覆和激底改造現代社會的整個制度和體系，以便使社會建立在更加自由的基礎上。

　　所以，如果從他們批判的層面而言，這場持續的批判運動，並不只是停留在思想和精神的抽象層面上，並不只是針對西方傳統思想的基本原則和基本精神，而且，還更深入和更具體地從社會制度、組織規範、行爲準則以及生活模式等面向進行批判。

　　如前所述，西方社會和文化，特別是現代資本主義社會，其基本特徵、性質以及它們的實際運作機制，集中地表現在現代文化和現代技術的層面。當代社會是文化和技術氾濫、並發展到登峰造極的社會。現代文化和現代技術是西方文化

長期發展的優秀成果，但同時又隱含著西方文化的各種內在矛盾。當代法國哲學家們在集中探討西方文化的奧祕的時候，注意到當代文化及技術同西方傳統文化的內在關係及其基本問題，同時，也揭露現代文化及技術的基本特徵，尤其分析現代文化的語言符號結構及其符號遊戲的策略。因此，他們對於現代性的批判，主要是集中批判典型地代表西方思想和基本精神的當代文化及其各種表現形態，包括它的制度化的和非制度化、形式化和非形式化、物質化和非物質化的各個方面；同時，特別深入地解析現代文化的語言符號特徵。

（二）揭示現代文化的奧祕

對於當代現代社會的文化的批判，首先涉及到一種態度問題。所以，爲了深入和澈底顛覆現代社會的整個社會和文化制度，爲了尋求一種正確的態度，福柯首先表示了一種他稱之爲「現代性態度」的具體問題，也就是**作爲一種態度的現代性**問題。爲了說明他所說的「現代性態度」，福柯曾以創立和提出「現代性」的波特萊爾爲例。

福柯認爲，在波特萊爾身上顯示的**「現代性態度」**，包括三大方面。第一，就是所謂與傳統斷裂以及創新的情感。這是一種什麼樣的情感呢？這是一種在激烈變動的時代中，同傳統決裂，爲過去的一切感到不可忍受而精神失控、並處於酒醉昏迷狀態中；但這又是一種不斷更新、並敢於創造空前未有新事物的冒險精神。波特萊爾自己曾經把這種「現代性的精神」稱爲「曇花一現性」、「暫態即變性」和「偶然突發性」（le transitoire, le fugitif, le contingent）（Baudelaire, C., 1976: tome II, 695）。第二，這是一種將「當下即是」的暫態事件加以「英雄化」的態度。但是，這種「英雄化」，既不同於古代和中世紀的「英雄化」，並不打算將英雄永恆化和神聖化；也不同於啓蒙時代和浪漫主義時代的「英雄化」，試圖達到理念化的程度，而是某種帶諷刺性的態度。總之，「英雄化」，不是爲了維持它，也不是爲了永恆化；而是爲了使之永遠處於「流浪活動狀態」。這是一種對於各種偶然性的暫態事件採取閒逛遊蕩者的遊戲心態，只滿足於睜開眼睛，對於回憶中的一切，給予注意，並加以蒐集和欣賞，同時又將暫態事件當作「好玩」而加以戲弄和調笑的態度。這是「新昔尼克主義者」（néo-cyniques）或「新犬儒學派」（néo-canins）的「遊戲人生」的態度。第三，對於波特萊爾來說，現代性也不只是對於現實和對於「暫態出現」的一種關係形式，而是必須在其自身中完成和實現的那種關係的一個模式，是一種對待自身的模式。在這種情況下，對於現代性的發自內心的態度，實際上也同不可回避的某種禁欲主義相聯繫。要成爲一個現代主義者，就不能滿足於將自身陷入正在進行中

的時間流程，而是把自身當作進行某種複雜的和痛苦的創造過程的物件，既無拘束地創造，又嚴謹地自我摧殘和自我折磨，對於現代社會和文化的一切最新成果，抱不屑一顧或不以爲然的態度。

因此，在福柯看來，「波特萊爾所理解的現代性，是一種實際的活動。在這種活動中，對於現實的極端的注意，實際上總是面臨著尋求某種自由的實際活動。這樣的實際活動，既尊重實際，又大膽地強姦它」（Foucault, M., 1994, Vol: IV: 570）。顯然，當代法國哲學家們把現代性主要當成一個從事創作的人面對「當下出現」的現實的態度，而這就意味著：**善於對現實的「在場出現」進行反問，使之「成問題化」**（problématiser; problématisation）。換句話說，具有現代性的精神，就是使自身成爲一個自律的主體，善於對「當下即是」的暫態結構、對歷史的生存模式以及未來的存在方式，進行不斷的反問和重建，不去顧及現代社會的各種規則和「成就」，自己自在地進行創造和過著自己的生活。

福柯特別強調指出：**要具備眞正的現代性態度，並不在於使自身始終忠誠於啓蒙運動以來所奠定的各種基本原則，而是將自身面對上述原則的態度不斷地更新，並從中獲得再創造的動力。**福柯把這種態度簡單地歸結爲「**對於我們的歷史存在的永不平息的批評**（critique permanente de notre être historique）」（Ibid.: 571）。

波特萊爾對於瞬間的執著，表現了他對於藝術和人生的獨特看法。現代文化的一個重要特徵，就是不再考慮長久的、永恆的抽象的「美」，試圖將「美」更加現實化、瞬間化、機遇化、偶然化、不確定化。這種瞬間的美，在客觀上，主要可以滿足現代人追求實際功利的要求，集中地表現了現代人對於文化所抱的一種「急功近利」的態度。因此，現代文化在創作程式和創作結構上，拋棄一切約束和規則，只追求一時可以馬上被理解的瞬間快樂，只尋求感官方面的及時欲望。在這種情況下，現代文化往往以最快速的創作速度，以欣賞者可以快速滿足作爲其基本前提。

以波特萊爾爲代表的現代文化所表現的上述立場和基本觀點，對於當代法國哲學家們產生深刻的影響。自古以來，哲學家和藝術家幾乎都把精力集中到對於「永恆」的追索。他們把「永恆」的美當成人生和藝術的最高意義和目標。這種態度實際上來自古代和中世紀，特別是基督教道德倫理思想，其中心在於強調某種建立在「過去」基礎上的「永恆」。這是一種保守的世界觀和歷史觀，其核心就是單向一線性的時間觀和歷史觀，認爲時間和歷史是從原始點出發，經不同階段的發展和演化，逐步地從簡單和低級導向更複雜和高級方向，最後將導致最完美的最高目標，達到永恆的頂點。基督教把這一切加以神聖化和世俗化，反覆論

述人類歷史起於上帝創世的那一刻，經人世間罪惡和拯救的連續不同階段之後，將會使人最終返回永恆的天國，達到最高境界，致使西方人從思想到日常行動都無時無刻嚮往著達到最高目標，同「永恆」化爲一體。

發揚波特萊爾精神的當代法國哲學家們，一反傳統時間觀和歷史觀以及對於永恆的看法，強調一切基於瞬間，基於當下即是的那一刻；認爲出現在眼前的過渡性時刻，才是最珍貴和唯一的至寶。脫離開瞬間，一切永恆都是虛假和毫無意義的。反過來，只有把握瞬間，才達到永恆，因爲現時出現的瞬間，才是人生同不可見的永恆相接觸的確實通道。瞬間的唯一性，使「永恆」現實地出現在人的生活之中。也正因爲這樣，瞬間同時也成爲未來最可靠的歷史本身。

當代法國哲學家們所讚賞的這種現代性精神，實際上也是把眼光導向未來。在這種情況下，**永恆的意義就在於它囊括了一切可能的未來**。如果說傳統時間觀所強調的是「過去」，那麼，現代性所集中寄望的是「未來」；但未來的一切，就決定於對現在的把握。

未來就是可能性，就是冒險的探索，就是在創作的遊戲中不斷地同偶然性相遇，並以偶然性的可能性作爲創作的時空架構。這種對於未來的嚮往，需要借助於想像與象徵，在一切可能的領域內，開闢新的創作道路。而未來的可能性又進一步爲創作的不確定性原則奠定新的正當化基礎。

波特萊爾所肯定的這種現代性精神，還直接導致對於一切「流行」和「時尚」的追求風氣。眾所周知，流行和時尚的特點正是「暫態即變」，並在無止盡的迴圈重複中發揚光大其生命的威力。後來，法蘭克福學派的本雅明發揮了波特萊爾的現代性精神，提出了「現時」（Jetztzeit）的重要美學、歷史學和哲學概念，強調只有在「現時」中才蘊含最完美的以及「救世主」的時間。鮑德里亞和布迪厄等人在這一方面的文化批判，爲現代文化的批判樹立了典範（Baudrillard, J., 1968; 1970; 1972; 1981; Bourdieu, P., 1979a; 1980a）。

在這裡，重要之處還在於：作爲一個現代的人，不應該只是承認和接受這場正在進行著的激烈變動，而是對這場運動採取某種態度。這是一種發自內心的、自願的，然而又是難以實現的態度，其目的不是要在「當下即是」的瞬間之外或背後，而是在「當下即是」的瞬間中，去把握某種永恆的東西。這就意味著，要在創作者所處的現實結構中，及時把握在其中所發生的各種多方面的變化，並將這些變化的因素以共時結構突顯出其自身的特徵。但是，這還不夠。將暫態即變的事物，以共時結構表達出來，其目的並不是使之固定下來，而是抓住其變動的特性，使之永遠保持活生生的生命結構，呈現其「曇花一現性」、「暫態即變性」和「偶然突發性」。換句話說，現代性並不想要追隨時代的變動流程，也不

是被動地置身於流動著的歷史性結構，而是把一個一個共時存在的創造精神，納入其自身當下即是的活生生場面中。

同樣的，波特萊爾所堅持的那種開逛遊蕩者和流浪者的心態和態度，也深深地影響著當代法國哲學家對於現代性的基本態度。波特萊爾本人曾說：「他走著、跑著，並到處搜索。這位富有想像活動能力的孤獨者，確確實實地，穿越人群的沙漠，永遠流浪；他心目中具有比任何一位純粹流浪者更高傲得多的目的。這種目的，並不是滿足對於周遭世界的暫時歡樂，而是一種更加一般的目的。他所尋找的，就是我們可以稱之為『現代性』的那種東西。對他來說，重要的是尋求、並超脫在歷史中包裝著詩歌的那種模式」（Baudelaire, C. 1976: tome II, 693-694）。所以，表面看來，一位流浪者，不過是各種各樣好奇心的代表者；他到處尋找陽光和光明，欣賞各種詩歌，當普通人陷入對於某種奇特之美的欣賞時刻，他尋求那些能夠引起動物欲望旺盛的歡樂。但是，在波特萊爾看來，一個真正尋求現代性的流浪者，他所看到的是完全沉睡中的世界，而他自己卻面對這種世界，從事永遠不停息的創造活動。這種創造性活動，不是簡單地否定現實，而是在關於現實的真理和自由的運作之間進行一種高難度遊戲。在這種境界中，波特萊爾說，「自然的」事物變成為「比自然更自然的」事物，「美的」事物轉變成為「比美更美的」事物；而所有那些，負有某種激情的生命的特殊事物，也就像作者的靈魂那樣，閃爍著創造的智慧光亮。德希達自己曾經宣稱：他是一位流浪的哲學家。他從流浪的處境出發，對於現代文化及其傳統根源進行無止盡的穿梭和鑽研，並在「流浪」中實現對於它們的批判。

要成為一個現代主義者，並不能滿足於將自身陷入正在進行中的時間流程，而是把自身當作進行某種複雜的和痛苦的創造過程的物件。所以，作為一個現代主義者，並不是單純要發現他自己，揭開他自己的奧祕，或者揭示隱藏著的真理。他只不過是不斷地創造他自身。為此目的，所謂現代性，並不是要把人從他自身中解脫出來，而是不斷地強制自己去完成創造自身的任務，使自己能夠在創作中不斷自我生產和作為更新。

所有這一切，對於波特萊爾來說，都不可能在社會和政治制度現有條件的範圍內實現，而只能是在藝術領域中不斷地進行；在其中，對於現實的當下表現的諷刺性的英雄化過程，就是為了改造現實而同現實進行遊戲，也是某種對於自身進行禁欲主義改造的艱苦活動。所以，當代法國哲學家們尤其集中在文化創作的領域內開展對現代性的批判。

波特萊爾在探討現代性的過程中發現了絕對美和相對美之間的辯證關係。他認為，美的成分包含兩種要素：一種是永恆的、不變的，但其多少很難確定；另

一種是暫時的、暫態即變的，猶如時代、風尚、道德、情欲等等。重要的是，沒有第二種因素，第一種因素就是抽象的和不可理解的，甚至也是難以被人所接受的。任何一種獨創的藝術作品，都難免受制於它發生的那一瞬間；正是透過這一瞬間，藝術品才不斷地滲透到現實性之中，使其永遠對於鑑賞它的人具有美感，滿足人們對於美永無止盡的追求。

（三）對於當代技術專制的批判

當代法國哲學家們注意到當代文化的瞬間性、不穩定性及其可能性本質。所以，他們對於現代文化的批判並不尋求系統的、完滿的和一勞永逸的效果。這就使他們的文化批判始終處於一種「緊繃」狀態，永遠處於等待、期待和初生階段。他們對未來抱著無限的希望，沒有確定的目標或標準。這就決定了他們的文化批判的多樣性和變換性。

同文化面向相平行的，是當代法國哲學家們對於當代技術的批判。技術已經成爲當代社會的主要支柱力量，並在許多情況下成爲社會統治和宰制的主要手段。當代社會不折不扣地成爲了「技術專制」的社會；而少數掌握和控制科學技術的「精英」分子，簡直成爲了橫行於一切領域的「技術貴族」（techno-crate）。技術在當代社會的氾濫及其在各個領域的肆虐，已經是當代社會實現了全面的技術化：不只經濟領域，連政治和文化領域也實現了技術化。技術貫穿一切、管理一切、宰制一切。如前所述，技術本來就是理性的一種表現。但在現代社會的條件下，它同理性的關係轉化成爲雙重性和悖論性。現代技術往往既是理性的，又是反理性的；其社會效果往往既是肯定的和積極的，又是否定的和消極的。現代技術的這種雙重性格主要決定於它所生產的具體社會文化條件。

如果從更廣義的文化來理解，技術本來就是文化的一部分。現代技術同現代文化之間的相互滲透尤其達到了空前未有的程度。由於文化和技術本身的商品化、流行化和符號化的結果，文化和技術在很大程度上混合在一起，成爲現代社會中橫跨一切領域的特殊力量。文化技術化和技術文化化的過程，雙向地同時進行。現代技術一方面是現代知識及其理性力量的產品，另一方面又是現代符號象徵進行無窮變換的結果。掌握現代技術固然需要理性的知識，但更多的方面，是需要操縱、理解和駕馭符號遊戲的能力及其實際技巧。自從控制論（cyberné-tique）和資訊學（informatique）獲得重大進展以來，技術的操縱性及其對於社會大眾的監督功能更加被濫用和普遍化。爲了使當代技術成爲社會極少數技術特權階層所壟斷的「專利」，現代技術在其生產和運用的過程中，總是採用神祕化的程序。值得注意的是，現代技術的神祕化過程也是同文化的神祕化過程相互補充

和相互依賴，以致可以說，兩者之間在神祕化中的各種程序及手段，幾乎是同出一轍、爲了同一個目的，即控制社會大衆。現在，現代技術的神祕化，已經達到使其澈底異化的程度。它越來越成爲社會統治力量的宰制手段，成爲成千上萬社會大衆崇拜的對象和他們受到新奴役的強有力工具。更令人深思的是，現代技術在宰制社會大衆時，還使其自身扮演成社會大衆「救世主」的身分，使社會大衆在受到其奴役時，不但沒有意識到被奴役的狀態，反而覺得當代技術對他們自己是有利的。

　　針對當代技術的上述特徵，當代法國哲學家們對於現代技術的基本結構及其運作邏輯，進行了各種分析和探索，使他們在這一方面取得了重大成果（Baudrillard, J., 1972;1981; 1990; 1995; Deleuze, G., 1990; Foucault, M., 1972a; 1975），對於促進整個西方國家的文化重建和改造具有重要意義。

第二章

現象學運動及其分化

第一節　現象學與其他思潮的交錯滲透

　　當代法國哲學，就其思想創造的理論基礎和方法論根源而言，主要包含兩方面的因素：一方面，它們是法國國內傳統哲學發展的直接結果，特別是十九世紀末至二十世紀第一個三十年期間的柏格森主義的**生命哲學**以及以巴舍拉、柯以列、噶瓦耶（Jean Cavaillès, 1903-1944）和岡格彥爲代表的**知識哲學**（la philosophie du savoir）的延伸；另一方面，是來自外國的，特別是德國的現象學（胡塞爾和海德格）、非理性主義（尼采和佛洛伊德）和辯證方法（黑格爾和馬克思）的啓示。

　　柏格森不但影響了法國二十世紀整個時代的哲學家的思想方向，也影響了他們對於德國哲學的態度。沒有柏格森，就不會推動法國哲學家產生對胡塞爾的興趣，以及後來他們向海德格哲學的轉向。柏格森的著作，從他的最早的《論意識的直接原料》（*L'Essai sur les données immédiates de la conscience*, 1889）開始，就顯示了他獨特的才能，表明他善於以敏銳的直觀（l'intuition），將現實世界的多方面複雜因素，特別是時間延續性（la durée）的多樣表現，加以巧妙的協調和整合，使他創造性地把**生命**和**哲學**思維結合在一起，從此成爲他哲學研究的主題、物件和方法。接著，柏格森又在他的《論物質質料與記憶：論身體與精神的關係》（*Matière et mémoire : Essai sur la realtion du corps à l'esprit*, 1896）中，試**圖超越主觀與客觀的對立**，明確反對採用觀念論或唯物論的化約（la réduction）方法，主張將在延續的意識（conscience de la durée）中共時延展（coextensive）的「記憶—回憶」（mémoire-souvenir），同通過重複而建構、並始終參照現在的「記憶—習慣」（mémoire-habitude）加以對照。柏格森認爲，**身體是精神的器官、工具和濾器**（le corps est l'organ, l'outil et le filtre de l'esprit），所以，作爲精神表現的上述兩種記憶，應該是相互滲透的。1907年，柏格森發表他的成熟著作《創造性的演化》（*L'Évolution créatrice*, 1907），並在其中進一步把生命看成富有自我推進動力的創造過程，而這是同當時流行於哲學和科學界的唯科學主義的實證主義精神直接相對立的，同時也同機械唯物主義的生命觀不相容。柏格森還強調：智慧是生命演化的產物，但智慧最終卻傾向於取代自然的進化，因而也轉向反對生命本身。爲此，必須靠直觀來糾正和補充理智的智慧，以便同生命本身的進化衝動相協調。在這裡，柏格森已經很明確地提出了他對西方理性主義傳統的批判觀點，並爲二十世紀三〇年代之後沙特等人的存在主義及其新型現象學，做好理論上的準備。

正如大家所看到的，柏格森的生命哲學中，至少包含了以下幾個重要因素，有利於現象學在戰後法國的進一步發展。第一，他強調直觀的作用；第二，他首先明確地提出了身體同精神的相互關係問題，取代傳統哲學的主觀與客觀的對立模式；第三，他批判了實證主義的唯科學主義傾向，為現象學全面批判當代科學技術的「客觀」研究方法開闢了道路；第四，他否定了理性主義和經驗主義的方法論，有利於從現象學直接同尼采的哲學原則結合起來。

正因為這樣，柏格森無論如何都是法國二十世紀哲學發展的先驅，特別是現象學運動的啟發者。因此，可以說，沒有柏格森，就不會有後來法國轟轟烈烈的現象學運動。

關於外國哲學在當代法國哲學中的影響，我們將在適當章節更系統地加以論述和分析。本章主要結合法國現象學運動的發展歷程，分析與現象學的傳播密切相關的各種因素。在這方面，考慮到當代法國哲學的發展特徵，我們首先不能不分析現象學的引入，與黑格爾、馬克思、尼采和佛洛伊德思想在當代法國的命運的歷史關係。

須知，在當代法國哲學的發展中，現象學並不是作為一個孤立的思想流派，單獨地被引入法國理論界。當代法國現象學運動的首要特點，就是其歷史根源的盤根錯節性以及它與多種德國哲學共同向法國思想界的交流滲透性。具體地說，現象學，當它從一開始被導入法國時，是同其他哲學思潮同時地對法國思想家發生作用、產生吸引力，以致現象學能夠自然地與佛洛伊德主義、尼采主義、馬克思主義和黑格爾主義，同時交錯匯合在一起，構成一股強大的理論力量，在延續五十多年向法國思想界的滲透過程中，形成為排山倒海的發展氣勢，顯現出勢不可擋的擴張力量，產生出多樣化的現象學支流，終於發展成為當代法國最富有生命力和創造力的哲學運動。

所以，在考察法國現象學運動時，不應該忘記這樣的事實：**黑格爾**（Georg Wilhelm Friedrich Hegel, 1770-1831）、**胡塞爾**（Edmund Husserl, 1859-1938）和**海德格**（Martin Heidegger, 1889-1976），這三位以H字母為首而命名的德語國家思想家（人們由此而統稱他們為3H），是當代法國哲學家進行思想和理論革命的直接啟蒙者。在二十世紀二、三〇年代，正是這三位德國偉大的思想家，引導法國思想家們更深入地思考「人」、「理性」（raison）和「意識」（conscience）本身，從原有的傳統觀念和思想體系中掙脫出來。受他們影響的當代法國哲學家，主要吸收了黑格爾的辯證法（la dialectique）及胡塞爾和海德格的現象學方法及其對於人的生存和日常生活的關懷精神，更徹底地開展對於歷史、社會、文化和現代知識的批判，尤其深入開展對於西方傳統形上學、理性主義及人

文社會科學方法論的批判。

也正是在這種情況下，從第二次世界大戰到六〇年代的過渡時期內，受3H思想影響的新一代思想家們，才能夠進一步從另外三位被稱爲「**懷疑大師**」（法語原文「3 Mâitres de soupçon」，簡稱爲3M）的馬克思（Karl Marx, 1818-1883）、佛洛伊德（Sigmund Freud, 1856-1939）和尼采（Friedrich Nietzsche, 1844-1900）的著作中，吸取強大的精神力量，一方面同當時紅極一時的沙特存在主義思想進行劇烈的爭論，另一方面也醞釀新的創造和思想突破，從而造成了這一時期極其活躍的特殊歷史局面，爲六〇年代後的西方文化總轉折開闢了廣闊的道路。

更具體地說，現象學在法國的傳播，主要決定於四大因素：

第一是胡塞爾本人及其子弟海德格等人的理論威力，特別是胡塞爾對笛卡兒哲學的重視以及他本人在二十世紀二〇年代親自到法國講演，爲法國哲學界直接帶來現象學的最新資訊。胡塞爾還以身作則地從現象學的立場，對法國近代哲學之父笛卡兒的意識哲學進行比較研究。這就爲今後法國哲學家將現象學與法國哲學傳統聯繫在一起，樹立了榜樣。強調這一點是非常重要的，因爲我們很快就會看到，法國現象學運動，自始至終都是在法國傳統思想的陰影下開展的。除了胡塞爾本人以外，對法國現象學運動發生重大影響的即是海德格。在三〇年代，海德格的《存在與時間》，比胡塞爾本人的純現象學晦澀理論，更吸引法國青年哲學家。

第二個因素是從十九世紀末開始，法國哲學界中的知識哲學的研究路線，將法國哲學界直接引入由胡塞爾所開創的對於知識結構的研究方向。在這方面，福柯曾經深刻地指出：自第二次世界大戰以來，在當代法國哲學中，「存在著一條主線，將經驗的、意義的主體的哲學，與一種知識的哲學（la philosophie du savoir）、合理性的哲學（la philosophie de la rationalité）以及概念的哲學（la philosophie du concept）區分開來。在一邊，是由沙特和梅洛·龐蒂所代表的路線，另一邊是噶瓦耶、巴舍拉和岡格彥爲代表。這也就是說，在法國，三〇年代左右，存在著兩種採納現象學的模式；當時，顯然相對於其他國家，法國是較遲了一點，才開始認識現象學的。當代法國哲學就是從那個時候開始的。胡塞爾的《笛卡兒的沉思》在1929年發表，然後翻譯成法文，並在1930年出版。這是當代法國哲學開創時期的標誌。現象學就是這樣以胡塞爾的此文本而導入法國的。但當時還允許有兩種解讀方式，其中一種就是在主體哲學的方向上，沙特於1930年所發表的《自我的超越性》（La transcendance de l'égo），代表了這條路線；而另一個方向，則可以直接與胡塞爾最初的基本思想相接軌。這就是關於形式

主義（le formalisme）和直觀主義（l'intuitionnisme）的問題，關於理論和科學的問題。而在這一方面，是在1938年，嘎瓦耶的兩篇關於《公理問題》（*Méthode axiomatique*）和《集合論的形成》（*Formation de la théorie des ensembles*）的論文，同時發表。在這之後，不管這兩條路線怎樣發生轉移、分化、相互交叉，或甚至相互接近，但這兩種思考方式，構成了法國當代思想的兩大主幹，而它們之間，在本質上是相互異質的」（Foucault, 1994: III, 430）。顯然，這兩大主流的思想方式，實際上又是起源於對胡塞爾現象學的不同詮釋。胡塞爾的現象學是在三○年代前後，才傳播到法國的。當時，除了胡塞爾自己的《笛卡兒的沉思》（*Les Méditations cartésiennes*）以外，許多重要的現象學著作，都還沒有翻譯成法文。即使是海德格的《存在與時間》，也只是一小部分法國哲學家，才有能力直接看德文原本，而絕大多數法國人只能從局部的文本或第二手資料，了解海德格的思想。所以，整個說來，在現象學被引入法國的最初時期，由於時代和文化條件的限制，現象學的內容及其本質，並還沒有充分地和清晰地顯示在法國哲學家面前。這就決定了對現象學的不同解讀方式。正如福柯所強調的，以巴舍拉、柯以列、嘎瓦耶和岡格彥所進行的對**知識及其歷史的哲學研究**，直接地與胡塞爾對知識的現象學研究路線接軌，從而加強了在知識現象學中的探索力度，並在同法國本國的知識哲學和知識社會學傳統相結合之後，擴大了知識哲學的探討視野，從而也爲法國現象學獨特的研究方向，增添了創新的可能性。而在沙特那一方面，由於過多地強調主體意識的作用，現象學更多地與存在主義的思潮結合在一起，也形成了法國現象學運動在其第一階段的存在主義色彩的濃厚性。

　　第三個因素是二十世紀初柏格森及其追隨者所鋪設的生命哲學研究道路，將法國哲學傳統，通過與德國現代生命哲學的結合，引向對生活世界的集中探索方向，從而進一步加強了同胡塞爾現象學的聯繫，同時也自然地加強了現象學研究中的生存哲學的發展傾向。

　　第四，科耶夫和依波利特在三○年代法國哲學界顯露頭角之後，他們倆就以其特殊的才華和魅力，吸引了一大批年輕一代哲學家，投入研究和改造現象學的新型哲學工程中。科耶夫與依波利特的理論魅力就在於：他們成功地將胡塞爾同黑格爾、馬克思、佛洛伊德和尼采結合在一起，並對他們的哲學思想開展創造性的批判活動，使科耶夫和依波利特，不但與同時代的純粹現象學者保持一定的間距，也與那個時代的其他新黑格爾主義者劃清界線，顯現出他們的雙重理論性格：一方面，吸收現象學批判傳統科學方法的精神，另一方面又發揚黑格爾和馬克思辯證法以及尼采和佛洛伊德的非理性主義懷疑思想的威力，使之成爲超越理性主義和歷史主義的跳板，成爲逾越各種傳統理論的思想動力。正因爲這樣，當

代法國現象學運動，從一開始，就深深地打上了胡塞爾、海德格和黑格爾的所謂「3H」混合色彩，又迸發出馬克思、尼采、佛洛伊德的懷疑和批判力量。這一切使法國現象學運動，既有強烈的叛逆和浪漫精神，又有濃厚的反思的創造特點。而且，這一特點，也決定了法國現象學運動，從一開始就以其特殊的歷史形態和理論形式表現出來。

在為依波利特的逝世而召開的紀念會上，福柯說：「對我們這些依波利特的學生來說，我們現在所思索的所有問題，都是他提出來並反覆思索的，都是他在他那本偉大的《邏輯與存在》一書中所總結的。在大戰之後，他教導我們思考暴力（la violence）和論述（le discours）的關係，思考邏輯和存在的關係。而現在，他實際上仍然建議我們思考知識的內容與形式必然性的關係。最後，他還告訴我們，思想是一種永不停止的活動，它是發動『非哲學』、但又使『非哲學』緊緊地靠近哲學而運作起來的某種方式，同時也是我們解決生存問題的場所」（Foucault, M., 1969a: 136）。福柯所說的最後一段話，極其深刻地指出了依波利特在當時的特殊歷史地位。其實，依波利特對福柯這一代人最深刻的啟示，並不是黑格爾的思想本身，而是通過黑格爾哲學體系及其辯證法所開啟的一種哲學思考方式。這種哲學思考方式，一方面有利於明確地認定哲學思考所要追求的範圍，但又不使哲學活動僅僅停留在它所尋求的目標；另一方面它強調要在考慮到自身思考界限的同時，還要設法不斷地試圖逾越它。更具體地說，哲學活動既要明確其自身所追求的目標，但又不使哲學思考停留在同其研究物件相同一的層面上；哲學既要清醒地意識到思想本身的界限，又要千方百計地逾越這個界限。哲學要善於同各種「非哲學」的人文社會科學以及實際生活中的各種因素相結合，是哲學本身脫離傳統哲學的那種抽象性質，是哲學變成為活生生的思想創造的動力。依波利特所鼓勵的這種哲學思考方式，實際上提出了關於人、知識和自由極為重要的雙重性問題，即關於人的限定性以及不斷逾越限定性的必要性和可能性的問題。依波利特是從哲學的高度，總結布朗索和巴岱等人的文學創作的實踐經驗，使之同尼采的超人精神相結合，促進人們在哲學思考中，一方面實現對於傳統的叛逆，另一方面不斷進行新的創造。

受到依波利特的啟發，福柯等人從那以後就不斷探討人和哲學的限定性以及人和哲學本身又不斷逾越其限定性的問題。對於福柯來說，真正的哲學思考，並不是緊緊侷限於哲學本身，而是在同哲學相鄰的各門學科中來回穿梭、而又不斷返回哲學進行思考，使哲學真正成為永不停息的思索、並在其自身的限定中不斷試圖超越自身（Foucault, M., 1994: I. 780-782）。依波利特對於福柯的上述啟示，又由於尼采、巴岱及布朗索等人的叛逆思想和「逾越」精神的激勵而進一步

把福柯推上新的思想發展道路。

如果說，依波利特的上述思想風格培育了福柯等人的思想創造能力，那麼，對於一大批對現象學感興趣的青年哲學家來說，也成爲了他們創造性地理解和發展現象學的指導原則。德希達等人就是根據依波利特的這種態度，不但研究了現象學，而且也找到解脫純粹現象學的出路。由此可見，當代法國現象學運動是在比現象學本身更廣闊的視野中發動起來，又在多種思潮的交錯影響下，採取多樣化的道路，波瀾壯闊地發展起來。

由此可見，當代法國現象學運動，是從現象學出發而走上多元化、超越、蛻變和創新的過程。在嚴格意義上說，法國並沒有嚴格忠實於胡塞爾原本思想的現象學派。各種各樣來自現象學的法國當代哲學派別，幾乎都把現象學當成他們進行思想創造的仲介和手段，他們所創建的哲學，最終都是脫離了原來的現象學體系和基礎。所以，當利科總結法國現象學的發展時，把這個特殊的歷史過程，稱爲一種現象學的「異端化」，雖然這是一種富有創造精神的偏離過程。

第二節　現象學發展的黃金時代

從二〇年代到五〇年代，是法國現象學運動的黃金時代。在這一時期，首先，接二連三地在理論界中，產生了富有創造精神的思想家，對現象學進行批判性的研究。他們不但人數眾多，而且各具不同的理論背景，表現出多樣的思想個性和風格。這是一批出生於二十世紀初，經歷二、三〇年代的社會文化危機的歷史考驗，又接受由十九世紀到二十世紀頭三十年的文化傳統的薰染，身受第二次世界大戰的洗禮的哲學家。因此，他們很自然地成爲了二十世紀思想叛逆的先鋒，又同時與法國傳統文化相連接，充當了創新和繼承傳統的過渡性雙重任務。這些法國的現象學的開發者，包括沙特、梅洛・龐蒂、利科、列維納斯、讓一瓦爾、依波利特、岡格彥、加斯東・貝爾傑（Gaston Berger, 1896-1960）、阿爾馮索・德維朗斯（Alphonse de Waelhens, 1911-1981）、傑拉德・格拉內爾（Gérard Granel, 1930-2000）、德桑迪（Jean-Toussaint Desanti, 1914-2002）、米凱爾・杜夫連、昂利・馬爾蒂尼（Henri Maldiney, 1912-2013）、賈克・達敏尼奧（Jacques Taminiaux, 1928-　）、馬克・利希爾（Marc Richir, 1943-2015）、米歇・亨利、利奧塔、德維納茲（Paul Thévenaz, 1891-1921）、格列特（Th. F. Geraets）、范・布列達（H. L.Van Breda）、特羅迪翁（P. Trotignon）等人。這是一支龐大的理論隊伍。他們當中，有的是現象學的追求者，有的則出自對現象學的重視，研究和傳播現象學。所以，儘管他們並不能全部歸納到現象學派中，

但他們畢竟爲現象學在法國的傳播做出了貢獻。他們從二、三〇年代開始，就連續發表了成批現象學研究著作，其中包括：沙特的《論想像》（1936）、《嘔吐》（1938）、《一種關於感情的理論綱要》（1939）、《想像力》（1940）、《存在與虛無》（1943）、《存在主義是一種人道主義》（1946）和《辯證理性批判》（1960）；梅洛・龐蒂的《行爲舉止的結構》（1942）、《感知的現象學》（1945）、《意義與非意義》（1948）、《哲學頌》（1953）、《辯證法的歷險》（1955）、《眼睛與精神》（1964）；列維納斯的《胡塞爾現象學中的直觀理論》（1930）、《從存在到存在者》（1947）、《與胡塞爾和海德格一起探索存在》（1949）、《總體性與無限：關於外在性的論文集》（1961）、《他者的蹤跡》（1963）、《存在之外或本質之外》（1974）；巴舍拉的《胡塞爾邏輯：論形式邏輯與先驗邏輯》（1958）、《合理性的意識：對數學物理學的現象學研究》（1958）；加斯東・貝爾傑的《胡塞爾哲學中的我思》（1941）、《知識條件的研究》（1941）、《時間與未來景象的現象學》（1964）；德希達的《胡塞爾的幾何學的起源：翻譯及導引》（1962）、《書寫與延異》（1967）、《語音與現象：胡塞爾現象學中的符號問題導引》（1967）；德桑迪的《現象學與實踐》（1963）、《數學的理念性》（1968）；杜夫連的《美學經驗的現象學》（1953）、《先驗概念》（1959）、《思想歷程路標》（1966）；格拉內爾的《胡塞爾的時間和感知的意義》（1968）；米歇・亨利的《顯現的本質》（1963）、《哲學與身體的現象學》（1965）；依波利特的《哲學思想的偉人》（1971）；利奧塔的《現象學》（1954）、《論述及形象》（1971）；昂利・馬爾蒂尼的《觀看，言語，空間》（*Regard, Parole, Espace*, 1973）、《法蘭西斯・彭日著作中的事物的法》（*Le legs des choses dans l'oeuvre de Francis Ponge*, 1974）、《語言的存在與思想的留存》（*Eitres de la langue et demeurs de la pensée*, 1975）；馬克・利希爾的《哥白尼革命之外：現象學問題及其基礎》（1976）、《現象學研究》（1981-1983）、《現象、時間與存在》（1987）；利科的《卡爾・雅斯培與存在哲學》（與杜夫連合著）（*Karl Jaspers et la philosophie de l'existence*, 1947）、《意志哲學》第一卷《意願者與非意願者》（*Philosophie de la volonté. Tome I, Le volontaire et l'involontaire*, 1950）、《論現象學學派》（*A l'école de la phénoménologie*, 1953）、《意志哲學》第二卷《「精緻性」與「有罪」》（*Philosophie de la volonté. Tome II, Finitude et culpabilité. 1. L'homme faillible. 2. La symbolique du mal*. 1966）、《胡塞爾現象學的指導性觀念》（*Idées directrices pour une phenomenology d'Edmund Husserl. Traduction et presentation*. 1950）、《詮釋的衝突：詮釋學論文集》（*Conflit des interprétations.*

Essais d'herméneutique. 1969）、《活生生的隱喻》（*La métaphore vive.* 1975）、
《詮釋學與人文科學：論語言、行動和詮釋》（*Hermeneutics and Human Sciences. Essays on Language, Action and Interpretation*, 1981）、《時間與記述》三
卷本（*Temps et récit, 3 volumes.* 1983 ,1984,1985）、《從文本到行動：詮釋學論
文第二集》（*Du texte à l'action. Essais d'herméneutique II*, 1986）、《作爲他者的
自身》（*Soi-même comme un autre*, 1990）；賈克・達敏尼奧的《觀看與過量》
（1977）；德維納茲的《從胡塞爾到梅洛・龐蒂》（1966）；格列特的《朝向一
種新的先驗哲學：論梅洛・龐蒂的哲學的誕生》（1971）；范・布列達的《現象
學的當代問題》（1952）、《胡塞爾與現代思想》（1959）、《胡塞爾一百週年
紀念文集》（1959）；阿爾馮索・德維朗斯的《模糊哲學：梅洛・龐蒂的存在主
義》（1951）、《存在與意義》（1958）、《哲學與自然經驗》（1961）；特羅
迪翁的《當代法國哲學》等等。

　　所有這些研究現象學的著作，出自不同的哲學家之手，表達了不同的看法，
表現了不同的研究重點，運用了不同的方法，正如研究當代法國哲學的德貢柏
（Vincence Descombes, 1943-　）的專著之書名所標示的，「即使同一的，又是異
樣的」（Descombes, V. 1979）。

　　當代法國現象學運動的多樣化及其創造性，正好集中地表現了整個當代法國
哲學的基本精神，也是這一運動本身之所以能夠持久地保持其生命力的主要原
因。

第三節　現象學運動的三階段

　　法國現象學運動經歷了三大階段。從二〇年代末、三〇年代初到四〇年代，
是現象學在法國的最初傳播階段。在第一階段，法國第一代現象學家，各自從不
同角度，以其本身的理解方式，可以說比較片段地接受現象學。這一時期，胡塞
爾的著作以及德國現象學派的其他著作，都剛剛被介紹到法國，而且，只有胡塞
爾的部分著作，或一部分他和他的同事謝勒（Max Scheler, 1874-1928）的著作，
被譯成法文。因此，在法國追求現象學的隊伍中，只有爲數不多的人，比如前面
已經提到的依波利特和科耶夫以及列維納斯等人，才能通過德文原著、比較深刻
地把握胡塞爾思想的要旨。這一時期，即使像沙特這樣傑出的思想家，也尚未有
能力通過閱讀和鑽研胡塞爾的德文原著，通曉與眞正把握胡塞爾的深刻思想。

　　第二階段是五、六〇年代，法國現象學研究，開始明顯地顯示出兩大特徵：
一方面，就理解現象本意而言，這一階段可以說達到了成熟時期，胡塞爾的主

要著作陸續地被翻成法文，利科從1950年至1955年任教於史特拉斯堡大學時，連續翻譯胡塞爾的著作《哲學是對於人性的意識的把握》（*La philosophie comme prise de la conscience de l'Humanité*）、《反思錄》（*Reflexion*）以及《現象學及現象學哲學的一個指導性觀念（第一卷）：純粹現象學導論》（*Idées directrices pour une phénoménologie et une philosophie phénoménologique pure. Tome premier. Introduction générale à la phénoménologie*）。接著，1956年至1965年，利科轉任巴黎大學教授，創建並領導胡塞爾現象學研究中心，出版《巴黎胡塞爾文庫》（*Pariser Husserl Archiv*）。法國絕大多數現象學讀者，從此可以較全面地直接通過閱讀原著理解現象學的基本要旨和方法；越來越多的哲學家也不再單純地引進現象學，而是以自身理解的特色，把現象學改造成爲法國式的方法論。另一方面，一批關於現象學的各具特色的系統理論著作也相繼出版。法國現象學可以說取得了相對獨立的地位，不再完全追隨德國同行的研究方法。正如利科在他的《論現象學派》一書中所評價的，在第二階段，法國現象學派的發展，可以構成「胡塞爾學說異端發展史上最好的部分」（Ricoeur, 1986a[1953]：156）。由於沙特的傑出成果和海德格的顯著影響，以及利科、列維納斯、梅洛·龐蒂等人都先後圍繞存在主義而描述和運用現象學，使這一時期法國的現象學運動，突出地表現爲「存在主義化的現象學」的特色（la conversion existentielle de la phénoménologie）（Ricoeur, Ibid.）。

　　第三階段開始於二十世紀六〇年代中期之後，法國哲學家對現象學的研究已經不再滿足於闡釋或翻譯，而是試圖超越胡塞爾學派本身，創立自己的獨立理論體系。德希達等年輕一代，超越老一代的觀點，提出了對現象學解構的新策略。上述德希達發表於六〇年代的著作《胡塞爾的幾何學的起源：翻譯及導引》、《書寫與延異》及《語音與現象：胡塞爾現象學中的符號問題導引》等，具有明顯的代表性，因爲這些著作，既從現象學出發，又超越和批判胡塞爾，甚至還超出哲學領域，試圖把現象學擴大到所謂的「非哲學」（non-philosohie）中，眞不愧爲「現象學的優秀的異端」的典型。從那以後，現象學再也不是僅僅侷限於哲學領域，也不滿足於傳統現象學思想的範圍，而是同結構主義、解構主義、後現代主義、女性主義、詮釋學等各種新思潮相結合，幾乎完全失去了胡塞爾原初現象學的樣子。法國哲學家們敢於通過逾越的途徑，既遠離胡塞爾，又採用現象學的這一部分或那一部分，把現象學變成爲創造新思想的重要方法基礎。在這一方面，梅洛·龐蒂早有所預料。他說過：在當代法國，現象學在某種程度上來說，甚至具有神祕性和魔術性，可以把它當成「一個神話或一種思想模式」，憑藉它，創造各種哲學的「新玩意兒」，因爲一方面，當現象學傳播到法國的時候，

在現象學之旁，已經產生了一系列新型的方法論和新哲學，可以同時與現象學一起結成反叛傳統的思想聯盟；另一方面，法國的哲學家們也對現象學寄予比胡塞爾本人更大的期望（Merleau-Ponty, 1945: II）。

從六〇年代中期到二十一世紀初，法國的現象學運動始終以其活生生的邏輯，朝著多樣化和不斷革新的道路發展與繁榮起來。一代又一代的新思想家，接替老一代思想家傳遞過來的「思想接力棒」，使法國的現象學運動，成爲了當代世界現象學研究的重要陣地。

第四節　沙特的主體意識現象學

將3H的思想和方法，特別是胡塞爾現象學，全面地和具體地引介到法國思想界，並由此而建構具有法國特徵的新型哲學理論體系的思想家，首先是沙特。在沙特以前，雖然已經有列維納斯和雷蒙·阿隆等人，對現象學進行了研究，但他們在這方面的成果，在二十世紀中葉以前，並未像沙特那樣，發生重大影響。

從沙特與法國哲學傳統的關係來看，他主要繼承和發揚了自笛卡兒，並經柏格森的主體意識哲學改造的傳統，使沙特不論在哲學語言論述，還是在其現象學內容方面，都更多地顯示出法國近代主體哲學的烙印，從而也使他的哲學更容易被法國較多的讀者所接受。沙特所受到的哲學教育，是典型的法國傳統哲學，首先是笛卡兒的主體意識哲學，接著是從十九世紀末至二十世紀三〇年代連續地強烈影響著法國哲學思維方向的柏格森。沙特從小就在外祖父的薰陶下，無意識地接受了柏格森的思想影響。沙特曾在他的自傳性小說《語詞》中，描述關愛他的思想成長的外祖父，對他講述同柏格森在日內瓦湖畔散步的故事（Sartre, 1981[1964]：26）。所以，毫不奇怪，當沙特在1960年發表《辯證理性批判》的時候，他坦率地招認曾經以柏格森作爲自己追求的「理念」（Sartre, 1960：22-24）。

沙特的現象學之所以能夠成爲法國現象學運動的最早典範，還同海德格的成果緊密相關。海德格在1927年所發表的《存在與時間》是引導沙特接受和運用現象學的直接動力。沙特本人指出：他是直接受到海德格的影響，才把思考的方向轉向個體的「存在」的實際生活經驗及其生活世界。沙特本人的成功著作《存在與虛無》，就是在海德格的啓發下撰寫出來的。說到「存在」的概念，作爲哲學範疇，其實早在柏格森的著作中就已經出現了。而且，柏格森關於時間的持續性的論述，也深刻地影響了沙特，使他在接受海德格哲學的時候，就已經以柏格森哲學爲基礎，消化海德格的「存在」、「時間」和「煩惱」等概念。所以，在沙

特對海德格哲學的改造中，已經包含了柏格森的重要概念。這就某種意義上說，沙特的存在主義也就是柏格森式的海德格主義。

沙特不僅成為法國第一位深入研究現象學的思想家和哲學家，而且也是第一位創造性地將現象學與黑格爾辯證法、馬克思思想結合在一起的當代法國哲學家。另外，由於沙特善於以文學創作的手法，將抽象的哲學理論具體地體現於生動活潑的文學式的故事情節和人物個性中，使他的哲學產生了廣泛的社會效果，也使他因此有可能成為最有聲望的二十世紀法國哲學家。沙特的親密伴侶西蒙·波娃曾經在《告別禮》中，多次提起她第一次遇到沙特的深刻印象：沙特對她說，他要使自己成為史坦達爾和斯賓諾莎式的傑出人物（1981: 166；184；204）。西蒙·波娃對沙特的判斷，深刻地揭示了沙特的哲學個性：沙特是以文學風格分析哲學問題的大師。在二十世紀的法國哲學界，唯有沙特才有資格被稱為兼有文學家和哲學家風度的才華橫溢的思想家。

沙特是名副其實的二十世紀的哲學家。他不但經歷了二十世紀一系列最重要的歷史事件，同時他也身體力行，幾乎都親自參與、並關切一切他認為必須「干預」的社會運動。他把自己的哲學，當作是時代精神的理論反映以及歷史的紀錄，並時刻伴隨時代的變化而發展自己的思想和方法。所以，他經常借用「干預」或「介入」（engagement）的概念，表達他的哲學對實踐的關懷及其不斷更新的思想。

沙特是一位不折不扣主張行動的哲學家。他把生活的希望、思想的樂趣和創造的動機，全部滲透、寄託在實際的干預社會的行動中。早在第二次世界大戰結束前夕，沙特就對未來寄託希望，並強調個人的希望，只能寄託於自己的實踐和歷史的考驗；他認為，只有靠自己的實踐，未來才是最光明的。他當時明確地說：「人，他自己必須首先明白，只有寄望於自己，他才能有所意願。人只單靠他個人，才能承擔起他在自己生活的土地上所負有的責任；為此，他既不靠幫助，也不靠拯救。他除了自己為自己所提出的目標以外，除了他自己為自己在這個世界上所造就的命運以外，再也沒有別的任何目標和目的」（引自Contat et Rybalka, 1970: 656）。沙特這種樂觀主義的實踐精神，是同他特殊的存在主義密切相關，同時也使他的現象學具有明顯的行動性和實踐性。他這個現象學的特點，在一定程度上影響了利科後來反思詮釋學的現象學的性質。

沙特的存在主義始終強調個人實踐的決定性意義。對沙特來說，人是一個一個地生存於活生生的世界的「存在」。個人的存在是由個人所決定。沙特的「存在」概念，顯然具有兩方面的意義：一方面「存在」是無需任何根據的「在那兒」；另一方面，「存在」又是個人的生活本身。因此，存在就是一切的出發

點：個人的生存自由，就是最高的準則。要活著，要生活得有意義，就要看自己
究竟能不能有意識地選擇一個符合自己的自由理念的存在方式。沙特自己做到了
這一點。所以，從他出版《嘔吐》和《存在與虛無》的時候起，他就爲自己所作
出的「選擇」而自豪。貝爾納特‧亨利‧列維在他論沙特的書中這樣描述沙特
四十歲的心情：「他四十歲。他住在巴黎聖日爾曼大街以來，從未像現在這樣，
感受到自己這麼年輕，這麼快活。幾十年來，以及今後幾十年內，從未有過一位
作家，像沙特這樣，給人如此獲得主導性和自由的印象」（Bernard-Henri Levy,
2000: 20）。

　　沙特的使命感，使他也自然地成爲積極進行爭論的思想家。他不能容忍自己
的理論受到批評，也不會對理論界所發生的一切，置若罔聞。他隨時都要爲自己
理論的「正確性」進行辯護，因爲他把他的理論理念當成他對社會的「干預」，
當成自己對社會應盡的一種責任和義務。所以，在二十世紀的四○年代之後，沙
特曾經同許多思想家進行辯論；而他的理論也在連續的辯論中，得到改進、修正
和補充。同他爭論的思想家，包括卡謬、梅洛‧龐蒂、雷蒙‧阿隆、阿圖塞、
施特勞斯、德勒茲、福柯、格呂克曼和貝爾納特‧亨利‧列維等。當然，沙特的
爭論性格，並不意味著它的獨斷性，而是沙特對他所追求的理念的執著和堅持的
表現。而且，在很多情況下，沙特往往接受對方的批評，修正自己不夠完善的理
論。即使到了1980年，在沙特逝世前夕，他仍然以樂觀主義的態度面對未來。他
當時接見《新觀察家》記者的談話，對世界充滿著希望。同時，他還表示對長期
與他爭論的雷蒙‧阿隆的尊敬。

　　由此可見，要了解沙特的哲學、了解沙特的現象學的特徵，就必須首先了解
沙特所生活的時代以及他對時代所承擔的「責任」的具體內容。

　　沙特出生於1905年：這正是法國實行政教分離政策的關鍵年代。他在1924年
至1929年，在巴黎高等師範學院讀書。畢業後，在巴黎等地教授哲學。三○年代
初，沙特分別爲柏林法蘭西學院和弗萊堡大學的研究生，進一步接觸了胡塞爾的
現象學。第二次世界大戰爆發以後，沙特從軍參加抵抗德國侵略軍的神聖事業。
1940年在前線被俘而入德軍管轄的戰俘營。德法簽訂停戰協議以後，他被釋放出
來。從此，一直到1944年，他持續在巴黎教授哲學，並以他自己的能力所及，堅
持參加法國人民的地下抗德鬥爭活動。

　　戰後不久，他連續發表了一系列小說和戲劇，使他很快地成爲了聞名世界的
作家。沙特從此更積極從事社會政治活動。戰後的法國是災難重重的社會。在經
濟蕭條和政治動盪的衝擊下，整個法國籠罩著不安的氣氛。一部分人悲觀失望，
一部分人趁火打劫，另一部分則走上革命的道路。面對這樣的現實，沙特同自己

的朋友一起創辦了《現代》雜誌，企圖從存在主義的觀點研究社會政治和文學，尋求醫治社會不安的藥方。當時，同他一起創辦這個雜誌的，還有其他存在主義者，其中包括西蒙‧波娃和梅洛‧龐蒂。

自從巴黎解放以後，沙特始終與他的親密朋友西蒙‧波娃一起參加各種社會活動，並積極參與當時的法公所組織的各種活動。直到史達林逝世，赫魯雪夫發表批判史達林的材料以及蘇聯出兵匈牙利時，沙特才決定脫離法共。

雷蒙‧阿隆及其他冷戰時期的批評家們都宣稱，沙特脫離法共，無異是宣判戰後由沙特所掀起的小型文藝復興的死亡。可是對沙特而言，回歸到個人主義、自由主義和資本主義的營壘中，是短暫而不愜意的。他仍以馬克思主義者自居，繼續發表一些自稱是研究馬克思主義理論的著作。1960年，他發表《辯證理性批判》，試圖將他的存在主義與馬克思主義結合在一起。他宣稱：「我費了三十年的時間，才脫離我的唯心主義。」

當阿爾及利亞獨立運動戰爭風雲密布之時，他公開指責法國民眾的緘默，尤其是那些號稱左派的法國知識分子；沙特認為他們已被官方收買，對此事擺出一副不聞不問的態度。自從六○年代初期，美國取代了法國在越南半島的角色以來，為抗議美國的侵略行為，沙特在此後十年中，不斷發表演說和寫作，以及領導示威遊行。他和羅素共同主持國際仲裁戰犯法庭。繼而，1968年5月，法國爆發學潮以後，沙特又集中他的智力與威望來批判戴高樂統治下的法國。在新的反抗活動中，他成為兩份小型但極有分量的毛主義報紙《人民的事業》（*La Cause du Peuple*）與《解放報》（*Libération*）的社長。

沙特對於「知識分子」與「反抗」這兩種角色，其實有一個相當複雜的看法。起初，沙特同意接受兩份小報的社長職務，並非由於他贊同他們的世界觀，而是出於他的一個信念。他認為他們應有表達意見的權利，而法國官方在當時是漠視輿論自由的。所以，沙特起先答允毛主義者的要求，只是想利用他個人的聲望，來保證這兩份報紙不致被查封或被勒令停刊。

在當時的情況下，沙特明確地表示他自己仍然是一個傳統知識分子。然而他一點也不含蓄地表示，他瞧不起那些仍然相信漸進改良與資產階級民主的知識分子。他對這批人的蔑視，特別表現在他的一篇文章中，這篇文章刊登在他自己辦的雜誌《現代》上，題目是火辣辣的：「選舉：屁眼兒們的詭計」。

到此為止，我們所看到的沙特，並不是已經轉變成與他的存在主義思想完全不同的人。倒不如說，他已經磨練成為老練的存在主義者。在他看來，如果悲劇與孤立仍是目前人類的情況，它們絕不再是投降的藉口，而是戰鬥的理由。如果僅是接受人類的現狀，而安之若命，則根本降低了人之所以為人的條件。這個時

候的沙特，在他自己奮鬥著去克服唯心主義的過程中，更加深刻地認識到唯心主義及作爲其基礎的冷酷現實主義的潛流。

沙特自己曾經對人說過：「我們可以說，每一個人對他人而言，都是一個魔術師，別人所得的『印象』，往往並不是眞正的他自己。」沙特的這句話用在他自己身上，倒是十分合適。

沙特的思想作風和生活態度，實踐了他的哲學準則。他確實是一個「我要幹什麼就幹什麼」的人，是「自由自在」的人。他不願接受任何力量的束縛。但他有正義感。他酷愛自由，所以，他同情一切被剝奪了自由的人。

沙特的著作很多。他的著作可以分爲文學和哲學兩大類。由於沙特主要是哲學家，所以，他的許多文學著作都滲透著濃厚的哲學色彩。我們要了解沙特的哲學思想，就不能不大致地了解其文學作品的內容、情調、風格。

沙特的文藝作品是他的存在主義哲學的形象化。他將人物的心情、思想變化、內心矛盾描寫得非常細膩。這些心理刻劃是存在主義哲學原則最生動的寫照，也是我們理解存在主義抽象概念的最好途徑。1937年，沙特發表的短篇小說《牆》，描述了槍決前夕的恐怖，乃是存在主義的「恐懼」的生動體驗。次年發表長篇小說《嘔吐》，從內容來說，應該歸入哲學著作，但如果從題材、語言、體裁來看，則是很好的小說。小說的主人羅根丁寫了一部很長的日記，記述自己在一個小鎮的生活。其中有一段寫得特別精彩，描述了羅根丁的空虛、煩悶、無可奈何、彷徨、厭世的情緒，所有這些都可以用「嘔吐」兩個字來概括。

羅根丁在日記中寫道：「嘔吐」沒有離開我，我想它可能還要在我身上待一段時候。但是，緊接著，我就感到麻木，一點也感覺不到它，它也不再是疾病或正在發作的痙攣，因爲嘔吐就是我自身。羅根丁從自己的經歷中體驗到，一切都是不可捉摸，連自己的一切都無從把握。「我的過去不過是一個很大的洞」。這樣，一切都歸結爲「虛無」──像空洞那樣虛無。

1943年，沙特寫出三幕劇《蒼蠅》，鼓吹人類的絕對自由，反對一切權威，反對一切約束。他甚至蔑視上帝。他認爲上帝也無權干預人的自由。同年，沙特出版了《懂事的年齡》與《遲緩》兩部小說。這兩部小說是《自由之路》三部曲之一、二部。該三部曲之第三部《靈魂之死》是在1949年出版的。這部長篇小說是《存在與虛無》的文學表現。沙特通過小說中塑造的形象，生動地表達出他在《存在與虛無》中對自由的哲學見解：自由乃是眞正的虛無，它從無中來，又向無中去，它虛無縹緲，但又存在於我的存在中。自由乃是一種負擔，每個人也必須承擔這個負擔，去創造自己的價值。小說的主人翁馬舒是高級中學教師，生於1905年。顯然，他是沙特自己的化身。他同他的情婦馬塞爾過著自由的生活，

兩人只是同居，不願結婚。他們的生活有點像沙特本人與他的情婦西蒙·波娃的同居生活。據波娃在《年齡的威力》一書中說，沙特沒有一夫一妻制的觀念；他喜歡和女人們在一起，因為他覺得女人不像男人那樣狡猾。沙特曾說，他寧願同一個普通的女人隨便聊聊一些無關緊要的瑣事，也不願意同像雷蒙·阿隆那樣的男性教授談論什麼哲學。女人給他帶來的，比同女人的單純關係還要多得多的東西。沙特和波娃情投意合（如前所述，他們倆合辦了《現代》雜誌），但兩人都不願正式結婚，只訂立了「合夥」的契約。契約的內容只有兩點：第一，兩年以內二人同居，之後各走各的路，分離一段時間後再在一起生活；第二，二人間要開誠布公，互不隱諱。後來，他們又把契約改為三十年後散夥。波娃認為，她同沙特的關係是成功的；兩人相處三十餘年以後，彼此仍然談笑風生。沙特也曾在他的《自由之路》三部曲中，描述了主人翁同他的情婦之間這種自由的同居關係。主人翁馬舒的最高理想是自由──自己做自己的原因；然而，最後卻一切都落空：情婦馬塞爾終於出走，投入同性戀者達尼爾懷中。馬舒最終感到自己陷入孤獨和彷徨之中，他覺得這世界乃是無底的深淵。

1943年，沙特還寫了獨幕劇《密室》。這個劇本描寫一個殺害嬰孩的女人、一個同性戀女人和一個賣國賊。三個人關在一個房內生活簡直就是「地獄」。因此，沙特得出結論說：「他人就是地獄。」

1946年，沙特寫出《可敬的妓女》。1947年，沙特寫出《波特萊爾》一書。波特萊爾是法國十九世紀詩人。詩人和沙特一樣，從小迷戀著母親。波特萊爾在一封致母親的信中說：「你只屬於我一個人，你同時是我的偶像和朋友。」但後來母親改嫁，把他送入寄宿學校，這對他來說是一次沉重的打擊，所造成的心理創傷，一生也難以醫治。所以，詩人在以後的寫作中，格外地喜歡黑暗、罪惡、煩悶、絕望、並以酒和女人解悶，最後死於梅毒。沙特在該書中讚頌波特萊爾的生活態度，表示他「一開始就為自己作了選擇」，「他選擇為自身而存在，……他要的是自己的自由」。顯然，波特萊爾的生活方式和人生觀，就是沙特存在主義人生觀的具體化。

1952年，沙特的《聖熱內：演員和殉難者》出版了。沙特在這本書中，通過熱內的遭遇，討論了社會問題：犯罪、監禁、同性戀及道德等。熱內是何許人也？熱內是私生子，從小被母親遺棄，一生在墮落、犯罪、教養院和牢獄中度過。1940年至1942年，他把自己的親身經歷寫成小說。1949年，法國作家、電影導演兼畫家尚·戈多與畢卡索、沙特三人聯名寫信給當時的法國總統奧里約，要求將熱內釋放出獄。沙特的《聖熱內：演員和殉難者》就是為此而寫的。

1960年，沙特寫出五幕劇《阿爾多那的被關押者》。從1947年到1971年，沙

特將他的雜文出版成冊，先後分九冊出版，書名爲《境況》。1971年沙特出版了《家庭中的白痴》，對十九世紀法國小說家古斯塔夫・福樓拜（Gustave Flaubert, 1821-1880）作出評價。在談到福樓拜時，沙特對訪問他的法國《時事》雜誌記者說：福樓拜最突出的地方在於他拒絕順著潮流走。他擁護資產階級的貴族政治，而1848年法國社會革命時，他站在反動立場上，公開反對民主政治。爲什麼他要那樣做？他的想像與疏離感是如何影響著他？我希望從他的童年、家庭以及歷史的線索中，得到答案。

除了以上文藝性體裁以外，沙特還寫了一些評論社會政治的文章和自傳性的書，其中最主要的是1946年所寫的抨擊反猶太運動的書《對猶太問題的思考》，以及1964年出版的回憶童年的書《語詞》。

上述沙特的文學著作，只是我們了解其哲學觀點的入門書；要眞正了解他的哲學，就必須閱讀他的哲學著作。沙特在哲學方面的著作，包括《想像力》、《自我的超越性》、《感情論概論》、《想像的現象心理學》、《存在與虛無》、《存在主義是一種人道主義》和《辯證理性批判》等書。在所有這些著作中，我們可以看到沙特的現象學思想和方法的歷史特徵。

沙特的存在主義和現象學哲學研究生涯，開始於二〇年代。胡塞爾於1929年受法國哲學會的邀請，於2月23日和26日先後兩次在巴黎大學召開的「先驗現象學導引」（Introduction à la phénoménologie transcendantale）學術研討會上，發表了關於先驗現象學著名的「巴黎講演」，激盪著正在探索眞理的青年沙特的思想。這部演講稿經整理後，於1931年正式發表時，定名爲《笛卡兒的沉思》。沙特在進一步具體地深入閱讀這部著作後，更了解了現象學的基本要義。深受胡塞爾的影響，沙特從三〇年代初就開始嘗試以現象學批判人的心理和意識。他在1936年發表的《論想像》（L' Imagination）的論文中，試圖深入地以現象學的反思描述方式，探討自我的超越性（Sartre, J.-P., 1936）。當時沙特明確地指出：「現象學是一種科學研究，而不是意識批判。現象學的基本手段就是直觀。胡塞爾認爲，直觀使我們面對物在場。因而必須設定：現象學是關於事實的科學，它所提出的問題是事實」（Sartre, 1936）。由此可見，沙特很早就把握了胡塞爾現象學的要領，直截了當地將現象學歸結爲「關於事實的科學」，並集中研究了現象學的核心概念「直觀」（intuition）。

在沙特看來，胡塞爾現象學的重要貢獻就在於：將康德以來有關「意識」的討論，從純粹邏輯前提轉換爲事實的絕對性問題。於是，沙特便將意識的討論還原爲「存在」本身的問題。同時，由於意識成爲「我」的存在本身，它也就成爲可以在生活世界中得到論證的「經驗意識」問題。沙特抓住了意識的現象學還原

的核心，認爲必須正確區分「先驗的我」（Je）和「經驗的我」（Moi）的相互關係。胡塞爾在他的《邏輯研究》中就已經指出：「經驗的我」是意識的綜合和超越的產物。但沙特認爲，胡塞爾的問題在於：他在《關於純粹現象學和現象學哲學的觀念》一書中又回到傳統的觀點，把先驗的我當成意識背後的必要結構。沙特批判了胡塞爾的上述不徹底性，強調眞正的現象學不應該在論證意識的先驗結構時，求助於傳統有關意識的統一性和個體性的命題。沙特堅持現象學關於意識的意向性原則，並認爲意識的意向性必將意識透過其自身的「意向性遊戲」而回歸自身。但是，沙特還認爲，單純靠意識的意向性遊戲而回歸到意識自身還是不夠的；必須進一步同意識的經驗存在相聯繫，靠意識在生活世界中的意向性經驗來證實意識本身的絕對性。所以，沙特說：「先驗的我就是意識的死亡」（Ibid.）。

在《存在與虛無》中，沙特將現象學方法用來探索人的生命奧祕和生存基礎。如果說，海德格以其《存在與時間》（1927）開創了運用現象學方法探討人的生存問題的光輝先例，那麼，沙特就進一步以其獨創的形式，將現象學運用於人之存在的研究，使現象學在法國及整個人文社會科學界擴展開來。

《存在與虛無》所要論證的，是人的存在的虛無本質；換句話說，存在沒有本質。但是，存在的虛無性，並不意味著存在的消極性和虛存性。沙特所說的**虛無**，根本不是虛無主義的虛無，因爲在沙特那裡，「虛無」不等於不存在，它正是意識本身，而意識是極其主動和富有創造性。因此，虛無，不但不是不存在，反而是存在中最富有潛力和飽含無窮可能性的一種存在。意識的虛無性，主要是指它的隱而不顯，並具有將一切存在加以虛無化（anéantiser）的無限潛在能力。意識靠其對於他物的虛無化而實現其本身的眞正存在。一切「存在」，在未被意識虛無化以前，都只能是「自在」，不是眞正的存在，不是「自爲」。意識的強大生命力，就在於它無時無刻地將異於其自身的存在加以虛無化。爲此，一切存在的眞正本質，都要待意識自由活動中的虛無化過程，才顯露出來。

正因爲這樣，《存在與虛無》的基本結構，就是從現象學方法談起，進而探討虛無的問題，強調「虛無是存在的固有可能性，而且是它的唯一可能性」。接著，沙特進一步探討「自爲」、「爲他」以及「擁有」和「作爲」的問題。所以，貫穿於《存在與虛無》的基本思想，就是意識自由的創造精神，它雖然以虛無化的過程達到其自由的目的，但它在虛無化中，不但實現了存在自身從自在到自爲的轉化，而且也完成對其所環繞的世界的改造，使其自身不斷地在可能與現實的矛盾中脫穎而出，實現不斷的自我超越和超越他物。

《**存在與虛無**》長達七百多頁，系統地論述沙特自己的哲學體系。他在這本

著作中，雖然仍然以他的老師們胡塞爾和海德格的觀點與方法論為基礎，但他遠遠地超出他們的現成體系，自成新統。

1946年，沙特將他的演講詞以「存在主義是一種人道主義」為題發表成冊。在該書一開頭，沙特就明確宣布，他這個講演是為了維護存在主義而對來自各方面的抨擊作答辯的。結果，沙特概括地論述了存在主義的基本思想。他強調，**他的存在主義，是把著重點放在人的反應和生活的實際需要之上**。他指出，存在主義有兩種：一種是基督教的存在主義（以伽普里爾‧馬爾塞和卡爾‧雅斯培（Karl Jaspers, 1883-1969）為代表），另一種是無神論的存在主義（以沙特自己和海德格為代表）。**沙特還明確地承認存在主義實際上就是主體論**。他說：我們的出發點，實際上是個人的主體性；這是就其嚴格的哲學意義來說的。在出發點上，除了「我思，故我在」這個真理以外，不會有別的東西；而這個真理是意識的絕對真理……。其次，沙特強調，存在主義是以尊重人權、尊重人的尊嚴為基礎的。他說：「唯有這個理論是與人的尊嚴相吻合的；只有這個理論才不把人當作一個物件。」沙特綜合他的整個理論的基本精神，給人下了這樣的定義：**人是以其出現而造就一個世界的生存物**（l'homme est l'être don't l'apparition fait qu'un monde existe）。

所以，沙特的存在主義思想，集中在他的《存在與虛無》一書中。首先，這本書從胡塞爾的**意向性**（l'intentionnalité）觀念出發，將人的意識說成是指向它所存在的世界的「有意向」的存在（omm），當作是一種「朝向其世界的存在者的當下澄明」（éclatement de l'existant vers son monde）。正因為這樣，顯然，沙特從一開始，就改造了胡塞爾的現象學，使之成為一種關於生存和存在的方法論。

本來，從嚴格意義來說，現象學是一種「返回事物自身」（zu den Sachen selst）的特殊哲學方法，以達到盡可能如實地描述事物的本來面目，並從中引申出其意義的目的。正如胡塞爾所說，他的邏輯學，反對心理學所主張的經驗的事實原則，而強調探討事物的本質原則（Wesensgesetzen）。因此，邏輯學所遵循的是絕對獨立於經驗的必然和普遍的原則。胡塞爾認為，通過「本質顯示」，可以引出一個嶄新的哲學基本科學，並由此而把握住邏輯學。但胡塞爾指出，像英國的彌爾那樣的傳統邏輯，充其量也只是向我們提供一種靠近科學門檻邊的客觀物件的方法，而**現象學則是要進一步明晰地把握事實物件本身**。因此，**現象學要藉由邏輯而從語言意義的詮釋出發，進一步實現對於思維和認識體驗的純粹現象學詮釋**。這就是現象學所要完成的「用本質概念和規律性的本質陳述，將那些在本質直觀中直接被把握的本質以及建立在這些本質中的本質聯繫，通過描述，純

粹地表述出來」。所以，胡塞爾把他的現象學稱為「中立性」（neutral）的純粹現象學方法，它是「純粹直觀地在本質中分析和描述表象的、判斷的和認識的體驗」。正以為這樣，胡塞爾說，現象學打開了「湧現出純粹邏輯學基本概念及其觀念規律的泉源」。

所以，作為哲學方法的現象學，並非一般意義上的認識，而是一種「精神展示」、一種直觀。這種直觀，同一般的經驗方法和理性方法根本不同，是要在人的精神活動中、在主觀的意識活動中，直接地把握或「顯示」物件的本質。

為了同新康德主義的主觀主義相區別，胡塞爾強調人的「直觀」活動同物件實在性的密切關係。胡塞爾指出：人的直覺活動同物件的實在性具有必然的聯繫；在某種意義上，甚至可以說，直覺必然地會沿著物件實在性所暗示的結構方向而深化，並最終達到「本質顯示」。

胡塞爾所說的直覺與物件實在性的那種內在關係，就是他的所謂「意向性」（Intentionalität）的觀念的基礎。所以，法國的現代現象學研究者梅洛·龐蒂說：「世界不是客體，而我是具有世界的構造規律的。世界是我具有一切思想和一切明確知覺的自然環境和領域……或更確切地說：根本沒有什麼內在的人；毋寧說，人在世界之中，他自己在世界之中認識自己。」梅洛·龐蒂的這一段話明確地表示，「我」並非一個孤立的、與世界相對立的、傳統意義上的「認識主體」，「我」的認識能力中已內在地包含了世界的結構，因此，「我」在認識過程中，必然地沿著「意向結構」的方向去把握世界，把握事物的本質。梅洛·龐蒂的這段話，實際上是對於沙特的批判。在沙特的《存在與虛無》出版以後，法國哲學界有相當多的人研究胡塞爾的現象學。與梅洛·龐蒂一樣，他們各自持有自己的觀點，並以自己的理解方式貫徹他們的現象學方法。可是，當時的沙特卻仍然堅持他的基本觀點，主張從主體的意識出發，探討人的存在與他的世界的關係。

所以，沙特所堅持的立場，在一定程度上，偏離了胡塞爾的現象學。胡塞爾雖然也探討主體的意識，但他所強調的，是「我」的意識中的「意向結構」。胡塞爾明顯地把先驗論的因素搬入現象學中，在他看來，「意向性」歸根究柢，具有超歷史、超時空的性質，它是獨立於經驗，也獨立於主體和客體的。胡塞爾把這些概念歸結為純粹意識的原則體系，是我們獲致真理的基本條件。

為了使「意向結構」在我們的觀念中顯示出來，當然必須排除主觀和客觀因素的干擾。這就要求我們實行一種「還原法」（Reduktion）。它包括：第一，本質還原，也就是排除掉一切有關物件的「客觀」存在性的判斷，使其擺脫一般時空結構的觀念束縛；第二，先驗還原，即排除一切人類學和心理學對意識說明的

影響，轉向對作爲本質的純粹直觀的意識分析。這樣一來，這個主體就已經不是經驗的主體，也不是心理學的或人類學的主體，而是一個具有普遍意義的、高出經驗與心理意識的先驗主體。

這就是說，爲了實現純粹意識的直覺行爲，我們必須完全放棄或否認一切基本信仰和一切對於客體的、帶有目的性的判斷。在這前提下，才可以開始胡塞爾所說的「現象學的陳述」。這種「現象學的陳述」，具有四種特徵：第一，這種陳述是非經驗的；第二，這種陳述是描述性的；第三，這種陳述所描述的是「現象」；第四，這種描述是意識的意向性行爲的表現。

胡塞爾本人，爲了確定現象學的陳述的特有性質，明確地爲它制定五個條件：第一，它必須是有關現象的；第二，它必須是不證自明的（直覺的）；第三，它必須是懸而未決的存在的結果；第四，它必須是有關意向的行爲；第五，它必須能符合意向行動的邏輯連貫性〔（或可理解性Verständlichkeit）〕的標準。

胡塞爾還指出，現象學的陳述是「反思」（Reflexion; Nachdenken; Wieder-begreifung）的結果。現象學在本質上是一種「反思」的活動；在「反思」活動中，現象學所追求的，是「表演」那些原先「無個性特徵的」或「不署名的」東西（Anonymus）。這種反思，不是對事實的反思，也不包含反思的特殊行爲。這種反思的物件，毋寧是我們打算進行解釋的那個例子。在這裡，反思帶有提問的意思，對我們以前所相信的事物進行追問，特別要追問其可靠性和眞實性。爲此，我們就把關於要問的事物的存在，暫時地「懸掛起來」，使之處於「懸而未決的狀態」。在這個意義上，「懸而未決的」，意味著所有那些以往信以爲眞的東西；要對這些以往的判斷發出提問；它們是否可能是錯的？一旦我們發覺這樣一種可能性的時候，我們就在實際上進行「反思」了。所以，作爲一個「嚴格的科學」，作爲一個「根本的科學」，現象學所強調的「回到事物自身」，指的是**專注於事物之根本**，指向其根底和開端。也就是說，現象學所注重的，並不是表面意義的經驗現象，而是從根本上屬於本源的實際事物。當然，胡塞爾的現象學，並不單純停留在這一點上，而是進一步強調達到上述目標的嚴格方法，使現象學同經驗主義、理性主義以及各種傳統的形上學和認識論區別開來。

由此可見，**胡塞爾的現象學並不是關於存在的哲學，而是關於思想對它的物件以及對於它的關係網絡之間，相互關係的理論**。胡塞爾所反對的，是以往的科學方法論，因爲它們將理智的活動，化約成爲心理的活動，並試圖由此論證科學眞理的可能性及客觀性。在現象學看來，存在的東西，並不一定出場或在場；現象學要排除一切不在場的外在事物，它所尋求的，是、也只是意向性的在場事

物。沙特只是吸收了胡塞爾的意向性觀念，並把意向性加以一般化。這樣一來，沙特就把他的理論建立在胡塞爾所不容的**實體化的主體**之基礎上。沙特自己承認：「我思直接地把意識的物件推到自在的存在」。「於是，我們離開了純粹的顯象而達到充實的存在。意識是一種由實存而設定其本質的存在；換句話說，意識就是由其所意識到的物體的實存來決定它的本質的一個存在，即是說，意識中的顯像呼喊著它的存在」。

沙特一方面承認笛卡兒關於準確性必須建立在「我思」的自我意識之純粹反思基礎上的基本觀念，另一方面又反對笛卡兒有關「我思」必須同實體相關的觀念。沙特認為：「意識並不存在，它只是通過世界而無目的地恬然澄明（la conscience n'est pas, elle s'eclate sans fin a travers le monde）」。也就是說，意識必須通過它指向世界的存在，才使意識成為意識本身。那麼，什麼是存在？沙特認為，**存在**只能是由那些意識到其存在具有存在論意義的存在本身來說明。這樣的存在，就是意識到自身的存在意義的「自為」（pour soi）。這樣的存在，就是其自身是虛無的意識本身。沙特說：「意識是存在物的『**被揭示／揭示**』，而存在物是在自己存在的基礎上顯現在意識面前」。意識為了存在於世界，必須通過它對於存在物的揭示，才能實現。但是意識本身是虛無的，它對於他物的意向性的存在，只能通過它對於他物的虛無化來進行。所以，沙特的研究主題，是存在與虛無的關係。

因此，如果說，海德格是從「此在」出發而使存在本身進行自我展示，那麼，沙特是從具有意向性的主體意識出發，讓存在進行自我展示。對他來說，意識是這樣的一種存在，它是通過其自身在世界上的意向性存在展示過程而存在的唯一存在。相對於海德格，沙特的存在主義更重視**意識的存在**。他自己承認：「我們可以把海德格給『此在』下的定義運用於意識，把**意識**看成這樣的存在，對它來說，它在其存在中所關心的，正是它自己的存在。但是，還應該這樣來補充和表述這個定義：意識是這樣的存在，只要這個存在暗指著一個異於其自身的存在，它在其存在中所關心的，只是它自己的存在」。

沙特又把這樣的存在稱為「自為」（l'être pour soi），以便將它同那種無所意向的「自在」（l'être en soi）相區別。沙特指出：**存在存在。存在是自在的。存在是其所是。這是現象的存在的三大特點。**一切非意識的存在物，雖然是存在，但它們的存在只有被意識所揭示，才顯現為存在。然而，存在物的存在之基本特徵，正是在於其本身並不向意識顯露；存在物的存在，一方面是自在的，另一方面它又只能通過意識對於它們的意向性才能存在。

人的存在不同於一般存在的地方，就在於他是**自為**。人的意識，作為虛無，

永遠必須通過它對於他物的虛無化而實現它自身的存在。所以，沙特說：「虛無永遠是一個**彼在**。自為不得不永遠在一個對它自身而言是彼在的形式下存在，作為一個由於存在不堅實，而永遠處於不安狀態的存在而存在。這種不堅實，並不推向另一個存在，它只是不斷地從自我推向自我，從反映推向反映者，又從反映者推向反映」。

人的自為性，集中地體現在他的在世過程的**自由性**。自由一方面是存在者同它的世界的關係，另一方面它又是存在者同其自身的關係。

對於沙特來說，人的任何一個活動，在原則上都是意向性的；而且，活動的一個基本條件，就是自由。然而，**自由沒有本質**。沙特指出：「自由不隸屬於任何邏輯必然性；正是談論自由的時候，我們應該重複海德格在概括他所說的『此在』時所說的重要的話：在自由中，存在先於並支配本質。」接著，沙特又指出：「自由變成活動；在一般情況下，我們通過自由，用動機、動力以及活動所包含的目的所組成的活動來取得自由」。「自由是所有本質的基礎，因為人是在超越了世界而走向他固有的可能性的時候，揭示世界內部的本質的」。「存在，對於虛無來說，就是把它所是的自在虛無化。在這些情況下，自由和這種虛無化只能完全是一回事。正是由於虛無化，自為才像脫離其本質那樣脫離了它的存在；正是由於虛無化，自為才總是異於人們談論它時所說的東西，因為它至少是脫離了這個名稱本身的存在，是已經在人們給它取名字和人們所承認的其屬性之外的存在。說自為應是其所是，說它在不是其所是時是所不是，說存在先於本質、並是本質的條件，或反過來按照黑格爾的公式說『本質是過去的東西』，其實，說的都是同樣一件事，即人是自由的」。人是注定要自由的。沙特說：「我注定是為著永遠超出我的本質超出我的動作的動力和動機而存在；因此，我注定是自由的」。這意味著：除了自由本身以外，人們不可能在我的自由中找到別的限制，或者可以說，我們沒有停止我們的自由的自由。人的實在是一種在他的存在中與他的自由有關的存在。但是，從心理角度來說，每個人都永遠試圖拒絕承認他的自由。人們試圖由此而賦予自由一種永恆性。自由顯然是在人的內心中**被存在的**、強迫人的實在**自我造就**，而不是去**存在**的虛無。對人的實在來說，存在就是自我選擇。於是自由不是一個存在，而是人的存在；也就是說，是人的存在的虛無。人是不能時而自由、時而受奴役：人或者完全並永遠是自由的，或者他不存在。所以，人在本質上是自由的。

對於人的自由的研究，是沙特哲學的主要論題。沙特自己承認，是歷史本身教育了他正確地認識自由。1945年，沙特發表了《自由之路》的前兩卷：《懂事的年齡》和《遲緩》。這兩本書，雖然是小說形式，但它具有濃厚的哲學和歷

史意味，因為通過這兩部小說中主要人物的經歷，沙特所要表現的，正如沙特自己在致加力瑪出版社的小說內容簡介中所說，是時代給予整個一代人的主要教訓，也是總結從1937至1938年間到1945年為止沙特本人的基本經驗（Contat, M., 1970: 112-114）。沙特在給出版社的信中說：在1937至1938年呈現假象的平靜年代，有人還可以保持一定的幻想，以為可以存在「被分割的和被封閉的個人歷史」。但是，隨著1939年九月事件，這樣的分割被粉碎了。個人再也不是個別的單子，而是感受到自己介入到了他們所試圖超越的部分中去。沙特的思想轉變，使他從此形成了「介入」的意識。也就是說，他越來越意識到：個人是不可能超越歷史和環境，或者盲目地被時代推著走，或者主動地承擔起歷史的責任，「自為地」介入到時代的洪流中去。對一個人來說，當他面臨社會的重大變化和時代的挑戰，他究竟介入不介入，這是個人要不要自由的問題。或更確切地說，這是個人選擇什麼樣的自由的問題。沙特由此將他在這一階段的思考重點集中地轉向個人自由的問題。他認為，個人存在的自由，是注定的；「**我們注定是自由的**」（Sartre, 1943）。自由之所以是注定的，是因為一方面它是取決於個人不可避免的選擇，另一方面它又受制於時代和環境。自由是矛盾的，具有兩面性。因此，沙特總是從個人自由選擇和環境條件兩方面，去討論人的自由和人的根本問題。因此，當他說「偶然性是最根本」（l'essentiel, c'est la contingence）的時候，他是就自由同環境的不可分割的聯繫而說的；也就是說，是環境決定你的自由，它是無可選擇的；當他說「我們注定是自由」的時候，它是指自由歸根結柢是個人選擇的問題，而選擇或不選擇，都是選擇，都是自由。「人的自由先於人的本質，並且還使人的本質成為可能；所以，人的本質懸掛於它的自由之中」（la liberté humaine précède l'essence de l'homme et la rend possible, l'essence de l'être humain est en suspens dans sa liberté）（Sartre, 1943: 61）。人的本質與「人是自由的」，並沒有區別。在沙特對於自由的探討中，我們看到，沙特所討論的人，是充滿矛盾的生存物。人追求自由，但他又意識到他的自由的實現，是無時無刻受到限制的；但人作為生來自由的生存物，又必定頑固地追求絕對的自由。這是人的悲劇、人的煩惱，但尤其是人的可貴之處。人寧願在煩惱中度過，也不要沒有自由的生活。而且，儘管存在著種種困難和障礙，人始終都不惜代價地追求自由。沙特比他同時代的人都更深入和更執著地尋求自由的道路。沙特所揭示的自由的雙重性，表現他本人的雙重性：他既要追求自由，有意識到必須受環境的限制，必須承擔環境所賦予的介入責任。

總之，沙特在《存在與虛無》一書中，堅持胡塞爾提出的「**返回事物自身**」（zu den Sachen selbst）的基本原則，強調先從直接感受到的「顯像」出發，然

後揭示其所隱蔽的本質。在這個意義上說，「**顯像並不掩蓋本質，而是揭示本質，甚至它就是本質**」。但是，沙特不同於海德格，他把人的**意識自由**當成從顯像到本質揭示的關鍵力量。就此而言，沙特不愧是法國自笛卡兒以來所建構的意識哲學傳統之繼承者和發揚者。

胡塞爾在創建其現象學時，曾經嚴厲地批判笛卡兒的意識哲學，認爲笛卡兒以自我意識（conscience de soi）作爲主體認識（connaissance）的起點和基礎是將哲學拖回人的主觀世界中，從而剪斷了哲學思維同活生生的生活世界（le monde vécu ; Lebenswelt）的內在聯繫，也因此忽略了人的思維中，語言的決定性意義。但是，當胡塞爾批判笛卡兒的自我意識概念時，他實際上又將人的思想自由變成爲附屬於生活世界的被動因素。

胡塞爾現象學對於主體哲學（la philosophie du sujet）和非理性主義（irrationalisme）的雙重批判，是十九世紀下半葉歐洲科學和文化危機的產物。胡塞爾的偉大理論貢獻，正是在於他敏銳地發現了長期統治西方傳統哲學和科學思維的主體哲學的隱患癥結所在。胡塞爾在當時集中地分析和批判了各種各樣的主觀主義和實用主義，深入反思有關認識活動的複雜問題。他認爲，爲了保障認識活動的眞正客觀性，認識本身首先必須建構在「非認識」的基礎上。他主張，爲了給予科學一個堅實的新基礎，必須在「科學」（science）之外，越出「科學」的範圍，在「最直接的原始資料」中，找到科學建構的基本原則。爲此，胡塞爾系統地思考和考察了自柏拉圖、經笛卡兒至康德等人的整個西方傳統哲學思維的基本原則和基本模式。正因爲這樣，胡塞爾在1931年以法文發表的基本著作，才定名爲《笛卡兒的沉思》。胡塞爾最終在「現象」中，也即在人直接呈現於意識的「現象」中，在意識所本然托出的純然現象中，發現了科學可以完全信賴、並立足於其上的最原始的資料。

沙特以現象學改造了笛卡兒的意識哲學，更具體地結合人的個人生存中所遇到的實際問題，探討意識的意向性及其有效性的條件。他認爲，只有解決這個問題，才能正確處理人所關心的個人自由。正是沙特，看到了人的思想自由的絕對重要性，在現象學的框架內重新探討人的思想自由，使意識自由成爲人的生存首要條件和基本目標，從而也進一步提升了人的生活價值和意義。所以，正是沙特以現象學方法重新復活了人的生存價值，從現象學的角度論證了人的生活價值的至高無上性和獨一無二性，使自十六世紀以來一直構成西方思想精髓的人權（droit de l'homme）問題，在二十世紀的新社會歷史條件下，重新獲得了肯定。

沙特認爲，「意識（conscience）是這樣的一種存在，對這個存在來說，它在它的存在中所關心的，正是它自身的存在」。所以，一切實在的物件，作爲顯

像而出現在我們面前的時候，只有透過意識對它的意向性，使之成爲意識本身存在的關心物件，才在意識中揭示出其真正的本質。在這個意義上說，沙特的現象學的重點，是突顯意識的自由意志，強調主體意識的意向性的創造精神。

整個說來，沙特的現象學經歷了從「現象學的心理學」（psychologie phéno-ménologique）或「意識的現象學」（ommemoration de la conscience）到「現象學存在論」（ommemor phénoménologique）以及「社會的和歷史的實踐哲學」（philosophie de la praxis sociale et historique）的不同表現形態。儘管沙特從一開始就把重點指向主體的意識的意向性，而且，沙特的現象學也經歷了不同的發展階段和表現了不同的運用形態，但他的主體意識現象學，還是能夠注意到胡塞爾關於「回到事物自身」的基本原則。對沙特來說，不論是早期對「存在」的研究，還是六○年代後對「實踐」的「辯證」分析，都是貫徹「回到事物自身」原則的表現。顯然，現象學，在沙特那裡，只是作爲一種方法，或甚至只是他用來分析社會文化以及體現他個人的意識形態的手段。正因爲這樣，沙特的現象學遭到他同時代人的許多非難。

1960年出版的《辯證理性批判》一書中，沙特一方面認爲「歷史唯物論提供了唯一站得住腳的對歷史的解釋」，另一方面，又說「存在主義仍舊是唯一能應付實際的具體步驟」。他這種自相矛盾的結論，表明他抱著這樣一種幻想，即把馬克思主義同存在主義調和在一起，使存在主義成爲馬克思主義的一部分。他的這一觀點，使他的哲學體系更加顯得不協調。但是，沙特的意圖，是緊跟社會的步伐，賦予他的哲學新的時代精神。沙特試圖集中他的存在主義與馬克思主義的理論優點，通過馬克思主義的歷史和實踐的基本概念，將他原有的強調個人自由的人道主義，提升到能夠推動社會發展的歷史動力的層面上。沙特的哲學創造工程儘管沒有成功，但他畢竟爲後人留下了豐富的精神遺產。所以，即使是在沙特1980年逝世之後，他的思想仍然強烈地影響著法國哲學思想的發展方向。德勒茲在1985年明確地說：「我對沙特情有獨鐘；我一生只愛沙特這樣的思想家。沙特使我悲傷，使我更強烈地想念他，以致使我既不再把他當成一個思念的物件，也無法使自己成爲同他一樣的人。一定要把我對這位作家的思念所帶來的愉快、所給予我的強大力量，轉告所有的人，讓大家都知道他的思想威力，都能感受到他的創造魅力。」這是德勒茲對當時正在撰寫《論沙特》的青年哲學家嘉內特·格隆貝爾說的話。由此可見，二十世紀下半葉成名的哲學家，幾乎沒有一位不感激沙特，因爲是他給予了他們進行哲學創造的勇氣和啓發。

第五節　列維納斯現象學的倫理化和神學化

一、史特拉斯堡時期

　　列維納斯特殊的個人天賦、經歷及其猶太教文化基礎，決定了他理解、接受和發展現象學的獨特性。這位出生於立陶宛的猶太裔思想家，在定居法國以前，曾經跟隨家庭及親族，在烏克蘭過流亡生活。1923年他考入法國史特拉斯堡大學哲學系，結識了法國著名文學家布朗索。這兩位天資優異的青年，很快找到了他們的共同語言，從此以後，他們在共同探索語言、死亡、神、人類文化以及猶太教傳統之奧祕的微妙關係中，相互間經常交換意見。列維納斯早期同布朗索的思想交流，構成列維納斯後期思想的一個重要基礎。但列維納斯只是採納了布朗索的神祕主義，而對布朗索的尼采精神則未加注意。

　　列維納斯始終很珍惜他同布朗索的友誼，以致在二十世紀的漫長歲月中，列維納斯和布朗索之間，儘管很少再見面，但不間斷地通過其各自的文字著作，相互間進行「沉默」的對話和相互支援。在第二次世界大戰期間，正當法西斯肆虐迫害猶太人期間，布朗索全力支持列維納斯的親屬，使他們度過難關。布朗索在談到他們之間友誼的意義和奧祕時，說道：「某種深沉的因素把我們引到一起」。他們倆的文字，儘管分別發表在不同的文本中，卻經常令人驚訝地迸發出類似的呼聲，表達出近乎共同的意義。

　　布朗索在他的多次論語言、藝術、倫理學、宗教，特別是猶太教的著作中，一再地援引列維納斯及其思想觀點。尤其值得注意的是，他們共同地對「有」表達出類似的感歎，給予深沉的思考。德希達曾經高度評價列維納斯與布朗索的深刻思想，並同時指出他們的思想的區別性。德希達說：「儘管列維納斯和布朗索曾經說或表示他們之間的共同看法以及他們之間的關聯，但在他們之間，仍然存在著把他們分離開來的很深的鴻溝；果真要使這個鴻溝發生作用，還可能會導致他們之間不可調和的分歧，甚至導致他們之間針鋒相對與爆破性的對立」。為此，德希達還強調指出：列維納斯和布朗索所使用的是「不可被翻譯的兩種慣用語辭」（deux idioms intraduisibles）。

　　列維納斯和布朗索都試圖批判與超越西方傳統的本體論和形而上學，但他們並不同意海德格的那種批判途徑和方法。而且，他們之間對於海德格的態度，也在具體批判的層面上存在一定分歧。

　　在語言層面上，列維納斯認為，語言首先是用於對「他人」談話和對話的言語論述（discours）。布朗索卻認為：語言的本質只能通過文字才能探索到。顯然，他們之間的區別是由於他們使用了完全不同的「主體性」概念。布朗索強

調：語言的使用及其向「他人」的趨近，必須依靠超越談話現場的經驗。列維納斯卻強調：語言事件之所以對主體具有重要意義，正是由於語言的使用，把說話的「我」導向他人，並由此證實對他人做出回應的「我」的存在；也就是說，對列維納斯來說，語言只是「我」對他人負責的通道和仲介，是他人居於首位的表現。

列維納斯與布朗索的分歧，顯然關係到他們的哲學和整個思想體系的差異。他們各自具有自己的核心概念，例如「我」、「他人」及「存在」等。

二、從師胡塞爾和海德格

列維納斯在1928年完成了他在史特拉斯堡大學的哲學系課程之後，前往德國弗萊堡，師從胡塞爾，學習和研究現象學，並積極參加海德格在弗萊堡大學舉辦的研討會。當時的胡塞爾，經歷了在哥丁根大學十五年學術生涯和在弗萊堡大學十二年「純粹現象學」研究之後，其現象學思想已經發展到極為成熟的階段。但是，海德格在1927年發表的《存在與時間》，把胡塞爾現象學轉向個體的人（「此在」）的生存本體論。當列維納斯到達弗萊堡時，胡塞爾正在準備退休，並打算將他的教職繼承給海德格。列維納斯很注意海德格的學術思想及其活動。所以，列維納斯的現象學也同樣受到了海德格的存在哲學的影響。當時，列維納斯不僅參加海德格的研討會，而且也親自聆聽海德格與凱西勒在瑞士達沃斯（Davos）就康德哲學的性質所開展的激烈爭論。此後，海德格的思想因素，在列維納斯後來的著作中，以不同的程度表現出來。

列維納斯的博士論文《論胡塞爾現象學中的直觀理論》（*La théorie de l'intuition dans la phénoménologie de Husserl*）集中關懷意識的意向性問題。當時的列維納斯已經了解到：現象學的研究物件，並不是人類的心理現象，而是**純粹意識**（la conscience pure）。這比沙特更準確地把握了胡塞爾現象學的核心。

列維納斯於1930年正式加入法國藉，在巴黎大學參與了著名哲學家布蘭希維克的研討會和科耶夫的黑格爾講座，並經常出席由法國著名基督教存在主義哲學家馬爾塞所組織的家庭討論會。自從列維納斯濃厚的宗教意識同馬爾塞的基督教哲學相遭遇之後，兩者的智慧在他們的哲學創造中，就成為了相互補充的思想創造動力。馬爾塞所強調的「反思」（réflexion）精神，同胡塞爾的現象學方法相交合，推動了列維納斯對於**他者**和神的現象學探索。

神學思想和宗教教義，本來也是胡塞爾一個重要的現象學思想來源。胡塞爾回憶自己在維也納大學期間研究《聖經·新約》的體驗時曾說：他是借助於一門嚴格的哲學科學而找到通向上帝（le Dieu）和通向真正生活的道路（Sepp, H. P.,

1988: 131）。列維納斯將胡塞爾對神的現象學探索成果加以發展，更集中地研究了猶太教的神學。後來，列維納斯同馬爾塞的相會與思想交流，則進一步加強了列維納斯研究神學和哲學相互關係的決心，也確定了他此後發展現象學的新路線的特徵；猶太教教義同哲學的緊張關係，就這樣成為列維納斯從事哲學創作的重要思想基礎。

三、在烏托邦中思索

列維納斯1935年所發表的《逃脫》（*L'évasion*）一書，明確地表現了他的現象學思想發展方向：在神的啓示下，向異於自身的「烏托邦」（utopie）不斷超越，向想像的王國逃亡，拓展自由，並同「他者」對話。列維納斯說：「問題在於：必須通過新的途徑越出『存在』，哪怕冒著顛覆普通意義或甚至最顯赫的民族智慧的某些基本觀念的風險」（*L'évasion*. VIII. 1935）。

他對於當時德國法西斯勢力的痛恨，使他從最早的思想啓蒙開始，就將思想自由的期望，寄託在逾越現實的「異邦」彼岸。這種逃亡，正如利科所指出的，並不是消極的回避現實，而是對於不合理的現實的挑戰，是對於現實的批判，也是向更廣闊的新自由延展（Ricoeur, P. 1983a）。這是人的一種逃避恐懼的自由，同人的生存所必須的其他自由一樣，是人的自由理念的產物，同時也是創造新生活世界的必要之路。對神的敬仰和期望，同時地包含了人對自身理念的信心和無奈，更深刻地體現了人對自身存在的有限性的認識和絕望，也表現人的超越精神的可貴性。作為優先的存在，人只有依據自己的超越精神，才能在神那裡，找到鼓勵自身的無窮力量。從這方面來說，對神的信仰本身，具有積極的意義。

四、對胡塞爾和海德格的初步批判

1947年發表的《從存在到存在者》（*De l'existence à l'existant*, 1947）和《時間與他者》（*Le temps et l'autre*, 1979[1947]）兩本書，奠定了列維納斯於存在主義哲學流派中的特殊地位。後一本書是他在著名哲學家讓—瓦爾所領導的研討會上發表的一系列演講的彙集。與此同時，列維納斯在蘇薩尼（M. Chouchani）的指導下，系統學習和研究猶太教法典（Talmud），為他日後從猶太教文化觀點探索「存在」及人的本質奠定了基礎。

列維納斯在1949年發表的《同胡塞爾和海德格一起發現存在》（*En décou-vrant l'existance avec Husserl et Heidegger*, 1949）一書，成功地向法國讀者闡述了這兩位德國現象學哲學家的思想。這本書的出版，同沙特、梅洛·龐蒂、西蒙·波娃和卡繆等人的存在主義著作一起，不僅再次使當時的法國思想界，而且也使

法國社會大眾，掀起學習和研究胡賽爾與海德格思想的熱潮。但由於沙特思想所散發出來的耀眼光輝以及列維納斯本人在當時法國學術界和高等教育界尚未占據重要地位，人們對於現象學的了解，也只能限於沙特和海德格模式的範圍。只有少數學者和專業的哲學研究人員，才能在當時更深刻理解胡賽爾和列維納斯的思想。

列維納斯在他的《從存在到存在者》中，已經明確地勾畫了其倫理學的輪廓。出發點首先是要跳出海德格關於存在的形而上學探索途徑以及胡塞爾的「先驗的自我論」（l'égologie transcendantale）的方法。

列維納斯在《從存在到存在者》的前言中說，他當時所做的，是一種「預備性」的理論探討，以便建構一種「**以柏拉圖主義的形式將『善』放置在存在之外**（par la formule platonicinne plaçant le Bien au-delà de l'être）」的哲學研究新體系。列維納斯進一步明確地指出：這一新探討，將把「時間」（le temps）以及「與他人的關係」（la relation avec Autrui）當成導向「善」的運動的關鍵途徑。列維納斯說：「指引存在導向善的運動，並不是靠存在者將自身提升到一種優越地位的超越，而是從存在以及從描述其『在此敞開』的範疇中走脫出去」（Levinas, 1947: 11）。由於海德格自己也在他的《根據的本質》（*Vom Wesen des Gundes*, 1928）中強調他的思想與柏拉圖主義的密切關係，列維納斯特別分析了海德格對柏拉圖主義的錯誤理解，指出海德格誤解了柏拉圖在他的《國家篇》所說的存在的潛能，誤解成自身內在的自我存在的力量。對列維納斯來說，問題並不在於海德格所說的「此在」的那種存在論的自身性（l'ipséité ontologique de l'exsistant humain），而是探討以他人優先的人類真正的生存本體論。

列維納斯強調：「此在」並不等於「在世存在」。

五、作為「第一哲學」的倫理學

作為一位流浪的哲學家，列維納斯本人在二十世紀七〇年代前，始終只能在巴黎中心以外的法國大學任教（1961年起任教於法國西部古城普阿傑大學，1967年任教於巴黎近郊農泰爾大學，1973年才被任命為巴黎索爾邦大學教授）；而且，他從1957年起還把大量精力投入猶太教法典、教義和文化的研究，使他有可能將他本人在猶太教界發表的各種演講和論文，先後蒐集到他的《艱難的自由》（*Difficile liberté*, 1963）、《猶太教法典四篇演講集》（*Quatre Lectures talmudiques*, 1968）、《猶太教法典五篇演講集：從神聖到聖者》（*Du Sacré au Saint, Cinq Lectures talmudiques*, 1977）、《聖經文的彼岸》（*Au-delà de verset*, 1982a）、《民族興起的時刻》（*A l'heure des nations*, 1988）等著作中。

從七〇年代起，列維納斯的思想影響，才在法國和整個歐洲學術界擴大開來。當時，沙特的思想影響已經相對地削弱了。從那以後，直到列維納斯逝世爲止，他所發表的研究現象學著作，還包括《總體性和無限》（*Totalité et Infini*, 1961）、《其他人的人文主義》（*Humanisme de l'autre homme*, 1972）、《存在之外：本質之彼岸》（*Autrement qu'être ou au-delà de l'essence*, 1974）、《專有名詞》（*Noms propres*, 1975a）、《論布朗索》（*Sur Maurice Blanchot*, 1975b）、《論湧現於觀念中的神》（*De Dieu qui vient a l'idée*, 1982b）、《倫理學與無限》（*Éthique et Infini*, 1982c）、《超越性與理智性》（*Transcendance et Intelligibilité*, 1984）、《無題集》（*Hors sujet*, 1987）及《在我們之間：關於思考他者的論文彙集》（*Entre nous. Essais sur le penser-à-l'autre*, 1991a）等。

貫穿於列維納斯著作的中心思想，就是在他的神學思想的指導下，向「**他者**」的不斷超越。它意味著什麼？**第一**，它意味著人的存在，始終都面臨著「他者」的包圍和共存，也面臨著正確處理同「他者」的關係。人是在同「他者」的相互關係中生存，也是在同「他者」的關係網絡中，面對著他的世界，面對著他的彼岸；面對他的現在，也面對他的過去和未來。他者，既存在於現在，也存在於過去和未來，特別存在於彼岸。如果說在現實世界中的他者只構成「他者」世界的一小部分的話，那麼，更多的，或甚至更無限的「他者」、更重要的「他者」，是在超越的彼岸。對列維納斯來說，處於彼岸的他者，是現實的人必須追求、並必須與之對話的最重要的部分。因此，列維納斯把希望更多地寄託在彼岸，寄託在無限的他者對人的精神支持和啓蒙。

人的生活世界的特徵，正是在於：生活世界不只是現實的構成，而且也包括與它對立、並與它共存的「彼岸」。這個彼岸是超越的，但它的超越性及其與人共存，正是人的生存的基本條件。彼岸是由他者所構成，是人自身可以在一定條件下進行穿越的未知世界，也是時刻發生難於想像的變化的世界。彼岸是可能性的無限世界。人不同於一般生存物的地方，就在於他永遠回避不了要在現實與超越之間的來回運動，來回想像、並以其對於超越界的想像，作爲其生存和獲得自由的條件。因此，正如特羅迪農（Pierre Trotignon）所說，在列維納斯那裡，「他者」也就是超越的標誌，也是超越的經驗本身。對於列維納斯來說，思想並不是從自身向自身提出的同一性問題出發，然後再創造出一個經由他者的仲介和否定的道路而進行某種反思；與此相反，列維納斯所強調的是，思想從一開始，就必須通過與他者的關係，才能進行，因爲**同他者的關係以及向他者的超越，並非源自外在於它的世界，而是原本屬於思想本身的內在特性**（Trotignon, P. 1977[1967]：80）。

第二，它意味著向人性的烏托邦（L'utopie de l'humain）尋求新的自由期望。人性的烏托邦是無限的自由王國。它是他者之所在，也是人自身於現實中生存的依託性精神支柱與嚮往目標。它的存在不但吸引人自身的超越活動，而且也鼓動人們在現實世界中的不停創造。所以，烏托邦是現實的人進行創造的源泉和動力來源，也是改造和批判現實的指針。

第三，向他者的超越表明神本身的存在及其無限性，表明人與神的永恆對話的必要性、可能性和潛在性。神是存在的無限性的根基所在，也是人本身永遠保留希望的支柱。

第四，向他者的超越要求人們除了進行創造的行動之外，還必須以寧靜的沉默和思索面對生活世界，面對彼岸世界。整個世界，歸根結柢，是以其形式而存在的微妙結構，是無限的超驗世界的總體。「形式的世界像無底的深淵一樣敞開著（le monde des formes s'ouvre comme un abîme sans fond）。它就像宇宙爆炸形成時那樣，是敞向無底的深淵的混沌；在那裡，無所謂地方；它就是那個『有』（il y a）本身」（Levinas, E., 1947: 121）。面對浩蕩無邊無底的存在本身，人的生存的最好態度就是像小孩子那樣、像幼兒那樣，沉睡、沉思，讓自己設法意識到自身的渺小和無奈，讓生活世界繼續默默地走它的路，使世界作為真正的他者而陪伴著生存，給予生存最大的希望。「人們孤獨地睡著，像小孩那樣，讓大人們繼續過他們的生活；兒童們才感受到他們的『吵吵鬧鬧的』房間是最安詳的」（Levinas, E. 1982c: 46）。列維納斯認為，只有在這種沉靜中，才能顯示存在的沉重性，才能顯示時間荒謬（absurde）的單純性和單調性，才能顯示世界的無限性，才能顯示神存在的崇高性和偉大；列維納斯認為，只有真正進入這種肅穆寂靜的沉思，才表現人的生存的警覺性及其時時清醒的可能性。

第五，向他者的超越表明「存在」本身的無限性和異在性。「存在基本上是異在的，也是我們所要遭遇的。我們順從於它令人窒息的約束就像黑夜一樣，但它並無回應。它本身就是存在之惡」（Levinas, E., 1947: 28）。其實，在列維納斯看來，惡並非一種缺陷，也不是存在的缺乏；相反，他認為，惡是存在本身的過分現身，是存在的外溢。正因為它是過分的和過度的，所以它顯得很可怕，甚至令人恐懼。

第六，向他者的超越表明自由是無限的，也是不可或缺和不可被剝奪的。「自由銘刻在記載著法律的石桌子上。……它顯示於一種書寫的文本上，當然也是不可被摧毀的，而且它還在人之外永恆地存在，存在於永遠保存著人的自由的天國之中」（Levinas, E., 1961: 219）。列維納斯認為，自由之所以是不可剝奪和不可摧毀的，就是因為它是神所保障的。「法律之桌是神的創造物和作品」。

實現自由固然需要付出代價，需要在一定條件下使人受到約束，但這種約束不是來自人的意志，而是決定於神的意志。在列維納斯看來，如果沒有超越的他者、沒有在神的保護下的無限自由王國，人間的自由即使有法律保護也是脆弱的，不堪一擊。同時，列維納斯認爲，自由也不是像康德所說的那樣永遠嚴肅和高不可攀，自由對於人來說也是隨時都可以成立和實現的，「只要我能夠自由地選擇我的存在，一切都將是正當的」（Levinas, E., 1961: 55）。

第七，向他者的超越保證了人的希望和永遠樂觀。面對現實中的惡和惡勢力的橫行，如果沒有他者的超越性，如果沒有人性的烏托邦，如果沒有無限的神，就很難使人產生勇氣去克服不斷出現的災難。

第八，向他者的超越，使列維納斯將倫理學置於形上學本體論之上。他者既然不是外在於人自身的因素，他就成爲自我不可脫離的現象。

總之，列維納斯透過現象學走向理想的倫理世界，他認爲這種倫理世界的存在，是生活世界得以自由實現其節奏及和諧的條件，也是現實世界中的生存得以產生希望的基礎。

第六節　梅洛・龐蒂的身體生存現象學

梅洛・龐蒂比沙特晚一年，即於1930年，獲得巴黎高等師範學院的高等哲學教師文憑資格。先後於博維（Beauvais）、沙特爾（Chartres）和巴黎擔任中學哲學教師之後，梅洛・龐蒂於1945年同沙特一起創辦《現代》雜誌（Les temps modernes）。1955年，由於對待國際共產主義運動中的重大事件而同沙特發生分岐，他離開該雜誌社，並接著在里昂大學和巴黎大學教授哲學、兒童心理學和教育學。1952年他被選爲法蘭西學院哲學終身講座教授。

他的現象學與沙特主體意識現象學有很大的區別。他首先反對像沙特那樣將主體與客體、「自爲」與「自在」對立起來。作爲科耶夫的學生，或者，作爲黑格爾思想的創造性詮釋者，梅洛・龐蒂試圖以新的形式，也就是以**身體生存現象學**的獨特體系，改造黑格爾的歷史哲學傳統，強調胡塞爾現象學的特徵，並非訴諸於某種超越的意識行爲，而是回歸到生活世界（monde vécu），以**身體**（corps）**與心靈**（l'âme）**之間的辯證關係**，說明和描述「歷史何以可能」的問題，也同時探究生命生存和創造的內在動力。在這個意義上說，梅洛・龐蒂更注重於從本體論（存在論）的角度，重新探討哲學的基本問題。其實，梅洛・龐蒂的上述研究方向，也在很大程度上受到了法國哲學傳統的影響，這主要是指受到柏格森的影響。如前所述，柏格森曾經對二十世紀二、三○年代法國哲學的發展

發生重要影響，他不僅成爲了連接法國哲學與德國哲學的中間環節，也成爲當代法國哲學與傳統法國哲學的溝通者。

在某種意義上說，梅洛‧龐蒂比沙特更忠實地繼承了柏格森所傳承下來的傳統。梅洛‧龐蒂認爲，按照沙特的二元對立模式，人一旦從自然界解放之後，就具有說出「不」字的能力，將自己同各種事物對立起來。沙特顯然過分地誇大了人的地位，特別誇大了人的意識的功能。沙特將人的自我抉擇能力歸結爲意識的主動性，歸結爲主體意識的自我同一能力。沙特以爲，只要意識有自我同一的意向，人的主體就可以確立無疑。這樣一來，人的生存及其在世界上的存在，也就決定於人的意識的同一性及人的主體性。

在表面看來，梅洛‧龐蒂似乎和沙特一樣，受到了胡塞爾的啓發，並且也遵循現象學的原則。但是，更具體地分析和比較，就可以發現：梅洛‧龐蒂和沙特心目中的胡塞爾，並不是同一個；而梅洛‧龐蒂所理解的現象學，也不同於沙特的現象學。如果說，沙特是依據胡塞爾的《觀念I》的話，那麼，梅洛‧龐蒂的出發點，就是胡塞爾的《經驗與判斷》、《笛卡兒的沉思》以及《近代自然科學的危機》。此外，梅洛‧龐蒂還更重視胡塞爾關於時間的內在意識的學說。從存在論或本體論的角度來說，梅洛‧龐蒂所重點思考的，是關於「意義」的問題，而在這一方面，梅洛‧龐蒂就更切近胡塞爾的存在論。

梅洛‧龐蒂從現象學的基本原理出發，認爲人的存在及一切世界上的存在物，根本不是人的意識所決定的，也不是人的主體性所決定的。如前所述，從他最早著作的內容和傾向來看，就可以看出：他基本上是將現象學同人的身體的運動、行爲和感覺的性質結合起來，加以考察分析。也就是說，梅洛‧龐蒂從一開始，就嚴格遵守現象學關於「回到事物自身」的基本原則，就人本身的生存最本質的特點入手，緊緊抓住作爲生存基礎的身體與精神的相互關係問題。與梅洛‧龐蒂相類似，米歇‧亨利在他於六〇年代發表的兩本重要著作《顯現的本質》（*L'essence de la manifestation*, 1963）和《哲學與身體的現象學》（*Philosophie et ommemoration du corps. Essai sur l'ontologie biranienne*, 1965）中，也試圖通過對身體的現象學考察，建構一個具有自行激發能力（auto-affection）、並不斷發出內在衝動（l'impulsion immanente）的生命的存在論。這種存在論也就是米歇‧亨利自己所說的那種「絕對內在性的存在論」（une ommemor de l'immanence absolue）。米歇‧亨利是當代法國哲學界中創造性發展梅洛‧龐蒂的身體現象學、並取得重要成果的思想家（Barbaras, R., 2001, De la ommemoration de la perception à l'ontologie de la vie. In La Phénoménologie aujourd'hui, Magazine littéraire No. 403, Novembre 2001）。

　　但對於梅洛・龐蒂來說，身體同精神的相互關係就是從最簡單的**感知**（la perception）開始。所以，他創造性地將現象學朝向身體的生存感受同精神意識的相互關係層面，緊密地同心理學、精神分析學、社會學和語言學相結合，強調胡塞爾早期在「**觀看**」（voir）領域中，「把握事實本身」及「回到事物自身」（Zu den Sachen selbst）的直觀還原方法，重申胡塞爾所關注的「主體間性」（Intersubjectivitaet）的「生活世界」（Lebenswelt）景觀的重要性，發展了一套所謂的「**身體生存現象學**」（ommemoration de l'existence corporelle）。

　　梅洛・龐蒂的哲學著述實踐，幾乎一直同沙特的學術生涯相平行地共時進行。1945年，當沙特紅得發紫的時候，梅洛・龐蒂的「**感知的現象學**」（La ommemoration de la perception）發表出版。這本書同沙特的「存在與虛無」相異的地方就在於：**它從人們在生活世界中經常相遇的感知問題出發，探討人的生存最基本的問題。**

　　梅洛・龐蒂之所以從感知出發，還緊緊地同他個人特殊的學術生涯相關。他早期很注重研究心理學。他曾經先後在里昂大學、巴黎大學和巴黎高等師範學院擔任心理學教授。所以，早在1938年撰寫、並於1942年發表的《行為舉止的結構》（*La structure du comportement*）一書中，梅洛・龐蒂就已經從心理學的觀點出發，以理解「意識」同「自然」的相互關係為主題，試圖超越傳統心理學將「批判哲學」（la philosophie critique）與「自然主義科學」（la science naturaliste）相對立的論述方式。他以現象學方法，從旁觀者的中立角度批判心理學中的行為主義理論，重新界定和分析「行為舉止」（le comportement）概念。梅洛・龐蒂認為，行為的特性，不管就其反映面還是就其高級層面，就在於：對它的「刺激」（stimulus）的有效性，都決定於它所隸屬的有機體先天固有的「意義」或「價值」；而這些意義或價值，與其是由外來的刺激，還不如是由有機體本身所產生和構成。行為應該描述成一種類似於「形式」（la forme）的現象，是一種總體性的過程；其特徵不應該被說成各個分離的局部的總和。梅洛・龐蒂反對將行為納入身體與精神的對立範疇之中。他強調說，**形式之所以存在，就是因為它對意識有意義，而所謂意識無非就是感知的意識。**「意義」是被感知的有機體的「屬性」（des attributes de l'organisme perçu）。在這裡顯示了梅洛・龐蒂已經從「超越」的觀點，深入探討有關身體與心靈的關係，明顯地拒絕傳統有關生命和精神研究的各種「實體論」（le substantialisme），並對於感知的意識（la conscience perceptive）深感興趣（Merleau-Ponty, M., 1960[1942]）。由此可見，梅洛・龐蒂很早就發現：人最簡單的感知，已經包含了意識，已經滲透著身體同精神的兩種複雜因素。所有這些，都表明梅洛・龐蒂從一開始研究人的身體、情

感、心靈和心理問題，就從現象學的立場，拒絕傳統的二元對立模式，試圖在身體與心靈的交互關係中，在「主體間性」的視野中，探討人及其行為、思想和行為的問題。

所以，早在1942年出版的《行為舉止的結構》（*La structure du comportement*）中，梅洛·龐蒂實際上就已經**將現象學同人的身體的運動、行為和感覺的性質結合起來**，加以考察分析。他創造性地將現象學朝向身體的生存感受同精神意識的相互關係的層面，緊密地同心理學、精神分析學、社會學和語言學相結合，強調胡塞爾早期在「觀看」（voir）領域中，「把握事實本身」及「回到事物自身」（Zu den Sachen selbst）的直觀還原方法，重申胡塞爾所關注的「主體間性」（Intersubjectivitaet）的「生活世界」（Lebenswelt）景觀的重要性，發展了一套所謂的**「身體生存現象學」**（ommemoration de l'existence corporelle）。

沙特在當時強調人的主體意識的能動性，也正是為了說明人是歷史的創造者，似乎人可以透過他的實踐來選擇自己的歷史命運。但梅洛·龐蒂認為，一旦將人的主體性脫離開主體間的相互關係，就會重新陷入傳統意識哲學的框架，以致無法正確解決歷史的問題。整個哲學界，在二十世紀五、六〇年代，幾乎都未跳出傳統歷史主義（historicisme）的窠臼，特別無法擺脫歷史目的論的影響。沙特的主體意識哲學就是這種歷史目的論的變種，也在某種意義上說是受到黑格爾主義和馬克思主義的歷史哲學的影響。梅洛·龐蒂嚴厲批評了沙特的歷史目的論，認為他的歷史目的論，就是他的主客體對立思想模式的典型產物。梅洛·龐蒂指出，沙特強調主體性的結果，使沙特把主體創造的產物和結果看得很重要。在沙特看來，人的主觀能動性就表現在他所創造的作品之中，因為只有使自己的實踐具有明確的目標，並使自己所設定的目的得以實現，意識才算完成從「自在」到「自為」的過渡。但梅洛·龐蒂認為，「人同存在之間的原初關係，並不是自為同自在的關係」（Ibid.: 94）。創造的目的或產品，相對於人的歷史活動而言，是次要的；歷史活動的珍貴，恰恰在於它的無目的性。無目的性使歷史永無止盡地延續，而且實現無目的和無方向的延續。只有這種延續才使歷史獲得生命力，才是歷史本身的真正面目，才是歷史的存在本身。一旦歷史追求某種目標或目的，歷史就會在這個目標面前停止，歷史將不再成為歷史，歷史本身也就完結。所以，正確解決歷史問題，還是要回歸到存在本身的本體論，回到最原始的存在論。

正因為梅洛·龐蒂不同意沙特的存在主義現象學，所以，他在《知覺現象學》一書中，特別重新提出了「什麼是現象學」的問題。他認為，在胡塞爾的最初著作出版半個多世紀之後，「這個問題遠沒有解決」（Merleau-Ponty, M.,

1945: I）。梅洛・龐蒂明確地說：「現象學是關於本質的研究；在現象學看來，一切問題都在於確定本質：比如，知覺（perception）的本質、意識的本質。但現象學也是一種將本質重新放回存在，不認為人們僅僅根據人為性，就能理解人和世界的哲學。它是一種先驗的哲學，它懸置自然態度的肯定，以便能理解它們；但它也是這樣一種哲學：在它看來，在進行反省以前，世界作為一種不可剝奪的呈現，始終已經存在。所有的反省努力，都在於重新找回這種與世界的自然聯繫，以便最後給予世界一個哲學地位。……它試圖直接描述我們的體驗之所是，不考慮體驗的心理起源，不考慮學者、歷史學家和社會學家可能給出的關於體驗的因果解釋。然而，胡塞爾在他的晚年著作中提到了一種『發生現象學』，乃至一種『構造現象學』。……現象學只能被一種現象學方法理解。因此，讓我們嘗試毫無拘束地、以著名的現象學諸主題在生活中自發聯繫方式，來建立它們之間的聯繫」（Ibid.: I-II）。

在他的《知覺現象學》一書中，梅洛・龐蒂以現象學的觀點，對「身體」（le corps）進行較為系統和深刻的描述。他認為，身體是「在世存在」的真正向量標誌（le corps est le vecteur de l'être au monde）；而世界對於身體而言，並不是被身體「認識」，而是作為它的動機可能性的極限表現出來的（Ibid.）。在梅洛・龐蒂逝世前一年（1960年）所寫的《眼睛與精神》（L'Œil et l'esprit）中，他說：「人的身體就存在於：當觀看者與可觀看事物之間、觸及者與被觸及的事物之間、一隻眼睛與另一隻眼睛之間、手與手之間發生相互交叉的時候；……」（Merleau-Ponty, M., 1964: 21）。

梅洛・龐蒂之所以集中研究「知覺」，是因為它「是一切行為得以展開的基礎，是行為的前提」（Merleau-Ponty, M., 1945: IV）。從現象學的立場來看，知覺並不是關於世界的表象，也不是一種行為，不是有意識採取的立場。知覺之所以珍貴，就是因為它是人在世界生活的親自體驗。梅洛・龐蒂在1947年發表於法國哲學會上的學術演說「知覺的優先地位及其哲學後果」（Le primat de la perception et ses consequences philosophiques），再次強調知覺「是內在性和超越性的悖論」（le paradoxe de l'immanence et de la ommemoration）。

在梅洛・龐蒂看來，**我們的身體是活生生的意義紐結**。它不是一定數量的共變項的規律鎖鏈。作為運動能力或知覺能力的身體，不是「我思」的物件，而是趨向平衡的主觀意義的整體。有時，新的意義紐結形成了：我們以前的運動湧入一種新的運動實體，最初的視覺材料湧入一種新的感覺實體，我們的天生能力突然與一種更豐富的意義聯繫在一起。它的出現突然重建我們的平衡以及滿足我們的盲目期待。

梅洛‧龐蒂很重視「觀看」的方式。他認為「真正的哲學在於重新學會觀看世界」。他還以人的眼睛的視覺為例，說明身體感受對於美（la beauté）的鑑賞的重要意義。人們在消費活動中，往往首先靠眼睛視覺所提供的資訊，選擇自己的消費物件，並在購買、使用和交流消費品的過程中，靠眼睛視覺的對比和鑑賞，來決定對於消費品的判斷。在品鑑消費品的時候，始終是身體，特別是眼睛，在向我們自己說話、在向我們自己表現物件，並同時實現對於物件的鑑賞判斷。

梅洛‧龐蒂明確地將自己的身體知覺現象學同自然科學的科學認識論、傳統歷史主義、理性主義區分開來。他的《意義與無意義》（Sens et non-sens）一書中，蒐集了他在1945至1948年期間所發表的有關哲學、美學和政治的各種論文，集中探討合理性與真理問題。他認為，解決這些重要問題，必須從現象學的角度，正確說明「意義的存在模式」（le mode d'être du sens）。他再次批評極端的客觀主義和極端的主觀主義兩種傾向，主張以「主體間性」的互動觀點，在樸實性中探索理念性，在經驗的特殊性中尋求普遍性，在偶然性（contingence）中發現絕對性（Merleau-Ponty, M., 1948）。

梅洛‧龐蒂指出：對於「存在」（être）的問題，不管人是否認為它「是」或者「不是」，存在永遠都是存在本身。所以，對於存在，不應該提出「是什麼」的問題。梅洛‧龐蒂說，存在就是存在，不能說「存在」是什麼或者不是什麼。「存在」是由存在自己決定其本質的；存在是靠其自身的自我展示顯示其存在的。如果將「存在」說成為「是什麼」，就意味著有人這個主體，以他的意識的同一性而為「存在」下定義（ommemorat）；這樣的存在並不是原本意義上的存在本身，而是由人的主體性所人為決定的字面上的存在，是一種關於存在的概念罷了。這樣給「存在」下定義，實際上違背了現象學關於「就存在論存在」和「返回事物本身」的基本原則。所以，梅洛‧龐蒂認為，只有首先解決這個有關主體與客體的關係問題，才能正確解決歷史何以可能的問題。

為此，梅洛‧龐蒂回歸到黑格爾的辯證法，強調：「自在與自為的統一，原本是黑格爾所主張的自由的實現條件。在某種意義上說，這正是存在本身的定義」（Merleau-Ponty, M., 1945: 519）。按照梅洛‧龐蒂的說法，沙特之所以在這個問題上走錯了方向，就是因為沙特在重視人的創造性的時候，似乎過於誇大人的主體的能動性，特別是誇大主體意識的能動作用，以致主體意識在沙特那裡成為了整個世界的中心和歷史的發動器。梅洛‧龐蒂批評沙特說，沙特簡單地將「存在」（L'être）當成「完全的被動性」（pleine pasivité），而將「虛無」（le néant）當成「不在」（n'est pas），這正是說明沙特不懂得辯證法（Merleau-

Ponty, M., 1968: 84）。梅洛‧龐蒂指出，如果像沙特那樣，將主體同客體脫離開來，不懂得人的主體性（subjectivité）一旦脫離了人與人之間的關係，特別是脫離了各個作為主體的人之間的相互關係，就會使主體本身陷入盲目的活動中去。為此，梅洛‧龐蒂以笛卡兒的哲學為例，強調有關主體與客體、文化與自然、精神與肉體的關係，是存在論的基本問題（Merleau-Ponty, M., 1968:126-127）。顯然，梅洛‧龐蒂暗示沙特並未正確解決存在論的基本問題，同時也暗示沙特違背海德格所教導的原則：必須在存在論基本問題得出正確結論之後，才能正確解決歷史問題。梅洛‧龐蒂還借用萊布尼茲（Gottfried Wilhelm Leibniz, 1646-1716）的話說：像沙特那樣在「自然」、「人」與「上帝」概念之間發生混亂的各種類型的當代自然主義（naturalisme）、人道主義或有神論（théisme），都是根源於他們「在第一哲學方面走向迷宮」（Ibid.: 128）。

身體的空間性是身體之存在的展開，是身體作為身體實現的方式。他說：「我的身體的各個部分，它的視覺面、觸覺面和運動面不只是協調的。……身體的各個部分只有在它們的功能發揮中才能被認識，它們之間的協調不是習得的。同樣，當我坐在桌子旁邊，我能立即使被桌子遮住的我的身體部分『顯形』。當我收縮在鞋子裡的我的腳時，我看到了我的腳。這種能力能使我支配我從來沒有看到過的我的身體部分。……身體不能與自然物體作比較，但可以同藝術作品作比較」（Merleau-Ponty, M., 1945: 173-177）。因此，我們的身體具有直接感知自身的能力，並在直接感知中判定自己所喜愛的部分及其結構。

梅洛‧龐蒂根據現象學的原理認為，在任何一幅繪畫（peinture）或一段樂曲中，觀念只能透過顏色和聲音的展現來傳遞。如果我們沒有看過塞尚（Paul Cézanne, 1839-1906）的畫，那麼，關於塞尚的作品的分析，使我在多個可能的塞尚之間進行選擇。這個時候，是關於繪畫的知覺，給予我唯一存在的塞尚。因此，只有在關於繪畫的知覺中，對於塞尚繪畫的分析才有完全的意義。同樣地，對於一首詩或一部小說的分析，也是如此。**任何一首詩或一部小說，雖然它們是由語詞所構成的，但它們在本質上乃是一種存在的變化而已。**詩不同於一般的喊叫，因為喊叫是透過大自然來刺激身體。因此，喊叫的表現手段是貧乏的。詩歌並非如此。**詩歌（poème）是透過語言，而且是透過一種經過加工錘煉和反覆斟酌的特殊語言。當詩歌表達它的意義時，存在的變化並不消失在詩被表達的時刻，而是在詩歌的結構中找到了它的永恆的歸宿。**一部小說、一首詩、一幅畫、一段樂曲，都是個體，人們是不能區分其中表達和被表達的部分，它們的意義只有透過一種直接聯繫才能被理解，當它們向四周傳播其意義時，它們並不離開其時間（le temps）和空間（l'espace）位置的存在。正是在這個意義上說，我們的

身體可以同藝術相比擬。

第七節　利科的詮釋現象學

　　在當代法國現象學運動中，利科是透過詮釋學的文化反思，以其獨特的風格，成功地發展了一種現象學；他將現象學嫁接在詮釋學這個非常厚實的樹幹上，使現象學從先驗的純意識的研究，進入人類文化的廣闊時空中迂迴反思，並在人文社會科學領域的各個方面，推動了各種研究工作的進展。

　　利科的思想和理論，實際上經歷了曲折的演變和發展過程。這一過程是同他本人的生活經歷、政治遭遇以及近一個世紀以來發生於西方和世界各地的重大歷史事件，特別是人文社會科學界的主要爭論緊密相關。他對於人的命運的關懷以及他本人思想的活躍和獨創性，使他不可能使自己陷於沉默狀態，更不可能使他的思想生命處於停頓靜止的樣態之中。

　　從二十世紀六○年代之後，吸收和綜合了整個西方人文社會科學的研究成果，特別是由於思想方法論方面的爭論而導致詮釋學領域發生了根本性的革命，使利科將其哲學思想的研究，集中轉向一種「反思的詮釋學」（l'herméneutique réflexive）的理論探索。透過對於反思詮釋學的長期思索，利科明確地指出了「從自身到自身的最近道路就是透過他者」的深刻結論。這就意味著：作為詮釋的基礎和出發點，「自身」（soi-même）永遠都不可能是自我滿足的；自身如果是自滿自足的，他就是沒有生命、沒有內容和沒有前途。自身為了能夠發現自己、認識自己和發展自己，就必須永遠地超出自己而注意、尋找、發現和理解由「他者」所發出的各種含有意義的資訊和信號，必須透過對於盡可能多的「他者」的繞道（détour），並在這種一再進行的繞道中，同多種多樣的他者進行交流、溝通、相互理解和相互轉化，然後再返回自身。而作為「自身」的繞道之仲介（médiation）的他者，實際上就是他人、世界、文化、語言、文本、歷史和自然，也就是一切在自身之外的他物。

　　由此可見，利科的哲學思想到了晚期的成熟階段，已經遠遠地脫離觀念論對於他早期思想的影響，特別是脫離黑格爾、胡塞爾和沙特關於將一切「存在」（L'Être）都歸結成「為意識的存在」（L'Être pour la conscience）的基本命題。在利科看來，一切存在，如果要成為一種真正的存在，就不能再沿著海德格存在哲學的存在論思路，必須拒絕使自己侷限於自身，同樣也要拒絕使自己選擇走上「短程」的生命通道，而是要使「自身」一再地走上曲折的詮釋繞道（le détour herméneutique），在各種意義的外在表現，在文化所展示的各種例示中，在社

會、政治、宗教及人文科學的領域中，進行盡可能曲折的繞道，並在繞道中，實現同它們的對話、交流和相互理解。

所以，利科認為，**意識**必須透過**無意識**（l'inconscient），也就是透過他所說的「**欲望的語義學**（la sémantique du désire）」，**直觀**（l'intuition）必須透過**批判的詮釋**（l'herméneutique critique），也就是透過一種「**懷疑的詮釋學**」（l'herméneutique de la suspicion），**理性**必須透過**語言**，而反思必須透過**詩式的想像**（l'imagination poétique）。總之，一切存在必須透過對於異域和異於自己的「**他者**」的「**詮釋的繞道**」，才能使自身充實和成熟，使自身獲得一再的重生，延長自己的文化生命，並提升自己的生命的價值。當然，利科所說的詮釋繞道，從來都不是停留在精神思想領域，而是歸根結柢必須訴諸於**行動**（l'action），一種從詮釋的文本而走上行動領域的超越。這種**詮釋的行動**，一方面敢於對一切現實世界的苦難和罪惡，承擔起道德的責任，另一方面又以詩意般的想像，對於一切不斷變化和不斷更新著的各種意義，敢於作出創造性的迴響和回應。正是在這個意義上說，利科的詮釋學也就是「**行動的詮釋學**」（l'herméneutique de l'action）。這種朝向行動的詮釋學，是以利科所說的「**行動的存在論**」（l'ontologie de l'action）為基礎而建構負責任的樂觀世界觀和新型人生觀，它建立在踏實的永恆開放的行動和富有進取性的反思精神之基礎上，是一種「**渴望生存**」（生存的欲望）（désire à être）的積極生活態度。

從利科所探討的論題範圍，尤其從他所討論的許多問題的「現代性」意義而言，他又是一位高度關懷當代社會命運的思想家和最重視現實的理論與實踐問題的哲學家。他針對自第二次世界大戰以來的西方社會，不論是政治、社會，還是文化方面的危機，都給予充分的注意，並在他的著述中一再地從理論和社會政治制度的角度進行分析，希望能夠為社會正義及他所追求的人文理念的實現，找到可以貫徹的方案。在二十世紀末和二十一世紀初，當歐洲進入政治、經濟和文化全面統一的新歷史階段已經到來的時候，當全球化的進程已經全面地擴展到世界各個地方的時候，利科的哲學研究仍然極端關心現實的基本問題。在人類歷史進入新的階段時，他尤其關心道德倫理的重建及人類文化的命運（Ricoeur, 1991；1992a；1992b）。他尖銳地指出：如果以為未經改造和重建個人及集體的道德心靈態度，就可以順利地過渡到整個歐洲的統一的話，那實際上是在欺騙人民（Ricoeur, 1992a）。他呼籲世界各個強權勢力，要承擔起道德的責任，不要只是過多地考慮政治的權力和經濟上的利益，而不關心人民的精神狀態及文化的命運（Ricoeur, 1992b）。

由於利科的思想和理論研究是建立在深厚的理論思想基礎上，又對當代社會

抱著由衷的關懷，使他的思想在近半個多世紀以來，順著一個確定不移的核心路線，一再地對哲學、現實世界和人文社會科學的基本問題進行多方面的研究，從而使他成為當代法國和整個世界思想界的一顆巨星。

總之，利科的思想和理論，經歷了曲折的演變和發展過程。這一過程是同他本人的生活經歷、政治遭遇以及近一個世紀以來發生於西方和世界各地的重大歷史事件，特別是人文社會科學界的主要爭論緊密相關。他對於人的命運的關懷以及他本人思想的活躍和獨創性，使他不可能使自己陷於沉默狀態，更不可能使他的思想生命處於停頓靜止的樣態之中。

實際上，利科的哲學思想，經歷從二十世紀三○年代到二十一世紀初漫長的發展演變過程。正是經歷了漫長的思想成長的「**繞道**」，經歷從三○年代到五○年代的第一階段、從六○年代到八○年代的第二階段和從八○年代中期到二十一世紀初的第三階段之後，利科才從原來一位單純追求人生自由平等的人文主義者，從最早深受觀念論影響的青年哲學家，經過對雅斯培、海德格、馬爾塞、莊·納貝爾特（Jean Nabert, 1881-1960）、胡塞爾等人的哲學思想的探索，經過多次參與發生於西方人文社會科學界的重大理論爭論，終於創立了自具特色「**反思的行動的詮釋學**（l'herméneutique réflexive de l'action）」和「**新蘇格拉底主義**（Le Néo-Socratisme）」。

利科在1990年初時曾經說，他的哲學繼承和發展自笛卡兒、經曼恩·德·比朗（Maine de Biran, 1766-1824），以及他的老師莊·納貝爾特所發展的「反思哲學」（La philosophie réflexive）的傳統，吸收和綜合英美當代語言哲學的成果，創立了一種以反思的詮釋學原則和方法為基礎、並包含**語言哲學**（La philosophie du langage）、**行動哲學**（la philosophie de l'action）和**道德哲學**（la philosophie de la morale）三大組成部分的新哲學體系。

利科著作等身。在近五十年中，他發表的著作所涉及的範圍，包括從一般哲學到政治哲學與政治評論，從詮釋學到宗教哲學，從現象學到倫理學等各個方面。他所觸及的問題，幾乎關係到哲學、人文社會科學的所有重要領域和戰略性理論問題。從他的著作的內容及深度來看，他確實不愧是當代偉大的思想家之一。他的著作包括：《卡爾·雅斯培與存在哲學》（與杜夫連合著）（*Karl Jaspers et la philosophie de l'existence*, 1947）、《伽普里爾·馬爾塞與卡爾·雅斯培。神祕哲學與悖論哲學》（*Gabriel Marcel et Karl Jaspers. Philosophie du mistère et philosophie du paradoxe*, 1948）、《意志哲學》第一卷《意願者與非意願者》（*Philosophie de la volonté. Tome I, Le volontaire et l'involontaire*, 1950）、《意志哲學》第二卷《「精緻性」與「有罪」》（*Philosophie de la volonté. Tome*

II, Finitude et culpabilité. 1. L'homme faillible. 2. La symbolique du mal, 1966）、《胡塞爾現象學的指導性觀念》（Idées directrices pour une phenomenology d'Edmund Husserl. Traduction et presentation, 1950）、《德國哲學史上的幾位當代著名哲學家》（Quelques figures contemporaines. Appendice à l'Histoire de la philosophie allemande, 1954）、《歷史與眞理》（Histoire et vérité, 1955）、《論詮釋：關於佛洛伊德論文集》（De l'interprétation : essai sur Freud, 1965）、《詮釋的衝突：詮釋學論文集》（Conflit des interprétations. Essais d'herméneutique, 1969）、《活生生的隱喻》（La métaphore vive. 1975）、《詮釋學與人文科學：論語言、行動和詮釋》（Hermeneutics and Human Sciences. Essays on Language, Action and Interpretation, 1981）、《關於意識形態與烏托邦的論文集》（Lectures on the Ideology and Utopia, 1983）、《時間與記述》三卷本（Temps et récit. 3 volumes, 1983,1984,1985）、《從文本到行動：詮釋學論文第二集》（Du texte à l'action. Essais d'herméneutique II, 1986）、《論現象學學派》（A l'école de la phénoménologie, 1986）、《作爲他者的自身》（Soi-même comme un autre, 1990）、《讀書評論第一集：環繞政治問題》（Lectures I : Autour du politique, 1991）、《讀書評論第二集：哲學家的領域》（Lectures II : La contrée des philosophes, 1992）、《讀書評論第三集：在哲學的邊界》（Lectures III : Aux frontières de la philosophie, 1994）、《公正的》（Le juste, 1995）、《批評與信念》（Critique et conviction. Entretien avec François Azouvi et Marc de Launay, 1995）、《反思集》（Réflexion, 1996）、《意識形態與烏托邦》（法文版）（L'Idéologie et l'Utopie, 1997）、《另類的》（Autrement, 1997）、《思考〈聖經〉》（Penser la Bible. Avec André La Coque, 1998）、《促使我們思考的因素：自然與法規》（Ce qui nous fait penser : la nature et la règle. Avec Jean-Pierre Changeux, 1998）、《唯一的和個別的》（L' Unique et le singulier. Entretiens avec Edmond Blattchen, 1999）、《記憶、歷史、遺忘》（La mémoire, l'histoire, l'oubli, 2000）及《公正的》第二集（Le Juste II, 2001）等書。

一、意志的現象學

　　利科的哲學生涯開始於他在雷恩斯（Rennes）大學哲學系的學習和研究活動。後來，他到巴黎從師於納貝爾特和馬爾塞，並在1935年獲得哲學教授資格文憑。第二次世界大戰爆發後，利科應徵服兵役，不久便被德軍俘虜。在戰俘營中，繼續攻讀哲學，特別是精讀和研究雅斯培哲學，與同在營中的法國哲學家杜夫連一起，共同研究胡塞爾的現象學，並以現象學的觀點，對雅斯培哲學進行初

步的批判,撰寫了《雅斯培與存在哲學》。由於當時正好是在戰俘營中生活,利科和杜夫連都感受到可怕的孤獨以及對於自由的渴望。1950年起,利科繼依波利特的教職,任史特拉斯堡大學教授。從1950年至1955年,連續翻譯胡塞爾的著作《哲學是對於人性的意識》(*La philosophie comme prise de la conscience de l'Humanité*)、《反思錄》(*Reflexion*)以及《現象學及現象學哲學的一個指導性觀念(第一卷):純粹現象學導論》(*Idées directrices pour une phénoménologie et une philosophie phénoménologique pure. Tome premier. Introduction générale à la phénoménologie*)。1956年至1965年,利科任巴黎大學教授,創建、並領導胡塞爾現象學研究中心,出版《巴黎胡塞爾文庫》(*Pariser Husserl Archiv*)。

利科和其他當代法國哲學家們一樣,很早就對胡塞爾的現象學發生興趣。利科是屬於那些早在二十世紀三、四〇年代就已經專門研究胡塞現象學的法國優秀思想家中的一位卓越人物。而胡塞爾的重要著作《觀念I》(*Idees directrices pour une phenomenology et une philosophie phenomenologique pure. Tome premier : Introduction generale a la phenomenologie*),就是由利科在1951年正式翻譯成法文的。因此,在當代法國思想發展史上,利科可以算是胡塞爾現象學在法國的一個重要學派的首要代表人物:他是當代法國反思的現象學派的創始人。

從二十世紀三〇年代到五〇年代,是利科思想發展的**第一階段**;這一階段,利科本人稱之為「**接受現象學和存主主義的時期**」。利科曾經說:「在開始的時候,是從法國的角度接受胡塞爾的德國現象學、雅斯培的存在主義以及海德格的存在主義的現象學。因此,當我寫《意願者和非意願者》那本書的時候,我是在梅洛・龐蒂和沙特那方面尋求我的位置」(高宣揚, 1990: 4)。在這一時期,利科的思想主要受到海德格、馬爾塞及納貝爾特三大思想家的影響,以胡塞爾現象學為主要方法,集中探討了作為人的基本生存動力的「意志」(la volonté)及其行動的問題。因此,**行動**(l'action;l'agir)問題,從一開始,就成為利科探討人的基本問題的核心。**利科的意志現象學,實際上就是探索「意志」導向「行動」的本體論、認識論和倫理學基礎。**

本來,利科最早的哲學興趣,是研究雅斯培的存在哲學。利科的強烈的人文主義立場,使他在雅斯培那裡,如同他在馬爾塞和卡爾・巴特(Karl Barth, 1886-1968)的著作中所發現的一樣,看到了作為「他人」的「超越性」概念的重要性。正是雅斯培關於「**他人**」(l'autre)的「**超越性**」(Transcendence)的概念,使利科開始深入地思考「他人」的問題,並在對於人的命運的探討中,逐漸意識到胡塞爾現象學關於「生活世界」的概念對於理解人的生存的極端重要性。

在利科與杜夫連合著的《卡爾・雅斯培與存在哲學》(*Karl Jaspers et la phi-*

losophie de l'existence）的書中，利科非常重視雅斯培關於**人面臨著超越性的處境**的存在論論述。但海德格運用胡塞爾現象學研究人的生存與世界的相互關係的論題，使利科更清楚地看到了：「他人」的問題，作為人的超越性的表現，不能在世界之外去分析。利科反對雅斯培以自我滿足的存在論立場探索「他人」的超越性，堅持必須從世界的存在本身探討人的超越性。

在將雅斯培同海德格哲學的比較中，利科認為，雅斯培哲學包含著兩大核心觀念，這就是「**自由**」和「**超越性**」；而海德格則只有一個基本概念，即「**此在**」的「**在世**」的自由。海德格認為，所有的人，包括「他人」在內，都是一個一個具體的人在世界中的存在，這就是他所說的「**此在**」（Das Dasein）。因此，作為「他人」的「存在」，不可能在世界之外保持其超越性（Ricoeur, 1947a：371）。海德格在世界之中尋求人與他人關係的思想，使利科逐步脫離雅斯培的影響，也使利科第一次發現了人生與世界之間的緊密關係（Ricoeur, 1947b）。利科後來在談到他從雅斯培走向海德格的思路時說：「海德格的『人生在世』概念，將雅斯培哲學的缺點相對地突顯出來：雅斯培最終仍然未能跳出傳統的理性主義的窠臼，因為雅斯培試圖將自由的觀念與理性的清晰性統一起來」（Riceour, 1991：156）。

由此看來，利科首先讚賞的，是海德格的「世界」概念。在利科的《意願者與非意願者》一書中，利科雖然仍將「世界」與「自然（la nature）」等同起來，但他已經在論述人的意願及其意志行動時，將「世界」同「他人」聯繫在一起（Ricoeur, 1988[1950]：397）。接著，在利科為其翻譯的胡塞爾著作《觀念》的法文版所作的序言中，已經充分顯露了利科新的世界概念的基本特點（Ricoeur, 1985[1950]：xxvii；xxxviii）。利科在這方面對於海德格的肯定，尤其明顯地表現在他後期的著作中（Ricoeur, 1969：12）。

海德格對於利科的第二方面的重要影響，表現在他對知識論的批判上。如同海德格，利科在知識論方面，並不首先探討認識主體如何客觀地把握世界的可能條件，而是首先關心「存在」的問題。而且，利科也同海德格一樣，承認「存在」具有多方面的意涵，並特別地探討了兩種不同類型的「存在」之間的差異，即：（一）在「真正的存在」與「虛幻的存在」之間的差異；（二）在「作為實體的存在」（Being as substance）同「作為能力和行動的存在」（Being as power and act）之間的差異。海德格曾經對亞里斯多德的「真正的存在」和「作為行動的存在」提出過疑問，並試圖以「顯示在手的存在」（Vorhandensein）的新概念，來切斷上述兩種類型的存在的聯繫。在利科的《作為自身的他者》中，利科更試圖透過海德格把握亞里斯多德的存在論思想，並在此基礎上，利科論證了

「自身」與「相同性」之間的差異（Ricoeur, 1990：361）。

最後，關於「意識」的概念，海德格也同樣深刻地影響了利科的思想。在海德格看來，「意識」證實了「存在」本身具有「能在性」及「成為存在的潛在性」。利科在《作為自身的他者》中，在肯定海德格的上述觀點的基礎上，強調他對於「自身」（ipse）與「相同性」（idem）的區別，並不只是關心這兩種不同的意涵，而且，是為了更明確地區分兩種類型的「存在」（Ricoeur, 1990：309；358）。

海德格的哲學雖然對利科的思想轉變發生決定性的影響，但推動利科專門研究胡塞爾現象學的真正關鍵人物，是利科的老師納貝爾特。納貝爾特強調反思性（la Réflexivité）在哲學研究中的關鍵地位。納貝爾特的博士論文《自由的內心經驗》（L' expérience intérieure de la liberté, 1923）及其重要著作《倫理學基本原則》（Éléments pour une éthique, 1943），為利科早期的思想開啟了反思之窗。

因此，概略了解納貝爾特的哲學思想對於正確把握利科早期思想是有益的。納貝爾特在其博士論文中，集中地探討了由笛卡兒所提出的「我思」（Cogito）的問題；但納貝爾特在強調「我思」的首要確定性之外，又指出了笛卡兒對於人的自由的忽視。納貝爾特認為，**自由是人的首要問題**，因為正是透過自由，人才成為**主體**（le sujet）。顯然，納貝爾特從一開始就表現了他的反思哲學與笛卡兒哲學的區別：他雖然重視反思的必要性，但尤其重視人在現實世界中所面臨的實際問題。因此，納貝爾特的哲學，也在某種意義上說，更加接近曼恩・德・比朗和費希特（Johann Gottlieb Fichte, 1762-1799）的**行動哲學**。所以，納貝爾特認為，人的意識並不像康德所說的那樣，同時具有自然的規律性，而是具有其自身的獨特因果性，一方面不能化約為理性的因果性，另一方面又特別地表現在自由的內心經驗之中。

由此可見，納貝爾特的反思哲學從笛卡兒哲學出發，以探討「我思」（Cogito）作為中心論題，強調人的意識活動是「以主體為中心而展開的雙向運動」：一方面，透過一種真正的反思運動，試圖重新把握在意識之外那些限定著意識活動的條件；另一方面，透過朝向經驗的運動，經過對於經驗界各動與意識活動相對立的事物的「超越」和「繞道」，透過對於意識周在世界和存在物的理解，再返回意識主體本身，以保證意識活動的實在性。顯然，納貝爾特已經很清醒地指出了作為意識的「我思」之走向外在世界和經驗世界的必要性。只有經過上述雙向運動，「我思」才有可能深入地把握「**主體性**」（la subjectivité）。這種主體性的第一個基本含義，乃是「自由」。這就是說，**人的主體性，首先就表現在：他只有具備一定的權力和能力去認識與支配他自身以及他周圍的事物的時**

候，才有可能爲作「主體」而行動著。沒有一種自由是可以未經任何遭受反抗就順利實現。然而，在納貝爾特看來，**行動是不能化約爲認識**（l'action est irréduct-ible à la connassance）：爲了確認存在與行動的同一性，勢必要使道德絕對化。但在納貝爾特的論證中，爲了克服這種唯道德論，他特別強調主體自身的**分割性**，以便將「犯錯誤」、「失敗」和「孤獨」等，看作是主體存在本身的基本表現。**任何主體不可能直接地達到絕對道德性。**由此可見，納貝爾特一方面充分肯定自身及其條件，強調作爲主體的「我」的存在條件；另一方面，又高度重視人實際存在中的消極性和否定性因素，研究主體與自身相同的不利條件，並在主體自身中尋求克服這種不利條件的內在因素。

納貝爾特在某些方面與雅斯培相類似，對於人的失敗、錯誤及孤獨給予極大的關切。但納貝爾特並沒有像雅斯培那樣，將人的這些否定性因素同試圖克服它們的超越性相對立。相反，納貝爾特認爲，當我們認眞思考存在的否定性時，正好表明我們意識到存在的「原初肯定」（l'affirmation originaire）。例如，當我們深入思考孤獨時，「自身」就實際上發現了這樣的眞理：他從他人獲得了一切對於自己的存在的肯定。於是，自身才發現自己並不孤立（Nabert, J. 1962：50）。所以，人的「原初肯定」是道德倫理的基礎。納貝爾特在他的《倫理學基本原則》的第三篇中詳細論述了構成倫理的基本因素。他認爲，倫理不能化約爲道德，因爲道德之強調對於義務的服從，而倫理則自始至終成爲存在本身的根基。因此，在納貝爾特的反思哲學中，世界並不是像雅斯培那樣被當成存在的障礙或界限。納貝爾特很明確地認爲，人的否定感乃是立足於人對於其存在的原初肯定。

納貝爾特這些反思哲學的特點，都可以在利科的整個哲學理論中找到其痕跡，儘管利科已經對這些因素作了進一步的改造。首先，利科和納貝爾特一樣，強調從「我思」到「主體」轉化的必要性和社會條件，強調主體在現實社會中的自由。第二，利科也和納貝爾特一樣，主張人的行動對於人現實存在的重要性，並將行動當成實現自由的基本動力。第三，利科和納貝爾特一樣，在強調人的道德責任同時，也指出人的消極性及其對於人現實生活的雙重影響：人的「犯錯誤」、「失敗」和「孤獨」雖然使人的現實生活受到傷害，但它們卻激起主體自身的自我反思和自我批判，有利於主體與他人之間的溝通與相互轉化。

在1935年至第二次世界大戰期間，利科還堅持參加馬爾塞主持的「週五學術討論會」，深受馬爾塞的基督教存在主義的思想薰陶。他在總結馬爾塞的哲學影響時說：「馬爾塞對我的最深啓示可以總結爲三點：（一）自由隨意性、無拘束性（la disponibilité），（二）『存在』與『有』的對立（l'opposition entre l'être et l'avoir）和（三）希望的極端性（le pôle de l'espoir）」（高宣揚，1990：10）。

馬爾塞如同當時法國其他存在主義者一樣，把人的自由放在首位。人的自由意味著：人應該、也可以隨時隨地支配自己的思想和行動，去實現和達到自己的目的。人存在的自由隨意性，一方面突顯了自由的至高無上地位，另一方面又表明追求自由的人，隨時隨地準備與他人交往和溝通，並爲道德責任的召喚而行動。所以，自由隨意性也就是隨時聽從責任的召喚，隨時聽從他人的召喚，爲實現自己和他人的自由而行動。具有隨時聽從倫理責任召喚的存在，只是爲自己和他人的存在而存在。這樣的存在既像康德那樣維持自己的自律（l'autonomie），又永遠對他人開放（ouvert à l'autre）；他不接受任何來自「占有欲」的侵蝕，不爲任何「占有」所引誘，面對「惡」和「缺失」的挑戰，「存在」所關懷的，始終仍然是「存在」本身。馬爾塞曾經在他的著名論文《存在論奧祕的處所及其周圍》中，強調「驗證」（l'épreuve）的重要性。他認爲，人是在「驗證」中才體會到「存在就是忠實性的表現場所」。但是，在存在過程中，往往會受到「有」的腐蝕（par l'avarice de l'avoir）而導致虛無。馬爾塞把「技術」、「集體」和「抽象」當成「惡的三位一體」（la trinité malfélique），是引導人脫離眞正的存在而走向失望的罪魁禍首。所以，馬爾塞認爲，人的一生應該禁得起驗證和考驗。人的存在對他來說是充滿希望的，是無可質疑的。他反對海德格那樣對存在本身提出疑問和質疑。馬爾塞強調，從生存到眞正的存在必須經由倫理的途徑。倫理的本質就在於對他人的關懷和對他人的永遠開放，時刻聽從召喚。所以，馬爾塞認爲，最原本的經驗和見證，不是別的，而是「你」（l'expérience orginaire est le toi）：普遍性就是一種「我們」（l'universel est un nous）。我的眞正存在及其對於存在的忠實性，就表現在對「你」和對「我們」的態度上。所以，馬爾塞特別強調生存的「主體間性」和「主體的相互性」。受到馬爾塞的影響，利科意識到「占有」對於存在的腐蝕性，將「有」（l'avoir）同「存在」嚴格地區分開來。面對「惡」的不可避免性及其象徵性，人的在世仍然是充滿希望的。利科和馬爾塞一樣不只是堅信希望充滿人間，而且還使之極端化，不給任何消極悲觀的虛無主義留下餘地。在這一點上，利科是把希望寄託在倫理行動上。利科在晚期的《脆弱性與責任性》（*Fragility and Responsibility*）的專文中，曾經一再地重申人的存在的雙重性，即人的生活面臨著不可避免的**象徵性的惡**的威脅，以及**充滿希望的抗拒行動**的創造精神。他堅持認爲，儘管脆弱性與悲劇性有關，但他始終傾向於**脆弱性**，因爲脆弱性所強調的，是它同倫理責任的不可分割的聯繫（Riceour, 1992b）。

　　利科在早期，還曾經積極參與人格主義（le personnalisme）思想家埃曼奴爾・牟尼耶所創辦和指導的《精神》（Esprit）雜誌的編輯工作。牟尼耶的人格主義深深地受到柏格森意志主義、賈克・馬里坦天主教哲學和貝季的人文主義思想的影響。所以，人格主義原本是一種折衷主義的哲學，將極其對立的有關人的觀點，拼湊在一起。但利科同牟尼耶的親密關係並不意味著利科完全同意牟尼耶的人格主義思想。重要的問題在於：利科從牟尼耶的人格主義中看到了人的尊嚴及其至高無上的生存權利。

　　由牟尼耶在1932年所創辦的《精神》雜誌，後來一直成為法國右翼思想家，包括宗教神學領域以及政治領域中保守主義分子的論壇。利科同這本雜誌的緊密關係，一直延續到現在。

　　利科在這一時期的第一本主要著作，是同杜夫連合著的《卡爾・雅斯培與存在哲學》（Karl Jaspers et la philosophie de l'existence）。這是利科試圖以海德格的存在哲學的立場，對他本人早期所研究的雅斯培哲學所做的批判性總結，標誌著利科的思想，正在從早期處於模糊狀態的現象學階段，逐步明確地轉向以海德格思想為核心的存在現象學。

　　這一時期的第二本書是《伽普里爾・馬爾塞與卡爾・雅斯培》（Gabriel Marcel et Karl Jaspers, 1948）。這是繼前一本書之後，利科再次對雅斯培哲學進行批判性分析。馬爾塞的基督教存在哲學是利科深入分析雅斯培哲學的重要理論基礎。在這一時期，同馬爾塞存在主義哲學平行流行於社會中的，還有沙特的存在主義。在1943年發表的《存在與虛無》把存在的本質歸結為虛無，強調人的存在沒有本質。但利科繼承馬爾塞的基督教存在主義哲學的基本思想路線，主張將存在的積極性和消極性兩方面都給予充分的注意和肯定。

　　如果說以上兩本著作只是利科哲學思想形成前，思想準備階段的產品的話，那麼，從1950年起，利科才以成熟的獨特思想撰寫屬於自己的著作，這就是他所發表的《意志哲學》的第一卷和第二卷以及《歷史與真理》。

　　《意志哲學》第一卷《意願者與非意願者》（La Philosophie de la Volonté I : Le Volontaire et l'Involontaire），是在他發表胡塞爾的現象學著作翻譯本的同時所發表的重要著作。在這時期，利科還作為著名哲學家依波利特的助手，在史特拉斯堡（Strasbourg）大學任教，並於1950年升任教授。就是在這一年，利科將胡塞爾的《觀念》翻譯成法文出版，並為之寫了一篇重要的導讀性前言。

　　整個《意志哲學》第一卷《意願者與非意願者》的中心內容，是論述「意願者」與「非意願者」的基本結構。利科認為，「意志」是緊密地同完成意志的行動相關。「意志的行動」（acte de la volonté）的最基本的結構是三重性：決定

（décider）、推動（mouvoir）、贊同（consentir）。「決定」是以動機爲基礎的意志行動，「**推動**」是驅動能力的意志行動，「**贊同**」是對於必要性的承諾。對於意志行動的三大步驟的現象學描述的基礎，是1.**關於意願者與非意願者的相互性**（la réciprocité du volontaire et de l'involontaire）的觀念；2.**拒絕對意願者與非意願者的相互性給予二元論的詮釋**（refus de donner une interprétation dualiste de la réciprocité du volontaire et de l'involontaire），因此，這種相互性的立足點就是「主體性」；3.**將悖論性和矛盾性的協調和調整列爲首位**（Primauté de la concili-ation sur le paradoxe）。利科認爲，將悖論性加以協調的結果，將導致自由與自然之間的協調。

對於利科來說，最重要的就在於：自由從來都不會把拒絕當作它的擋箭牌；自由的最終結局只能是同意和贊同，這是因爲人的意願從來都不等同於開創（vouloir n'est pas créer）。這便決定了：人的自由，就意味著順從必然性本身和對於面對的事物之創造性的尊重。

在《意志哲學》第二卷中，利科完成了他的意志哲學的三部曲：1.對意願者和非意願者的交叉結構進行現象學的分析；2.對於「可錯性」（la faillibilité）概念進行人類學研究，以便從「人」的先天構成中，探索其道德上的「惡」和精神上的「痛苦」的可能來源；3.對於「惡」的象徵性進行分析，說明「惡」的單純可能性和錯誤的現實性之關係。

《意志哲學》第二卷實際上是由「目的性」（la finitude）與「有罪」（la culpabilité）兩大部分構成的。在這裡，利科對於意志的探討轉向經驗的層面，而這一層面的意志，在利科看來，很不幸的，是透過「**壞的意志**」的「**具體的神祕性**」（la mythique concrète de la volonté mauvaise）不可避免的表演來完成。正是由於意志的經驗層面的上述特點，使人的罪過有可能找到其人性的基礎。從人類學的觀點來看，利科認爲，人是「**可錯的**」（faillible）。人正因爲是可錯的，所以，他不能自我封閉在「目的性」的範疇之內。利科認爲，在這方面，還必須返回笛卡兒有關人的「有限性」和「無限性」的矛盾之論題。由此出發，利科認爲，與其談論人的精緻性和完美性（la finitude humaine），不如討論人的無限性（l'infinité humaine），並在研究人的無限性時，注意考慮導入「仲介因素」（l'intermédiaire）的必要性。利科並不想把人神祕化或絕對化。人不可能在實際生活中達到眞正的完美性。因此，在利科的人類學中，利科確認人的存在所固有的某種「**貧困的悲愴**」（la pathétique de la misère）的先天結構。因此，正確理解人的可錯性，就意味著嚴肅地對待這種悲愴性，並堅持在「悲愴」與「純反思」之間保持一定距離。爲了維持這個必要的距離，人的思想必須分別有步驟

地環繞人的本性構成中的三個主要層面：**認識的層面**（le plan de connaître）、**行動的層面**（le plan d'agir）、**感受的層面**（le plan de sentir）；但上述三大層面的結構，從根本上說，具有構成方面不平衡的失調特徵（disproportion consitutive）（Ricoeur, 1988[1960]）。這一切，使「惡」的象徵性成為人生一個不可分割的部分。

惡沒有本質，不是某種事物，不是物質，不是實體，不是世界，也不是自在的；而是**由於我們**，即由我們而產生的東西。利科依據宗教史的資料，根據神學家的研究成果，強調惡是隨「某人」而「從外面進入世界」的。正因為這樣，不能將惡當成知識的問題，不能提問「惡是什麼？」或「什麼是惡？」，也不能回答「惡是……」。惡的問題是行動的問題，是「做」造成的。所以，對於惡，只能提出「我們為惡是什麼造成的？」同樣的，對於惡的態度，只能是對它進行鬥爭。

顯然，利科在處理惡的問題時，繼承了康德的倫理學觀點，拒絕把它列為認識問題。也就是說，惡的問題，不是理論理性，而是實踐理性所要解決的問題。接著，利科繼承和發揚康德關於「絕對的惡」的重要論點，強調惡無法絕對地和澈底地從人類生活中排除出去，因為惡本身是一切「總體化作品中的贗品」（la fraude dans l'oeuvre de totalisation）。人類社會和文化的發展，勢必形成各種各樣的總體化作品，諸如「國家」、「集體」、「教會」等等。各種各樣的總體化作品及其建造工程，必定以犧牲人的自由為前提。所以，康德早在他的作品中就已經揭示，所有這些總體化作品，作為集合性的制度和組織，是人類社會和文化發展過程中無法避免的現象，但它們只是人類本性獲得重生和從死亡中復活的希望的見證。所以，利科說：「自由的再生和更新，是同『希望』從『公眾場所的幻相』中解放的實現過程分不開的」（Ricoeur, 1969: 414）。

具體地說，**惡的象徵性**（la symbolique du mal）意味著：第一，惡是與善相對的存在。它只是善的陪襯物，在人的存在中，它永遠是屬於次要的成分。即使在某些情況下，「惡」有可能顯示出比「善」更具優勢，但那不過是暫時現象。正因為這樣，在某種意義上說，惡是為善而存在的，是為了襯托善的偉大及其達成之曲折性和艱苦性。惡在人的生活中的這種地位，決定了它的可被克服性。第二，惡的存在及其表現正是為了顯示**人的無限性及其有限性的矛盾**。人的存在的矛盾性決定了人整個生活的象徵性。第三，人的**思想及語言的象徵結構**也決定了思想和語言的產物及其伴隨物的象徵性。一切最深刻的思想和言語，都是隱喻的。惡的象徵性就是惡的隱喻性。第四，作為人的本質特性的**行動**，具有**仲介性**，是在相互關係中才能實現的。行動的仲介性決定了**行動產品的象徵性**，也就

自然地產生了惡的象徵性。第五，**人的欲望和理想的無限性**及其**現實性**也影響了惡的象徵性。第六，人與世界的區分以及世界本身的無限性和有限性的悖論，也決定了惡的象徵性。惡的象徵性表明惡的存在是不可避免的，而且它本身也是人的生活本質結構的一個組成部分。為了論證人的生活中惡的象徵性及其必然性，利科在他所著《惡的象徵性》中，系統地敘述了人的文化的產生歷史以及象徵性結構在文化中不同歷史階段的具體表現形態（Ricoeur, 1988[1960]；1964[1955]；1969）。

在探討惡的象徵性的基礎上，利科從宗教史學家米爾西亞・埃利亞德和喬治・杜美濟那裡受到了啟示，並得出非常積極的結論：「**象徵使人思考（象徵提供思考）**」（le symbole donne à penser）。這一結論開闢了新的哲學詮釋學的視野，要求我們不只是在象徵中思考，而是從象徵出發，從現實生活的有限性解脫出來，進一步思考更多的東西，使我們能夠借助於認真的詮釋學的探究，開展真正的哲學反思的批判活動，全面地探索人類世界、文化、歷史、烏托邦、精神生活及行為的複雜關係（Ibid.）。

二、詮釋學在人文科學中的迂迴

利科的思想體系中，早就包含著詮釋學的成分，並在他早期的意志現象學中就明顯地呈現出來。如前所述，納貝爾特的反思哲學本來就是利科思想體系的一個重要理論基礎。反思哲學原本就已經包含了詮釋學的原則（Ricoeur, 1969）。納貝爾特的反思哲學，將行動、思想意識與信號的相互關係問題列為中心，並以此作為哲學反思的範圍。

1960年德國哲學家伽達默的《真理與方法》一書的發表，標誌著西方整個人文社會科學在方法論方面，發生了戰略性的歷史轉折。利科的思想發展也從此進入了第二階段，即反思的**行動詮釋學**時期；這一時期一直延伸到八〇年代初。

在第二階段中，利科雖然仍在巴黎大學任教，同時注意英美分析哲學對於語言的研究動向及其成果，也重視基督教神學方面對於象徵、神話和信仰的研究。因此，利科曾經把這一時期，稱為「對於象徵和神話的歷史比較研究時期」。這一時期，他多次到美國講學，分別任耶魯大學、芝加哥大學和哥倫比亞大學等校的講座教授。同時，他先後發表了《論解釋：關於佛洛伊德的論文集》（*De l'interprétation. Essai sur Freud*, 1965）、《保爾・利科與伽普里爾・馬爾塞對話錄》（*Entretiens Paul Ricoeur – Gabriel Marcel*, 1968）、《詮釋的衝突：詮釋學論文集》（*Le conflit des interprétations. Essai d'herméneutique*, 1970）、《活生生的隱喻》（*La métaphore vive*, 1975）以及在芝加哥大學所發表論意識形態的講演

集《意識形態與烏托邦講演集》（*Lectures on the Ideology and Utopia*, 1983）等書。在這些作品中，利科更為集中地就詮釋學與結構主義、符號論和精神分析學的關係，對詮釋學本身的主要課題和論題，進行哲學的反思，並在此基礎上，進一步對詮釋學的中心議題「意義」做了深層結構的探索，試圖解決「我思」、「我說」、「我做」及社會文化歷史總體的相互協調一致的問題，尋求解決主體間相互關係的基本仲介因素，探討詮釋學與文本、行動及政治和倫理的相互關係。與此同時，利科還積極參加當時學術界圍繞「主體性」問題的討論。儘管當時流行的結構主義、解構主義以及後結構主義都強調語言、言語、話語、論述的首要地位，否認「主體性」的概念的重要性，甚至提出了「無主體的哲學」（la philosophie sans sujet）以及「人已經死去」的論題，但利科仍然堅持「主體性」的重要性，並進一步深入探討與主體性密切相關的敘述的同一性問題。

　　為了深入探索詮釋學的基本理論和方法，利科把詮釋學同結構主義、精神分析學及現象學的關係，列為最優先思考的基本問題；而在探討詮釋學同結構主義、精神分析學及現象學的相互關係時，利科抓住了**雙重意義**（le double-sens）、**潛意識**（l'inconscient）以及**象徵**（le symbole）等三大問題，作為深入分析的重點。

　　結構主義、精神分析學及現象學的主要貢獻，就是對「有意識的主體」、「自我」甚至「人文主義」的優先地位提出了質疑，它們都一致地重視、並探討了**意義的雙重性問題**（le problème du double-sens）、潛意識及象徵性的問題。

　　首先，意義的雙重性，並不是簡單地歸結為「兩個意義」，而是指「一個意義之外還有另一個意義」。所以，**雙重意義就是指多重意義**（sens multiple）；雙重意義只是一種象徵性的說法。其次，意義的雙重性，也並不單純限於語言學和語義學的範圍，而是還包括語言之外的行動、思想、社會、文化及各種象徵的多重性、歧義性、含糊性及其可相互轉化性。利科認為，就其詮釋學的層面而言，雙重意義問題，具有人生存在論的性質。「雙重意義旨在對存在的一種運動進行解碼（déchifrer un mouvement existentiel），……雙重意義在這裡是生存中的某一個確定的位置的探測器」（Ricoeur, 1969: 68）。

　　對於利科來說，一切被詮釋的物件，都具有「開放」的性質。利科指出：「所謂**開放性**（l'ouverture），指的是一種**爆裂式的顯示**（éclatement）；它實際上就是**說話**（cet éclatement, c'est dire）；而說話，就是**指明**（dire, c'est mon-trer）」（Ricoeur, 1969：68）。一切進行激烈爭論的詮釋學，並不是在雙重意義的結構問題上發生分裂，而是就雙重意義的開放方式以及其指明的終極性發生爭執。詮釋學在這一問題上的爭論，正好顯示了詮釋學的缺點和優點。利科之所以

將它歸結爲詮釋學的肯定性和否定性，是因爲他發現：正是在詮釋學顯示其缺點，顯示被詮釋的語言超越了它自身而轉向其他語言的時候，詮釋學又同時地表現了它的優點和生命力；這個生命力就在於：當語言越出其自身時，語言本身說出了它想說的話；它正好就在這個時候，又返回其自身。所以，**在語言超越其自身的地方，就是語言顯示其眞正意義的地方**。由此可見，詮釋學只有同精神分析學和現象學結合起來，才能正確理解詮釋學本身的上述缺點和優點的雙重性。因此，利科認爲，象徵性的哲學意義就在於：象徵性以其雙重意義結構，揭示了存在本身的模稜兩可性、含糊性、岐義性、不確定性及曖昧性（l'équivocité de l'être）。利科深刻地指出：「存在是以多種方式自言自語（l'être se dit de multiple façons）。正因爲這樣，象徵性敞開了存在的含糊性和岐義性」（Ibid.）。

就辭彙語義學和結構語義學的層面而言，雙重意義還包含更豐富和更具體的內容及形式。利科順著索緒爾及當代語義學家的不同觀點和方法，對這一問題進行了多方面的探討，使詮釋學的內容和方法有新的斬獲。

利科認爲，雙重意義、象徵性及無意識的問題是相互聯繫的；而且，從根本上說，三者實際上構成一個不可分割的論述體系，也成爲詮釋學理論和方法所要解決的首要問題。正是在這個問題上，結構主義、精神分析學和現象學爲利科提供了深刻的啓示。但是，利科結合詮釋學所取得的最新成果，對於結構主義、精神分析學和現象學的基本觀點做了適當的批判和改造。

1963年11月，《精神》雜誌組織了一次學述研討會。當時，利科與施特勞斯進行了一場深刻的理論「對話」。利科針對當時分析哲學只是重視語句結構的傾向，主張從語義學、意義和「理解的段落性」（les segments de compréhension）等方面探討語言意義同符號、環境以及行動之間的關係。利科高度評價結構主義和精神分析學對於詮釋學理論和方法所作出的貢獻。他認爲，結構主義和精神分析學都在它們所探討的主要論題中，對詮釋學進行深刻的討論。

三、詮釋學與現象學的結合

正如我們在概括利科思想脈絡的時候所指出的，利科從三〇至五〇年代始終都非常重視胡塞爾的現象學。但是，利科所遵循的反思哲學的基本原則，使他從一開始就未能完全同意胡塞爾現象學對於詮釋學的觀念論立場。所以，在六〇年代利科進一步發展詮釋學的時候，集中全力對胡塞爾現象學的觀念論詮釋原則進行再次的深入批判。爲此，利科分兩個步驟全面考察現象學與詮釋學的相互關係。

首先，利科針對胡塞爾的《論觀念》和《笛卡兒的沉思》兩本書的基本觀

點，揭露胡塞爾的觀念論原則。利科從詮釋學的角度，對胡塞爾現象學的觀念論，進行四個方面的批判。第一個方面是現象學未能依據科學本身的推理模式對科學進行批判，因此，利科認為胡塞爾在這方面的批判，未能擊中科學的要害。第二個方面胡塞爾只是從直觀的角度強調科學的原則，並提出一個「經驗的場域」的概念。利科認為這是一種觀念論思辯的建構。更嚴重的是，當胡塞爾強調「經驗的場域」的時候，他所說的經驗，實際上不是在客觀的世界中行動者所遭遇的經驗，而是在純意識的範圍內所產生的內在直觀，而且完全不同於自然的經驗。利科認為，這種經驗具有明顯的先天性。第三個方面，胡塞爾只是在主體性的範圍內討論直觀性的問題，而且把一切超越性當作懷疑的物件而加以否定，只承認他所說的「內在性」是最可靠和最不可替代的。胡塞爾之所以反對超越性，是因為他把超越性歸結為一種不可靠的概括。第四，胡塞爾把意識當作整個反思活動的基礎，並由此出發建構起現象學的倫理學，總結出一種所謂「自身的終極責任性」的概念。所有這一切都體現了胡塞爾現象學的觀念論性質。

其次，利科進一步分析了胡塞爾現象學與詮釋學的對立關係。透過這個分析，利科試圖說明，詮釋學實際上並不排除現象學，而是需要現象學來作為它的基礎；為此，詮釋學必須批判現象學的觀念論原則。對於現象學來說，它只有透過同詮釋學的結合，才能「使現象學嫁接在詮釋學的樹幹上」。利科認為，海德格的存在哲學在這方面作出了重要貢獻。海德格的詮釋學是以簡短的路程，完成了現象學同詮釋學的結合。海德格提出並建構了「理解的存在論」（l'ontologie de la compréhension）。海德格把理解當成一種存在的模式（mode d'être），而不是認識的模式。海德格用「什麼樣的存在是理解的存在？」取代「一位元認識的主體究竟以什麼條件能夠理解一個文本或歷史？」的問題。這樣一來，詮釋學就變成了「此在」（Dasein）的分析的一個組成部分；這樣的「此在」就是**在理解中存在的一種存在**。

然而，利科仍然認為，單純延續海德格存在現象學的「短程」詮釋學是不夠的；他主張進一步探索「長程」的詮釋學，主張在存在論之外，在世界、文化、歷史、語言、象徵、文本、思想及行動的漫長歷程中，經過多種的迂迴（détour），維持詮釋學的根本任務，使詮釋學成為現象學改造的重要領域。

利科指出，從根本上說，現象學本來就是反思的。他說：「現象學一方面是關於經驗各個基本環節的最根本的描述方法，另一方面，也是在盡可能滿的程度內，一種在理智光輝明晰性內帶根本性的自我創立」（1986: 26）。胡塞爾所說的「還原」就是以一種自然的態度，首先把一切有關自身的問題，都加以括弧的形式排除掉，以便把握意義的範圍（l'empire du sens）。以如此方式從一切純

敘述的問題中得到解脫的意義範圍，構成現象學經驗最重要的部分，即直觀性的最核心的領域。康德，當他強調直觀性的時候，很重視笛卡兒的反思原則，一方面指出對於一種先驗性的理解的可疑性，另一方面則強調對於自身內在性的不容質疑性。關於現象學的上述反思性原則，利科後來曾多次在其重要著作《時間與記述》中反覆論述。在利科看來，現象學包含著兩個不可分割的部分。一方面，它懷疑所看到、聽到和感覺到的部分，但它並不懷疑人的心靈和精神所固有的直接觀察能力。這就是現象學對於「理智光輝明晰性」的絕對信賴，它構成現象學方法的支撐點。另一方面，人的感覺所直接觀察和體驗的觀念，必須經過向自身的反思、還原法及其他各種必要的「仲介」，才能證實其可靠性，才能把握意義的範圍。

如果說現象學嚴肅地提出了「意義」的範圍問題，那麼，詮釋學的貢獻就在於強調「理解」就是把握「意義」的基礎。詮釋學實際上告訴我們：在弄清楚「什麼是意義」以前，首先必須釐清「什麼是理解」。探究意義，顯然必須以查究「理解」的概念作爲前提。利科吸取了詮釋學關於「理解」（Verstehen；la compréhension）與「生活世界」（Lebenswelt；le monde vécu）概念的研究成果，進一步改造了胡塞爾現象學的核心概念「意向性」（l'intentionnalité）的內容。如果說，現象學是從認識和知覺的角度，觀察意欲獲知「意義」的「意向性」的話，那麼，詮釋學是在歷史、文化及人文科學更廣泛的範圍內，考察意義的發展機制及其與人的生活和認識的關係。所以，現象學和詮釋學，是從不同的角度考察「意義」與「自身」的關係這同一個基本問題的（la même question fondamentale du rapport entre le sens et le soi）；因此，兩者都應該集中考察意義的可理解性與自身的反思性的關係。

利科認爲，把意義的可理解性同自身的反思過程結合起來，就意味著兩者的統一非經「仲介」不可。利科指出：「沒有透過信號、符號、象徵及文本的仲介化，便不是對自身的理解；對自身的理解，就其根本意義而言，就是同應用這些仲介因素的詮釋相符合」（Ricoeur, 1986：29）。

四、精神分析學與詮釋學的結合

利科在1961年至1962年，先後在耶魯大學和魯汶大學講授哲學和詮釋學。隨後，他把這一時期的演講及論文彙集成《論詮釋：佛洛伊德論集》。利科很重視佛洛伊德精神分析學同詮釋學的內在關係。他認爲，精神分析學關於夢、性、圖騰和各種心理現象的象徵性理論詮釋，是詮釋學的重要理論基礎。這也是利科的早期意志詮釋學逐步走向意義的深層，走向語言結構具體解析的決定性階段。透

過對於佛洛伊德精神分析學的研究，利科更深入地探討了象徵的問題，使他對象徵性及其在詮釋學的反思運動中的地位，有了更進一步的重要發現。

利科在精神分析學方面，深受洛朗・達爾比耶（Roland Dalbiez, 1893-1976）的影響，把精神分析學當成哲學和關於人的理論加以發展。但利科並不同意達爾比耶的某些觀點，因為後者將佛洛伊德所分析的人，當成「最缺乏人性的人」。利科認為，精神分析學的重要貢獻，正好就在於它發現了人性中不為人知的那些部分，並把這些部分當成人類文化建構的基礎。利科在肯定佛洛伊德關於人的新觀點的同時，又將它同馬庫色（Herbert Marcuse, 1898-1979）、菲利普・里夫（Philip Rieff）及弗里格爾（J. C. Flugel, 1884-1955）等人有關人的理論區分開來。利科非常重視精神分析學關於象徵的理論，並以精神分析學的象徵理論為基礎，進一步探討如何憑藉象徵進行思考？為此，利科探討了精神分析學對於「詮釋」的特殊觀點，肯定精神分析學將信號、象徵及語言符號等，同人的基本欲望聯繫在一起加以研究的深刻觀點。在利科看來，精神分析學有關人的「自身」（le soi）以及人對於自身的理解（la comprehension de soi）的獨特分析，是精神分析學對詮釋學理論的重要貢獻。利科指出：「佛洛伊德的作品，不但刷新了精神治療法，而且也重新詮釋心理活動產品的總體性（réinterpréter la totalité des productions psychiques）。這些心理產品組成文化領域，從夢到宗教，從藝術到道德等等。正因為這樣，精神分析學才歸屬於現代文化，並在詮釋文化的過程中改造了它。同時，精神分析學在為文化提供反思手段的時候，也在文化中留下持久不褪的鮮明標誌」（Ricoeur, 1965 :13）。而且，佛洛伊德從人類文化的更廣角度，探討了上述各種問題，使上述問題能夠在人類文化的歷史和文化內在創作機制相互關聯的視野中全面展現出來。透過人類文化總體這個詮釋的廣闊仲介場域，人們不僅可以同最豐富的文化構成因素相對話，而且還能訓練「自身」的詮釋能力並加強其實際內容。**「理解」就是以語言為仲介而沉澱於文化寶庫中的那些生活經驗本身**。因此，在同文化總體的交流和對話中，作為詮釋主體的自身也透過對於文化的消化而提升自己的理解能力和增加詮釋經驗。人的生活經驗是有限的。為此，必須盡可能透過文化的仲介，加深和擴大自身的生活經驗及詮釋能力。在同文化交流中所提升的詮釋能力，包括使用語言的能力以及詮釋中靈活使用敘述形式的技巧。

透過文化總體的仲介，實際上，最重要的，是透過貫穿於文化中的**語言**，將語言這個仲介，同象徵、符號及各種具有豐富彈性的信號聯繫起來，並進一步同自身的反思過程連接起來。

在精神分析學中，語言的功能及其表現形式，展現得比其他學科所論述的範

圍更廣泛和更靈活，而最主要的特徵，就是在無意識的層面上分析和展開語言的威力。利科認為，佛洛伊德所作出的重要貢獻，就是提出無意識理論，修正並補充了現象學的反思理論，使詮釋過程中的自我反思，意識到放棄「直接意識」的必要性，認識到停留在直接意識層面上，會導致「對虛幻的我思」的錯覺。「一切詮釋都是以清晰或不清晰的方式，透過對於他者的理解的曲折道路實現對於自身的理解」（Ricoeur, 1965: 20）。因此，佛洛伊德強調：放棄直接意識就是意味著建構一個新的三角心理結構（意識、無意識與前意識的相互關係）的必要性。在這個心理三角關係網中，人的情感、欲望和理智，都按照自然的原則，自動地相互調節和協調。利科認為，佛洛伊德提出的上述心理三角關係網的結構，有利於深入認識和詮釋主體與詮釋過程的複雜關係。而且，佛洛伊德的這種心理三角關係結構理論，也有利於全面理解現象學關於雙重意義的反思運動觀點。利科指出：欲望的語言是由「意義」與「力量」所構成的各種具體言談；而為了揭示這些言談中所隱含的欲望因素，就必須在反思的過程中，巧妙地使詮釋活動從意識層面的意義，轉移到非意識層面的意義中。佛洛伊德曾經強調指出，欲望本身經常採取掩蓋或曲折的偽裝方式表現出來，以便達到轉移欲望的目的。為此，在詮釋過程中，必須注意進行反覆的反思，從自身到文化，再從文化返回自身，以便不斷擴大反思自身的範圍，並捕捉掩蓋中的欲望的實際展現方向。利科還指出，佛洛伊德向我們指明了「意義」結構的無意識層面與意識層面的複雜關係，特別是指明了時間因素在這些不同層面的不同功能，有助於我們深入理解「意義」同意識的時間結構及無意識的超時間結構的複雜關係。無意識的超時間結構是我們詮釋各種複雜象徵的性質的基礎。由於無意識的超時間性，一切詮釋必須考慮到意義的共時性與連續性的關係及其相互轉換的模式。在這裡，再次強調了反思的必要性。

五、在論述及隱喻的多重關係中詮釋意義

在探討語言與詮釋意義的複雜關係時，利科一方面全面地總結和吸收了英美分析哲學關於語義學的理論研究成果，另一方面又注意到結構主義、精神分析學、符號論以及當代法國哲學家們關於「論述」（le discours）的最新理論成果，使他的詮釋學對於意義的語言層面的探討，能夠比海德格的存在詮釋學和伽達默的哲學本體論詮釋學，更深入而具體地分析各個語言因素在詮釋過程中的重要意義。

為了揭示語義學範圍內詮釋運動的本體論及認識論意義，利科集中圍繞語義學中的所謂「意義的建築學」（l'architécture du sens），闡明語義學中的「指

明及隱藏」（le montré-caché）的雙重功能及其運動的詮釋學意義。**語言是最典型的象徵，它總是玩弄象徵的特性進行「指明及隱藏」雙重方向的遊戲運動。語**言在「指明」時包含著「隱含」，以便透過它的「隱含遊戲」，達到「再次指明」（re-montré）的目的，並以再次指明又實現更深一層的隱藏。透過這種反覆的「指明及隱藏」的遊戲，**語言充分地扮演了文化創造和文化的自我更新的仲介作用**，並使語言本身，在不斷被應用中獲得自己的生命力，同時又真正成為文化的儲存所，成為人類經驗的凝縮物和結晶，也成為文化再生產的新的出發點。所以，利科說：「**我把一切意義的結構稱為象徵**；在這個結構中，一個直接的、首要的和字面的意義，外加地指謂著另一個間接的、附加的、轉義的、形象化的第二層意義；而這個新的意義也只有透過上述首要意義，才能被理解。這種具有雙重意義的表達方式的場所，就是構成真正意義上的詮釋學的領域」（Ricoeur, 1969: 16）。詮釋學在展開它的工作時，主要是透過對於語言雙重結構的分析及詮釋，不斷地辨認那些隱藏在第一層意義背後的第二層意義及其後的更深意義群。在雙重意義之間始終存在著一定的間隔；這個間隔，可長可短，可明可暗，可直可曲，可伸可縮。正是這個間隔，使語言的雙重意義結構得以來回運動和不斷再生產。這是一場語言的結碼、解碼、再結碼、再解碼的活動，但與此同時，又伴隨捲入一系列非常複雜的思想、行動和想像的活動，要求詮釋者來回進出於文化、歷史和現實環境，在自身與他者的交往中，在不同文本及行動的間隔中，發現意義的蹤跡及其隱藏技巧，並由此開展新的創造性活動。

所有這一切，是從**語義學**的分析開始。利科認為，只有透過語義學的分析，詮釋學中的象徵與詮釋，才能真正開展成為「相互關聯的概念」（des concepts corrélatifs）。利科把意義的語義學分析當成是詮釋的長程反思的一個重要組成部分。如前所述，在這方面，英美分析哲學完成了非常重要的研究工作，有利於詮釋學的進一步發展。

但是語義學的分析僅是詮釋長程反思的一個開端，更艱苦的分析和解碼工作還在後頭。其中最重要的，是要進行對於活動中的語言以及有生命的言談和**論述**的解析工作。英美分析哲學的語義學的弱點，就是只停留在對於語義的靜態分析。重要的問題，是進一步發現活動中的**言語**、**論談**及**論述**活生生的雙重意義結構及其意義轉換遊戲。詮釋學只有完成從靜態語言及其語義結構的分析到對於論述解構的轉移，才能實現真正的詮釋學的反思，並使詮釋學帶入新的領域。

論述是在語言（la langue）與言語（la parole）的差異中引伸出來的。但只停留在對於話語、言語的分析是很不夠的。說出來的言語和話語，必須同說出它們的具體環境，特別是具體的人際關係聯繫起來。論述就是在這種情況下被提出，

並被重視。

所謂論述是一種事件（un événement）。在這一點上，利科同福柯等當代法國哲學家們的基本觀點幾乎是一致的。論述之所以成為一個事件，是因為它已經不單純是語言本身，不像語言那樣是超時間的，而是在特定時間內發生的；它總是同特定的說話主體相聯繫，它直接地揭示了「誰」在「什麼情況下」，「就什麼問題」，或「依據什麼」，「跟誰」說「什麼事情」。因而論述也同說話主體相關的參照背景緊密相關。正因為這樣，利科認為，論述是自我參照的。論述在這一點上，已經完全不同於語言，因為語言從來與主體無關，並不考慮哪位原「主體」，也並不同哪位主體相關。而且，這樣一來，論述同它所論述的事情相關，同它所論述的事情所發生的環境相關，同它所論述的那件具體事情的一切內外因素相關。同語言相比，顯然，論述超出語言各個組成因素的範圍，而同它語言以外的世界相關，也同事情所發生的歷史和未來相關。就此而言，論述的事件性，就在於它把世界、社會、文化和歷史引入語言中；或者，它把語言同語言所描述的事件的周遭環境聯繫在一起，使語言本身，從它的無主體、超歷史和無意義的純符號結構中，轉化成為在多主體間溝通和交流的文化生命體，成為特定生活世界中具有多重意義象徵性結構的新生文化網路系統。如果說，語言以其密碼為我們提供溝通和交往的先決條件的話，那麼，正是透過論述才使語言中的資訊和內容得以交流和流通，成為活生生的、有生命的事件性。所以，論述把世界和他人引進語言，也引進說話者的主體世界中，使主體由此同世界溝通和交往。所以，論述是交換資訊的時間現象，也是對話的完成。由於論述已經獲得生命力，它可以自行解決、延緩或中止。所有這一切，還只是停留在論述實施過程中的本體論、認識論和方法論的層面。

利科認為，為了分析論述，還要根據本維尼斯所提出的「論述語言學」（la linguistique du discours）的具體規則來進行。本維尼斯明確地將符號（le signe）當成語言的基本單位；而把語句（la phrase）當成論述的基本單位。由此出發，利科指出：「論述是語言的貫徹和實施」（l'effectuation du langage）。只有在論述中才表現了語言的間距化特徵。

論述的意義是在間距化的過程中展開和更新。利科指出，意義是在其間距化的實現中，完成它同論述所談論的事件的辯證法關係。探索論述所涉及的事件同意義的辯證法，正是為了進一步揭示論述本身的生產機制，探討論述如何生成為「作品」，並由此有可能進一步發現語言同文字、文本同世界、文本同行動的相互關係，解析這些複雜關係中的各個因素。利科指出：「正是在關於論述的語言學中，事件同意義相互交錯結成一體。這個交錯關係是一切詮釋學問題的核心」

（Ricoeur, 1986 : 105）。

在談到間距化時，利科試圖突破由伽達默所陷入的「二難陷阱」，這就是伽達默在他的《眞理與方法》一書中所提出「異化的間距化」（la distantiation aliénante）的問題。伽達默認爲，儘管「異化的間距化」有助於實現科學與人文科學的「客觀性」，但它又損害了我們同我們所參與的歷史及實踐之間的實際聯繫。所以，伽達默在他的書中指出：在這種間距化面前，我們不得不面臨著兩難的選擇：或者選擇「異化的間距化」，而這樣一來我們就陷入方法論的陷阱，迫使我們將詮釋學僅僅歸結爲一種「方法論」，從而降低了詮釋學的位格；或者，我們拋棄異化的間距化，使我們直接地探索眞理，把詮釋學本身當成具有存在論意義的學問。因此，在伽達默看來，如果我們堅持異化的間距化，就會喪失客觀性。利科不同意伽達默這種二難推理的方式，並認爲，我們完全有可能同時地堅持「**異化的間距化**」及「**參與**」（l'appartenane）。解決這個難題的唯一途徑，在利科看來，就是正確地處理有關「**文本**」（le texte）的問題。就是在論述中，我們所要詮釋的，不是僅僅作爲暫時固定下來的那個事件本身，而是在其中所隱含的意義世界。正是在論述的語言學中，事件和意義相互關聯起來。如果說語言本身就是一種指謂，一種有所指的意義指謂活動，那麼，正是在從事件向意義的超越中實現了語言的指謂功能。

正如語言那樣，一旦它在論述中現實化而超出原有的語言體系範圍，成爲活生生的事件，同樣地，論述一旦進入**理解的王國**，便作爲事件而超出它自身，進入**意義的多層次結構**中。這樣一來，不僅使語言學同詮釋學結合起來，也使語言問題透過語言哲學的探索而具有本體論、認識論和方法論的意義。

利科認爲，關鍵在於**要把間距化當成一種積極的和生產性的概念**（une notion positive et productive）。間距化並不是一次完成的，也不是消極的和被動的，而是分層次和具生產性。在利科看來，第一個關鍵的間距化就是在被說出的事物中所隱含的「說」的動作。「說話，就是說某件事的某件事」（parler, c'est dire quelque chose de quelque chose）（Ricoeur, 1969: 87）。所以，利科認爲，在論述中，揭示「意義向參照體系推進」的過程，就是從「理想的意義」到「實際的參照體系」的推進，也就是觸及到語言的靈魂所在，進入到語言結構的深層，並由此而走向語言的範圍之外，走向與語言相關的世界。

所以，爲了揭示在「說」的行動中所開展的間距化，必須從一般的論述語言學，走向關於言語行動的理論（la théorie du Speech-Act）。在這裡，利科充分吸收了英美分析哲學的言語行動理論，特別是奧斯丁（John Langshaw Austin, 1911-1960）和席爾勒（John Rogers Searle, 1932- ）的言語行動理論。他們將言語行動

分析成包含三層次的言語行動：說話的動作、說話中所完成的動作以及透過說話的動作所實現的行動。

但是，到此為止，論述行動所隱含的意義，並沒有完全展開。所以，間距化的第二次飛越，就是從論述到文本的過渡。

利科指出，**文本**不只是屬於一種非常特殊的人際間的溝通方式，而且還屬於一種溝通中最具有典範意義的間距化（le paradigme de la distantiation dans la communication）。**文本實際上就是透過間距化、並在間距化中實現的溝通本身**；文本顯示了人類經驗的歷史性本身的特點。

為此，必須進一步明確文本和文字的確切定義，了解它們的性質和特徵。首先必須弄清楚的是：並不是文字本身，而是文字與言語或論談之間的辯證法關係，引起了詮釋學問題。其次，文字與話語之間的辯證法，是建立在間距化的辯證法（la dialectique de distantiation）的基礎上，它比上述文字與話語之間的對立還更根本和更原始。更確切地說，間距化的辯證法是早在口頭說話的時候，就以說出來的**論述**形式呈現。所以，必須首先在論述中，探索一切由此引起的辯證法。而且，在作為語言的實施本身的論述（le discours comme l'effectuation du langage）與言語同文字的辯證法之間，還必須添加上另一個新的概念，即關於「**結構化的作品**」（l'oeuvre structurée）的概念，因為**結構化的作品實際上就是論述的實施**（l'oeuvre structurée comme l'effectuation du discours）。語言在論述作品中的客觀化，是將論述納入文字結構中最切近的條件。不僅如此，上述由**論述、作品及文字所構成的三角關係網**，又必須以**建構一個世界的籌劃問題**（la problématique du projet d'un monde）作為基礎。須知，此前一切探討，歸根結柢，都是為了完成從文本到世界的過渡，因為只有在文本所開闢的世界中，才全面地展現出詮釋學最根本的問題。

文本作為論述的實施，為詮釋活動開闢並提供了一個無限廣闊的世界。這個詮釋所涉及的世界，是由語言作為仲介所構成的複雜網路，其中包括凝固在語言中的人類經驗、人際關係、社會生活、歷史以及思想等因素。

對於利科來說，關鍵的問題是意義同**參照體系**（la référence）之間的相互滲透關係。所謂**參照體系**是指語言在語言之外的世界中所指涉的各種因素所構成的系統。最早研究參照體系的是弗雷格（Gottlob Frege, 1848-1925）。利科發展弗雷格的觀點，特別指出了「意義」在解析參照體系方面的決定性作用。所以，只要把握一個陳述句的意義，就可以揭示它所涉及的參照體系。因此，正是「意義」，把我們引向了參照體系。利科指出：「參照體系並不只是在名稱方面的符合，而是一種描述現實性的能力，它是源自陳述本身的」（Ricoeur, 1975:

232）。接著，他又說：「整個陳述……對於它所指陳的事物來說，是作為專有名詞而發生作用的」（Ricoeur, 1975: 275）。利科特地嚴格地區分了「**指稱**」（la dénomination）（「命名」）和「**指謂**」（la prédication）。在**指稱**的時候，人們實際上是給予某件事一個名稱，而這是在假設某件事尚未有過某種意義的情況下進行的。在這種情況下，指稱某件事情實際上是賦予這件事以「價值」，而某件事的意義也就是那唯一的參照關係。但是，在指謂時，把一個「謂詞」賦予一個「主語」（一個事先已經很確定地存在的主體），就是使用一個事先已經有意義的語詞。因此，這就等於賦予它某種一般性，不管這種一般性是如何地抽象和含糊。因此，指謂表達一個判斷，指謂賦予判斷以一定的特徵。

從上述區分出發，利科認為，前一種指稱，只是在語言範圍內把一個名稱同它的外延相符合；而後一種指謂，則超出語言的範圍，包含著語言之外的複雜關係網，包含著與我們同時存在的那些被指謂的事情，而這些事情是要待人們進一步確定和需要加以描述的，它實際上是一個待開發的世界。

正是在上述指稱與指謂的區分中，利科進一步說明了隱喻的性質以及論述隱喻所表現的語言的無限生命力。利科說：「**隱喻是由指謂和指稱之間的爭論而產生的；它在語言中處於語詞與語句之間**」（Ricoeur, 1975: 171）。顯然，**隱喻成為了語言中的意義同參照體系之間的辯證法的發生地**。正是在隱喻中所發生的語詞與語句之間的微妙關係及其相互轉換，生動地體現了語言與世界、語言與使用它的人們之間的複雜關係；同時，也正是在這裡，表現出說話的人，在其說話的過程中，借助於語言所施加於世界一切潛在的、實際的和待轉化的能力的總和。同時，也在隱喻中，表現了語言隱含的創造性能力，表現出語言自身在其活動中所包含的全部力量及其與說話者、與世界的關係。

語言的仲介功能往往採取非直接的複雜形式。因此，利科非常重視語言符號的多種仲介化結構及其形式，尤其重視隱喻、提喻、換喻、借喻及諷喻（Allégorie）的結構。針對這些多種語言轉換形式，利科集中分析語言創造性在其中的各種表現形式。

為了揭示隱喻的奇妙功能，利科以詩歌語言為例。在這一點上，他是同海德格一樣。利科指出，在詩歌中的隱喻語言充滿著豐富的「變戲法」的魔術，與日常語言有很大的不同，它的使用過程充分顯示了隱喻運動已經超出日常語言的範圍，超出普通語法的範圍。在這方面，維根斯坦曾經給予充分的注意及研究（Wittgenstein, 1968[1953]）。利科也高度肯定維根斯坦的貢獻，並把隱喻的上述能力說成為「語言對於現實的再描述能力」（le pouvoir de redécrire la réalité）（Ricoeur, 1975: 10）。

　　隱喻的魔術般描述能力，首先表現在它以「看起來好像……」（voir-com-me）的形式，實現語言的形象化功能（la fonction imagéante du langage）。由於語言的這個主要功能，它可以透過它所使用的語言符號及其語句結構，將它所描述的事物形象化和圖像化。維根斯坦也曾經以「鴨子和兔子」的比喻說明隱喻的這種「看起來好像……」的功能。「看起來好像……」同「看」並不一樣。維根斯坦為此強調：「我必須在一個外貌的『持續的看』與『一閃間的看』之間作出區別」（Wittgenstein, 1968[1953]）。為了形象地說明「看起來好像……」的結構及其功能，維根斯坦以下列「鴨子—兔子」的圖形，表示「看起來好像……」的深刻意涵。

　　顯然，如果人們橫看這個圖形，它就好像「鴨子」的頭部；但如果豎看它，就「好像」兔子的頭形。也就是說，這個圖形，既可以被看成鴨子，又可以被看成兔子。它的模稜兩可性和含糊性，典型地顯示出隱喻的靈活性和變換性，它也正好同時地表現了語言的優點和缺點。

　　隱喻的力量不只是在於它在語詞和語句間所隱含的那股「再描述現實的能力」，而且還在於隱喻本身也是「指謂」；只不過它所採取的形式是「看起來好像……」，而它所陳述的是「非口語的仲介」（la médiation non verbale）（Ricoeur, 1975 : 216）。

　　利科認為，隱喻的功能還不只是上述「看起來好像……」，而且還包含「……是像……」（être-comme），因為隱喻不僅使用恰當的語詞（le mot juste），而且還應用恰當的語句，恰如其分地描述了事物的狀態。所以，利科認為，「看起來好像……，實際上就是說……是像……」（Ricoeur, Ibid. : 312）。在「看起來好像……」中顯示出「……是像……」，這就意味著在隱喻的上述兩種相互聯繫的表現形式中，存在著隱喻的特有的統一性；而這種統一性就在於它的謂詞形式的兩重性：既是，又不是；既這樣，又那樣。利科指出：「凡是存在相似性的所有各個地方，就會有某些地方存在著嚴格和正確意義的某種同一性」（Ricoeur, 1975: 298）。

　　利科對於隱喻的分析，並不停留在意義層面上，而是進一步引伸出存在論的結論。他說：「活生生的表達乃是人們所說的活生生的存在」（Ibid.: 61）。如果說語言談及了某事，那是因爲某事早已經存在著。因此，利科說：語言揭示了存在本身，並在存在論方面證實了語言所談及的事物的存在本身。由此可見，語言中所包含的一切參照體系的存在，就是這些參照體系的存在論的語言表達。語言的參照體系功能的存在論之詮釋，乃是反思性的；它參照到現實之後，還要再回到它自身（retourne à soi-même）。但是，利科指出，這個返回自身並在自身中發現自己的語言，它所看到的，已經不是那抽象的語言體系，而是一個「形象」（une figure），一個主體的變形（un avatar du sujet）。這個主體經歷語言的反思，重新發現了自己、原本已在現實的人的主體中消失掉的那個主體同一性，一種清晰可見的和形象化的同一性。也正是在這裡，利科發現：語言一旦與反思的主體和外在的世界相連結之後，便具有創造的能力，便使其自身眞正地變成「自由」和「行動」本身。語言的這種創造性，集中地體現在語言的隱喻的矛盾性：它是在準確的和恰到好處的語詞與充滿意義的語句之間，說著作爲主體的反思和行動的集中表現，是具有說話能力和反思能力的主體，對自由的追求同現實世界既矛盾、又相協調的關係的表現。

六、時間、記述與自身的同一性

　　從八○年代到二十世紀初，利科的思想發展進入第三階段。利科自己提到他這一時期的思考中心時指出：不管他研究記述還是自身的同一性問題，都把研究**語言在「隱喻」和「敘述」形式下的創造性問題**（la créativité du langage sous sa forme métaphorique et sa forme narrative）當成核心。正如本書前一節所已經指出的，他對於語言中的隱喻及論述的各種形式，曾經進行長期的研究，並在這方面取得了重大的理論成果。他在這些成果的基礎上，從1983年起，連續發表了三卷本的著作《時間與記述》，試圖在記述的歷史時間的間距化過程中，進一步詳盡地探索**「記述」**與**「時間性」**的關係，並由此論述**「記述的主體」**的**「記述同一性」**（l'identité narrative）問題。他認爲，這是詮釋學發展中的一個關鍵問題；詮釋學只有跨越了這個重要問題，才能更深入地解決由詮釋學的本體論所提出的許多附帶問題。也就是說，利科清醒地意識到：由伽達默在二十世紀六○年代所提出的詮釋學哲學化和存在論化的問題，實際上尙未正確解決記述的同一性問題。利科認爲，必須回顧詮釋學發展史上所遇到的一系列重大理論問題，並深入分析這些問題的難點，才能針對這些理論難點，從語言在時間演變中的形式中，發現詮釋與記述同思想和行動的相互關係。

這一時期，利科的思想已發展到極其成熟的程度，他不再像以前那樣，過多地顧慮和計較自己在西方整個思想領域中所處的地位，經常考慮由其他思想家所思考過的問題。他現在所思考的，毋寧是那些具有獨創性和建設性的論題。所以，在這一時期他先後發表的《活生生的隱喻》（*La métaphore vive*, 1975）、《詮釋學與人文科學：論語言、行動和詮釋》（*Hermeneutics and Human Sciences. Essays on Language, Action and Interpretation*, 1981）、《關於意識形態與烏托邦的論文集》（*Lectures on the Ideology and Utopia*, 1983）、《時間與記述》（*Temps et récit. 3 volumes*, 1983, 1984, 1985）三卷本、《從文本到行動：詮釋學論文第二集》（*Du texte à l'action. Essais d'herméneutique II*, 1986）及《論現象學學派》（*A l'école de la phénoménologie*, 1986）、《作爲他者的自身》（*Soi-même comme un autre*, 1990）、《讀書評論第一集：環繞政治問題》（*Lectures I : Autour du politique*, 1991）、《讀書評論第二集：哲學家的領域》（*Lectures II : La contrée des philosophes*, 1992）及《讀書評論第三集：在哲學的邊界》（*Lectures III : Aux frontières de la philosophie*, 1994）等書。

利科在這一時期所探討的，是**記述與時間**以及**記述同一性**的問題。所謂記述的同一性（l'identité narrative），指的是借助於記述功能的仲介化環節及過程，而使一個人（un être humain）得以在其中始終維持相同一的那種特殊的同一性（Ricoeur, L'identité narrative, In Esprit, No. 7-8, 1988. p.295）。也就是說，記述同一性的理論所要解決的主要問題，就是要說明：一個人是如何通過記述功能的仲介而在他的記述整體中，始終維持首尾一貫和連續的同一性？或者，也可以說，記述同一性，是每個人透過記述過程的一貫性而使自身獲得同一身分的那種同一性。利科試圖以時間爲軸心，將語言、反思、詮釋及行動等各個重要環節，完整地同一個主體的記述過程聯繫在一起加以考察。

利科認爲，各個主體的詮釋活動，就其仲介化過程而言，都是語言功能的展開運動。然而，語言對詮釋的仲介功能，語言所扮演的負載、隱藏和再現意義的功能，都是以敘述的形式體現出來的。因此，沒有語言的敘述，就不會實現語言的仲介化。同時，就語言聯繫文本及詮釋者的歷史間距而言，也是要靠敘述過程及其完成才能實現。因此，沒有記述，就不會有「在詮釋中消除間距」的效果。再者，反思的過程也一刻都離不開敘述活動。總之，語言就是在敘述中呈現的符號系列；語言是在敘述中完成其仲介化過程。

但是，無論敘述採取何種形式，其表現無非就是兩大類：**歷史的記述和小說的記述**。因此，一切文獻，包括歷史的、文學的和藝術的以及哲學的，都是敘述出來的語言。敘述在其分化時，當它分割著敘述的不同界域時，也同時產生了

「兩歧性」（dichotomie）。這種兩歧性尤其突顯兩種敘述的對立：一種是以達到眞理爲目標的敘述形式，它可以同類似於史學和文學的某些人文科學相比擬；另一種是杜撰性和創造性的敘述，主要表現在史詩、悲喜劇和小說等。除了這些透過文字作爲仲介而產生的敘述的分歧以外，還存在著一系列在表面看來並不透過文字，但歸根結柢又仍然透過語言作爲仲介的敘述形態，諸如電影、繪畫和雕塑藝術等。不管怎樣，敘述始終是以歷史敘述和小說兩大類爲主，並透過這兩大類，完成敘述對於人類經驗的總結、再述和詮釋。

利科在三大卷的《時間與記述》中，首先把一切文化產品都統一化約爲敘述形態，然後，他深入分析在一切敘述形態中的**時間性**。他認爲，一切敘述都必須在時間中實現；**時間性是貫穿於一切敘述的共同要素**。他說：「在經歷無止盡的敘述分化現象之後，我假定如下：在敘述的多種形態和形式之間，存在一種功能性的統一單位（une unité fonctionnelle）。在這方面，我的基本假設是：以其各種形式顯示在敘述行動（l'acte de raconter）中人類經驗的共性，就是它的時間性」（Ricoeur, 1983b）。也就是說，人的一切敘述行動都是在時間中進行，都占據著時間，並以時間形態表現出來。反之，一切在時間中發生的事情，都可以被敘述，都可以在敘述形式中再現出來。我們甚至可以說，一切在時間中發生的事情，一切人類經驗，只有以這樣或那樣的形式被敘述出來，才能被理解。利科所重點說明的上述有關**人類經驗的敘述性**（la narrativité）**與時間性**（la temporalité）**的相互關係**，乃是利科從二十世紀八〇年代起所集中思考的重要問題，也是詮釋學發展中所取得的重大理論成果之一。

利科所提出的上述理論問題，把我們帶回康德哲學。康德在他的著名著作《純粹理性批判》（*Kritik der reinen Vernunft*, 1781）中，將**時間**當成人類經驗的先驗感性基本形式，同**空間**一起，構成爲人類經驗的感性知識形式的先驗基礎。當康德提出「人的認識何以可能？」時，他首先將知識的先驗感性純形式列爲最根本的條件。他認爲，時間和空間是人的先天內外直觀的純形式，在人的感性認知過程中扮演決定性角色；只有透過時間和空間這兩個先天的（a priori）直觀形式，人類在感知過程中所遇到的零碎經驗資料，才能被統一起來。在康德那裡，由於**時間是先天的內直觀純形式**，所以，它比空間更重要，因爲空間作爲先天的外直觀純形式，歸根結柢必須將它所整理的感知資料再轉化爲時間形式，才能進一步被先天的**知性的範疇**所接受，並得到知性範疇的再一次整理和整合。所以，時間是人類經驗得以具備統一性和客觀有效性的基本前提。康德將一切人類經驗都化約爲時間的基本形式，以便說明經驗同人類感性、知性及理性的複雜關係。換句話說，沒有時間這個先天的內直觀純形式，沒有空間這個先天的外直觀純形

式，一切經驗都只能停留在「雜亂無序」的階段，充其量也只是經驗的「雜多資料」而已；未經時間和空間的整理以前，所有那些經驗，都將是不可認識的，都將是被排除在人類認知活動之外。

在康德之後，海德格曾經從人的生存本體論角度進一步考察時間的意義。他把時間同人的生存直接聯繫在一起，並把時間當成解決人的生存之存在論意義的關鍵。海德格在他的《存在與時間》中，以時間為主要線索，詮釋人的具體生存和存在的基本條件。他說，時間是解決人的「此在性」及其「人生在世」性質的先決條件，並論述了「時間之為存在問題的超越境域」的重要性。海德格說：「前此整理出來的此在的一切基礎結構，就它們可能的整體性、統一及鋪展而言，歸根結柢，都必須被理解為時間性，理解為時間現實化的諸樣式。於是，生存論分析工作在剖析時間性的時候，又承擔起把進行過的『此在』分析重演一番的任務。這一重演的意思，是對諸本質結構，就其時間性加以闡釋。時間性本身描述了這一任務所必須的諸項分析的基本方向」（Heidegger, 1986[1927]：304）。

如前所述，利科在其哲學思想發展的過程中，也曾經受到過海德格的重大影響。但是，正如我們在前面已經指出的，海德格對於詮釋學的主要貢獻，充其量也只是從存在論的角度，對人的生存的結構進行過「短程」詮釋和分析。也就是說，利科早已發現海德格在這方面的貢獻及其侷限性。所以，利科在吸收海德格關於時間性的觀點時，已經意識到其中的有限性。

利科在時間與記述的相互關係問題上，比海德格走得更遠。利科不但試圖克服海德格在論述上的缺陷，而且也打算超越海德格的學生伽達默的詮釋學的缺點。不過，海德格的上述有關時間性的觀點，畢竟給予利科深刻的啟示。利科以現象學作為基本方法，繼承和發展反思哲學的傳統，一方面重視海德格及伽達默的貢獻，另一方面又看到了他們的缺陷。利科主張，不能以生存論的哲學本體論論證為滿足，而是要在語言及文化的長程迂迴（long détour）中解決記述的時間性問題。他認為，在對「此在」進行存在論詮釋的過程中，必須發揮「此在」作為主體的反思功能，利用語言敘述的超時間間隔化的特徵，在擴大主體性對自身理解的願望推動下，借助於歷史不同階段的敘述文獻所提供的「多義」及「歧義」經驗凝縮品，把握自身和世界的存在意義。歸根結柢，人類文化和人類經驗，如果要被人類自身所理解和不斷繼承、如果要在時間的長河中保留下來的話，它們就必須被敘述。一切時間中的存在和發展的事物，只有被敘述，才顯示其時間性，也才能顯示其存在的特性。所以，沒有敘述，就沒有時間性，也便沒有存在。反過來，一切敘述都需要占有時間，並在時間中表達；沒有時間，就不

可能發生敘述行動和產生敘述作品。因此，時間乃是敘述的存在論的條件。

作爲《活生生的隱喻》的姐妹篇，《時間與記述》所要探討的，是以現象學的方法解析人類經驗所賴以存在和發展的基本形態，也就是在時間中延續和自我擴大化的「敘述」。長期以來，利科一直關注著三個重要的問題。首先，是語言應用的廣度、多樣性和不可通約性問題。其次，是敘述遊戲的擴散形式及其樣態的集中問題。第三，是語言本身所固有的選擇和組織能力問題。

利科一直主張語言的不可通約性。他和某些分析哲學家一樣，反對通約論，因爲這些通約論認爲，一切完美的語言，都可以測定語言的非邏輯應用所能達到的意義和眞理性的程度。但是，利科認爲，語言的實際應用和潛在的應用範圍是極其廣泛的。爲了研究語言的本質以及其與人類文化的關係，利科集中探討了語言和一切文化所共有的因素，即時間性。正是在時間性中，隱藏著語言與文化的主要奧祕。在《時間與記述》中所探討的敘述性與時間性的相互關係問題，足以觸及一切語言應用的實際和潛在的領域方面，其中包括歷史知識的認識論問題、對於各種小說所進行的文藝批評理論的問題，以及關於時間在宇宙論、物理學、生物學、心理學和社會學方面的理論問題。利科抓住人類經驗的時間性問題作爲軸心，全面展示「歷史」和「小說」這兩個側面圍繞這個軸心旋轉的過程。換句話說，利科在《時間與記述》中，論述了小說、歷史與時間的問題，藉此闡明人類認識、生存、精神創造活動及社會生活這幾個主要層面，圍繞著語言這個仲介而相互協調的過程和機制。

如果說敘述必須標示、連接和指明具有時間性的經驗的話，那麼，就應該在語言中尋找一種具有限定、組織和說明功能的場所。利科認爲，作爲論述的較長表現形態的「文本」就具有這些功能。「文本」**由此而成爲了有時間性的過往經驗同敘述行動之間的仲介**。這樣一來，人們可以透過文本而同以往的一切行動進行交往和溝通；歷史的行動也因此而在文本的閱讀中復活起來。就此而言，文本就是語言的一個基本單位，它一方面是作爲論述的現實意義的最原初單位，即句子的延長；另一方面它又是具備組織及安排句子的功能，而這種句子間的組織功能是以各種形式透過敘述來完成。反之，人類敘述行動所採取的多種形式，也正好可以展示句子間被組織在一起的各種可能性。

爲了說明敘述的特徵，爲了分析進行敘述行動的基本條件，利科再次回顧亞里斯多德的敘述理論。亞里斯多德在他的《詩學》中，將詩學稱爲一種作文規則的理論。爲了將論述的因素擴展成爲文本，成爲文章形式的敘述、詩歌或論文，就必須根據亞里斯多德所說的「作文規則」，根據他在《詩學》中所總結的作文規則去組織句子。亞里斯多德曾經將「口頭作文」稱爲敘述性的文本原型，並稱

之爲「mûthos」，表示某種具有「情節」（intrigue）結構或「寓言」（fable）性質的句子組織。

Mûthos 原本是古希臘文，原意是「神話」或「傳說」。柏拉圖在使用這個詞時，把它理解成表達出來的「思想」或「意見」，賦予它描述和批評的雙重功能。所以，在亞里斯多德以前，柏拉圖將mûthos理解爲一種特殊的論述形式，它靠口頭流傳，傳達留存在集體記憶中的特殊資訊，描述著發生在久遠時代的事情。而且，柏拉圖把mûthos說成爲一種與logos相對立的論述形式，表示一種缺乏嚴格推理和論證的論述。但亞里斯多德把mûthos看成爲悲劇的一個組成部分，強調其中「情節」的關鍵地位。他認爲，情節的特徵就在於表現了行動。亞里斯多德說：「我在這裡把mûthos稱爲完成了的行動的集合體」（Aristotle, 1981 : Poetics, 1450a5-15）。亞里斯多德所指的，並不只是一種靜態的句子組織形式，而是一種具有結構化的過程。或者，更確切地說，這是一種情節化的過程，一種生成和展示情節的行動實現。所謂情節化，就是一種組織工作，一種在敘述中完成、並對各種事件所做的安排和選擇工作。透過這種情節化的手法，故事才有始有終地構成一個整體。亞里斯多德在其《詩學》中說，這種情節化使寓言成爲「完全的和整體的故事」，成爲有始有終、又有中間環節和結果的生動結構。

因此，情節是各種事件相互連接而構成的整體；同時，它又是事件和歷史的仲介。只有事件才構成歷史的進程。事件並不單純是發生過的事情，不只是「境遇」或「情勢」（l'occurence），而且也是敘述性的組成物，是可理解的敘述單位。正是透過它，各種情勢、境遇、目的、手段、動機以及想像不到的後果等階段性因素，才得以組成一個整體，並相互聯繫。因此，情節又是一種整合性的行動：透過它，敘述變成可理解的手段，歷史也有可能在世代相傳的人類經驗的接力式傳遞過程中延續下來。

如果說在人類經驗中呈現出人類行動多種多樣的異質的和混亂的因素，那麼，正是透過敘述中的情節，才把這些各種因素「統一」起來，使人的境遇有可能被理解，使歷史本身在被理解的過程中延續下來。利科說：「情節是最基本的敘述單位；它使歷史中的異質因素，在一個可理解的總體性中相互構成」（Ricoeur, 1986: 15）。

爲了揭示時間性、敘述性與人類經驗的關係，利科反覆地分析隱藏在敘述的時間性中的人類經驗所呈現的小說與歷史的共同關係。表面看來，歷史與小說的差異，就在於它們同現實世界的關係；小說可以不像歷史那樣忠實於現實；小說可以「杜撰出」一個「世界」來。但實際上，小說所敘述的「世界」始終都與現實世界發生聯繫，而且這種聯繫比直接的聯繫還複雜、曲折和深刻。

亞里斯多德說：「寓言就是行動的模仿」（Aristotle, 1981: Poetics, 1450a 2）。利科認為，寓言對於行動的模仿，是透過「可理解的形象」，再現行動的過程。所以，小說的世界是一個「試驗室」（un laboratoire）；在這個試驗室中，人類試圖以各種形式，盡可能地以一種一貫性和可理解性的結構，形象地呈現行動過程。但是，利科從現象學的角度出發，認為上述模仿仍然是被「懸掛」和待反思的。在最初階段，模仿是虛構的和虛假的。所以，在這個意義上說，小說就是一種「製造」，就是「做」。小說是透過杜撰和想像而製造一個世界，製造出一個在敘述形式中存在的世界。這是一個文本的世界，是一種作為世界的文本的投射。

被「懸掛」的小說世界是屬於行動世界的「前理解階段」，它與小說實施過程中所形象化地表現的日常生活世界，仍然有一段距離。文本的世界當然與現實世界相矛盾，甚至相互衝突。這種矛盾和衝突，並不奇怪，絲毫都不能說明文本世界同現實世界之間的不可通約性，也不能證明兩者之間的相互排斥性。恰恰相反，兩者的矛盾性正好說明閱讀文本中「重做」世界的必要性。如果說文本中存在著一個世界的話，閱讀它的目的，絕不是為了原原本本地還原被敘述的真實世界，而是為了鑑賞它，對它或作出肯定，或作出否定。所以，文本中的世界是要透過「理解」才能再現出來；而且，這種「再現」並不是要完完全全地複製原來實際的現實世界。嚴格地說，「重做」或「模仿」是為了透過「重做」而使文本中的世界與現實的世界產生差異，使後者在「變」為前者的過程中而被理解。利科說：「哪怕是藝術對於現實的最諷刺性的關係，也將成為是不可理解的，如果藝術一點也不重新安排和重新調製我們對現實的關係的話」（Ricoeur, 1986: 18）。

所以，寓言、小說及傳說等敘述性文本一旦形成，就向我們呈現「一個世界」。這個由文本向我們「端出來」的「世界」，自然地同現實世界存在差異，甚至存在矛盾。在文本中所呈現的這個世界，透過人的創造性的語言，透過語言的各種組織工作，有意地「搞亂」或「解構」現實世界的秩序。這種傾向顯示了人們重新安排和重構現實世界的願望，也顯示了人們試圖透過對於小說敘述形式的「理解」而改造現實世界的努力。

與小說的想像相類似，歷史作為以往生活的重建，實際上也是想像力的產物。歷史就是敘述的一貫性與文獻的一致性的結合：兩者的複雜聯繫正好顯示了作為詮釋的歷史特徵。借助於這種對於以往歷史的間接關係以及小說創作的創造性因素，人類經驗才得以在其深遠的時間性形態中，不斷被形象化地表述出來。

既然人類經驗是在時間中被記述的；人類所經歷的時間是被記述的時間，所

以，在《時間與記述》三大卷中，利科從兩個方面論述時間與記述的關係。首先，他對比了聖奧古斯丁在其《懺悔錄》中所說的「作爲人類靈魂在時間中的延伸」的「人類經驗」，與亞里斯多德在其《詩學》中所說的「作爲非編年性的情節編寫工作」的不同表現。在對比中，利科揭示了時間的各種形象和關於時間的各種觀念。利科由此總結了記述所包含的三種時間的摹擬關係：經歷過的時間、情節化的時間和詮釋的時間。

其次，利科解析了「歷史」中所展示的時間與敘述的關係。他指出，我們所看到的各種形式的歷史說明形態，表明「歷史」是留存於敘述的變化形態中，也是一種近於情節化的敘述；只是歷史描述中所採取的情節化，是不同於小說情節化的特殊形式。歷史敘述中的情節化，必須盡可能符合歷史資料所提供的狀況，不能像小說的情節化那樣任意地杜撰，或者憑想像編造情節化。

正因爲這樣，在敘述歷史行爲與人類經驗的時間性之間，存在著一種非偶然的協調關係；這是一種貫穿於文化中的必然性形式。換句話說，時間之成爲人類的時間，是就其在敘述形態中被情節化而言的；而記述是當它成爲時間性存在的一個條件時，才達到其完滿的意義。

在《時間與記述》第一卷的第二部分，利科論述了歷史與記述的基本問題，其中包括利科對法國編年史學和對英國分析哲學的「自然法學」（nomologie）模型記述傳統的批評，以及對威廉‧德雷（William H. Dray, 1921-2009）、喬治‧亨利克‧馮‧萊德（Georg Henrik von Wright, 1916-2003）和亞瑟‧丹多（Arthur Danto, 1924-2013）等敘述理論的評價。

在《時間與記述》第二卷中，利科走出了歷史和敘述形態的範圍，而進入小說敘述的領域。通過小說的敘述（le récit de fiction），情節化的、以往的和當前的變形，被引向結構主義者們所設想的各種邏輯模型，被引向在陳述行爲（énonciation）與陳述（énoncé）間的辨證關係中所展現的多種時間性變形，以及被引向時間本身可以盡情變遷的想像力世界中。

在評述鞏德爾‧穆勒（Gunther Müller, 1954-　）、傑拉德‧熱納德（Gérard Genette, 1930-2018）、哈拉德‧魏因里斯（Harald Weinrich, 1927-　）和格雷馬斯等人的敘述理論的過程中，利科進一步論證相應於「敘述的時間」（temps du raconter）、「被敘述的時間」（le temps raconté）和「時間的虛構的經驗」（l'expérience fictive du temps）的關於「陳述」、「被陳述」和「文本的世界」所構成的三重結構。利科指出，所謂「時間的虛構的經驗」，是通過「敘述的時間」與「被敘述的時間」之間的「聯結／割裂」關係而投射出來（projetée）的。

　　所以，《時間與記述》第二卷中的四大章節，是爲了擴大、加深、充實和發展自亞里斯多德以來的傳統所積累下來的「情節化」理論，使奧古斯丁所論證的「時間性」概念進一步實現多樣化，但同時又嚴格地限定在**敘述形象化**（la configuration de la narration）的範圍內。

　　正是在「時間的虛構的經驗」這個概念中，觸及到「**文本的世界**」（le monde du texte）的根本性問題。利科認爲，這是帶決定性和關鍵性的問題。「時間的虛構的經驗」這個概念本身就表現了一種矛盾性，它一方面表現了文本世界的純粹暫時性和時間性的性質，另一方面也表現了文本在其自身之外投射出的「文本的世界」的超文本展現場所。這就是說，「虛構的經驗」這個詞本身表明：文本的世界所棲居的方式是暫時性的；就其單純地靠文本和在文本中存在而言，這個文本的世界是想像的。但另一方面，文本的世界又構成某種內在性中的超驗性（une sorte de transcendance dans l'immanence）；正是靠它才可能同「讀者的世界」相對立。在這方面，利科高度評價了馬里奧‧瓦爾德斯（Mario Valdés）的理論（Valdés, M. 1982）。

　　在《時間與記述》第三卷中，利科終於再回復到從一開始就提出的基本論點上，即歷史的敘述與小說的敘述在對比和交叉中，共同創立了時間的現象學經驗的形象。這就是說，在該書第三卷中，利科成功地協調了他在第一和第二卷中所展示的三大矛盾方面：**史書編纂學**、**小說敘述的文學理論**以及**時間現象學**。這三大方面的協調，不再停留於內在時間性形象化的範圍內，而是過渡到時間的日常生活經驗敘述式的再度形象化。

　　這就是說，思想活動通過一系列敘述性的形象化（configuration narrative），最終是在時間性經驗的再形象化（refiguration de l'expérience temporelle）的作品中完成的。根據利科借自亞里斯多德的三種仿真的學說，在敘述、行爲和生活的三個層次之間的仿真關係中，上述時間性經驗的再形象化能力是同亞里斯多德所說的第三個模仿因素相對應的。

　　但是，敘述功能並不是可以無限地展示其有效範圍。利科在《時間與記述》三大卷中所作的論證，恰巧表明：**時間作爲人類生存的一個基本條件，同樣也爲敘述功能限定了條件**。從聖奧古斯丁到海德格漫長的哲學思想發展歷程中，對於時間的現象學研究，雖然不斷地加深和有所擴展，但始終都未能澈底解決理論研究本身所遇到的難題。利科在《時間與記述》三卷本中所展開的關於「記述的詩學」理論，發揮了歷史與小說兩種記述的交叉和相互聯繫所產生的功效，試圖克服傳統思辯哲學所未能解決的時間本體論的難題，但同時也恰如其分地顯示敘述功能本身的有效限度。

在《時間與記述》第三卷的「結論」部分，利科指出，關於時間性的研究不能單靠現象學的直接論證，如以前的傳統哲學所作過的那樣；而只能通過「敘述」的間接論證的仲介化，才獲得對於時間作為人類生存基本條件的恰當認識。正因為這樣，利科直接了當地說：「記述是時間的看守者」（le gardien du temps）（Ricoeur, 1986: 349）。更確切地說，就時間作為「思想的時間」而言，只能是一種「被敘述的時間」。時間只有在「敘述」這個仲介過程中，才能成為「思想的時間」。

利科的上述論證既包含認識論意義，又具有本體論意義。《時間與記述》三卷本，正是從這兩大方面論證時間性與敘述性的複雜的、意味深長的相互關係。但是，如前所述，《時間與記述》三卷本，並不打算、也不可能全部解決這個經歷幾千年爭論並懸而未決的難題。所以，在《時間與記述》第三卷結論中，利科再次簡略地指出了上述難題的癥結所在。利科在那裡概括了三個基本難題：1.敘述的同一性問題；2.總體性與總體化過程；3.時間的難以理解性與記述的有限性。

所以，為了解決上述三大難題，在《時間與記述》三大卷之後，利科便將其思考焦點轉向**敘述的同一性**（l'identité narrative）問題。利科將他關於這方面的思考成果，首先以《記述的同一性》為題，發表在《精神雜誌》（*Esprit*）的1988年7、8月分的合訂本上。利科在1987年同筆者的一次談話中，曾經反覆強調他這篇論文的重要性。他說，這篇論文具有「導論」的性質，概述了他思想發展的基本內容和基本精神。（筆者於1989年12月專門撰文介紹利科論記述同一性的思想，載於臺北《東吳政治社會學報》1989年第13期，可供讀者參考）。

所謂**記述的同一性**，指的是借助於記述功能的仲介化環節及過程，使一個人得以在記述進行和完成的過程中實現與自身的同一。換句話說，記述的同一性理論所要解決的基本問題是：一個人是怎樣地通過記述功能的仲介而在記述的整體過程中做到首尾一貫的、連續的同一性？

關於記述的同一性的問題，利科反覆強調：是在《時間與記述》第三卷探索「歷史記述」和「小說記述」的過程中，為了將上述兩大類記述綜合在一個基本經驗中所發生的。

利科詮釋說：人們不正是通過講述者以他們自身為主體的「歷史」時，在以這樣的形式進行詮釋的時候，人們本身的生活才變得「可讀的」和變得「最清晰可見」的嗎？在人們沒有進行講述以前，他們的個人歷史或任何經歷，都作為已經過去了的往事而沉淪，不為人們所知，更不為人們所理解。由此可以假定，「歷史記述」和「小說記述」同一性的構成基礎，或者是「個體的人」，或者是

「一個歷史共同體」。

人類生存的歷史，就其為人們所理解的意義而言，乃是「被敘述的時間」；而這種被敘述的時間，或者是通過歷史的敘述，或者是通過小說的記述。人類要理解自己的存在的過去、現在和將來，都必須借助於「語言」所組成的「文本」及其他不同類型的「記述」；通過「記述」，透過文本形式的記述，歷史才被復原、被理解；人類生活的經驗，也被「情節化」、「生動化」、「形象化」和「立體化」，變成「可理解的」東西，變成在各個作為主體的個人之間可以相互溝通和相互理解的東西。

換句話說，所有生活的歷史只有在「記述模式」（les modèles narratifs）中才變成可理解的；而所謂記述模式，正如筆者在《詮釋學簡論》（臺北遠流出版社，1988年版）所指出的，乃是「情節」，也就是表現於歷史、劇本或小說中的那些情節結構。在「情節」這樣一個典型化的記述模式中，「歷史」像各種杜撰的小說一樣，流傳下來並為人們自己所理解。

歷史既然是人類自己的「小說」，歷史也就成為人類的「自傳」，而歷史的主人，就是創造並敘述這些歷史的人們本身。換句話說，人類的歷史，當它被人們自己所理解的時候，當它為人們所傳頌的時候，它實際上就是作為「人類自傳」的歷史。這種歷史已不是那原有的、客觀發生的歷史，而是人類自己對其自傳的「詮釋」或「解釋」。人類對自己歷史的認識，無非就是對這種已經被其自身詮釋過的自傳的認識。這就證實了利科關於記述同一性的基礎的假定，即同一於個體的人或同一於一個歷史共同體。

更具體地說，每個人或每個民族共同體對自己的生活過程和生活經驗的認識，是在自身生活的記述中，即「自傳」形式中表現出來的。因此，一方面，對自身的認識就是一種詮釋（la connaissance de soi est une interprétation）；另一方面，對自身詮釋又是在信號、符號及語言等各種仲介環節中完成；而且是首先通過「記述」，作為其根本的仲介化管道。在「記述」這個仲介化過程中，生活的歷史就像歷史本身和小說敘述那樣變得生動活潑。把個人生活和歷史，通過小說式和歷史式記述而變成栩栩如生、富有感染力的「典型」，成為一個個像「偉人傳」那樣，圍繞著作為主體的「某一個人」或「某一個歷史共同體」而敘述的「自傳」。

利科正是以偉人傳為典型，試圖解析那些使**個體記述**（récit individuel）與**歷史記述**（récit historique）同一於一體的基本機制和功能。這一問題的解決，將有助於認識當代哲學所激烈探討的「個人的同一性」（l'identité personnelle）的難題。

在利科看來，「同一性」（l'identité）分爲兩大類：一類是「相同性」（la mêmeté），來自拉丁文idem，（英文same，德文gleich）；另一類是「自身」（le soi），來自拉丁文ipse（英文Self，德文Selbst）。利科認爲「自身性」（l'ipseité）並非「相同性」；未能正確地區分這兩種同一性，正是當代哲學理論爭論中所常見的事情。這種混亂狀況，是使「個人同一性」概念，陷入含混不清的主要原因。利科爲自己確定的主要任務，就是分析兩者的區分及其相互混淆的程度；在此基礎上，進一步揭示**作爲記述同一性根基的個人同一性**。

爲了更通俗地理解利科所說的記述同一性的「個人基礎」，爲了更形象地理解上述兩種範疇的「同一性」及其在具體的個人中相互混淆的程度，我們不妨從現實生活中的小說或歷史記述的例子進行說明。

當祖母向她的孫子講述道：「在很早很早以前，有一個王子……」的時候；或者，當我們當中的任何一個人，作爲一個史書「文本」的讀者去看歷史書所記述的歷史故事時，那位聽故事的孫子所理解的故事情節，同祖母心目中所理解的故事情節是有區別的。這個區別，同歷史學家寫史書時原來的歷史情節與我們作爲讀者所「再述」出來的歷史情節之區別，是具有同樣性質的。這個區別的基本點，就是記述「主體」的區別，即祖母作爲主體與孫子作爲主體的區別；歷史學家作爲主體和我們歷史讀本閱讀著作爲主體的區別。兩種類型主體的區別，主要在於他們的「生活世界」的區別以及由此產生的生活經驗、認識能力和行爲方式的區別。

然而，不要忘記，上述區別又在歷史記述被閱讀或被複述的時候，在同一故事的敘述中，相互糾纏和混淆在一起，並在一定程度上「相互」同一成一個整體，從而使不同主體的個人得以相互溝通，並在同一個故事的記述中連貫成一個整體。

這就是說，任何一個小說或一段歷史，作爲記述文本，當它們被聽者或讀者所接受的時候，如果這位聽者或讀者要「理解」它們的話，這些聽者或讀者就必須首先以他們自身作爲主體去「複述」或「翻譯」它們。這樣一來，讀者和原作者才能在同一故事的範圍內相互溝通，然而，兩者又都以其自身設爲記述的主體，因而，他們對於同一個歷史故事的理解，畢竟有所區別。

在這裡，利科批評了英國哲學家德列克‧帕費特（Derek Parfit, 1942-2017）爲代表的分析哲學的還原主義或化約主義（le réductionisme）理論。利科嚴厲地批評德列克‧帕費特等人只重視「非個人描述」（la discription impersonnelle）的重要性，並批評他們把這種「非個人描述」當成同一性在身體和心理方面唯一的標準基礎。德列克‧帕費特甚至得出這樣的結論：「個人同一性並不是重要的」

（Parfit, D. 1986: 210）。這一結論不論是就其論證過程來講，還是從其道德意義而言，都是存在問題的。就道德上而言，這個結論會導致各種對自己所做的行為不負責任的嚴重後果，因為這個結論無疑為各種不負責任的犯罪者開脫罪責，使他們可以以不存在個人同一性為理由而否認自己的罪過。利科以逃亡到拉丁美洲的一些法西斯分子及希特勒分子為例。他們在第二次世界大戰時犯下滔天罪行，可以說對世界各國人民欠下累累血債。但他們逃亡之後，藉口自己已經「遠離」歷史場合，連他們的面目、身體和心理都已經發生很大的改變。所以，他們聲稱可以因此而不再是歷史上犯罪時期的「同一個人」。德列克‧帕費特的論點將為他們提供理論辨解。

利科透過比較研究科學幻相小說同一般文藝小說記述性的差異，突出地強調個人同一性在任何情況下都是記述同一性的基礎。換句話說，記述一旦失去其同一性，也就失去其作為記述性小說的性質。

如果說在小說記述中，人們是透過個人同一性來認識小說主角自身的歷史，並由此而顯示記述性自身在上述個人同一性基礎上的自我同一性，那麼，在實際生活中也缺乏這種顯示「自身」（ipse）與「相同」（idem）辯證關係的例子。利科引用法國著名作家普魯斯特的精闢語句：「為了返回我自身，我非常審慎地想到我的書本。但如果因此說我是想到那些閱讀我的書的人們、我的讀者們的話，那就是根本不正確的。因為在我看來，他們並非我的讀者，倒不如說他們是他們自己的親身讀者。我的書本不過是某種放大鏡之類，就好像康布雷眼鏡店主人遞給顧客的那些放大鏡那樣；透過我的書本，我交給他們得以閱讀他們自身的手段」（Proust, M., 1983: 1033）。

利科高度讚賞普魯斯特在《追憶流水年華》（*Á la recherche du temps perdu*）中所說的那段話。由此可見，記述所重建的形象證實了：對於自身的認識範圍遠遠地超出了敘述的領域。「自身」對於「自身」的認識從來都不是直接的；即是說，自身不會直接地對其自身有所認識和有所理解，除非透過各種類型的文化信號、透過文本、透過記述性的文化產品等仲介化過程；而這一仲介化過程，是以符號性的仲介物作為其各個具體環節的，是對人類行動與日常生活進行敘述性翻譯的翻版。記述仲介化過程恰巧突出了一切對自身的認識所具有的這種「自我詮釋」的特徵。敘述性的詮釋為其自身所提供的，正好就是作為人物形象的那些性質，而這個人物形象使得以敘述方式所詮釋出來的自身，真正地顯現為一個形象化的自身（un soi figuré）；也就是說，在敘述中，自身發現了其自身作為自身的那個形象。

由於作為「相同性」的同一性與作為「自身」的同一性之間很容易產生混

淆，所以，在區分兩者的界限時，必須深入細密地分析兩者相重合的那個領域，因為正是在這個相互重合的領域，一方面顯示了兩者的共同性，另一方面又突出了兩者的不同特點。為此，利科深入探查這個極其複雜的重合領域，以便更準確地辨識兩者的特性及差異。

首先，利科細密地解剖了作為「相同性」的同一性的錯綜結構。在他看來，在相同性這個層面上，交錯著多重關係的結構。第一個結構是作為數位意義的同一性，第二個結構是作為「極端相似」意義上的同一性，第三個結構是作為與「間斷性」（la discontinuité）相對立的「不中斷的連續性」（la continuité ininterrompue）意義上的同一性，第四個結構是時間上的「持續性」（la permanence）。

在解釋作為「相同性」意義的同一性的上述四種相交叉的結構時，利科又指出了上述四個意義的「相同性」中所包含的作為「自身」的另一種同一性的意義。

在數位意義的同一性中，主要是指「單一性」或「唯一性」（unicité），其對立詞是「多個」（plusieurs）。正因為這樣，當我們用一個不變的名字稱一件事的兩種情況時，意味著存在兩件不同的事。「相同性」的這個第一種意義，就是表示「視為同一」或「同一化」，都包含著對於同一件事的再同一化或重新肯定。

在第二個結構中，所謂「相同性」的「極端相似性」意義，指的是「相似到可相互替換的程度」。當我們說，甲和乙穿著同樣的衣服時，就意味著他們的衣服相似到可以相互替換的程度。顯然，在這種情況下，「極端相似性」的相反意義，就是「不相同」。

上述兩種有關同一性的觀念，並不是相互排斥的。在一定情況下，當同一個事物的「再同一化」或「再認定」構成為懷疑的物件時，第二種意義可用來作第一個意義的間接標準。在這個時候，人們總是力求指出：某些物質性的標準（諸如相片、指紋等），或者，在存在嚴重分歧的情況下，同一個證人的某些回憶或記憶、多位證人的一致性證據，所有這些都可以構成極大相似性的證明，以便證實。例如，那位目前站在法庭審判臺前的被告，同舊日罪行的作案人，恰巧就是那「唯一的」和「同一的」人。在第二次世界大戰多年後所進行的、對於罪惡累累的戰犯身分的認定，就是這方面的例子。正因為在時間系列的某個相當長的間隔，使上述「相似性」的標準突出地顯示其弱點。所以，它又同時地向人們提醒同一性的第三個標準，即一個有生命的事物，包括人在內，在他的發展和成長過程中所表現的，其前期和後期之間的那種「不間斷的連續性」。植物、動物和

人，在其生長過程中，都顯示出前後期之間的「不間斷的連續性」。這種連續性，對於數位同一性來說，可以成為相似性的補充標準。因此，這第三種意義的同一性的反面，就是「中斷」。在這方面，實際上是考慮到了時間的變化。

正是根據這個重要現象，才出現同一性的第四種意義，即時間中的「持續性」或「不動性」。但是，也正是在這裡，顯示出問題的極端複雜性，以致使人感覺到，並把這種「持續性」確定為某種不動的「基質」（substrat immuable），是非常困難的。亞里斯多德為此曾經提出「實體」概念，而康德也在從本體論轉向先驗論時，以特有的方式，談到「知性範疇」中的「實體」「對於偶然事件首要的和優先的地位」。康德很明確地指出：「一切現象，都包含著被視為物件自身的某些永久性（實體）的事物和被視為這個物件的一種簡單的確定性（即物件的一種存在方式），某些變動著的事物」（Kant, 1781：A182；B224）。在康德那裡，「實體」的模式是時間中實際的永久性。也就是說，關於這個實際的觀念是一般性的時間經驗，確定性的「基質」，它是在其他一切都在變動時保持不變的支撐點。

關於同一性的相同性意義的上述第四種結構，正好與同一性的「自身」意義相重合。但問題在於：恰巧是這個第四種意義是不可化約成前三種意義。關於這一點，從上述各種意義反面的不同性，可以得到證實：數字上同一性的反面是多個性，持續性的同一性的反面是多樣性。確定同一性中的上述間斷性（不連續性）（discontinuité）的原因，乃是因為「同一性／唯一性」並不在論題方面包含著時間；只有在「同一性／持續性」中才包含時間。然而，當我們在確認某一事物、某一植物、某一動物和某一個人的同一性時，我們的思想中又恰巧出現這種「同一性／持續性」的意義。

為了解剖相同性與自身在同一性中的這種交叉結構，利科建議，首先弄清自身所要回答的問題性質。一般地說，由自身構成的回答，往往是針對著提問中「誰」的問題；它是同提問中有關「什麼」的問題相區別的。

一般地說，在人的行為領域中，人們往往提出「誰」的問題，以便尋找那行為的作者、實行者或完成者。我們往往問「誰做了這個事或那個事？」我們往往把一個行動指屬於一個施動者的做法，稱為「歸屬於」。利科透過「歸屬於」的上述定義，來說明一個行為是歸屬於做這個行為的那個人。也就是說，那個行為是他的行為，是屬於他自身的。在這個從道德意義上仍屬中性的行為中，也即是說，在這個行為仍未包含、仍未意指任何具體內容和具體性質的道德意義而言，它已經被授予「歸屬」行為（l'acte d'imputation）的意義。而從這一方面來說，這種行為，又已經具有很清楚的道德意義，以至於它可以依據「善」或「正義」

的角度而隱含著「譴責」、「原諒」或「實行責任」的意義。

既然如此，爲什麼在這裡不使用「自我」，而偏偏使用「自身」這個較彆扭的語詞呢？原因很簡單。那就是因爲「歸於」可能施予任何一個語法上站得住腳的、有人稱的個人。例如，在懺悔、自白和承擔責任時，「歸於」被施予第一人稱；在警告、勸戒和命令中，施予第二人稱；在敘述和記述中，施予第三人稱，用「他說」、「他想」等形式表達出來。

在人稱代詞和附屬於這些人稱代詞的一切指示代詞，所屬形容詞和所屬代詞（我的、你的、他的等），時間和地點副詞（現在、這裡等），在所有上述類型的語詞所產生的「歸於」行爲的範圍內，都同時地存在著「自身」和「自身性」的含義。

應該承認，「自身」和「相同」固然占有某些共同的領域，但它們之間畢竟存在著重大的區別；不僅在語法上、認識論上和邏輯上，而且，也在本體論上存在著區別。

在海德格那裡，他是把自身性（Selbstheit）的問題，歸屬於「此在」（Dasein）問題的領域。海德格認爲，在這個領域中，「存在」有能力對其自身的存在方式發問，也因此，有能力使存在自身與作爲存在的存在聯繫起來。在這個領域內，海德格還考察了「在世存在」、「關心」和「共在」等概念。在這裡，「自身性」是相應於「此在」的「存在方式」。同康德的範疇論相對照，它相當於康德範疇表中「實體」的「存在方式」。而海德格把它比作「現存的」（Vorhanden）和「親在」（Zuhanden）。但歸根結柢，「自身」與「相同」的區別，畢竟比「此在」和「現存的」與「親在」的區別更重要。唯有「此在」，才是「我的」，而更一般的，則是「自身」。一切事物，一切被給予和可操縱的事物，就「同一性」的「相同性」意義而言，都可以被說成「相同的」。

這一切表明，「自身」與「同一個」是在極其確定的一點上相交叉，也就是在時間中的「持續性」那一點上。

在利科看來，有關個人同一性的當代許多爭論，源自於混淆著對於時間中持續性的兩種詮釋；而唯有敘述的同一性概念，才能爲澈底解決這一難題提供清晰的指導思想。作爲仲介的敘述，恰巧突出了「對自身的認識是對自身的詮釋」這個論斷。敘述的詮釋爲自身所帶來的，是人物的形象特徵；這種形象性，使那個已被敘述所詮釋的自身，變成一個形象化的自身，即變成具有這種或那種形象的自身。透過這種敘述的迂迴（détour）的仲介過程（médiation），自身終於在自己的形象中認識到其自身的同一性，也就是認識到其自身成爲自身的那個自身。這樣的自身同一性，才是經過反思的眞正同一性。

　　利科關於個人同一性的上述論證，與二十世紀六○年代後學術界的理論爭論有密切關係。當時，福柯等人從語言論述的理論出發，結合結構主義、解構主義、後解構主義和後現代主義的理論觀點，嚴厲地批判了傳統理論界有關「主體性」的論題。他們甚至提出了「人已經死去」和「無主體的哲學」的口號，否定「主體」和「主體性」概念的必要性。利科一方面爲了發展新型的詮釋學，另一方面爲了捍衛傳統理論有關「主體」和「主體性」的觀點，從他的老師納貝爾特那裡，吸收了有關主體的反思原則，強調主體並非自我封閉的，而是必須與他人、他者與最廣泛的人文社會科學知識相互溝通，在他者中進行最迂迴和盡可能遙遠的繞道，時刻聽從他者的召喚，承擔主體的責任心，進行最深刻的反思。利科認爲，問題並不在於「不要主體」，而是要一個什麼樣的主體，以及如何使這個主體承擔起由於他自身的主體地位所應負責的道德義務和本體論責任。利科應用詮釋學的理論成果，根據他自己在敘述和時間的相互關係的研究成果，強調要在歷史記述和小說記述中找到其自身同一性的主體。這樣的主體，就是在語言符號系統的敘述性仲介化過程中進行反思的主體。利科反覆強調，他本人並不喜歡誇大抽象的作用。他所主張的主體，不是抽象意義上的主體，也不是傳統形上學意義上的那種作爲「終極基礎」的「主體概念」，而是認識世界、理解歷史、詮釋自身，並對自己作出的一切行動承擔責任的負責任的主體；不是自我孤立的封閉的自我，而是「對他人開放」，以寬宏大量和謙遜的態度，隨時聽取他人的呼喚，時刻爲「他人」奉獻自己的主體；不是突然冒出的、無理由的主體，而是以個人同一性爲根基，並以記述過程爲仲介，利用自身經歷的一切歷史文化傳統作爲其背景的反思的主體。這樣的主體，由於透過對自身的敘述方式而形象化和具體化，與「抽象的主體」毫無共同之處。

　　利科指出，如果在一定意義上可以承認德列克·帕費特所說的：「同一性並不是重要的」（the identity is not what matter），那麼，還應該承認，總是必須有這樣一個人在說這句話。「我什麼都不是」和「我是無」這句話，始終都必定保持其矛盾的形式；因爲其中的「無」，如果不歸因於「我」，如果與「我」毫無關係的話，將不成其爲「無」，將不再意味著「無」。因此，歸根結柢，「**我是誰**」這個問題是唯一不能被消除、也無法被抹煞的問題。把利科這句話，同福柯所說「我不知道我是誰」加以比較，明顯地表現出他們兩者根本對立的理論立場。

　　在《精神》雜誌（*Esprit*）於1987年6月在巴黎「龐畢度國家藝術與文化中心」所舉辦的關於利科思想的學術研討會上，針對莊·馬克·費里（Jean-Marc Ferry, 1946-　）所提出的「溝通與記述的相互關係」的問題，利科特別強調

「我」與「他人」的緊密不可分的關係。利科爲此對筆者談起他本人的親身體驗。第二次世界大戰時期，利科在德軍戰俘營過著一種他所難以忍受的「孤寂」生活。他當時比其他任何時候都感受到與他人溝通的必要性。他還說，1935年至戰後多年，在參加由他的另一位老師伽普里爾·馬爾塞所舉辦的「週五學術研討會」的過程中，他越來越體會到「**傾聽他人**」（écoute des autres）的重要性和必要性。

利科並不打算否棄「自身意識」（la conscience de soi）的概念，但他認爲，這個概念毋寧是與「相異性」（l'altérité）相關的概念。這也就是說，「我」與「他人」是同時存在的（c'est en même temps qu'il y a 'Je'et 'autrui'）。用另一種形式來講，只有當別人覺察到「我」或「我」覺察到「他人」也存在的時候，「我」才是「我自身」。

因此，重視歷史文化背景與語言符號仲介化的利科，沒有理由不重視「溝通」。但是，基於個體敘述同一性的溝通，在共同體範圍內，是必須以一些制度（des institutions）作爲仲介。確切地說，在共同體內實現的敘述性，其本身就是發揮溝通的功能。制度就是文化的重要構成部分。

在這一點上，利科既批評胡塞爾否定制度功能的封閉式的「自我反思」，也批評哈伯瑪斯誇大「共識」（consensus）功能的溝通原則。利科指出，胡塞爾提出了主體間性的概念，但如果不是以制度爲仲介，如果這個仲介又不是依據傳統、不依據柯熱列克（Reinhard Koselleck, 1923-2006）所說的那種「期待的層面」，那麼，從「主體間」到「溝通性的互動」的實現，又如何談起呢？利科明確地說：「我對自我反思這個詞是有懷疑的。這是由於我在詮釋學的影響下而遠離胡塞爾的原因。我一直擔心著從自身到自身的短程迴圈（je crains toujours le court-circuit de soi à soi）；在這個迴圈中由於自身與其自身的絕對符合，經他者的仲介成爲不必要的了。對我來說，反思是經過繞迂歷史、文化，簡言之，繞迂他者而實現」（Ricoeur, 1988: 308）。

利科這種「經繞道式的反思過程而達到記述同一性」的理論觀點，是他的現象學反思詮釋學理論的核心思想。在《時間與記述》三卷本中，他在發展柯熱列克的「經驗的空間」和「期待的地平線」兩個範疇的時候，再次強調這兩個「超歷史的範疇的哲學人類學的有效性」。利科尤其指出這兩個「超歷史的範疇」在政治和倫理領域中普遍的重要性，因爲在他看來，上面兩個超歷史範疇的構成是「非對稱式的」，也就是說，「經驗的空間」具有整合觀點的傾向，而「期待的地平線」則表現出「分裂」觀點的趨勢。因此，爲了防止「經驗的空間」的日趨狹小和「期待的地平線」的純粹烏托邦式幻想的引誘，也就是說，爲了使我們

的經驗更加多樣化和非僵硬化，爲了使我們的期待更加堅定，必須同他人進行溝通，也必須有適合於歷史文化性質的一系列溝通性制度作爲仲介。所以，利科反覆指出了制度作爲仲介在社會生活中的重要性。

利科強調溝通（la communication）必須透過制度作爲仲介，才能實現合理的溝通，才能保證自身與他人之間的協調關係，才能眞正實現自身長程迂迴的仲介化過程。但是，制度的仲介化又必須根據傳統。在這一點上，利科又肯定了伽達默的詮釋學的基本觀點，因爲伽達默恰當地評估了傳統在相互理解方面所扮演的積極功能。利科和伽達默一樣，認爲制度的溝通功能，需要透過傳統才能實現。

利科充分肯定了傳統的歷史文化功能。他認爲，第一，任何一個歷史共同體，如果不借助於政治制度、不借助於持續的行動計畫和程序，是不可能維持和穩定下來。利科在這方面繼承了自馬基維利到埃利克·維爾的政治傳統。不過，利科在重視政治與各種制度的溝通功能時，一再地指出敘述性對於制度化行動計畫的創建及實行的關鍵作用，因爲沒有敘述中歷史記憶的積累，沒有在敘述中的自我肯定以及同他人的溝通，就沒有制度的建立，也沒有制度的實行過程。所以，利科對於制度的溝通功能的肯定，是建立在他的敘述同一性理論的基礎上。

第二，利科強調，肯定傳統並不意味著拒絕批評或批判。傳統的穩定性及其爲溝通提供管道的功能，是與共同體內外實行正確的批評活動雙管齊下地進行的。利科明確地指出：不存在沒有批評的傳統；傳統總是要透過傳統外的其他傳統的批評，才能突顯各種傳統之間在批評中的區別性。也只有透過傳統的區別性，才能使自身理解到自身的同一性。至於傳統內部的各種構成因素之間的批評，則有利於自身走出上下文背景脈絡的限制。所有在傳統內部所開展的批評，是現代宗教和一切偉大思想運動的核心問題。歐洲的強大精神力量，就是來自它始終堅持將傳統與批評聯繫在一起。

七、從文本到行動

爲了深入了解文本的意義結構及其對於詮釋學的關鍵地位，必須充分理解在**作品**（l'oeuvre）中展開的論述。首先，作品作爲論述的結構化，具有三大特徵。第一，它是比語句更長的各段落所構成。這就引起一系列有關作品的有限的和封閉的總體性（la totalité finie et close）結構及其與詮釋學相關的問題。第二，作品是一種結碼化的編寫動作的結果，在作品的結碼化形式中，隱含著各種與寫作**種類**（le genre）密切相關的具體結碼規則。第三，作品隱含著作者獨特的寫作**風格**（le style）。因此，作品是由特殊的寫作過程、作者所採用的文學寫作類別及其個人風格所決定的。所有這一切，表明作品是特殊的個人勞動和生產的產

品;在作品中,隱藏著作品生產中作者將寫作原料加以形式化的整個過程。這是作爲勞動者的作者,向其所選用的寫作原料或原始資料,改造成他所喜歡的寫作形式的過程。換句話說,這是一種使原來無形或不定形的原料,變爲作者所期盼的那種形式的作品的過程;這也是遵循著生產特定寫作類型的作品的生產程序過程;又是作者將語言當作其實踐(la praxis)物件和當成其特殊技藝(la technè)的實施物件的生產過程。所以,**在作品中呈現的論述,就是被實施的事件和被理解的意義之高度結合**。正是在作者的特殊寫作風格中集中地體現了論述的上述雙重特徵。

其次,由於作品使用了文字書寫,使文本相對於作者來說具有**自律性**。**文本作爲一種透過文字書寫而固定下來的論述**,正是詮釋學研究的基本物件。作爲作品的文本,它所指謂和表示的意義,一旦經文字寫作而被固定下來之後,從此不再同原作者所要表達的意圖相符合。文本中所隱含的**字面意義**(signification verbale)同其**心理意義**(signification psychologique),也因此而逐漸地分離開來,使它們在未來的閱讀行動面前,將面臨著不同的命運。在這種情況下,在詮釋過程中,詮釋者對文本意義的理解,會導致伽達默在他的《眞理與方法》一書中所說的「異化的間距化」的效果。但就在這裡,已經包含了文本自律性所產生的積極效果。也就是說,由於文字所固有的區別於言語的特殊功能,使文本所展示的世界同原作者的世界區別開來。

由於上述各種原因,在詮釋學的歷史上,曾經對文本的意義內容,產生過關於「**理解**」(comprendre)與「**說明**」(explication)之間的激烈爭論。利科爲了克服以往在文本詮釋方面所表現的侷限性,試圖越出符號論和單純語言學的詮釋範圍,將爭論的範圍,進一步擴大到**由文本**(le texte)、**行動**(l'action)**和歷史**(l'histoire)**三大方面所構成的哲學人類學的層面上**。利科試圖在文本、行動和歷史三者之間的遊戲運動中,進一步展現詮釋的新視野,並進一步在更高的層次上,解決以往有關「理解」與「說明」之間的爭論。

利科針對詮釋學歷史上有關「理解」與「說明」之間的爭論,提出了他的獨特見解。他認爲,一切文字寫作所形成的文本作品,其意義都必須放在以**人際關係所構成的世界爲背景的寫作和閱讀脈絡中加以分析**。但人際間及其與世界的相互關係,又同時地透過「**時間性**」(la temporalité)和「**參照體系**」(la reférence)而在文本中呈現出來。

爲此,利科主張將對於文本的歷史詮釋、現實詮釋、社會學詮釋、字面詮釋以及心理學詮釋結合起來,以便開啓文本意義在閱讀期間的無限展示的可能性。任何文本,經歷一段歷史間隔之後,由於「時間性」及其「參照體系」的演變以

及由此所產生的「積極的間距化」，都可以遭受各種各樣被解構的命運，使文本中的意義及其結構，一方面脫離原有的歷史脈絡，另一方面又能夠結合新的社會文化條件，被納入新的脈絡，重新被賦予新的生命。利科認為**閱讀行動**（l'acte de lire）中所產生的上述文本變化，就是文本在新的社會文化條件下的再生產。這是**閱讀行動的創造性活動**。利科特別重視閱讀行動中的上述兩種創造性活動，其中一種是使文本脈絡（contexte）從原有環境中解脫出來，利科稱之為se decontextualiser，另一種是將文本重新納入新的社會文化條件的脈絡，利科稱之為se recontextualiser（Ricoeur, 1986: 111）。

從作者到閱讀者的過渡，不同於一般的對話，因為在對話中，是同一個論述的環境決定了它的性質；而當論述被文字固定之後，它所可能產生的讀者群的範圍，既是潛在的，又是不確定的。由於閱讀的間距化所產生的詮釋學後果是非常有意義的，因為它不僅涉及到方法論的問題，不只是附屬性的因素，而是具有建構性和生產性的性質。

在《從文本到行動》中，利科特別強調：從文本到行動的詮釋學所要解決的基本問題，就是相隔於不同歷史時期或同一時期的不同詮釋者之間的相互關係。換句話說，處於不同歷史時期的兩個或多個相異的主體，或者，處於同一時期的不同主體之間，如何透過對於文本的敘述和詮釋，實現他們之間的反思內容及行動過程的相互繼承和相互溝通？利科把文本當成人們相互理解、並共同完成對於一般性人類經驗消化過程的奧妙場所。所以，如前所述，利科集中全力發展新的文本理論，其中主要是創造性地說明了「間隔化」、「文本」、「歷史」、「行動」及「主體間性」等概念的獨特內容。在此基礎上，利科進一步闡明敘述、反思、行動的同一性問題。利科認為，透過間隔化的程式，從被說出的現實或現行的論述到被文字固定化的文本，從離開我們較近的文本到較遠的文本，實際上是把「理解」與「行動」聯繫在一起，把現時行動著的人同以往的人類經驗聯繫在一起，從而實現了兩者之間對話性的歷史回溯過程和重演過程，實現歷史與經驗的再生產過程，實現認識與行動相互統一的過程。

所以，對於利科來說，文本不只是人與人之間相互溝通的一種特殊場所，而且，更重要的，是相互溝通中實現間隔化的「範例」和「典範格式」。文本所揭示的，乃是人類經驗歷史性的基本性質。在這個意義上說，文本是在間隔化中、並透過間隔化本身而完成的一種溝通行動。利科詮釋學之所以對於文本寄予極大的希望，就在於文本所具有的自律性及其中所包含的可能世界同人的行動之間的神祕關係。正是在這個意義上，利科強調：作為行動典範的文本，可以解析人的行動的各個過程，展示「做」的各個基本環節的結構。關於文本與行動之間的辯

證法關係，在後來發表的《時間與記述》三卷本中，利科進行了更詳細的探討。

從以上利科的反思詮釋學，我們可以看出其現象學的特殊性。利科正是在開拓詮釋學的過程中，一方面批判和糾正原有現象學的缺點和片面性，另方面，他又借助於現象學，進一步發展了詮釋學。利科在接受現象學和發展詮釋學時，成功地同他個人的理論生涯中所遇到的語言學、結構主義、佛洛伊德精神分析學、聖經詮釋學、英美分析哲學以及海德格的存在詮釋學，結合在一起，終於實現了對現象學的改造。

第八節　德希達的語音解構現象學

賈克・德希達的現象學是從對胡塞爾意義理論的批判出發。德希達意識到意義理論在整個西方傳統思想和文化中的核心地位，集中考察了胡塞爾現象學對意義理論的態度，試圖由此揭示胡塞爾現象學批判傳統方法論的不澈底性，以便把現象學所引起的方法論革命貫徹到底，達到全面顛覆傳統文化和思想的目的。

整個西方文化，從古希臘搖籃時期開始，當建構以人為主體的人文主義傳統的時候，就同時建構語音中心主義的基本原則。按照這個原則，人面對自然和整個客觀世界的主體地位以及人面對他人和整個社會的主體地位，都是以「說話的人」和「理性的人」的基本事實作為基礎。說話的人，根據「聲音／意義」的二元對立關係，將理性的原則在處理主客觀關係的過程中現實化，從而保障了人的主體地位，同時也保障人在處理主客觀關係中的理性原則。

德希達在批判胡塞爾現象學和西方整個傳統文化的過程中，發現上述語音中心主義和理性主義所建構的整個人文主義文化，都是以聽得見、但看不見的聲音符號，去指涉和取代那些缺席的客觀物件和客觀意義。語音中心主義將人文主義所神祕化的「主體的人」帶入二重化和神祕化的意義世界，並透過意義世界而最終將人本身納入被宰制的社會制度和道德秩序中。

德希達在翻譯胡塞爾的《幾何學史》時，敏銳地發現胡塞爾批判傳統思想時之失足點，這就是未能辨別存在於西方傳統語言結構同思想表達、同思想理論論證之間的內在關係中的「詭辯機關」。德希達在批判胡塞爾意義理論時指出，傳統西方文化所以能夠有效地依靠語音中心主義推行邏輯中心主義，就是因為語音中心主義具有「以『在場』（présence）指示、代替和論證『不在』（缺席）（absence）」的優點，具有一種從「直接面對」轉向「間接迂迴論證」的仲介化特徵。

從柏拉圖以來，所有的正統思想家們所做的基本工作，就是用語音中心主義

所提供的這個特點，將「存在」和「不存在」這兩個根本不同的東西連結起來，並以邏輯中心主義所形構的眞理命題結構，將兩者統一和同一起來。所以，傳統思想所做的，無非就是把「差異」變成「同一」，然後又在「同一」的基礎上，將「差異」限定在有利於常久地固定「同一」的範圍內。正因爲這樣，德希達在1967年發表的《文本學》、《書寫與延異》和《語音與現象》等三本書，以及此前早一年由福柯所發表的《語詞與事物》，都是首先集中批判傳統西方文化的語音中心主義。

　　在德希達看來，既然現象學強調「回到事物自身」的原則，那麼，就應該充分地看到：語言的「能指」和「所指」表面上是兩種不同的因素，但實際上卻是同一個符號。語言無非是符號。這就是事物自身的本來面目。當傳統文化的語言用「能指」去指示或表現「所指」的時候，實際是用在場的「能指」去指示或表現不在場的「所指」；而當在場的「所指」直接呈現的時候，原來的「能指」卻變成不在場。所有這一切，已經完全離開了事物自身，並以編造的「能指」與「所指」的人爲規定，強制性地要求所有的人，追求由此招致的意義和價值。歷代的傳統文化，利用語言中「能指」與「所指」的「在場／不在場」的遊戲，進行各種知識和道德價值體系的建構，並藉由權力的運作，賦予某種被典範化和被標準化的意義系統，以「正當化」的地位。因此，德希達認爲，首先必須澈底揭露「能指」與「所指」的在場／不在場的遊戲的性質，特別是指明這種遊戲的虛假性和虛幻性。

　　因此，德希達首先揭露了胡塞爾關於「在」與「不在」的關係的符號論。德希達指出：「胡塞爾從一開始就宣稱了一種混淆：『符號』（Zeichen）這個詞，不管是在日常語言或有時在哲學語言中，始終都是包含者兩種異質的概念，也就是表達（Ausdruck）的概念（人們經常錯誤地把表達當成一般符號的同義詞）和指示（Anzeichen）的概念。」（Derrida, J., 1967c: 17）。接著，德希達指出：「一方面，胡塞爾似乎教條地急急忙忙壓制住關於一般符號的結構問題。他在建議進入關於兩種異質的符號，也就是在指示和表達之間極端分隔的遊戲時，他並沒有追問一般符號是什麼。他應該從一開始就運用得正確，並認清它就是意義所在的一般符號的概念，其統一性卻只能接受一種本質；也就是說，關於一般符號的概念只能靠這個本質來解決自己的問題。可是，這個本質又只能在一種經驗的本質結構和在一種熟悉了的視域之中才能被認識。所以，爲了理解一開始就提出來的符號問題，我們必須首先就有一種同本質、一般符號的功能或本質結構的『前理解』的關係。只有在這個基礎上，我們才有可能區分作爲指示的符號和作爲表達的符號，儘管這兩種類型的符號並不是依據『種』和『類』的關係而

相關聯。其實，根據胡塞爾自己的區分，人們只能說一般符號的範疇並非一個『種』，而是一種形式罷了」（Derrida, J., 1967c: 24）。

究竟什麼是一般符號？胡塞爾的現象學顯然沒有作出不同於傳統形上學的回答。他不但迴避了關於一般符號的問題，而且把符號的問題，從一開始就同它所指示的事物連接並混淆起來，接著他又把符號同他所指示的事物的本質等同起來。正如德希達所指出的：「人們把符號的問題歸屬於一種存在論的設計，人們試圖在本體的存在論中為意義指稱一個基本的或地區性的位置。一種經典的運作步驟正是體現在這裡。人們把符號隸屬於真理，將語言隸屬於存在，將話語隸屬於思想，而將書寫文字隸屬於話語」（Derrida, J., 1967c: 25）。

由於西方文化傳統的基礎是邏輯中心主義（也就是理性中心主義）和語音中心主義，而一切邏輯中心主義和語音中心主義的論述力量，幾乎全部立足於傳統的「文本」之上，所以，德希達進一步把上述解構策略，集中到對於一切傳統文本的解構。

胡塞爾在《幾何學史》一書中已經發現了一切書寫文字優越於口語表達的特徵，並藉此批判了海德格有關「歷史性」和「有限性」的概念，強調觀念的客觀性是人類整個文化世界中各種思想活動的產物。因此，胡塞爾認為，觀念的客觀性作為「意義」，是同語言的意義，作為每個個人的存在那樣，都存在於語言之中。意義同語言之間的這種關係，使製造和享受文化的人，有可能將過去和不現實的一切虛幻因素，透過語言的現時活靈活現而重新復活或再現出來。在這個意義上說，胡塞爾堅持認為，過去和不現實的虛幻，並不是根本不存在的「虛無」，而是透過語言而成為了歷史，也因而透過語言成為了現實存在的「有」。胡塞爾高度重視「主體間性」在幾何學歷史建構中的心理學功能。幾何學的公理正是在普遍運用中而重新喚醒一切歷史的沉澱，同時也喚醒幾何學當初賴於歷史生存的活生生的語言世界。幾何學的歷史，在胡塞爾看來，成為了人的語言喚醒、複製和再現一切歷史與非現實因素之存在的最有力證據。只要有了語言，只要有了語言永不休止的活生生運用過程，一切歷史和非現實都可以活生生地在現實結構中呈現出來。所以，幾何學也成為了歷史起源性和現實起源性在充滿生命力的現實生活世界中達到統一、而在場呈現的有力場所。

但胡塞爾在強調口語先於書寫的同時，又把書寫看作是觀念形成的客觀性基礎，強調書寫對於物件「傳統化」和「客觀化」所起的推動作用。不僅如此，胡塞爾還進一步指出書寫有利於各種觀念同普遍存在的先驗主觀性相關聯起來，並因而使觀念變成為一種「不間斷的存在」和「永恆的存在」。當然，胡塞爾對於書寫的特點，也如同他對於口語特點的分析那樣，總是從正反兩方面加以考慮。

在談到書寫的作用時，胡塞爾指出書寫文字形式可以使口頭上本來清楚明白的事物變成爲某種看不見、摸不著的「沉澱物」。但是，胡塞爾又說變成模糊的沉澱物的文字書寫形式，又可以借用一種「被閱讀」的過程而甦醒過來，使那些經歷一定歷史階段的歷史沈澱物重新變得清楚明白，並再次變爲活生生的現實在場的有生命的意義結構。並且，胡塞爾在論述書寫文字的特徵時，一致把書寫文字當作一種「替代」，並認爲文字的這種「替代」有利於意義更普遍的傳達。

胡塞爾的這些觀念，啓發德希達進一步將書寫想像成爲一種不間斷的意義的「延異」過程（有關延異的更深含意，在下文論述解構的深刻內容時，將有進一步專門說明）。胡塞爾的問題，並不在於發現書寫同口語之間的差異，而是在於他一再地將書寫歸結爲某種遠離意義起源的替代物，因而在這一點上，他也像柏拉圖一樣，將書寫說成是現實的言語和話語的衍生物，而且它還要靠閱讀中的口語的語音再現，才能使凝固了的「意義」重新說話、獲得新的生命力。

德希達追隨並隨時警惕地批判胡塞爾的上述思路，試圖從胡塞爾的思路中發現各種進一步創新的空隙可能性。

所謂傳統的一切文本，在德希達看來，固然包括書寫出來的嚴格意義的書面文本。但是，傳統的書面文本，只是更大與更一般的傳統文本的一小部分；而傳統的一般文本的主要方面，是已經制度化的各種二元對立的社會文化機構和規則系統。所以，德希達要解構的，除了書面文本以外，更重要的是被傳統社會當作現有「合理」秩序的基本支柱的一切制度。

德希達發現，阻礙胡塞爾進一步將其有關書寫文字特點的論述發展成爲批判傳統本體論的關鍵，就是胡塞爾本人始終不願意脫離語音中心主義半步。關於語音指涉「意義」的語音中心主義基本原則，像魔咒一樣約束著胡塞爾，使胡塞爾總是把書寫的特性，當作一系列偶然和暫時的性質，並將書寫的這一系列偶然和暫時的屬性，歸因於更終極、更根本和更牢固的「語音／意義」的原初結構。在胡塞爾跌跤的地方，正是德希達發揮其自由創造的重要起點。

德希達上述對於語音中心主義的批判，顯然不是重複胡塞爾、海德格和他們的學生伽達默的觀點和方法，也不是簡單地繼承和發展他們的觀點和方法。胡塞爾、海德格和伽達默，雖然都堅決地批判傳統文化及其形上學和方法論基礎，但是，他們三者沒有一個能夠擺脫傳統語言符號的體系。所以，德希達在批判傳統文化的時候，爲了找到超出胡塞爾等人一直沒有能夠擺脫的傳統形上學體系的出路，他的批判矛頭轉向了建構傳統形上學的話語本身，並在那裡同海德格和伽達默分離出來，以便在話語不在的「無底的棋盤」中獲得自由。

在德希達的上述對於能指和所指二元關係的批判中，他試圖跳出和超越結構

主義在兩者的形式關係內部迴圈的侷限性，強調兩者的區分同時包含「空間的」和「時間的」多向維度，從而克服結構主義僅限於共時和歷時的二元對立模式。

在德希達發表於1967年的三本重要著作《書寫與延異》、《語音與現象》及《文本學》中，對語音中心主義的批判更加系統化。德希達在《文本學》中說：「我們稱之爲語言的東西，彷彿在起源和終結方面，都只不過是文字的一瞬間，一個本質的、但卻決定性的模式，一種現象、一個方面和一個種類罷了。但它彷彿已經成功地使我們忘記了這一點，而且這種誤導的發生，還是在任意誤導我們的過程中，只是在一次冒險的過程中，也就是那次冒險本身。它與近三千年來一直與技能和以邏各斯爲中心的形上學相聯繫的歷史結合起來」（Derrida, 1967c）。德希達在他的書中揭示：在蘇格拉底之後，「語音的本質在作爲邏各斯的『思想』內部同『意義』相聯繫，它與生產『意義』、接受『意義』、言說『意義』和構造『意義』的東西，具有直接的相近性」（Ibid.）。德希達接著指出：「符號的觀念，總是在自身內部暗示能指與所指之間的區別，即便是在索緒爾那裡，它們的區別也不過是同一張紙的兩面。因此，這個觀念仍然是在那個邏各斯中心主義的遺產之中；而那個邏各斯中心主義也就是語音中心主義：語音與存在的相近性，語音與存在意義的相近性，語音與意義現實的相近性」（Ibid.）。所以，語音中心主義是什麼呢？他說：「語音中心主義與作爲『在場』（la présence）的一般意義的歷史決定因素聯合起來，與依靠這個一般形式內部組織它們各自的系統和歷史序列的所有次要因素聯合起來。……因此，邏各斯中心主義將支援把實體的存在作爲在場的決定論」。（Ibid.）。

德希達認爲，西方人的邏各斯中心主義偏見已經延續了幾千年了，從古希臘時代，經基督教統治的中世紀時期，一直到現在，以致可以說，它的歷史就是形上學和神學的歷史。

爲了澈底顛覆傳統的語音中心主義，不但要上溯它的整個歷史，而且還要更深入地分析它的理論架構上的特徵及其遊戲策略。

因此，德希達指出，符號本身就是悖論（paradoxe）。也就是說，決定符號意義的可感知性和可理解性的一致性，又同時必定以它們的根本差異、游離作爲先決條件和基礎。正是在這裡，德希達發現了揭示悖論本質、並由悖論出發而進行差異化的遊戲，達到反對傳統同一性原則的目的。

德希達在分析語言符號結構及其同意義結構的關係時，恰恰同傳統思想家、包括胡塞爾在內的思路相反，不是把符號之間各因素的一致性以及符號同意義之間的同一性放在首位，更不把它們作爲分析和思考的出發點。德希達反傳統思路之道而行。在傳統思想家只看到、或只重視一致和同一的地方，德希達看到並重

視差異和間隔（distance）。德希達把差異和間隔當作一致和同一的基礎。**把同一和一致改變成差異，就是德希達顛覆傳統的基本策略。**實際上，追求一致和同一，就意味著重視靜態和休止，重視穩定和保守，就是尋求以統治階級為中心的「統一」。所以，**同一是統一的基礎。**一切靜態和休止、穩定和保守，都只是各種事物生命運作中的一個暫時過渡狀態。同樣地，對於人類文化以及各種思想觀念來說，靜止和休止以及同一狀態，也只是其生命發展中暫時存在的一種形式。德希達研究和分析傳統語言的目的，是為了重現被傳統思想家所掩蓋的人類文化生產和再生產過程的生命本質。因此，他在傳統語言符號系統同意義結構的相互關係中，把重點轉向能夠揭示整個思想體系和文化進行生命運作的真正動力，也就是在語言符號體系同其意義結構相互關係中始終產生差異和區別的那種機制。一切生命，特別是人類文化和思想的生命運動，其動力都來源於區別、差異及其相互衝突。作為人類文化生產和生命運動基礎的語言符號及其意義結構之間的相互關係網絡，之所以能夠為人類文化生產和再生產運動提供無窮的動力，正是在於符號結構同意義結構之間的差異、區別及其相互衝突。書寫文字高於並優越於口語的地方，在德希達看來，就是將語言符號結構同意義結構之間的區別、差異和衝突，採取不斷延緩和多種轉化可能性的形式，在人類文化生產和再生產的歷史過程中，以多種多樣的形態呈現出來。也正因為這樣，書寫文字比任何時刻的口語形式，更廣泛和更普遍地將人類文化與思想創造的生命力延續和發展起來。

　　傳統西方文化總是以為，語言可以透過其符號結構本身的系統性和表達符號所遵循的邏輯性而達到精確表達的目的。但是，這是對於符號結構系統性及其表達邏輯性的一種迷信，是對於語言符號及其性質缺乏全面了解的結果。必須將對於語言符號及其性質的研究，放置在整個人類活動和生活世界的複雜環境中進行。符號結構一旦作為人類創造的社會文化產物，就自然地隱含著人類文化本身的複雜生命過程。在這種情況下，對於語言符號的分析，就完全不同於對於純粹符號系統的分析。被運用於人類思想創造和文化生產活動中的語言，已經不是作為純粹符號的語言系統。因此，被運用的語言符號就具有同文化創造者一樣的生命流程。語言符號同意義之間的相互關係，就這樣不同於作為純粹符號的語言系統同抽象的意義結構的相互關係，就超出了它們兩者之間相互一致的穩定結構的性質，而成為在文化生產和人類文化活動中，無休止地演變和發展的生命活動的一部分。在這種情況下，被運用於思想創造和文化生產中的語言符號結構及其同意義的相互關係，首先是在社會文化充滿矛盾和差異的關係中產生和發展出來，而且，其運作過程及其邏輯也同充滿差異和相互區別的社會文化生命活動緊密相關聯。傳統文化及其思想家，之所以強調和迷信語言符號系統及其意義的一致和

統一關係，就是試圖掩飾語言符號系統同意義關係的眞正社會文化脈絡，並試圖藉助於語言符號同意義的穩定一致關係而進一步加強有利於現有統治秩序的固定統治關係。這是出於維護既得利益而試圖維持現有統治秩序的統治者，對於世界統一性和穩定性抱有偏見和特殊愛好的表現。

排除掉語言符號同它所指謂和取代的事物物件的複雜關係之本體論和認知論不說，單純就語言符號結構的系統及其表達論述的邏輯性而言，其本身所呈現的精確性、一貫性和同一性，也是以符號結構系統內各因素之間的差異及其關係、以表達論述符號所遵循的邏輯系統內各種概念和命題間的差異性之存在爲基礎的。傳統思想家將差異爲同一服務，並將差異推到同一的背後或底下，加以掩飾和抹煞。但實際上，上述同一中的差異永遠存在，而且永遠發生作用；非但如此，這些差異性本身，簡直就成爲語言符號體系和它的運作所必須遵守的邏輯體系的靈魂所在。所以，德希達把對於語言的解構，集中地轉向語言符號本身所隱含的差異性問題。

爲了反對胡塞爾延續傳統思考模式而提出的「在場」觀念，德希達把符號的存在設想爲一種有生命力的差異的結構。顯然，這不僅超越和顛覆傳統文化將語言符號當成固定的統一結構的觀點，而且，還由於賦予語言符號結構以一種「生命」、使語言符號同意義的關係變成能夠進行「自我運動」和「自我發展」的文化創造活動，將語言符號的任何一種差異當成人類文化不斷創造和更新的無窮動力來源。透過這樣一種思考模式的轉換，德希達不僅澈底摧毀了作爲傳統文化基礎的語音中心主義和邏輯中心主義，而且，也爲人類文化更廣闊的澈底重建和思想創造的自由開拓了前景。語言文字從此不但不再作爲約束思想表達和自由創造的手段，而且反而成爲文化創造和人類向自由王國過渡的一種符號階梯。從語音中心主義解放出來的符號運作過程，也因此成爲一種沒有規則的自由創作遊戲。更重要的，藉助於語言符號結構的上述遊戲化策略，人類本身也透過最自由的文化創造遊戲而實現向自由王國的過渡，並有可能由此探索出一條通向人類本身「無目的性」的最高尊嚴境界的道路。

如果將德希達在對胡塞爾《幾何學史》的上述分析和語言解構過程加以總結的話，那麼，我們可以大致地看到德希達在其解構生涯初期已經確定的基本原則。這就是說，第一，語言符號結構的同一性和一貫性本身就是建立在符號自身所隱含的相互差異性及其可能的自我差異化的基礎上。不但沒有符號之間的差異，就沒有符號體系的同一性和一致性；而且沒有符號自身在符號體系中可能隨時發生的自我差異化，也就同樣沒有符號體系的同一性和一致性。符號結構的同一性的出現，在更大程度上，正是因爲符號結構本身內部隱含著隨時可能自我差

異化的傾向。

第二，符號結構及其所遵循的邏輯原則之間的關係，其一致性、同一性和一貫性，也是以兩者之間的差異以及兩者之間隨時可能產生的新差異爲基礎。語言符號結構同邏輯原則之間的同一性，永遠都不可能導致兩者的絕對同一性。

第三，就語詞與意義、語詞與物的關係而言，雙方的同一性也同樣立足於兩者的差異性。很明顯，正因爲意義不是符號、事物不是原詞，所以，才需要用符號代替意義和用原詞代替物。西方傳統思想和文化的根本錯誤，就在於運用語詞中各別和一般的關係而透過認知論和邏輯學的同一性取代了本體論的同一性。德希達在他的著作中，一再地指出，語言表達意義的思想矛盾的結果，即一義性和多義性、精確性和歧義性。

所有這些差異，在德希達看來，都在語音中心主義所優先重視的口頭說話的過程中被輕而易舉地掩蓋過去。道理是很簡單的。德希達認爲，一切「說話」，都是「在場」，都是直接出席。所以，傳統西方思想家總是以爲，說話所發出的聲音更接近思想、更接近邏各斯。正因爲這樣，傳統西方文化偏向於直接出席的，也就是確確實實可以被證實的「說話」。正是藉助於說話時，當場說出和被聽到的語音的精確性、確實性和直接性，從柏拉圖以來的傳統思想家試圖論證說話的主體的人所表現出來的主體性的精確性、確實性和直接性以及其客觀性和正當性。確立了人的主體地位在說話時的確實性以後，傳統文化還有可能進一步論證思想的人、行動的人和道德的人對於世界和人自身的中心地位。

當然，德希達所做的上述批判，並不是爲了重新樹立書寫文字優先於口語或話語論證的地位，而是爲了更深入地揭露語音中心主義將口語優先於文字的眞正目的，同時也同書寫文字優先於口語的解構主義論述中，探索將人類思想創造活動擺脫出語言文字約束的新可能性。顯然，德希達重視書寫文字優先於口語的特性，是爲了從書寫文字具有模糊性、歧義性和伸縮性的特點，爲不同時空中解讀和詮釋原有歷史文本開創廣闊的可能發展前景。因此，德希達有關書寫文字優先於口語的基本觀點，不但成爲後現代文學評論一切理論和實踐的基礎和出發點，而且也成爲新時代人類擺脫傳統約束而自由創造的基本原則。

總之，在德希達看來，胡塞爾現象學對於傳統形上學的批判，之所以最終失敗，就在於胡塞爾不明白：語言正是傳統形上學玩弄「在」和「不在」的遊戲的仲介場所。在傳統形上學玩弄的「在」和「不在」的遊戲中，他們把符號當作其本質意義在場出席的見證，從而也論證了作爲其理念的眞理準則的基礎。胡塞爾繼續走這條路。因此，胡塞爾沿著傳統形上學在語言中所玩弄的遊戲的傳統，一方面強調意義是表達的本體，也是保存理念性和「在場出席」的最好形式，而說

話的話語則成爲了活生生在場呈現的形式，也成爲了呼出的心靈的形式；另一方面，採取理念性形式的關於「在場出席」的形而上學，由於它「在場出席」的性質，也就成爲了胡塞爾所追尋的現象學的生活哲學本身。

德希達嚴厲批判胡塞爾現象學的語音中心主義的第二個重點，就是胡塞爾對於先驗的自我的重建。在胡塞爾的《觀念》第三卷中，胡塞爾論述了各種理性本體論同先驗現象學的關係。在他看來，所有在現象學的自然態度中得到非批判性考察的本體論，最終都可以在它的先驗現象學中作爲意識的關聯而獲得重生。顯然，在他看來，現象學是透過對我們賴以意識到各種觀念的意識活動的描述而爲本體論提供一種基礎。這樣一來，在胡塞爾看來，任何本質歸根究柢都是在一種特定的意識基本形式中被建構起來的。作爲本體論先天的（a priori）因素，它是同意識中的一種先天構成活動有關。所有的本體論分析都是意向性的，而現象學是透過研究那些構成本體論本質的意向活動結構來補充這種片面性的。因此，它同時也爲這種本體論提供了哲學的基礎。在傳統本體論中，對事實的理解脫離了它們的理性基礎，而一種哲學的本體論則賦予這些事實以一種先驗的可理解性。這樣一來，世界的先天性就被當作關於先驗性的普遍先天性觀念的一個層面。顯然，胡塞爾最後轉向了一種先驗觀念論。

這樣的「解構」，不只是完成了對於傳統中心文化的包圍和吞噬，而且也爲新型文化的自由發展開闢無限的前景和空間。這樣一來，「解構」也就是沒有固定結構和不追求任何確定意義的自由創造活動，也就是在無邊無際的、非同一性和無意義標準的模糊領域中自由地漫遊。

德希達就是這樣，在完成了對胡塞爾現象學的不澈底性的批判之後，使其自身的哲學理論超越了原來意義的現象學，走上了更爲廣闊的理論建設大道。

第九節　莊・呂克・馬里墉的捐贈現象學

莊・呂克・馬里墉是法國現象學界的後起之秀。獲得巴黎高等師範學院的哲學教師資憑文憑之後，他首先是在巴黎第四大學擔任助教（1973-1981），接著在普阿濟耶大學升任教授（1981-1988），並從1988年起，在巴黎第四大學繼任列維納斯的教授職位，在芝加哥大學繼任利科的客座教授職位。他的成名作，是發表於1975年的《論笛卡兒的「灰色存在論」》（*Sur L'ontolgie grise de Descartes : Science cartésienne et savoir aristotelicien dans les Regulae*, 1975; rev. ed. 1981）。不久，他發表新翻譯的笛卡兒原始資料、索引及其注釋（Index des <Regulae ad direction Ingenis> de René Descartes, 1976; René Descartes. Règlcs utiles et claires pour la direction de l'esprit en la ommemora de la vérité, 1977），以便根據笛卡兒的原著，論證馬里墉自己所提出的基本觀點。從那以後，他就把哲學研究的焦點集中指向神的形上學基礎，從神的「存在」問題出發，試圖一方面借助於海德格的存在論，改造笛卡兒的存在論，另一方面，以神的存在問題爲根據，探討並建立他自己的捐贈現象學。其實，從一開始，馬里墉就注意到神的存在問題的一般存在論意義。所以，他最早的著作就是從這個問題出發：《與神同在或否定神：基督教價值的未來》（*Avec ou sans Dieu? L'avenir des valeurs chrétiennes*, 1970）、《偶像與間距》（*L' Idole et la distance*, 1977）。根據馬里墉自己的說法，他在討論神的存在時，之所以選擇笛卡兒的著作，是爲了使他的研究堅實地建立在哲學史探索的基礎上（Marion, 2003b）。馬里墉認爲，笛卡兒是一位典型的反思性的存在思想家，而且，笛卡兒研究存在的立足點和基本方法是值得參考的（Ibid.）。在1982年四月發表於法國哲學會上的學術報告中，馬里墉指出：笛卡兒的存在論就是從論證上帝的最高存在開始，認眞地識別了上帝的存在，作爲一切存在的起點，是不能與一般的存在同日而語。既然上帝的存在是一切存在的基礎，它的存在就完全不能與一般的存在相模擬。存在之成爲存在，必須以存在與存在間的間距作爲前提。人們之所以提出上帝存在的問題，正是說明：上帝存在與一般存在的間距，是一切存在發問、並論證其存在基礎的根據（Jean-Luc Marion, Descartes et l'Onto-théologie. In Bulletin de la société française de philosophie, séance du 24 avril 1982）。從那以後，馬里墉越來越熟練地把哲學史研究（特別是笛卡兒哲學研究）、神學研究及存在的現象學研究結合起來，構成他本人的新型的捐贈現象學（phénménologie de la ommemor）哲學體系的「三大理論和方法支柱」。爲此，他連續發表《歸納與奉獻：對胡塞爾、海德格及現象學的研究》（*Réduction et donation: recherches sur Husserl, Heidegger et la ommemoration*, 1980）、《論笛卡兒的白色神學》（*Sur la théologie blanche de Descartes: Analogie, ommemor des vérités éternelles*, 1981; rev. ed. 1991）、《不存在的神》（*Dieu sans l'être: Hors-texte*, 1982）、《現象學與形上學》（*Phénoménologie et métaphysique. Ed. Avec G. Planty-Bonjour*, 1984）、《論笛卡兒的形上學稜鏡》（*Sur le prisme métaphysique de Descartes*, 1986）、《仁慈導論》（*Prolégomènes à la charité*, 1986）、《可見物的交叉》（*La croisée du visible*, 1991）、《笛卡兒主義的問題研究：方法與形上學》（*Questions cartésiennes. Méthode et métaphysique*, 1991）、《笛卡兒主義的問題研究　第二集：論自我與神》（*Questions cartéssienes II. Sur l'égo et sur Dieu*, 1996）、《關於奉獻的現象學研究文集》（*Etant donné : essai d'une ommemoration de la donation*, 1997）、《論過量》（*De surcroît*, 2000）、《列維納斯及現象學研究：肯定性與超驗》（*Études sur Lévinas et la phénoménologie: Positivité et transcendance*, 2000）、《論色情現象》（*Le phenomene erotique*, 2003）及《禮物的理由》（*Raison du don*, 2003）等。

馬里塘在他的上述著作中所表現的哲學觀點，基本上建立在現象學的基礎上。胡塞爾和海德格的現象學方法給予他深刻的啓示，使他決定深入探討存在（l'être）的形上學基礎。他承認，現象學是研究當代各種社會現象最有效的理論和方法。最近幾年，他越來越注意各種實際的社會文化現象背後的形上學意義。他在最近所發表的論飽和現象（les phénomènes saturés）的論文，對當代「過量」（surcroît）所帶來的社會後果進行多學科的研究，使他進一步將神學研究同世俗社會問題結合起來。

由於對天主教神學的卓越研究成果，他不但成爲了巴黎天主教區大主教呂斯迪格紅衣主教（Cardinal Lustiger）的神學顧問，也在1992年榮獲法國科學院優異獎（le Grand Prix de l'Académie française）。

莊‧呂克‧馬里塘的哲學探究，起步於笛卡兒形上學的現象學重建。眾所周知，笛卡兒在《形上學的沉思》的第三部分曾經就神的存在進行沉思。笛卡兒爲此考察了「那些來自我以外的某些物件的觀念」，反思著「究竟根據哪些理由使我不得不相信它們與這些物件相似」。笛卡兒認爲：「現在憑著自然的光明便顯然可以看出，在整個起作用的原因中，至少應當有同它的結果中一樣多的實在性，因爲如果結果不從它的原因中取得它的實在性，又能從哪裡取得呢？而且，這個原因本身中，如果沒有實在性，又怎麼能把它傳遞給結果呢？由此可見，不但無中不能生有，而且比較完滿的東西，亦即包含較多實在性的東西，也不能是比較不完滿的東西的結果或衍生物」。「我的任何一個觀念，如果它的客觀實在性（或完滿性）居然使我清楚地認識到，這一種實在性（或完滿性）既不是形式地在我之中，也不是卓越地在我之中，因而我自己不能是它的原因，那麼，就可以必然地推論出：我並不是世界上唯一存在的東西，還有另外某種東西存在，它是這個觀念的原因」。笛卡兒承認：「在我心中的一切觀念中，除了向我自己表象我自己的那個觀念之外，……還有另外一個觀念向我表象一位上帝，以及另外一些觀念表象一些有形體而無心靈的東西」。從以上推理中，笛卡兒得出這樣的結論：「上帝這個名詞，我指的是一個無限、永恆、不變、獨立、全知、全能的實體，我自己以及其他一切存在的東西（如果眞有這些東西的話），都是由這個實體創造出來的。可是神的這些屬性是如此偉大、如此卓越，以至於我越是仔細地考察它們，便越不能相信我對這個實體的觀念可以單單從我自己取得它的來源。因此，必然應當從我以上所說的話中推出一條結論，即上帝存在。儘管因爲

我是一個實體而使實體的觀念存在於我心中，但我是一個有限的實體，所以我不會有一個無限的實體觀念，除非有一個眞正無限的實體把它放進我的心中」。笛卡兒的形上學所沉思的結果，論證了上帝的存在。

馬里塘根據胡塞爾現象學的反思方法，重新思考了笛卡兒曾經思考過的上帝存在的問題。馬里塘發現：胡塞爾的現象學提供了更加完備的反思方法，可以更有說服力地證明上帝的存在的「無存在」性質。

在胡塞爾那裡，被反思的意識行爲本身原先是在一定的信仰模式中進行的。胡塞爾特別強調：現象學的眞正目的，就在於「系統地研究所有包含在反思範圍內的體驗變化，研究與這些變化有本質聯繫，以及以這些變化爲基礎的所有變化」（Husserl, 觀念I: 166-167）。在胡塞爾的現象學中，反思首先是一種發生在意識內部的意識行爲本身；它並不把重點朝向意識的物件。反思既然是在意識中發生，它就是在意識範圍內所進行的某種還原行爲，不管是心理學的還原，還是先驗的還原。

馬里塘緊緊抓住胡塞爾的這個重要觀點，重新深入探討神的存在問題。馬里塘認爲，神的存在並不同於有限事物的存在，它是以「無存在」（sans être）來實現其無所不在的。因此，不能簡單地根據人的存在而對神的存在問題發問或進行類似的思考。神的無所不在或無所不能，對於有限的人來說，只能從相當間距（la distance）的視野，進行探索和體驗。間距就是差異，就是區別。一切存在是以區別和差異爲基礎。最大的區別和間距，就是人、自然與神的差異爲起點的。

有限對無限的觀察，在本質上是無可化約的。也就是說，在有限與無限之間，沒有可以化約的共同特徵。但是，數學和物理學等學科向我們提供了範例，讓我們看到：只要保持一定的間距，原來不可化約的性質，可以在一定範圍內被理解。胡塞爾現象學在討論主體間性和數學的無限問題時，也採取類似的方法。

在此基礎上，馬里塘深入研究了基督教的「捐贈」（la donnation）和「禮物」（恩惠、恩典）（le don）概念，試圖借助於基督教的恩惠和禮物的神聖見證，襯托出神的存在的特殊性，並論證存在問題包含著極其深刻的存在形上學基礎。一切禮物和奉獻都是以間隔化作爲基礎。神給予人的奉獻和捐贈是無法以普通的理解方法來領會。這就是說，必須首先承認人與神之間的距離，從承認這個神祕的距離出發，在特定的間隔中，體驗神的存在。

由此，顯示出馬里塘實際上借用了德希達的間距和差異概念，試圖克服德希達在論證中的缺點。由於神與人之間的間距，才造成了神對人的給予或捐贈的無私性和無索償性。神給予人及人間一切他認爲所必需的存在，但神永遠不考慮回報，因爲神正是以其無代價的捐贈、以其「不存在」，作爲其存在的特徵。神是

一切不計較回報的給予的典範，因此祂才是唯一有資格作為一切存在基礎的最高存在。

馬里墉接著指出，捐贈之所以可以成為一切現象學存在論探討的基礎，是因為世界和人本身的存在，本來就是以捐贈為基礎。生命的本質就是付出，就是捐贈。一切生命活動，都是以不停頓的付出和捐贈作為基礎。所以，作為存在論基礎的捐贈，不是人間有條件的交換（échange; Exchange），而是無所求、無所考慮和不計較的捐贈。對於馬里墉來說，捐贈之自然合理以及它的無計較性，是自明的。神作為第一個存在，就是以他對世界的無償捐贈而建構整個世界。所以神的給予和捐贈是一切真正捐贈的典範。馬里墉指出了真正捐贈的三大特點：第一，一切捐贈都是不停息的（sans cesse）；第二，一切捐贈都是不計量的（sans mesure）；第三，一切捐贈都是在沒有清醒意識到的情況下（sans en avoir une claire conscience）進行的，以至可以說，一切給予都是機械式地、自動地和不知覺地（machinalement, automatiquement et sans le savoir）進行的（Marion, 2003b: 3）。由此可見，禮物和給予的作為，首先是很自然與無意識的；自然和無意識到這個程度，以致使弄清楚捐贈這個事情也成為多餘的了。因此，捐贈不存在問題、無需討論、沒有什麼值得爭論的，也不需要探討它的本質，只需貫徹（Ibid.）。捐贈並不提供反思的資料或材料，它只是直接地從倫理的高度提出了執行和負責任的問題，提出了道德義務和社會責任。禮物和捐贈就像愛情一樣，不存在本質問題，也無所謂原因，它唯一要求的，就是無條件執行。

但是，另一方面，捐贈的確定性及其自明性，又導致其存在基礎的動搖性和可疑性。這是因為上述關於捐贈的三大特點，只能在它們之間的矛盾性中才能顯示出來。最明顯的，是上述第三個特點，也就是禮物的無意識性，實際上必然否定前兩個特點，因為如果我們真的不停息和不計量地給予，怎麼不會引起我們意識的注意呢？反之亦然。這個矛盾的實質，就是如何進行不計較的捐贈。

馬里墉認為，捐贈的上述矛盾還只是表面的問題。更重要的，是它隱含了更深的矛盾，它甚至導致對禮物和捐贈本身的澈底否定或懷疑。實際上，一切捐贈，一方面無所計較，另一方面又始終計較，甚至計較過多。從根本上說，禮物或捐贈，不管是計較還是不計較，都是一樣的；計較也好，不計較也好，捐贈永遠是捐贈，它無需靠是否計較來維持它的存在。

為了深入揭示捐贈的這種矛盾性，馬里墉進一步分析「捐贈者」、「被捐贈者」和「被捐贈的禮物」三層次。通過這種分析，馬里墉指出：捐贈就是在它的轉化形式「交換」（échange）中被取消了。

通過對禮物的現象學分析和反思，馬里墉認為，捐贈在實質上是一種「無條

件的可能性」（la possibilté sans condition），是無需充足理由原則（sans principe de raison suffisante）的存在（Marion, 2003b）。

馬里塘通過對禮物和捐贈的分析，試圖建構足以使神和整個世界的存在重新得到確認的一種新型的「第一哲學」（Marion, 2000b）。

第十節　米歇・亨利的生命現象學

米歇・亨利（Michel Henry, 1922-2002）是出生於越南的法國哲學家和作家。他七歲喪父後便隨母返回法國巴黎，並在德國法西斯軍隊占領法國後，參加了抵抗德軍的愛國運動。據他自己所說，抵抗德軍入侵的愛國行動，給予他豐富的人生經歷，深刻地影響了此後他所從事的哲學創作活動。

二次大戰後，米歇・亨利在巴黎大學攻讀博士學位時，接受著名哲學家依波利特、讓－瓦爾、利科（P. Ricoeur）、費爾迪南・阿爾基耶（Ferdinand Alquié, 1906-1985）及亨利・古依耶的共同指導，集中研究身體現象學。正是在他的博士論文基礎上，米歇・亨利出版了名著《哲學與身體現象學》（*Philosophie et phénoménologie du corps*）。從那以後，米歇・亨利致力於生命現象學的研究，取得了豐碩的成果。

米歇・亨利的生命現象學，不同於當時法國主流哲學觀點，不再用「身體／精神」二元對立的傳統思維模式，集中探討在活生生的生命主體中進行自我創造和自我更新的生命活動本身，把生命自我展現的自我現象化（auto-phénoménalisation），當成生命現象學的主要研究內容。

米歇・亨利認為，生命不是現成的「物」，不可作為「物件」顯現給我們。生命在本質上是一種力和情感，它是不可見的，它無非就是在其自身的存在中不斷進行自我感受、自我體驗的更新過程。生命通過其自身的純粹自我感受，在其所感受的痛苦和快樂之間永遠搖擺運動；因此，可以說，生命就是從痛苦到快樂的永恆過渡中的自我檢驗。生命是絕對不能靠思維或思想而被認識到的；毋寧說，思想對生命來說，只是生命的一種生存方式。換句話說，不是思想引領我們走向生命，而是生命本身引導思想進入生命自身。這樣一來，從生命以外，是不可能真正了解生命的；生命始終不會在外在世界中呈現。我們在外部世界中所看到的，不是真正的生命，而只是活的生物或活的有機體。

米歇・亨利是當代法國哲學界中創造性地繼承笛卡兒以來的法國現象學傳統，並發展了梅洛・龐蒂的身體現象學，取得重要成果的思想家。他認為，為了嚴格遵守胡塞爾的「返回事物自身」的原則，必須深入探索雙重地發生於肉體和

精神內部的最原始「顯現」的「自我現象化」過程；而「生命」就是作爲存在的「是」的最原本意義的現象化過程（La vie est la phénoménalisation originelle de l'être）。

米歇‧亨利在發展新的生命現象學的過程中，改造了胡塞爾以意向性爲基礎的現象學，強調現象學不能把現象當成研究物件，而是要在生命本身中，探索作爲現象呈現的本體論基礎的「純粹顯現」，深入探索雙重地發生於肉體和精神內部最原始「顯現」的「自我現象化」過程，集中揭示內在性、超越性及其在生命現象中的呈現原過程，建構一個新型的資料現象學和非意向性的現象學。

對於米歇‧亨利來說，現象學所要研究的，首先是作爲一切現象顯現的可能基礎的生命本身，因爲生命既然成爲一切現象進行自我顯現的根本條件，它也就是通過其自身內在動力而成爲最原生的一切現象的起點。

米歇‧亨利強調指出，現象學的主要目標，不是揭示現象，也不是把現象當成研究的「物件」，同樣也不是研究現象的顯現，而是研究「純粹的顯現本身」，研究一種具有存在論意義的現象之原初顯現的自我呈現過程。

正因爲這樣，專門研究米歇‧亨利的專家、波爾多大學教授布呂斯‧貝谷（Bruce Bégout, 1967- ）乾脆把米歇‧亨利的生命現象學稱爲一種「顯現學」（phéno-logie），即強調一種具有本體論意義的絕對脫離具體現象的呈現（Bégout, B., 2008:179）。本來，回溯到希臘原文，「現象」（phénomène）的詞根是pheno，源自希臘文φαινο（phaino-），從動詞φαινω（phainein）引申而來，其原意是「表現」或「顯現」。所以，現象學的核心和靈魂，是「現象之現」，是「顯現」（phéno），即導致現象之湧現於世的原初過程及其自身內在動力。換句話說，「象」乃是現象的結果和產物，現象之命根子是「現」。如果真的這樣來理解，那麼，「現象學」就被澈底改造成爲「顯現學」了。

總之，在米歇‧亨利那裡，現象學是關於現象呈現本身的學問；現象學的重點不是研究現象之爲現象，不是已經顯現出來的現象，而是研究現象顯現的原本面貌及其基礎，即「顯現之爲顯現」。

嚴格地說，「顯現」不是「什麼」，顯現是那活生生的顯現本身。真正地貫徹「回到事物自身」的原則，就意味著研究「顯現的自我呈現」。所以，現象學不研究「什麼是顯現」（qu'est-ce que l'apparaître）的問題，即不是在原初的顯現之外，以一種所謂的「現象學的『觀看』」（regard phénoménologique），從某種根本不可能逾越的『間距』（distance）去研究顯現的現象，而是探究『顯現是如何自成現象』」（comment l'apparaître se phénoménalise-t-il）？由此可見，米歇‧亨利試圖從根本上反思現象學的基本問題，使之有可能把生命當成存在之自

成現象的最原生的顯現形式，尤其要在生命現象自身內部探究現象進行自我呈現的原生基礎。這樣一來，他把現象學的最基本的問題，就改變成為「作為第一現象的生命究竟是怎樣通過其自我顯現而呈現為現象」。米歇・亨利說：「活著就意味著存在」（vivre signifie être）（Henry, M., 2003: 40）；但從現象學所真正明顯昭示的另一種直觀看來，「呈現比存在更重要；這僅僅是因為只有事物首先呈現，它才有可能成為存在」（Henry, M., 2003: 60）。

因此，米歇・亨利的現象學區別於胡塞爾的現象學，不再以現象學研究中的「意向性」原則為核心，不在顯現自身之外探索作為生命顯現的現象化的自我呈現過程，而是研究具有本體論意義的純粹顯現，也就是在作為生命顯現的現象內部深處，探索顯現之自我呈現的奧祕，即在生命自身內部探索現象是如何自我顯現的，這也就是米歇・亨利稱之為「質料的現象學」（la phénoménologie matérielle）（Henry, M., 1990）的生命現象學的基本原則。

在確立現象學研究的第一要務的同時，米歇・亨利明確地認為「生命就是這種由其自身實現自我呈現的第一現象」。為此，他把實現自我呈現的純粹呈現稱為「絕對的生命」（la Vie absolue），並特意把這裡所說的「生命」用大寫的第一個字母標示出來，以便與普通意義上說的生命區分開來。他指出：「絕對的生命就是有能力在生命中實現自我給予的生命。生命並不是現時的那樣；它隨時突然成為那樣，並不停地突變。生命的這種突然到來，就是它永遠地朝向它自身而成為它自身。生命向自身自我給予的過程，並通過粉碎自身和反對自身的過程，不斷地證實其自身的呈現過程；其自我愉悅的過程，使它恆久地產生它自身的本質，同時也把它的本質歸結為這種體驗和自我愉悅」（Henry, M., 2003: 15; 1990: 67）。

米歇・亨利用「自我愉悅」（auto-plaisance）來突出生命呈現過程中的自我感覺和自我體驗。由於生命始終只靠自身呈現來完成自己的存在及其延續和自我更新，所以，它總是為自身的自我實現由衷地表現一種唯有其自身才能真正體會的快樂和愉悅。所以，儘管生命的自我呈現不可否認及不可避免地要伴隨著一系列「痛苦」、「苦難」和「折磨」，但生命之自我呈現畢竟是生命自身的勝利，它當然首先感受到別人所無法感受的「自我愉悅」。更確切地說，「自我愉悅」是生命自我呈現的首要感覺、首要情感和首要體驗；它是生命自我確定和自我存在的自豪感。

米歇・亨利在界定現象學的時候，特別回避一般現象學家所一再強調的「現象學方法」，因為他認為這種現象學方法只是哲學研究的一種特殊實施程式，旨在處理對外在物件的感知過程所遭遇到的問題；更何況這種方法，在他看來，歪

曲了現象學真正的研究物件本身。現象學，在米歇·亨利看來，絕不是一種哲學方法，也不是為了探索現象之外的「客觀物件」，而是為了考察現象自身的「自我現象化」，特別是探究它的自我現象化之原初呈現的基礎、條件和過程。

所以，米歇·亨利認為：儘管以往的現象學家聲稱他們所提出的方法具有「現象學」特殊處理感知現象的功能，並由此使現象學同流行於西方的科學觀察方法區分開來，但是，以往的現象學方法實際上還沒有徹底擺脫傳統自然科學研究方法的羈絆，甚至歪曲了現象學的物件本身。為此，米歇·亨利提出了他自己的現象學定義及其真正研究物件。

米歇·亨利說：「現象學是關於現象的本質的學問，而這個本質就是使現象之為現象成為可能的東西」（Henry, M., 20014: 12-13）。當米歇·亨利把現象學歸結為一種研究「現象之成為現象」的內在可能性時，他也自然而然地把現象學的研究目標從外在呈現出來的、被理解為「客觀物件」的現象，轉向現象之成為現象的內在動力、條件和基礎；換句話說，米歇·亨利實際上試圖使現象學的研究重點，從對於外在現象的觀察、分析和探究，轉向現象內部的生命運動，轉向現象自身的自我現象化過程，或者，從外在世界轉向內在世界，把超驗性（la transcendance）的問題歸結為內在性（l'immanence）自身的自我實現。

米歇·亨利指出：「任何現象，其內在可能性，只能是它的現象性（n'est autre que sa phénoménalité），即它的呈現（autrement dit son appataître）。為此，我們必須以嚴格的方式，把呈現的事物，比如在我們面前的這個桌子，與使其可能呈現的事物區分開來」（Henry, M., 2004: 12）。米歇·亨利所說的「現象性」實際上是指「現象之成為現象的原本過程」，因此也可以譯成「現象化[1]」。

由此出發，米歇·亨利進一步糾正了胡塞爾關於意向性的觀念及其應用原則，強調現象學研究既然不是探究自身之外的物件，也就不應強調對於這個研究物件的意向性問題。意向性是作為主體的觀察者自身對外在對象具有方向性的觀察動力。因此，物件和意向性的關係問題是以主客二元對立的模式為前提的。米歇·亨利認為：現象學只關切現象自身的自我呈現，必須把研究重點轉向現象內部推動其自身實現自我呈現的動力和條件。正因為這樣，米歇·亨利乾脆把自己的現象學稱為「非意向性現象學」（phénoménologie non intentionnelle）（Hnery, M., 2003: 105-122）。

1　米歇·亨利認為，現象的本質是「現象之為現象」原本活生生的過程，因此，他所使用的法語「phénoménalité」，是將「現象之為現象」加以名詞化的語言遊戲的語詞，也可以譯作「現象化」，以保持其生動性和原初創造性。

實際上，在西方哲學史上，康德早已對這個問題進行一番研究。他在《純粹理性批判》的感性論中指出：使現象有可能在我們面前如此這般地呈現出來的基本條件，就是我們自身內在固有的「作爲先天表象的空間」（l'espace en tant que représentation *a priori*）；它以其「外在直觀」（intuition extérieure）的形式爲顯現的呈現提供了基礎。也就是說，空間，作爲我自身內在先天的外在直觀，成爲了現象的可能性的條件。

但米歇・亨利進一步擴展了康德的論述。他認爲，一個現象的可能性的條件，只能是它的內在特殊內涵；更確切地說，就是使它有可能自我顯示的內在生命過程，即現象的自我現象化。

爲了強調現象學的眞正物件，米歇・亨利甚至不厭其煩地反覆把「普通意義上的物件」（l'objet au sens où nous l'entendons de manière ordinaire）與「作爲現象的物件自身給予我們的方式」（la façon dont l'objet se donne à nous）加以嚴格區分。重點不在於外在的物件或物體，而是使物件呈現於我們面前的「呈現方式」，即揭示「自我呈現所給予我們的方式」，因爲在現象進行自我呈現的方式中，一方面隱含了現象之爲現象的決定性條件，即它自身的生命力及其展現過程，另一方面又包含向我們自身進行「給予」（donation）的特殊動力。一句話，現象學所要描述的，就是現象自身的「呈現」及其自我現象化。

米歇・亨利在他的《對話集》中，很明確地提出了他對於生命的新觀點（Henry, M., 2005: 13-14）。他認爲，現象學的思考不能脫離人的問題，但是人的問題首先是「生命」，而不是「存在」。他說：「我的出發點實際上同經典哲學以及二十世紀中葉以來氾濫於法國的現象學是根本對立的，也正是在那個時候我開始創作。當時，由這些哲學體系所假定的人的定義未能使我滿意。從笛卡兒以來，主體性的概念統治著近代哲學。但是這個主體性是很抽象的，也就是說，它本身就是思想。然而在我看來，主體性，也就是我們的深層的存在，是某種非常具體的東西，也正因爲這樣，我發現，而且以非常激動的心情發現，我們的身體是主體的，也正是身體的主體性使我獲得主要的依據來證實主體性的具體性。這個具體的主體性，作爲身體，就是場所，我稱之爲生命。」

米歇・亨利坦稱：他的現象學不同於現代的現象學的地方，就在於突出了生命對於其自身的揭示的特殊方式；問題不在於某種本無規定的主體性對於世界的開放，而是身體主體性自身以極端直接的方式向其自身的顯示，米歇・亨利以「我們的肉體」作爲典範描述生命通過身體主體性實現自我顯現的實質。

這是一種令人印象深刻並充滿情感性和體驗性的主體性，它已經不是單純地向我們提供表象形式和概念形式的所謂「理智的主體性」，而是更滲透到生命內

部，更深不可測、更本質地顯現出生命現象的特殊事件，因而也使我們有可能回溯到運作於生命內部的顯現過程，也使我們有可能探索生命眞正的原初狀態及其基礎。這種由自身直接向身體顯示生命顯現的純粹過程的全部奧祕，在米歇・亨利看來，就隱含在一片混沌卻又生機勃勃、最原初的「肉體」之中。

早在六○年代，在《顯現的本質》和《哲學與身體的現象學》（*Philosophie et phénoménologie du corps. Essai sur l'ontologie biranienne.*）的專著中，他就明確地認爲，通過對身體的現象學考察，可以發現生命自身通過肉體賦有自我激發（auto-affection）的自然能力，而憑藉肉體的這種與「身體／精神」雙重地緊密相關的自我激發的動能，人的生命不斷地發出以維持其自身存在的內在衝動力（l'impulsion immanente）。所以，米歇・亨利把這種發自身體和精神內部的生命力量當作「絕對內在性的存在論」（une ontologie de l'immanence absolue）的基礎。

談到生命的肉體性質及其情感動能，米歇・亨利又把它們與當代法國現象學運動的早期代表之一，梅洛・龐蒂的「身體」（le corps）概念進行比較。他認爲，梅洛・龐蒂雖然強調我們的經驗主體並非理智的主體，而是一種稱之爲「身體」的主體，但是，梅洛・龐蒂的「身體」，在某種意義上也沒有完全跳出胡塞爾的基本概念，因爲梅洛・龐蒂把「身體」理解爲對世界開放的「身體」。米歇・亨利指出，問題在於不能僅僅指出身體對於世界的開放性，而且還要發現：在身體向世界開放以前，就已經預先存在了一個具有情感性、肉體性和欲望性的生命，這就是肉體（la chair）；通過這個肉體，身體才面向其自身呈現出來。

因此，肉體是先於身體而成爲生命最原始的顯現形式。肉體具有自我感覺、自我情欲和自我調節的生命力，它並不一定要像海德格所說的那樣必須以「向世界開放」作爲前提。肉體靠它的自我感覺和自我激發，就可以感受到自身的存在；而肉體的自我激發就是生命內在性的眞正基礎。

米歇・亨利強調，肉體比身體更優先存在，是生命現象學的眞正基礎；如果預先沒有肉體及其自我感受的顯現作爲最原初的生命表現形式，就不可能有我們身體的任何顯現狀態。正是通過肉體，生命才「向其自身顯現出來」，才有可能在其顯現中自我誕生和自我感受。

米歇・亨利認爲，從根本上說，生命是一種「純主體性」（subjectivité pure）中的生存力量和感受性，是一種「自作自受」（se soufrir soi-méme）和自我陶醉（jouir de soi），它永遠在被自身感受到的痛苦（la soufrance）和愉悅（la joie）之間來回運動、搖擺、持續和變動，並對其自身的生成歷程中的純經驗有直觀的感受；凡是有能力對其自身的存在進行自我感受和自我驗證的存在

（ce qui de se sentir et de s'éprouver soi-même en tout point de son être），就是生命（Henry, M., 2005: 65）。

生命靠自我激發的內在性，並不需要生活世界中的各種外來刺激，也不依賴於意向性及其關注的目標，而是超越了一切「可見性」，只需自行感受、自我推動及自我給予，就可以在生活世界中展現出來。

但是，作為一種「主體性的力量」，生命並不像自然中存在的盲目而無感知性的客觀力量；它是一種可以經由自身內在感受的活生生的個體統一體；它一方面是感受到自身內在經驗的生存力量，另一方面又是一種主觀欲望的實施力量和動能，是旨在滿足自身意願的主觀努力過程。

因此，與梅洛・龐蒂相反，米歇・亨利並不把生命當成可觀看的外在事物。在米歇・亨利看來，不斷自行激發並流動於生命內部的情感和欲望，從來都不呈現在「可見性的視野」內。不管是愛情還是仇恨，其原本發生及呈現運動，都只顯現於身體內部，通過肉體的感受和呈現狀況體現出來，它不能被「看」出來。正是在獨處時，在與周遭的人世隔絕時，生命才擺脫浮華的喧囂而走進自身，在其自身的內在世界中親身體驗到自身生命的存在及運動。所以，生命只有在自身的內在性中才澈底地顯示其本質。為此，米歇・亨利強調：與情感深深地交錯存在的生命顯現，只能在自身生命的內在運動中流動、變化和自生自滅，它深深地隱藏並活躍在我們的肉體的內在感受中，即我們的心中，既不可見，也難以表述（Henry, M., 2005: 61-62）。

生命呈現的不可見性是其內在性的本質所決定的。米歇・亨利指出，在《顯現的本質》一書中，他的生命現象學所關注的，是完全不同於外在性中顯示的世界各事物；與此相反，他所描述的是肉體內純粹只靠自身體驗和感知的生命運動，是一種自我啓示，完全不需要光，也無所謂間距，因此屬於「不可見性」（Henry, M., 2005: 107）。

因此，布呂斯・貝谷指出，最原初的生命呈現是處於絕對無遮蔽光亮狀態下的澈底裸露，它隱含著過分飽滿的生命直觀性，它自然是由自身突然發出的內在盲目力量，又是使人耀眼奪目的閃電般的透明絕白，使純粹的顯現本身從「過度的可見性」（visibilité excessive）頓時轉變成為不可見性（Begout, B., 2007: 10-12）。

米歇・亨利關於生命的內在性的思想，很容易被誤解成「主觀主義」或「觀念論」生命觀。但他所說的內在性，第一，不能從主客二元對立模式的傳統本體論的視野來理解，而只能從生命自身的立場來理解；它所指的毋寧是生命自身的自身性，不是具有主體性身分的觀察者的主觀性。第二，它所強調的，是處於血

肉不分、情欲仍然盲目的一種絕對生命，一種尚未從含混狀態下走出，並且尚未具備主體意識的呈現自身，因此它本身絲毫與抽象概念中的主體無關。正因為這樣，這種內在性才是現象學最本真意義上的呈現自身。

米歇・亨利在上述「絕對生命」的概念的基礎上，進一步強調生命本身的超越性。

米歇・亨利借用了康德意義上的超越性，強調對自我呈現的現象學描述只能通過康德式的先驗批判的途徑，集中完成一種「純粹現象性的批判」（critique de la phénoménalité pure）（Audi, P., 2006: 74），以便建構一種「關於呈現的先驗哲學」（une philosophie transcendantale de l'apparaître）。

米歇・亨利指出：顯現的本質先於一切意向性，也先於一切超越性。顯現的本質呈現於無所區分的混沌的呈現狀態中，那是以不可見的原初資料（la pre-mière matière invisible）為基礎的原初顯現。所以，對於純粹呈現所進行的先驗批判，要求建構一個關於原初呈現的「不可見的資料」的先驗探索。這就是為什麼米歇・亨利的生命現象學是以「資料現象學」[2]為出發點。

胡塞爾為了探索現象的原初呈現，只是集中把注意力轉向純粹意識中的意向性，而且把原初的顯現當成一種物件化的客觀過程，並為此而致力於建構「純粹先驗意識的觀望現象學」（Husserl, E., 1950: 196），終使胡塞爾在「純意識」和「外在性」之間找不到呈現自身的原初狀態。胡塞爾縱然也深入探討過內在時間意識，試圖在客觀的時間和康德所說的先天的時間之外找出「原初的時間觀念」的真正基礎。但胡塞爾為此所作的一切努力，都未能跳出純意識的範圍，因而也未能深入到生命的原初顯現自身（Husserl, E., 1985）；其結果，胡塞爾只能發現一種既沒有血肉、又沒有情欲的抽象化原始意識現象，遠遠脫離了具有生命的、活生生的並充滿自身感受性的呈現本身。

而且，更重要的是：顯現本身或純粹顯現，總是具有雙重性（dualité; duplic-ité）（Henry, M., 2005: 114）。米歇・亨利指出：現象學的意向性觀望無法避免這個觀望本身所可能造成的一切形式化的（morphé）的圖像[3]，因而無法達到脫離觀望並脫離個別現象的純粹呈現。真正的原初呈現既隱含在前意向性的純資料中，又呈現在具有意向性的某種形式中，它是不可見性與可見性所交錯構成的本

2 phénoménologie matérielle不應該譯成「物質現象學」，因為這裡所說的matérielle，源自古希臘字hyle，意思是「原材料」，一種尚未成形或尚未具體化的最自然、最質樸和最原始的質料，它只能是某種可能性或潛在性。

3 morphé一詞源自希臘文μορφ，意指「形式」或「外表」。

體論的二元論狀態，完全不同於建立在純粹意識現象學基礎上本體論的一元論。米歇・亨利在他的《顯現的本質》一書中論證道：把顯現的本質歸結爲意識是建立在一元論的本體論前提之上（Henry, M., 1990: 95）。但是，米歇・亨利認爲，生命恰恰是一種複雜的悖論：它一方面源自內在的生命衝動，來自它的自我呈現自身，另一方面又不得不在現實世界上表現爲一種現象化的現象，因而表現爲它自身的雙重自我撕裂，將原初的呈現同時地分裂成不可見的和可見的生命現象中（Henry, M., 2003: 116）。

就其不可見的一面，生命的呈現是個體化的肉體的自我激發，它永遠不考慮自身之外的條件，單憑肉體中交叉互動的身體與精神的生存欲望，一種被米歇・亨利稱爲「原始的自我激發」（auto-affection primitive）（Henry, M., 2003: 92）的事物或事件；所以，米歇・亨利也把生命的主體性的本質歸結爲「激情性」（affectivité）（Henry, M., 1990[1963]: 595）。從這個意義上說，生命的超越性是指內在性延續不斷的自我激動，它永遠不會停留在原有的狀態；而且，它也是永遠不可滿足的。

就其可見的一面，生命的呈現是在個體化的肉體基礎上表現出來的身體動作、活動及其創造性運動。所以，生命的超越性也表現在它向自身之外的世界的擴張和占有，只不過這種向外超越的眞正根源仍然是生命自身的內在性。正因爲這樣，生命可見的超越性也是毫不顧忌外在條件；就其本質而言，它是由內向外的自我超越。

生命的超越性和它的現實性是相互制約和互爲條件的。生命唯有在現實中生存，才能實現它的自我生產、自我體驗和自我呈現；但生命之所以需要在現實中生存，只是因爲它只能在現實世界中實現自我超越，而且，它只有進行自我超越，生命才眞正完成它在現實生活中的自我呈現。

爲了使生命本身能夠按照生命作爲生命所必須具有的基本條件而進行自我生產和自我呈現，同時也爲了使生命自身在其自我呈現中眞正地對自身的呈現過程形成由其自身親自感受到的體驗，生命必須確立其「自身性」（l'Ipséité），也就是說，它必須自我生產出特殊的「自身性」，「自身性」也因此成爲了生命進行自我呈現過程的一個必然產物，同時又是生命自身實現自我體驗的一個條件（Henry, M., 2003: 67）。

現象學所考察的是在生活世界中生存的現實的生命，是具有主體性和進行各種超越性活動的人。所以，米歇・亨利從現象學的角度，進一步論述了生命的自身性和現實自身（Soi réel）的自我形成過程，並以現象學的方法細緻地分析了現實的自身核對總和體驗其自身的自我呈現過程及其在生活世界中的複雜條件。

米歇・亨利為此肯定胡塞爾所做過的貢獻。米歇・亨利指出：「我們的生命是一種有限的生命，因此它不能夠靠其自身將其生命自身引向自身（incapable de s'apporter elle-méme en soi），因為這個生命向它所運載的自身，其自身是有限的自身。胡塞爾在1933年的手稿中說「我，並不僅僅為我自身，但我就是我」（Ich bin nicht nur für mich aber Ich bin Ich）。「我，並不僅僅為我自身」，這就意味著：這位出現在世界上的個體的人，在諸種事物中的一個事物，在人類中的一個人，儘管他不斷地向其自身呈現自身，也始終關懷著其自身，但他無非只是從他個人的角度關心其他事物和其他人。因此，為了向自身引來一切，首先，這個引來一切的自身必須能夠說「我就是我」（Ich bin Ich）。但問題在於：這個「我就是我」根本就不是原初的。我是我自己，但我並不是向這個我引來一切的那個我；我是被給予我自己的我，但我不是給予自身的我。」（Henry, M., 2003: 68）。

在米歇・亨利看來，為了使生命自身成為我自身，單靠有限的和超越的我是不夠的，首先必須有一種「絕對的生命」（la Vie absolue），同時還要求自身能夠在絕對生命的感召下確立其自身性。

米歇・亨利認為，哲學所應該集中研究的，只能是作為自身而存在的具體的個人（l'individu concret），因為只有具體的個人，才是時時刻刻經驗到其自身生命活動的生命體，他們是既分屬於各種個別事物、又決定著每一個個別事物存在的原始資料基礎，而這就是現象學追根究柢要加以澄清的「事物自身」的原生根基，是真正的「第一事實」（la réalité première）。由此可見，米歇・亨利和胡塞爾不同，他直接把個人原始生命的顯現當成現象學所應該由此出發的「第一事實」或「事物自身」。

接著，米歇・亨利認為，內在地固有其自身感發力量的生命，植根於身體的主體性之中（enracinée dans la subjectivité corporelle），其本質乃是一種不可見的和個體性的張力；它是個體的肉體。

米歇・亨利打破胡塞爾的純意識界限，在個體化的肉體中尋求生命自身實現自我顯現的原本基礎。他認為，唯有在能夠以主體身分親自體驗生命自我激化的全部原初狀態的個體化肉體中，才能真正發現生命自身的原初顯現。

生命的個體性典型地表現在生命的單子化結構。就此而言，我們也可以把米歇・亨利的生命現象學稱為「單子論的現象學」（Tinland, O., 2008: 106-111）。米歇・亨利為此特別肯定萊布尼茲和斯賓諾莎（Baruch Spinoza, 1632-1677）的哲學觀點，因為前者通過單子論生動地闡述了作為世界本體論基礎的單子之個體生命性的本質，後者則在他關於實體論的論述中深刻地揭示了身體與精神在生命運

動中的「交錯性」特質。

米歇·亨利指出，個體的生命就好像每一個自身獨具不可替代的生命觀的單子那樣，既靠自身內在的生命運動確立自身的世界觀，又單純從自身生命實際運作的需要向世界開放，並通過其世界觀不斷吸收為加強自身生命所急需的外在力量和因素，同時，又在對世界開放的關係中頑強地施放其自身的生存欲望和信念，確立其在世界中的生存地位，也改變其外在世界。但所有這一切，如果不貫徹斯賓諾莎關於「身體／精神的交錯性」原則，單子就一天都無法維持其生命活動。

其實，在米歇·亨利之前，沙特也曾經說：「人是靠其自身的呈現而造就一個世界的存在」（Sartre, J.-P., 1947）。但不同於沙特，米歇·亨利不只是肯定人的顯現導致一個世界的存在，而且更重要的是，他還堅持：人的原始顯現是源自其自身肉體的生存動力和欲望。

米歇·亨利指出：「比存在的真理更原始的，是人的真理」（plus originaire que la vérité de l'être est la vérité de l'homme）（Henry, M., 1990[1963]: 53）。但人的真理不能從傳統本體論、認識論和倫理學的意義來理解，而是人的生命顯現本身所自然昭示的質樸狀態。

世界上不存在與生命無關的真理；任何真理歸根結柢只能是為了生命本身，也在生命中被驗證。換句話說，真理的產生及其界定、驗證和貫徹，從根本上說，也都是靠生命自身。「生命自我啓示。生命是一種自我啓示。（La vie se révèle. La vie est une autorévèlation）」（Henry, M., 2004: 32）；意思是說：不但生命是自我啓示，而且它所啓示的也是它自身。「生命的啓示以及在生命中所啓示的，無非是一碼事」（Henry, M., 2003: 33）。

那麼，生命對自身的啓示以及它所啓示的，究竟意味著什麼？既然生命是在自我顯示的純粹顯示中彰顯出來，生命本身就是真理，因為凡是真理，都是自我顯示的（Henry, M., 1996: 17）。

回溯到古希臘原文，真理就是ἀλήθεια（aletheia），意思是「無蔽」，指的是顯現的一種赤裸地敞開、沒有掩蓋的狀態。海德格曾經為此而把暴露於光天化日之下，存在者的「存在」的本真結構也稱之為真理。進一步說，「無蔽」，從根本上說，就是「自然」。而在古希臘的原文中，所謂自然，本來是指每個生命體「與生俱來」的本質特性。因此，原希臘文「自然」φύσις（physis）是源自動詞phyein，指「產生」、「出生」和「興起」的意思。荷馬曾經在《奧德賽》

中引用這個詞專門指一種特殊的植物的內在生長能力[4]。正因為這樣，美國哲學家亨利·大衛·多羅（Henry David Thoreau, 1817-1862）很形象地指出：「自然」，不論從生物學還是宇宙論或認識論的角度，都意味著「從黑暗來到光明」（Thoreau, H.D., 1906）。同樣地，海德格也說：希臘人並不僅僅把自然理解為自然現象，而是從「存在」本身的詩意的和本體論經驗的角度來理解。因此，希臘人通過「自然」這個字而在他們面前展現了自然的真正原初意義，即活生生地自我展現出來的天地萬物以及神和人類本身的本真命運（Heidegger, M., 1984）。

海德格還大段地引述了李爾克的《杜伊諾哀歌》（*Duineser Elegien*, 1923）第十九首的第一部分及其他詩歌，強調指出：在李爾克的詩歌中，「自然」也是指「生命」。接著，海德格引用尼采的一句話：「我們除了用『生命』以外，別無其他關於『存在』的觀念」。

李爾克之所以能在自己的詩中，讓世界上的存在者，在其自然的位置上，「油然而生」，達到在真理中的存在，是因為他懂得「詩人為何？」之理。李爾克說過：「我們應該以一生之久，盡可能那樣長久去等待，採集真意與精華，最後或許能夠寫出十行好詩。因為詩並不像一般人所說的是情感，因為說到情感，人們早就很滿足了」。米歇·亨利和李爾克一樣，認為詩和藝術都是生命的自我體驗，也是生命的自我顯示。所以，詩和藝術就是真理自身。

米歇·亨利同意李爾克的話：「為了一首詩，我們必須觀看許多城市，觀看人和物，我們必須認識動物，我們必須去感覺鳥怎樣飛翔，知道小小的花朵在早晨開放時的姿態。我們必須能夠回想：異鄉的路途，不期的相遇，逐漸臨近的別離；回想那還不清楚的童年的歲月。我們還要親臨其境地想到父母，如果他們給我們一種快樂，而我們並不理解他們，致使他們不得不產生苦惱；想到兒童的疾病，病狀離奇地發作，這麼多深沉的變化；想到寂靜，沉悶的小屋內的白晝和海濱的早晨，想到海一般，想到許多的海，想到旅途之夜，在這些夜裡萬籟齊鳴，群星飛舞。可是即使這一切都能想到，也還遠遠不夠。我們必須回憶許多愛情的夜，一夜又一夜極其不同的夜晚，要記住分娩者痛苦的呼喊和安然入睡的白衣產婦。同時，我們還要陪伴臨死的人，坐在死者的身邊，在窗子開著的小屋裡有那麼一些突如其來的聲息。我們即使有回憶，也還不夠。如果回憶很多，我們也必須能夠忘記，我們要有驚人的忍耐力等著它們再來，因為只是回憶還不算數。等到它們成為我們身內的血、我們的目光和姿態，無名地與我們自己相互滲

4　荷馬在《奧德賽》的原文意思是說：赫爾墨斯給我那種草，它一面從地裡長出來，一面把它的天然性質展現出來。

透以致再也不能相互區分，到那個時候，在一個很稀有的時刻，我們才能得以實現，才有可能使一行詩的第一個字在詩行的中心形成，脫穎而出」（Zermatten, 1993）。

李爾克在上述隨筆中，生動地說明了詩作為生命存在的真實表現，如何構成為詩人的「身內的血、我們的目光和姿態，無名地與我們自己相互滲透以致再也不能相互區分」！正如米歇·亨利所說：「藝術比世界更深刻地向我們顯示我們都在其中思索著生命的現實，這是一種關於這個世界的可能性的事物」（Henry, M., 2004a: 197）。

米歇·亨利從現象學的角度，在區分身體與肉體的基礎上，論證了人的生命在世的存在過程具有「道成肉身」的性質（Henry, M., 1996; 2000）。也正是從這裡出發，米歇·亨利的生命現象學，一方面同傳統的現象學區分開來，另一方面逐步接近基督教。

米歇·亨利的生命現象學研究是始終一貫的。他自己在同羅蘭·瓦薩爾德的對話中，對自己的生命現象學研究作了系統的總結。他說，從1945年為獲取哲學教師資格文憑而撰寫的《顯現的本質》（Essence de manifestation）開始，他始終沿著生命現象學的探索思路進行哲學研究。「我的《顯現的本質》既沒有先驅者，也沒有啟示者，因此，這本書的編寫對我來說非常困難。當我不得不從所有那些相反的論題過渡到我的論題的時候，我既沒有可用的概念系統，也沒有適合於我所要說的恰當語詞」；「如果我對我的整個工作做一個回顧性的概括的話，我覺得它可以分為兩個方面。一方面，就是創建用來規定呈現的雙重性的基本現象學前提；另一方面就是把這些前提運用到不同的論題上，或者貫徹到不同的哲學領域；具體地說，就是像曼恩·德·比朗[5]那樣運用到身體方面，像馬克思那樣運用到經濟領域，像精神分析那樣運用到無意識，像康丁斯基那樣運用到藝術，像我在《未開化》那本書裡所做的那樣運用到文化領域，像我在《資料現象學》一書中那樣運用到胡塞爾的現象學，以及最後運用到基督教問題上。我的生命現象學的前提之建構，當然不可能完全離開它們的運用；兩者在我的第一本書中都是同時進行的。而在這方面唯有曼恩·德·比朗對我很有幫助。」（Henry, M., 2005: 17-18）。

由此可見，米歇·亨利的生命現象學不但改造與發展了胡塞爾的現象學，也

5　曼恩·德·比朗是法國十八至十九世紀的傑出哲學家。近年來對他的深入研究顯示他在「精神／身體的交錯性」方面的思索具有重要理論價值，發揚了法國哲學自笛卡兒以來的獨特傳統，推動了生命哲學的發展。

試圖扭轉整個西方傳統哲學，使哲學不只是研究作為對象和客體的事物，而且也關切生命，特別是在我們身體內部不可見的生命運動及其性質。正是在這個意義上說，米歇・亨利不僅開創了生命現象學的新視野，而且也為推進哲學的改造事業做出了貢獻。

第十一節　當代法國現象學運動的偉大意義

　　世界歷史上，沒有一種哲學思潮，能夠像現象學在當代法國的發展狀況那樣，既源自外國思想文化傳統，又能夠以如此協調而多樣化的形式，在本國哲學園地上，產生出如此繁榮燦爛的理論花朵。所以，仔細分析當代法國現象學運動的歷史，其深刻意義，不僅遠遠超出現象學本身的理論領域，而且，也越出一般哲學運動史的範圍，對我們今天或今後，不論在研究現實的文化生活時，還是在探索社會發展的歷史經驗時，都會有深刻的啟示。

　　首先，當我們試圖理解當代法國現象學運動的意義時，應該充分地意識到：它的成功及其理論效果並非偶然；它既不是無緣無故，也不是突然降臨在現實的法國哲學界中。法國現象學運動是經過長期醞釀和歷史準備的過程。現象學在法國的傳播歷史，可以上溯到十九世紀末期間。也就是說，早在德國現象學的最初形成時期，法德兩國哲學界就已經針對現象學的核心論題，開展了討論和交流。當時，德國現象學的最早代表人物，從布連坦諾、馬克斯・謝勒、尼古拉・哈德曼到胡塞爾的思想，便已經通過各種管道陸續地傳播到了法國。而在法國方面，柏格森等人也已經著手進行對傳統方法論的批判，並把哲學研究的方向，從深受自然科學理論模式和方法論影響的狀態，轉向人的實際生活及其生命歷程。

　　如前所述，福柯也特別強調法國現象學運動的歷史性質及其歷史基礎。他認為，現象學在法國的傳播途徑及其方式，決定於法國現代哲學史的具體脈絡。他把現代法國哲學分為兩條基本發展路線。一方面是以沙特和梅洛・龐蒂為代表的經驗哲學、意義哲學和主體哲學，另一方面是以嘎瓦耶、巴舍拉和岡格彥為代表的知識哲學（la philosophie du savoir）、合理性哲學（la philosophie de la rationalité）和概念哲學（la philosophie du concept）（Foucault, 1994: III, 430）。而這兩大主流的思想，**實際上又是起源於對胡塞爾現象學的不同詮釋**。自從胡塞爾親自到巴黎對笛卡兒沉思進行現象學分析之後，他的現象學在法國便以兩種解讀方式展現出來：沙特開創了以主體為中心概念的現象學運動，他在1935年發表的《自我的超越性》（*La transcendance de l'égo*）為這一派現象學運動敲響了開場鑼，而另一派則以嘎瓦耶為代表，他在1938年發表的論文《公理方法》（*Méthode* axiomatique）和《集合論的形成》（*Formation de la théorie des ensembles*），回溯到胡塞爾本人的最早關懷主題，集中思考形式主義（le formalisme）、直覺主義（l'intuitionnisme）以及科學的問題。噶瓦耶、巴舍拉和岡格彥的研究路線的重要意義，就在於突顯科學知識問題在現代社會中的決定性地位。現代社會的發展本身，已經充分證實了這條研究路線的深刻性。

胡塞爾現象學對於法國思想界的影響，主要表現在以下五個方面。第一，胡塞爾提供了對於傳統科學思維模式的批判範例，促使法國思想家由此開始懷疑傳統的二元對立思維模式，也開創了對於主體性原則的批判方向。第二，胡塞爾所提出的意向性概念，導致法國思想家進一步思考了主體創造能力及其可能性，促進了此後各種各樣的建構主義的產生。第三，胡塞爾的主體間性和生活世界概念和方法，使人們加強了對於生活世界和日常生活的研究。第四，胡塞爾關於語言及其意義的理論，推動了人們對於傳統意義理論的批判，直接形成了法國哲學對論述以及語音中心主義的批判運動。第五，胡塞爾所重視的事物關係網絡，也啓發了法國思想家的思路，使他們從相互關係網絡的交叉視野重新考察了一切問題。

所有這一切，使當代法國哲學掌握了新的思考方法，開拓了更廣闊的視野。梅洛・龐蒂在紀念胡塞爾誕辰一百週年的時候說，哲學上一切思想的形成和成長，都勢必包含「感恩」和「叛逆」的雙重因素。為此，他引用了海德格所說的話：一切思想都是紀念、慶祝、忠實、感恩，但任何紀念同時又是叛逆（Merleau-Ponty, 1959 : 195）。當代法國哲學家雖然對胡塞爾現象學採取了既接受、又批判的立場，但他們之中的任何人，都始終沒有忘記現象學的創始人所給予的理論禮物的深遠意義。

現象學在法國的傳播還有另一個重要特點，這就是它同現代存在主義的發展緊密聯繫在一起。在某種意義上說，現象學雖然早已經對法國發生影響，但如果沒有存在主義，就不會有後來這樣巨大規模的法國現象學運動。而在傳播和發展存在主義哲學方面，海德格和沙特是兩位關鍵人物。

海德格在1927年發表的《存在與時間》，以其獨特的洞見，揭示了人的生存存在論結構，並透過對於生存的存在論詮釋學，開創了現象學的新發展方向。海德格的新現象學，推動了法國思想家們對於傳統形上學的批判，並將傳統理性主義所統治的「邏各斯」（logos）王國歸還給語言論說本身，「在通向語言的路上」，掀起了探討語言論說、論述（discours）和話語同思想的相互關係的新熱潮。

簡單地說，海德格對於法國當代哲學的主要影響，集中在四個方面。第一，

它對於「此在」的研究，推動法國哲學家進一步深入探討人的本質及其與生活世界的關係。第二，海德格在語言方面的深刻論述，直接地促進了法國哲學家對言說、論述的深入研究。第三，海德格所提出的「解構」概念，加強了法國哲學家對傳統思想的「解構」活動。第四，海德格將現象學和尼采的思想結合在一起，爲法國哲學家開創了很好的先例，許多當代法國哲學家就是在海德格的啓示下，從尼采的立場，進一步將現象學本來包含的批判精神，澈底地發揚光大。

在這些方面，尤其集中在海德格的「解構」概念的重要意義。在海德格那裡，所謂解構，原是「摧毀」或「解除結構」（Destruktion; Abbau）的意思。海德格所說的「解構」是同他的現象學方法密切相關的。他改造了胡塞爾的現象學，將現象學方法更具體地分成三大步驟，即「現象學還原」、「現象學建構」和「現象學解構」；而「現象學解構」則成爲「現象學還原」和「現象學建構」的基礎。

他認爲，所有的還原和建構，都必須以「此在」的存在作爲前提條件。但「此在」不可逃脫地成爲了一種歷史的存在，因爲它早已被此前的歷史傳統概念的「前結構」所決定。在西方文化歷史上，傳統形上學和本體論總是給人們強加一種「存在者優於存在」的頑固觀念。因此，不論從批判傳統本體論的角度，還是從重建一種新存在本體論的角度來說，都必須首先「掀開」遮蓋在「此在」上面的各種「遮蔽」，進行一種批判性的「解除結構」活動，即進行現象學解構的步驟。

海德格在其《存在與時間》一書中，以「現象學建構」實現「對存在論（即本體論）歷史的解構」（Heidegger, M., 1986[1927]：20-27）。海德格之所以要進行「對存在論歷史的解構」，就是爲了一方面澈底批判傳統形上學存在論的理論基礎，另一方面又把傳統形上學存在論的整個歷史及其歷史效果連根拔除。顯然，海德格不但充分意識到傳統形上學存在論理論結構的頑固性及其嚴重歷史影響，而且他也充分意識到：傳統形上學存在論的歷史本身，並非只是過逝了的空洞事件框架，而是迄今爲止仍具有生命力、並構成一種理論力量的思想。認爲歷史本身仍然具有生命力的觀點，就是現代詮釋學的基本觀點。詮釋之進行及其迴圈，必須以歷史的存在及其現實效力作爲基本條件。透過對於傳統存在論歷史的解構，海德格還進一步找到了重建新存在論的理論力量。因此，他的「解構」包含著對過去的傳統的澈底顛覆及對於重建新存在論的希望和能力。所以他說：「這種解構倒是要表明存在論傳統的各種積極的可能性，也就是說，要表明存在論傳統的限度；隨著歷史問題的提法，隨著在這些提法中對這種可能探討範圍的描繪的加深，存在論的限度也就更加清楚。……這個解構並不想把過去埋葬在虛

無中：它有積極的目的。但它的消極作用始終是隱而不露的，是間接的」（Ibid.: 22-23）。在這裡，也顯示了海德格並沒有澈底放棄重建和改造存在論的希望和實際努力。對他來說，不是根本不要存在論，而是建構一個什麼樣的存在論的問題。整個《存在與時間》，就是尋求並論證以現象學爲基礎重建存在論的可能性。從這裡，也可以看出：生活在二十世紀上半葉的海德格，不管他怎樣堅定地批判傳統存在論，他畢竟還試圖建構一個新的存在論體系，並明確地試圖以現象學作爲改造存在論的主要理論依據。德希達對於海德格的這種企圖並不滿意。德希達與海德格相反，他解構形上學的目的，並不是爲了重建新的形上學；而是爲了從根本上消除形上學，因爲在德希達看來，形上學永遠只能是傳統思想用以建構毫無意義的「意義」體系的基本架構。

　　爲了批判傳統西方文化，不僅要揭露當代西方文化的一切實際危機及其嚴重後果，而且要發現導致這種危機的基本指導思想原則，又要揭露這些指導思想原則採取什麼樣的主要途徑得以長久地維持下來和不斷發展，最後還要清算這些傳統思想指導原則的整個歷史，直到澈底拔除其最早的歷史根源。

　　所以，海德格認爲，爲了從根本上顛覆傳統本體論，必須回溯本體論的歷史，並從其歷史根源探索其建構和發展的奧祕。傳統本體論能夠在西方思想發展中延綿存在，並始終發揮其宰制的中心地位，是因爲它從源頭上就打下了牢固的基礎、在歷史中不斷地加強其統治地位。任何事物的歷史，都是其生存和存在的最重要基礎。關於這點，極端重視事物存在的根本機制的海德格，尤其重視把事物存在的機制看作是存在的時間性的展開過程。正如他所說的：「此在的存在，在其時間性中發現其意義。但是，時間性也就是歷史性之所以可能的條件，而歷史性就是此在本身的時間性存在方式」（Ibid.: 19）。

　　對傳統的任何一個觀念的批判，都是緊密地在其歷史中進行，也就是在這些觀念的存在時間性中解構。由海德格在其《存在與時間》中所開創的這種對傳統觀念的解構原則，後來成爲了一切後結構主義思想家和後現代主義者顛覆傳統觀念的基本策略。當然，海德格只是開創了這種從歷史的角度進行解構的先例，但他並沒有將這種歷史解構策略澈底地進行到底，因爲他在某種程度上仍然未能挖掘西方傳統思想在源頭上的根本結構。他的後繼者正是看到了海德格歷史解構策略的優點和缺點，更深地追尋了西方文化傳統在源頭上的建構基礎和崛起策略。德希達和福柯在這方面所作出的貢獻，就是在觀念和語言的相互關係中，挖掘出西方一切傳統思想和文化的最終根源。

　　實際上，海德格在從事對於傳統本體論的歷史批判的過程中，也逐漸地看到了傳統觀念同語言，特別是同語言的表達過程之間的密切關係。他在《存在與時

間》一書中分析人生在世的生存樣態時，深刻地指出人生歷程的任何一個時空結構都同生存者在當時當地的「言談」和「話語」密切相關（Ibid.：160-206）。他已經看到了生存、思想同語言之間的密切關係。他還進一步指出任何生存者和思想家所說出來的「話」，實際上都道出了其生存和思想的邏輯。也正因為這樣，海德格在完成了《存在與時間》一書之後，幾乎用整個後半生的時間研究了語言的問題。但是，海德格無論怎樣深刻追尋傳統本體論同西方語言之間的關係，他最終都未能跳出傳統的「意義理論」；而意義理論卻是傳統本體論賴於生存並發展的重要基礎。德希達和福柯超越海德格的地方就是對意義理論窮追猛打，並在摧毀意義理論「二元對立統一」思考和表達模式的基礎上，顛覆與此緊密相關的語音中心主義和邏輯中心主義。

由此可見，胡塞爾和海德格都先後展開了對於西方傳統形上學的批判，因為他們看到了傳統形上學就是整個西方傳統思想和文化的理論基礎。但是，不管是胡塞爾還是海德格，他們批判傳統形上學的事業只完成了一半，因為他們都沒有進一步摧毀作為傳統形上學思想基礎的「意義」理論及其二元對立思考模式，也沒有批判「語音中心主義」的核心思想。在海德格之後，一大批法國哲學家，沿著他的道路，以尼采的澈底批判精神，首先糾正和改造胡塞爾和海德格對於傳統形上學的現象學批判原則，進一步將顛覆傳統形上學的事業澈底展開。

在胡塞爾和海德格的影響下，現象學採取多樣形式在法國蓬勃發展起來。當然，如前所述，最先接受並創造性地研究現象學的第一代法國思想家，是列維納斯、沙特和梅洛‧龐蒂等人。

當代法國現象學運動的偉大成果及其偉大意義，並不限於現象學本身的研究領域，而是擴及整個人文社會科學及自然科學，影響到整個歐洲二十世紀下半葉的思想文化革命及其進程。擠身於當代偉大思想大師行列的福柯、德希達、利奧塔、羅蘭‧巴特、布迪厄等人，無不是受到現象學啟發，無不是以現象學作為最銳利和最深刻的觀察和思想工具。

簡單說來，這場現象學運動所帶來的理論和方法革命，主要表現在以下幾個方面：第一，現象學使法國思想家們找到了不同於傳統理性主義和經驗主義（empirisme）的原則，使他們敢於向傳統澈底挑戰。胡塞爾對於傳統理性主義和經驗主義的批判，對於自然科學的客觀主義的批判、對於觀念論主觀主義的批判，都有效地推動了法國當代思想家們對於傳統思想的顛覆活動。第二，現象學具體地揭露了客觀主義和主觀主義的弊病，以「主體間性」和「生活世界」的概念引發當代法國哲學家們的進一步思考活動。第三，現象學對於語言及語言應用的重視和批判，促進了當代法國哲學家們考察語言及語言論述（discours）的性

質。**第四**，現象學對於當代科學技術方法及其迷信的批判，推動了人們深入反思科學技術的悖論性及其潛伏的危機。**第五**，現象學的視野襯托出傳統「非此即彼」的二元對立模式的僵化性和狹隘性，為人們的思想、行為和日常生活方式的改造，提供多元的潛在模式及各種「另類」可能性，這就為人類文化在新世紀的澈底重建提供了廣闊的可能條件。

迄今為止，現象學運動在法國的發展仍然是氣勢磅礡、推波助瀾。新一代現象學家層出不窮。在他們當中，值得注意的是波涅（Rudolf Bernet）、雅尼柯（Dominique Janicaud）、古爾蒂納（Jean-François Courtine）、沙蘭斯基（Jean-Michel Salanskis）、莊‧呂克‧馬里墉、米歇‧亨利、弗朗斯瓦斯‧達絲杜（Françoise Dastur）以及馬克‧利希爾（Marc Richir）等。他們不僅在哲學界非常活躍，而且也影響到人文社會科學的其他領域，並不斷地嘗試創立新的理論和方法，預示了法國哲學未來發展的樂觀前景。

第三章

馬克思思想的再出發

第一節 「三位懷疑大師」的思想啓發

發生於二十世紀的西方社會文化的危機，並非第二次世界大戰時期才出現，而是早在十九世紀中葉就已經初現端倪。資本主義社會文化制度從十六世紀形成、並經歷兩百多年的發展之後，從十九世紀上半葉開始，便充分暴露了它的各種內在矛盾，導致一系列社會文化危機的產生。上述對於西方社會文化核心問題的反思和批判，實際上早已由當時的思想先驅，特別是由馬克思、尼采和佛洛伊德等人，以及「現代派」的文學家藝術家，在十九世紀開始著手進行。此後，隨著歷史的發展、隨著資本主義社會文化及其「現代性」的成熟過程，這一批判性的思想運動就一直沒有停止過。

在第二次世界大戰之後，法國思想界進入了非常活躍的重建時期。當時，表面看來，似乎以沙特為代表的存在主義一枝獨秀；但實際上，各種思想展開了激烈爭論和競爭。胡塞爾和海德格的現象學以及黑格爾的辯證法，一掃受傳統思想窒息的沉悶氣氛，開創了自三〇年代起至四〇年代末的活躍的自由創造局面。而在當時，最有激盪性和啓發性的，是對於馬克思、佛洛伊德和尼采的思想的重新探索。原本受3H思想影響已經活躍起來的法國思想界，在同這三位被人們稱為「懷疑大師」（omme Maîtres de soupçon，簡稱3M）的德語國家思想家相遭遇之後，立即產生了無法控制的理論上和思想上的革命性連鎖反應，形成了法國文化思想史上僅次於十八世紀啓蒙時代波瀾壯闊的思想解放運動。1967年，巴黎子夜出版社發表福柯在1964年7月的一篇演說稿：「論尼采、馬克思及佛洛伊德」（Nietzsche, Marx, Freud. In *Cahiers de Royaumont*. Editions de Minuit），毫不掩飾地讚賞這三位懷疑大師的理論之強大威力。

「三位懷疑大師」以其對於傳統西方思想和文化的澈底懷疑精神，促進與加速了西方思想史和文化史上最輝煌、最活躍的新時代到來。他們同時也成為二十世紀法國思想家們同古典和傳統思想文化相溝通的中間環節。實際上，這三位懷疑大師所開啓的思想革命，早已經在十九世紀下半葉產生回音；這些回音在法國的十九世紀下半葉思想家們那裡、在法國當時的最有創造性的作家那裡，已經普遍地敲響了。這些法國思想家和作家，包括波特萊爾、馬拉美、瓦勒里等人。到了二十世紀中葉，他們的懷疑精神很自然地成為了當時渴望改革、急於創新的新一代思想家的最大精神支柱和鼓動力量。

將十九世紀三位懷疑大師的叛逆思想延伸到二十世紀，作為指導法國文化和思想重建工程的基本指導精神，這就意味著當代法國哲學的創造及其發展是一個澈底的批判和反思過程；而這一過程的啓動，應該歸功於早在三〇年代就已經從

事研究和反思活動的先輩們。他們就是前面已經提到的科耶夫、依波利特、柯以列、巴岱、克洛索夫斯基、拉岡、雷蒙・阿隆、梅洛・龐蒂、沙特和卡繆等人。除此以外，馬克思思想及尼采精神在法國的傳播和擴散，也要歸功於在戰後時期於巴黎高等師範學院擔任哲學導師的阿圖塞、岡格彥和杜美濟等人。法國戰後青年思想家，在他們的思想成長過程中，幾乎都是他們的學生和追隨者，都受惠於所有這些人的思想觀點，受到他們的思想啓蒙。

在談到青年時代的文化背景時，福柯說：「我屬於這樣的一代，當我們還是大學生的時候，我們都是被馬克思主義、現象學和存在主義所標誌的一種視域所限制。所有這些事情當然是極端有趣和激發人心的，但是，它又在經過一段時刻以後促使我們感受到一種窒息，並產生試圖觀看界限以外的事物的強烈欲望。我就像當時的哲學系學生一樣，同傳統和當時流行思潮的斷裂，主要來自於貝克特的《等待果陀》。正是這本書使我們在窒息中重新大口地呼吸。然後我進一步閱讀布朗索、巴岱和新小說派的羅伯・格利耶以及布托（Michel Butor, 1926-2016）、羅蘭・巴特和施特勞斯。所有這些人，都是相互區別的，而我也並不想要全部地吸收他們。但可以說，他們是我們那代人同傳統形成斷裂的重要中間人物」（Foucault, M., 1994: IV. 608）。福柯所說的「斷裂」（rupture）意味著什麼呢？主要是意味著同一切「主體哲學」的斷裂。正是上述各個思想家和作家們，帶領福柯那一代人走出主體哲學和意識哲學的範圍，在語言論述和權力網絡相互穿梭的社會文化歷史和現實的結構中，不斷地破解傳統主體的形構密碼及其基本原則。

三位懷疑大師的批判精神是交互滲透而發生作用的。馬克思已經不是原有的馬克思，更不是傳統馬克思主義的馬克思；佛洛伊德和尼采在現代法國的重現，也不是他們在十九世紀和二十世紀初的簡單複製。正如後現代主義思想家利奧塔所說，整個現代法國思想和文化的變革，實際上是「從馬克思和佛洛伊德的思想所偏離出來」的產物（Lyotard, J.-F., 1973a）。德希達也承認他們新一代的思想，並不重複說出尼采的原話，而是一種新尼采主義；它將尼采原有的非理性主義和權力意志進一步在現代社會條件下發揚光大（Derrida, J., 1967a; 1972a）。比德希達年長一點的福柯，則直接繼承尼采的考古學（archéologie）和系譜學（généalogie），更深入地以「知識」（savoir）、「道德」（morale）和「權力」（pouvoir）作為「解構」現代社會文化的三大主題，試圖「破解」控制著現代社會生活的各種占統治地位的「論述」，例如：知識的論述、道德的論述以及「性論述」等等（Foucault, M., 1966; 1969; 1976）。另一位後現代思想家德勒茲，強調他是馬克思、尼采和佛洛伊德思想的解構者，他所主張的是從佛洛伊德出發、

卻又不同於佛洛伊德的「反俄狄普斯」情欲推動力量（Deleuze, G., 1972a）。被改造了的三位懷疑大師的叛逆精神，構成強大的批判力量，一方面破解與解構舊的一切文化和思想模式，另一方面又提供和指明創造與革命的新思路、新方向。

第二節　馬克思和黑格爾的思想聯姻

　　法國哲學家對黑格爾的認識過程，既不同於德國，也不同於其他西方國家的哲學界。專門研究和講授黑格爾哲學的依波利特自己曾說：「對於早就氾濫於整個歐洲的黑格爾主義，我們法國是接受得較晚。而我們是透過黑格爾青年時代不太出名的著作《精神現象學》，透過馬克思和黑格爾的關係認識黑格爾。在這以前，法國早已經有一些社會主義者和一些哲學家，但是黑格爾和馬克思都還沒有真正地進入法國哲學圈內。事情是現在才有的。從此以後，討論馬克思主義和黑格爾主義已經成爲我們的日常活動」（Hyppolite, J., 1971: II. 976）。依波利特的這一段話，不僅指出了法國研究黑格爾的特點，也揭示了當代法國哲學研究黑格爾及馬克思思想的特殊性。也就是說，在研究當代法國哲學思想時，不能不看到這樣的事實：不了解黑格爾，就無法了解馬克思在法國的遭遇；反過來，不了解馬克思，也無法把握當代法國的黑格爾思想運動的特徵。這就是說，無論黑格爾還是馬克思，都是深入把握當代法國哲學思想發展的重要因素。

　　了解法國的黑格爾研究的特徵，在某種意義上說，是把握當代法國哲學基本精神的關鍵之一。

　　翻開法國近代哲學史，我們可以發現：法國人對於黑格爾的興趣，次於康德和馬克思。在十八世紀至十九世紀初相當長的時間裡，法國人一直以一種傲慢的態度，對待鄰居德國的哲學成果。當德國古典哲學取得輝煌成果的時候，法國人正忙於進行改造社會的革命實踐活動；而拿破崙對當時歐洲各國的遠征，與其說推動法國人研究德國哲學，不如說促進法國啓蒙哲學在德國的傳播。當時，眞正了解並試圖引進德國古典哲學思想成果的，不是法國的哲學家們，而是才華橫溢的浪漫主義女作家斯泰爾夫人（Germaine de Staël, 1766-1817）。她在著名的《論德意志》（De l'Allemagne）中，以極大的熱情讚美德國人的哲學精神，並期望法國人不要忽略德國哲學的重要性。歌德曾經爲此豪邁地說：「如果德國的精神對於法國人來說始終是一個難以接受的外來影響的話，那麼，斯泰爾夫人的《論德意志》就具有史無前例的威力，足以橫掃因阿爾卑斯山高峰和古羅馬偏見所造成的、橫放在法德兩國之間的障礙」。斯泰爾夫人是於1813年拿破崙在莫斯科戰敗後的第二年，在倫敦發表其光輝著作的。拿破崙的失敗促使法國人冷靜地沉思

從啟蒙運動以來的歷史，使他們之中一部分清醒的思想家，仔細地閱讀和理解斯泰爾夫人的這部著作，並把它同1807年發表於柏林的費希特《致德意志民族的信》聯繫在一起，反思他們的德國鄰居所表現的特殊民族精神。正是在這個意義上說，斯泰爾夫人的這部著作，是法國哲學消化德國古典哲學的漫長歷程一個決定性轉捩點。

在她之後，於十九世紀擔任過教育部長和巴黎大學校長的維克多・庫任（Victor Cousin, 1792-1867）以及後來的康德哲學研究者李諾維耶（Charles Renouvier, 1815-1903）、拉舍利耶、埃瓦德・赫齡（Eward Hering, 1834-1918）以及哈梅林等人，才相繼表現出對德國古典哲學的熱情。在斯泰爾夫人的啟發下，庫任意識到對於法國青年一代進行形而上學思辨訓練的必要性，因此，他力促法國教育的改革，建議在整個大學範圍內建立哲學形而上學教育制度。庫任本人為了親身體會德國哲學的思辨創造精神，在1817年親自訪問海德堡，直接聆聽黑格爾的哲學講演。但是，長期對於德國文化傳統的偏見以及法國哲學傳統的頑強對抗，使庫任未能真正把握德國古典哲學的內在精神實質。

在庫任之後，拉維松・莫連和李諾維耶前往德國，先後研究謝林哲學和新康德主義，後來也成為了在法國推廣德國古典哲學的重要思想家。但這群人對於康德和黑格爾哲學的詮釋，只能在法國哲學領域中投下思辨形而上學的微弱陰影，對於在法國復興形而上學傳統並沒有發生很大的作用。黑格爾的著作一直沒有被翻譯成法文，只是在1860年，正當黑格爾哲學本身在德國被當成「一條死狗」而受到空前未有的冷遇的時候，一位叫做奧古斯都・維拉（Auguste Véra）的義大利人，把黑格爾的著作部分地翻譯成法文。

拉維松・莫連在1861年發表《法國十九世紀哲學》，強調德國古典哲學精神對於重建法國哲學的重要性，而李諾維耶則極力推廣新康德主義，並在此基礎上發展了具有濃厚康德倫理學色彩的人格主義（Personalisme éthique），使康德哲學比黑格爾的思想更早地同法國傳統相結合。

與此同時，發揚法國意識哲學傳統的本土精神哲學家曼恩・德・比朗、若弗魯瓦（Thomas Jouffroy, 1796-1842）等人，則在一定程度上較為成功地把黑格爾等人的德國觀念論的某些成果吸收進來，創建了法國式的思辨觀念論。上述兩股力量儘管沒有在當時的法國哲學界掀起學習和復興德國古典哲學的浪潮，但畢竟為十九世紀末以後德國哲學擴大在法國哲學的影響創造了必要的歷史條件。

當然，作為絕對精神的鼓吹者，黑格爾的思想體系本來就具有某種程度的神祕性質。長期以來，黑格爾的絕對觀念論哲學的神祕性，一直也作為一個消極的因素，阻礙了黑格爾哲學在法國的傳播。關於這一點，作為二十世紀初一位富有

聲譽的法國哲學家，布蘭希維克（Léon Brunschvicg, 1869-1944）就明確地提出了他的批評。他認為，黑格爾神祕的思辨哲學根本不適合於一個科學的時代。

除此而外，在十九世紀末至二十世紀初的法國哲學中占據重要地位的柏格森，也是一位澈底的反黑格爾主義者。根據董特一篇總結法國五十年間研究黑格爾哲學的文章資料，在1959年出版的最完整的《柏格森全集》，他只有在一處引用了黑格爾，而且是以貶抑的態度（D'Hondt, J., 1988）。

所以，同其他歐洲國家的哲學界相比，黑格爾的理性主義及其辯證法在法國的傳播為期過晚。但時間上的遲緩，從另一方面來說，卻為法國思想家們帶來更充分的思考機會，使法國人得到了較為從容的緩衝時間，能比其他國家的黑格爾主義者獲得更恰當的歷史契機，經歷更長的吸收消化過程，總結他國黑格爾主義者的某些經驗教訓，採取更廣闊的視野，重新估計黑格爾思想，並跳出新黑格爾主義的模式，引導出一系列具有創造性的新觀念。

梅洛·龐蒂明確地說：「黑格爾是近一個世紀以來哲學上一切偉大成果的根源；例如馬克思主義、尼采、現象學、德國存在主義和精神分析學的成果，都是這樣。黑格爾開創了對於非理性主義的探索嘗試，並將非理性納入更廣泛的理性範疇之中，從而使對於這種更廣泛的理性之探討，成為本世紀的重要任務。……」（Merleau-Ponty, M., 1948：109-110）。

福柯也指出：黑格爾哲學對當代法國哲學家的最重要啓示，就是顯示了哲學本身自我批判精神的威力，表明哲學本身究竟可以在多大的範圍和多深的程度內，不斷實現自我改造和自我逾越。福柯認為，對他們這一代法國哲學家來說，黑格爾的重要意義，不是他的絕對理性主義，而是他對哲學所做的不斷批判的創造活動以及由此所啓示出來的反理性主義的可能性。就此意義而言，黑格爾為當代法國哲學家提供了光輝的哲學革命之榜樣。

其次，黑格爾哲學的豐富內容，使一切對黑格爾哲學的研究過程，成為並不只是單純對黑格爾哲學本身的看法，而是關係到對隱含於黑格爾哲學體系中的各種複雜因素的評估問題。黑格爾哲學是整個德國古典哲學的總結。所以，在它那裡，包含了從康德開始，經費希特、謝林（Friedrich Wilhelm Joseph von Schelling, 1775-1854）到黑格爾本人的哲學發展的全部奧祕，也實際總結了從笛卡兒和培根以來歐洲近代哲學的理論成果。

當然，二十世紀二、三〇年代，在科耶夫之前，也有過少數法國哲學家研究過黑格爾，但他們研究黑格爾的結果並沒有造成重大的思想效果。在這些早期研究黑格爾的法國哲學家中，首推讓—瓦爾。他在1929年發表了《論黑格爾哲學中的意識的痛苦》（*Le mahleur de la conscience dans la philosophie de Hegel,*

1929）。他的這本書，實際上是從傳統的笛卡兒意識哲學出發，嘗試對黑格爾的絕對精神哲學進行獨創性的詮釋，但它包含了許多片面的觀點，因而未能在法國哲學界產生反響。

對於黑格爾哲學的研究，只有當法國人發現了胡塞爾、馬克思、尼采、佛洛伊德和海德格之後才進入了高潮。這是在二十世紀三〇年代至五〇年代期間，而推動黑格爾研究高潮的兩位最關鍵的人物，就是上述科耶夫和依波利特。

1931年，為了紀念黑格爾逝世一百週年，法國哲學界兩部學術刊物《形上學與道德雜誌》（*Revue de métaphysique et de la morale*）和《哲學雜誌》（*Revue philosophique*），分別發表了黑格爾專號，意味著法國哲學界開始重視黑格爾。與此同時，由當時富有影響的超現實主義作家和詩人所支持的文學雜誌《為革命服務的超現實主義》（*Le surréalisme au service de la ommemorat*），在超現實主義的最主要代表人物布列東的推動下，也對黑格爾思想表現了空前的狂熱。實際上，組成超現實主義隊伍的絕大多數作家和詩人，都同時也是尼采、馬克思、佛洛伊德思想的狂熱擁護者。他們之間有一大部分的人甚至加入法國共產黨。在他們當中，我們可以發現阿拉貢、哥克多、羅曼·羅蘭（Romain Rolland, 1866-1944）等。

作為當代法國最有成果的黑格爾哲學研究者，科耶夫和依波利特，不論在生活經歷或學識修養方面，都是非同尋常的人物。

科耶夫原籍俄國，他是瓦西里·康丁斯基（Wassily Kandinsky, 1866-1944）的外甥，在德國研究多年哲學之後，於1926年來到巴黎，成為了柯以列的學生和朋友。當時，柯以列已經開始研究黑格爾，並在巴黎高等社會研究院講授黑格爾哲學。1933年科耶夫移居法國，並任教於巴黎人文社會科學高等研究院（École des Hautes Études en Sciences Humaines et en Sciences Sociales）。科耶夫所主講的有關黑格爾哲學的講座的第一講，意味深長地以「同一個與另一個」（le omm et l'autre）為主題而開始。這個主題很深刻地指明了黑格爾哲學本身所隱含的雙重矛盾力量，即一方面，它是強調同一性的絕對觀念論，但另一方面，它又是導向另一種不同哲學創造精神的源泉。黑格爾哲學的辯證法，使它既使貫穿著徹頭徹尾的形式主義和系統化的絕對精神，但其中卻充實著可供一切革新所必需的反思智慧和批判力量，使它同時也自然地暗示著此後半個世紀法國哲學的發展趨勢：既有同一性，又有相異性；既有連續性，又有差異性和斷裂性。從那以後，科耶夫所開設的黑格爾講座，迅速地成為當時法國最活躍的思想家們聚集的地方。

如前所述，法國學術界對於黑格爾哲學的研究，較西方其他國家晚些。黑格爾逝世以後，當德國和英國興起新黑格爾主義的時候，法國哲學界並沒有產生對

復興黑格爾思想的興趣。從十九世紀末到二十世紀三○年代，統治著法國哲學界的主要思想，仍然是傳統的笛卡兒哲學、柏格森主義、實證主義及其各種變種。正如柯以列在他發表於1930年的《法國黑格爾研究狀況》（*L'État des ommem hégéliennes en France*）一文中所指出：在嚴格意義上說，法國並沒有眞正的黑格爾學派（Koyré, A., 1961: 205-230）。可是，當1961年柯以列重新發表他的著作時，面對科耶夫等人研究黑格爾的新成果，他在他的新版「跋言」中補充說，從三○年代以後，法國黑格爾研究已經發生根本變化（Ibid.）。當時的科耶夫的講座成爲許多哲學家和文學家特別注意的論壇。

科耶夫的天才就在於：他不是以傳統的黑格爾主義思想去詮釋黑格爾。他所強調的，與其是黑格爾的理性主義，不如是他的智慧。黑格爾的智慧使他看到了世界的一切，其中包括已經消失的和未來將要出現的；包括那些看不見的、隱藏的、可能的、突然的和潛在的。黑格爾所強調的世界同一性，並不意味著只是堅持相同的和實存的事物，而且也意味著包含於其中的一切不同的與異樣的因素；他不僅強調事物自身的同一性，而且也強調與之對立的他者和他物，而且，這些他者和他物，都不是與自身絕對對立或勢不兩立，而是可以在一定條件下，經過某些仲介的因素發生相互轉化：好的可以轉化成惡的，正面的也會轉化成反面的；反之亦然。在黑格爾的思想創造中，只存在冒險的精神和創新的嘗試。黑格爾哲學體系本身所教導我們的，在科耶夫看來，是不斷地以矛盾的態度看待世界和看待自己；在所有肯定的方面，總是存在否定的可能性；在「同一」的地方，也總是存在「差異」（ommemorat）、「不同」和「另一個」。所以，黑格爾的哲學並不是一成不變和固定僵化的。它是革命和創造的思想。正是在科耶夫的啓發下，克洛索夫斯基和巴岱等作家，都嘗試將黑格爾與尼采相結合（Bataille, G., 1955b; Klossowski, 1969: 32）。

同科耶夫一樣，依波利特也是傑出的黑格爾著作翻譯家，並對黑格爾的主要著作進行理論分析。依波利特在1939年至1940年之間，成功地以流暢的法語翻譯了黑格爾的《精神現象學》。依波利特的著作包括《黑格爾精神現象學的產生及其結構》（*Genèse et structure de la ommemoration de l'esprit de Hegel*, 1947）、《黑格爾歷史哲學導引》（*Introduction à la philosophie de l'histoire de Hegel*, 1948）、《邏輯與存在》（*Logique et existence*, 1952）、《馬克思與黑格爾研究》（*Études sur Marx et Hegel*, 1955）、《哲學思想的偉人》（*Figures de la pensée philosophique. Écrits de Jean Hyppolite*, 2 Vols. 1971）。依波利特成功地將黑格爾哲學的菁華與時代的實際需要結合在一起，使他成爲新一代青年思想家的導師，並將黑格爾的精神貫徹到現實的哲學改造工程中。他的許多學生後來成爲

了法國思想界的巨星。作為依波利特的學生，福柯曾經說：依波利特教導他們學會在黑格爾身上看到「另一個黑格爾」，發現反對黑格爾的可能性。

科耶夫和依波利特對黑格爾哲學的研究，掀起了新一代對黑格爾思想的學習熱潮，並使之與對馬克思、佛洛伊德、尼采和胡塞爾的研究結合起來，成為自第二次世界大戰至六○年代法國哲學復興的重要精神力量。

正如研究黑格爾的當代法國哲學家賈克·董特所指出的：黑格爾這個古典德國哲學的總結者，只有到了當代法國從朦朧中甦醒過來之後，才成為真正造就偉大哲學家的神奇人物，其魅力，在五、六○年代，幾乎成為青年一代的一個思想「偶像」，使黑格爾研究也成為一個潮流（D, Hondt, 1972）。正是在這種情況下，普瓦捷大學（Université de Poitiers）建立了「黑格爾與馬克思研究中心」，而前往報名和「朝聖」的年輕人中，還包括一些富豪子弟。

如果說在1930年以前，黑格爾的「辯證法」一直是作為貶意的概念出現在法國哲學界的話，那麼在那之後，它就相反地變成了受到人們肯定的哲學概念。

對於黑格爾思想的探索，激盪起法國思想界對於傳統理性主義的批判浪潮。這是歷史對於理性主義的一種公正的評判：黑格爾的絕對理性主義，擴大人們對於理性主義的觀察視野（horizon），同時也啟發人們更深入分析理性主義體系內部的各個支節和組成部分，人們在仔細地回味和反思它的同時，發現了其中存在的各種難點、疑問和矛盾以及侷限性，不但沒有重蹈上個世紀老黑格爾主義的覆轍，陷入對於絕對理性主義的崇拜，反而使人們大開眼界，延伸和擴大了理性主義本身的視野，進一步發現了理性主義所可能包含的各種因素及其潛在的思索方向，並引導人們反思存在於**黑格爾理性主義與尼采、馬克思和佛洛伊德批判精神**之間的可能聯繫。

對於法國當代思想家來說，引進黑格爾，不只是引進了黑格爾辯證法的革命叛逆精神，而且還引進了比黑格爾更激進和更有澈底批判精神的馬克思主義。沙特在《辯證理性批判》一書中曾經指出，從三○年代到五○年代，黑格爾辯證法思想的入侵，開拓了一個新馬克思主義所主導的「不可超越的地平線」（l'horizon indépassable）（Sartre, J. P., 1960）。當黑格爾和馬克思的思想又進一步同尼采和佛洛伊德的思想匯合在一起的時候，就凝縮成威力無窮、能量無比的創造動力和源泉。在為依波利特的逝世而召開的紀念會上，福柯說：「對我們這些依波利特的學生來說，我們現在所思索的所有問題，都是他提出來並反覆思索的，都是他在他那本偉大的《邏輯與存在》一書中所總結的。在大戰之後，他教導我們思考暴力和論述的關係，思考邏輯和存在的關係。而現在，他實際上仍然建議我們思考知識的內容和形式必然性的關係。最後，他還告訴我們，思想是一

種永不停止的活動，它是發動『非哲學』、但又使『非哲學』緊緊地靠近哲學而運作起來的某種方式，同時也是我們的存在得到解決的那個地方」（Foucault, M., 1969a : 136）。

顯然，對於黑格爾思想的研究，並不只是推動了馬克思思想在法國的傳播，而且，也立即對胡塞爾現象學的學習浪潮推波助瀾。當法國思想家們將現象學同黑格爾哲學結合在一起加以考察時，他們對於黑格爾辯證法研究的立足點與觀察角度，也開始發生轉向。這正是當代法國黑格爾研究不同於其他國家的特點所在。如果說黑格爾辯證法為法國新一代思想家奠定了對於傳統理性主義的批判基調的話，那麼，胡塞爾現象學就為他們帶來更有效的反思方法，並指出了全新的批判方向。在這個意義上說，胡塞爾的現象學進一步加深了人們對於黑格爾辯證法的探討和批判。胡塞爾曾經一再強調他的現象學所要思考的基本問題，就是「理論理性」。但胡塞爾探索理性的方式和方法，澈底顛覆了傳統理性主義的論述方式。胡塞爾將「一切可想像的東西都回引到作為絕對存在領域和絕對構造領域的先驗現象學的領域中」（Husserl, E., 1929），他向人們顯示了不同於傳統理性主義的現象學理性觀，指明了進行理性反思的「另類」（alternative）方向，這就把由黑格爾思想研究所激起對理性主義的批判推向更深的方面。

其實，依波利特對於福柯最深刻的啟示並不是黑格爾的思想本身，而是透過黑格爾哲學體系及其辯證法所開啟的一種哲學思考方式。這種哲學思考方式，同胡塞爾、海德格的現象學，同馬克思、佛洛伊德和尼采的思想有密切關係，主要表現在兩大方面：一方面，首先在確定哲學思考所追求的體系的同時，又試圖使自身永遠達不到它，以便使哲學成為真正具有無限超越性的思想方式，成為永無止盡的思考創造活動；另一方面，清醒地意識到自身思想和反思的界限，認清它們的界限；使自身又不時地試圖逾越這個界限，以便使哲學真正成為一種永遠保持批判和反省精神的思想活動。在這樣的哲學思考方式中，始終伴隨著有關人、知識和自由的極其重要的雙重性問題，即**有關人的限定性及其不斷逾越**（transgression）**限定性的問題**。人是一個既受限定、又不斷超越和逾越其限定性的生存物。人的這種特徵，使他命定地要自限於其自身的能力，受困於自身有限的能力和視線之內，遭受其生活環境和生活世界的限定，但又同時還要一再地逾越和超越，並自然地受到其內在的無限欲望和理念的引誘和啟發，無止盡地追求新的目標；但可悲的是，人又要在其目標的追求中失去方向，甚至重新返回他所不喜歡的現實。在這種雙重的矛盾中，人使自己一再地改變自身的性質和特徵，使自身的自由成為永無止盡的超越活動。

受到依波利特的啟發，福柯從那以後就不斷探討哲學的限定性以及哲學本身

不斷逾越其限定性的可能性。對於福柯來說，真正的哲學思考，並不是緊緊侷限於哲學本身，而是在同哲學相鄰的各門學科中來回穿梭，又不斷返回哲學進行思考，使哲學真正成為永不停息的思索，並在其自身的限定中不斷試圖超越自身（Foucault, M., 1994: I. 780-782）。同福柯一樣，那個時代的法國青年思想家，都反覆思索著人的自我超越問題。在這一方面，法國思想家們實際上接受了來自文學和哲學的雙重啟示。在文學方面，福柯及其同時代人皆仰慕著從事逾越、重視「有限的經驗」的作家們，包括巴岱、布朗索和克洛索夫斯基等人。這些作家有關「性」（sexe; sexualité）、死亡和語言的有限經驗及其逾越的論述，連同當時極其流行的精神分析學和拉岡的結構主義精神治療學，都對思考問題和創造新的觀點發生重要影響。透過佛洛伊德和精神分析學以及福克納（William Harrison Faulkner, 1897-1962）、紀德、熱內和沙德的著作，法國思想家們都試圖尋找「逾越」的可能性，尋求無止境的自由。

　　福柯在1970年在法蘭西學院發表其院士終身教授職務就職演說時指出：「我們的整個時代，不管是透過邏輯學或者透過認知論，也不管是透過馬克思或者透過尼采，都試圖超越黑格爾。……但是，在實際上，超越黑格爾，就意味著正確地估計脫離他所要付出的一切代價。這就是說，充分估計到黑格爾是在多遠的範圍之內接近於我們，這也是意味著我們究竟能在多大的範圍內思考著反黑格爾與黑格爾主義；同時這也意味著，我們對黑格爾的反對可能是一種策略，促使我們期待並靜靜地思考。或者，如果我們感謝依波利特給我們帶來比一個黑格爾更多的思想家的話，那麼，這就意味著在我們中間展現了一個促使我們自己永不疲勞地奔跑思索的大道；而且，透過我們面前的這條路，我們慢慢地同黑格爾分開，並保持距離，但與此同時我們又感受到自己被帶回黑格爾那裡，只是以另一種方式罷了。而後，我們又不得不從那裡重新離開黑格爾」（Foucault, M., 1971a: 744-745）。當福柯系統地總結自己的心路歷程時，不要忘記在整整二十年以前，在同樣的法蘭西學院院士哲學終身教授就職演說中，福柯的前任梅洛·龐蒂，也在同一個大廳，發表了有關法國思想界從二○年代到五○年代為止的實際狀況的演說。事隔二十年的前後兩篇演說詞，深刻地描述了從梅洛·龐蒂到福柯整整兩代思想家所經歷的思想陶冶成長過程。

　　事實證明：黑格爾思想的最有效因素，是他的體系中所隱含的全部德國古典哲學的思想威力以及貫穿於其中的辯證法。在1972年由「Tel Quel」（《如此原樣地》雜誌）所組織的研討會上，幾乎所有與會者都同意：在戰後法國思想界所出現的「尼采、巴岱、拉岡和馬克思主義熱」，無非是「黑格爾體系解體時所爆破出來的產物」（Bataille, 1962: 36）。

　　馬克思同黑格爾的思想「聯姻」，在西方近現代思想史上，曾經出現過多次；而且，兩者的結合有時發生在原有的馬克思思想隊伍之中，例如，在十九世紀末至二十世紀初期間，在第二國際的營壘中，就出現過試圖將黑格爾同馬克思結合在一起的思潮，借用黑格爾的「異化」概念，用新黑格爾主義改造和補充馬克思思想。在二十世紀的二○年代，又再次出現試圖將黑格爾同馬克思結合在一起的趨勢。當時，盧卡奇以「物化」概念取代黑格爾的「異化」，但骨子裡是重複新黑格爾主義的手法，用黑格爾的異化概念「修正」馬克思。但是，發生在二十世紀中葉法國哲學界的黑格爾同馬克思思想的「聯姻」事件，並不是簡單地重複以往馬克思思想的黑格爾化過程。這一次，是在法國社會和哲學的特殊條件下，依據法國哲學界的理論創造的需要，才產生了黑格爾同馬克思思想的新結合。

　　當談到五○年代前後的法國思想界狀況時，著名哲學家和社會學家布迪厄（Pierre Bourdieu, 1930-2002）說：「當我還是大學生時，在五○年代，現象學以其存在主義的變種，正處於其極盛的時期。我很早就閱讀了沙特的《存在與虛無》，然後又閱讀梅洛‧龐蒂和胡塞爾。在當時的知識分子圈裡，馬克思主義尚未眞正取得如同現象學那樣的地位，……這就是說，我在當時只把馬克思著作當作課堂讀物來學，我特別對青年馬克思感興趣，而且被《費爾巴哈論綱》所感動。但當時是史達林主義取得勝利的時代。如今我的許多激烈反共的同學們，當時都還站在共產黨一邊」（Bourdieu, P., 1987: 13）。由此可見，**在當代法國，黑格爾思想是在同馬克思、胡塞爾和沙特的存在主義等思潮的聯繫中被重新解讀、理解**（la compréhension）**和改造**。

　　從第二次世界大戰結束到六、七○年代，黑格爾和馬克思的魅力連續二十多年，吸引著一批法國青年人，使他們學會用馬克思的懷疑精神和辯證法，觀察社會和文化事件。普瓦捷大學的「黑格爾與馬克思研究中心」，就是在當時的情況下建立起來的。擔任第一任中心主任的馬克思和黑格爾思想研究專家賈克‧董特說：「當時有一批青年人熱衷於黑格爾和馬克思思想的研究，使我們的研究中心，有可能在短短的時間內，迅速地取得很可觀的成果」。

　　研究馬克思思想的尼斯大學教授安德列‧托瑟爾（André Tosel, 1941-2017），在總結法國研究馬克思的歷程時指出：第二次世界大戰後的法國哲學，通過沙特、梅洛‧龐蒂、埃立克‧維爾和科耶夫等人的哲學，曾經以馬克思和黑格爾的辯證法思想、胡塞爾的現象學和存在主義爲中心，提出了重要的問題。同時，一群研究者，包括亨利‧勒斐伯勒、愛德格‧莫林、阿克謝洛斯（Kostas Axelos, 1924-2010）、勒福特（Claude Lefort, 1924-2010）和卡斯托里亞迪斯

等人，也以個人或群體的方式，試圖在研究的基礎上修正和補充馬克思的思想（Tosel, 1991: 98-99）。

意味深長的是，黑格爾哲學一旦同馬克思思想和現象學等其他帶啓發性的思想結合起來以後，不只是掀起整個當代法國哲學的改造和復興，而且，也直接推動了對黑格爾哲學的專業研究本身。從五、六〇年代起，法國哲學界才眞正地形成了自己的黑格爾哲學研究隊伍，也大規模地出版了有國際水準的黑格爾研究著作。在這些研究黑格爾的著作中，有依波利特的《黑格爾的精神現象學的誕生及其結構》（*Genèse et structure de l'ommemoration de l'esprit de Hegel*, 1946）、《黑格爾歷史哲學導引》（*Introduction à la philosophie de l'histoire de Hegel*, 1948）、《邏輯與存在：對黑格爾邏輯學的研究》（*Logique et existence. Essai sur la logique de Hegel*, 1953）、《馬克思與黑格爾研究》（*Etudes sur Marx et Hegel*, 1955）和《黑格爾與近代思想》（*Hegel et la pensée moderne*, 1970）；科耶夫的《黑格爾著作閱讀導論》（*Introduction à la lecture de Hegel*, 1947）；賈克·董特的《在他的時代中的黑格爾》（*Hegel en son temps*, 1968）、《神祕的黑格爾》（*Hegel secret*, 1968）、《黑格爾與馬克思：政治與現實》（*Hegel et Marx, la politique et le omm*, 1971）、《從黑格爾到馬克思》（*De Hegel à Marx*, 1972）以及《黑格爾與希臘思想》（*Hegel et la pensée grècque*, 1974）；加洛迪的《上帝已死：黑格爾研究》（*Dieu est mort. Etude sur Hegel*, 1962）、《黑格爾的思想》（*La pensée de Hegel*, 1966）；埃立克·維爾的《黑格爾與國家》（*Hegel et l'Etat*, 1950）；莊·皮埃爾·拉巴里耶的《黑格爾的現象學中的結構及辯證法運動》（*Structures et ommemor dialectique dans la ommemoration de Hegel*, 1968）、《閱讀黑格爾精神現象學引論》（*Introduction à une lecture de la ommemoration de l'Esprit*, 1979）；克勞特·布呂爾的《黑格爾哲學中的邏輯與基督宗教》（*Logique et religion chrétienne dans la philosphie de Hegel*, 1964）；弗萊斯曼的《黑格爾的政治哲學》（*La philosophie politique de Hegel*, 1964）、《普遍的科學或邏輯》（*La science universelle ou la logique*, 1968）；沙德列的《黑格爾》（*Hegel*, 1968）；布爾喬亞的《黑格爾的政治思想》（*La pensée politique de Hegel*, 1969）、《在法蘭克福的黑格爾》（*Hegel à Francfort*, 1970）、《黑格爾的邏輯學》（*Présentation de Hegel, in Encyclopédie, Tome 1: La science de la logique*, 1970）、《黑格爾的自然法》（*Le droit naturel de Hegel*, 1986）；布朗迪·龐祖的《黑格爾與俄國在1830至1917年的哲學思想》（*Hegel et la pensée philosophique en Russie* 1830-1917, 1974）、《黑格爾與宗教》（*Hegel et la religion*, 1982）、《黑格爾論法權與自由》（*Droit et liberté selon Hegel*, 1986）；麥西耶–

若莎（Solange Mercier-Josa, 1931-2015）的《黑格爾與馬克思閱讀導論》（*Pour lire Hegel et Marx*, 1980）等。我們看到：在這些文獻中，既有全面研究黑格爾的著作，也有專門研究黑格爾在某個領域的思想專著。而且，我們還可以看到：絕大多數的著作，是在五、六〇年代，如雨後春筍般地集中出版的，而那個時代，正是黑格爾與馬克思一起被重視的時候。

第三節　馬克思批判精神的闡揚

　　如前所述，馬克思的批判精神在當代法國哲學界的闡揚，並不是簡單地重複馬克思本人的懷疑態度和革命思想，而是主要集中表現在對當代社會和文化的批判，集中於「現代性」問題。首先，它指的是重建馬克思的人文精神。第二，它主要是揭露現代社會和文化的危機實質，批判它們的不合理性和非正義性。第三，它集中揭露現代國家和政治制度的矛盾性。第四，所有馬克思思想的研究，幾乎都與當代其他具影響力的思想家之思想研究結合在一起；也就是說，馬克思從來不是作為一個孤立的歷史思想家而被研究。

　　馬克思的人文精神本來就具有兩面性：一方面它是自古希臘以來的人文主義的延續和改造；另一方面它又是對於現代資本主義「異化」（Aliénation; Réification）狀況的批判和改造理論。馬克思始終關懷著人的歷史命運，曾經系統地研究了自古希臘以來的所有人文主義思想及其文化成果。馬克思早在青年時代創辦《萊因報》時，就號稱自己是負有「解放全人類」的偉大使命的現代普羅米修斯。而在流亡其他歐洲國家時，他又不停地研究各種人文主義文獻，特別關心有關「異化」的理論，屢屢將異化理論應用於他的政治經濟學批判、政治批判和社會文化批判的論著活動中，提出「人的解放」的口號。即使在提出了「階級鬥爭（luttes des classes）」和「無產階級專政」（la dictature du prolétariat）的概念之後，馬克思思想中的人文主義精神仍未有所遜色。人們往往將馬克思逝世之後的各種「馬克思主義者」的反人性理論與馬克思的原有思想相混淆，以至於簡單地將馬克思思想同現代各國共產黨的無產階級專政政策等同起來、同各國共產黨領導人的思想混同起來。當代法國哲學家們特別總結了自五〇年代以來蘇共及各國共產黨的歷史經驗，也結合當代哲學研究的實際需要，試圖在新的歷史環境中挽救和發展馬克思的人文主義，並在當代法國哲學界有關「人」（l'homme）的激烈爭論中，創立各種新的人文思想。

　　對於當代社會文化的各種問題和危機，當代法國哲學家們也經常引用和修正馬克思關於現代性的各種論斷，有助於他們深入揭露現代社會的基本問題。

例如，鮑德里亞有關當代消費社會的理論，起初是受到馬克思的政治經濟學批判的影響，然後，他以馬克思的政治經濟學（économie politique）批判理論和方法爲基礎，發展出一套新的消費社會理論。布迪厄在分析當代社會時，也改造馬克思的「資本」（le capital）概念，創立了有關「經濟資本」（capital économique）、「文化資本」（capiatl culturel）、「社會資本」（capital social）及「象徵資本」（capital symbolique）的新理論。

至於馬克思的國家和政權的理論，同樣也在當代法國哲學家那裡得到了回應，並被他們進一步發展，使福柯等人有可能創立他們特殊的權力理論等。

在二十世紀八〇年代末發生了蘇聯集團的瓦解之後，法國哲學家們並沒有盲目地否定馬克思的思想的理論價值。非但如此，他們還結合當代全球化運動的發展，靈活地重新發掘和運用馬克思關於世界資本主義的批判理論，使馬克思的政治經濟學、壟斷資本以及民族理論等，在當代世界各國風起雲湧的反全球化運動中，重新獲得新的生命力。

一、法國研究馬克思歷史傳統的重生

法國的馬克思主義研究，從十九世紀末和二十世紀初以來，始終沒有中斷過。除了原來受到「第二國際」和蘇共影響的法共的所謂「正統」馬克思主義以外，一直存在著多元的馬克思思想研究派別。

最早的時候，法國的馬克思思想研究，主要有兩大派別：1.受第二國際影響的原法國工人黨（le parti ouvrier français）的思想家，其代表人物主要是馬克思的女婿拉發格（Paul Lafargue, 1842-1911）和該黨領袖葛斯德（Jules Guesde, 1845-1922）以及2.受歐洲社會民主主義思想影響的法國社會黨派別，其代表人物主要是莊・若雷斯（Jean Jaurès, 1859-1914）和米勒朗（Alexandre Millerand, 1859-1943）。第二國際的破產和蘇俄「十月革命」的勝利，使上述兩大派別越來越相互排斥，甚至相互對立。但這種分裂在客觀上有利於法國馬克思思想研究走向多元化的趨勢。在法共之旁，不論在意識形態和社會運動方面，都有強大影響的法國社會黨，在傳播馬克思思想方面的貢獻，並不亞於法共的那些自稱是「正統」的「馬克思主義」思想家們。相形之下，社會黨的思想家們，由於他們比法共思想家們更重視個人思想獨立和自由，在傳播馬克思思想方面反而更接近法國的歷史文化傳統，並更取得有效的成果。社會黨思想家們把馬克思思想同法國傳統中的自由、平等、博愛觀念結合在一起，產生了更大的社會效果。

馬克思思想在法國的傳播，是同二十世紀初以來各種社會思潮和哲學理論的發展同步進行的。這些研究過程是多方面和多面向的，其中包括：

1. **同社會黨密切聯繫的馬克思社會主義思想研究**，其中主要是繼承和發揚了法國社會黨領袖莊‧若雷斯的民主社會主義思想，結合法國左派社會運動的歷史經驗和法國社會改革的需求，隨著不同歷史時代的社會特點而採取了多種變化的理論形態。近二十年來，此一派別因1981年社會黨執政、並同現實的社會改革相結合而發生了顯著的影響，是值得注意的。這一派代表人物，包括前總統密特朗（François Mitterrand, 1916-1996）的學術理論顧問德布列（Régis Debray, 1940- ）等人。莊‧若雷斯的馬克思思想研究，具有其獨特的性質，深刻地影響到迄今爲止的法國思想界。由於法國知識分子圈中包含了大量的「左派」，而這些「左派」又由各種成分、同馬克思思想多多少少保持一定距離的思想家所構成，所以，莊‧若雷斯的馬克思思想觀點具有非常重要的意義。

2. **同黑格爾辯證法研究密切相關的馬克思主義思想研究**。如前所述，此一派別自三〇年代由法國著名黑格爾主義思想家科耶夫和依波利特所開創，在法國知識分子的圈子裡有很大的影響。由於依波利特在四〇年代被任命爲巴黎高等師範學院院長和法蘭西學院院士，此一派別更因依波利特的名聲和地位的擴大，而深深地影響了二十世紀下半葉法國哲學和社會人文科學界的理論研究。法國在第二次世界大戰以後，許多傑出的思想家，**沙特、梅洛‧龐蒂、克洛索夫斯基、拉岡、羅蘭‧巴特、阿圖塞、德希達和福柯**等人，儘管分屬於各個不同的理論派別，卻都一致地承認他們是在依波利特的啓發下，透過黑格爾而了解和掌握馬克思主義，並又把馬克思主義同當代各種思潮，特別是同現象學、精神分析學和結構主義相結合，使馬克思主義在戰後的法國，有可能進一步廣泛地同六〇年代後出現的多元化思想理論進行對話。

法國戰後第一代思想家們都對傳統的抽象哲學感到厭倦。他們所需要的，是能夠用於批判現實的行動（action）哲學。馬克思的實踐精神成爲他們思考的出發點。梅洛‧龐蒂在談到馬克思時指出：馬克思所做出的主要貢獻，正是在於指明「實踐是意義的場所」。他說：「馬克思所說的實踐，就是人的行動發生交互關係時所自然地產生的意義；正是透過這種交互活動，人類組織他們同自然和同他人的關係」（Merleau-Ponty, M., 1953: 69）。同梅洛‧龐蒂一樣，沙特也熱衷於使用「實踐」（praxis; pratique）概念。所以，根據梅洛‧龐蒂所說，對於沙特來說，「凡是現實的，就是實踐的；而凡是實踐的，也都是現實的」（Merleau-Ponty, M., 1955: 179）。

但是，由這一派思想家所影響的知識分子，由於1968年法國學生運動的失敗，對於「實踐」產生了失望情緒，使他們轉而研究理論爲主，並主要從青年黑格爾主義者的觀點，在理論上探討馬克思。這一派的馬克思主義研究，因1970年

代在普瓦捷大學建立「黑格爾與馬克思研究中心」的研究機構而復興，並且不斷發展。近年來，「黑格爾與馬克思研究中心」連續多年不斷召開學術研討會，發生了深遠的影響（D' Hondt, 1971 ; 1974 ; G. Planty-Bonjour, 1982; 1986）。這一派代表人物，包括賈克·董特、麥西耶–若莎等人。

　　3. 同解構主義和後現代主義密切相關的馬克思主義思想研究。此一派別以德希達、福柯、利奧塔和德勒茲爲代表，興起於戰後對於尼采、胡塞爾和海德格的現象學的理論研究，結合結構主義對語言的研究成果，旨在批判晚期資本主義社會文化結構所集中暴露的傳統文化理論危機，試圖尋求重建人類文化和實現最大可能性的自由目的。在此情況下，馬克思對於資本主義的批判和對於人的自由解放之訴求，重新受到了重視和詮釋。最近，利奧塔將其二十多年前發表的《從馬克思和佛洛伊德偏離》（Lyotard, J.-F., 1973a）重新出版，並在書前增寫新版前言，指出：受1968年學生運動影響而積極參與社會改革運動，並嚮往從馬克思思想中找到理想社會的出路的人，在二十年以後，終於發現他所追求過的理想已經喪失了一切根據。他所追求的理想社會也化爲烏有，留下的只是他自己和他所寫出的著作。但與此同時，對於馬克思的研究仍然繼續有效地進行：一方面是由麥克西密里安·盧貝爾（Maximilien Rubel, 1905-1996）從人文主義觀點詮釋馬克思著作以及阿圖塞對馬克思著作所進行的認識論的淨化（la purification épistémologique），另一方面是由文學藝術家和哲學家所進行的對於馬克思著作的精神分析學的詮釋。總之，馬克思仍然以其思想生命力保持其現實意義：而將馬克思主義同佛洛伊德精神分析學結合在一起，又可能激發起許多新的理論思考（Lyotard, J.-F. 1973a）。幾乎所有的解構主義思想家，都曾經在1968年學生運動和其後相當長的歷史時期內，保持同馬克思主義相當密切的思想聯繫。他們在七〇年代開始猛烈批判當代資本主義社會的時候，也幾乎不約而同地經常引用馬克思對於現代資本主義的批判。德勒茲生前就一再強調他本人從不脫離社會去研究哲學。也正因爲這樣，當有人因爲他反對黑格爾的辯證法而懷疑他已變成「反馬克思主義」的時候，他強調自己「仍然是馬克思主義者」。他說：「我認爲費力克斯·加達里和我，我們仍然都是馬克思主義者（nous sommes restés marxistes）；可能是兩種不同方式的馬克思主義者，但畢竟我們倆都是。因爲我們是不相信任何一種不分析資本主義及其發展的政治哲學。我們之所以對馬克思感興趣，就是因爲他把資本主義當作一種內在體系（comme système immanent），它可以不斷地衝擊其界限、並永遠發現其自身的界限是可以不斷擴大的；因爲這個界限本身就是資本自身」（Deleuze, G., 1990: 232）。德勒茲在1988年給《文學雜誌》（*Magazine littérraire*）爲自己所寫的《生平表》（*Fiche biogranphique*）

中說：他「從來都沒有否棄過馬克思」（n'a pas renoncé à Marx）。

4. **由阿圖塞宣導的結構馬克思主義的思想研究**。此一派別創建於六○年代，由當時擔任巴黎高等師範學院哲學教授的阿圖塞掛帥，試圖以結構主義重建馬克思的理論，並對當代社會的基本問題進行了深入的分析，曾在法國思想界盛行近二十年。儘管阿圖塞本人已在八○年代退出理論舞臺，但其弟子們在艾建・巴里巴（Etienne Balibar, 1942-　）等人的組織下，於近十年中發展出「後阿圖塞主義」的馬克思主義（Le marxisme post-althusserien）理論。他們在近五年來積極組織研討會，出版阿圖塞的筆記和遺著，其中最主要的是《未來長久地持續著》（Althusser, L. 1993a）和《戰俘營日記》（Althusser, L., 1993b）。此外，也發表了一系列研究阿圖塞和馬克思的思想的著作，例如《阿圖塞著作中的政治與哲學》（Lazarus, S. 1993）等。這一派代表人物，除了上述艾建・巴里巴以外，還包括拉扎律斯（S. Lazarus）、朗希耶（Jacques Rancière, 1940-　）、雷諾（F. Régnault）、德密謝（F. Demichel）以及阿圖塞本人的外甥弗朗斯瓦・波達埃（François Boddaert, 1951-　）等人。

5. **與法國左派知識分子的獨立反思傳統密切相關的批判的馬克思主義**（le marxisme critique）**思想研究**。此一派別的主要成員，例如勒庫特（Dominique Lecourt, 1944-　）等人，原本都是馬克思主義的理論家，但他們不願意受到法共、社會黨和其他官方意識形態理論家的影響，**堅持獨立的理論批判精神**。從七、八○年代以來，在原巴黎第十大學副校長兼該校哲學系主任拉畢卡（Georges Labica, 1930-2009）教授的領導下，在法國國家科學研究中心，建立了以研究馬克思主義為中心的「**政治、經濟和社會哲學研究所**」（Centre de la Recherche sur la Philosophie Politique, Economique et Sociale），在研究馬克思思想的理論活動中，取得了顯著的成果，並創立了獨立的研究隊伍和《當代馬克思》（*Actuel Marx*）理論刊物。拉畢卡教授在1988年發表的《馬克思主義研究》，總結了近五十年來法國對於馬克思主義的研究成果（Labica, 1988）。九○年代以來，批判的馬克思主義派別非常活躍，幾乎每年一次在巴黎大學召開研究馬克思思想的國際研討會，並發表研討會論文集，對於當代社會的基本問題進行了分析和批判，並試圖重構一個適應於當代社會的現代馬克思主義理論。這一派代表人物，除了上述拉畢卡以外，還包括布迪厄、德克希耶（Jacques Texier, 1932-2011）、畢德（Jacques Bidet, 1935-　）、柏特蘭（Michèle Bertrand）、安德列・托瑟爾（André Tosel, 1941-2017）等人。值得注意的是，在阿圖塞於1980年身患精神病之後，原屬阿圖塞結構主義的馬克思主義理論家，紛紛加入批判的馬克思主義派別，造成了九○年代以來，**批判的馬克思主義同後阿圖塞的結構馬克思主義相重**

合的趨勢。他們近幾年來，試圖從當代社會和人文科學多學科的最新研究成果，特別是從社會學、人類學（anthropologie）、政治學、精神分析學和哲學的綜合角度，結合馬克思著作中的批判精神，將理論和實踐結合在一起，深入分析當代西方社會的各種現實危機和前蘇聯的「社會主義國家」的失敗歷史經驗，在重建馬克思理論的過程中重新提出一系列新觀點。畢德發表的《現代性的理論》這本書，就是將馬克思的政治經濟學運用於對於當代社會的分析，並結合羅爾斯《正義論》的某些觀點集中批判了資本主義市場經濟的盲目性（Bidet, J., 1990）。拉畢卡和巴里巴等人也不斷地批判分析當代西方社會的政治和文化問題（Labica, G., 1994; Balibar, E. / Wallerstein, I. 1990; Balibar, E., 1992）。

　　二十世紀八〇年代後，既使是原來屬於法共意識形態系統的理論家，如魯西安・謝夫（Lucien Sève, 1926-　）等人，經歷近十年的各種重大事件和深沉的理論思考以後，也紛紛脫離教條的羈絆而走上獨立理論研究的道路。他們近幾年來所建立的獨立學術研究組織「馬克思論壇廣場：開發、面對、創新」（Espace Marx – Explorer, Confronter, Innover），十分活躍和開放，一掃以往沉悶僵硬的研究風氣。

　　總之，法國的馬克思主義研究，不論是在二十世紀上半葉，還是在「後馬克思主義」的時代，都是更緊密地同法國社會和文化的特殊傳統相關聯，同德國的法蘭克福學派（École de Francfort ; The Frankfurt School）的新馬克思主義以及同英國的分析的馬克思主義（marxisme analytique）有所區別，並在很大程度上保持其理論的獨立性，具有其本身濃厚的民族特色。

二、馬克思思想重構三部曲

　　馬克思思想在當代法國的命運，經歷了令人深省的曲折過程。從1945年至1968年，馬克思思想與尼采、佛洛伊德的思想以及現象學等思潮，隨著法國及西歐各國社會文化危機以及這一時期人文社會科學的理論革命而在法國學術界傳播開來。許多重要的思想家，從沙特、依波利特、阿圖塞、拉岡到羅蘭・巴特、福柯、德勒茲等人，都將馬克思理論中的「實踐」（praxis; pratique）、「異化」（物化）（ommemorat）以及「階級」（classe）等關鍵概念加以適當的改造，並引用到他們所創造的理論體系中。馬克思思想因而在法國獲得了「重生」。這是馬克思思想在當代法國歷史上所經歷的第一個「黃金時代」。

　　第二次世界大戰後的社會危機，激發了法國青年一代，進一步深入思考資本主義社會制度的不合理性及其隱藏的危機，使戰後馬克思思想隨著法共及其他「左派」知識分子在整個社會中的影響的擴大而受到各方面的重視。大批有正義

感的知識分子，原來不願意參與政治鬥爭，但戰後卻使他們重新思考社會文化問題，並進一步參加了當時的各種挽救社會危機的社會運動。沙特是其中的一位最典型的代表人物。他從戰前的「書生」變成了最積極的政論家和社會評論家。幾乎沒有一次社會運動，他不帶頭參加。他還在他的理論著作中，試圖應用馬克思思想去分析法國的時局（Sartre, 1960）。他的《辯證理性批判》提出了重要的理論和方法論問題，將馬克思的「實踐」（praxis; ptatique）、「歷史」（histoire）和「階級」（classe）等重要概念加以改造。他甚至批駁了當時各種反馬克思思想的理論，強調馬克思思想的偉大歷史地位及其在現實社會文化批判中的意義。尼柯斯·普蘭查等人也針對當時法國及歐洲各國社會文化特徵，以馬克思思想理論與方法，發表《政權與社會階級》等重要學術著作（Poulantzas, N., 1968）。同沙特一樣的知識分子及作家、藝術家，還有拉岡、畢卡索（Pablo Picasso, 1881-1973）、阿拉貢、阿圖塞等。他們並不是少數幾個無足輕重的知識分子，而是在數量上相當多，在學術界有重要影響的優秀知識分子。儘管五○年代中期發生蘇軍入侵匈牙利事件和蘇共赫魯雪夫批判史達林「個人迷信」事件，但馬克思在法國思想界的強烈影響一直延伸到六○年代中期，並直接成為1968年學生運動的重要思想基礎。

阿圖塞是加入法國共產黨的左派知識分子。他的思想演變過程，幾乎同整個法共意識形態的演變過程相一致，表現了西方各國原來追隨共產黨的一部分左派知識分子的思想精神面貌的歷史演變過程及其社會基礎。在二十世紀二○年代之後，由於西方社會文化制度及其內在問題，由於蘇共及其所領導的「第四國際」在整個西方共產黨中的廣泛影響，特別是由於第二次世界大戰期間希特勒入侵法國所帶來的空前浩劫，使法國相當多的左派知識分子積極地參與了法國社會革命和文化改造運動。他們在哲學、人文社會科學界和文學藝術領域中，不只是數量眾多，而且在學術和專業研究中都取得了輝煌的成就。畢卡索、阿拉貢、拉岡等都是法共黨員，也是當代法國哲學界中的佼佼者。阿圖塞只是他們當中的一位普通成員。

阿圖塞在最初的時候，受到馬克思主義思想的深刻影響，使他在第二次世界大戰之後，認真地鑽研了馬克思的著作，並給予了充分的肯定。他在他的自我批評中，曾經坦誠地說出他原來的思想意識中所包含的「正統」馬克思主義的成分（Althusser, L., 1974a）。而且，阿圖塞也高度肯定馬克思思想中的歷史唯物主義的正確性和重要性（Althusser, L. 1959）。他曾經試圖以馬克思的歷史唯物主義觀點分析孟德斯鳩的思想體系，並以孟德斯鳩的思想和理論為例，說明社會物質經濟條件對於社會文化發展所起的決定性意義。

　　四、五〇年代之後所出現的結構主義思潮，促使阿圖塞發生重大的思想轉變。他集中思考和重新分析了馬克思的歷史唯物主義（matérialisme histo-rique），對於其中的歷史主義，特別是歷史目的論（téléologie historique）和歷史規律論進行了深入的批判，並試圖以結構主義「補充」和「修正」歷史唯物主義。他認為，人類歷史並不是如同馬克思所預言的那樣簡單和符合某種普遍性的規律，也不是始終朝著同一的「目標」發展。阿圖塞受到當時流行的結構主義思潮影響，強調歷史的斷裂（rupture）和中斷性。當時在研究認識史和科學史領域中具有廣泛影響的岡格彥，原本是哲學和醫學博士，曾經由於研究精神治療學史，發表過《正常與病態》（le normal et le pathologique）。他後來運用結構主義方法重新詮釋了知識和人類認識的發展歷史，強調認識中的斷裂性及其結構的穩定性。岡格彥繼承原法國知識史和科學史專家巴舍拉的某些觀點，針對當代生命科學的突飛猛進及偉大成果，特別重視生命科學對於了解整個人類認識過程的意義（Canguihlem, G., 1943; 1952; 1955）。

　　在二十世紀六〇年代初，整個馬克思主義陣營面臨著新的危機。由於蘇共在五〇年代出現了由赫魯雪夫（Nikita Sergueïevitch Khrouchtchev, 1894-1971）所引起的反對「個人迷信」的浪潮，再加上在匈牙利所發生的政治危機，馬克思主義的教條受到了衝擊。在法國，沙特站在正義的立場試圖捍衛馬克思思想。他一方面批評了教條的馬克思主義（marxisme dogmatique），另一方面又想要以他的「具體的人類學」（l'anthropologie concrète）為馬克思主義提供正確的思想方法（Sartre, 1960）。沙特堅定地認為，馬克思主義仍然是「我們這個時代的不可超越的視域」（l'indépassable horizon de notre temps）。但他同時也認為，由於馬克思主義已經成為某一個國家的官方教條，「馬克思主義已經停止不前了」（le marxisme s'est arrêté）（Ibid.: 25）。正是在馬克思主義遭遇到種種困難的時候，阿圖塞坦誠他必須挺身而出捍衛馬克思主義（Althusser, 1969: 49-50）。顯然，阿圖塞所說的「馬克思主義」，已經完全不同於由蘇共和法共所控制的「官方意識形態」。

　　阿圖塞在重新閱讀和詮釋馬克思著作的時候，從法國歷史認識論系統中借用了「認識論的斷裂」（rupture épistémologique）的概念，將馬克思政治經濟學重構成為與傳統德國觀念論哲學的人道主義系統相割裂的新理論結構。阿圖塞還聲稱他所重構的馬克思主義理論結構是當代歷史科學的更新。他嚴厲批評了傳統馬克思主義，特別是列寧（Vladimir Ilich Ulyanov Lenin, 1870-1924）的布爾什維克主義對於馬克思主義的竄改，強調馬克思主義不容許政治的干預，也不容許將階級鬥爭歸結為理論。他對於馬克思著作的重讀和詮釋，使他寫出了《保衛馬克

思》（*Pour Marx*, 1965）和《讀資本論》（*Lire Le Capital*, 1965）等重要著作，
成爲了結構主義在人文社會科學領域的重要代表人物。但是，他又特別謹慎地把
自己的理論與沙特等人的「存在主義馬克思主義」相區別，也反對以個人自由作
爲理論研究的基本目標。

　　阿圖塞認爲，「意識形態」（idéologie）並不是如同馬克思所說的「經濟基
礎」（la base économique）的思想反映，也不是可以簡單地歸納到「上層建築」
（superstructure）的概念。他說：意識形態的概念所表現的，其實是「人們的生
活經歷同他們的生存條件之間的關係」。所以，意識形態只是一個概念語詞，
它所反映的實際關係，始終都不是一種知識，而是永遠包含著某些想像的成分
（comporte toujours quelque chose d'imaginaire）。因此，他認爲，必須爲意識形
態尋找另一種基礎。同時，他又把意識形態看作是保障社會關係再生產的公眾和
私人的制度系統。阿圖塞始終堅持要爲意識形態尋找「科學知識」的基礎。他尤
其重視以認識論（épistémologie）作爲基本方法探討意識形態的問題，反對任何
以政治或直接的經濟利益作爲意識形態的建構基礎。1980年以後，阿圖塞因患精
神病、掐死他的妻子而被送進精神病院。在他死後，他的學生艾建‧巴里巴等
人整理了他的各種日記、筆記和講稿以及草稿，從1992年起陸續發表《戰俘營
日記》（*Journal de captivité*, 1993b）和《自傳》（*L'Avenir dure longtemps: Suivi
de Les faits. Autobiographies*, 1993a）等。由於阿圖塞在戰後相當長時間裡曾任巴
黎高等師範學院哲學教授，他的思想廣泛地影響從1945年到1960年代期間成長的
青年思想家。甚至可以說，阿圖塞成爲法國戰後第一代成長起來的大批哲學家和
思想家的啓蒙者和導師；他的學生包括了結構主義者羅蘭‧巴特和後結構主義者
福柯、德希達等人。當然，他的學生很快地分化成許多學派，只有以艾建‧巴里
巴爲代表的結構馬克思主義學派繼續繼承阿圖塞的思想。這一派人不但繼續深入
研究各種社會文化現象，而且也集中分析了當代民主制、公民社會結構、政治與
宗教、民族和文化的關係的問題。因此，阿圖塞的結構馬克思主義也在社會理論
研究中產生了深遠的影響，其中包括新一代結構主義的馬克思主義人類學家莫里
斯‧哥德里耶（Maurice Godelier, 1934-　）、結構馬克思主義社會學家阿蘭‧杜
連以及結構馬克思主義政治學家尼柯斯‧普蘭查在內。受到阿圖塞的啓發，哥德
曼也成功地將結構主義同馬克思主義結合在一起，試圖改造社會人文科學的方
法論（la méthodologie），並成功地創建了結構主義的「文學創作社會學」（la
sociologie de la création littéraire）。

　　從1968年至1980年代末，整個七〇年代都處在對於馬克思思想的反省過程之
中：一方面人們對以蘇共爲代表的共產黨集團對於馬克思思想的教條式詮釋及其

實踐後果，感到強烈不滿，另一方面又有更多的學術界人士，試圖獨立自主地根據新時代的特徵，根據新的社會人文科學成果，創造性地研究馬克思思想。由於學生運動、工人運動以及其他社會運動逐步進入低潮以及蘇共及東歐共產主義國家的社會危機，馬克思思想被許多人擱置一旁。青年哲學家莊‧馬里‧貝努阿在1970年法國學生運動失敗時發表了《馬克思已死》（*Marx est mort*, 1970）。另外兩位青年哲學家貝爾納特‧亨利‧列維和格呂克曼也連續發表嚴厲的批判性著作，將馬克思主義同法西斯思想聯繫在一起（Glucksmann, A., 1975）。

這一段是馬克思思想在法國當代思想界中的「低潮」時期。但在這一時期的法國知識分子中，仍然有許多法國知識分子對馬克思的思想保持嚴肅謹慎的態度，冷靜地在馬克思著作中分辨出那些具有創造性和富有生命力的思想觀點，重新賦予它們新的內容，使這一時期中，還是出現了對於馬克思思想許多不同的態度。像沙特那樣的左派知識分子，仍然堅持以馬克思思想分析法國社會文化的形勢，並在他們的理論著作中不斷提出新的觀點，試圖結合社會文化局勢的變遷對馬克思理論中的關鍵概念進行修正。阿圖塞在這一時期前後所發表的《支持馬克思》（*Pour Marx*, 1965）、《讀資本論》（*Lire le Capital*, 1965）、《列寧與哲學》（*Lénine et la philosophie*, 1969）、《自我批評論集》（*Éléments d'autocritique*, 1974）、《立場》（*Positions*, 1976）等，就是這一時期的典型作品。他在這一時期所提出的「結構的馬克思主義」曾經產生相當大的影響。同一時期，在學術界，也仍然有相當多知識分子堅持應用馬克思的觀點分析理論問題。

在人類學領域中的哥德里耶應用馬克思觀點和方法，分析人類學中的重大問題，寫出了《經濟領域的合理性與不合理性》（*Rationalité et irrationalité en économie*, 1966-1971）、《人類學中的馬克思主義視域及其研究活動》（*Horizon et trajet marxistes en anthropologie*, 1973）、《經濟人類學：一個有爭議的領域》（*Un domaine contesté: l'anthropologie économique*, 1974）以及《大人物的產生》（*La production des grands omme*, 1982）等著名學術著作。顯然，在這一時期取得成功的馬克思主義學者，主要堅持將馬克思思想同當時興起的思潮或理論成果結合在一起，並對馬克思思想中的部分內容及表達形式進行適當的改造，例如將馬克思主義與結構主義結合在一起。即使是福柯和德勒茲等人，也還在他們的思想創造活動中，繼續從馬克思理論中得到啟示。福柯對於權力的深刻分析，一再地引用馬克思在《資本論》中的調查和分析成果，給予它們很高的評價。至於德勒茲，也一再重申他對馬克思的肯定態度。

二十世紀八○年代末所發生的國際共產主義危機以及蘇聯和東歐共產國家的

解體，使馬克思思想在法國學術界遭受了一段「冷遇」。但經歷一番的反思之後，法國思想界又在1990年代至二十世紀末，興起對於馬克思思想的重新評價運動。許多思想家能夠很快地將馬克思思想觀點同共產黨「領袖」人物的意識形態言論區分開來，也同共產黨的具體實踐政策區分開來，使馬克思思想在二十世紀末，又隨著「世紀末」的到來而重新被人們所重視。

從六、七○年代到二十世紀末，由於馬克思思想的歷史遭遇，人們稱之為「後馬克思時代」，而**在從1968年學生運動結束到八、九○年代之間，存在著一個歷史過渡時期**。在這個時期內，法國、德國和英國都先後出現過一些重要的思想家，對於馬克思的理論、方法論及其策略的轉變，進行了具有重要意義的研究。這些思想家，包括法國的一批「後結構主義」思想家福柯和德希達等人、英國的湯普遜（E. P. Thompson, 1924-1993）等人以及德國的哈伯瑪斯等人。他們當中有相當多的人，原來是屬於「新馬克思主義者」，但隨著時代的轉變，他們也逐漸從新馬克思主義者轉變成為「後馬克思」的思想家，哈伯瑪斯便是其中的一位。這也說明，「新馬克思主義者」同「後馬克思」思想家，有時是相互重迭的；而「新馬克思主義」同「後馬克思」之間，也存在著某些相互重迭和相互滲透的現象。

所以，「後馬克思時代」實際上包含前後兩個階段：從1968年反對資本主義制度的學生運動、工人運動和各種社會運動普遍失敗，到八○年代末整個國際共產主義體系的解體和衰落，構成為第一階段；而二十世紀九○年代到世紀末馬克思思想的再評價運動，則是第二階段。總之，在「後馬克思時代」中，歐洲各國對於馬克思思想的研究，不但沒有終結，反而因共產黨的垮臺及其對於原馬克思主義理論壟斷地位的結束而變得更加活躍。法國、英國、美國和德國、義大利和西班牙等國學術界，總結新馬克思主義理論產生和發展以來的經驗和研究成果，比以往更深刻地發展了馬克思思想及其理論。

在「後馬克思」時代，人們對於馬克思思想進行研究的基本特點，就是超脫了共產黨壟斷的限制，有可能開展超意識形態的多學科理論學術研究，使馬克思思想的研究，真正成為新時代中高度自由的思想研究活動。

當二十世紀行將結束時，法國最大的報紙《世界報》（*Le Monde*）發表哲學家德路瓦（Roger-Pol Droit, 1949-　）的一篇長文〈馬克思沒有死〉（Marx pas mort）。這篇在蘇聯解體及東歐各個共產主義國家全面瓦解五年之後發表的文章，一開始就引用德國著名思想家摩斯・赫斯（Moses Hess, 1812-1875）的一句話：「你把盧梭、伏爾泰、霍爾巴赫、萊辛（Gotthold Ephraim Lessing, 1729-1781）、海涅（Heinrich Heine, 1797-1856）和黑格爾融合成一個人（注意：我說

融合，而不是硬湊合成一個人），那麼，你就會形塑出一個馬克思博士」（Hess, M., 1941. In Droit, R.-P., 1994）。

人類社會進入在二十一世紀之後，隨著資本主義全球化過程的深化，馬克思的思想又重新受到人們的重視。2003年12月，法國《新觀察家》雜誌發表專號，題名爲〈馬克思：第三千禧年的思想家〉（Karl Marx: le penseur du troisième millénaire）。這本雜誌以全期一百頁的大篇幅，從各個方面論述和論證馬克思思想在二十一世紀的重要意義。爲本期專號撰寫文章的所有各國思想家，都普遍認爲，二十一世紀全球化的發展，將進一步證明馬克思思想的理論威力。

馬克思在歐洲及當代法國的再三復活，正如德希達的新書的標題《馬克思的幽靈》（Derrida, 1993, Le ommemor de Marx）所表明的那樣，說明馬克思逝世一百二十多年之後，他的「幽靈」仍然時時地、持續地纏繞著現代社會的進程。

八、九〇年代以來，法國「後馬克思主義」的社會理論研究，同時地表現了從事社會理論研究的這些「後馬克思主義」思想家本身的理論思考模式特徵，表現了他們所處的社會環境以及被他們所研究的當代社會某些重要特徵，同時也表現了馬克思和其他歷史上存在過的社會思想家所遺留下來的精神文化財富同當代社會、同當代社會思想創造活動之間關係的複雜性。

人類社會一直在發展著；有時，社會的發展似乎按照一定的規則，甚至按照思想家們所分析或預測的規則而進行，但實際上，社會的發展本身又不斷地向研究社會的思想家們提出一個又一個挑戰性的複雜問題，以致使社會運作的結果和現狀，完全背離思想家們研究得出的理論結論。值得反思的是：自從馬克思提出歷史唯物論，試圖批判和分析近代資本主義社會的運作規律，並提出改造現代社會的理想方案以來，近一百年來，馬克思的社會理論在同現實社會反覆遭遇的過程中，不管這種遭遇導致什麼樣的結果，也不管馬克思的社會理論具有什麼樣的命運，思想家們卻一次又一次地在考察和分析當代社會運作邏輯的時候，反覆地把馬克思的社會理論重新加以考察和試探。這就表明，馬克思的社會理論以其特有的生命力同當代社會的命運緊緊地結合在一起。德希達說：「馬克思是各種『幽靈』的射手——唯心論、意識形態、（商品）拜物教以及（宗教的）鴉片……都成爲他的射擊對象。馬克思不停地吞噬著各種『幽靈』。現在，他自身倒成爲了遊蕩和出沒在我們的時代的『鬼魂』（fantôme）」（Derrida, J., 1993）。正如法國歷史學家弗朗斯瓦·富列（François Furet, 1927-1997）所說：「蘇聯及東歐事件之後，作爲『預言家』的馬克思死了。但作爲哲學家、經濟學家和歷史學家卻繼續活著；而且，如果沒有他，就不可能重述十九世紀的思想史。……至於作爲資產階級現代性和資本主義的批評的思想家的馬克思，則更有

資格被列入經典作家之列」（Furet, F., 1994: 43-45）。世界上本來就沒有一成不變的永恆的思想體系。馬克思的理論，即使是在冠於「後馬克思主義」的時代中，仍然不免成為當代思想家探討社會問題時反覆出沒於他們思想活動中的「幽靈」，這並不是因為垮了臺的前蘇共意識形態官方思想家所說的那種「放諸四海而皆準」的真理體系的緣故，而是因為馬克思的社會理論中具有自我批判的辯證法反思精神。「辯證法在對現存事物的肯定理解中同時地包含對現存事物的理解，及對現存事物必然滅亡的理解；辯證法對每一種既成的形式，都是從不斷地運動中，因而也是從它的暫時性方面去理解」（Marx, K., 1873[1867]）。在馬克思本人逝世之後，被各種各樣意識形態理論家所建構的「馬克思主義」，之所以在同現代社會進行較量中一次又一次地被事實否定，就是因為各種各樣的「馬克思主義」，本來就不是馬克思本人所建構的社會理論本身，而是不折不扣的「馬克思之後的馬克思主義」。法國的後馬克思主義的社會理論研究，雖然並不奢望重新回到馬克思原本的社會理論，但它起碼意識到沒有必要重複「馬克思之後的馬克思主義」，而寧願自稱是「後馬克思主義」的社會理論。所以，法國「馬克思主義」的社會理論同馬克思本人社會理論的共同特徵，並不在於兩者重複同一種概念和重談同一個結論，而在於宣稱自身理論的反思的批判性：不但理論家本身遵循著批判反思的原則，使「重建／解構」的原則同時適用於理論家、理論、作為理論的物件的社會以及在社會中實際生活的所有的人。法國「後馬克思主義」的社會理論研究中所提出的具有批判反思精神的「重建／解構」原則，表明當代社會理論研究已經進入成熟的階段，也表明正在邁向二十一世紀的當代社會理論研究，有信心、也有能力為重建人類社會和文化做出可能的理論貢獻。

正如巴黎《文學》雜誌出版的專號『馬克思主義之後的馬克思』（*Marx après le marxisme*）所指出的：「雅爾達和柏林兩座牆，各自如此突然地倒塌，產生了一系列的後果，其中之一便是促使人們重新思考馬克思和他的著作。這是脫離一切政黨和一切國家的革命的、然而是獨立的思考，一種重新思考哲學、政治和經濟的新意願。**馬克思對於理解十九世紀和二十世紀都是毫無疑問地是必不可少的**」（*Magazine littéraire*, 1994, No. 324: 16）。

所以，法國「後馬克思主義」的社會理論研究，指的就是馬克思逝世半個多世紀以後，在共產黨所壟斷的官方意識形態「馬克思主義」不斷發生危機的情況下，特別是在1968年學生運動和八〇年代末蘇聯及東歐危機兩次歷史性轉折以後，由上述各種不同程度地同馬克思的思想相關的理論家們所進行的各種自由的社會理論研究。因此，這裡存在著非常複雜的問題和現象，就涉及到的理論家而言，它主要包含著兩種類型的思想家。第一種是在其研究中本來就有意識地試圖

從馬克思的思想中尋求和探索有價值的因素。他們往往自稱或被稱爲「新馬克思主義者」或別的種類的馬克思主義者。第二種是原本與馬克思的思想和觀點無關的思想家，但他們在批判當代社會文化問題的過程中，在馬克思的思想中發現或找到某些共同點。因此，就這些理論家同馬克思的思想相關的性質而言，或者說，就這些理論家對待馬克思的思想的態度而言，既包括那些對馬克思主義進行批判、甚至持反對態度的人，也包括從馬克思主義之中獲得啓示或對馬克思主義進行肯定、並想進一步繼承它的某些人。但隨著八○年代末世界形勢的劇烈變化，不管上述何種類型的思想家，都不得不重新考察馬克思的思想，並在新的社會歷史條件下，將馬克思的思想加以分析，探索馬克思的思想中某些概念的適用程度及其限制。因此，「後馬克思主義」所表示的，**毋寧是當今的時代中，面對著資本主義的急劇變化，由於原有的馬克思理論本身的內在矛盾性而產生出來的對馬克思理論思想極端矛盾的態度；就像「後現代主義」表現出對現代主義極端矛盾的態度一樣**。不管怎樣，「後馬克思主義」並不能簡單地被歸結爲對馬克思主義的一般性否定。相反，它在法國所指涉的，是一種極其複雜的社會文化現象；某種表明多多少少與馬克思的思想相關，特殊的文化重構或重建的現象，並同整個社會在「世紀末」轉折時期重建文化積極而活躍的創造活動相互滲透和相互呼應。它的出現，不但不表明馬克思思想的「過時」或「死亡」，而且還從其複雜的表現形式中呈現出馬克思的思想及其影響的複雜性。也正因爲如此，我們不能偏限於馬克思主義的單一發展脈絡，而是從多學科和多學派的互動觀點去分析這一歷史時期馬克思思想對於法國社會理論研究的影響。

第四章

後佛洛伊德主義的興起

第一節　精神分析學的哲學意義

在西方國家中，找不到第二個國家，能夠像法國那樣，充分地注意到精神分析運動的哲學意義。精神分析學的理論和方法，已經深深地滲透到當代法國哲學中，以致任何一個重要的哲學概念，無不是與精神分析學的觀點相聯繫。沙特、福柯、拉岡、德勒茲、羅蘭‧巴特、德希達、利科等當代法國哲學家，在他們的哲學生涯中，都深受精神分析學的思想影響和啟發（Sartre, 1981[1964]: Ricoeur, 1965; Derrida, 2001c: 298; 1998: 25; Deleuze, 1976; 1980; 1993, Foucault, 1961a; 1962）。許多重要的當代法國哲學家，在他們從事哲學研究時，往往繼續運用精神分析學的重要觀點和方法，使他們的哲學中，深深地刻上了精神分析學的印記。例如，沙特在他的自傳性作品《語詞》中，提及他自己從小就強烈地表現出佛洛伊德所說的「戀母情結」的情感。施特勞斯也很詼諧而深刻地說，精神分析學是他的結構主義的三大「情婦」之一（他的另外兩個「情婦」是社會主義和地質學）。利科在詮釋學方面的成果，在很大程度上，就是因為他創造性地將精神分析學在符號、心理、語言等方面的觀點，運用於文本的解析。德勒茲同費力克斯‧加達里一起所寫出的那篇著名的哲學著作《資本主義與精神分裂症，第一卷：反伊底帕斯》和《資本主義與精神分裂症，第二卷：千層物》，就是精神分析學的哲學運用的典範。當然，所有這些當代法國哲學家，他們對於精神分析學的看法及其貫徹程度，並不是完全一致的。但是，總的來講，研究當代法國哲學的發展歷程，不能不了解精神分析學在法國的演變，也不能不深入分析精神分析學的基本思想及其對哲學理論創造的決定性影響。精神分析學的潛意識、壓抑、自我、超我、情結、否認、欲望、性衝動、文化和異化等概念，都轉化成為了當代法國哲學的基本概念。而且，由於精神分析學的概念和語言，還滲透到當代社會文化生活領域及文學藝術創作之中，使它成為哲學與日常生活、文學藝術相對話和相互交流的仲介。這種狀況又使得極端重視日常生活及文學藝術創造活動的當代法國哲學，更自然地同精神分析學交錯在一起，共同地從文學藝術和日常生活中獲得啟示。在很大程度上，精神分析學成為了當代法國哲學進行理論創造的啟發性因素，或甚至是它的發展動力基礎之一。

毫無疑問，由佛洛伊德所開創的現代精神分析學，本來並不是嚴格意義的哲學。精神分析學毋寧是一種與心理學、醫學、生理學、人類學、社會學相交叉的特殊學科，同時也在相當長的時間內，與文學和藝術有千絲萬縷的聯繫。精神分析學對人的精神生活和精神活動的專門研究，使它與一切對人，特別是對人的精神、思想、心理的研究的學科，存在密切的內在關係，甚至在它們之間形成某種

極端模糊的界限。精神分析學試圖對人的內在世界及其活動進行分析和研究，試圖揭示人的精神世界的結構及其活動動力基礎。

人的精神生活是極其複雜的。任何試圖單純從一個角度來觀察和分析精神活動的企圖，都注定要失敗。精神活動固然是以肉體和神經系統的結構作爲物質基礎。因此，治療精神疾病和解決精神問題，確實是要根據醫學和生理學對人的身體和神經系統的研究成果。但是，人的精神活動又不是單純的物質運動現象，也不同於任何一般動物內在世界的活動狀況。人的精神活動不但以肉體和精神系統爲基礎，也與人類文化創造及其產品有密切關係，還同整個人類生活世界的複雜結構有關。因此，精神分析學勢必與研究人的語言、心理、思想、文化活動的各種學科保持密切聯繫。反過來，任何專門研究語言、心理、思想的學科，也不能不與精神分析學協調起來，相互補充，以便更全面地了解人的精神活動的結構和實質。

但精神分析學並不滿足於抽象地探討人的精神面貌，而是要進一步解決精神活動的更深基礎及其問題，要探尋解決精神危機和困擾的具體方案，還要診治隱藏的或已經發生的精神疾病。所以，在精神分析學領域內，又包含理論和方法兩大部分，包含一般分析和具體治療兩大部分。在當代法國哲學的演變中，不論是理論還是方法，精神分析學都給予深刻的啓發。

二十世紀二〇年代，是佛洛伊德精神分析學在法國和歐洲其他國家勝利擴散的時期。但是，在法國，如同在歐洲其他國家一樣，佛洛伊德的學說從一開始就在其運用中發生了分歧。而且，在法國，佛洛伊德的理論和方法的運用，實際上比在歐洲其他國家遭遇到更多的爭論和分歧意見。這裡的原因是複雜的。但最重要的，這是由於法國的思想傳統以及法國本國原有的精神分析特殊傳統所決定的。

法國學術界對人的研究，從蒙泰涅和笛卡兒以來，就明顯地不同於英國、德國和其他西方國家。笛卡兒建立在懷疑和直觀基礎上的理性主義與蒙泰涅的情感論，既不同於英國的經驗主義，也不同於德國極端抽象的理性主義。這就使法國的人類學、語言學、心理學和哲學，在探索人的本質特徵時，不願意孤立地只是運用單一的方法或片面的觀點。在法國具有特殊理論色彩的傳統人觀的影響下，法國本土所形成的精神分析學，從畢奈爾（Philippe Pinel, 1745-1826）、沙爾科（Jean Martin Charcot, 1825-1893）、畢沙（François Marie-Xavier Bichat, 1899-1983）到拉岡、福柯等人，都堅持運用他們深受法國文化傳統影響的特殊精神分析方法。直到1925年爲止，法國精神分析學界，基本上仍然由法國傳統的精神分析學所統治。本來，由法國著名的神經病學專家沙爾科所開創和臨床實踐的精神

病學，從十九世紀七〇年代以後，就已經取得了名震四海的成果。當佛洛伊德在十九世紀八〇年代開始研究精神病時，沙爾科已經是國際公認的精神病學大師。所以，當時仍然在維也納醫學院學習的佛洛伊德，才不辭勞苦地到巴黎大學醫學院的沙爾貝德雷爾（Hopital La Salpêtrière）附屬醫院實習，畢恭畢敬地向沙爾科學習，並以充當沙爾科的學生而自豪。拉岡進入巴黎大學醫學院之後，就是在巴黎大學醫學院所屬的沙爾貝德雷爾醫院進行實習和研究。1925年，為了慶祝沙爾科誕生一百週年，法國醫學界舉行盛大的慶祝會和學術討論會。當時，精神分析學家哥岱（Henri Codet）和拉佛格（René Laforgue），在法國《醫學發展》雜誌上，聯合發表一篇題為《沙爾科對佛洛伊德的影響》的論文。這篇論文可以算作是一個典型，表示法國精神分析學界始終不願意承認佛洛伊德精神分析學理論的優勢地位，更傾向於強調法國本土精神分析學理論的重要性。實際上，在這些分歧背後，隱藏著對人及其精神基本看法的差異。

所以，當法國哲學、人文社會科學界在二十世紀初接受佛洛伊德精神分析學時，就已經預示今後法國精神分析學的特殊發展道路。這個特點，除了表示法國精神分析學同德國、美國、英國精神分析學的差異以外，更重要的，還表示法國精神分析學同法國哲學更加緊密的關係。

儘管如此，佛洛伊德的理論仍然以其勢不可擋的魅力，逐漸征服法國思想界。如果說在精神分析學領域內，法國人總是頑強地堅持其本國傳統而使得佛洛伊德的理論和方法，在很大程度上，未能像它們在英美那樣順利地被移植的話，那麼，在精神分析學領域之外，特別是在文學藝術界，佛洛伊德的理論就確實取得了無可爭議的勝利。佛洛伊德的理論被運用到文學藝術創作中，成為了一系列新型文藝理論和文學評論學派的重要基礎。文學藝術界把精神分析學當成一種反傳統的思想方法，試圖用它來開創藝術創作的新視野。當時，法國一些作家和藝術家，以不同的觀點將精神分析學應用到文學藝術創作中，其中，包括羅曼·羅蘭（Romain Roland）、皮埃爾·莊·朱佛（Pierre Jean Jouve）、布列東及其他超現實主義者。他們的共同點，就是強調無意識和潛意識的功能，強調夢幻的創作意義。他們認為，只有通過潛意識和夢幻的想像途徑，才有利於發揮作者和藝術家的自由創造精神。

但是，仍然不可忘記的是，即使在文學藝術領域，法國人也首先重視精神分析學的哲學意義。在二〇年代，最積極推行精神分析學的文學藝術派別，是由布列東所領導的超現實主義。超現實主義者甚至比法國醫學界和精神分析學界更積極地推行佛洛伊德的學說，只是他們也從骨子裡不願意單純把精神分析學當成精神病的治療技術，而是當成了解、揭示和分析人的複雜精神現象的思想武器，當

成他們進行文學和藝術創造的理論基礎。超現實主義的詩人、作家和畫家，包括阿拉貢、畢卡索、德爾沃（Delvaux）、達利（Dali）、馬格利特（Magritte）、唐基（Tanguy）等，都熱情地把精神分析學運用到他們的創作實踐中。許多當代法國哲學家，基本上是通過這些文學家、藝術家而今如何掌握精神分析學的基本原則。所以，在把握法國哲學同精神分析學的關係時，特別要關切從超現實主義到新尼采主義的文學家和畫家與當代法國哲學家的特殊關係。關於這一點，不管是福柯、德希達、德勒茲還是利奧塔或利科，都一再地有所指明。

另外，佛洛伊德精神分析學在法國的新發展，也不能同對於尼采和馬克思的新詮釋分割開來。如前所述，佛洛伊德、馬克思和尼采，在法國，是作為「三大懷疑大師」的名義，在思想結合文學藝術界被接受的。從理論上來看，首先，原本是尼采權力意志的非理性哲學，為精神分析學提供了創建潛意識學說的理論基礎。

馬克思對於資本主義的批判，儘管在許多方面可以引起不同的爭論，但其批判本身卻鼓勵了各種懷疑和叛逆的精神。所以，正如利奧塔所說：**現代法國思想家們對於社會文化的各種批判和質疑，特別是對於現代性的批判，在本質上，都可以被理解為「從馬克思和佛洛伊德的偏離」**（Lyotard, J.-F., 1973b）。這種「偏離」，使新一代思想家們能夠自然地在他們的思索和批判活動中，將對於傳統理性主義的批判，同對於權力、道德的批判連接在一起。關於這一點，利奧塔指出：「理性與權力，本來就是一碼事」（Ibid.: 13）。反對理性主義的絕對統治，勢必將當代法國哲學引上有三大懷疑大師所開創的思路。

將尼采的叛逆精神貫穿於當代思想批判活動中的最卓著成效者是福柯。他在六〇年代末及其後所發表的重要著作《語詞與事物》、《論述的秩序》及《監獄與懲罰》等，成功地將尼采的思想轉化成揭露現代社會和批判現代文化的銳利理論武器（Foucualt, M., 1966; 1969; 1971a; 1972a; 1975），使他成為了當代法國新尼采主義的最傑出代表人物。但是，福柯的思想成就，在很大程度上，還決定於他對精神分析學的獨創性詮釋。福柯實際上比拉岡更澈底地將精神分析學的理論，運用於人文社會科學的研究中去。福柯對精神病及其歷史的考古學和系譜學考察，為人文社會科學界將精神分析學同社會批判結合起來，樹立了榜樣。

總之，精神分析學同當代法國哲學的關係是從兩方面來說的：一方面，精神分析學在二十世紀的進展在很大程度上決定了法國哲學的發展歷程，另一方面，許多重要的法國哲學家，都在他們的哲學論述中，引用和滲透著精神分析學的基本概念，而且，反過來，當代法國哲學的發展，又影響了法國精神分析學的演變。不論對法國哲學，還是對法國的精神分析學，在對於「人」、「精神」、

「精神分裂」、「潛意識」和「欲望」等最基本的問題上，兩者的基本觀點和相關理論研究方向，都具有相互緊密的交流和相互影響。

第二節　精神分析運動的三大里程碑

　　法國精神分析運動具有不同於其他西方國家的獨特性質。這不單是指法國的精神分析運動同醫學、生理學、心理學之外的哲學保持緊密的關係，同哲學和人文社會科學相互呼應，在跨學科的廣闊景觀中進行它本身的理論和方法論變革；而且，法國精神分析學從三、四〇年代之後，在拉岡、福柯、德勒茲等人的影響下，走上了超佛洛伊德主義的創新道路，建立了自己的後佛洛伊德主義思想，使之成爲超越精神分析學領域，而同哲學、人文社會科學緊密相連的新型理論和方法。正是在這個意義上說，當代法國精神分析學運動，經歷了從佛洛伊德到拉岡，再到福柯的三大歷史階段；佛洛伊德、拉岡、福柯三位大師，不愧是當代法國精神分析學發展歷程中的三大「里程碑」。

　　精神分析學在法國的傳播和發展，在二十世紀初到三〇年代，是第一階段。那時，首先是沙特及一批文學藝術家，包括超現實主義者布列東、阿拉貢、蘇坡（Philippe Soupault, 1897-1990）等人，都熱衷於佛洛伊德精神分析學，並將它應用於文學和藝術的創作中，取得了輝煌的成果，在社會上和學術界產生了廣泛的影響。與此相反，當時的法國精神分析學領域，對佛洛伊德是採取另眼相看的態度。佛洛伊德的學說雖然已經被運用，但正如後來拉岡所說，人們並沒有眞正「讀懂」佛洛伊德的書。

　　三〇年代到六〇年代是第二階段，主要是以拉岡爲首的精神分析學家和精神治療專家，試圖克服佛洛伊德原有理論思想體系中的缺陷，創立適合於法國及西方現代社會的精神分析學和精神治療學。作爲這一階段的標誌的，是拉岡在1932年發表的重要論文《論偏執狂及其同人格的關係》。這可以說是「後佛洛伊德主義」的開始。在這篇文章中，拉岡實際上已經顚覆了佛洛伊德的精神分析學關於「精神分裂」、「性欲望」、「壓抑」、「潛意識」的最基本的觀點。

　　拉岡等法國精神分析學家所提出的新理論和新方法，同美國及其他歐洲國家在四〇年代所出現的新佛洛伊德主義有所不同，因爲它不只是修正原佛洛伊德思想理論中的不足之處，而且，遠遠地超越了它，不僅創立了自己的精神分析和精神治療學體系，而且，還使之建立在完全不同於佛洛伊德的新型基本人觀基礎上。這是以澈底地顚覆傳統西方人文主義基本人觀基礎上的新型人觀。所以，在當代法國，所謂「後佛洛伊德時期」，首先是指「拉岡時期」。

拉岡同他的同時代人，包括喬治‧波里茲、拉加斯（Daniel Lagache, 1903-1972）等人，衝破佛洛伊德原有理論的範圍，一方面批判、甚至推翻佛洛伊德最重要的「戀母情結」及「自我」概念，另一方面又結合當代社會文化的特徵以及對於精神分析的最新成果，對於潛意識同語言的關係及其結構做出了深刻的分析，創立了獨特的精神分析和精神治療理論與方法的新體系。

六〇年代中期，由拉岡所領導的法國精神分析學會取得了新的重大研究成果。與此同時，拉岡也成功地創建了巴黎佛洛伊德專門學院（École freudienne de Paris）。拉岡的重大成就，使他從1964年起被聘爲巴黎高等師範學院教授，並在那裡，他主持了題爲「論精神分析的四大基本概念」（Les quartre concepts fon-damentaux de la psychoanalyse）的研討會，而且他也在巴黎高等社會科學研究院舉辦研討會。接著，他在1969－1970年度主持了《精神分析學的反面》研討會之後，直到他退休爲止，他在那裡主持了許多重要的研討會。

1966年，拉岡將他的34篇論文蒐集成《文集》上下兩冊（Écrits）發表出版。爲了強調他的思想同佛洛伊德精神分析學理論的密切關係，也爲了說明他的學說對於佛洛伊德思想的超越，他特別指出：「我是讀過佛洛伊德著作的人（Je suis celui qui a lu Freud）」。與此同時，拉岡還在巴黎門檻出版社（Éditions du Seuil）主編《佛洛伊德場域》（Le Champ Freudien）叢書，其第一本書是由法國著名精神分析學家馬諾尼（Maud Mannoni）所寫的《智障孩童與其母》（L'enfant arriéré et sa mère）。

拉岡所宣布的「重讀佛洛伊德著作文本」，在當時是意味深長的，它意味著：第一，他將精神分析重新引回到佛洛伊德文本的意義上；將那些表面上強調佛洛伊德精神、而實際上背離佛洛伊德的人拋在後面，以便使精神分析工作能夠按照精神分析的實際需要而發展。第二，他強調要像佛洛伊德那樣重視夢和潛意識的形成過程，重視日常生活中的各種遺忘、口誤、筆誤等現象的潛意識基礎，不斷探詢各種潛意識現象及神祕事件的深層欲望基礎。第三，深入探討精神分析工作的奧祕及性質，使精神分析工作本身成爲眞正的理論和實踐活動，進一步打開精神分析研究的廣闊前景。因此，在拉岡的「重讀佛洛伊德著作文本」的背後，意味著澈底從佛洛伊德原著文本的最初意義中解放出來，以新的創造精神解構、改造、發展，並超越佛洛伊德的學說。

在此基礎上，拉岡所建構的精神分析學，完全不同於佛洛伊德的精神分析學。首先，拉岡把精神分析學澈底地從傳統的人文主義和傳統心理學解放出來。佛洛伊德雖然以伊底帕斯神話爲基礎，提出了他的新人觀，但他始終未能與傳統人文主義劃清界限。同時，由於過分重視人格建構的重要性，他也未能對傳統心

理學進行徹底的批判。傳統心理學的立足點是人的人格意識。佛洛伊德雖然建構了潛意識學說，但他仍然將潛意識當成受意識監控的「原我」，而把意識所決定的自我和超我放在原我之上。佛洛伊德由此還強調：唯有使自我和超我處於控制原我的優先地位，人才能從「瘋狂」狀態中解脫出來。因此，他把瘋狂和精神分裂看作是「不正常」的現象。拉岡和福柯卻認為，對人來說，並不是硬性地要把精神分裂定為一種精神病態，因為精神分裂本來是人的正常精神狀態；拉岡曾經明確地指出：人的所謂人格本來是分裂的。對人來說，也並不存在精神正常和不正常；問題並非人為地區分正常和不正常，而是分析精神活動的各種複雜表現。所以，精神分析學應該從傳統的心理學解脫出來，對人的精神世界重新進行分析和說明。

拉岡的一生，把全部精力都貢獻給精神分析學的發展和改造。他自稱是佛洛伊德的學生，但他又不執著於佛洛伊德的理論和方法。他靈活地吸收了從佛洛伊德逝世後在社會科學和人文科學方面的一切成果，結合他和他的同事及學生們的精神治療實踐經驗，創造性地發展和改造了佛洛伊德精神分析學，使他成為法國、以致國際最有成果的思想家和精神分析學家。而且，他的理論研究工作還遠遠地超出精神分析學的範圍，在二十世紀人文社會科學的理論重建過程中，做出了卓越的貢獻。

拉岡個人，不論在個性、天分和愛好方面，還是在所接受的教育及社會影響方面，都不同於佛洛伊德。所以，拉岡完全有條件和充分的理由，一方面吸收佛洛伊德的研究成果，另一方面又不把自己限制在佛洛伊德的理論範圍之內，使自己的研究，結合新時代的條件和社會所提出的新問題，利用新的科學研究成果，遠遠地超越佛洛伊德。

拉岡比佛洛伊德幸運的是，他生活在二十世紀，能夠享用十九世紀末以來發展起來的結構語言學的研究成果，並使之與二十世紀以後傳播開來的新黑格爾主義、新馬克思主義、存在主義、超現實主義以及現象學等思潮結合起來，引起了精神分析領域的一場新的革命。拉岡的貢獻，尤其集中在他對精神活動與人的語言活動的密切關係的研究方面，總結出精神活動的潛意識基礎同語言相關聯的基本結構。

但是，在當代法國，所謂「後佛洛伊德主義時期」並不限於「拉岡時期」，而且還包括「福柯時期」：如果說上述「拉岡時期」是「後佛洛伊德主義時期」的第一階段的話，那麼，從六〇年代末開始到八〇年代，是「後佛洛伊德主義時期」的第二階段，即「福柯時期」。在這一時期，福柯取代了拉岡，成為法國精神分析學和精神治療學的「明星」。

　　福柯在傑出貢獻在於澈底打破和顛覆整個佛洛伊德理論的體系，完全拋棄佛洛伊德的最基本的潛意識、壓抑、異化和人格理論，從尼采的權力意志出發，創立知識考古學（archéologie du savoir）、道德系譜學（généalogie de la morale）和權力系譜學（généalogie du pouvoir），否定近代精神分析學和精神治療學的「科學」性質，也否定其「正當性」，以致將佛洛伊德原來反理性主義的理論，真正擴大成爲澈底反西方傳統文化和批判現代性的銳利思想武器。

　　福柯明確地指出，精神分析學從誕生的時候起，就是作爲近代知識論述體系的一個重要組成部分，成爲近代社會塑造、改造、監視和宰制個人主體化過程的權力工具和手段。精神分析學和精神治療學一脈相承，都是近代社會建構時所創造出來的「權力、論述、法制、道德四角形統治裝置」的核心部分。因此，精神分析學所生產、散播和再生產的各種論述，不僅具有嚴格的語言邏輯結構，而且也包含權力及其使用的策略。福柯把精神分析學放在近代資本主義社會文化制度體系中加以分析，特別揭露其中各種概念的論證及其實踐的策略。福柯的整個著作在這方面的分析，爲同時代法國哲學界開關了新的創作景觀。

　　在《瘋狂與非理性：古典時期的精神病史》一書的原版序言中，福柯強調指出：現代精神病的治療法只是一種通過法制建立的姿態，而不是以科學的態度對待精神病，因此，一旦履行這種號稱「合法性」的治療法，就形成了真正的沉默：在精神病人與正常理智的人之間，再也沒有共通的語言相溝通：精神治療把瘋子們在其瘋狂狀態中隔離起來。「十八世紀末把瘋狂當作精神病看待的法規，確立了一個決裂的對話地位，它把隔離看作是既成的事實，並把那些沒有固定句法的過去的語詞，都塞進遺忘的深部；正是在這些語詞中，曾經進行過瘋狂與理性之間的交流。精神治療的語言，作爲『理性』對瘋狂的『獨白』，只能在這樣的沉默中進行」。因此，福柯宣布：「我從不打算寫這種語言的歷史，我要寫的，勿寧是這種沉默的考古學」（Foucault, M., 1961a: Preface. P. I-V）。在這裡，福柯已提出了知識考古學的基本原則，並暗示了他從尼采那裡得到的啓示：「在西方世界這些有限經驗的中心，理所當然地迸發出悲劇性的經驗。尼采已經指出，作爲西方歷史出發點的悲劇結構，不是別的，正是拒絕、遺忘，並沉默地重新陷入悲劇中」（Ibid.: IX）。福柯甚至在此明確地表示，他將在「尼采主義研究的強烈陽光下」（sous le soleil de la grande ommemora nietzschéenne），去開創他新的考古學研究工作，把批判精神分析學的理論解構工作進行得更加澈底。

　　與此同時，福柯的朋友德勒茲也成爲法國後佛洛伊德主義時期第三階段的重要代表人物，他所提出的「反伊底帕斯」（Anti-Œdipe）概念，深刻地揭露了佛洛伊德原有的「伊底帕斯情結」（complexe d'Œdipe）的內在矛盾性，並使哲學

與精神分析學完全地結合起來，成爲批判資本主義文化的「批判機器」。

德勒茲於1969年認識費力克斯‧加達里之後，便同他一起共同研究哲學與精神分析學。他們認爲，不論是哲學還是精神分析學，都仍然籠罩在傳統思想之下，未能對人的思想和精神現象進行深入的分析，特別是未能對資本主義社會制度下的人的精神狀態進行解剖和批判。

德勒茲在他同費力克斯‧加達里合寫出版的《反伊底帕斯》一書中強調：精神分裂症並不是疾病，而是當今的資本主義社會的罪惡，是這個現實的社會強加於人身上的一種精神狀態。因此，人們只能以精神分裂的態度對待社會，以這種態度對抗到處是員警、監獄和監視的資本主義社會。人的本性是充滿欲望。正因爲這樣，人是一部道地的欲望機器。

人是什麼？德勒茲和福柯一樣，反對傳統人文主義的「人」的概念，並認爲西方人文主義無非是近現代資本主義的文化產物和精神支柱，是西方種族中心主義的一個補充性思想體系。因此，他們在其著作中都竭力批判人文主義的虛僞性和非正當性。德勒茲認爲，人是在差異化過程中，伴隨著差異化中的力量緊張關係的強化而整合出來的生存形式吧（une forme intégrale）。人的這種現代存在形式，也不過是現代民主制所掩蓋的各種不平等事實的虛幻化結果（Deleuze, 1991: 103）。德勒茲還說，現代人的概念無非是現代社會各種所謂「民主」意見的象徵，是爲資本的帝國主義政策效勞的現代制度化的象徵（Ibid.）。至於資本主義社會天天喊叫的「人權」，也不過是與商品市場中的交換規則以及財產規則相平行而存在的東西。德勒茲強烈譴責資本主義社會中與「繁榮」景象並行的貧困化現象。法制一點也沒有能夠挽救人的生存。

德勒茲還繼承尼采和柏格森的人觀，認爲人的特徵就在於：他是能夠脫離地域條件而生存的生物學與人類學意義上的特殊生命體（Deleuze, 1980: 400）。根據這樣的觀點，人固然具有社會組織能力，能夠脫離自然環境的約束和克服自然的限定進行自由活動，但人的肉體和精神方面仍然以欲望和感情力量爲基本動力。人的內在精神力量所創造出來的各種「觀念」（les idées），雖然創造出無數的由動物所不能製造出來的科學、技術、道德等，但所有這些「觀念」的智慧產物，都是用來控制人。所以，人所創造出來的智慧產品越多，人的自由就越少，人就越變成比自然界的動物還更受到「非人性」的人工產品的支配。而且，德勒茲和福柯一樣，特別重視社會上各種權力運作的功能，認爲人的社會生活一點也脫離不開權力的操縱和宰制，使各個歷史時代的人，竟然變成不同歷史時代權力運作的塑造物和犧牲品。德勒茲在《區別與重複》一書中，描述了各個歷史時代權力運作的變化及其區分化，認爲人的歷史無非就是爭奪和應用權力的歷

史，這一點是不斷重複和不變的：歷史發展中所變化的，只是權力運作的模式及其策略。各個歷史時代的人，就是在權力爭奪的力的緊張關係網絡中生存和受到折磨。各個歷史時代由人的智慧所創造出來的各種制度、機構及各種組織集體生活的規範，都是權力的非人性力量相互彙聚的結果（convergent des puissances non humaines）。人始終都逃脫不了這些非人性權力力量的支配。

德勒茲指出，如果說人有他自己獨特的世界的話，這個世界也只是一個不斷強化的、與人的原本情感相異質和不可忍受的的世界。所以，德勒茲說：「人在世界上就如同在純光學與純音向的狀況中一樣」（comme dans une situation optique et sonore pure）（Deleuze, 1985: 223）。在這種情況下，人只有靠他的思想能力，在制度的範圍內，超越制度的限定，參與到他所說的「永恆回歸」的運動中去。

在上述人觀的基礎上，德勒茲同加達里一起，從二十世紀七○年代初開始，連續地發表共同性的著作，批判傳統人觀及其在現實社會中的各種應用結果。他們把對於傳統人觀的批判，同對於當代資本主義社會的批判緊緊地聯繫在一起進行。因此，在他們合著的兩大著作《資本主義與精神分裂症》兩大卷：《反伊底帕斯》和《千層物》中，他們主要批判了資本主義社會製造精神分裂症的罪惡，並同時批判為這種罪行辯護的各種意識形態，特別是佛洛伊德的精神分析學和當代哲學（Deleuze, 1972; 1980）。

德勒茲首先批判精神分析學的觀念論實質。他說：「我們所攻擊的，不是一種叫做精神分析學的意識形態，而是它的實踐和它的理論本身。……精神分析學的觀念論的轉向，從一開始就顯示出來了。它長出了鮮豔的花朵，但同時又是爛透的花朵；這種現象並非是自相矛盾的。我們所說的精神分析學觀念論，指的是它的理論中整個壓抑及化約體系；這就是說，它把一切欲望的產物，都化約為潛意識的表象系統以及化約為相應的因果性的、語詞表達的和理解的形式；將無意識的製造工廠，化約為一系列諸如伊底帕斯或哈姆雷特式的戲劇場面；將『力比多』（性動力元libido）的社會困擾，轉化為家庭的困擾、欲望對於家庭狀況的壓抑，還有伊底帕斯情結」（Deleuze, 1990: 28-29）。正是在這種佛洛伊德所創立的精神分析學理論及實踐的影響下，二十世紀形成了自己「獨特」的「新」人觀。但在德勒茲看來，這個「新」的人觀並不新鮮，因為它仍然沒有跳出傳統理論和傳統社會觀念的影響，特別經常把精神上的問題都歸結為家庭及道德的壓抑等等；而且，精神分析學甚至還延續傳統表達方式，以伊底帕斯和哈姆雷特這種早已流傳的說法，來描述現代人的困境。所以，德勒茲認為，佛洛伊德的精神分析學也是一種壓迫工具：「不管是家庭還是分析的伊底帕斯，基本上都是對於欲

望機器的壓迫機器（Œdipe est fondamentalement un apparfeil de repression sur les machines désirantes），一點也沒有無意識本身的形成問題」（Ibid.: 29）。

所謂伊底帕斯情結無非就是對於人的自然固有的無意識的一種扭曲。德勒茲公開地為此譴責資本主義社會，因為正是資本主義社會造成了這一切扭曲，並迫使人們接受這種歪曲的理論，以便掩飾其真正罪惡。德勒茲說：不管伊底帕斯情結的說法採取變化的或不變的花樣，其實質，就是為了摧毀欲望機器（le même écrassement des machines désirantes）。精神分析學所主張的各種伊底帕斯情結治療法和解決方案，都無非是為了延續這種伊底帕斯情結對於人們精神狀態的宰制，為了從父親傳給兒子，一代又一代地持續其精神統治。「人們所說的那些有關伊底帕斯的無聊話語，特別是針對兒童說的，簡直是神經病」（c'est fou ce qu'on a pu dire de bêtises au nom d'Œdipe, et d'abord sur l'enfant）（Deleuze, 1990: 30）。

既然德勒茲如此嚴厲批判佛洛伊德的觀念論的精神分析學，那麼，他和加達里所主張的是什麼呢？德勒茲認為，真正唯物主義的精神治療學，是將產品導入欲望中，而不是相反地將欲望導入產品中。妄想症（le délire）不是由於父親，也不是以父親的名譽所產生的；它是來自歷史本身。妄想症就如同欲望機器一樣，始終內在於社會這個大機器之中。妄想症是欲望機器在歷代社會中所遭遇的困擾的總結果。傳統的精神分析學都將偏執狂和妄想症歸結於伊底帕斯情結、閹割情結等，並把這些壓抑的機器都說成潛意識的作用。這實際上是為真正造成偏執狂和妄想症的資本主義社會進行辯解，並在實際上將這些精神分裂症說成一代傳一代的永恆現象。德勒茲所主張的，是跳出家庭陰影的約束，把精神分裂症（schizophrénie）同整個人類歷史，特別是近現代資本主義社會聯繫在一起，加以分析。德勒茲贊同福柯的批評意見，因為福柯認為，精神分析學仍然對真正受害的精神分裂症患者不理不聞，根本不聽患者真正的心裡話。

在談到《資本主義與精神分裂症》第一卷《反伊底帕斯》的宗旨時，德勒茲做了如下的概括：「這本書有兩大方面的內容。首先，批判伊底帕斯和批判精神分析學。其次，這是研究資本主義及其與精神分裂症關係的著作。但第一個方面緊密地依賴於第二方面。我們攻擊精神分析學的實踐和理論方面。也就是它對於伊底帕斯的崇拜，將一切歸結為力比多（性動力元），歸結為家庭矛盾，儘管它們有時採用結構主義或象徵論婉轉的或一般化的形式。……妄想症是歷史性和世界性的，根本不是家庭的原因」（Deleuze, 1990: 33）。精神分析學如同資本主義一樣，只是為了限制精神分裂症，但實際上又不斷把它推向極限，並圖謀將它「驅魔」。

第三節　拉岡對佛洛伊德的超越

　　如前所述，直到二十世紀三○年代爲止，儘管佛洛伊德的精神分析學已經在法國傳播開來，但是，由於兩方面的原因，當時法國精神分析學界所理解的佛洛伊德，往往距離眞正的佛洛伊德很遙遠。首先是因爲在當時的法國醫學界和精神分析學界占統治地位的，仍然是「法國式」的佛洛伊德，也就是說，流行於法國的，並不是眞正的佛洛伊德精神分析學，而是畢松（Edouard Pichon）學派的佛洛伊德，或者是羅文斯坦（Rudolph Lowenstein, 1898- ）式的精神分析學。這一派精神分析學，追隨佛洛伊德的女兒安娜（Anna Freud），過分強調「自我」（ego）的重要性，試圖顯示人的人格成長過程中，意識和道德力量對於潛意識和「原我」的對抗。另一方面，佛洛伊德的原著，大多數都尚未翻譯成法文，在很大程度上妨礙了對於佛洛伊德的理解。所有這些，只有到拉岡眞正顯露其獨特才華的時候，才澈底有所改變。

　　正如前一節所指出的，三○年代初，以拉岡爲首的精神分析學家和精神治療專家，試圖克服佛洛伊德原有理論思想體系中的缺陷，從澈底批判傳統人文主義和傳統人觀出發，首先顛覆佛洛伊德的精神分析學關於「精神分裂」、「性欲望」、「壓抑」、「潛意識」最基本的觀點。從此，法國的精神分析學，不但創立其自身獨特的理論和方法系統，也打破它原有規定的醫學和精神分析學的界限，同人文科學和社會科學以及哲學、文學、藝術創作進行廣泛而深入的交流，使之成爲當代多學科綜合研究人及其精神的新型學科。

　　在法國當代思想發展歷程中，**拉岡是一位承上啟下的關鍵人物**。承上，指的是他繼承和超越在二十世紀五○年代興起的結構主義，成爲六○年代後法國思想從結構主義走向「後結構主義」（Post-Structuralism）的過渡性人物。由於他的成果，法國思想界進一步發揚了在法國代思想界中發生決定性影響的三位「懷疑大師」（馬克思、佛洛伊德和尼采）的基本精神，特別是透過結構主義方法，將佛洛伊德和尼采學說中有關情欲（Eros）、意志和「潛意識」的核心思想，進一步同對於語言及其論述的「解構」結合起來，使「情欲發洩」和「語言解構」兩方面，緊密地結合起來，既成爲批判和反思的基本手段，又成爲實際從事精神治療和經驗研究的必要途徑，成爲批判傳統及思想創造的有力槓桿；啟下，指的是拉岡的思想，對於在他之後的一系列「後結構主義」和「後現代主義」思想家，特別是德希達、福柯以及利奧塔等人，發生了決定性影響，使這些新一代的思想家，能夠在拉岡的思想基礎上，進一步以「語言符號」、「權力」和「情欲」爲主軸，澈底解構西方傳統文化體系，開拓出嶄新的思想創造的廣闊視野。

　　拉岡的主要貢獻，可以歸結爲以下七點：**第一**，他率先提出重新閱讀佛洛伊德文本，並強調要在重讀的基礎上，以佛洛伊德的精神，正確理解和重新詮釋佛洛伊德文本的意義。他的主張從精神上澈底解放了當代精神分析學家的思想，引導當代精神分析學研究走向更高的創新方向。**第二**，他把佛洛伊德的潛意識（l'inconscient; the Inconscious）結構改變成以語言與象徵爲仲介的主體間關係（Intersubjective Relations）結構，從而使原有主體化的潛意識，變成爲主體間語言交往過程中、經象徵性運作而不斷變化的「能指」（le signifiant; the Signify）開放系統。拉岡認爲「欲望」（le désire; the desire）是潛意識的核心；而語言則是潛意識的符號結構，也是潛意識同人的思想創造、實際活動以及外在世界相聯繫的仲介因素。欲望在本質上是對於虛無的欲望，因爲欲望就是象徵性本身，是一種能指。因此，語言的「能指／所指」結構絕不是固定的二元對立模式，而是以本能欲望爲中心、隨欲望不確定地無限轉變而發生不確定的變化。**第三**，他進一步批判傳統的「主體概念」（le concept du sujet; the Concept of Subject），清晰地揭示主體的話語（la parole; Speech）和論述（le discours; Discourse）結構，從而使一貫靠主體意識同一性來維持的「主體」本身，變成受話語和論述決定而不斷變化的附屬因素。**第四**，系統地論述**現實性**（la realité）、**象徵性**（le symbolique）和**想像力**（l'imaginaire）的三重結構，並將三者所構成的三重結構（拉岡簡稱le triade de RSI）及其運作，當成人類文化創造的基本機制。**第五**，拉岡集中研究了存在、死亡、欲望和思想創造活動的相互關係，使後人更清楚地洞察到人類思想創造活動的無限廣闊可能性。**第六**，拉岡創造性地開闢了對於情欲語言基礎的研究，強調情欲、性欲和各種最原始人類欲望對於思想創造和語言運用能力的決定性影響，對於後結構主義和後現代主義啓發甚大。最後，**第七**，拉岡一反傳統西方理性主義，將人的思想歸結爲「一種疾病」（considerer la pensée comme une maladie），強調人的思想之反常規性本身的合理性，並試圖在思想的自由創造活動中，揭示人的思想同其社會、文化、符號運用及情欲之間，難於加以規則化的複雜關係。

　　拉岡的這些偉大貢獻，體現在他的大量著作中。他的著作主要由論文和研討會發言組成，其中最主要的，是他的《文集》上下兩冊（*Écrits I, Écrits II*）和《研討會言論集》二十七集（Séminaires I – XXVI）及其他（參見本書後參考資料所列書目）。

　　爲了深入分析拉岡的思想的偉大意義，首先有必要從延綿近半個世紀的所謂「現代性」與「後現代性」之間歷史爭論的宏觀角度，從「現代性」對於語言符號的反覆批判和解構歷程，探索拉岡的「後佛洛伊德精神分析學」對於語言符號

的分析成果，同時探討拉岡思想與整個法國現代主義、結構主義、後結構主義、解構主義以及後現代主義的相互關係，並在這樣廣闊的思想背景下，探索拉岡的後佛洛伊德主義思想的實質。在此基礎上，還要進一步從哲學、人文社會科學與自然科學綜合觀察的角度，探討拉岡新型精神分析學及其符號象徵論的人類學、語言學、社會學和文學藝術意義。

　　為此，讓我們回到二○年代，回到拉岡剛剛接觸佛洛伊德的那個時代。當時，不論是尼采和佛洛伊德，還是現代性文學藝術，對於拉岡來說，都不是生疏的。他早在中學時期就初步接觸到尼采，而對於佛洛伊德，他是在考上醫學院之後陸陸續續了解到。1923年，在法國各醫學院的課堂上，拉岡第一次比較系統地聽到了佛洛伊德精神分析學的理論。由此，拉岡初步掌握了佛洛伊德所說的「潛意識」等基本概念。對於長期受到中學傳統思想教育的拉岡來說，佛洛伊德的潛意識理論，似乎為他打開了一扇視野極為廣闊的窗戶，使他看到了許多用傳統眼光所看不到的東西。拉岡由此走出少年時代所形成的狹小精神生活圈，使他真正體會到理性主義之外「天外有天」的令人驚異和振奮的感覺。在佛洛伊德的啟發下，拉岡決心繼續走這條通往傳統藩籬之外廣闊新領域的探險式創造的道路。於是，他利用課餘時間，認真閱讀佛洛伊德著作的一些法文譯本。但是，當時法國學術界對於佛洛伊德的認識還是非常有限，佛洛伊德的許多著作還沒有翻譯成法文。而且，正如我們已經反覆強調的，當時法國的精神分析學，基本上仍然受到法國本國範圍內的精神分析學傳統的影響。在這方面最重要的理論，是法國精神分析學領域內德高望重的學者沙爾科的理論。

　　實際上，拉岡從少年時代起，就對運用佛洛伊德精神分析學的達達主義發生興趣。拉岡發現：發源於瑞士文化界的達達主義，其整個理論基本上立足於對夢幻的追求。他們崇尚尼采哲學和佛洛伊德的精神分析學，認為藝術創作主要依據作者的自發性、想像的獨立性、語言的自主性和難以捕捉的潛意識；而所有這一切，都可以在夢幻中找到其典範和具體表現形式。在當時的拉岡的心目中，人的想像力、語言和潛意識，是進行主動創作的主要基礎，而它們的性能以及實際運作邏輯，並非從屬於傳統邏輯規則和理性法則。正因為如此，它們才具有奇妙的創造力。對於人來說，關鍵在於對待它們的態度。更具體地說，創作者不僅必須善於放鬆對它們的約束，而且還必須進一步設法催動它們的活力。這就關係到如何找到靈巧的手法和創作的技巧，把它們原本存在的動力發動起來，讓它們在創作的原野上任意馳騁。

　　在拉岡少年時代所看到的達達主義的詩歌中，拉岡發現了詩人們以從未有過的創造精神，鄙視現實世界所流行的道德觀念和創作方法。他們勇敢地向傳統的

規範挑戰，不願參照任何一個可理解的世界，決心逾越各種禁忌和界限，通過各種潛意識的意向和毫無關聯的語詞之組合，以無規律的節奏、韻律和排列方式，盡可能使詩歌創作一再地突破原有的規則。

與詩歌一樣，在戲劇創作中，達達主義也主張採用一些被人們認爲「荒誕」的內容，以即興表演或隨意對話的形式，讓戲劇舞臺本身，變成活生生的創造表演場所。因此，他們的舞臺表演並無規則可循，而布景則多用誇張面具和奇特的器材，服裝也盡可能離奇不著邊際，創造出與實際生活保持相當間隔的「可能世界」。當時，拉岡多次觀看達達主義者所表演的戲劇，受到很深的啓發。拉岡尤其讚賞他們藐視傳統和現實秩序的勇敢精神。

受到達達主義和精神分析學的影響，在少年拉岡的思想中，逐漸形成一種新的思維模式，力圖尋求在表面秩序背後的「荒謬」和無序。他認爲，越是引而不發和藏而不顯的事物，越是值得追求和回味。拉岡在二〇年代所閱讀的《文學》雜誌中，刊載了一批達達主義作家和藝術家的作品，使他大開眼界。拉岡還約見超現實主義的首領人物、作家布列東以及蘇波，同他們交談請教，使拉岡迅速地提升了對於達達主義和精神分析學的認識。布列東和蘇波都是當時很著名的作家。正是在布列東的倡議下，法國文學界迅速地建立了「超現實主義」（le sur-réalisme）學派。其實，超現實主義同達達主義只有很小的差異，因爲他們在理論上都是以佛洛伊德潛意識理論爲基礎，宣導發揮無意識的創造精神，對現實和實際生活，進行批判性的「重建」；他們反對以往傳統的現實主義方法，嘲笑簡單的對於現實的模仿，同時也反對古典浪漫主義，主張把理性澈底趕出浪漫創作的園地。

二十世紀二〇年代，在布列東等人的積極推動下，一批法國傑出的思想家、作家和詩人所組成的「超現實主義」，把達達主義的反理性主義創作主張，推向更抽象的層面，使之更具有理論色彩，並採取系統而又完整的表現手法。布列東明確地說，**超現實主義**是一種純粹心理的自動無意識表露，他用「心理活動自動化」（automatisme psychique）這個新的專有名詞，來表達作者創作過程中完全無意識地從內心深處流露出來的靈感、情緒和創作思路。他認爲，人的思想，特別是文學藝術創作中的思路，其實際運作過程，完全是出於思想情感本身的無意識流露和運動，它們同理性及其他意識活動的關係是極其複雜的；並不是像傳統理性主義者所說的那樣，完全由意識和理性所統治，而是精神心理本身的內在運動邏輯所推動的，在很大程度上甚至完全脫離思想者本人的主觀意識。創作思路在其展開過程中，尤其受到思路前後思考段落之間相互關係的指引，往往脫離作者主觀預設的途徑，由其本身相互關聯性決定著其發展方向和表達方式。布列東

特別強調，創作思路擺脫了理性和一切美學及道德的約束，是由思想本身的內在力量所推動的。超現實主義詩人阿波里奈在談到藝術創作時也說：「藝術家首先是一些想成為非人的人」，意思是說，藝術家在進行創作時，不能把自己停留在常人的層面上，而應該具有常人所沒有的特殊慧眼，看穿現實背後的可能世界，並從中選擇創作情節所必要的因素，把讀者引入新的自由境界。其實，在人與非人之間，並沒有一條不可逾越的鴻溝，正如人和動物之間並沒有絕對的區分一樣。當然，對於作者來說，問題並不在於刻意地使自己變成「非人」，而是要超越普通人的界限，發現現實中所看不到的東西。現實本身其實往往是虛假的；真正的實質性因素總是「隱而不顯」。在超現實主義者看來，人的思想網路和情感表達中的相互關聯性，應該是某種超出現實的層面，是在看不到的現實彼岸的精神境界中自動展現的，這就好像陷入夢境的心靈，也好像被遊戲的歡樂所迷惑的童心那樣，自由地遊蕩在現實的幻象深處，到處同奇特的新對象相接觸。作家只有憑某種超越普通感覺的「直觀」或「直覺」，才能領會到那些看不到的東西，並在作品中用特殊的文學加工手法把它們加以重建，也就是以新的面貌呈現在讀者面前。阿波里奈認為，詩人要善於運用各種令人意想不到的形象比喻和意向描繪，巧妙使用語言遊戲的策略，把比喻、隱喻、借喻和換喻的各種表達方法，同時地或更替地發揮出來。詩歌創作尤其不應該約束在前因後果、時態、修辭等常規所限定的範圍，應該完全醉心於主觀聯想，使詩歌創作出神祕的世界。

從二○年代起，拉岡同馬拉美、巴岱、羅曼・羅蘭、阿拉貢、紀德、畢卡索、布列東、馬塞爾・杜象（Marcel Duchamp, 1887-1968）以及哥克多等超現實主義作家和畫家們，就建立了深厚的友誼關係，同他們保持密切的來往，為他的思想創造提供深刻的啟發。這一批文人和藝人圈，不僅在藝術創作方面有許多共同觀點，而且，在政治和社會觀點上，幾乎都是親法國共產黨的馬克思左傾思想擁護者，使他們在批判當代社會和傳統文化方面能夠經常相互溝通和相互啟發。

與拉岡同時代的巴岱是法國多才多藝的思想家和作家。巴岱的一生，透過對於語言文字的質疑和批判，始終都力圖以自己的思考、創作和寫作而不斷僭越或逾越（transgression）人的生存界限。在他看來，只有在不斷試圖逾越人類生存界限的冒險創作過程中，才能體驗生命和創作的真正樂趣。他認為，人生的基本問題和創作的基本問題是一致的，而貫穿於其中的主導性問題是「性」（le sexe; the Sex）、「惡」（le mal; the Evil）、「死亡」（la mort; the Death）和「語言」（le langage; the Language）的相互關係。人類創造語言文字，在巴岱看來，無非是為了把人類自身從「性」、「惡」和「死亡」的相互困擾中解脫出來。「性」、「惡」、「死亡」和「語言」四大因素，對於人的生存和創作來說，都

是具有雙面結構，並且同時具有相互矛盾功能的奇特力量：它們各自都呈現出結構上、功能上和性質上的兩面性：既有積極的創造的一面，又有消極和否定的一面。所以，它們在文化創造中的參與，一方面有利於人類的思想創造活動本身，另一方面又限制、否定、扼殺和窒息它。由於「性」、「惡」、「死亡」和「語言」的出現，人類社會和文化生活就充滿了各種難以克服的困擾，但同時也隱藏著無限的希望。因此，人的語言文字只能是普羅米修斯精神的體現。人生所經歷的，始終是滲透著「惡」的種種苦難；「惡」把人推到死亡邊緣，但「惡」本身又爲人類社會文化的更新和發展提供了生機。在這過程中，只有透過性欲的解放和語言文字的創造活動，一方面紓解精神痛苦，滿足精神無限追求超越的本性，有希望把人從苦難中解脫出來，衝破生存界限的限制；另一方面，壓抑著性欲及各種欲望的道德以及語言運用中的各種規則，又約束著人繼續和永遠生存於苦難中。正是在種種矛盾相纏擾的過程中，「死亡」作爲無可逃避的人生目標，以其絕對空洞、虛無和欠缺的性質，爲人生的未來提供比現實本身更廣闊得多的時空維度，同時也提供了無限想像的可能性，從而展現了無限的希望和發展前景。正因爲這樣，巴岱與他同時代的作家克洛索夫斯基、布朗索和莊・包蘭等人一起，對色情文學家沙德的怪異色情小說備加推崇。巴岱雖然沒有正式加入超現實主義派別，但也推崇它的創作原則，對於該流派坦露色情、歌頌幻覺和瘋狂的手法大加讚揚。巴岱所寫的《哈利路亞：狄亞奴斯入門》（*L'Alleluiah, catéchisme de Dianus*, 1947）典型地表現了作者對死的恐懼和幻想、對情欲的追求和對超現實的期望的複雜心情。

二十年代末至三〇年代初，在撰寫博士論文期間，拉岡還經常同雷蒙・阿隆、雷蒙・格諾及巴岱等人，聆聽著名的科學史家柯以列和著名的黑格爾哲學專家科耶夫的哲學史、知識史和科學史的課程。

所有這一切，爲拉岡撰寫它的博士論文奠定了深刻的思想基礎。1932年是拉岡思想發展歷程的重要一年。在〈論偏執狂及其與人格的關係〉（*De la paranoïaque dans ses rapports avec la personnalité*, 1932）博士論文中，拉岡第一次創造性地論述了人的人格結構同病態心理的內在關係。正是在這篇論文中，年輕的拉岡竟然在佛洛伊德有生之年，而且又是在佛洛伊德的精神分析學達到其發展的最高峰時，發出了向佛洛伊德挑戰的信號。

拉岡在準備他的博士論文時，其指導思想，就是蒙泰涅的那一句名言：「我們的生命，一半是瘋狂，一般是智慧」。偏執人人都有，只是程度不一樣；偏執的越強，越是天才，偏執越弱，越是接近庸人。沒有偏執，便沒有創造，沒有發明，沒有文化。思想和文化上的一切新突破，都是偏執的結果。

　　就在拉岡對他的論文進行答辯的時候，他對組成答辯委員會的教授們說出了令其導師驚異的一句話：「精神分裂不是一種病，而是人的正常精神狀態」。他的導師雖然從內裡爲拉岡的才華和膽略而驚喜，但也爲拉岡捏了一把汗，因爲他擔心拉岡這句過於直率和充滿稜角的話，會引起他同行們的反感。

　　在拉岡的論文中，他已經熟練地運用現象學方法深入研究精神病發生機制中「主體」結構變化同語言應用的密切關係。他認爲精神病就是主體的人格病變所引起的意識結構變化，它是與患者語言運用方面的障礙有密切關係的；同時它本身也導致主體應用語言方面的模式變化。拉岡完全不同於佛洛伊德，不是首先從潛意識同主體意識、同「超我」的相互關係去分析，也不是首先肯定人的主體性的重要地位，而是從潛意識同語言運用的關係，從患者所處的人際關係去考察，從語言運用中所遭遇的社會關係網絡的矛盾出發，分析人的精神活動所可能發生的偏差。他詳細地觀察了患者人格心理結構同語言使用規律變化的關係，分析患者人格結構中高估「自身」（sur-estimation de soi）的發生機制及其在語言中的表現，發現患者透過語言表達顯示其「不信賴」（la méfiance）、「無力進行自我評估」（l'incapacité à l'autocritique）及其他各種病態心理的潛意識結構基礎（Lacan, J., 1975[1932]）。拉岡的這篇博士論文從此成爲他個人思想發展的重要里程碑，也成爲他全面批判佛洛伊德潛意識理論及其精神分析學方法的起點。

　　爲了撰寫這篇論文，他同魯文斯坦（Rudolph Loewenstein, 1898-1976）一起，進行精神分析工作。拉岡在這篇博士論文中，由於對人的整個精神活動的性質深感興趣，也對人的各項文化活動，尤其是文學藝術活動進行深入的研究。如前所述，他同當時非常活躍的「超現實主義」（Le surréalisme）派別有密切的來往。他積極參與由馬克思主義精神分析學家瓦隆（Henri Wallon, 1879-1962）所主編的《法國百科全書》（Encyclopédie Française）的出版工作。應瓦隆的邀請，拉岡在由德·蒙奇（Anatole de Monzie, 1876-1947）任執行主編的《法國百科全書》第八卷中，發表了他的著名論文〈家庭情結〉（Les complexes familiaux, 1984）。這篇論文包含三大部分：論家庭的導言、論家庭制度的第一節以及論家庭情結的病態的第二節。這篇論文構成了在1936年發表於國際精神分析協會第十六次代表大會上的重要論文《論鏡像階段》的基礎。

　　在這一時期，拉岡還透過超現實主義集團，同著名的西班牙畫家達利（Sàl-vador Dali, 1904-1989）有密切來往。達利在1931年所畫的超現實主義名畫《記憶的持續性》（Persistance de la mémoire），形象地表現了潛在於人類精神深處和底層，而又極其頑固和時時頑強地表現出來的潛意識結構。與此同時，他還同著名的文學家和思想家巴岱以及梅洛·龐蒂等人一起，積極參加由著名哲學家科耶

夫所領導的「黑格爾研討會」。正如梅洛·龐蒂所說：「黑格爾是近一個世紀以來哲學上的一切偉大成果的根源；例如馬克思主義、尼采、現象學、德國存在主義和精神分析學的成果，都是這樣。黑格爾開創了對於非理性主義的探索嘗試，並將非理性納入更廣泛的理性範疇之中，從而使對於這種更廣泛的理性的探討成為本世紀的重要任務。……」（Merleau-Ponty, M., 1948：109-110）。科耶夫有關黑格爾的研討會激蕩起拉岡及其同時代人，使他們以辯證法的精神進行創造，尤其集中地分析思考人的精神活動的複雜層面。

拉岡在他的博士論文中所堅持的觀點，進一步發展成為直接顛覆佛洛伊德理論的思想基礎。

1936年，拉岡參加舉行於德國波希米亞地區的國際精神分析研討會，並發表了他著名的論文《論鏡像階段》（*Le stage du miroire*）。

如前所述，佛洛伊德精神分析學特別強調欲望的潛意識基礎，把欲望的主要形成動力歸結為潛意識的本能衝動（pulsion instinctive）。但拉岡卻從語言運用的角度深入揭示了欲望的物件及其與主體的關係問題。在拉岡那裡，欲望的物件是非常重要的，因為任何欲望並不是主體潛意識內在要求的結果，而是在與他人的交往中，在語言的社會運用中，受到主體之外的他人的影響和刺激，根據象徵符號的運作規則而形成的。因此，關於欲望物件的問題，一方面可以進一步使拉岡所獨有的「**機器世界**」（le monde de machine）具體化，由此揭示出這個被他稱為「**真正的人的世界**」（le monde proprement humain）的具體結構；正是在這個領域內，拉岡超越了佛洛伊德的精神分析學理論的門檻而探索某種「一般本體論」（ontology générale）。另一方面，透過拉岡的「欲望物件」的概念（la notion de l'objet du désire），我們也可以看到拉岡如何探討精神分析學同它的哲學先驅的關係。

所以，在他的兒童鏡像期心理研究中，拉岡就已經很明確地指出：人對於自身主體的認識，並不是靠其主觀意識的單向成長過程，也不是單靠其內在本能欲望的推動，而是靠他同**他者**以及與他者同時介入的**象徵性世界**（le monde symbolique）的關係而形成的。人從兒童時期開始，就透過象徵性的仲介認識自己、主體和物件。人的欲望物件、形成動力及其變化，都是從兒童的鏡像階段就已經確定下來。從那時起，象徵性本身就是最有潛力無限展開的「他者」。人在其成長中所接觸到的「他者」有三種：以象徵形式而直接表現出來的各種符號和信號；以特定身分出現的有形體的個人；以占有特定時空結構的物理形體。但所有這些他者，歸根究柢，都將以象徵性的結構展示在人的面前。它作為一種仲介，作為第三者，從人的最早心理發展階段，就以一種「引導者」的身分，指引人認識自

己、進行自我認同，並同他人和整個外在世界發生關係。他者從來都不是單純以其時空結構的死框架出現在人的面前。他者在「會說話的人」的面前，始終都是以象徵的性質及結構而活生生地呈現出來的。因此，「他者」與「象徵」不僅是同時出現在人的面前，而且兩者也是同時以象徵性的運作規律相互影響，並推動人的整個心理發展過程。拉岡說：嬰兒期的兒童難以活動，全靠照護，但還是歡快地接納了他的鏡像。這種快樂的接納，似乎在一種典範的情境裡暴露了象徵的母體。在此，「我」突然處於某種原始形式，然後，又透過他者的認同辯證法，「我」被具體對象化了；語言也普遍性地使「我」恢復了主體功能（Lacan, J., 1966）。

　　顯然，對於兒童主體性建構的機制，拉岡並不滿足於佛洛伊德關於「戀母情結」的解釋。因此，在拉岡上述關於兒童鏡像期的論文中，拉岡進一步得出結論說：相對於在鏡像中所發現的「原始的我」，佛洛伊德所說的「力比多」標準化功能只能置於第二位（Ibid.）。拉岡認為，最關鍵的是**能指**（le signifiant）的神祕功能。他認為，正是透過「能指」，兒童才有可能走出他們模糊的想像捕捉物的範圍而進入象徵性的世界。拉岡認為，「能指」所發揮的作用是無所不在的（Lacan, J., 1966: 509）。「能指」是一切表象和觀念的前提。佛洛伊德曾經不知不覺地區分了兒童的「語詞觀念」、「事物觀念」、「語音觀念」以及「圖像觀念」，並區分了內生精神心理能量（énergie psychique endogène）和外生精神心理能量（énergie psychique exogène）。但佛洛伊德低估了語言符號的能指功能，使他無法說明人的成長過程中主體性意識與語言運用的關係。拉岡卻高度重視語言運用在意識發展中的作用，強調「能指」的出現，在一個人意識成長中的決定性影響，並特別深入分析了「能指」的自律性主動創造功能。他認為，能指就是一切表象和觀念的基礎，是人的精神心理能量的主要來源。人的成長中，透過與他人的來往和言說，使自己認識了世界，也認識了自己。「能指」在其運作過程中，能夠產生出連說話者自己都意想不到的事情：那就是能指在運作中，不僅引出了所指，更重要的，是能指自身也同時進行自我生產，導引出一系列超越主體意識的效果。在這裡，最關鍵的，是話語的應用引入了他者，或者，也可以說，他人在人的言說中進了主體，使主體發生連主體自己都無法控制的新變化。在這個意義上說，**人是被語言所言說，而他者倒成為主體的替身**，使主體消失無蹤。

　　拉岡說：心理能量並不是實體，而是必須由物理學家加以細緻計算的「常數」（constante numérique）（Lacan, J., 1974: 34）。被父親的家庭角色所「分塊縫訂」的象徵性結構，將主體歸屬於或附屬於「象徵性閹割」（la castration symbolique）。由於被閹割，主體成為狂熱追求永不能獲得滿足的換喻物件的貪婪東西。所以，對於拉岡來說，能指對於主體來說是強制性的，它的確強加於主體，是主體無論如何都必須接受的；而「他者」是「能指的寶庫」（le trésor signifiant）之所在。所以，在這個意義上說，欲望是他人的欲望。有了他者，才有可能形成能指，才有可能使主體形成接受能指的能力；也只有他者的出現，才使主體的欲望被引向另一個欲望中。正是在「他者」那裡，一切具體的論述被揭示無遺，也正是在這個同一個地方，一切想像的東西被揭示無遺。所以，拉岡進一步說，所有的真理都是由具體的論述宣示出來的。具體的論述是「發出言語的磨坊」（un moulin à parole）。正因為這樣，拉岡很詼諧而深刻地說：論述就是「正在唱的那個唱片」（disque-ours courant）；論述就是隱含著某種記錄言語的錄音唱片（Lacan, J., 1998[1957/58]）。拉岡還指出：沒有「他者」，自然的人無非是殘暴的野獸（une bête féroce）；正是靠他人以及由此而出現的「能指」，人變成為站立的殘暴野獸（Ibid.）。也正是靠他者的介入，才使兒童逐步地形成自己的主體。

具體的論述是在同他人的溝通中發出的，而兒童向他人發出的任何要求，從一開始是靠一系列「能指」展示開來。所以，兒童的任何要求並不是像佛洛伊德所說的那樣依據快樂的原則（le principe du plaisir）。由於一切要求都透過言語來作為表達仲介，致使言語永遠一再地要求其他的東西。所以，在產生和表達要求的過程中，欲求的物件永遠都是隸屬於能指的永恆換喻的系列中。在這個意義上說，要求本身的提出就必然地包含著欲求無止盡的不滿足狀態。

在佛洛伊德那裡，潛意識雖然具有革命的意義，強調了潛意識優越於理性意識的原始性、主動性和創造性，但他畢竟主張將潛意識壓抑在「前意識」（Pré-inconscient; pre-conscious）和「意識」（conscience; consciousness）的深層底部，並以主體意識哲學的模式，將潛意識、前意識和意識三層結構，改述成「原我」（das Es）、「自我」（das Ich）、「超我」（Super-Égo; das Überego）的三重結構，以符合傳統文化原則，強調經由適當家庭教育而形成自我意識的「自我」以及代表整個社會制度、規範和道德的「超我」對於「原我」的重要意義，保障社會文化的正常秩序及其正常運作。由此看來，佛洛伊德仍未跳出傳統文化的羈絆，強調從原我到自我以及超我的道德教育過程的重要性，使其潛意識理論最終納入傳統文化的體系中，也使其充滿革新和創造性的潛意識理論無法進一步發展起來。

拉岡不同於佛洛伊德，他在考察人的思想精神生活同整個社會的相互關係時，並不以傳統規範和社會秩序的穩定性作為出發點。拉岡如實地探討人的主體

性形成過程，尤其深入探索人的語言論述同他的主體性建構的密切關係，使他發現作為人的主體意識基礎的潛意識同語言論述之間的內在關係。在他看來，**潛意識就是處於「前論述」階段的個人語言運用能力的縮影**。潛意識表現了未說出論述以前個人意識的模糊狀態及其無自主性。而潛意識的重要性，並不在於它處於意識和前意識之下，作為它們兩者的基礎；而是在於：潛意識作為一種潛在的語言運用能力，具有引導人進一步走向更複雜的想像世界的潛力，也保證了人在同其所在的世界的接觸中能夠時時從被動轉化為主動，使自己能夠獲得更大的自由。

在改造潛意識理論的努力方面，拉岡集中在五個方向上：第一，讓潛意識跳出意識和社會道德規範的牢籠，而其關鍵是借助語言的通道，使潛意識與語言兩者都自然地透過其自身的無意識特性，把意識撇在一旁，直接地向外結構化。第二，使潛意識不再單純地與主體化的過程相關聯，從而使它擺脫實現主體化過程所必須遵循的道德規範約束，直接地在語言運用中實現其開放的結構化運作。在這裡，不僅佛洛伊德原有的潛意識壓抑理論遭受了澈底的批判和顛覆，而且潛意識也直接在同「他者」的互動中，成為無限的「他者」之間相互轉化遊戲活動的動力。壓抑理論從此被趕出創造的領域。所以，對於拉岡來說，**潛意識（無意識）就是他者的話語**（l'inconscient est la parole des autres）。第三，讓潛意識在非主體化的語言結構化過程中，直接展現其主體間性的特徵，使潛意識能夠在不受主體道德意識約束的情況下，自由自在地進行創造活動。第四，潛意識所外化的語言結構，也超出結構語言學關於「能指／所指」的封閉式二元對立模式，採取二者間開放式無限轉化的遊戲模式，使透過話語和論述結構而外化的潛意識，繼續採取靈活轉化的形式，克服了受傳統語言規則約束的原有狀態。第五，為了使潛意識進一步發揮其創造活力，拉岡又將潛意識納入現實性、象徵性和想像力的三重結構中。

拉岡認為，人的主體化過程，並非單純是人的意識內在封閉的自我發展過程，而是人的潛意識在其語言運用中，透過與他人以及與外在世界的不斷聯繫之中，逐漸地使人跳出其自我範圍，跳出其「自戀」（narcissisme）階段，調整其發自內在欲望的潛意識結構，產生與他人、與外在世界相聯繫的欲望，並在這種欲望的不斷活動中，形成、加強其主體的想像能力，從而形成一種以想像為中心的二元雙重對立關係，既把自己同他人聯繫在一起，也把自己同世界聯繫在一起。這種二元雙重關係的發展，又必然導致兒童越出其自戀階段，發展出伊底帕斯戀母情結。嬰兒從六到十八個月時期中，從其鏡子中所看到的自身鏡像看到了自己，也初步區分出自己的鏡像與他人、他物的鏡像，然後，他逐漸地將自己同

自己的鏡像區別開來，最後他才認識到鏡中的鏡像是他自己的鏡像，並認識到自己是同他人、他物既相區別，又相聯繫的。等到嬰兒能夠說話時，透過他連續不斷地與他人通話，他逐漸認識到外在世界的某些東西，因而才對於外在世界有所認識，也對自己的經驗有所知，他才變成一個與其內在世界和外在世界有複雜情感和意識的人。

由此可見，拉岡是從辯證發展的觀點，從人的語言運用中與他人以及與外在世界的聯繫過程，試圖說明人的自我意識、自我經驗以及自我對於外在世界的認識的逐漸複雜化過程。他的這種分析，遠遠超出佛洛伊德的單純潛意識理論，也遠遠地超出傳統主體理論，把主體的形成和發展同人的潛意識、語言運用、與他人他物的交往，緊密地聯繫在一起。在此基礎上，他試圖深入分析人的思想創造精神、實際活動以及外在世界同人的潛意識、語言運用的複雜關係。

拉岡在論鏡像階段的論文中，清楚地揭示嬰兒在鏡像前面所發現的「象徵的母體」（la mère symbolique）原來是空洞無物。他說，在鏡像中的原始的「我」，乃是理想的我；它一方面將是二次認同的源泉，另一方面又使自我機制在同社會環境相遇之前成為一種立足於虛構基礎上的倒狀裝置（Lacan, J., 1966）。

拉岡的這一發現，對於觀察和分析人的自我意識、主體性、思想精神面貌以及思想創造活動的性質，具有重要意義。人是怎樣看待自己？人又是如何透過自身的自我認識而進一步觀察整個世界？人又如何透過世界及其社會生活經驗而反覆重新觀察其自身？人在其無限迴圈自我觀察和觀察世界的過程中，又如何確定自己的同一性？在不斷確定和重新認識自己的同一性的基礎上，人是怎樣產生著自己的欲望？如何認識自己的欲望物件？如何更新自己的欲望物件？所有這一切，並不只是關係到人的主體性的建構，而是關係到人整個生命活動的進程，關係到人生觀、世界觀及社會觀的建構過程，也關係到人及其社會生活的本質問題。而這一切，都同兒童時期的鏡像認識有密切關係。兒童的鏡像認識，作為人的自我認識及其同一性的原始紀錄，是觀察人的認識及其思想創造活動奧祕的基礎。

首先，兒童在發現自己的鏡像時，一方面看到了自己，從而試圖由此抓住「我」；另一方面又發現這種好不容易生平第一次被發現的「我」，原來只是一種虛假的形象。第一，「我」是在同鏡子這個外在的「他者」的相遇中被發現的。沒有鏡子就不可能使兒童發現自我。所以，鏡子這個他者是發現「我」的仲介，又是發現「我」的關鍵因素。這說明：人只有在他同世界的他物和社會上他者的接觸中，才能發現自己。孤立的人自身是不可能存在的；不但不可能認識周

遭世界，而且，也不可能認識自己。所以，在這個意義上說，孤立的人自身，沒有同他人和他者發生關係的人，是等於空無，等於不存在。由此可見，人是從自己的不存在出發而走向存在的。人的存在的基礎就是虛無，就是空洞的自我，就是在他者中反射出來的象徵物。人是透過同他人和同他者的接觸而脫離了虛空狀態、走向發現自己的第一步。第二，當人自身透過他者而發現自己時，卻又發現自己所認識的「我」，原來是不存在的虛幻形象。在鏡中的「我」，雖然可以作為「我」的自我認識的標準和參照物，但它本身又是只存在於鏡中的幻影。這樣一來，終於被發現的「我」，到頭來，也不過是不確實的自我對應物罷了。第三，兒童在意識到自己的鏡像竟是一種幻影時，並不因此而沮喪、失望、逃避或失去興趣，而是激起他的遊戲興趣，並藉此而不斷地探索其中的奧妙，從中喚起他新的樂趣，促使他進一步去認識自己和世界，也進一步不斷產生他的新欲望，並同時不斷地試圖超越它。這樣一來，作為欲望對象的鏡像，反過來又成為產生新欲望的溫床。但是，第四，這個產生欲望溫床的欲望物件，其實是虛無的幻影，是一種象徵罷了。所以，人在其生存中所無限追求的欲望，歸根究柢，也只是一種虛幻的事物；或者，更確切地說，只是一種虛空的象徵罷了。人靠象徵認識自己，也靠象徵不斷超越自己和超越世界，還同時靠象徵不斷欺騙自己和安慰自己。

問題還在於：兒童所遇到的鏡像，不只是虛幻，不只是一種幻影，而且，它還是一種對稱式的「倒影」或「投射光環」。兒童在鏡像中所發現的自己，不是自己身體真正的有形體，而是它「倒轉的對稱物」。這個「對稱」，不只是指它在形象方面是對稱的，而且，還意味著它在實際生活和活動能力方面也是正相對立的：真正的我，是有血有肉的活生生的生命體；而在鏡像中的「我」，是沒有血肉的、毫無生命的幻影。凡在鏡像中呈現的狀態，正好是現實中的「我」的對稱物：人永遠無法看到自己的真實面目。這意味著：人要靠他的無生命的「鏡像化的虛假軀殼」來生存和討生活。

當一個人尚未有能力把握自己的鏡像以前，亦即，當他尚未有能力依據顛倒式的自身幻影來認識自己和整個世界以前，他只能處於一種「不成熟」的階段。換句話說，人只有不斷地透過與鏡像中虛幻的倒影打交道，才能學會真正的生活本領。因此，這種生活本領實際上就是欺騙和顛倒事實的本領，一種掩蓋事實真相的本領。正是在這個意義上，拉岡說：「鏡像似乎是可見世界的入口」（Ibid.）。人的一生，就是同這種虛空的鏡像打交道的過程。

鏡像中的那個「我」既然是空洞的和虛幻的，又為什麼還要成為人們無止盡追求和關心的對象呢？當人們感到欠缺時，他總是要對著鏡像做一個比較，從中

發現自己的缺欠,從中發現自己所要的東西。所以,那空洞的鏡像也是欲望的發動機。嚴格地說,它既是欲望的物件,又是欲望的動力基礎。它歸根究柢就是與人無止盡的欲望密切相關。

鏡像實際上就是象徵性,就是一種表示自身身分和隱藏整個神祕世界的象徵物。如前所述,鏡像根本不是實際的「我」。鏡像雖然不是實際的「我」,它卻實實在在地是由於真實的「我」而投射出來的。所以,鏡像的象徵性一方面表示它作爲象徵本身的空無性,另一方面又表示它所象徵的那個真實的「我」的空無性,同時還表示空無的象徵是密切地同現實的世界、現實的自身聯繫在一起。但是,不管是什麼樣的空無性,它又確確實實是事物本身。空無也是事物。空無是確實的存在。這正是一切象徵的特性。

拉岡對於「空無」和「缺乏」的強烈興趣,在一定程度上受到了巴岱的影響。在拉岡以前,巴岱就透過對於語言的穿透,理解虛無和死亡的真正意義,特別是把握生命的無限可能性,體會自由創作的無限潛力。他認爲,語言本來就是沉默的;在這個意義上說,語言在本質上就是虛無和死亡。語言以其沉默性展現其生命力,展現其通向無限的無以倫比的偉大能力。語言向人們宣示:**唯有透過死亡才能表現生命**。

自從西方社會自十九世紀完成工業化之後,社會的各種危機反而促使西方人更加受到非自然死亡的威脅。法國著名社會學家涂爾幹便在其著作《論自殺》中尖銳地指出:僅從1841年到1872年之間,西方各主要國家的自殺率便急遽上升(Durkheim, 1897)。進入二十世紀之後,自殺現象和對於死亡的恐懼,同時更散布於西方社會之中。與此同時,談論死亡的言論和探討死亡的論著也急遽增加。如同專門研究死亡的法國人類學家菲力浦・阿里耶斯(Philippe Ariès, 1914-1984)所指出的:「文學、哲學始終不停地談論死亡,以至於可以說達到了極其囉嗦的程度。現在大家都知道有關死亡的論談變得很混亂,而且在某種程度上變成一種焦慮的形式而擴散開來」(Ariès, 1975: 177)。同樣的,法國著名社會學家和思想家愛德格・莫林也指出,西方人面對死亡時所產生的那種焦慮、恐懼、神經質和虛無主義的態度,表現了在西方社會中生活的個人,已經越來越意識到其生存的危機(Morin, E. 1970)。

面對死亡的威脅,巴岱採取了截然不同的態度。他對於死亡(mort)毫無恐懼,積極地迎接和面對它,並試圖深入其中,嘗試死亡的真正滋味。因此,他進一步在語言和死亡中分析人的生存的**缺乏性**的自身基礎。這種基礎深深地隱含在「自身」(ipse)之中。在他看來,任何一個自身確定的生存都是不可能性(the impossibility of fixing existence in any given ipse)。自身首先是一種心靈狀態,但

同時又是一種肉體的物質存在，是一種具有超自身性質的世界性存在。人在世界上的生活結構，就是這樣複雜地構成一個迷宮世界。更嚴重的是，迷宮本身又不斷地運動和變化，具有不確定的性質。對於人來說，人本身和生活世界的迷宮性質，又透過語言的神祕性而變得更加複雜。巴岱說：「對人來說，一切存在都是特別地同語言相聯繫；是語言的語詞決定著人的生存在每一位個人那裡所呈現的樣式。……人的生存依賴於語詞的仲介，但語詞又不能把人的存在當作自律的存在而隨意地表現出來，只能把它當作深深地存在於『關係中的存在』的存在」（Bataille, G., 1985: 172-173）。

　　人的生存和語言的神祕性，又加上社會中活動的人運用多種詭計而進一步神祕化。世界的神祕性，有時好像被吸到瘋狂的動物性，有時被拋到神祕的和蒼白的死亡中去，有時又陷入崩潰中的漩渦裡。這一切，在巴岱看來，都應該成為文學創作的主要內容。

　　巴岱對於人生語言神祕性的研究和興趣，使他無止境地對深藏在生命和世界深處的神祕力量進行研究，也使他自己的生活陷於神祕之中。

　　巴岱把死亡當成是人生的一部分，雖然這是一個神祕的部分。死亡的神祕性不在於它的不存在，也不在於它的不可理解性，或者，如同普通人所想的那樣，在於它的可怕性。死亡的神祕性正是在於：它以「不存在」的形式而滲透到本來就已經不存在的生命中去；而它的這種神祕性，又因為藉助於語言文字的神祕性而變成可怕的力量，時時威脅著每個生存的人。巴岱認為死亡並不可怕，因為本質上不存在的死亡，是與同樣不存在的生命相輔相成的。對他來說，使用語言文字的人，本來是可以藉助於具有死亡性質的語言而理解死亡本身，並將死亡從不存在中召喚到存在中來。語言本身可以成為死亡的象徵。語言和人的生命一樣，同時包含存在和不存在兩個因素。而且，相對於語言中的存在因素，它的不存在因素更強、更普遍和更有活力；甚至可以說，語言是靠其本身的不存在因素，也就是靠其中的死亡因素而存在的。語言，作為符號，本來是沒有生命的，也就是死亡的；它是缺席者。所以，在這個意義上說，語言就是死亡的象徵（le langage comme le symbole de la mort）。但是，一旦同人相關聯，作為符號的語言就抓住人的生命，並透過人的文化活動而滲透到人的生命活動中，特別是人的文化活動及其歷史連續性。語言從此獲得了生命，並在持續同人的交往中，不斷獲得比人本身的生命更久遠和更普遍的力量。語言這個缺席者，在同人交往後所獲得的生命，之所以比人更持續和更恆久，正是在於語言本身透過其中的「不存在」和「缺席」而將生命象徵化，從而使語言的生命透過「不存在」或死亡的仲介而不斷重生。從這點來看，語言這個缺席者，比在場出席人的生命更有生命力，因為

語言並不像人那樣害怕死亡，而毋寧是靠死亡來維持它的存在。抓住了語言與死亡的內在關係，使巴岱更深入地研究語言本身的神祕性，以便揭示生命本身的神祕性。

為了理解語言的神祕性，巴岱又反過來同時地研究同語言密切相關的人類生活，特別是人的精神活動和文學創作活動。這也就是說，透過語言而了解人本身，又透過人本身去了解語言和了解死亡。正因為這樣，巴岱在研究詩歌和文學作品時，總是把作品中表面看來已經死亡的語詞和話語，當成是語言和人的生命的化身；然後他又深入分析這些作品中的話語所表現的生命。例如，他在研究英國詩人威廉・布拉克（William Blake, 1757-1827）的詩歌時，發現詩歌語言中存在著人間的「惡」和人的善心。威廉・布拉克的詩歌說道：

> 殘酷有一顆人的心，
> 而嫉妒裝成人的形象；
> 暴虐具有人的神性形式，
> 而神祕穿戴著人的服裝。
> 人的服裝就是人們鍛造中的鐵，
> 人的形式就是那火焰中的鍛造，
> 人的形象就是被密封的爐火，
> 人的心則是它貪得無厭的喉嚨。

面對威廉・布拉克這首詩，巴岱感受到自己正在邁入人的生命的無底深淵，而在這深淵中，人向自己所呈現的只不過是「惡」的表現罷了（Batialle, G., 1957a: 71-72）。在對於威廉・布拉克這首詩的分析中，我們看到，巴岱確實透過詩歌中語言的運用及其變幻莫測的神祕韻律，體會到了人性和人生中充滿著「惡」、「死亡」和「殘酷」的因素，而人類又永遠無法擺脫它們，就如同人類永遠有自己的一顆心，有自己的一種嫉妒感情，穿著這樣那樣的服裝，又要裝成神仙般的形式。

拉岡高度重視巴岱關於死亡與虛無的論述。在他的影響下，透過語言符號和象徵的途徑，拉岡也同樣指出了虛無和「空無」的重要意義。拉岡認為，語言和象徵都像死亡一樣，在本質上是一種虛無和空無。拉岡指出，象徵並不是附在事物上面的服裝而已，而是永遠都是事物本身。指示、代表和表明事物的各種象徵，雖然是象徵本身，是一種可以獨立存在於事物之外的象徵結構，但它本身同時、並永遠是事物本身（Lacan, J., 1975[1953-1954]：291）。象徵是事物，但它

是一種特殊的事物、一種空洞的事物。空洞的事物和虛無也是事物，而且，在某種意義上，它比眞實的有形事物還更加重要。同象徵相類似，語詞也不只是一種影子，一種吹發出來的語音，一種代表事物的潛在幻影，而且，它本身就是事物（Ibid.: 201）。因此，一切事物始終都已經無可避免地被當作象徵而被思想納入思想的世界。人的思想只有透過幻影般的象徵，把一切被思考的事物轉換成空洞的象徵，才能進行對於事物的思考。所以，思想一旦展開，一切事物都已經轉換成「欠缺」，轉化成「虛空」。走向虛空是不可避免的，也是絕對必要的。正如拉岡所說：「思想，就是意味著以『大象』這個語詞取代所有實際的大象，以一個圓圈取代太陽。你們完全可以理解到：在實際的太陽（即從現象學角度來說就是太陽本身，也就是那個作爲現象世界中一切運動著的事物的中心，一個發光的統一體）與一個圓圈之間，存在著一個深淵……象徵只有當它在象徵世界中組織起來的時候，才有象徵的價值」（Ibid.: 250）。

　　進一步說，作爲欲望物件的鏡像，由於它的虛幻性，它在實際上也就是「死亡」的象徵。既然在本質上是虛妄的，它無非就是死亡的象徵，是一種根本不存在的象徵物。死亡雖然一直成爲人們害怕的「目標」，但它又時時地同人實際追求的欲望連在一起，使人的欲望及其欲望對象，同死亡分割不開。正是在這個意義上來說，人的死亡是人永遠無可擺脫的欲望物件和欲望動力，是同人的一切活動緊密聯繫在一起的象徵物；同時，死亡也因此而成爲一切創造和生命活動的動力。

　　形式上的虛無並不是絕對沒有意義。對於人來說，生存於現實世界的複雜性正是由於這一點。拉岡明白地指出：形式上的虛無實際上又具有非常重要的意義，而且，這是一種本體論的意義。他說：鏡像的形式方面的虛無性質，可以產生一種「形成」（formation）的效果。

　　關於「格式塔」（Gestalt）或虛無的外形所具有的形成功能，拉岡首先引證的，是來自自然科學的最新成果，特別是來自生物科學和生命科學的最新成果。科學實驗證明：雌鴿的性腺成熟的必要條件是牠必須看到牠的同類，不管是雌鴿還是雄鴿。所以，在實驗時，把一隻鴿子單獨地放在籠子裡，只要讓牠看到牠的鏡像，牠照樣可以使自己的性腺成熟起來。生物科學把這種規則稱爲「同形認同法則」。值得注意的是，拉岡還由此進一步看到這種同形認同法則的美學意義。也就是說，任何一種生物，包括人在內，都要透過對於其同形的觀察，才能形成「美」的概念，並由此產生「色欲」。這就是爲什麼連動物也要靠牠的同類的形狀、體形和外形的呈現，來激起牠的美感、色欲和性欲。象徵以其本身的形狀和存在，可以激起和產生一切欲望；由於象徵的象徵性，它甚至可以產生任何類型

的欲望。

由此,拉岡進一步指出:作為虛無的象徵,由於它是虛無的,它更加可以成為一切欲望的物件和源泉。拉岡為此將「陽具」(phallus)比喻成這樣的欲望物件和源泉。在人的生活中,陽具就是這樣的一種純象徵物,它以其虛無的象徵狀態,可以激起各種各樣的欲望。他說:「陽具是最具優勢和具有優先地位的『能指』:凡是它出現的地方,言說就自然地同欲望的降臨聯繫在一起」(Lacan, J., 1966: 692)。陽具作為純粹的差異(le phallus comme différence pure),從其整體上,指謂著「所指」的所有效果;也就是說,它作為能指而以其本身的出現,成為了一切所指的效果的前提條件。由此可見,陽具成為了消除掉欲望對象和消除需求的能指的「原型」(le phallus est l'archétype du signifiant comme annulation de l'objet du besoin et de la demande),也成為欲望的象徵性虛無的「認同」或「核准」。凡是陽具出現的地方,就會自動地產生欲望和欲求;它本身就是欲望的物件和源泉,也是欲望的動力基礎。陽具的這種神祕功能,不是來自別的任何地方,而是恰恰來自它本身的純粹象徵性!人對於虛無的追求和欲求,人的欲望的虛無性,其最終根源和基礎,就是來自陽具在人的生活中的出現和存在。

對於人來說,他的悲劇就在於:他要透過其自身的幻影,即其虛無化的自身,才能發現自己!人就是這樣一種奇怪的動物:他有他自己的尊嚴,他需要有一種能使自己感到自尊的尊嚴和人格,但他不能靠他自己,不能靠他本身的力量,而是必須靠與他相遭遇的他者,靠在他之外的第三者,靠一個仲介,並把自己的真實形象在那個仲介中轉化成虛幻的假相,才能最終使自己認識自己,使自己能夠與他人、他者和整個世界打交道,從此實現他的一切夢想和理想,著手實現他的一切計畫。正如拉岡所說:從此以後,人要把自己的命運同那個虛假的幻影連成一體(Lacan, J., 1966)。

人的這種生存悲劇性,表面看來給人的存在帶來許多麻煩或困擾。但它在實際上又是為了人更大的自由開闢新前景的基礎條件。人是一個以追求和不斷擴大其自由領域為其生存基本條件的生命體。人的這種特點,雖然還有其他原因,但上述「自我」和「欲望對象」的虛妄性本身,也是形成人追求無限自由的真正動力。不僅如此,而且,這還是擴大自由的可能性的基礎。唯有在缺乏和虛無中,自由才是無限可能的。所以,不但是欲望的無限性和自我的虛假性,而且,人的死亡幻影,作為時時纏擾著人的生存的象徵物,也是無限追求和擴大自由的基本條件。

拉岡集中研究了存在、死亡、欲望和思想創造活動的相互關係,使後人更清楚地洞察到人類思想創造活動的無限廣闊可能性。人的欲望物件的虛妄性給予人

類文化創造活動帶來無以倫比的積極意義。首先，正如拉岡所指出的，它爲人的精神和思想創造活動提供無限的動力。從亞里斯多德以來，人就被定義爲「無止盡地驚奇的動物」。「驚奇」就是好奇，就是對於超越的無限渴望，就是對於現實的無限否定，並在否定中不斷地實現對於現實的改造。正因爲如此，人才有可能成爲哲學的創造者，成爲具有自我創造和自我毀滅能力的生物。人的自我創造和自我毀滅是同時進行的兩面：兩者是互相牽制和互相補充的，是互爲條件。人不能幻想不完成自我毀滅就可以完成自我創造；反之亦然。關鍵在於如何調整兩者的關係，並在其相互調整中實現人的理想目標。拉岡指出：人的上述特性，使人的認識活動具有某種「妄想狂」的特徵。這種所謂「妄想狂」，雖然可以歸屬於「精神異常」，但它歸根究柢是最正常的創造活動的典範。拉岡認爲，人在其自然現實中的有機體的「匱乏」，是人的無限創造及其無限地產生「妄想」的實際基礎（Lacan, J., 1966）。有了這一切，人才成爲創造性的生命體。

1938年，拉岡明確地提出了「『自我』生成中被分塊的身體」（corps morcelé dans la genèse du moi）的重要觀點（De l'impulsion au complexe, 1938），並把身體的「分塊化」稱爲主體形成的「一個最首要的建構階段」（un stade structural primordial）。這顯然是受到梅洛・龐蒂現象學身體研究成果的影響，也是由笛卡兒開創的法國主體意識哲學傳統的延伸，使他的主體觀從一開始就同佛洛伊德的精神分析學原則有所區別。分塊的身體，就是在鏡像前的「我」的自我分化，這是由於它的虛假性所造成的。

所以，拉岡又說，「鏡像期是一齣戲劇，它的內在驅力猛然由匱乏轉向期待，這就爲沉迷於空間認同誘惑的主體產生了一系列幻覺，……」（Lacan, J., 1966）。如果說這一切構成了人的創造活動的思想動力的話，那麼，在睡夢中，它又可以轉換成爲不連貫的「碎片化的身體」的形式，以各種毫無邏輯的肢體形式出現在夢幻中。這是人的創造能量之剩餘力量的發揮和昇華，也是人的正常創造活動之補充和必要的自我慰藉。不管是想像中，還是夢幻中，身體的匱乏和碎片化，都驗證了這樣一條眞理：人是在虛無中進行自我創造的動物。整個鏡像期的出現和完成，都意味著：「透過對於他者的欲望，它將全部人類知識轉化爲仲介；又透過他者的合作，它在一個抽象的對等物中組構它的物件，並將『我』轉化爲一部這樣的機器：對它而言，每一次本能驅動都構成一次危險，……」（Lacan, J., 1966）。

拉岡對於主體問題的研究，是完全不同於傳統理論的。他從來不將「主體」當成獨立存在的本體論概念，也不打算將主體當成認識論範疇和某種實體性的東西，更不願將主體作爲形上學預設的討論前提，似乎只有從主體的存在出發才有

可能展開有關人和社會的研究。他認爲，主體問題是附屬於語言運用的，隸屬於象徵世界、現實世界（包括自然的、思想的、社會的和自我的世界）和想像世界的活動關係網絡。主體之所以產生，首先是人在社會中運用語言的結果；而且，主體的具體狀況也在很大程度上取決於語言的運用狀況。而語言的運用，如前所述，在拉岡看來，又在很大程度上與人潛意識的動向緊密相關，特別是同人的整個精神思想活動相關聯。

拉岡後佛洛伊德主義的精神分析學的精華，集中在他的一句名言中：「語言是潛意識內在能力的外化結構」；或者，換句話說，「潛意識就是被內在地結構化的一種語言能力」。拉岡的上述論點，包含了兩方面的重要意義：一方面，它是批判和改造佛洛伊德潛意識理論的結果，另一方面，它又是改造索緒爾結構語言學的結果。將潛意識理解成潛在的語言能力的結果，產生了極其偉大的理論意義。

潛意識（l'inconscient）與語言的共同特點就是它們的無意識性。也就是說，二者本來都是自然地具有脫離意識操縱的能力；不僅如此，兩者在實際運作中，總是脫離意識越遠越靈活。語言運用的無意識性，正是顯露語言本身的潛意識本質。

但傳統語言研究總是將語言的性質及其運用，歸結爲「自我」的「主體化」的問題。拉岡將語言看作是同潛意識結構內在地聯繫在一起的符號系列，「自我」的「主體性」的問題就不再是決定性的因素，也不再是人的思想和行爲的中心問題；而是隸屬於人的語言運用能力，並歸根究柢歸屬於人的社會性問題。

拉岡認爲，正是潛藏於人的心理深處某種「內意識的語言結構」及其與「他者」的社會文化交往，才使人在運用語言過程中，能熟練地和自然地運用暗喻和換喻及其相互變化的複雜關係，並由此理解神經系統所傳達的各種符號和各種症候，使人在同他人、整個世界相接觸和交往的過程中，借助於象徵性符號的仲介，在SRI網路的遊戲中獲得越來越多的自由。

另外，拉岡在發展結構語言學和精神分析學的基礎上所建構的「後佛洛伊德精神分析學」中，進一步發展和改造索緒爾所提出的「能指」（le signifiant）的基本概念。對於拉岡來說，索緒爾的「能指」概念，具有三方面的缺點：第一，欠缺了佛洛伊德所說的「潛意識」內在基礎。第二，將能指同所指的關係，簡單地歸結爲封閉式二元對立關係，使能指本身所固有的無限欲求能力和自我生產能力被消除殆盡。第三，欠缺對於語言運用過程中體現於語言論述風格的所謂「文風」（le style）的研究。

首先，語言的能指是一種象徵性的換喻轉換系列，其本身具有無限迴圈的自

我生產和自我更新的功能。能指就是象徵；而一切事物都可以成爲象徵。所以，能指本身也就是事物，是一種存在。而且，「所指」作爲一種象徵，雖然是在特定條件下受到「能指」的支配，但它仍然具有象徵的固有性質，以致使「所指」也能作爲一種象徵而獨立存在，並在新的條件下轉化成爲「能指」。因此，「能指」與「所指」的關係，並非固定和不變的；它們之間不但可以相互轉化，而且可以脫離開來而重新發揮它們各自的自律性，以致使原有的「能指」與「所指」的關係，在新的條件下完全脫節，各自朝向不同的演變方向發生變化。在這種情況下，語言的「能指」與「所指」的關係，轉化成爲兩大獨立演化系統，各自在自身的象徵變化系列中，演變成符號及象徵的變化遊戲。

　　同時，拉岡還認爲，在「自我」形成過程中，最重要的「能指」，就是男性的陽具（le phallus）。陽具作爲能指，既是象徵，也是事物。它是父親的象徵，成爲一切自我形成的最重要動力。能指作爲一種符號結構，是一個獨立的系統。它的獨立系統性，使它具有自身的生命運動，也具有自我生產和自我更新的能力。作爲象徵和能指的陽具，借助於換喻的形式，可以不斷地進行自我轉換，並在自我轉換中，以象徵性爲仲介，同他者、同世界以及同自我發生新的互動關係。由於陽具本身具有產生欲望的無窮能力，它也就成爲形成「自我」的最具生產性、最貪婪和最活躍的基礎力量。正因爲這樣，拉岡把「自我」形成過程中所建構的語言象徵性「能指」的自律系統，稱爲一種不斷產生欲望和生存動力的「機器的世界」（le monde de la machine）（Lacan, J., 1962-1963: le Seminaire livre X）。

　　而且，能指和所指的關係並不是單純以二元對立的固定模式表現出來；能指和所指，是在能指不斷換喻的運動中，同時發生變化的兩個具有生命力的創造系列。能指和所指兩個系統，雖然具有對應的互動關係，但它們各自也具有其自身的自律。也就是說，「所指」並非永遠是被動的「所指」，它可以轉化成主動自我生產的「能指」，並以自身的自律創造和更新自己的世界，因爲在拉岡看來，所指本身作爲象徵，也可以是能指的一種。「所指」，只是在它同能指相關的意義上，才是「所指」。但所指作爲象徵，也是事物，所以，也是可以在它同新的象徵的關係中，變成爲新的能指。這個時候，它就已經成爲新的獨立象徵，成爲一個可以決定其他「所指」的新「能指」了。「所指」的這種與「能指」同樣神祕的性質，來自於它的象徵性結構。作爲一種象徵，所指和能指一樣，可以產生自己的生命活動系列，並同想像系列和現實系列發生三向交叉的互連關係。

　　至於文風（le style）問題，拉岡把它看作是語言結構同自我心理特質以及社會文化脈絡相交錯而構成的一種語言心理結構，也是一種象徵性結構。文風本來

就是潛意識外化的一個重要方面。也就是說，潛意識在語言中的外化，體現在兩大方面：在語言結構上，表現出潛意識的可見部分；在文風上，則表現潛意識外化結構的不可見部分。

所以，在拉岡看來，語言運用中的文風，並不是純粹語言使用的技巧問題，而是透過一種語言符號遊戲，表達出在其中所隱藏的語言運用者心理結構及其同社會文化脈絡的複雜關係。這種看不見的因素，正是潛意識外化的表現。在文風中所體現的潛意識，滲透到話語表達方式之中，並以非常複雜的不可見形式顯示在語句的風格之中。拉岡指出，文風表達風格所體現的語言遊戲，實際上是語言結晶的實際表現（effet de cristal de la langue）。因此，拉岡所說的文風，實際上就是在人的語言運用中，透過主體言說的一種宣稱方式所體現出來的社會文化脈絡。它本身就是潛意識結構外化的一種表現。語言運用的文風中所體現的潛意識結構，是無形地外化在語句本身及其內外因素相互關係之中。說話者在語言論述的文風中所要表達的，是複雜的社會文化關係，其中包括語言之外的各種權力、社會關係以及制度規範方面強制性因素的實際功能，也包括屬於文化傳統方面的因素。就文風的形式而言，它不同於語句形式結構的地方，就是它所採取的象徵性模式。所以，各種文風的使用，實際上，就是複雜而曲折的社會關係，透過潛意識欲望外洩的無意識過程，在語言表達上的象徵性表現。因此，用什麼樣的文風，例如使用暗喻的、隱喻的、換喻的或象徵性的文風，都是複雜的社會關係對於語言使用者的影響結果，也是潛意識靈活對付這些複雜因素，並加以象徵性處置的符號化紀錄。

由此可見，拉岡把語言分析和精神分析都放在說話者、聽話者、思想者和行為者的社會文化脈絡之中。因此，當他引用索緒爾的「能指」（le signifiant）與「所指」（le signifié）的二元結構時，不僅把能指與所指看作是相互指涉的關係，而且，把能指和所指之間的區分，看作是前者對於後者的「壓抑」（le refoulement）過程。在這裡，拉岡引用索緒爾的能指與所指的「S／s」公式，並加以改造。拉岡顯然把「能指」和「所指」的關係，擴大成為說話者和思想者的心理變化參照系統。索緒爾使用這公式，只不過是要說明「能指」（sugnifiant，用大寫字母S表示）和「所指」（signifié，用小寫字母s表示）的相互呼應關係。但是，對於拉岡來說，這個公式所表示的，是語言表達中的可見、可感知和物質部分同其中看不見、缺席和暗指部分的關係。因此，對於拉岡來說，這個索緒爾的公式的重要性，並非單純是「能指」與「所指」的簡單呼應關係，而是包含著語言運用中的心理結構及其運作的層面，也就是「能指」對於「所指」的壓抑關係。在S和s之間的橫槓「／」，所表示的是一種壓抑；「所指」永遠是被壓抑的

部分，因此也是缺席的部分，它始終都是由「能指」所指定。表現在語言中的這種結構，深刻而生動地表達了心理活動中的意識與潛意識、象徵與缺乏之間的壓抑與被壓抑的關係。

拉岡認爲，文風的使用，是在語言運用中根據實際情況和需要，能指在語句具體部位關係方面的結構化（Lacan, J., 1971：501）。這也就是說，文風就是潛意識的實際表現，是潛意識爲了回避意識對於它的種種壓抑，經過曲折而複雜的途徑表達出來的。所以，在文風中所表現的各種語詞使用的變化，就是潛意識結構化的精神創造活動複雜過程在文字使用中的具體表現。

透過對於語言以及語言運用中他者的象徵性仲介功能，自我已經不再是笛卡兒所說的那種「自我意識」，不是具有理性能力的「我思」，不是具有邏輯統一性的理性主體，而是充滿無止盡欲望、不斷發出自我衝動、野性勃勃的象徵性能指的「機器系統」，一種具有自我生產和自我更新能力的「陽具」的化身。因此，主體不是語言運用的決定者，而是相反，主體從一開始形成，就是語言運用的結果和產物；正是語言同他者的象徵性交往活動，使自我的主體性能夠在社會文化活動中建立起來。

拉岡對於主體的語言社會運用方面所進行的上述探討，還進一步引申到它同主體思想情感的內在關係層面上。拉岡並不滿足於對主體的語言社會運用方面的單純抽象探索，而是把這一方面的問題，同主體形成過程中的思想情感狀況聯繫在一起。

其實，拉岡對當代思想最主要的啓發，就是在語言及其潛意識結構化的研究中，揭露「主體」的非穩定性和不確定性；不是主體決定語言和潛意識，而是相反。不僅如此，拉岡還進一步深入研究了語言及其潛意識結構的運作對於「主體」的實際影響。對於拉岡來說，脫離對語言和潛意識的研究，主體的問題就被抽象化、被扭曲和被神祕化（Lacan, J., 1981[1958-1959]；1986[1959-1960]；1991[1960-1961]；1991[1969-1970]）。

他以最新的符號論和象徵論的研究成果，重新探討、並重建佛洛伊德關於主體的理論。佛洛伊德的精神分析學是在一種特別意義上討論著人的主體問題。當佛洛伊德探討精神活動的主體時，他並不是把「主體」看作傳統西方理論所理解的主體。佛洛伊德認爲，「自我」（Self）一方面是在特定環境下產生的實體，另一方面又是在其產生過程中不斷進行分裂的。而且，正如我們在前面所一再指出的，佛洛伊德以潛意識理論改造了傳統的主體理論，強調潛意識是主體形成的基礎。不管是經歷家庭教育而形成道德意識，還是經社會生活經驗建構社會規範觀念，任何主體都仍然無法逃脫潛意識的影響。佛洛伊德還以伊底帕斯情結

（complexe d'dipe）和閹割情結（complexe de castration）進一步說明：以「性」為中心的潛意識活動始終是主體形成和發展的基礎。然而，佛洛伊德儘管在一定程度上批判了傳統有關主體的觀念，反對傳統理論將主體當成「統一」、「完整」和「固定不變」的實體的僵化主張，但他仍然未能徹底脫離傳統主體論的範圍。

拉岡從符號論和象徵論出發，認為人的意識永遠隨語言運用的狀況而變化。他認為人在任何時期和任何階段的意識結構都是相對的，是在生產論述（le discours）的過程中形成和變化的。人的意識，包括人的主體意識，並不能決定在具體條件下的論述；相反，是人的論述引導人的意識朝著一定的結構發展或變化。當然，他也指出，論述對於人主體意識的影響是有條件的，也是相對曲折的。換句話說，主體意識並不控制論述，而論述也不是輕易地進入人的意識之中。

拉岡認為，對於人來說，不是透過意識的主體化過程，而是透過說出的話語，透過能指的相互關係結構及其秩序，進入到主體間性的社會文化網絡之中。這一過程的實現及其推動力，就是潛意識的「欲望他者的無意識欲望」（le désire inconscient du désire de l'Autre）。「欲望他者的欲望」是在同語言運用的緊密關係中形成和變化的。在同他者的關係中，潛意識透過語言運用，發現了其先前欲望的含糊性和有限性。換句話說，潛意識自身的欲望，必須透過語言符號的象徵性溝通，在同外在他者的對話中，才能被它自身及被整個社會所確認。當潛意識尚未透過語言運用時，它還是處於模糊狀態，對自己的欲望無所認識。同他者的語言溝通，欲望本身表現出要使其欲望得到確認的欲望（désire de faire reconnaitre son désire）。用現在流行的正當化語言來說，就是潛意識的欲望是透過在同他者的語言運用中得到正當化和現實化。

為此，在佛洛伊德那裡起著決定性作用的伊底帕斯情結成為了拉岡解構的焦點。拉岡認為，兒童對於母親的戀情，還缺乏第三者的關鍵誘惑因素，即父親的角色。在沒有找到父親作為語言運用中的象徵性他者以前，兒童的欲望仍然處於含糊和不確定狀態。兒童在同母親的交往中，首先發現他自身對於母親的欲望是靠他本身同母親的相互關係而產生的，是在他需要他者的情況下產生的。兒童在產生同他者交往的過程中，發現他自己是一種有指向的能指，而且，他自身的能指性質是以其自身的虛無性為基礎而產生的。這就是拉岡所一再強調的閹割情結的作用。兒童以其閹割情結出發，產生欲望他者的欲望，首先把他的母親當作一種受壓抑的他者來看待。他很快發現，他的母親也是「閹割」的虛無，是一個不完整的他者，也是一位需要他者的他者。也就是說，兒童逐步發現母親作為兒童欲望的物件，不但其本身也是需要物件的，而且，母親作為兒童的欲望對象，其

本身也存在著確認其欲望的欲望。

在前述有關欲望的虛無性中，我們已經看到：拉岡把「死亡」和「缺乏」作為人一切欲望的對象和前提。當拉岡超越佛洛伊德潛意識理論和伊底帕斯情結概念時，他實際上是把人的「死亡」遭遇及面對「缺乏」當作最主要的生存動力。人永遠要遭遇死亡、面對缺乏、感到空無，所以，人才能在思想情感和生存欲望方面獲得不斷成長和發展的動力源泉。拉岡還把這個規律稱為「閹割情結」，把它當成比伊底帕斯情結更重要。

所以，拉岡進一步指出，在上述「欲望他者的欲望」產生和實現過程中，男人的**陽具**（le phallus）既是中心，又是最重要和具有決定性意義的「能指」。這種陽具中心主義從此也成為後佛洛伊德精神分析學的核心思想。它赤裸裸地宣示，表明拉岡決心要同一切傳統文化決裂，也表明他把矛頭集中指向了傳統文化的道德基礎及其理性主義原則。父親不是作為道德和社會規範的權威化身，而是作為一切象徵性活動和閹割情結的最終驅動力。

在佛洛伊德那裡雖然也曾經重視父親的角色，但佛洛伊德只是在關於**自戀**（narcissisme）的困擾脈絡中談及象徵著父親的「陽具」。拉岡卻認為，以「陽具」這個**象徵性結構**而出現的父親的角色，在主體建構中，始終扮演著決定一切的首要地位（la primauté du symbolique dans la constitution du sujet）。我們在前面論述拉岡關於人欲望的虛無性時，就已經指出：拉岡靠陽具這個象徵性的「能指」，說明了人各種各樣欲望的終極根源和基礎。他強調：在兒童、母親及「陽具」之間所開展的三者相互地位的替代遊戲運動中，象徵性始終都是占據首要的決定性地位。陽具作為最虛無的象徵物，在兒童、母親和欲望追求的無限過程中，扮演了最重要的角色。由此他把「主體」、「他者」及「想像的關係」之間的共時結構描繪如下：

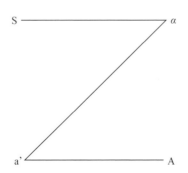

在上述共時結構圖中，A 是「他者」（l'Autre）；S是主體（le sujet）；a、a'則表示想像的關係（le rapport imaginaire）。由於他者之間互動關係的介入，帶

進了象徵性的世界；這是因為他者之間的互動都是透過語言等象徵而進行的。象徵關係不但立即使主體所面對的世界變成無限廣闊，而且也使主體世界變得更加複雜，變成多層次的交錯性象徵世界。象徵進一步使主體有可能進行更複雜和更全面的想像活動，使其自身迅速地在思想上和感情上變得成熟起來。

拉岡指出，「想像的關係」出現於主體與他者之間，就像直接插入的第三者介入於兩者之間一樣；而其中的「想像性」（l'imaginaire），是附屬於象徵性的，它可以使主體與他者之間的直接關係受到阻遏或相互對立起來（Lacan, J., 1966: 548）。

為了更深入並具體地說明這種複雜關係，拉岡在他的L圖式中（Lacan, J., 1966: 53）中進一步描繪出**真正的主體的結構**（la structure du sujet véritable）如下：

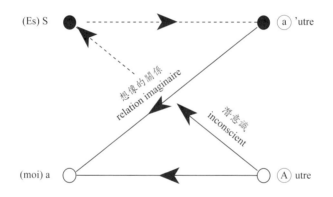

在這個結構中，左上角（Es）S，表示「主體」同其最原始的潛意識欲望「原我」的重迭模糊關係：在尚未與他者相遇、並進行語言交往之前，主體只能採取含糊的「原我」狀態，受到潛意識欲望的嚴重干擾和操縱，同時又受到其想像的身分（identification imaginaire）約束。在這種情況下，主體既不可能赤裸裸地宣示和完成自己欲望，也不可能輕易地表現出它的原型，而是一方面被它的「想像的身分」約束和禁錮，另一方面又受到它的「不可實現的快感原欲」的驅動、引誘及其宣示機制的影響。正如拉岡本人所指出的，這個時候的主體是處於「分裂」狀態的。所謂「分裂」，內含著許多層面的意思。首先，它指的是主體的非總體性。拉岡說，主體不是總體的（le sujet n'est pas total）。拉岡在講述上述主體圖式時說：「每個人都不可能是總體的。如果人人都是總體的，那麼，每個人就各自待在一邊，不可能聚集在一起，大家也不可能組織起來」（Lacan, J., 1978[1954-1955]: 285）。其次，主體的分裂還指它不同於「我」，它已經是同象徵性密切相關的作為「能指」的主體，是可以不斷進行自我生產和自我分裂的

「帶槓的能指」，是多種能指的化身和象徵。也就是說，這裡的主體已經是非單一的和非同質性的原始的我。

所以，受到這種雙重性力量的牽連和箝制，主體在未遇到他者之前，只能是受阻於由上述兩大力量所控制的「死胡同」中，靜待他者與他之間的語言來往。在這個意義上說，他者是主體真正的「救命恩人」，把主體從上述「死胡同」中拯救出來，使主體有可能借助於「他者」之介入及其所引入的有關象徵運動的新規律和規則，將主體從他的母親和同樣的原始欲望的約束中解脫出來，而進入想像性的世界。他者所使用的語言交往規則，使主體進入廣闊的想像世界，他由此而有可能同「想像的母親」，即其他的女人相遇，並宣示其欲望。

為此，首先，拉岡明確地把「想像」（l'imaginaire）、「象徵」（le symbolique）和「現實」（le réel）當作人類現實性的三大領域（Lacan, J., 1979[1977-1978]）。他指出：想像和象徵是一對雙重性概念（Ibid.）。他認為，象徵性使語言表現為一種「純粹的差異性」（différence pure），一種純差異化的價值（valeur purement différentielle），或某種「完美精緻」（finitude）的東西。正如拉岡本人所強調的，語言的這種特性使它成為無意識或前意識最牢固的基礎。象徵性的完美精緻性又使「想像」進一步將前意識虛幻化，以致把前意識想像成某種「完滿的統一體」（l'unité parfaite）、「完美性」（la plénitude）和「總體性」（la totalité）。正是前意識的虛幻的完美性，使它成為一種盲目的反抗力量，並使它拒絕理性意識力量的壓抑和控制。因此，拉岡的「主體」概念，透過它同語言的象徵性的關係，深深地隱含著神祕的無意識力量和性質。也正因為這樣，拉岡主張從語言符號中「能指」和「所指」相互關係的角度去分析精神病患者的主體的各種症狀和症候（le symptôme）。「症候與符號不同，也與煙火不同；因為沒有火就沒有煙，靠煙的指示就有可能找到火。但症候只靠能指的順序來解釋。能指卻又只靠它同其他能指的相互關係才有意義。正因為這樣，症候的真理就存在於能指間的相互關係中」（Lacan, J., 1966: 107）。對拉岡來說，研究人的一切問題都不能脫離開「語言的絕對能力」（Ibid.: 118-120）。他在〈話語和語言的功能和場域〉（Fonction et champ de la parole et du langage, 1953）一文中，再次強調：精神分析學探討的「想像」、「幻覺」、「轉移」和「性欲衝動」等重大問題，沒有一個可以脫離對語言象徵性的研究（Ibid.: 117-118）。在拉岡看來，我們不是從無意識逐步提升到意識和理性，而是從人類最基本的語言和象徵性特徵出發，從主體的無意識話語使用、從人的語言運用中所表現的「無意識的主體」（le sujet inconscient）出發，再到人的理性主體形成及其複雜運作過程。

拉岡並沒有絕對否定佛洛伊德的伊底帕斯情結概念，也沒有完全否定佛洛伊

德的父親角色和陽具概念；而是進一步從符號象徵和語言運用的方面，改造和重建佛洛伊德的父親和陽具概念，提出了「象徵性的父親」（le père symbolique）與「象徵性的陽具」（le phallus symbolique）的重要概念。當拉岡重讀和重新詮釋佛洛伊德的理論時，關鍵的問題，是拉岡強調了佛洛伊德的父親及陽具概念的象徵性。拉岡強調，佛洛伊德的父親雖然是實際的男人，但更重要的，他是想像中的男人，他具有想像的功能。所以，拉岡將佛洛伊德的父親進一步說成為「作為象徵的陽具」。作為象徵的陽具的基本性質和特徵，就是「樹起」或「勃起」（érection）。因此，一切樹起的東西，立著的石頭、柱子、圓柱、站立的身體……等，都可以是「陽具」的象徵，也都可以成為「象徵的陽具」。由於陽具的主要特徵是「勃起」，所以，它可以典型地成為一切能指的象徵。

但依據拉岡前述有關能指的理論，一切事物、圖像、符號……都可以成為「能指」。一切能指就是一個最簡單的標誌。而任何標誌都是某種差異，它作為差異，自己標誌自己，也同其他事物區別開來。所以，陽具，作為產生差異的標誌，它決定著「性」，也成為「性」及其差異的標誌。兒童在其成長中，首先是透過陽具這個性的標誌而認識「性」的；也透過陽具而辨識「性」的差異。與此同時，象徵性的陽具成為產生能指的陽具，也就是「陽具式的能指」（significant phallique）。拉岡比佛洛伊德高明的地方，就在於他跳出身體的差異而直接以陽具的象徵性作為男女兒童一切欲望的換喻式對象。男童把女童當作象徵性陽具來需求，是因為他意識到女童所缺乏的，正是這個陽具；反過來，女童把男童當作象徵性陽具來需求，是因為她意識到男童有她所沒有的陽具。

在拉岡的《研討會第十一論文集：精神分析學四大基本概念》（*Séminaire, livre XI : Les quatre concepts fondamentaux de la psychanalyse*, 1964）一書中，他深刻地指明了他的主體概念的創造性內容及其特徵（Lacan, J., 1973[1964]）。他強調其主體概念同「話語」（la parole）的密切關係（Ibid.: 26）。他在那裡明確指出：潛意識始終都是在主體的分割中（dans la coupure du sujet）作為恍惚不定的形象而表現出來（Ibid.: 36）。佛洛伊德總是把它同「欲望」（le désire）等同起來。但拉岡認為，正是透過主體的分割和瓦解，潛意識才可能有所創造；而潛意識的創造性，又正好透過話語使用中隱喻和借喻的無意識轉換、透過主體所意料不到的方式呈現出來（Ibid.）。

在拉岡那裡，受到黑格爾辯證法的某些影響，使他將精神分析的焦點首先集中到「我」（Je）這個主體上。他要探索「我」的形成的心理基礎以及它的結構。拉岡還同時發現：一切「我」的心裡結構的形構和發展，都是同社會中流行的意識形態結構，同表達和傳播這一結構的語言活動方式有密切聯繫。他最早指

明了美國精神分析學中的主流派所提出的「自我心理學」（Ego-Psychology）和在美國占統治地位的「美國生活方式」的意識形態之間的關聯。拉岡在發展他嶄新的精神分析學時，意識到對於人的精神活動的分析離不開對人的人類學和社會學的探討。在這一方面，他非常重視任何精神分析，尤其是對於「自我」的精神分析，都不能同社會和人類歷史中的文化發展脈絡相脫離。他的這一觀點，對於此後法國社會人類學的發展產生了深刻的影響。在這一方面，他的理論貢獻集中地表現在他所說的自我心理結構中「前結構」的存在；而這個「前結構」，實際上就是社會和歷史文化脈絡透過語言這個結構在自我潛意識中的滲透。

在《研討會第二論文集：論自我》（*Séminaire, livre II : sur le Moi*, 1978[1954-1955]）中，拉岡已經明確表示，為了深刻理解「自我」，必須弄清促使原本支離破碎的「自我」連結成統一體的一切環繞因素（Lacan, J., 1978[1954-1955]）：而其中最重要的因素就是無意識和構成主體的各種交錯力量。首先，拉岡把注意力集中在現實生命活動中的思想過程，發現「想像」和「象徵」的交錯紐結所造成的神祕力量。他認為，這是人不同於動物的地方，也是人一切文化行為的基礎。對於「自我」和「想像」來說，無意識是作為「語言中的絕對他者」而呈現出來的（par rapport au moi et à l'imaginaire, l'inconscient surgirait donc comme l'Autre absolu du langage, comme le signifiant, le symbolique）。作為「語言中的絕對他者」，作為「能指」以及作為「象徵性」而呈現出來的「無意識」，在實際生活中，在充滿複雜人際關係的生活世界中，一方面構成一種「禁止」力量，阻止那些試圖透過話語表現出來的欲望亢奮狀態；另一方面又以一種「充實的話語」（une parole pleine）的符號關係網，保障某種經精緻加工的意義系統。

拉岡說，「他者」首先是一種能指的處所，它是指「符號結構的一個位置」。同時，「他者」又是話語交流和對談中的「自我」，是另一種形式的「主體」，又是認知過程中作為「我思」的「自我」的象徵性代表，是作為維繫人際間關係的道德力量的象徵。他說：「真正的『我』（le Je），不是『自我』（le Moi）。但僅僅指出這一點還不夠。重要的是要指出它們之間的逆向關係。我們要永遠記住：自我不是我（le Moi n'est pas le Je），自我也不是古典理論所說的那種局部錯誤。自我是他者，是一個物件，是實現想像的物件」（Lacan, J., 1978[1954-1955]）。簡言之，「他者」就是脫離不開語言象徵關係網絡的無意識結構，又是憑藉語言交往中建構起來的人際關係而成為「主體」的象徵性基礎。

把黑格爾主義和精神分析學相結合的結果，使拉岡集中研究了人的「欲望」（le désire）、「存在」（l'être）和「死亡」（la mort）之間的關係。同時，有趣的是，拉岡在進行精神分析的時候，透過結構語言學和佛洛伊德主義的結合，

使他轉向了對於神話、人的家庭關係和親屬關係的社會學和人類學研究。拉岡所做的這一切研究工作，使他進一步意識到：不僅要把精神分析學同人文社會科學各個領域結合在一起，而且，還必須將精神分析學同哲學研究結合成一體，並透過精神分析學的研究成果改造現有的一切哲學。

如前所述，他在《家庭情結》一書中已經深刻地觸及到了親屬關係的人類學問題，並在那裡深入批判了佛洛伊德關於伊底帕斯情結的觀點，指出佛洛伊德只是簡單地提出了父親、母親和兒女之間的「三角形結構」。與此相反，拉岡強調在這一結構之外，背後還存在著社會和文化的「象徵性前結構」。拉岡清楚地指明，在伊底帕斯情結中，父親的角色，與其是生物學意義的，不如是指文化和社會意義的父親。因此，在拉岡看來，父親只是一種象徵性的角色，他可以被叔父、祖父以及老師等「象徵性的父親」（le père symbolique）所代替（Lacan, 1984）。這樣一來，關於神話、親屬關係和人內在精神活動的關係，從佛洛伊德主義的較為固定、狹窄而僵化的結構，擴大成為透過語言的廣闊海洋所形構的、由無數活生生的「自我」的互動所構成的歷史文化的社會脈絡。在這裡，拉岡進一步發展了結構語言學和精神分析學所提出的象徵論，並使之推廣到人類學的研究中去。

他的這一研究成果，又進一步同他的「鏡像理論」相結合，使他跳出佛洛伊德關於「原我」、「自我」和「超我」的潛意識理論框架，強調「主體」與外界相互關係的基礎之「欲願性」和「語言性」。他認為，透過鏡像階段的認識活動，主體具備著某種識別能力，意識到主體本身在與外在世界的接觸中所認識到的形象，無非就是客觀物件的一種變形。拉岡認為，**這是主體一種想像中的變形**。然而，**這並不是主體的任意想像產物，而是主體借助於呈現在主體面前的客體，即借助於「現實」本身的因素，又透過主體本身所具備的象徵能力而想像出來的客體變形**。拉岡從這裡引申出關於個性和人格的「想像」、「象徵」和「現實」三層次的學說。這在西方哲學和精神分析學發展史上，是非常重要的理論貢獻。重要的是，拉岡在這裡，巧妙地把黑格爾辯證法、佛洛伊德學說、結構主義和尼采的意志主義以及語言新理論結合在一起。

正如他在《第二十二次研討會論文集：論「現實、象徵和想像」（RSI）》（*Le Séminaire XXII : RSI*, 1974-1975）所指出的，人所生活的世界是由「**現實、象徵和想像**」所扭結而成的。「現實、象徵和想像」三大因素，各自成雙地相互**扭結成交錯的軸線**（trois ronds de ficelle）。他以天主教十六世紀聖人查里斯・巴羅美（Saint Charles Barromée, 1538-1584）命名由這三大軸線所組成的扭結，稱之為「巴羅美扭結」（le noeud barroméen）（Lacan, 1974-1975）。這一方面表現

了拉岡不同於佛洛伊德精神分析學的哲學基礎，另一方面也突現了其研究方向的重點。他坦率地說，黑格爾關於發展三階段螺旋式迴圈上升的哲學思想給予他深刻的影響；而他所關懷的重點乃是「由意義的效果所組成的現實」（le réel d'un effet de sens）（Lacan, J., 1978[1954-1955]）。

在組成人格的三大軸線中，**想像**的部分是一種由鏡像階段所產生出來的混雜統一體，它是主體在鏡像階段所記錄下來的有關外在世界的複雜圖像，其中包括有意識的、無意識的、知道的以及想像到的各種成分。在這個意義上說，外在世界是主體的一種想像圖像，只是它並非一種單一成分的任意編造出來的圖像，而是必須對這個圖像的成分進行深入的分析，發現其中各種不同成分，並指明其性質和運作機制。也就是說，必須將主體想像中的外在世界圖像同主體的象徵能力以及現實本身的結構結合在一起加以探討。

象徵的世界當然由某種多樣的符號所構成的。不論產生符號還是運用符號，都是人的特殊能力，也是人進行各種心靈思想創造活動的動力和基礎，又是人同外在世界打交道、並對外在世界進行改造的仲介因素。象徵把人的能力、內在世界以及實際活動同外在世界聯繫在一起，並使人對於自己所面對的外在世界不處於純粹被動消極的地位，而是反過來採取具有主體性的積極主動態度，以其本身所固有的象徵能力，將外在世界所提供的各種有利於自身的因素加以改造，使之變為有利於主體，或適應於主體創造精神的因素。象徵對於人發揮其主體性具有特別重要的意義。而且象徵也是人同外在世界打交道，並使之改造成有利於人的世界的不可缺少的仲介力量。這就是說，沒有象徵能力，不僅人的思想創造精神無法發揮和運作，而且，人也無從對付極端複雜的外在世界，更無從改變外在世界對於人的擺布。

想像的世界同象徵的世界相結合就是**現實**的世界，就是具有主體性的人所面對的外在現實世界。人所面對的世界永遠都不是客觀中立的外在因素組合體，而是同人的主觀能力及其欲願和實際活動緊密相關的。外在世界在人的主體性真正地樹立起來以前，只是一種「未知數」。在人面前的外在世界，其性質及其實際意義，端看人的想像和象徵能力如何對待。

拉岡的後佛洛伊德主義精神分析學對於社會理論研究的重要意義還在於：它指出了主體的潛意識實際上就是「他者」或「他人」的論述的再現。拉岡指出，潛意識一方面是結構，是透過語言的結構化和被結構化體現出來的；另一方面，它又是某種論述（le discours）；也就是說，潛意識在論述中透過論述的結構（包括論述的句型語詞的物質性結構和論述中所表現的文風的精神性結構）而實現其本身的再結構化。

　　在這裡，拉岡把潛意識不僅侷限於主體的語言表達之中，而且也引申到與主體的論述相關聯的一切「他人」的論述網路中，並把他人的論述網路結構看作是各個論述主體的潛意識結構的二重化，也就是它的「再結構化」（restructuration）。拉岡由此把精神分析和語言分析推廣到人類學的文化和社會關係的分析領域中。

　　更重要的是，拉岡還進一步用象徵論表達了他的新的精神分析學的基本概念。正如他在《第二十二次研討會論文集》（Séminaire, livre XXII : RSI. 1974-1975）所指出的，對他來說，象徵論不只是語言學結構的二重化及其複雜化層面的產物，而且象徵結構也構成了「秩序」本身。作為語言結構和秩序本身的象徵結構，決定了整個社會和文化結構的象徵性，同時也決定了自我心裡特質的象徵性結構，還決定了個人與社會之間、歷史和現實之間、物質和精神之間的複雜關係。拉岡透過象徵論把佛洛伊德的精神分析學更深入地運用到人類學的文化研究中去。拉岡強調指出，在佛洛伊德研究的神話中「父親」已經不存在了，也就是說「父親」的角色並不是活著的父親的功能，更重要的是已經死去的父親的功能。由此，拉岡引出了「死亡」這個概念，並強調了研究死亡對於人類學、精神分析學和心理學的重要意義（Lacan, 1974-1975）。

　　在語言中埋葬著已經死去的許許多多歷史上的個體和整體。死亡是人類文化的真正寶庫。關於死亡同語言的關係，如前所述，與拉岡同時代的巴岱等人已有所研究。十九世紀至二十世紀許多著名作家和思想家，包括瓦勒里、馬拉美以及二十世紀三○年代的超現實主義詩人哥克多、阿波里奈和巴岱等人，都在他們的創作中，透過語言使用的各種風格和形式，表現出他們對死亡的沉思。

　　拉岡在研究語言同精神分析和藝術創造的關係時，論述了死亡的重要意義。對於「想像」、「象徵」和「現實」的獨特研究，使拉岡有可能更深入地探討人的死亡問題，並使之納入嶄新的人類學研究領域之中。拉岡認為，對於自我和當代文化起著「前結構」作用的「超我」（le Surmoi），始終都是一種缺席的、死亡的象徵性結構。沒有象徵，沒有想像，就無所謂死亡文化。人對於死亡的各種社會儀式和文化活動，都是建立在人的想像和象徵能力的基礎上。拉岡認為，死亡是象徵性結構運作的關鍵，因為在語詞與它所以意指的事物之間始終都是存在著一種缺席。這個「缺席」的存在，對於語言同事物之間的意義關係的運作是一個先決條件。正是透過缺席的死亡，人們才有可能超越現實的限制，在同歷史和未來的對話中，發揮思想的創造力。拉岡還說，沒有語言，就沒有生，也沒有死；同樣也不會有精神財富：這一切，正是象徵性結構運作的真正奧祕。對於死亡及其同語言的關係的研究，大大地促進了當時和後人對傳統人文主義和主體論

的批判。

　　拉岡的精神分析學進一步推動了結構人類學以及整個社會和人文科學的發展。從三〇年代到七〇年代，拉岡的學說，把精神分析學推進到「後佛洛伊德主義」的新時代，也成爲法國及整個西方人文社會科學進一步實現理論和方法論革命的重要思想酵素。

　　拉岡的理論創造活動一直延續到二十世紀七〇年代末，並始終成爲當代法國哲學思想發展的重要推動力量。當然，從六〇年代起，法國另一位傑出的思想家福柯的崛起，又是拉岡在精神分析學方面的革命，引向新的方向，比拉岡更澈底地完成對佛洛伊德及整個傳統西方思想文化的顛覆工程，也同時開闢了法國哲學思想新的發展局面。

第四節　福柯對精神分析學的顛覆

　　福柯並不是一般地繼承或發展傳統的精神分析學。他對佛洛伊德以來的精神分析學的態度，如同他對待精神病治療學的態度一樣，是抱著懷疑和澈底批判的立場。在這裡，最關鍵的，是他拒絕將精神分析學和精神病治療學當成一般的和普通的醫學或心理學知識和學科，而是把它們當成近代社會文化制度歷史建構過程中的「權力知識連接裝置」，一種用於權力統治和社會宰制的手段。也就是說，福柯並不是孤立地將精神分析學和精神病治療學當成一門單純的知識系統，而是當成與權力、道德等社會文化因素緊密相結合的論述力量，當成西方整個社會文化制度進行正當化論證的一個重要環節。正是從這個意義上說，福柯是從尼采的權力意志理論，從他對西方整個社會文化制度的懷疑以及澈底顛覆它們的願望出發，全面地否定了佛洛伊德的精神分析學理論及其運用方法。所以，福柯對佛洛伊德的批判，其意義，遠非單純侷限於精神分析學發展史範圍內，它是西方人文社會科學和哲學革命異常重要的歷史事件和轉捩點。

一、精神病並非「異常」

　　精神病的普遍出現是現代社會的特有現象。精神病在現代社會中的爆炸性漫延，悲劇性地反映了現代社會本身的內在危機，尤其是表現出現代社會制度對於人的精神生活和人性的毀滅性衝擊，同時也披露了西方文化精神心理層面矛盾百出的性質。從思想和理論根源來看，精神病，或更直截了當地說，**瘋狂**，在十六世紀的普遍出現以及人們對於瘋狂的異常恐懼態度，其本身就是西方傳統理性主義和人文主義內在矛盾的一種歷史表現。所以，精神病或「瘋狂」，成爲了福

柯從事知識考古學（l'archéologie）研究的第一個領域。福柯指出：唯有通過對於「瘋狂」的人的研究，才能澈底認識現代社會的人的眞正面目。他說，**瘋狂的人，是人們了解眞正的人的必要通道**（De *l'homme* à *l'homme vrai*, le chemin passe par *l'homme fou*）（Foucault, 1963a）。如果說，日常生活和普通社會一般領域的人的言行及其歷史，不過是人本身的基本實踐形式的話，那麼，瘋狂則是以特殊的極端方式所顯現出來的人性。瘋狂不是違背人性，而是從另一個角度，或者，從統治者所不願意看到的角度，表現了人的正常內心世界的複雜性。不了解瘋狂，就不能深刻分析人的思想和精神生活。西方傳統理性主義和人文主義，早在古代和中世紀，就揭示了人的理性與瘋狂之間的互補性和共存性；而且，唯其如是，人才透徹地顯示出他本身的自然面目。福柯在這個領域中所取得的研究成果，後來成爲了福柯特殊的考古學研究的第一個典範。

福柯之所以首先選擇精神病作爲其知識考古學研究的主題，從其個人學識基礎和生活經歷而言，是完全可以理解的。福柯及其導師岡格彥在精神分心學和精神病治療學（psychiatrie）方面的研究方向和豐富經驗，有利於福柯將其早期的知識考古學研究重點，集中指向精神病治療學及其診療史。福柯早在五〇年代就對心理學和精神分析學產生濃厚的興趣，並對賓斯萬格（Ludwig Binswanger, 1881-1966）等人的心理學和精神分析學有專門的研究。賓斯萬格熟練地將佛洛伊德精神分析學同存在主義結合起來，並以現象學的方法，首先深入分析了人的存在、語言與精神生活的內在關係，對現代社會精神病問題提出了卓越的見解（Binswanger, L., 1947a; 1947b）。賓斯萬格的心理學、精神分析學及精神治療學的基本理論，給予福柯深刻的影響，使他有可能對精神病的產生機制有充分的了解。福柯進入巴黎高等師範學院之後，他遇到了研究知識史和精神分析學的專家岡格彥。

岡格彥研究知識史所採用的方法和程序，完全不同於傳統。他從法國原有的知識史研究成果出發，以尼采主義的觀點，改造和發展了由噶瓦耶和巴舍拉等人在知識哲學和科學哲學方面的胡塞爾直覺主義方法，將尼采和結構主義結合在一起，主張澈底脫離主體哲學的影響，將研究重點，轉向科學語言論述結構的演變及其社會實踐的策略。

岡格彥的尼采主義觀點和方法，使他對西方知識史和精神分析學的發展過程，提出了一系列具有顛覆性的質疑。岡格彥認爲，西方社會所探討和論證的「眞理」，實際上是不存在的。他說：科學所理解的哲學眞理論述，其本身並不能被說成是正確的或眞的。所以，「眞理的眞理性是不存在的（Il n'y a pas de vérité de la vérité）」（Foucault, 1994: I, 452）。正是在岡格彥的指導下，福柯開

展了對於精神病治療學史的深入研究。

而且，從福柯本人的歷史文化背景來看，他更有理由首先選擇精神治療學作為知識史研究的第一個領域。如前所述，他出生於法國西部具有悠久文化歷史傳統的普瓦捷市（Poitiers）一個祖輩三代的醫生世家中。深厚的人文和醫學傳統的薰陶，使他在巴黎師範學院準備博士論文期間，對於精神分析學和精神治療學所固有的學術專業性和制度規範性雙重特徵深感興趣。在福柯的思想發展過程中，從他思想成熟的1961年起，便明顯地開創了一種「考古學」研究的方法，將知識史的分析和探索，從「表面」轉向「深層」，集中探索精神治療學的知識論述的特徵及其診療實踐的基本策略。

但他關心這個領域，並不只是因為他熱愛精神治療學這門學科；實際上，他對迄今為止的精神分析學和精神治療學是失望的。他認為，精神治療學從一開始建立，就是根據社會上一部分人的利益需要，人為地將社會分割為兩大相互對立的範疇，並以傳統的理性主義為基礎，將它的治療對象精神病人，當作「非理性」（déraison）的典型，排除在社會之外，殘酷無情地視之為「異常」（anormal）（Foucault, 1999; 2003）。這就好像法國思想家帕斯卡（Blaise Pascal, 1623-1662）所說：「人們是如此地需要瘋狂起來，以致不惜通過一種非瘋狂的瘋狂來造成瘋狂」（Pascal, B., 1977[1670]: #391, vol. I.: 242）。正因為這樣，精神治療學從一開始建立，就具有非常明顯的政治性質和暴力性質（Foucault, 2003）。福柯指出，精神治療學本身就是一種規訓權力（pouvoir disciplianire）（Ibid.: 3-21）。

根據英國精神分析學家庫伯（David Cooper, 1931-1986）所說，許多精神分裂症患者，是根據某些家庭和社會的利益、並受到家庭及社會的迫害而被強制地送進和關押在精神病院的（Cooper, D., 1970[1967]: 8）。原籍荷蘭的法國精神分析學家曼諾尼（Maud Mannoni, 1923-1998）也在他的著作《精神分析醫生和他的「瘋子」以及精神分析學》中指出：社會本身尋求種種方式試圖把一部分人排除在它的「正常生活圈子」之外，導致現代各種醫學機構不惜採用「科學技術」方式，將本來正常的一部分人，「診斷」為「精神分裂症患者」（Mannoni, M., 1970: 13-14）。

所以，「瘋子」並不「異常」；真正精神上有問題的，是那些將別人斥為「瘋子」，並以種種理由虐待他們的人們。福柯對精神治療學的興趣，毋寧在於他對傳統社會的不合理性的痛切批判態度，在於他對精神病人的深切同情，為他們的遭遇和不幸抱不平。長期以來，精神病人被當成異常者而被排除在社會之外，被關押在精神病治療院中，使他們失去行動和表達的自由，遭受非人的待

遇。精神病人所正常表達的語言，也被當成「語無倫次」的「瘋話」而被禁止，以致精神病人只好在無止盡的「沉默」中度過他們悲慘的一生。他們沒有表達語言的權利，他們的一切都被忽略、被壓抑和被否定，使他們沒有自己的歷史，更沒有自己的作品。

但是，對於福柯來說，他對於瘋狂的研究，還有更深刻的理論上的根據。如前所述，福柯對傳統理性主義和人文主義，一向保持嚴厲的批判態度。意味深長的是，福柯在進行他的博士論文答辯時，就直截了當地說：「若要談論瘋狂，必須賦有詩人的才華」。的確，蘇格拉底曾經在「斐德羅篇」中一語道破詩人的奧祕：寫詩單憑技巧是不會成功的；玩弄修辭把戲，只是雕蟲小技。詩神謬斯所讚賞的，是具有詩性瘋狂的才子。沒有詩神般的瘋狂天賦，將永遠徘徊在詩人彙聚的神聖的巴爾納斯（Parnasse）山腳下。真正的詩人，曠達不羈，笑傲人間，蔑視世俗，秉承常人所缺失的瘋狂式智能，傾吐胸中塊壘，落筆如神，震古鑠今。

二、從文學和拉岡的著作中獲得啓示

福柯認為，「瘋狂」（la folie），在真正成為精神病學到研究物件之前，早就是文學和文化創作的重要題材。如果說，推動福柯對精神病的歷史進行研究的動力來自他對於精神病人的關懷的話，那麼，赫爾德林（Friedrich Hölderlin, 1770-1843）、阿爾托、布朗索和魯舍爾（Raymond Roussel, 1877-1933）等作家的文學作品中所表現的「瘋狂語言」和「瘋狂故事」，就為福柯提供了批判的範例。這些作家在寫作中表現出驚人的偏執狂（paranoïaque）；其狂飆而熟練的寫作風格，怪異而犀利的語言，以及他們蔑視一切規範的作品本身，都顯示了他們對於文學事業及其文學理念的某種瘋狂般的執著和頑固態度。這些追隨尼采、杜斯妥也夫斯基（Fyodor Mikhailovich Dostoyevsky, 1821-1881）和卡夫卡（Franz Kafka, 1883-1924）的作家們的人格及其作品，顯示了「瘋狂」本身並非「異常」；相反，偏執狂和瘋狂，原本是人的一種正常的精神狀態，有助於將精神方面的精力集中在某一個特定的物件或領域；而且，事實證明：像尼采和卡夫卡那樣，越呈現出某種偏執狂，對某一種異常事物越表現其異乎尋常的執著性，越標新立異，越獨樹一幟，就越有創見，也就越表現出一種出類拔萃的才華和魅力，表現出令人驚異的堅強毅力。人類任何偉大的事業和科學的任何重大發明，無不是靠精神上的偏執狂作為動力。關於這一點，福柯的前輩拉岡早已做了全面而深入的探討（Lacan, 1966）。

拉岡認為，「瘋狂」並不稀奇，它原本是可以在人的語言的悖論性及矛盾性中找到它的真正根源。拉岡在為他的博士論文進行答辯時，曾經嚴肅地向他

的考試委員大膽地陳述他的基本觀點：「瘋狂是人的思想的一個現象」（Lacan, 1966）。拉岡指出，他的上述觀點實際上早在精神病醫生兼作家布隆岱（Claude Blondel, 1876-1939）的作品中表達出來。布隆岱以相當含糊的表達方式，暗示人的語言不過是複製現實體系的一種符號體系罷了，而所謂「現實」也只是所謂「健康」思想的協議結果。拉岡後來根據他本人的進一步研究成果，提出了「現實、象徵、想像」三位一體而創造出人的生活世界的重要理論（參見拙著《後現代論》及《當代法國思想五十年》有關拉岡的章節，臺北，五南出版社出版），就是在某種程度上得到了布隆岱上述模糊觀點的啓示。拉岡從他的研究中得出了關於「瘋狂」的重要結論：「瘋狂絕不是人的機體的脆弱性的一種偶然性表現，而是從人的本質中裂變出來的，它本身甚至是一種永遠潛在的缺點」。「瘋狂絕不是對於自由的一種侮辱，而是自由的最忠實的夥伴，它像影子一樣追隨著自由的運動」。「假設沒有瘋狂，我們不僅不能理解人，而且，如果人的身上沒有瘋狂作爲自由的一個界限而引導的話，那麼，人就將不成爲人」。但是，這又並不意味著：所有的人都是瘋子；同樣也不意味著：所有想要成爲瘋子的人，都肯定可以成爲瘋子。拉岡說：只有具備最健康強壯體魄的人，只有具備廣闊無限的想像力的人，只有幸運地在其命相中含有成爲瘋子的命運的人，才有資格最終成爲瘋子。所以，瘋子不但不是「異常」的人，而且還是最稀有的真正優秀的人（Lacan, 1966）。

福柯在拉岡等人的研究的基礎上，採用他特殊的考古學和系譜學方法，立志爲「瘋狂」翻案和「正名」，同時澈底批判傳統理性主義和道德的基本原則。

意味深長的是，就在1963年福柯發表《精神病治療所的誕生》的同一年，福柯還發表他的論魯舍爾的著作《雷蒙·魯舍爾》；魯舍爾本人就是由精神病學醫生皮埃爾·惹聶（Pierre Janet, 1859-1947）治療的精神病人。這位精神「失常」的作家，在文學創作中表現了驚人的才華，他所運用的怪誕離奇的語言，常被人們「誤認」爲「瘋子的話」，但恰恰這些語言，深刻地顯示出語言、思想和世界本身的荒謬性。

治療魯舍爾的皮埃爾·惹聶，在其重要著作《從憂愁到精神恍惚》（De l'angoisse à l'extase）中，記錄了魯舍爾的病情及其特殊精神狀態。皮埃爾·惹聶認爲，他所治療的精神病人中，絕大多數是在文化和精神生活中經歷過多種特殊經驗的天才；他們患有「精神病」，並不是在精神上「不正常」，而是因爲他們在人格和情感方面具有超出常人的特殊創造力量：「人格應該是自身情願、力圖尋求、並自身爭取達到的結果；也就是說，人格是同個人自己的實際努力相適應的。因此，並不是所有的人格都是完全符合其個人的理想目標，欠缺現象是很

普通的，就像在我所治療的病人中所顯示的那樣」（Janet, P., 1926-1928）。皮埃爾·惹磊的精神病治療理論和經驗，強調人的本質的行動性和實踐性；他認為，人的行動優先於人的認識和知識；而人的情感不過是行動的調解因素。對人來說，精神動力是很重要的；心理因素的強弱，在很大程度上可以決定人的整個狀態。福柯從皮埃爾·惹磊以及魯舍爾等人的經驗中，進一步確認了他所研究的精神病現象的社會文化性質。

三、瘋狂只存在於特定社會中

在1961年接見《世界報》記者莊·皮埃爾·韋伯（Jean-Pierre Weber）的時候，福柯談到了他最初選擇精神病作為其主要研究物件的過程。他說：最初的時候，是作家兼精神病科醫生莊·德雷（Jean Delay, 1907-1987）將他引導到精神病領域。福柯自己雖然並不是精神病醫生，但莊·德雷的作品，使他第一次真正認識了精神病及其治療的狀況，從而使他感到：精神病及其治療，並不是單純屬於醫學或醫療問題，也不是單純的科學知識及其技術實踐的問題，而是某種由現代知識同社會制度以及社會機構所共同決定的複雜權力運作網路，它是由整個西方社會的社會制度及文化基本精神所決定的。「瘋狂」是這個社會所製造出來的。正如他同莊·皮埃爾·韋伯的對話錄的題目所示：「瘋狂只能存在於一種社會中」（la folie n'existe que dans une société）（Foucault, 1994: I, 167）。顯然，福柯將精神病，首先當成社會現象，尤其是社會中的權力運作問題來批判。

從生理層面來看，「瘋狂」是屬於精神正常的範圍之內，它在社會中的出現是屬於人類生活的正常現象。古代、甚至中世紀時代都沒有將瘋子或精神病者排除在社會之外，或把他們監禁起來。人類的社會生活，在某種程度上，需要有「瘋狂」現象來調節和補充，才能變得更加完整和更加豐富多彩。所以，在日常生活中，經常需要說些瘋言瘋語來調侃或消遣，就如同需要幽默和笑話一樣。實際上，在瘋狂與笑話、幽默、鬧劇、喜劇和各種玩笑之間，並不存在絕對的界限。在這個意義上說，只有具備一定的才能和智慧，才有資格「創造」笑話、幽默和瘋狂，也只有特殊的智慧，才能理解瘋狂。

精神病在社會中的產生，是存在著一定的社會基礎和社會根源。在人類社會形成以前，人的最早祖先如同其他動物一樣，生活在自然界中。當時的人，其生活和行動方式，都是採取天然的模式。以天然形式和模式而生存，就絕對不會產生精神病。動物界原本並不存在發瘋的現象。「瘋牛症」是現代社會的產物。**任何瘋狂現象都是特定社會環境所造成**。精神病的歷史以及大量社會調查的事實已經證明：社會越發展，越是進入現代化的社會，瘋狂現象就越增加；精神病的現

象是隨著現代社會的發展而膨脹蔓延，就如同自殺現象在現代社會裡越來越嚴重一樣。**瘋狂和自殺是現代社會失業和社會不安定、不合理現象的共生物。**

　　什麼是眞正的精神病？庫伯指出：「精神分裂症乃是微觀的社會危機的一種狀態（une situation de crise mocrosociale），在這種狀態中，某些人的行動和經驗，被另一些人所傷害；而由於某種文化或微觀文化（主要是家庭）的原因，首先將這些人被選定或被界定爲『精神病患者』；然後，又根據某種專門的、然而又是非常專橫的程序手段，通過醫學或類似醫學的專家，確認爲『精神分裂症患者』」（Copper, 1970[1967]：14）。維根斯坦也曾經詼諧地說：精神分裂症就是「我們的被語言引誘了的理智」（Wittgenstein, 1968[1953]）。

　　人不同於動物的地方，就是需要在一定的社會關係中生存；人的生活需要建構和諧的社會關係。每個人都有生存的權利。爲了生存得好，人與人之間需要相互讓步，相互提供必要的條件，進行必要的合作，使每個人都能在合理的範圍內，滿足其自身的需要。但現代社會的發展，一方面加劇社會分化的進程，另一方面又促使各種法制和規範越來越專業化，造成生活於其中的人們，越來越感受到人與人之間關係的日益緊張化。在現代社會迅速發展進程的壓迫下，每個人自身同他人之間的隔閡，正在令人恐怖地擴大。當隔閡的鴻溝達到無法塡補的時候，就會產生各種類型的精神病：精神分裂、偏執狂、神經官能症、歇斯底里症等。其實，各種受虐待狂（masochisme），實際上就是那些被虐待的自身無限膨脹的產物。人們錯誤地將受虐待狂當成一種「性倒錯」（perversions sexuelles）。其實，許多受虐待狂的性功能都是正常的。他們的行爲是受到整個社會虐待的結果。大量的醫學臨床經驗證明：受虐待狂是由極端憂慮所造成。他們當中的絕大多數都有過受反覆誣衊和歧視的經歷（Daco, P., 1965: 413-414）。

　　本來，精神病的存在必須以特定的規範和標準作爲評判的依據；而這些規範和標準都是在特定社會條件下形成、運作和發生效力。它們是依據占統治地位的人們及其意識形態而人爲地制定和推行的。因此，現代社會越發展，人爲制定的規範就越多，對社會的牽制和宰制就越增強。福柯指出：「我們現在進入這樣一種類型的社會，在其中，法律的權力不是正在減少，而是越來越整合到更加一般化的權力之中，這種更一般化的權力就是規範」（Foucault, 1994: III, 75）。現代精神病治療學固然是醫學的一個分支，但它尤其是一種規範體系：它既受到法制和一般規範的約束，同時它本身又扮演規範的角色，規範著人的行爲，也規範著精神病醫生及患者，規範著精神病的治療程序和方法（Foucault, 1999; 2003）。現代精神治療學的誕生，意味著法制同科學知識的進一步結合：一方面法制約束科學，科學反過來爲法制的正當化服務；但另一方面，越來越多的科學知識本身

也成為了法制和規範體系的一部分，以至於原有的法制與知識的分工和區分也越來越模糊起來。科學知識不但繼續扮演其理性論證和正當化的身分，而且知識本身，也直接成為規範的一部分。精神治療學就是這樣一種具有「知識／規範」雙重身分的典型學科。精神治療學作為現代法制和規範的一部分，專門把它所區分出來的社會一部分成員，定為它的管制對象，並由此將這部分社會成員排除在社會之外。其實，正如福柯所指出的，將一部分「瘋子」排除在社會之外，除了直接影響著「瘋子」的命運，而且，更重要的，是為了使在社會之內的「正常」人，也受到某種「警告」，宣示法制及規範的「不可侵犯性」，使整個社會的人都畢恭畢敬地受法。

此外，對於精神病進行治療和處理的方式、方法及手段，也都是同特定社會歷史條件相連繫。從精神病治療學創立至今的兩百年的歷史中，精神病的治療方式、方法和技術手段，發生了很大的變化；但越變得科學化和技術化，精神病人所遭受的精神折磨就越重，對於他們的精神管制也越進一步增強。

四、精神病治療學與診療所的政治意義

福柯在1969年為申請成為法蘭西學院院士而起草的研究計畫中，談到他所寫的《瘋狂與非理性：古典時期瘋狂史》一書的意義。他說：精神病治療學是一種特殊的知識，是一種由一整套複雜的建制體系所環繞的知識。「這種知識的可見的主體（le corps visible），並不是科學的或理論的論述，也不是文學，而是一種日常的和受規則操作的實踐」（Foucault, 1994: I, 842-843）。在法蘭西學院1973至1974年度的講演錄《精神治療學的權力》中，福柯集中分析了精神治療學的權力性質（Foucault, 2003）。所以，福柯渴望探索，關於精神病的治療學，作為一種特殊的知識，究竟是根據什麼樣的社會文化條件建構和運作起來？（Foucault, 1994: I, 842）

正因為這樣，福柯開展其學術研究活動的第一階段，就把批判的矛頭，集中在較為具體的精神診療學知識論述及其實踐的問題，以便從現代社會的一門最具有典型意義的學科出發，探討現代社會是怎樣一方面建構自己的特殊知識論述體系，另一方面又借助於這門學科的建構過程，實現其將人進行「區隔」、對立和統治的策略，並由此實現社會所規定的「主體化」過程。顯然，福柯從一開始，就不是為了純粹的知識史研究興趣而探討精神治療學及其診療實踐的歷史，而是為了探討：現代社會為什麼以及怎樣通過像精神治療學這樣的「現代科學」，將社會上的人分割成「正常」和「異常」，實現醫學之外的社會區分化的功能；人們又是以什麼社會文化條件和手段完成對各個社會成員的分割和統治，完成社會

各個成員的主體化過程，以保證社會統治秩序的穩定確立。正是在這裡，人們看到了現代知識論述同現代社會建構過程的同步性及其相互依存性，也進一步具體地揭示權力運作的普遍性和複雜性，特別是有助於揭示權力運作策略的詭詐和狡黠性質。

根據福柯的探索結果，精神病治療學以及精神病治療所的形構和建構過程，充滿了知識本身以外的社會權力鬥爭的複雜因素之牽制和操縱。精神病治療學的性質必須同精神病治療所制度的建構過程聯繫在一起加以考察。所以，在1963年發表的《精神病治療所的誕生》一書中，福柯補充了他在《瘋狂與非理性：古典時期瘋狂史》一書所得出的結論。他認為，「治療所」（clinique）一詞只不過表示西方醫療實踐經驗的一個新總結（Foucault, 1994: III, 409）。對於福柯來說，精神病治療所只是把「空間」、「語言」、「死亡」三個因素結合在一起的一種神祕遊戲場所（Foucault, 1963: V）。所謂「空間」，就是把精神病人集中在一個受嚴密監視和控制的空間中；所謂「語言」，指的是精神病醫生玩弄語詞遊戲，把本來正常的精神狀態說成為「瘋狂」；而所謂「死亡」，指的是整個精神病治療所的醫療制度及其實踐，是建立在對死者的屍體解剖的基礎上。由於將「空間」、「語言」、「死亡」三者巧妙地結合在一起，使現代資產階級可以有理由說他們的精神病治療所制度是一種「實證的醫學」（médicine positive）的典型表現（Foucault, 1963: 200）。

福柯接著指出：這種實證的醫學制度，透過一系列機構和規範制度的建立，變成為具有政治意義的權力統治活動。診療所的誕生，意味著醫學治療在統治階級手中的壟斷地位的確立及其制度化（Foucault, 1963: 19; 1994: III, 47; 51; 1994: IV, 194）。在法國，是在十八世紀資產階級完成其革命之後才正式確立了一整套的醫療制度，而整個制度的核心就是強調：醫生職業屬於「自由」和「受保護」的性質，並且，還強調醫生職業資格的雙重結構，即獲得國家承認的醫學院畢業文憑及具備最起碼的醫療臨床實踐的經驗。由於醫學知識具有明顯的規範性和制度性，有利於社會統治階級對於整個社會的控制，所以，國家透過對於全國醫學教育制度及機構的嚴格監督，實現了對醫療制度及其實踐的全面控制。在此基礎上，國家建構了由醫生和衛生健康方面的官員（officiers de santé）所組成的醫療正規隊伍，控制著全國的醫療實踐，並由此實現整個醫療監督制度。從此以後，醫療制度成為了國家監視和操縱全國百姓的最重要的手段和最有效的途徑，尤其是成為了現代生物權力實行全面統治最得力的助手。

五、知識考古學的研究目的

福柯在1969發表《知識考古學》一書時，在導言中詳細而深刻地探討了與知識史、觀念史和科學史相關的一系列重大理論和方法問題（Foucault, M., 1969）。他實際上是總結了自己從五○年代開始所進行的西方知識史研究工作的基本觀點，並對傳統知識史、觀念史和科學史進行嚴厲的批判，爲他所開創的知識考古學奠定基礎和開闢道路。

就在這個導言中，福柯強調指出：知識史研究的主要目標，不再是描述和總結傳統知識和思想的單線發展過程，也不再是尋求知識的最終基礎或終極價值，更不是像黑格爾那樣把知識史當成認識及思想邏輯的歷史發展的佐證，而是尋求知識形構中的「區分和界限的問題」（le problème de la division et de la limites），探索知識的「變革問題」（le problème de la transformation）。這樣一來，知識史的研究，不是尋求「眞理」連續發展的規律，而是在知識的歷史形成過程中區分出知識和眞理體系建構的「非連續性」、區別性及其散播策略。

爲了擺脫傳統的精神病研究方法，福柯從法國宗教史家杜美濟那裡，學到了結構分析的方法。他說：「正如杜美濟在神話研究中所做的那樣，透過『結構』觀念，我試圖發現精神病經驗及其治療的基本模式所採取的結構形式，同時，探討這些結構形式在不同的層面上的多樣變形」（Foucault, 1994: I, 168）。這是一種什麼樣的結構呢？福柯說，主要是進行社會隔離，也就是進行社會排除的基本結構（la structure de la segregation sociale, celle de l'exclusion）。採取這種隔離和排除的結構，使西方社會從中世紀以來，一直開展最基本的社會運作機制，把整個社會劃分爲兩大相互對立的社會集團，而其中，那些被隔離和被排除的集團，就被認定爲「異常」、「反常」和「反理性」，必須接受對他們進行隔離和排除的統治集團所制定的「正常化」規範和制度。

但是，福柯也指出，西方社會的上述隔離和排除結構，在不同的社會歷史階段，呈現爲不同的變形樣態。福柯試圖透過對於這些基本結構的演變的研究，揭示它的性質及其社會功效。而在這方面，福柯的考古學和系譜學研究重點，始終都是現代知識的限制與排除功能、策略及程序。

六、知識的區隔和限定功能

尋求知識形構中的區分和界限以及探索重建知識基礎的變革問題，就意味著將知識當成社會區分和社會統治的一個主軸。正如柏維爾（M. Bevir）所指出的：傳統的知識研究總是以探索知識的認識論基礎爲主，並將知識當成一種脫離政治統治行爲的認識活動的產物（Bevir, M., 1999）。歷來的知識研究從不重視

知識與社會權力運作的關係，也不研究知識在社會區分、社會控制和維持社會統治秩序方面的作用，似乎追求和擴大知識只是爲少數知識分子所專有的「神聖」的眞理探索活動。福柯根據西方社會和文化的發展事實，看到了知識問題不只是屬於人的純粹認識活動，也不僅僅爲了達到認識客觀物件的眞理而已；而是一方面爲各個歷史時代掌握權力的統治者所控制，並爲統治者的權力運作服務；另一方面則爲塑造、建構和界定不同的社會階層及其社會成員的身分、基本權利和生活方式服務，爲他們正當的思想和行爲提供合法的標準。所以，在福柯看來，知識的形成和擴散，在本質上，是從屬於整個社會的權力運作及其再分配的過程。

所以，知識的形構過程，同時也是一種區分和限定的過程。通過知識的生產過程，知識不但進行了自我區分，劃定了知識與非知識之間的界限，劃定不同知識的領域及其在社會生活中的定位和等級，而且，社會作爲知識生產的歷史場域，也區分了知識生產者和接受者、教育者和被教育者，區分了知識生產者共同體內部的各個類別和階層，因而也區分了社會的各個階層，界定了他們的不同的社會地位、角色及其社會身分，並規定著社會成員的思想和行動方式。

知識的區分功能是知識的首要功能，這也使它成爲歷代統治階級爭奪控制的對象。知識的區分功能，不只是表現在知識體系形成之後，而且也直接地體現在知識本身的形成過程中。它實際上就是知識作爲一種論述力量，對實際的社會秩序和各種實際的存在，進行「界定」、「定位」和「區分」的活動。任何知識都不只是滿足於語言文字方面的論述表達形式，而是要進一步介入社會的實際生活和實際運作，進行福柯所說的那種「論述的實踐」，實際地對社會的結構建構、階層劃分、領域區化以及人們行爲標準的界定等等發生影響。這種區分和界定的活動，實際上就是爲實現社會統治及其正當化奠定基礎。換句話說，知識在其生產和形成過程中的區分和界定功能，表現了知識論述的形成和擴散過程，決定著整個社會的各個階層及其成員的社會命運，也規定了他們必須以什麼樣的標準對自身和對社會做出界定，區分出什麼是「好」（善）和什麼是「壞」（惡）；哪些是可以允許「說」和允許「做」的，哪些則是不允許的。

統治階級正是藉助於知識論述的上述特徵，將整個社會區分爲統治者和被統治者、正常和不正常、中心和邊沿、善與惡、上等和下等、優與劣等等。這種區分從根本上說是有利於統治階級所進行的社會文化統治。這是因爲無論什麼樣的歷史時代，統治階級總是把握著社會的權力和能源資源的大部分，他們憑藉著手中掌握的實權，可以決定知識論述選擇什麼樣的「眞理」標準和道德標準，也可以規定由什麼等級的人從事知識的生產和教育擴散工作。當然，福柯並不滿足於揭露知識同統治者權力運作之間的一般關係，而是深入分析在權力運作過程中，

知識如何參與權力運作策略的制訂過程，並分析知識為統治關係制訂一系列規則、標準及規範的實際活動過程；同時還具體分析知識論述形成過程中對於社會大眾的主體自身的性質所產生的決定性影響。

正如福柯在《瘋狂與非理性：古典時期瘋狂史》、《精神病和心理學》和《精神病治療所的誕生》所指出的，精神治療學所表現的學術性和規範性的雙重特徵，典型地揭示了近代知識身兼「真理標準」和「實現區隔化」的雙重功能。自啓蒙運動以來，現代知識成功地扮演了「追求真理」和「實現社會區隔」的雙重角色。但傳統知識論往往竭盡全力掩蓋現代知識的後一種角色，使它被人們誤解為「真理」的化身。

對福柯來說，像精神治療學這樣的學問，其本身所具有的知識真理性，實際上是它作為一種知識論述所實現的一種策略產物；而其知識真理性及其客觀中立的認知標準化功能，歸根結柢，是為了掩飾其上述功能，以便更好地發揮它的規範化、制度化、正當化和區隔化的社會功能。所以，相對於其他科學知識來說，精神治療學所具有的上述雙重功能和特徵，其規範化、制度化、正當化和區隔化的社會功能，是更加重要的（Foucault, M., 1961; 1962; 1963）。正因為這樣，福柯在其所撰寫的精神治療史著作中，其分析的重點是精神治療學的規範化、制度化、正當化和區隔化的社會功能。

七、知識模式的基本結構及其斷裂性

知識考古學，就其嚴格意義來說，就是一種對於知識的歷史形成過程的批判性探索。在西方的思想史上，曾經有過許多思想家探討過知識及知識史的問題，而且，其中也有一些思想家，試圖從知識與社會的關係方面揭露知識的權力實質。英國思想家培根在其偉大著作《新工具》中，就已經明確地指出「知識就是權力」。但是，總的說來，人們總是未能脫離傳統思想方法和理性主義的邏輯中心主義原則，往往過多地強調知識的真理性、合理性、邏輯性及其正當性。也就是說，絕大多數思想家總是從肯定和積極的角度分析近代知識的意義。

福柯不同於傳統知識論及其他知識研究原則的地方，就是把知識當成與近代社會整體結構及其運作原則緊密相關的論述體系。如前所述，他首先將知識當成具有「歷史事件」意義的「論述」。為此，他首先清算傳統知識史研究的基本歷史觀，強調不同歷史時期的科學知識、知識模式及知識基本結構（Épistémè）的「獨特性」、「斷裂性」、「中斷性」或「不連續性」，因為產生和維護這些知識基本結構的社會歷史條件、社會結構及其相應的思想模式，都是極其不同的（Foucault, 1994: I, 493-495; 676-679; II, 370-371; III, 300-301; IV, 582）。福柯

指出：所謂知識模式是指有關建構知識物件、主體及重要概念的規則系統（une systèmaticité des règles de construction des objets, sujets et concepts）（Foucault, 1966: 13; 179）。

他之所以強調知識基本結構的「斷裂性」、「中斷性」或「不連續性」，正是為了突顯知識同各個不同歷史時代的社會結構及人們不同思想模式之間的緊密關係。他認為，表現了整個社會各階層力量對比及其緊張關係的不同的社會結構，總是依據不同社會力量的利害關係及其緊張網路的狀況，要求建構不同的知識基本模式；而不同的知識基本模式，也必定要求人們以不同的論述方式去表達和傳播這些知識體系。所以，知識模式、論述方式、思想模式及社會結構之間，存在著內在極其緊密的相互制約關係。由於各個不同的時代的社會權力遊戲性質以及它們同知識論述的關係都是不相同的，所以，各個時代的知識模式也是不一樣的，因而，它們是相互斷裂的。揭示這個複雜關係及其實際運作過程，將有助於進一步揭示知識的真正本質，同時也揭示知識論述同人們的思想、行為、言語及各種作為的內在關係。

八、知識史研究的基本任務

總之，在福柯的知識及其歷史的研究中，他所關懷的重點，第一，就是知識是在什麼樣的社會統治關係和力量對比關係中，為維持特定的統治秩序目的而形成的。第二，在知識形構的特定歷史基礎因素中，有什麼樣的特定社會力量關係網絡，促使一部分人從社會關係整體結構中分離出來而從事專業的知識生產與再生產的活動。這就涉及到知識形構、生產和再生產中，那些充當知識支配者的社會成員自身的自我分化和社會區分過程。福柯在探索知識生產與再生產問題時，非常重視知識生產者和支配者的自我區分化和社會區分化過程，並把這一過程同整個社會的區分化過程以及對於區分化過程的權力控制問題連貫在一起加以考察。所以，知識問題已經超出認識活動的範圍，而直接成為社會區分化的問題，也成為與區分化密切相關的權力運作及其策略問題。第三，知識的生產和再生產關係到整個社會的統治秩序及其一系列規範。由於知識提供了各種有關客觀事物的認識和評判標準，所以，知識也就直接地為整個社會的規範體系提供一般性準則和基本原則，從而使知識直接和間接地參與整個社會規範的制訂過程，並在很大程度上決定著特定社會規範體系的評判標準及其基本運作規則。所以，福柯認為，知識不但告訴人們哪些事情是正確或錯誤，而且也規定人們應該做或不應該做哪些事情；也就是說，知識實際上參與了社會的區分，並為各種活動作出各種限制。福柯在知識研究中，一再強調知識的各種界定，實際上具有雙重的社會功

能：一方面爲所謂正確或善的活動制訂判準，另一方面又爲各種排除和否定性行爲進行正當化論證。自文藝復興和啓蒙運動之後，由於西方社會的理性化和法制化過程，知識更加成爲社會區分和社會統治的正當化論證基礎，也成爲各種社會排除和社會分割的根據。第四，知識直接參與個人和群體的內化過程，特別是直接參與個人的主體化過程；而主體化過程同時也是個人的客體化過程，也就是使每個人自己成爲知識的物件的過程。對於福柯來說，知識史研究的目的，是要揭示西方文化如何藉助於話語論述模式的不斷變化，而形構歷史發展和一切社會行動的主體（Foucault, M., 1969: 5-10）。在福柯看來，主體化問題，實際上就是個人實現社會標準化的過程，就是每個人參與整個社會的正當化的過程，同時又是社會對個人進行整合化的過程。任何社會都面臨如何處理「個人與社會」的關係問題。資本主義社會的基本特徵，就是將「個人與社會」的關係的解決歸結爲個人的主體化問題。這是由資本主義社會的個人主義基礎及其法制化性質，由其對於個人自由的尊重所決定的。但對個人主體化的重視，並不意味著社會縱容個人恣意行爲，而是強調社會整體中每個人對任何其他個人自由的同樣尊重。不同的社會歷史時代要求不同的個人主體化過程，因爲不同社會歷史時代要求形塑不同的個人主體，依據不同歷史時代的特殊標準而造就不同的主體。所以，主體化不只是單方面地尊重個人自由，並以達到個人自律爲主要目標，實際上它又同時要求個人以社會所確認的同一性標準實現內化，使每一個人都按照同一標準的社會規範將自身改造成獨立的個體。爲了實現個人主體化的目標，各個歷史時代的統治者始終都是通過知識的形構、灌輸和擴張而影響個人的主體化過程，也就是以知識中所提供的各種標準促使個人實現內化和社會化，促使個人成爲符合社會標準的自律體。

當然，福柯充分意識到啓蒙運動後的現代社會主體化過程的特殊性，因此他集中探討知識對於近代和現代社會主體化過程的社會歷史意義。福柯認爲，近現代社會中，知識對於建構符合近現代社會標準的主體起了最關鍵的作用。其實，知識對於主體化過程的上述社會功能，也就是知識和權力運作在現代社會發展中的相互關係的基本形態。

在知識史研究觀點和方法方面的根本變化，使福柯有可能藉助於對知識論述的解構，更深刻地揭示知識建構和發展對於人的主體化的決定性作用。所以，在福柯最早的知識史研究著作《瘋狂的故事》中，他就已經明確地把他的知識史研究看作是「一種知識考古學」（Foucault, M., 1961a: 265）。而到了1963年，福柯又把他的《精神病治療所的誕生》稱爲「一種醫學望診的考古學」（une archéologie du regard médical）（Foucault, M., 1963a）。1966年發表《語詞與事物》時，

它的副標題就是「人文科學的考古學」（Foucualt, M., 1966）。即使到了1976年，當福柯著手撰寫《性史》第一卷時，他也很明確地說，這是一種「精神分析學的考古學」（une archeologie de la psychoanalyse）（Foucault, M., 1976）。很明顯，在福柯最初的知識史研究中，就已經通過觀點和方法的澈底變革而襯托出其知識史研究的真正目標，這就是關於現代西方人如何在知識建構和發展中建立自身的主體地位的問題。福柯試圖通過這一研究澈底解構貫穿於傳統文化發展中的「主體化原則」，也就是集中批判作為傳統形上學和知識論中心概念的「主體」範疇。所以，在這個意義上說，福柯晚期所總結的「關於我們自身的歷史存在論」的基本論題，一方面就是批判和摧毀西方傳統文化中的「主體」概念的工程，另一方面，也是探索西方人自己陷入由知識、權力和道德所掌控的「主體化」歷史過程的一種解構程序。

九、精神病治療學中的真理遊戲

精神治療學作為一種權力手段和權力關係的鬥爭場域，不論是其建構還是其具體實施過程，都呈現出精神治療學本身的知識論述同權力策略運作之間的緊密協調，顯示出典型的**真理遊戲**的特徵。福柯將精神治療學的實踐過程，當成權力關係所協調和導演的控制過程（la pratique psychiatrique comme manipulation réglée et concertrée des rapports de pouvoir）（Foucault, 2003: 21）。正是基於這樣的性質，精神治療學領域才有可能進行符合於社會統治集團利益的真理遊戲。

精神治療學的論述，如同其他科學論述一樣，其真理性質，完全由其創建者和實施者依據權力關係的需要所決定。在談到精神治療學中的真理遊戲的性質時，福柯指出，人們所說的科學知識，包括精神治療學在內，都首先假定**真理存在的普遍性**。對於科學來說，「真理到處都存在，存在於一切人們可以提出真理的地方」（Foucault, 2003: 235）。換句話說，真理本身是人們根據其需要而提出和建構出來的，也是根據特定的需要而制定真理的標準以及它的正當化程序。真理究竟是怎樣的以及它究竟怎樣被發現，完全取決於人們的權力有限性程度以及我們所處的環境。在現代社會中，權力無所不在，真理也無所不在；權力網路的範圍有所界限，真理的有效性也同樣有所界限。如果說權力不可能只是為某些人所壟斷，那麼，真理也同樣不可能只是為某些人所壟斷。在權力網路所涉及的範圍內，權力關係中任何一個方面的力量，都可能或多或少地提出他們的真理論述；只是其真理論述的性質及其內容，會隨人們在權力關係中的地位而有所不同。福柯認為，沒有理由剝奪某些人談論真理的權利（Ibid.: 235-236）。**問題的關鍵**，是在何種社會條件下，以何種權力關係討論真理問題。那些掌握實際權力

的人,儘管他們可以隨時隨地宣布他們自己是真理的判定者,但被他們宣布爲謬誤的人,也同樣可以隨時隨地聲稱自己是真理的擁有者。正是在這個意義上,福柯指出,在精神治療學領域中,既然精神治療醫生以及精神治療機構,掌握著一切有關治療和限制精神病患者的權力,宣布他們是真理的掌握者,那麼,那些被治療的精神病患者,由於在權力關係網絡中占據了劣勢地位,他們就自然地被宣布爲「反真理」。但是,依據真理遊戲的邏輯,精神病患者其實也可以宣稱真理是在他們一邊。精神病治療醫生以及精神治療機構,只能從他們的權力地位理解他們的真理,他們無從理解和接受「瘋子」所提出的真理。「瘋子」果真提不出真理嗎?實際上,瘋子的語言之所以被宣布爲「胡言亂語」(déraison),不是因爲他們違反了真理,而只是因爲他們無法按照「科學」所要求的邏輯手段進行論證。福柯指出:在笛卡兒和「瘋子」之間,他們所說出來的謬誤的區別,並不在於有沒有「胡說八道」,而只是在於他們所處的權力地位及其論述所含有的正當性的特徵(Foucault, 2003: 130-131)。

通過對於精神治療學的微觀考古學研究,福柯進一步發現了現代真理遊戲的雙重結構及其運作機制。福柯說:「關於精神治療學,我現在想要做的,就是揭示這種**事件類型的真理**(cette vérité du type de l'événement),如何在十九世紀,逐步地被一種真理的技術所掩蓋;或者,至少在瘋狂的問題上,人們試圖將事件類型的真理技術,取代成另一種**論證性的真理技術**(technologie de la vérité démonstrative)」(Foucault, 2003: 239)。

福柯所說的**事件類型的真理**,指的是將真理看成一種歷史事件的觀點及其實踐。作爲事件的真理,即**事件式的真理**,突出了真理形成和製造過程中的權力和道德關係的重要性。但到了十九世紀,只是靠權力和道德的介入,還不足以成功地發揮真理遊戲的社會功效,尤其是不足以有效宰制整個社會力量的運作。科學和技術的發展,要求將真理遊戲的策略,進一步神祕化、工具化和實證化。所以,十九世紀之後,西方社會中的真理遊戲更加複雜化,以雙重的社會文化力量,使科學家所制定的真理體系,有效地擴散到社會各個階層的權力關係網絡。在這種情況下,真理並不單靠權力和道德的強制性力量,而且,還要藉助於邏輯的和試驗的實證性措施。

因此,西方現代社會中,實際上存在雙重結構的真理類型,其中一種是「**雷擊式**」(vérité-foudre),另一種是「**藍天式**」(vérité-ciel)(Foucault, 2003: 236-238);前者是**事件式真理**(vérité-événement),使不連續的、斷裂的、突發的、散播的和地區性;後者是**實證式真理**(vérité-démonstration),是連續的、不斷的、無所不在的和逐漸論證的。雷擊式真理或事件式真理,是相對古老

的模式，它早已經存在於古希臘，其顯著特點，就是在一定地點、時刻、場合和環境，有掌握社會權力的「權威人士」，在一定地點，突然地被宣布出來。所以，事件式眞理又被稱爲儀式眞理（vérité-rituel）或權力關係眞理（vérité-rapport de pouvoir）。藍天式眞理或實證式眞理，是隨現代科學技術的產生而出現的新模式；其顯著特點，就是利用現代科學技術的強大力量，強調科學技術掌握眞理的普遍性，通過連續不斷的科學發現和探索過程，突顯科學技術的實證理性和實驗手段的準確性及功利性。所以，藍天式眞理又被稱爲「發現的眞理」（vérité-découverte）、「方法的眞理」（vérité-méthode）、「知識關係的眞理」（vérité-rapport de connaissance）或「主客關係內的眞理」（vérité à l'intérieur de rapport sujet-objet）（Foucault, 2003: 238）。根據當代社會統治的需要，藍天式眞理正逐步把雷擊式眞理推到背後，以便更有效地推行權力遊戲。但是，福柯認爲，盡管藍天式眞理試圖掩蓋，並取代雷擊式眞理，從根本上說，藍天式眞理無非也是雷擊式眞理的一個變種罷了（Ibid.）。

十、以醫院爲主要模式而建構的現代福利社會

現代醫療制度和健康政策，是現代**國家理性**（la raison d'État）的一個重要表現，也是現代規訓權力（Pouvoir disciplinaire）和生命政治（bio-pouvoir）全面宰制個人及社會整體的重要手段。福柯在論述精神治療學與國家政權的關係時，曾經討論了現代醫療制度和健康保險的問題。在這一小節中，主要是從現代國家的社會政策，說明福柯是如何將精神治療學與整個現代醫療制度同現代社會的規訓化和宰制化過程的密切關係。

現代社會之所以特別重視醫療制度的社會意義，就是因爲它是唯一有效地將知識論述與權力運作策略巧妙結合的理性化制度。在談到現代精神治療學的時候，福柯曾經讚揚原籍匈牙利的美國精神分析學家薩茲（Thomas Szasz, 1920- ）所提出的批判原則。薩茲同英國精神分析學家萊昂（Ronald David Laing, 1927-1989）和庫伯（David Cooper, 1931-1986）一樣，嚴厲批判現代精神分析學對於人的本性的扭曲。福柯說：「薩茲認爲，『醫學已成爲現代的宗教』。我把這句話稍微改一改。在我看來，從中世紀到古典時代，宗教連同它的命令、它的法庭以及它的判決，曾經法律那樣發生作用。現在，我認爲，與其說現代社會是以法制和規範，不如說是以宗教式的醫學取代中世紀社會」（Foucault, 1994: III, 76）。現代醫療制度及其機構系統，是資產階級建構資本主義社會的組織產物，也是他們實行生命政治，推行對個人和人口整體進行規訓式的宰制策略的一個必要程序。福柯通過對於現代醫院史的研究發現：從十八世紀之後，醫學在現

代社會的行政管理和權力機器運作系統中，占據著越來越重要的地位（Foucault, 1994: III, 23）。在現代知識史上，瑞典醫生、生物學家和自然科學家林耐（Carl von Linné, 1707-1778）最早提出了按「種類」的等級原則，將一切生物加以區分的方法。很快地，資本主義社會將上述自然科學分類原則運用於整個社會中。從此，生物學和醫學成爲現代社會統治者對被統治者進行區隔和等級分類的「科學」基礎（Foucault, 1994: III, 517）。通過醫院制度在近兩百年來的貫徹和實驗，歐美資本主義國家全面實行了完善的醫療社會保險制和社會安全制（sécurité sociale），而法國和北歐各國，尤其將醫療社會保險制衡社會安全制，列爲管制社會和個人的最基本的社會制度。正是通過這種實行分門別類的基本方法而建構的醫療制度，規訓權力和生命政治，才有可能對被統治者的生命全程進行嚴密的宰制、規訓和監視。

福柯曾經系統地研究現代醫療制度的歷史及其與權力運作的相互關係。他認爲，醫療制度並非單純的醫學組織機構系統的問題，而是進行權力鬥爭和社會宰制的一個層面。醫院既是資本主義社會本身的縮影，也是資產階級進行社會改革及權力運作的實驗場所（Foucault, 1994: III, 735-736）。

醫療制度的上述社會意義和基本功能，使統治者選擇了它，作爲對整個社會完成全面宰制和規訓的關鍵組織手段。正是在這種情況下，現代社會正加速走向醫院式的模式（modèle hospitalier）轉化。現代社會的醫院模式化，是現代國家越來越緊密地同現代知識發展相協調的必然結果，也是國家隨經濟發展而進一步控制整個社會生命過程的需要。「在十九世紀和二十世紀上半葉，由於政治知識同經濟發展的緊密相結合，導致了經濟的突飛猛進。隨著經濟的發展，人們也發現經濟的發展對個人生命產生了消極的影響……現在，世界正在朝向醫院的模式發展，而政府扮演進行治療的角色。政府主管的任務，就是依據醫療矯形外科的程序，促使個人逐步適應發展的進程。例如，在法國，在政府分配的廉租屋系統中，政府強制性地要求居住者維持一定的生活水準，不管他們的收入是否足夠。所以，如今在法國，政府的社會救濟工作人員，實際上充當了這類家庭的財務管理者。**醫療診治是一種鎮壓形式**。現在的精神治療醫生，就是有實權的人，他可以決定什麼人是『正常』，什麼人是『瘋子』」（Foucault, 1994: II : 433）。「整個世界就是一個大型的收容所和救濟院，政府官員就是『心理學家』，而人民就是『病人』。犯罪學家、精神治療學家以及其他各種專門研究和治療人的精神心態的專家們，一天一天地越來越變成頭面人物。正因爲這樣，政權正在取得一種新的治療功能」（Foucault, 1994: II, 434）。由此可見，政府正以醫院爲模式，不但從組織上改造整個社會，而且也以醫療診治者的身分，對個人和社會整

體，從事「診治」和「治療」的工作，並由此對整個社會和個人，進行「診斷」（diagnostique），將人們劃分爲「正常」和「異常」，實行名副其實的區隔和分類，實現對生命的全面的管制。

社會的上述醫院模式化，在生命權力實現全面統治的西方國家中，更進一步體現在對於生命過程及生命體的宰制。這首先表現在一系列社會保險制（le système d'assurance sociale）和社會安全制（le système de la sécurité sociale）的建構與貫徹（Foucault, 1997: 219-223）。失業保險（assurance de chômage）、疾病醫療保險（assurance de maladie）、機車駕駛保險、家庭火險、養老保險以及其他各種名目繁多的個人或集體保險措施，充斥於現代社會中。政府充當了社會安全和社會保險制度的推銷者和監督者，以便實現生命權力對生命的全面控制（Foucault, 2003）。

從以上個各方面來看，當代法國哲學家對精神分析學的研究和改造，不僅顛覆了佛洛伊德精神分析學，而且還爲當代法國哲學全面批判現代社會文化，提供了深刻的理論武器

第五章

新尼采主義的誕生及其演變

第一節　一種特殊歷史形態的新尼采主義

　　尼采對一切約束人的生命權力意志的傳統形上學、道德和理性規定的批判活動，激發了新一代法國思想家們，使他們集中揭露現代社會文化創作的基本原則，更深入地解析指導著現代社會和文化制度運作的深層思想模式及其基本論述結構。佛洛伊德和尼采的思想就這樣同對於權力、道德及其語言論述方式和策略的批判聯繫在一起。正是在這種全面的思想、理論、制度和行動方式的批判中，佛洛伊德和尼采的思想又進一步同馬克思及3H的思想結合起來，並以嶄新的創造性論述體系表達出來。

　　尼采思想在當代法國的遭遇，也同馬克思和佛洛伊德的思想那樣，經歷曲折的過程：從原來單純對於尼采思想的詮釋和專業性研究，然後，結合胡塞爾、馬克思和佛洛伊德思想的傳播，進一步同海德格思想融合在一起，使法國當代思想家們有條件以新的視野理解、改造和超越尼采精神，最後，終於在六○年代末，達到產生和創立新尼采主義的嶄新階段（Le Rider, J., 1997; 1999）。

　　除此之外，法國新尼采主義哲學的誕生和發展，也在很大程度上，受到了文學和藝術界各種尼采追隨者的強烈影響。法國文學和藝術早在二十世紀初就大規模地採用了尼采的思想觀點和風格，在創作思想、方法和風格方面，進行一場全面的革新。在這個意義上說，法國新尼采主義哲學，毋寧是文學和藝術界中早已產生的新尼采主義的理論變гор。其實，很多法國現代派及後現代派文學家和藝術家，並不僅僅從事文學和藝術創作，而且也很善於進行哲學思維，往往把他們的創作觀點，採用最抽象的理論形式表達出來，並在其創作實踐中，形象地加以具體貫徹。在這方面，尼采本人在世時就已經很讚賞法國現代派作家和藝術家的創作成果。因此，在尼采與法國現代派作家和藝術家之間，很自然地存在著「心靈感應」。所以，法國作家、文學家和藝術家中的許多人，特別是當代的阿爾托、布朗索、巴岱、克洛索夫斯基等，都是具有很高哲學修養的文學藝術家。在巴岱的《論尼采》（*Sur Nietzsche*, 1945）、布朗索的《無盡的對話》（*L'entretien in-fini*, 1969）和克洛索夫斯基的《尼采與惡性循環》（*Nietzsche et le cercle vicieux*, 1969）中，文學家們都把自己的尼采主義思想，不但深刻地以理論形式表達出來，也很靈活地在他們的創作實踐中加以貫徹。這些人很自然地成為了當代法國新尼采主義哲學的直接的啟蒙者和模範先鋒。福科、德希達和德勒茲等，都一再地表示他們對這些作家和藝術家的感恩心情。

　　因此，當代法國新尼采主義哲學，採取了不同於其他西方國家的特殊歷史形態，具有其自身的特徵和發展邏輯。如果要進一步總結當代法國新尼采主義哲學

的特殊表現形態，就不能不首先注意到它的產生的歷史特殊性。

當代法國新尼采主義的歷史特殊性，可以一直上溯到更早的歷史過程。首先，法國思想文化傳統中具有特殊的拉丁文化的浪漫情調，比尼采本人的祖國德國，更可以易於充分理解和接受尼采的精神。這就是為什麼尼采的哲學，從一開始醞釀和其後的發展，在法國都比在德國更加順利。尼采的哲學實際上遠遠地超出德國本國文化傳統的範圍，更多地從法國拉丁文化和德國十八世紀浪漫主義中吸取精神養料。正是德國理性主義本身窒息了德國古典浪漫主義精神。尼采重新復活和發揚了浪漫主義的基本精神，在綜合包括法國在內的古代希臘羅馬文化的優秀人文精神的基礎上，創造了他的權力意志哲學、超人哲學，抒發了從柏拉圖之後被長期壓抑的酒神精神。法國的特殊文化歷史背景，使法國文人早在現代派文學時期，就產生了同尼采的共鳴。如果說波特萊爾早在尼采誕生以前，就舉起反理性主義創作精神的大旗，那麼，毫不奇怪，在現代派之後，尤其是經歷了長期理性主義統治的煎熬之後，法國當代文學家、藝術家和哲學家，能夠比德國還更激進地發揚尼采的哲學原則。

法國哲學和文化傳統的上述特殊性，使第二次世界大戰後遭遇到社會危機的法國，能夠很快地接受尼采的思想，並在五、六〇年代，形成為波瀾壯闊的新尼采主義浪潮。在開始的時候，尼采哲學的研究還只是為少數學者或學院派哲學家所掌握。

正是在這種條件下，新一代一大批思想家，紛紛從其他哲學領域轉向尼采研究，是尼采研究幾乎成為當時哲學界的「時髦」。德勒茲本人曾經形象地描述他轉向尼采的心路歷程。他在較早時期本來是研究休謨經驗哲學。後來，德勒茲很快地成為了狂熱的尼采主義者。至於福柯，更是由於他受到尼采主義作家克洛索夫斯基、布朗索和巴岱的強烈影響，早就在就學於巴黎高等師範學院時，就如饑似渴地鑽研尼采的著作，並很快又在海德格的啟發下，更深刻地掌握了尼采哲學的基本精神。

除了青年一代以外，在學術界中，巴黎大學及法國國家科學研究中心的很多研究人員，從四〇年代起，也將研究尼采哲學當成重點。巴黎大學的亨利・畢洛（Henri Birault, 1918-1990）在這方面，做出了重要貢獻。當新的《尼采全集》（*Nietzsche Werke, Kritische Gesamtausgabe, Hrsg.* Von Giorgo Colli und Mazzino Montinari, Berlin, de Gruyter）在1967年由柯利和蒙迪納利統一主編時，法國方面參加編輯的，就包羅了當時在學術界富有聲響的亨利・畢洛等尼采專家。

六〇年代在當代法國新尼采主義發展史上，是一個關鍵的時刻。福柯在1961年發表他的《古典時期的精神病的歷史》、1963年發表《精神病治療所的誕生》

以及1966年發表《語詞與事物》，標誌著法國新尼采主義，從原來只停留在詮釋尼采著作的水準上，提升到全面創造的階段。接著，德希達在1967年發表《語音與現象》（*La voix et le phénomène*）、《書寫與延異》（*L'Écriture et la ommemorat*）和《文本學》（*De la Grammatologie*）等三部代表性著作，1968年德勒茲德的國家博士論文《差異與重複》也相繼發表。這一切，標誌著法國新尼采主義達到了全面的發展勢態。

在福柯的晚期著作中，對於「性論述」（ommemora sexuel）的批判以及對於監獄、監控（surveiller）、懲罰（punir）和宰制（domination）的解析，成為批判傳統理性主義和主體中心主義的基礎。新尼采主義在福柯的晚期著作中呈現為更成熟的理論表達形式和鬥爭策略（Foucault, M., 1975; 1976; 1984a; 1984b; 1984c;）。他將研究重點轉向人自身的「歷史存在論」（l'ontologie historique de nous-mêmes），試圖揭示西方人從古代時期「對於自身的關懷」（souci de soi）轉向「主體中心」的演化過程，揭示基督教及近現代文化扭曲人的本能自然意向的策略技巧，分析批判西方人在實現「主體化」和「客體化」的雙重過程中，各種權力關係、知識論述及道德規範制度對於人自身的規訓和宰制的程序。正如福柯本人所說，他仿效尼采那樣，緊緊「跟蹤偉大的政治」，把注意力集中到權力問題（Foucault, M., 1994, IV: 224）。但在福柯的新尼采主義著作中，可以看到一種完全嶄新的概念和策略，其中尤其包括「論述」（le ommemora）、「權力的統治心態」或「權力的統管術」（la gouvernementalité du pouvoir）、「生命權力」（le bio-pouvoir）等新概念的提出。福柯所說的權力的普遍性以及將權力批判擴大到政治權力以外的廣闊領域，就是他在權力理論上的最值得注意的特殊貢獻。所有這些，說明福柯的新尼采主義已經完全超出尼采的體系，真正創立了他自己的新的理論。很明顯，在權力問題上，福柯雖然繼續尼采的權力批判路線，但不同於尼采，他將尼采的「權力意志」改造成為「權力的內在化」（le pouvoir ommemorati），以人自身的「向內折」和「向外折」的創造性論述形式，揭露權力的一系列非政權形式，集中探討了三大論題：（甲）透過懲罰機關的監視技術、規範性制裁和全方位環形敞視監督系統（le système de surveillance panoptique）等機構和制度而運作的「懲戒」權力（le pouvoir ommemor）；（乙）透過對於人口、生命和活人的管理控制而運作的生命權力；（丙）透過國家理性（raison d'Etat）和員警裝置（dispositifs de police）和技術而實現全面統治的政府統治心態及統治術。另一方面，福柯還以其《性史》三卷本，試圖以「性的論述」為主軸，深入探討緊密圍繞權力運作而旋轉，並始終控制著西方人的「主體化」過程。最後，福柯還返回尼采的藝術人生觀和人生美學，通過對古希臘羅馬

時期生存美學理論的復興和改造，向現代人提供一種能夠獲致自身幸福愉悅的新型生活方式。

法國新尼采主義者福柯、德希達和德勒茲等人，在談到他的新尼采主義思想的特徵的時候，一方面強調了尼采本人思想的創造冒險精神的重要意義，另一方面又指出尼采思想同海德格、馬克思、佛洛伊德思想相結合的必要性，也強調同哲學以外，特別是文學和藝術思潮相結合的重要性。他們顯然都不願意把自己的新尼采主義侷限於尼采的原有體系中；他們所主張的，毋寧是更為靈活的思想方式和寫作風格。

法國哲學界的新尼采主義的思想創造運動，並沒有停留和滿足於福柯、德勒茲和德希達等人的突出成果的水準上。在他們之後，更新一代的尼采主義者莊・呂克・南西等，繼續以新時代的風格，在批判尼采和佛洛伊德觀點的同時，結合哲學創作中所提出的新問題，將尼采的原有觀點，進行改造和更新。南西的著作很值得注意，其中所提出的問題，遠遠超出福柯等人的思考範圍。南西不同於福柯，青年時代成長於貝傑拉克地區（Bergerac）的天主教教育環境中，然後又受利科的哲學指導，長期進行多方面的傳統哲學研究。但他又和福柯等人相類似，很欣賞巴岱和布朗索等尼采主義作家的創作思想和風格。

第二節　福柯的逾越哲學

福柯本人一再地說：「我無非就是尼采主義者（je suis simplement nietzsh-céen）」（Foucault, 1994: IV, 704）。尼采的思想、批判精神和風格，給予福柯豐富的啟示，使他從二十世紀六〇年代起，明顯地成為法國新尼采主義的表率。但是，福柯又不是尼采思想的簡單重複者，而是以其獨有的創造精神，將尼采的思想原則，靈活地運用於他的批判活動中。他坦率地說：「我是在力所能及的範圍內，在相當多的觀點方面，依據了尼采的文本，但同時，我還利用了某些反尼采的論點（儘管這些反尼采的觀點同時也是尼采主義的！）。所有這一切，使我有可能在這樣或那樣的領域內，完成了一些事情」（Ibid.）。這就是說，即使在學習和貫徹尼采哲學方面，福柯也不滿足於引述或單純模仿尼采的理論和方法，而是力圖使自己成為「活尼采」和「新尼采」，使得自己能夠在「後結構」的時代裡，成為不斷「膨脹」、「增殖」和「擴張」的「強有力」的尼采式挑戰者和鬥士。

其實，福柯不但在理論學術領域澈底運用尼采的原則，而且也在自己的生活和創作實踐中，體現尼采的文采和風格。本書在以下各章節，將在各個具體方

面，進一步分析福柯在生活和創作方面的新尼采主義風格及其生存美學。

在談到哲學上實行尼采的「重估一切價值」的口號的時候，福柯主要是從兩大方面來說明這個問題。首先，環繞探索西方思想的源頭，福柯指出：正是「**從黑格爾和謝林開始，人們才試圖在基督教之外，重新發現希臘的思想，而這種努力，後來又在尼采那裡再次表現出來。所以，像尼采那樣，我們今天又重新思考希臘的思想；但這並不是為了發現在希臘的道德中所存在的道德價值，似乎以為這些因素是我們進行思考所必須的。與此相反，這是為了使歐洲的思想，能夠在希臘思想的基礎上重新發動，並由此獲得澈底的解放。**」（Foucault, 1994: IV, 455; 702-704）。大凡具有創造精神的思想家，在反思批判傳統思想，並創建自己獨具特色的理論體系的時候，總是首先要重新探索西方思想的源頭，從古希臘哲學搖籃中尋求現行各種思想弊病的歷史根源，以便重新評價西方思想和文化的價值。尼采就是這樣做的。他首先寫出了《悲劇的誕生》，揭示酒神狄奧尼索斯（Dionysos）和太陽神阿波羅（Appolo）的對立，展示近現代哲學各種錯誤觀點的歷史根源。在尼采之後，海德格又重新評估了古希臘思想的偉大價值，在前蘇格拉底哲學中，找到了挽救西方形上學的方案。所以，當代法國哲學中的新尼采主義者，也同樣清算了。

接著，關於現代哲學的問題，福柯明確強調：「**海德格對我來說始終是最重要的哲學家。我開始的時候，是閱讀黑格爾，然後馬克思，接著我讀海德格；那是在1951年到1952年，或者是在1953年，總之我記不清楚。然後我讀尼采。就在這個時候，我注意到當初我讀海德格時他對於尼采的注解（我記下了一大堆海德格的注解）。我從海德格那裡所記下的注釋，比我從黑格爾和馬克思所記下的注解，對我來說還要重要得多。我之所以變成為哲學家，閱讀海德格是決定性的。但是我承認，是尼采這個人，才讓我懂得海德格。……很有可能，如果我不讀海德格，我就不懂如何讀尼采。在五〇年代，我試圖閱讀尼采，但尼采單獨一個人，似乎對我沒有說出任何東西，一旦尼采和海德格連在一起，就立即造成了哲學上的震盪。當然，我從來沒有寫過關於海德格的文章，也只有很少的文章論述尼采。然而他們卻是我閱讀最多的兩位哲學家。**」（Foucault, 1994: IV, 455; 702-704）；福柯還說：「**當我在五〇年代仍然是大學生的時候，我讀過胡塞爾、沙特和梅洛·龐蒂。……尼采對我來說，曾經是一種啟示；當我讀尼采時，我發現他同學校所教給我知道的所有作者都不一樣。我以極大的熱情讀尼采，使我終斷了我以前的生活，我也因此辭去了我在精神治療醫院的工作，……正是通過尼采，我才完全變成另一個人。**」（Ibid.: 780）

許多當代法國哲學家都確認：德國哲學為法國哲學家重新思考哲學的基本問

題提供了啟示。福柯曾經深刻地指出：近代哲學的基本問題，從十八世紀末開始，發生了根本的變化。這一變化的特點就在於：哲學探討的重點不再是傳統哲學的老問題，諸如什麼是世界？什麼是人？眞理是什麼？知識是什麼？怎樣才能認識知識等等；但現在哲學思考的重點是：「**在我們所處的時代裡，我們自己究竟是誰？**」康德首先在他的文本中概述了這個問題。福柯認爲，正是康德，總結了近代哲學的基本問題，並把它歸結爲：「**今天的我們，究竟是誰？**」（Foucault, 1994: IV, 814）。

福柯肯定：從康德以後，近代哲學一直試圖對我們自身進行歷史反思。康德、費希特、黑格爾、尼采、韋伯、胡塞爾、海德格以及法蘭克福學派，都試圖沿這個方向思考哲學基本問題。正因爲這樣，福柯承認自己的思路屬於這個路線。所以，他直截了當地說：「我是通過以下的方式來研究這個問題。首先，通過對於精神病、精神治療學、犯罪現象以及懲罰手段的研究，我試圖指出：**我們是通過對某些犯罪和犯精神病的其他人進行隔離的手段而間接地建構起我們自己。**另一方面，從現在開始，我還要研究：**我們自己究竟採用哪些關於自身的道德技術手段、而由我們自己來建構我們自身的身分？**這樣一種由自己建構自身身分的技術，也可以稱爲一種對於個人進行統治的政治技術；在西方，它是從古到今的歷史中一直存在的一種技術」（Ibid.）。

接著，福柯針對他所始終關注的「眞理與主體的關係」問題，也同樣明確地說：「**在近現代哲學史上很少有人研究這個問題，只有海德格和拉岡是例外。但同拉岡相比，海德格就更深刻地探討了這個問題，因而，在這個意義上說，海德格對我產生了決定性的影響**」（Foucault, 2001: 182）。

由此可見，重要的問題，不是尼采孤立一個人，而是他的哲學，在適當的歷史時期內同其他具有創造性的哲學理論的結合，特別是同海德格的觀點相結合，才爆發出強大的精神力量。在這個意義上說，福柯又是一位海德格式的尼采主義者；或者，他是一位尼采式的海德格主義者。

接著，福柯一再指出自己的尼采主義思想同文學藝術界的尼采精神的歷史淵源關係。福柯反覆說：「我閱讀尼采是因爲巴岱；而我閱讀巴岱則是由於布朗索」（Foucault, M., 1994: IV, 437）。巴岱、布朗索和克洛索夫斯基的尼采精神，很早就深深地激勵福柯等新尼采主義哲學家的思想。

首先，福柯非常讚賞巴岱的創作路線，甚至非常肯定巴岱在創作中所選擇的主題、內容及其創作方式。從巴岱那裡，福柯受到的最重要的啟發，就是對人的生命、欲望、情感，特別是性的快感之愉悅感的重視。

福柯發揚尼采的觀點，認爲人的生命，在本質上，是與意志和欲望一樣；而

性和欲望，最典型地表現了生命的特徵：它們一旦存在，就要拚命消耗；因為只有在消耗中，生命才獲得它的新生。所以，福柯贊同新尼采主義作家和思想家巴岱的看法：人的生命及其創造精神，只有在它的極度消耗中，在其面臨極限時，才能顯示它的真正本質。正是根據尼采的觀點，在巴岱研究消費的社會學著作中，巴岱頌揚了被傳統道德譴責的消耗行為。巴岱認為，自我消耗、自我毀滅和自我摧毀乃是一切生命的基本存在形式（Bataille, G., 1949）。巴岱扭轉了傳統思想對於消耗的否定態度，實際上也是重新肯定了原始社會以消耗為榮以及對於消耗的積極態度。巴岱指出：宇宙中的太陽是靠不斷的自我消耗、自我毀滅和自我摧毀來維持其生命的運動，維持其自身的不斷更新！生命是靠死亡而不斷開闢其新生的道路的。換句話說，生命是在同死亡的不斷搏鬥中成長和更新的。真正的生命是對死亡無所畏懼的。生命不但不應畏懼死亡，反而必須積極地面對它，並在主動走向死亡的實際過程中，創造新的生命，擴大生命的力量。巴岱早在他的《論耗費的概念》一文中指出，推動人的生命頑強地生存下去，促使生命和整個人類社會不斷地繼往開來的最大動力，不是傳統道德所讚揚的「自我保存」或「謹慎勤儉」，而是豪邁地進行消耗活動，進行消費活動（Bataille, G., 1955b; 1957a; 1985）。福柯由此進一步肯定在冒險中創造的死亡遊戲生存模式。福柯主張，只有不斷地向死亡的極限挑戰，無所畏懼地逾越一切限制，才能真正達到尼采所說的那種使生命權力意志得到充分膨脹的境界。福柯認為，消耗生命的冒險過程，乃是生命進行其創造活動最有創造性的基本形式。所以，福柯一再地表示，大膽地消耗自己的生命，向死亡的臨界點邁進或甚至跨越，才能使自己的生命不斷地更新，實現從原有的自身中「不斷拔除自己」的愉悅狀態。

同樣地，福柯和巴岱都認為，凡是傳統社會文化譏笑或諷刺為「可恥」或「可惡」的事情，凡是被傳統社會批判為不道德的事情，他都給以翻案，加以讚揚，試圖從中發現新的真理。他們同尼采一樣，凡是傳統文化斥責為「浪費」或「無價值」的東西，都會引起他們的濃厚興趣。他們的這種性格和風格，也典型地體現在他們的文學創作、評論和哲學思考之中。福柯將巴岱對於生命極限的探索，同他本人對於生命逾越的冒險結合起來，作為向傳統思想和道德力量進行挑戰的主要方式。

同樣地，福柯對於語言的批判精神以及他對於語言論述的解構，也是受到巴岱等尼采主義作家的深刻啟示，就好像德希達對語言的批判得到另一位尼采主義作家阿爾托的影響一樣。如前所述，自波特萊爾、馬拉美和布朗索以後，在法國文學中，實際上已經形成一種批判語言和反語言的傳統；而且，這種批判語言的活動也構成為文學創新活動的一個重要組成部分。從那以後，法國文學，特別

是詩歌創作領域以及整個「後現代」文化的發展，都是緊密地同語言批判相聯繫的。由波特萊爾等人所開創的語言批判，不只是在文學，特別是詩歌創作中的一種創新活動，而且也是尋求「後現代式」思考和批判的一個重要過程。這種對於語言的批判，實際上也是尼采精神的表現。尼采本人一貫追求最美的表達方式，不惜一切代價尋求語言優美修辭的自由。為此尼采對傳統語言規則以及創作的語言模式，不止一次地進行批判。尼采以最熟練的語言修辭，向傳統挑戰。

所以，現代派的代表人物波特萊爾等人，對語言的批判，遠遠超出文學創新的範圍，不僅為理論上批判整個傳統語言累積了經驗，而且也對後現代文化的重建具有深刻的啟發意義。這種對於語言的批判，不只是滿足於在語言本身範圍內的批判，而且遠遠地超出語言符號系統的範圍，在語言同思想、行動、道德、權力、社會制度以及人的本性本身的緊密關係中，探索人的主體性及其與整個世界的關係，探索語言同現代人的歷史命運之間、同現代社會的一系列規範法制之間的奧祕。由此可見，法國現代派作家對語言的批判，直接地同尼采對傳統的批判結合在一起，形成當代法國哲學中新尼采主義的先導。也正因為這樣，當代法國新尼采主義哲學家，始終關切對於語言的批判，並把它當成為對於整個社會、人的本質以及西方文化的澈底批判的主要通道。

總之，福柯的新尼采主義，在哲學方面，乃是尼采思想與海德格思想的混合產品；而在語言及其論述的批判方面，則是文學界尼采主義的語言革命的繼續；而在生活方式和風格方面，福柯又是尼采關於生活美學化的理念的實現者。

福柯的新尼采主義思想，使他完全不同於傳統哲學家。

傳統思想把理性當成自身的生命線，試圖盡其所能將理性普遍化和總體化，以便通過理性實現其統治的正當化程序。為此，福柯繼承和發揚尼采的系譜學方法，集中反對有關理性規律的種種論述。

福柯在一系列談話中，反覆強調他並不是傳統意義上的哲學家。1975年6月，恰好在《監視與懲罰》發表之後，在接見評論家羅傑・保爾・德魯阿時，德魯阿問福柯：「你很不喜歡人們問到你自己究竟是什麼人。你經常這樣說。但我仍然還要試試問你這個問題。你是不是希望別人把你當成歷史學家？」福柯說：「我對歷史學家所作的工作深感興趣。但我想做的是另一種類型的工作。」「難道需要別人稱呼你是哲學家？」「也不是。我所做的，根本就不是哲學。同樣也不是科學，因為對於科學，人們有理由要求加以證實。」「那麼，你怎樣確定你自己？」「我無非就是一位製造炮彈的士兵（un artificier）。我製造最終用來圍攻、用來戰爭、用來摧毀的某種東西。當然，我並不只是為了摧毀，但我是為了使人們能夠向前走，能夠使他們穿過擋住他們前進的牆，能夠推倒那些牆。製造

炮彈的士兵，首先就是一個地質學家。他必須能夠看到地層的結構，它的皺褶，它的斷層、缺欠。有哪些斷層？應該怎樣把它挖掘？它會怎樣頑抗？地質學家要看到那些城堡是怎樣建構的。他必須探尋有哪些可以用來藏身的洞穴，要發現哪裡可以用來發動進攻，等到這一切都探測好，並加以標示，就可以開始做實驗，進行摸索。人們往往發出資訊，設立哨兵，建立起相互關係網。在此基礎上，人們開始確定要使用的策略……所使用的方法，無非就是策略本身」（Le Point, No. 1659, 1 juillet 2004: 84）。

正因為這樣，福柯遵循他的老師依波利特的教導，通過哲學，完成對各種傳統和各種理性規則的限制的逾越（transgression）。他首先把重點放在超越哲學限制的各種「非哲學」的領域。過去的哲學都是空洞的抽象概念體系，福柯所要的，是供人們現實地探求幸福生活、擺脫各種約束的生存美學。

福柯的思想無疑具有哲學的性質；而且，福柯的思想本身，確實成為了當代法國哲學發展的重要動力。但是，首先必須尊重福柯本人的思想風格，才能最終把握他的哲學思想的實質。如果我們從一開始就試圖從傳統意義的哲學出發去了解福柯的話，那麼，我們就始終無法真正地了解福柯的思想。福柯說：「我並不把自己當成一位哲學家。我所做的，並不是從事哲學的方式；當然，也不是建議別人不要去從事哲學。促使我能夠同我在大學中所受到的教育保持一定距離的重要作家，是像巴岱、尼采、布朗索和克洛索夫斯基那樣的人；他們不是嚴格意義的哲學家……。他們之所以對我發生震撼，並產生魅力，之所以對我非常重要，是因為對於他們來說，問題並不是為了建構什麼體系，而是建構個人經驗」（Foucault, M., 1994: IV, 42-43）。福柯自己最喜歡的思考方式，就是具有生存美學性質的「逾越」實踐。他認為，人生的首要目標，是使自己隨時得到愉悅的滿足。人只有在逾越中，在探險遊戲中，才能得到幸福和快樂。因此，真正的哲學，應該是一種逾越哲學。

福柯在巴黎大學和巴黎高等師範學院就讀期間，曾經受到了嚴格的哲學訓練，打下嚴實的哲學基礎。他懂得如何進行真正的哲學思考。他所要的，是具有創造精神的哲學，是與生活和社會的實際需要緊密相結合的活生生的哲學理論。福柯自己一再地宣稱，他的哲學是一種「非哲學」（non-philosophie）；哲學不應該成為脫離實際的抽象理論體系，而必須成為個人追求幸福快樂的實踐智慧。真正的哲學不應該是憑空想像出來的概念體系，而是有助於人在現實的社會生活中實現真正的個人自由，能夠使自身建構一個具有真正美學價值的生存實踐智慧。正因為這樣，福柯的理論研究，並不追求完滿的體系，也不打算建構順從邏輯方法的論述系統。福柯的各種哲學思想，具體地、分散地和碎片式地表現在他

對現代社會文化的知識考古學和權力系譜學的批判活動中。而且，即使在他的知識考古學和權力系譜學中，福柯也只是根據實際批判的需要，隨時地改變其批判策略。所以，即使是對於他的知識考古學和權力系譜學，我們也不應該試圖尋求貫徹始終的「邏輯同一性」或「前後一貫性」。福柯的知識考古學和權力系譜學，毋寧是採取多種樣態和片段地表現在他的批判活動。

福柯的逾越哲學的思想體系，是以「我們自身的歷史存在論」（l'ontologie historique de nous omme）爲中心而展開的。而「**我們自身**」的歷史存在論所要探討的基本問題，就是「**我們自身是如何成爲主體的**」？福柯在這個基本論體中，強調了兩方面的意涵：一方面是試圖揭示他所一貫嚴厲批判的傳統主體性原則的**眞正實質**，另一方面則重點指明：「創建絕對自由的個人**自身**（soi-méme）」在生存美學理論和實踐中的核心地位。

爲了揭示傳統主體性原則的眞正實質，福柯在其一生的理論研究中，遵循尼采的原則，以大量的精力從事**知識考古學**（archéologie du savoir）以及**權力和道德系譜學**（généalogie du pouvoir et de la morale）的批判研究活動，不遺餘力地揭示**權力**（le pouvoir）、**知識**（le savoir）和道德（la morale）以及各種社會文化力量的緊密交錯關係，揭露它們相互配合、縱橫穿梭而彼此滲透的狡詐計謀，特別是揭示它們在創建和散播各種**論述**（le ommemora; Discourse）以及貫徹**論述實踐**（la pratique discurcive）的過程中，威脅利誘地運用複雜的**策略**（stratégie）的權術遊戲的特徵。福柯指出，就是在這種政治運作中，我們現代人，才逐漸地喪失了「自身」，被形構成爲具有某種符合正當性標準的「主體」，一方面成爲**知識、權力和道德的主體**（le sujet）以及成爲**說話、勞動和生活的主體**，另一方面也不知不覺地淪爲歷代社會統治勢力所**宰制的對象**。所以，福柯由此指出，主體無非是各種傳統理論對每個人的自身進行扭曲的結果，也是社會統治勢力普遍宰制個人的欺詐手段。正因爲這樣，福柯對傳統「主體」深惡痛絕，欲予澈底批判而後快。他的「關於我們自身的歷史存在論」，就是爲了揭示主體論的實質，並使我們眞正從它的束縛中解脫出來，是我們重新恢復成爲我們自身，成爲我們自己生命的主人，能夠過一種我們自己所要的美麗生活。

爲此，福柯本人一再地指出：他的研究的主要目標，既不是權力，也不是「性」。他在1982年明確地說：「我首先要說一說我最近二十多年來的工作目標。它既不是分析權力現象，也不是爲此分析提供基礎。我所研究的，毋寧是探索我們文化中，有關我們人類各種不同的主體化模式的歷史（J'ai cherché plutôt à produire une histoire des différents modes de subjectivation de l'être humaine dans notre culture）」（Foucault, 1994: IV, 222-223）。接著，1983年，福柯又

說：「我應該承認，同『性』等問題相比，我是更多地對『自身的技術』（tech-niques de soi）以及與此相關的問題感興趣；『性』，是令人厭煩的」（Foucault, 1994: 383）。這就是說，權力和性的問題，在福柯的思路中是次要因素，是從屬於他所探索的**真理遊戲**和生存美學的戰略目標：**必須把權力及性的問題，放置在真理遊戲和生存美學的廣闊視野中加以觀察**。

福柯所關切的重點，始終是「**我們自身**」（nous-mêmes）的問題：我們自身是如何成為說話、勞動、生活的主體？在現代的社會條件下，作為主體的我們自身，又怎樣同時地成為知識、權力和道德行為的對象和客體？我們自身是怎樣成為法制、道德倫理以及各種社會文化規範的限制物件？換句話說，我們自身為什麼如此偏執於主體性、卻又不知不覺地成為被宰制和被約束的客體？我們自身究竟有沒有可能不再成為主體性原則的奴隸？應該怎樣走出主體性的牢籠，而使我們真正成為自身生命的自由的主人？所有這一切，都關係到我們自身的命運、現狀與未來，關係到我們現在所處的**現代性**，關係到我們自身的生死存亡和自由。如果說，福柯在七○年代以前，集中探討知識考古學和權力系譜學，研究現代各種論述及其宰制實踐，探索真理遊戲及其策略，那麼，所有這些研究，都只是為他後期所探索的生存美學做準備。他在前期的首要研究目標，就是通過考古學和系譜學，揭示造成「我們自身」的現狀的歷史奧祕；而在七○年代中期之後，當福柯轉而研究「性史」、「自身的技術」和生存美學的時候，他更多地是為了尋求解決我們自身的現狀的出路。**生存美學**，就是引導我們自身走出現狀的困境、創造自身的幸福美好生活的實踐原則。所以，只有全面閱讀和研究福柯的著作，**特別是七○年代中期之後的著作，研讀他在世的最後十年期間於法蘭西學院的演講稿，才能真正把握他的思想真蹄**。

由此看來，福柯一生所關懷的基本問題，始終是我們自身的生活命運；他既要探討我們自身的現狀及其歷史原因，又要尋求我們自身實現自由的審美生存的出路。所以，1983年，福柯很明確地指出：「思想史的任務，與行為史和觀念史完全相反，是要發現和考察，人類自身究竟根據什麼條件，不斷地反思和考量自身、自己的所作所為以及自己生活於其中的世界？但是，在提出這個非常一般化的問題時，特別是當它關係到古希臘羅馬文化的時候，我認為，這個問題的提出，是同一定時期內，在我們的社會中具有很重要意義的一系列生活實踐方式，有密切關係。這一整套實踐方式，可以稱之為『**生存的藝術**』（les arts de l'exis-tence）。所謂生存的藝術，就是**一整套反身的和自願的實踐方式**（des pratiques réfléchies et volontaires）；由此，人們不僅確定一定的行為規則，而且還設法改變他們自身，形塑他們自身的獨特生存方式，並使他們的生活變成為具有特定美

學價值，又符合特定風格標準的藝術作品（une oeuvre）。這樣的生存藝術（arts d'existence），這些『自身的技術』，當它們被基督教整合到教士的權力運作中，當它們在更後一個階段又被整合到教育、醫學，和心理學的實踐的時候，就喪失了它們的一部分重要意義及其自律性」（Foucault, 1994: IV, 544-545）。

　　所以，福柯的思想儘管一直在發生變化，但仍然可以發現貫穿於其中的主要線索。從最初的考古學、系譜學、強制性論述實踐的分析，到七〇年代末之後他對於「性史」、「自身的技術」和生命政治以及生存美學的思索歷程，始終都存在著一個主導思想：**尋求自身生存的最大自由**，在叛逆和創造的雙重遊戲中，實現和完成**自身生存之美**。這實際上就是福柯最後確定的生存美學的基本論題，它是福柯整個一生所思考和實踐的主題。

　　爲了全面了解福柯的生存美學及其在他的思想體系中的地位，首先讓我們將福柯的主導思想及其演變歷程，用一個略圖畫出來：

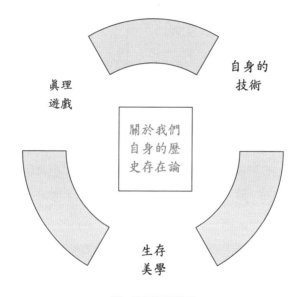

圖　福柯思想體系

　　從以上的圖示中，顯然，福柯的基本思想，就是以「關於我們自身的歷史存在論」爲核心，包含三大組成部分：眞理遊戲、自身的技術和生存美學。在他的眞理遊戲中，實際上還包含關於知識、權力和道德的考古學及系譜學，包含他的生命政治理論以及關於近代國家理性的分析理論，也包含他對於論述實踐的分析策略。他有關「性」（la sexualité）的論述，則正好夾在眞理遊戲和自身的技術的論述之間，因此也成爲福柯後期集中研究生存美學的一個重要環節。

福柯的上述思想體系圖略，還可以進一步更具體地展示如下：

關於我們自身的歷史存在論
（Ontologie historique de
nous-mêmes）

真理遊戲
（Jeu de vérité）
（主體與真理的關係）
以**知識論述**的形構爲典
範，揭示主體化中相互牽
制的雙重過程：自身一方
面成爲知識、權力和道德
的**主體**，成爲説話、勞動
和生活的**主體**，另一方面
又淪爲被宰制的**客體和對
象**，成爲知識、權力和道
德遊戲棋盤中的一個被要
弄的棋子。

自身的技術
（Technique de soi）
（自身的實踐）
以西方人關於**性**的基
本生活經驗爲中心，
揭露**主體化**是以**自身**
進行自我約束和管制
作爲基本前提條件。

生存美學
（Esthétique de l'existence）
以古希臘羅馬關於生活藝
術的**實踐智慧**爲基礎，以
「**關懷自身**」爲中心，在
滿足自身審美愉悦快感的
基礎上，從言説藝術、性
愛藝術、生活技藝和死亡
美學的審美實踐方面，**把
自身陶冶成既非主體、又
無需客體的自律審美生命
體**，使自身的生與死，自
由穿梭於文化與自然、可
能與現實所交錯的無邊際
的詩性天地中。

爲了更微細地分析福柯所要批判的眞理遊戲，還可以把眞理遊戲部分，進一
步描繪成由**知識論述、權力和道德**所三重交叉而呈現的下列結構：

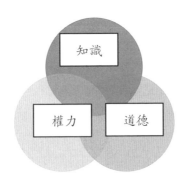

綜上所述，可以將福柯的思想體系表述如下：

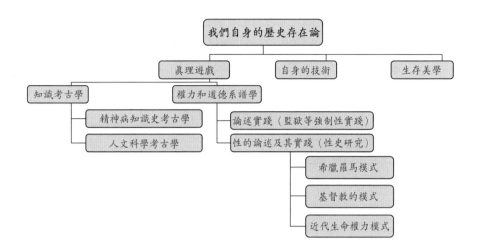

　　福柯和尼采一樣，從來都不承認、甚至蔑視各種號稱「眞理」的東西。在他的整個批判活動中，爲了從根本上澈底顛覆西方傳統思想，福柯緊緊地抓住了貫穿於西方思想和文化中的核心，即**眞理**問題。福柯認爲，所謂眞理，實際上並不是眞的關係到「正確事物的發現」（la découverte des choses ommem），而是關於主體依據什麼樣的規則才能對某些事物說出眞或假的問題（les règles selon lesquelles, à propos de certaines choses, ce qu'un sujet peut dire relève de la question du vrai ou du faux）（Foucault, 1994: III, 105）。**在客觀的實際世界中，本來並不存在「眞理」這個東西；它是在特定的社會歷史條件下，爲了建構和維持一定的社會秩序而人爲地規定出來的遊戲規則；依據這樣的眞理規則，作爲主體的每個人，以特定的方式，對自身和對他人說話和處事，過一種「正常」的或「合法」的生活。所以，眞理，從本質上說，就是西方社會的主體性的基本規則，使每個人以它作判準，對自身進行自我規訓和自我薰陶，把自己訓練成爲符合整個社會所需要的「主體」，同時，也以此衡量他人的「主體性」。**長期以來，西方社會透過形塑符合特定規則的個人主體，建構起特定的社會秩序，試圖透過個人主體與社會秩序的和諧，建立一個「合理的」社會制度。

　　根據福柯的分析，要成爲眞正符合標準的主體，主要是使自己成爲合格的「說話的主體」、「勞動的主體」和「生活的主體」（Foucault, 1966）。在這三大方面的主體中，「說話的主體」是根本性的。在西方文化史和思想史上，語言始終是占據優勢和首要地位的因素。柏拉圖，作爲西方思想模式的奠基者，很早就論證了說話及「邏各斯」的一致性，奠定了西方語音中心主義、邏輯中心主義和理性主義的基礎。從此以後，在西方，要成爲「正常的人」、「正當的人」或「有道德的人」，就首先必須學會「正當地說話」，學會「按規矩說話」。

　　所以，傳統真理遊戲的首要目標，就是訓練每個人學會以主體身分「正確地」說話。用福柯本人的話來說，就是「關於主體依據什麼樣的規則才能對某些事物說出真或假的問題」。所以，真理就是對面臨的客體（包括他人和他物）說出正確的話語（判斷），而人爲地編造出來的一系列遊戲規則系統；其用意是規定每個人，一方面，明確依據遊戲規則確定和認識自己的說話物件與認知物件，另一方面，同時也按照這個遊戲規則，首先使自己成爲一個有資格說出真判斷的認識主體。因此，福柯又說，所謂真理問題，實際上，首先就是關於一個可能的主體辨認和說出真理的遊戲規則；而其中的關鍵，是真理同主體的相互關係。正因爲這樣，福柯的真理遊戲概念，主要是在他探究真理與主體的相互關係時提出來的（Foucault, 1994: III, 105; IV, 632-635; 708-709; 707-719; 724-725）。

　　爲了揭示西方真理遊戲的實質，福柯在1976年以前，主要是環繞著通行於西方社會的**強制性實踐**（des pratiques coercitives）和**科學理論論述**兩大方面的問題，進行知識考古學、權力和道德系譜學的三重交叉批判活動。如前所述，在福柯看來，任何現代知識論述，都具有兩方面的結構、功能和機制，即一方面作爲知識和認知活動的成果，具有其自身的邏輯和特徵，另一方面作爲在特定社會權力關係下產生、形成和運作的論述體系，包含了特定的意志、實踐策略和操作規範。因此，現代社會的知識論述，自然地又是強制性實踐的規範或法規。所以，強制性實踐和科學知識論述，不但是相互交結的複雜關係，而且也是相互依靠和相互滲透的行動規範。在「強制性實踐」方面，福柯集中地揭露了精神病治療和監獄關押活動中的主體化和客體化策略（Foucault, 1961a; 1963a; 1972a; 1975; 2003）；而有關科學理論論述方面，福柯則集中批判了以塑造「勞動的人」、「說話的人」和「活著的人」爲基本目標的政治經濟學、語言學和生物學三大學科的論述形式和策略（Foucault, 1966）。在上述強制性實踐和科學理論論述的批判中，福柯始終堅持從知識、權力和道德的三重交錯關係的觀點，揭示真理遊戲的真正內容。

　　但是，從1976年到1984年期間，福柯又進一步從「**自身的實踐**」或「**自身的技術**」的角度，將他自己以往對於真理遊戲的考古學和系譜學批判，提升到新的高度。也就是說，在1976年以前，福柯所探索的真理遊戲，是集中環繞精神病、說話、勞動、犯罪等課題，而1976年之後，則轉向「性」、欲望和自身的技術。正如福柯自己在他的《性史》第一卷所說，他在「性史」和「自身的實踐」的研究中所要集中探索的，是「人類究竟通過什麼樣的真理遊戲而終於認識到自己是欲望的人」（à travers ommem jeux de vérité l'être humain s'est reconnu comme omm de désir）；「每個人又通過什麼樣的實踐，將注意力轉向他們自身，……並招認

自己就是欲望的主體」（s'avouer comme sujets de désir）。

　　福柯對於真理遊戲的批判方法和重點的轉變，意味著他在晚期的研究，更致力於探索西方人自身認識自己、關心自己和改造自己的過程和策略。用福柯自己的話來說，就是探索西方人究竟怎樣對自身的存在、生活、作爲和思想以及對自己所生活的周在世界，進行一種「成問題化」（problématiser）的反思和自我實踐。這就表明，福柯是在經歷了一系列對於真理遊戲的批判之後，才更清楚地意識到從真理遊戲通向生存美學的必要性。

　　西方人對其自身的身分、社會地位以及主體化過程的認識和實踐，也就是說，對自身同他人、社會和自然的相互關係模式的認識和建構，經歷了古代和近代兩大歷史時期的重大轉變。在兩大時期中，關鍵的問題或轉變的主軸，始終是自身同真理的關係。但在前後兩大時期，西方人自身同真理的關係表現爲兩種根本不同的模式。根據福柯的研究，在古代，西方哲學家認爲，每個人，在其自身經歷一番長期嚴謹而艱苦的自身薰陶和自我教化以前，在進行「自身的實踐」、使自身的精神層面提升到崇高的審美境界以前，是沒有資格作爲「主體」而同真理發生任何關係。與此相反，自笛卡兒之後的近代相反人，則認爲人人都先天地或自然地可以作爲主體而進入真理的王國。所以，福柯在其考古學和系譜學研究的前期，主要集中揭示近代真理遊戲過程中，權力和道德策略對於主體化的宰制；而在福柯研究性史和生存美學的後期，福柯的研究重點是古代的真理遊戲中的「自身的實踐」以及與此相關生存美學。

　　但是，福柯對於真理遊戲的研究和分析，並沒有停留在宏觀的一般性層面上，而是進一步從局部和具體的微觀細節，更深入地揭示真理遊戲上演過程中的各個局部和段落結構及其多樣化的不同運作機制。從西方一般歷史和文化史的角度來看，真理遊戲是連續迴圈上演的大型歷史劇，是西方社會發展史的真正靈魂；但就真理遊戲的內容和形式而言，它在上演過程中，總是包含複雜的「子遊戲」或「次遊戲」，使它的上演，同時地穿插著無數驚心動魄的曲折劇情。福柯有時將這些不同的「子遊戲」稱爲「地域性」或「局部性」遊戲（le jeu ommemor ou le jeu partiel）。分析這些「子遊戲」的各個細節，揭露它們的運作規則，是分析整體真理遊戲宏觀運作機制的關鍵。福柯主張深入分析和揭示這些地域性和局部性「子遊戲」的微觀結構及其運作機制，以便更具體深入地了解真理遊戲的實質。

　　構成真理遊戲宏觀歷史劇的各個「子遊戲」和「次遊戲」，在不同的歷史時代是不同的。但這些子遊戲和次遊戲的性質及其基本內容，是有一定的類似性，並相互關聯。根據福柯的說法，在真理遊戲中所穿插的子遊戲和次遊戲，主要

是「權力—規範（pouvoir-norme）遊戲」（Foucault, 1994: III, 75）、「權力—法律—眞理三角（le triangle des pouvoir-droit-vérité）遊戲」（Foucault, 1994: III, 175）、「權力—眞理—快感（pouvoir-vérité-plaisir）遊戲」（Foucault, 1994: III, 104）以及「權力—知識（pouvoir-savoir）遊戲」（Foucault, 1994: III, 160; 1994: IV, 717-719）等。福柯在不同時期，往往以不同的寫作風格和主題，深入分析這些子遊戲的內容和運作機制及其同整體眞理遊戲的關係。由於精神治療學這門學科中的眞理遊戲具有特別典型的意義，所以，福柯不但在六○年代反覆探討了精神治療學的論述特徵及其強制性實踐的策略（Foucault, 1961a; 1962; 1963a; 1963b），而且還在1973至1974年，在法蘭西學院的課程中，特地安排關於講授「精神治療學的權力」的專門題目，更深入地分析精神治療學這門典型的現代知識論述的權力機制。福柯特別指出，在《古典時期精神病的歷史》中，他只是揭露將精神病人從正常人社群排斥出去的「區分」（或「區隔」）機制，而且，當時的分析還侷限在十九世紀初以前的現代醫療制度的範圍內。但是，在1973至1974年的新講稿中，福柯進一步揭示了作爲「權力／知識」雙重交叉結構的精神治療學及其實踐制度的建構過程。因此，福柯在1973至1974年的講稿中，具體地分析了從畢奈爾到沙爾科的精神治療法規、制度、機構、監督以及懲治的策略。通過這場研究，福柯認爲：精神治療學的形成，與其說是精神病研究知識的成長結果，不如說是現代社會一系列懲治、規訓、宰制以及控制的權力機構和制度得到進一步膨脹的標誌；對於「瘋子」的管束所需要的規範、制度、機構及相應的運作策略，只不過是整個現代社會規訓權力狀置（dispositifs du pouvoir disciplinaire）的一個重要實踐領域而已（Foucault, 2003）。福柯認爲，研究眞理遊戲也好，權力也好，知識也好，道德也好，都必須一方面從總體上揭露它們的遊戲性和虛假性，另一方面又要從它們的各個具體構成因素，從它們在各個地區、地域和層次的微觀部分中，分析它們的細微表現形態。正因爲這樣，福柯揭露知識、權力和道德的性質時，總是一方面從大的面向揭示其實質，另一方面又結合精神病治療學、精神病診療所、監獄、性的具體領域，深入揭露它們的實際表現形態。正如福柯一再指出的，權力、知識及眞理遊戲的內在本質，只有在它們同各個實際活動的關係中，才能被澈底揭露出來。

眞理（la verite）和主體（le sujet）是西方思想和文化史上最主要的兩個概念，而且，也是建構整個西方傳統思想、理論和社會制度的基礎範疇。這兩個範疇及其相互關係，導演了整個西方社會史、文化史和思想史的進程，也決定了西方每個人在社會文化生活中的地位和命運。福柯尖銳地指出，整個西方傳統思想和文化，特別是自近代資產階級革命成功而建構起現代資本主義社會制度以來，

實際上一直上演和玩弄這場環繞著眞理與主體的相互關係的「眞理遊戲」，以建構特定的知識爲基礎，使每個人都不知不覺地被捲入、被操縱，以致使每個人在一場又一場的眞理遊戲中，一方面自以爲自身取得了主體地位，相對於自己所面臨的客體物件，成爲了說話、勞動和生活的主體，獲得了個人自由；另一方面又使得自己淪落成爲自身和他人的客體，成爲了知識、權力運作和道德倫理行爲的對象。所以，**眞理遊戲的要害，就是把整個社會的人，都被趕入眞理遊戲的漩渦之中，並使其中的每個人，在追求人爲的、因而是虛假的眞理的競爭和鬥爭的過程中，都誤認自己眞的成爲個人和社會的合理化進程的主體，殊不知自己也成爲了認識、權力和道德的掠取和控制物件。**在福柯看來，**眞理遊戲的主要策略，**就是使參與到眞理遊戲中的每個人，都在自我陶醉於自身的主體化（subjectivation）的同時，都忽略了被自身與被他人宰制的過程，忽略了認識、權力和道德活動對於自身的客體化（objectivation）過程。

1982年，魏斯曼（Denis Huisman）應法蘭西大學出版社之邀，負責主編《哲學家辭典》（*Dictionnaire des philosophes*）時，曾委託福柯的祕書弗朗斯瓦・瓦爾德撰寫一篇論述福柯的短文。後來，實際上並不是弗朗斯瓦・瓦爾德，而是由福柯本人撰寫這篇短文，並被編入了該辭典中。在這篇短文中，福柯以莫里斯・弗洛朗斯（Maurice Florence）的筆名，概述了他自己的基本思想，強調他所關心的，是一種類似、但又不同於康德的「思想批判史」（histoire critique de la pensée）的研究工作，其基本目標是揭示「眞理遊戲」。他說：他的思想批判史，不同於傳統的思想史和觀念史，主要是揭示：「作爲一種可能的知識的建構因素，主體與客體的某種特定關係，究竟是在什麼條件下形成和發生變化？問題並不在確定對於某種客體的關係的形式條件，也不在於分析在特定時刻內一般主體有可能認識已經在現實中存在的一個客體的經驗條件。問題是在於確定：對於一個主體而言，爲了能夠成爲這種或那種類型的知識的正當主體（le sujet légitime），究竟應該從屬於什麼條件？它在實際生活或想像中，應該具有什麼樣的身分和地位？簡言之，就是要確定它的主體化的模式（mode de subjectivation）。……但問題同時也要確定：對於一個可能的認識而言，哪些事物以什麼樣的條件，才能成爲客體？這些事物，又以什麼樣的『成問題化』（problématisation）的程式，才有可能成爲認識的客體？……因此，問題也涉及到它的客體化的模式（mode d'objectivation），而這種客體化程式，如同主體化的程式，對於不同的知識，是完全不一樣的。……這個客體化和主體化並非相互獨立的；正是它們的相互發展以及它們的相互聯繫，才產生了眞理遊戲」（Foucault, 1994: IV, 632）。這是福柯爲眞理遊戲所下的最清楚和最完整的定義。在這個完整的眞

理遊戲定義中，福柯強調遊戲中主體化與客體化過程的相互關聯性及其相互制約性。也就是說，眞理遊戲中的主體化過程，是一點也離不開客體化過程；而主體化過程本身，同時又是一種客體化過程。

整個眞理遊戲把社會中的每個人，依據他們在主體化和客體化過程中的實際地位和實力，分割成不同的社會階層和階級，遭受不同的社會命運。也正是這種眞理遊戲，使現代社會中的「我們自身」，處在目前的充滿悖論、矛盾和危機的「現狀」之中。關心、並不滿於「我們自身的現狀」的福柯，爲了尋找「另類」的可能現狀，把揭示眞理遊戲中的主體化和客體化過程，當成最重要的研究任務。

爲了突顯研究眞理遊戲的必要性和重要性，福柯在1984年臨死前五個月同貝克等人（H. Becker, R. Fornet-Betancourt, A. Gomez-Mueller）的對話中，一再地從各個面向論述眞理遊戲概念的內容、意義及其研究形態。

在這個基本思想的指導下，從二十世紀六〇年代到七〇年代，福柯說他一直堅持研究主體與眞理遊戲的關係，先是研究在精神治療學和監獄中的強制性實踐（des pratiques coercitives），然後又研究在財富分析、語言學和生物學中的理論或科學形式，最後，他又在法蘭西學院的課程中，系統地探討在自身的實踐中的眞理遊戲形式。「我的問題始終都是主體與眞理的關係問題。我的問題曾經是這樣的：精神病是怎樣地，例如，從某一個特定時刻起，被人們當成了問題來研究？它們接著又如何根據一定數量的程式，被當成某種醫學診療的物件？那些瘋顛的主體，又怎樣依據醫學知識或模式，被置於眞理遊戲之中？在做這種分析時，我發現：與差不多六〇年代初那個時期人們所習慣做的相反，不是簡單地談論意識形態，就可以弄清這些現象。事實上，將我引導到比意識形態問題更重要得多的權力機構問題的，就是實踐，主要是從十七世紀初開始發展起來的大規模關押瘋顛的主體的實踐；而且，也正是這個實踐，後來又成爲把瘋顛的主體納入眞理遊戲之中的基本條件。正因爲這樣，才促使我提出知識與權力的問題（le problème savoir/pouvoir），雖然這個問題並非我的基本問題，但在我看來，它卻是一個用來分析主體與眞理遊戲的關係的最正確的永久性工具（un instrument permanent）」（Foucault, 1994: IV, 717-719）。

由此可見，眞理遊戲的核心，就是主體與這場遊戲的相互關係問題；而其中，最關鍵的，是知識與權力的相互關係。所以，不難理解，爲什麼福柯的最初考古學研究，是從探討精神治療學中「知識與權力的關係」問題入手，集中揭露其中的主體化過程。

在西方，實現主體化和客體化的雙重過程，經歷了漫長的歷史準備與演變。

雖然福柯所感興趣的，是當代社會中的主體化和客體化的整體運作及其在現實的社會生活中的具體微觀程式，但爲了澈底揭示這個複雜的歷史過程，特別是它在當代社會的特殊表現形式，福柯仍然堅持進行澈底的歷史考察，並以特殊的方法確保他的歷史研究得以順利實現。換言之，這是一項複雜的歷史探索任務，它必須配備和執行一整套有效的歷史研究方法。考古學就是福柯從一開始所採納的一種歷史研究方法，而系譜學則是更接近尼采所理解的歷史批判方法。

就其理論和方法論意義而言，考古學和系譜學一樣，原本是屬於歷史的考察方法。而且，福柯本人既是哲學家和思想家，又是歷史學家。但他不是一般的、普通的哲學家和思想家，又不是嚴格意義的歷史學家。他的考古學和系譜學，完全不同於傳統的歷史研究方法。透過考古學和系譜學所考察的歷史過程，是重建歷史事件本身在某一個特定時段的「冒現」（ommemora）或「噴發漲溢」（irruption）的過程。考古學和系譜學所感興趣的，是事件冒現過程中的整個關係網絡及其關聯機制，展現出冒現過程的自然面貌。爲此，考古學和系譜學勢必將歷史切割成一個又一個具體的段落和片段，然後全面地揭示該歷史階段中所發生的特定歷史事件，並以該歷史事件爲中心，將一切與該歷史事件相關的關鍵因素和實際活動程式再現出來，使被揭示的事件重點，在其同當時一系列社會因素的關聯中活生生地顯露出來。

在他的「知識考古學」中，福柯曾經系統地說明他的考古學歷史研究方法同傳統歷史方法的區別。他強調：以往歷史學都把歷史當成連續的演變過程；不是向上的進步過程，就是下降的倒退趨勢，或者是重複的迴圈。還有的歷史學家把歷史看成有「規律」的事物總體，試圖把歷史學同自然科學等同起來，並把歷史設想成有「最終目標」或「目的」的完滿化自我實現過程。正因爲這樣，傳統的歷史研究方法，總是千方百計地尋求某一個歷史事件的前因後果，總結其因果關係，甚至試圖找到其「最終根源」或所謂的「終極原因」以及「一般歷史規律」等等。所有這一切，顯然，是傳統形上學的思維模式在歷史研究中的表現。與所有這一切相反，福柯的考古學，只是注意發生歷史事件的當時實際狀況，集中分析歷史事件發生時的一切因素及其相互關係，並把它們當成動態的和相互關聯的網路（Foucault, 1969）。在福柯看來，歷史並不是一個連續過程的整體結構，而是斷裂的、不連續的和中斷的各種事件的重疊和交錯。福柯指出：由於考古學和系譜學方法的出現，「舊有的歷史問題（例如，『在中斷的事件之間，究竟存在著什麼樣的聯繫？』），從今以後，被一系列困難的發問遊戲所代替：究竟應該以什麼樣的層面，將這些事件與那些事件之間割裂開來？對於各個事件，應該採用什麼類型的歷史分期標準？究竟以什麼樣的關係去描述這些一個一個的

事件？」（Foucault, 1994: I, 697）。因此，歷史研究的物件，不是一般的歷史連續過程，也不是抽象的歷史「總體性」，同樣也不是從歷史實際過程中歸納化約而得出的「因果性」；而是各個歷史事件本身以及這些歷史事件中的關係網絡，並從這些關係網絡中，探索出關鍵的基本因素之間的內在關係，如權力、知識及道德之間的交錯穿插運作過程。他認爲，只有把事件當成某一個特定歷史階段或時刻活生生的關係網絡，才能澈底揭示歷史事件的本來面目，並將歷史還原到它原來的實際關係中加以分析。任何歷史事件的「冒現」，都是如此盤根錯結地連成一體而突然呈現出來。因此，問題並不在於分析歷史事件發生的前後因果的連續性整體，而在於分析該歷史事件發生時的全部相關因素的共時性相互關係結構及其活動張力網。所以，考古學往往集中描述事件發生時的「冒現」和「噴發漲溢」過程，而對追述和分析事件發生的「根源」不感興趣。福柯把那種追求歷史根源的作法，統統歸結爲形上學的「謊言」。

所謂知識，並不是傳統所說的那種「眞理體系」，它也不是思想的眞正成果，而是玩弄各種眞理遊戲（Jeux de vérité）的社會力量的化身和集合體。這些眞理遊戲，決定和造成一系列建構主體和客體的相互關係的思想活動（Foucault, M., 1994: IV, 631-632）。

所以，福柯還特別強調，他的知識考古學是專門探討知識主體的歷史形成過程。他說：「我使用『知識』（le savoir）這個詞以便同『認識』（la connaissance）加以區別。對於知識，我的研究目標，是認識主體遭受他自己所認知的知識改變的過程，或者，是在認知主體的認識活動中他所受到的改造過程。正是通過這種過程，才有可能同時改變主體和建構客體。所以，所謂認識，就是能夠使可認知的物件多樣化，使它們的可理智性展示出來，能夠理解它們的合理性，並同時又能夠認識主體本身固定化。」「因此，使用『考古學』這個觀念，正是爲了重新把握一種認知的建構，也就是在其歷史的根源中，在使這種認知成爲可能的知識運動過程中，重新把握一個固定的主體和一個物件領域之間的關係」（Ibid., Vol. IV: 57）。知識考古學就是爲了揭示知識形構過程中，認識主體及其客體雙方面的建構方式：任何知識的建構，並非單純是創造這些知識的科學家主觀設計的結果，而是關係到整個社會的各個個人的主體性及其客體性的建構及其運作過程。

知識論述的建構過程，就是當時當地特定社會的各個個人的主體化和客體化雙重過程共時進行的縮影。正如福柯所說，知識考古學要重現知識本身在其形成過程中的主客分化和對立的實際狀況；正是在主客體及其相互關係的建構過程中，隱含著極其激烈而複雜的力量鬥爭。

　　1975年當福柯到美國與洛杉磯大學同學生進行討論時，他明確地指出：作爲「論述」的知識是緊密地同權力聯繫在一起的。換句話說，沒有脫離權力運作的純學術的知識論述體系；不但知識論述的產生和散布需要靠權力的運作，而且，知識作爲論述本身，就是權力的一種表現。反過來，任何權力，特別是近代社會以來的權力，由於近代社會本身的性質所決定，其運作也都離不開知識，離不開知識論述的參與和介入。人類社會中的任何時代，都沒有過權力與知識各自獨立存在、互不相干的時候，更何況在啓蒙運動之後所建立的近代社會中。所以，福柯說：「我不打算在『論述』背後尋找某種像權力的東西，也不打算在論述背後尋找它的權力源泉。……在我所採用的分析中，並不處理說話的主體（le sujet parlant）問題，而是探究在權力所滲透的策略運作系統中，論述究竟扮演一種什麼樣的角色；而且，論述的這種角色，又如何使權力能夠運作起來。因此，權力並不在論述之外。權力既不是論述的源泉，也不是它的根源。權力是透過論述而運作的某種東西，因爲論述本身就是權力關係中的一個策略因素。難道這還不清楚嗎？」（Foucault, M., 1994, III: 465）。

　　福柯對於知識論述的考古學研究，勢必導致對於權力的系譜學研究；同樣地，權力系譜學也不可避免地要利用知識考古學的研究成果，並同知識考古學一起，更全面地探究權力同知識之間的密切關係。這也就是爲什麼，福柯在早期所取得的知識考古學研究的基礎上，會在六○年代末和七○年代初，進一步發展成爲權力系譜學和道德系譜學的研究。

　　在福柯看來，社會基本上是一個不斷變動的權力系統。所以，他在談到《性史》（Histoire de la sexualité. Tome. I. 1976; Tome. II et III. 1984）的意義的時候說：「對我來說，我的作品的主要點是重新思考和建構關於權力的理論（Pour moi l'essentiel du travail, c'est une réélaboration de la théorie du pouvoir）」（Foucault, M., 1994: III, 231）。

　　在福柯的權力系譜學和道德系譜學中，福柯主要從權力和道德的角度出發，探討各種知識論述同權力運作及其策略，同道德規範及其社會實踐的關係。所以，同知識考古學一樣，他的權力和道德系譜學，也是探討權力和道德同各種論述，特別是知識論述的緊密關係，探討權力和道德論述的制度化和規範化及其實際操作策略和技巧，探討這些論述策略和技巧對於現代社會的宰制過程及其運作機制的功能，尤其是探討現代社會中被禁忌化、規範化和制度化的「性論述」，並將性論述放在現代社會發展的脈絡中加以分析，指出性論述同權力、道德和知識論述的相互關係，揭示現代社會實現個人主體化的運作機制及其策略。也正是在這個意義上說，系譜學是一種「造反」的活動，一種顛覆現有知識論述及權力

統治的研究工作。

到了七〇年代時期，當福柯著手研究西方社會運作的基本機制時，整個西方社會科學研究領域，發生了很大的變化。形勢的變化，使福柯不再堅持其早期對於精神治療學知識史的斷裂式研究方式，而是進一步加強了知識同道德和權力關係的研究和解剖，使他把知識考古學進一步同道德系譜學和權力系譜學結合起來，並以權力運作爲核心，揭示權力同知識以及同道德的密切關係。

福柯採用考古學和系譜學是爲了實現他對於現代社會的分析批判。從根本上說，他的考古學和系譜學乃是一種「批判的機器」（une machine critique）（Foucault, 1994: II, 644-645）。當福柯將他的考古學和系譜學稱爲「批判的機器」時，他顯然是將批判的內容、目標、目的、方法、戰術和策略，聯繫在一起。要弄清考古學和系譜學的眞正意義，就不能單純地將它們理解爲福柯的研究方法而已，而是把它們同福柯研究的基本內容、主題、態度、風格及過程聯繫在一起，並使之與傳統的批判活動加以比較。爲此，福柯堅持將他的考古學和系譜學，放置在西方思想和文化的近代史框架內，並同啓蒙運動以來所進行的各種批判加以比較。

在他的《什麼是啓蒙》專文中，福柯較爲詳細地談到他的考古學和系譜學批判的特徵。他說：他的考古學和系譜學，作爲批判的方式，首先試圖對我們自身進行歷史的分析，特別是將我們自身同啓蒙運動以來的歷史聯繫在一起，因爲我們自身，在某種意義上說，是由啓蒙運動決定的。整個西方文化及其基礎思想和理論，都是在啓蒙運動時期奠定下來的。但是，這種歷史的分析，並不是進行歷史的回溯，更不是尋求合理性的內在本質；而是跨越各種極限和限制，以便使我們自身不再成爲傳統的「主體」而是成爲能夠進行自決、具有高度自主性的我們自身。這就表明，福柯的考古學和系譜學，除了作爲研究方法而被使用以外，還緊密地同福柯研究的目的相聯繫，即將它們當成批判傳統主體論的工具，也當成改造我們自身、使我們成爲自身的眞正主人的重要手段。

其次，這種批判並不打算過於簡單地將啓蒙精神同人文主義等同起來；它所追求的，毋寧是由此而實現對於傳統人文主義的澈底批判（Foucault, 1994: IV, 573-574）。

在這基礎上，福柯把他的考古學和系譜學批判進一步同傳統的形上學區分開來。福柯指出，作爲方法、策略和目的的高度結合，他的考古學和系譜學所要實現的，並不是先驗的或超越的批判，並不是爲了建構某種形上學體系。他說，**他的批判的特徵，就其目的性而言，是系譜學的；就其方法而言，是考古學的**。考古學和系譜學的結合，正是其批判方法與目的相結合所要求的。所以，考古學和

系譜學的批判，是爲了將貫穿於我們思想、說話和行動過程中的各種論述，當成歷史事件進行澈底的批判，並由此使我們自身變得更加自由（Ibid., 574）。

正因爲考古學和系譜學的批判是爲了達到眞正的自由，所以，考古學和系譜學，又同時必須是實驗性和探索性的。作爲實驗性和探索性的批判活動，考古學和系譜學將展開一系列未定的和不確定的歷史考察，同時又進行對現實和實際世界的調查研究，以便尋求開闢新可能性的適當場所和視野，使對於現實的改造活動能夠盡可能地實現。福柯認爲，考古學和系譜學，作爲方法與目的的結合，在貫徹過程中，始終要考慮到一般性同具體性、普遍性與局部性、理論與實踐的結合。所以，每當福柯開展其考古學和系譜學研究，總是要堅持開展對於實證主義和抽象形上學的雙向鬥爭：一方面，他力圖使考古學和系譜學，同單純追求經驗實證調查的實證主義相區別；另一方面又要同傳統形上學及一切不切實際的哲學抽象活動區分開來。他說：「系譜學的批判活動，正如你們所看到的，一點也不意味著把理論的抽象統一性同事實的具體多樣性對立起來，同樣，也根本不是否定思辨的方法、並使之與任何科學主義以及嚴格的知識對立起來。所以，系譜學，並不是透過系譜學研究計畫而實現某種經驗主義；也不是通常意義上的實證主義」（Foucault, 1994: III, 165）。

因此，他的考古學和系譜學，一方面拒絕進行抽象的形上學探討，所以要同最具體的局部經驗相連繫，要對長期被掩蓋的歷史事件進行最具體和最細微的調查研究，從大量的檔案材料中，發現那些有意被掩飾或被竄改的事件眞相；但另一方面，它又不是侷限於我們自身所熟習的幾個有限領域，而是盡可能在我們自身所力所能及的範圍內，將各種歷史的實踐經驗及現實的狀況結合起來，使批判活動充分顯示其遊戲和創造的特質。福柯明確地指出：「概括地說，考古學是對地區性論述的分析方法，而系譜學是揭示局部性論述的策略」（Foucault, 1994: III, 167）。接著，他又說：考古學是一種方法（ommem），而系譜學是進行批判戰鬥的戰術（tactique）（Ibid.）。

福柯強調，爲了考慮到同時實現考古學和系譜學的方法和目的，他的批判必須充分利用最近二十年來的社會實踐經驗，特別是深刻分析在我們自身的生活方式、思想模式、權力關係、性的關係以及對待精神病方面所展現出來的各種具體經驗。如前所述，福柯所說的「經驗」，並不是經驗主義和實證主義所標榜的那種僅靠統計資料而歸納起來的片面資料。他所說的「經驗」，是要以歷史檔案爲基礎，同時又能夠有助於我們自己找到擺脫現狀的出路。所以，福柯的考古學和系譜學批判，往往集中指向現代資本主義社會的典型制度：現代自由主義（libéralisme moderne）。

福柯在描述其考古學和系譜學批判的特質時，強調它們並不是只是在無秩序和無規則的條件下進行，而是同樣具有它的一般性（généralité）、系統性（systématicité）、同質性（homogénéité）和賭注性（enjeu）。

系譜學的歷史批判活動的一般性，指的是在現代史上，它所批判的主題，諸如理性與非理性、疾病與健康、罪行與法律的對立關係，一直不斷地迴圈式呈現出來。正因為這樣，系譜學將以「成問題化」的提問方式，對所有這些帶普遍性的問題進行歷史的考察。

系譜學的系統性，指的是它所批判的論述實踐，始終都圍繞著三大關係的範圍，即關於掌控者與他們所掌控的事物的關係，對他人的行動的關係以及對自身的關係。這三大關係領域，並不是相互割裂，而是相互關聯。但系譜學的歷史批判，必須圍繞這三大主軸，並分析它們各個相互區別的特殊性。

系譜學的同質性，指的是它所依據的參照領域的同質性，即關於西方人的所作所為以及他們的行動方式。

系譜學的賭注性就表現在「能力與權力的相互關係的悖論性」（le paradoxe des rapports de la capacité et du pouvoir）。問題要回溯到啟蒙運動時期的許諾和基本口號：控制事物的技術能力的增長，與個人自由的提高，將是按比例地和諧地發展。但是，實際上，掌控事物的能力的增長，並不是如同預先所承諾的那樣和諧地發展。人們所看到的，是權力的關係形式，始終都貫穿、並干預各種技術發展的過程中。特別值得注意的是，為經濟目的服務的生產技術，調整社會關係的制度以及溝通的技術，都很緊密地同各種權力關係的運作結合在一起。各種各樣的關於控制個人及集體的規訓制度，以國家權力的名義所實行的正常化程序以及控制社會人口等政策，都顯示了權力對於技術的干預，也顯示能力增長與權力關係增強的不協調性（Foucault, 1994: IV, 575-576）。

福柯對於系譜學的上述特性的描述，使我們更加清楚地看到，考古學和系譜學，歸根結柢是一種態度：一種對於我們自身的現狀的態度，對於現代社會制度的態度，對於批判自身的態度，對於我們自身能否超越現代社會的限制的態度。正如福柯所說：「對於我們自身的批判的本體論，不能當成一種理論、一種學說，也不是一種累積起來的始終如一的知識體；而是一種態度、一種心態、一種哲學活動。根據這種態度，對於我們自身現狀的批判，一方面是對於強加於我們的各種限制的歷史分析，另一方面，它又要驗證超越這些限制的可能性」（Foucault, 1994: IV, 577）。

總結以上各個方面，福柯指出：「存在著三個系譜學研究的可能領域。首先是就我們同真理的關係而探討的我們自身的本體論；透過這一領域，我們把我

們自身建構成認識的主體。其次，是就我們自身同權力場域的關係而探討的我們自身的歷史存在論；正是在這裡，我們將我們自身建構成對他人實行各種行動的主體。接著，是探討我們同道德關係的我們自身的歷史存在論，由此使我們有可能成爲倫理主體」（Foucault, 1994: IV, 618）。福柯還進一步明確指出：「由此可見，一種系譜學有三個可能的主軸。這三大主軸都在我的《精神病的歷史》一書中出現過，儘管採取了多少有點含混的形式。我是在我的《精神病治療所的誕生》和《知識考古學》中探討眞理的主軸。而我在《監視與懲罰》中展示了權力的主軸，在我的《性史》中展示了道德的主軸」（Ibid.）。

福柯在晚年所正式提出的**生存美學**（l'esthétique de l'existence），是他長期進行**知識考古學**（l'archéologie du savoir）以及**權力和道德系譜學**（la généalogie du pouvoir et de la morale）研究的直接成果，也是他自身生活歷程的經驗總結和**實踐智慧**（phronesis）的結晶，同時又是他在批判古希臘羅馬時代生存美學原有版本的基礎上，根據現代生活條件而創造性地設計出來的新型的自由生活方式（une nouvelle manière de vivre）。

但是，福柯後來集中探討生存美學，並不是偶然的。根據福柯的看法，人生在世並非爲了使自己變成爲符合某種「身分」標準的「正常人」或「理性」的人。對人來說，最重要的，**不是把自身界定或確定在一個固定身分框框之內，而是要透過遊戲式的生存美學，發現人生的「詩性美」的特徵，創造出具有獨特風格的人生歷程**。福柯一向把理論創造和思維活動以及生活本身，當成生存遊戲藝術，當成「關懷自身」和進行自身生命審美化的過程，也當成追求最高自由境界的一種「**自身的技術**」（technique de soi）或「**自身的實踐**」（pratique de soi）。他認爲，哲學的任務，不應該是進行抽象的意義探討，也不是爲了建構系統的理論體系，而純粹是探索和總結生活的藝術，尋求生存美學的各種實踐技藝。人是一種永遠不甘寂寞、時刻試圖逾越現實而尋求更刺激的審美愉悅感的特殊生命體；**眞正懂得生存審美意義的人，總是要通過無止盡的審美超越活動，盡可能地使自身的整個生活過程，譜寫成一首富有魅力的詩性生存的讚歌**。

爲此，關於福柯的眞理遊戲和生存美學，我們應該從三大方面來理解：首先，通觀福柯本人的生活經歷及其作品，生存美學實際上就是他自身生活實踐的**理論總結，也是他進行創造與批判相接合的叛逆生活經驗和生存遊戲的產物**。其次，從福柯對眞理遊戲的考古學和系譜學批判過程，可以看出，他的生存美學是他對於現代權力、知識和道德的三重交叉運作策略揭露的必然結果：**他對於眞理遊戲的批判，不過是他的生存美學的創造的前奏曲**。第三，從福柯對於性史、強制性論述實踐以及關於自身的實踐的探索，可以看出：他的生存美學，是以新尼

采主義的觀點，在總結和發展古希臘羅馬生存美學的基礎上，試圖重建當代文化和生活方式的一種探索性的努力。

所以，首先，福柯的**生存美學**（l'esthéthique de l'existence），是他自身進行叛逆性創造活動的指導思想，也是他親身生活實踐的實際經驗的理論總結。因此，對於福柯來說，個人的整個生活，應該成為一首美麗的詩性生存的讚歌。生存美學實際上就是作為生活方式的哲學（la philosophie comme manière de vivre）（Hadot, P., 2003）。

福柯一向把思想、言談、創作和生活，當成無止盡的藝術創造和審美的遊戲活動，試圖在其自身的思想活動和理論實踐中，不停地尋求生存美的最高自由境界。對於福柯來說，生活本身就是藝術創造的基礎、溫床和基本表現；唯有把生活本身當成藝術創造和審美的過程，才能澈底領悟生活的意義。他認為，使自身的生活變成為生存美的展現過程，不但可以不斷創造和鑑賞真正的美，而且，還可以引導自身深入真理的殿堂，陶冶真正自由的最高道德情操。

福柯的生存美學，雖然是在他的晚期才正式地從理論上加以全面探討，但卻向我們提出了一個非常重要的啟示。哲學的基本問題究竟是什麼？哲學家究竟應該以什麼問題作為其思考的主軸？

哲學不應該繼續停留在舊的傳統模式和方法中，哲學必須詩歌化，必須賦予哲學以活生生的審美活力，使我們自身能藉由哲學的活動，在消除主體與客體、有限與無限的界限的基礎上，奔騰於主客消融、茫茫無際的詩性生存的自由境界。

福柯在他的生存美學中所探討的基本問題及其提問方式，實際上繼承和發揚了尼采哲學的傳統。尼采曾經在他的「悲劇的誕生」中深刻地指出：「……且讓我們如此設想自身：對於藝術世界的真正創造者來說，我們就已經是圖畫和藝術投影本身，而我們的最高尊嚴，就隱含在藝術作品的意義之中；因為只有作為**審美現象**，我們的生存和世界才永遠**充分有理**」（...wohl aber dürfen wir von uns selbst annehmen, daß wir für den wahren Schöpfer derselben schon Bilder und künstlerische Projektionen sind und in der Bedeutung von Kunstwerken unsre höchste Würde haben – denn nur als **ästhetisches Phänomen** ist das Dasein und die Welt ewig **gerechtfertigt**...）。尼采不同於傳統的哲學家，反對哲學家把人引向抽象的概念，使人生變得枯竭、貧乏和蒼白；他主張像藝術家那樣，歌頌人生之歡樂，以酒神為榜樣，學習忘卻，善於使自身重回無知的純真狀態，善於將自己複歸成嬰兒那樣，享盡人生與世界之美（Nietzsche, 1871, Die Geburt der Tragödie）。

在福柯的生存實踐中，他一直把生活本身當成遊戲。

他認為，**遊戲是人類最自然和最原始的生活藝術**。**遊戲是超越**，又是創造和叛逆、探險和審美相結合的雙重過程。福柯自己明確地說：「我不認為，準確地說我是誰，是必要的。對於生活和對於工作來說，最重要的，是它們有可能使你變成為不同與原先的你。設想一下，在開始寫一本書時，如果你已經事先知道你最終將要說什麼，難道你還有勇氣把它寫完嗎？凡是對寫作和對愛情有價值的，對生活也同樣有價值。遊戲之所以值得，就是因為不知道它將會怎樣結束」（Foucault, 1994: IV, 777）。

有人經常說，把人生比作遊戲，就是不負責任的說法，是一種消極的生活態度。其實，福柯所強調的，是遊戲作為創造的基本模式所固有的積極意義。**遊戲既不是任意的，也不是不負責任的；它毋寧是審美創造的基礎活動**，在其中，最關鍵的，是遊戲的審美愉悅性、自由性、創造性、探險性及逾越性。

「遊戲」從本質上講是一種與遊戲的主體心態無必然聯繫的活動。伽達默說：遊戲者並不是遊戲的主體；但在遊戲中，遊戲本身是通過遊戲者而表現（Darstellung）出來的。仔細地加以分析，藝術之所以具有遊戲的特徵，就在於遊戲本身是一種無目的、自我進行和自我完成的自律性和同一性的完滿結合。它是無目的性，使主體的主觀願望和主觀意向，並不在遊戲中起決定性的作用。它也不企求外界因素的干預，而是一種具有完整生命力和自成一格的藝術「自我」的無止境地「表演」，通過一次又一次的自我超越而回歸到其自身。伽達默說，遊戲是「一種純粹的自我表現」（ein reines Sichselbstdarstellen）。

福柯在其一生中，始終貫徹生活的遊戲原則，使他在**逾越和顛覆傳統中創造和鑑賞生存美**，不斷開拓自由的新視野。他說：「我的主要目標，二十五年多以來，就是探索人們通過其文化而思索關於自身的知識的簡要歷史。這些知識主要是經濟學、生物學、精神治療學、醫學及犯罪學。重要的問題，人們並不是從中獲得金錢，而是把這些所謂的科學知識，當成『真理的遊戲』，當成人們用於理解自身的特殊技術來分析」（Foucault, 1994: IV, 784-785）。

福柯一生曲折歷程所展現的，就是探索、尋求和累積人生在世過程所創造的**實踐智慧**。人的生活的真正價值，就在於為自身造就一個美麗的人生。福柯試圖通過他的生存美學的考察，將人本身從傳統主體性原則的約束中解放出來，恢復人之為人的自然面目：人之為人，不是他物，不是主體性原則所為；而是其自身而已。既然人不是別的什麼東西，而是自身，這就要求在自身的生存歷程中，把自身的生活變成為藝術的創造過程，成為充滿活力的美的創造、提煉和不斷更新的流程。

對福柯來說，實現審美生存，主要有三種途徑：1.透過實際生活的冒險；特

別是透過自身的肉體，對死亡和不可能事物進行實際的和直接的體驗。2.透過語言和文字的逾越，深入由符號所構成的虛幻王國，探查和遊蕩於夢與醉開拓的非現實世界；3.透過思想的創造性活動，突破禁忌的界限。正因爲這樣，福柯所渴望的，是在「過度」（excès）和「極限」（ommemo），乃至於死亡（mort）的邊沿，創造審美生存的可能性。他不停留在太陽神阿波羅所讚頌的「適度」或「節制」的智能；他情願選擇的是充滿危險的「逾越」（transgression）遊戲。

其實，尼采曾經說過：「要使生命達到圓滿，並從中獲得喜悅，其祕密就是：生活在險境中！要把你生活的城市建築在維蘇威火山的山坡上」。

福柯一生追求最大限度的快樂，但他認爲，這樣的快樂是很難在日常生活中實現或經歷到；唯有在吸毒過程中，或在接近死亡時，甚至在死亡中，才能夠實現。所以，福柯多次試圖透過吸毒來嘗試最大限度的生命快感。他在對加拿大記者斯蒂芬‧李金（Stéphen Rigins）的一次談話中承認，他有吸毒的經驗，而其目的就是爲了尋求眞正的快感。他說：「我所說的眞正快感，是如此深刻、如此強烈，以致它很有可能使我完全地淹沒於其中，使我再也生存不下去。那時，我將眞正死去。我舉一個很簡單、很明顯的例子。有一次，我被撞倒在路上。我站起來後向前走。也許就在那兩秒的時間裡，我感受到我自己似乎正在死亡。這個時候，我眞的感受到一種特別、特別強烈的快感。它使我在一刹那間，感受到最奇妙的時光。這是在夏天的一個傍晚，大約七點左右。太陽開始徐徐落入地平線。天空是如此美麗，一片蔚藍色。在這一天，所有這一切給我留下最美的回憶。實際上，也存在這樣的事實，即某些毒品對於我來說是非常重要的，因爲它們使我有可能達到我尋求中的那種強烈到令人驚恐的快感，而沒有毒品、單靠我自己的能力是無法達到的」（Foucault, 1994: IV, 534）。

要探索一種有助於自己「將主體從其自身中拔除出來的有限經驗」，就必須勇敢地、冒風險地親自體驗「生命的極限」，不斷領會「死亡」的實際意義，並在生活和死亡的邊界來回運動，反覆穿梭。福柯探索死亡的經驗，包括通過自殺和同性戀等實踐來體驗。根據福柯的同學莫里斯‧炳格（Maurice Pinguet）和阿圖塞傳記作者牟利耶‧布堂（Yann Moulier-Boutang）的了解，福柯在巴黎高等師範學院期間曾經兩次試圖自殺。福柯在巴黎高等師範學院時期的老朋友維納（Paul Veyne）談到福柯臨死前的生活態度時說：「在他的生命的最後幾年，當他研究斯多葛學派的時候，他對自殺想得很多。他說，『我還不打算去談論自殺；但如果我自殺，顯然是有充分理由的』。所以，我想，他的死，或多或少是帶有自殺性質的」〔Veyne, 1993（1986）〕。如前所述，福柯一向認爲，眞正的經驗是唯有在生命的邊界中冒險才能獲得。在人的一生中，會不斷地遇到各種具

體的特殊經驗；所有的特殊經驗，特別是闖越生命界限的特殊經驗，都是有助於人自身，一再地重新認識自己、改造自身、變換原有的身分，有利於「將主體從其自身中拔除出來」，創建新的人生，改善自身的地位和性質，重新邁向新的生活目標。

有很多人以為，福柯作為後結構主義和後現代主義的主要代表人物，只是一味地顛覆和破壞原有的思想傳統和理論，似乎他單純是一位「叛逆者」。但實際上，福柯的一生是在創造和叛逆的雙重遊戲中度過的：只有叛逆，才能有所創造；只有創新，才能激底叛逆。他之所以把創造和叛逆當成「遊戲」，是因為他首先將自身的生活和創作活動當成藝術，把生活和創作當成藝術美的創建、鑑賞和再生產的過程，因而也把自己追求美的獨創性生活過程，當成具有審美價值的「目的自身」；也就是說，他把歡度自己的美好生活，當成不可讓渡和不可化約的、高於一切的「絕對」本身。正如他自己所一再強調的，生存的真正目的，不是別的，而是純粹為了自身，為了自身之美和自身之快樂和愉悅。人的生存的真正價值，就在於為自身創造各種審美生活的可能性，使自身在不斷創新的好奇心的驅使下，經歷各種生活之美，推動生存美本身，跨入廣闊的自由境界。但是，美的生活並非只是輕鬆愉快的享受過程，而是充滿著冒險、困苦、失敗和曲折的歷程。在他的心目中，「美」是悲劇性和喜劇性的巧妙結合；或毋寧說，悲劇的價值高於喜劇的意義。

尼采在他的「悲劇的誕生」一書中說過，太陽神，作為倫理之神（als ethische Gottheit），要求它的信奉者「適度」，並為了做到恰當的適度，強調要有自知之明。所以，在審美必要條件之旁，太陽神提出了「認識你自己」和「別過分」（Nicht zu vie）的戒律；不然的話，「自負和過度（Übermaß）就被認為是太陽神以外的勢不兩立的惡魔，甚至是太陽神前泰坦（Titans）時代的特徵，是太陽神外野蠻世界的特徵」（Nietzsche, 1982: 33-34）。在對於悲劇的美的追求中，福柯，這位甘願充當尼采在當代世界的最瘋狂的追隨者，如同酒神那樣，遵循他的祖師爺希倫（Silen）的教導，寧願痛苦連綿不斷的悲劇生活，也不過多沉醉在幸福的甜蜜歷程中。為此，福柯一再地試圖探索生命的極限。

福柯痛恨固定不變的事物，尤其痛恨固守特定身分的主體。他更不希望他自己所創造出來的產品和成果，會反過來約束自己。福柯很熟練地把思想創造活動，當成一場又一場追求美和進行美的鑑賞實踐的自由遊戲。他把創造和更新，當成自己的生命本身，當成一種快樂和一種美來享受，同時，也把創造性活動，同冒風險以及探索各種生活的極限聯繫在一起。他一再地嘗試以最大的可能性，把自己推向「活不了的臨界點」（un certain point de l'invivable）的邊沿（Foucault, M., 1994: IV, 43）。他認為，在那種「生存和死亡交錯」的神祕地帶，是最富有吸引力和最令人振奮的場所，也是為個人經驗帶來豐富內涵的珍貴時機。人只有學會來回往返於「生命」與「死亡」、「存在」與「非存在」、「有」與「缺席」、「有限」與「無限」之間，才能享受到生活和創作的樂趣和美感。

第三節　德希達的差異化遊戲哲學

在一次以「人的目的」（Les fins de l'homme）為題的研討會上，德希達（Jacques Derrida, 1930-2004）承認自己的解構主義（déconsructivisme）是一種新尼采主義（Néo-Nietzschéisme）。但是，如同福柯的新尼采主義一樣，德希達的新尼采主義，不是簡單的重複尼采的原則和概念，而是以海德格的風格，以德希達自己所發明創造的表達策略，澈底改造尼采哲學，發揚它的不妥協批判精神，澈底顛覆西方傳統理性主義、邏輯中心主義、語音中心主義、主體中心主義、神學中心主義及其各種變種，主張重新改寫一切歷史，摧毀並重建一切文化，使人及其創造活動澈底擺脫一切約束，包括人間和神界的各種戒律、禁忌和規範，永遠處於真正無目的和無止盡的高度自由的遊戲狀態。德希達反對抽象地或一般地談論「對立」，他主張以「差異化」替代「差異」。他認為，問題不是在於揭示、承認或說明「現有的差異」，因為一切傳統文化，也同樣願意承認事物及其表達的差異性。所以，問題在於：必須以一種產生差異的**差異化生成運動**，解除原有的差異，並不斷產生隨時可變動和模糊的差異；必須以不斷地消除差異界限的差異化運動，替代穩定不變的差異結構；必須揭示那些「缺席」的東西，把隱藏在「出席」的事物背後的「不在」的因素，在差異化的運動中，從傳統所否定和掩飾的「同一」中召喚出來，並重新賦予它們以新的差異化生命運動的能力。

在這種情況下，尼采原來所提出的「超人」理念已經澈底改變成為一種無法加以界定的自由創造活動，某種德希達稱之為「遊蕩」或「流浪」的思考方式。

所以，德希達以其特殊的風格和論述形態，創立了他認為適應於當代社會文化環境的新尼采主義。德希達的新尼采主義，不僅不同於尼采，也不同於福柯；德希達主要根據世界本身的「差異化」存在模式，模仿人在思想和表達中所不得不採用的符號和象徵的差異化運動的「痕跡」，集中批判西方文化中的語音、符號與意義、價值、真理的相互關係模式，試圖澈底顛覆這個模式中的二元對立同一性原則，集中批判它的邏輯中心主義和語音中心主義，由此建構一種新型的差異化遊戲策略，重建整個人類文化，也重建人類的生存世界。

在德希達之前所出現的結構主義，雖然對於批判傳統思想發揮了重要的作

用,但是,德希達仍然認爲,「結構」概念還保留了許多含糊不清的性質,無法澈底地同傳統思想完成澈底的決裂。他說:「結構一詞畢竟還包含著許多的含糊性;一切都取決於人們是如何使它運作起來」(Derrida, J., 1972c:35)。爲了突出「解構」的反傳統意義,德希達還特別說明它同「結構」的對立。

在德希達看來,任何結構都是爲了強調一種中心,爲了顯示體系的必要性。傳統形上學的特徵正是在於它對系統的追求和崇尚,在於對中心的肯定。所以,傳統形上學所理解的系統,是封閉的、內外分明的。德希達爲了針鋒相對地提出問題,把「解構」理解爲對「結構」的系統性及其中心的對抗。因此,「解構」並不只是從形式上否定結構,而且,還要進一步顚覆傳統形上學的知識系統論的主旨。從這裡,我們再一次看出:德希達的解構主義是同結構主義有根本區別的。如果說結構主義仍然強調結構的系統性的話,那麼,德希達的解構主義就從根本上否定結構及其系統性的必要性,並由此杜絕任何中心產生的可能。

德希達等人的後結構主義對於結構主義的超越,不只是停留在對於結構主義語言觀及其語音中心主義的批判,而且還進一步引申到語音以外的文字以及文字以外的其他各種符號、記號、圖像等具有「間隔化」和「差異化」特徵的形象結構的運動場域。將自由創作的活動範圍延伸到文字以外的間隔化和差異化圖像結構的運動中去,其目的不但是澈底擺脫語音中心主義的約束,而且也要走出西方文化的種族中心主義的陰影,同時實現在新的差異化運動中進行自由創作遊戲的理想。這樣一來,對傳統語音中心主義的解構,就不只是消極地停留在傳統論述原有的活動範圍,而是進一步走出語音的有效範圍、在語音以外更廣闊的領域中主動開闢新的自由創作可能性。

1972年,在談到他的《文本學》的意義時說:「文本學應該摧毀一切將科學性的概念和規範同神學本體論、邏輯中心主義和語音邏輯主義聯繫在一起的事物。這是一件極其巨大和無止盡的工程,以便使一切逾越經典科學的事業,不再退回到前科學時期的經驗主義的泥坑之中」(Derrida, J., 1972b: 48)。德希達和尼采一樣,並不相信傳統思想所崇尚的科學眞理;對德希達來說,要澈底揭露知識的眞理性以及傳統思想的各種道德說教,最重要的,是抓住它們所玩弄的語言和符號遊戲,特別是玩弄語言符號遊戲的基本策略,集中揭露其中各種遊戲的關鍵手法,這就是德希達自始至終加以反覆揭露的邏輯同一性原則。德希達把傳統語言和文化的這種同一性原則,稱爲「語音中心神學」。德希達認爲,一切傳統文化和思想,就是以此爲基礎,推行他們的各種控制和統治人的政策及策略。與傳統文化的同一性原則相反,德希達所貫徹的,是尼采所採用的戰鬥的、批判的以及「重估一切價值」的策略,某種被尼采和德希達稱爲「文風」(style)的多

變靈活的風格。

我們就以德希達自己對他的尼采式文風的說明，來描繪德希達的新尼采主義的特徵。德希達是在1972年參加關於尼采的研討會上，以《馬刺：尼采的文風》（Épérons: les styles de Nietzsche）爲題，講述他的尼采文風的意義。他在會上所作的這篇講演，先在義大利威尼斯出版，由義大利作家和思想家斯蒂凡諾・阿格斯蒂（Stefano Agosti）寫序，並附有畫家弗朗斯瓦・盧布里歐（François Loubrieu）以英、法、德、義四國文字說明的插圖。不論就形式或內容，這部作品都集中顯示了德希達的尼采風格。

正如斯蒂凡諾・阿格斯蒂在這本書的序言所說，這本書中運載著隨時可以跳蹦出來的種種隨機應變的「機關」，也隨時表現出作者充滿隱喻意義的語詞遊戲的智能（Derrida, 1978a: 7-21）。德希達試圖運用文字和語言本身的各種變化及其與意義之間的變動關係，一方面批判傳統形上學以同一性原則強制性地向讀者施加它所編造的「標準意義」，另一方面也借此以靈活機動的批判策略，對付傳統思想的各種「詭計」，並由此也靈活地創造自己的作品。如果說，德希達本人是沒有同一性的、隨時變動的思想家（我們將在以下各段中顯示他的這個特點）的話，那麼，德希達的任何文字、文本或著作，也同樣是隨時可以負載各種意義的「儲藏庫」或「海綿」；或甚至毋寧說，德希達是充滿各種待發現其資訊的魔術師，是玩弄差異化遊戲的哲學大師。

德希達及其文本的多變性和不確定性，是他的戰鬥力和生命力的眞正來源。德希達自己經常宣稱：他把本來屬於讀者閱讀和詮釋的權力，交還給讀者自己。德希達所要求的，不是像一切文本那樣，必須前後一貫地論述和論證同一的主題，也不是要讀者按照作者或根據作者的設定，在文本中發現符合邏輯格式的眞理。德希達認爲，尊重讀者在閱讀時本來屬於讀者的詮釋權力，就是尊重讀者的自由。讀者的自由，作爲眞正屬於讀者自己的自由，是連讀者自己也無法確定的。所以，德希達宣稱自己從來沒有意圖想使讀者依據他的觀點來看待世界。他所期望的，是讓讀者和他一樣，自由自在地想其所想、做其所想做的。

德希達之所以痛恨傳統文化的同一性原則，就是因爲它約束了人的自由。就在這本《馬刺：尼采的文風》中，德希達一開始就指出：他所要表示的，是向讀者交回屬於他們自己的詮釋「解構」的權力（Ibid.: 27-28）。這種寫文章的風格，也就是做人的風格。但這種風格本身，並不是可以被他人確定的某種形式或格式。德希達說，風格問題始終是「考試」，是一種考驗和檢驗；它像沉重的馬刺那樣，隨時有可能刺傷身體，而他自己也隨時準備被刺；同時，馬刺也隨時可以刺向阻礙奔跑的障礙物。所以，風格的變化性，對於作者來說，一方面是自

由，另一方面又是威脅；但更確切地說，它與其說是自由，不如說是隨時出現的對作者本人的威脅。它像鵝毛筆那樣、像鉛筆那樣，既可以寫成任何作者想寫的東西和文字，但它又潛藏著刺向作者的危險。是的，德希達所追求的文風，毋寧是一種類似尖刀（stylet）的東西，或甚至是匕首（un poignard）。作為一位尼采主義者，德希達並不怕文風的馬刺性質。他寧願玩這個文風的探險遊戲，給自己下賭注，也向傳統挑戰。文風就這樣成為了德希達的戰鬥武器，也成為他表白自己的自由自在性格的手段。

德希達聲稱自己像尼采那樣，並詼諧地認為，文風就像女人那樣，隨時可以改變性格，隨時可以改變其裝飾和服裝。文風的生命等同於女人的生存方式。必須善於使自己的文風成為真正的女人。尼采就是這樣的思想家；德希達也試圖成為具有女人般文風的思想家。女人善於化妝，也善變，同時又靈活巧妙，引而不發，常常以退為攻，等待時機，應付各種複雜的環境；既可以誘惑男人，又可以控制男人。這正是女人的迷人之處和她們實踐智慧的集中表現。只要正確地使用和表達風格，只要學會使自己的文風變成真正的女人，它不但不會刺傷自己，而且還可以更有效地攻擊敵人。文風的正確運用，將保護我們自己，對抗來自傳統形上學的任何狡猾的攻擊（Ibid.: 30）。

德希達在他的文風中所展現的，是他的生活方式。他和尼采一樣，始終把哲學當成自由生活的實踐智慧的總結。他的哲學，就是他生活方式的理論表現。德希達說過：「我是一位到處流浪的哲學家」（Je suis un philosophe ommem）。德希達的話，體現了尼采所讚揚的前蘇格拉底哲學家們以「無為」為樂的樂觀主義哲學家們的生活理想。到處流浪的人之所以到處流浪，不是因為沒有希望；恰恰相反，正是因為抱有希望，才不斷地向前走。流浪的人是作為我們祖先的「旅人」（Homo viator），是開天闢地時期人類的最早原型，是最原始的人面對周遭世界尋找出路，並抱有成為「人」的希望的那種「過渡中的人」。只要是在旅遊中遊蕩，就意味著存有生活的希望。「目標」本身的具體性，並不重要，因為目標越是具體，繼續走下去的希望就越小和越有限。因此，德希達寧願在旅遊中無始無終地遊蕩，尋求非具體的目標，以便達到永遠尋求目標、永遠抱有希望的目的。德國哲學家海德格曾經深刻地以「林中路」作為象徵性的比喻，表示人無目的之思考所處的理想境界。在本質上是自由的思考，本來無需任何預定的目標，也無需遵循固定的路線，更無需固定的論題。為其如此，自由的思考才有可能真正自由地展開，才有可能達到自由思考所追求的真理。林中路，就是沒有目的和方向的路。人的一生，就是在類似於「林中路」的人生道路上進行自由的探索。

將生活藝術化和美學化，不但使生活充滿著藝術的氣息，而且使生活本身也

成爲藝術。這就是說，不是把藝術當作生活的附屬品，當作生活的手段和工具；而是把藝術當作生活的本體，當作生命本身。在德希達看來，藝術的本質就是遊戲。藝術原本就是生活的原本，就是生活的典範，也是生活的眞正理想場域。所以，德希達在他的文風中所要表達的生活方式，就是一種**玩生活的態度**，或者，就是**在玩中生活，在玩中尋求新的自由，在玩中不斷創新**。

這是一種女性化的生活方式。德希達和尼采一樣認爲，女性化的生活方式，體現了人生對於生活的「引而不發」和「後發制人」的態度。他們所追求的「女性化」的生活方式，是在澈底打破傳統二元化對立思考模式和男人中心主義文化生活模式的基礎上提出來的。因此，他們所說的女性化生活方式，不是過著傳統文化所形塑的那種女性生活方式。他們心目中的女性生活方式，實際上表示一種無中心、無規則、無父權中心主義道德原則、無邏輯中心主義理性原則以及追求「永遠區分化」和永遠差異化的生活方式。

在某種意義上說，尼采和德希達推崇古代中國老子和莊子的生活哲學，主張以女性化的無爲精神來指導自己的生活。在他們看來，女性的優柔寡斷，正是人生能屈能伸，應付周遭複雜變局的理想態度，也表現了一種最自由自在的生活方式。女性化也因此成爲了德希達的文風的一種象徵，以不斷地「向內折」的反思態度對待生活，以此作爲自身隨時「向外折」顯示自由的靈活立足點。

德希達所追求的女性化的生活方式，當然不能簡單地希望所有的人都變成女性；德希達的女性化，如前所述，只是一個象徵，它所要表達的是實現一種從容不迫、靜中有動和隨機應變的生活方式。這種生活方式的一個重要特點，就是不斷地採取差異化的策略，以仲介化的過程，使生活方式和思想本身，成爲內容不斷豐富的多元多質多中心結構，同時也實現不停地創新過程。把女性化理解成爲差異化和仲介化，可以使生活和思想避免僵化和過分直接，同時也給予生活和思想本身，越來越多迴旋的餘地，並在迂迴中不斷地擴大自由的可能性。女性化的仲介化，就是一種「掩飾」策略，用不斷的化妝層層地將自己潛入底層；這也就是德希達所說的那一種「延緩」和「迂迴」的策略在生活中的應用，就是德希達後來所說的「延異」。女性一般性格的特點便是在「隨和」中隨機應變；善於「忍」，並在「忍」中等待時機，創造從被動轉向主動的條件。所以，德希達更直接地說，男女做愛時女性陰道對男性陽具的策略，便是上述仲介化和差異化典範模式的象徵結構。

德希達的文風，典型地表現了他同傳統決裂的決心，也典型地表現了他的思想的特徵。他在文風中所展現的，是他的思想的靈魂：永遠在差異化的遊戲中存在、戰鬥、發展和延續，並在這種含有差異化遊戲的延續之中，繼續進行

差異化的遊戲。德希達在談到自己的關鍵概念「**延異**」（la différance）的時候說：「『延異』之所以不同於一般差異的普遍化過程，就在於『延異』，有可能使我們在超越一切種類的界限之外（au-delà de toute espèce de limites），思考差異化的過程，不管是文化的、民族的、語言的或甚至是人類的界限」（Derrida, 2001c: 43）。所以，**延異**，這是一種差異化中的差異化，在差異化中實現進一步的差異化，靠差異化延續自己的差異化的生命。差異、差異，只有繼續差異，才成為真正的差異，才使差異本身富有生命力。

　　所以，德希達在批判語音中心主義的過程中，集中地在「差異」的問題上做文章。他認為，傳統西方文字中的「差異」（différence）並不足以正確表達差異本身，最主要的原因，就是傳統的「差異」概念，並沒有顯示「差異」的生命運動性。關於「差異」與「差異化運動」的區別，是一種帶根本性的差別。傳統思想只滿足於利用概念的抽象性，試圖通過概念的抽象，完成語言及其意義的雙重關係的固定化和普遍化。德希達指出，傳統的「概念」就是強調「把握」（prise）（Derrida/Roudinesco, 2001: 17）。德希達說：「進行解構，就是為了轉化成為『超概念的』（hyperconceptuelle），它要大量地消耗它所創造和繼承下來的一切概念，直至某一個思考著的文字書寫超越概念的把握和概念的控制為止。也就是說，解構試圖思索概念的界限，它試圖延續這種超越的經驗本身，它要在其中關愛地進行超越的活動。這活像一種概念的神魂顛倒一樣，它唯有在溢越中才感到興奮」（Ibid.）。

　　德希達認為，傳統思想對於語言及其概念抽象化的推崇，實際上隱含著對於現實差異的穩定化傾向，也掩蓋了差異本身的生命力。他說：「帶有a字母的differrance，相對於帶有e字母的difference，之所以有可能實現普遍化，是因為它使我們有可能去思考在一切類型的界限以外的差異化過程，不管是涉及到文化的、國家的、語言的或甚至是人本身的差別。只要有活生生的痕跡，只要有『生與死』或『出席和缺席』的關係，就存在帶有a的差異化」（Derrida, 2003a: 43）。所以，他發明了新的表達差異的概念「產生差異的差異」（différance），即「延異」。他說：「Différance中的 a 所意涵的活動性和生產性，指涉在差異化遊戲中的生成運動（l'activité et la productivité connotées par le a de la différance renvoient au movement génératif dans le jeu des différences）。差異化遊戲的生成運動中所包含的上述活動性和生產性，並不是從天上掉下來的；它們既不是只要一次就可以完全記錄在封閉的體系中，也不是可以在一次性的共時的和分類學的研究過程中就一勞永逸地完成。這些變動中的差異，乃是運動變化的結果，也是認為以靜態的、共時的、分類學的、非歷史觀的結構概念無法理解這種差異的觀

點的結果」（Derrida, J., 1972c：39）。所以，德希達又說：「帶有a的差異，並不是一種區別而已，也不是一種本質，同樣也不是一種對立，而是一種空間的運動，一種時間上的『空間生成』（un 'devenir-espace' du temps），一種空間上的『時間生成』（un 'devenir-temps' de l; espace），一種對變化生成的參照，是對一種異質性的參照，而且，這種異質性主要並非對立性的。因此它記載某種並非同一的『自身』（même），就好像記載非同一的差異一樣；也可以說，既是經濟學，又是非經濟學。所有這一切，也是所指與能指相互關係的仲介……」（Derrida, 2003a：43）。

由此可見，德希達所強調的差異化中的差異運動，是一種隱含著活動性和生產性的自由創造的生命運動；是符號的差異化運動本身所產生出來的差異。而他所發明創造的Différance這個詞，**正是爲了突顯一切語言文字中所隱含的一切無法由語言本身完全表達出來的差異化運動的生命過程。**顯然，德希達所說的「產生差異的差異」，一方面要表示兩種因素之間的不同及其相互聯繫性，表示這種相互聯繫性所產生出來的自律性；另一方面還要表示這種「不同」中所隱含的某種延緩和耽擱的意思。正如本書以下幾個章節所要進一步論述和分析的，**德希達的「延異」概念在實際上並非傳統的「概念」**，而是表達運動和變化中的差異化**運動本身**；它實際上隱含許多層次的內容，有待我們在有關後現代文學批評部分更深入地分析。

在德希達看來，人所創造的語言符號，其重要的特徵，不只是在於它本身內部和它同所表達的物件之間的差異性；更重要的，是語言符號中的任何一個因素，都包含著當場顯示和未來在不同時空中可能顯示的各種特徵和功能。正因爲語言符號中隱含著這些看得見和看不見的，也就是在場的和不在場的、現實的和潛在的特徵和功能，才使人在使用語言的過程中，面臨著一系列非常複雜的差異化運動問題。這種差異化運動，不是傳統意義上的那種二元對立的固定差異化結構，而是具有自我差異化能力、並因而不斷自我增殖的差異化過程。

德希達認爲，語言符號的上述「產生差異的差異」的特徵，只有在書寫出來的文本中才集中地表現出來。「根本就不存在主體，不管它是作爲延異的代理人、作者和主宰者，還是它可能地和經驗地將被延異所擊垮。主體性，像客體性一樣，是延異的結果，一種被記錄在延異系統之中的結果。這就是爲什麼différance 中的 a 也使間隔意味著**拖延**（temporisation）、迂迴和退遲的原因。透過這種間隔，直覺、知覺、消耗完成（la consommation），一言以蔽之，就是與在場的關係以及對一個在場實在（une réalité présente）和一個**存在物或存在者**（un étant）的指涉，總是**被延遲的**（sont topujours différés）。透過差異原則來

延遲，這是因爲一個要素要發揮作用和有所表徵，即包含和傳達意義，只有透過在蹤跡的適當安排中指涉另一個過去的或將來的要素才能達到」（Derrida, J., 1972c：40）。所以，德希達在論述「產生差異的差異」的同時，也集中地研究了「書寫」（l'écriture）；而因爲書寫的特徵只有在高度組織化和系統化的「文本」（le texte）中才充分體現出來，所以德希達爲此而建構了具有獨特性質的新學科「文本學」（Grammatologie）（臺灣和大陸學者對此未譯出統一的準確中文語詞。有人譯之爲論文本學；又有人譯之爲語辭學、語文學等等）。但實際上，Grammatologie 在西方原是很古老的一門學問，專門研究書寫出的文本的結構及其邏輯原則。德希達將它澈底加以改造，賦予新的意義，變成了關於研究文本特性的學問。正如他所說，它是有關文本結構的學問（grammatologie comme science de la texualité）；德希達有時也稱它是關於書寫文字的科學（science de l'écriture）。

他說：「作爲文本性（la textualité）的科學，文本學只有在改造符號的概念、並將符號的概念從其與生俱來的表達主義的枷鎖中連根拔除的條件下，才能成爲非表達（non-expressive）的『符號論』」（Derrida, J., 1972a：46）。

顯然，德希達創立新的文本學，是爲了澈底擺脫和顛覆傳統語言符號學，爲了更澈底揭露語言符號本身在書寫過程中所呈現出來的「產生差異的差異」的本質。所以，他也把「文字」稱爲「延異」。他說：「關鍵就在於生產出新的書寫概念。我們可以稱之爲『文字』（gramme）或稱之爲『延異』（différance）」（Derrida, J., 1972c：37）。正是作爲「文字」的延異，才能保障排除以「在場出席／缺席」二元對立爲基礎的一種結構和一種運動。所以，延異就是差異的系統遊戲，就是不斷差異化運動的「痕跡」（des traces），也就是將各個不同因素相互關聯起來的「間隔」（l'espacement）本身（Ibid.: 38-39）。

在他看來，傳統符號論的特徵就是他的文本學所要澈底擺脫的那種「表達主義」（l'expressivisme）。當德希達強調文本學的時候，不管他是指文本的特性還是書寫的本質，都是以顛覆西方傳統形上學的二元對立模式爲基礎的。這種二元對立的模式，如前所述，在語言符號的結構上，集中表現在現代符號論創始者索緒爾所說的「能指／所指」的結構中。不僅如此，德希達在摧毀了「能指／所指」二元對立的結構之後，他還強調他的文本學所集中解析的，不是文字本身，也不是表現文字的書寫法（la grathie），而是作爲「蹤跡」或「痕跡」的書寫。在這裡，德希達所重點地要表達的，仍然是他同傳統「表達主義」的勢不兩立的態度，尤其是反對柏拉圖所說的語言符號和觀念用以「再現」客體物件的說法。

所以，德希達的文本學所研究的，與其說是文字和文本，不如說是這些文字

和文本的運動其及一切可能性。

所謂書寫出來的文字、文本的運動及其一切可能性，其本身就是各種可能性的總和（Derrida, J., 1986c: 252-287）。凝固在書寫文字中的各種可能性，既然已經作爲書寫文字脫離原作者而獨立存在，就構成一個獨立的文化生命體。以書寫文字的特定文字結構而產生的獨立文化生命體，當然一方面受惠於原作者的創造，但另一方面它卻藉助於或受惠於書寫文字本身的優點而成爲一個隨時待閱讀、待詮釋和待發展的新生命體。書寫文字同原作者思想創造之間的上述複雜關係，表明書寫文字從一開始就作爲一個無限可能的差異體系而存在。正是從這個意義上說，德希達強調書寫文字的差異化性質，並將這種差異化當成是一種可能的差異化生命體。

書寫文字，作爲一種可能的差異化生命體，顯然再也不能繼續按照傳統形上學和傳統語音中心主義的原則去理解。如果按照傳統語音中心主義的原則，書寫文字的差異結構，不但不隸屬於書寫文字結構本身的內在差異化運動生命過程，而且它只是以靜態的差異結構形式而暫時地呈現出來。如前所述，語音中心主義將語音與意義的差異歸結爲一種由語音所決定的固定差異結構，並將書寫文字所表達的上述差異結構當成遠離思想創造差異化運動的第二層次的次要結構，因而是屬於較不重要的被決定的結構。但是，德希達在批判語音中心主義的過程中，顛覆了上述書寫文字的差異化位置及其性質。在傳統思想家表示書寫文字被決定性質和無生命性的那個地方，德希達卻相反地指出了書寫文字的決定性意義及其差異化可能性的生命力。

在西方思想史上，許多天才的思想家早已對書寫文本的無限意義有深切體會。中世紀偉大思想家聖奧古斯丁早在其《懺悔錄》（*The Confessions*）中，透過對其一生各重要階段所閱讀的關鍵性文本的回憶，闡述和解剖其個人心靈矛盾和轉變的奧祕。他把閱讀的文本當成自己思想心靈衝突和矛盾展開的場域，又當成自我懺悔和自我反思的靈感發源地。

同樣地，詩人但丁（Alighieri Dante, 1265-1321）的《神曲》（*The Divine Comedy*）的《天堂篇》（*Paradiso*）也以文本解構爲其心靈旋轉的主軸。但丁在其中慷慨宣稱：

在那深處的終極，
我看到「愛」是怎樣將紙頁
裝訂成一冊書籍；
書頁片片繽紛，

原本飛散在茫茫宇宙間。

（*The Divine Comedy*, XXXIII：85-87）。

可見，閱讀作為一種活動早就被偉大的思想家和創作家們當成揭開心靈矛盾和進行反思而突破精神界限的偉大無形時空結構。德希達所遵循的閱讀中解構的道路，無非是這些早期思想家所開創過的反思途徑的延伸，但不同的是德希達所依據的是一種嶄新的解構精神原則。

德希達賦予書寫文字以重新創造的生命力的思想出發點，就是看到了書寫文字差異化結構中潛伏著再生無限差異化的可能性。書寫文字的這種再生無限差異化可能性的生命力，當然不能抹煞原作者創作原文本的歷史功績。但是，德希達在書寫文本中所看到的，是兩種截然相反的力量，他認為讀者有必要針對這兩種相反的力量採用完全不同的策略：對於文本中原有作者的精神創作剩餘物，必須警惕它對於讀者的靜態身分感及其個性的傷害；而對於文本中展現的文字元號結構，則應從中發現某種足以解放人心和導致精神重建的潛在動力，以便由此出發，促使讀者發揚其斷裂表意結構的衝力，決意在文本結構中找出突破文本本身約束的創意基礎。

考察書寫文字無限再生區分化和差異化的生命力，當然首先必須考察原作者當初如何將這些文本書寫出來的過程。這些書寫出來的文字和文本當初是如何被寫出來？要回答和分析「如何寫出來」的問題，並不是如同傳統詮釋學所說的那樣，僅僅指原作者個人在創作當時當地的所謂真實創作過程。傳統詮釋學受邏輯中心主義和語音中心主義的影響，將原作者當成一個獨一無二的死去了的個人，試圖考察和重現那些同樣已經死去的以往歷史條件、以往語言條件和以往文化條件下的創作過程，試圖「真實地」再現凝固了的歷史結構。這顯然是辦不到的。傳統詮釋學之所以相信上述原則，之所以相信依據上述原則可以達到「真實地」再現原作者及其歷史文化條件的目的，主要是因為他們同樣地相信語言可以「再現」那些缺席了的歷史，也相信語言可以再現一切「不在」的東西，並將這些「再現」當成現時真實存在的事物。

與此相反，對於德希達來說，如果要探索這些文字和文本是如何寫出來的，重點是使作者及其歷史條件獲得重生，使該文本的書寫過程在在被閱讀和被詮釋的差異化運動中復活。而這樣一來，「真實地」再現死去的原作者和歷史並不重要。重要的是在原有文本書寫結構的差異化基礎上，結合閱讀者和詮釋者在新的歷史文化脈絡的思路，賦予原作者和原文本以新的差異化可能運動的生命力。在這種情況下，對於書寫文字的詮釋和理解，不是原封不動地重複已經死去的原作

者的思路，而是利用書寫文字差異結構進行新的差異化創作運動。如前所述，書寫文字的差異化特徵，正是在於利用語言文字元號之間的差異及其可能導致無限差異化的特性，有可能變成一種以文字差異爲仲介而進行的無限文化創造運動。德希達對於原文本原作者的上述再生新觀念，不是要從根本上否定原作者的創造貢獻，也不是爲了根本否定原文本的文化價值，而是在新的歷史文化條件下使原文本重新復活，獲得新的文化創造生命力，因而也賦予原文本延長其文化生命的能力。將已經死去的文本重新在新的歷史條件下復活起來，獲得其新的生命，這就是對於舊文本的最高尊重。

文字和文本的書寫過程，作爲一種運動，其本質就是一種「產生差異的差異化運動」：這種運動，在時間和空間方面，既沒有先前的和固定的、作爲運動起源的界限和固定標準，也沒有未來的確定不移之目的和發展方向，更沒有在現時的當場呈現中所必須採取的特定內容和形式。這種運動的真正生命力，不是在它發生的當時當地所「表現」出來的那種特定時空結構和狀況，不是傳統本體論所追求的那種「現時呈現」的真實性結構，而毋寧是它所隱含的、朝向未來的運動能力。所以，它是一種延異的運動。

書寫文字的朝向未來運動的珍貴性，就在於一切「可能性」都可以發生。書寫文字的朝向未來的運動，不能單純從過去、現在、未來的時間一維性和單向性的觀點來理解。實際上，這裡所說的「未來」，是時間和空間所組成的多維度可能性場域。因此，凡是屬於時空方面的可能性因素，全部都屬於「未來」的範圍。作爲書寫文字差異化的未來維度，雖然包括時間方面的走向和脈絡，但是，對於書寫文字結構的差異化可能性來說，一切「未來」都是由書寫符號之間的差異化傾向造成的。因此，書寫運動發展方向及其可能結構的未來圖景，主要決定於符號本身的自我差異化以及符號之間的差異化運動。符號自身和符號之間的差異化運動，如果從時間一線性和單向性的觀點來看，只能出現向過去和向將來的變化可能性。而符號差異化向過去的發展可能性，從這個觀點看來，是一種向歷史的倒退運動，因而也是一種向歷史的複歸運動。從時間的常識來看，這只是一種逆向的歷史恢復過程。所以，上述時間一線性和單向性的觀點，對於文字元號差異化多種可能性的理解只能具有負面的限制意義。只有超越上述傳統的時間常識，上述文字元號差異化的「向過去」運動，才有可能被理解成爲一種新的未來運動，而且也包含一種積極的正面意義。這是因爲即使是在文字元號差異化的「向過去」運動中，實際同樣也包含向一種新的創造可能性發展的前景。在這個意義下，文字元號差異化的「向過去」運動，是它的一種向未來運動的可能形式。這種向過去運動的文字差異化，同樣包含未來創造的可能性，所以它不全然

是向歷史的倒退，也不全然是對於歷史的恢復。同樣地，文字元號向將來的差異化運動，也包含多種可能性。這種可能性顯然超出傳統時間一線性向未來發展所規定的單一模式，而是朝著未來多種方向發展的潛在可能性。而且，時間維度的未來多種可能性方向，同空間維度的未來多種可能性方向，一旦交叉起來和結合起來，就可以形成更多層次的難以預料的可能變化方向。書寫文字的未來運動可能性的重要意義，就在於以符號差異化多種可能性的途徑爲思想創造多種可能性提供多元的方向。總之，文字書寫的差異化向未來的運動，實際上就是「返回將來」（back to the future）和「邁向過去」（forward to the past）的多元化綜合性創造活動。作爲後結構主義者，德希達當然不願意將自己的思想創造運動限定在傳統語言符號的規則範圍內。所以，他對於書寫文字差異化運動的上述理解，實際上也爲後現代主義者打破傳統文化和進行自由創造提供精神動力。

　　嚴格地說，語言符號，包括文字，它們在表現的當時當刻所表達的意義，只是這些符號和文字運動過程的一個極有限的可能性形式罷了。傳統形上學的錯誤，就是將這種極有限的可能性形式絕對化、固定化和標準化。從現象學觀點和方法來看，任何書寫和文本在其表達當時當地的表現，是其先前多種可能運動中所偶然採取的極其有限的表達形式。所以，先不說書寫文字在現時的呈現形式同往後未來書寫運動的多種生動活潑的潛在可能性相比較，就其本身同以往書寫過程隱含的多種運動可能性相比較來說，書寫在「現時」的當時當地的表現結構，也只構成一種極其貧乏的有限可能表達形式罷了。傳統西方文化和思想如此重視各種書寫文本的「現時」表達結構，甚至奉之爲社會所有人都必須學習、並立之爲標準的言行典範，是因爲這些文本，一方面構成爲當時當地社會權力結構所認同和核准的單一表達形式，集中表現了當時當地控制社會整體利益的社會階層的根本利益和觀點，另一方面它又以其單一形式，將上述認同和核准的統治階級利益與觀點一般化和普遍化，以客觀中立的形式掩蓋了這些利益和觀點同統治階級的特殊關係。這也就是說，執著於當時當地單一的表達結構，並使之神話化和固定化，是因爲這些文本單一結構具有上述二面性：既表達一定的意義，又掩蓋其他的意義；既表達確定的意義，又掩蓋各種可能的意義。傳統文化將書寫文字差異結構的任何一個「現時」表現標準化和正當化的目的，正是爲了限制書寫文字差異結構的自由運動方向，也就是爲了封殺不利於統治者利益的可能發展方向。

　　文本學所要研究的「產生差異的差異」，固然是一種運動，但是，如前所述，這種運動的眞正生命力，恰巧是在其未來可能性中展現出來。因此，當德希達總結「產生差異的差異」的運動的性質的時候，強調說：「首先，『產生差異的差異』轉向有所保留的（主動和被動的）運動，而這種運動是透過延緩、

移轉、遲延、回還、迂迴和推遲的過程」（Derrida, J., 1972c：17）。德希達在這裡所一再強調的，始終是擺脫文本在當時當地所表現出來的「在場」結構。**德希達所感興趣的，是這個「在場」結構在其往後延緩過程中所可能呈現的一切傾向。**由於書寫文字比在聲音形式中表現的話語更具有延緩的特徵，因此，德希達要加以「解構」的，是作為「**蹤跡**」（trace）的書寫文本。德希達指出：「對於文字、書寫物、蹤跡、文本等等非理念的外在性，我一再堅持不將它們與**勞動**（travail）分割開來的必要性。這是一種雙重標識（double marque）或再標識（re-marque）的程序。物質概念和其他概念，必須在被解構的場域中（這是顛覆的階段）和在解構的文本中，被標識兩次……透過這兩個標識之間的間隔遊戲，人們可以同時進行一種顛覆性的解構和一種肯定性的移動和逾越的解構（une déconstruction de renversement et une déconstruction de déplacement positif, de transgression）」（Derrida, J., 1972c: 88-89）。這就是說，所有的**蹤跡**，都是被當成是某種與從事創作的「勞動」過程本身緊密相關的活動場域；透過作為再標識活動的場域的種種蹤跡，德希達找到了進行間隔化遊戲（jeux de distantiation）的機會和條件，也找到了進行解構活動的廣闊可能性的前景。

延異實際上也是一切未來可能的差異化運動的總和。文字差異化結構既然隱含著各種可能的差異化運動模式，其差異化運動的本質結構就是被延緩的差異化，即「延異」。被延緩意味著被擱置，而被擱置越久，就包含著越多的差異化的可能性。所以，**差異化的可能性及其不斷更新的生命力，是在延長和被擱置的過程中不斷地伸展的**。時間結構的共時性和連續性的統一，使延異在時間上的被擱置，成為一種無限發展的可能結構。早在海德格研究人此在的生存結構時，他就已經深刻地發現生命存在及其發展同時間之間的內在本質關係。時間性是生命的存在有限性結構的界限。但是，海德格一方面揭示了此在生命在時間性中的限制，另一方面又指出了生命在時間性中的一切「**能在**」（Seinkönnen）模式，也就是生命在時間性中的一切可能延緩的機制。海德格特別重視「能在」的重要意義。他認為此在的生命本質就是「能在」（Heidegger, M., 1986[1927]: 42-44）。他說：「此在總是從它所『是』的一種可能性，從它在它的存在中隨便怎樣領會到的一種可能性中，來規定其自身為一種存在者」（Ibid.: 43）。人生的「能在」本質，使人生隱含無限豐富的創造可能性。為了進一步深刻揭示「能在」對於人生的重要意義，海德格甚至將「死亡」納入「能在」的範圍，使死亡不再成為常人所恐懼的那種生命終點，而是成為發展生命創造過程的一個重要組成部分（Ibid.: 235-244）。

為了突顯延異或「產生差異的差異」（différance）的自由無限可能性的性

質，德希達將「延異」的遊戲（jeu de différance）走出語言文字的界限，把眼光轉向實際社會生活中充滿著差異化運動的人類文化創造活動。他首先研究與人生命攸關的經濟活動。所以，他又把延異的產生差異的差異化運動，當成經濟學的概念。經濟是社會生活中最基礎和最活躍的領域。經濟領域不但是人的生命和人的整個生活世界的基礎，而且，它甚至是人的生命本身。生命不但脫離不開經濟，而且也在經濟活動中不斷重生。經濟活動的基本特點就是它建立在「產生差異的差異」基礎上的生產性、再生產性、不穩定性、競爭性和高度自由性。在經濟中，一切活動和一切新的動力，都來自不斷更新的差異。本來，經濟活動產生的緣由，就是差異本身。有了差異才有經濟立於其上的交換活動；而交換活動要不斷維持和更新，交換本身就要不斷產生自我差異。顯然，德希達所說的「產生差異的差異」，已經不是傳統的古典政治經濟學所能加以說明的範疇；而是必須經過批判和顛覆古典政治經濟學以後所產生的新經濟學的範疇。

作為新的經濟學的概念，延異是一種不斷生產和再生產的運動，因而也是社會上現行語言中所通用的各種二元對立概念的溫床。正如德希達自己所說：「延異，作為產生差異、並進行差異化的運動，也是在我們的語言中流行的各種概念對立的共同根源。為了舉幾個例子，這些對立包括：感性的／理智的、直觀／意義、自然／文化……等等。作為共同的根源，『產生差異的差異』，也是宣稱這些對立的那個『自身』的組成因素」（Derrida, J., 1972c : 17）。

因此，作為經濟概念，作為一種生產的運動，延異的「產生差異的差異化」，總是把一切差異看作是這種運動的一個「效果」。既然只是一種運動的一個效果，它就不是唯一確定的，而是包含各種另類可能性的一種可能性。德希達在論述延異的經濟性質的時候，還特別強調要一方面同只看到差異結構穩定性的結構主義相區別，另一方面又要同單純把生產看作是來自單一根源的源生學相區別。顯然，德希達在這裡影射了施特勞斯的結構主義和卓姆斯基（Noam Chomsky, 1928- ）的發生性語言學。透過德希達同施特勞斯和卓姆斯基的自我區別，我們又可以進一步看到德希達後現代主義的區別概念的特徵，這就是他不願意把「區別」放在一個封閉的時空結構的脈絡中，他也不願意把「區別」理解成為因果系列中的一環，也不願意置之於由一個或多個原因、甚至由某個終極原因所產生的變動，當然也不願意把它預定成達到某個目的或結果的一個可能性環節。

延異的「產生差異的差異」，作為一種可能性，隱含著多種可能性。傳統西方形上學並不排除「可能性」，但從古希臘以來，特別是從亞里斯多德在《形而上學》一書中界定可能性範疇以來，可能性一直被看作是否定性的和反面的偶然性。這也就是說，傳統的可能性是作為標準化的現實性和規則性的反面和對立

面。而且，傳統可能性，都是在單向和單線時空脈絡中發生的一個中間環節。因此，在傳統形上學中，一切可能性都是達到現實性和最終目的一個過渡環節。後現代主義所需要的新的可能性，透過德希達所說的「產生差異的差異」，一方面同傳統的形上學相對立，另一方面他所重點表示的是可能的未來多樣性和開放的無限性，同時又表示待生的和待創造的「可能的可能性」。就後現代的上述可能性的兩面性而言，它包含著許多等待開闢和等待展開的創造自由。所以，在對於文本的解構中，解構活動所推動的「產生差異的差異」的運動，只是把文本的結構和組織性當作沒有底盤的遊戲、當作沒有底的棋盤。所有這些有關「產生差異的差異」的可能性，將在本書有關後現代文學評論的章節中進一步展開。

從語音中心主義的話語轉向「產生差異的差異」的文本學解構，實際上也是一種對於原文本作者在文本中「要怎麼說就怎麼說」的語音中心主義的反攻，當然也是對原有文本的自我反駁和自我摧毀的活動。德希達對於文本的差異化解構，透過文本這個符號體系，一方面進行破壞原初製造文本的話語，另一面又要透過潛入文本而走出文本，達到在文本中迂迴和不斷批判傳統、不斷創新的自由。按照傳統文本學和詮釋學的要求，詮釋文本要回到原文本作者用文本說話的意圖。在這裡，藉著尋求客觀中立標準的途徑，達到文本中的話語實行專制主義的目的。但是，當德希達強調潛入文本的時候，一方面要利用文本中的話語去反駁原有的話語意圖，另一方面又透過話語和文本的差異繼續擴大，甚至歪曲它們之間的差異，使它們之間相互殘殺，起到自我破壞的作用。這是德希達靈活地運用文本迂迴的戰略戰術去破壞文本本身的遊戲活動。一切語言符號，不只是話語所發出的「在場」語音和語聲，而且也包括書寫文字化的文本在內，本來就是符號本身，而且，始終都只能是符號本身。德希達之傾向於書寫化的文本，並不是因為成了文本的語言符號已經根本不同於作為語言符號的話語，而是因為德希達在摧毀傳統文化的戰鬥中，他別無選擇地所面對的，只是、而且已經只是語言符號罷了。所謂「只是、而且已經只是語言符號」，指的是德希達從一開始從事批判和解構，他所面對的，別無其他，只有已經層層結構化，並經長期累積而深深扎根於社會歷史土壤中的傳統符號體系。因此，德希達只能以符號反符號，也就是潛入到符號中從中破壞符號；而重視書寫化的文本，不過是在別無選擇的條件下，究竟選擇何種符號結構為先的結果。所以，透過文本批判話語，又透過文本摧毀文本，無非是在文本中尋找和揭露已被掩蓋的話語的蹤跡，又在文本的蹤跡中尋求自我解放和自我創造的途徑。德希達在同英國的哲學家伯寧頓（G. Bennington）的對話錄中從容不迫地承認說：解構從符號開始，這就是從第二者本身入手，這也就是一種迂迴（détour）（Bennington, G. / Derrida, J., 1991：26）。符

號本身，從古以來，特別是從傳統形上學建立以來，就是一種迂迴。因此，對符號的解構和摧毀，也必須透過迂迴。透過符號解構符號，就是透過迂迴反迂迴，就是在迂迴中摧毀迂迴，並從迂迴中掙得自由。在向符號結構這個迂迴體系中進行迂迴式的解構活動時，德希達想要表達的還包含著一層一層更深刻的意涵，這就是拒絕傳統西方思想把世界化約成論述符號體系的作法。反對把世界轉化成符號體系，當然意味著要返回事物自身去，但是，返回事物自身又不能直接地避開迂迴的中間環節而直接地闖入。德希達等後現代主義思想家們，都懂得以迂迴的戰略和策略向傳統宣戰，因爲只有在迂迴中他們才能置傳統於被動，而使自己獲得迂迴遊動中的自由，也就是避開傳統思想家有可能限制他們的自由。正如本書導論所說，後現代主義是在吞噬現有傳統文化中進行自我創造；但這種吞噬不是直接地從外向傳統啃咬，而是鑽入其內部，透過在傳統中消耗傳統的能量，或將傳統能量轉化成自身能量的途徑進行解構。

　　不斷地產生結構的解構運動，對於既成的傳統文化而言，就是不承認、並破壞原有傳統體系中的中心；而對於解構運動中「產生差異的差異」來說，也同樣是無中心的自由遊動和不斷擴大的創造活動。「產生差異的差異」歸根結柢是反中心和無中心。德希達認爲只有透過書寫的文本，才能把有向度的、因而有限度的和有邊界的中心還原成無向度的和無邊界的眞正的「零度」。德希達實際上也意識到，就其本身不得不潛入符號進行迂迴而言，如果他所迂迴的符號結構仍然保持有向度的時空結構的話，德希達就等於在書寫的文本中作繭自縛，並最終被符號結構的中心所宰制。所以，德希達的文本解構，要超出時空的結構，進行一種無邊界的自由遊戲活動。其實，任何符號結構的時空性，都是立足於附屬於它的意義結構的時空性；而各種意義結構的時空性又決定於被運用在其中的各種特定的二元對立概念的內容。因此，德希達旨在擺脫中心化的解構遊戲活動，爲了達到超越時空結構的目的，必須集中全力摧毀各種歷史的傳統二元對立。在所有的二元對立中，最根本的還是符號本身的「能指／所指」關係。「能指／所指」的對立關係有許多本體論和認知論的理論功能，也有許多玩弄和掩飾策略的實踐功能，但是，最根本的功能，在德希達看來，是玩弄「在／不在」的辯證法。如前所述，「能指／所指」的關係在實質上就是以「在」、「在場」和「出席」代替「不在」、「不在場」和「缺席」。在這種辯證法中，傳統文化不斷地以符號的「在場」性質，論證其所表達的「不在場」的眞理性、正當性和正義性，同時又以其「在場」使話語的主體消失掉，也就是以符號的「在」代替說話主體的「不在」，又論證了這種「不在」的正當性、眞理性和正義性，從而也建構了說話主體的中心地位。解構要打破的正是「能指／所指」二元對立的上述中心化功

能。正如德希達所說：「於是，透過解構，語言侵入了無所不有、疑難重重的領域；此時此刻，沒有了中心或根源，一切都成了話語——也在這種情況下，話語的語辭就獲得了理解，也就是說，一切都成為一個系統；而在這個系統中，處於中心地位的所指，不論它是否來自一個根源，不論它是否是超驗的，都絕不是脫離一個有種種區分的系統的絕對存在。超驗的能指只有在意指作用的領域和活動之外，才能擴展成無限」（Derrida, J., 1967c: 232）。顯然，只有使能指和所指脫節，才能使能指的意指活動導向一個「不在」的不斷差異化的領域，並在那裡不但解除了原有的主體中心的秩序，而且也進入了真正無中心的自由領域。

在當代法國在二十世紀的法國哲學家中，德希達可以說是一位始終力圖使自身脫離同一化原則約束的思想家。他與傳統針鋒相對，提出了差異化運動的遊戲策略。他認為，差異化是世界的本質；沒有差異就沒有世界、沒有生命、沒有思想，當然也就沒有哲學。差異化的生命力，就在於差異化本身的自我生產性和自我更新能力。這也就是說，差異化之所以普遍地成為世界存在與發展的根據，就是因為差異化本身，並不需要在它之外，尋求其存在及發揮功效之理由。差異化本身只靠其自身的不斷自我差異化而存在；它就是它存在的理由，它為自身提供無窮無盡的生命力。

其實，傳統文化和思想也同樣看到了差異的生命力，但它們因發現差異化的生命力而害怕它，試圖將差異化運動，終止在它們所需要的同一性之中。但具有尼采的「超人」精神的德希達，敢於面對差異化遊戲的風險性，敢於玩差異化遊戲去對付傳統思想。所以，只要有差異化的可能性，德希達便出現在那裡，並在那裡，大玩特玩差異化遊戲，將其差異化遊戲及其創造性成果，延伸到一切可能的地方，延伸到哲學之外遙遠遙遠的地方。

當然，一般認為，德希達是法國**後結構主義**（post-structuralisme）和**解構主義**（déconstructivisme）最最主要的思想代表人物。但是，以這樣簡單的「歸類」方式，將德希達說成為某一個特定思想流派的思想家，並不能恰當地表現德希達的思想和理論特點，同樣也遠沒有說明他同後結構主義和解構主義之間的複雜關係。

不管是德希達本人，還是後結構主義或解構主義，都是非常複雜的；而且，他個人和這個派別，原本都是以「**不確定性**」、「**自我生成性**」及不斷差異化（延異）作為其自身的特徵，它們並不希望人們以簡單的公式、化約或歸納方式，將它們進行分類，因為它們把自身的「不可歸類性」，即它們的差異化聲明，當成是他們的創造性和不斷再創造的動力來源。

實際上，從德希達從事思想創造和理論活動的二十世紀五〇年代起，在半個

多世紀的思想歷程中，德希達發表了成百篇大小文章和著作，說出了千差萬別的言論，參與了許多不同的實際社會文化運動；他在這些論述、著作和實際行動中，常常使用隨機應變的策略，展現出他的獨特思想風格。我們必須緊密結合所有相關的具體事件，才能真正展現他的心路歷程。

如前所述，德希達始終貫徹差異化的遊戲精神，也在他的著作中一再玩弄差異化的遊戲策略。這樣一來，似乎很難把握德希達的思想原則，很難斷定德希達所要想的內容。是的，德希達本來就不打算讓他的讀者猜到他究竟在想什麼，因為他認為這正是好玩的地方。但是，另一方面，為了不使德希達的思想變成固定化、格式化和同一化，還要設法猜測他究竟想什麼。猜測他在想什麼，是為了知道他究竟不想什麼，也是為了知道他可能想或不想什麼。為了知道他究竟想什麼，就必須結合他思考問題和談論問題的具體環境。

因此，德希達的思想及其性質，只能根據他在具體環境下所寫出和講出的言論、文本及其實際行動來分析。有一次，當德希達的訪問者問道：「你是不是暗示：要逐一地依據不同情況而分析問題，不應該事先提出一個基本原則？」德希達回答說：「存在一個原則，但在實行中，必須考慮前後脈絡和時機的特殊性。對待一個原則，我在不同的場合，就不會採取相同的決定」（Derrida / Roudinesco, 162）。

的確，德希達是一位「**沒有身分**」的人。他厭惡規定和身分，時時刻刻試圖使自身脫離固定的框架和形式，以便顯示他自身的不斷創造和不斷突破自身的形象。

德希達原本就是在差異化的環境中出生和成長的人。首先，由於他對於傳統文化及其基本原則的抗爭和叛逆，由於他不願意使自己陷入傳統文化的種種慣例的「陷阱」之中，德希達始終寧願讓自己表現出含糊不清的身分。他認為，他自己越是不確定，就越遠離傳統文化的範圍。德希達曾經反覆說，歷來傳統文化所玩弄的最拿手的技倆，就是首先把某個人界定為具有某種確定身分的人，因為透過身分的確定，傳統文化就可以把它的物件控制住。在這一點上，德希達同福柯幾乎完全具有同一種叛逆性格。當他接受法國《文學》雜誌（*Le Magazine littéraire*）記者弗朗斯瓦・瓦爾德（Farnçois Wald）的訪問時說：「我像其他人一樣，想要身分。但是，……每次這種身分總是自我發布，每次一種歸屬感總是圍困我；如果我陷入這種途徑的話，有人或有東西就會對我叫道：『當心陷阱，你被逮住了。掙脫鎖鏈，使自己脫身，在別處另行約定。』這不是更富有創造性嗎？」（Derrida, J., 1991c）。德希達所理解的身分，與傳統的定義不同，是針對自身的一種差異，也是沒有自身或排除自身的差異。他強調，如果他也和別人一

樣尋求某種身分的話，毋寧是為了找到自己的差異，或者，更確切地說，是為了找到自己在不斷移動中的差異性。因此，對於德希達，如同對於福柯一樣，不能從一開始就要求對他有一個明確的身分認識。他的身分、他的思想、他的思路，從來都不是穩定和確定的。正如他自己所說，他希望使自己變成一個能夠不斷改變自身面貌的普羅德斯神（Proteus）。這位古希臘神話傳說中的海神，能夠隨心所欲地改變自己的容貌。

德希達是在自由創造的遊戲中不斷叛逆和不斷創造的思想家；他也是在各個不同階段表現出不同性格和不同研究主題的人物。德希達往往以多種聲音說話，他的哲學是矛盾的和不確定的。人們如果僅僅為了了解他，勉強還可以大致地找到他的某些思想特徵；例如，我們可以說，他是後結構主義或解構主義的思想家。但這種概括並不能完全顯示他的思想和理論的根本特徵。最重要的，毋寧針對他的具體著作或某一個具體環境，對他所探討的問題進行深入的分析，這樣才能把握他的基本精神和基本風格。

德希達蔑視一切「界限」，試圖穿越各種約束人的界限，他甚至要越出人的界限本身。對他來說，人的最根本的特點，就是不斷地以創造精神改變自己。人是要不斷追求自由的生存物。但什麼是自由？德希達對「自由」這個詞和概念，始終保持一種警惕性，保持一個距離。德希達清醒地意識到：社會上存在的自由，始終都是以這樣或那樣的代價，以個人失去真正自由的條件而實現的。因此，他承認，他很喜歡自由，但他所理解的自由，並不是「主體的自由」或「意識的自由」，因為一切「主體的自由」，都是以成為主體過程中所必須遵循的規則作為標準，以犧牲自身的自由、使自己順從於規範作為代價而實現的。正因為這樣，德希達說，他儘管熱愛自由，但很少使用「自由」這個概念，甚至寧願不用自由這個概念。「我對『自由』這個詞是不信任的，但這並不是因為我屬於某種類型的決定論。這是因為這個詞，往往包含對主體或意識（即以自我為中心的邏輯主義）過多幻想的形上學假設，似乎這些主體和意識具有不依賴於衝動、計算、經濟和機器的獨立性。如果自由是指超越一切機器遊戲、超越一切決定論的機器遊戲的『過度』的話，那麼，我就是確認和尊重這種自由的積極支持者；但我畢竟傾向於不講主體的自由或人的自由」（Derrida/Roudinesco, 2003：85-86）。德希達認為，在這個生活世界中，到處都存在各種各樣的機器和「機關」，特別是在語言中。正因為這樣，佛洛伊德才談到經濟，也就是無意識的計算、關於現實和快樂的計算的原則以及關於重複和推動重複的衝動等等。「只要存在計算和重複，就存在機器。所以，佛洛伊德充分考慮到經濟的機器以及機器的產物。同樣，只要存在機器，又同時存在超越機器的『過度』：這種過度，既

是機器化的產物，又是對機器計算的對抗和解脫。也正因爲這樣，在機器和非機器之間，並不單純是簡單的對立，而是存在某種值得大做文章的複雜關係網。我們可以把這個稱爲『自由』，但這個自由僅僅是在可計算性存在的限度內而說的」（Ibid.: 86）。由此可見，**德希達所主張的自由，是對於一切設計、計算和詭計的擺脫活動，是一種對抗限制和突破各種牢籠的解脫策略**。

　　這位於1930年7月15日出身於阿爾及利亞猶太血統家庭的哲學家，在二十世紀五〇年代（1952至1956年）就讀於巴黎師範學院期間，經受了當時法國思想革命的激蕩、衝擊和洗禮，從六〇年代初開始，就以尼采哲學作爲基本動力，發揚黑格爾、胡塞爾和海德格的反思原則（正因爲這樣，德希達有時也被稱爲「3H（Husserl, Hegel, Heidegger）分子」），繼承和發展自波特萊爾、馬拉美、布朗索和巴岱等人的語言批判路線，借用和改造海德格的「解構」概念，超越結構主義，集中批判西方傳統形上學和語音中心主義。所以，德希達不是一般的海德格主義者，也不是一般的尼采主義者；他是綜合胡塞爾、黑格爾和海德格，並以新尼采主義的觀點，批判胡塞爾的現象學和海德格的存在論，試圖由此找到澈底批判傳統、重建現代文化的出路。

　　德希達幾乎同福柯生活和研究在同一時代。但他在思想形成和發展方面，確實也比福柯成熟得比較晚。德希達自己曾經坦率地說，他從福柯那裡受惠很多（Derrida, 2003c: 18-20）。他只比福柯年輕四歲，他和福柯一樣，同在巴黎高等師範學院學習和成長，受到同一時期法國重要的思想家的影響，其中包括沙特、阿圖塞、依波利特和羅蘭・巴特等人。在談到他同阿圖塞的關係時，德希達說：他同阿圖塞的關係，既是親近的，又是遙遠的；既有聯繫，又沒有關係（Ibid.: 169）。總的說來，德希達一直對阿圖塞懷有深厚的感情，因此，在阿圖塞去世三年之後，德希達決定寫《馬克思的幽靈》，作爲對阿圖塞的紀念，也作爲對阿圖塞所追求的事業的肯定（Ibid.）。

　　因此，德希達和福柯在許多方面有相似之處，例如他們都一樣深受現象學和尼采哲學以及結構主義的影響，他們都把矛頭指向傳統文化及其基本原則；他們倆也都對於語言論述問題深感興趣。正因爲這樣，呂克・費里（Luc Ferry）和阿蘭・雷諾（Alain Renaut）曾經把德希達和福柯等人歸入「法國的海德格式的尼采主義者」（Ferry, L. Et Alain Renaut, 1986）。但是，他們的思想方法及風格完全不同，探討的重點也不一樣。德希達對於人文思想、哲學和文學藝術感興趣，他更關心西方文化的核心問題；而福柯則更多地研究社會科學的基本問題，對於當代社會的基本運作機制進行深入的分析，以他所獨創的知識考古學、權力系譜學和道德系譜學以及「關於自身的歷史本體論」，對於現代社會的制度、規範、

法制和權力機制給予無情的揭露。

德希達的思想風格所顯示的特殊性，是他本人的親身生活經歷以及他的心路歷程的集中反映。他很早就開始進入哲學和文學。他說，最早影響著他思想成長的人，包括紀德、尼采和瓦勒里等人。紀德在1897年所寫的《地糧》（*Les Nourritures terrestres*）給德希達極其深刻的印象，使他可以一字不漏地背誦它。他說，他像其他青年人一樣，非常崇拜紀德這本書對於人的讚頌熱忱。紀德以動人的文字，讚頌人的獨立不羈的天性及其對於自由的追求。紀德在這本書中所宣揚的放縱感覺、對抗道德和家庭約束的叛逆精神，尤其激蕩著年輕的德希達。德希達宣稱：紀德的這本書對他而言，簡直就是一份宣言或《聖經》；它既是宗教的，又是新尼采主義的、感覺主義的、非道德主義的，甚至是「非常阿爾及利亞」的。德希達當時對於紀德的崇拜，使他幾乎閱讀了紀德的所有的書。正如德希達所說，紀德的那本《非道德論著》（*L' Immoraliste*）把德希達引導到尼采主義。

德希達在哲學方面的創造活動，從一開始就深深地受到在四、五〇年代風靡一時的現代存在哲學和現象學的影響。從十七到十九歲就讀於阿爾及利亞阿爾及爾市高吉耶大學預科（Lycée Gauthier）時期開始，他就鑽研柏格森、沙特、卡繆、齊克果（Sören Kierkeguard, 1813-1855）和海德格的哲學著作。他說，他在中學的最後兩年，閱讀了柏格森和沙特的著作；他們的哲學論述奠定了德希達在哲學方面的基本功。

二十歲到二十二歲，他同一群來自阿爾及利亞的高材生，其中包括布迪厄、摩諾里（M. Monory）、諾拉（P. Nora）和謝爾（Michel Serres）等人，就讀於巴黎路易大帝大學預科（Lycée Louis le Grand），準備報考巴黎高等師範學院。

在五〇年代，正當存在主義、新馬克思主義、佛洛伊德主義、現象學、符號論、結構主義和拉岡後佛洛伊德主義思潮活躍於法國論壇的時候，德希達順利考上巴黎高等師範學院，成為阿圖塞的學生。阿圖塞對於他的思想發展給予深刻的影響，主要是使他對一系列同結構主義、馬克思主義、黑格爾主義和現象學相關的思想觀點有新的認識。如前所述，阿圖塞是「結構主義的馬克思主義者」。阿圖塞的重要貢獻，在於總結和應用結構主義等當代法國和西方思想的研究成果，對於馬克思思想中的各個重要理論和概念，進行必要的改造，使他成為當時渴望創新和突破傳統的青年一代法國知識分子的良師益友。從此以後，在二十多年的學術生涯中，德希達始終都是阿圖塞的親密朋友，儘管在許多重要觀點上，他們之間的分歧越來越多。在巴黎師範學院期間，他也結識了福柯等新朋友，後來他們都成為後結構主義和後現代主義的思想支柱。

　　德希達對於現象學情有獨鍾。他在1990年正式出版的《胡塞爾哲學中有關「起源」的問題》（*Le problème de la genèse dans la philosophie de Hussrel.* Derrida, J., 1990c），就是以他在1953至1954年進修於比利時魯汶大學胡塞爾檔案館時所寫的研究筆記作爲基礎。當時，福柯也同他在一起研究胡塞爾，使他們之間有機會不斷地共同討論現象學問題。1954年，在哲學家甘狄亞克教授的指導下，德希達將他的這部研究筆記改寫變成爲獲取「高等研究文憑」的論文。在這篇論文中，德希達依尼采的立場，揭露胡塞爾對傳統文以及語言結構的批判的不徹底性。

　　1956年獲得高等院校哲學教師文憑資格之後，他到哈佛大學和劍橋大學進行短期研究，並開始翻譯和批判胡塞爾的《幾何學史》。在談到他翻譯這本書的動機時，德希達說，當時他所貫注的，是在文學、哲學和科學之間的寫作空間。德希達始終都把自己當成非傳統意義上的哲學家、文學家、藝術家和科學史家。他所思考，絕不僅僅是嚴格意義上的哲學、文學或藝術問題，而是偏重於文學自由創作的、帶有濃厚哲學味的藝術和建築的設計活動。從這裡也可以再一次看到德希達的尼采式的獨特寫作風格及其不拘形式的思想作風。

　　在英美期間，他大量閱讀愛爾蘭和英美現代派作家喬易斯（James Joyce, 1882-1941）等人的文學作品，使他有機會將喬易斯等人的後現代文學寫作風格，同法國波特萊爾以來的現代主義和後現代主義，特別是同馬拉美、布朗索和巴岱的文學語言解構創作活動相比較，爲德希達後期有關文本和語音中心主義的解構理論創作作了準備。

　　德希達對於喬易斯的《死者》的傑出筆調和深刻思想給予很高的評價。德希達認爲，在喬易斯的這部堪稱爲世界最優秀的短篇小說中，體現了作者對於「人」及其思想靈魂深處世界有極其深刻的了解。人的思想並不是任何語言文字可以正確表達出來的；再好的寫作技巧和文筆，都無法完全正確描述思想的歷程和創造的曲折活動。喬易斯的成功之處就在於巧妙地使用隱喻和文字遊戲，以曲折的象徵和隱喻，以其獨特的文風和風格，襯托出人的心靈深處最隱諱和最複雜的情感。德希達還對喬易斯發表於1916年的半自傳性小說《青年藝術家的肖像》一書非常讚賞，認爲喬易斯在其中所描繪的小說主人公斯狄凡·德迪勒斯心理世界，是非常貼切的。喬易斯在1922年所發表的《尤利西斯》（*Ulysses*）更是德希達的最愛，因爲這部小說首次成功地採用「意識流」寫作手法，令人怵目驚心。喬易斯在整部小說中，記述了廣告經紀人布魯姆在1904年6月16日一整天的活動，淋漓盡致地描寫了布魯姆及他的妻子莫莉、兒子斯狄芬·達德路斯三位主要人物的潛意識活動，從他們的潛意識活動中，曲折地和象徵性地表現了他們的

全部個人歷史、精神生活和內心世界。全書以象徵、比喻、暗喻、換喻及借喻等委婉而又生動的筆法，顯示了人及其社會生活的高度複雜性和象徵性。喬易斯已經在這部小說中揭示了語言文字的很大侷限性。他在這部小說中，採用隱晦的表達方式，在許多地方甚至不採用正常的標點符號，正是表明語言文字規則對於作者自由表達創造活動的極大限制。而喬易斯最後寫成的著名小說《為芬尼根守靈》，更採用了多層次結構和多樣風格相互更替和交錯的高明手法，體現了作者創造中的細膩、熟練、機智和靈活的風格。德希達從喬易斯那裡所獲得的啟示，後來成為了他的解構主義思想發展的重要起點。

1957至1959年德希達應徵入伍，被派往阿爾及利亞參加正在殘酷進行的侵略戰爭。但他並未直接參與戰爭，而只是以教師身分為軍人子弟教授法語。他的左傾的革命情緒同戰爭格格不入，使他在五〇年代末犯了嚴重的精神憂鬱症。他同當時興起於整個法國的反戰青年運動有密切的聯繫，這也成為他此後長期批判傳統社會文化的一個重要社會歷史基礎。

從1960到1964年，德希達任教於巴黎大學哲學系。1965至1984年返母校巴黎高等師範學院任教。德希達任教期間，並沒有受到上級和同仁的重視，以致他在巴黎大學和高等師範學院一直沒能獲得教授正式職務，始終都是「高級講師」而已。

傳統形上學的二元對立思維模式，首先集中表現在它的意義理論中。所謂意義，按照傳統形上學的原則，就是語音所標示的思想觀念內容，也就是思想觀念所標示的客觀物件。因此，德希達在1962年完成和發表的《胡塞爾論幾何學的起源》法文譯本及其導言，就是在糾正和評論胡塞爾現象學意義理論的過程中，完成對傳統形上學二元對立模式的批判（Derrida, J., 1962）。

德希達不僅在哲學領域，而且也在文學和藝術領域不斷探索批判傳統和創新的可能性。從六〇年代到八〇年代，德希達在從事哲學創作的同時，積極參與各種文學藝術的創作和評論，同法國國內外著名的結構主義和解構主義的作家和藝術家們積極深入討論有關文本和文學藝術創作的問題，使他成為七〇年代後後現代主義文化理論的主要思想家。

1966年他受旅美的法國社會人類學家勒耐‧傑拉特的邀請，到美國巴爾迪摩市約翰‧霍布金斯大學參加學術研討會，同保爾‧德‧曼（Paul de Man, 1919-1983）、拉岡、羅蘭‧巴特、依波利特和哥德曼等人相遇。德希達此次訪美，奠定了此後他在國際學術界的重要地位。如果說他在國際上比在法國國內更早成名的話，那麼，他在美國的此次學術訪問，就是打響他在國際學術界的知名度的真正起點。

　　1967年是德希達解構主義理論創作的大豐收年。這一年，他在法國哲學會舉辦的學術報告會上，發表了〈論延異〉（La différance）的著名論文。同時，他又發表三本重要著作：《文本學》（De la Grammatologie. Derrida, J., 1967c）、《書寫和延異》（L' Ecriture et la Différance. Derrida, J., 1967a）以及《語音與現象：胡塞爾現象學中有關信號問題的導論》（La voix et le phénomène : Introduction au problème du signe dans la phénoménologie de Husserl. Derrida, J., 1967b）。他對胡塞爾現象學的批判，成爲他繼承並超越現象學對傳統形上學的批判的出發點。

　　1983年他受密特朗總統的委託籌備巴黎國際哲學研究院（Le collège international de philosophie），並擔任該院第一任院長，同時在巴黎高等社會科學研究院（Ecole des hautes études en sciences sociales）兼任教職。

　　從七〇年代到九〇年代，德希達發表大量著作，不斷批判西方傳統語音中心主義和邏輯中心主義，澈底顛覆傳統形上學和傳統文化的基本原則，同時也對文學藝術和社會政治的各個領域的重大問題進行研究和批判使他成爲本世紀未最有影響的思想家之一。他的主要著作包括：《散播》（La dissémination. Derrida, J., 1972a）、《論哲學的邊緣》（Marges – de la philosophie. Derrida, J., 1972b）、《立場》（Positions. Derrida, J., 1972c）、《無意義論述的考古學：孔狄亞克著作讀後》（L' Archeologie du frivole. Lire Condillac. Derrida, J., 1973）、《喪鐘》（Glas. Derrida, J., 1974）、《馬刺：尼采的文風》（Eperons. Les styles de Nietzsche. Derrida, J., 1978a）、《繪圖中的眞理》（La vérité en peinture. Derrida, J., 1978b）、《明信片：從蘇格拉底到佛洛伊德以及到彼岸》（La carte postale. De Socrate à Freud et au-delà. Derrida, J., 1980）、《他人的耳朵》（L' Oreille de l'autre. Derrida, J., 1982）、《哲學中從未採納的啓示錄語氣》（D'un ton apocalyptique adopté naguère en philosophie. Derrida, J., 1983a）、《簽署彭日》（Signéponge/Signsponge. Derrida, J., 1983b）、《自傳：尼采哲學的教學和關於專有名詞的政治》（Otobiographies. L'enseignement de Nietzsche et la politique du nom propre. Derrida, J., 1984）、《觀看權的閱讀》（Lecture de Droit de regards. Derrida, J., 1985）、《使畫面瘋狂：論安東尼‧阿爾托的繪畫和圖像》（Forcener le subjectile. Étude pour les Dessins et Portraits d'Antonin Artaud. Derrida, J., 1986a）、《回憶保爾‧德‧曼》（Memoires – for Paul de Man. Derrida, J., 1986b）、《海域》（Parages. Derrida, J., 1986c）、《論精神：海德格和有關精神的問題》（De l'esprit. Heidegger et la question. Derrida, J., 1987a）、《心靈：他人的發明》（Psyche. Inventions de l'autre. Derrida, J., 1987b）、《關於喬易斯

的三言兩語》（*Ulysse gramophone. Deux mots pour Joyce*. Derrida, J., 1987c）、
《有限公司》（*Limited Inc*. Derrida, J., 1988）、《論哲學的權力》（*Du droit à la philosophie*. Derrida, J., 1990a）、《盲目的記憶：自畫像及其他遺蹟》（*Mémoires d'aveugle. L'autoportrait et autres ruines*. Derrida, J., 1990b）、《胡塞爾哲學中有關「起源」的問題》（*Le probléme de la genèse dans la philosophie de Husserl*. Derrida, J., 1990c）、《海德格和有關精神的問題》（*Heidegger et la question*. Derrida, J., 1990d）、《合唱作品》（*Choral Work*. Derrida, J., 1991a）、《文學活動》（*Acts of Literature*. Derrida, J., 1991b）、《關於當代歐洲的反思》（*The Other Heading : Reflections on Today's Europe*. Derrida, J., 1992）、《馬克思的幽靈》（*Spectres de Marx*. Derrida, J., 1993）、《難題》（*Aporias*. Derrida, J., 1994a）、《特定時刻：偽幣》（*Given Time : I. Counterfiet Money*. Derrida, J., 1994b）、《觀點：訪問錄》（*Points : Interviews*. Derrida, J., 1995a）、《死亡的禮物》（*The Gift of Death*. Derrida, J., 1995b）、《論名》（*On the Name*. Derrida, J., 1995c）、《當案熱》（*Archive Fever : A Freudian Impression*. Derrida, J., 1996）、《解構的責任》（*Responsabilities of Déconstruction*. Derrida, J., 1997a）、《友誼政治》（*The Politics of Frienship*. Derria, J., 1997b）、《德希達選讀：書寫表演遊戲》（*Derrida Reader : Writing Performances*. Derrida, J., 1998a）、《精神分析學的抗拒》（*Resistances of Psychoanalysis*. Derrida, J., 1998b）、《監督的權利》（*Rights of Inspection*. Derrida, J., 1998c）、《他者的單語主義：或起源的修補術》（英文版）（*Monolingualism of the Other : or The Prosthesis of Origin*. Derrida, J., 1998d）、《激情》（*Passions*. Derrida, J., 1999a）、《名字除外》（*Sauf le nom*. Derrida, J., 1999b）、《賜死》（*Donner la mort*. Derrida, J., 1999c）、《觸動》（*Le toucher*, avec Jean-Luc Nancy, 2000a）、《拍攝語詞》（*Tourner les mots, au bord d'un film*, 2000b）、《精神分析的心靈狀態》（*État d'âme de la psychanalyse : l'impossible au delà d'une souveraine cruauté*, 2000c）、《哀悼作品》（*The work of Mourning*, 2001a）、《紙張機器：打字機絲帶及其他答覆》（*Papier machine : le ruban de machine à écrire et autres réponses*, 2001b）、《明天將會怎樣：與魯狄內斯柯的對話》（*De quoi demain... : Dialogue avec Elisabeth Roudinesco*, 2001c）及其他等等。

德希達上述各種著作，都貫穿了在閱讀中解構和再創作的原則。他的任何一部作品幾乎都是在閱讀文本基礎上而進行的詮釋性解構的產物。如前所述，德希達自己聲稱是一位永遠流浪的「無家可歸」的思想家。這種帶著自嘲性並富有遊戲幽默感的自我分析，如同我們所看到的福柯那樣，是為了一方面以身作則地在

一生創作活動中無止境地對傳統文化進行批判，同時又避免使自己陷入傳統式的「自我界定」的框框。對於德希達和福柯來說，要實現自由創作就不可能有限定性，更不應該進行自我界定。因此，到處流浪和永遠流動就是爲了尋求不受任何限制的思想自由。但是，德希達不同於福柯的地方，就在於藉助於閱讀文本而在文本的穿梭中進行自由創造。德希達不僅靠閱讀自古希臘以來的所有傳統文本進行創造性的再詮釋，而且也不停地對同時代的其他思想家的作品進行解構而實現自我超越。

所以，他的上述作品，基本上可以分爲兩大類，其中第一類是在閱讀自古希臘以來的古典文本基礎上所完成的解構式創作，第二類是在閱讀和欣賞同時代其他思想家和文化人的文本或文化產品（包括書寫文本及戲劇、詩歌、繪畫、電影和建築設計作品等）基礎上所闡發的創作思想。他所閱讀的古典文本包括古希臘赫拉克利特（Herakleitos, 544-483 B.C.）、德謨克利特（Democritus of Abdera, 460-370 B.C.）、巴門尼德、蘇格拉底、柏拉圖、托瑪斯‧阿奎那、盧梭、波特萊爾、馬拉美、瓦勒里、布朗索、馬克思、尼采以及索緒爾等人，而他所閱讀的二十世紀主要思想家和文學藝術家的作品，包括胡塞爾、海德格、葉慈（William Butler Yeats, 1865-1939）、艾略特（Thomas Stearns Eliot, 1888-1965）、龐德（Ezra Pound, 1885-1973）、阿波里奈、彭日（Francis Ponge, 1899-1988）、喬治‧巴岱以及阿爾托等人。

他在閱讀中的解構活動，針對上述兩大類作品，採取了多種多樣的文字遊戲消遣策略。**第一種策略**是針對傳統古典文本，主要是揭露其語音中心主義和邏輯中心主義的二元對立思考和創作模式。**第二種策略**是針對現代性作品，一方面從中發現試圖超越語音中心主義和邏輯中心主義的痕跡，同時對其偏限性及其同傳統原則的關係進行嘲諷和超越，並在超越中發揮解構的效果。**第三種策略**是針對書寫文本的封閉結構，進行開放的文字創造遊戲，一方面澈底打破語言文本的形式結構和意義結構，另一方面創造出提供自由創作所必需的新文字詞句，並在新創作的文字詞句中擴大其自由創作的維度。**第四種策略**是針對舊文本或作品的符號結構，解析傳統符號結構受傳統形上學約束的本質特徵及其形式表現，尋找破壞和超越傳統符號結構而達到實現符號無限差異化的途徑。**第五種策略**是針對由類似符號的各種形象結構所表達和構成的作品，例如用繪畫的圖形、用電影表演和蒙太奇表現形式、以舞臺對話和表演的戲劇形式、以各種圖形拼湊或交替使用的形式，以及靠物質產品對比建構的建築物等等，進行類似對於書寫文本的解讀式創造活動，試圖一方面揭露原有作品中各種「類符號」結合結構的偏限性，另一方面找出書寫文字以外的各種多元化「類符號」重組所可能提供的自由創作道

路。最後，**第六種策略**是將解構當成一種待繼續開展差異化的差異化運動，使之成為一種延緩進行的、待「命名」的「延異」（la différance）過程。這是一種隱喻式的延異（une différance métaphorique），是一種所謂「已宣告自己的存在、卻無法命名的事物」（Derrida, J., 1967: 428）。以德希達本人的話來說，「解構」如同女人生子的過程，它包括受孕、成形、懷胎以及最後的分娩，但僅止於胎兒尚未命名的那個時刻。這是一種剛出母體產道、未被命名的胎兒降世時所發生的事件：既令人企盼，又引起驚惶。這一解構事件宣告解構本身就是產自文本母體、卻又無法再還原其與母體的原初聯繫，必然地導致新生兒的新生命運動。

德希達一再地表示，他的「第一」興趣是文學。1983年接受《新觀察》雜誌記者卡德琳・大衛（Catherine David）的訪問時說，他的第一願望無疑並沒有把他引向哲學，而是引向文學，引向「文學讓出的空間」。所謂「文學讓出的空間」，指的是透過「慣用語式的寫作」（écriture idomatique）的迂迴手法，使自己寫作出來的作品，不再成為旨在控制他人的作品（Derrida, J., 1983c）。他強調，他的作品之所以經常採用新花樣，例如，在《論哲學的邊緣》、《明信片：從蘇格拉底到佛洛伊德以及到彼岸》等，同一頁上會出現多欄、多音調的形式，就是為了不使自己的作品墮入傳統著作那樣的直線性、平面性和單質性的東西，可以避免使自己的作品不扮演「控制他人」的角色。他說，傳統作品為了達到控制他人的目的，往往採用單一的和統一的形式。「一條直線上的一個單一的聲音，一種連續的言語，這就是他們想要強加的東西。這個權力主義的規範，將會像一個無意識的情節，一種本體論的、神學政治的、技術性形上學的等級制度的陰謀，這正是需要解構分析的等級制度」（Ibid.）。

所以，德希達的解構生涯中所從事的創造活動，不但遠遠超出哲學和文學評論的範圍，在打破學科界限的文化領域中進行多方面的解構遊戲，而且也試圖打破傳統的寫作方式和表達方式、打破語言和文字的範圍，在語言文字以外的多種符號和「類符號」的重構中開闢自由創作的新途徑。他的解構生涯的實踐顯示：為了澈底背離和破壞語音中心主義和邏輯中心主義，不僅有必要對傳統和現有的一切話語論述和文本進行閱讀中的解構，而且也試圖在新的符號和類符號的遊戲中，找到克服語音中心主義和邏輯中心主義的創作道路。

為此，德希達實行差異化運動遊戲的基本策略，是對一切傳統規則和文化產品進行「解構」（déconstruction）。首先，他認為必須透過人們常用的語言論述、話語和各種言說，穿越其中以聲音和意義相互對立的「二元對立」形式，持續地揭示其背後未顯示的「缺席」因素；特別要透過眼前靜止的結構形式，發現和引導出被形式所扼殺的差異化生命運動過程。為此，德希達首先集中分析和揭

示連接著現存各種關係網絡的語言論述、話語和言說的靜態二元對立結構。

對於德希達來說，語言和話語之中有政治、有玄機、有遊戲、有生命的自我創造運動，尤其是存在文化和社會的生命運動。反過來，揭露語言論述、話語和言說的過程也是有政治、有策略和文化再生產遊戲。

其次，解構並不停留在對語言論述的顛覆和解碼，而且還要越過語言的界限，對一切傳統進行解構。

德希達認為，解構必須在文字所組成的文本中不斷延續地進行。所以，就其創作風格而言，他是一位不斷穿越文本，並在「文本間」（intertextuel）中到處「流浪」，不斷地在「重讀」（re-lire）中對文本細火慢焙、吸取精神養料而重新進行自由創造的思想家。他以古往今來的著名著作的文本，作為其思想和創作的「田野」，從中一再地得到啟示和靈感，並擴大視野，在文本間進行橫跨邊界的、無止盡的反思和創造，使他成為一位獨居特色的當代著名思想家。對他來說，人文科學、哲學、美學、神學、藝術和自然科學之間，並無不可逾越的鴻溝；恰恰相反，由於它們之間原本都是各自獨立的主體精神創造物，在其語言論述的文本結構中，無疑都隱含著涵蓋層層象徵意義的不確定結構，值得每一位讀者反覆端詳體會和反思，以便從中挖掘「解構」和「重構」的無限潛能。

接著，德希達還強調：解構就是「發生的一切」，或者就是作為「不可能」而發生的一切（Derrida, 2001c: 67）。德希達賦予「解構」以一切可能發生的或不可能發生的事物和過程。由此，德希達把尼采的造反精神貫徹到極點。

德希達本人曾經多次談論他所提出的「解構」的基本含義。如前所述，他的「解構」概念是對於海德格「解構」概念的超越，其目的是為了顛覆傳統形上學。正因為這樣，德希達特別強調：他所使用的「解構」是在特殊的使用環境中提出的；當時是在轉譯海德格的「摧毀」或「破壞」（Destruktion）時候提出的。德希達在1986年5月22日解答記者迪迪耶·加恩（Didier Cahen）的問題時指出：他所提出的「解構」是多少有點置換了海德格所用的Destruktion一詞之後所做的積極轉譯：海德格在他的《存在與時間》中所指的「存在論的摧毀」，並不是宣告存在論的取消，也不是對存在論的消滅，而是對傳統形上學結構的分析。但是，這種分析並不僅僅是理論上的分析，而是同時又是「存在」和「意義」問題的另一種寫作。正是在這個意義上說，解構又是寫作和提出另一個文本的新方式。所以，「解構」並不是一個可以與「批判」同日而語的術語。「解構」從根本上說就是對於批判的解構。

在談到建築師貝爾納特·朱米（Bernard Tschumi）為巴黎科學文化城拉維列特（La Vilette）的設計時，德希達指出：「解構不是、也不應該是僅僅對話語、

哲學陳述或概念以及語義學的分析，它必須向制度、向社會的和政治的結構、向最頑固的傳統挑戰」。德希達高度讚賞美國設計師彼得‧艾森曼（Peter Eisenman）在其建築設計中所貫徹的解構主義策略，肯定他在解構主義的建築設計中對於統治者的政治、經濟及文化政策的對抗和挑戰。

這樣的「解構」，完全不同於黑格爾辯證法的「揚棄」（Aufhebung）。德希達並不否認在黑格爾的辯證法中包含著對傳統形上學的否定性批判。正是在「揚棄」的概念中，顯示出其意義的含糊性：它既意味著「揭示」，也意味著「否定」。但是，黑格爾把同一性的原則當成比揚棄更重要和更根本的概念，而且，最後，黑格爾果真將揚棄窒息在他的同一性概念之下。所以，如果與黑格爾相反，不是力圖將「揚棄」概念的含糊性加以「同一」或「綜合」的話，那麼，透過對於「揚棄」概念的解構，就可以引出顛覆整個黑格爾唯心辯證法體系的「延異」新概念，作為建構非概念的「解構」哲學的基礎和出發點。透過對於黑格爾辯證法的批判，德希達認為，反思一種沒有綜合和沒有「揚棄」的對立統一，是完全可能的；而這樣一種排除綜合和揚棄的「解構」，就是一種「極端的含糊性」（ambivalence radicale），同樣也是一種無法透過傳統邏輯加以解決的「疑難」（aporie）。就是在這樣的脈絡中，德希達強調「解構」具有「疑難」的特徵。他說：「這個特殊的『疑難』，人們稱之為『解構』」（Derrida, J., 1988：133）。由此可見，德希達所說的「解構」，其目標並不是要達到同一性，也不是追求明確性和清晰性，而是為了建構模糊的、無中心的非結構；因而，它在某種意義上說，就是一種很難實現的「疑難」，或者，它簡直就是一種無止盡的冒險性探索。德希達以艾森曼的上述建築設計為例，強調「解構」是一種冒險，又是最困難的事業，因為它既要同最頑固、最具抗拒性的政治的、文化的或經濟的權力相妥協，又要同它們進行無休無息的較量和抗爭；既要破壞舊的文化，又要建造新的複雜事物。

此外，作為一種含糊性的「非概念」，解構同樣也吸收了康德關於「美」的概念的含糊性。德希達發現，康德曾經認為「美」既是「無概念」、又「採用概念」（le beau comme étant à la fois *sans* concept et *avec* concept）（Derrida, J., 1978b: 87-88）。康德曾經把「美」當成認識和道德實踐的最高統一，又是對於它們的雙重的超越。康德指出：在美的鑑賞活動中，人們所追求的美的物件，具有概念般的普遍性的品格，又超越一般概念，突顯著美的唯一性、特殊性、不可取代性以及非功利性。在美中的概念與非概念的統一和超越，使美成為最崇高和最珍貴的事物；它既是確定的，又是非確定的；它是最含糊不清的，又是最獨一無二和不可取代。正是在這個意義上，解構可以同美相比擬。解構所隱含的美的

魅力，使它的實行過程充滿著特殊的快感和喜悅（plaisir）。解構所帶來的快感甚至可以導致類似性高潮的那種富有刺激性、快樂性和解脫性的特點。

總之，德希達用重建的「解構」，表示一種顛覆二元對立概念的叛逆活動和基本策略，它把矛頭直接指向傳統理性中心主義和語音中心主義的基本思考模式，並同時包含著一系列非常困難的富有創造性的創舉。德希達明確地指出：「傳統的『二元對立』之所以必須被顛覆，是因為它構成了迄今為止一切社會等級制和暴戾統治的理論基礎。作為一種策略，『解構』在批判和摧毀『二元對立』的同時，又建構和實現原有的『二元對立』所不可能控制的某種新因素和新力量，造成澈底擺脫『二元對立』後進行無止境的自由遊戲的新局面」（Derrida, J., 1987a）。

德希達所提出的「**解構**」（déconstruction）**策略**，在七○年代後洶湧而起的**後現代主義**批判西方傳統文化和思想的創造活動中，具有決定性的指導意義。此處特別強調「解構」僅僅是「策略」，而不是「理論」，也不是「方法」，更不是「概念」，是因為德希達的解構主義的基本精神，就是顛覆傳統西方理論和各種方法論，同樣也顛覆一切靠語言規則建構起來的邏輯體系，他不願意將自己的解構活動當成「理論」或「方法」。他認為，「解構」是與正常的語言概念完全不同的表達策略，是一種實踐活動，是具有不斷自我創造精神的創作活動本身。他試圖突出「解構」的實踐性和運動性，強調它不受傳統語言規則和邏輯體系的約束，重在顯示它在思想和實際活動中的創造特性，它的超越一切約束的自由本質。「解構」的這一特點，自始至終都貫穿於德希達的思想創造活動中，也體現在他的一切作品中。只有從一開始就把握他的「解構」策略的這一重要特點，才要可能理解他所提出的各種問題，並同時把握他的著作的基本精神。

所有那些被排除和被界定為「反常」事物，是不可能透過正常的概念、觀念或言辭表達出來的；它們也不可能透過有規則的象徵結構表達出來；更不可能以同一性原則加以歸類或穩定化。它們毋寧是一些不停地以變異策略而逃避同一原則的「自身」。

德希達對於西方傳統思想的解構，並不僅限於理論上的批判，而且，也始終同直接參與積極的社會抗議運動連成一體。從青年時代積極參與反對侵略阿爾及利亞戰爭的左派政治運動開始，不論在六○年代激烈的學生和工人運動中，還是在八、九○年代支持各種社會弱勢集團和族群的鬥爭中，他都站在最前列，並同廣大民眾打成一片，甚至有時成為他們的代言人。他在理論著作中所表現的高度抽象的語言表達和高度嚴謹的邏輯思維的作風，絲毫都不妨礙他作為各個歷史時代社會和政治運動的積極參與者的身分而活動。德希達始終認為對於傳統文

化的解構，如果要進行到底的話，就不應該步傳統文化將理論與實踐對立起來之後塵。德希達坦率地指出：「解構不是、也不應該是僅僅對話語、哲學陳述（énoncé philosophique）或概念以及語義學的分析，它必須向制度、向社會的和政治的結構，向最頑固的傳統挑戰」（Derrida, J., 1987d）。他在西方當代文化史上，開創了將理論與實踐結合在一起、並以「遊戲」形式將理論與實踐之結合納入無止盡的自由創造活動中去的先例。

由於德希達始終堅持對於西方傳統文化和思想的批判，使他越來越遭受到來自各個方面的抨擊、甚至是詆毀。1992年春天，英國劍橋大學決定授予德希達以榮譽博士學位。在接著的幾個月內，劍橋大學內外的英國學術界，甚至包括國際媒體，竟然掀起了反對的聲浪，並引起了激烈的爭論。一位叫做薩拉·里茲蒙（Sarah Richmond）的學者竟然汙蔑德希達的思想「對年輕人是毒藥」；而德國《明鏡》週刊竟然也以這位學者的上述誣告性言論作為標題。在這種情況下，劍橋大學不得不決定以投票的方式授予德希達榮譽博士學位。這不只是說明了德希達已經成為具爭議性的學術人物，而且，更重要的是，他的思想和理論已經觸怒一批傳統思想的衛道士們，使他們再也不顧學術自由的原則，試圖以權力和利益相威脅，赤裸裸地干預德希達的學術活動。但他們的鼓噪和汙蔑，仍然以失敗而告終。德希達為了捍衛學術自由和思想創造的自由，接受《劍橋評論》的訪問，並為該雜誌提出的問題，做了明確的回答（參見《劍橋評論》1992年10月號）。

由於原蘇聯集團的垮臺而興起的對世界革命運動的反動，使德希達決心站出來，為他批判過的馬克思及其思想辯護。他在《馬克思的幽靈》一書中，聲稱要為一切被壓迫的人說話，他要站在受迫害的人的一邊，甚至要為被剝奪說話權利的動物說話，為她們（女人）、他們（男人）、它們（自然界）和牠們（動物）說話。德希達認為，由於當代科學技術的迅猛發展，不但一切人，而且連一切動物也受到威脅。因此，他要呼籲消除死刑，反對一切複製人和複製動物的製造試驗。「我認為，消除死刑是使博愛仁慈與正義共存的最重要的條件」（Derrida, 2001c：237）。死刑問題涉及到政治和權力鬥爭，涉及到人的尊嚴，涉及到科學、歷史、宗教和社會生活的基本性質。德希達回述了西方思想史和哲學史，他說他驚訝地發現：在歐洲這樣大講人權的文明中，竟然沒有一位哲學家，反對過死刑。從柏拉圖到黑格爾，從盧梭到康德，幾乎都站在支持死刑的立場上。即使是在新黑格爾主義之後的「現代性」的文明史上，不管是波特萊爾，還是馬克思，包括雨果等人，都對主張消除死刑的運動表示過懷疑。德希達甚至發現，連沙特、福柯這樣具有叛逆性格的思想家，也沒有明確地主張取消死刑。這就使德希達有理由認為：對死刑如此持久的堅持態度，是西方形上學、神學和政治

長期緊密結合的結果，也是西方種族中心主義的頑固性的一個例證（Ibid.: 239-240）。德希達指出：關於死刑的發明，澈底揭露了西方號稱的人權、人道主義和法制的虛僞性（Ibid.: 235-236）。

當全球化引起和加速世界範圍內的貧富兩極分化，當全球化成爲美國霸權主義的策略時，德希達一再地表示他對不發達國家人民的支持，主張重新考慮聯合國組織的正義性原則。德希達還揭露某些發達國家，以人道主義援助爲名，行其掠奪剝削之實的行徑（Derrida, 2001c: 215-217）。

德希達還是一位**寬容**（un philosophe de pardon）的哲學家。寬容來自生命本身，寬容是生命的眞正基礎；生命之成爲生命，就是因爲它本身就是被給予的寬容。他說：「生命，在本質上，就是在生命中生存（la vie, au fond, l'être en vie）」（Derrida/Roudinesco, 2001: 16）。接著，德希達又強調：生命之所以成爲生命，總是受惠於生命的給予者，更確切地說，受惠於生命存在前的過去的生命。沒有過去的生命的給予，就不會有生命的存在。德希達反覆強調他對生命的尊重及關切，關切生命就勢必實行寬容。不給予寬容的人，就是對其自身的生命的背棄，也就是其自身的自我毀滅。所以，「第一，**寬恕是人的問題，是人固有的，是人的一種權力，或者是上帝具有的；是經驗的，或者是存在對超越性的一種開放。我們可以看到所有關於對寬恕的爭論都圍繞著這個界限，以及與這個界限有關的東西。第二，這個界限不同於其他界限：如果存在寬恕的話，是對不可寬恕的寬恕，因此寬恕如果存在的話，它並不是可能的，它並不作爲可能而存在，它只有在脫離可能的規律之外，在被不可能化，作爲無限不可能之不可能的存在。這就是它與贈與的共同性所在**」（摘自《德希達在北京大學的演講》）。德希達認爲，寬容在本質上是哲學家的天職，因爲只有哲學家才有最宏大的志向和遠見。近幾年來，德希達變本加厲地談論寬容，因爲他意識到人類歷史已經進入一個新的轉捩點。

當人類歷史進入二十一世紀以後，德希達繼續他以往的思想風格和創作姿態。他在新世紀初所發表的新著作，表明他不愧是堅持思想自由原則的偉大思想家。

第四節　德勒茲的折疊哲學遊戲

同福柯一樣，德勒茲也在他的哲學創作中，貫徹了新尼采主義的原則。如前所述，德勒茲在他的國家博士論文中，已經很系統地繼承和發揚尼采的「永恆回歸」原則，將整個世界看成是以時間的無限大循環爲基礎而生生不息的存在。如

果尼采已經把世界理解成「永恆回歸」的話，德勒茲現在是把世界當成「永恆重複的差異」（la répéttition constante de la ommemorat）。德勒茲由此將世界比喻成「折疊」（pli）遊戲的產物。

在貫徹尼采精神的過程中，德勒茲首先注意到：一切傳統思想和哲學體系，都主張以理性原則，詮釋和論證整個世界的秩序性及其性質。笛卡兒以後的近代哲學尤其誇大理性的地位。康德雖然試圖綜合理性主義與經驗主義，但他仍然以理性作爲人的最高尊嚴地位的立足點。所以，近代哲學，從笛卡兒到康德，只是對理性進行探索，並期望人的一切存在形式和行爲，都建立在理性的基礎上。

當然，無可否認，康德曾經正確地指出人類理性的限制。因此，他區分了感性、悟性和理性，又把理性本身分爲理論理性和實踐理性，並認爲對美的判斷和鑑賞，是感性、悟性和理性的高度綜合，使人由此達到康德所說的那種「無目的」的「合目的性」的崇高境界，從而也使人有可能澈底擺脫被當成手段的可悲地位。但是，康德仍然停留在傳統的主客二元對立統一的思維模式，主張人的主體性的邏輯同一性，並把感性列爲最低級的人類能力，要求感性服從於悟性和理性，聽從悟性範疇和理性能力的綜合處理、加工和分析。換句話說，康德認爲感性只具有被動消極的性質，必須服從於悟性、圖式化的想像力以及理性的積極主動的綜合和調整。因此，在康德那裡，被推到至高無上地位的人性尊嚴，實際上仍然要屈從於同一性原則下運作的理性規律。這樣一來，人自身反而還要成爲理性審判的對象。德勒自尼采那裡接過權力意志和永恆回歸的基本觀念，嚴厲地批判康德的哲學理論。德勒茲在他的著作中基本上否定了康德的「哥白尼式的革命」（Deleuze, 1963: 86; 1969b: 50）

德勒茲以尼采的「永恆回歸」概念作爲主軸，強調時間就是存在的本質。對於德勒茲來說，不是具有主體性的人的理性可以決定世界的秩序，而是事物本身的時間存在性質，決定一切事物變化的無窮性和迴圈性。一切存在都具有類似權力意志的擴張本性。德勒茲把一切存在的這種權力意志般的擴張本性，稱爲某種具有緊張的張力結構的「強化力」（intensité）。世界上的一切事物之所以如此千差萬別，表現出無窮的差異性，就是因爲每個事物本身的結構，都是建立在其自身固有的「強化力」自我運動和自我擴張的基礎上。

因此，德勒茲從尼采出發，認爲人絕不是以理性爲基礎的生存物，而是以欲望、意志和感情爲基本生活動力、內聚著強化力的生命體。在同加達里合作而寫的重要著作《資本主義與精神分裂症，第一卷：反伊底帕斯》和《資本主義與精神分裂症，第二卷：千層物》中，德拉茲甚至認爲，資本主義所加以嚴加管制的「精神分裂症病人」，實際上是正常的人。德勒茲認爲，資本主義，作爲最典

型和最發達的傳統社會，利用「理性」的手段，創造出「精神治療學」這門「學科」，正是爲了使理性主義的主張取得正當化，並反過來利用它，以進一步控制人民。既然人是以欲望爲基本生活動力，就自然地以欲望本身的內在強化力而不斷地和永恆地進行自我擴張。對具有這樣的本性的人來說，他的欲望的自我擴張和自我延伸，是不存在「合理」或「不合理」的問題，更不應該以「合理性」作爲評判人的精神狀態的標準。從人的實際精神狀態來看，精神分裂幾乎是不可避免的。精神分裂是永恆擴張的人的精神活動的正常機制。沒有精神分裂，就沒有人的精神活動、沒有人的創造動力。

在人面前的世界本身，也是有一個一個有生命力的「單子」（monade）所構成的。單子是有擴張能力的緊張關係網絡所組成的紊亂單位。因此，世界在本質上是渾沌的：它不僅由相互差異的單子所組成，而且也是以無秩序的結構呈現出來；各個單子之間相互穿插和折疊，構成了世界的多樣性和原始混雜性。整個世界的存在，以折疊爲基本形式而不斷重複其折疊性，使折疊性在其永恆的再生產中，造成世界的永恆折疊化。

德勒茲不同於傳統哲學家，首先他並不接受傳統哲學所論斷的世界概念。他認爲，哲學家不是爲了發現「世界的本質」而工作。哲學家是以自己的創造性概念說明世界的思想家。世界是什麼？在他看來，世界是一大堆「事物狀況的堆積整體」。世界本身，不管哲學家們如何爭論，它始終都是存在在那裡，以其自身固有的存在方式而存在。哲學家的任務，只是針對他所觀察到的世界，以其所創立的獨特概念體系去說明和分析世界。他所關心的，不是這樣或那樣的事物本質；因爲事物的本質是哲學家依據自己的觀點和方法所杜撰出來的。哲學家所應關心的，應該是世界本來的、自然的面貌本身。而世界本來的面貌，就是事物的「狀況」。「事物的狀況」就是事物的存在方式及環繞著它周圍事物的聯繫網絡。他把事物同其周圍的事物的聯繫方式稱爲「環境」（la circonstance）。反對將概念理解爲「事物的本質」，就是反對傳統的思想模式和思想方法。德勒茲認爲，世界本來是混雜一團的；世界無所謂「秩序」或「規則」。一切秩序和規則都是哲學家根據自己的世界觀而人爲地整理和組織出來的。他之所以反對黑格爾的辯證法，就是因爲黑格爾想用辯證法體系去囊括一切，並透過有秩序的理性配置，建構一個封閉的「同一性」的世界。因此，世界一旦由這位或那位哲學家依據其觀點和方法整理和組織出來，世界就變樣了。

由於德勒茲的思想考慮到了世界的一切，而且，總是試圖以一種創造的精神去揭示被他稱爲「一片混沌」（un chaos）的世界的真正奧祕，所以，他的許多思想概念和作品，往往不能被人們立即理解，有時甚至被誤解。

其實，在德勒茲看來，世界是一片混沌。這是一個非常簡單而樸實的道理，無需花費很大力氣，就可以弄清楚的。只要以不帶偏見的觀察方式，就可以發現：在這一片混沌的世界中，各個「相區別」的事物之間相互滲透，以毫無秩序的天然方式相互交結，形成無數相互重迭又相互穿梭的皺褶（le pli）。皺褶之間並無明顯的界限，因爲它們本來就是無規範、無秩序和無目的的。它們並不是以什麼目標而存在，也不是以什麼標準而相互滲透。萬事萬物，包括人在內，也包括人的肉體和心靈及思想情感，都是這類變化萬千、相互重迭的不盡相同的「皺褶」。人之生活於社會和世界中，就如同內折於其中那樣。

德勒茲在英國作家卡羅爾（Lewis Carroll, 1832-1898）的作品和創作語言中，形象地看到了世界的混沌與語言遊戲之間的緊密關係（Deleuze, 1969a）。

而且，德勒茲也像福柯一樣清醒意識到：這混沌的世界中「**權力無所不在**」。人的生活世界尤其由於政治的利益鬥爭而使得權力結構更爲乖違不定，狡黠欺詐。所以，他才和福柯等人一起，把自己和其他人，當成不停地在世界和社會中進行戰鬥的「欲望機器」，堅持不懈地注視著現實社會上政治鬥爭的每一場「賭注」。正因爲這點，他也才自稱是「馬克思主義者」。

他是在1925年誕生於巴黎的一個猶太裔工程師家庭。他的哥哥在抵抗德國的抗戰游擊戰爭中被法西斯分子逮捕，並在押送到奧斯維茲集中營的途中死去。1944年，十九歲時，德勒茲進入巴黎大學哲學系，聆聽著名哲學家費爾迪南·阿爾基耶、依波利特、莫里斯·貢狄亞克（Maurice de Gandillac, 1906-2006）所開設的課程。就在這個時期，他認識了杜尼耶（Michel Tournier, 1924-2016）、弗朗瓦·薩德列（François Châtelet, 1925-1985）、布托、克洛索夫斯基與拉岡等人。這幾位哲學家和文學家，後來不僅對德勒茲個人思想發展，而且也對整個法國現代思想發生了深刻影響。布托後來成爲了著名作家，他在1954年發表的小說《經過米蘭》（Passage de Milan），描述發生在一天時間、在一幢八層樓房屋之內的故事，使時間本身成爲了小說角色的故事，試圖將他原來所喜愛的哲學同他所追求的理想詩歌結合起來，把喬易斯、莊·多斯·派索斯（John Roderigo Dos Passos, 1896-1970）、馬拉美、卡夫卡及抽象派畫家的風格揉合在一起，要在他所理解的時間空間中贏得他所嚮往的「小說的詩情」。布托的哲學和文學思想，使德勒茲和福柯採用了「在外面思想」（la pensée du dehors）的特殊思考模式，抗拒傳統的主體同一性原則。

1947年，在著名的哲學家依波利特及岡格彥的指導下，他以論休謨的論文畢業，並在次年獲得哲學教授資格文憑（Agrégation de philosophie）。1948年至1957年，他先後在阿繡（Lycée d'Amiens）、奧里昂（Lycée d'Orléans）及巴黎的

路易大帝中學（Lycée Louis le Grand à Paris）任教。1968年他完成了國家博士學位的哲學論文，其中，主要論文是由貢狄亞克教授指導的《差異與重複》（Dif-férence et répétition）的論文；次要論文是由阿爾基耶指導的《論斯賓諾莎與表達的問題》（Spinoza et le problème de l'expression）的論文。與此同時，他積極地參加了1968年學生運動，第一次以激進的姿態投入社會政治運動。

1969年是德勒茲學術生涯中的一個轉捩點。他在這一年被任命為巴黎第八大學哲學系教授；同時，他認識了精神分析學家加達里，從此以後，他們在共同討論中逐漸地找到了思想和表達的共同點，使他們決定一起寫作。巴黎第八大學是在學生運動的造反聲中誕生的。一大批左派知識分子和教授，為了支持學生運動、推動教育革命，都自願地接受巴黎第八大學的聘請。同德勒茲一起的，還有福柯、弗朗斯瓦·薩德列等人。

從那以後，德勒茲始終一貫地參與各種抗議非正義和種族歧視的社會運動。但他同時非常痛恨一直為社會統治階級及各種有權勢的社會力量服務的大眾媒體。所以，他在1970至1980年整整十年期間，完全斷絕同媒體的關係。

他最早研究英國哲學家休謨寫出了《經驗主義和主體性》（1953）。但他所關心的主要是休謨關於法及其運作策略的問題。他認為休謨所創立的制度和法的概念，不只是形式地談論各種法和各種權力，而且還突出了法的運作，突出了法的各種實際運用；而正是在法的運用中，德勒茲看到了以「正義」或社會中立的外衣建立起來的各種法，其實質是在其運作中所表現的具體策略和原則。德勒茲認為，各種法的應用策略和原則，倒是體現了創立和執行法的那些人的特殊利益和特殊要求，表現了他們意欲統治世界和社會的實際利益。從德勒茲發表的第一本書開始，經過二十世紀六〇年代，他對西方哲學史上柏拉圖、康德、斯賓諾莎、柏格森和尼采的研究系統，使他有可能進一步把對於政治的關懷滲透到他的哲學研究中去。所以，當1972年德勒茲同加達里合寫出版《反伊底帕斯》的時候，德勒茲仍然強調：這是一本完完全全的政治哲學書。在這本從理論上同時批判傳統精神分析學和哲學的書中，德勒茲公開讚賞一貫被人們鄙視的精神分裂症。他認為，精神分裂症並不是疾病，而是人們不堪於資本主義社會的令人窒息的生活而產生的一種正常生活態度，它實際上是為了對抗到處是員警監獄和監視的資本主義的封閉社會。在他看來，天然充滿各種欲望的人，本來就是一種欲望機器，向四面八方顯示其欲望的多樣性，就像精神分裂那樣。現代人只有以這種精神分裂的態度對待壓迫著他的社會，才有無限的創造力和具有真正的自由。與此相反，統治階級的國家和各種社會制度，像各種牢籠一樣，撲天蓋地般地向社會大眾壓下來，想要罩住每一個人。在這種情況下，只有以精神分裂的態度和力

量，才能使所有籠罩人的壓迫機器，陷於失效狀態。德勒茲對於社會正義的關懷，使他一貫地注意社會運動，並以敏銳的目光去透視西方社會制度。所以，他在政治方面，始終都是關懷運動與制度的相互關係。他認為，政治並不是社會上少數人的特權，而是以積極態度揭露各種社會非正義。

德勒茲離開了世界，卻留下了豐富的精神遺產和思想財富。他的豐富著作，就好像一把把犀利的尖刀一樣，插在號稱自由平等的西方社會中；似乎已經死去的他，還在繼續以其思想，深深地滲透著這個世界一樣，使他同這個世界永遠連結成一個不可分割的整體，與這個世界共存。他留下的著作包括《經驗論和主體性》（*Empirisme et Subjectivité,* 1953）、《尼采和哲學》（*Nietzsche et la philosophie,* 1962）、《康德的哲學》（*La philosophie de Kant,* 1963）、《普魯斯特和符號》（*Marcel Proust et les signes,* 1964 ed. Augmentée, 1970）、《尼采》（*Nietzsche,* 1965）、《柏格森主義》（*Le Bergsonisme,* 1966）、《沙謝‧馬梭導引》（*Présentation de Sacher Masoch,* 1967）、《論斯賓諾莎與表達的問題》（*Spinoza et le problème de l'expression,* 1968）、《意義的邏輯》（*Logique du sens,* 1969）、《差異與重複》（*Différence et répétition,* 1969）、《資本主義與精神分裂症，第一卷：反伊底帕斯》（*Capitalisme et schizophrénie, tome 1: Lanti-Œdipe,* 1972）、《卡夫卡：一種微觀的文學》（*Kafka: pour une littérature mineure,* 1975）、《利卓姆》（*Rhizome,* 1976）、《對話》（*Dialogue,* en collaboration avec Claire Parnet, 1977）、《超地位》（*Superpositions,* 1979）、《資本主義與精神分裂症，第二卷：千層物》（*Capitalisme et schizophrénie, tome 2: Mille plateaux,* 1980）、《佛蘭西斯‧培根：感覺的邏輯》（二卷本）（*Francis Bacon: logique de la sensation 2 vols.,* 1981）、《斯賓諾莎：實踐的哲學》（*Spinosa-philosophie pratique,* 1981）、《論電影第一卷：運動—圖像》（*Cinema I: l'image-mouvement,* 1983）、《論電影第二卷：時間—圖像》（*Cinema II: l'image-temps,* 1985）、《論福柯》（*Foucault,* 1986）、《弗朗斯瓦‧薩德列的哲學》（*La philosophie de François Châtelet,* 1988）、《皺褶：萊布尼茲與巴羅克》（*Le pli. Leibniz et le baroque,* 1988）、《對談集》（*Pourparlers.* 1990）以及《什麼是哲學》（*Quest-ce que la philosophie?,* 1991）。

福柯高度評價德勒茲的思想和為人。福柯坦率地說過：「德勒茲的著作長久以來旋轉在我們的頭上，同克洛索夫斯基的著作，另一個偉大而極端的象徵，相互映照，迴響成為奇妙的交響樂而環繞著我們」（Maggiori, R., 1988）。福柯是那麼了解德勒茲，就好像德勒茲是那麼了解福柯一樣。所以，當1984年福柯逝世時，德勒茲曾說，世界將因福柯的離開而暫時地又陷入如往常般的單調性之中。

　　這是兩位在這個充滿皺褶的世界裡、在生活的褶縫中相遇的思想家。他們倆雙雙相互透視到對方的皺褶性，才相互折疊成幾乎變成同一個人；就好像其中的一個靠其自身的皺褶而折進了另一個的褶縫中那樣，致使他們之間的相互折疊簡直達到天衣無縫，成為相互了解最深的一對至交。他們也就因此成為了這充滿皺褶的世界裡的一對「怪人」。

　　什麼是皺褶？德勒茲在1988年出版了一本書名為《皺褶：萊布尼茲與巴羅克》。在這本書裡，德勒茲說：「皺褶到處都有：在岩石裡，在花朵和樹林裡，在所有的有機體裡，在人的頭中和大腦裡，在靈魂、心靈和思想裡，也在塑膠成品裡。」在各種相互重疊的皺褶構成的這個混沌世界中，時時、處處、事事、人人，都是相互區別的；正因為相互區別，他們和它們才相互類似。由相互區別而產生的相互類似，與由相互雷同而產生的相互類似，是根本不一樣的。這就好像由不同曲線產生的相互類似，不同於由單調的直線所產生的相互類似那樣。相互類似的相互區別，相互纏繞在一起，才構成這個混沌世界。德勒茲反對黑格爾，讚賞萊布尼茲，正是因為前者強調「辯證的同一性」，後者則主張「單子」（Monade）式的相互區別性。相互區別的「單子」以其相互不同的「窗戶」（la fenêtre），去「看」其他的單子和萬花筒式的世界，使「單子」同世界都像鏡子一樣相互映照，交錯在一起而又內外滲透。這樣一來，單子將外面的世界內「折」進來；內在的單子也同時地外「折」到世界中去，構成了小小的微觀單子世界同無限大而複雜的宏觀世界的奇妙交錯，相互折疊而連結在一起。萊布尼茲曾經把這種奇妙的實質連結（vinculum substantiale）說成是神祕的神的「先定的和諧」，而德勒茲則寧願稱之為世界本身的皺褶重生的混沌。

　　由於整個世界，包括人類社會之外的整個物質世界和自然世界在內，都是皺褶式相互滲透和相互交錯，所以，其性質和構造，都是充滿著複雜的不可預測的因素；世界在本質上是某種混亂不定的混沌局面，在其中任何事物和任何事件之間，都是相互交錯和相互影響，在它們之間並沒有任何固定不變的界線和明確的規則系統，更沒有黑格爾所說的那種「必然性」。世界和社會中的任何一種事件或任何一個因果系列，都是被無數不斷發生和不斷消滅，又不斷可能出現和可能不出現的各種事件和各種因果系列所包圍；有時，同時，又被這些事件和因果系列所滲透。偶然性發生在、並穿插於一切必然性實施的軌道上。沒有任何一種必然性實施系列不遭遇到偶然性的干擾、衝擊及影響。就此而言，世界和社會中的任何一個事件和任何一個因果系列，充其量也只能是無序中的有序、偶然中的必然、多種可能的因果中的一種因果關係。就這一點而言，德勒茲雖然反對黑格爾，但他很欣賞黑格爾如下一句話：**一切偶然性都是必然性的交叉結果**。然而，

德勒茲還要給黑格爾的這句話再補充一句：偶然性是自然存在的，必然性卻是人為概括出來的。因此，偶然性本身比必然性優越的地方，正是在於它們更具體地呈現在事物的實際存在的現象中；它們是更優先地存在於現實世界中。而且，偶然性作為兩種以上的必然性的交叉，更形成比必然性複雜得多的結構。就此而言，偶然性反而會更生動地體現世界的實際結構，更具體地表現了混沌世界的皺褶性。

所以，就世界和社會系統的整體而言，實際上是充滿著偶然性和多種多樣可能的因果系列，而且這些偶然性和因果系列又是相互交錯的，無固定方向，也無固定秩序。任何事件和任何一個因果系列，只是這些相交錯、無固定方向和無固定秩序的偶然性中的一個暫時結合，因而也是一種偶然的結合。這種結合絕不是永恆不變，而是暫時性的和隨時變動的。但是，任何一個暫時的和偶然的結合，卻可以構成對該事件來說是必然的連結，因而可以構成為一個相對獨立的因果系列，構成為該事件從頭到尾各種相聯繫的因素在特定條件下存在的理由。在某個事件或因果系列看來是相互聯繫的必然鎖鏈，從另一個事件和因果系列來看，卻變成了偶然事件的堆積，也就成為了混亂不定的和不可預測的可能性因素。正是由於各種系列的因果關係有可能交叉，才使原本不相干的各種複雜的因果系列，有可能從不可預測的不確定的茫茫大海中，變成為對某一個因果系列來說是有可能確定下來的因果系列中的一環。因此，多種不確定的混亂因果系列交叉越多，對於被交叉的因果系列來說，其成為確定因果系列的可能因素的可能程度越高。所以，對於相互交叉和相互滲透的各種事件和因果系列，必須從兩個方面的可能性去分析和看待：一方面這種交叉和相互滲透有可能進一步使混亂局面更加複雜，另一方面卻又為使這種混亂局面從無序轉化為有序提供更多的新希望，也就是為從無序轉化為有序提供更多的可能性。

哲學家的任務是創造各種概念去「想」世界。這些概念是用來去「想」的，所以，人們不應該把哲學概念當成世界本質的現成答案，而是借助於它們去思考世界。由於每個人都是相互區別的，所以，每個人就像各不相同的單子一樣，用自己的不同概念去各自不同地看世界。也正因為這樣，德勒茲從最早開始研究哲學史各種概念的時候起，就不打算重述各種以往的概念，而是以自己所創造的不同概念重新思考整個世界。同樣也因為這樣，德勒茲還去研究科學和藝術，探討世界在科學和藝術中可能的「內折」方式。

德勒茲在談到自己的皺褶概念時，談到福柯的「外折」和「內折」；而當福柯談到「內折」和「外折」時，又談到德勒茲的皺褶觀念。看起來兩個人都是把皺褶看做是世界和人的思想的最基本形態。

　　德勒茲在解釋他的「皺褶」概念時說，它是來自布朗索、畢沙和海德格。「所謂『外面』（le dehors）指的是比所有的外在世界還更遠的、最遙遠的地方。但一剎那間，它又可以變爲比一切內在世界還更近的最近的地方。正是從這開始，發生了近的和遠的之間永恆地朝向相反方向的雙重運動。思想並非來自內部，它也不會達到外在世界。思想來自外面，並返回到外面，而在它返回外面時，思想與外在世界相遭遇。外面的線條（la ligne du dehors）就是我們的複製和摹本，但這是一種千變萬化的複製。福柯曾經在他的《雷蒙・魯舍爾》（*Raymond Roussel*），在他的一篇紀念布朗索的專文中，在《語詞與事物》中，不停地談論這一點。在他的《精神病治療所的誕生》一書中，福柯也寫了一大段有關畢沙的話，在我看來這是福柯方法最典型的表現。他對畢沙關於死亡的觀念進行認識論的分析，這是人們想像中最嚴肅和最輝煌的分析。但實際上這種描述本身並沒有眞正地講透他的文本的用意。在福柯的文本中所表達的，是比以往一位作者曾經談論的還要深刻；這位作者就是畢沙。畢沙無疑是第一位提出了現代史上最偉大的死亡觀念之人。他把死亡當成生活中並存的暴力的和多樣的力量。畢沙並沒有把死亡描述成一個點，如同傳統思想家那樣；相反，他把死亡描述成一條線。他認爲，我們始終不停地面對著死亡這條線；而且，我們還從兩個方向反覆地越過它，一直到這條線結束爲止。而這就是同『外面』的線的相遇。……也就是說，福柯發現：在知識和權力之外，在第三維度，存在著『系統』的第三因素。……歸根結柢，在這裡，人們急急忙忙地奔向那裡，以致無法辨認死亡與自殺」（Deleuze, 1990: 150-151）。

　　既然世界是無數皺褶構成的，人的生活也同樣充滿著「皺褶」。生活的皺褶性使生與死的界限非常模糊，兩者之間甚至還相互滲透：生中有死，死中有生。死亡並不是像人們所設想的那樣是生活的一個「終點」，而是人在生活中經常遇到的現象。在德勒茲看來，「死亡」現象在生活中的滲透性，使死亡表現爲一條模糊的線條，曲折地穿梭在生活中，就好像生活本身也同樣穿梭在死亡中一樣。由死亡所構成的線條包含著生活中最殘酷、最痛苦、最恐怖的因素，人們天天在自己的生活中同它相遭遇。德勒茲認爲，這條「在外面」的死亡線很暴力（très violente）、很快速，以至於會把我們帶領到一個難以窒息的氣氛中。「它摧毀一切思想，如同米索所拒絕的毒品那樣。它只能是顛狂和瘋狂。……必須越過這條線，並同時使它變成可活的、可實踐的及可想的。而且，還必須盡一切可能、盡可能長的時間，使它變爲一種生活的藝術。在面對這條死亡線的同時，到底如何自救、如何保存自己？這正是福柯所經常探討的問題。必須學會使那條線折疊起來，以便形成一個可以生活的領域；在那裡，人們可以居住下來，面對它，找

到一個支撐點，進行呼吸。一句話，就是進行思想。使那條線折疊起來，以便能夠在它那裡、同它一起存活下來；這實際上就是生死存亡的問題。那條死亡線不停地以瘋狂的速度折疊著，而我們，我們也試圖折疊那條線，以便建構像我們現在這樣漫長生存的生命體；如同米索所說的那樣，成爲一種『颶風的眼睛』。也就是說，同時成爲兩者。這種有關皺褶和折疊的觀念，不斷地纏擾著福柯，不只是表現在他的風格、表現在他的折疊般的句型中，而且也表現在他的論魯舍爾的著作的語言應用中，表現爲一種『折疊語詞』（plier les mots），這也是他在《語詞與事物》中所呈現的思想活動中；或者，這也就是福柯在其晚年所發現的那種生活藝術的方式中」（Deleuze, 1990: 151）。

德勒茲指出，實際上，凡是閱讀過海德格的著作的人，都會發現海德格所使用的「皺褶」和「折疊」。這可以說是海德格哲學的全部奧祕所在。海德格說過，走近思想的過程，就是走向存在和生存者的皺褶的道路上（l'approche de la pensée est en route vers le Pli de l'être et de l'étant）。在海德格看來，到處存在著存在以及存在者的「敞開」和皺褶，而這就是現象的可見性的基本條件，也顯示出人的生活如同遙遠的事情那樣。對福柯來說，人的生活就像「在外面」的存在一樣；在人的生活中到處是皺褶和「外面」的皺褶線。福柯和海德格雖然都談到了皺褶和死亡線，但兩人的態度和所談的內容都不一樣；他們在這方面的類似性是表面的。實際上，他們之間有很大的區別。德勒茲認爲，福柯在這個問題上更接近米索和哥克多。福柯認爲並不存在現象學意義上的經驗，只有知識和權力的經驗，而知識與權力的經驗在「外面」的線上都表現爲非常有限，甚至完全失效。米索的繪畫作品，連名稱都給福柯很大的啓示。米索的繪畫作品名稱，例如《在內部的空間》（l'espace du dedans）、《內在的遠處》（le lointain intérieur）、《皺褶中的生活》（la vie dans les plis）及《面對鎖栓》（Face aux verroux）等，都已經很直接地談及皺褶和折疊，談到「外面」和「裡面」的問題。在《在內部的空間》中，米索說：「兒童出生於二十二道皺褶。所以，這涉及到如何折疊。人的生活是很複雜。除此之外，他就死亡。死亡時，他再也沒有必要去毀壞皺褶。人很少在尚有幾個皺褶需要摧毀時就死去；當然，也有這樣的時候。」德勒茲在引用米索的這句話之後說：在福柯那裡，也幾乎完全一樣，只是福柯所談的不是二十二道皺褶，而是四道基本皺褶：第一種是我們的身體所產生的皺褶；這種皺褶對於希臘人和對於基督徒來說是不同的。第二種皺褶是當強力不是針對其他強力，而是針對「自身」的時候產生的。第三種是真理在同我們自身的關係中所產生的褶痕和折頁。第四種是由「外面」的線自己（la ligne du dehors lui-même），爲了構成一種「等待的內在性」（une intériorité d'attente）時

所產生的皺褶。

　　德勒茲認為，福柯在探討這些皺褶問題時，始終都受到從魯舍爾到米索對於同類問題的思路的影響，但福柯是以非常不同的方式重新思考，構成一種德勒茲所說的「詩歌哲學式」（la poésie-philosophie）的思考方式和生活方式。用福柯的話來說，就是一種「生存美學」（L'esthétique de l'existence）。這也就是說，面對各種皺褶、面對死亡的皺褶線，要以積極的態度對待自身，善於採用各種折疊的方式，使自身「內折」或「外折」，但又要避免陷入受窒息的陷阱中；到底怎樣才能在一種既要折疊，又要避免失掉與皺褶的聯繫的狀況中，形成一種與「外面」同時存在的「內在」？這就是一種最令人傷腦筋的生活藝術和生活技巧。福柯最終把這種學會在生活實踐中的折疊技巧，稱為「主體化」（la subjectivation）的模式。

　　德勒茲認為，哲學之所以探討混沌世界，不是為了編造與現實世界狀況毫無關係的抽象概念，而是，也僅僅是「為了稍稍建構一種秩序，以便從混沌中找到安身之處」（nous demandons seulement un peu d'ordre pour nous protéger du chaos）（Deleuze, 1991: 189）。如果人在面對極其複雜的混沌世界時，沒有能力建構一種暫時穩定的思想觀點，就無法繼續生活在這個世界中；正因為這樣，就連普通人也會為了自己的生存而形構自己的「意見」，以便能夠避免使自己陷入亂無頭緒之中。人生最悲慘、最痛苦和最令人憂心的事情，莫過於毫無定見；這就等於使自己陷入混沌的無限深淵過著沒有靈魂的死人般的生活。

　　正因為這樣，德勒茲與加達里合著的《資本主義與精神分裂症，第二卷：千層物》，不論就其內容，還是就其結構和表達方式，都盡可能地「自然樸實」，如同哲學司面對的混沌世界那樣。《千層物》雖然標上日期，但基本上以非編年史（achronologique）的方式，批判傳統語言學和歷史主義的各種觀點和表達方式，主張以多種多樣的線（les lignes）表達混沌世界的各種「生成」現象以及各種事件。「線」是構成事件和混沌的基本因素。為了正確地表達世界，德勒茲甚至認為地理並歷史更重要，因為德勒茲所要揭示的各種「事件」都是在特定環境，特別是特定地理環境中，在特定的空間中發生的。德勒茲指出，他所說的「地圖」（carte）或「圖表」（diagramme），是由許多同時運作的線構成的集合體。世界上存在者多種多樣的線；不只是存在於自然界，也存在於社會和個人中。有些線表達了某些事物，有些線則是抽象的；有些線是分段的，有些則沒有段落之分；有些線是有維度的，有些線是有方向的；有些線是描畫輪廓，有些則不描畫輪廓。德勒茲認為，在所有的線中，用來描畫輪廓的線是最重要的。

　　所以，當德勒茲談到他的「戰爭機器」（machine de guerre）時，他特別強

調這個戰爭機器發生運作的空間環境。所謂戰爭機器就是建構在流動的線上的線性組織機構（un agencement linéaire qui se construit sur des lignes de fuite）（Deleuze, 1990: 50; 1980）。在這個意義上的戰爭機器並不是用來發動戰爭，而是爲了特殊的空間，一種非常光滑的空間（un espace lisse）：並由光滑的空間占據、構成和擴大（Ibid.）。人們經常說的「游牧生活」（nomadisme）就是這種光滑的空間的戰爭機器。眞正的戰爭機器，與其是爲了戰爭，更不如是爲了革命和藝術創作。只有當國家占據了原來不屬於它的戰爭機器時，它才變成爲以戰爭爲目標。

由各種線所描畫的混沌世界及其中的各種事件，是依據線本身的狀況及其移動，來描畫出各種由事件所走過的路程，描繪出其中所遇到的各種危險和機遇，這就是德勒茲所貫徹的「精神分裂分析法」。它主要是分析各種線的構成及移動，描繪出它們在混沌世界和充滿皺褶的世界中的狀況，描畫出空間的狀況和生成的過程。由此可見，德勒茲所主張的哲學，就是直接以最自然的方式描述和描畫世界的混沌和皺褶狀況，描畫其中的各種事件和生成現象（Deleuze, 1980; 1988）。

眞正的哲學、藝術和科學就是爲了擺脫這種狀態而建構起自己的創造體系。哲學、藝術和科學還提出了比一般人更高的要求。哲學、藝術和科學的高明之處，就在於它們都善於依據本身的需要，針對混沌世界中的某些層面，進行它們各具特徵的思索。如前所述，既然整個世界就是一片混沌，哲學、藝術和科學只能「瞄準」其中的某一個層面或領域。進行觀察和分析。哲學、藝術和科學不同於宗教的地方，就在於它們都不打算喚起「神的殿堂」，隨本身的信仰而描繪一種幻想中的蒼穹。哲學、藝術和科學試圖撕破我們所面對的蒼天，以創造的精神，深入到混沌中去：這就所謂「不入虎穴，焉得虎子」的簡單道理。眞正的哲學家、科學家和藝術家似乎都是從「死亡國度」回返的人（le philosophe, le savant, l'artiste semblent revenir du pays des morts）。在哲學家面前的混沌，是無限差異的變動性（variations qui restent infinies），它們的表層變成不可分割的，並在它們絕對的體態上，刻劃著相互交錯的內在性結構；哲學家們以概念的形式重新安排它們，使它們成爲以概念形式所表達的消除了差異的領域之重構。科學家所報導的混沌不同於哲學家所說的形式。科學家以化約的手段，首先將他們所感興趣的層面和領域的差異性和變動性篩選出來，把它們同其他的變動性中隔離開來，以便使他們所研究的特殊層面，不再受到其他層面的變動性的干擾。在此基礎上，科學家從他們所觀察和分析的層面對象，整理成某種可確定的函數公式。經過整理的結果，不再是原本混沌狀態的固有性質和特徵，而是局部的或整

體的自然界的有限參照系統（des coordonnées finies）。藝術家對待混沌，是只對它們的**多樣性**（des variétés）感興趣，但不是將它們變成感官中的複製物，而是塑造出感性的生命體、有感覺的生命體；這些被創造出來的新的生命體呈現在非器械性的構成物中，以便爲它們再生出本身的無限生命力。塞尙和克利（Paul Klee, 1879-1940）在他們的繪畫中和在繪畫的靈魂中所展現的那種同混沌所展開的鬥爭，是以另一種方式呈現在哲學和科學之中。三者的共同點，就是要「戰勝」（vaincre）它們所要加以探索的那交錯於混沌中的層面對象。正如研究塞尙和克利的美學家們所說：畫家們如同穿越一種災難（le peintre passe par une catastrophe）一樣，並在他們的畫布上，留下這一穿越的痕跡，就好像他們完成了從混沌走向創作的跳躍一樣（Gasquet, 1980; Maldiney, 1982）。哲學家則要以最大的冒險，痛苦地穿越混沌，並把他們所設想的概念重新散布在混沌之中。這就好像漁夫出海那樣，往往要經歷許多風浪和危險，並在他們自以爲返回海港時，卻仍然孤寂地身處於茫茫大海中。哲學、藝術和科學都要以完全不同的方式，以冒風險作爲代價，穿越各種不同的危機，連續地進行探險，在最後有可能達到自己所追求的目標。哲學、藝術和科學，不同於一般的「意見」，爲了要同混沌作鬥爭（la lutte contre le chaos），不得不同它們結下親緣關係。所以，哲學首先以其**內在性層面**（plan d'immanence de la philosophie）而同藝術和科學相區別；**藝術以其創作層面**（plan de composition de l'art），就如同科學以其**參照層面**（plan de réference ou de coordination de la science）而表現自己的特徵。其次，**哲學以概念形式作爲手段，以概念性的人格作爲研究對象**，藝術則是以感性力量作爲手段，以達到感性效果和美學形象爲目標，科學是以認識功能爲手段，以便達到局部的觀察和分析效果。

　　哲學不同於藝術和科學的地方，就在於通過哲學家所創立的概念，重新切割混沌的多樣性和變動性，並賦予混沌的可變性一種穩定的確定性（recoupe la variabilité chaostique et lui donne de la consistance）（Deleuze, 1991: 195-196）。所以，概念本身就是混沌狀態的最好表現形式，它反過來又使混沌狀態成爲思想中的一貫性結構，成爲一種**心態形式的混沌**（chaosmos mental）。如果思想一點也不觸及混沌，思想就不成其爲思想。當然，哲學需要某種「非哲學」（non-philosophie），不僅作爲它的對立面，而且作爲一種能夠從另一角度理解它的「非哲學」來從外部促進它的發展。

　　德勒茲哲學體系主要圍繞著兩大原則而展開：1.關於存在的單一性的原則（le principe d'univocité de l'être）；2.關於生成的原則（le principe de devenir）。

　　「存在的單一性意味著『存在』是說話者（voix）；它自己對自己說

話，而且，它還只是對自己單獨說話，以它自己所說的同樣意義說話」（De-leuze, 1969a: 210-211）。正如同巴門尼德、敦‧斯科德（John Duns Scot, 1266-1308）、斯賓諾莎和海德格那樣，德勒茲的存在論只承認「一個存在」，一個「實體」；其他一切存在都只是這個唯一的存在的變種。換句話說，存在是「一」（l'Être est Un）。

阿蘭‧巴迪歐在評論德勒茲的哲學基本觀點時說：「德勒茲所提出的，是關於存在的問題（la question de l'Être）。他的作品自始至終都是以無數形式，以作為『一』的存在深處為基礎，思考著思想、思想的行動及其運動」（Badiou, A., 1997: 32）。

德勒茲所提出的「生成原則」是「存在單一性」原則的反面。最早的生成原則是由古希臘思想家巴門尼德提出的。他認為，一切都是不等同的；……一切事物，哪怕是自身，都存在於差異、不相似及不等同的狀態之中。一切都時時刻刻在變化之中。他的名言就是「人不能兩次進入同一條河流」。一切都在流變中，都在生成中。對於尼采來說，生成就意味著權力意志的原則；這是酒神狄奧尼索斯的世界，在其中，存在永遠是不同於它自身的東西。德勒茲接受並發展巴門尼德和尼采的生成思想，認為世界的一切都是流變的；世界上沒有一成不變的東西。正因為這樣，對於德勒茲來說，世界也是行動著的世界和充滿感情的世界。這樣的世界到處摧毀著現成的事物和思想。所以，世界就是由不停地變化著的存在者所構成。

世界的生成性實際上就是存在的單一性的產物。整個由單一的存在所構成的世界是一個平等的結構；在這個世界中，存在者之間是不分等級的：靈魂與肉體、動物與人、有生命的和無生命的，都是相互平等。為什麼這樣？主要是因為一切都是單一的存在；世界的一切，都是單一的存在的變化和生成的產物。

由上述基本原則出發，德勒茲建構了他自成體系的哲學理論。在他的理論中，有關存在的學說同有關思想的學說構成兩大組成部分。借助於他的存在論，德勒茲重整和重構了長期以來已經不受人們注意的自然哲學，而借助於他的有關思想的理論，德勒茲成功地將柏格森的直觀理論改造成為哲學、藝術和科學的創造理論。德勒茲的哲學體系就是由他的自然哲學和文化創造學說組成的。總之，德勒茲的哲學是以「存在」和「思想」及其相互連接作為旋轉的軸心。所以，在德勒茲的理論體系中，存在論與認識論是並行發展的。

根據德勒茲的存在理論，事物的「本質」，並非是那種不可把握的「本體」（un noumène inaccessible）；構成世界的「存在」是單一的，而這個單一性的存在則是生成的，永遠變動成各種各樣的事物。如前所述，哲學就是要探討「**存**

在」的個體化過程（l'individuation de l'Être）：存在的個體化過程就是生成過程。只要是「存在」，它就一天也不會停止它的個體化過程；正因爲這樣，作爲個人而生存的每個人，只要他活在世界上一天，他的個體化過程就不會結束，因此，世界上也就不會有眞正的「完人」或「具有固定主體性的個人」。「因此，個人永遠處於與『準個人過程』（pré-individuelle）相連結的狀態；『準個人』並不是說它是『非個人』（l'impersonnel），而是指它是作爲個體化結果的一切屬性的儲存所」（Deleuze, 1968a: 317）。顯然，德勒茲把個人的存在當成個體化過程的一種狀態，他所說的個人，並不是傳統意義上的個人，而是處於變動中的個體化過程的一個暫時表現形態。「個體化過程的各個方面，在我們看來，基本上是不斷強化過程（intensive），而『準個人過程』則是潛在的理想化的場域，它是始終與差異性保持密切關係」（Ibid.）。

與此同時，德勒茲關於思想的學說，肯定了思想本身是一種進行概括的建構性的程序（une procedure constructive de synthèse），同時，思想也會不停地和無止盡地生成爲「存在」。思想的生命就在於它的生成性、生產性和不斷再生產性。任何思想展現出來的目的是使自己生成爲一種「存在」。

「決定著思想，特別是決定著藝術、科學與哲學這思想的三大類型的，是它們都永遠面對著混沌，並描述混沌的輪廓，瞄準混沌中的一個層面」（Deleuze, 1991: 186）。對於思想而言，面對混沌，並解剖和分析混沌，是維持自身存在與發展的唯一手段和途徑。思想只有截取、鑽入混沌的某一段時，才有可能展現自己的力量。

對於德勒茲來說，一切思想的綜合活動，都是在時間之內發生的。一切哲學的、藝術的和科學的創造性思想活動，都是發生在時間之內的「事件」。當然，德勒茲還強調，思想也會「反時間而進行」；當思想認爲必要時，它會突然冒顯在「無時間的時間」（un temps sans temps）中；這就是在單一性的存在的時間中。這種特殊的時間，就是一種永遠生成的絕對時間（le temps absolu de l'éternel Devenir）。

將存在與思想、有限的時間與永恆的時間溝通起來的仲介，就是從尼采那裡借來的「永恆回歸」的觀念。「存在是在區別的永恆回歸形式中的時間本身」（l'être est le temps dans la forme de l'éternel retour du différent）。

德勒茲認爲，時間的存在形式就是「線條」（la ligne）、「圓圈」（le cercle）、「螺旋」（la spirale）。「螺旋」是「線條」和「圓圈」的綜合和超越。時間的三重性質和結構，是一個辯證的連續過程。時間的三大時段（phase）是時間的三大綜合（synthèse du temps）。線條階段是時間的第一綜合，這是時間

的直線性的基礎，也是一般人們所看到的那些現存的活著的事物。它構成了現存事物無限多樣的延續過程狀態。第二時段是時間的圓圈時段的基礎，它是「純過去」（un passé pur）的綜合，現存的一切事物都必定會過往。時間的第三綜合是前兩大時段的結果，同時又使時間具有新的秩序，它把時間的過去和現在，都歸屬於一種「開創性的未來」（l'avenir innovateur）。這第三時段是時間的最高綜合，是一種「總時間」（le temps global），它隱含著其他的一切時間，或者，更確切地說，它凝縮著一切時間：它甚至包括死亡在內，將一切可能的死亡都加以利用，以便在差異性的生產性生成中，摧毀線性的時間結構。因此，「永恆回歸」保障了時間的現實化的創造性，但同時又摧毀著時間的線條性結構，破壞從潛在到現實的演變過程。所以，時間的第三綜合既不是基礎，也不是根基，而是時間的顛覆和崩潰原則。正是由於時間的第三綜合，才為一切新的創造開闢道路。時間的三大綜合使尼采所說的「永恆的回歸」成為了可能。「在永恆的回歸中，並不是那同樣的東西的回歸，而是回歸本身的回歸，是回歸本身說自己的回歸，由回歸本身決定其多樣性和差異性」（Deleuze, 1962: 53）。「永恆回歸」是時間的第三綜合的名稱；它使「現在」的「呈現」，從舊的形式和狀態中解放出來，同時，它又使現在和過去都成為了肯定未來的工具和手段，成為產生新的差異性的前奏曲。

在上述時間觀的基礎上，德勒茲否認單一的存在的「第一開始」和「最後結束」，也否定它的起點和終點。單一的存在只能是生成的；它沒有開始，也沒有結束。「永恆回歸」就是對於一切差異性的最高肯定。德勒茲由此澈底顛覆了傳統形上學、本體論和本質論的理論基礎。

德勒茲試圖將對於「存在」及「思想」的論述，同對於「自然」的描述聯繫在一起，重建傳統早已衰竭了的自然哲學。他把未完成的個體化過程，歸屬於自然。換句話說，自然始終是處於個體化過程的各種「事件」的總和。在他看來，作為唯一的存在的基本特徵，「生成」就是不斷強化的過程。「個體化過程，就是強化性的行動（acte de l'intensité）：它決定著正在現實化的各種不同的關係。……個體化過程本身並不是假定差異化，而是促進差異化。各種事物的品質及其容量、形式與物質、各種類型及其各個部分，並不是原初的，而是被困守在個人中，就像困守在晶體中一樣」（Deleuze, 1968a: 317-318）。世界上的一切個體與它所屬的類型之間的關係，都必須在個體化過程的範圍內加以說明。世界上沒有現成的、作為模式的個體與類型之間的關係。兩者之間的關係是在個體化過程中不斷地變化的。德勒茲以蛋為例，說明「強化性的差異」（différence d'intensité）的真正含義。他說：「蛋是理性秩序的典範：差異化—

個體化－戲劇化－（特殊的和有機的）差異化。我們認為，表現在蛋中的『強化性的差異』，首先表示潛在的物質與現實的物質之間的關係。接著，個體化的強化場域，決定著它試圖在時空動力場中所要具體表現的關係。這就是戲劇化過程；同時，它也決定著具體類型中相應於它的那種關係；這就是特殊的差異化過程；最後，它也決定著有機生命體中的關係；這就是有機的差異化過程。所以，始終是個體化過程決定著現實化過程（c'est toujours l'individuation qui commende l'actualisation）」（Deleuze, 1968: 323）。

德勒茲坦承：「關於『**強化性的差異**』是一個『套套邏輯』（同語反覆）。強化是差異的形式，⋯⋯一切強化都是差異化的過程，也就是自我差異化。⋯⋯每個強化過程，都是連接過程，在這連接中，一切被連接成雙的因素，又轉化為其他類型的成雙因素。所以，強化過程已經顯示了其自身的質與量。我們把這種無限進行的差異化過程稱為『**不相稱**』（disparité）。所謂不相稱就是差異化和強化過程，也就是強化過程的差異化。所以，不相稱是世界的多樣性現象的最充分的理由，也是顯現出來的一切的基礎和條件」（Deleuze, 1968a: 287）。一切現象都是不斷強化的差異性的產物。總之，強化過程就是永遠浮動的變化過程；在其中，存在者各種因素、力量和趨勢之間的緊張關係。這也造成強化過程本身的動力性，使它成為世界上一切變化的動力源泉。

第六章

結構主義的形成、滲透及蛻變

第一節 結構主義及其方法論的哲學意義

結構主義（le structuralisme）在二十世紀法國哲學發展史上占據特殊的地位。它可以說是當代法國哲學一切理論革命的最重要思想基礎。不了解結構主義，就不可能了解整個法國當代哲學的基本精神。

但是，結構主義是一個極其複雜的社會思潮和思想派別，它不只是向人們提供了觀察社會和人類文化現象的基本觀點，而且也爲人文社會科學提供了進行科學研究的新方法。結構主義本身，就其構成成分、傳播狀況、運用程度以及演變過程，都是很複雜；它的產生、擴散和發展，始終是在人文社會科學多學科的廣泛範圍內，而在它的理論和方法中，又涵蓋著語言學、人類學、民族學、社會學、歷史學、心理學、哲學、文學和精神分析學等多種類學科的特徵。因此，把握它的基本精神，必須越出哲學的狹隘範圍，同時了解與之相關的各種有關學科的知識。

儘管結構主義是在多學科領域中形成和發展，但不可否認，結構主義在各個學科中的運用及其效果是完全不一樣的。這就導致結構主義在人文社會科學中的分布及其影響程度的不平衡性和多樣性。在人文社會科學的範圍內，結構主義的最主要表現領域，是人類學、社會學、語言學、心理學、精神分析學、宗教學以及文學藝術。這就是說，結構主義首先非常明顯地在環繞著人及其文化生活的研究領域內表現出來。正是在人類學、社會學、語言學、心理學、精神分析學、宗教學以及文學藝術領域中，人文社會科學家們集中研究了人、人的精神世界、語言、文化行爲等重要問題，同時他們也發現了結構主義所探討的基本問題。

結構主義的上述性質，使它與嚴格意義的哲學理論和方法論都有很大的不同。我們既不能簡單地將結構主義歸結爲哲學，也不能將它僅僅說成爲人類學或語言學的方法。我們只能說，結構主義是在哲學、人類學、語言學、心理學、社會學及民族學等多學科領域中逐漸形成和成長的方法論，既有適用於各個特定社會科學（如人類學、民族學和語言學）的具體內容和特徵，同時又具有哲學方法論的普遍意義。因此，本書所探討的結構主義，既不能忽略它與人類學和語言學的具體關係，又必須使之提高到哲學方法論的高度加以討論。

結構主義的上述特徵，使它在二十世紀上半葉時期更集中在語言學和人類學中首先發展和成熟起來。在語言學和人類學中，結構主義最適合於深入分析各種象徵性系統，並由此出發，進一步揭示人類文化的基本結構。由此可見，結構主義所研究的基本問題是以象徵性體系建構起來的社會文化脈絡。

文化是有各種各樣象徵性系統所構成的整體；而其中的首要象徵性系統，就

是語言、親屬關係、經濟關係、藝術、科學和宗教（Lévi-Staruss, 1966. Introduction à l'oeuvre de Marcel Mauss.. In Marcel Mauss, 1966. Sociologie et Anthropologie. Paris: P. U. F.）。

　　結構主義一旦在語言學和人類學得到全面發展之後，就爲其自身在整個人文社會科學領域中凱旋進軍開闢了康莊大道。所以，從二十世紀下半葉起，結構主義迅速地在語言學和人類學外的領域普遍地擴展開來。

　　結構主義在人文社會科學領域的普遍發展及其廣泛多元化演變，又促進了結構主義在人類學、哲學、語言學、心理學、社會學及文學評論等領域的擴張。從二十世紀六〇年代起，法國哲學界，產生了以福柯、德希達和阿圖塞爲代表的「後結構主義」或「解構主義」的新哲學流派，結構主義人類學也產生它的發展進程的第二波，出現了以法國人類學家布迪厄爲代表的第二代象徵性反思人類學（也稱爲建構的結構主義）。

　　結構主義的最大理論貢獻，就在於它以新論述模式，取代原來西方傳統思想主體與客體的二元對立模式及其主體中心主義原則。結構主義的新思考模式及其論述模式，澈底地顛覆了貫穿於整個西方思想和文化的「人」的觀念的「標準化」及其「正當性」基礎。所以，結構主義之所以成爲法國當代思想革命旋風的啓動者並非偶然。在結構主義思想深處，實際上隱含了整個二十世紀下半葉理論和思想革命風暴的種子。

第二節　結構主義的語言學基礎

　　爲了深入研究法國結構主義和象徵論的發展脈絡，首先必須注意到這樣的事實：法國的社會人文科學的發展，從十九世紀末開始，就密切地同語言學的研究成果相關聯。**結構主義就是首先在語言學領域內產生出來的**。從結構語言學的發展及其重要哲學意義，我們進一步看到了當代法國哲學廣闊的人文社會科學基礎及其跨越多學科的性質。

一、索緒爾的結構語言學

　　對於語言的研究，始終構成爲對「人」、「文化」和「社會」的研究的中心和基礎。「人」、「文化」和「社會」的存在和發展，都一刻也離不開語言。但語言究竟是什麼？如何研究語言？只有當人們從語言的內外及其同「人」、「文化」和「社會」的相互關係的角度去研究，經歷許多個世紀的曲折過程，才有可能在十九世紀末創造出索緒爾語言學中所總結的**結構主義**方法。

在1878年，瑞士籍的法國著名語言學家索緒爾發表了題名爲〈關於印歐語言中母音的原始系統報告〉（Mémoire sur le système ommemora des voyelles dans les langues indo-européennes. 1878）的著作。他認爲語言乃是一種集體的習俗。也就是說，反映在語法、語源、語音等方面的現象，都具有普遍性的特徵（Saussure, F., 1878）。例如，在語音方面，大多數民族都以a、e、i、o、u作爲母音；東方各國是這樣，西方各國更是這樣——這表明人類的語言具有某種共同的結構，也反映那些發明和使用不同語言的人們（不管是什麼民族），都採用了幾乎完全一致的「形式」和「結構」。不過，在索緒爾那裡，還沒有明確地使用「結構」這個概念，而是採用「習俗」這一概念。

但是，正是「習俗」這一概念，很恰當地表現了後來結構主義者所使用的「結構」這一概念的某些基本特質。施特勞斯所說的「結構」，從根本上來說，乃是人類精神的創作模式和基本方法，是一種心理運作的本能意向和無意識基礎。但是，索緒爾首先只是在語言的運用領域發現它的呈現狀態，所以他未能全面地論述和分析它。因此，他在開始的時候只能用一種較爲「樸素」的概念來概括——稱之爲「習俗」。

作爲某種「習俗」，**第一，它們具有先天直觀的特徵**，或者起碼是在**無意識**中繼承了祖輩的作法。試問，我們向某人詢問他何以要遵循某種「習俗」的時候，難道他能像回答數學、物理學的題目那樣，找出一個可以論證的證據嗎？大概不能。大體上說，對於各種習俗，人們只能說：「就是這樣嗎！」法國人常說：「Pourquoi fait-on comme-ça？C'est L'usage!」（人們爲什麼這樣做？答曰：這就是習俗吧！）所有這些，都是承襲了許多世代之後形成的。任何人都無法說明它起源於哪個年代、出於何種理由，但任何人卻毫無例外地，自然而然地遵循著它。

第二，它們是無須周密思索就可以實行的。任何一種習俗，當人們使用或實行他們的時候，**幾乎都是出自一種自然本性**。例如，許多慣用的語法規則在實際生活中被許多人使用，但人們並不一定有所了解，更不用說對它們進行反覆思考。

第三，他們是爲大多數人所奉行的。所有已成爲習俗的事物，都是被社會中大多數人所公認和遵守，因此它們是具有普遍性的。

索緒爾對語言的「習俗」層面的重視和研究，在近代語言學上具有革新的意義。在他之前，傳統語言學總是分成兩大部門：比較語法和語源學。傳統語言學家很少針對語言在社會中的實際應用、語言的社會本質及其內在結構提出問題，因而未對語言有更深入的了解。索緒爾的見解雖然不能說已經徹底抓住了語言的

本質，但是他撇開了同時代其他語言學家的陳腐觀念，大大促進了對於語言本身的深入了解。

在索緒爾之後，語言學開拓了新局面。在索緒爾之前，如前所述，語言學主要是在發音演變、詞義自發關聯和仿真作用中研究其歷史性變化的原因。因此，它或者是一種有關個別性語言行為的語言學，或者是把語言當作一個抽象的研究物件。但在索緒爾之後，語言學的研究不再侷限於語言比較法和語源學這兩個狹小的領域，而是廣泛地和深入地與歷史、哲學、社會學、邏輯學、心理學，甚至和數學的研究方法相聯繫。

索緒爾的新觀點後來系統地闡述在他的《一般語言學教程》（*Cours de linguistique générale*, 1916）一書中。這個教程原先並不是一本書，而是由1907年至1911年，他在日內瓦大學三次講課時的講稿以及由學生們的筆記整理而成的，該書於1916年於巴黎出版（Saussure, F., 1973[1916]）。

索緒爾的語言學對**語用論**研究的貢獻，主要可歸結以下兩點：第一，區分了「**語言**」和「**言語活動**」，並在這個重要區分的基礎上突出地強調、細緻分析了「**言語活動**」的重要意義；第二，提出了系統的**符號理論**，從而為以後的**語用論**（pragmatics）研究提供了有效的堅實的理論基礎。

首先，索緒爾明確地指出：「語言和言語活動不能混為一談，語言只是言語活動一個確定的部分，而且當然是一個主要的部分。語言既是言語機能的一個產物，又是社會集團為了使個人有可能行使這一機能所採用的一整套必不可少的規約。整個看來，言語活動是多方面的、性質複雜的，同時又不僅跨越物理、生理和心理幾個領域，而且它還屬於個人的領域和社會的領域」（Ibid.: 30）。

在上述這一段話中，索緒爾在區分「語言」和「言語」的時候，非常明顯地把「言語活動」看作是比「語言」更重要的東西。「語言」只是言語活動「一個確定的部分」；有了言語活動（language），才有「語言」（langue）和「言語」（parole）。言語活動是「語言」之成為「語言」的基礎，言語活動使「語言」同人的社會發生本質的聯繫。因此，也只有在語言活動中，才能集中地體現語言的社會本質及其內思想內容。

索緒爾還在上面論述中指明了「言語活動」的「多方面」性和「複雜性」——一方面，它同時跨越物理的、生理的和心理的領域；另一方面，它又分屬個人的和社會的領域。索緒爾既指出了語言活動的各個領域，又指明了揭示各個領域的具體途徑。

如果說，「語言」是一代傳一代的整體性語言系統（包括語法、句法和辭彙）的話，那麼，言語就是指人們具體地使用的詞句，也即是各個說話者可能說

出和可能理解的內容。所以，在索緒爾那裡，語言是指在社會上約定俗成的那個部分；言語則是指個人說出的話語，也就是作為整體性語言的具體表現。

顯然，索緒爾對語言和言語的上述區分包括著兩個方面：第一，語言是社會的。換句話說，語言是社會性的言語活動的總結果，它是個人以外的東西，言語是作為社會成員的個人在各個場合下使用的符號系統，因而也具有很大的隨意性。第二，作為整體的語言具有完整的結構，是同質的和穩定的。

索緒爾作為語言學家，其關心的重點當然不是隨時、隨地和隨人而異的言語和話語，而是語言。索緒爾說：「言語活動的研究包含著兩個部分：一部分是主要的，它以實質上是社會的、不依賴個人的**語言**為**研究物件**，這種研究**純粹是心理的**。另一部分是次要的，它以言語活動的個人部分，即言語（其中包括發音）**為研究物件，它是心理和物理的**」（Ibid: 51）。

索緒爾的思想的可貴之處在於：他在確認了語言學以「語言」作為其研究物件之後，仍然沒有忽視「語言」同「言語」之間在「言語活動」統一基礎上的實際的、不可分割的相互聯繫。

正如索緒爾所說：「毫無疑問，『**語言**』和『**言語**』這兩個對象是緊密相連而互為前提的：要使言語為人所理解，並產生它的一切效果，必須有**語言**；但是要使**語言**能夠建立，也必須有言語。**從歷史上看，語言的事實總是在前的**。如果人們不是在言語行為中碰到觀念和詞語形象的聯結，他怎麼會進行這種聯結呢？另一方面，我們總是聽見別人說話後才學會自己的母語的；它要經過無數次的實驗，才能儲存在我們的腦子裡。最後，促使**語言**演變的，是言語：聽別人說話所獲得的映射，能改變我們的語言習慣。由此可見，**語言和言語是相互依存的，語言既是言語的工具，又是言語的產物**。但是這一切絕不妨礙它們是不同的東西」（Ibid.）。

索緒爾的上述思想，使他在以語言學家身分集中研究「語言」的時候，並沒有忘記**語言的社會性和實踐性**；同時，也使他很明確地意識到：語言是必須在其社會運用中掌握的。他說：「語言是言語活動事實的混雜總體中的一個十分明確的物件。我們可以把它定位在迴圈中聽覺形象和概念相連的那些確定部分。它是言語活動的社會部分，個人以外的東西；個人獨自不能創造語言，也不能改變語言，它只憑社會成員間通過的默契才能存在。另一方面，個人又必須經過一個見習期，才能懂得它的運用；兒童只能一點一滴地掌握它」（Ibid.: 36）。

在這一段話中，索緒爾強調語言的社會性和實踐性因素，為後人在研究語言運用規律及其與人的思想行為的關係，提供了極其珍貴的啟發性的思想觀念。

索緒爾語言學對語言研究所做出的第二個偉大的貢獻，是在**符號理論**和**符號**

論方面。施特勞斯曾高度評價索緒爾的符號理論和符號學。施特勞斯說：「索緒爾將語言學導入一門即將誕生的科學的一部分，他把這門科學稱爲『**符號學**』（Semiology）——它的研究物件，在他看來，應該是社會生活中的符號活動」（Lévi-Strauss, C., 1978[1973]: 9）。

由於索緒爾像**皮爾士**一樣把言語活動看作是人類在社會生活中使用符號的一種特殊活動，所以，他也和皮爾士一樣，爲後人從符號學的角度研究語言的應用問題提供了光輝的先例。

法國語言學家穆寧（Georges Mounin, 1910-1993）在其著作《論索緒爾》（Saussure, 1968）一書中說：「如果索緒爾還活著的話，他的符號理論本來會成爲他整個學說的出發點和關鍵」（Mounin, G., 1968: 50）。

在語言學歷史上，索緒爾是第一位將語言符號的聯結看成是**抽象性和非物質性**的。他認爲：「**語言符號是一種兩面的心理實體**」（Saussure, F., 1973[1916]: 100）索緒爾爲了形象地表現語言符號的組成，畫出了以下圖表：

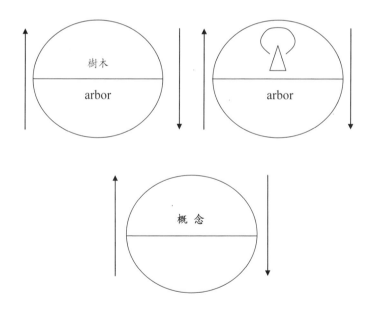

這個圖表明確地表示了語言符號所連結的兩個非物質性的因素：「**概念**」和「**音響形象**」。這兩個因素，也就是索緒爾語言學中的兩個術語「**能指**」（ommemorati）和「**所指**」（signifie）所代表的含意。索緒爾爲此做了如下的說明：「這兩個要素是緊密相連而彼此呼應的。很明顯，我們無論是要找出拉丁語arbor這個詞的意義，還是表示『樹』這個概念的詞，都會覺得只有語言所認定的聯接才是符合實際的，而把我們所能想像的聯接都拋在一邊」（Ibid.: 101）。

語詞的好處是既能表示它們彼此間的對立，又能表明和它們所從屬的整體間的對立。至於符號，如果我們認為可以滿意，那是我們不知道該用什麼去代替，日常用語沒有提出任何別的術語（Ibid.: 102）。

在索緒爾看來，「能指」和「所指」的相互聯繫乃是兩者的「生命」所在。「能指」和「所指」的聯繫是不可分割的，是同一事物的兩個不可分離的特性。索緒爾形象地說：「語言可以比做一張紙，思想是正面，聲音是反面，我們不能切開正面而不同時切開反面」（Ibid.: 158）。

語言的上述基本結構，決定了語言符號的下述的五個特徵：

第一，符號的任意性「能指和所指的聯繫是任意性的；或者，因為我們所說的符號是由能指和所指相聯結所產生的整體，我們也可以因此簡單地說：**語言符號是任意的**」（Ibid.）。

在索緒爾看來，**「所指」**所表達的那些概念的內容，同**「能指」**的聲音形象之間，是沒有任何內在關係的。也正因為這樣，不同的語言能夠以不同的聲音表示不同的概念。

在索緒爾的上述思想中，包含著極深刻的思想。二十世紀新發展起來的**語用論、符號論及其他語言理論**的基本觀點，即認為語言及語言中的「能指」和「所指」兩大構成基本要素，是在人們的日常生活中依據生活的需要而任意地約定俗成的。因此，在索緒爾之後，同樣地重視語言的日常應用的**維根斯坦**也說：「語法並不告知我們：語言為了完成其目的，為了對於人類產生這樣或那樣的影響，是如何被建構的。**語法只是描述、而不說明符號的使用**」（Wittgenstein, L., 1968[1953]: 496）。

接著，**維根斯坦**又說：「我們可以說語法的規則是『任意的』，如果這意味著語法的目的本身無非就是語言的目的的話」（Ibid.）。

但是，能指和所指之間的上述任意聯繫，一旦形成以後便作為社會共同體的一種「約定俗成」的產物固定下來，為語言符號之使用共同體各個成員所接受，成為了任何個人再也不能任意改變的整個語言符號系統的一個環節。因此，索緒爾補充說：「任意性這一個詞還要加上一個批註，它不應該使人想起『能指』完全取決於說話者的自由選擇（……一個符號在語言集體中確立以後，個人是不能對他有任何改變的）。我們的意思是說，它是不可論證的。也就是說『能指』對現實中跟他沒有任何自然聯繫的『所指』來說是任意的」（Saussure, F., 1973[1916]: 104）。

當索緒爾強調符號的任意性的時候，他是指符號建構和形成的任意性。但是，符號一旦形成，其使用的社會性卻使它對使用者具有「強制性」。索緒爾

說：「能指對它所指的觀念來說，看來是自由選擇的。但反過來，對使用它的語言社會來說卻不是自由的，而是強制的。語言並不同社會大眾商量，它所選擇的『能指』是不能用另外一個替代」（Ibid.: 107）。索緒爾的這一思想，導致以下第五點所要論述的「語言使用的遊戲性質」。

第二，符號的線性特徵。索緒爾認爲**語言符號是在時間上展開的，**因此兩個以上的語言單位永遠不可能同時地處在同一語流的一定點上。語言單位在線性位置上的先後差異產生了「**對比**」，形成了「**區別**」，也因此有可能在這些先後差異的對比和比較的基礎上，表達出一定的「**意義**」。

索緒爾說：「『能指』屬於聽覺性質，只在時間上展開，而且具有借自時間的特徵。首先，它體現一個長度；其次，這長度只能在一個向度上測定──它是一條線」（Ibid.: 106）。「這是一個基本原則，它的後果是數之不盡的；它的重要性與第一個原則（即任意性）不相上下，語言的整個機制都取決於它」（Ibid.）。

第三，語言符號的對比性。索緒爾說：「在詞裡，重要的不是聲音本身，而是使這個詞區別於一切詞的聲音上的差別，因爲帶有意義的正是這些差別」（Ibid.: 164）。接著，索緒爾又說：「語言系統是一系列聲音差別和一系列觀念差別的結合，但是把一定數目的音響符號和同樣多的思想片段相配合就會產生一個價值系統，在每個符號裡構成聲音要素和心理要素間的有效聯繫的，正是這個系統」（Ibid.: 166）。

顯然，在索緒爾看來，符號是借助於相互間的對立關係而顯示其特徵、並發揮其功能的。索緒爾在上段話所說的「價值系統」，正是表明了符號的對比性。符號的對比性雖然與線性特徵有所不同，但它確實是與其線性特徵有密切關係，而且兩者都決定於符號的「任意性」。

第四，符號的系統性。在索緒爾看來，語言是一種表達觀念的符號系統。作爲一個系統，語言只知道它自己固有的秩序。「語言的特徵，就在於它是一種以具體單位的對立爲基礎的系統」（Ibid.: 151）。

索緒爾認爲，只有把語言看作是一種系統，才能對它進行正確的分析，把握其構成要素。

索緒爾並不滿足於簡單地提出語言是一個在其內部有密切相互連繫的系統，而且還進一步指出，在語言系統中各組成要素及其對立關係是如何相互聯繫和實際運作的，以至於使他深深地觸及到語言運作機制的核心問題。

第五，語言符號運作的遊戲性質。索緒爾很重視語言符號的任意性、社會性、對比性及其系統性。正是在這些重要性質的基礎上，語言符號的運用和運

作就如同下棋一般。索緒爾說「棋子的各自價值是由它們在棋盤上的位置所決定的。同樣在語言裡，每項要素都由於它同其他要素的對立才能有它的意義」（Ibid.: 128）。這就是說，語言系統中各個組成因素的價值、性質和意義，主要不是在於它們本身的內容和形式，也不在於它們本身孤立地存在時的固有性質，而是在於，而且僅僅是在於：在語言這個確定的系統中，它們彼此間的相互對立的關係。語言的各個因素一旦脫離語言系統，儘管他們各自仍然可以單獨存在，仍然可以具備和擁有自己的特性，但它們已不再作為語言的組成因素而存在，它們也因此喪失掉語言中同其他因素的對立關係，最後喪失掉它們在語言系統中所具有的意義。

語言系統中各因素的相互對立，是語言中各個因素的「意義」的重要依據，也是語言系統獲得其生命的泉源。因此，語言中各個因素間對立關係的相互轉換，保持其始終一貫的、同時又多樣化的對立關係，便構成語言各因素相互關聯的遊戲活動的基本原則。

因此，索緒爾很形象地將語言活動比喻為「下棋」。他說，把語言比喻作國際象棋將更可以使人感覺到語言作為系統的遊戲性質。「在這裡，要區別什麼是外在的、什麼是內在的，是比較容易的。國際象棋從波斯傳到歐洲，這是外在的事實。反之，一切與系統和規則有關的，都是內在的。又例如，我把木頭的棋子換成象牙的棋子，這種改變對於系統是無關緊要的。但是，假如我增加或減少了棋子的數目，那麼這種改變就會深深影響到『棋法』......而要解決這一個問題，我們必須遵守這樣的規則：一切在任何程度上改變了系統的都是內在的」（Ibid.: 46）。

索緒爾所說的「系統性」，顯然是指語言的整體性以及語言系統及其內在各組成因素間的相互關係的整體性。作為一個整體，語言系統內各要素的位置及其與其他要素的相互關係，都是關係到語言本身的本質性特徵的。德國當代詮釋學家伽達默在談到語言的遊戲性質說：「對於語言來說，遊戲的真正主體，顯然不是在其活動中也進行遊戲的那個事物的主體性，而是遊戲本身（Für die Sprache ist das eigentliche Subjekt des Spieles offenbar nicht die Subjektivität dessen, der unter anderen Batätigungen auch spielt, sondern das Spiel selbst）。我們只是如此習慣把遊戲這一個現象同主體及其行為方式連貫起來，以至於我們對於語言精神的這種提示總是置之不理」（Gadamer, H. G., 1986[1960]: 109-110）。

當然，索緒爾並沒有完整地提出語言遊戲理論。但他反覆地將語言活動比喻為「下棋」，包含著非常深刻的思想，不僅啟發了後世的結構主義者，也同樣為後期的維根斯坦語言遊戲的理論提供了有益的養料。

　　索緒爾的語言學對當代語言理論的影響，不僅在於提出了言語活動的完整概念，也不僅在於他提出了作爲語用論重要基礎的符號論。而且，更重要的，還在於：索緒爾使語言學超出了它自身的範圍，而成爲了整個人文社會科學關心的領域。正如法國著名的語言學家埃米爾‧本維尼斯所說：「在研究人類和社會的各種科學裡，語言學已經成爲一門成熟的科學，成爲在理論研究上及其技術發展方面最活躍的科學之一。而這門革新了的語言學，肇源於索緒爾。語言學通過索緒爾而認識自己。在和語言學交叉的各種思潮中，在語言學眾說紛紜的各種流派中，索緒爾所起的啓蒙作用是無疑的。這一顆光明的種子被幾位弟子接受下來，已經化爲萬丈光芒，並勾畫出一派處處有他存在的景象」（Benveniste, E., 1966: 45）。

　　如前所述，在十九世紀語言學中占統治地位的是比較語言學，其中心內容則是從假定的原則出發，重新建構起比較理想的母語系統。與此相反，索緒爾把研究的重點轉向語言的本質及其一般性的結構，也轉向語言的實際運用領域。他的研究成果，使他得出這樣的結論：「**語言是相互規定的實體系統**」（Saussure, F., 1973[1916]: 159）。換句話說，語言乃是完整的系統或系統，而構成這一系統的元素是相互獨立、又相互制約的實體。索緒爾的這一見解非常重要，因爲這一見解實際上把語言看成是一種完整的、有內在聯繫的**結構**。

　　索緒爾的這一見解，對以後的結構主義產生深遠的影響，因爲他認爲語言結構的關鍵原則是：**語言基本上是一個由對比和相互關聯的元素構成的系統**。由此向語言學家們提出了一系列的問題：這個系列的結構是什麼？這些元素的相互關係是什麼？爲什麼語言有這樣或那樣的系統？這些具有普遍意義的結構究竟是如何形成的？它爲什麼具有普遍的有效性？如此等等。

　　歸納起來，索緒爾的思想中有四點對結構主義的形成有重要意義：

　　第一，他把語言看成是一種社會系統，就整體來說，這種系統是相互關聯的、有條理的，是可以被理解和明白的。句法學和語義學一起制定了加諸於個人之上的一堆規則。如果個人要使用語言表達思想，就必須遵守這些規則。

　　第二，他指出了語言符號，即表意記號的隨意性；約定俗成的表意記號，既不假定在它與構成意義的概念（即它所表示的意義）之間有一個內在的緊密聯繫，也不假定因此它具有任何固定的穩定性。這一點非常重要，因爲後來的結構主義者同樣認爲：事物的結構具有一種難以說明的隨意性，與該事物所表達和所顯示的意義毫無聯繫，也沒有任何穩定的性質。

　　第三，索緒爾在以下兩者之間做了一個基本的區別，一方面是語言——語言習俗，「使得一個人可以了解和被了解」；另一方面是說話和言詞，或口語，即

語言表達的特殊和個別的活動。兩者一起構成語言。換句話說，所謂語言，即語言習俗，就是在語言使用者的頭腦中所顯示的形式和對比的完整系統；而所謂說話，就是在某一個特定的時間內某一個特定的個人的說話行為。

第四，語言的要素絕對不是孤立存在，而是始終相互關聯的。索緒爾最直接的繼承人曾經傾向於把這一見解發展為如下觀點，即結構完全獨立於歷史。

總而言之，索緒爾在語言學方面的研究成果促進了二十世紀語言學家們更深入地揭示語言在基本結構上的奧祕，並展示語言結構同語言的本質之間存在的內在關係。

本世紀二、三〇年代，以馬瑟希烏斯（Vilèm Mathesius, 1882-1946）、**傑科普生**（Roman Jakobson, 1896-1982）和杜別茲科依（Nikolay Trubetskoy, 1890-1938）為代表的布拉格學派（Prague School）在研究語言深層結構方面取得了更大的成果，對於施特勞斯結構主義的產生發生了決定性的影響。

傑科普生和杜別茲科依兩人原是屬俄國血統的語言學家。在二、三〇年代，他們在捷克首都布拉格從事語言研究，創立了他們特有的語音學系統。這一嶄新研究成果的核心，就是所謂的「**辨義形態理論**」。依據這一理論，語言是一個在功能方面相互關聯的單位所構成的系統，而每一個語音都是由一系列相互對立的不同音素所構成的。

傑科普生同哈勒（M. Halle）認為幼兒必須能夠控制基本的母音和子音，然後才能衍生出具有標準化順序的聲音模式。幼兒先依音量的大小建立母音和子音的基本關係：

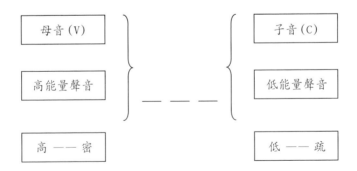

然後再依音調不同，將子音I加以區分為低頻率（鈍）的元素（P）和高頻率（銳）的元素（t）。高能量（密）的顎齶塞音（k）對於高能量（密）的母音（a），而低能量的子音（p, t）則對應於低能量（疏）的母音（鈍母音 u 和銳母音 i）。

這段話可以用兩個重迭的三角形來表示（見下圖）：

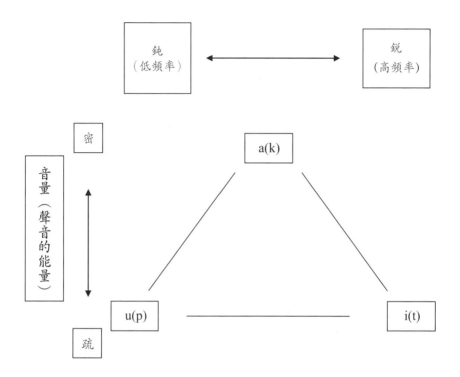

　　——這兩個三角形分別代表母音和子音系統，而其區分標準是密疏和銳鈍狀況：

　　傑科普生的這一重要發現對施特勞斯的結構主義產生了直接的啓發作用。這一點，施特勞斯在他的《神話學》一書中曾做了明白的交代。

　　施特勞斯本人曾在第二次世界大戰末期在美國的紐約社會研究新學院與傑科普生一起共事過。1954年，施特勞斯還在傑科普生所創辦的《紐約語言學派雜誌：語詞》（*Word: Journal of the Linguistic Circle of New York*）上發表了〈語言學與人類學中的結構分析〉（Structural Analysis in Linguistics and in Anthropology, 1954）一文。這一段經歷及施特勞斯觀點的演變過程，也可以進一步看出傑科普生的語音分析理論對結構主義產生的影響。

　　但是實際上，在語言學中還存在著與上述理論和方法不同，甚至相對立的學派，他們對於結構主義的產生同樣也發生了影響，雖然這種影響是間接的。

　　首先，值得加以分析的是三〇年代的**哥本哈根學派**和稍後發展起來的美國**伯魯姆費爾特學派**的重要觀點，以及其對於結構主義的影響。

　　語言學中的**哥本哈根學派**（the Linguistic Circle of Copenhagen）是由丹麥著

名的語言學家路易士‧赫耶爾姆斯列夫（Louis Hjelmslev, 1899-1965）創建的。在他看來，語言不過是一套符號系統罷了；而語言這一符號系統的特點，只有在與其他不同種類的符號系統（如邏輯系統、舞蹈系統等等）相比較時，才能清楚地顯現出來。哥本哈根學派還主張，語言學的研究不能僅僅侷限在語言現象的範圍內，而必須更廣泛地研究人類本身。他們認為，語言作為人類特有的現象是與「人性」有密切的關係。

由此看來，哥本哈根學派有兩個觀點對結構主義造成影響：其一，他們把語言看作是許許多多不同種類的符號系統的一種；其二，他們主張語言學的研究必須引申到人類本性的研究。

施特勞斯及其他結構主義者都很重視赫耶爾姆斯列夫的上述貢獻，他們高度的評價赫耶爾姆斯列夫的著作——《語言學理論導論》（*Prolegomena to a Theory of language*, 1943）的科學成果。

二、梅耶語言學中結構主義方法

在二十世紀上半葉的法國語言學界中，以安端‧梅耶為代表的語言學巴黎學派，實際上已經開始將結構主義原則運用於語言研究中去。梅耶精通歐洲和亞洲許多古代語言和方言，為他採用歷史比較方法研究語言奠定了基礎。在他的歷史比較語言學著作中，最重要的首推於1903年出版的《印歐語言比較研究導論》（*Introduction à l'étude comparative des langues européenes*, 1903）。在這本書中，梅耶深入地分析印歐系各語言之間的相互關係，以及這些語言同原始印歐語之間的相互關係。由此，梅耶提出了著名的語言分化理論，強調從同一個語言分化出來的各個語言系統，將隨著遠離原始母語語源中心的距離加大，而發生越來越大的、不同於母語的變化。同時，通過這樣的變化規律，也可以在這些語言中找到各個語言最古老的和最原始的語言特徵（Meillet, A., 1903）。這種歷史比較方法，已經顯露了結構主義關於語言變化中的不變原則。五年之後，梅耶又發表了《印歐語方言》（*Les ommemor indo-européenes*, 1908），進一步將印歐系語言中各個語言間現有差異追溯到原始印歐語的方言差異（Meillet, A., 1908）。1924年，梅耶到到北歐的「奧斯陸語言和文化比較研究中心」發表演講，題名為《歷史語言學的比較方法》（*La méthode comparative linguistique historique*, 1925）。這本書深入說明了各種方言的研究和各種語言間的相互關係，以及語言史的研究結合的必要性。在梅耶看來，歷史比較法的根據就在於：語言符號的語音和語意的結合具有某種任意性，同時，各親屬語言之間的語音對應具有一定的規律性。因此，以任意性為基礎的語言符號之間所表現出的有規律的語音對應關係，並非

偶然，它是同源成分的分化（Meillet, A., 1925）。語音對應關係既然是語言同源關係的證明，當然就可以據此去仿真建構原始共通語。關於語音、親屬語言的語音系統的差異可以是很大的，但是，其中又存在著有規則的對應關係。因此，語言學家可以根據這種對應關係建立原始共同語。這樣一來，也就有可能將一個古代的系統和新的系統互相對照起來。梅耶進一步指出，從語言的縱向發展中找出語音發展的規律，就可以對親屬語言之間的橫向對應關係進行音理上的詮釋。

在梅耶的上述語言研究的成果中，都已經體現了結構主義關於**語言結構的同一性及其在不同語言系統中的變型**的觀點。

梅耶的歷史比較法的第二個貢獻還在於：從研究語言史文獻的字母轉移規律轉向對於活生生的口語的研究。他還強調：在語言的歷史比較研究中，不是要拋棄以往的書面文獻資料，而是要用現實的方言或親屬語言的差異，去對歷史上流傳下來的死的書面材料做出活的解釋。

最後，值得注意的是，**梅耶已經很清楚地提出了作為結構語言學基本概念的「結構」**。梅耶在《歷史語言學中的比較方法》的第八和第九章，擺脫了對於語言分析的孤立方法；明確地提出了**從整體、從系統的觀點出發研究語言的基本方法**。他認為必須注重於系統，注意音變現象的內在聯繫，以便找到對於整個系統變化的規律性說明。

三、本維尼斯對語言結構的研究

在梅耶的開啟下，結構主義的原則和方法，從三〇年代起，廣泛地影響了法國語言學。

本維尼斯，作為梅耶的學生，是在1937年，由於其研究成果卓著，繼承其老師的職務而成為了法蘭西學院比較語法講座教授的榮譽職位。本維尼斯從1927年起就擔任巴黎高等社會科學研究院比較語法和一般語言學教授。他長期以來，同法國其他著名語言學家，其中包括：約瑟夫・汪德烈司（Joseph Vendries, 1875-1960）、安德列・馬丁納（André Martinet, 1908-1999）和呂西安・德斯尼耶（Lucien Tesnière, 1893-1954）等人，一起積極地參與對布拉格語言學派的研究活動。

本維尼斯的語言研究，主要朝著兩大方向：一般語言學和印歐語系比較研究。他成功地將這兩方面的研究綜合交錯在一起，從而獲得了豐碩的成果。

本維尼斯對語言的研究，綜合了**生物學和文化、主體性和社會性、信號與物件、象徵與思想以及多種語言間的一系列相互關係問題**。由於本維尼斯在語言方面的豐碩成果，結構主義方法取得了巨大的進展，他在語言學和社會人類學領域

中享有崇高的聲譽。他的著作包括：《印歐語系名詞建構的起源》（*Origines de la formation des noms en indo-européen*, 1935）、《印歐語系中行動者的名詞和行為的名詞》（*Noms diagents et noms d'action en indo-européen*, 1948）、《一般語言學問題》第一卷（*Problèmes de linguistique générale, Tome I*, 1966）、《印歐語言制度辭彙》（*Le vocabulaire des institutions indo-européennes*）以及《一般語言學問題》第二卷（*Problèmes de linguistique générale, Tome II*, 1974）。

本維尼斯雖然是索緒爾的學生，但他嚴格地區分了**符號論事實**（le fait semiotique）和**語義學事實**（le fait semantique）。他認為，語言的俱形化（la configuration du langage）決定著所有的語義學系統。因此，他在1966年發表的《一般語言學問題》第一卷中，在最後的各個章節中詳盡地論述了**意義的功能和語義重建**的方法。

本維尼斯拒絕接受索緒爾關於信號任意性的概念。他指出：**在能指和所指之間，兩者的關係並非是任意的**；相反地，這種關係是帶有必然性的。例如，關於「牛」的概念，作為一種所指，在說話者的心目中是必定同作為能指的語音總體「ㄋㄧㄡ」相同一的。因此，在能指和所指之間，存在著非常緊密的依存關係，以致「牛」的概念就好像是「ㄋㄧㄡ」這個語音形象的靈魂那樣。

由於本維尼斯是從人的思想、行動和社會生活環境的各個角度去研究語言的，所以，在他晚期的學術生涯中，集中研究了關於「**話語**」或「**論談**」（la ommemora）的理論，同時也很重視作為說話、思想和行為主體的人同客觀事物及行為物件的關係。就是在研究話語或論談的過程中，本維尼斯批判了索緒爾關於符號任意性的觀念，強調在論談的形成過程中語言和話語的區別，是隨著主客體在不同的時空結構中不同關係的轉變而不斷發生變化的。本維尼斯指出：「正是在語言，並且通過語言，人才成為主體」（Benveniste, E., 1966; 1974）。他又說：「我們在現實世界中所看到的人，都是說話的人，都是向另一個人說話的人」（Ibid.）。所以他指出：「論談是行動中的語言」。在研究語言同人的思想和行為的關係的時候，本維尼斯更深入區分了各種代名詞的性質和功能；反過來，他又通過對於各種代名詞的深入研究，分析和區分了使用不同代名詞的人的不同身分以及他們之間的相互關係。他認為，代名詞的使用表明了人在說話中所體現的對於人之間的各種關係的經驗。他認為不同的代名詞的使用，表現了人在思想和行為中處理人與人之間的關係的辯證法。他注意到「我」和「你」這兩個代名詞作為說話的人的指示代詞，是同作為第三人稱的代名詞「他」有完全不同的性質和功能。「他」作為一種簡化的代詞，是一種「非人格」（nonpersonne），因此，「他」是同「我」和「你」完全不同的（Benveniste, E., 1948;

1969）。

根據他對於語言的全面研究，本維尼斯對語言下了一個雙重定義。他認為，**語言是信號的彙編和信號間的關聯的系統**（Benveniste, E., 1974）。這就意味著，語言一方面是語音和語義等各種語言單位的組合；另一方面，語言又是在論談和話語的實際運用中的表演系統，也就是作為話語的基本單位的「語句」的綜合體。

本維尼斯的上述觀點，對於法國社會人類學的發展有很大的影響。

綜上所述，在施特勞斯結構主義產生之前，語言學已經在研究語言結構及其與人類文化活動的關係方面取得了偉大的研究成果。因此，施特勞斯說：「**結構語言學在社會科學中所扮演的角色，就相當於核子物理在整個物理科學中所扮演的角色一樣，是革命性的**。這場革命，如果我們評估到它的最廣泛的意涵的話，究竟是什麼呢？結構語言學的最傑出創建者杜別茲科依為這個問題提供了答案。在一篇綱領性的聲明中，他把結構方法歸結為四項基本程序。第一，**結構語言學從對於有意識的語言現象**（the study of conscious linguistic phenomena）**的研究，轉向對於它們的無意識的基礎的研究**（the study of their ommemorati infrastructure）；第二，它並不把語詞（terms）當成獨立的實體，而是把語詞之間的關係（relations）當成其分析的基礎；第三，他引入了『系統』（system）概念——『現代語音學並不單純認為語音是一個系統的部分』；它展示具體的語音系統、並說明其結構；最後，結構語言學的目的是通過歸納或演繹，揭露一般的法則（general laws）……。這樣一來，社會科學才第一次有可能科學地總結其必不可少的關係（necessary relationships）」（Lévi-Strauss, C., 1977[1958]: 33）。

施特勞斯所總結的以上有關結構語言學的四大特徵，對於批判傳統思想模式以及傳統方法論具有決定性的意義。首先，它意味著將無意識列為重要因素，從而否定了傳統思想將「理性」和「意識」列為首要地位的原則。這也就意味著尼采及佛洛伊德精神分析學的反理性主義路線的勝利，使思想創作的範圍從意識和理性擴大到包括無意識在內的整個精神活動領域。第二，它突出地顯示了「相互關係」和「系統」對於「主體中心」的優先性，有助於進一步加強對於主體中心主義和意識哲學的批判，也有利於深入批判二元對立統一的思想模式。

第三節　施特勞斯結構主義的主要理論貢獻

綜上所述，施特勞斯的**結構主義**是以索緒爾的**結構語言學**（structural linguistics）和涂爾幹學派社會人類學（Social Anthropology of Durkheimism School）為

基礎而建構的新社會人類學。施特勞斯的結構主義在方法論上的最主要的貢獻，首先是澈底打破傳統理性主義和經驗主義的對立，打破以建構邏輯主體為中心的主客體二元對立統一思考模式。施特勞斯結構主義的誕生，嚴重地動搖了傳統西方思想方法論中「主體哲學」（la philosophie du sujet）和「意識哲學」（The Philosohpy of Consciousness）的統治地位，因而成為了第二次世界大戰後方法論革命的一個重要轉捩點。施特勞斯結構主義人類學在人類學方面的貢獻，是扭轉了西方種族中心主義的研究態度，並提供了以結構為中心概念的新方法。

其次，施特勞斯的結構主義澈底地批判了西方種族中心主義的原則。西方人類學本來就是西方種族中心主義文化及其基本原則的產物。

1991年8月在哥倫布（Christophe Colomb, 1451-1506）發現美洲「新」大陸五百週年前夕，施特勞斯發表《猞猁的故事》（*Histoire de lynx*, 1991）。當時他說：「五百年前，當哥倫布發現新大陸的時候，印第安人舉起雙臂歡迎他們……但白人征服者的態度正好相反」（Eribon, D., 1991: 93）。白人入侵者對印第安文化的破壞，導致了永遠不可彌補的歷史錯誤。施特勞斯慷慨地說，如果白人像印第安人一樣以友好和認真的態度進行文化交流，那麼現在的世界本來是可以避免一切不必要的悲劇，人類文化也會健康地發展起來。施特勞斯在印第安文化中所發現和肯定的那些「深層結構」，在他看來，正是全人類整體性文化建構的基本模式。

一、結構主義及其方法論的基本特點

施特勞斯所說的結構，從根本上說，是指各種文化產品所賴以形成和再生產的人類心靈的創造運作模式。施特勞斯指出：「『社會結構』這個詞同經驗事實毫無關係，而只是同依據經驗實在所建構起來的模式有關。這將有助於我們弄清兩個關係如此密切、以至於經常引起混淆的概念，也就是『社會結構』（social structure）和『社會關係』（social relations）這兩個概念。但是有必要強調，社會關係是建構社會結構的模式所依據的原始資料，然而，社會結構並不能化約成在某一特定社會中所描述出來的社會關係的總和。因此，社會結構不能構成社會研究的一個特殊領域。它毋寧是必須應用於任何類型社會研究中的一種方法：就好像目前流行於其他領域中的結構分析方法那樣。所以，問題就變成為：究竟什麼樣的『模式』（model）有資格被稱為『結構』（structure）。這並不是一個人類學的問題，而是隸屬於一般科學方法論的問題。記住這一點，我們就可以說，所謂一個**結構**，就是符合以下幾個要求的模式：第一，結構展現一個系統的基本特徵。結構是由某些因素所構成的，其中的任一因素，在系統中的任何其他因素

沒有改變以前，就不能實現任何變化。第二，對任何一個既定的模式來說，應該存在發生一系列變化的秩序的可能性；而這些變化是同樣類型的一群模式轉變的結果。第三，當結構的一個或多個組成因素發生某種變化的情況下，結構的上述性質，使我們有可能預見模式將會作出什麼樣的反應。**最後**，模式的建構必須能使一切被觀察到的事實，都可以直接地被理解。……然而，所有這些並不等於結構的定義，它只是同觀察和思考社會及其他領域的問題、並進行結構分析時所遇到的主要問題有關（Lévi-Strauss, C., 1977[1958]: 279-280）。

因此，施特勞斯所說的「結構」，雖然可以在各種歷史的和現實的社會制度、社會關係、社會組織以及各種文化產品中，以這樣或那樣的經驗形態體現出來，但是，它所指的，毋寧是在這些經驗形態背後或深處、產生著不同形態的精神創造活動的動力結構。這樣一來，施特勞斯的結構主義，便在二十世紀的社會人類學和社會理論發展中，在理論和方法論上實現了革命性變革。

二、施特勞斯結構主義思想的形成及其發展歷程

施特勞斯1908年出生於比利時布魯塞爾，當時他的父親是旅居比利時的法國畫家，後來施特勞斯很快地隨父定居巴黎，並在巴黎讀完中學與大學，直至獲取巴黎大學博士學位和大學教授資格文憑（Lévi-Strauss, C. / Eribon, C., 1988: 9-29）。

在三〇年代中期，施特勞斯獲得機會，接受當時著名的法國社會學家謝列斯汀・布格列（Celestin Bouglé, 1870-1940）的推薦，到巴西聖保羅大學任社會學教授。接著，施特勞斯親自到亞馬遜河流域的印第安部落進行調查。他在1948年發表《南比克瓦拉部落的家庭生活與社會生活》（*La vie familiale et sociale des indiens nambikwara*, 1948）、1949年發表的《親屬的基本結構》（*Les structures ommemo aires de la prenté*, 1949）以及1955年發表的《憂鬱的熱帶》（*Tristes tropiques*, 1955）等重要著作，都是以這時期在印第安人部落的人類學田野調查爲基礎而寫出的。

四〇年代期間，施特勞斯先後在紐約社會研究新校（New York New School for Social Research）任教，並在法駐美使館任文化參贊，使他有機會接觸到美國人類學家法蘭茲・鮑亞士（Franz Boas, 1858-1942）、克魯伯（Alfred Louis Kroeber, 1876-1960）、洛維（Robert Harry Lowie, 1883-1957），及語言學家傑科普生和卓姆斯基（Noam Chomsky, 1928- ）等人，並同他們進行直接的討論。

五〇年代後，施特勞斯先後發表許多重要著作，其中包括：《結構人類學》第一卷（*Anthropologie structurale I*, 1958）、《當代圖騰制》（*Le totémisme aujourd'hui*, 1962）、《原始思維》（*La pensée sauvage*, 1962）、《神話學》第一卷《生食和熟食》（*Mythologique I: le cru et le cuit*, 1964）、《神話學》第二卷《從蜂蜜到煙灰》（*Mythologique II: du omm aux cendres*, 1967）、《神話學》第三卷《餐桌禮儀的起源》（*Mythologique III: l'origine des manières de table*, 1968）、《神話學》第四卷《裸人》（*Mythologique IV: l'homme nu*, 1971）、《結構人類學》第二卷（*Anthropologie structurale II*, 1973）、《假面具的途徑》（*La voie des masques*, 1975）、《遙遠的眺望》（*Le regard eloigné*, 1983）、《演講集》（*Paroles données*, 1984）、《嫉妒的女製陶人》（*La potière ommemor*, 1985）、《象徵及其副本》（*Des ommemo et leurs doubles*, 1989）、《猞猁的故事》（*Historie de lynx*, 1991）、《看，聽，讀》（*Regarder, écouter, lire*, 1993）等。

施特勞斯的上述專著，奠定了他在世界人類學界的崇高地位和榮耀。

因此，總的來說，施特勞斯的結構主義思想，是在四〇年代末到五〇年代時期系統地建構起來的。到了六、七〇年代，施特勞斯以研究原始神話為中心，更全面而深入地發展了他的結構主義人類學，從而將結構主義方法論提升到更加成熟的階段。一般地說，施特勞斯的結構主義思想發展過程，經歷三大階段：**第一階段**是四、五〇年代結構主義形成時期；**第二階段**是六、七〇年代結構主義系統化，並達到成熟的階段；**第三階段**是八〇年代迄今，施特勞斯的結構主義有了新的發展，但同時也產生了新的分化，同當時流行的後結構主義和各種符號論相結合，對於當代人文社會科學和社會理論的重建發生重要影響。

施特勞斯的理論觀點，深受五個方面的影響：1.從孔德（Auguste Comte, 1798-1857）、涂爾幹、列維·布呂爾（Lucien Levy-Bruhl, 1857-1939）到毛斯的法國社會學和社會人類學傳統；2.從聖西門到莊·若雷斯的法國人道主義社會主義思想；3.佛洛伊德的精神分析學；4.索緒爾、傑科普生和杜別茲科依結構語言學理論；5.數學及自然科學中關於模式、矩陣、整體及結構的觀念。

施特勞斯的結構主義思想的產生，在法國社會人類學的發展史上，是一個重要的轉捩點。它的產生，意味著此前早已在法國人類學和社會科學界存在，並一直在緩緩地發展的**象徵論傳統**，到了二十世紀四、五〇年代，經歷幾個世紀的演變和充實以後，尤其是經歷施特勞斯個人的理論加工以後，已經足以採取較為完整的理論表現形態呈現出來。

施特勞斯的結構主義思想的產生，也意味著法國社會人類學終於在理論和方法上，總結出依據本民族特色，尤其是本民族的文化傳統，同時又適應於歷史時代文化發展成果水準的一個獨特表達形式。通過**結構主義**這一獨特的理論和方法

上的表達形態，法國社會人類學才有可能同早已建立其獨特民族特色的英、美、德等先進西方國家的社會人類學，在理論和方法論上，得以並駕齊驅，在新的歷史時代裡，面對各種重要的課題，進一步推動社會人類學這門學科的發展。

施特勞斯從發表《親屬的基本結構》（Les structures élémentaires de la parenté, 1949）開始，就以其結構主義基本概念和方法嚴厲地批評了馬林諾夫斯基的功能論和芮克里夫·布朗的結構功能論。施特勞斯的結構主義的強大威力，從一開始就顯示在他動態的動力學文化結構分析方面。表面看來，施特勞斯的結構主義所說的「**結構**」，只是人類文化深層基礎中不變的和不動的二元對立關係網。但實際上，施特勞斯成功地將傳統的象徵論分析方法，透過涂爾幹及其學派的「社會事實總體」的概念，以人類文化歷史整體作爲共時性的結構爲基礎，揭示出不同歷史時代文化間的內在動力關係。所以，施特勞斯的「**結構**」概念，以「**整體性**」和「**系統性**」把人類文化的再生產基本動力的模式揭示出來。這就在根本上不同於英國傳統的社會人類學，因爲在施特勞斯的結構主義中，研究的重點已經不是這樣或那樣既定的文化結構，而是轉向這樣或那樣的文化結構之所以產生、更新和隨著歷史發展而再生產的運作機制。

對於人類學研究來說，最重要的問題，並不只是面對、蒐集和觀察現有的各種經驗的文化事實，而是要進一步說明人類文化何以如此多元化而又永遠不斷地更新？人類文化不同於自然界各種事物的地方，正是在於人類文化以自然事物無可比擬的發展和更新的速度，同時又以自然事物無可比擬的多樣化複雜形態，不斷地、甚至永遠地在自我更新和自我再生產。正是人類文化所特有的不斷自我更新和自我再生產的性質，決定著人類文化特有的生命，也決定著與人類文化密切相關聯的人類社會的基本性質。換句話說，人類文化的特性，不在於它的存在樣態或形式，也不在於它在某個歷史階段中所呈現的特殊結構。

因此，施特勞斯的結構主義，不同以往任何「結構」概念的地方，就在於他並不滿足於揭示靜態或形式方面的文化結構，而是要通過結構概念去揭示產生和不斷再生產這種結構的基本動力關係網及其運作的基本模式。所以，施特勞斯的「結構」概念，雖然有其深遠的歷史根源；也就是說，在他以前許多理論家和思想家都先後在哲學、心理學、社會學、語言學、經濟學和自然科學等領域，使用過「結構」的概念，但是，**施特勞斯所說的結構，從根本上說，是指各種文化產品所賴以形成和再生產的人類思想的創造運作模式**。

在施特勞斯結構主義思想中，對於當代社會理論重建發生重大影響的，是他關於**親屬結構**、**語言結構**、**神話結構**、**象徵論原則**以及關於**文化**的理論部分。

關於親屬的結構主義理論，是施特勞斯社會人類學的基礎。正是在此基礎

上，他總結了結構主義的方法，集中表現了結構主義方法論的基本特點，即在人類社會關係、社會行動和文化中尋求經驗現象背後的**穩定內在結構**。關於親屬的結構主義理論，雖然屬於社會人類學的基本範疇，但他所研究的是人類社會關係最基本、最簡單和最原始的形態，因此對於研究社會關係以及在此基礎上所展現的各種人類行動具有重要意義。

關於語言的結構主義理論，是施特勞斯發展索緒爾基本觀點的直接結果。他在研究社會文化和社會關係的過程中，進一步將語言置於同人類文化、人的行為以及人的思想關係中加以分析，給予當代社會理論研究語言與社會、文化、人類行為及人的思想關係深刻的啓發。福柯指出，對於排除了主體的語言的結構主義深入研究，揭示了語言與主體意識之間不可化約的性質（Foucault, M., 1966: 2）。同時，結構主義的語言觀也推動了整個人文社會科學深入研究廣泛的語言問題，在推動方法論發展史上的「語言學轉折」作出了重要貢獻。

關於原始神話的結構主義理論，是施特勞斯思想創造的精華。正是在這部分，施特勞斯深刻地揭示了一切社會活動和文化創造的思想基礎及其基本思考模式。施特勞斯把神話和其他一切文化創造活動，都放在人與自然、社會與文化的關係中加以分析。施特勞斯所貫徹的是一種「**相互關係**」（relationnelle）的基本思想方法，後來直接成爲布迪厄和季登斯（Anthony Giddens, 1938-　）結構化理論的基本方法論原則。

施特勞斯對於象徵的研究，推動了同一時期人文社會科學對象徵和符號的深入研究。由於當代社會表現出越來越明顯的象徵性結構和特徵，施特勞斯等人所開創的符號論原則和方法，被布迪厄和英國社會學家季登斯廣泛地加以運用，引起了整個人文社會科學界的理論改革高潮。

布迪厄的社會理論同施特勞斯的結構主義有千絲萬縷的聯繫。布迪厄的思想發展深受結構主義的影響，同時又在廣泛吸收其他思想流派研究成果的基礎上，對於結構主義進行了批判和改造，使他有可能建立起「相互關係的基本方法」（la méthode relationnelle），有利於深入分析和揭露當代社會複雜的象徵性結構。他說：「結構主義理論不論是從理智上和從社會方面都是更加有力量」（Bourdieu, P., 1994: 63）。布迪厄認爲，結構主義的理論能充分考慮到社會的整體因素及其同人的思想心態的相互滲透關係。布迪厄高度肯定福柯將結構主義同當代詮釋學結合起來的創作活動；他認爲，結構主義詮釋學（l'herméneutique structuraliste）深刻地把「作品」、「文本」、「語言系統」、「神話」和「藝術品」「當成沒有結構化的主體的被結構化的結構」（comme des structures om-memorat sans sujet sturcturant）（Ibid.），當成特別的歷史的現實化過程。從索緒

爾發展出來的結構主義方法的基本點，就是「把關係放在首位」（le primat des relations）（Ibid.）。由結構主義啟發出來的「相互關係的方法」不但促使布迪厄深入分析社會和社會行動者精神心態之間複雜而靈活的相互關係，使他對於當代社會的任何分析都立足於社會結構和心態結構的相互關係，而且也使他由此發現結構主義本身的缺點，即忽略與結構緊密相關的主體的創造性（Bourdieu, P., 1987: 19; 31-33）。

季登斯在創建「結構二元性」（duality of structure）概念的過程中，一直充分注意結構主義和結構功能論的理論和方法論的問題。季登斯一方面區分結構功能論和結構主義的兩個不同的結構概念，另一方面，高度評價結構主義的結構概念中所包含的深刻思想。他認為，功能論在使用結構概念時更多地把注意力放在「功能」之上（Giddens, A., 1984: 16），因此，功能論實際上把「結構」當成「一個接受的概念」（Ibid.）。功能論的這種結構觀就好像把「結構」當成一個生物有機體的「骨架子」（skeleton）或「外型」。季登斯認為，這樣一種結構概念往往是同將主體和社會客體對立起來的二元論緊密相聯繫。但是，結構主義和後結構主義思想中的「結構」概念，對於季登斯來說，「是更加有趣的」。「在這裡，最大的特點是不把思想當成在場事物的一個模式，而是當成在場和不在場事物的相互交叉；而且要求從表面現象推導出隱藏於結構底層的密碼」（Ibid.）。

第四節　以「性」和「食」兩大主軸而建構的人類文化

一、神話是從自然向文化過渡時期的人類故事

施特勞斯的結構主義人類學首先把原始社會的神話故事作為研究的主要物件。這是因為神話作為人類社會最早的文化產品，作為正在從自然過渡到文化過程中的原始人的最樸素和最簡單的思想創造物，可以成為人類文化的最早代表，因而也隱含著文化如何從自然演變過來的奧祕。在談到他所研究的原始神話時，施特勞斯說：「神話就是人和動物尚未嚴格區分時期的歷史故事（une histoire du temps où les homes et les animaux n'étaient pas encore distincts）」（Lévi-Strauss, C. / Eribon, D., 1988: 193）。

所以，神話之所以隱含著深刻的意義，是因為它就是人類整個文化的原型。作為最初的人類文化產品，作為人類文化的雛型，神話隱含著整個人類文化創造過程的奧祕，就像人的胚胎隱含著整個成熟的人的全部結構的原型一樣。神話並不神祕。它不是人們想像中的「神」的故事。它所講述的那些由動物變為美女、

又從美女變成石頭等奇特的故事，現在聽起來雖然好像很神祕，但它確實反映了最早的人類祖先生活時代的狀況：那時，人剛剛從動物進化而來，既不是動物，又不是真正的現代人，因此，在人的生活中，兼有著自然和文化兩種屬性。神話所表現的，就是那個時代的人的故事。人正處在從自然向文化過渡的時代，一切也都是很不穩定。因此，神話的所有本質特徵，其實是人類的最早祖先在創造它們時所不知不覺地賦予它們的。神話既然是人類在從自然向文化過渡過程中所生產出來的第一種文化產品，按照施特勞斯的說法，神話的全部奧祕，就在於它記錄和重現了當時正在從自然向文化過渡時期的人類歷史過程本身，同時它也凝縮了當時人類祖先的思維創造機制。

施特勞斯在談到他的《嫉妒的女製陶人》一書的基本內容時說，這本書中所講述的「嫉妒的女製陶人」，作為一部原始人神話，向我們傳達的重要資訊，就是告訴我們：人類社會和文化是以「性」和「食」為兩大主軸（基本內容），以二元對立的基本模式（基本形式），並在人類語言和人類思想「同步」發展（基本過程）的過程中，被建構起來的。

施特勞斯的上述總結性的觀點，實際上早在他的《憂鬱的熱帶》和《原始思維》兩本書中就已經很明白地表述出來。這是施特勞斯結構主義文化理論的核心。

施特勞斯說：「女人和食物的交換（des échanges des femmes et des nourri-tures）是社會群體相互結合，並使這種結合顯示出來的保障手段」（Lévi-Strauss, C., 1962a:144）。

人類社會生活中的**男女兩性關係**和**食物**是人類文化的最基本的構成部分，也是文化的基礎和出發點。性的關係和食物，同時地包含了自然和文化兩大成分，是人類最早的祖先從自然分離出來，而向文化過渡過程中所創造的最初文化。在從自然向文化過渡時，人類祖先所面臨的首要問題，就是人種本身的生存、繁殖以及吃飽肚子的問題。

在《嫉妒的女製陶人》中的神話，主要都是講述男女之間的性關係以及為了解決食物的生動故事。性的文化和食物文化同時產生和相互推動發展起來。故事講的是在開天闢地時期，一位女製陶人同時與太陽和月亮共居於同一屋簷下。由於太陽的身體比較暖和，而月亮比較冷，所以上床時，女製陶人只喜歡同太陽抱在一起，冷落了月亮。月亮因此很不滿意，氣得月亮決定離開女製陶人而升天。女製陶人得知，感到很後悔。太陽看到女製陶人懷念月亮，也氣得升天離女製陶人而去。從此以後，太陽和月亮不再見面：當太陽在白天出現的時候，月亮就躲起來；而當月亮在夜晚出現時，太陽便不見蹤影。女製陶人為此痛苦萬分。

當時，天地尚未完全分開：很多藤條聯繫著天與地。女製陶人手提陶土籃攀登藤條，試圖追回失去的兩位丈夫。但太陽和月亮都再也不打算與充滿嫉妒心的女人生活在一起，於是，就把天地之間的全部藤條都剪斷，使爬在藤條上的女製陶人墜落下來，而陶土籃中的陶土也撒得滿地都是。女製陶人悲痛萬分，化爲夜鷹夜夜飛在天空中淒涼地啼叫，向她失去的兩位丈夫表示懺悔和思念之情。……這個故事向我們表明：男女之間很容易產生嫉妒心，而女人是最嫉妒的。女人的嫉妒心是她在長期製作陶器時慢慢形成的。陶土的特性就是「黏」：一旦被陶土黏住，就很難擺脫掉。女人也是這樣。男女一旦在一起，男人就很難逃離女人的糾纏。在開天闢地時期，男人主要以狩獵爲主，女人留在家中做陶器。陶器是當時飲食的唯一容器，也是人類最早的文化產品。女人在製作陶器時，以她的體形當模子，也把她的性格和喜好，投注於陶器中。所以，所有的陶器都是女形化，尤其像女人的生殖器。由於女人時時製作陶器，她也就被沾染上陶土的黏性，這就是女人嫉妒心的最早來源。女人的嫉妒心集中表現在她的陰道功能：抓住男人的陰莖不放。所以，**嫉妒心的本質就是「抓住不放」**。人類的最早文化以及人的最初性格，就是這樣形成的。

　　人爲了活著，爲了生存下來，首先必須解決繁殖和吃食的問題。繁殖和吃食本來也是一切自然生物的本能和特性。但人類之所以不同於它們，就是因爲從一開始，首先在性的關係和吃食方式方面，創造出既與自然聯繫、又同自然相區別的文化形式。這就是人類最初文化的基幹和核心部分。從此以後，人類的其他文化，都在性和吃食的文化的基礎上發展出來，進一步複雜化。所以，也可以說，人類的整個文化都是以性和吃食爲基礎而演變出來的。

二、文化基本結構來源於自然

　　人類最初建構的以「性」與「食」兩大因素爲主軸的上述基本交換結構，並不是神祕不可測的。這種交換形式的原型本來就到處存在於自然界中。原始人在同自然的長期共同生活中，早已習慣並學會同自然的運轉步調相和諧。原始人經過一代又一代的自然生活，幾乎本能地同自然相協調，使自己的每一個生活步驟、方式和節奏，都同自然的運作合拍。同時他們還學會像自然的各個事物那樣，從自然界中吸取自己生活所必須的養料，學會按照自然的生命運作規律，使自己能夠盡可能地在自然界中存活下來。不僅如此，而且，人類祖先還要以他們所獨有的智慧、身體能力等因素，使自己的生活比其他生物還好一些。就是在這樣的情況下，他們逐漸地把自然界中的某些有利於生存的東西同人類生活的需要結合起來，創造出最初的文明。神話就是這樣產生出來的。

　　為了說明這一點，施特勞斯曾經在他的《神話學》第三卷《餐桌禮儀的起源》中，講述了一則關於獨木船來回穿梭於亞馬遜河上的印第安人神話，描述印第安人是怎麼樣透過無數次乘坐獨木船來回穿梭於亞馬遜河上的經歷，不知不覺地和無意識地了悟自然運作的節奏，從而使他們的思想和行為也重複和摹擬了自然運作的節奏。

　　原始人透過他們的神話，向後人傳達了他們所要傾訴的主要資訊，就是他們面對自然和超越自然的基本經驗，其中，最主要的方面，就是表現在「性」和「飲食」方面的基本結構，並以這兩大結構為基礎，他們同時也傳達了有關語言、思想以及各種社會文化活動的基本準則。人類有關「性」和「飲食」兩大方面以及有關語言、思想和各種社會文化活動的基本結構和基本準則，是原始人在從自然向文化過渡過程中所經歷的實際經驗的總結。這些在原始人長期生活中所總結的基本結構，是人類文化構成的主要骨架和基幹，也是整個人類社會得以留存和發展的「祕訣」。原始人透過他們的神話所要向我們說的，就是這些重要資訊。

　　按照施特勞斯的說法，原始人在他們的神話中所要傳達的這些資訊，基本上是以二元對立的方式表現出來的，其中，最具有重要意義的，是介於二元對立中的中間環節，即「仲介」因素。任何文化產品以及創造它們的任何文化創造活動，都是以二元對立以及介於它們二者的「仲介」所構成。二元對立如果沒有適當的仲介，就無法和諧地構成一個穩定的文化產品和文化形式。所以，「仲介」扮演了非常重要的角色。「二元對立」以及介於二者的「仲介」，可以具體地表現為各種各樣的因素；這些因素可以是自然的，也可以是文化的。自然和文化的成分及其呈現的程度，可以決定文化產品在從自然向文化過渡過程中所保持的「距離」。而且，二元對立因素和它們的仲介的相隔距離，又因不同的文化及其創作過程而有所區別。人類文化及其各種產品，就是這樣，靠二元對立以及連接它們的仲介的區別而產生出千百萬種形形色色的變種和變形，使人類的文化呈現出多種多樣的形式。

　　在《神話學》第一卷《生食和熟食》（*Mythologiques. Vol. I. Le cru et le cuit*, 1964）到第四卷《裸人》（*Mytholgiques. Vol. IV. L' Homme nu*）中，施特勞斯依據上述原則分析印第安各部落的許多神話及其各種變形過程。他發現，不僅神話本身的形式，而且，連神話的內容和主題，都是以不同的**「仲介」**而在各種二元對立的因素中互相轉換。同時，這些神話又進一步以各種「仲介」以及其中的二元對立因素同其仲介的不同「距離」而發生多種多樣的「變形」。由於食品交換是人類文化中的基本交換之一，所以，他說：「烹調活動是天與地、生與死、

自然與社會之間的仲介」（Lévi-Strauss, C., 1964: 339）。在各個不同的飲食文化之間，又是透過不同的烹調方式作爲仲介而相互區別。在「生食」和「熟食」之間，透過不同的烹調方式，可以構成不同的「飲食三角結構」：燒烤食物與生食之間的仲介是「火」；在滾煮食物和生食之間的仲介是「水」和「食物容器」；在燻製食物和生食之間的仲介是「空氣」。各種仲介本身，有的是自然界的物品，而且也是靠自然發生的；有的卻是文化產品和文化手段。例如，從生食到「腐爛食物」的轉化，作爲「仲介」的，是自然界的空氣和水。但從生食到滾煮食物的轉化是靠水和文化器物作爲仲介。

　　因此，在「神話學」系統中，經歷四大卷本對於成千神話的分析之後，施特勞斯終於得出結論說，所有這些神話不過是「同一個神話」（即那個「參考性神話」）的結構的變種。施特勞斯進一步指出，所謂「同一個神話」，指的是「它們至少都是環繞著一個基本主題，即從自然到文化的過渡。」（Lévi-Strauss, C. / Eribon, D., 1988：190）。而所謂從自然到文化的過渡時期的主題，就是上述「性」和「食物」。但不論是「性」還是「食物的烹調」，都是以二元性的基本結構構成的。所以，最重要的問題，在結構主義看來，是要從多種多樣神話所表現的神話結構的變形（transformations）中，找出原始人意欲表達的基本資訊；這個資訊的總精神就是施特勞斯在他的新著《猞猁的故事》中所總結的那種「永遠處於不平衡的二元論的基本概念（la notion fondamentale d'un dualisme en pérpértuel déséquilibre）」（Lévi-Strauss, C., 1991: 311）。這種二元性的基本概念，形象而生動地表現在印第安人關於猞猁（山貓Lynx）和郊狼（coyote）這對攣生子的神話結構中：「在美洲，幾乎到處都把成對的攣生子中的一個說成是欺騙性的掩飾角色，因爲不平衡的原則存在於成對關係的內部（En Ameriqe, un des jumeaux tienne prèsque toujours l'emploi de décepteur: le principe du déséquilibre se situe à l'intérieur de la paire）」（Ibid.: 306）。

　　因此，在從自然向文化的過渡中，原始人就自然而然地以自然爲榜樣，在自己的行動、思想和語言使用中，摹擬著自然界的二元對立結構。施特勞斯在其《神話學》（*Mythologiques*）四卷本中，透過他所蒐集到的亞馬遜河流域印第安人原始部落的八百一十三部神話，形象地描述了從最簡單到越來越複雜的二元對立模式的建構過程。

　　在《神話學》第一卷中，施特勞斯蒐集的神話中所講述的各種食物烹調方式，其二元對立及其仲介的相互關係，可以用最簡單的公式表現是$A:B$。到了第二卷，其二元對立及其仲介的相互關係，就變成爲$a:b / c:d$。第三卷中的相互關係公式是$a:b / c:d \sim e:f / g:h$。第四卷的二元對立及其仲介的相互關係，

表現爲 $a:b/c:d\sim e:f/g:h\#i:j/k:l\sim m:n/o:p$。神話中的二元對立及其仲介的相互關係就是這樣不斷地複雜化，一層比一層複雜。原始人也就是以如此層層複雜化的變換形式，不斷地創作出越來越複雜的文化，使人類文化延著這種變換途徑，在從自然向文化的過渡過程中，離自然越來越遠，創立了人類越來越獨立的文化世界和人類社會。

這種二元對立的模式是極其穩定的。它以多種變換形式在自然和社會生活領域中不斷重複。施特勞斯認爲，這種穩定的**結構模式**，具有以下四個特點：第一，結構顯示出一個系統的特徵。它是由一系列因素所構成的，而其中的任何一個都不會發生轉變，除非其他的所有因素也整個發生變化。第二，任何一個既定的結構模式，都具有可能性導致任何一群相類似的模式的系統轉變。第三，上述特徵使我們有可能預測，一旦其中的一個或多個因素發生變化時，整個系列將會發生什麼樣的變化。第四，上述模式的建構，應該有助於使被觀察的一切事實都成爲可理解的對象（Lévi-Strauss, C., 1977[1958]: 279-280）。

三、性交換基本結構最初體現在原始親屬關係的模式上

施特勞斯的結構主義所要研究的主要物件，是指導和產生基本社會關係的思想運作基本模式。任何社會關係的內在深層結構及其背後，始終都存在著指導和生產這種社會關係的基本思想模式。任何社會關係的產生及其運作，都立足於一定的思想模式的基礎上。同時，社會關係的產生和運作，也不可能完全離開同一社會中的人類基本實踐形式，離不開同一社會中的基本溝通結構及其語言基礎。所以，施特勞斯在研究基本社會結構時，總是同時探索社會中的基本思想模式、實踐模式以及基本語言結構。在施特勞斯的結構主義社會人類學產生和形成的過程中，他首先注意的，是原始人的親屬關係（la parenté）的形成過程及其基本結構。接著，他從親屬關係基本結構出發，進一步研究了原始人的神話結構以及在神話創作中的語言結構、社會結構以及基本思想模式。

施特勞斯之所以首先研究原始人的親屬關係，是因爲他認爲，從根本上說，人類社會的建構，就是以兩性關係的建構及其再生產作爲基礎的。施特勞斯在其成名著《親屬的基本結構》（1949）一書中，最先系統而清晰地提出了其結構主義的基本觀點。當人類從自然向文化過渡的時候，人類不同於動物的地方就在於：人與人之間的關係，並不像動物那樣，沒有任何的社會規範來調整；人有別於動物而形成人類社會調整人際關係的第一類最原始和最基礎的社會規範，便是在兩性關係領域中奠定的親屬關係規範。親屬關係使人類逐漸地遠離自然，並眞正地同動物區分開來，形成了自己的獨特的社會生活和文化體系。

四、親屬關係的原子結構

施特勞斯的結構主義理論和方法論發端於親屬關係的人類學研究。他試圖將索緒爾語言學所總結的語言結構模式應用於人類學研究中去。

對於親屬關係的研究，始終是近代人類學的基本內容，也構成了社會人類學研究的基礎。當施特勞斯試圖將結構語言學的觀點和方法運用於社會人類學的領域的時候，他首先關懷的就是親屬關係的研究。施特勞斯認為，從根本上說，人類社會的建構，就是以兩性關係的建構及其再生產作為基礎的。當人類從自然向文化過渡的時候，人類不同於動物的地方就在於：人與人之間的關係不像動物與動物之間的關係那樣，沒有任何的社會規範來調整。在施特勞斯看來，人區別於動物而形成調整著他們之間關係的第一類最原始的社會規範，就是在兩性關係的領域中發生的親屬關係的規範。施特勞斯顯然把兩性關係看作是人與人之間的最自然的關係中最重要的一環（Lévi-Strauss, C., 1948; 1949）。這種考量受到了佛洛伊德主義的嚴重影響，把一個一個的個人的性欲看作是人最主要的本能性欲望，看作人的生存中最基本的需求。這種假設，固然可以從現代人的現實生活中找到某些例證。但是，嚴格地說，一方面，即使是在現代人的生活中也還可以找到除了滿足性欲需求以外的其他本能性需求和欲望；另一方面，實際上迄今為止，並未找到原始社會中的確鑿事實作為上述假設的實證依據。

在原始社會的文化中，唯一可以作為施特勞斯上述假設的依據的，就是原始人口頭傳說中大量傳播的神話故事。因此，施特勞斯對於原始社會文化的研究，即使是對於親屬關係的研究，都是大量地以蒐集和分析印第安人的神話故事為基礎的。也正因為這樣，施特勞斯親屬關係研究中所貫徹的結構主義原則，才有可能從結構語言學的領域中推導出來。施特勞斯把由語言表達出來的神話系統當作是語言中的深層結構的表現。在此基礎上，施特勞斯結合神話中有關親屬關係中的各種論述進行分類，並找出各類關係的轉化模式，最後總結出有關親屬關係的最一般性的結構模式。但是，施特勞斯的這些分析，一方面還缺乏大量的田野調查實證材料作為基礎，另一方面印第安神話也只能作為其親屬關係理論論證的間接資料基礎，並不構成直接的現實的和歷史的證據。

儘管如此，在施特勞斯的結構主義親屬人類學中，包含了許多導源於結構主義的獨特觀點和方法，必須加以注意；同時，也必須考慮到他的結構親屬人類學對於當代社會人類學發展的深遠影響。

當施特勞斯以結構主義的原則和方法分析原始社會和文化的形成和運作邏輯的時候，它的基本前提之一，就是把文化同自然看作是相互對立又相互轉化的一個相關聯的整體。在他看來，人類文化之所以形成和發展，就是因為它來自自

然，並在同自然保持密切的聯繫時，又同自然以一定的間隔區別開來。因此，文化是以其同自然既相聯繫又相區別的特性而產生和發展的。

人類文化究竟是如何在同自然相聯繫又相區別的情況下產生出來的？施特勞斯認為，文化經歷了幾千幾萬年的發展之後，目前已經採取了極其複雜的形式，以致於人們很難從現有的複雜化的文化形態中重現出文化本身那種同自然相聯繫又相區別的原始面目。因此，施特勞斯作為人類學家，認為有必要退回到人類社會的最原始階段，在最原始的和最簡單的原始文化中，找出人類文化的真正原型。

在最原始的文化中，施特勞斯認為性的關係是人與人之間關係的出發點。在人與人之間的關係中，最自然的關係是靠人的自然肉體所產生的血緣關係。血緣關係的穩定化是最早人的關係確立的基礎。從最自然的動物般的兩性關係如何演變成人與人之間穩定的性的關係，在施特勞斯看來，是以血緣關係的確定性作為基礎的。也正因為如此，施特勞斯的結構親屬人類學又把血緣關係的形成和演變看作是親屬關係形成和演變的中心問題。

施特勞斯認為：「原始社會是以個人間的關係，以個體間的具體關係為基礎的。……這些被理解為『原始的』社會的小型程度，一般都可以使這些個人間的關係建立在最直接的關係之上，而親屬關係則是最常見的原型」（Lévi-Strauss, C., 1977[1958]: 365）。這就是說，包括神話、圖騰、原始宗教及習俗在內的原始文化基於其上的社會，是以最直接的個人間簡單的親屬關係為聯繫的基本紐帶的（Lévi-Strauss, C., 1955; 1962; 1975）。在這樣最簡單的社會結構所完成的文化創造活動，基本上是以男女間的性關係（性交換）和食物交換為兩大主軸，直接呈現出構成文化活動各個基本要素的關係網（Lévi-Strauss, C., 1977[1958]: 365），有利於人類學家和社會學家從中把握其基本結構，並通過這一些基本結構，進一步解析人類心理活動的基本模式。

施特勞斯的結構主義親屬人類學分析，當然也要尋求作為普遍通用的一般性親屬基本結構。這也就是施特勞斯所說的「**親屬關係的原子結構**」（the atomic structure of kinship relation）（Lévi-Strauss, C., 1978[1973]: 84）。

什麼是「親屬關係的原子結構」呢？這不是傳統的社會人類學所概括的靜態的親屬基本結構。

施特勞斯認為，在親屬的結構研究中，首先應該拋棄芮克里夫·布朗的功能論結構分析法；依據這種功能分析法，親屬結構分析必須從生物學意義上所建立起來的單個家庭的最簡單結構開始，把**家庭**看作是由**父親**、**母親**及**孩童**所組成的基本單位。對於功能論上述分析法，芮克里夫·布朗加以歸納說：這「是為

了將複雜的多種多樣的親屬關係，簡化成一定類型的秩序，然後，使我們有可能在這樣的多樣性底下，發現一個有限的一般原則，……」（Radcliffe-Brown, A. R., 1941: 17），芮克里夫‧布朗甚至認爲「任何社會的親屬結構，都是由一些二元關係所組成的（the kinship of any society consist of a number of dyadic relation）……」（Radcliffe-Brown, A. R., 1940: 6）。

施特勞斯認爲，把親屬關係的基本結構簡單地歸類爲「二人際的關係」，將完全忽視親屬關係中所包含的極其複雜的社會性和生物學血緣性的相互交錯關係網，也忽視了其中隱含的自然方面和文化方面相互滲透的組成因素；而且，更重要的，是完全忽視了形成和改變親屬關係的內在因素。

在施特勞斯看來，「社會結構的研究的目的是借助於模式（with the aid of madels）去理解社會關係」（Lévi-Strauss, C., 1977[1958]: 289）。因此，親屬的結構分析應該從親屬關係得以建立起來的「婚姻關係」著手，因爲婚姻關係是密切與人的社會關係相聯繫的。

這就是說，施特勞斯在親屬結構研究中的基本指導思想，是在親屬關係結構中，揭示出隱藏於背後的那些使得親屬結構得以形成和運作的基本因素間的關係——這些基本因素間的關係，不應只是維持一夫一妻的二元關係，而且還應包括那些使得夫妻結親得以成立的可能條件，即爲男人提供女人的那個群體得以存在的那個條件。施特勞斯認爲，必須把親屬關係當成一種「社會關係」去理解。親屬關係所反映的，並不單純是夫妻關係，更不僅限於夫妻間的生物學血緣關係而已；而是一個「社會關係」，因此必須從整個社會的角度進行分析。

因此，施特勞斯的親屬結構包括了丈夫、妻子及能夠爲男人提供女人的那個群體的代表。這就把家庭關係放在更廣闊的社會關係網絡中去觀察，尤其是集中分析爲某個家庭關係的形成提供可能條件的社會關係網。這樣一來，施特勞斯所總結的「**親屬原子結構**」，乃是包括1.**夫妻關係**；2.**兄弟姊妹關係**；3.**父子關係**；4.**母舅和外甥的關係**。這是一個四方系統的關係網或是一個四角形的關係網（the quadrangular system of relationships）；親屬關係的全部系統，以及在這整個系統中所呈現的多種多樣的親屬關係表現形式，都是由上述最簡單、最基本的「**親屬原子結構**」（the atom of kinship）演變和演化而來的（Lévi-Strauss, C., 1978[1973]: 84-87）。

上述基本結構，是由三種類型內在關係的相互交錯地運作所保障的；這三種類型的內在關係，就是：1.**血緣關係**（a relation of consanguinity）；2.**親緣關係**（a relation of affinity）；3.**繼嗣關係**（a relation of filiation）。

這三種內在關係貫穿於一切親屬關係中，但由這些關係所連接的各項，可依

據親屬原子結構各項的不同距離，而發生進一步的複雜變化。

施特勞斯進一步指出，由上述三種內在關係所維持的四方系統親屬原子結構網中，又可區分出兩大系列的親屬現象：**第一個系列是由不同的稱呼語詞所表達的親屬關係語詞系統**（terminological system）；**第二個系列是由親屬的相互態度所構成的親屬關係態度系統**（the system of attitudes）。

顯然，施特勞斯並不把親屬單純歸結為經驗所觀察到的那些有形的人際關係及其現象，而是包括語言使用領域和人們思想情感及態度中的人際關係。由此可見，在施特勞斯的親屬關係概念中，明確地包括了有形的和無形的兩大系列因素，並把兩者在複雜的相互關係中加以分析。

首先，施特勞斯注意到親屬關係在語詞運用中的表現。他顯然認為，靠人與人之間的兩性交換所形成的親屬關係，不只是靠生理學意義上的關係來維持，而且要靠語言的反覆使用加以鞏固。他的這個觀點同本節將要探討的結構主義語言觀有密切關係。施特勞斯和其他結構主義社會人類學家一樣，把語言當成社會和文化的基礎因素，特別是把語言中所呈現的固定結構當成社會和文化基本結構的原型。同時，施特勞斯也認為語言的使用構成複雜的社會關係和文化創造活動的基礎與基本條件。

在施特勞斯所指出的親屬關係第一系列中，親屬間的相互語詞稱呼，構成實際親屬關係的重要組成部分。所有使用親屬關係語詞稱呼的個體或群體，由於語詞所表達和指謂的特定關係，都在他們的行動中感受到他們之間受到了語詞規定的約束。施特勞斯指出：「親屬語詞不僅是某種社會學的存在，而且也是說話的因素」（Lévi-Strauss, C., 1977[1958]: 36）。**使用這些語詞就等於「做」這些語詞所規定的關係規則**。使用這些親屬關係語詞的時候，就隱含著實行由親屬關係所要求的各種「尊敬」或「親近」、「權力」或「義務」、以及「親情」或「敵意」（respect or familiarity, right or obligations, and affection or hostility）。這些隱含在語詞意義網路中的親屬間不同態度的因素，包含著比語詞稱呼關係更重要的心理、情感和社會關係方面的因素。它們在保障親屬關係的維持和運作方面，起著更為重要的作用，使親屬群體具有一定的凝聚力、穩固性和均衡性。

所以，施特勞斯對於親屬間的**態度系統**非常重視。施特勞斯指出，為了分析態度系統在親屬關係中所起的調節作用，必須進一步區分**兩個不同層次的態度系列**。**第一種是擴散開的、非結晶化和非制度化的態度**（the diffuse, uncrystallized, and non-institutionlized attitudes）；這是語詞稱呼系統在親屬間的心理層面的反應或變形。第二層次的態度系列總是伴隨著或補充著第一層次的態度系列，構成了結晶化和被規定了的（prescribed）或由各種禁忌所審核的制度，或者由各種固定

化了的儀式所表達的規則。這些第二層次的態度系列，遠非單純的親屬間語詞稱呼關係的直接反應，而是更爲精緻、更爲深刻的親屬關係因素在社會生活層面上的沉澱，在克服和解決由語詞稱呼關係所建立的親屬關係網的各種矛盾方面，起著非常重要的調節作用。就此而言，態度系列與語詞稱呼系列相比，在親屬間起著更爲重要的整合作用。

由此看來，親屬的基本原子結構最原始和不可化約的性質，歸根結柢是**亂倫禁忌**（tabou de l'inceste）普遍作用的一個直接結果。如前所述，施特勞斯在強調其結構主義親屬觀與結構功能論的區別的時候，一再指出：**親屬的基本結構意味著，在人類社會中，親屬結構得以存在和維持下來的最基本條件，是男人間進行女人交換的可能性**；爲了保障男人間的女人交換，不能像功能派那樣，只單純地把親屬關係歸結爲一夫一妻的二元關係，只看到此親屬關係中的**叔侄關係**（avuncular relationship），只重視親屬關係網絡中的**繼嗣關係**，而是要發現和研究一個男人是怎樣從另一個男人那裡獲得女人的？施特勞斯的親屬結構中**舅甥關係**的出現以及**亂倫禁忌的普遍性調節**作用，正是爲了保障親屬基本關係的存在和再生產，保障一個男人能從另一個男人所提供的女兒或姊妹中獲取女人，保障男人間的女人交換得以一代一代地存在和維持下去，使整個社會關係也進行不斷地再生產。

和施特勞斯一樣，布迪厄也是從研究親屬關係出發，從研究阿爾及利亞農民家庭習俗和制度及其整個文化的特徵出發，將社會人類學同社會學研究緊密地結合在一起（Bourdieu, P., 1987: 33）。有趣的是，布迪厄對於阿爾及利亞農民所遵循的家庭生活習俗的分析，並沒有停留在經驗所能觀察到的表面行爲及其各種現象，而是深入結合他們在行動中的各種心態的變化歷程，結合他們的行動中心態同行爲的互動，將時空方面在場和不在場的各種因素綜合地加以分析（Bourdieu, P., 1979[1960]）。所有這一切，有一部分是同施特勞斯分析印第安人親屬關係的方法相類似。

施特勞斯指出：「在任何社會中，溝通與交換是在三大層面上進行的：女人的交換、貨物和服務的交換以及資訊的交換與溝通」（Lévi-Strauss, C., 1977[1958]：296）。

女人的交換不同於其他交換的地方，就在於它必須嚴格地遵守亂倫禁忌的制約。亂倫禁忌規定了女人交換的範圍及基本條件，也制定了違反禁忌時的各種處分和懲罰的規則及其具體程式。亂倫禁忌所管轄的範圍就是性的關係，更具體地說，就是男人之間的女人交換的一種社會規則。它規定了男人間進行女人交換的條件：不允許在同一家族、同一種族、同一部落中進行女人交換。換句話說，

亂倫禁忌不允許在同一血緣關係中發生男女間的性交關係；如果違反了規定，就會遭受整個家族、種族和部落的懲罰和制裁。這一規定之所以重要，是因為它累積了人類世代相傳的珍貴經驗，它是透過血的教訓所換來的。人類在最初的社會生活中逐漸地意識到：如果在同一血緣關係網絡中發生性的關係，就會為整個社會、整個部落帶來禍殃，帶來毀滅性的不幸後果。亂倫禁忌的規定和執行，是同以上所說的舅甥關係的重要性相平行的。也就是說，亂倫禁忌同親屬關係中的舅甥關係是相輔相成的。親屬關係網絡中的舅甥關係，是為了保障同一部落的男人，能夠源源不斷地從與它毫無血緣關係的另一個部落（即舅舅的部落）中得到新一代的女人。從舅舅所屬的部落那裡得到新的女人，也實際上保證了亂倫禁忌實行的可能性。透過亂倫禁忌的制定和監察及監督，上述親屬關係的再生產才能順利進行。

然而，亂倫禁忌的規定並不是萬能的。也就是說，亂倫禁忌的有效性是很有限的。它的存在和執行，並不能保證社會生活中將可以杜絕一切濫交現象。在極其複雜的社會生活中，由於人類的性生活本身兼有自然和社會兩大方面的因素，即具有文化和本能兩大方面的功能，而且兩者之間也經常相互滲透和相互影響。所以，在實際的社會兩性關係中，自然和文化兩方面的因素之間的界限是相當模糊的。在很多情況下，自然的性本能可以在文化的外衣掩飾下，或明或暗地進行反禁忌的活動。而且，在某些情況下，這種反禁忌的活動本身，也可以補充文化和道德約束所造成的社會生活的緊張關係，可以疏通某些受壓抑的本能，有利於社會生活的安定。所以，亂倫禁忌的問題也包含非常複雜的因素。亂倫禁忌的複雜性正是表現了人類社會文化生活的複雜性。但歸根究柢，亂倫禁忌是人類社會所特有的性生活規則，是人類社會的親屬關係得以維持的重要協調環節。施特勞斯在研究印第安人的原始神話時，發現有關亂倫禁忌的內容是相當普遍的。這就說明它是社會生活的重要方面，也是親屬關係的關鍵因素。

五、神話的基本結構及其意義

神話是原始人的最早文化產品，也是人類文化的最初表現形態。因此，研究**神話就是進一步研究人類文化及其創作機制的基礎**。透過對於神話的研究，不僅可以揭示神話本身的結構及意義、揭示原始人的文化產品的基本結構、揭示原始人所關心的基本社會問題，而且，也可以揭示原始人思想活動的規則以及他們的創作機制。施特勞斯研究親屬結構的真正目的，並不在於揭示親屬關係中的基本構成因素的內在關係網本身，而是要藉此進一步去探索那些支配著親屬關係發生運作的心靈活動方式或模式，深入發現促使人類無意識地、長期穩定地遵循著親

屬關係原則的內在因素。所以，施特勞斯在研究親屬關係的過程中，始終沒有忘記同時研究原始人的神話，並同時也在他們的神話中研究他們敘述中的親屬關係的性質及特徵。因此，在施特勞斯那裡，研究親屬關係和研究神話是同時進行和相互交叉的，也是相輔相成的。

因此，施特勞斯只是把親屬關係基本結構理論看作是研究社會集體結構和人類文化結構的一個出發點，看作是揭示隱含於社會和文化生活深層的心靈運作結構的基礎。施特勞斯在親屬結構中所看到的基本特徵，在他看來，正是語言和整個人類文化活動中所隱藏的思想運作模式的一個表現。他說：「親屬模式、婚姻規則以及某類親屬之間的類似規定性態度在地球某些地區的重複出現，使我們相信：在親屬和語言中，那些觀察到的現象，都是最一般、然而是隱含的規則的結果」（Ibid.: 34）。

施特勞斯對神話的研究，構成其結構主義人類學理論的核心。從一開始開展對印第安人原始文化的研究起，施特勞斯便將其神話之創作、內容、形式、轉化及運作之邏輯，看作是解開原始人從自然到文化過渡的奧祕的關鍵。施特勞斯對神話的研究著作甚多。正如我們一再地強調的，施特勞斯把神話當成揭示原始文化的關鍵。因此，他的整個人類學研究過程，始終都沒有停止過對神話的探討。但只有從六〇年代起，他才有機會系統地論述其神話理論。這就是他花費十年左右所撰寫的《神話學》四大卷（*Mythologiques 4 Vols*, 1964-1971）。

爲了從親屬關係結構過渡到更深層的心靈結構，施特勞斯特別強調：婚姻法則和親屬系統，是用來使自身和他人、個人和群體之間達成某種訊息傳遞的一種運作模式。

如果說，親屬關係、語言和飲食製作的基本結構，都是自身和他人、個人和群體、群體和群體之間，在從自然向文化過渡過程中的訊息溝通方式的變形的話，那麼，**神話，作爲人類從自然過渡的最初時刻的集體性無意識創作的精神作品，作爲人類童年時期「集體的夢」，作爲「人類和動物尙未區分時期的一種歷史」**（Lévi-Strauss, C. / Eribon, D., 1988: 193）**的最樸實的紀錄，它就提供人類思維模式的原形，提供全人類從事各種文化生產過程所共同遵守的思想運作機制的基本結構。施特勞斯說：「從各個時代沉積於底部而冒現出來的神話，作爲不可抗拒的文化監護人，它總是向我們提供一個放大鏡——在那裡，以大量具體而形象的形式，反應出思想運作所遵循的某些機制」**（Lévi-Strauss, C., 1985: 268）。

人類文化的創作機制及其結構是什麼？應該如何去提示？自從古希臘羅馬時代以來，經啓蒙運動、近代理性論和經驗哲學，延續至當代高度發展的科學技術時代，由蘇格拉底、柏拉圖和亞里斯多德所奠定的理性主義和邏輯主義基本原

則，一直被看作是人類文化創作的生命線。但在結構主義看來，所有這些在原始文化之後發展起來的文明，只是作爲一個整體的「人類」，以同自然同步的運作機制創造出來的精神產品。人類思維的創作機制，不是立足於同自然對立的理性原則，也不呈現爲邏輯主義及其歷史主義變種所描述的連續演化過程，而是**自然萬物相互間，在一定間隔內保持協調的整體性原則的仿眞或重演**。如同自然原則萬古長青和穩固一樣，**人類文化的內在創作機制，也有一個穩定的結構**。各個歷史階段內的不同文化形態，不過是文化的統一穩定結構在不同環境下的間斷性重演，就像地層中的不同化石都表現出同一物質結構一樣。人類文化的內在結構，不應在摻入了大量非自然和人爲因素的現代文化複雜形態中去尋找，而應在純樸簡單的原始文化中去揭示，因爲只有在這裡，才能原樣地重演人類從自然到文化的過渡中所遵循的思維機制。

在施特勞斯以前，著名的社會學家涂爾幹就明確地指出：「原始文化提供了優先的事例狀況……因爲它們是簡單的事例狀況……事態與事件之間的關係較爲明顯。因此，它們向我們提供了鑑別那些不斷出現的原因的手段，而這些經常出現的原因，就是我們所研究的宗教思想和實踐的依據」（Durkheim, E., 1968[1912]: 19-21）。

施特勞斯的四大卷《神話學》，不只是結構主義人類學的基本著作，也不只是當代法國思想學術界具有劃時代的偉大著作，而且，也是當代人類文化史的重要歷史文獻，不僅對於研究當代人類學，而且也對於了解當代思想和文化的發展，對於把握當代人文社會科學的基本方法論，都具有重要的意義。

施特勞斯在《神話學》四大卷中，共蒐集了美洲印第安各部落的八百一十三部神話，並按其主題、論述結構及方式加以排列和分析。在他看來，神話乃是處於幼年時期的人類集體地、無意識地創造出來的「夢」。在神話中，人的心靈運作「模式」，通過最樸素的語言，在最自然的表現形式中呈現出來。所以，施特勞斯所關心的，不是神話與歷史、神話與自然、神話與文學表現方法的關係，也不是神話與宗教迷信的關係；而是神話中所體現的人類心靈活動軌跡及其各種形式的「投影」圖像。結構主義者把這些蒐集到的「軌跡」及其各種形式的投影圖像加以提煉和比較，最後總結出一種符合心靈運作模式的「神話基本結構」。他所總結的神話基本結構，並不只是當代神話研究的重要成果，而且也是揭示人類思想創作模式以及揭示人類精神內在運作邏輯的重要參考指標。

施特勞斯發現：幾乎所有的神話，都是處於不斷的變動和變化之中。同一個神話的敘述內容和主題，能夠以極其不同的表達和敘述形式重現。這就是說，任何神話都是以多種多樣的表達形式表現出來。幾乎沒有一個神話是永久不變的。

任何神話甚至要靠它的千變萬化的「變形」，才能不斷地在原始社會中留存下來。如果一則神話總是穿插著它的各種變形的話，那麼結構分析就必須對所有這些變形進行考察。施特勞斯對所有神話變形進行分析的目的，是爲了從中勾畫出所有神話結構的各種相似圖，並進行比較，最後再依比較的結果得出神話的基本結構。

在《神話學》第一卷《生食和熟食》（*Mythologiques.Vol.I.Le cru et le cuit*, 1964）中，就是依據這個原則去分析各種變形。他在分析過程中，發現神話的各種變形都是以一個固定不變的「**仲介**」來互相轉換。由於食品交換是人類文化中的基本交換之一，所以，他說：「烹調活動是天與地、生與死、自然與社會之間的仲介」（Lévi-Strauss, C., 1964: 339）。

這就是說，原始民族的神話中，**始終存在著成對地相互關聯的元素**，這些對立又統一的元素，通過固定不變的仲介，以各種不同方式相互轉換自己的地位，改變自己的表現形式及聯繫形式，才形成各種神話，並產生千變萬化的各種文化形式。天與地、生與死、自然與社會，就是這種基本的對立因素，而「烹調活動」和「女人交換」則是它們轉換的仲介物。這樣，如果用數學函數來表示的話，就可以得出神話結構發生演變的如下公式：

$$f(X, Y) = Z$$

其中，f 就是仲介物「烹調活動」和「女人交換」，X、Y就是天與地、生與死、自然與社會及其他對立因素。這個最基本的公式，也可以表達人類社會和文化中的其他各種基本的結構，只要把其中的各個代數以及仲介 f 所代表因素和食物加以改變。

施特勞斯的這個公式表現出原始社會神話與人類生活的密切關係。由於當時生產力水準很低，人們相互關係非常簡單，社會生活內容無非就是生與死、天與地的關係問題。爲了生存，人們不得不把「吃」和「性」的問題放在第一位，因而「烹調活動」和「女人交換」成了社會生活運轉的主軸。

如前所述，印第安人的神話的上述最基本的結構，是施特勞斯對成千成百的多種神話進行分析的結果。施特勞斯的神話學包括一種「**大型神話學**」，即他的《神話學》四大卷，蒐集了南美大陸的八百一十三部及其成千個變種的神話；同時，也包括他的所謂「**小型神話學**」，即由他的《假面具的途徑》、《嫉妒的女製陶人》及《猞猁的故事》等著作所蒐集的成百個具特殊性質的神話。由「**大型神話學**」和「**小型神話學**」所呈現的神話上述基本結構，是由多種變換不定

的「變形」（transformations）交錯地表現出來的，並呈現在不同主題、不同情節、由不同人物及不同領域的具體關係所組成的神話故事中。**在施特勞斯所考察的神話中，幾乎沒有完全相同的內容和結構；但也沒有一個神話是可以孤立或絕對獨立於這個相互交錯神話網絡之外而存在。所有的神話都是在各個仲介環節中相互關聯和相互變換。**

　　神話是一個總體，這個總體的結構是呈現爲玫瑰花環狀。就總體結構而言，這是一個以花心爲中心，以環狀的多層花瓣爲圓周的玫瑰花環（en rosace）。居於花心的神話，在施特勞斯所蒐集的印第安神話群中，是那個被稱爲「參考性神話」（mythe de ommemora）的「波洛洛族」（Bororo）關於一個掏鳥窩者的故事（Ibid.: 43）。整個《神話學》第一至第四卷中所講述的神話，都是這個「參考性神話」的各種變形（variations），它們就好像層層相重疊的花瓣一樣，始終圍繞著「參考性神話」這個「花心」。就這些花瓣以多樣形式可以無止境地向四周擴張而言，表現了神話結構變形的多樣性和無限性。因此，施特勞斯說，分析具體神話的結構，就好像古希臘神話中那位奧德修斯（Odysseus）的妻子佩涅洛泊（Penelope），爲其父斯巴達王伊卡里奧斯（Icarius）所織的那種「永遠織不完的布」一樣，是永遠沒有絕對的終點的。

　　原始人的神話雖然都有著它們的基本結構，但它們的內容、敘述形式以及主題等等，都有許多變種，並採取形形色色的形態呈現出來。施特勞斯說，「**神話思維在本質上是變換性的**」（La pensée mythique est par essence transformatrice）（Lévi-Strauss, C., 1971: 610）。這就決定了神話研究必須無休止地沿著其變形軌跡延續進行下去。神話的具體結構的多樣性，隨著「玫瑰花花瓣」向四周的無限擴展而不斷增多。就此而言，「所有的神話或神話群的本質，就是嚴禁自我封閉於其中——在分析過程中，每當提出一個問題，總是伴隨著出現一個新的因素；而且，爲了解決它，總是不得不走出已經分析過的那個圓圈。這種可以把一個特定神話中的段落帶領到另一個段落的同樣變換遊戲，幾乎完全自動地擴展到一個新的不可預先決定的段落中，而這一個新的段落，正好又來自以提出同樣問題爲主題的另一個神話」（Ibid.: 538）。但是，另一方面，就玫瑰花環始終圍繞一個中心，其花瓣一再地重疊並重複著相類似的花瓣結構而言，乃是同一穩定結構的重演或變形而已，「就好像環繞著一個胚胎的分子細胞一樣，成群地排列的變形新段落，聚集在最初的群體周圍，並同時地重複著其結構及其性質」（Lévi-Strauss, C., 1964: 11）。因此，在「神話學」系統中，經歷四大卷本對於成千神話的分析之後，施特勞斯終於得出結論說，所有這些神話不過是「同一個神話」（即那個「參考性神話」）的結構的變種。施特勞斯進一步指出，所謂「同一個

神話」，指的是，「它們至少都是環繞著一個基本主題，即從自然到文化的過渡。」（Lévi-Strauss, C. / Eribon, D., 1988: 190）。

因此，在《神話學》第二卷《從蜂蜜到煙灰》（*Mythologiques. Vol. II. Du miel aux cendres*, 1967）的前言中，施特勞斯特別強調：「神話學的地域是圓的：它並不歸結到某一個不可避免的起始點（la terre de la mythologie est ronde; il ne renvoie donc pas à un point de départ obligé）。不管從哪一點開始，讀者都可以保證走完其路程，使他始終在同一個方向上邁步，並使他耐心地前進著」（Lévi-Strauss, C., 1966 : 7）。

施特勞斯在印第安人的神話中所探索的基本結構，正是作為一般人類文化創作的思維原型或思維邏輯機制。「**神話的本質就在於，當它面臨著一個問題的時候，總是把這個問題當作是其他領域（諸如宇宙的、物理學的、道德的、法學的和社會學的等等），所可能提出的問題的「同形物」**（l'homologue d'autres problèmes qui se posent sur d'autres plans）**去加以思考，並從整個總體去考量**（et de ommem compte de tous ensemble）」（Lévi-Strauss, C. / Eribon, D., 1988: 194）。

神話思維所具有的上述兩大特點，即一方面將其所處置的問題與其他領域的問題加以「同形化」，另一方面，又從總體性的角度處之，使神化思維模式具有涂爾幹所說的那種「優先的」價值與馬克思所說的那種「永不復返的再現」（Marx, K., 1857）的可能性。神話就像一幅有聲的圖畫，勾畫出人類心靈世界活動的方式、活動範圍及內容。它像一面鏡子一樣，反射出人類心靈之所思。它又像一個測驗器一樣，檢驗出人類智慧的能力，檢驗出人類理性發揮其創造才能的各種可能性及其限度。

羅蘭・巴特說「從一開始就應強調的是，神話是一種溝通的系統，這是一種資訊」（Barthes, R., 1957: 193）。神話中的任何語詞和語句，都是為了某種溝通的目的而「被加工過的內容的變形」（Ibid.: 195），是人類的最早祖先，集體無意識地將他們同自然相處的經驗，以語言密碼系統的形式表達出來的資訊結構。

基於類似羅蘭・巴特的上述觀點，施特勞斯把神話的結構，看作是「內容本身；它就是在邏輯組織形式中被理解的現實的性質本身（it is content itself, apprehended in a logical organization conceived as property of the real）」（Lévi-Strauss, C., 1978[1973]: 115）。

對於神話的結構，施特勞斯指出：「與其急急忙忙地做出比較並思索其根源，不如更好地先對神話進行方法上有條理的分析，從神話表現出來的變種的總體性角度，去界定其中的每一個神話，由此而消除任何一種預設的觀點。……但為此，我們必須採用一種非常嚴密的方法；這個方法可以歸結為以下三條規則：

第一，任何一個神話，絕不能僅僅在一個層面上加以解釋。不存在任何優先地位的說明方案，因爲任何一個神話，都是由幾個解釋層面的相互關係所組成的（for any myth consists in an interaction of several explanatory levels）。第二，任何一個神話都不能個別地加以解釋，只能在同其他一起構成一個變形的神話關係中去解釋。第三，任何一群神話都一定不能單獨地加以解釋，而只能通過參照系統去解釋，這些參照系統包括它們同其他神話群以及它們同在其中產生出來的社會的種族關係。因爲，如果這些神話是相互轉換的話，那麼，每一種類型的關係，在橫軸方向上，便連接著在所有社會生活演進中所關聯的各個不同層面。這些層面，包括從技術性到經濟性活動的各個形式、到各種觀念系統，並且還包括經濟交換、政治的和家庭的結構、美學上的表達形式、禮儀上的實踐以及各種宗教信仰。各種類型的神話，都是以這種方式，從相對簡單的結構之變化而創造出來的」（Ibid.: 65）。

所以，在分析神話的基本結構時，問題不在於依據這樣或那樣的故事版本（version），也不在於探究或驗證哪些「版本」才是可靠的「眞本」或「原本」（the version of primary version），或者，哪些版本才是「較早的版本」（the earlier version）；因爲任何神話本來就是多版本的，而且也根本找不出「眞本」或「原本」。其實，「眞本」和「副本」的結構及內容基本上是一致的。如前所述，神話的確是千變萬化和千奇百怪的，但它們的主題和基本形式是類似的，是同一的。現代人往往以現代神話的結構和形式要求原始人的神話，以爲神話都一定是像現代神話那樣，只是其內容講述神奇的和毫無邏輯的故事，而它們的結構和形式則是像現代小說那樣固定和有規律。這是一種誤解。眞正的原始神話都是口頭傳說的，而且它們從來沒有一個固定的和最初的「作者」（l'auteur），因爲它們是原始人在無意識中集體創作出來的。因此，它們不會像現代創作的神話那樣，是有固定的文字表述形式和格式。任何最原始的神話，既然是口頭傳說，就會在每一次傳誦中「走樣」，在許多語言和文字方面發生變化。這就是說，眞正的神話語言表述方面的變化是不可避免的，這不是它們的「缺點」，而是它們的本質特徵。正如施特勞斯所說，神話是以其變形表現它們的本質的。

問題同樣也不在於尋求、並停留在諸如「生／熟」、「實的／虛的」、「內在的／外在的」、「天／地」等等二元對立的具體表現形式，因爲所有這些二元對立的具體表現形式，只是不同的神話內容所決定的各種可能形態。

最重要的問題，在結構主義看來，是要從多種多樣神話所表現的神話結構的變形（transformations）中，找出原始人意欲表達的基本資訊；這個資訊的總精神就是施特勞斯在他的新著《猞猁的故事》中所總結的那種「永遠處於不平衡

的二元性的基本概念（la notion fondamentale d'un dualisme en pérpértuel déséquili-bre）」（Lévi-Strauss, C., 1991: 311）。這種二元性的基本概念，形象而生動地表現在印第安人關於猞猁（山貓Lynx）和郊狼（coyote）這對孿生子的神話結構中：「在美洲，幾乎到處都把成對的孿生子中的一個說成是欺騙性的掩飾角色，因爲不平衡的原則存在於成對關係的內部（En Ameriqe,un des jumeaux tienne prèsque toujours l'emploi de décepteur: le principe du déséquilibre se situe à l'intérieur de la paire）」（Ibid.: 306）。

六、施特勞斯的符號論與象徵論

　　施特勞斯非常重視語言結構的分析。這不僅是因爲結構主義本身大多是以語言結構的分析成果作爲基礎而建立起來的，而且更重要的，乃是因爲結構主義把語言看作人類聯繫成一個相互關係網、組成一個完整社會結構系統的基本紐帶。在某種意義上，語言的結構乃是基本社會結構的典型模式；一切結構之所以可能乃在於語言結構的溝通作用；反過來說，一切社會結構，歸根究柢，都可以還原爲語言的結構。

　　施特勞斯指出：「語言學在它所必然隸屬的社會科學系統中，占有一個特殊的地位。這不僅因爲它和其他社會科學一樣，本身是一門社會科學，而且，更重要的，毋寧是因爲它取得了最大的進步；甚至很有可能，它是唯一可以說已經眞正地成爲一門科學，同時已經形成了自己的經驗論方法和理解它所分析的材料性質的學科」（Lévi-Strauss, C., 1977[1958]: 31）。

　　實際上，施特勞斯在這裡所要表達的思想很複雜。第一，語言就是人的本質：語言是使人區別於動物、使人成爲人的關鍵事物。第二，語言是人類社會的基本脈絡，猶如葉脈是樹葉的基本脈絡那樣。因此，語言又是社會的本質，是使社會得以存在的決定性因素，是社會生活可能進行下去的槓桿。第三，語言是人類心靈的門戶；它是表達心靈活動唯一可靠的手段；在它之中，隱含著心靈所想的一切，包含了心靈無意識地要做的一切，表達了心靈的「願望」和那些「不由自主的意向」。因此，在這個意義上可以說，語言是揭示心靈的「密碼」，是記錄心靈的「錄音帶」和「錄影磁帶」。第四，對於語言的研究，是一切社會科學和人文科學的基礎；反過來說，一切社會科學要眞正地成爲科學系統，就必須以語言學的成果爲榜樣；而在結構主義者看來，語言學的最高成果就是對於語言結構的分析。

　　總括上述觀點，結構主義把語言當成一種「訊息」系統；這一訊息發自人之內心，行於社會大庭廣衆之中，又回歸於人心之中。因此，結構主義研究語言，

歸根究柢，也就是研究這一訊息系統的內容、形式、結構、起源、交流過程、社會作用等等。

首先，讓我們考察結構主義者爲什麼以及如何把語言看作人的本質。

在《結構人類學》第二卷中，施特勞斯用第一章和第二章的篇幅論述了人類學的研究物件及研究範圍。在這兩章中，施特勞斯先探討了自博阿斯和涂爾幹以來的社會人類學的發展概況。接著，高度評價了法國社會學家毛斯和瑞士語言學家索緒爾關於研究「禮物」和語言的工作成果。毛斯和索緒爾的主要功績，就是發現了研究人類本質必由之路，即溝通工具和語言。施特勞斯認爲，索緒爾雖然沒有給社會人類學下一個明確的定義，但他給語言學取名爲「符號學」（Sémiology），從而使它導入科學領域。在施特勞斯看來，索緒爾的這一成果具有劃時代的意義，因爲只有對語言進行科學的分析和研究，才可能建立起眞正的以研究「人」爲中心任務的社會科學系統。

施特勞斯認爲，研究人的本質是一項非常重要的課題。只有弄清人的本質，社會科學和人文科學才有希望眞正地建立起自己的科學系統。

在施特勞斯看來，人的本質就在於人類具有「文化」。人類文化使人從自然界脫離開來，並形成與之相對立的優越地位。然而，人類文化之形成及發展，仰賴於語言的使用。所以，歸根結柢，乃是語言規定了人的本質；也是語言，劃清了文化與自然的界限。

因此，施特勞斯曾說：「誰要是說『人』，也就是說『語言』；誰要是說『語言』，也就是說『社會』」（Lévi-Strauss, C., 1955）。在《結構人類學》一書中，施特勞斯又進一步說：「關於語言與文化關係乃是一個非常複雜的問題。首先，我們可以說語言就是文化的一個成果。由一個民族使用的語言，是該民族對於整個文化的反思成果。但是，人們也可以說，語言是文化的一部分。它是組成一種文化的諸多因素之一，如果我們回憶泰勒（Taylor, Sir E. B.）關於『文化』的著名定義，那麼，文化是包括諸如工具、制度、習慣、信仰以及理所當然的還有語言在內的許多因素。而如果從這一觀點來看，問題就與前者完全兩樣了。第三，語言可以說就是文化的條件。而作爲文化的條件，它是通過兩個極不同方式：首先，它是以歷時的方式（in a diachronic way）成爲文化的條件，因爲我們學習我們自己的文化幾乎完全靠我們的語言；通過語言，我們的父兄教導我們，我們被責罵、被讚揚等。但同時，從更深的理論觀點來看，語言之所以可以被說成爲文化的條件，是因爲構成語言的因素和構成整個文化的因素都是同屬一個類型：邏輯關係、對立性、相互性及其他相似的東西」（Lévi-Strauss, C., 1977[1958]: 68-69）。在以上所引的兩段話中，施特勞斯已經向我們暗示了人的

本質與語言的內在關係。

人類文化藉語言而形成和發展，也藉語言作爲「倉庫」或「儲藏室」來累積其成果。這就是說，語言是文化的出發點，也是文化的手段，是文化得以存在和發展的條件，又是文化一切成果的凝縮物，是文化發展的歸宿點。

正因爲這樣，在語言中包含了人類社會學的本質，包含了可以洞察人類本質的整套「密碼」或「訊息」。

結構主義者把語言的本質同人的本質聯繫在一起，是因爲他們認爲：語言的結構與文化的結構同屬於一個類型，兩者包含了相同的邏輯關係、對立性、相互性等等。所以，揭示了語言的結構，即揭示了文化的結構，也就掌握了人的本質。

在施特勞斯以前，「社會學」作爲一門研究社會的學科早已存在。但是，在相當長的時間內，社會學家研究社會現象往往忽視了語言的作用。

所有社會研究，不論其目標或方法，都沒有把語言看作是社會生活最本質的組成部分。所以，當施特勞斯發現毛斯和索緒爾表現出把社會本質與語言聯繫在一起的趨勢和努力時，給予了很高的評價。

施特勞斯認爲，在更早以前，法國思想家盧梭就已經考慮到語言在社會生活中的重要作用，儘管他用「社會契約」（Social contract）這個概念說明社會形成的原因。

在《結構人類學》第二卷中，施特勞斯明確地把盧梭認定爲「關於人的科學的奠基人」（Lévi-Strauss, C., 1978[1973]: 33-43）。顯然，施特勞斯所看重的，就是盧梭始終把人類社會看作一個「整體」及其獨特的語言觀。

盧梭從這個正確的前提出發，觸及到語言的社會功能問題。盧梭認爲，語言的出現不僅使人類區別於自然，而且也加速了人類認識能力的發展，使人類思維從具體的、形象的感性認識加速過渡到抽象的理性認識。

我們在施特勞斯對盧梭的高度評價中，看到了結構主義關於「人」和語言的基本認識。施特勞斯認爲，對人類學的發展起著決定性影響的，是盧梭的《論不平等的起源和基礎》（*Discours sur l'origine et les fondements de l'inégalité parmi les omme*, 1754）那部著作，因爲在這本書中，盧梭提出了自然與文化的關係問題。盧梭在那本書中說：「誰想要研究人，就必須環視他自己的周圍；而研究人，首先必須學會往遠處看；爲了發現特徵，首先必須看到區別性」（Rousseau, J.-J., 1754）。所有這些由盧梭提出的問題，當施特勞斯等結構主義者研究人和語言關係時，都被進一步發揮出來。

結構主義者認爲，人類要構成一個整體，就必須有溝通人類心靈的一套符號

系統；而動物之所以不能形成本族類的整體性，就是因為牠們沒有這種符號系統。

所謂符號系統就是能傳達一定意義或一定「訊息」的密碼系統。單純的、個別的、互不聯繫的「密碼」或符號是到處存在的，甚至存在於一些動物之中。但它們不能成為「語言」，起不了統一化和整體化的作用，因為它們既沒有固定的意義，傳達不了一定的訊息，同時又不構成完整的系統。

人類的語言是能傳達訊息的符號系統，所以，這一系統的形成和廣泛使用使人類區別於一切動物。

結構主義認為，要把自己同別人聯結起來，首先必須能把自己同別人區別開來，在這基礎上才談得上把自己同別人聯結成不同的社會關係。當「自己」無法與他人相區別時，就表明「自己」尚未能獨立存在，也說明「自己」仍與他人混淆在一起。但是，在把自己與他人相區別之後，又必須有上面提到過的那種「能傳達訊息的符號系統」，才能相互聯繫。

施特勞斯認為，人類語言的形成與發展，直接與人的交換活動聯繫在一起。在施特勞斯那裡，究竟是語言促進了交換，還是交換產生了語言，這似乎並不重要。他甚至也無意弄清這個問題。對他來說，最重要的是**把語言的使用同人類的相互交換行為聯繫在一起**。在某種意義上來說，**語言就是交換，交換就是語言。**不管是交換，還是語言，其重要性就在於把人聯結成一個整體，使人同自然相區別，使人類形成自己的文化系統；簡言之，使人自己具備自己的本質。

總體來說，結構主義認為，語言是社會生活的基本槓桿，也是社會基本結構的基礎。換句話說，沒有語言，社會不能存在，社會也不可能有自己的固有結構。

在這裡，**結構主義強調了語言與社會本質之間的兩層意義**：第一，一切社會生活現象都離不開語言，所以一切社會現象，無非是語言的翻版，是語言的「外化」；第二，語言的結構是社會結構的「原型」和「基礎」，社會結構無非是語言結構的量變形式。正如施特勞斯所說：「社會群體像語言一樣，儲存著大量的精神生理因素構成的的財富；而且，也像語言那樣，社會群體保留著其中的某些因素，或至少是其中的一部分，使這些同樣因素貫穿於它們最大量的文化之中，並且結合成為各種結構，而這些結構又始終不斷地以多樣形式變化著」（Lévi-Strauss, C., 1977[1958]: 40）。

語言之貫穿於一切社會生活領域，即一切文化活動，並不單純意味著語言是這一切社會生活，即一切文化活動必不可少的溝通工具和溝通方式，而且更重要的是，這一切社會生活，即一切文化活動，都是以語言內在的深層結構為「原

型」而運作；換句話說，以語言的結構爲基礎而建立其本身的結構。

那麼，**語言的結構**到底是什麼呢？語言的結構又怎樣衍生出各種文化關係的結構呢？要弄清這個問題，還必須與前面講過的「親屬基本結構」和「神話結構」聯繫在一起。但首先我們可以較爲概括地論述語言結構的特點及其引申出來的各種文化結構的一般問題。

人類思維活動的一個基本特徵是「象徵思考」。美國人類學家列斯萊·懷特（Leslie White, 1900-1975）在1959年出版的《文化科學》（*The Science of Culture*, 1959）一書中說：文化之成爲可能，乃在於語言中象徵符號的使用：「人類使用象徵符號，而其他動物則完全沒有」（White, L., 1959）。

施特勞斯在研究親屬和神話的過程中，深刻地揭示語言在人類發展史上的重要作用。人類之所以不同於動物，有能力認出語言符號的意思及其與所代表事物的關係，就是因爲人類的心靈中，先驗地具有一種能把自然與文化對立起來、然後又聯結起來的能力（Lévi-Strauss, C., 1955; 1975; 1984; 1989）。換句話說，**人類使用語言的基礎是人與自然既對立又統一的關係**，這一關係是人類特有的，是其他動物所不具備的。如前所述，施特勞斯在神話研究中，深刻地說明了原始人在從自然向文化過渡的過程中，逐步學會將自然與文化兩大因素既對立、又聯繫在一起。原始人的大量神話，就是人類在實際生活中把自然和文化兩大因素既對立又統一的經驗總結。

人與自然的對立和統一是語言使用的基礎。**人類的一切語言，其基本結構，都可以簡化成文化與自然的對立關係**。在此關係的基礎上，人類語言衍生出一整套對立組合的概念，如「生的—熟的」、「冷的—熱的」、「乾的—溼的」、「男人—女人」、「父—子」、「夫—妻」、「燒烤的—滾煮的」……等等。這些對立概念是人類從自然分離出來後，在相當長的時間內，自然遇到的各種關係的語言表現。

施特勞斯在研究神話的過程中發現，語言中的這些對立範疇早已在人類世代相傳的生活中表現出來，演變成一套又一套的生活習俗。例如，在原始社會中的圖騰和禁忌，就是語的前述基本對立結構在原始人文化中的表現。原始人規定的種種禁忌，與其說是他們在現實生活中所遇到的客觀條件所造成的，不如說是他們心靈中那種從自然分離出來時長期形成的思維結構的產物。大洋洲的原始人爲什麼規定丈母娘不許與女婿相處？兄弟不許與姊妹相處？這是人類從自然分離出來時所長期形成的種種對立範疇的衍生物，這些對立範疇先是在人類的語言結構沉積下來，隨著又演化成各種生活習俗及其他文化形式。

人類在創造語言時，語言結構很自然地同心靈中早已形成的那種對立組合的

結構相協調。既然這種對立組合是人類各種族中每個成員都普遍具備的，那麼在使用語言時，也很自然地能普遍地相互理解語言所表達的意思。這也就是說，人類先天心靈構造模式，是使用語言的基礎和先天條件，它們是人類從自然分離出來的產物；這是其他動物所沒有的。

人類具有先天的心靈模式，產生了語言的基本結構，使人類有了一套能傳遞訊息的象徵符號系統，也使人類可能在使用它們的過程中取得協調一致的結果。反過來，人類長期使用語言的過程，又進一步鞏固和發展先天心靈模式中的那種二元化對立統一的能力。

在神話中人與動物、與自然的這種既相互區別、又相互聯結的結構，是人在從自然向文化過渡的過程中，在創立語言結構的時候，所產生的一種副產品。在施特勞斯看來，人在從自然向文化過渡的時候，人類心靈中那種處置自然與人的二元性模式，最早是在語言結構中沉積下來和呈現出來的。**語言以「聲音」和「意義」的對立同一結構，構成了人類的一切產品，形成了一切文化關係**。在這個意義上說，語言使人類聯繫成一個相互關係網、組成一個完整的社會結構系統的基本紐帶；語言使人類得以靠「聲音」結構而溝通其中所象徵的「意義」結構，從而使人類社會形成為相互聯繫的整體。所以，**語言的結構乃是基本的社會結構和文化結構的典型模式，一切結構之所以可能，乃在於語言結構的仲介性溝通作用**；反過來說，一切社會結構和文化結構，歸根結柢，都可以還原為語言的結構。語言，作為資訊系統，是發自人心、行於社會大庭廣眾之中、轉化或變形為其他類型的文化形態、又回歸於人心之中的基本結構。人的本質及其文化的形成和發展，仰賴於語言的使用，仰賴於語言中的基本結構的運作及其轉換。

人類語言一系列相互對立又相統一的概念，以及在此類對立概念基礎上衍生出的第二、三、四層，甚至更多層次的、多仲介的各種文化概念，是人在從自然分離的過程中，將自然與文化的對立同一關係，加以逐步複雜化、加以多層次仲介化的心靈運作模式在語言中的表現。

七、文化的四大類型基本結構

如果說，人從自然分離而創立文化的過程中，語言同時地構成了這一過程的基本條件和基本產物的話，那麼，由於過程本身還隱含著複雜的因素，所以，語言中的「意義」和「聲音」的對立統一的二元模式，並非在一瞬間便呈現出完備的結構形態。在施特勞斯看來，在人從自然分離出來而創立文化的過程中，在產生語言這個基本產品和使用語言這個基本條件的同時，也產生出數學、神話和音樂另外三種基本文化結構，作為語言結構相對立、又相輔相成的文化基本模式，

構成為人類心靈運作的「四大類型基本結構」（Lévi-Strauss, C., 1971: 578）。人類文化，無非是以**數的實體、自然語言、音樂作品及神話**（les êtres mathématiques, les langues naturelles, les oeuvres musicales et les mythes）四大類型結構為基礎而建構起來的。在四大家族結構群中，數學結構是擺脫了一切具體化事物的最自由和最純眞的結構形式；而與數學純結構相對立的，是在聲音和意義兩方面同時地具體體現出來的語言結構。

但是，如果以為語言作為從自然過渡到文化的條件和產物，已經足以包含這一過渡的全部奧祕；如果以為揭示語言的「聲音」和「意義」的二元結構，就可以徑直揭示這一奧祕，那就未免把這一過渡本身加以簡單化。施特勞斯在分析「永遠處於不平衡的二元性的基本概念」時，始終都很重視在對立因素之間起著聯結和協調作用的**仲介化因素**及其運作過程。

因此，為了揭示從自然到文化的複雜過渡及語言結構的運作過程，為了揭示人類心靈處置語言中的「聲音」和「意義」的二元關係的**仲介化程序**，施特勞斯在分析人類文化的一般結構時，更深入細緻地解剖了作為語言結構發生轉換的兩個「**副產品**」，即音樂和神話的結構——相對於語言，音樂結構是「**飛越出意義而附著於聲音**」的結果，而神話結構則是「**飛越出聲音而附著於意義**」的結果（Ibid.）。

同施特勞斯一樣，索緒爾和傑科普生等結構主義語言學家也不只是研究語言中的對立因素，而是深入探討成對的對立因素相互轉化的仲介化機制。索緒爾和傑科普生曾說，**句段關係系列**（syntagmatic chains）和**隱喻**（metaphor）是以**類似的認識**為基礎，而**聚合關係群**（paradigmatic ensembles）和**換喻**（metonymy）則以**連接性的認識**為基礎（Jakobson, R. / Fant, C. G. / Halle, M., 1952; Jakobson, R. / Halle, M., 1956）。

這就是說，符號的不同變化，不同符號所包含的意義，都是以類似性的認識為基礎；而不同符號的統一使用及這種使用的不同形式，則決定於連接性的認識。施特勞斯在七○年代深入研究象徵和神話運作邏輯時，也進一步探討了語言使用中隱喻與換喻的相互轉換規則（Lévi-Strauss, C., 1985: 227-242）。

在我們的認識過程中，首先要能夠區分不同事物的**異同點**，才能建立起不同的概念，才能用不同的符號代表不同的意思。其次，在區分事物的基礎上，人們又必須發現不同事物之間的**共同點或類似性**，才能推演概念的不同變化形式。第三，與此同時，人們又必須**把不同的事物的變化形式，從更廣的總體上，再次連結在一起、並進行再次比較**，才能擴大認識和交換訊息。

世界上的事物無非是以上述兩種形式不斷發生變化，形成兩大類序列：1.同

類事物內的不同變化形式間的聯結系列：與2.不同類事物之間的聯結關係（Lévi-Strauss, C., 1955; 1962）。我們只有深入了解這兩種系列的多種形式與可能結構，才能對世界有一個總認識。結構主義者正是試圖揭示這些聯結結構的可能形式及其變化。語言的基本結構，就是參照這個基本模式建構起來的。

施特勞斯認為在對於神話及一般原始人的思想進行分析時，我們必須區分上述兩種聯結系列，比如說，如果我們想像一個由超自然物居住的世界，我們可以用許多方式來描述它：我們可以說它是由鳥、魚、其他野獸，或其他「像」（即傑科普生提到過的「類似認識」）人的東西所構成的社會。在這種情況下，我們無論怎樣說，都是在使用「隱喻」，這是一種象徵化的方式。也就是說，用一種在人們看來是類似的東西去代替另一個東西，以便表達人們的某種意思。

在另一種場合下，人們則應用某種特殊的統合構造，例如語句，來表達一定的意義。在這個時候，人們使用某種聚合關係群的方式，把不同種類的元素聯結在一起，從而可以使我們從部分而得知整體。這也就是施特勞斯所說的另一種象徵化的方式，即換喻。比如，我們說「王冠代表主權」，乃是基於這樣一種事實，即王冠和其他衣物結合而構成國王的制服，這是一種獨特的聚合關係群。因此，縱使我們把「王冠」抽離這個脈絡去作別的用途，它仍然能夠表示它所表達的上述完整意思。

這種隱喻和換喻的對立，當然不是非此即彼的區別；任何訊息傳遞的過程，都同時包含兩者的相互交叉因素。這也就是說，為了傳遞一定的訊息，可能會有不同程度或不同方式的「隱喻」和「換喻」的混和使用，只是這些混和中的兩者比例、成分有所不同罷了。如前所述「王冠代表王權」這句話的主要成分是換喻；而與此相對，「女王蜂」這個觀念的主要成分則是隱喻的。

這些觀點與早期的人類學研究工作有密切的淵源關係。我們在第一章中提到的英國人類學家弗萊哲（James George Frazer, 1854-1941）曾在其著作《金枝集》（*The Golden Bough*, 1890）中研究原始巫術，他認為巫術信仰的基礎是兩種（錯誤的）觀念連接：**類比巫術**（homeopathic magic）根據**相似律**（law of similarity），而**接觸巫術**（contagious magic）則根據**接觸律**（law of contact）。

實際上，弗萊哲所說的「仿真／接觸」區分就等於傑科普生和施特勞斯所說的「隱喻／換喻」的區分。弗萊哲和施特勞斯都認為這一類區分對理解「原始思想」有非常重要的意義。

首先，我們必須了解，這裡所提到的二元關係，即由「隱喻、句段關係系統、相似」因數所構成的軸以及由「換喻、聚合關係系統、接觸」因數構成的軸，和前面列舉的「食物三角形」、「母音三角形」、「子音三角形」等結構的

邏輯架構是一致的。比如，在「食物烹飪三角形基本結構圖」中，「文化／自然」這一軸是隱喻的，而「正常／變形」這一軸則是換喻的。對於施特勞斯來說，這個相同的架構包含著更重要的意義，因為它能向我們提供理解圖騰制度和神話奧祕的線索。一項圖騰儀式或一則神話如果可以被看作是個別文化現象，是聚合關係系列，那麼，它是由一系列更細、更小的聯結而形成的連串。在這裡，動物和人類可以互相代換，文化和自然混淆在一起。但如果我們把一組圖騰儀式和神話集中在一起，一一重疊起來，我們就可以看出句段關係系統的和隱喻的模式；在這裡，我們發現動物的不同遭遇乃是人們不同遭遇的代數變換形式。

　　或者，我們也可以從相反的方向來進行。如果我們從一組特定的習慣行為系列下手，我們必須把它看作是一個聚合關係系列。這也就是說，我們把它看作是一組文化殘存物中模式關係的一個特例。如果我們考察這個特例，以代數的觀點，應用函數關係圖來表示其構成諸要素的排列方式，我們就會發現一個全體的、完整的系統，即一個主題及其變形，一組隱喻的和句段關係系統；而我們的特例不過是其中的一例。由此，我們就會注意到所有其他可能的變形。然後，我們再回頭檢驗民族志資料，看看這些資料中有否存在其他的變形。如果答案是肯定的，我們就可以確定我們所建構的代數模型是對應於所有人類頭腦中那些根深柢固的結構模式。

八、人類象徵性思維模式的同一性和靈活性

　　為了更深入地說明人的思想和語言在創作過程中所採用的基本結構模式，施特勞斯在《嫉妒的女製陶人》一書中，進一步說明了神話思維的基本特徵。在這裡，要特別強調的是，施特勞斯關於思想和語言運作的基本模式的關聯，一方面要揭示思想運作和語言表達的統一的一般結構，另一方面，又要顯示思想運作和語言表達，根據不同條件和不同內容，而靈活地採用各種各樣的多元化的轉換形式。這就是說，一般結構和多樣轉換形式，在不同的思想創作和語言表達中，是高度靈活而具體地統一起來的。兩個方面的任何一個面向，都不容許加以誇大和僵化。也正因為這樣，施特勞斯的結構主義，雖然總是力求通過千變萬化的社會和文化經驗現象，去揭示其深層或背後的一般的穩定的結構系統，但他絲毫都不想要通過他的結構主義，引申出可以到處套用的統一文化結構模式，更不想要藉此而把複雜、多元化的人類文化，歸結為某種所謂「終極的」模式。因此，當施特勞斯試圖用符號論的語言概括人類思維的運作模式時，他始終都反對概括出思維運作的單一性終極密碼系統（Lévi-Strauss, C., 1985: 227-260）。

　　施特勞斯和羅蘭·巴特一樣，認為符號論的原則，適用於說明人類社會各種

文化現象。符號論的基本原則,總是用各種不同符號系統間的關係與各個符號系統中不同系列的符號之間的關係的相互指涉和相互轉換,一方面確定符號同符號所指的物件物之間的關係,另一方面,也確定符號同使用符號者的人的思想同所使用的符號之間的關係。因此,符號成爲了人的思想及其所要表達的內容之間的仲介手段。正是考慮到人的思想的複雜性,考慮到人的思想所要表達的內容和意義的複雜性,考慮到與思想相關聯的萬事萬物的相互關係的複雜性,所以,作爲思想與思想物件物之間的仲介的符號系列,其結構必須能夠充分地與上述各種複雜關係相適應。正因爲這樣,施特勞斯曾經用借喻和換喻之間的相互轉換關係,來概括符號系統之間及符號系統中各因素之間的相互轉換關係。

施特勞斯爲了說明人的思想運作以及以符號論原則所表達的心靈運作密碼的複雜性,在《嫉妒的女製陶人》一書中,**仍然以神話思維的分析爲中心,分析神話思維運作密碼的多樣性及其相互轉換的可能性。**

在施特勞斯看來,既然神話的運作類似於夢的運作,所以他很重視佛洛伊德關於夢的運作模式及其密碼系統相互轉換的觀點。施特勞斯認爲,神話和夢的運作都是在無意識中進行的,因此,神話和夢運作的轉換密碼也是在渾沌狀態中無意識地運作的。從總體來說,不論是夢還是神話,它們所採用的象徵性密碼的數量總是有限的,但是,在實際運作的過程中,根據神話和夢的不同具體內容及其表現形式,這些象徵性密碼卻可以不斷地轉換成多種多樣的形式。當某一個具體的神話或夢運作的時候,它們所採用的象徵性密碼的轉換,並不是在各個密碼間毫無聯繫地孤立地發生,而是按照各個夢和各個神話所採用的象徵性密碼的總體結構,在各個具體密碼之間進行相應的連貫性調整。這是因爲任何象徵性密碼都不能作爲一個孤立的因素獨立於整個系統之外,因此,當神話和夢的密碼發生轉換時,並不是其中的個別密碼單獨地相互轉換,而是在密碼系統整體發生轉換的情況下,各個密碼之間也發生相互轉換。施特勞斯說:「**意義的轉換和傳遞,並不是在單個語詞之間進行,而是在密碼之間進行,也就是說,是從某個類型或某種範疇的語詞群,轉換成另一個類型和另一個範疇的語詞群**」(Ibid.: 254)。

佛洛伊德看到了夢的運作中各種象徵相互轉換的可能性和多樣性。而且,佛洛伊德在談到象徵的相互轉換時,也始終表現出高度靈活的辯證思想。他經常提到同一個象徵在不同的夢和不同的情況下,可以表現及隱含不同的意義。因此,在佛洛伊德看來,夢所使用的各種象徵不但不是固定不變和僵化的,而且都有可能在不同象徵系統中轉化成不同的形式和意義。所以,施特勞斯也指出:「**神話和夢一樣,都是採用符號的多樣性而運作的;其中的任何一種象徵單獨分開來都不能意涵著任何事物。這些象徵只有在它們之間建立起關係的條件下,才具有一**

個特定的意義。它們的意義並不存在於絕對之中；它們的意義只有從它們在關係中的位置所確定」（Ibid: 258）。

但是，佛洛伊德似乎也經常表現出尋求夢的單一性終極密碼的傾向。他把性的欲望看作是普遍存在於夢的活動中的決定性因素，因此，他似乎試圖**把性的因素看作是夢中一切多變的各種象徵系統的最終原則**。施特勞斯認為，如果說佛洛伊德的精神分析學在符號論和象徵論方面已經做出了偉大貢獻的話，那麼，佛洛伊德處處表現出把性的象徵看作唯一普遍存在的決定性的終極密碼的想法，是破壞符號論和象徵論關於象徵多元性和多變性的基本觀點的危險傾向。施特勞斯得出結論說：「精神分析學和結構分析在一個重要點上發生分歧。佛洛伊德在他的整個作品中，始終都是在關於象徵的一種現實主義概念和一種相對主義概念之間動搖不定，始終無法做出抉擇。根據象徵的現實主義概念，每一個象徵都只有一個單一的意義。而根據象徵的相對主義概念，某一個象徵的意義可以根據各個不同的特殊情況而發生變化，同時，又必須根據象徵間的自由連結來揭示各個象徵的意義。也就是說，根據佛洛伊德的多少仍然帶有天真和自然傾向的相對主義象徵概念，每個概念都是根據其脈絡，根據象徵同其他象徵之間的關係確定其意義，也就是說，在象徵系統中的各個象徵，都只有相對於它自己的某個意義。這第二種概念所開闢的道路將會導致極其豐富的象徵論思考，……但是，佛洛伊德卻沒有繼續走他所已經開闢的第二條道路，而是越來越轉向日常語言的分析，**轉向詞源學，轉向語言學**，實際上想要在多種象徵中找出一個絕對的意義」（Ibid: 247-248）。施特勞斯對於佛洛伊德的精神分析學的這段批評，是非常重要的。這裡主要是關係到符號論和象徵論的一個最重要的核心問題，也就是符號象徵雖然在表面上都是採取某種形式，而且符號和象徵的各個特殊形式同各個特殊意義都有特定的關係，但是，不論對於符號和象徵所採用的特定形式，還是對於各個形式所意涵的特定意義，或者是對於形式和意義的相互關係，都不能從絕對靜止觀點去理解，也不能把象徵及其意義脫離開它們的系統的實際運作脈絡去進行分析。任何符號論和象徵論，它對於研究人類文化和人類社會的重要意義就在於：它們同任何類型的尋求絕對終極原則的形上學思考毫無共同之處，象徵論和符號論的運作及其詮釋始終都是要求反思的原則和動態的分析方法。

九、施特勞斯個人對其思想發展的總結

為了總結自己的結構主義思想發展過程，施特勞斯在1988年發表《從近處和從遠處》。這本書是法國《新觀察家》（*Le Nouvel Observateur*）週刊記者笛第爾・艾瑞本（Didier Eribon）訪問列奧・施特勞斯的對話紀錄。

《從近處和從遠處》全文共分三大部分：1.當唐・吉訶德重返的時候（Lorsque revient Don Quichotte）；2.心靈的法則（Les lois de l'esprit）；3.各種文化和一般文化（Les cultures, la culture）。

整個對話錄以輕鬆的口吻描繪了偉大的思想家和人類學家施特勞斯的生活、思想和研究工作的歷程。施特勞斯在對話錄的前言中說，他並不注重保存一生中連續發生的一切經歷；他個人所保留著的只是「新石器時代的智慧」（l'intélligence néolithique）。他說：「我並非經常累積資本、使獲得的成果不斷增值的那種人。毋寧說，我是在一個永遠運動著的邊界上移動的人。我唯一關心的，是正在進行的工作」。接著，施特勞斯說，在他的研究工作中，往往是那些由各種偶然性和機遇的因素起作用的遊戲一類的東西（ce genre de jeu où le hazard joue son omm），促使他重建已衰退的記憶。

施特勞斯這一段簡短的答話，很深刻地概括了他結構主義方法的基本原則，即是說，重要的問題並不在於像歷史主義者那樣，盡可能完備地去描述連續發生的事件，也不是依據什麼所謂的「歷史規律」去預見或預設自己的思想和行為的未來計畫，**而是在於重建那些依據表面偶然因素所決定的遊戲活動軌跡；這些遊戲雖然看來是充滿偶然的變數，但它們恰正以無窮多樣的變化形式，重演著同一個穩定結構的人類心靈無意識創造活動的模本**。施特勞斯的研究工作，體現了他的結構主義的基本精神。他一生的研究活動，不是按照一個預先嚴格計算的固定順序去進行，而是遵循精神創造活動本身的運作邏輯而無意識地進行。由無數偶然的因素無意識地推動的結果，不但沒有使施特勞斯的研究方向和研究邏輯發生混亂，而是更能夠逐步地把握所要研究的物件的整體，同時也使研究者本身的邏輯思考同被思考的事物的運作規律巧妙地相適應。

這本書是迄今為止系統地講述施特勞斯個人歷史和思想發展過程的唯一可靠參考書。在同笛第爾・艾瑞本的對話中，施特勞斯講述了個人思想成長過程，他在南美考察印第安部落的狀況，他同法國著名思想家布勞岱和拉岡等人的會晤，他在法國社會科學高等研究院和法蘭西學院的教學和研究過程，以及他本人自1982年退休後的研究活動。

施特勞斯在考察了千百種神話的內容及其結構之後，曾在他的《神話學》第四卷《裸人》一書中指出：「如果說神話顯示出它們本身是荒誕敘述的話，那麼，實際上卻存在著一種神祕的邏輯，它調整著所有那些荒誕性之間的關係」（Lévi-Strauss, C., 1971: 614）。對於結構主義思想大師來說，一切表面看來是荒謬和凌亂不定的事物，並不是最重要的；重要的，倒是要透過這些表面現象，去把握寓含於其中的深刻意義。所以，施特勞斯說：「**神話告訴我們許多關於源出**

於其中的那些社會，神話有助於揭示這些社會運作的內在機制，它們也揭明那些初看起來不可理解的各種信仰、習俗及制度的存在原因；而最後，也是最重要的，神話使我們有可能釐清人類心靈的某些運作模式……」（Ibid.: 571）。

爲了紀念施特勞斯的社會人類學研究的成果，巴黎人類博物館於1989年10月舉辦了「列奧・施特勞斯的美洲人」（Les Amériques de Claude Lévi-Strauss, 1989）展覽會，藉此機會，施特勞斯再次重新檢討了他在早期和中期有關美洲印第安文化的研究成果，同時，也結合了北美人類學家對於印第安文化的新研究發現，特別是高度重視北美印第安人出身的人類學家的研究成果。施特勞斯在書中高度評價加拿大籍印第安血統的藝術家畢爾・雷德（Bill Reid, 1920-　）的藝術作品。因爲在施特勞斯看來，「北美西北印第安人的藝術作品提供了這樣一個共同的性質，即他們都曾經精緻地造就極其嚴謹的一種辭彙、語法和句法，同時又藉此手段保存著產生無限創造能力的大量論談，一種眞正的圖像式的和可塑式的詩歌語言。雷德由於忠於他的家庭傳統，完全地消化和理解這些規律，而他自身的天才稟賦，又使他在不重複其祖輩資訊的條件下繼續發展和使之多樣化。……從此以後，由於畢爾・雷德，太平洋沿岸地區的印第安藝術得以進入世界大舞臺；它實現了同人類整體的對話」（Lévi-Strauss, C., 1989: 15）。

在這次展覽會之後出版的《象徵及其副本》（Des ommemo et leurs Doubles, 1989）一書，實際上是施特勞斯從象徵論的高度，對以往的研究工作進行的理論概括。施特勞斯更明確地把自己的結構主義，納入到象徵論系統和脈絡中去。

在此之前，施特勞斯發表的《嫉妒的女製陶人》，已經更系統地總結了他的符號論和象徵論的思想觀念。從1950年施特勞斯爲毛斯的《社會學和人類學》（Sociologie et anthropologie, 1950）一書所寫的導論開始，施特勞斯就遵循著由毛斯所開創的社會人類學符號論研究路線，到了八〇年代末的時候，施特勞斯把他的象徵論思想發揮到更純熟的程度。

接著，從1986年到1990年，施特勞斯埋頭整理自1944年以來一直在思考著的關於南美印第安人的「二元化組織的性格」（la nature des ommemoration dualistes en Amerique du Sud）（Lévi-Strauss, C., 1991: 5）的重要論題，因爲他認爲這個問題的深入探討，將全面揭示人類文化及其心靈創作運作的模式。

施特勞斯早在1944年發表的〈相互性與等級〉（Réciprocité et hiérarchie, 1944）一文中就提出了這個論題。然後，在1949年發表的《親屬的基本結構》一書中，他進一步明確指出：在世界其他地區所表現的「二元化組織」的特性，證實了同一類型的「二元化組織」在人類社會生活和文化活動中的普遍性質。到了撰寫《裸人》（《神話學》第四卷）的時候，施特勞斯在研究北美西北部講沙利

斯語言（Salish）的印第安人文化的時候，發現沙利斯語系的印第安人的神話具有某種特殊性，必須專門加以分析。與此同時，施特勞斯又在1968年到1969年在法蘭西學院的課程講授中集中探討了這個論題。施特勞斯由此認定：南美印第安人的「二元化組織」的問題，與北美沙利斯印第安人通過「風和霧的神話」所展示的「二元化組織的」問題，是屬於同一類型，只是後者以一種特殊形式驗證了前者的普遍性。1991年出版的《猞猁的故事》就是上述長期研究的成品。這本書的出版，填補了施特勞斯結構主義神話學的空白，也充實了他自六、七〇年代以來所創立的神話學理論。同時，正如施特勞斯本人在《猞猁的故事》的序言中所說，只有在出版這本書的時候，「我想，才有可能上溯到美洲印第安人的二元論的哲學和倫理學的根源」。從哲學和倫理學的角度來看這本書，進一步發展了施特勞斯在《裸人》結束語和在《嫉妒的女製陶人》第八、九章的象徵論文化觀點。

在九〇年代初，施特勞斯發表的《猞猁的故事》一書，集中地探討了上述二元結構模式及二元化組織的問題。施特勞斯指出，在美洲印第安人那裡，雙胞胎中的一個，始終扮演著騙人的角色；但也正是這個不可缺少的騙人角色，才使雙胞胎巧妙地透過其內部的不平衡仲介，而達到雙胞胎總體平衡的目的。施特勞斯通過二元對立結構，終於以極其形象的象徵論形式，總結他在一生中所研究的人類思想運作的基本模式。

第五節　結構主義在法國人文社會科學中的發展

結構主義思想從三〇年代到七〇年代，伴隨著施特勞斯結構人類學的發展，也在社會人文科學的各個領域中傳播開來。這可以說是法國文化史上的**結構主義的時代**。

一、阿圖塞結構馬克思主義及其對當代社會理論的影響

阿圖塞在重新閱讀和詮釋馬克思著作的時候，從法國歷史認識論系統中借用了「**認識論的斷層**」（rupture épistémologique）的概念，將馬克思政治經濟學重構成為與傳統德國觀念論哲學的人道主義系統相割裂的新理論結構。阿圖塞還聲稱他所重構的馬克思主義理論結構是當代歷史科學的更新。他嚴厲批評了傳統馬克思主義，特別是列寧的布爾什維克主義對於馬克思主義的竄改，強調馬克思主義不容許政治的干預，也不容許將階級鬥爭歸結為理論。他對於馬克思著作的重讀和詮釋，使他寫出了《支持馬克思》（*Pour Marx*, 1965）和《讀資本論》

（*Lire Le Capital*, 1965）等重要著作，成爲了結構主義在人文社會科學領域的重要代表人物。從六〇年代末開始，阿圖塞的思想發展到第二階段，在這個階段中，他深受中國文化大革命和歐洲六八年學生運動的影響，對於前期思想進行了自我批評。在第二階段中，他試圖概括出一種將葛蘭西（Antonio Gramsci, 1891-1937）的「實踐」概念、精神分析學的潛意識結構的概念和結構主義概念相結合而構成的有關「意識形態的一般理論」（une théorie générale de l'idéologie）。這種意識形態的一般理論是一個一個的個人走向主體的呼喊。同時，他又把意識形態看作是保障社會關係再生產的公衆的和私人的制度系統。1980年以後，阿圖塞因患精神病、掐死他的妻子而被送進精神病院。在他死後，他的學生巴里巴等人整理了他的各種日記、筆記和講稿以及草稿，從1992年起陸續發表《戰俘營日記》（*Journal de captivité*, 1992）和《自傳》（*L' Avenir dure longtemps. Suivi de Les faits. Autobiographies*, 1922）等。由於阿圖塞在戰後相當長時間裡曾任巴黎高等師範學院哲學教授，他的思想廣泛地影響從1945年到1960年代期間成長的青年思想家。甚至可以說，阿圖塞成爲法國戰後第一代成長起來的大批哲學家和思想家的啓蒙者和導師；他的學生包括了結構主義者羅蘭·巴特和後結構主義者福柯、德希達等人。當然，他的學生很快地分化成許多學派，只有以巴里巴爲代表的結構馬克思主義學派繼續繼承阿圖塞的思想。這一派人不但繼續深入研究各種社會文化現象，而且也集中分析了當代民主制、公民社會結構、政治與宗教、民族和文化的關係的問題。因此，阿圖塞的結構馬克思主義也在社會理論研究中產生了深遠的影響，其中包括新一代的結構主義的馬克思主義人類學家哥德里耶、結構馬克思主義社會學家阿蘭·杜連以及結構馬克思主義政治學家普蘭查在內。

在《支持馬克思》一書中，阿圖塞蒐集了從1960年到1965年之間的七篇重要文章，並冠之以重要的序言。在序言中，阿圖塞指出，雖然這本書所載各篇文章都有其不同歷史背景和動機，但都是「同一個時代和同一個歷史的產物」（Althusser, L., 1965a: 11）。這本書是他那一代思想家們在思考馬克思著作中探索走出理論死胡同的出路的見證。他說，正是這個理論死胡同，使歷史有可能把我們在那裡隱藏起來、並回避問題。阿圖塞指出，通過對於馬克思著作的重讀，他找到了克服各種理論教條的認識論解決途徑。整本書通過對馬克思青年時代哲學著作的分析以及對於馬克思晚期著作《資本論》的解構，強調辯證法同意識形態和理論的三角關係的重要性（Altusser, L., 1965b; 1969; 1976）。爲此，他嚴厲地批評了關於「馬克思主義是現實的人道主義」以及「馬克思主義是黑格爾主義辯證法的唯物主義的顛倒」的說法。在這種嚴格批評的基礎上，他提出了著名的結構馬克思主義的基本概念「作爲變化過程的無主體的實踐」（La pratique comme ommemo de transformation sans sujet）。他還提出了一種作為一般的實踐理論的辯證法，認為這種辯證法是在多種多樣的社會實踐中不斷轉換的，而且也是在永遠既成的社會結構多樣性中存在。正是在這些基本概念的基礎上，阿圖塞提出了在**意識形態的認識論和科學的認識論之間的斷裂**，提出了一種「**典型的系統結構**」（structure systematique typique）。他認為，這個「典型的系統結構」存在於特定社會歷史條件的內在和外在關係網絡中，同時又指導著意識形態的思想轉變可能性。阿圖塞認為，在社會結構中存在著一種不可能化約成「本源統一性」的分化的矛盾。顯然，阿圖塞嚴厲地批評了馬克思關於基礎與上層建築的矛盾的理論，反對馬克思把這一矛盾歸結為經濟本源結構內的本質矛盾。阿圖塞還提出了「**非中心化的結構**」（structure décentrée）的概念，用以說明特定歷史條件下經濟因素不可能永遠成為某種統治的綜合統一體（Althusser, L., 1965b; 1976）。

關於**理論與實踐**的關係問題，阿圖塞反對馬克思僵化的二元對立統一性公式，強調理論與實踐的關係可以導致一種「**理論的實踐**」（pratique théorique），它是意識形態的意識的產生過程，也是科學的認識的產生過程。而所謂**意識形態**，在阿圖塞看來，**乃是關係的關係（rapport de rapports）**，或者，**是人在現實存在條件中的實際關係在人們心目世界中想像的關係的一種表現**。這樣一來，阿圖塞通過他的結構馬克思主義，把馬克思主義原有的人道主義因素澈底地消滅掉。

阿圖塞的思想影響具有一般方法論的意義。他的思想的珍貴之處，並不在於他所提出的那些具體概念，而在於他在重讀和重構馬克思學說時所表現的那種大膽的、具有開創性的**解構原則**。

第二次世界大戰之後，馬克思主義在法國人文社會科學界的影響是不可忽視的。阿圖塞的結構馬克思主義進一步加強了馬克思主義在人文社會科學界的影響。

二、哥德曼結構的馬克思主義原則

在法國馬克思主義的社會人文科學界中，哥德曼也成功地將結構主義同馬克思主義結合在一起，試圖改造社會人文科學的方法論。哥德曼在他所寫的《人文科學和哲學》（*Sciences humaines et philosophie*, 1952）一書中，強調了哲學研究同人文科學對於人的一般性研究相結合的必要性（Goldmann, L., 1952）。同時，哥德曼還具體地提出了對於文學和人的行為的結構主義研究方法（Goldmann, L., 1970a; 1970b; 1971b）。哥德曼也很重視人類文化的建構與發展的問題（Goldmann, L., 1970a; 1970b; 1971a; 1971b）。因此哥德曼被認為是結構主義的馬克思

主義文藝評論家。

　　由於哥德曼早期曾流亡維也納，並在那裡研究了盧卡奇等當代馬克思主義的著作，使他與同一時代法蘭克福學派的新馬克思主義有一定的聯繫。同時，由於哥德曼也曾在第二次大戰期間擔任過瑞士心理學家皮亞傑的研究助理，也使他深受皮亞傑結構主義心理學的影響。

　　在哥德曼的著作中，對於社會人類學的發展有重大影響的，要算是他在1956年發表的《隱蔽的神》（*Le Dieu omme*, 1956）。在這本書中哥德曼強調人類社會和文化是人在創造文化的過程中建構出來的意義結構系統。這個意義結構系統是人的世界觀在理論與實踐以及情感的互動中建構出來的。哥德曼進一步發展了黑格爾、馬克思和盧卡奇的辯證法思想，指出：在人的世界觀類型結構之中包含著某種悲劇性的世界觀，而這種悲劇性世界觀在整個西方思想發展史上總是同各種各樣唯靈論和神祕主義相對立，同時，它也促使了個人主義、理性主義、經驗主義和懷疑主義逐步地過渡到辯證法的思想。他所說的**隱蔽的神**，就是在悲劇性世界觀指導下的人所具有的某種自相矛盾的本性，這種本性創造了一種既存在、又不存在的神。

　　哥德曼在書中分析了人的生活條件所包含的各種矛盾因素：危險、冒險、失敗、希望和勝利的可能。最後哥德曼還集中地分析了當代社會文化創造的基本原則（Goldmann, L., 1971b）。深受盧卡奇影響的哥德曼，也對文學藝術的評論和研究深感興趣。他把盧卡奇的異化概念加以發展，深入研究了資本主義社會中的工人階級意識的問題，並以皮亞傑的「**發生學的結構主義**」（genetic structuralism），去詮釋社會中各個個體在創造過程前後和進行中，同整個社會歷史和現實結構的關聯。顯然，他是試圖把馬克思主義同**皮亞傑的結構主義心理學**結合在一起，去說明社會和文化的產生過程以及文化創造者同社會和歷史的辯證關係。在某種意義上說，盧卡奇對於文學藝術的分析和批判觀點，也影響了法國社會理論的研究方法；同時，由於哥德曼曾長期擔任巴黎社會科學高等研究院院長，他的理論和方法也影響了人文社會科學的許多領域，特別是推動了對於社會和文化的多學科綜合性研究。

三、哥德里耶社會人類學中的結構主義

　　哥德里耶是法國當代社會人類學領域中把新馬克思主義和結構主義巧妙地結合起來的一位傑出思想家。這位出生於法國北部省康布雷（Cambrai）的人類學家，於1958年寫成了他在巴黎高等師範學院「哲學教師資格」學位論文後，旋即跟隨年鑑學派歷史學家布勞岱從事研究工作；然後又從師於施特勞斯，做他的

助手；直至1975年，他擔任高等社會科學研究院的教授，並負責領導社會人類學的研究活動。哥德里耶長期從事人類學田野調查研究工作，他早在1967年到1985年期間，頻繁地前往新幾內亞（巴布亞）地區研究當地原住民的巴魯亞土著人的習俗與文化。在1982年至1986年期間，他還在法國科研中心（C. N. R. S）領導社會人類學的研究工作；其研究成果，集中地表現在他的如下的著作：《論前資本主義社會》（*Sur les sociétés précapitalistes*, 1970）、《經濟領域的合理性與不合理性》（*Rationalité et irrationalité en économie. 2 Vols*, 1966-1971）、《經濟人類學》（*l' anthropologie économoque*, 1971）、《人類學中的馬克思主義視域及其研究活動》（*Horizon, trajets Marixistes en anthropologie*, 1973）、《經濟人類學：一個有爭議的領域》（*Un domaine contesté: L'Anthropologie économique*, 1974）、《大人物的產生》（*La production des grands omme*, 1982）、《理念的東西和物質的東西》（*L' Idéel et le materiel*, 1984）、《性、親屬及政權》（*Sexualité, parenté et pouvoir*, 1989）、《大人物和偉人：美拉尼西亞群島中的政權個人化》（*Big and Great Man, Personifications of Power in Melanesia,with Strathern*, 1991）、《資本主義的過渡或隸屬過程》（*Processus de transition ou de subordination en capitalisme*, 1991）、《各種社會類型中的錢幣和財富其他們在資本主義中的遭遇》（*Monnaies et richesses dans divers types de société et leur rencontre à la péripherie du capitalisme*, 1994）、《向資本主義和隸屬於本主義》（*Transitions et subordinations au capitalisme*, 1991）、《禮物的奧祕》（*L' émmem du don*, 1996）等。

哥德里耶無疑是當代法國人類學家中唯一在經濟學領域中有最卓著成就者，他從馬克思主義的觀點出發，極端重視人類生活中的經濟活動領域。他把經濟活動中的各種現象、習俗及制度等，看作是人類學研究極端重要的環節，正是通過他在經濟人類學的研究，哥德里耶在人類學的研究方法、方法論及研究論題等重要方面，表現出他獨特而卓越的見解和觀點，在當代法國社會人類學的領域中占有一個舉足輕重的地位。

哥德里耶深受馬克思社會觀的影響。哥德里耶認為，人類學研究不能脫離對整個人類社會的總觀察；而人類社會的性質，在哥德里耶看來，歸根結柢，是決定於社會中的經濟活動以及人類在同自然界、同各個人之間所建立起來的物質關係（Godelier, M., 1966; 1971）。哥德里耶從上述基本觀點出發，在其人類學研究中，把社會關係和思維模式的結構分析（l'analyse strucurale des rapports sociaux et des modes de pensée.）同對於整個社會的研究結合在一起（Godelier, M., 1970; 1973; 1974）。在談到社會基礎結構與上層建築的區別（la distinction centre infrastructures et superstructures）時，哥德里耶認爲這種區別只是功能方面的，而非制度性（bid.）。

從1966年以後，哥德里耶的社會人類學思想觀點和理論不斷地發生演化。他在同另一位傑出的結構主義馬克思主義理論家阿圖塞的爭論中，越來越顯示出他的獨創性觀點和風格。在《經濟學中的理性和非理性》一書中，哥德里耶強調**辯證法**（dialectique）是研究社會和文化的重要方法，但它並不是一種能夠包羅萬象地建構人類社會和文化的形上學系統。研究者可以通過辯證法，對於社會的經濟制度以及經濟中的生產與消費、供給與需求、勞動和積累等相互依賴的因素進行整體性研究，並把經濟同社會文化的各個要素全面地加以探討。辯證法尤其適應於人類社會的精神和文化層面的研究，因爲正是依靠辯證法這個最靈活的研究方法，才能根據人的精神心理層面的創造性和靈活性，對於精神心理層面的多變化性和各種可能性進行深入地分析。同樣地，辯證法也是揭示社會中諸如權力之類的運作和宰制系統的變化規律，並把權力同人的精神心理層面、同社會的經濟物質領域個別因素以及同文化的多面向加以全面考慮。正是應用了辯證的方法，哥德里耶一方面分析了社會和文化結構的構成和矛盾的轉化問題，另一方面他又強調任何系統中矛盾的產生，並不一定是該系統中內在因素本身的問題，而是還有可能同該系統外的其他因素發生關聯。在這一點上，哥德里耶批評了教條式的馬克思主義的辯證法。同時，哥德里耶也應用辯證的方法深入分析各結構內部的內在矛盾同各個結構間的外在矛盾之間的關係，使他對於人類社會和文化中的各個結構及其矛盾的發展，有了比較全面地認識。

經濟人類學（l'anthropologie économique）在法國的現代化，首先應歸功於哥德里耶。他在1974年發表的《經濟人類學：一個有爭議的領域》，不僅總結自經濟人類學創立以來的基本成果，而且，還針對現代社會的發展，進一步探討了人類的經濟生產和交換活動的許多重要問題。

在哥德里耶看來，「經濟人類學（L' Anthropologie économique）是研究各種人類社會中所呈現的經濟事實（des faits économiques）的一門科學」（Godelier, M., 1971: 791）。

哥德里耶在探討經濟人類學的時候，並沒有忘記自博阿斯和馬林諾夫斯基（Bronislaw Malinowski, 1884-1942）創立經濟人類學以來的理論成果。哥德里耶指出：「正是在二十世紀的轉折時期，經濟人類學建立起來了；這是由於博阿斯和馬林諾夫斯基各自發現了克瓦基烏德爾（Kwakiutl）印第安人的「**波德拉茲**」（Potlatch）和特洛布里安島（Trobriand）美拉尼西亞土人的「**古拉**」（kula）的直接結果」（Ibid.）。

　　哥德里耶在上段話中所提到的「波德拉茲」和「古拉」，都是原始民族最原始的禮物和財富交換、消費制度及習俗，用於表現和確定族群內不同等級的人與人之間社會關係。

　　在印第安民族中，居住在美洲西北部的西奴克（ommemo）部落的土語，則以「波德拉茲」表示「進食和吃飽的地方」。後來，印第安人和民俗學家用「波德拉茲」表示一種牽涉到財富炫耀與奢侈消費的交換和貢賦分配的制度。所以，中國人類學家將它翻為「誇富宴」。人類學家之所以對「波德拉茲」感興趣是因為在這經濟交換和分配制度中，表現出組成社會族群的原始人處理他們內部之間及其與族外人之間的關係的最自然經濟原則。民族學家和人類學家發現，這種原則廣泛地實行在阿拉斯加地區沿海和英屬哥倫比亞地區的特林吉德（Tlingits）、海依達斯（Haidas）、吉姆西安（Tsimshians）及克瓦基烏德爾等部落的印第安人之中。他們主要靠捕魚為生從事少量狩獵活動，對農業生產一無所知，卻很熟悉鑄銅冶煉術。每到冬季來臨，這些部落便重新組合，以便有規則地分配和消費夏季所積蓄的剩餘產品。這時，社會和經濟活動也很頻繁地進行；在各種節日、婚禮、買賣及殯葬活動不停地進行的過程中，「波德拉茲」自然地形成了。

　　法國人類學家毛斯在《論禮物》（*Essai sur le don*, 1925）中深刻地指出「波德拉茲」是消費直至耗盡積累下來的財富的一種交換等級制度 —— 人們燃燒成罐成罐的食用油，燒毀住房和成千的遮蓋用物，破壞最昂貴的銅製品，拋到水中……。但是，這種消耗性節日活動卻嚴格地遵守著一個不變的原則，即某種賦予、提供和接受的義務。在某些「波德拉茲」活動中，要求人們耗盡一切曾經擁有的東西，一點也不保留剩餘品；凡是最瘋狂地消費的人，便是最富有者。

　　由此可見，「波德拉茲」表現了人的某種生活習俗，而在這種習俗中，很自然地流露出人作為人所特有的某種程度的天性，即在人群相處時，總要顯示彼此間的「差異」，通過這種類不定的「差異性」，產生和維繫人與人之間的關係，使人群作為關係網而存在和不斷地再生產。人與人之間的關係是靠彼此間的「差異」而存在。但是，不僅如此，人與人之間的「差異」要存在和維持，並使之穩定下來和發展成人類社會，就必須存在一種能為人們普遍接受、理解和實施的心理因素，必須在人們彼此之間存在某種精神上的共同感，自然地和不由自主地（或無意識地）傾向於接受這些「差異性」。這就涉及到人的某種心理天性，某種人類共有的「無意識」，某種不為人自身所知的生活習俗力量。這種心理天性促使群居的人在不知不覺中為建立和維持彼此間的「差異」而行動，並且，其程度足以使這些差異發展成人與人之間較穩定的社會關係。

　　其實，早在古希臘和中國的神話中，就以顯示出人類自身為維持群居而自

然地固有的那種追求「差異」的天性。中國神話中關於「神農氏」、「羿」、「禹」和「女媧」的故事，都表現了我們的祖先的內心深處那種天然地崇拜「偉人」，並心甘情願地任其統治的心理。這些神話的創作及其影響，表現出人類從最早的原始時代起，就富有**靠人間差異感而維持群居**的天性。

「波德拉茲」只是人類中默認和維持這種差異心理的一個典型表現而已。對於「波德拉茲」的研究不僅開創了經濟人類學的領域，也推動了政治人類學的發展。哥德里耶本人正是在研究經濟人類學的同時，研究政治人類學，發表了一系列將經濟人類學和政治人類學交互關聯在一起的著作，例如《大人物的產生》和《大人物和偉人：美拉尼西亞群島中的政權個人化》等。

最近幾年，法國經濟人類學和政治人類學的發展，進一步地探討了由「波德拉茲」源發的各種人類學問題和社會問題，尤其有助於研究現代社會中的許多特異現象，諸如象徵化和有關政權運作的問題。

哥德里耶在研究經濟人類學的過程中，試圖集中分析原始民族中的「波德拉茲」現象的人類學理論意義，由此發現作爲人類整體的經濟學和政治學的運作模式。

哥德里耶看來，克瓦基烏德爾印第安部落的「波德拉茲」習俗，表明他們族群中存在著等級差異。而且，與這些差異相聯繫，也存在著不同的禮儀特權和多樣的標記（圖騰、服飾及臉譜等）。正是爲了維持和不斷確認不同的社會地位，必須實施「波德拉茲」習俗。

在克瓦基烏德爾部落中，主要的禮物是遮蓋用物。這是住在寒冷的北部地方的印第安人最主要的生活必需品。他們在族內和族間相處中，相互實施這種遮蓋用品的交換制度。當一個人或一個族群能提供別人或別的族群更多遮蓋物，以致使對方無法回送同樣多的禮物時，就會迫使對方不得不向其親屬或盟友求助，從其親屬或盟友中獲得足夠數量的遮蓋物去回敬送禮者。因此，這是一種具有重要意義的禮物交換習俗。它所實施的，在實際上，是人類社會的某種運作原則。

在波德拉茲習俗實施中，通過三個階段，每個個人或族群，將可以增加或提升其社會地位：第一階段，是積累遮蓋物的時期；第二階段，當作爲禮物的遮蓋物積累到一定足夠的數量時，人們便設法將它換爲更爲貴重的銅製品，或覆蓋上銅綠的具有歷史價值的銅器以及表達一定神話內容的銅器；第三階段，當貴重銅器的數量蒐集到足以表示一個人或一個族群的富有程度而到達獨一無二和無可匹敵的時候，就有資格宣稱占有最高的社會地位。這時，全族就舉行隆重的節日儀式活動，將儲存下來的象徵富有的所有貴重銅器加以毀壞。

所以，波德拉茲也是一種人類特有的象徵性活動。他以波德拉茲的實施表示

群居在一定部落或家族的人們的等級結構、權力分配和族群心理自我認同的自然形成過程。作為一種象徵，波德拉茲把一定族群關係的人們團結在一起。在波德拉茲節日活動中，物質方面的財富轉換成族群內的特權、權威和榮耀。

同波德拉茲一樣，馬林諾夫斯基在特洛布里安島的美拉尼西亞土人中間發現了被稱為「古拉」（kula）的手鐲和項鏈等首飾的禮物交換制度。在「古拉」的禮物交換活動中，島上每一位土著，依據其個人不同地位，必須在族人之中，與不同數量的關係人，少則六至八人，多則七、八十人，交換用貝殼製成的手鐲或項鏈。所有參與「古拉」的人，都有義務將其關係人所給予的珍貴首飾品，投入禮物交換的迴圈中。所以，重要的問題在於：在這種迴圈的禮物交換之中，在所有參與活動的人們當中，究竟是誰將輪到機會接受最珍貴的禮物。為了使獲得貴重禮物的機會增加，每個人都不得不儘量地揮霍那些在他們記憶中不太重要的首飾品。通過這種活動，每個人都期望憑藉自己的歷史和美貌，能獲得顯示其特殊權勢和榮耀的獨一無二的禮物。

由於航海業的進展，美拉尼西亞還有可能在交換手鐲和項鏈之外，獲得其他必需的原料，諸如製成其他斧頭的各種石頭、藤條及陶土等。因此，正如著名人類學家烏伯爾魯瓦（J. P. Uberoi）所指出的：「古拉」交換系統構成了一個廣泛的政治協會共同體，將各種環節的社會聯繫在一起，以保障維持一個有活力的商業交換活動，並無須訴諸一個維持和平的中央政府的干涉。

值得注意的是，在波德拉茲和古拉中，都嚴格地遵守一系列有關「給予」、「交換」和「接受」的規則。對一個家庭或部落的首領而言，「給予」禮物的義務，就是證明其富有，因而也是保存或獲得其權力的唯一手段。按照克瓦基烏德爾土語的說法，在「給予」一種波德拉茲禮物時，就等於「掂估其分量有多重」，就意味著「使其他人處於其影響之下」。

而在交還「禮物」時，實際上是對還禮者的一個挑戰，因為還禮者如果有能力向送禮者交還或是送回更貴重得多的禮物，就顯示出送禮者的富有身分；不然，就表明還禮者的地位從屬於送禮者。在禮物交還活動中，那些拒絕投入者，便「喪失了其分量」，證實其劣勢地位。只有最富有的人，才有能力交出或給予豐富的禮物，迫使其他任何人無以匹敵。

「接受」禮物，就意味著有義務還禮。還不起禮物者，便自然歸屬於從屬的卑下地位。

禮物交換活動因此也成為價值交換。貴重的銅製品和覆蓋物在交換中顯示出交換者的不同價值；在交換中敢於揮霍和耗盡最大價值的人，便是最高的獲勝者，便是最高權威。

由此可見，通過波德拉茲和古拉，財富被投入周轉迴圈之中；通過它們，人們獲得特權和優勢；通過它們，部落或家族的精神和財運代代相傳或增減。因此，毛斯指出：「波德拉茲是一種極端複雜的現象，是一種『總體的社會現象』（Un phénomene social total）同時具有經濟的、法律的、宗教的和神話學的意義（Mauss, M., 1950[1925]）。」

毛斯認為，從經濟學的角度，波德拉茲就是一種交換活動。過去在相當長的時間裡，人類學家和經濟學家一直認為，原始部落的經濟只停留在「禮物交換」的階段。「波德拉茲」和「古拉」表明：原始部落奉行一種以借貸的禮物和有利的禮物之混合交換制度作為形式的買賣活動。物的交換只是有用物品的直接交換。但是，波德拉茲中所進行的是長時期的交換，交換的並非物品，而是富有意義的價值。這種長期交換中的價值，是固定的，相對於給予者和接受者，是一種居於第三者的中項，與近代社會的商業買賣中的錢幣相類似。在波德拉茲活動中，作為參照項的第三項，就是那些覆蓋物和銅製品，它們對價值起界定的作用。因此，積累起來的財富構成一種「剩餘價值」。但由於這些剩餘價值都在波德拉茲活動中被消耗，所以它並不造成和促進經濟的成長；只是一種「**簡單再生產**」的形式，成為經濟活動的動力。

波德拉茲也是一種生產方式的法律形式。民族學家和經濟學家並不注重深入分析波德拉茲許多關於政治法律的問題。例如，財富是如何生產出來的？生產勞動者之間究竟保持什麼樣的關係？在將產品消費與毀壞之前，生產中是如何進行競爭的？所有這些，都涉及到波德拉茲的法律性質問題。

波德拉茲也具有政治性，因為它確立了權力、特權和不同的社會等級。印第安人的克瓦基烏爾德部落中流行一首歌。這首歌把波德拉茲稱為「財物權的競爭」和「財物的爭奪」。但這首歌又說：波德拉茲不同於「流血的戰爭」，因為它並非通過軍事衝突，而是通過甘心情願的經濟交換去決定政治上的責任與權勢的高低。

波德拉茲又具有意識形態的性質和功能。在波德拉茲交換的財物中，其實都是日常用品。但它們一旦被投入波德拉茲的交換中，便獲得了新的精神上的意義。例如，波德拉茲交換的銅器，其散發出太陽般和鮭肉色的色彩，具備象徵性的「神聖」意義，因為在這些印第安部落中，鮭魚和太陽都被崇奉為具有神性的聖物。各個銅器都被人物化、被命名，並賦予經濟上和魔術上的價值。這些價值是不可觸犯的。因此，這些被聖化的銅器不應長久地被儲存在普通的個人家中，它們必須在波德拉茲中交換迴圈流通，使他們顯現賦予者的精靈和祖先的傳統。正是在流通中，部落的每一個人一方面分享了聖物，另一方面有體驗和感受到其

中的部族精靈，從而實現了部落的精神的團結一致。

總而言之，波德拉茲和古拉，顯示了原始社會的某些奧祕，爲人類學家提供揭示人類社會建構邏輯的重要線索。

在馬林諾夫斯基發現「波德拉茲」和「古拉」以前，西方學者往往認爲：生活在原始社會的人類，沒有能力創造出滿足生活急需之外的剩餘產品。當時極端落後的工具，使原始人時時面對自然界的威脅，只能滿足於他們最低限度的生活需求。英國經濟學家亞當・斯密（Adam Smith, 1723-1790）在其著作《國富論》（An Inquiry into the Nature and Causes of the Wealth of Nations, 1776）指出：「每個民族一年的勞動，是最原始的基礎，它爲該民族的年消費，提供一切必須的物品和生活用品；而且，這些物品始終都是同類性質的，它或者是全民勞動的直接產品，或是靠這些產品向其他的民族買來他們所需的物品」（Smith, A., 1965[1776]）。亞當・斯密的觀點使人類學家確信在原始社會中不會存在剩餘產品的流通。

但是，在發現了波德拉茲和古拉以後，人類學家重新認識和重新研究原始社會，發現一方面存在著維持社會繼續留存下去的最基本和最起碼的生產活動，另一方面又存在著受到權力操縱的維持信譽的魔術式活動。這就告訴我們，在原始社會中，已經存在著除了最基本生產活動之外的象徵性活動；爲了維持社會作爲一個社會整體而存在，並不只是依靠最基本的人類生產勞動，而且在物質性的生產勞動之外，還要伴隨著具有社會凝聚力的精神因素的創造和維持運作，特別是需要某種**象徵性力量**。在波德拉茲和古拉中，人們關心的，是積蓄非生產用途和非日常生活用途的珍貴裝飾品，然後，人們又憑藉著精神性的**帶有策略手段的遊戲規則**，將積累的珍貴裝飾品在交換迴圈中轉化爲連結社會成一體的**象徵性價值力量**，並進一步使之維持有等級差別的社會結構。

從此之後，對原始社會中的原始競賽活動和交換活動的系統研究，便成爲了經濟人類學的主要內容。

博阿斯和馬林諾夫斯基所累積和發現的「波德拉茲」和「古拉」現象，經毛斯在禮物交換系統中的深入分析，已爲經濟人類學奠定了基礎。原始社會的交換活動和生產活動，被看作是維繫當時社會存在和發展的基本活動。博阿斯在1897年指出：「波德拉茲是一種有利息的借貸形式」（F. Boas / G. Hunt., 1921）。毛斯在《論禮物》一文中進一步指出：波德拉茲一方面具有經濟活動性質，另一方面又具有社會聯接和精神魔力。毛斯認爲，波德拉茲不僅規定著參與活動的各個人必須回還所接受的一切禮物，並且要求他們分享禮物中所隱含的精神魔力，某種稱爲「瑪納」（mana）的聖靈，因爲正是這種精神上的聖靈才能體現一切參與

者（賦予者和接受者）之間的象徵性的共識和同一感。

　　法國社會人類學家在研究「波德拉茲」現象的過程中，對發展經濟人類學做出了特殊的貢獻。哥德里耶和法國其他的馬克思主義經濟人類學家，特別是**克勞特・美拉恕**（Claude Meillassoux, 1925-2005）等人，在研究原始社會和不發達民族的社會文化活動時，特別注意到了經濟活動在形構社會文化系統過程中所起的重要作用。他們認為，經濟組織的原則不只是某種分配問題，而是生產本身的問題。因此，一切生產方式的構成，一方面是在特定社會中環繞著生產活動的一切物質的和經濟的手段，另一方面，又是生產的社會條件及其他客觀的、歷史的和現實的因素。所以，一切生產方式都是由上述兩方面的因素所構成的相互關係所決定的。在上述環繞著生產活動的物質的經濟手段中，包含著各種原始資料、原料、產品材料、工具、勞動技巧、勞動能力、勞動力和資本等等。而在上述生產的社會條件中，則包括經濟組織的形式、依據性別和年齡的區別而形成的勞動分工，以及依據專業化和社會階層化（例如劃分為主人和奴隸、作為財產所有者的資本家和無產者的勞動者）而形成的勞動分工和經濟組織。同時，在生產的社會條件中，也包括生產過程中所形成的各種合作或競爭的文化形式、生產過程中所進行的現實的或象徵性的酬報方式以及其他一系列關係到獲得和占有土地、人力、獸力、技術和財物資源的方式。在這一方面，美拉恕早在五〇年代末就開始了深入的研究。美拉恕的特別貢獻就在於：他不僅僅侷限在資本主義生產方式的範圍內，而是深入到非洲落後地區的原始部落去調查研究那裡生產方式的形構及其對社會文化發展的影響。美拉恕在〈對於傳統的自給自足的社會中的經濟現象的詮釋〉一文中，強調自給自足的農業社會總是圍繞著掌握和分配勞動產品權的長者而發生兩極分化。在這種社會中，土地是勞動的重要手段，但是，在以狩獵和採集為主的部落中，土地確是勞動的物件（Meillassoux, C., 1960）。由於美拉恕對於原始社會生產組織的研究的重視，反過來又使他不能更全面地理解到「波德拉茲」交換活動的重要意義。同時，美拉恕有時也表現出對於原始社會中親屬關係的忽視（Meillassoux, C., 1961; 1962; 1964; 1971）。在美拉恕之後，法國另一位馬克思主義經濟人類學家**特雷**（E. Terray, 1935）為了糾正美拉恕對於生產方式的片面重視，深入地研究了生產過程中人與人之間的協作關係（Terray, E., 1969a; 1969b）。特雷在研究中發現，年幼的一輩也對年長者進行剝削，只是年幼的一輩必須要通過年齡增長和婚姻關係而完成自己的自我解放。由此，特雷指出，即使是在傳統自給自足的社會中，也沒有穩定不變的年長者階層。在特雷之後，雷（P. P. Rey）進一步強調在家族生產方式的範圍內，階級關係已經占據統治地位。他指出，為了進行生產，原始人已經建構了占據生產資料和將勞動力組

織化的生產關係（Rey, P. P., 1971; 1973），雷深入到非洲剛果布拉柴維爾地區的原始部落，具體地研究了家族生產方式中的階層化過程及其條件。雷指出，帝國主義到非洲的滲透固然破壞了當地的家族系統，但是，也正是依靠了這種家族系統本身的瓦解，才加強了階級的關係，有利於資本主義本身的統治（Rey, P. P., 1975）。

哥德里耶在考察和比較亞細亞生產方式同家族生產方式的基礎上，特別強調社會和經濟發展過程中，**理想的因素**（l'idéel）所占據的重要地位。同時，他也強調社會的象徵性結構及其遊戲式的運作對於社會和經濟發展都具有重要意義（Godelier, M., 1984）。哥德里耶還進一步超出經濟活動的範圍研究經濟及其與社會的複雜關聯。他指出，政治的、親屬的和宗教的因素，也同樣可以起著基礎結構和上層建築的功能。哥德里耶強調，某一種社會系統或制度的轉變，例如原始部落中從捕食經濟到生產經濟的轉變，並不一定決定於生產方式的矛盾，而是決定於生產的內外條件的變化。同哥德里耶的研究成果相平行，美國經濟人類學家波蘭尼（K. Polanyi）也強調原始社會中各種交換活動的複雜構成及其在經濟領域內外的影響（Polanyi, K. et alii, 1957; Polanyi, K., 1968）。所有這些，顯然糾正和補充了馬克思對於原始社會的觀點，因為馬克思在缺乏歷史資料的條件下，過於簡單地推斷原始社會中生產和社會組織的單純性和無階級性。同時，馬克思關於經濟基礎和上層建築的理論也不完全適用於原始社會的基本結構。

哥德里耶在研究原始社會經濟交換活動的時候，特別強調原始人在生產活動中的創造性力量。他說：「同其他社會動物相反，人並不滿足於生活在社會之中；他們為了生存而在社會中生產社會。在他們的生存過程中，他們不斷地發明出思考和行為的新方式，就如同他們對於環繞著他們的自然而不斷地進行發明那樣。因此，他們生產出文化，建構起歷史」（Godelier, M., 1984: 9）。對於其他的社會動物而言，它們雖然也是歷史的產物，也是自然發展史的產物，但生產著它們的那個歷史並非由它們自己所創造的。這和人完全不一樣。因此，哥德里耶強調人類具有著為自己的生存而思想、創造各種新生存方式的特殊能力。問題在於，既有的、環繞著人的、客觀的物質力量，同人所創造出來的精神性的和文化方面的力量之間究竟有什麼樣的關係？在人的生存和歷史發展中，兩者的地位和意義究竟是什麼？哪個比較重要？在社會關係的生產過程中，人的思想起了什麼樣的作用？哥德里耶發現，人類社會生命運動的真正力量，要在生產的社會關係的分析和社會關係的生產的過程中揭示出來。哥德里耶認為人類社會的生命運動的奧祕就在於：**各種社會關係的理念因素，並不單純是社會關係在思想中或多或少帶扭曲性的反映；而是恰巧成為社會關係的產生的條件本身，構成生產關係自**

身內在架構的一個重要因素。

哥德里耶連續多年的經濟人類學研究，使他越來越廣泛地探討了人類社會的構成及其運作模式，從中發現除了經濟活動因素之外，由人的社會關係及產生著這些生產關係的理念因素所構成的協調性力量，也是非常重要的一環。這種協調性的力量，包括了統治和被統治之間的權力運作以及在性的交換中的各種禁忌。

通過對原始社會的多年經濟人類學的調查研究，哥德里耶越來越意識到原始社會和人類其他歷史時代的社會一樣，其存在和發展是密切地同人的物質性生產活動和精神性創造活動密切地相聯繫的。哥德里耶強調，環繞著人類生存的各種物質力量，雖然為人類從事生產活動而維持自己的生命提供了必要的條件，但是，對於人來說，這種維持生命的物質性生產活動及其物質性力量，遠不能滿足人類的生存和發展的需要。因此，哥德里耶在七〇到八〇年代始終研究和分析原始社會中思想、經濟和社會的相互關聯，並在三者的複雜互動網絡中，探索人類社會的建構與發展的真正動力。人類不同於其他動物的地方，就是不滿足於維持自己肉體生命的生存。因此，維持肉體生命的生存，永遠都是同不斷創造新的物質條件、擴大生存的新的可能性同時進行著。在這種情況下，不能不看到人類生存中來自人類精神內在結構所產生的無形創造力量。哥德里耶認為，這種創造力量之所以成為不可避免的，一方面固然同人的精神活動本身的內在規律相關聯，另一方面也同物質生產過程所必須的、調整著人與人之間關係的協調力量相關聯。這就是說，從理念因素的創造的客觀功能而言，一方面它是用來克服、操縱和征服自然的物質力量，另一方面它是用來調整整個生產活動和其他社會活動中所必然伴隨的各種人與人之間的社會關係。理念性力量的上述兩方面功能，比較起來，後者比前者更重要和更複雜。當人類面對環繞著自己的自然界時，他當然關心著如何處理人類自身同自然的關係。但是，為了應付自然，人的精神創造力量所面臨的，是比人在生產過程中所面臨的人與人之間的關係更加簡單得多。對於後者，人類所要面對的，不只是已經呈現出來的那些既成的關係，而且還要更焦慮地關心著那些尚未表現出來的隱蔽關係，還要充分考慮到那些各種可能出現的社會關係背後所運作的各種潛在意圖。在這個領域中，人的精神性的創造性理念，尤其要考慮到在生產和社會活動中人的各種地位的排列，以及與此相關聯的各種權力關係的分配問題。哥德里耶指出，在生產的社會關係和社會關係的生產的過程中，環繞著人的物質力量和人所固有的創造性理念因素，可以構成社會統治關係和剝削關係的組織與創造力量。

產生和創造社會的生產關係與社會組織的人類精神力量，在進行創造活動的時候，其創造的方向和重點是尋找能夠為被統治的多數人所接受和贊同的理想

組織方式。哥德里耶指出，在統治和剝削的權力運作過程中，起決定性作用的並不是通過各種命令所貫徹的強制性暴力行爲，而是由被統治者所贊同的那種協調方式和力量。正因爲這樣，哥德里耶認爲，對於社會構成和運作的人類學研究的重點，是要揭開推動著人類社會不斷地延綿發展的那些神祕力量所潛藏的「黑箱」。在這個黑箱中，究竟是什麼樣的力量及其運作程序能夠把複雜的社會關係協調起來，並不斷地再生產和更新？

哥德里耶認爲，維持和發展人類社會及其文明的眞正奧祕，應該存在於社會的各個對立階級（包括男性和女性這兩個最基本的性別差異），所共同承認和接受的那些**思想觀念的生產與再生產的運作機制**中。這就是爲什麼哥德里耶要更深入地研究性、禮物、權力與禁忌的象徵性運作邏輯。

爲了深入開展上述研究活動，哥德里耶的出發點仍然是由毛斯所提出的禮物交換問題以及由博阿斯和馬林諾夫斯基所研究過的波德拉茲交換活動的問題。

在哥德里耶看來，要深入探索人類社會的複雜構成及其運作模式，必須一方面藉助於社會人類學的調查研究，綜合分析從原始社會到現代社會爲止的各種人類社會的運作模式及其文化形構；另一方面，又必須超出社會人類學的範圍，從社會學、政治學、經濟學和精神分析學的各個領域，深入探討各種社會文化現象及其背後精神活動的象徵性結構。

對於禮物交換已經歷近一百年的研究過程，哥德里耶對此重新提出了這樣的問題：爲什麼人們必須「**給予**」，又爲什麼人們必須「**接受**」人家送給你的東西，當人們接受某種禮物的時候，又爲什麼必須「**償還**」某種東西？在禮物交換過程中，哪些因素是「給」出去的，哪些因素又是人們以某種代價「賣」出去？哪些東西是不應該「給」也不應該「賣」？哪些東西必須留存下來？在「給」和「還」的過程中，在「買」和「賣」的交換中，又有什麼東西在背後指導著這些活動？又有什麼東西通過這些交換活動贏得了自己的生存和發展？在這些交換活動中，除了交換可見的物的因素以外，是不是包含著某些不可見的因素的交換？是不是通過這些不可見的因素的交換，使某一方不斷地積累力量，而另一方不斷地減少力量？在交換過程中，除了達成交換的直接目的以外，是否能夠達到建構交換活動的可能條件？交換活動的可能條件是否僅僅表現在交換雙方的平等關係？如果包含著交換雙方的不平等關係，那麼這種不平等關係又採取了什麼樣的不平等形式？是採取統治和被統治的關係、服從與被服從的關係，還是某種共同接受的不平等關係？如果交換活動導致社會不平等關係的建構，那麼這些不平等的關係，又如何從平等的交換關係中產生？所有這一切，關係到人類的生產活動、社會活動和文化活動的各個層面，也關係到個人與個人之間、個人與群體之

間、個人和社會之間的複雜關係；同樣也關係到人類社會中，各種物質力量與各種精神力量之間的相互關聯和相互轉化。由此可見，分析禮物交換這樣一種人類學的老問題，並不是輕而易舉可以簡單解決的。

哥德里耶在《禮物的奧祕》（*L' énigme du dons*, 1996）一書中開宗明義地指出：「爲什麼要寫這本書？爲什麼要重新分析禮物、分析它在社會關聯的生產和再生產過程中的角色、分析禮物在與之並存的人類社會或連續發展的不同社會形式中不斷變化的地位和重要性？這是因爲禮物到處存在，儘管它並不是到處都是一樣的。當然，親屬關係也是到處存在的，宗教和經濟也同樣是到處存在的。那麼，爲什麼只研究禮物？爲什麼要寫這本書？……這本書的產生是由於來自兩方面的脈絡會合性的壓力。一方面是來自社會學的脈絡，也就是我在其中生活的西方社會的實際狀況；另一方面，來自我在生活中所選擇的職業性的脈絡，通過在我作爲人類學家所參與爭論的一系列理論問題的脈絡」（Godelier, M., 1996b: 7）。

談到哥德里耶親身經歷並生活於其中的當代西方社會，哥德里耶心情沉重地指出，這是一個到處不斷地發生、進行排斥的社會，這是一個面臨著必須降低成本、提高勞動生產力，並減少勞動者數量的充滿著危機的社會，這是一個正在不斷地產生大量的失業者，並把失業者排除在社會經濟活動之外的社會；這是一個面臨著繼續生存的危險的社會。同時，這是一個表面上「法治」，卻又充滿著在地下進行「非法」勞動的奇特社會；在這個社會中，到處存在著爲了生存而不得不在越來越擴大的「地下」進行不正當勞動的「離群」的人們。

如果說，在原始或傳統的社會中，任何一個個人爲了生存，必須隸屬於一個群體、一個家族、一個村落的共同體或部落，而且這樣一些群體和共同體也必定會幫助其成員生活得更好，那麼在現代的西方社會中，相反地，隸屬於某一個共同體或群體，並不能爲其個人提供生存的條件，也不能爲此共同體的相互連帶關係提供保障。所以，哥德里耶指出：「資本主義社會自身的矛盾，就是經濟成爲了排斥個人的主要根源，而且，這種**排斥**又不是僅僅從經濟的範圍內排斥出去。這種排斥，是要把個人從社會中排斥出去，對於那些已經從經濟中被排斥出去的個人來說，他們被重新納入到社會的可能性是越來越少的」（Ibid.: 8）。

哥德里耶在當代資本主義經濟危機中，所看到的不只是經濟因素的問題，而是帶根本性的社會建構及基本運作模式的問題。在他看來，這是關係到整個人類社會及其文化的生存和再生產的根本問題。哥德里耶看到了：**在高度發達的西方社會，原本在原始社會中正常地自然運作的禮物交換活動以及由此協調的個人與社會的複雜關係，已經不能繼續穩固地運轉，更談不上在正常的條件下進行再生**

產。

對於哥德里耶來說，問題的嚴重性還在於：西方社會的經濟和社會制度已經全球化。因此，資本主義社會本身的內在矛盾，會直接導致整個地球人類社會及其文化總體的危機。

在分析西方社會的這種嚴重危機時，哥德里耶的眼光不僅深入到經濟結構本身，而且進一步看到資本主義社會中**國家**的地位。正是在這裡，哥德里耶進一步指出了社會不平衡和危機的權力根源。

為了深入分析在社會制衡過程中起著重要作用的各種交換活動，哥德里耶尤其追蹤了**權力運作的痕跡**。哥德里耶指出：「國家統治著它所統治的一切；而國家就是製造它所要統治的那些事物的製造者」（Godelier, M., 1996a: 9）。

正是在國家與這些被排除在社會之外的越來越多的離群者（失業者、乞丐和流浪者）之間，已經不再存在原始當中自然地存在於個人與個人之間、個人與群體之間的象徵性交換關係。原始的禮物交換已經失效。帶諷刺意味的是：第一，在當代資本主義國家造成了上述象徵性交換中斷的情況下，「國家」不去探索造成這種破裂的內在基礎，而是採取虛偽的仁慈態度，對被排斥者採取禮物施捨的方法。第二，毛斯在撰寫《論禮物》一文時，早就指出包括基督教在內的所有宗教組織歷經多個世紀流傳下來的仁慈施捨制度的虛偽性。毛斯說：「這種仁慈對於接受它的那些人來說，是帶傷害性的」（Mauss, M., 1950[1925]: 258）。

哥德里耶不僅看到和分析了現代資本主義社會中**金錢和權力**逐步破壞原始禮物交換模式的過程，而且也深入分析了蘇聯和東歐「社會主義國家」解體的過程和根本原因，並進一步從理論上探討了人類社會運作的基本動力和協調原則。他認為：原始人的禮物交換，並不只是為了滿足交換者各方的實際利益，而是作為一個整體的人類及其社會，出自於某種神祕的無意識動機，進行相互協調所必須的。在這一點上，哥德里耶進一步補充和修正了毛斯的禮物理論。哥德里耶一方面依據西方社會和東歐社會的歷史經驗，另一方面也總結了人類學家對於禮物交換更深入的最新研究成果，特別是由美國人類學家安尼特·魏納（Annette Weiner, 1933-1997）在馬林諾夫斯基進行過田野調查的特洛布里安群島所進行的新田野調查成果（Weiner, A., 1992）。哥德里耶不滿足於禮物交換過程中各種表面的現象，他要進一步考察的是，交換過程中為什麼可以在「給予」他人禮物的同時又能夠「保持住」這個被給予的東西？這就是他所說的禮物的奧祕。

哥德里耶所說的禮物的奧祕，一方面包含著禮物交換過程中各種超現實、超歷史、超自然和超經驗、甚至超形式的力量，另一方面，它又遠遠超出單純的宗教領域，而包含著除了宗教以外的現實生活中許多神祕因素。就是要揭示這種

神祕因素的眞面目，才使得哥德里耶從九〇年代以後，重新研究了禮物交換的問題。

　　爲了揭示禮物交換的奧祕，**第一**，必須把禮物交換放在整個社會結構及其運作中去考察。在這裡，哥德里耶從施特勞斯的結構主義得到深刻的啓示，不只是看到作爲整體結構的有形的和物質的因素，而且深入到結構內部與背後的各種複雜因素，尤其是從中尋求社會結構同人的精神思想活動的複雜關係。也是在這裡，哥德里耶不只是看到了社會結構及其運作同思想活動中理性層面的關聯，他更是看到思想活動中的無意識結構及其神祕運作。

　　第二，必須把禮物交換同社會中的其他交換，包括親屬關係中的**女人交換**、經濟領域中的**財物交換**以及文化領域中的**語詞和觀念的交換**等等，全面地連貫起來加以考察和比較。正是通過各種交換活動的比較和綜合分析，才能一方面看到各種交換活動的特殊性質及其在社會運作中的特殊功能，另一方面也看到貫穿於各種交換活動中一般性的社會和文化因素。

　　第三，在分析交換過程時，不僅要看到交換各方所交換的各因素及其走向，而且也要看到**被交換的各個因素**同**不能被交換的因素**之間的關係。這就要求深入分析交換過程中所有那些被交換的因素，除了繼續保留在交換活動層面上以外，它們是否還有可能同非交換的層面的各因素發生關聯，或者甚至發生相互轉化。

　　第四，交換過程的各種協調性仲介因素是如何納入到交換過程中去？作爲交換過程的仲介因素，它們是否採取象徵性的結構和運作模式？在這一點上，哥德里耶坦白地承認：「施特勞斯給予的重要影響，就是把**象徵性**看作是優先於想像的和現實的事物之上的因素。因爲對於施特勞斯來說，**象徵歸根結柢是比它所意指的『現實性』更加現實的東西**」（Godelier, M., 1996b: 15）。哥德里耶還說：「施特勞斯向我們提議用一種對社會事實的整體進行詮釋的方法，根據這樣一種方法，要把整個社會事實看作是各種交換形式的總連結，而其根源則應該在精神的無意識結構中，在精神的象徵化能力中去尋找」（Ibid: 14）。

　　第五，作爲經濟人類學家，哥德里耶極端重視所有權（la propriété）的問題。在他看來，交換活動之所以能夠進行，交換活動中交換一個事物的同時、又能保留該事物，其奧祕之一就是交換中存在著**不可讓與的所有權**。在交換中，同被交換出去的東西同時被交出的，是使用那個被交換的東西的權利；所有權卻始終保留著。**所有權的問題**，不只是一種經濟範疇，而且也是一種政治範疇，對財物、對女人或某物的所有權，包含著可以**轉化爲控制和統治他人的某種政治權力**。哥德里耶根據美拉尼西亞和新幾內亞等群島上原始部落的原始交換的分析，強調原始人在交換過程中所發明的貨幣的重要意義。哥德里亞認爲，原始部落在

交換中所必然導致出現的貨幣，正是交換中不可讓與的所有權之象徵性結構的沉澱物。

第六，對於交換過程中不可讓與的因素，其積累和增值的方式，並不僅限於貨幣的形式，而是要訴諸於**政治程式**，通過一系列帶有宗教的和非宗教的聖化性質的正當化過程。這種正當化過程，就是交換活動中不可讓與的因素累積成政治權力的過程。但是，這種從交換活動導致權力累積的過程，又是伴隨著社會上各種形式的交換活動，包括性交換和語言交換以及知識交換的過程等等。從交換活動到權力累積，必須同社會生活中所不可缺少的性交換、語言交換和知識交換相配合。哥德里耶指出：「新幾內亞的巴陸亞族（Baruya）部落中的宗教政治制度，是建立在某種想像的權力的不平等占有的基礎上。一種象徵性的邏輯是一種**關係的邏輯**，但是，這種關係並不化約成為它們的象徵」（Ibid.: 167）。

第七，性交換的過程中，在神聖的事物中所顯示的男人的權力，包含了男人成功地從女人那裡所奪得的女人的權力（Ibid.: 175）。同時，哥德里耶還通過巴陸亞部落的田野調查資料發現：**在絕大多數的社會中，性的關係不僅轉化成各種婚姻關係和親屬關係，而且，它們也不可避免地要成為各個時代的現成社會中占統治地位的權力形式，其正當化的犧牲品**。各個社會的權力統治形式，並不只限於政治生活領域的政權統治形式，而且也廣泛地包括各種家庭中的統治形式，例如父母對於下一代子女的統治、男人對女人的統治、有勢力的親屬在其家族中的統治等等。當然也包括家庭中的統治形式以外的其他統治形式，例如社會中的等級間的統治形式等等。**性的關係對於這些特定社會中的統治形式的關係是很微妙的**。哥德里耶認為，在各種社會關係中，**性的關係往往成為需要加以正當化的主要社會關係，特別是權力的統治關係的附屬物**（Godelier, M., 1989: 1141-1147）。哥德里耶在這裡所要指出的，正好是要扭轉或顛覆以往傳統社會人類學關於親屬關係與其他社會關係的關係之基本論述。照傳統的論述，性的關係是各種社會關係的基礎。在這一點上，施特勞斯是最典型的一位（Lévi-Strauss, C., 1949）。哥德里耶指出，親屬關係在本質上根本並不肯定會導出男人對女人統治。男人對女人的統治，是從屬於特定的社會中占統治地位的權力統治形式。不是性的關係一定導致男人對女人的統治，而是特定的權力統治形式，使特定社會中的性的關係採取了男人對女人的統治形式。因此，**性的問題**，在哥德里耶看來，**成為了各種社會交換形式的重要仲介因素，也成為了占統治地位的權力關係進行運作和正當化的的一個仲介因素**。

第八，對於象徵性交換中不可讓與的象徵性沉澱物的分析，不能只是停留在普通的貨幣之上，而且還要進一步分析象徵性交換中非世俗的和**神聖的**方面。

如果說，貨幣和各種所有權只適用於人們交換中的珍貴財物，那麼神聖的象徵性權力就只能適用於不可分享的、只能保存下來的事物。關於神聖的不可交換的象徵性權力，哥德里耶也在原始部落中找到了其神祕的形式。正是因為這種**象徵性權力的神聖性質，它的正當性就不是單靠世俗的政治立法，而是要訴諸於自然界和宇宙中各種具有神祕權威性的事物**，例如太陽和月亮等。正如哥德里耶指出：「巴陸亞族把太陽和月亮當作是它們的權威性偉大人物的象徵性權力的授與者。因此，對於太陽和月亮，現在活著的人都懷有不可抹煞的債務和感激，就好像他們對於他們的祖先懷有債務和感激一樣，因為他們的祖先從太陽和月亮那裡接受了這些禮物，並傳遞給了他們。這些神聖的事物以及與之伴隨的各種知識，巴陸亞人是不會讓與出去的。他們必須把它們保留下來。正是這些神聖的禮物，構成了巴陸亞人的同一性，並且使之植根於最初的起源的時刻中，植根於事物的想像秩序的時間系列中，植根於宇宙和社會秩序的基礎的時間中」（Ibid.: 167）。

第九，交換過程在實質上並不只是完成交換本身，而是創造出遠超出交換範圍的、具有整體性社會和文化意義的事物。哥德里耶指出：「禮物本身，如果我們深入弄清楚，在交換中包含著不該交換出去、只能保留的事物的話，那麼，我們就看到禮物獲得了許許多多的東西」（Ibid.: 151）。

第十，對於交換活動和整個人類社會的建構來說，在哥德里耶看來，人類的精神和權力始終都是占據首要地位的因素。哥德里耶指出：「巴陸亞族神聖的事物，對他們來說，在成為信號和象徵以前，就是一種已經具有精神和某些權力的事物。精神和權力都說出同一個話語：『koulie』。因此，在象徵性以前確實存在著想像力，不論是對於巴陸亞人還是對於我們，都是一樣的」（Ibid.: 170）。

第十一，在原始部落中的各種交換活動，對於全人類的各種社會階段都具有普遍的意義。正如哥德里耶所說：「當然，我們在巴陸亞部落所分析的一切，都可以在人類社會中重新找到……。顯然，我們都面臨著一個普遍的事實，面臨著一種一般的機制，這種機制並不只是揭示思想的無意識的結構。各種社會關係，為了能到處重新再生產，必須表現出它們是正當的，表現出它們是唯一可能的方式，而且，這樣一種明顯的確證性，只有將這些社會關係說成具有人類社會以外的、彼岸的根源的條件下，只有把這些社會關係說成來自不動的和神聖的秩序的情況下，才是最充分的。當然，表達這種情況的思想觀念，並不一定全是一樣的；這裡所說的神聖的東西，也可能是某種具有不同性質的事物，如果由它所產生的那個社會所信仰的神聖秩序是不同的話。如果人們所信仰和崇奉的是某種『自然的』秩序的話，一種對於『法』的崇拜就會替代對於各種神的崇拜的地位」（Ibid.: 172）。

由此看來，通過對於交換活動的研究所進行的社會文化研究，最終總是不可避免地要導致對於人的精神狀態的分析，導致對於人的精神狀態所創造出來的象徵性結構。在哥德里耶看來，透過對於禮物的奧祕的分析，一切社會文化現象的奧祕，歸根結柢都是隱藏在人的精神的想像活動中。想像活動使人創造出為現實的社會秩序和文化活動的正當性進行辯護的「想像的世界」；這也就是一種被神聖化的彼岸世界，一種以象徵性結構表現出來的「神聖世界」。「神聖的事物是某種相關於起源的關係；在神聖的事物中，在真實的人的位置上，出現人本身想像的副本。換句話說，**神聖的事物是一種存在於事物起源中的人的關係**。在這種關係中，現實的人消失了；而在人的位置上出現了人的副本，某種想像出來的人。所以，**神聖的事物只有當人本身消失的時候才能出現**」（Ibid.: 239）。而這個被想像出來的神聖的彼岸世界，既然是用來辯護現實的秩序，也就最終要返回到現實中來，滲透到現實社會生活中，滲透到確實干預著社會運作的權力系統和各種交換活動中去。

四、結構主義在社會科學中的多元化

在三〇年代到四〇年代法國結構主義語言學、精神分析學、馬克思主義和施特勞斯的結構人類學的影響下，從第二次世界大戰結束到六〇年代期間，除了施特勞斯以外，結構主義也被勒耐・傑拉特、愛德格・莫林和米歇・謝爾等人所接受和加以發展。

在結構人類學的影響下，有些人類學家也深入研究了人類創造文化以來所表現的各種**欺騙現象、暴力、祭獻行為**以及其他**神祕現象**，以便藉此更深入地研究人類本性在文化創作中所可能產生的各種奇特變形。在這方面，社會人類學家勒耐・傑拉特做出了顯著的貢獻（Girard, R., 1961; 1972; 1978; 1982）。他在六〇年代以後連續發表了《浪漫的謊言和小說的真理》（*Mensonge romantique et vérité ommemorat*, 1961）、《暴力與祭獻》（*La violence et le sacré*, 1972）和《世界創立以來的隱蔽事物》（*Des choses ommem depuis la ommemorat du monde*, 1978）以及《替罪羔羊》（*Le bouc émissaire*, 1982）等著作，成為了研究人類文化中各種神祕的摹擬現象和象徵性權力宰制運作的傑出代表人物。

謝爾則從**溝通**問題出發，專門研究人的感性與理智的相互關係問題（Serres, M., 1969-1981; 1986; 1987; 1990）。謝爾從哲學人類學的角度出發，論述人類從誕生之日起面對著渾沌的無秩序世界，而逐步地提高認識能力，並建立科學系統。他藉助於赫爾梅斯（Hermès）這個掌管交換、旅遊翻譯以及資訊的神，來說明人類如何通過一系列溝通和互動過程而學會從無秩序中找出秩序。因此，謝

爾也深入地研究了邏輯和神話的相互關係，探討「邏各斯」（logos）與神話之間的內外界限及其相互轉化，去說明人類文化的不斷發展的過程。他在1990年發表的《自然契約》（*Le contract natural*, 1990）一書中，同時關懷取得文化豐碩成果的人類同自然的關係。

總之，自五〇年代以後，結構主義的思想像酵母一樣促進了社會理論的多元化發展，同時也促進了作爲社會理論背景的整個社會人文科學的迅速變更。

第七章

新符號論的多元化擴散

　　西方社會經歷二十世紀的科技化和全球化之後，已經變成爲全然不同於古典資本主義或近代資本主義的新型社會。第二次世界大戰不僅澈底暴露了古典資本主義社會內部一切矛盾的嚴重性，而且也提供了修正、改進、推動和進一步發展新社會的可能方向、方法和策略。但社會的發展往往是越出人的預料之外。在當代社會發展中扮演關鍵角色的科學技術，不但以難以預見的速度和效率，改變著生產與生產關係，改變著社會及自然的物質結構，而且，也以前所未有的方式滲透到人的一切生活領域，特別滲透到精神生活和思想活動之中，以致改變了現代人的生活方式、思維模式及思想創造活動的前景。

　　現代科學的最大成就之一，就是進一步將人類文化納入由符號、數碼、象徵及信號所組成的人造世界中去。人類社會遇到了從未有過的「虛擬世界」，它不但不是實際世界的簡單複製和模仿，而且，還在規模、品質、內容、形式和運作方式以及實際效果方面，遠遠超出舊有的世界。

　　在當代科技的推動和改造下，社會文化體系的一個根本性轉折，就是符號和數碼的普遍化。一切都成爲符號：不只是原來的語言，就連社會制度、社會關係，甚至是人本身和人的性別，也成爲了符號系統的一部分，成爲當代符號運作過程的一個附屬品。當代社會的符碼化、數碼化、符號化和象徵化，在經歷握有實權的人群的改造和控制之後，又被定向地運用於社會文化生活的各個方面，加速了商業的數碼化或數碼的商業化之進程，導致文化以及思想創造活動本身的商業化和數碼化。這一切，使當代法國哲學家們越來越關切符號和數碼的社會文化運用及其哲學意義。

　　縱觀當代法國哲學的發展歷程，我們可以發現：幾乎沒有一位思想家，不深入地探討語言、符號、象徵與數碼的問題。羅蘭・巴特、施特勞斯、福柯、德希達、利奧塔、布迪厄、鮑德里亞以及其他新起的年輕一代哲學家，都以極大的熱情和精力，研究語言、符號和象徵的問題。而且，他們研究語言、符號、數碼及象徵，雖然或多或少地吸收了從二十世紀初以來西方哲學對語言的研究成果，雖然與當時發生的所謂「語言學的轉折」相關，但這是發生在二十世紀六〇年代以後的新時代裡的重大事件，不論其理論形式，還是其研究方向，都與所謂「語言學的轉折」的時代，不可同日而語。

　　當代法國哲學家所研究的語言、象徵、符號和數碼，都緊密地與社會和文化生活相關。也就是說，他們研究語言和象徵，都遠遠地超出了語言和象徵本身，並不是把語言和象徵單純地看成爲語言和象徵本身的問題，也不是單純從它們的符號關係來進行探討。當代法國哲學家超越了傳統哲學、語言學和分析哲學的語言研究成果。他們從語言的研究，過渡到非語言、前語言、超語言和一般符號以

及象徵的研究，過渡到對於符號的超哲學的多學科的研究。他們所探討的，使當代社會文化中活生生的符號、文字、思想、行動、社會、文化的相互關係。他們把這些符號和語言，當成有自身生命力的文化生產過程，當成一種緊密與我們的精神生命相關的過程。

　　人類社會不同於自然的地方，就在於人類所創造的文化，貫穿著社會生活的一切過程，也改變著社會的一切方面。長期以來，在人類文化生產與再生產的過程中，文化始終不斷地實現雙向差異化，即一方面，文化自身作為一種特殊的精神創造生命體，不斷地依據其內部的自律運作機制而進行自我差異化，另一方面，文化又隨著其外在事物及其與周在世界相互關係的變動而被差異化。正是在文化的這種雙向差異化過程中，構成文化的符號系統，作為一個不可缺少的仲介性因素，自律地按照符號系統自身的運作規律而參與到整個文化的生命運動中去，並對文化的更新和發展起了非常重要的作用。以符號為仲介所進行的人類文化生產和再生產活動，極其典型地呈現出「『**符號**』這個**象徵性**因素同人的**思想創造性**、同**現實**因素的相互關係網」在人類社會文化生活中的重要意義。拉岡總結了社會人文科學的一切最新研究成果，在五〇年代敏銳地指出：人的**現實性**、**象徵性和想像力**三重結構（即前述RSI三重結構化的元素），乃是構成社會和文化生產和再生產的三大基本動力；而其中任何兩個因素之間，又各自成雙地層層相互扭結，不斷地創造出新的文化（Lacan, J., 1977）。拉岡的研究方向及其成果，深刻地影響了此後法國思想的發展，特別是後現代主義者的思路。

　　拉岡的後佛洛伊德精神分析學對於語言和象徵的研究，在以下幾個重要方面深刻地影響後來法國哲學思想的發展。第一，拉岡首次打破了索緒爾語言學關於語言結構的論述界限，強調語言和象徵的雙重符號具有不斷再雙重化的功能，使語言和象徵的雙重結構獲得了自己的生命，並在社會文化的整體生命活動中獲得再生產和更新的無限可能性。第二，拉岡將語言和象徵的雙重結構同社會文化現實的雙重結構交叉起來，使原有缺乏生命的語言和象徵系統從社會文化現實的生命總體中獲得了新的生命力，也使社會和文化研究找到詮釋社會文化現象不斷再生產的基本線索，為深刻說明社會文化現象的自我複雜化和人為複雜化找到一個總根源。第三，拉岡在人的想像力領域中找到語言和象徵雙重化結構不斷複雜化的精神動力，同時也找到以象徵為仲介的各種社會文化現象不斷複雜化的人性源泉。第四，拉岡在重建傳統主體概念的時候，進一步發覺建構主體及其各種複雜關係的本能欲望基礎，使主體超出理性原則，並在較為自然的人性發展道路上自由展開，為後現代主義建構各種各樣反理性的主體歷史本體論奠定基礎。第五，拉岡對於各種語言論述的分析，打開了從語言形式結構到社會文化生命運動的新

思路，同時也在各種非標準化的語言論述「病例」中，發現語言論述的社會運作權力脈絡。我們將在羅蘭・巴特的符號論、布迪厄的象徵論社會人類學以及鮑德里亞等人的各種新型與多元的象徵論社會人類學中，看到拉岡的影子。

拉岡之後，當代法國哲學家實際上一直關切語言、符號及象徵的運作及社會文化意義。結構主義在這方面所作出的貢獻，具有決定性意義。在結構主義之後，羅蘭・巴特、福柯、德希達等人，都在他們的哲學研究中，重視符號和語言的問題，特別是他們的社會文化運用的哲學意義。這一切，也奠定了二十世紀七〇年代後法國哲學進行符號、象徵研究的堅實基礎。

羅蘭・巴特等人的符號哲學，顯然已經遠遠超出施特勞斯的結構主義。他們對於各種意義的解釋，不再採納施特勞斯關於聲音與意義的雙重結構的觀念，而是更多地發展了拉岡等人所提出的三對各自相互雙重扭結的「巴羅美扭結」（noeud barroméen）的重要觀念，邁向將「結構」與「解構」相互結合得更靈活的思路。羅蘭・巴特等人這種超越結構主義的後結構主義觀點，為法國後現代主義理論創造提供了新的啓示，使他們不再像施特勞斯那樣，僅限於傳統的文化形式中去詮釋傳統文化，更不像施特勞斯那樣，只滿足於分析文化的結構和詮釋文化的意義，而是以高度自由的創造態度不斷批判傳統文化，尋求衝破傳統文化和創建新文化的多種可能性。

後現代的法國哲學及人文社會科學，從此也不再偏限於對語言結構的分析，而是深入揭示語言遊戲的各種話語運作和論證策略的奧祕，同時探索進行自由創造所使用的自由語言遊戲（jeu de langage）的新策略。

由此看來，當代法國哲學的符號哲學，已經看到：第一，人作爲文化的創造者，其創造活動雖然是始終離不開主客觀的物質和精神條件，但是，人可以藉助於各種符號，在人加以想像和詮釋的範圍內，以符號爲手段，去建構新的文化，並以此來不斷補充和擴大人類原有的世界。在這個意義上說，人在實際上就是一種創造和使用符號的動物。換句話說，人的創造固然離不開思想、語言和各種物質因素，但是，在創造過程中，人始終都是離不開符號，人始終都要把他內在和外在的因素比做符號，然後再賦予一定的意義。因此，如果說，人的創造無非就是不斷地創造和擴大意義體系的話，那麼這些意義體系就一刻也離不開符號體系。所以，人的精神生命是以符號作爲仲介而同一切其他因素相關聯。

第二，在有文化生活的人的面前，一切事物不但都可以是符號（signe），而且也隨時都可以成爲不同的符號，成爲人所想像或建構的不同符號體系中的構成因素。例如，在人的面前所出現的山和樹木。當人從物理學的學科的符號體系去理解的時候，山和樹木就變成了物理學研究物件的相對靜止的物體。在這種情況

下，山和樹被納入到物理學符號系統中，同物理學系統中其他的符號保持特定的關係。但是，當人們進行文學藝術創作的時候，他們面前的山和樹木，卻變成了文學作品中文字符號體系的構成因素，隸屬於文學作品文本的結構的一部分，也賦有文本整體意義所決定的特殊意義。例如，當作家把山和樹木當作某一對特定的情人進行互愛活動的場所標誌時，山和樹木就同這對情人的愛情故事構成了不可分割的符號系統。總之，在人的周圍和在人的面前的一切事物，都可以成為這樣或那樣的符號，而這一切又決定於人的創造活動與意義建構的方向和脈絡。

第三，一切符號都可能具有社會的性質。由於人的社會生活以及人的社會行動的性質，一切被人使用的符號，都具有社會意義，也勢必同各種社會現象相交叉和相互滲透，特別是同社會中的權力和意識形態的運作相結合。

第四，一切符號一旦形成為體系，便有可能產生獨立於人的自律。各個人為的符號系統之所以有可能獲得自律而運作，是因為一方面符號一旦系統化，系統內各符號之間的關聯就基本上確定下來，而且系統內各符號之間的關係還決定了各符號本身的意涵及其運作規律；另一方面還因為被系統化的符號各因素會自然地同符號以外的社會因素相關聯，而且這種關聯在很大程度上受符號系統內各因素間的關係所決定，也受到符號所在的周圍特定的客觀社會關係和社會力量的影響。所有這方面的關聯及其運作，都是當初從事人為創造的作者本身所無法控制的，也是無法預見的。

第五，一切文本，作為某種符號系統，在不同的社會文化背景下，在不同的人面前，可以成為多意義結構的文本。因此，一切文本都是「多義的」或「多詮釋的」（polysemic）（Barthes, R., 1977: 15-51）。文本只是在原作者那裡才有某種程度的「一義性」。但文本一旦被創造，一旦被發表，就脫離開原作者的控制，就像脫了韁的野馬那樣，在不同讀者的文化脈絡中，湧入不同讀者的思路而轉化成多種可能的意義（Fiske, J., 1989）。

第六，一切符號同其意義的關係並不是固定的，也不是一定採取二元對立的模式，更不一定只是所謂的「能指」與「所指」的二元對立關係。當代法國哲學家通過對於現代符號的研究，看到了能指與所指的關係的人為性及其可變性。他們指出了能指與所指關係的結構可能性以及它們相互獨立以及各自發展的條件。拉岡和羅蘭·巴特首先發現了能指脫離所指的可能性及其實際變化邏輯，闡明了能指獨立進行再生產以及所指轉變成為能指的可能性。在他們之後，一大批法國哲學家進一步揭示了能指與所指相互脫離以及它們各自自我再生產的多樣運作邏輯。

當代法國哲學的符號論，為整個人文社會科學在六、七〇年代的「符號論的

轉折」（le tournant sémiologique；the Semiological Turn）奠定了基礎，它同當時發生的「語言學的轉折」（le tournant linguistique；The Linguistic Turn）和「詮釋學的轉折」（le tournant herméneutique；The Hermeneutic Turn）一樣，對於社會人文科學的革命性變化，都具有重要歷史意義，而且也給予此後的後現代主義提供了最深刻的啟示。第一，一切傳統文化，特別是當代社會由資產階級所操縱和宰制的最新文化，歸根結柢，都是具有神祕化性質，並因而具有「去意識形態化」性質的符號遊戲的產物。必須以同時具有神祕化和去神祕化的雙重性質的嶄新符號遊戲，也就是以其人之道還治其人之身，去揭露當代社會文化生產和再生產的階級壟斷性質和權力操作程序。第二，只有在符號神話學和符號遊戲策略中，才能探索一切最新文化創造的可能性。由符號論和神話學相結合的最新符號遊戲策略，將開拓未來文化生產過程中自由創造的新前景，也為文化創造中將可能性同現實性的結合開闢無窮的視野。

後現代主義（post-modernisme）的形成和發展，始終都是同符號和語言的批判有密切關係；後現代主義在批判傳統文化的過程中，始終都將符號批判和話語解構當成其中心任務。這是因為：一方面整個西方文化都是以語音中心主義作為基本指導原則，這種語言中心主義的文化建構基本原則，到了晚期資本主義階段，更加與現代科學技術的最新文化複製技巧緊密結合在一起，使各種人為的符號和信號的運作越來越占據優先地位；另一方面，後現代文化本身，也是在符號批判、話語解構和擬像遊戲中，直接或間接地完成對傳統文化的批判及其本身的重建。

在文化高度發展的晚期資本主義社會中，文化生產和再生產活動已成為社會生活的最主要構成部分。孕育著後現代性的現代性文化，早在其自身的不斷再生產過程中，就已經感受到原有傳統語言和符號結構對現代性文化發展的約束和限定，以致使現代性發展的進程本身，日益呈現出文化更新同原有符號結構及其運作邏輯的矛盾。所以，在現代性文化的發展後期，特別是在十九世紀中葉以後，在現代性文化中就已經著手展開對於語言和傳統符號結構及其運作邏輯的反叛和批判，這就為後現代主義所從事的反語言和反文化的解構活動作了準備，也為後現代進行符號和擬像遊戲活動掃清了道路。而且，晚期資本主義的文化，經歷了漫長曲折的言語符號批判以後，特別是經歷了現代性自身的自我分化和自我生產的無限膨脹之後，更包含著複雜的符號結構密碼系統及其特殊解碼策略。在某種意義上說，晚期資本主義的文化生產和再生產過程，基本上就是各種符號的不斷重構和解構活動。後現代主義在批判傳統文化的過程中，實際上就是透過對晚期資本主義文化的符號遊戲的解構，而達到不斷重建後現代文化的目的。所以，對

於後現代主義文化的研究，實際上就是探究後現代文化的特殊密碼結構、邏輯及其解碼策略。

當代越來越多的人造符號體系的生產、再生產及其運作，卻根本不需要或不考慮固定的參照體系，只靠符號體系本身的變化，只靠純粹符號的形式變化，就可以製造和指涉某些意義關係。而且，符號所指涉的意義越是多變，符號被人們接收的可能性就越廣、越大。符號同其參照體系的關係，已經不需要透過「協定」或「共識」的程序來確定。

以符號作爲手段和形式，表達、溝通、協調和理解意義結構的過程，就是意義結構的仲介化過程和不斷區分化的過程。嚴格地說，意義結構的產生和再生產，也就是意義結構不斷區分化的過程。而意義結構的不斷區分化過程，同時又不可避免地成爲人的思想觀念的符號仲介化過程，從而實現了符號化的思想觀念自身的區分化過程。總之，人在生存中，不斷地實現其生存能力和生存意向的超越化過程，就是人的精神生命不斷地透過其自身所分化出來的思想觀念及其區分化，來建構起不斷區分化的意義體系，也就是建構起不同的文化體系。然而，人的思想觀念的產生、區分化及其所建構的意義體系同其區分化，又反過來促使作爲仲介的符號體系的不斷區分化。透過作爲仲介的符號體系的不斷區分化，不但使隱含於意義結構及其區分化中的思想觀念，得以繼續不斷地自我更新和自我區分化，而且，也使人類生存能力和生存意向本身不斷區分化，而實現不斷自我超越，最終又使人類生存的生活世界得到持續地更新，並加速其區分化。當符號的意義系統及其變化不再依據固定的參照體系時，符號的轉變也不再服從那些聽看符號的人的理解邏輯，而是完全依據製造符號的符號生產者的意志進行運作。符號生產者可以根本不顧聽看符號者的觀念及其視域而任意地決定符號的意義，並藉此控制和指揮聽看符號者，任意地踐踏聽看符號者的理解性和利益。所以，當代文化生產和再生產的顯著特點，就是將文化生產中組成意義結構的兩端加以分割，將符號生產者和聽看符號者分割開來，甚至對立起來。

總之，人類文化的生產和再生產，以及伴隨著這一過程的意義結構的更新和區分化，正如法國社會人類學家布迪厄所指出的，是同這一過程中作爲仲介因素的符號體系的再生產和差異化的共時雙向互動而存在和發展的（Bourdieu, P., 1991; 1993）。這樣一來，如果說，文化的建構和再生產以及居中進行的意義結構的建構和再生產，是人類生命在其生存過程中的本質表現的話，那麼，同樣的，作爲文化創造和再生產及其意義結構的再生產之仲介因素的符號體系的再生產，也是人類生存活動及其生活世界裡活生生的生命力和創造力的本質表現。

人類文化再生產同符號區分化的上述密切關係，在經歷資本主義現代文化的

歷史階段之後，在後現代社會條件下，由於科技發展和資訊溝通能力的空前加強，進入了一個新的歷史階段。在這種情況下，文化再生產活動的中心任務和基本形式，都是同語言和各種人造符號的遊戲運動密切相關。後現代思想家首先從對傳統語言的結構和形式批判入手，進一步在符號批判、話語解構和符號遊戲中，深入開展對於傳統文化的解構和探索後現代社會文化正當化的符號遊戲程序。後現代主義對傳統文化和傳統價值體系的批判，沒有一個可以脫離對語言和符號的批判。同樣的，後現代主義對後現代社會和文化及其正當化程序的探索，也離不開對語言和符號的批判。

在法國現代文學史上，自波特萊爾、馬拉美和布朗索以後，實際上已經形成一種批判語言和反語言的傳統；而且，這種批判語言的活動也構成文學創新活動的一個重要組成部分。從那以後，法國文學，特別是詩歌創作領域以及整個「後現代」文化的發展，都是緊密地同語言批判相聯繫的。由波特萊爾等人所開創的語言批判，不只是在文學，特別是詩歌創作中的一種創新活動，而且也是尋求「後現代式」思考和批判的一個重要過程。福柯曾說：「我閱讀尼采是因為巴岱；而我閱讀巴岱則是由於布朗索」（Foucault, M., 1994: IV, 437）。所以，波特萊爾等人對語言的批判遠遠超出文學創新的範圍，不僅為理論上批判整個傳統語言累積了經驗，而且也對後現代文化的重建具有深刻的啟發意義。

在法國和整個歐洲的語言批判活動中，始終包括一般性語言批判（哲學形上學批判、語言符號論批判和普通語言學理論批判等）、文學語言批判和藝術論語言批判三大組成部分。這三大部分相互區分又相互影響，不僅推動了語言批判活動本身，而且也推動整個文化的發展。

第一節　羅蘭·巴特的文化符號論

羅蘭·巴特後結構主義符號論（Sémiologie post-structuraliste）在二十世紀五、六〇年代的形成，標誌著由索緒爾和施特勞斯所開創的結構主義，經由拉岡等人的改造和重構之後，開始走上完全嶄新的發展歷程。如果說，拉岡等人在其研究中，早已感覺和發現結構主義及佛洛伊德精神分析學有關二元對立文化建構原則的片面性，特別是感受到其中傳統思想殘餘所造成的窒息性影響，那麼，由拉岡等人所發起的這場旨在突破結構主義和精神分析學侷限性的思想革命運動，直接地推動羅蘭·巴特的思想創造活動，更集中地導向「符號解構」的模式發展。

羅蘭·巴特所創立的符號論（sémiologie; sémiotique; séméiotique），是二十

世紀五、六○年代西方社會科學和人文科學發展中的一件大事。從理論基礎和方法論來看，羅蘭‧巴特的文化符號論是從結構主義轉換到後結構主義、從單純語言符號分析轉變成以多學科爲基礎的超語言符號遊戲的一個中間過渡階段。因此，羅蘭‧巴特的文化符號論也成爲後結構主義和後現代主義思潮的重要組成部分，也是它的重要起點和基礎。

羅蘭‧巴特的文化符號論，綜合地吸收了結構主義及其運用到語言學、精神分析學和文學藝術方面的最新成果，也綜合了與結構主義思潮同時存在和發展的其他思潮，包括新馬克思主義、現象學、存在主義和詮釋學的各種成果，不但從方法論和本體論的角度，爲社會人文科學的革命性轉折提供了新的思路，而且也爲整個社會科學和人文科學進行多面向和多學科的綜合考察提供了基礎。他的文化符號論雖然深受法國傳統語言學和文學評論的影響，但在實際上對於考察人、文化、人的思想和社會行爲方面，具有重要的理論上和方法論上的重要意義。如同當時法國許多傑出的思想家一樣，羅蘭‧巴特之所以脫穎而出，並不只是因爲他在其文學評論和符號論專業領域中取得了偉大成就，而是因爲他首先是一位偉大的思想家。他所思考的問題，遠遠超出其研究的專業領域；一切有關人類社會文化和人類命運的根本問題，都首先成爲他反思的重點。所以，他在文學評論和符號論方面的成果，具有偉大的社會文化意義。在這種情況下，符號論不僅成爲羅蘭‧巴特整個思想體系的核心組成部分，也成爲他那個時代正處於危機掙扎和重建中的整個西方社會人文科學，進一步從傳統文化，特別是傳統語言體系束縛下澈底地解脫出來的關鍵力量。

羅蘭‧巴特從二十世紀五○年代開始的符號論研究的重要意義，正是邁出了現象學、精神分析學和結構主義以往所未能跨越的決定性一步，朝著澈底擺脫傳統語言和傳統文化的方向，朝著開闊無限自由的創作領域和重建人類文化的方向，在澈底改造傳統符號理論的基礎上，緊密結合西方社會和文化發展的新特徵，創建新型的符號論。正如羅蘭‧巴特本人所說，「我是從索緒爾走出來的」（Barthes, 1957: 7）。在這方面，羅蘭‧巴特的特殊才華以及他本人極其廣闊而深厚的多學科知識基礎，又爲他提供了最完美的得天獨厚的主觀條件，使他有可能在那個關鍵時刻成爲新符號論最傑出的代表人物。因此，羅蘭‧巴特的符號論就成爲了後現代主義批判傳統文化和重建人類文化的強大武器。

在資訊爆炸性膨脹與氾濫的後現代社會和後現代文化中，由人類不斷自由創造，並反過來不斷影響人類創造活動的符號遊戲（jeu des signes），成爲了當代社會人文科學研究的一個關鍵領域，也成爲了後現代理論與方法不斷翻新和發展的基礎。由羅蘭‧巴特所開創和推動的後現代符號論研究，不但指出了傳統語言

的「符號／意義」二元對立結構的有限性特徵及其對於人類社會文化發展的消極影響，而且也發現「前語言」、「後語言」和「超語言」的非語言一般符號和一般象徵的多元結構、不穩定性及其多變性，發現一般符號和象徵在表達事物和促進社會文化發展方面的積極有效性，有利於人們在高度資訊化、多元化和自由化的後現代社會文化脈絡中，以更高程度的自由，進一步解構約束著人類自由創造精神的傳統文化，有利於在更爲鬆散和更爲不確定的象徵體系中重建人類社會和文化。因此，羅蘭·巴特的符號論，同其同時代及其後的各種後現代符號研究，從二十世紀六○年代起，始終成爲不斷穿梭於各個學科，並深入社會文化生活領域的活躍力量。

羅蘭·巴特雖然是文藝理論家、美學家和符號論學者，但他在語言和文化領域，特別是他運用符號論對於神話、意識形態、日常生活模式、流行以及行爲結構方面的研究，深深地影響了法國以及整個西方人文社會科學和哲學的發展。他在上述多方面的創造性研究中，特別對「前語言」（pré-langage）、「後語言」（post-langage）和「超語言」（super-langage）的一般性非語言符號和象徵，進行獨樹一幟的分析，將研究重點，從符號及其資訊本身，轉向「由符號構成的資訊的一般性可能條件」，也就是轉向「致使資訊成爲有效的系統或結構」及其與社會文化條件的相互關係。正如他本人所說：「我認爲，符號論，從它的研究綱領和研究任務來看，就是一種意識形態批判的基本方法」（Barthes, R., 1988: 5）。這就使符號論研究走出符號的單純系統，走出傳統符號研究方法論的約束，在符號同人、同社會、同文化的廣闊而複雜的交錯網絡中，在符號的上述交錯網絡活生生的運動中，全面探索符號同人、同社會、同文化的多面向生命活動的結構及其趨勢。

關於符號、象徵和語言的研究，其實並非單純只是探討它們的結構形式問題，而是關係到人類文化創造活動的基本形式及其不斷更新的動力、基礎及其條件。德勒兹在談到法國結構主義思想時說：「我們往往習慣於、甚至也受限於一些有關**現實**與**想像**之間的關係或相互關係的範圍內。而我們的一切思想都圍繞著這兩大因素之間的辯證關係的遊戲中開展起來。……但是，結構主義的主要貢獻，就是在上述兩大因素的關係之外，發現和確認存在著第三個層次或第三個環節，即象徵的秩序。這就意味著否認將象徵同想像、同現實混淆起來。因此，這就是結構主義的第一重要方面。當然，也正是在這裡，語言學的發現是關鍵性的。在語言之外，在語詞的現實形式及其發音部分之外，在與語詞相連繫的形象和概念之外，結構主義語言學家發現另一種性質的東西，某種結構性的東西（objet structural）。」（Deleuze, G., 1979[1973]: 294-295）。這種「結構性的東

西」，既不是語言和符號本身，也不是語言和符號所指涉或指謂的現實物件，而是一種既不同於前者，又不同於後者的東西，但又是一種實實在在的東西，是上述兩種因素的存在及其運作所不可缺少的必要條件。這種被德勒茲稱爲「第三種因素」的東西，把結構主義及其追隨者們帶領到一個新的境界，一種引起更廣闊想像力的領域，使人們超出傳統思想的範圍，在前所未有的新領域中開拓自己的創造力量。羅蘭·巴特是一系列試圖闖出傳統思維模式，而開創新思考模式的當代法國思想家之一。他的創造性努力，不僅擴大了結構主義的思考範圍，而且也豐富了結構主義的成果，並將結構主義引申到更高的層面，從而加速了「後結構主義」時代的來臨。

羅蘭·巴特的大學時代是在第二次世界大戰時期度過的。在他三十歲的時候，第二次世界大戰正好結束。當時，法國的思想界，馬克思主義、現象學和佛洛伊德精神分析學很流行。而當時最有影響的人物是哲學家沙特、精神分析學家拉岡、社會學家雷蒙·阿隆、作家阿拉貢、卡繆和畫家畢卡索等人。

羅蘭·巴特從存在主義、精神分析學、馬克思主義和結構主義等多種流派的思想中吸取精神養料，先是在1944年發表於《生存雜誌》的論卡繆《異鄉人》的文藝評論「關於『異鄉人』的文風的思考」（Réflexions sur le style de *L'Etranger. [Existence]*, N. 33, juillet 1944），接著，又於1947年在卡繆主編的《戰鬥報》（*Le Combat*）上發表《書寫的零度》（*Le degré zéro de l'écriture,* Combat, 1 août 1947）。從那以後，近十年的時間，羅蘭·巴特持續地爲《戰鬥報》撰寫了多篇文藝評論，主要是從語言文風的角度，探討文學語言使用中，語言符號、思想、歷史、社會功能和作家的意識形態的相互關係。

羅蘭·巴特是一位多產的天才作家和思想家。在他寫作的四十年生涯中，他不但寫出了大量的作品，而且涉及了極其廣泛的問題和領域。其主要的著作包括：《書寫的零度》（*Le Degré zéro de l'écriture*, 1953[1947]）、《論米謝勒》（*Michelet*, 1954）、《神話學》（*Mythologies*, 1957）、《論拉辛》（*Sur Racine*, 1963）、《符號論要義》（*Eléments de sémiologie*, 1964）、《評論文集》（*Essais critiques*, 1964）、《批評與眞理》（*Critique et vérité*, 1966）、《流行時裝的體系》（*Système de la mode*, 1967）、《S/Z》（S/Z, 1970）、《符號帝國》（*L'Empire des signes*, 1970）、《論沙德、傅立葉和洛約拉》（*Sade, Fourier et Loyola*, 1971）、《文本的樂趣》（*Le plaisir du texte*, 1973）、《戀人絮語》（*Fragments d'un discours amoureux*, 1977）、《課程》（*Leçon*, 1978）、《作家梭列爾》（*Sollers écrivain*, 1979）和《符號論的歷險》（*L'Aventure sémi-ologique*, 1985）等。羅蘭·巴特的作品最終被編成《羅蘭·巴特著作全集》三卷

本（*Barthes Œuvres complètes*, 3 tomes, 1993-1995），集中了羅蘭・巴特自1942至1980年所寫的全部著作。

文學的語言具有特殊的、不同於普通日常語言的意義和結構，或者，更確切地說，文學語言含有特定的密碼，而這個密碼一方面是同作者及其寫作社會環境保持密切關係，另一方面又同作者本身的特有文風密切相關。但是，從另一個角度來說，文學語言的特殊密碼並不妨礙使每位作者保持其特有的風格，更無礙於作者同廣大讀者之間的溝通。因此，文學語言既有特殊的密碼，隱含著特殊的作者風格，但又具有其作爲文學語言所共有的普遍性，致使各種各樣的文學語言，既能維持和表達其特殊風格，又能毫無阻礙地同廣大讀者溝通，顯示出其文字和語言的「中性」。文學語言的密碼究竟應該如何理解？應該如何加以分析？它的存在及其運作，意味著什麼？是否它同文學本身的性質有密切關係？這正是羅蘭・巴特所要深入考察的。他在沙特同卡繆的爭論的基礎上，根據當時符號論、結構主義及詮釋學的研究成果，更深刻地探討了文學語言的解碼規則及其靈活性。

對羅蘭・巴特發生深刻影響的作家，首先是卡繆。卡繆在其創作中，不僅精心地設計了文學作品所呈現的特殊場面的象徵性脈絡結構，而且也在他的文風和文字運用的方式中，刻意地展現出文學語言本身的象徵性質。卡繆尤其善於發揮文學語言特有的意義層次結構，通過創作遊戲的藝術，把文學語言中所不同於日常生活語言的那些優點最大限度地發揮出來，讓文學語言不再受制於日常生活世界結構的約束，成爲思想創造的想像力的載體。正是卡繆的《異鄉人》，流露出一種特殊的文字風格，使羅蘭・巴特感受到卡繆的字裡行間所散發出來的多層次意義結構及其混沌模糊精神的神祕結合力。他把這種在文字表達上所呈現的神祕語言力量，稱爲「試圖超越其文學風格的符號結構、而達到某種『中性』（或『白色』）書寫的書寫狀態」（un type d'écriture qui essaie de dépasser les signes de styles, de la littérature, pour arriver à une sorte d'écriture neutre, ou blanche）（*Le Degré zéro de l'écriture*, 1953）。這就表明，羅蘭・巴特已經發現文字書寫同文學表達精神的矛盾，感受到文學借用文字符號結構表達的好處、難處及其曲折性，感受到文學精神同文字書寫相互矛盾所隱含的複雜社會文化脈絡及其複雜背景。

作爲一個文學評論家，在長期分析考察的過程中，他越來越意識到：文學評論工作是一項非常複雜的反思解構活動。在文學評論過程中，評論家所要做的工作，一方面是分析文學作品的書寫符號結構及其所要表達的直接意義，另一方面則是透過文學書寫符號結構，洞察出原作者所要表達，又難於或甚至無法表達的那些意義，其中主要是無法經由文字符號表達的內容和意涵。由此可見，文學書

寫，對於文學家來說，具有悖論的意義。文學家當然不得不使用語言符號結構和特定的書寫方式，去表達他所要表達的意義。正因為這樣，每個作者都要設法透過其文學語言的特殊符號結構，發揮一般語言表達其意義的特點，儘量使其文學語言採取某種「中立」的性質。

對於許多作者來說，文學語言是非常惱人的問題。它首先是創作的問題。其次，它又是尋求與普通語言相適應的問題。最後，它又是使已經具有獨創性的文學語言轉化成「中性」的技巧問題。所謂創作的問題，指的是每個作者都要依據其生活環境及其創作意圖創造出符合其本身特徵的文學語言及風格。這當然是指作者必須有意識創造出自己的文字特色，以其本人所創造的文學情節和人物特徵，選擇最優美和含蓄的語言文字，使其創作不成為一般語言文字的堆積物。然而，這種文學語言的創作，在某種意義上說，又是作者本人所無法覺察和無法掌握的語言表達技巧。在許多情況下，不是作者本人有意識的創作，而是在特定社會和文化環境中，又由於作者本人特殊的經驗歷程，使作者會不知不覺地造就出連他自己都不知道的特殊文風。文風是文字創作中自然造就出來的，不是作者本人生硬地拼湊建構的。

作者固然要千方百計地創造出自己的語言文風，而且還要充分考慮到自身文風同一般語言運用之間的差距，盡可能使特殊的文風不成為社會所不能接受的怪體。在這種情況下，作者就要考慮使自己保有特定距離的文學語言，書寫成人們可以接受的中性語言。這是非常困難的文字創作問題。

但是，正如羅蘭·巴特以及早在他以前的馬拉美、巴岱和拉岡等人所共同感受到的一樣，語言符號結構和特定的書寫方式，在很大程度上又存在著難於克服的侷限性，不但不能指望它們完全精確表達作者所要表達的意義，而且在許多時候，它們甚至還反過來破壞、扼殺或歪曲原本試圖表達的意義。羅蘭·巴特反覆分析這一悖論性的性質，特別是探討了其中存在於文字符號、文學書寫及其歷史文化背景的複雜因素。他認為，文學確實包含一定的難於克服的困難，**文學注定必須透過一種並不自由的文字來表達自身的意義**（la littérature est condamnée à se signifier elle-même à travers une écriture qui ne peut être libre）（Ibid.）。所以，在羅蘭·巴特看來，「作家實現一種功能（L'écrivain accomplit une fonction）；寫作就是一種活動。這就是普通語法所早已告訴我們的。這種語法在這裡正好將某一個人的名詞同另一個人的動詞對立起來。也就是說，最早的意思，作家就是站在其他人的立場上而寫作的人。這樣的意義是從十六世紀開始的。這並不是說作家本身就具有一種純本質；他是要採取行動的，但他的行動是內在於他的物件中的。這種行動是悖論地完成在作家本人的工具之中，即他的語言之中。所以，所

謂作家就是對他的語詞本身進行勞動製作。而且，他就是這樣全神貫注於這種特殊的勞作之中。作家的活動包含兩種類型的規範：技術性規範（例如撰寫、文學類別、及文字寫作的規範）和手工藝規範（例如艱辛勞作、忍耐、修正以及精益求精的規範）。由於工作的原料在某種意義上成為作家本身的目的，文學在實際上就是悖論地成為一種套套邏輯，一種迴圈式的同語反覆。正如控制論的那些機械是為其自身而建造一樣。作家是在其『如何寫作』（comment écrire）中極力吸收他所在的那個世界的『為何如此』（le pourquoi）的一種人。其中的奧祕（如果可以這樣說的話）就在於：這樣一種自戀式的活動，在整個連綿幾千年的文學創作過程中，一直不斷地激發起對於世界的發問。也就是說，當作家自己自我封閉於『如何寫作』的時候，作家竟然在完成其工作的同時發現了一個開放性的問題：世界『為何如此』？各種事物的意義是什麼？」（Barthes, R., 1964）。在羅蘭‧巴特看來，作家的職責只能透過他所寫的文字來實現。究竟以什麼樣的文字完成自己的職責？這就要看作者本人是否熟練地運用語言文字的技巧達到其表達寫作意願的程度。作者在寫作中免不了會以自戀的態度不斷地在文字上下功夫，精益求精，但其結果往往是在無意識中表明了他所生活的世界的狀況。如果一位作家總是千方百計地有意識要「反映」現實，其結果，反而會使自己的作品失去文學價值，成為「報導式」的新聞紀錄，或成為某種意識形態的宣傳品。而且，連他所反映的現實本身，也可能距離實際的現實狀況很遠。文學畢竟不同於宣傳作品，也不同於新聞報導。文學要求的，只是以文字書寫的技巧和特殊的文風，表現作者設計的情節內容。文學作品是以文字寫作的技巧作為其表達形式，因此，形式是很重要的。文學書寫文字往往構成自己的特殊文本結構，表現出它本身特殊的語言。文學形式就是由這些特殊語言構成的。

在談到文學書寫的特殊語言結構時，羅蘭‧巴特曾經以沙德、傅立葉、洛約拉（Ignace de Loyola, 1491-1556）三位作者的文字作品進行比較分析。羅蘭‧巴特說：他們三人的語言文字各以自己的特色顯示出來；他們所創造的語言顯然不是普通的語言。透過這些特殊的語言，三位作者寫出了他們自己的作品，表達了各自不同的文本內容。「這是一種『新語言』（c'est une langue nouvelle）；它透過自然的語言，但它只能透過文本的符號論定義才能揭開意義」（Barthes, R., 1971: 8; 1994: 1041）。羅蘭‧巴特認為，他們三位作者所使用的語言，表面看來仍然是普通的語言，都是可以由讀者輕易閱讀明白的。只是在這些語言的運用中，三位作者加諸了各自不同的寫作技巧，並以他們的獨特文風表達出來。羅蘭‧巴特把他們的語言說成為「人造的語言」（langue artificielle）；但他們的「人造語言」仍然遵循自然語言的規則。在使用自然語言的時候，三位作者各自

依據自己的作品需要及文風特點，對自然語言採用了四種操作程序，使之成為了他們的特殊語言。這四種特殊程序是：隔離（s'isoler）、組合（articuler）、指令（ordonner）、戲劇化（théâtraliser）。羅蘭・巴特指出，三位作者所使用的新語言首先是從先前存在的、過時的普通語言中隔離出來的，他們對舊有的語言進行篩選，把其中的「雜音」（le bruit）排除出去，只選用其中較精煉的部分。接著，三位作者對其所選用的語言進行加工。羅蘭・巴特指出：不經過區分性的和精心加工的過程，不經過分割和重組合的過程，就不會有精煉的語言。所謂精心加工，指的是將所選用的語言加以進一步分割組合，以各種不同的距離將它們重新組織起來。然後，三位作者對其所使用的語言給予特殊的指令，使之隸屬於他們所寫的故事情節的一部分。最後，進行戲劇化的程序，但這並不是裝飾各種觀念，而是使被使用的語言無限地開放，使之可以任意地被理解或被詮釋。儘管三位作者各自堅信自己的信念和意識形態，但他們善於運用文風的變化，將文本的內容同其形式對立起來，巧妙地使語言成為純粹的表達形式，其熟練程度，足於使三位作者不再顯示他們意識形態的特徵。他們的戲劇化技巧使他們成為了名副其實的「舞臺裝置家」（scénographe）。由於三位作者所寫的內容和文風都不盡相同，所以，他們所採用的上述四大程序又分別呈現出不同的特色。所有這些，就構成寫作中的文字編排密碼，注入書寫文字的文本結構之中，成為了各種不同文本的特殊風格和特徵。各位作者就是根據這些程序，對其文字進行必要的、然而又很精細的加工，才創造出他們的優秀作品，並透過其作品，顯示出他們的作家職責。

羅蘭・巴特認為，作家無需靠直接的宣言表明他們對於寫作的態度及立場，而是全靠他們的文字使用技巧及其文風。只有透過文風和文字技巧，其文學效果才可以對讀者產生深刻的影響。

所有的作家都是透過語言來寫作。同時，作家又在其寫作中，將原本作為手段的語言，當成其勞動對象。這種職業顯然是自我封閉的，是自己對於自己的語言的修正、更改、修飾、完善化以及自我欣賞。但正是透過語言這個看起來似乎自我封閉的符號體系，作家以其自身的創作，發現了意想不到的效果，發現了世界，發現了世界之「為何如此」的道理。為什麼語言具有這樣的功能？這正是羅蘭・巴特所要深入考察的。

語言本來是一種符號系列。但當作家使用語言從事創作時，語言超出了單純符號的範圍，在作家的思想創造活動中，它同社會、同歷史、同文化、同現實的社會關係，發生了作家所意想不到的遭遇。這其中，既有作家主體自身的問題，也有作家所處的社會和文化環境的因素，又有兩者之間的交叉及其複雜的互動關

係，甚至包含著兩者之間的穿插所產生的後果等等。屬於作家主體的問題，實際上又包含著更複雜的層面。當作家從事創作時，他往往面臨著他所處的世界；但他個人並不想要過多地思考周圍的世界，因為他畢竟是作家而已。作為作家，他所主要關心的，是他自己的創作思路的開展：開展「什麼」？「如何」開展？採取「什麼樣」的形式去開拓自己的創作思路？羅蘭·巴特認為，作家所關心的首先必定是他想像中的文學故事情節及其人物。但是，作家在創作中，無法單純使自己侷限於其所創作的情節和人物，他勢必被捲入到情節和人物創造中的各種因素：如何設計他的人物？如何展現其情節？在其創造中，他個人的思想感情要不要被捲入？以多少成分被捲入？這些被捲入的因素又包含了什麼他所意想不到的東西？這些東西又是什麼？如此等等。這一切表明：語言符號的使用完全超出語言本身，它頓時成為了一場極其複雜的「事業」！但作家要不要因此使自己轉變成「非作家」？也就是說，作家要不要由於其創造活動的複雜性而使自己改變身分？如果不改變身分，作家應該如何正確處理上述關係？

這些問題實際上還是屬於語言使用中的問題，特別是語言使用中作家本人的寫作風格和寫作態度問題。作家的寫作風格，主要就是如何處理寫作中的語言使用形式、模式、格式、內容及變化可能性問題。語言使用就是作家處理創作中的主體與客體的關係，也是處理主體間的關係問題。但羅蘭·巴特認為，處理這些問題，都回避不了擺在它們之間的象徵形式的運作。

顯然，文學書寫是作家不得不用以表達其意義的方式。這種方式總是採取語言符號特定結構，透過其中語言符號象徵的特性及其運作邏輯，曲折地或象徵性地表達可言說和不可言說的內容。富有經驗的作家本身往往意識到，面臨他所要表達的事物之複雜性以及語言表達的侷限性，他始終都面臨一些選擇：或者採用這種語言結構和風格，或者採用另一種；而不管他選擇哪一種，他都要被迫作出犧牲，付出一定的代價，使他原本要表達的意義受到一定程度的損害。更何況，再有經驗的作家也無法完全感受或洞察到他所處歷史時代的真正意義。所以，生活在另一個時代的文學評論家，當他閱讀經由語言文字所構成的文學作品時，他一方面要盡可能透過語言符號結構，理解其中的意義，另一方面又要意識到這些文學書寫的侷限性，並透過它而盡可能把握其表達的程度，洞察到其所意欲表達而又未能完全表達的事物，也同時體會到其不可能表達的部分。事情往往是這樣：原作者在其所處的時代，儘管他有足夠的能力和天分，但礙於他所使用的文字及其理解力的限制，他總是無法足夠把握時代的精神，同樣也無法靠其文字書寫完全表達他應該表達的內容。在這裡，該原作者實際上有兩種類型的困難：第一種是他的理解力無法把握時代精神，第二種是他的書寫無法完全表達其所理解

的意義。但作爲評論家，可以在上述兩方面超越原作者。這是因爲評論家處在另一個時代，具有優越條件超越原作者，既在洞察力，也在文字書寫方面，勝過原作者。然而，羅蘭・巴特也指出，評論家同樣遭遇到原作者所面臨的悖論以及理解和表達方面的困難。所以，評論家充其量也只能超越原作者，卻永遠無法達到全面理解時代精神和表達其意義的程度。所以，不論是原作者還是評論家，都因其能力和文字書寫的限制而同實際應該達到的意義內容保持一定的距離。在這方面的悖論和差距，一方面來自符號象徵本身的性質，另一方面又要靠符號象徵的神祕力量及其運作邏輯去層層克服和解決。這就是爲什麼羅蘭・巴特要更深入地探討符號學的重要原因。

　　羅蘭・巴特在五〇年代的文學評論中所遭遇和反思的上述符號象徵問題，很快引起文學評論界在理論觀點和方法論方面的一場重大革命。一種被稱爲「新評論」（Neo-Critique; Nouvelle critique）的新型文學評論理論和方法，終於出現了。在羅蘭・巴特新符號論的啓發下，「新小說」（Nouveau Roman）、「新電影」（Nouveau Cinema）和「新戲劇」（Nouveau Théâtre）也應運而生。它們的共同特點就是應用並超過結構主義的研究成果，將符號當成表達意義的象徵性手段，利用符號同意義之間既表達、又不可能完全表達的悖論關係，玩弄符號結構層層重構的靈活遊戲，使文學創作和文學評論都成爲可伸可縮、確定又不確定的象徵性遊戲活動，一方面借此反映創作同其原作者之間、同其具體歷史文化背景之間以及同其讀者之間的三重複雜關係，另一方面又使閱讀者也有可能成爲再創作的文化生產參與者，進一步擴大原作者尙未、或不可能表達的意義網路，把文學創作延伸成爲重複性的和非一次性的歷史運動。這樣一來，文學評論和閱讀，不僅其性質，而且其過程和形式，都雙雙發生根本的改變。首先，文學評論所關懷的，已經不是作品的文本及其外表形式，而是其所已經表達、無法表達和尙未表達的意義。文學評論從此成爲評論者對於文本內在意義探索的無限反覆過程。其次，閱讀成爲了再創作的過程，也因此成爲比原創作更重要的文本書寫更新階段，成爲創作過程無限延長、並又不斷實現其自我提升的仲介，也使之成爲後來讀者進行不斷反思的中間環節。

　　在《書寫的零度》之後，羅蘭・巴特進一步將文學評論同符號論研究結合起來，使他更深刻地展示了符號論研究的廣闊前景。從他的《論米謝勒》（*Michelet*, 1954）到《神話學》（*Mythologies*, 1957），從《論拉辛》（*Racine*, 1963）到《符號論要義》（*Eléments de sémiologie*, 1964），可以反映出他從文學評論到符號論研究的歷程。

　　羅蘭・巴特不只是將其新型符號論運用於文學評論活動，而且，也深入探討

社會文化生活中的各種各樣符號運動，並試圖透過對於社會文化符號的運作，揭示符號同社會文化因素之間的複雜關係，進一步說明符號實際運作同權力、意識形態等力量的各種結合形式及其實際效果。爲此，羅蘭・巴特以當代社會中最普遍的流行文化作爲研究重點，開展他具有獨創性的符號社會學探索活動。

羅蘭・巴特的《流行時裝的體系》，以結構主義符號論作爲基本方法，將流行時裝當作一種重要社會符號和信號系統加以研究。他認爲，爲了深入分析時裝這個非常複雜的社會現象，必須善於運用符號論，集中解剖時裝的純粹圖像想像形式（imaginaire），集中分析它的純粹理智表現形態（purement intellectif），即它在時裝專門雜誌上所呈現的那些模樣。他透過當時最流行的法國兩大時裝雜誌《她》（Elle）和《時裝花園》（Jardin des modes）的文本和圖案，區分了三大種類的時裝：「圖像時裝」（le vêtement image）、「書寫時裝」（le vêtement écrit）、「實際時裝」（le vêtement réel）。如前所述，所謂「圖像時裝」是被拍攝或設計圖案化的時裝；「書寫時裝」是透過語言、並改造成語言的時裝；「實際時裝」是被出售、展覽和穿戴的那些作爲符號體系表現形態的時裝。羅蘭・巴特指出，書寫時裝就是透過口語和普通語言的翻譯，決定，並生產著時裝的意義。所以，**書寫時裝是時裝意義的生產和再生產場域**。在羅蘭・巴特看來，並不是「實際時裝」這個實際呈現的物體物件，而是它的名稱，也就是透過書寫文字的加工而被賦予特定意義的那些書寫時裝，促使社會上的追求者和崇拜者，產生追求時裝的欲望。因此，它們才是眞正的時裝流行的內在推動力。因而，也不是人們心目中的幻想或美的理念，而是書寫的時裝所製造出來的意義及其轉換遊戲，使時裝可以被廣泛而普遍地銷售和傳播開來（Barthes, R., 1967: 10）。

這就表明，到了資本主義社會晚期階段，由於文化的全面普及以及科學技術的廣泛使用，透過人造符號和文本，而不需要透過實物，就可以足夠引誘和挑起消費者的欲望，並促進他們對於各種人造符號和「意義」的崇拜和追求。正是因爲這樣，晚期資本主義階段的流行文化產品，並不侷限於實際物品的生產，還無限制地擴大到各種人造符號和帶有特定意義的產品。

羅蘭・巴特並不滿足於一般地分析流行時裝的各種社會表現形式，而且更深入解剖流行時裝的生產者與設計者們如何製造和生產時裝意義的過程及其社會效果。他認爲，最關鍵的是要揭露語言符號同實際時裝物體之間的複雜關係及其相互轉化過程。它們兩者之間是在時裝雜誌的編輯室中相遇的，並在那裡由一群被商人和當權者所僱用的廣告知識分子、設計人員以及作家們，在玩弄符號遊戲的過程中，將流行時裝的意義生產出來。**符號同其意義的關係，始終是在符號同實際時裝之間遊蕩，一會兒是從符號轉向實際時裝實體，一會兒又顛倒過來，從**

它們之間的翻轉關係中尋找新的意義。時裝雜誌在這過程中，始終是在想像中創造。**能指符號無非就是意義本身**（le signifiant n'est rien d'autre que le sens lui-même），**因為流行時裝永遠只能是某種虛空的信號體系**（la mode est un système de signes vides）。

羅蘭・巴特在其著作《符號論要義》中指出：傳統符號論所說的「所指」，實際上已經不是實物，不是「一件實際事物」，而是想像中的「再現」，是一種屬於思想精神層面的人造因素，他稱之為「思想表象」（mental representation）。現代人正是將這種「思想表象」當成實物本身，也就是將虛無的表象當成實際存在的實物加以追求。之所以能夠實現這一點，是因為當代社會科學技術和管理能力已經達到很高的程度，以至於各種人為的虛構都可以製造得很逼真，可以達到以假亂真的目的；而且，現代人自己也由於精神空虛，自願地在各種虛假的符號中遊蕩和享樂，進行自我消遣和自我陶醉。

在分析符號以及由符號所負載的「意義」的時候，羅蘭・巴特強調能指與所指之間的關係之外的其他重要因素，而其中最重要的，是它們運作時所處的環境及其意境。「意境」所指的是除了環境的客觀因素以外的主客觀關係及其複雜網路。不僅不同的符號會在不同的環境中產生不同的意義，而且，也會在不同的意境中產生變化。在他的《戀人絮語》中，羅蘭・巴特詳細地分析情人間由於雙方的情感所產生的對對方身體各個組成部分的想像意境及其「意義」指涉範圍的多重變化。

羅蘭・巴特為了更深入揭露時裝符號意義的人為性質及其被操作過程，進一步越出嚴格意義的時裝的範圍，在時裝的那些所謂「流行周邊附件」中，探索時裝符號同意義的複雜關係。這些流行時裝周邊附件，包括各種用在臉上和身上的化妝品，從頭頂的帽子到腳底的襪子和鞋子等。羅蘭・巴特指出，**在符號同其意義的運作中，毫無意義的和嚴格意義的、功能性的和任意性的兩方面的因素，始終是相互混淆、又相互區分，其目的就是為了掩飾流行時裝意義的人為性質及其虛空本質**。他說：談論流行時裝的論述修辭學是空洞無物的；「**流行時裝所創意的，是一種經過周密製作和掩飾的語義悖論體系**（paradoxe précieux d'un système sémantique），**其唯一目的就是將其所耗資精心製作的意義加以掩飾**」（Barthes, R., 1967: 287）。

二十世紀下半葉以來資本主義社會的新發展，使流行文化本身，不僅就其內容或性質，還是就其形式而言，都發生新的根本變化。當代流行文化的新特點是同當代社會基本結構和基本心態的變化緊密相關的。如前所述，自二十世紀六○年代以來的資本主義社會，已經進入以消費文化的生產為主的新時代。在這個時

代中,流行文化具有以下新的特點。第一,流行文化更加縮短其生產和再生產的週期;第二,流行文化採取更多元的形式;第三,流行文化藉助於現代科學技術的發展成果,更加技術化和技術複製化;第四,流行文化隨著電子化和技術化的發展,採取數位化和網路化的途徑,越來越符號化和幻影化;第五,流行文化的內容和形式的相互關係發生了顛倒現象,即當代流行文化將其形式的變化列於比其內容更加優先的地位;第六,流行文化更多地採用神祕化的形式,離開理性主義的傳統文化形式越來越遠;正如艾柯(Umberto Eco, 1932-2016)所說:「古典理性主義將野蠻人等同於那些語言功能不發達的人(從辭源學上來說,野蠻人[barbaros]指的正是講話結巴的人)。而現在,事情卻顛倒起來:那些難懂的外國話或類似於外國話的異國情調、異國事物,變成了神聖的東西,充滿了禪意和天機。對於希臘理性主義而言,一個東西如果是可以理解的,它就是真理;而現在,真理卻主要是那些無法理解的東西」(Eco, U. Et ali., 1992)。所謂「神祕性」,作為流行文化的一個重要特徵,無非就是「不可理解性」,或者,甚至就是某種「不需要理解的東西」;第七,流行文化更多地同「性」和身體結合在一起,以至於可以說,當代流行文化幾乎等於性和身體的特殊文化;第八,流行文化更加消費化和商業化。

正因為這樣,在談到當代流行文化的複雜性時,羅蘭・巴特說:流行文化的高度複雜性,使它只能由其自身來界定。他說:「流行時裝只能透過其自身來界定,因為流行時裝純粹是一種服裝而已,而時髦的服裝無非就是由流行所決定的」(Barthes, R., 1994: 365)。在這裡,羅蘭・巴特實際上首先抓住了典型地作為流行文化的時裝的自我矛盾性及其自我參照性。流行文化就是這樣奇特,以致使它成為當代生活世界中非常悖論而又高度任性和「飛揚跋扈」,既有明顯的自我規定性和任意性,又有某種「蠻橫無理」的「霸道」性格:它按照其自身的運作邏輯而生產和傳播,同時又在社會中產生強大的影響力;它在自我規定的同時,又強迫社會大眾把它接受下來;它使自身寄生於現代社會中,卻又反過來極大地推動現代社會的發展。

流行文化的高度生命力及其活躍的動力學性質,使它自身的定義也富有生命力和靈活性。流行文化的上述特性,使研究它的社會學家不得不將注意力轉向它的動力學結構及其各個組成要素。而在它的動力學結構中,最具有神祕性的部分,就是它的符號象徵結構。它的符號象徵結構具有明顯的自我規定、自我參照和迴圈反思性質。因此,在談到「服裝」這個典型的流行文化的符號結構特性時,羅蘭・巴特說:「這樣一來,從能指到所指,乃是一個純反思的過程,而在這個過程中,所指在某種意義上喪失一切內容,但它又絲毫不損害它的指稱力

量。這個過程使服裝構成爲對於某事物的能指，而這些被指的事物又無非就是這個構成過程本身」（Ibid.）。在這裡，羅蘭・巴特所說的「能指」和「所指」，主要是指流行文化中的符號及其指涉的物件。由於流行文化是一種具有高度象徵意義的符號系統，因此，對它的分析，主要應集中在它的符號結構。但它的符號結構是一種非常特殊的符號系統，它不同於其他任何文化中的符號，是一種具有自我參照、自我指涉和自我生產的系統。因此，羅蘭・巴特認爲，流行文化中的能指與所指的相互關係，是揭示其本質特點的關鍵。接著，羅蘭・巴特又說：「或者，爲了更準確地描述這個現象，能指（也就是流行的表述）繼續不停地透過一種意指結構而散布意義（即作爲模本的物件物、支撐體、變項及其等級），但是，這個意義歸根究柢又無非就是能指本身」。

由此出發，羅蘭・巴特轉而集中分析流行文化的特殊語言的特點。因此，羅蘭・巴特認爲，「**流行提出了這樣一種極其珍貴的語義悖論系統，而這種語義悖論系統的唯一目的就是使它精心製作的意義喪失殆盡；因此，這個珍貴系統拋棄其意義卻毫無損害其意指力量**」（Ibid.）。羅蘭・巴特把流行的這種自我反思（auto-réflexion）活動同形式邏輯加以比較，從而更深刻地揭示了它的自我矛盾而又自我參照性質：「這種反思活動有其類似的心靈活動模式：如同邏輯一樣，流行是由單一循環論證的無限變化來決定的；也像邏輯一樣，流行尋求的是同義關係和有效性，而非眞理；和邏輯一樣，流行被抽取了內容，卻保留了意義」（Barthes, R., 1994: 365）。

從以上的分析，羅蘭・巴特最後指出：「**流行就像一部保持意義、卻不固定其意義的機器一樣，它永遠是一個既失落意義，然而又確實具有意義的悖論事物。它是人類自持有能力把毫無意義的東西變成爲有所意指的一種景觀**。因此，流行看起來就像是意指作用的一般行爲的典型形式，重構文學的存在；它提供人們閱讀的，不是事物的意義，而是它們的意指作用。於是，它變成了『十足人類』的符號。它的這種基本地位，絕不是脫離現實的」（Ibid.）。

流行文化具有顯著的獨特語言符號系統，同時這些語言符號也以特殊邏輯而運作。在這個意義上說，流行文化的語言符號結構及其性質具有雙重性：它一方面共有一般語言符號的特性，另一方面又顯示出其特殊的語言符號的特性，而且，對於研究流行文化來說，分析和研究其特殊的語言符號結構更具有重要意義。流行文化的語言符號學，是一種特殊的語言符號學。它所研究的，是流行文化所採取的特殊語言的符號結構及其運作規律。羅蘭・巴特在談到流行文化的符號結構時強調：它的特殊語言符號結構及其運作邏輯，對於揭示它的神祕性具有特別意義；我們絕不能停留在一般語言符號分析的層面，而是要深入發現它的特

殊符號運作邏輯。

嚴格地說，所有的流行文化無不是由其特殊的語言符號系統所構成。流行文化之所以能在當今的世界上橫行無阻，它之所以成爲一種「無國界」的消費文化，能在如此不同語言和文化傳統的國家內廣泛地被流傳和被接受，就是因爲它本身就是一種「超語言的特殊語言」，它所使用的語言符號是無國界約束的。羅蘭‧巴特指出，作爲一種論述的流行的描述，之所以具有其自身的特殊語言，是因爲對於任何流行服飾的描述，都是爲了達到一個目的：表達，或更確切地說，傳遞流行（Barthes, R., 1994: 153）。流行之所以流行，正是表明它是可以越出任何界限；反過來，如果有一天它受到了某一界限的限制，它就成爲「不流行」或「非流行」，從而失去了「流行」的性質。

羅蘭‧巴特指出，任何一種流行的表述，至少都包含兩個資訊系統（un énoncé de la Mode implique au moins deux systèmes d'informations）：其中一個是嚴格意義的語言系統，它就是某個特定民族的語言（如法語），另一個是「服飾的」系統（un système vestimentaire），它或者是將服裝（例如印花服飾、服飾配件、百褶裙、露背背心等等）意指爲世界（例如大賽、春天、成熟時節），或者是流行。這兩個系統不是截然分開的，服飾系統似乎已經被語言系統所主導（Barthes, R., 1994: 158）。

同一般以語言符號作爲基本結構的一般文化一樣，流行文化的特殊語言也具有羅蘭‧巴特所說的那種「法西斯性質」。羅蘭‧巴特曾說：語言無所謂革命或反革命，因爲它原本就是法西斯的。這意思是說，流行文化的特殊符號如同語言一樣，是具強迫性的、是專制不講道理的。流行文化的符號比一般語言更具有法西斯性質，因爲它是什麼，就是什麼。在這方面，它是毫無道理的，也是不容討論或商議的。換句話說，流行永遠都是自以爲是，它橫行霸道、不講道理，它要成爲什麼，就是什麼；它要表示什麼，就是指向什麼。流行之成爲流行就在於它的任性和霸道。當然，它之所以任性和霸道，是因爲它本身包含了社會文化的神祕力量。

羅蘭‧巴特所揭示的上述符號邏輯，有助於我們進一步了解當代社會的符號運作奧祕。

第二節　格雷馬斯的語素符號論

格雷馬斯是最傑出的一位結構主義語言學家。這位原籍立陶宛的巴黎社會科學高等研究院教授，繼承和發展索緒爾和本維尼斯的結構主義語言學成果，在研

究語義學和意義的領域中，取得了顯著的成績。他在1960年，同杜布阿（J. Dubois）、謝瓦里耶（J. –C. Chevalier, 1925-　）和亨利・米德朗（Henri Mitterand, 1928-　）等人，一起建立了著名的「法國語言研究協會」（Société d'études de la langue française，簡稱 S. E. L. F.）。1962年，格雷馬斯開始任教於法國普瓦捷大學（Université de Poitiers），並從1964年起，在龐加萊研究院（L'Institut Poincaré）講授結構語義學（La sémantique structurale）。他在1966年發表的《結構語義學》（Semantique structurale, 1966）就是這一課程的講稿的修訂產物。同年，格雷馬斯與羅朗・巴特、杜布阿、布阿濟耶（B. Poitier）和格馬達（B. Quemada）一起，創立《語言》（Langages）學術雜誌。同時，又在巴黎高等社會科學研究院建立關於符號語言學研究小組。經過長期研究，他同古爾德（J. Courtes）一起，以便於實際運用的符號論辭彙，於1976年編成《符號論：語言理論推理辭典》（Sémiotique: dictionnaire raisonné de la théorie du langage）。在這本書中，他實際上以理論形式，總結了他及他的同事們二十多年中關於語言和符號論的研究成果。從八〇年代以後，他進一步廣泛地研究文學批評理論和結構主義美學，發表《論不完滿性》（L' Imperfection, 1986）等著作。

　　格雷馬斯的學術著作很豐富。這些著作包括：《結構語義學》（Sémantique structurale, 1966）、《論意義》第一卷（Du Sens, 1970）、《符號論與社會科學》（Sémiotique et sciences ommemo, 1976）、《莫泊桑：文本的符號論及其實踐》（Maupassant. La sémiotique du texte: Exercices pratiques, 1976）、《符號論：語言理論推理辭典》（Sémiotique: dictionnaire raisonné de la théorie du langage, Avec J. Courtes, 1979）、《論意義》第二卷（Du Sens. II, 1983）、《神與人》（Des Dieux et des Hommes, 1985）以及《論不完滿性》等等。

　　同羅蘭・巴特一樣，格雷馬斯是符號論著和文學評論家；但是他是真正地出身於語言學研究，因此他又不同於羅蘭・巴特，他對於符號論和文學評論的研究，比羅蘭・巴特更注重於語言學方面。而且，他的語言學研究比羅蘭・巴特更嚴格地遵循著結構主義的原則。但是，後期格雷馬斯的研究領域逐漸地擴大，遠遠地走出語言學和文學評論的範圍，更深入地探討了與人的語言和思想創作有密切關聯的各種領域，尤其是從人文社會科學整合的角度，探討人的語言、思想和行為的相互關聯。正因為如此，格雷馬斯在晚期的代表作《論意義》具有深刻的社會學理論價值。從七〇年代到八〇年代近二十年的研究中，格雷馬斯始終圍繞著人類文化創作中語言符號及其運作結構同符號背後所表達的意義的複雜關係，從而集中地探索了人類文化創造中的象徵化邏輯（Greimas, A. J., 1966; 1970; 1983）。

　　格雷馬斯研究語言生涯的重要轉折期，發生在六〇年代中期。從1962年就任於普瓦捷大學講授語言學開始，格雷馬斯就把語言學研究擴大成爲符號論的研究。所以，他很快地就開闢了一種**符號論語言學**（sémio-linguistique）的研究方向。

　　格雷馬斯認爲，語言學研究並不是單純地研究語言符號及其規則，更重要的是要研究這些符號及其變化的背後所代表的意義（Greimas A. J., 1979; 1983; 1986）。因此他的語言學研究主要的是語義學的研究。但是，**語義學研究也不是單純地只限於語言學的範圍，因爲語言學領域內是無法說明意義的生產和再生產的根本問題。**因此，格雷馬斯的語義學研究，除了語言學的範疇之外，還包括符號論和社會人類學兩大範疇。要把語言學和符號論以及社會人類學結合在一起，才能澈底弄清與了解語言和意義的關係以及人類文化的生產與再生產的問題。

　　由此出發，格雷馬斯在1966年所完成的《結構語義學》一書中，集中地探討對「意義」進行科學描述的可能性的問題。在人文社會科學的傳統上，對意義問題的考察始終存在著實證論和觀念論的兩種基本方法。觀念論的方法注重於意義建構中人的思想觀念的創造活動，往往忽視了意義建構中各種可以通過感性形式確定下來的具體經驗脈絡。實證論著則注重於意義建構立足於其上的各種經驗活動和可以通過經驗檢驗的各種意義標準（Greimas, A. J., 1966; 1976a; 1976b）。格雷馬斯想要克服這兩種傾向的片面性，同時又吸收雙方的成果。但是，他還不滿足於此。他要發揮符號論和語言學研究的優點，並使這些優點進一步同社會人類學的研究取向結合起來。

　　由此，他在研究意義時，主要循著三個方向：第一，從語言學的角度分析語言符號及其意義的複雜關係；第二，吸收結構主義的研究成果，深入研究各種意義結構符號關係的變化和不斷更新的規律；第三，把語言和意義、符號和意義結構放在人的思想和行爲的脈絡中加以分析。在六〇年代中期，格雷馬斯的語義學研究畢竟還更多地受到他的結構語言學觀點和方法的限制。當時對格雷馬斯影響最深的是丹麥結構主義語言學家**赫耶爾姆斯列夫的「語詞符號形式論」**（Glos-sématique）。赫耶爾姆斯列夫有意識地突顯索緒爾結構語言學的形式主義方面，旨在強調語言的問題無非是形式問題，而不是實質內容問題。赫耶爾姆斯列夫試圖建構一種嚴謹的語言形式理論，以便界定語言符號系統的最一般性質。在他看來，語言學的單位並非由語言學本身所決定的，而是由各種使用中的語言系統的存在作爲前提。也就是說，各種語言的相互區別才構成了各種語言學單位的存在。而所謂符號，無非就是建構兩個方面關係的一種功能，也就是內容（con-tenu）和表達（expression）的相互關係。內容就是索緒爾所說的「所指」，表達

就是「能指」。符號通過內容和表達的關係，確定一種形式（forme）和一種實質（substance）。實質作為一種資料，並不能成為語言學研究的物件。赫耶爾姆斯列夫在說明「形式」的時候，並不像索緒爾那樣把它看作是對於內容資料的一種切割，而是把它作為語言學研究的物件，並且也保障了語言學的自律性。在語言學中，符號所遵循的，正是那些把語言單位相互連結並界定下來的規則（Greimas, A. J., 1979; 1983; 1985; 1986）。

格雷馬斯在他的《結構語義學》中，繼續發展了赫耶爾姆斯列夫的「語詞符號形式論」，試圖尋求語義的結構的一般理論。因此，格雷馬斯從生成論的角度（la perspective ommemorat）、描述的角度（la perspective descriptive）和現象學的角度（la perspective phénoménologique）全面分析了語義形式的問題。

從生成論的觀點來看，在意義的生產過程中存在著一種獨立於能指的實質的、不變的和共同的基本結構，這就是格雷馬斯所說的「深層的」符號論結構（le niveau sémiotique ommemor）。格雷馬斯的《結構語義學》深入地分析了「深層的」符號論結構的邏輯層面（la strate logique）和敘述層面（la strate narrative）。格雷馬斯假定意義的雙重結構，認為意義具有深層和表層兩種結構。所謂深層結構，指的是人們對於各種實際物件世界的經驗所累積下來的深刻理解。人們通過長期反覆同經驗世界的接觸，無意識地在人的意識底層積累了對於客觀世界的認知上的理解。這些認識和理解深藏於意識的底層，因此，也是未經語言符號的各種符號加工，是某種表義性的結構。格雷馬斯認為，這是靠最簡單的二元對立而構成的各種意義單位。由深層的這種基本意義單位，通過語言表達就構成了文本中的各種意義關係。深層的意義單元所形成的關係，按不同層次可以表達為不同的文字意義。所以，有意義單位所形成的表層字義是隨著上下文的變化而變化。同樣的一個字，往往包含兩類不同的基本意義的組合：其中一個是不變的「意義核」，另一個是隨上下文而在實際使用中不斷變化的「場合義」。這樣一來，在讀者所看到的文本的字面意義中，就包含了兩種不同的意義結構。而其中的核心意義是要通過文本脈絡以及文本所隸屬的文化傳統加以解讀。由於不同使用場合所得出的各種變化著的場合定義，又可以構成不同的意義組合。如果我們把不同的意義組合加以比較，就可以得出其中的共同意義結構。這些共同的意義結構構成為「基本義」。然後又從文本的各個句子所重複出現的「基本義」中，可以歸納出不同的意義類別。各個文本的基本義就是靠這些意義類別的比較和連貫形成的（Greimas, A. J., 1966; 1976b）。

從描述的角度來看，符號論是一種已經建構的語言，這是一種有層次結構的概化符號（une structure hiérarchique conceptuelle）。運用這種符號論，其目的是

爲了分析包含著符合三重邏輯要求的「物件語言」：描述性的語言、方法論的語言和認識論的語言。這三種語言的相互關係是：描述性語言是建構一種語義的表象；而方法論的語言是爲了建構各種概念和表達程式，以便保證描述性語言所建構的語義表象；至於認識論的語言，則是爲了討論和評價上述兩種語言。

在現象學的層面上，主要是建構起符號邏輯的結構，以便使用符號去描述語言中各種自然世界的物件。

通過上述三個層次和三個角度的綜合考察，格雷馬斯發展了一種建立在結構的符號語言學基礎上的意義理論。**格雷馬斯的根本目的是要在文本的意義中，尋找一種本質性的結構**。在他看來，意義的這種本質性結構，應該是可以在文本的語言符號相互關係中確定下來。所以，格雷馬斯也把這種意義結構的界定稱爲「內在的界定」。如前所述，格雷馬斯從哥本哈根學派的「語詞符號形式論」得到了不少的啓發。因此，他往往是從文本語義關係的形式化而內在地演繹出各種意義系統。

在格雷馬斯看來，語言對於事物的敘述所構成的結構，是遠遠超出語言本身的結構的。任何敘述都勢必同語言和事件發生的文化背景相關聯。所以，各種敘述結構不能與文學體裁混爲一談。

任何敘述都關係到敘述者和敘述物件的歷史及其存在條件。所以，任何敘述都是超語言的。如果說語言也包含著表層和深層兩種複雜結構的話，那麼，**敘述就比語言更複雜地包含著多層面的結構**。前述生成層面就是表明，各種敘述除了有表面上可以當下觀察到的各種原因和物件以外，而且還包含著壓縮在歷史結構中許多感知不到的複雜因素。在這種複雜的結構中，對意義的產生起著決定性作用的，是經過長期穩定下來的**總體性邏輯結構**。這是作爲各種意義結構的深層基礎的因素，是長期經驗和社會實踐所累積的，因而也是最根深柢固的。各種語言的表達以及語言敘述的顯現過程，雖然也存在著複雜的符號形式的相互關係，但是歸根結柢，都是以上述事物總體性邏輯結構爲基礎。當然總體性邏輯結構對於語言表達結構的影響並不是簡單和直線式的。總體性邏輯結構本身的顯現，也是要經歷複雜的和曲折的表現程式，而這些程式中邏輯形式同語言符號的相互結合也同樣是很複雜的。但是，格雷馬斯認爲，邏輯結構和語言結構，不管怎麼複雜，總是可以分爲上下兩層，可以相對地按照深層和表面加以分析和比較。通過符號論的上述各種層次的觀察，可以進一步使意義的理論在多層面的維度上具體化，並且可以形象地說明意義的符號建構向自然語言線性結構轉化的邏輯上和語義上的機制。

格雷馬斯把1966年到1969年所發表的十四篇論文蒐集成《論意義》第一卷，

並於1970年出版。格雷馬斯試圖總結自五〇年代以來符號論的發展成果，強調符號論的發展主要表現在它的實際操作場域的不斷擴大。這種擴大表現爲兩大方面：一方面是論題方面，另一方面是認識論方面。在論題方面，主要是研究了歷史的認識論命題，也研究了神話的敘述，以及關於詩歌和塡字遊戲的書寫結構。在《論意義》第一卷中，包括了格雷馬斯的三篇重要著作，其中第一篇是〈一種敘述語法的基本原則〉（Éléments d'une grammaire narrative），系統地論述了格雷馬斯的敘述學理論。第二篇是〈自然世界的符號論基本條件〉（Conditions d'une sémiotioque du monde naturel），系統地論述了非口語的符號語言（其中包括各種手勢、姿態、音樂和塑膠雕塑藝術等等）的敘述科學。第三篇論文是〈敘述限制的遊戲〉（Les jeux des contraintes narratives），第一次提出了符號方陣的視覺效果化，並且把它應用到深受社會規範、經濟和個人關係網絡限制的性關係系統（le système des relations sexuelles）（Greimas, A. J., 1970; 1983）。這樣一來，格雷馬斯就成功地以精確而又形象的符號複雜網絡表達深層邏輯結構的各種啓發性價值。

到八〇年代以後，格雷馬斯更深刻地思考了意義與價值的關係問題，並且試圖建構一個意義價值化的一般理論。他在1983年發表的《論意義》第二卷，全面地探討了連結著符號運作、語言使用、思想創造和行爲的各種關聯性的模態，以便進一步揭示將認識和思考主體的人的語言同物件和行爲連結在一起的各種深層機制（Greimas, A. J., 1983）。論文集中〈存在的模態化〉，是從語言符號、邏輯運作和行爲等各個方面深入考察人的人格結構的重要論文。有趣的是，格雷馬斯在研究語言符號同意義的連結結構時，並沒有忘記對於**說話者和思想表達者的各種心態和情感的分析**，例如，他分析了「期待」、「復仇」、「憤怒」、「忍耐」、「不滿足」以及「失望」等各種情感對於說話和思想表達的複雜關係。他的卓越貢獻集中表現在對於「生氣」和語言表達的相互關係的研究。在《論意義》第二卷中，他深入細緻地研究了「生氣」的論談語言和心理機制，同時也分析了它在社會文化生活中所造成的許多複雜結果。

因此，格雷馬斯在六、七〇年代至九〇年代的符號論和語言學研究，對於法國社會理論的發展產生了廣泛的影響。他和羅蘭・巴特一樣，是一位從結構主義出發，而又超過結構主義的理論家。

第三節　克莉絲蒂娃的文本符號論

克利絲蒂娃根據符號運作及其內在生命力的自我創造原則，把文本間的穿梭

當成文學創作及再創造的最主要場域。因此，文本本身並不是確定不變的。耶魯學派對於文學作品文本的不可閱讀性的分析以及對於文本及其詮釋的修辭運用的極端重視，都是為了突顯文學作品本身在內容、意義和結構方面的不確定性（indeterminacy）。在這裡，我們可以看到德希達關於「文本間」穿梭的策略以及「文學不分類」思想（Derrida, J., 1986c）的深刻影響。

文學作品以及對於文本的詮釋的不確定性，主要來自文學作品創作中所隱含的創造精神本身的自由本質以及來自表達創作自由的語言文字的含糊性。換句話說，文學作品不應當只是作為一種語言表達結構所固定的創作產品，而是永遠保持其創作過程中的自由創造精神及其生命力。任何文學藝術作品，固然都要透過語言文字的特定表達結構而流傳下來，但是，如同一切真正的藝術僅僅以其固定「形式美」表現其本身的永恆「藝術美」的生命力一樣，文學作品也只是透過其語言文字結構運載和保持其創作生命力。問題在於：文學作品表達出來時所採用的語言文字結構，其本身並不是如同一般語言表達形式那樣，僅僅以符合語法標準和邏輯原則為滿足，而是要善於運用和發揮語言文字的多義性、含糊性和不確定性，使作品中隱含的創作生命得以在含糊性中自由靈活地延伸下來。所以，對於任何文學作品的閱讀和詮釋，如果要保留和發揚其中的創作生命力的話，就自然也必須利用文學作品的語言結構中的不確定性。對於耶魯學派來說，語言結構中的不確定性正是在語詞表達的象徵性和比喻性。原作者和詮釋者的文學修養及其創作生命力，也必須透過作品語詞表達的象徵性和比喻性，亦即透過某種高度熟練的修辭遊戲，才得以表現出來。耶魯學派的基本成員之一，哈特曼指出：「作為一個指導性的概念，不確定性並不單純延長意義的確定性，而是將那些尚未成熟的判斷懸掛起來，以便有可能發展成為完滿的思想內容。這種延長也不單純是啟發性的，是某種延緩閱讀活動的一種機關，使閱讀者便於緩慢地享讀其複雜性。因此，這種延長是內在性的（intrinsic）。從某種觀點來說，這種『延長』就是具有豐富內容的思想本身，著名的英國詩人濟慈（John Keets, 1795-1821）稱之為『否定的才能』（negative capability），也就是某種延續的努力，以便在閱讀中不只是克服否定性的因素或不確定性，而是盡可能地延長逗留在其中」（Hartman, G. H., 1980: 269-270）。換句話說，在文學作品文本的不確定性結構中，詮釋者應擅長於運用作品文字中的各種修辭結構的鬆散性，盡量運用語詞表達中各種比喻和象徵性多重結構，使本身對於文本的理解成為一種思想的漫遊，盡可能延長地逗留在文本的含糊性結構之中進行多層次的反思。

由於對德希達的思想深感興趣、並試圖將德希達思想觀點運用於文學和符號論研究中去，克利絲蒂娃從二十世紀六○年代末開始，便在文學評論和符號論

領域中，成功地創立了新的理論。這位出生於保加利亞的女思想家，自1966年移居法國後，便成爲法國著名結構主義文學評論雜誌《如此這般的》（*Tel Ouel*）的編輯和主筆，同時也在巴黎第七大學擔任精神分析學和文學評論教授。她對於「生產性」的文學理論（la théorie de la littérature comme productivité）產生濃厚的興趣。經歷一番對於當代法國思想的系統研究之後，她試圖超越索緒爾和施特勞斯的結構主義，並廣泛吸收羅蘭·巴特及格雷馬斯等人的新符號論成果，把「說話者」（le parlant）的概念納入結構主義之中，強調胡塞爾現象學有關「意義」的理論的極端重要性，並以此爲基礎建構「一個關於說話的主體的理論（une théorie du sujet parlant）」（Kristeva, J., 1969）。

德希達與克利絲蒂娃之間有很深厚的友情。他們在文學和符號論方面有許多共同的觀點，並對進一步發展文本理論抱有共同的願望。在德希達看來，文本作爲具有一定結構的符號「痕跡」，隱含著重新創作的無限生命力。正如我們在前面已經反覆指出，德希達並不認爲文本的「作者」可以享有宰制其文本的特權。文本作爲某一個作者的「話語」，一旦被生產之後，就脫離了原作者而具有其自身的自律性。在這種情況下，每一個文本都具有自我生產和自我增值的能力。德希達所強調的，毋寧是文本中的符號結構本身重新創造的可能性。

本來，一切文學文本實際上都是境遇性的。它們都是在特定時間和地點中寫出，並被一再閱讀的文本。因此，根本不存在具有普遍性和先驗性的文學作品。文學作品都是唯一性的、一次性的，是不可重複的。文學作品的這種性質，使一切文學作品不可能受到眞正恰如其分的評論。這種狀況也決定了一切文學評論活動的性質：它所進行的，無非是評論者自身見解的自我表白；或者，毋寧是評論者藉助於文本、以文本爲仲介所發表的特定意見。但是，文學作品又是一種具有潛在意義的「意義的抽空」，其原本的唯一性可以藉助於對不斷更新的語境的開放，藉助於不斷重複的差異性而實現意義的延伸和更新。德希達指出：文學是一種允許人們以任何方式講述任何事情的建構。文學的空間不只是一種建構的虛空，而且也是虛空的建構。它原則上允許講述一切。不但文學與其他學科之間沒有不可逾越的鴻溝，而且，連文學本身，也不應該有明確的「類型」（genre）區分。

克利絲蒂娃從德希達的解構主義觀點中得到了深刻的啓示。她認爲，德希達的文本觀點爲人們進一步分析文本再生產的可能性提供了非常廣闊的想像空間。她把注意力集中轉向文本之間的生命連接關係。在文本之間的生命連接中，最關鍵的，是文本中的文字痕跡的重新「說話」能力及其與其他文本進行相互對話的可能性。

「說話」並不是傳統思想所強調的那些「主體」的特權。德希達在批判傳統邏輯中心主義和語音中心主義時，已經深刻地揭露了上述傳統理論的根本錯誤，這就是將主體設想成產生說話能力的思想「中心」。德希達指出，不是先有思想的主體，然後才有說話的主體；相反，是先有說話的活動，然後才有可能形成一個思想的主體。在這一點上，德希達的觀點幾乎都和拉岡的觀點完全一致。德希達指出，任何痕跡都造成了符號再生產運動的可能性。「這種產生差異的差異並不附屬於一個先驗的主體；相反，延異反而生產了主體」（Derrida, J., 1967b: 92）。從德希達的這個觀點出發，克利絲蒂娃認為，強調一個「說話的主體」，就是強調一個「非中心」的主體（un sujet décentré）。說話的主體不是某一個結構的中心主體，因為說話的主體是在說話完成的過程中及其之後才產生的。既然主體是隨著說話本身的活動及其環境而變化，那麼，主體不可能成為說話的中心和主體。

所以，說話的主體不同於笛卡兒的「我思」，不是某種圍繞著確定的個人主觀意識和理性結構而形成的，更不是構成各種話語論述系統和文本結構中心的主體意識，而是可以在各種不同的文本結構中相互穿越和相互滲透的那種動態的和開放的主體。這種非中心的主體，當然也不斷地進行思考，同時也不斷地透過語言文字的仲介而擴大和延伸其思想過程，但是，它已經打破了原有固定的主體中心地位的限制，而成為在各種可能的文本間流動和不斷自我反思，並自我創造的新主體，因而也是在文本間流動過程中不斷更新的主體。

克利絲蒂娃的重要貢獻，是在文學評論領域中以「**文本間性**」（intertextualité）的新範疇而進一步發展了德希達的解構主義文學評論策略。她認為「一切文本不過是各種引文的『莫沙伊克式』（mosaïque）組合所建構的，因而一切文本都是其他文本的吸收和轉換」（Kristeva, J., 1969: 85）。羅蘭·巴特高度重視克利絲蒂娃關於「文本間性」的觀點，並認為這不僅是對發展符號論的重要貢獻，而且也是從根本上改變了文本理論。羅蘭·巴特認為，由於斐利普·索耶和克利絲蒂娃的貢獻，文本的結構從此不再是最重要的分析中心，因為結構對於他們來說只是決定於觀看它的那個活動著的人；由於觀看的過程和結果，文本結構只能存在兩種選擇：或者對抗觀看，無視觀看，這是文本中的神祕部分，或者由於觀看而生產出新的東西，這是文本中富有戲劇性的部分。這樣一來，對於文本來說，關鍵的是閱讀者。正是閱讀者使文本活躍起來。但閱讀者是多種多樣的，不只是閱讀者作為個人而相互區別，而且，即使是同一個人，也因其不同的情緒、觀看時間和環境而成為多種多樣的讀者。由於不同讀者的不同感受及其不同的閱讀方法，使文本具有不同的新生命運動（Barthes, R., 1995: 958-1012）。從

此以後，文本不再是某種環繞著特定意義的單一封閉單位，而是人與人之間進行思想交流的仲介管道，也是閱讀者進行再創造的重要場域，是文化發展的必要途徑。文本成為了一種「莫沙伊克式」的組合結構，某種由多種區分、多種區別所組成的網絡，一種隱含多種意義的空間。

她從符號研究出發，創造性地運用拉岡的後佛洛伊德精神分析方法，將文本結構中符號相互關係所隱含的人類思想心態，當作是文本間及文本和非文本相互間進行穿插互動的基本動力和基本內容，從而將文本分析不但從單一文本內的封閉分析走脫出來，而且轉向文本間及文本和非文本間的廣闊領域。在文本間穿越結構的廣闊分析中，她只是將文本符號當成作者、讀者和非讀者間心態交流的仲介，使符號分析也從單純的「意義／符號」和段落間的相互關係的分析走脫出來，變成符號、意義、心態、文學風格和社會文化間相互交流的場域（Allen, G., 1999）。

克利絲蒂娃認為，每一個文本都是從別的文本引述過來的各個片段所組成的「莫沙伊克式」（mosaïque）的堆砌物，每一個文本都是其他文本的轉化和吸收品。文本，作為一個一個獨立的文化生命體，雖然是各個不同作者的精神產品，但它們比作者們更具有生命力，更含有恆久的再創造精神。在這個意義上而言，「文本間性」不但不是簡單地替代了原有的作者主體間性，而且，將主體間性進一步擴大，也進一步深化，使之成為文本間和各時代文本作者與讀者以及非讀者之間相互理解和相互穿越而進行創造的仲介（Caramello, Ch., 1977）。

克利絲蒂娃關於文本間穿插性的概念，最早是在她的著作《符號單位研究：關於一種意義單位分析的探究》（*Semeiotikè. Recherches pour une sémanalyse*, 1969）提出來的。她所說的「意義單位」（sème）也被譯為義素子。任何由符號體系所構成的文本的基本內容，都具有上層和深層的雙重結構。在內容的上層結構中，由義素子的相互關聯，往往採取符號關係的語句結構表達出來。而在深層結構中，義素子始終是作為一種存在於內在體系的固定單元。但是，克利絲蒂娃等人並不把意義單位或義素子當成某種「實體」的東西，它的存在始終是靠它們之間的相互關係及相互轉化來保障的。在這方面，克利絲蒂娃是充分吸收了法國另一位符號學家和語言學家格雷馬斯的研究成果。她認為意義單位分析是一門多學科組成的新學科，主要是研究文本及文本之間的邏輯，而這種邏輯是完全不同於單純符號間的邏輯。因此，在她看來，文本是某種具有意義的符號不斷地進行能指化的實踐活動，它並不受到亞里斯多德邏輯的約束。文本和文本間的運作方式採用某種類似於由語法和對話活動所混合構成的特殊方式。任何文本的內容和結構都必須在文本間加以考察，因為構成文本內容和意義的基礎因素，並不僅僅

是負載意義的符號及其關係網,而且還包含滲透於其間的對話要素,也就是文本間的生命交流性。文本中所運載的上述內容和意義的複雜性,使文本有可能採取符號及類似於符號的各種象徵體系,包括各種姿態、嘉年華活動以及各種文學藝術形式等等(Kristiva, J., 1969)。

克利絲蒂娃的文本穿插性基本範疇,也使她進一步在文學藝術和社會文化形態的多種領域中,探討多種形式的「說話的主體」(le sujet parlant)及其運作和實踐過程。她綜合地運用辯證唯物主義、語言學和精神分析學的方法,深入分析畫家基奧多(Giotto di Bondone, 1266-1337)和貝里尼(Giovanni Bellini, 1430-1516)的繪畫形式,也研究阿爾托、喬易斯、瑟林(Louis-Ferdinand Céline, 1894-1961)、貝克特、巴岱和索雷爾(Georges Sorel, 1847-1922)等人的文學藝術作品,以便透過會話和文學語言等多種符號運用方式,探索不同文學藝術和文化產品間進行「文本間穿越性」運作的可能性。她認為,在不同的文本和文化產品之間,始終都可能存在多種多樣的對話活動,而這種對話會導致文化本身的不斷更新和再生產(Kristiva, J., 1977)。

克利絲蒂娃的文本穿越性概念,也很接近詹明信(Frederic Jameson, 1934-)所提出的「協力關係網」概念。詹明信是在文化研究領域中提出上述概念的。在詹明信看來,文化研究是多學科綜合穿插進行的考察活動,因此,必須採用多種身分和跨越原屬各個領域的問題物件的範圍,使研究的活動不限於被研究的各個文本,而是穿越這些文本,尋求文本中所體現的社會文化各層面和各領域的張力關係。詹明信透過上述協力關係網概念,把文化當成是各個群體協調從事象徵性行為的廣闊空間,因此,任何文化研究都應該考慮到其中貫穿的各群體之間的關係(Jameson, F., 1981)。

有趣的是,在克利絲蒂娃的文本間性概念中,創造性地吸收了胡塞爾現象學、索緒爾和施特勞斯的結構主義、笛卡兒意識哲學、拉岡結構主義精神分析學以及羅蘭‧巴特符號論的豐富成果,體現了克利絲蒂娃試圖超越主客觀二元對立傳統思考模式的努力。她並不是簡單地否定胡塞爾的意向性概念,而是將意向性概念加以改造,以便將「能指」和「所指」的相關結構納入到有關意識活動的新意識哲學中,將意識改造為不斷建構物件的主動創造性活動力量。這樣一來,意識不再是某種不定型的「實體」,而是具有特定脈絡,又占據特定文本位置的主體的指謂活動力。這種非中心的主體所擁有的穿越文本,並不斷創造的能力,不是像胡塞爾所說的那樣,只是透過一種現象學的化約,而是透過對於語言的使用能力。由此可見,克利絲蒂娃用一種活躍於語言文本間的具有深層性的主體去取代胡塞爾的抽象先驗主體。在這個意義上說,克利絲蒂娃又把非中心主體的意識

同潛意識連貫起來，使兩者不再絕對地相互對立，而是相互依賴。在她的文本間性概念中，顯然，佛洛伊德和拉岡精神分析學有關「生產性」（或「生成性」）和「破壞性」的符號論衝動，是比胡塞爾的現象學實際生活經驗及其衝動力更加重要；而所有這一切，又是比主客體的相互區分更重要。

所以，在克利絲蒂娃後結構主義文本理論中，拉岡的精神分析學是具有決定性的影響的。從拉岡出發，她把主體本身的生產性和自我生產性放在首位。

由於克利絲蒂娃的文本間性概念，所有的文本，不管是明顯地或者隱蔽地引用其他文本，都是以其他文本為基礎而建構和不斷生成的。因此，文本就是同它相對話的其他文本的閱讀和再閱讀。不僅如此，文本間性也把文本的生產力和自我更新超越文本語言結構的範圍，從而使文本的生產和再生產過程擴大到人類文化歷史領域，使文本有可能超出語言的範圍，成為超語言領域內各種社會文化力量同語言文字網絡相互滲透的仲介。正如克利絲蒂娃本人所說，文本的文字結構不過是文本表面的交叉點，它實際上是多種文字的一種對話，它是創作者同接受者、同實際文化脈絡以及同歷史文化脈絡之間的對話（Kristeva, J., 1969: 83）。社會和歷史一旦透過文本本身呈現出來，在對話中的各個主體也在文本的閱讀中呈現出來。由此可見，文本間性的概念同時也包含著「主體間性」的概念。

第四節　鮑德里亞的消費文化符號論

鮑德里亞以他快速的筆觸和浪漫的風格，緊緊跟上時代變化步伐，不論在理論上，還是在方法方面，都能夠針對時代的變化特徵，創造性地開闢新的視野和前景。他從二十世紀五〇年代起，伴隨著時代的變動，不論在理論上、方法上，還是在寫作風格上，都能夠不斷地有所創新，有所變革，使他的社會批判理論，在近半個世紀的過程中，相應於西方社會的不同發展階段，提出了不同的研究理論、方法和策略。這也使他在近半個世紀以來，始終能夠成為最有思想成果的理論家而被國際學術界重視。

人們可以從不同的角度或取向去說明或分析新的西方社會的性質，因而針對新的西方社會，西方社會理論家提出了許多不同的理論。儘管西方理論家們提出了不同的觀點，但他們幾乎一致地承認當代西方社會是一種**消費社會**。**消費**（la consommation）在當代消費社會生活中的重要地位，使許多社會學家和社會理論家非常重視社會的消費問題，並以消費問題作為一個重點，全面展開對於當代西方社會的分析批判。

問題在於當代西方社會的消費活動，已經不是傳統的消費，而是具有新的社

會文化意義的關鍵事物。如何分析當代西方社會的消費活動？消費具有什麼重要意義？消費同其他社會文化活動有什麼關係？鮑德里亞在這方面所做出的理論貢獻，使他成為西方社會人文科學界的一位著名人物。他在經歷了多年研究之後，終於在六○年代創造性地發表了他的第一本論述西方消費社會性質的劃時代著作《事物的體系》，並在1970年再發表研究西方消費社會性質的更新著作《消費社會》，使他成為了西方思想家中最傑出的消費社會理論家。

雖然鮑德里亞的學術生涯同整個法國近半個世紀以來的思想文化背景有著非常密切的關係，但他個人在學術界的盛譽之確立，卻經歷過一番相當曲折的演變過程；而他同後現代主義者的關係，尤其引起人們的廣泛注意。富有諷刺意味的是，恰正有關他同後現代主義者的關係，成為一個充滿矛盾和悖論的問題。

在二十世紀六○年代到七○年代期間，他雖然已經連續發表了許多重要著作，但不論在法國，還是在歐美，他仍然沒有得到學術界的高度重視。至於在英國，由於當時英國研究當代文化的伯明罕學派對於流行文化的重視，他在六○年代到八○年代期間，僅僅作為「左派」文化理論家的身分，在英國左派文化雜誌中有時被人們引用。在開始時，僅僅是一些藝術雜誌，在不很顯眼的地方偶爾引用到他。後來，慢慢地，《理論、文化和社會》（*Theory, Culture and Society*）、《文化與社會》（*Culture and Society*）、《螢幕》（*Screen*）、《今日馬克思主義》（*Marxism Today*）和《新左派評論》（*New Left Review*）等較為重要的雜誌，也開始談論到他。於是，鮑德里亞在英國學術界的影響和地位，開始發生了新的變化：他逐漸成為了文化研究領域的專家。

到二十世紀八○年代中期，情況才發生根本的變化。不論在法國，還是在歐美，只要人們提到後現代主義，只要談到文化研究的問題，就一定會引述鮑德里亞。在美國，自從1984年詹明信發表《後現代主義：晚期資本主義的文化邏輯》（*Postmodernism: or the Cultural Logic of Late Capitalism*）和福斯特（H. Foster）發表《後現代文化》（*Postmodern Culture*）之後，隨著後現代主義思潮在歐美的氾濫，鮑德里亞的名字也同時傳播開來（Jameson, F., 1991[1984]; Foster, H., 1986）。

在許多場合下，人們一方面將他列為「後現代主義的高級牧師」（High priest of post-modernism），另一方面，那些反對後現代主義思潮的人們，也往往將他當成後現代主義的代表人物，因而，在他們批判後現代主義時，把他當成主要攻擊對象。但實際上，鮑德里亞自己從來都沒有正式承認過自己是「後現代主義者」。

有人認為，鮑德里亞的上述奇特境遇，似乎是由於他的著作本身一方面帶有

相當的晦澀性，另一方面又涉及很廣泛的問題，使人無從把握到底應該將他列入何種類型的思想家，也很不容易將他單純地歸類於某一門學科的領域。至於他同後現代主義者的關係，更是由於他本人前後表態往往不一致，給人一種含糊不清的印象。他所提出的許多概念和範疇，不管他本人一再否認同後現代主義者的緊密關係，實際上往往成爲了後現代主義者的啓蒙性思想綱領。

由於後現代主義同馬克思主義及女性主義的特殊關係，又由於鮑德里亞本人的上述特殊思想發展歷程，在許多情況下，人們也將他同現代馬克思主義、女性主義聯繫在一起。

在當代法國社會理論家、社會學家和社會人類學家中，鮑德里亞是研究象徵性交換（l'échange symbolique）的一位最傑出的理論家。他才華橫溢，有著豐厚的社會人文科學和歷史知識基礎。他最早曾經是馬克思主義者，致力於馬克思著作的翻譯工作。他的象徵性理論，最初實際上是以「價值」（la valeur）概念爲中心，把馬克思政治經濟學及新馬克思主義的異化論同索緒爾語言學結合起來。也就是說，他用「價值」和「異化」概念，在勒斐伯勒日常生活社會學的影響下，把經過改造的馬克思政治經濟學，同索緒爾語言學結合在一起，深入分析當代社會消費過程中的信號交換問題。因此，人們也把他的基本理論稱爲「社會符號論」（la sémiologie sociale）。

他早從二十世紀四〇年代起，就爲沙特等人所主辦的《現代》雜誌（Les Temps Modernes）撰稿，寫了大量的文學評論和政論。從那時候起，他的寫作就顯示出非常獨特的風格；他善於將學術界深奧的理論和概念，以獨創的新辭令活潑地表達出來，又善於運用新聞記者的筆調，將深刻的理論，同日常生活現象結合起來，使他的文字表達方式，也精湛地表現出時代流行文化的格調。

同時，鮑德里亞也精通德國語言文學和歷史，曾翻譯過彼得·魏斯（Peter Weiss, 1916-1982）、謬爾曼（Wilheln E. Mühlmann）和布列斯特（Bertolt Brecht, 1898-1956）等人的著作。從1966年起，鮑德里亞擔任巴黎第十大學社會學教授。但是，鮑德里亞本人在談到他的身分時，曾經提到：「我既非哲學家，也不是社會學家。我在大學裡教社會學，但我並不認爲我是社會學家或從事專業工作的哲學家。理論家？我很願意；形上學家？就其極端意義而言，我是。精神科學家？我不知道。我的作品從來就不是大學學院式的，但它們也不會因此而更有文學性。它們在演變，它們變得比較不那麼理論化，也不再費心提供證據和引用參考資料」（Baudrillard, J., 1993: 43）。

他的著作包括：《事物的體系》（Le système des objets, 1968）、《消費社會》（La société de consommation, 1970）、《關於符號的政治經濟學批判》

（*Pour une critique de l'économie politique du signe*, 1972）、《生產之鏡》（*Le miroir de la production*, 1973）、《象徵性交換與死亡》（*L' échange symbolique et la mort*, 1976）、《忘掉福柯》（*Oublier Foucault*, 1977）、《波堡的效果》（*L'effet Beaubourg*, 1977）、《在沉默的多數派的影子下》（*Al'ombre des majorités silencieuses*, 1978）、《法共或政治的人為樂園》（*Le PC ou les Paradis artificiels du politique*, 1978）、《論誘惑》（*De la séduction*, 1979）、《擬像和仿真》（*Simulacres et simulation*, 1981）、《命定的策略》（*Les stratégies fatales*, 1983）、《神靈的左派》（*La gauche divine*, 1984）、《亞美利加》（*Amérique*, 1986）、《他人自述》（*L'autre par lui-même*, 1987）、《酷的回憶》（*Cool memories*, 1987），以及《惡的透明性》（*La Transparence du Mal*, 1990）、《終結的幻相或事件的罷工》（*L'Illusion de la fin, ou la grève des événements*, 1992）、《完美的罪惡》（*Crime parfait*, 1995）、《總螢幕》（*Ecran total*, 1997）、《無足輕重的病入膏肓》（*Paroxyste indifférent*, 1997）、〈不確定性是我們的唯一不確定性嗎？〉（*L'Incertitude est-elle notre seule certitude?* 1998）、《通關密語》（*Mots de passe*, 2000）、《遠距離成形》（*Télémorphose*, 2001）、《從一個片段到另一個》（*D'un fragment ã l'autre*, 2003a）及《世界的暴力》（*La violence du monde*, 2003b）等。

鮑德里亞從六〇年代起，深入研究了法國和西方社會的結構性變化。在他看來，西方社會高度發達的生產力，不僅高效率地創造了遠超出人的實際需要的過量物質財富，同時也創造了**過度人工化和符號化，甚至是擬像化**的文化產品。這就不但使整個人類深陷於由其本身所製造出來的產品海洋之中，而且也因這些產品的象徵性結構及虛幻性質，而反過來改變了人的社會生活和人自身的性質。社會的物質結構同人的精神活動之間、人的社會生活方式同人的思想情感之間、人與人之間以及人與自然之間等等，都不再以傳統學科所揭示的那樣進行運作；這是一種嶄新的消費社會所呈現出來的特殊運作邏輯。正是在這種消費社會的運作邏輯中，包含了鮑德里亞所要深入研究的「**擬像**」（simulacre）的象徵性活動。

通觀鮑德里亞的思想發展過程，我們可以明顯地看到七〇年代中期是他的思想轉折的一個重要時期，而他在1976年發表的《象徵性交換與死亡》這本書，可以說就是他的思想發生轉變的里程碑。在七〇年代以前，他還更多地受到新馬克思主義社會批判理論、結構主義、符號論和日常生活社會學的影響，從關心社會日常生活現象過渡到對整個社會消費生活方式的變化，使他能夠以消費活動為中心，隨著西方消費生活在整個西方社會的擴散和滲透，深入分析西方社會性質的重大轉變。而在這一時期，他分析消費社會的性質的主要方法，是採用當時深受

結構主義影響的符號論和語言論述理論，並在採用符號論的基礎上，適當改變勒斐伯勒的日常生活社會學及馬克思的政治經濟學批判，創立了一種適用於當時社會的**符號論政治經濟學批判理論**，將西方社會的消費過程及其性質，進行新的符號論分析批判，一方面改造了馬克思的經典式政治經濟學理論，另一方面又創立了新的**消費符號遊戲批判理論**和**消費論述理論**。

在二十世紀七〇年代之後，他順著西方消費活動的擴散和滲透的蹤跡，進一步發現西方社會的消費活動中符號遊戲的特點，抓住其中符號遊戲的虛擬性及其與當代科學技術數碼魔術相結合的特點，揭示它的超越性和無意義性以及任意性；然後，他又針對西方社會的實際結構及其運作邏輯，反過來，逆向地在現實社會中尋找上述虛擬化的消費性符號遊戲的表演及其後果。他在探討中所發現的，是這些充滿著虛擬化的消費符號遊戲活動本身的真實性及其實際威力：它是無所不在和無孔不入，又同時是積極和消極地影響著整個社會的命運。它永遠是兩面性：既邪惡，又招人入迷；既殺害人，又給人快樂；既破壞文化的尊嚴，又創造了新的文化；既虛假，又真實……。它的出現及其橫行是無可阻擋的，因為它到處受到歡迎和喝采。但它所到之處，招惹無休止的是非爭執，甚至引起連鎖的暴力衝突，造成無數罪行，卻又不留下罪證。鮑德里亞對西方社會消費活動及其過程、效果和運作邏輯的探索，不僅把他自己帶到充滿虛幻和真實的雙重結構的奇特世界，而且，也使他的讀者在所有這些變換不定的社會變遷中，感到迷茫和徬徨不已。鮑德里亞的思想和理論演變過程，至今仍然還在進行中。誰也不知道他會走向什麼方向；但對他來說，沒有方向本身，就是他的方向；因為他所研究的這個社會本身，其最終發展目標也是很模糊不定的。

鮑德里亞的著作的重要意義在於：透過當代社會中的各種奇異現象的揭露和分析，他觸及到了人類社會和文化及其創造者最深層的本質問題。他根據當代社會消費活動中的各種新變化和新現象，對人的本性及其在社會運作中的各種偽裝技巧和仿真式的演出，對於消費活動中所展現的新型人與人之間關係，都進行了獨到而深刻的分析。在鮑德里亞的整個著作中，社會理論的象徵性原則和方法被運用得高度熟練，有助於當代社會學家和人類學家更深刻地重新研究以往的人類文化及其未來走向，同時也深刻地揭示了當代西方社會的內在矛盾及其運作機制。

鮑德里亞從二十世紀六〇年代起，深入研究了法國和西方社會的結構性變化。在他看來，西方社會高度發達的生產力，不僅高效率地創造了遠超出人實際需要的過量物質財富，同時也創造了過度技術化、符碼化、象徵化的文化產品。這就使人類不但陷入由其本身所製造出來的產品的包圍，而且也因這些產品的象

徵性結構及其不確定性質，又反過來改變了人的社會生活和人自身的性質。

但是，將消費社會的產生和運作，僅僅看作是社會生產力高度發展的結果，顯然是不夠全面的；生產力的高效率及其神奇功效，固然是消費社會產生的一個條件，但是，現代消費社會的形成，還同現代文化、交換方式以及現代人精神狀態的轉變緊密相關。現代消費之超出經濟範疇這一事實，已經典型地表明了現代消費性質的複雜性：它是經濟交換的新形式，是社會結構發生轉變的表徵，又是文化活動在社會生活領域中的擴展，而且也是藝術創造及經濟活動相互交結的特殊表現。現代西方社會之轉變爲消費社會，有其深刻的社會、政治、經濟、文化及歷史的根源；同時，也存在著複雜的社會基礎。至少，現代西方社會已經顯示出人工符號產品過量和氾濫，文化本身的結構及其產品，由於越來越技術化和符碼化，越來越遠離最初的創造思考過程，也呈現爲失序狀態。傳統的西方文化結構及性質，已經慢慢地讓位於毫無秩序和層次混亂的新文化。原來以「符號」和「意義」，或「符號」和「價值」等二元對立模式所表現的文化生產及其產品的基本架構，已經隨消費社會的到來而逐漸或澈底粉碎；取而代之的，是符號與符號之間，或符號與其所指涉的意義及虛幻物之間的混亂關係。社會階級和階層的區分界限及其標準也發生變化。原來的眞實與非眞實、正確與錯誤等二元關係，也逐漸不能按照舊的標準來判斷。社會生活的時空結構發生了根本的變化。現在、過去和將來的關係，必須重新以新的方式來探索。所有這些，都構成現代消費社會形成的重要基礎。所以，對於現代消費社會的分析，是一件多學科的綜合研究活動，也是對於現代社會深入進行批判的結果。鮑德里亞本人的理論研究實踐，正是這種複雜的西方社會變遷過程的寫照。

隨著西方現代消費社會的演變，消費活動的上述語言論述化，在二十世紀七〇年代之後，迅速地轉化成爲遠離參照體系的消費符號遊戲活動。因此，鮑德里亞認爲，當代西方社會文化已隨消費活動的上述變化而陷入象徵和擬像的遊戲之中。從**仿眞變成非仿眞，意味著仿眞的意義指涉體系被消除了**。當初原始人之所以仿眞，是因爲他們看到了仿眞大自然對象的必要性及其價值。他們所類比的，首先不是人造的對象，而是大自然的客觀物件或客觀存在本身。原始人在仿眞過程中，也逐漸意識到大自然中變換不定的現象背後，規律性的重要。規律性是穩定的，並具有經驗指導價值。因此，原始人在創造自己文化的時候，逐漸把仿眞大自然客觀規律放在首位。即使到了古希臘時期，人們所推崇的「理性」和「邏各斯」，也是具有客觀的意義標準。因此，在傳統社會裡，人們的仿眞過程具有揭示客觀世界規律的重要意義。而且，這樣一來，仿眞過程也就具有客觀的標準。傳統仿眞所固有的指涉價值意義，使以往社會活動和交換活動，都找到了

基準和評判的標準。同時，客觀的標準不但成爲社會一切共識的基礎，也成爲人與人之間相互關係穩定化的基礎。但是，當現代人急於迅速應付人造的符號遊戲時，他們首先關心的，已經不是具有客觀規律意義的世界本身，也不是這些符號所指涉的意義的客觀性，而是盡可能先滿足人們心理欲望的好奇需求，只圖謀達到或追上迅速變化的符號遊戲，把仿眞的客觀性撇開不管，只醉心於符號遊戲內在的變動規則本身。仿眞已經變成不重要的東西，製造符號的過程完全脫離了對於客觀世界的仿眞程式。在這種情況下，仿眞蛻變成非仿眞的「擬像」（Simulacre）。

就字面上說，擬像原本來自希臘文eidolon，其原意一方面表示圖像，另一方面又表示仿眞。希臘原文來自兩個詞：eidos和eikon。前者指「面向」和「形式」，後者表示「類似」或「相像」。實際上，不管是eidos或eikon，本身是可以相互交換的，而且都是可以表示某種事物的一種形象或者是一種「再現」（représentation）。早在西元前460年左右，原子論哲學家德謨克利特（Democritus of Abdera, 460-370 B.C.）和留基伯（Leukippos）就已經使用eidolon表示物質世界的形式副本以及由我們的感官所接受的某種知覺形式。後來，柏拉圖在《國家篇》（*Republic*, 400 B.C.）中用eikones表示感官世界中所發生的「陰影」（skiai）和「幻影」（phantasmata），它們都是感性知覺（eikasia）的對象（Plato. Republic VI: 509e-510a In Hamilton, H. / H. Cairns, 1973）。接著，柏拉圖又在《智者篇》（*Sophists*, 400 B.C.）區分兩種eidola：一種是前述phantasmata，即幻影，它並不同「原本」相符；另一種是eikones，即類似於「原本」的副本。在《智者篇》中，柏拉圖透過智者派與埃利亞來的客人的對話，生動地探討關於eidola的問題：「什麼是『非存在』呢？埃利亞的客人說智者是魔術師，是製造『幻像』的。但智者反問我們什麼是『像』？我們說：『鏡中或水中的映射以及刻像和畫像，統統都是模仿眞事物的摹本』。它們不是眞事物，只是類似眞事物的；他們不是眞的存在，卻是一種**好像是眞**的存在。所以，智者逼使我們承認『非存在』也是一種存在。他們要我們承認一種假的意見，認爲不存在的東西也是一種存在，或者認爲存在的東西確實是一種不存在，這樣一來就可以把『不可說』的東西說出來。這種假意見或假語言，便是將『存在』加到『非存在』之上，使我們陷入自相矛盾。爲了反駁智者，我們必須將巴門尼德關於存在與非存在的話重新估量，要承認非存在是一種存在，而存在也是一種非存在。我們似乎必須冒這個險」（Plato. Sophists.: 239c-242b In Hamilton, H. / H. Cairns, 1973）。

從上述所引柏拉圖的對話，我們可以看到：關於擬像的眞實與非眞實的矛盾性。當然，在柏拉圖那裡，關於「幻像」的觀點是同他有關「形式」（理念）

（Idea）的**本體論**和有關仿真的文學藝術美學理論相關聯。但是，柏拉圖已經非常清楚地指明幻像本身就是「存在」的一種幻影，而感性世界也不過是理智世界的一種幻像。同時，柏拉圖也已經意識到：只有透過非存在的形式，才能將無法說出的存在說出來，並將說出來的存在「冒險地」成為真正存在的替代物。這是人類語言和文化的悖論、矛盾和悲劇，也是人類無法避免和逃脫的。人類要談論與自身密切相關的客觀物件，但又無法在談論時將物件實實在在地四處拿取或隨人的言談而調動它們。因此，人類只好藉助於語言或類似於語言的各種符號來意指其所談論的物件。這樣一來，語言這種「非存在」就成為真正的「存在」的替代物，或甚至把符號當成真正的物件來看待。殊不知這樣一來，替代物往往冒充為被替代的東西，甚至「喧賓奪主」地聲稱替代物「優越於」被替代物，將各種類似語言的符號當成「真理」的象徵。在許多情況下，人們還更抽象地、不直接指涉其實際物件而使用語言等符號，使語言等符號比實際事物更頻繁地被人們使用著，尤其更多地被使用到交談和書寫之中。語言等符號就這樣越來越脫離其物件而被使用，並被賦予更抽象和更複雜以及更曲折的內涵。仿真就是這樣隨著人類文化的發展而日益減少其單純仿真的意義，而日益富有自我創造和自我想像的虛幻內容，因而也更趨近於虛構的擬像。

有關「擬像」的理論以及對於擬像的人類學的、哲學的和美學的研究，在西方文化史上，事實上一直沒有中斷過。根據艾姆庇里固斯（Sextux Empiricus, 160-210B.C.）所說，希臘後期伊比鳩魯學派（late epicurean school）認為，人類是以其本身在夢幻中被扭曲的虛幻形象去想像神的。所以，在人的意識和精神活動中，自然會產生有關具體事物的各種虛幻陰影，然後又將這種幻影當作真實的存在而相信它們，宗教中各種有關神的信念就是這樣產生出來的。伊比鳩魯學派只限於說明神的幻影，實際上，人們沒有理由不更廣泛地用各種人造的虛幻影像意指各種各樣真實的存在。但是，當社會和文化還沒有發展到足夠複雜的時候，當人們的想像能力還嚴格地受到有限的物質生產能力的限制時，各種人造的虛幻影像之生產和再生產也就受到了嚴格的限制。

關於「幻影」及其社會功能，在文學藝術創造活動中，比在現實的社會生活中，更早地被重視。所以，在希臘化時期，美學家普洛丁（Plotinus, 205-270）深入細緻地研究了各種圖像，並說明了不同類型的圖像，和人的心靈、現實世界以及心靈所創造的各種文學藝術作品的複雜關係。

關於擬像的各種探討，不應只是停留在製造擬像的人和客觀存在的事物之間相互關係的範圍之內。也就是說，關於擬像的探討，關於擬像本身的真實性和非真實性及其運作邏輯，不能僅僅停留在人與客觀事物相互關係的網絡中。在西

方文化史上，思想家們還從人類**觀看**和認知活動的形式中，從人的視覺和人的心靈的內在及其複雜關係的角度加以研究。在這裡，特別強調**擬像和幻影和人的視覺之密切關係**。在當代人類學和社會學理論中，各種視覺和觀看的人類學或社會學，都注意到、並深入分析當代社會擬像的特殊運作邏輯同視覺和觀看的特殊運作邏輯的密切關係，深入分析擬像的產生和運作和人的觀看方式的密切關係（Derrida, J., 1985）。

　　早在古希臘時期，eidos也包含了觀看的意思。在荷馬（Homère或Homêros）史詩中，曾經使用eidos去描述觀看肉體的方式及其感性效果。在人的各種感官中，人的觀看方式對於使用語言、進行思想分析以及認識客觀事物都起著重要的作用。觀看所給予的效果，不只是一種圖像式的描繪，而且能夠引起人類整個肉體和心靈上同步而複雜的反應。這種反應不只是侷限於肉體和生理的欲望層次，而且也激盪起內心深處難以言狀的複雜情感，對於人類認識自己和認識世界產生一種神祕的影響。問題在於：任何觀看所帶來的這些複雜的反應，都勢必透過人的視覺所特有的表現形態，特別是以某種幻影形式表達出來。透過視覺所表達的各種幻影，長期以來經常被人們歸屬於感覺的範圍，但實際上它包含了更複雜的人類心靈活動的運作邏輯。鮑德里亞試圖使用擬像表示當代社會象徵性交換活動的顛倒式的模式，以及當代社會人們觀看世界的特殊模式。從後一個層面來看，鮑德里亞一方面發現了長期被人們忽視的「觀看」的重要性，另一方面又要揭示當代社會人們觀看世界的特殊形態。

　　最早促使鮑德里亞更全面地研究信號和符號遊戲（jeu des signes）的重要因素，就是在七〇年代中期興建於巴黎的「龐畢度國家藝術與文化中心」建築大廈。他把這座由「後現代」建築學家所設計的大廈，當作各種人造奇異形式和各種文化矛盾的結合品。接著，他在美國文化的萬花筒中，看到奇形怪狀和變化多端的符號擬像遊戲所構成的單質文化結構。透過對於這些新奇文化現象的分析，鮑德里亞試圖突顯西方現代文化當代階段的基本特徵及其特殊運作邏輯。

　　鮑德里亞認為，西方現代文化的發展，原來基本上是在一種稱為「仿真」文化的軌道上進行。早在古希臘時期，柏拉圖和亞里斯多德曾經深刻地總結了西方摹擬文化的基本原則。法國社會學家加布里爾・德・塔爾特（Gabriel Tarde, 1843-1904）在他的《摹擬的規則》一書中指出：摹擬是「以一定距離，透過某種幾乎照像式的複製，去模仿一個事物」。他說，只要社會上存在著兩個以上的活著的人，就一定會存在這種摹擬行動。而整個社會的模仿和反模仿的遊戲，有利於推動整個社會的文化發展（Tarde, G., 1890）。

　　照鮑德里亞的意見，這種仿真文化，在西方社會中，經歷自然的階段（le

stade naturel）、商品的階段（le stade marchand）、結構的階段（le stade struc-tural）以及價值碎裂的階段（le stade fractal de la valeur）。在最初的自然階段，仿真還對應著一種自然的參照系列，價值的規定及發展過程，始終同利用和改造自然世界的參照系統相對應，以自然物的使用價值為準則。而作為指導創造活動的理性，不只是主觀的，而且也是客觀的。在第二階段，仿真對應著商品等價交換的普遍原則，而價值的發展是對應著商品交換的邏輯。到了第三階段，仿真所參照的，是符碼或各種信號所組成的特定密碼系統，價值則由某種模式體系來決定。到了第四階段，就是價值破碎、甚至完全取消價值的階段，根本不存在參照系統，價值在各個方面都被取消，完全靠純粹的偶然性和機率而從事擬像活動。在這種情況下，再也沒有對等物，也不存在自然物件和普遍性的因素，同樣也不存在價值規律和參照系統，唯一存在的，只是盲目和偶然的符號創造及運作，並靠某種價值的瘟疫般的傳染過程，以一種現代化的流行病的形式，傳播和散播增殖開來。這是價值的不定向轉移和流動，成為各種機遇的因素的無限增殖和擴散，正如癌細胞的轉移和擴散一樣。創造過程和傳播過程都同樣不再依據摹擬行為，而是以病毒或病菌的形成和傳染途徑作為榜樣。總之，再也不談價值，也不談等值原則，更不要自然的樸素狀態或一般性；有的只是**價值的傳染病或流行病**（épidémie de la valeur）、價值的普遍的轉移（métastase générale de la valeur）、偶然的增殖與擴散（de prolifération et de despersion aléatoire）。這是一種類似癌症擴散的無可控制的連鎖反應，根本不存在價值的問題。對於美或醜、真與假、善與惡的估價，都同樣是不可能的；這正如量子力學中的基本粒子結構及其運動，是完全不同於經典力學所總結的一般規律，以不等價、非對稱及超二元對立的模式進行。因此，對於其中的任何一個因素，其變化速度及其位置的估計，都不可能依據正常標準來衡量，無法以特定的參照座標測定其位置和向量。每個符號和基本因素，都任其自身的運動而隨機變化；價值或價值的碎片，都只是在仿真的天空中閃爍一瞬間，然後就在虛空中，以難以表達的不明原因而消失（Bau-drillard, J., 1990: 13-14）。

　　早在《消費社會》等早期著作中，鮑德里亞就已經發現消費商品的符號意義的「貶值」過程。他在《消費社會》中指出：由消費商品所運載的「資訊內容以及信號的『所指』，都是廣泛地被忽略。我們並不對這些資訊的內容及其『所指』負有什麼責任和義務，而且，媒體也不讓我們回歸世界，而是要我們將信號當成信號加以消費，並強調這些信號已經由實際的證人所證實」（Baudrillard, 1970: 32）。消費者對於現實世界、政治、歷史和文化的關係，不是利益、投資以及負責任的關係，但也並不完全是無動於衷，而是**好奇心**（la curiosité）。所

以，消費活動，並非基於對世界的認識，也不是對於世界的全然漠視，而是一種**誤認或否認**（méconnaissance）（Ibid.）。

鮑德里亞對於當代社會中符號體系的運作的分析，還進一步深入到人們看不見的時間系列的變化中。在非工業社會中，特別是在以農民為主體的農業社會中，時間具體地呈現在座鐘或掛鐘的刻度差距之間。在那個時候，座鐘就是空間中的鏡像時間；對農民而言是最珍貴的，因為藉由座鐘他們看到了自己生活的節奏和意義。但是，到了當代社會，作為時間的空間刻度的座鐘，已經消失殆盡。這是因為時間不再是活動著的人的生命尺度，而是消失在擺脫時空限制的各種擬像的物體符號體系的運作之中，消失在這些符號體系無止境地向任何一個維度進行的擴張和萎縮之中；而由於這種漲縮又可以發生在任何一個可能的維度和方向中，所以，時間從單一線性的結構解脫出來，成為不確定的和無方向的混亂系統。透過物體符號體系瞬息萬變的運作，人們沉溺於運作中混亂的物體符號體系，完全分不出，或根本不願意區分黑夜與白晝，過去、現在和將來。看看現代都市中的成堆的「夜貓族」，就可以明白：對於這些消費者來說，時間是混亂的偶然連接。

失去了時間感的現代人，在周圍不斷運作、並引誘著他們的物體符號的刺激下，其精神狀態已經進入了鮑德里亞所說的「暈頭轉向」（vertige）的地步。時間從傳統觀念中的一線連續性和迴圈重複性的相對結構，變成無結構，變成不可捉摸的神祕「黑洞」。由於傳統生產和勞動一貫地以時間作為價值的測量單位，所以，時間的消失和混亂，也意味著價值的消失和混亂。或者，反過來也可以說，時間結構的混亂，產生於人們價值觀的混亂，或甚至決定於人們價值觀的澈底喪失。

作為人類生存基本條件的時間，在長期的社會發展中，一直伴隨著社會化和文化建構的過程，不但成為了傳統社會中各種社會基本活動的參照座標，而且也成為了社會的各種思想觀念和符號性的價值體系的基礎。從十六世紀到二十世紀上半葉，人類社會進入近代資本主義階段後，經濟上的商品交換和大規模社會生產實踐以及與之相應的政治和文化制度，使人們樹立了一系列完整的時間觀念。但是，隨著科學技術的發展以及社會生產力的提升，隨著各種人為的符號體系在文化生產中的氾濫，現代人從事實踐活動和生活文化活動的時間概念發生了根本性的變化。當代法國思想家們對於當代社會時間結構的轉變，給予了優先的研究。實際上，除了鮑德里亞以外，福柯、利奧塔、德勒茲等人，都對於後現代或現代社會的時間結構進行了專門的研究。在他們看來，現代社會越來越抽象的各種符號體系在社會生活中的氾濫，大大地加速了實踐和空間的延展幅度。同時

延展相適應的，是現代社會人們的道德觀和價值觀的劇烈變化。由於時間延展的方向和維度，已經完全打破了傳統時間觀念中的一線性和不可逆轉性，使當代人不再把時間看作是有秩序的單向延續的不可逆轉系列。

在《象徵性交換與死亡》（*L'échange symbolique et la mort*, 1976）一書中，鮑德里亞深刻地說明傳統價值觀系統的喪失及其同傳統社會的**生產過程的終結**（la fin de la production）之間的密切關係。傳統社會的生產過程，實際上就是人的仿眞行爲模式的經濟表演。從原始社會開始，作爲社會運作基本原則的象徵性交換，本來就是一系列的模仿行爲。人類從自然分離出來而創造文化以後，就以仿眞作爲基本的行爲模式，不斷地推動著社會和文化的進一步發展。作爲人類社會不斷維持和運作的基礎，以生產爲中心的經濟活動，把仿眞行爲推廣到人與物、人與自然界的關係之中。因此，研究生產經濟活動的政治經濟學，在鮑德里亞看來，就是仿眞的標本。但是，隨著當代社會經濟的發展，生產本身終結了，取而代之的，是眞正的消費社會。新的消費社會把消費放在首位，以消費決定生產的命運；它既不是生產的目的，也不是生產的延續。反過來，生產只是消費過程的一個環節，是爲消費服務的手段。所以，鮑德里亞認爲：「我們生存於生產的終結」（Baudrillard, J., 1976: 22）。

如果說，作爲傳統社會的基本生存條件的生產活動，是人類有組織的社會實踐的話，那麼，當代社會的消費活動，就是完全無組織和無秩序的活動。同樣地，作爲向自然仿眞的生產活動，長期以來一直是以因果系列和因果範疇爲基礎，而當代的消費活動，就完全否定因果關係和因果系列。同時，生產活動主要是以現實的需求和現實的條件作爲基礎，而當代的各種消費則完全以可能性作爲基礎，並以可能性作爲基本目標，使消費成爲純粹偶然的無規則的活動。消費純粹變成了消耗活動，甚至可以說是一種破壞活動。它所破壞的，正是作爲生產過程的產品的消費品。但是，這些消費品，當它們被消費時，不再是生產的產品，而是一系列具有自律的符號系統。因此，人們對這些消費品的消耗和享用，不再考慮它在生產過程中耗去的「勞動時間」，也不再考慮它們的參照意義，而是把它們當成追求聲譽、滿足欲望的符號體系。這種符號系統的積累從何而來？鮑德里亞指出：「今天，在我們的周圍存在著令人驚訝的、奇特的消費和物質豐富的空間，它們是由一系列物體、服務和物質財富的膨脹所構成的。它形成了人類生態環境的一種根本轉變」（Baudrillard, J., 1970: 17）。這就是說，現代社會人們的生態環境已經發生根本的變化，其主要標誌就在於，任何個人或階層，不再像過去那樣，只是被周圍的人所環繞，而主要是被各種說著話的、實質上有控制能力的大量物體所環繞。這些物體向人們說著人們聽不見的、永遠重複的話語，同

時在話語中又隱藏著咄咄逼人的引誘、凶惡的權力威脅。

所以，整個消費社會的基本結構，不是以人為中心，而是以受人崇拜的物為中心；整個社會的運作過程，也變成為以對物體的禮拜儀式作為基本動力的崇拜化過程。在《消費社會》一書中，鮑德里亞深入分析了現代社會中對於物體的「禮拜儀式」的運作。接著，他提出了新型的消費理論，深入分析人的需求在這種消費社會中的運動方向和運動邏輯，同時，也深入解剖早已失去靈魂的「經濟人」（homo économicus）的「屍體」，深刻地說明消費社會中人的行為的盲目性及其附屬於物體符號體系運作的邏輯。在這樣的社會中，行動者成為了「消費的自我」（l'égo consumans）（Baudrillard, J., 1970: 121）。鮑德里亞說：「朝向物體和消費性財富的『占有』，便成為個人化、反協作團結和反歷史的力量」。接著他又指出，「消費者便成為無意識的和無組織的自我」（Ibid.: 121-122）。

消費過程原本是生產死亡的取代物，但在當代社會中消費過程卻演變成為某種生產過程，起了生產的功能。這是一種什麼樣的生產？這是在喪失價值體系後，不斷地生產新的物體符號系統，並透過物體符號系統的再生產而產生出權力再分配的過程。歸根究柢，**當代消費是生產消費的生產**，是使消費不斷增殖的生產；消費顛倒成為生產，表明消費的運作也顛倒了整個社會和社會中的人的關係，同樣也顛倒了人的精神狀態。雖然它是顛倒的，但它仍然是符號系統的重構過程，同時也是調整個人和群體相互關係的運作過程。因此，這種被顛倒了的消費過程，又構成被顛倒的社會結構，也構成被顛倒的交換結構。

消費社會作為顛倒的社會，並不是靠穩定的規則而運作，相反地，是靠其不穩定性而運作。但由於消費社會仍然是一種社會，因此，消費社會又要保障一代一代之中新的個人和新的階層，不斷地學會和掌握消費社會的不穩定規則體系。所以，在這個意義上說，消費社會同時也是學習消費和引導消費的社會，又是促使社會朝向消費的「教育消費」的社會（Ibid.: 114）。

整個消費社會就是由仿真的符號文化及其再生產所構成的。人類社會本來就是人類文化活動的產物，同時也是文化活動的基本條件。當人類社會進入到消費社會的階段，社會的文化因素更加突出，文化在整個社會中的地位也顯著提高。而且，文化的人為特徵也比以往任何時代更加明顯。如果我們把文化創造及其產品，分為可見的和不可見的兩大部分的話，那麼我們也可以把現代社會中可見的文化說成為「硬體」，而把不可見的文化歸結為「軟體」。「硬體」和「軟體」之分，表面上是二分法，但實際上，由於硬體本身是軟體的產品，而軟體又必須借助於硬體，並將硬體作為仲介，才能進行文化的生產與再生產，所以，文化的這兩大部分，實際上已經在運作中完全失去了界線。鮑德里亞指出：在當代社

會中，「各種事物找到了逃避困擾著它們的『意義的辯證法』（la dialectique du sens）。也就是說，在昇華到極端中，在一種取代其內心目的性的、恬不知恥的穢淫中，不斷地和無止境地鑽入無限，不斷地潛在化，不斷地競相許諾而高價拍賣它們的本質，並達到某種失去理智的瘋狂的理性中」。「為了能夠在顛倒的秩序中取得同樣的效果，思想沒有任何禁忌。同樣的，另一種非理性，它也取得勝利。失去理性在所有的方面都是勝利者。這就是關於惡的原則本身」。「整個宇宙並不是辯證的：它是醉心於極端，而不是嚮往平衡。它醉心於極端的對立而不想要協調與綜合。這也就是惡的原則。這一切都在物體的靈巧性中得到了表現，在純物體心醉神迷的狀態中、在主體狡黠獲勝的策略中，得到了充分的表演」（Baudrillard, J., 1983: 9）。因此，在充斥著各種怪誕文化的當代社會中，軟體與硬體之間的關係已經不再是二元辯證的關係。但是，正是為了逃避這種辯證關係，軟體和硬體又要偽裝或假份成兩個東西，讓神魂顛倒的人們把它們當成二元之物，然後又在假二元關係中相互混淆，使它們自身永遠躲在背後，像幽靈一樣無法被把握，但又始終纏繞著人。

人類文化本來是人的思想和心靈藉助於語言及各種有意義的符號體系創造出來的。因此，長期以來人類文化的生產與再生產，都是遵循著符號和意義的辯證法邏輯。到了當代社會，文化的極度昇華，使文化本身越來越遠離作為其原本的自然，也使本來隱藏在「意義」的辯證法中的危機和矛盾，充分地顯示出來。這個矛盾和危機的總來源，就在於人的思想和心靈的超越性。超越本來是相對於現實和界限的。現實和界限本是人的思想和心靈進行各種超越活動的基礎和出發點，也是人的生命的基礎和出發點。但是人的生命的雙重性，即它的生命的物質性和精神性、經驗性和超驗性，總是導致生命有限與無限的矛盾，給予生命永遠無法擺脫的困擾，也促使生命滋生出無止盡追求目標的欲望。在文化創造的過程中，人類每勝利地向前走一步，不但沒有滿足先前精神的超越欲望，反而促進它更冒險地走向超越無限的野心。經歷成千年的文化發展，人類已經創造出高度人工化的文化產品和社會世界，將原初作為出發點的自然世界遠遠地拋在後面。人的欲望，特別是人精神的超越本性卻仍然永不滿足。原本人們以為創造出人為的新文化，可以滿足人精神的超越性，但文化高度發達的結果，一方面使具有超越本性的人類思想在無止境的不滿足中，產生越來越強的否定力量；另一方面，也為人類精神進一步超越現實和界限提供了前所未有的潛力。就是在這樣的情況下，原來隱含於「意義的辯證法」（la dialectique du sens）這個人類文化創造機制中的危機終於爆發出來了。

當代社會和文化的總危機的實質，就是人的精神創造試圖最終打破由「符

號」和「意義」二元因素所組成的「意義的辯證法」。逃避和打破「意義的辯證法」的實質，就是要完全取消「意義」的追求和界定，使「符號」不再受「意義」的約束，不再同「意義」相對立或相同一。鮑德里亞觀察從第二次世界大戰以後當代消費社會中的各種奇特文化現象，察覺到「意義的辯證法」的總危機到來的信號。由於這場總危機以「符號」試圖完全擺脫「意義」而進行各種引人迷惑的虛幻遊戲作為表徵，所以，**鮑德里亞集中地分析了當代社會中各種毫無意義、卻又試圖冒充各種意義的人造符號體系**。鮑德里亞把這種脫離了意義參照指標的人造符號體系稱為「擬像」，並把這些擬像及其運作看作當代社會的基本特徵。

第五節　女性主義的符號化

　　在當代消費社會和後現代社會中，由於符號和數碼向社會生活一切領域的滲透，使人的關係以及性的關係也變成符號遊戲的一個內容，甚至成為其符號遊戲的重要策略之一。

　　女性主義本來是當代社會運動的一個重要組成部分。所以，當社會的性質及其社會關係發生根本變化時，女性主義的內容及其表達方式也發生了變化；既然當代社會已經實現了全面的符號化，女性主義作為這個社會的一個組成部分，也自然地走上了符號化的道路。所以，當代女性主義的符號化，一方面是社會符號化的結果，另一方面，又是當代法國哲學、人文社會科學界在研究符號方面取得重大突破的直接產物。

　　女性主義（le féminisme）本來也是法國思想歷史傳承中的一個重要組成部分，它不但同法國社會歷史及文化的傳統有密切關係，具有其理論和實踐的特色，而且，也在整個法國思想寶庫中占據著非常重要的、無可替代的地位。法國女性主義思潮的形成及其發展，也可以說是法國女思想家們的驕傲：它向世界文化宣示了法國思想家，特別是女性思想家的卓越成果。

　　從第二次世界大戰結束開始，隨著結構主義、存在主義、新馬克思主義、精神分析學運動與後結構主義的產生和發展，使女性主義運動開始發生新的轉變。這個轉變最重要的特點是**思想理論方面的根本變化**：一方面是傑出的女性思想家的陸續湧現，另一方面是積極主張女性主義的男性思想家的新理論之建構，使得女性主義運動，從此找到了新的理論思想基礎。與此同時，在文學藝術界，女性作家和藝術家也成批出現。她們以文學藝術作品和文學評論活動而積極參與女性主義運動，使女性主義從二十世紀中葉以後，進入新的歷史階段。在這個階段

內，除了思想理論界和文學藝術創作界所產生和形成**後現代女性主義**的基本概念以外，更重要的，後現代女性主義更多地在社會實際運動和社會政策改革方面取得了很大的進展。

這就是說，在法國，只有在第二次世界大戰結束和二十世紀中葉之後，當馬克思、佛洛伊德、尼采的思想得到重新的詮釋及重構，各種各樣的新型思潮，特別是存在主義、精神分析學、結構主義、新型符號論、解構主義、後結構主義及後現代主義的思想陸續產生和發展起來之後，女性主義才掀起和開創它的新歷史篇章。在這個意義上說，**當代法國女性主義思想是法國的歷史傳統與當代各種新型思潮相結合的產物，也是當代法國社會及文化固有特徵的某種思想反映**。在第二次世界大戰後的思想爭論的活躍環境下，本來早已在當代法國社會和文化脈絡中形成鞏固基礎的女性主義，便在新思潮的理論和思想裝備的推動下，蓬勃地以新的姿態、作爲一種新的社會力量，呈現在社會生活中。

如前所述，由拉岡、羅蘭‧巴特、格雷馬斯及克利絲蒂娃等人所創立和發展的當代法國的新型符號論，早已超出語言學和傳統符號論的範圍，將符號、信號、象徵和記號等，視爲多種溝通、交流、傳達、表現的手段，同時也視之爲思想和行動的社會文化仲介。符號不只是外在的手段，而且，也構成社會文化活動本身的內在構成因素，甚至成爲整個社會文化生活所不可缺少的重要成分，在很大程度上決定著整個社會文化生活的命運。人類的社會文化生活以及組織整個社會文化活動的文化產品及制度，歸根結柢，都是由符號、信號、號誌、象徵所構成；而這些符號，一旦被創造、介入人類社會文化生活，就分享了人類社會文化生活的生命力，並由此獲得了自律性，從而也具有自我生產和自我參照的能力，甚至還反過來，在一定程度上，控制著人類的社會文化生活本身。

早從拉岡等人開始，在他們創立和發展新的符號論時，就已經把男女兩性關係問題，置於符號論的探討和應用範圍；這不僅是因爲男女關係問題，本來就隸屬於符號論所探討的人類文化的一般範圍之內，而且，還因爲男女兩性差異，也可以用符號論的觀點和方法來分析和探討。

從符號論的觀點來看，傳統父權中心主義實際上利用了它們在政治、社會、經濟和文化方面長期的歷史優勢，壟斷和控制了各種社會文化符號的發明權、指謂權和使用權，首先控制了以符號爲基礎所建構的所有社會文化產品及制度，使一切以符號爲基礎所建構的社會文化產品及制度，統統都將女性以及與女性相關的事物，用附屬性的、派生性的和次等性的符號來取代。這樣一來，在整個社會文化體系中，女性及與女性相關的一切事物，都隨著指謂或意指她們（或它們）的符號的附屬性、派生性及次等性，而在符號運作的過程中，淪爲實際的社會文

化生活的附屬品、派生品和次等品，成爲被符號所神聖化的男性及其文化所控制的物品。

正如本書前面有關拉岡的章節所已經指出的，拉岡把佛洛伊德和索緒爾的符號論進一步加以發展，並指出了它們很大的侷限性。重要的問題在於：拉岡發現了隱含在索緒爾的「**能指—所指**」（S/s）公式中的關鍵問題，就是它的封閉性和不變性，未能揭示公式中所屬的「能指」（大寫字母S）與「所指」（小寫字母s）關係的開放性、生產性、生成性和雙重性；也就是說，未能揭示這個關係中各個組成因素之間的相互獨立和分離的可能性，更沒有注意到「能指」（大S）和「所指」（小s）在相互分離之後的各自獨立自我分裂和自我生產。如果以新的公式來表示拉岡的新想法，這個新公式就是：f（S）I/s。拉岡以這個新的公式補充和修正上述公式，使它原來只注意從水準方向考慮「能指」與「所指」的相互關係的發展鎖鏈，變成同時地考慮到它們的水準與垂直兩個維度和兩個向量的變化可能性。這個新公式所重點揭示的，是「所指」（小s）的垂直從屬因素的效果，即它們可能分化成換喻與隱喻的兩種基本結構。

換喻結構的重要特徵，就是「能指」與「所指」的關係造成了一種**省略**。「省略」的重要性在於它表示「能指」可以利用意義所具有的「回溯」功能，把客體關係中存在的**缺乏**置於這種「省略」之中，並由此賦予它一種針對其所支持的那種**缺乏的欲望**。同時，換喻過程的結果也造成能指與所指之間的不可化約性，因而也造成對於意指過程的抵制。

隱喻結構的重要特徵就在於：它表示「能指」之間的可替代性以及它們之間的可相互轉換性。「能指」在垂直方向上進行自我生成和自我生產，產生出拉岡所說的那種「創造性的或詩意的意指效果」。在隱喻中，由於「能指」的自我生產，導致部分的新「能指」暫時處於「所指」的地位和進入所指的條件。而且，原來在換喻中處於隱蔽狀態的意指效果也呈現出來了。此外，隱喻還顯示了新產生的意指關係具有跨越原來意指關係的創造性意義。

拉岡認爲，正是在這種創造性的能指自我生產過程中，體現了佛洛伊德所沒有考慮過的處於能指狀態中的主體的變換可能性。值得注意的是，主體在自我生產過程中，不但主體本身進行自我更新，而且，主體的地位也在變換過程中轉化成客體的地位。也就是說，主體的位置在意義的自我生產中是可以跨越主體本身的範圍，並與原來主體所對峙的客體建立新的關係。關於主體走出自身範圍的重要意義，在佛洛伊德那裡是未能意識到的。拉岡發現：「我」並不是像傳統理論所說的那樣，似乎他一旦進入與客體的對立和統一之後，就永遠與原來的「我」相同一。「我」是可以在意義的再生產中不斷更新的。「我」不是永遠是同一個

「我」。而且,「我」作爲「能指」的主體所占據的位置,究竟是向心的還是離心的?這正是拉岡所探索出來,並加以創造性地解決的問題。他認爲,主體在說話的時候,會沿著話中的能指而滑動,特別是隨著那不可控制的「欲望」的指引,滑動到主體自己都不知道的地方去。在這種情況下,主體是在話語的應用中「離心」而去,渾渾噩噩地去尋找他的潛意識中所要尋求的對象和地方。所以,在〈佛洛伊德以來文字在潛意識或理性中的作用〉一文中,拉岡舉了許多生動的生活上的例子,說明「我」在話語中隨著潛意識而滑動的情形。他在肯定索緒爾的成果的基礎上,接著就批評他沒能發現任何語詞,作爲符號性的能指,可以在直線性的水準方向發生「意義」分叉外,尤其還能在垂直方向方面,再生產出主體本身所意想不到的「指意群」或「指意鏈」。最明顯的例子是「廁所」這個語詞。它所意指的,是它作爲符號所表達的物質性的那個眞正的「廁所」。拉岡特別強調,在「西方男人」的心目中,「廁所」這個語詞所意指的那扇廁所的**門**,爲他提供了一個象徵,一方面他從這個象徵可以聯想到自己,當**離家在外**時,在與外界隔絕的有限區域內,使他可以得意洋洋地獲得他所需要的「**滿足**」;另一方面,他要與絕大多數原始群體那樣,遵守一個公共規則,即他的公共生活必須服從於「便溺隔離」的規則。

在現實生活中,上述「廁所」語詞產生了許許多多有趣的故事,其中一個就是拉岡在他的著作中所提到的一個童年時代的回憶。一位男孩和一位女孩面對面地坐在靠窗的座位上,他們是兄妹。火車徐徐開進車站。他們透過視窗看到車站月臺邊上的建築物。小男孩說:「我們停在女廁所前面了」。小女孩回答說:「白痴!你沒有看到那是男廁所嗎?」拉岡認爲,在許多情況下,語詞就是這樣把主體的欲望,從能指所指的「發光中心」,轉移到意指所沒有指的「影子」上。這個本來帶有自然的無意識的性別分歧,在社會生活中,卻注定會被引入「意識形態戰爭放縱」的力量之中,「無情地對待家庭、殘酷地折磨諸神」。拉岡接著說:「對這兩個孩子來說,女廁和男廁從此將成爲兩個國家,他們各自的靈魂將努力插上離異的翅膀,使這兩個國家的休戰成爲不可能的事情;但是,男女廁所本來實際上是一個國家,其中的每一個,都不可能在不貶低對方榮譽的情況下,而以自身的優勢爲代價作出妥協」。

從拉岡的上述故事以及他的說明,可以看出,語言在其應用中,能指與所指的關係並非是唯一固定的;而是可以以換喻和隱喻的雙重方向,導致一群「指意鏈」,並從那裡出發,由於他者的介入,又進一步產生原先的說話主體所沒有想到要說的話,產生了由他者想說的話語。但是,更重要的,是由他者說出的話,雖然並不是原說話主體想說的話,卻無意中又眞的說出了主體本來不敢說、不願

說的話。正是在這個意義上說，拉岡說：「說話主體說出了他者的話語」。

拉岡的貢獻就是深入揭示了換喻和隱喻之間的意指遊戲的奧祕；而且，就在這個遊戲中，「我」是在我思想的玩物的地方缺席的；而在我不想思想的地方，我思我在。因此，真理只能在不在場的維度中冒出來：「索緒爾公式中的大『S』和小『s』實際上並不在同一個層面上。人正好就是在他認為他的真正位置是在大『S』和『s』的中軸時，才進行自我欺騙，而這個位置實際上又並不存在」。拉岡由此明確地表示，「**潛意識是他者的話語**」；作為「能指」的「欲望」，永遠是朝著對其他事物的欲望的方向延伸。

正是在上述新的符號論的基礎上，拉岡進一步將「**陽具**」（phallus）當成一種典型的象徵性「能指」，扮演著取代一切「能指」的角色，同時也發揮出「能指」的一切實際功能。這樣一來，陽具成為一切欲望的對象和源泉，同時也是「純粹的差異」的典範。正如拉岡所說：「陽具是最具優勢和具有優先地位的『能指』；凡是它出現的地方，言說就自然地同欲望的降臨聯繫在一起」（Lacan, J., 1966: 692）。陽具作為純粹的差異（le phallus comme différence pure），從其整體上，指謂著「所指」的所有效果；也就是說，它作為能指而以其本身的出現，成為了一切所指的效果的前提條件。由此可見，陽具成為了消除欲望對象和沒有任何欲求的能指的「原型」（l'archétype du significant），也成為欲望的象徵性虛無的「認同」或「核准」。凡是陽具出現的地方，就會自動地產生欲望和欲求；它本身就是欲望的物件和源泉，也是欲望的動力基礎。

拉岡所發展出來的上述符號論和象徵論，從一開始就具有女性主義思想的色彩，因為拉岡的上述理論和分析，正好道出了當代女性主義想要說的話：一切現實的和歷史的文化符號和象徵體系，不論是它們的結構還是運作規則，都是由男性父權中心主義者所創立、製造、決定和壟斷的。因此，這些符號和語詞，不論就其結構還是其運作規則，都為男性的欲望滿足服務，為他們的任意發洩的欲望進行正當化的論證和保護。克利絲蒂娃和伊麗加蕾等人，更是將拉岡的上述理論發展到極致的程度。

由德希達等人所創立和發展的**解構主義**（déconstuctionisme），無疑是當代女性主義的重要理論思想基礎。解構主義要「解構」一切傳統的思想、理論和制度，也要「解構」各種被男性父權中心主義者視為理所當然的事情。由於西方的父權中心主義已經根深柢固地滲透在整個社會文化的各個方面，解構主義的那種激底顛覆一切傳統的精神，很自然地滿足了女性主義試圖徹底顛覆男性父權中心主義的要求和願望。正如本書有關德希達的章節已經講述的那樣，**解構主義**是德希達借用海德格的「**摧毀**」（Destruktion）或「**拆除建築**」（Abbau）的概念

（Heidegger, 1986[1927]），從西方思想傳統的最早理論奠定者蘇格拉底和柏拉圖開始批判，一直批判到二十世紀以來的佛洛伊德、胡塞爾和海德格等這些一般被稱爲「傳統理論的批判者」在內，其用意無非是爲了宣示一種向西方傳統發出的史無前例的挑戰精神，表達一種意欲完全摧毀由傳統原則所建構起來的一切現有文化及社會制度的野心。這種精神和野心，對於痛恨男性父權中心主義文化的當代女性主義來說，當然是非常鼓舞人心的。所以，從二十世紀六〇年代提出和創立解構主義開始，當代女性主義就幾乎全部地接受解構主義的原則和理論，把它當作女性主義向父權中心主義挑戰和澈底批判的指導性理論思想。

德希達本人儘管是一位男性思想家，但在他的著作中，不但抽象地從理論上批判男性父權中心主義的原則和制度，而且，也從女性主義的立場，爲女性主義者說話和戰鬥。在他的許多書中，經常站在被壓迫的女性一邊，道出女性長期以來被壓抑而難以說出的話。他在《文本學》（*Grammatologie*, 1967）中，把一貫爲男性洩欲的語言文字，說成是一種「膨脹」本身，就像那爲了洩欲而經常不分時間和地點而任意膨脹的**陰莖**一樣。他說：語言的問題從來都不是簡單的普通問題。它在西方歷史上，被男性父權中心主義所控制和利用，已經成爲一種符號本身的膨脹、絕對的膨脹。語言就連它自身也無法控制地成爲了西方歷史和形上學全部視域的代言人。語言也「必須」這樣做，不僅因爲「欲望」本身期望它能從攫取的一切那裡，又不知不覺地重新返回語言遊戲之中；而且，還因爲由於同一個原因，語言本身的生命受到了威脅，絕望無助，在無限的威脅中漂流，在其界限似乎消失時又重新被帶回自身的有限中，但這回，它已不再由似乎超越它的無限所指而自持，不再受到這種所指的遏制和保證。語言由於它的遊戲而陷入的危機，使它又返回到對女性目空一切的狀態。語言已經隨著歷史和頑固的形上學的論證，而有意無意地不斷地持續壓迫著女性，成爲陰莖發洩欲望的手段和罪惡的共犯（Derrida, 1967c）。

因此，在德希達看來，西方整個邏輯中心主義就是語音中心主義，也就是男性語音中心主義。男性的聲音就是男性的利益和欲望。由男性的語音所系統化的西方語言體系，無非就是以男性的欲望爲中心的各種被正當化的「意義」的表述和自我生產的手段。所以，語音中心主義又是**陽具中心主義**（phallocentrisme）。

爲了澈底批判傳統男性父權主義文化，後現代女性主義試圖澈底拋棄傳統語言以及以傳統語言爲基礎所建構的各種理論和原則體系。按照拉岡的理論，欲望是人類潛意識的基礎和核心，而語言就是潛意識的符號結構。**傳統語言實際上就是男性欲望的符號結構表達**。因此，不僅傳統語言的論述形構和表達過程，而

且語言結構本身，從最簡單的語言基本單位到複雜的語言符號組合系統，都充滿了男性欲望的操作和流露。例如，在中文中，「**陽物**」一詞不只是在字面上表示「男根」，還表示「跟男」。據說晉朝的杜預在注《左傳》時說：「女常隨男故言陽物」（《左傳》杜林合注卷三十四）。同樣地，根據德希達的分析，「**處女膜**」拉丁原文Hymen，原來指的是一個精細、輕薄，並包圍身體某個器官的膜，包括心臟或五臟中的各種膜。同時，它也指某種魚類體內的軟骨或昆蟲的翅膀以及某些鳥眼睛中的表膜或植物種子外殼等。在詞源學上，hymen一詞原爲humen，因此可以上溯到詞根u，可以在拉丁語的suo、suere（縫）和huphos（組織）中找到其意涵。另外，Hymen一詞不只是hymn（歌）書寫上的變體，而且也表示夢從中流出，表示某種融合，或者兩者之間的混合，兩種存在的認同，表示兩者之間不再有區別，唯有同一。因此，**處女膜**也產生一種仲介的效果，表示一個運作過程。在男性父權中心主義的文化體系中，以處女膜作爲仲介化的運作過程，正是爲了表示在男性欲望與「此在」的實現之間、在距離與非距離之間不再有距離；在欲念與滿足之間不再有差異。不僅欲念與滿足之間的差異被消除，而且差異與非差異之間的差異也被消除。德希達接著得出結論說：處女膜首先，而且主要是透過句法而產生其效果，這種效果使「在……之間」移位，以致那個「懸置」只因爲「定位」，而不是因爲詞的內容而發生。不論處女膜是指融合還是分離，正是那個「在……之間」擔負著運作之重任。處女膜必須透過「在……之間」得以確定，而不是相反。「在……之間」這個詞沒有自己的完整意義。適用於處女膜的含意，也適用於其他所有經過必要改變之後的符號（Derrida, J., 1991b）。德希達的上述論述，揭露了父權中心主義的符號論及整個文化體系對於女性的蔑視。

　　「性」（le sexe）和「性別」的相互混淆、相互滲透及其在整個西方社會文化體系中的擴散，是一個非常複雜的歷史文化發展過程。在這一過程中，語言論述、道德意識、社會文化體系化以及兩性社會文化地位的確立過程，是不可分割地相互滲透和相互影響的；也就是說，它們是同步而多向交叉進行的。這種複雜的歷史文化展過程，決定了對於「性」和「性別」傳統論述的分析批判，不能簡單化地只抓住上述複雜過程中的任何一個因素，更不能簡單化地遵循傳統二元對立思考模式和邏輯思維模式。然而，不管西方傳統關於「性」的論述的形成和發展過程的複雜性，重要的是，首先必須認清和抓住有關「性」的論述對於鞏固和擴大「性別」論述系統的重要意義，其次深入分析和揭露「性」的論述和「性別」論述的相互依賴性及其同整個西方社會文化體系的複雜關係，最後走出原有傳統邏輯中心主義的思考和論述模式，重新建構「性」和「性別」的新關係，以

便澈底清除傳統的「性」和「性別」論述的影響，重建男女兩性的新關係及其新文化。

為此，以克利絲蒂娃、伊麗加蕾為代表的現代女性主義，不再沿用傳統文化的性別區分原則，提出將性的論述澈底符號化的策略，「以其人之道還治其人自身」，並將一種新的性論述符號遊戲，當作一切女性主義論述的基本形式。在她們所創立的新型女性主義論述中，她們以她們所創立的新符號論，論證「性本來只有一種」、「性不分男女」、「性就是性」。因此，性只能以同一個符號來取代和表達。在她們的影響下，美國的後現代女性主義者首先於七、八〇年代，提出後現代女性主義的「女性論述符號論」。她們在明尼蘇達大學首次創建《符號》（Signs）研究刊物，並陸續將該刊物上發表的論文編輯成冊，先後出版兩集《符號論文選》（*The Signs Reader: Women, Gender and Scholarship: The Second Signs Reader: Feminist Scholarship,* 1983-1996）。從此以後，以符號遊戲的模式來批判傳統的性別論述，逐漸地成為後現代女性主義的基本表達方式。

克利絲蒂娃等人的女性主義，在理論淵源方面，繼承了尼采和馬克思的許多觀點，同時又發展德希達等人的解構主義。在資本主義現代文化中，尼采是繼馬克思之後第二位澈底批判傳統「性」論述的思想家。尼采的貢獻，不僅從根本上顛覆傳統人文主義和理性主義的兩性理論，而且也提出了新的性概念。尼采對於現代人文主義和理性主義的批判，導致對於西方傳統文化和基督教道德原則的懷疑和否定。他對**男性阿波羅神**的批判以及對於**酒神狄奧尼索斯性欲放縱主義**的歌頌，實際上是當代女性主義思想理論最初版本。

尼采的批判，同時也深深地觸動西方傳統文化中一切有關性的禁忌，使「性」的問題第一次澈底擺脫「性」以外其他非性因素的約束，真正成為純粹「性」的論述。為此，尼采創造性地提出了純粹的「性」概念，以Sexuality取代原有的Sex。在他看來，原有的Sex一方面內在地包含著傳統文化對於性的各種偏見，另一方面又將「性」和有關「性」的其他因素、甚至把與性無關的其他因素，也混淆在一起。因此，Sex，作為一個傳統性語詞和性概念，不僅在語詞意義方面，也在概念內容方面存在許多值得分析批判的問題。現代女性主義也認為，「性」這個語詞本來就包含著父權中心主義的意義，是對於女性的貶抑；而Sexuality，作為一個新概念，只是專門從生物學的觀點界定「性」的特徵，特別是作為本能性欲望的那種「性」。所以，Sexuality的意涵，只是同某種性的本能的表現及其滿足相關聯。這樣一來，Sexuality也同時包含著圍繞性本能而伴隨的各種心理和情感現象。現代女性主義進一步在此基礎上，提出不包含社會文化意義的、中性的Gender來代替Sex。福柯繼承尼采的用語，以Sexuallité取代Sexe。

關於「性」的表達語詞的任何爭論，都涉及到男女兩性的社會文化利益。

尼采和馬克思一樣，是在批判資本主義現代性及其同傳統文化的關係之過程中，探討性的問題。尼采從1888年至1889年起開始使用Geschlechtlichen Aktus（即性行為）這個詞。至於「性」（Geschlechtlichkeit）這個詞第一次真正地被尼采使用，是在他的《善與惡的彼岸》（*Jenseits von Gut und Böse*）一書中的第七十五節：「一個人的性欲的程度及本性伸展至他的精神的最高頂峰」（Grad und Art der Geschlechtlichkeit eines Menschen reicht bis in den letzten Gipfel seines Geistes hinauf.）。顯然，尼采把性的本能和欲望同人的整個精神活動，特別是人的思想創造活動聯繫在一起加以考察（Nietzsche, F., 1966[1886]）。這同後現代思想家將性欲和其他各種本能欲望歸結為人的本性組成部分的觀點是相一致的。介於尼采和後現代主義之間的沙特，在《存在與虛無》中，像尼采一樣，從哲學上論證人的性欲和各種欲望的人性本體論意義。沙特認為，人的各種欲望表現了人的內在意識中的「自我」意欲同「他人」相交往和協調關係的努力。人與人之間的擁抱、接吻和性交，表現了「自我」和「他人」之間的溝通和協調，同時也表現了個人自我意識同他人內在意識之間的協調。肉體的擁抱表現了欲望的完成，就如同思想靠語言的通道來完成溝通那樣。同樣地，作為後現代主義的先驅之一，拉岡也強調性的欲望同人的精神意識活動及語言表達的密切關聯。

但尼采對於傳統「性」論述的批判是有限的，而且，他對於女性的態度基本上是否定的。他在《查拉圖斯特拉如是說》一書中指出：「有關女人的一切事情都是一團謎，而有關女人的一切事情只有一種解決方法，這就是懷孕……。真正的男人需要兩種事物：危險和遊戲。因此，他需要把女人當作最危險的遊戲物。男人必須為戰爭而受訓練；女人只是為生殖戰士而受訓練，其餘的一切都是愚蠢的……。對男人來說，他的幸福就是『我意求』；女人的幸福是『他意求』。你訪問過女人嗎？不要忘記你的抽打！」（Nietzsche, F., 1969[1883]: 91-92）。

尼采對於女人的否定態度深深地影響佛洛伊德，使佛洛伊德的精神分析學過分強調戀父情結和女人的閹割情結。所以，當代法國女性主義基本上只是繼承尼采對於西方傳統理性主義和基督教道德的批判精神。

在當代法國思想界，作為新尼采主義者的福柯，對於傳統性論述的批判占據了他全部著作的絕大部分。從早期《精神病治療所的誕生》和《語詞與事物》等著作開始，福柯便已經將「性」的問題，當作傳統論述的基本內容加以分析和批判，同時也把「性」的問題，同現代知識、權力和現代社會文化制度聯繫在一起加以批判。但是，到了七、八〇年代，福柯才集中地以「性」的問題為軸線，更深入地探討知識、權力和道德同人的主體化過程的相互關係。因此可以說，福柯

關於「性」的論述，構成後現代女性主義思想論述的基礎。

福柯之所以要集中力量揭示「**性**」**的論述**（le ommemora sexuel），是因為「性」始終是西方社會文化生活中最重要的問題。而現代資本主義社會更是人類社會歷史上唯一將性的論述氾濫和膨脹到極點的社會。資本主義社會將「性」同商品、權力和文化緊密地聯繫在一起，使性的論述隨商品、權力和文化的氾濫而滲透到社會生活的各個領域（Foucault, M., 1976; 1984a; 1984b）。

福柯認為，「性」的問題的提出是和「現代社會」有密切關係的。但是，**現代資本主義社會關於性的問題，主要是靠知識及權力的運作策略來解決**。所以，現代資本主義社會和文化制度的形成，使「性」的問題走出單純倫理道德的範圍，直接成為了現代知識進行理性探討的主題之一。這樣一來，現代資本主義社會就把性的問題，變成為有關**性的論述**的問題。也就是說，現代資本主義社會是以**知識論述**以及權力對其的控制和操作，來從根本上操縱性的問題。福柯指出，現代資本主義社會和文化的發展，需要突出「說話主體的人」、「勞動生產主體的人」、「道德主體的人」和「認識主體的人」（Foucault, 1966）。而所有這一切主體化的人，又同「人口生產和再生產的主體的人」密切相聯繫。也就是說，「說話主體的人」、「勞動生產主體的人」、「道德主體的人」和「認識主體的人」，都首先必須以生物學意義的「肉體的個人」的存在為前提，同時又以這種個人身體的不斷再生產和繁殖，作為必要的延續條件。所以，在資本主義現代社會所重視的知識體系中，研究和論證肉體的個人的生理結構及其功能的現代生物學及其延伸學科，如醫學等，占據了非常重要的地位。因此，福柯把生物學、醫學和精神分析學以及精神治療學等涉及人的身體控制的學科，當成與控制人說話能力的語言學和語法學，以及管理人勞動的政治經濟學並列起來，將它們列為資本主義社會最基本的知識模式。性的論述就是這樣被納入以上三大知識模式的體系中，然後成為權力運作的重要策略。

福柯指出，資本主義社會是人類歷史上將性論述膨脹到極點的唯一社會。商品、文化、媒體和權力，都圍繞著性的因素而旋轉。在這種情況下，一種新型的權力形式出現了，這就是「**生命權力**」（le pouvoir biologique; le bio-pouvoir）。在生命權力的運作中，女人是最大的犧牲品。福柯認為，資本主義社會中的女人，在生命權力的宰制下，只能1.扮演人口生產的工具和手段；2.充當男人在家庭生活中的「助手」和「保姆」；3.從事賣淫活動；4.以其身體充當商品和各種工具，滿足男人欲望。

實際上，身體永遠是精神和思想的載體和基礎。人所創造的各種觀念和文化，不管怎樣複雜化，都離不開身體，更離不開身體在社會和歷史上的命運。從

人類文化創立以來，政治和道德方面的規範和制度，往往把身體分割成「公眾」和「私人」兩大部分。福柯強調指出，一切人類社會和文化都是從人的身體出發；人的身體的歷史，就是人類社會和文化的歷史。反過來說，社會和文化的發展都在人的身體上留下不可磨滅的烙印。在這個意義上說，人的身體遭受了各個歷史發展階段的社會和文化的摧殘和折磨。身體就是各種事件的紀錄表，也是自我進行拆解的地方（Foucault, M., 1994: II. 143）。

西方傳統文化關於女性論述的男性中心論性質，集中地體現在它關於**女性身體**的論述上。西方傳統的邏輯中心主義性質，決定了西方傳統文化關於女性身體的論述，主要是**從神學、倫理學、經濟學（勞動與勞動力的生產和再生產）、生理學、社會學（家庭和母親的角色）、人類學（禁忌）與美學的角度提出和進行論證**的。這就是說，關於女性身體的傳統論述，是邏輯中心主義和語音中心主義的二元對立模式在論述中的具體化，它主要是**從理性主義的道德論和知識論出發**的。德希達把這類女性身體傳統論述稱爲**「陽具邏輯中心主義」**（phallogocentrism）（Derrida, J., 1987b: 194）。實際上，這就是西方傳統的語音中心主義和邏輯中心主義在女性身體論述中的具體運用原則，根據這種原則，女性身體永遠都是男性身體，特別是男性生殖器（即陽具，原文phallus）的客體和性欲發洩物件。

陽具邏輯中心主義的身體論述，雖然在對待男女兩性身體二元對立關係時，採取男性身體中心主義的立場和態度，但是，相對於整個西方傳統文化體系，上述傳統身體論述，只構成語音中心主義和邏輯中心主義的一個組成部分。這一組成部分，只是專門對付和處理兩性關係，特別是男女兩性身體的關係。因此，在一個強調理性和語言永遠宰制與支配身體論述的西方文化體系中，陽具邏輯中心主義的身體論述，只能受制於純粹的理性邏輯論述體系；兩者的地位，前者從屬於、劣於後者。所以，整個說來，包括男人的身體在內的兩性身體，其活動規則和規範及其有關論述，都要受理性和語音中心主義的支配，也受到權力運作策略的支配（Foucault, 1994: IV, 594-596）。這就是說，包括男性身體在內的兩性身體及其活動規則，都永遠是理性和語言的奴隸。在西方文化中，嚴格說來，實際上從來不存在眞正的身體，也不承認眞正的肉體赤裸裸的呈現；所存在的，不過是按理性邏輯規則和語音中心主義所規定的各種身體的「替身」。這樣一來，在西方所有傳統身體論述中，眞正「在場出席的」，不是眞正的身體，而是被理性化和語言化的、象徵化的假身體。正因爲這樣，在西方社會文化發展中，眞正的身體及其本能欲望，都未能直接呈現在文化體系中。後結構主義對於陽具邏輯中心主義的傳統身體論述的批判，實際上不只是企圖顚覆這類身體論述體系中的

「男體中心／女體邊陲」的二元對立結構，而且是要真正地達到「身體的叛逆」（the revolt of body），也就是達到使身體本身（包括男性和女性的身體在內），直接地和赤裸裸地自由呈現在現實生活中，排除一切理性和語言的干預和支配，當然也排除一切由理性和語言所制訂的社會道德文化規範。在這方面，阿爾托在其著作中所表現的赤裸裸的身體直接表達方式是造反的典型，因而也受到當代法國女性主義的讚賞（Kristeva, 1977; Irigaray, 1977）。當代法國女性主義成爲了從第二次世界大戰以來發生於西方社會中的「身體的叛逆」運動的主流。在他們的導引和推動下，這場曠日持久的身體的叛逆運動，極大地衝擊西方社會和文化的傳統體系。在這場身體的叛逆運動中，還包含了各式各樣和多元化的同性戀、異性戀的反道德、反文化的批判運動，造成了當代西方社會以身體叛逆爲中心的社會文化危機。

福柯指出，有關女性身體的神學論述，可以說是傳統女性身體論述的基礎，也是歷史最久遠、影響最深刻的一種論述形式。本來，在古希臘時期，還存在對身體的自然的描述。但隨著基督教中世紀的長期統治，猶太教和基督教對於整個西方傳統文化的影響具有決定的意義。在《舊約》和《新約》中，神創造世界和創造人的過程，一開始便把女人當成男人的附屬品和社會的「惡」的根源（《舊約‧創世紀》）。在基督教教義中，女人的「惡」的根源又恰恰是女人的身體，特別是女人身體中的性器官部分。到了中世紀，在神學哲學化的過程中，被聖化的基督教官方思想家聖奧古斯丁和托瑪斯‧阿奎那等人，進一步論證人的欲望，特別是肉體欲望是人和社會罪惡的根源，強調以理性控制和統治欲望的必要性，並以此作爲基督徒實現道德完善化和升天的基本原則。與此同時，被聖化和世俗化的社會統治機構又雙管齊下地要求全體社會成員實行「禁欲主義」的生活原則，而在這過程中，女性軀體再次成爲規訓和教育的中心對象。顯然，有關女性身體的神學論述，並不侷限於宗教神學的範圍。它隨著猶太教和基督教在西方社會文化生活中的影響不斷擴大而滲透到社會文化生活的各個方面，同其他的傳統女性肉體論述結合在一起，成爲約束女性思想和行動的規範基礎，也成爲包括男性在內的全體西方人處理兩性關係以及其他社會文化活動的重要規範（Foucault, 1976; 1984a; 1984b）。

西方倫理學所探討的重要問題中，包括對於女性身體的形狀、姿態及其活動規則，也包括女性和男性對待女性身體的態度，特別是包括兩性肉體接觸關係的許多道德性規定。同時，由於家庭一向成爲西方傳統社會的基本生活單位，又是個人性格成長、個性化和整合化的基礎單位，因此，有關女性身體的倫理學論述也成爲傳統社會進行家庭教育的重要內容（Foucault, 1984a）。

　　有關女性身體的倫理學論述也和神學論述一樣，成為傳統性論述體系中歷史最久遠和影響最深刻的重要部分。在這部分中，最主要的內容是從道德倫理學的觀點對女性身體進行種種「禁忌」約束，並在此基礎上提出女性身體活動的倫理規範和標準。在有關女性身體的禁忌規則中，最主要的包括「處女貞操觀」以及有關女性身體性行為規則等。

　　根據西方傳統的女性身體論述，女性身體中的任何一個器官雖然生長在女性身體上，但其所有權和動作規範的制訂權卻屬於男性，因而只有使女性身體及其各個部分滿足男性的需要和符合男性的利益，才達到有關身體動作的道德標準。男性對於政治權力和文化生產權的壟斷，又使上述有關女性身體的道德論述無孔不入地滲透到社會各個領域和個人生活的各個階段。國家政權利用法制將不忠於貞操標準的女性加以判決，而由男性控制的文學藝術作品又把「處女情結」等各種約束女性身體的道德論述加以美化而傳播開來（Irigaray, 1977）。

　　到了資本主義現代社會，有關女性軀體的道德論述雖然同生物學的科學論述相配合，而且在某種程度上又同有關自由平等的政治法制論述相結合，但是，總的說來，資本主義比歷史上任何一個時代都更嚴謹地從社會和文化規範方面管束和規訓女性身體。現代資本主義社會和文化的法制化、制度化、組織化、專業化、生產化、商業化、資訊化、消費化、娛樂化和全球化，使有關女性身體的道德論述採取了全新的形式和手段而更有效地發揮對女性的約束作用，從而也使這方面的論述同其他方面的女性身體論述更緊密地結合在一起，以致對女性身體實現了全天候的全控程度。蘇珊‧波多（Susan Bordo, 1947）在題名為《不可承受的體重：女性主義、西方文化和身體》的著作中，深刻而又充滿諷刺意味的指出當代資本主義社會文化的發展，造成了對女性身體的全面控制和約束，以致使女性不僅在社會活動、職業工作和家庭生活中，也在休閒和個人生活的各個方面隨時承受有形和無形的壓力，迫使自身按照流行於社會中的各種消費娛樂標準約束自己的身體。她說：「我對於飲食紊亂的分析──也就是本書對於規範化生活規則的批判的核心，是透過我自身，作為一位女性，親身在全部生活中同體重和身體形象的鬥爭實踐經驗而寫出來的。然而，我並不打算把我個人的故事滲入到我的著作中，我力圖作為一位哲學家，因而也努力採取對我來說不容易的寫作方式。非但如此，我力圖保持那些原有的女性主義論述的批判鋒芒，同時又補進盡可能靈活和多方面的後現代女性主義論述，以便能夠正確地評價當代社會女人和男人的複雜經驗，同時又能對於這些經驗提供系統的觀察和批判的觀點。我不是打算透過這種或那種可以找到的模式，去說明各種各樣的飲食紊亂；而是像福柯那樣建構一種『理智的多面體』。我要揭露圍繞這個問題的各個方面和交錯點：

有關女性飢餓和飲食的文化觀念、消費文化的功能、長期起作用的哲學和宗教對於身體的態度、前資本主義各社會階段有關女性多種失序的類似性，同當代各種身體限制的聯繫，以及在我們的文化中有關『標準的』女性身體生活經驗的連續性等等」（Bordo, S., 1993: 24-51）。蘇珊・波多還把她的上述分析批判稱爲「政治的」。她認爲，她對於女性身體傳統論述的後現代女性主義批判，同其他後現代女性主義者布倫貝爾克（Joan Brumberg）、歐爾巴賀（Susie Orbach）和車爾寧（Kim Chernin）等人的觀點是相類似的（Brumberg, J., 1988; Orbach, S., 1986; Chernin, K., 1981; 1985）。

在當代的社會文化生活中，純粹的有關女性身體的道德論述，已經不像古代和中世紀社會那樣採取赤裸裸的道德說教形式，而是同當代流行於消費和娛樂社會中的商業、大眾媒介、教育、文化藝術、娛樂和美學的論述緊密相結合，呈現出一種特殊的道德論述形式，甚至採取「非道德」論述的形式。但是，女性身體道德論述的上述複雜化和多元化，不但沒有阻止其道德論述的功能，反而使它更加成爲現代女性不可承受的社會文化壓力，時刻伴隨著無所不在的媒體溝通網絡，而對女性身體的每一個動作施加壓力和進行規訓化。隨著流行文化和各種大眾文化的商品化及其氾濫，就連女性身體各部位的重量、形狀及動作姿態，都被無形中納入女性身體道德規範的範圍，迫使女性在衣食住行各方面都要進行約束，使身體達到標準化和規範化。伊麗加蕾等人在其著作中所提到的有關女性身體飲食節制、瘦身塑身以及減肥「文化」的氾濫，使女性時時處於緊張的生活狀態，以致造成女性某種新的「神經質狂熱」。

由此可見，到了資本主義現代社會，特別到了晚期資本主義社會階段，有關女性身體的倫理論述已經被現代化和後現代化，同當代社會有關女性身體的生物學、社會學、商品學和美學的論述相結合，構成爲控制和玩弄女性身體的「論述複合體」（discourses complex），也成爲當代社會運轉和再生產的權力網絡組成部分。

資本主義社會對於商品生產的重視，對於社會進步和科學技術發展的重視以及對於文化教育事業的多元化自由創作的政策，使有關女性身體的各種論述顯現出資本主義現代性的特徵。首先，女性身體也納入商品生產和流通的軌道，因而，女性身體像商品一樣具有其特殊的交換價值，同時，有關女性身體論述也像商品一樣無孔不入地滲透到商品流通的各個管道。由於資本主義社會商品生產和流通的普遍性和一般化，女性身體及其論述也因此隨著商品流通而一般化和普遍化。其次，爲了推動資本主義社會的進步和發展女性身體成爲了先進的生物學、生理學、心理學和醫學的特殊研究物件，在界定女性身體的生物學「健康」標準

的同時，賦予女性身體以社會人口生產和生殖的基本功能，以保障整個資本主義社會有足夠充分的勞動力後備軍和起碼的消費人口。生物學、生理學、心理學和醫學對於女性身體的研究，不只是將女性身體當作科學活動和技術進步的單純物件，而且也保障女性身體普遍地納入資本主義社會發展所需要的健康標準。因此，上述各種自然科學及其技術的進步和發展，成爲了女性身體及其健康的標準化的主要途徑，也成爲資本主義社會對於女性身體進行控制和規訓化的主要手段。因此，在資本主義階段，對於女性身體的控制是越來越採取科學化和技術化的手段。第三，資本主義的教育政策要求培養和訓育符合資本主義文化道德要求的新一代婦女，要求有適當數量的女工具備特定的文化知識和技巧，要求具有資本主義法制知識的家庭婦女和職業婦女，也要求符合商品生產和文化生活需要的美化女性。所有這一切，使資本主義階段的女性論述同時具有道德的、社會學的、經濟學的、政治學的和美學的性質。而這一切，又同資本主義社會內教育制度和文化創造的自由化和普遍化政策相聯繫。第四，資本主義社會文化制度對女性身體的「美化」達到登峰造極的程度，不僅使女性身體成爲人體美的普遍標準，而且也將女性標準化的身體美的意義，進一步推廣到整個社會政治、經濟和文化生活的各個領域，使追求女性身體美的鑑賞活動超出文化藝術創作的範圍，成爲全社會各個領域談論和評比的主題，也成爲日常生活的基本話題。資本主義社會對於女性身體的如此特殊美化，顯然是同資本主義經濟的商品生產性質、政治意識形態和文化藝術創作的自由化政策密切相關。近半個世紀以來，這一切又同晚期資本主義高科技發展和媒體資訊化以及全球化網路的形成密切相關。最後，資本主義文化的高度發展，又使有關女性身體的各種論述越來越複雜地透過文化因素的仲介而擴散開來。正如蘇珊・波多所指出的：「看來，我們所經驗和概括的身體，始終都是透過文化性質的建構、連結和各種圖像的仲介而表現出來」（Bordo, S., 1993: 51）。

面對傳統女性身體論述，特別是現代資本主義有關女性身體的商品化、資訊化和美學化論述，面對上述資本主義女性身體論述在權力和資訊網路的推動下，在整個社會生活中的擴散，後現代主義除了從哲學形上學和理論上以及語言論述方面進行「解構」以外，特別主張以高度自由和高度自律的態度進行肉體活動和身體生活的遊戲進行對抗，同時，也以同樣的態度將傳統兩性區別及其一切論述澈底顛覆，實現後現代主義所追求的不確定的自由生活境界（Cain, P. A., 1999）。

爲了抵制當代社會越來越曲折而滲透的女性身體論述，首先，當代法國女性主義不再將身體問題僅僅歸結爲「女性身體」的問題，而是使之成爲不分性別而

普遍存在於兩性中的不確定的問題。正如後現代女性主義者戴安‧依拉姆（Diane Elam, 1958- ）所指出的：「我們並不知道女人是什麼。成爲一個女人，成爲女人群的一個部分，究竟意味著什麼，就好像有關女人的知識是如何構成一樣，都是不確定的。根本就不存在認識論的或本體論的基礎，可以一勞永逸地作爲依據去解決這些爭論。女性主義並不需要任何一種政治界線」（Elam, D., 1994: 27）。

當代法國女性主義對於傳統女性身體論述的解構，目的不是在於將女性重新作爲一個「種類」而被界定，同樣也不是使兩性關係重新樹立協調的標準和規則，而是使整個有關「性」的論述進入自由遊戲的狀態，走出一切規則和界線的約束，使有關「性」的論述及其實踐構成爲自由遊戲的新境界。爲此，戴安‧依拉姆指出：「後現代主義所追求的女性新狀態是『墮入無底深淵』（mise en abyme）。這是一種無限延異化的結構。作爲源出於紋章學的語詞，『墮入無底深淵』是將局部對於整體的關係顛倒過來的一種觀念：整體的圖像本身已經表現在部分的圖像中。……因此，『墮入無底深淵』在觀念中開闢了一個無限倒退的漩渦。觀念表象在這裡永遠不可能達到終點……這看起來似乎是很奇特的，因爲我們習慣於思考著準確性，而且對於局部細節的掌握有助於完滿地了解一個圖像，而人們並不習慣於強制自己去確認掌握上述漩渦的不可能性」（Ibid.: 28）。後現代女性主義對於女性身體及其論述所採用的上述「墮入無底深淵」的策略，也正如戴安‧依拉姆所說，「是爲了使有關女性主義的問題不要在一個界線上終止，同時又使我們真正了解到女人的無限可能性。也就是說，女人是可以被表現的，但是，試圖完滿地表現她們的努力，都只能使我們更了解到這種努力招致失敗的可能。我把這種無限的倒退特別稱爲『墮入無底深淵』」（Ibid.）。

爲了使女人走出傳統女人的界線，爲了使女人身體和男人身體一樣無區分地實現一種自由遊戲活動，當代法國女性主義者將「性」和「身體」統統拉回到原始混沌的不確定狀態。透過「墮入無底深淵」的遊戲活動，男人和女人，不論在身體或各個方面，都不存在主體和客體的明確區分和界定，正如戴安‧依拉姆所說：「在『墮入無底深淵』中，主體和客體無限地交換位置；同時也不存在表象的發送者和接收者的明確區分。因此，在『墮入無限深淵』中封閉了主體和客體關係的穩定模式的可能性」（Elam, D., 1994: 28）。

克利絲蒂娃也在她的著作中強調：主體化只是一個過程，而且是一個敢於對抗男性文化符號體系的自我碎裂的運動，儘管其中會遭受或忍受各種痛苦，但唯有走這一條排斥和拒斥的途徑，女性身體才能真正成爲脫離父權中心主義文化控制的自由分子；只有完成對於性論述和女性身體論述的上述本體論的顛覆，才

使女性身體不再成爲「客體」和「他者」，同樣也使男性失去成爲「主體」和「自我」的權利和可能性。從此，女性身體不再成爲男性性欲或其他肉體欲望的獵取對象，也不再成爲父權中心主義社會文化制度的統治和規訓對象，不再成爲社會活動和日常生活中可以任意被擺布和被使用的物件和工具，也不再成爲美的欣賞的對象和客體。更重要的還在於：破壞和顚覆兩性界線及其對立，並使之模糊化和不確定化，使女性和男性一樣都成爲性的遊戲活動的自律主體（Kristeva, 1977）。

第六節　主客交互穿插的社會符號論：布迪厄

　　幾乎所有二十世紀下半葉的法國思想家，都非常重視符號與語言的運用在社會生活、思想和理論活動中的重要意義。但他們之中的任何一位，都以其本身的思想文化背景及其創造獨特性，建構起自己的符號與語言的理論體系。在這方面，布迪厄是最典型和最卓有成效的一位理論家。布迪厄在這方面的特點，就在於建立自己的象徵性動力學社會哲學理論，從改造傳統社會科學方法論出發，把整個現代社會當成符號和語言交換的系統，並極端重視社會文化生活中各種因素的內在生命力及其自我生產性質。布迪厄反對像傳統哲學那樣，首先建構具有邏輯同一性的思維主體和行動主體，反對將社會文化產品當成被動的客體或物件。布迪厄也反對把文化產品僅僅當成現成的物化形式，而是主張在積極主動創造的人與其文化產品之間，建立共時互動的文化再生產運動，在文化的不斷再生產運動中，考察文化生產複雜的創造活動。各種文化產品本身也不單純是物化形式，而是具有文化創造的生命力，是可以自我生產和再生產的文化生命體本身，並與人、與各個時代的文化創造者，進行無止盡地交換活動的人類文化歷史運動不可分割的鎖鏈。布迪厄認爲，在一系列的社會文化生活中，尤其是在文化生產的過程中，作爲思考者和行動者的人，始終都不可能脫離其生活的環境，不可能脫離其歷史、現狀及未來，也就是說，人雖然自以爲是思考和行動的主體，但任何人，在思考和行動的同時，都已經成爲其歷史、現在及未來的內在構成部分，甚至成爲一種與客觀條件無法分離的附屬品，同時又是其環境和實際的社會關係的產物。反過來，任何人的思考和行動物件，包括實際存在的外在實體和各種思想文化產品，包括一切有形或無形的物件和環境因素，都同時又是具有兩方面的特徵：一方面，他們是人的社會文化活動的產物，留有原來的思想者和行動者的思想文化創造的印記，另一方面，它們作爲社會文化活動的產物及環境，都具有自身的生命力，具有一定的進行自我生產和自我運作的自律性。因此，傳統社會理

論將物件或客體當成被動的固定存在物，是錯誤的。反過來，傳統思想將人的獨立性和主體性，當成絕對的思想和行動的出發點，也是片面的。布迪厄在他長期的田野調查和研究中，意識到行動者心態、行為結構以及行為物件的雙重特徵，而且它們都在其社會歷史脈絡中，共時地進行內在化和外在化的雙重運動。內在化和外在化的共時運作，表明行動者心態、行為及其物件，都同時具有主動性和被動性的雙重特點。他後來將心態、行為及其物件的這種雙重結構，稱為「共時的結構化和被結構化」。這就是「結構」的主動結構化和被動的被結構化的「共時性」（synchronie）（Bourdieu, P., 1991）。這樣一來，布迪厄不但超越了傳統的主觀主義和客觀主義，也超越了結構主義，創立了自己的「建構的結構主義」（le structuralisme constructiviste）或「結構的建構主義」（le constructivisme structuraliste）（Bourdieu, P., 1987: 147）。為了突顯他特殊的結構主義對於創造性的重視，有時，他也把其獨居特色的結構主義，稱為「生成的結構主義」（structuralisme génératif）（Ibid.: 24）。

布迪厄的著作極其豐富。自1958年以來，共發表了五十多篇著作，其中最重要的有：《阿爾及利亞社會學》（La sociologie de l'Algérie, 1958）、《繼承者》（Les héritiers.Les étudiants et la culture, 1964）、《一種普通的藝術：攝影的社會運用》（Un art moyen. Essai sur les usages sociaux de la photographie, 1965）、《對藝術的愛》（L' amour de l'art. Les musées d'art européens et leur public, 1966）、《社會學家的職業》（Le métier de sociologue, 1968）、《論哥德式建築及其與經驗哲學思維方式的關係》（Postface à Panofsky. Architécture gothique et pensée scolastique, 1970）、《再生產》（La reproduction. Elément pour une théorie du système d'enseignement, 1970）、《實踐理論概述》（Esquisse d'une théorie de la pratique, 1972）、《海德格的政治本體論》（L' ontologie politique de Martin Heidegger, 1975）、《論區分》（Distinction, 1979）、《論實踐的意義》（Le sens pratique, 1980）、《關於社會學的一些問題》（Questions de sociologie, 1980）、《說話所要說的意義：語言交換的經濟學》（Ce que parler veut dire. L' économie des échanges linguistiques, 1982）、《學人》（Homo academicus, 1984）、《被說出的事物》（Choses dites, 1987）、《國家顯貴》（La noblesse d'État, 1989）、《藝術的規則》（Les règles de l'art, 1992）、《回答》（Réponses. Pour une anthropologie ommemora, 1992）、《世界的貧困》（La Misère du monde. Ouvrage collectif, 1993）、《論實踐理性》（Raisons pratiques, 1994）、《論電視》（Sur la Télévision, 1996）、《帕斯卡式的沉思》（Méditations pascaliennes, 1997）、《科學的社會運用》（Les usages de la science: Pour une sociologie clinique du champ scientifique, 1997）、《防火板：用來對抗新自由派入侵的言論》（Contre-feux: Propos pour ommem à la résistance contre l'invasion néo-liberal, 1998）、《男性統治》（La domination masculine, 1998）、《經濟的社會結構》（Les Structures ommemo de l'économie, 2000）、《關於政治場域的言論》（Propos sur le champ politique, 2000）、《防火板，第二集》（Contre-feux 2, 2001）、《說話的小說的時代：1919-1939文集》（L'âge du roman parlant. 1919-1939. Avec J. Meizoz, 2001）、《科學的科學以及反思性》（Science de la science et réflexivité）、《對在學校的藝術的思考》（Penser l'art à l'éole. Avec I. Champey, C. David, 2001）以及《關於政治的言論：1962至2001年文集》（Interventions politiques, 1962-2000. 2001）等等。

　　在他的著作中，布迪厄發展出一套獨特的語言交換市場理論，極端重視語言論述在社會交換活動中的意義，尤其強調語言交換活動的象徵性結構及其特殊運作邏輯，並特別揭示官方或占統治地位的語言論述的象徵性暴力功能。

　　布迪厄把整個社會活動和社會生活，當作是一種象徵性的交換活動，一種主要透過語言作為仲介而進行的社會互動網絡；而且，在這種互動中，各個主體與客體以及各個主體之間，並沒有傳統意義上說的那種「主、客體二元對立」的固定模式。相反，主體與客體以及各個主體之間，往往在行動中，相互共時地進行雙向運動，產生多元和多向的相互轉換。在這個意義上說，整個社會也就是一種透過語言而進行象徵性交換的市場。更簡單地說，社會就是一種「**語言交換市場**」（un marché des échanges linguitiques; a linquistic exchange market）。社會中的任何一個事件、任何一次活動，不管在其準備過程中還是在其貫徹過程中，也不管是正在實現的、已經實現的，還是即將實現的，都離不開語言的使用。而且，語言的社會運用，並不是簡單的溝通關係和相互了解，並不是溫文爾雅的資訊交換，而是一場真正的社會關係網絡的建構過程，也是伴隨著這種社會關係網絡的建構而進行的激烈的權力競爭過程。所以，語言的社會運用過程，是不折不扣的資本競爭和較量的過程，是各種社會地位的平衡化及緊張化的必要途徑，是權力網絡中各個權力持有單位的競爭和權力的再分配過程，又是象徵性社會結構的生產和再生產過程。在這種情況下，語言及其使用，便徑直轉化成為象徵性權利的相互鬥爭和再分配過程；而語言的運用也直接成為了政治鬥爭活動本身。布迪厄指出：「任何人都不應該忘記，最好的溝通關係，也就是語言交換活動，其本身同樣也是象徵性權力的關係；說話者之間的權力關係或者跟他們相關的群體之間的權力關係，就是在這種語言交換活動中實現的」（Bourdieu, P., 1991: 37）。因此，社會中人與人之間、群體之間的語言交換，並不只是他們之間的單

純對話關係，並不僅僅是某種溝通和交換意見的活動，而是他們之間權力關係的相互比較、調整和競爭；不同人之間的對話和語言運用，就是不同說話者的社會地位、權能、力量、才能、資本及知識等各種顯示權力因素的語言表露和語言遊戲。

布迪厄認為，由人與人之間所組成的社會空間，就是由各個人所掌握的資本及其競爭所決定的。這些資本，不僅具有不同性質，而且也在緊張的爭奪中，隨著語言交換市場的張力關係的變化而變化。為了說明這些資本的張力關係及其變化走勢，布迪厄又把在社會空間的各個市場中相互競爭的**資本**，進一步劃分為四大類：**經濟資本**（le capital économique）、**文化資本**（le capital culturel）、**社會資本**（le capital social）和**象徵性資本**（le capital symbolique）。

所謂**經濟資本**，是由生產的不同因素（諸如土地、工廠、勞動、貨幣等）、經濟財產（des biens économiques）、各種收入（des revenus）及各種經濟利益（des intéréts économiques）所組成的。布迪厄認為，不同的社會的經濟資本，具有不同的特性：農業經濟中的經濟資本，服從於與往年收穫相關的特殊規律；資本主義經濟中的經濟資本，則要求嚴格的合理化的估算（Bourdieu, P., 1971; 1979b; 1984b）。

所謂**文化資本**，乃是同經濟資本一起，構成一切社會區分化的兩大基本區分原則（deux principes de différenciation fondamentale）。現代社會的特點，就是文化資本同經濟資本一樣，在進行社會區分的過程中，扮演了非常重要的作用。現代社會中的個人或群體，其社會地位和勢力，不能單靠其手中握有的經濟資本，而是必須同時掌握大量的文化資本。只有將經濟資本同文化資本結合起來，並使兩者的品質和數量達到顯著的程度，才能在現代社會中占據重要的社會地位，並獲得相當高的社會聲譽。「在文化資本的分配的再生產中，因而也在社會領域的結構的再生產中，起著決定性作用的教育制度，成為爭奪統治地位的壟斷鬥爭中的關鍵環節」（Bourdieu, P., 1989: 13）。在布迪厄那裡，文化資本這個範疇，從一開始便用來分析社會中不同階級出身的兒童受教育機會及其就業的不平等性。

文化資本可以採取三種形式：**被歸併化的形式**（l'état incorporé）、**客觀化的形式**（l'état objectif）和**制度化的形式**（l'état institutionalisé）。被歸併化的形式，指的是在人體內長期地和穩定地內在化，成為一種稟性和才能，構成「生存心態」的一個重要組成部分。客觀化的形式，指的是物化或物件化為文化財產，例如有一定價值的油畫、各種骨董或歷史文物等。制度化的形式，指的是由合法化和正當化的制度所確認的各種學銜、學位及名校畢業文憑等。

因此，在分析文化資本的性質時，必須針對其不同形式作出具體的分析。對

被歸併化的文化資本而言，由於此類資本之歸併過程必須經歷一定的時間，同時又必須在這一時間內耗費一定數量的經濟資本，並使之轉化爲文化資本，所以，這些文化資本的性質具有歷史性和時間性，同它的內在化過程有密切關係。例如，經歷長時間文化修養和教育過程所養成的個人才能，就是具有較高價值的被歸併化的文化資本。客觀化的文化資本，其價值和意義的大小，並不決定於它本身，而是決定於文化財產中所包含的那些旨在鑑賞和消費的支配性能力。在制度化的文化資本中，則表現出特有的、相對獨立於其持有者的自律性（autonomie rélatvie du capital par rapport à son porteur），因爲制度本身具有相對獨立的制度化魔力（la magic instituante de l'institution）（Bourdieu, P., 1979b: 3-5）。

　　所謂**社會資本**，是藉助於所占有的持續性社會關係網而把握的社會資源或財富。一個特殊的社會行動者，所掌握的社會資本的容量，決定於他實際上能動員起來的那個社會聯絡網的幅度，也決定於他所聯繫的那個社會網絡中每個成員所持有的各種資本（經濟資本、文化資本或象徵性資本）的總容量。因此，社會資本是理解作爲市場的社會領域所遵循的邏輯的重要概念。社會資本並非一種自然的賦予物，不是天然產生的，而是要求經過一個勞動過程，某種創建和維持性的勞動過程，特別是經過行動者長期經營、有意識地籠絡、交往及反覆協調，才能形成。「作爲社會投資的策略的產物，它是透過交換活動而實現的……這些交換，藉助於某種煉金術（alchémie）之類的手段，能夠轉變那些交換物以示確認」（Bourdieu, P., 1980b: 55-57）。布迪厄還指出，社會資本的再生產決定於那些促進正當交換活動、排斥不正當交換活動的各種**制度**。例如透過各種汽車大賽、俱樂部、體育運動表演及各種社交活動，可以再生產出社會資本的容量和幅度。

　　所謂**象徵性資本**，是用以表示禮儀活動、聲譽或威信資本的積累策略等象徵性現象的重要概念。聲譽或威信資本（le capital d'honneur et de prèstige）有助於加強信譽或可信度（le crédit）的影響力，這類資本是象徵性的，因此，某些經濟學家稱之爲「不被承認的資本」或「否認的資本」（un capital dénié）。但在實際上，正如布迪厄所指出的，它同時具有被否認和被承認的（à la fois méconnu et reconnu）雙重性質（Bourdieu, P., 1980a: 205）；或者，更確切地說，它是透過「不被承認」而「被承認」；它是透過無形和看不見的方式，達到比有形和看得見的方式更有效的正當化目的的一種「魔術般」手段和奇特的競爭力量。

　　各種類型的資本轉化爲象徵資本的過程，就是各種資本在象徵化實踐中被賦以象徵結構的過程，就是以更曲折和更精緻的形式掩飾地進行資本的「正當化」和權力分配的過程，也是各種資本匯集到社會精英和統治階級手中的過程，同時

又是各類資本在社會各場域周轉之後實現資本再分配的過程。這一過程是同社會中一種被成為「國家資本」的「後設資本」的出現，以及國家政權的運作，緊密相關的。

生活在不同社會地位的行動者及各種社會成員，原本就在他們所處的特殊社會地位中，長期練就了適應於該階層社會地位的人群的話語；反過來，當他們進行語言交換時，他們就知覺或不知覺地說出他們習慣使用的言語及其風格。而在人們進入激烈的資本鬥爭時，他們就會在他們的競爭行動中，緊密地配合鬥爭的需要，使用經過細膩選擇的言語，以便達到資本鬥爭的勝利。社會生活中的任何語言運用，是說話者的不同權力，透過對話和語言交換而進行的權力較量及資本交換的過程。說話者透過說話時所使用的語句內容以及與之相配的語氣、句型、修辭、表情、各種肢體動作和各種說話策略等，實際上就是同時表達意義、顯示權力和施展其現實的和可能的社會力量。因此，語言本身雖然僅僅是各種經由共識而建構的溝通符號體系，語言作爲語言是對所有社會成員客觀而公平的溝通工具，但是，語言一旦被使用，一旦同特定的目的、社會情勢、特定的社會關係、社會力量對比、各種具有特定背景的歷史事件和各種處於特定脈絡的社會活動相結合，不同的語言運用者依據上述語言使用的背景和條件所發出的語言訊號和進行的實際對話，就變成了這些語言使用者及其背後的整個社會勢力和社會關係的力量對比與權力競爭過程。

語言交換活動之普遍地滲透於社會生活之中，使社會生活呈現出明顯的象徵性結構。布迪厄在論述他的結構的建構主義或建構的結構主義時，已經明確地指出了人類行動及與之相關的社會結構的雙重性和象徵性（Bourdieu, 1991）。如前所述，重要的問題，並不在於象徵的結構，而在於行動及社會結構本身在其共時的運作中所表現的象徵性。這種象徵性表明整個社會，不論是就其靜態或就其動態，也不論是從共時或從歷時性的觀點，都始終處於象徵性的運動和變化之中，處於象徵性的生產與再生產之中。社會的象徵性結構使貫穿於社會中的資本鬥爭及權力鬥爭，也同時地呈現出象徵性的特徵。這就決定了社會中一切鬥爭遊戲及其策略的象徵性。

語言交換市場作爲社會場域的語言象徵表現形態，同任何場域一樣，是以其中的策略運用作爲其生命的基本動力。只是語言交換的策略，由於語言本身的明顯的象徵性結構，使它有別於一般的場域鬥爭策略，更具有語言象徵的特別性質。當然，語言交換的策略的象徵性，又是同場域中的各種賭注鬥爭遊戲的象徵性緊密相關。實際上，任何場域中的賭注遊戲都離不開語言的象徵性交換，更離不開語言交換中的象徵性策略遊戲。

　　布迪厄在分析社會生活中的象徵性交換活動時，曾經以**禮物**交換（échange des dons）作爲典範。他認爲，「在禮物交換中，最重要的，是透過交換過程所經歷的時間，兩個交換者，在他們都無意識和未經協商的情況下，皆很好地掩飾和推延了他們所做的事情的眞相」（Bourdieu, 1994: 180）。禮物交換活動在表面上只是相互交換禮物，表示交換者之間的某種社會和文化關係。但禮物交換活動，卻掩蓋了更深刻的社會文化意義，這就是交換者完成了對於他們自己和對於整個社會來說都遠遠超出其主觀願望的事情。禮物交換所呈現的上述特徵，表明人類的一切象徵性交換活動，「都具有難以同時把握的雙重眞理（ont toujours des vérités doubles, difficiles à tenir ensemble）。必須特別注意這種雙重性」（Ibid.）。象徵性交換活動中的這種雙重眞理性，實際上就是實際交換活動本身所固有的矛盾性（contradiction）、模糊性（ambiguïté）及二元性（dualité）。

　　禮物交換活動中的雙重眞理性、矛盾性、模糊性及二元性，是一切象徵性交換活動的基本特徵，也是語言交換的象徵性活動的首要特徵。

　　語言象徵性交換活動所進行的，正如前面已經指出的，並不單純是對話者之間的語言交流和溝通，而是與語言交流和溝通的同時，進行著不同的社會地位的行動者之間的權力、利益、聲譽、資本、思想、情感等的交換活動。這種交換活動，顯然包含著交換過程中所沒有公開正式顯示的許多更重要的因素。

　　以禮物交換爲典範的社會象徵性交換活動，還有第二個明顯的特徵，這就是自始自至終貫徹「明晰性的禁忌」（tabou de l'explicitation）。在象徵性交換過程中，人們很忌諱談論交換的眞相，也就是說，避而不談價格（le prix）。一旦進入像交換禮物那樣的象徵性交換，就避而不談價格。所以，在禮物交換時，首先要撕掉禮物的價格標籤，由此表示否認交換活動本身。布迪厄指出：「拒絕價格的邏輯，就是拒絕計算和可計算性（refuser la logique de prix, c'est une manière de refuser le calcul et la calculabilité）」（Bourdieu, 1994: 182）。

　　從以上所強調的兩大特徵，可以看出：以禮物交換活動爲典範的象徵性交換活動，同實物的經濟交換活動的區別就在於：在經濟交換活動中，交換者是以計算者主體的身分（un sujet calculateur）出現的，但在象徵性交換活動中，交換者則是以一位事先就已經經歷長期社會生活歷練、被薰陶成爲具有進行遊戲本領的行動者。這些行動者在進行交換遊戲時，根本就不打算進行任何計算。

　　布迪厄爲了說明語言象徵性交換活動的策略特徵，特地提出**委婉表達**（euphémisme）作爲典範。委婉表達是語言象徵性交換活動的最基本的策略，它的最基本特徵，就是透過語言的巧妙使用，「否認」（dénégation）交換活動的實質。這一策略集中了禮物交換中的上述兩大特徵，一方面，將象徵性交換活動中

的雙重眞理性，即實際交換活動本身所固有的矛盾性、模糊性及二元性顯示出來，另一方面明確遵守「明晰性的禁忌」，以最靈活的「否認」方式確認交換活動本身的象徵性結構。所以，布迪厄把委婉表達說成「透過說沒有說出的話而說出一切」（Bourdieu, 1994: 184）。透過委婉表達，人們所要實現的，並不是要求人們絕對地做所該做的事情，而是要求人們至少發出信號表示他們已經盡力做該做的事情。換句話說，**委婉表達，是在人們意識到社會秩序及價值都注定會被蔑視的情況下，所做的對於社會秩序和價值的尊重表示**（Bourdieu, 1994: 185）。

布迪厄在談及「論談」（les discours）在語言交換市場（le marché des echanges linguistiques）的交換價值及其有效運作邏輯時，強調「論述」所採取的「**委婉表達**」的重要意義。在他看來，如同一般商品市場中交換競爭會迫使商品製造商不斷地提升，甚至美化其商品品質、不斷變換競爭策略一樣，在語言交換市場中，各種「論述」的製造者和傳播者，也同樣爲了在語言交換中取勝，不斷地設法「說得更好一點」、「表達得更貼切」，或「講得委婉動人」。所以，「委婉表達」成爲了社會生活中必須透過語言溝通時，或多或少要普遍採用的實際規則，成爲了語言交換市場中通行的一般性語言使用策略，也成爲了使用語言的象徵性實踐，進行實際表演的語言模式。誰在語言交換中懂得語言交換市場的規則，因而懂得各個特定的市場中供求各方的張力關係所呈現的恰當比值，並在此基礎上制定符合此種張力關係的論述或講話策略，將自己說出的「論述」盡可能恰如其分地委婉表達，誰就在語言交換市場中獲勝，其論談便會順著交換管道成功地傳播開來，因而這種論談營利的機會也會增多和增強，其運載之象徵性權力也不斷加強。既然任何語言性論談都受制於語言交換市場的交換規律而不得不或多或少地採用「委婉表達」手段，所以，布迪厄便認爲：在論談的「委婉表達」中所呈現的基本結構和運作邏輯，具有普遍的意義；它是一切語言交換的基本結構及運作邏輯的一個表現。布迪厄說：「一個市場內在規律的確認以及在其中所表現的核准程序，決定著論談的策略變更；它關涉到一種貶了值的論述在面臨正當化語言論述時所必須做的那種改正的努力，或者，更一般地說，關涉到一切旨在提高語言產品交換價值的修辭努力……在這些修辭努力中，包括更強有力地動用可能採用的語言資源；或者，與此相反，正如某些心理社會學家在成年人致兒童用語中所觀察到，關涉到某種採用不太複雜的語句結構和更簡短的語句的傾向。所以，論談始終都是委婉表達的一部分，它非常在乎『說得好些』和『說得恰當些』，很在乎使產生出來的產品符合某個特定市場的需求、符合默契共識所形成的語言交換規則……」（Bourdieu, P., 1982: 78-79）。

　　根據這類語言交換市場的遊戲規則，說話者所說出來的「話」，如果要使聽話者接受，並使之按說出來的「話」去行事，就必須使這些「話」富有一定的「分量」，如同商品必須富有一定的價值一樣。而且，不僅如此，還要考慮到「說出來的話」必須足以說服得了對話者，不僅使對話者明白和理解「說出來的話」的意思，而且又能在他面對同時出現的多種「話」時，掂量出唯有某句話是最有分量和最有價值的，因而使對話者終於在語言交換市場中選用那句對他來說是「最有價值的話」，照這句話去辦事或做出各種必要的反應。

　　布迪厄所說的「委婉表達」，是語言交換市場中常見的「說話技巧」，或者，用更帶技術性的術語來說，是一種為「說出來的話」在語言交換市場中成功地「促銷」的語言商品行銷策略，它本身就是一種典型的象徵性實踐。

　　所以，在語言象徵性交換活動中，最有本事和能力的說話者，就是以不說話或少說話而說出最多的事情。例如，最老練的政治家，絕不說他是「為了爭奪權力而參政」，而會說他是「為人民服務而參政」；聰明的統治者，絕不說他是「人民的統治者」，而說他是「人民的公僕」。所謂「不說話」或「少說話」，不是指根本不說話或絕對少說話，而是強調以最隱蔽和最精緻的修辭、以最含蓄和最婉轉的口氣，說出層層帶有深刻意義的話，透過「不說話」達到比「說話」還強得多的有利效果，做到「話中有話」和「詞外有意」，盡可能避免直接和絕對的表達。

　　對於象徵性統治（la domination symbolique）而言，永遠都要求對所實行的統治原則進行**否認**（la méconnaissance）。這就是上述委婉表達策略的最好表現。正是透過這種以「否認」為基礎的象徵性統治，統治者才可以達到對被統治者實行最有效的象徵性暴力。正如布迪厄所說：「象徵性暴力的一個效果，就是將統治和順從的關係改換成情感關係，將權力改換成神祕的『克里斯瑪』（charisme），或者改換成能夠在情感上引起神祕魅力的關係」（Bourdieu, 1994: 189）。

　　在談到禮物交換活動的象徵性結構及其運作特徵時，布迪厄曾經論及到象徵性交換活動運作邏輯的雙重性，即它的主觀性及客觀性，它的實際的邏輯表現和它的紙面上的邏輯表現形式。他說：「這種二元性，可以透過某種**自我欺騙**（self-deception）和**自我神祕化**（automystification）的途徑而展現，並被活生生地呈現出來。不過，個人的**自我欺騙**（self-deception individuelle）是由集體性的**自我欺騙**（self-deception collective），透過某種真正的**集體性不承認**（une véritable méconnaissance collective）來維持的；而集體不承認的基礎，就存在於客觀的結構與心態結構之中」（Bourdieu, 1994: 181; 1980a: 191）。

　　由此可見，布迪厄在研究語言象徵性權力的時候，正如他研究人、社會及文化的象徵性結構時一樣，最重要的，並不是象徵及其結構本身，而是語言、社會和文化象徵性結構的實際運作，以及由此產生的一切與象徵有關的複雜問題，也就是「象徵性」（la symbolique）。正如布迪厄自己所說，重要的問題並不是研究「象徵」的性質及其結構，而是深入研究「象徵性實踐」（la pratique symbolique; symbolic practice），尤其研究象徵性實踐的「進入與出發、充實與虛空化、關閉與開啟、連結與解脫等等」（Bourdieu, P., 1990: 21）。

　　布迪厄認為，由於當代資本主義文化的高度發展和膨脹，當代社會到處都呈現出象徵性暴力的運作及其效果。因此，他非常關心當代社會中無所不在地發揮宰制作用的象徵性暴力的性質及其各種變化策略。值得注意的是，當代社會的象徵性暴力已經透過當代消費文化的氾濫，而進一步滲透到各個角落，連本來最落後的邊遠地區和國家，也逃脫不了全球化（la mondialisation; The Globalization）的進程所帶來的西方消費文化的襲擊和侵犯，統統一併被納入到現代資本主義象徵性暴力（la violence symbolique）的宰制網絡之中。這個由西方消費文化所帶來的象徵性暴力，是以西方現代文化中的**象徵性語言論述暴力**為中心，具有無形和難以抵擋的穿透性與侵潤性，甚至可以說，是一種類似於流行病的病毒那樣，呈現為無邊界和不確定的象徵力量。

　　為了揭示當代社會的象徵性暴力的統治機制及其運作邏輯，布迪厄首先集中分析當代社會文化的象徵性特徵及其再生產機制和策略。在這個意義上，布迪厄的理論，就是關於當代象徵性文化的再生產理論。對於布迪厄來說，當代象徵性文化再生產的核心機制，無非就是當代文化特權的再生產和再分配的迴圈性和延續性。所以，他從二十世紀六○年代起，就把研究重點集中在文化特權的「繼承」問題上。他認為，當代西方社會統治者所關心的焦點，就是文化特權一代又一代的延續及加強，因為只有透過文化特權再生產的延續性，才能保證對整個社會權力網絡全面而有效的控制。

　　當代社會文化象徵性的主要表現，就是廣泛散布於整個社會的文化消費活動中所呈現的「雙重區分化」特徵。他認為，當代社會文化中的區分化，就是整個社會區分化的基礎；而文化區分化又是以消費文化中的區分化作為主軸。所以，消費活動中的文化雙重區分化，作為一種最複雜的象徵性運作過程，其本身就是一種象徵性實踐（la pratique symbolique），它呈現出文化區分化同社會區分化之間、社會區分化同人們精神心態區分化之間的緊密互動關係：文化區分化既是社會區分化的主軸，但又受到社會區分化的影響；在文化區分化中，文化活動主體既以其象徵性實踐實現自我區分化，又進行客觀化的區分活動，使主體和客

體之間，在文化區分化活動中，發生象徵性的互為區分化的雙重過程，並產生互為區分化的效果，使整個社會表現出象徵性的結構及性質。這些文化區分化活動，隱含著當代社會文化中各種權力網絡的介入及干預，而且它們是透過以語言為中心的象徵體系的社會運作來實現的。布迪厄的上述作為主要概念的「象徵性實踐」，實際上又同他的其他重要概念緊密相聯繫，而在其他的概念中，「生存心態」（Habitus）、「場域」（Champ; field）、「社會制約性條件」（Le conditionnement social; Social Conditioning）、「資本」（Capital）、「語言交換市場」（le marché de l'échange linguistique）以及「象徵性權力」（le pouvoir symbolique），這些概念是最重要的。在弄清楚上述各個概念的基本意涵之後，仍然還要再一次從整體的角度，將上述概念連貫起來，在其相互關係中進行反思再反思。

第八章

後現代主義的濫觴、
擴散和分化

第一節　後現代主義的複雜性和不確定性

後現代主義（le post-modernisme）是一種非常複雜的社會文化現象。它集中地體現了當代西方社會政治、經濟、文化和生活方式一切正面和反面因素的矛盾性質；它既表現了西方文化的積極成果，又表現出它的消極性；它既包含創造性，又隱含著破壞和顛覆的因素；它是希望和絕望共存，並相互爭鬥的一股奇妙社會文化力量。

後現代主義是產生於現代資本主義社會內部的一種心態、一種社會文化思潮、一種生活方式，旨在反省、批判和超越現代資本主義的「現代性」，即資本主義社會內部已占統治地位的思想、文化及其所繼承的歷史傳統，提倡一種不斷更新、永不滿足、不止於形式和不追求固定結果的自我突破創造精神，試圖爲澈底重建人類的現有文化，探索盡可能多元的創新道路。

後現代主義作爲一種歷史和社會範疇，作爲一種心態、思維模式和文化範疇，作爲一種生活方式和人類活動的新模式，作爲一種表達方式和論述策略，同時也是對新的社會和新的文化正當化方式和程式的一種質疑和挑戰。後現代主義以其自身的湧現、存在和不斷批判活動，以其向現代社會與文化的挑戰和滲透，特別是通過它對於當代人精神活動和心態領域的擴張，不斷地實現與完成它自身的自我證成和自我正當化，但也同時逐漸顯露其弱點和侷限性。

後現代主義，作爲一種實踐，也是一種反傳統的策略遊戲，是對西方文化所經歷的整個路程的澈底反思，是對歷史上已經完成了的各種「啓蒙」的「再啓蒙」；其根本訴求，是在摧毀傳統文化的過程中，尋求思想上和生活上最大限度的自由，尤其達到精神活動的最大自由，達到他們所期望的不斷超越的目標。然而，他們不斷超越的目標本身，又是在不斷更新中被改變。因此，嚴格地說，他們的超越活動並沒有固定的明確目標。從這個意義上說，後現代主義本身是一個正在成長、並不斷更新的當代思潮和社會文化實踐，它是以不確定性作爲基本特徵的。

「後現代社會」是資訊和科學技術膨脹氾濫的新時代。在這種社會中，如前所述，憑藉高效率的經濟生產和商業銷售能力，靠高科技力量符號化、訊息化、複製化的人爲文化因素，越來越壓倒自然的因素，科學技術不但試圖征服和宰制自然，而且也咄咄逼人地試圖控制人本身；人與人之間、各種事物之間的差異界線模糊化，因果性和規律性逐漸爲偶然性和機遇性所取代，休閒和消費優先於生產，娛樂和遊戲也有取代規則化和組織化活動的趨勢；原來傳統社會中以一夫一妻爲基礎的社會基本單位「家庭」，正在逐步瓦解和鬆懈；公民個人自由極端化

和自律化的同時，社會加速進行自我分化和自我參照化，各種社會組織也逐漸失去其穩定性，各種組織原則不斷地受到批判，作爲整個社會和文化制度維繫基礎的中心結構越來越鬆動，「去中心」的鬆散結構正迅速蔓延，社會風險性也因而增高（Goldfarb, J. C., 1998）。所有這一切，當然是同現代性發展過程中的中心化、組織化、專業化和制度化的趨勢相對抗、相挑戰的。

「後現代主義」同傳統文化的不一致性（inconformity; inconformité）和非同質性（heterogeinity; hétérogénéité），使傳統文化和傳統語言喪失對「後現代主義」進行說明的正當性和有效性，也使「後現代主義」同傳統文化之間自然地存在一種「不可通約性」（incommensurability; incommensurabilité）和「不可翻譯性」（untranslatability; intraduisible）。

「不可通約性」和「不可翻譯性」是後現代主義形成和產生過程中，由後現代主義者及其啓蒙者所提出的新概念。最早，是福柯在知識考古學的研究中，發展其導師岡格彥的知識發展「斷裂性」和「中斷性」的概念，強調不同時代人類知識之間的不一致性、不同結構性和非同質性（Foucault, M., 1966; 1969）。與此同時，美國後現代科學哲學家庫恩（Thomas Kuhn, 1922-1996）和費阿本（Paul Feyerabend, 1924-1994）分別在他們的著作中使用「不可通約性」和「不可翻譯性」的概念，以便說明不同時代、不同「典範」（paradigm）的科學知識之間的根本區別（Kuhn, Th., 1962; 1977; Feyerabend, P., 1975; 1987）。

對於超越傳統文化的後現代主義，不能像對待傳統文化中的任何問題那樣，簡單地依據傳統分類法和歸納法加以分類和界定，也同樣不能靠比較法和對比法進行區分。在後現代主義的構成因素中，除了包含可以依據傳統邏輯和表達方式而加以分類的一小部分以外，還包含著大量含糊不清，又無法加以歸納的不穩定因素；不僅其中包含大量跨類別的、相互交叉的邊緣性因素，而且也包含暫態即變，又無法把握其變化方向的因素，甚至包含著更多潛伏的、待變的和待生的因素。同時，後現代性中還包含著正常感知與認識方式所無法把握和表達的因素。傳統正常邏輯的因果關係分析法和普通語言論述的表達法，都無法準確概括和表達後現代性中那些超出傳統文化的因素。後現代性中所有這些無法通過一般表達方法及途徑加以表達和說明的因素，只能訴諸於隱喻（metaphor）、換喻（metonymy）、借喻和各種象徵（symbol）的方式。這就是爲什麼後現代主義者非常重視，並不斷發明各種符號、信號和象徵；而對於傳統語言及其論述方式，它們則採取嚴厲批判的態度，或者，在不得已的情況下，也只將他們自己的語言論述當作某種隱喻、換喻、借喻和各種象徵。

所以，後現代主義的複雜性，主要是指：不論就它本身內容和基本精神，還

是從後現代主義同「現代性」的關係，以及從後現代主義同其所包含的傳統文化的關係，或者從後現代主義自由創造精神的不穩定性等各個不同角度來看，它都是很難加以確定且很難說明清楚的。

首先，從後現代主義本身內容和基本精神的複雜性來看。**後現代主義是集社會、文化、歷史、氣質、品味、思想心態以及生活方式等多種因素於一身的複雜新事物。**它在內容方面的這種非同質性和複雜性，使後現代主義同時地兼有歷史性、社會性、文化性、思想性和生活性，因而它也可以同時成爲歷史範疇、社會範疇、文化範疇、思想範疇和生活範疇（Winquist, C. E. / Taylor, V. E., 1998: Vol. I.:8-12; Woods, T., 1999）。其內容的複雜性和多樣性，也使後現代主義成爲哲學、社會學、政治學、語言學、心理學以及美學等人文科學和社會科學諸學科進行科際研究的跨學科領域，同時又成爲文學藝術的一個組成部分。因此，後現代主義的思想家們以及對「後現代」發生深刻影響的思想家，包括不同派別的哲學家、社會學家、人類學家、語言學家和政治學家等各個學科和領域內的學者，以及文學藝術領域的著名作者們。顯然，這是一群包括各個領域和各種思想觀點的複雜理論隊伍。

例如，**福柯**從未說過自己是「後現代主義者」，但他本人的思想、寫作態度和生活風格，不僅同「後現代主義者」相類似，而且直接成爲他同時代的「後現代主義者」的啓蒙者和鼓舞者（詳見本書專論福柯的相關部分）。

作爲福柯的親密朋友，**德勒茲**同樣也是對後現代思潮的發展作出了重要貢獻。德勒茲也和福柯一樣，自己從來沒有認定是「後現代主義者」；同時，他的研究領域和批判方向也是多方面的，以至於人們很難把他說成一個專業的哲學家。人們只能從他多種多樣批判當代西方社會和文化的著作中，發現他在哲學領域之外的心理學、精神分析學、文學藝術、美學、語言學和科學理論等方面，都具有深刻的造詣（Deleuze, G., 1990; 1991; 1996）。因此，他也可以說是多才多藝的當代思想家。而他對於後現代思潮發展的影響，也是多方面和跨領域的。

被人們稱爲「解構」思想家的**德希達**，也從未宣稱是「後現代主義者」。但他的「**解構**」（Déconstruction）策略和方法，他對於語言論述和整個西方傳統方法所進行的「解構」，簡直成爲了後現代主義批判現代社會的方法論基礎，同時也是後現代主義者進行自由創造的重要原則和新策略。嚴格說來，德希達本人也不只是一位哲學家，他在巴黎高等師範學院所受到的教育，本來就是多學科和多領域的。後來，在德希達相當多的著作中，他所論述的問題和批判的範圍，涉及到哲學、語言學、文字學、圖形學、符號學、人類學、教育學、建築學、美學、法學以及文學藝術的許多重要問題。也正是他在這些多領域的「解構」，不

僅為後現代文學評論和藝術評論以及美學，而且也為後現代女性主義的興起和發展，提供了最好的理論上和方法論上的準備。

作為後現代思想家的**利奧塔**，也不只是一位哲學家。正如羅傑克（Charles Rojek）等人所指出的：利奧塔已無可懷疑地被公認為「後現代主義之父」（Rojek, Ch. / Turner, B. S., 1998）。他所探討的後現代問題，涉及到社會學、政治學、心理學和建築學以及文學藝術領域內的諸多問題。他對多領域的深刻探討，使後現代主義進一步涉及多方面和多學科的複雜問題。

作為後現代思潮組成部分的當代女性主義，涵蓋了包括哲學、心理學、生理學、社會學、政治學、人類學和文學藝術等許多領域；而且，當代女性主義者即使是在探討某一個專門領域的問題時，也不再遵循傳統分類學和方法論的基本原則，從不限定在該專門領域中，而是自由自在地，以打破舊文化分類和傳統二元對立區分法為己任，從事跨領域和多學科的探討，使女性的問題澈底走出「男／女二元區分和對立」思考模式，成為後現代主義者向傳統文化挑戰的重要領域。

後現代思想家在批判現代社會和文化的時候，為了澈底瓦解現代社會和文化立足於其上的傳統分工基本原則，自然地進行了多學科和綜合性的多元研究與探討，並把這種多元和多學科的探討及批判，也當成對於現代西方社會和文化進行「解構」的基本程式和策略。

後現代思想家所進行的多學科和多元的研究批判方法，雖然也可以在西方文化史上找到許多光輝的先例，但是，它同歷史上的各種多學科和多元的研究批判方法不同；其目的不是為了延續和鞏固原有的文化發展路線及其成果，不是鞏固和加強學科間的分工與專業體系，而是為了澈底摧毀它們，並在一種高度自由的創作精神指導下，打破各種規則和形式的約束，尋求創造新文化的多種可能性（Grillo, R., 1998; Winquist, C. E. / Taylor, V. E., 1998: Vol. I.）。

後現代主義的產生和發展，是近一百多年來西方各國各個領域和各個學科的思想家和理論家，以不同觀點和不同方法，不斷地進行爭論、切磋和相互交流的一個重要歷史文化成果。因此，同後現代主義的產生和發展發生關聯的思想家及理論家，不僅其組成成分是很複雜的，而且他們在後現代主義發展中所處的地位也是很不相同的。

要將同後現代主義的產生和發展發生關聯的思想家及理論家加以分類是很困難的。但是，為了對後現代主義這個思潮和這個流派有一個全面的認識，也可以大致將這些思想家分成三大類：**第一類**是對於後現代主義的產生和發展做出理論貢獻的思想家們，但他們又不完全歸屬於「後現代主義」的行列；他們只是在理論和方法論上，為後現代的發展提供重要的理論模式、關鍵概念或主要思考方

向，但他們的卓越思想和理論貢獻，又往往遠遠超出後現代主義的範圍。第二類是組成後現代主義這個思潮的基本成員，他們不僅對後現代主義整個思想的形成及其傳播做出了貢獻，而且他們自己也聲稱是「後現代主義者」。這一類思想家包括在建築和文學藝術創作中創造出優秀「後現代」作品的那些建築學家、作家和藝術家們。第三類是與後現代流派「擦邊」或部分地相交錯的思想家，其研究成果雖然不如第一類思想家那樣爲後現代主義提供基本理論和方法，但對後現代主義的發展也在客觀上做出了重要貢獻。

屬於第一類的思想家，包括：德國哲學家、本體論詮釋學家和美學家伽達默；德國哲學家兼美學家阿多諾和本雅明；法國哲學家、符號論者、語言學家、文學評論家和社會學家羅蘭・巴特；法國哲學家福柯和德希達；德國哲學家、社會學家、倫理學家、人類學家和政治學家哈伯瑪斯；法國哲學家、精神分析學家和藝術評論家德勒茲和加達里；美國科學哲學家庫恩和費阿本；法國社會學家、人類學家和社會哲學家布迪厄；法國社會學家阿蘭・杜連；美國哲學家洛迪等。

屬於第二類的思想家，由於後現代主義思潮本身的複雜性、多樣性和跨學科性，往往涉及到後現代主義在各行各業、各學科的許多傑出代表人物。顯然，在這裡，不可能詳盡列出他們的名單，而只能點出某些最有影響的人物。這些人包括：法國哲學家利奧塔和鮑德里亞；美國哲學家、文化研究專家詹明信；美國社會學家、文化研究專家貝爾（Daniel Bell, 1919-2011）；英國社會學家鮑曼（Zygmunt Bauman, 1925-2017）；美國文學評論家、哲學家斯班諾斯（William V. Spanos）；美國文學評論家和符號論者卡勒（Jonathan Culler）、阿布拉姆（M. H. Abrams）、伯迪克（J. A. Buttigieg）、紐曼（John Henry Newman）、布朗（Norman O. Brown, 1913-2002）、卡拉美洛（Charles Caramello）、林達・哈辰（Linda Hutcheon）；德國哲學家、美學家魏爾默（Allbrecht Wellmer, 1933-）、德國文學評論家和美學家姚斯（Hans Robert Jauss, 1921-1997）與沃爾夫岡・伊瑟爾（Wolfgang Iser, 1926-2007）；美國文學評論家保爾・德・曼（Paul de Man）、布魯姆（Harold Bloom）、哈特曼（Geoffrey H. Hartman, 1929-2016）、海頓・懷特（Hayden White）、米勒（Jonathan Hillis Miller）、米凱爾・巴克丁（Mikhail Bakhtin）、依克利頓（Terry Eagleton）、哈桑（Ihab Hassan, 1925-2015）和烏爾默（Gregory Ulmer）等人；法國社會思想家畢德（Jacques Bidet）；法國文學作家和女性主義思想家克莉絲蒂娃（Julia Kristiva, 1941- ）、西蘇（Hélène Cixous, 1938- ）和伊麗加蕾（Luce Irigaray, 1932- ）；美國建築學家和建築美學家邁厄（Richard Meier, 1934- ）、艾森曼（Peter Aisenman）、格拉夫（Michael Graves）、赫依德爾（John Hejdul）、格瓦德梅（Charles Gwathmey）和弗朗克・葛里（Frank Gehry）等人：義大利建築學家畢亞諾（Renzo Piano, 1937-　）、羅伯特・溫杜里（Robert Venturi）和英國建築學家羅傑斯；美國音樂家凱茲（John Cage, 1912-1992）；音樂評論家托姆金斯（Calvin Tomkins）和道恩豪斯（B. P. Dauenhauer）；舞蹈家崔莎・布朗（Trisha Brown）、康寧漢（Merce Cunningham, 1919-　）；詩人羅伯特・克里利（Robert Creely, 1926-2005）；小說家兼劇作家貝克特（Samuel Beckett, 1906-1989）；劇作家兼導演哥羅多夫斯基（Jerzy Grotowski, 1933-1999）等等。

屬於第三類的思想家，由於同後現代主義只保持「擦邊」的關係，其成員更為複雜而不確定。就生活年代而言，這些同後現代主義保持「擦邊」關係的重要人物，可能距「後現代」有一定間隔；但我們仍然可以擇其要而列出最有影響的人物。他們包括：法國哲學家和精神分析學家拉岡、德國思想家阿多諾、法國作家阿爾托；義大利哲學家、符號論者、作家和評論家艾柯、美國美學家蘇珊・桑塔克（Susan Sontag, 1934-2004）。

以上分類既不完備、又不精確，同時也不是一成不變的。從不同的角度，仍然可以打破上述分類的標準和原則，已被分類的思想家和理論家也可以重新編入不同範疇。上述所列，一方面只是為了勾勒出關於「後現代」的一個輪廓，另一方面也僅僅配合本書所涉及的各主要人物。

那麼多不同種類的思想家，不同程度地直接或間接地被捲入到後現代主義的洪流中去，不管這些思想家的個人意願如何，都說明了後現代主義在當代思想和文化界的重要地位。

從後現代主義的實際性質及其組成特徵來看，後現代主義既是理論，又是實踐：既是學術性探討，又是日常生活的實際行為方式：既是語言論述，又是策略性的技藝遊戲和符號遊戲：既涉及到現實的因素，又關係到可能的領域：既是可以表達出來的語言論述，又是不可表達的各種不穩定象徵結構。後現代主義就是這樣一種充滿著矛盾、充滿著悖論的複合體。後現代主義的多質性實際上是現代性在當代的自我分化惡性膨脹的結果。

後現代性的上述特徵在很大程度上是來自現代性本身的矛盾性。

對於現代性批判最嚴厲的馬克思最早揭示現代性所內含的矛盾性：「資產階級的生產關係和交換關係，資產階級的所有制關係，這個曾經彷彿用法術創造了如此龐大的生產資料和交換手段的現代資產階級社會，現在像一個巫師那樣不能再支配自己用符咒呼喚出來的魔鬼了。幾十年來的工業和商業的歷史，只不過是現代生產力反抗現代生產關係、反抗作為資產階級及其統治的存在條件的所有制關係的歷史。要證明這一點，只要指出在週期性的迴圈中，愈來愈危及整個資

產階級社會生存的商業危機就夠了。在商業危機期間，不僅有很大一部分製成的商品被毀滅掉，還有很大一部分已經造成的生產力也被毀滅掉。在危機期間，發生一種在過去時代看來都好像是荒唐現象的社會瘟疫，即生產過剩的瘟疫。社會突然發現自己回到了一時的野蠻狀態；彷彿是一次饑荒、一場普遍的毀滅性戰爭，吞噬了社會的全部生活資料；彷彿是工業和商業全部被毀滅了，這是什麼緣故呢？因為社會上文明過度，生活資料太多了，工業和商業太發達。社會所擁有的生產力已經不能再促進資產階級文明和資產階級所有制關係的發展；相反，生產力已經強大到這種關係所不能適應的地步，它已經受到這種關係的阻礙；而它一著手克服這種障礙，就使整個資產階級社會陷入混亂，就使資產階級所有制的存在受到威脅。資產階級的關係已經太狹窄了，再也容納不了它本身所造成的財富了。資產階級用什麼辦法來克服這種危機呢？一方面不得不消滅大量生產力，另一方面是奪取新的市場、更加澈底地利用舊的市場。這究竟是怎樣的一種方法呢？這不過是資產階級準備更全面、更猛烈的危機的辦法，不過是使防止危機的手段愈來愈少的辦法。資產階級用來推翻封建制度的武器，現在卻對準資產階級自己了。但是，資產階級不僅鍛造了置自身於死地的武器；它還產生了將要運用這種武器的人，即現代的工人，**無產者**」（Marx, K., 1848）。

但是，馬克思只揭露了現代性內含的矛盾性的一個面向吧了；或者說，他只是揭示現代性矛盾的一個特徵。其實，現代性矛盾是多方面的。現代性矛盾中最自相矛盾的矛盾就是：「現代性同後現代性之間的並存及其相互穿插」。

從後現代主義同現代性的複雜關係來看，後現代主義一方面從現代性中孕育出來，並有條件地肯定和發展現代性的成果，另一方面又批判、摧毀和重建現代性；換句話說，後現代主義一方面與現代性對立，另一方面又滲透到現代性的內部去解構、消耗和吞噬它，從它那裡吸收養料和創造力量，並與之進行無止境的來回迴圈的遊戲運動，以達到超越現代性和重建人類文化的目的。後現代主義在相當大的程度上脫離不開現代性，這是因為後現代主義雖然以澈底批判和解構現代性為己任，但後現代主義充分意識到它的任何批判和重建的活動，都以同現代性對立作為基本出發點。在這個意義上說，**沒有現代性就沒有後現代主義**。在下一節探討後現代的歷史範疇性質時，將從歷史發展的複雜關係進一步探討「後現代」和「現代」的相互關係。實際上，「後現代」和「現代」的相互關係，遠不只是歷史性質的，而是直接關係到後現代本身的產生和發展特徵，關係到組成「後現代」的各種內在因素本身的根源和性質。

在談到後現代同現代的相互交叉關係時，利奧塔明確地說：「一部作品只有當它首先成為後現代的條件下，才能夠成為現代的。如此理解的後現代主義，並

不是在其結果中的現代主義，而是在其誕生狀態中、而且這種誕生狀態又是持續不斷的」（Lyotard, J. –F., 1988b: 24）。暫且不管利奧塔這段關於「後現代主義」定義的爭議性，但至少可以看出：後現代主義者所論述和主張的後現代主義，不能單純從它同現代主義的對立性，而是要把兩者在對立中連貫起來，發現其中相互滲透和相互交錯的性質，同時也揭示兩者之間的矛盾性和悖論性，並將兩者的相互關係放置在動態中去分析。英國的衛勒（W. Wheeler）在其最近的著作中指出：後現代主義的理論並不是現代性終結的信號，而是對現代性中喪失掉的東西的哀怨（Wheeler, W., 1999）。關於現代性的後現代性的複雜關係，本書將在以下有關章節，從歷史發展的角度，從後現代同啓蒙運動以來現代化過程的複雜關係，從後現代對於現代人文主義的批判和超越，從後現代對於現代科學知識和技術的批判，以及從後現代同現代批判精神的相互比較中，全面地加以探討。

　　從後現代主義同傳統文化的相互關係的複雜性來看，後現代主義當然竭力批判一切傳統因素，同傳統勢不兩立，但是，作爲一種社會歷史的存在，後現代主義又無法逃脫傳統的陰影。這就使它在批判傳統的過程中，呈現出許許多多悖論和自相矛盾的現象。這一複雜性，顯示出人類歷史傳統的頑強性、歷史性和社會性以及現實性，同時也顯示了後現代主義對於如此頑強而又複雜的傳統力量進行挑戰的特殊態度。後現主義同傳統的這種複雜關係，一方面顯示了分析和說明後現代主義的難點，另一方面也向我們提供了許多有關對待傳統的有益啓示。

　　後現代主義同傳統語言的關係的複雜性，可以典型地表現出後現代和傳統文化之間高度複雜的關係。後現代主義對於西方文化的、以語音中心主義爲核心的傳統原則的澈底批判，使後現代主義陷入了同傳統語言論述相矛盾的狀態。這就是說，後現代主義既批判傳統語言論述的正當性，又不得不藉助於語言論述，去表達和實現其本身在性質上根本不可言說和不可表達的東西。

　　後現代主義的高度複雜性，不僅應從其外在表現，如同前述，從其社會歷史文化的多種具體展現形態，而且更重要的，還應從其自身內在本質及其模糊的思考模式加以考察。實際上，**造成後現代主義高度複雜性的最根本因素，是後現代主義者在其創作和批判過程中所表現的高度自由精神**。這種高度自由是一種高度**不確定性、可能性、模糊性、超越性和無限性的總和**。正如費阿本所指出的，後現代主義高度自由的創作精神，甚至不需要任何方法，排斥一切固定不變的指導原則（Feyerabend, P., 1975; 1987）。正因爲這樣，後現代主義也是以「反方法」作爲其基本特徵（Taylor, V. E., 1998: xii）。一切傳統的舊有方法論及各種研究方法，在後現代主義者看來，表面上，是爲了指導各種創作活動；但是，實際上，它們都是不同程度地約束了創作的自由，特別是帶有強制性地引導自由創作繼續

沿著傳統的道路。反方法，就是為了獲得澈底的自由。正是在這裡，體現了後現代主義者對於「自由」的理解已經澈底超越傳統自由概念，使他們有可能以其新的自由概念作為指導原則，從事高度自由的創造活動。

毫無疑問，人的自由永遠都是在現實和可能、有限和無限、相對和絕對的統一中實現的。但是，後現代主義所強調的，正是自由的這種內在矛盾本身的絕對性和無限性，也就是強調人類創作自由中所包含的「**可能性**」因素的強大威力及其珍貴性。

自由，就其本性而言，就是不受任何限制。關於這點，任何一位傳統哲學家和思想家，都不加否認。英國十六至十七世紀偉大思想家霍布斯指出：「自由，就其語詞的本來意義來理解，就是缺乏外部障礙（By liberty is understood, according to the proper signification of word, the absence of external impediments）」（Hobbes, T., 1651, In Burtt, E. A., 1967: 163）。**自由，本來只是隸屬於人，只有對人才有意義**。對於人以外的其他任何事物，自由是毫無意義的。自由之所以只隸屬於人，是因為它就其本性而言，源自人的意識自由，源自人的模糊的思想模式。源自人的意志和無限的欲望。意識、思想、意志和無限的欲望是人所特有的本性。就此而言，自由在本質上是來自人內在的力量，來自人精神內部的權力意志。儘管霍布斯未能更具體地說明自由真正的人的本質，但他起碼天才地看到了自由的唯一障礙是來自外部的限制。因此，他顯然看到了自由來自人精神內部的無限欲求的重要方面。但是霍布斯把自由界定為「不存在外部障礙」，實際上還只是看到了自由的表面表現出來的條件。要對自由有更深刻的認識和分析，必須深入了解產生自由的人類精神的發展和存在**趨勢**，必須首先研究作為自由的基礎的人類精神的真正本質。人類精神所尋求的自由，是人類精神試圖排除一切外在條件，而無限地自我超越和自我實現的願望及力量的自然表現。排除外部條件的人類精神，只有在排除外部存在的時空條件的情況下，才有可能無條件地和隨時隨地提出自由的欲望和需求。沒有時空條件的自由，也就是脫離一切外在限定的自由；而這種真正的自由，只能是一種或各種各樣的可能性。換句話說，**真正的自由就是可能性**。

傳統西方文化，長期受到自古希臘以來確定下來的主客體分離和對立同一的基本原則的限制，總是把自由理解為在各種各樣時空條件下，也就是各種各樣歷史條件下的人類具體活動的最大限制。由傳統原則所決定的有關現實和可能、有限和無限、物質和精神、主觀和客觀、原因和結果等等對立性範疇，為人們研究和實際實現自由提出了種種限制性的條件。這些傳統的自由觀念，即使是在啟蒙運動之後，即使是在西方社會進入到自由民主制的時代之後，仍然一直限制著思

想家的自由創造精神。

　　後現代思想家的傑出貢獻，就是大膽地將自由純粹理解成為「可能性」。為了澈底擺脫傳統西方文化和社會制度的限制，後現代主義者把對於自由的探討從現實轉移到「可能性」的領域，轉移到傳統社會和文化所無法干預的自由領域中。後現代主義者不再把「可能性」當成同「現實性」相對立，而又同它不可分割的一個範疇。後現代主義者為了突顯**「自由發自人類精神內部」**的本質特徵，**將表現為可能性的自由從現實中抽離出來**。顯然，他們將自由歸結為可能性，首先就是為了擺脫現實的傳統力量，為了否棄傳統的自由觀念，同時也是為了真正地實現自由的創造精神。

　　作為一種或多種可能性，自由不應該是現實存在和成形的東西。反過來，凡是現實的，都是不自由的，因為一切現實的，都存在於有限的時空條件中，都是受到實際的各種條件的限制。現實的東西，都只能是自由的結果或仲介。現實可以成為自由的條件，但它永遠都不是自由本身。

　　作為可能性的自由，既脫離一切現實，又與現實相關。作為可能性的自由，究竟有什麼意義呢？

　　首先，如前所述，後現代主義者將自由看作是「可能性」，就是為了針對傳統文化和各種社會制度，就是為了同現實的各種傳統力量直接相對立，並擺脫傳統力量的限制。在現實中，傳統是有力量和權力的。作為一種不斷地追求自由的新生力量，後現代主義者為了回避現實傳統的實際限制，只能在一種或各種可能性中發揮其批判的威力，並不時地在現實之外的各種可能性的「暗處」，趁傳統之不備，向現實的傳統放各種暗箭，以擊中其要害。後現代主義者為了給自己的創造活動提供最大的自由，總是避免使自身陷於現實中，盡可能不使自身在現實中停頓，也從不以「實現」作為其活動目標；它要盡可能使自身處於朝向現實的變動過程中，處於各種可能性之中。換句話說，後現代主義者並不想使自己成為「什麼」，而是永遠處於「成為」的過程和狀態中。實際上，在現實中存在的傳統，雖然掌握實力，但唯其生活於現實中，就不可避免地受現實本身的約束，使傳統本身限於被動、甚至僵化之中。後現代主義者從現實轉向可能的策略，最有利於正處於新生中的後現代主義者發揮其自由創造和自由出擊的有利條件，在現實以外無可預防的任何一個可能性領域中，創造出各種批判傳統的觀念和實際力量。

　　其次，後現代主義者所追求的自由，作為一種可能性，雖然永遠是可能的，但同時又永遠威脅著現實的力量，永遠處於可能變化的新生狀態中，永遠處於向有利於自身方向發展的可能演變中，永遠是一種開發自己和批判傳統的發展趨

勢。在這個意義上說，作爲可能性的後現代主義的自由，並不是純粹消極被動的**趨勢**，而是同各種可能的創造、可能的批判和可能的更新相聯繫的潛在力量。作爲可能性的自由，唯其是可能性，才有希望發揮出向各種方向發展的有利因素。

再次，作爲可能性的後現代主義的自由，是不拘於形式、同時也不追求形式化的創造原則和生存方式。雖然一切形式都同內容緊密相連，形式有時也爲內容提供積極的存在方式，但是，後現代主義者總結了人類社會和文化的發展經驗和教訓，透徹地看到了各種形式的消極性質及其對於自由的限制。後現代主義者爲了擺脫傳統文化的限制，寧願犧牲形式中的積極因素，把追求形式和各種形式表現看作是否定力量加以拋棄，以便在喪失形式和脫離形式的各種自由可能性中，最大限度地維持不斷創造和不斷更新的可能性狀態。沒有形式的更新和創造，雖然是脆弱的，禁不起時空的摧殘，但這是處於純粹自然狀態中的自由更新和創造，是成爲各種可能的形式的「前形式」。在這個意義上說，後現代主義爲了永遠處於自由中，只要求自己成爲「前形式」，而避免成爲這樣或那樣的形式。

作爲可能性的後現代主義的自由，乃是思想意識的範疇。它是不可捉摸的，然而又是最有潛力和最具現實化可能性的東西。

作爲後現代主義的自由，「可能性」既然是可能的，就意味著它永遠是不確定的、可變動的、可更新的、無定向的、模糊的，因而是最具有潛力的。

世界上沒有任何事情是不可能的。可能性是最有生命力和最有希望的事物。凡是存在於現實中的事物，都是受到限制的，都是有條件和相對的。一切事物，只要在現實中存在，就成爲現實的事物，而喪失其多種多樣的可能性。在這個意義上說，現實的事物比可能的事物更缺乏可能性。現實性劣於可能性的地方，就在於它的受規定性。凡是在現實中存在的事物，都是在特定時空結構中獲得規定性，因而具有某種穩定性、不變性和僵化性。同現實性相比，可能性卻不受任何現實規定性的限制。因此，可能性同現實性相比，不承受任何負擔，沒有任何壓力，沒有包袱；相反，它只有完全自由的自我解放的能力，無需藉助外在的任何條件，也無需顧及外在的任何限制或外來負擔。

從這個意義上說，**現代主義者所追求的可能性，作爲各種自由，永遠是屬於未來的，永遠是待發展和待新生的**。利奧塔在談到後現代主義的基本精神時說：「藝術家和作家們沒有規則地工作，而且是爲了實現未來即將被實現的那些原則。……後現代主義是先於未來的未來的一種悖論」（Lyotard, J. –F., 1988b: 27）。簡單地說，作爲可能性的後現代主義的自由，實際上是預先在自由創作中實現未來的可能性，但同時，這種預先實現的未來又不完全限定於正在進行的後現代主義創作中。因此，這是正在被實現的一種充滿著悖論的未來。後現代主義

者既不願意肯定現實，也不願意肯定未來。在他們看來，如果未來是可以肯定的話，那麼，這種未來也必定是和現實一樣不可取的，因為這種未來具有同現實一樣的形式化特徵。

從可能性同現實性的關係來看，實際上可以從兩個角度進行不同的觀察。西方傳統文化只提出了一種關於「可能／現實」的關係的模式。如前所述，這就是在以主體為中心的主客體同一原則基礎上所建立的模式。按照這種模式，可能性與現實性相比，總是將現實性列於優先地位，可能性總是隸屬於現實性；在這種情況下，可能性始終以現實性為中心，並圍繞著現實性而旋轉，為現實性服務。可能性的潛在發展維度及其前景，完全受到了現實性的限制。這種模式顯然是有利於已經掌握現實條件優勢地位的統治者，有利於鞏固以統治者為中心的現實秩序。後現代主義所提出的有關現實性和可能性的相互關係的模式，是完全與前述傳統模式相對立的。

按照後現代主義的模式，可能性作為一種可能的事物，既不應該以自身為中心，也不應該圍繞著在它之外的任何「他物」而存在。後現代的這種模式本身就是反對傳統的各種「中心／邊陲」兩分法，反對任何類型的主從關係。反對兩分法和任何主從關係，是後現代反對傳統的最基本原則，而這個原則又唯有在論述可能性的概念中，才能達到最大限度的論證力量。這是因為可能性的概念是一切概念中最具潛力，並無須靠任何其他對立概念而可以任意存在的。在前述提起「可能性」概念時，曾經論述可能性的各種屬性和本質。可能性在本質上是絕對自由的。同時，可能性又比其他任何概念或範疇更具有自我生成、自我分裂和自我轉變的可能性。這就是說，任何可能性中都包含著多種多樣待產的和待生的可能性。可能性是唯一具有自我包含、自我重疊、又自我生成的性質的概念。在這個意義上說，可能性的自我生成和自我再生產也是完全靠其自身的自我分裂。

後現代主義把對於人類自由的觀點，轉移到對於人類自由的可能性方面，並把這個方面當作是人的自由的最本質內容。既然人類自由在本質上就是一種可能性，所以，後現代主義本身也就投入到這種高度可能性的自由遊戲的冒險之中，因而也為我們把握後現代主義的基本精神增加了許多難度。

後現代主義是一種非常複雜的社會歷史文化現象。如前所述，它的複雜性首先就在於它的不確定性。它的不確定性是它本身，作為集社會、歷史、文化和思想心態的因素於一身的複雜新事物所固有的性質。而後現代主義的內在性質的複雜性，又使它具有不可界定的性質。

它之所以不可界定，是因為從一開始產生，它就呈現出多元的、多面向的和多層次的問題。而且，後現代主義的創始者、提倡者和推廣者本身，也對它的

確切內容和含義不清楚；或者，更確切地說，他們根本不願意對它做出明確的界定，不願意遵循傳統文化的規矩去對它「下定義」。他們寧願保持後現代主義的不確定性，一方面以此維持和顯現其與傳統文化的對立性和不可調和性；另一方面也以此突顯其本身的思想模式、思想方法以及其他各方面的「不確定性」。利奧塔在一次談話中說：「當我發表《後現代狀態》一書的時候，我並不抱有引起爭論的意圖；我一點都不想、一點都沒有理由去發動一場爭論。……這項研究甚至並非由我引起的，因為這是由魁北克大學向我委託提出的：我必須為他們研究發達社會的知識的狀況。因此，我可以很輕易地肯定說，『後現代性』這個概念，首先並不確定任何固定的定義，也不確定任何一個歷史時代的期限；其次，它只是表明這個詞本身，也就是說，這是一個沒有連貫性的詞。正是因為這個原因，我才選擇使用它。它只有起著一個警世告示的作用。這個字是用來表明：在「現代性」之中存在著某某正在頹廢的事物」（Lyotard, J. –F., 1985: 43）。這也就是說，「不確定性」是後現代主義本身所固有的特徵。因此，後現代主義者從來就對其所主張和貫徹的思想觀點和原則，表現出模稜兩可，莫衷一是的態度。因此，後現代主義比其他任何社會歷史文化現象都更不確定。

　　同樣的，後現代主義的著名思想家詹明信也指出，後現代主義抹煞過去的一切；在後現代主義所主張的世界中，任何一種文風上的發明都不再是可能的，而一切左的傾向都是模仿死去的文風，都是通過假面具說話，而且，以想像中的博物館裡的文風之語氣說話（Jameson, F. In Foster, H., 1983: 115-117）。

　　後現代主義的評論家哈桑指出：「後現代主義對於西方的論述進行抗爭，因此，也使後現代主義的修正自身陷入繁瑣不定之中。連它自己都不再可能把它自己的論戰辭彙當作自己的辭彙，並使用自己的語彙」（Hassan, I., 1987: xvii）。

　　如前所述，後現代主義的「不確定性」是其自身用以同傳統文化相區別的重要特徵。如果說，一切傳統文化都以其嚴謹而精確的定義來自我界定，並以此同它物相區別的話，那麼，後現代主義就恰恰以其「不確定性」來自我界定，並以此同它物相區別。或者，換句話說，後現代主義是以其「不可界定性」來自我界定。

　　實際上，後現代主義既是一個歷史範疇，也是一種社會範疇，同時又是一個文化範疇、意識形態範疇和思想範疇。它集多種含義於一身，表現出人類社會和文化歷經幾千年長期演變之後，在達到高度發達的現代資本主義階段，由於其政治、經濟、文化以及創造這些文化的「人」本身的高度自律及其內在矛盾性，才有可能從文化自身內部，產生著一種試圖自我突破、自我超越和自我否定的需求和能力，某種試圖借此澈底重建迄今為止的一切人類文化，以求得絕對自由境界

的精神力量。這種力量本身，是正在成長中的，是始終處於未完滿狀態的，也是不斷探索中的待充實的力量。唯其如是，「後現代」本身並不急於確定下來，也不急於自我確定（Hassan, I., 1987）。美國文化研究專家克萊頓‧科爾伯（Clayton Koelb）正確地指出：「『後現代』這個詞還處於形成階段，並未在運用方面達到前後一貫的程度」（Koelb, C., 1990: 1）。

總之，「後現代」的上述各種特性，使「後現代性」本身成爲不可界定的事物。「不可界定」，一方面意味著它不需要靠它之外的「他物」來爲其下定義；另一方面也意味著它是靠其「不可界定」本身來自我界定。

後現代的重要思想家鮑德里亞在談到「不確定性」時指出：所謂不確定性（L'incertitude），具有多方面的含義。首先指的是那些「不能預知的不確定性質」（caractère de ce qui ne peut etre ommemora, connu à l'avance）；其次是指「不能確定地實現，因而引起懷疑的那些事物」（ce qui ne peut etre établi avec exactitude, ce qui laiss place au doute）；再次是指「不可預見的事物」（chose imprévisible）；最後是指「個人所做出的不確定狀態」（état d'une personne incertaine de ce qu'elle fera）。總之，「不確定性」本來就是因爲這個社會到處充滿著不確定性；換句話說，「不確定性」倒眞正成爲本社會中唯一最確定的事物（Baudrillard, J., 1998: 80）。

我們在考察後現代主義的基本特徵及其對傳統文化的批判意義時，必須緊緊抓住後現代主義上述不可界定性的特徵，因爲只有從其不可界定性出發對後現代主義進行研究，才有可能依據其自身的原本自我表現及其原有自身特徵進行分析，才有可能擺脫由後現代主義之外其他傳統原則的干擾。但同時，對於後現代主義的研究，又不能單純孤立地圍繞著後現代主義自身的不可界定性，必須將後現代主義的各種論述，哪怕是種種不可界定和含糊不清的論述方式，同各種思潮和各種流派的觀點與理論加以多方面地比較和分析，達到以多種迂迴的反思途徑進行分析的最高程度。這樣，當我們依據後現代自我表現進行分析時，又能不陷入其偏限性。把上述兩個方面加以靈活地結合，又在兩者之間反覆來回運動和反思，便可盡可能地把握後現代的基本原則。

作爲一個歷史範疇，它試圖意指一個新的歷史時代的到來。但這個新的歷史時代的時間上下限及其歷史含義，卻很不確定。同時，作爲一個歷史範疇，後現代主義者並不打算依據傳統歷史時期劃分法，單純從時間連續發展的角度去看待問題。後現代主義者除了對歷史的時間結構有完全不同於傳統的理解以外，還主要從歷史內容的複雜性和不確定性，說明他們所說的「後現代」的特殊歷史意義。

後現代主義者都是反歷史主義的，一方面他們否認傳統文化所確認的歷史秩序，否認存在著某種有方向、有目的和有意義的歷史過程，另一方面他們也**反對啓蒙運動以來基於歷史主義所提出的「進步」（progress）口號和基本原則**，反對將歷史看作「規律性」的事物。在此基礎上，後現代主義者也往往反對傳統的時空觀，反對各種將歷史和時間當成連續不斷的流程的基本觀點。

歷史是人爲的。所謂編年史、斷代史、經濟史、政治史和各種知識學科史，都是經邏輯加工而系統化的**論述體系或「大敘述」**。眞正的歷史已經是種種被積壓的「檔案」。作爲歷史範疇的「後現代」，不是已經過去了的時代，而是一種「現在」，一種「將來的過去」。作爲一種「現在」，「後現代」並不一定發生於特定的時刻，而是可以發生於任何時代的事件。所以，作爲特定歷史事件的「後現代」，可以發生在任何一個歷史時代，只要它符合後現代的基本特徵。在這個意義上說，作爲歷史事件的後現代，曾經零星地，因而是偶然地和無規則地發生於古代、中世紀、文藝復興和啓蒙運動時期及其後，也發生於現代資本主義社會形成之後的「現代」。但是，只是到了資本主義現代階段，產生符合後現代特徵的典型歷史事件才成群地出現，因而，也只有在資本主義的現代社會中，才有可能出現包括大量後現代歷史事件的時段；一般地說，二十世紀六〇年代之後的西方社會，就是這種「後現代階段」。因此，作爲歷史範疇的「後現代」，一般地說，具有兩個意涵：一方面是指人類歷史發展中曾經發生過符合「後現代」特徵的任何一個歷史時段；如前所述，這一時段可以是在古代、中世紀或其他任何一個歷史階段；另一方面，是特指六〇年代後，由於資本主義現代性高度發展，而產生一系列典型後現代事件的西方當代社會歷史階段。關於後一個意涵的「後現代」，在許多方面同下一節所要論述的社會範疇相重疊，因此，其內容有待下一節再深入探討。

對於後現代主義時空觀和歷史觀發生深刻影響的，是結構主義和後結構主義的基本觀點。如前所述，結構主義者施特勞斯強調觀察任何人類社會和文化現象，都必須首先把「結構」概念放在時空概念之上，並因而認爲：人類社會和文化都是以特定的「結構」而存在。在這種情況下，時空的變化是隸屬於結構的。由於具有特定結構的社會和文化現象都是具有特定結構的人類心靈運作模式的產物和具體表現，而人類心靈運作模式本身又是穩定不變的，所以，社會和文化現象的特定結構也是基本上穩定不變的。不同歷史階段的社會和文化現象的不同結構之間的差異和區別，是不同社會的人類心靈運作模式之間差異的反映和表現。因此，不同歷史階段的社會和文化現象之間的差異，不能單純從時空結構的差異性去說明。嚴格地說，歷史的時間結構並不是連續的和歷時的，更談不上有先有

後的必然順序，而是相互間隔和斷裂的。時間的結構實際上也是人類心靈運作模式的表現，因此，時間結構基本上是共時的；而且時間結構在很大程度上受到個人主觀精神狀態的影響。例如，當個人處於空乏無事狀態，或處於精神煩惱階段，時間延續性顯得相對地緩慢；而在忙碌充實階段，時間連續性加快。在歷史發展中所呈現的事物連續性及其時間結構的歷時性，不過是時間的真實共時結構的外部表現。另外，關於時間連續性和歷時性的各種表現，實際上是歷史學家主觀時間連續結構對於歷史事件的敘述性運用，同時也是日常生活中的各種現象連續表演的習慣性反射。歷史學家需要將各種歷史事件納入連續的時間結構中加以具體分析。這是歷史學不同於人類學研究的主要特徵。但是，歷史學家上述時間連續性和有先後順序的時代劃分法，只有利於對具體事物的觀察和分析，卻不利於從總體上和從內在本質方面對於人類社會和文化現象的理解和把握（Lévi-Strauss, C., 1977: 1-25）。

　　施特勞斯的結構主義時間觀，使史學和社會科學以及文學藝術的研究方法發生了一場根本性的變革。後現代主義的新史觀，正是在這樣的理論背景下，首先由後結構主義思想家福柯和解構主義思想家德希達提出其最初的概念模式。福柯和德希達等人將結構主義的上述時空觀同尼采（Friedrich Nietzsche, 1844-1900）的反傳統系譜學研究方法結合起來，同時又集中地圍繞著作為社會文化現象基礎的語言論述的特定結構，系統地為後現代的時空觀和歷史觀奠定了理論基礎。後現代主義者進一步將結構主義、後結構主義和解構主義的時空觀同「不確定性」和「多元性」結合起來，完成了後結構主義對於傳統歷史觀的澈底批判。

　　後現代的哲學家利奧塔指出：任何想要確定現代和後現代以及其他歷史分期的努力，都是注定要失敗的。在他看來，一切傳統文化都是以論述者所處的那個時代作為「現在」的基點，並把這個「現在」作為其歷史分期和各種分類的正當化標準。既然這樣，那麼一切關於後現代的論述實際上只是一種象徵性的論述模式，絲毫同歷史性的時間先後順序毫無關係。其實，關於這一點，古希臘思想家亞里斯多德也充分地意識到了。他在《物理學》（Physics）第四卷明確地指出：如果不把事件的流程從一個「現在」作為基準加以排列，就無法區分已經發生的那些事情和以後將要發生的事情。但是，被判為基準的「現在」始終都是同某個主體所處的時代，同某個主體承認的意識形態體系密切相關聯的。所以，利奧塔指出，後現代所標明的那個「後」，只是相對於他所要批判的「前」。「前」是什麼？對於後現代來說，「前」就是現代性。然而，在利奧塔看來，作為「前」的現代性，也曾經是作為「後」，出現在中世紀的歷史事件之後。後現代主義者所感興趣的，不是作為整體的「後現代主義」，而是在這個「後現代主義」中的

那個「後」。在什麼之「後」並不重要。重要的是要永遠成爲「之後」。這個「之後」，不是通常意義上所說的那種「在某種事物之後」，也就是說，「落後」於某事物；而是以「後」達到超越某事物。因此，後現代所說的「後」，是要永遠保持對於現有事物和現有秩序的超越態度；換句話說，永遠「後」的後現代主義，就是永遠在一切現有事物之「前」（Lyotard, J. –F., 1988b: 26）。這樣一來，後現代主義以其「後」的優越地位，永遠居「前」。「超越」現代主義的一切規範。

後現代主義者反對傳統歷史觀和各種歷史主義，但他們卻很關心人類歷史，並對歷史重新進行研究和探討，對歷史進行「解構」和再評估。

如果要從歷史的角度說明後現代主義的話，唯一可以明確的，只是它同現代資本主義的關係，也就是同「現代性」的關係。它是由現代資本主義內部孕育和產生的，它位階於被稱爲「現代」的資本主義的歷史時代之後。但是，另一方面，它同「現代」資本主義的關係，又不能以它們之間在歷史上的精確時間界限來劃分。

實際上，即使是從歷史角度去考察「後現代」同「現代」的相互關係，也不能像傳統歷史主義那樣，單純從歷史發展的時間順序，也就是單純從歷史時間連續性和先後關係進行考察。因此，作爲一個歷史範疇，在考察後現代同現代的相互關係時，也必須超出時間維度，從更多的方面和因素去探討。

但是，不管怎樣，作爲一個歷史範疇，「後現代」所表現的是一種同「現代」相關的歷史現象。而考察「後現代」同「現代」的相互關係，就不能回避從歷史時間的維度去考察。

把「後現代」同「現代」的相互關係，納入到歷史時間的結構中去，便可以發現「後現代」同「現代」之間，在時間結構上的複雜關係。這種複雜關係，既然超出傳統歷史觀的原則之外，就表現爲「先後持續」、「斷裂性的間距」及「相互重疊和相互交錯」的三重關係結構。這種結構，也表示「現代」同「後現代」之間，在時間界限方面存在著某種既確定、又不確定的相互關係。

上述三重結構表明：時間結構並非是單向連續的；而是單向、逆向、多向的重疊。

自從後現代主義這個思潮出現以後，關於「現代」同「後現代」之間的時間界限存有多種論述方式。一種比較普遍的論述方式，就是簡單地認爲「後現代」必定是在「現代之後」；而且認爲，在現代之後的「後現代」，可以以某一個確定的年代或時期作爲分水嶺和分界線。當然，即使是這種比較普遍的簡單論述方式，也有多種分期法。在這種論述方式中，比較普遍的是以第二次世界大戰以

後，特別是以五、六〇年代作爲歷史分界線。當然，也有的是以十九世紀七〇年代作爲分界線，把1870年以前稱爲「現代」，而把1870年以後稱爲「後現代」。佐默爾維爾（D. C. Sommervell）在將英國歷史學家托因比（Arnold Toynbee, 1889-1975）的十二卷本歷史巨著《歷史研究》（*A Study of History*）改寫成簡縮本時指出：「後現代」指的是西方文化的當代階段（Sommervell, D. C., 1947: 39）。就此意義而言，「後現代」的界標年是1875年，因爲這一年被認爲是西方國家從民族國家的觀念過渡到全球互動的政策的轉捩點。

還有個別的論述，則把二十世紀初自第一次世界大戰期間作爲「現代」和「後現代」的分界線；或者是把二十世紀三〇年代作爲「現代」和「後現代」的分界線。

任何歷史範疇，都不是抽象的，也不是毫無具體內容的。這就是說，作爲歷史範疇，總是要包含特定歷史時期內所發生的主要歷史事件。但是，任何歷史事件，又可以按照其事件的性質和過程，加以分類。從這個角度來說，作爲歷史範疇的「後現代」，也可以按歷史事件的不同系列和不同性質，確定其歷史分界線。在這種情況下，作爲一個歷史範疇的後現代，可以按其歷史事件內容所屬的系列，而具體確定其開創和產生的歷史時期。例如，按歷史事件的性質和系列，可以按建築學、文學、藝術和其他各種不同類型的系列，確定「後現代」的上限開創的明確年代。

伯曼（M. Berman）傾向於以某個歷史階段內所發生的重大歷史事件，以及生活在該歷史階段內人們的基本精神面貌的特徵，來劃分不同的歷史時代。談到現代和後現代歷史時代的特徵時，伯曼說：「標誌著現代性時代特徵的是『確定性』（certainty）和『進步』（progress）。而現代主義者的基本態度是慶賀存在於歷史、藝術、科學和政治以及人類成果中的那些潛在力（potentiality）。然而，現代主義者同時又發現近代化的過程背叛了它對於人類的承諾。因此，現代主義者求更深刻和更極端的革新。也就是說，現代的男人和女人必須同時成爲現代化過程的主體和客體；他們必須學會去改變那個改變了他們的世界，同時也創造他們自己」（Berman, M., 1993: 33）。顯然，在伯曼看來，現代主義者的態度就是背棄承諾和慶賀同時存在的含糊態度。也正因爲這樣，那些研究現代社會的經典社會學家，齊默爾（Georg Simmel, 1858-1918）和韋伯（Max Weber, 1864-1920）等人以相對悲觀的態度去揭露社會關係的理性化過程，而馬克思和涂爾幹則以相對樂觀的態度看待未來。韋伯比較多地看到現代社會通過工具化理性的發展而不斷加強被控制的過程；在他的論述中，呈現出理性化命定工具化的論述。與他相反，馬克思更多地看到資本主義的理性工具化過程導致社會革命和變革

的可能性。在古典社會學家的影響下，美國實用主義社會學家米爾斯（Charles Wright Mills, 1916-1962）認為「現代」（the Modern Age）是由人類社會發展的「第四時代」所取代，而這第四時代就是後現代：「確實，一個時代的結束和另一個時代的開始就是一種定義。但是，正如一切社會事件一樣，定義是具有歷史特殊意義的。而現在，我們關於社會和關於我們自己的定義，是通過一系列新的事實來確定的。……我的意思是指：當我們力圖控制我們自己朝向某一個特定方向時，我們就發現我們過去一切期待和想像都是同歷史相關聯」（Mills, Ch. W., 1970[1959]: 184）。米爾斯在這裡所強調的基本觀念是從啟蒙運動以來流傳於西方社會科學家中，有關理性和個人自由的觀念（Ibid.: 186）。而他所說的社會和人的改變，主要是指有關人類本性和我們的反應能力的界線的問題。米爾斯所總結的現代化過程中所貫穿的矛盾性，就是近代化過程的兩大主要因素，專門化（specialization）和理性化（rationalization）的相互關係。正如涂爾幹所指出的，近代社會的專門化導致社會勞動分工的複雜化，以便達到社會連帶的目的；而這種專門化和勞動分工又要求社會整合的一種新形式。社會在整個過程中還不是某種自律的主體，而只是起著超越的角色和功能。因此，在那個時期，權威和自由並不是相互對立的。

同樣的道理，在確定現代歷史階段的特徵時，哈伯瑪斯也很重視現代社會進化的過程及其特徵。在哈伯瑪斯看來，現代社會的進化過程依賴於貫穿生活世界的一系列規範基礎。然而，現代社會的發展卻加強了作為仲介力量的權力和金錢對於社會進化的干預，而權力和金錢本來是在生活世界中缺乏基礎的。哈伯瑪斯把現代性的這些特徵同啟蒙運動以來的社會文化發展聯繫在一起加以考察，終於得出「現代性所承諾的任務尚未完結」的結論。

同古典社會學以及像哈伯瑪斯那樣的社會學家一樣，後現代思想家也主張以現代和後現代不同歷史時代的社會特徵以及人們對社會和對自己的基本態度，作為劃分「現代」和「後現代」的基本標準（Lyotard, J. –F., 1979; 1988b）。

但是，這樣一來，由於社會學家、歷史學家和其他研究社會文化的思想家對於現代社會和後現代社會的社會文化特徵有不同的看法，他們對「現代」和「後現代」兩個歷史時代的區分標準也就不可能一致（Ashenden, S. / Owen, D., 1999）。

其實，「現代」同「後現代」之間的時間界限的不確定性，從一般歷史發展的角度來看，首先來自「現代」的不確定性。許多歷史學家和社會學家，圍繞著「現代」和「現代性」的準確內容，發表了不同的意見（Giddens, A., 1971; 1990; 1991; Pierson, Ch., 1998）。因此，有必要先從「現代」的時間上限和下限的不確

定性談起。

　　一般地說，「現代」（modern）指的是工業革命成功後的資本主義社會歷史階段。它是相對於西方中世紀歷史時代而言。在這個意義上說，「現代」幾乎等同於「工業資本主義」階段；而大多數學者往往同意，這是指1830年以後的時代。因為只有在經歷1830年前後的工業革命之後，由尼德蘭、英國和法國資產階級革命所開創的資本主義社會才真正地實現了工業化，並在確立工業化和完成資本主義經濟基礎的穩固發展之後，資本主義才真正進入典型的和穩定的資本主義時代。

　　但是，也有一些史學家把現代史的開端上溯到十七世紀，把尼德蘭和英國的資產階級革命當作現代史的開端。與此相平行，也有的人以近代思想在十六世紀末和十七世紀初的萌芽作為近代史的起點（Braudel, F., 1949; 1951; 1979; 1985; 1986; 1990[1969]）。照此說法，近代史起於文藝復興時代末和宗教改革時期，起於笛卡兒和培根的時代。馬克思主義歷史學家則把上述從笛卡兒以來到十九世紀末為止的資本主義社會稱為「近代史時期」，而把「現代」等同於「帝國主義階段的資本主義」，主要指十九世紀末、二十世紀初以後的資本主義；或者，也指第一次世界大戰和俄國十月社會主義革命後的資本主義。列寧在其《帝國主義論》一書中曾為此明確地說，帝國主義是資本主義的最後階段。在帝國主義階段的資本主義國家中所發生的無產階級社會主義革命開闢世界現代史的新一頁。

　　顯然，作為一個歷史範疇，「後現代」的界定，不僅關係到「後現代」同「現代」的關係，而且，也關係到「後現代」同「近代」（the Modern Time; le Temps moderne; die moderne Zeit）的關係。但是，實際上，對於後現代主義來說，關於近代與現代的上述歷史界限，並不要求過分精確地加以界定。對於多數的後現代主義思想家來說，他們所關心的是整個資本主義階段的社會和文化所表現出來的「現代性」。所以，後現代主義者所說的現代性，一般就是指從笛卡兒以降的資本主義精神和文化。

　　作為一個歷史階段，資本主義社會只是到了二十世紀以後才發生根本性的總危機。所謂總危機，指的是資本主義社會中政治、經濟、文化和社會生活各個方面危機的總和。這個總危機最重要的標誌，就是第一次世界大戰末期發生在俄國的十月社會主義革命和1933年希特勒法西斯政權在德國的執政。在這一時期內，資本主義文化體系中出現了「達達主義」、「現代派」、「新藝術派」、「納比派」、「野獸派」、「後期印象派」、「分離派」和「超現實主義」等文學藝術派別。

　　由於資本主義上述總危機，也由於資本主義社會內部政治、經濟、文化和社

會生活各領域內各主要關係所發生的根本變化，使資本主義社會從第二次世界大戰以後進入了新的歷史階段。對於這個新的歷史階段的資本主義社會，人們從各個觀點和各個角度給予了不同的名稱：「後資本主義」、「晚期資本主義」、「後工業社會」、「消費社會」、「休閒社會」和「福利社會」等等。「後現代社會」就是與這些不同的名稱同時出現、用來指稱第二次世界大戰後，特別是二十世紀六〇年代後的西方當代社會。後現代論的主義理論家詹明信曾經把後現代主義同經典資本主義的第三發展階段相聯繫，並且，詹明信還把這一階段的資本主義的政治特徵確定為「新保守主義」（Jameson, F., 1991: 405）。

所以，一般地說，作為歷史範疇的「後現代」，它同「現代」的時間分界是在二十世紀的六〇年代。後現代主義的幾位主要思想家，如提出「後工業社會」的貝爾和阿蘭・杜連以及系統論述後現代條件的利奧塔，都主張以六〇年代作為後現代歷史階段的起點（Lyotard, J. –F., 1979: 11）。

二十世紀六〇年代，是西方歷史，經歷了第一次和第二次世界大戰的激烈動盪之後，經歷了二十世紀半個多世紀在政治、經濟和文化的激烈變革之後，走向新的全面改革的時代的分水嶺。在這個意義上說，六〇年代一方面表示西方政治經濟和文化發展的頂峰時期，另一方面又是其深重危機面臨總爆發的關鍵年代。在六〇年代所發生的席捲歐美各國的學生運動、社會風潮和越南戰爭危機，表明這種歷史轉折的不可避免性。當然，西方歷史從現代到後現代的過渡，如前所述，一方面是不確定的，充滿著相互重疊的含糊歷史因素；另一方面，又是一個可以上溯到上世紀七、八〇年代的漫長過渡時期。因此，上述二十世紀六〇年代，只能作為從「現代」到「後現代」過渡的一個象徵性的時代標誌。

綜合以上各方面的問題和論述，作為一個歷史範疇，「後現代」的界定，迄今為止，史學界和整個學術界仍然未有定論。有相當多的學者，並不接受這個概念。他們認為：現代（Modern），作為一個時代，迄今仍未結束。更何況「後現代」本身的歷史意涵仍很模糊。有一部分學者認為：後現代，作為一個歷史範疇，並非如傳統史學所稱的「歷史階段」那樣；它的含義，與其說具有明確而實證的歷史意義，不如說更多地包含象徵的意義。正如哈桑所指出的，後現代主義者所強調的「歷史的改變」本身就是不斷地在變化著（Hassan, I., 1987: 26）。作為區分「後現代」同「現代」的歷史界線的「改變」本身，既然永遠都在變，也就不可能固定在一個確定的時間上。後現代主義者本身就持有此一觀點。所以他們倒寧願始終保持其不確定而含糊的內容。

因此，作為一個歷史範疇，「後現代」這個概念，毋寧是一種象徵性的假設或預設，它只是為探討自二十世紀六〇年代迄今的西方社會性質、結構及其轉變

的假設性概念，其內容及含義，甚至其正當性，仍待討論和進一步確定。

作為一個社會範疇的「後現代」，主要是從社會制度、社會組織、國家體制、經濟生活基本模式、公共領域、私人領域、社會結構、行動者的行動模式以及人與人之間基本互動關係等方面，從社會理論和社會學的基本觀點和方法，觀察和概括後現代社會的基本特徵。

由於資訊和科學技術膨脹氾濫，隱含於資訊和科學技術的空前未有的自我增生和自我更新的力量，使社會永遠處於不穩定的變動之中。構成社會穩定的原有基本因素，諸如1.社會經濟和政治結構中維持基本組成網絡的各傳統階層和階級力量對比關係；2.以傳統道德理念為基礎的人際關係的基本原則；3.協調社會運作的傳統文化觀念；所有這一切，都受到猛烈衝擊，甚至再也不存在了。與此同時，由資訊和科學技術膨脹氾濫所造成的新興力量和新興因素不斷地湧現；其勢不但迅猛異常，而且簡直不可預測，遭致出現越來越多的風險（Jervis, R., 1999; Lupton, D., 1999; Beck, U., 1986; Bauman, Z., 1992; Buranen, L. / Roy, A. M., 1999）。

由此可見，被不同派別的後現代思想家所共同重視的**後現代社會的基本特徵**，首先是從它同現代社會的區別性出發的。這就是說，要把握後現代社會的特徵，必須首先將它同現代社會的基本特徵區分開來。

現代社會的基本特徵是什麼呢？從十九世紀中葉和下半葉以來，不論是創立和奠定現代社會學基礎的古典社會學家馬克思、涂爾幹和韋伯等人，還是在二十世紀對現代社會學理論的發展做出重大貢獻的帕森斯（Talcott Parsons, 1902-1979）和米德（George Herbert Mead, 1863-1931）等人，都曾經先後對被稱為資本主義的現代社會的基本特徵進行了分析和概括。由於他們的觀點和結論並不一致，為了簡便起見，我們以馬克思、涂爾幹、韋伯、帕森斯和米德五大社會學家的基本觀點進行比較，並在比較的基礎上概括現代社會的基本特徵。

馬克思是從現代社會的生產力和生產關係的資本主義性質，分析現代社會的基本特徵。在他看來，以資本家私人占有制為基礎的生產關係，基本上是同以大規模機械工業為動力的生產力相適應的，而在這種資本主義生產關係和生產力所構成的經濟基礎上建立起來的整個資本主義上層建築，也是基本上符合現代社會的發展要求的。他在《資本論》一書中所描述和分析的資本主義商品生產及消費過程，生動地體現了現代資本主義社會在政治、經濟和文化領域中所貫徹的資本主義基本精神原則。

涂爾幹在觀察現代社會的基本特徵時，更集中考慮個人和社會整體的相互關係方面區別於傳統社會的歷史特徵。他認為，傳統社會是以機械連帶的模式解決

個人和社會整體的相互關係，而現代社會則是考慮到勞動分工的進一步發展以及個人自由的因素而採取有機連帶的模式。涂爾幹高度重視現代社會個人自由的發展的社會意義。他認為，現代社會中個人自由的發展不僅影響到整個社會結構和社會連帶的性質，而且也深深影響到指導個人間、個人與團體間、個人與社會整體間相互關係的基本道德精神原則。作為一位社會學家，涂爾幹肯定由於個人自由的發展而引起的現代社會在制度和組織方面的歷史性進步，肯定個人自由的發展對於合理協調由複雜分工所產生的各種新社會關係的積極價值，並在此基礎上對於個人自由所造成的現代社會象徵性價值體系和文化體系進行了深入的分析。與此同時，涂爾幹也深刻地分析了個人自由的發展對傳統宗教和道德所造成的衝擊，並深入分析了與此相關的社會脫序問題。

韋伯在分析現代資本主義社會的基本特徵時，強調了其合理化歷史過程的特點，集中分析了整個資本主義社會在社會制度、社會行動和文化生活各個領域所貫徹的合理化過程及其制度化成果。韋伯對於資本主義科層制度的分析，典型地揭示了現代社會在社會組織方面的基本特徵。韋伯對現代社會所進行的社會學分析的最大貢獻，就在於深入揭示現代社會中個人行動者進行合理行動的基本機制。在這裡，他區分了生活在現代社會中個人行動者的個人自由價值觀、行動動機和整個社會合理化要求的界限及其相互關係，從而通過社會行動的典範分析而突顯了現代社會的合理化和個人自由的特徵。

生活在高度發達的美國資本主義社會的帕森斯，比以上三位古典社會學家更全面地看到了現代社會制度法制化、專業化和合理化的成果，因而也試圖更系統地解決具有個人自由意志的行動者，在高度組織化的社會制度內進行社會行動的基本原則。他的研究成果在一定程度上顯示現代社會中個人同社會的相互關係的特徵，同時也表現了現代社會中個人和社會相互關係中的危機。同帕森斯生活在同一時代和同一國度中的米德，雖然也看到了個人和社會的相互關係中所存在的問題，但他更多地考慮到了個人心理發展和語言使用方面的特徵，試圖從個人心理發展和社會制度相協調以及行動者間在社會範圍內的語言使用方面，尋求解決個人和社會相互關係的基本問題。

如果我們從更一般的觀點來分析現代社會，那麼基本上可以說，由美國和法國大革命所開創現代社會基本上是「**市民社會**」（civil society）。**市民社會有兩個意涵**。廣義的**市民社會**是擺脫了舊制度的約束，形成一種以個人自由民主為基礎所組成的法制社會；這是現代資本主義社會的總稱。黑格爾在《精神現象學》以及馬克思在《黑格爾法哲學批判》，正是在這個意義上探討**市民社會**的（Hegel, G. W., 1929[1830]; Marx, K., 1843）。狹義的**市民社會**，是特指由市民或

公民所組成的非官方社會，某種純粹由民間力量，並以民間性、群體性和社團性的利益為目的的社會組織。這種狹義的**市民社會**，也可稱之為**民間社會**或**公民社會**。這樣的狹義的**市民社會**，只有在給予公民個人以充分自由民主權利的社會中才能形成、存在和發展。依據這樣的原則而建立起來的市民社會，既然是以個人自由和民主為基礎，在其中實行的各種社會制度和組織原則，都是依據承認人人具有平等基本人權的自然法和社會契約論。

因此，現代社會的基本特徵就是把社會看作是具有自由平等權的個人，依據其個人意願和基本利益而按照協商民主方式達到共識的途徑所建構起來的。對於這樣的現代社會，從啟蒙運動以來的各派思想家，都曾經根據他們的不同觀點進行分析和論述。哈伯瑪斯在《關於現代性的哲學論述》（*Der philosophische Diskurs der Moderne*, 1985）一書中認為：黑格爾可算作第一位最深刻論述現代性概念的哲學家（Habermas, J., 1985: 4）。按照黑格爾的觀點，現代社會具有兩個最明顯的特徵。第一個特徵是「主體性」概念的勝利，強調個人自由，強調每個人都可以自由地運用其批判的理性，自由地為其行動承擔責任，自由地觀察和分析社會和政治制度。第二個特徵是「國家和經濟這兩個秩序的分離」，也就是說，自由地依據各種法制而進行的商品交換所構成的資本主義經濟體系，擺脫了政治統治系統的約束，而通過交換價值和權力的仲介，這兩種在功能上相互補充的社會行動體系，即政治和經濟行動體系又在整個社會中相互區分地運作起來。

如前所述，作為一個社會範疇的「後現代」，主要是從社會制度、組織、國家體制、公共領域、私人領域、社會結構以及個人和團體之間、個人和社會共同體之間的相互關係等不同角度進行觀察和分析。在這方面，從二十世紀六〇年代之後，西方社會學界便出現了許多不同的社會理論家和社會學家，對於後現代的社會性質和社會制度以及在其中生活的個人和群體的特徵，進行了深入的分析（Bauman, Z., 1992; Baudrillard, J., 1981; Bourdieu, P., 1979; Bell , D., 1973; Touraine, A., 1997）。因此，從六〇年代之後，在西方社會理論和社會學界中，便出現了不同種類有關「後現代社會」的社會理論。

後現代社會理論本身就是一種很含糊不清的社會理論：一方面是它所分析的社會原本就是含糊和不確定的，另一方面，進行分析和論述的那些理論家又屬於多種類型的多種派別的思想觀點。

如果從後現代社會理論的論述特徵來看，可以看出，其特徵之一就是以「新」的反傳統觀點和「新」的論述策略去分析「新」社會現象（Owen, D., 1997）。儘管上述多種多樣後現代社會理論家分屬於不同的理論陣營，採用不同的概念體系和論述風格，但他們幾乎都承認社會理論和當代其他各種知識論述一

樣，是某種「語言遊戲」。因此，後現代社會理論的最基本特徵，又可以歸結為：對於當代西方「新」社會進行分析批判的語言遊戲。

　　從市民社會的基本觀點來觀察西方社會從「現代」到「後現代」的轉變，就可以更集中地圍繞個人和社會的相互關係這個主軸，以便將後現代社會的基本特徵進一步顯示出來（Gibbins, J. R., 1999）。

　　其實，市民社會的觀念已經有很長的歷史，而且，在當代的各種爭論中，也產生過許多不同的論述方式（Cohen, J. L. / Arato, A., 1992; Gellner, E., 1996; Hall, J. A., 1995）。在當代政治學界和社會學界中，各派思想家在探討現代社會和後現代社會的基本特徵時，之所以特別強調現代社會的「市民社會」性質，正是因為它是以自由民主和尊重個人基本人權為基本原則的現代社會的社會基礎，是與一種具有極權傾向的國家制度完全相反的，也就是同共產主義和法西斯主義完全對立。作為市民社會的現代社會，其優越之處及其生命力之所在，正是在於承認：在這種社會中，由完全自由的個人所組織和參與的各種多元團體與協會的存在之正當性。由多元的自由群體和協會所構成的社會網絡，正是對抗各種具有極權傾向的國家主義的強大社會力量；通過各種由個人所自由組織和參與的團體與協會，才有可能粉碎和抵制試圖把每一個公民和社會成員化約成由國家所控制的權力機器的一部分的專制傾向。所以，在目前的情況下，強調市民社會正是為了牽制國家權力的膨脹，重視公民的「自我」同社會之間相當大程度的相互依存性（Interdependence of self and society）（Twine, F., 1994），同時也是為了發展公民的各種權利，擴大民主制的社會基礎（Friedman, M., 1962; Nozick, R., 1974; Friedman, M. / Friedman, R., 1980; Gilder, G., 1982; Berger, P. / Berger, B., 1983; Murray, C., 1984; Mead, L., 1986; Berger, P., 1987; Butler, S. / Kondratis, A., 1987; Novak, M., 1987; Bell, D., 1976; Mishra, R., 1984; Levitas, R., 1986; Block, F., 1987; Jordan, B., 1987; 1989; Loney, M., 1987; Gamble, A., 1988; Flynn, N., 1989; Esping-Anderson, G., 1990; Handler, J. / Hasenfeld, Y., 1990; Andrews, G., 1991; Coote, A., 1992; Pierson, Ch., 1991; Vogel, U. / Moran, M., 1991; Plant, R., 1992; Roche, M., 1992）。

　　在十七至十八世紀的時候，正當現代社會處於剛剛形成的階段，由現代思想家所論述的市民社會，主要強調它的1.**個人主義性質**，2.**商業性和生產性**，3.**和平協商性**（Hume, D., 1994; Ferguson, A., 1995; Kant, I., 1991）。康德特別強調市民社會的個人主義性質，並明確指出：「一位公民所具備的最起碼的本性，就是他必須成為他自己的主人（he must be his own master），同時他必須握有某些財產（must have some property），以便支持和維護他自身」（Kant, I., 1991: 78）。

弗格森也說：「對於古代希臘或羅馬來說，個人什麼也不是，而公權力卻高於一切。對於現代來說，在歐洲如此眾多的民族中，個人高於一切，而公權力才什麼也不是」（Ferguson, A., 1995: 57）。

相對於古代社會，現代社會中的市民社會在處理個人間和團體間的各種爭論時，主張尊重每個人自由民主權力的容忍和競爭並行的制度，主張以和平協商及討論的方式而取代，並避免暴力介入（Machan, T. R., 1998）。卡爾·波普（Sir Karl Raimunel Popper, 1902-1994）指出：「對於民主，我並不把它理解為『人民統治』或『多數人統治』這樣一些含糊不清的東西，而是把它理解為一種無須使用暴力就能夠授予或罷免統治權的制度」（Popper, K. R., 1956: Vol. II. 151）。因此，把市民社會和民主制簡單地歸結為「主權在民」是非常模糊的，不但不能顯示市民社會和民主制的本質特徵，而且有可能將它同其他社會混淆起來。

同現代社會相比較，後現代社會的市民社會結構，並不是古典資本主義市民社會的簡單翻版，但又不是它的簡單繼續和發展。在後現代社會中，只是原有市民社會的基本精神，也就是盡可能高度發揮市民個人的自由創造精神和自由表達以及自由參與社會事務的特徵，發展到最大限度；也就是說，在後現代社會中，具有固定組織形式和職能的各種社會組織、管理機構和國家政權，都紛紛被否棄和被不斷批判，以便盡可能減少它們對於公民個人的約束。在這個意義上說，後現代社會具有某種無政府主義的性質。

由於後現代社會中個人自由和自律的無限膨脹，原來在古典資本主義社會中發展起來的市民社會和民間社會，作為一種個人對抗整體社會和國家政權的形式，不論在組織制度和活動形態方面，都表現出極端無政府主義的特徵。後現代社會中的市民社會和民間社會是個人自由的真正王國，是追求極端自由的後現代個人回避和對抗國家和社會約束的一種特殊領域。正是在社會和公權力無法顧及的領域中，高度自律的個人可以蔑視法制和道德規範的存在而任意行動。這種領域，以多種多樣的存在和活動形式，例如，採取夜間活動的酒吧和家庭聯歡會等形式，滲透於社會的各個角落。

正是在這個意義上，極端自由主義經濟學家諾奇克（Robert Nozick, 1938- ）在他的《無政府主義、國家和烏托邦》（*Anarchy, State and Utopia*, 1974）一書中，所論述的社會狀態及其自由競爭模式（Nozick, R., 1974），在一定程度上，表達了後現代主義者的後現代社會的理想境界。在這本書中，諾奇克一方面論證了「**最低限度國家**」（minimal state）的正當性及一切非「最低限度國家」的非正當性，另一方面，也論證了分配的正義（distributive justice）的基本原則。諾奇克的論述當然只是發揮了極端自由主義的理念，而且他所依據的基本原則和出

發點也是古典的洛克式的「自然權利論」，但是，由於諾奇克所追求的極端自由主義包含著後現代主義者「不確定性」概念的基本因素，所以，在這個意義上說，不但極端自由主義同後現代主義的自由理念具有許多共同之處，而且，作爲古典自由主義理論基礎的自然權利論，也同樣包含了後現代主義對於人的自由理念的因素。儘管後現代主義者不斷地批判古典自由主義，尤其是批判作爲現代社會和現代國家建構基礎的自然權力論和社會契約論，但是，在這裡，我們又看到了後現代主義在追求絕對自由的不斷批判中，實際上又不斷地同它所批判的經典理論相遭遇，同時，他又在某種程度上返回經典理論的基本觀點，類似於重複經典理論的基本精神。爲了對這種反覆回溯經典理論的尷尬狀態進行辯解，後現代主義者可以用尼采的「永恆回歸」的口號加以說明，同樣也可以用遊戲理論中所強調的「自由來回運動」的原則來掩飾。這也說明，自然權利論作爲現代社會的理論基礎，由於肯定個人自然權利的不可替代性和不可化約性，由於肯定每個社會成員都具有社會契約所必須保障的神聖不可侵犯的自然權利，同樣可以作爲後現代主義論述後現代社會的一個出發點。在這裡，再次看到：後現代社會儘管具有其自身的特徵，但這些特徵在許多方面又已經隱含於現代社會之中。

後現代社會無政府狀態的特徵，當然從另一方面否定了國家機器和統一政權的必要性。這一基本特徵，又同後現代主義者反中心、反大一統和主張多中心、邊陲化以及不斷區分的基本原則相一致。絕大多數後現代社會理論家都批判國家政權的正當性，都主張以高度自由和多元性的社會共同體取代現代社會中由高度組織化的國家機器所控制的現代市民社會。也正因爲這樣，後現代主義所主張的無政府狀態，又是他們批判現代市民社會基本模式的結果。

資本主義的社會制度和資本主義的社會中的個人，一方面實現了空前的自律，另一方面又因社會的高度分化和發展而受到相互制約（Infantino, L., 1998）。歷史的發展已經證明：社會整體同個人的關係，在不同的社會歷史階段，表現出不同的形態。因此，社會整體同個人的關係，其表現形式以及社會整體同個人本身究竟自由到何等程度，可以標示該社會及其文化的發展水準。越是簡單的社會，社會整體和個人二者越是不自由，但二者之間卻越相互依賴。反之，越是發展的、越複雜的社會，社會和個人兩者越是自由，兩者相互制約。

但是，個人自由越發展，越加劇個人間的競爭，越導致社會中貧富間的分化，使越來越多的競爭失敗者被排除到社會的邊緣，甚至使社會不知不覺地演變成一個「排除的社會」（The Exclusive Society）（Young, J., 1999）。

資本主義社會中，個人與社會之間的上述新關係，爲資本主義文化的發展提供了無窮無盡的創造動力，同時也加強了社會整體對於個人的限制。在這種情況

下，資本主義現代文化才面臨著「後現代」的挑戰（Bertens, H., 1995; Scott, A., 1990; White, S. K., 1991）。

簡單地說，後現代理論家對於現代社會所提出的挑戰，主要表現爲以下四大方面：

第一，對於一切有關現代社會的「大敘述」論述體系提出根本性的質疑，並對這些長期被認爲有利於現代社會的傳統意識形態的正當性進行批判。「大敘述」論述體系所論證的有關「善的社會」的理想，以及它們所設計出來的達到這些理想的種種方案和程序，統統被否棄。各種大敘述論述體系總是千方百計論證：存在著某種達到現代社會理想境界的普遍指導原則。但後現代思想家否認這些基本指導原則的必要性及其正當性，並以實際過程證實：這些基本指導原則不過是用來排斥和否定各種不同意見，甚至有可能導致以這些原則爲基礎所建立的各種專制主義。

第二，後現代思想家否認任何單一政黨或是社會運動的普遍代表性。現代社會中各種政黨和社會運動，總是標榜它們可以代表社會大多數人的意見和利益，甚至標榜它們自己可以引導社會走向理想的「善的社會」。後現代思想家們認爲，多元主義和歧義性才是當代社會的基本特徵，而任何試圖將多元和歧義統一到一個統治中心，或統一到單一的社會秩序中的努力，都是要失敗的。

第三，後現代思想家主張鼓勵各種各樣新的社會運動，並盡可能保持和發展這些社會運動的多元性、分裂性、競爭性、零碎性、變化性和不確定性。在他們看來，後現代社會是以斷裂和各種無中心的碎片所組成的結構。後現代思想家反對經典的現代社會中遺留下來的各種以官僚形式所組成的政黨。他們所追求的是不斷分裂和不斷產生的新社會運動，並期望這些多元與不斷變化的新社會運動進一步促進社會的多元化和變動性。

第四，對現代社會的科技知識的資訊化進行澈底的揭露和批判。後現代思想家們認爲：科技及其資訊化使當代社會的性質和結構發生了根本的變化。當代社會的變動性、不確定性及其不可預測性，正是源於當代科技的強大創造力量和控制力量。

後現代主義在批判現代社會意識形態的時候，尤其批判它們所標榜的「批判」、「觀點」和「代表性」。一般說來，現代社會意識形態總是強調它們所具有的「批判精神」、「客觀的觀點」和「普遍代表性」。後現代主義者不相信任何具有客觀和普遍精神的理性，也不承認具有標準化和規範化的語言論述的正當性，更不相信會有任何一個社會團體或階層，可以成爲歷史發展的「主要動力」或「社會普遍利益」的代表者。在後現代思想家看來，任何大敘述體系，都是作

爲社會部分階層或團體的意識形態，它們所宣稱的客觀性都是虛假的。即使靠所謂客觀的理性和規範化的語言論述所表達出來的各種觀點和政策，也缺乏其正當性。

後現代思想家利奧塔認爲：整個社會其實是靠掌握不同財富和文化資本的個人或集團之間的語言遊戲而構成。語言遊戲將相互分裂或對立的各個成員或派別連結成一個虛假的社會整體。因此，在語言遊戲中的各個成員都沒有資格聲稱自己是代表全社會說話或進行論述。他說：「所謂社會主體本身也在語言遊戲的這種散播中不斷解體。社會連帶是語言性的，但它不是靠單一的線而連結織成。它是靠遵循不同規則的語言遊戲中至少兩個成員之間的相互交錯而形成的交織物」（Lyotard, J. –F., 1979: 32）。

後現代思想家利奧塔在說明這個社會的性質時，強調指出：現階段資本主義的經濟發展，在各種技術劇烈演變的支持下，是同國家功能的根本轉變相輔相成的。在這種情況下，對於經濟和整個社會的協調和再生產的功能，越來越集中在行政管理技術人員和各種自動化機械設備（automates）。整個社會的各重大事件和重大決策過程，都越來越依賴對資訊的掌握，而各種資訊的掌握和處理又越來越集中在各種類型的專家集團中。所以，現代社會中的領導階層同時又是決策階層。他們不再是單靠傳統政治集團來構成，而是靠各企業主、高級公務員、各專業機構的領導層級以及工會、政治和宗教團體的高級幹部。每個人都回到其自身，但每個人都知道這種自身本身又是很微弱的。自身是微弱的，但不是被完全隔離，而是被納入到一個前所未有的高度複雜和高度運動著的關係網中；每個自身都被放置在複雜的溝通網絡的各個扭結中（Lyotard, J, -F., 1979: 29-31）。

在這種情況下，雖然不能說整個社會問題都可歸結爲「語言遊戲」，但是，語言遊戲至少是後現代社會的存在及其運作的一個最低限度條件，它構成後現代社會各種社會關係的基礎。在這個社會中，任何一個人，哪怕在他出生以前，就已經依據早已進行的語言遊戲規則，而被放置在特定的社會人際關係中；而且，由此出發，每個人也在現實生活中，依據語言遊戲的原則和實際進行過程，從一種社會關係轉移到另一種新的社會關係中。總之，「社會連結的問題，作爲問題，是語言的一種遊戲，也是不斷地發問、不斷地提問題和語言指涉的問題；而這些問題，實際上就已經構成爲社會連結本身」（Ibid.: 32）。

爲此，爲了深入理解後現代社會的社會關係性質，不僅要依據溝通理論，而且也要遵循遊戲的理論。整個社會就是靠語言溝通和語言論述的相互關聯與相互轉化的遊戲所構成和不斷再生產的。

現代社會中的語言遊戲之所以重要，是因爲只有語言遊戲才能充分表現社

會自由的本質，才能顯示被投入到社會關係網中每個公民的高度自由。不僅如此，語言遊戲還進一步顯示遊戲本身的多樣性和多元性及其相互之間的不可化約性。語言遊戲的這個特點，集中顯示其本身的多質性，也就是它的不可統一性和不可同一性。語言遊戲的這個特點正是對抗傳統社會尋求統一性和同一性的最大力量。語言遊戲的多質性，不僅表現在語言遊戲本身所呈現的形式方面，而且也表現在投入到語言遊戲的任何一個個人的高度獨立性、特殊性和不可取代性。所以，後現代社會的各種語言遊戲，不但不會導致傳統社會的統一性和有利於統治階級進行控制的那種共識，而且有利於促進和推動社會中各個成員的特殊性，有利於社會多元化的發展。

同利奧塔相類似，阿蘭・杜連也認爲後現代社會是一種「電腦程式化的社會」（la société informatisée）、「後工業社會」和「全球化的社會」（Touraine, A., 1997: 13-17）。

由此看來，後現代思想家對於當代社會的各種論述，主要是強調後現代社會的語言論述結構的特殊性、由各種語言論述所組成的知識的中心地位以及靠語言遊戲所進行的各種社會正當化程式。同現代社會的市民社會結構相比較，後現代社會並不是澈底破壞原有的市民社會，而是將其改造成爲既沒有統治中心，又沒有穩定秩序的多元化和變動性的社會。這樣的後現代社會必須靠對於語言遊戲的分析和解剖才能揭示清楚。所以，關於後現代社會的各種特徵都進一步同語言遊戲和語言論述的新特徵相聯繫。這就是爲什麼後現代社會具有「象徵性」、「遊戲性」、「自我生成性」、「正義／非正義界限的模糊化」、「裂變性」以及「不確定性」等特徵。

在當代的社會理論家中，對於後現代社會的上述各種特徵進行深入研究的，除了前述幾位思想家以外，還包括德國的魯曼（Nikles Luhmann, 1927-　）和英國的季登斯（Anthony Giddens, 1938-　）。後兩者當然不屬於後現代主義者，但他們對於當代社會的「反思性」、「全球性」、「象徵性」、「風險性」和「多變性」都進行了深入的分析（Giddens, A., 1991; 1994; Luhmann, N., 1982）。

後現代文化在表面看來，似乎完全同現代文化相對立，它所貫徹的是與現代性針鋒相對的「反文化」原則。但確切地說，「後現代」之所以產生於資本主義內部，主要是因爲資本主義的文化具有前所未有的自由創造精神（McGuigan, J., 1999）。

作爲一個文化範疇，後現代主義所表示的，是對現代文化和以往傳統文化的批判精神以及重建人類文化的新原則。以「後現代」思想的起源和基本內容而言，後現代主義，本來就是自現代文化誕生以來，發生於現代文化創作、欣賞和

實踐中的一種新生文化（Bonnell, V. E. / Hunt, L., 1999; Wheeler, W., 1999）。正因為這樣，「後現代性」一般是指由現代文化中所隱含，又為後現代思想家和藝術家所發揚的新批判精神和創造精神。

問題在於：後現代在文化上的批判精神和創造原則，從一開始出現，就面臨著高度發展和成熟的西方現代文化的挑戰。這也就是說，當後現代主義者高舉批判和創造的旗幟時，它所遭遇的，不是一般的普通文化，不是原始的、野蠻的、古代的和不發達的文化，而是從文藝復興以來，經歷啓蒙運動、浪漫主義和自由主義時代，不斷造就、不斷充實和不斷更新的現代資本主義文化。因此，後現代主義作為一種文化形態，它本身又兼有自我批判和批判他者的雙重實踐活動，正如詹明信所指出的，這是一種由群體間協力關係網的形式所構成的革命性創造活動。它不只是由具有專門知識的多學科專家，而且也由親身享用資本主義文化成果、對資本主義文化懷有矛盾心理的人民大眾所共同參與。不僅如此，而且，在實現全球化過程的歷史時刻，後現代主義所進行的自我批判和批判資本主義文化的活動，也自然要吸引西方文化以外的其他地區文化的協同批判。所以，作為文化形態的後現代主義，不論從其開始或在擴散過程中，都是一種世界範圍內的文化革命運動。

經歷兩千多年的曲折發展，到二十世紀末，西方文化已經達到很成熟的程度。這種成熟性主要表現在西方文化的不斷自我反思和自我批判。人類文化只有達到自我批判和自我否定的意識，也就是說只有不斷清醒地意識到其自身的不足之處，意識到其自身的虛無本質，才真正地把握了其自身生命的本質。生命之最高本質，就在於不斷地自我創造和自我超越；一旦自我否定和自我超越之能力喪失掉，生命就枯謝而終止。然而，沒有缺欠，沒有虛無，就不會自我超越和自我否定。自滿自足的所謂真理體系，一向成為傳統文化追求的目標。殊不知，一旦形成這種體系，一切精神活動和文化產品就僵化了，也就是等於自殺。西方文化在發展過程中，能夠自我跳出追求絕對真理體系的窠臼，是在現代文化發展到頂點之後，也就是在現代文化的優點和缺點同時暴露以後，才真正地實現。後現代主義的整個基調，就是對於西方傳統文化的不斷批判和摧毀，其批判的澈底性，直指完全顛覆西方傳統文化的基礎和核心。後現代的這種精神，常被人們誤解成消極的虛無主義。人們看不到後現代主義的澈底否定精神，不僅指向傳統文化，也指向後現代主義本身。正是這種自我否定的澈底精神，顯示了後現代主義追求真理的大無畏氣魄，也表現了其自身澈底跳出自身自我利益的最高原則。這一切，都可以在後現代藝術的旺盛生命力中顯示出來。無所畏懼和放棄自我，是後現代藝術創作生命的真正基礎。有了這種精神，它才有勇氣去探索一切可能性，

並且使這種探索不僅停留在理論上和言談上，而且也表現在冒險的實際行動中。

　　後現代主義的藝術無疑是現代資本主義社會發展及其文化影響的產物。它的成長和傳播，都是和現代資本主義社會及其文化的命運息息相關。但是，作爲一種藝術形式，作爲人的精神活動的積極產品，它又是獨立於社會的發展，以其自律的創造活動形式，成爲資本主義發展中的一種特殊精神力量，不僅在批判資本主義及其文化中起著積極作用，而且也爲資本主義社會及其文化的發展，開闢新的可能的前景。

　　作爲文化範疇的後現代主義，不但發生於嚴格意義的現代文化的創作領域中，而且也發生於專業文化領域之外的社會大眾文化運動之中。現代資本主義的產生和發展，雖然造成握有財富和權力的資產階級對於社會大眾個人的控制局面，但同時也在客觀上推動和促進了處於社會中下層的人民大眾，其個人自由的發展。在現代資本主義文化發展過程中，資產階級連同附屬於它的文化貴族集團，顯然從整體上控制和壟斷了文化的生產與再生產過程。其結果，一方面導致上層文化或所謂「高級文化」同中下層的「大眾文化」的分化和對立，另一方面卻爲大眾文化的獨立發展和創造提供了一定的空間。在人民大眾個人自由發展的基礎上，大眾文化就有可能在「高級文化」的生產和再生產的迴圈過程之外，進行一種具有相對獨立性的創造運動（Freccero, C., 1999）。所以，隨著現代性標準化和專業化的高級文化發展的同時，在社會中下層也逐漸興起和發展大眾文化的創造與發展過程。

　　在典型的資本主義國家——英國，上述同標準化和專業化文化相對抗的大眾文化，早從十六世紀就開始發展（Harris, T., 1995; Barry, J. / Brooks, C., 1995; Yeo, E. /Yeo, S., 1981）。如前所述，大眾文化發展過程，一方面是同現代性標準文化的發展相平行而又相對抗，另一方面又是中下層社會人民大眾追求個人自由的一種特殊文化產物。所以，從文化的性質來分析大眾文化是產生於人民大眾中的文化叛逆運動，也因此具有大眾批判高級文化的意涵。在這種情況下，大眾文化的性質從一開始就具有反標準文化的傾向，因而也具有一般性的「反文化」的傾向。顯然，爲了對抗和批判傳統標準文化，大眾文化勢必採取與傳統標準文化相對立的各種創作原則，以其顛倒文化原有定義的姿態而出現。也就是說，凡是被傳統標準文化規定爲創作規範的地方，大眾文化就要反其道而提出針鋒相對的原則。大眾文化就這樣以「反文化」的行事而在標準文化之外的廣大社會生活領域中生存下來並不斷發展。正因爲這樣，大眾文化也是最早實現「文化生活化」和「文化遊戲化」的領域。

　　作爲社會中下層人民大眾尋求個人自由的大眾文化領域，同時也就成爲他們

擺脫上層宰制的新天地，成為同國家和公權力機構爭奪自由權的民間社會的文化基礎。人民大眾利用大眾文化的工具和成果，一方面同傳統上層標準文化相抗爭和爭奪文化生產的控制權，另一方面又同國家和公權力爭奪越來越多的個人自由權。

大眾文化在現代性文化之旁和在資本主義現代社會之中的生存和發展，只有到了晚期資本主義階段，在資本主義生產力、科學技術和管理能力高度發達的時代，才有可能不斷地進行和實現其正當化的程式。大眾文化在正當化過程中，免不了促進一系列有關大眾文化反藝術和反文化創作原則的理論化過程。在這個意義上說，後現代主義的出現正是符合了大眾文化的正當化需求。

大約是在現代性文化與藝術發生創作和生產危機的二十世紀初時期，從所謂標準和專業文化的危機中脫胎而來的各種具有後現代傾向的文學藝術創作，不約而同地同在社會中下層迅速發展起來的大眾文化創作運動相遭遇，甚至相匯合（Strinati, D., 1995: 221-227）。

從此以後，大眾文化的創作和發展過程同後現代主義思潮的興起和醞釀過程息息相關。大眾文化的創作和實踐，為後現代主義各種反傳統原則和策略的確立提供了豐富的歷史經驗；同時，大眾文化的發展及其正當化的過程，也為六〇年代後的後現代主義的整個運動催生。

後現代主義在理論和策略上的創造，實際上為大眾文化的正當化鋪平了道路。

然而大眾文化的發展過程，又在客觀上為其批判的資本主義現代性的進一步氾濫推波助瀾。如果說在大眾文化興起的早期階段，大眾文化是作為資本主義標準專業文化的對立面而存在的話，那麼，在資本主義標準文化無法抑制大眾文化發展的今天，上層社會連同它的高級文化，就巧妙地利用大眾文化的發展成果及其無可抗拒的社會功能，將大眾文化納入符合上層統治集團利益的方向發展，使大眾文化的發展同受上層社會控制的商業化、技術化和全球化的進程相協調。大眾文化也在不知不覺的商業化、技術化和全球化的過程中，同整個社會的文化再生產活動相滲透，一方面形成後現代社會中高級文化和大眾文化之間區隔化界線的模糊，另一方面又為大眾文化本身的更新和自由創造吸取更多的文化養料。後現代主義作為大眾文化的一種意識形態，就是在這樣充滿矛盾和模糊的狀態中不斷地發展起來。

人類文化的發展本來就不是純自發和完全自然的。文化發展的任何階段，文化發展從舊形態到新形態的過渡和轉變，文化發展中內容和形式的不斷創新，都是要經歷人類精神的自我反思和對於外在事物的反思過程。不管是自我反思還

是對外在事物的反思，都不是直線的、單向的和一次完成的。人類精神在文化創造中的主體和中心地位，也不是一成不變的和穩定的。人類精神一方面總是積極主動地自我超越，同時也需要外在的他物對於它的反覆刺激和互動，才能產生和不斷發展其本身的創造能力。總的說來，文化的創造和發展在很大程度上，決定於生活在社會中的人類創造者本身的狀態和能力。社會給予人的創造自由提供更多的發揮條件，社會給予創造的個人的自由越多，文化創造的動力及其可能性就越強，而創造出來的文化也就包含著更多的個人創造自由的因素和成分。就個人自由的發展限度而言，資本主義社會是人類歷史中達到最高程度的階段。現代資本主義文化並不是西方傳統文化的自然繼續和發展，而是自笛卡兒、培根以來，經歷斯賓諾莎、霍布斯、洛克、萊布尼茲、康德、黑格爾和彌爾等思想大師的反思性創造而建構起來的。這些思想大師們，對於以往和同時代的所有文化成果，從不盲從和滿足，而是以自由創造的精神去不斷超越和批判。康德曾經給啓蒙運動下了這樣一個定義：「啓蒙運動是人走出由其自身造成的不成熟性。所謂不成熟性就是沒有別人的指示就沒有能力使用自己的理智。這種不成熟性之所以是自己造成的是因爲究其原因，並不是缺乏理智，而是沒有別人的指示就沒有決心和勇氣使用自己的理智。鼓起勇氣吧！勇敢地使用你自己的理智！這就是啓蒙運動的基本口號」（Kant, I., 1784. In Kant, I., 1977: 132）。

　　所以，近現代西方文化是高度成熟的人類文化。後現代的思想家們想要超越近代西方文化是非常困難的。後現代思想家的珍貴和偉大之處，就在於他們明知超越的困難性，卻仍然要以超越和批判近現代文化爲己任。

　　在資本主義社會中所產生和發展的近現代文化，本來已經表現出個人創造精神的高度自由。在這種情況下，尋求和超越原本已經具有高度自由的現代文化創造精神，對於後現代主義者來說，是一件非常困難並充滿悖論的冒險活動。

　　在冒險中創造，又在創造中冒險，這就是後現代文化創作的基本原則，也是後現代主義者尋求最大限度創作自由的基本方式。在人類實踐的漫長歷史過程中，人們已經在不斷創造和不斷擴大自由的行動中，找到把創造和冒險結合在一起的基本模式，這就是所謂「遊戲」。在這個意義上，**後現代主義者也把文化當作「實踐」本身**（culture as praxis）（Bauman, Z., 1998）。在人類總體的歷史發展過程中，不論是從最原始的人類祖先到近現代的社會階段，還是個人從兒童時代到成年的成長過程中，都不斷地通過社會和行動主體自身的反覆實踐，學會了在遊戲中進行創造和冒險，完成不斷的自我超越和對於他物的超越，不斷地擴大自由的限度和範圍。因此，遊戲原本是人類實踐的一種基本模式。後現代主義者在遊戲活動中，特別發了自由創造的基本精神，將原本屬於人類一般實踐基

本模式的遊戲，自覺地提升為超越和批判傳統文化以及創造新文化的最高活動。因此，後現代思想家超越近現代西方文化的最自由的途徑，一方面是在遊戲中不斷創造和冒險，另一方面又是對原有的文化抱著遊戲的態度，這就是所謂遊戲文化或「玩」文化。在這一點上，後現代的思想家們比以往任何時代的思想家更深刻地把握了文化的遊戲本質，也就是把握了文化的自由本質。

後現代文化是在現代文化的母體中孕育出來的；同時，後現代文化的基本原則也滲透著現代性文化的自由創造精神。為了深入了解後現代文化，有必要對孕育著後現代性的現代文化的基本精神進行深入分析。

在法國，現代主義的文化浪潮，是從詩人波特萊爾開始的。他是一位孤獨、抑鬱和多愁善感的天才詩人。從三○年代起就開始了其突破現代詩歌模式的自由創作。接著，在四○年代他連續發表向現代文學挑戰的文學評論《一八四五年的沙龍》（*Salon de 1845*）和《一八四六年的沙龍》（*Salon de 1846*）。波特萊爾同巴黎的青年才子們，把十七世紀以來被富豪和貴夫人所控制的文藝沙龍，從市中心的豪華府邸轉移到浪漫的塞納河畔和貧窮藝人聚集的蒙馬特高地（Montmartre）的咖啡店裡。他們以「嬉水者」、「黑貓」、「頹廢者」、「蓬頭垢面者」和「醉漢」等名義而自稱並建立文藝社團。他們藉此發洩出一種憤世嫉俗和玩世不恭的情緒，把文學藝術的創作當作人生娛樂的最好場所。他們第一次實現了將藝術遊戲化，並通過藝術的遊戲化而達到將生活遊戲化的目的，以便達到生活遊戲化中的絕對自由。

波特萊爾認為：「詩歌的最終目的，不是將人提高到庸俗的利害之上；如果是這樣的話，那顯然是荒謬的。我是說，如果詩人追求一種道德目的，他就減弱詩的力量。……詩不能等於科學與道德，否則詩就會衰退和死亡。詩不以真實為物件，它只是以自身為目的」。「詩歌不可能有它自身以外的其他目的，唯有那種單純為了寫詩的快樂而寫出來的詩，才會那樣偉大、那樣高貴、那樣真正地無愧於詩的名稱」。「正是由於詩歌，同時也通過詩歌；由於音樂，同時也通過音樂，靈魂會見了墳墓後面的光輝。一首美妙的詩可以使人熱淚盈眶，但這眼淚並非一種極度快樂的證據，而是表明一種發怒的憂鬱、一種精神的追求、一種在不完美之中流徙的天性，它想立即在天上獲得被展示出來的天堂」。「詩的本質，不過是、也僅僅是人類對一種最高的美的嚮往。這種本質就表現在熱情之中，表現在對靈魂的占有之中。這種熱情是完全獨立於情感的，是一種心靈的迷醉；它同時也完全獨立於真實，是理性的資料」（Baudelaire, C., 1976）。

波特萊爾作為現代派詩人的代表人物，是以他的作品《惡之花》（*Fleurs du mal*, 1855）而著稱的。這本書發表的時候，由於他公開和大膽地藐視道德和傳統

文化，因此被冠上了「淫穢」和「妨害公共道德」的罪名。波特萊爾在他的《惡之花》一書的獻詞中說：「這些詩歌是他病態的精神所開出的最美的花朵，是他最隱晦的心靈深處不加掩飾的呼聲」。在《惡之花》這本書中，有一首〈腐爛的屍體〉的詩，詩文如下：

愛人，想想我們曾經見過的東西，
在涼夏的美麗早晨。
在小路拐彎處，一具醜態的腐屍
在鋪石子的床上橫陳，
兩腿翹得很高，像個淫蕩的女子，
冒著熱騰騰的毒氣，
顯出隨隨便便、恬不知恥的樣子
敞開充滿惡臭的肚皮。
……

　　波特萊爾所開創的，就是文化的現代性。這種現代性，並不是上述從文藝復興和笛卡兒以來的近代資產階級文化的一般性代名詞，而是其中的內在矛盾發展到一定的尖銳程度，再也不可能繼續以同樣形態發展下去的一種結果。也正因為這樣，波特萊爾所開創的「現代性」，已經隱含了後來的「後現代主義」對於傳統西方文化的批判精神。也是在這個意義上，可以說，從波特萊爾開始的「現代性」是充滿著「現代性」和「後現代性」的過渡性文化。

　　在波特萊爾的帶動下，法國的一群文人，包括保羅・維爾連（Paul Verlaine, 1844-1896）、林波（Arthur Rimbaud, 1854-1891）、馬拉美（Stéphane Mallarmé, 1842-1898）、羅特列亞蒙（Comte de Lautreamont, 1846-1870）、莫雷亞（Jean Moréas, 1856-1910）、顧爾蒙（Remy de Gourmond, 1858-1915）、拉弗格（Jule Laforgue, 1860-1887）、巴雷斯（Maurice Barres, 1862-1963）、雷尼耶（Henre de Regnier, 1864-1936）、格羅代爾（Paul Claudel, 1868-1955）和瓦勒里（Paul Valéry, 1871-1945）等人，在將現代派文化推進到新的高峰的同時，也發展了「後現代」的精神。

　　與此同時，愛爾蘭詩人葉慈（William Butler Yeats, 1865-1939）、拉賽爾（George Russel, 1867-1935）、辛格（John Millington Syinge, 1871-1909）、西蒙斯（Arthur Symons, 1865-1945）、艾略特（Thomas Stearns Eliot, 1888-1965）、休姆（Thomas Ernest Hulme, 1883-1917）、弗林特（Frank Stuart Flint, 1885-

1960）、阿爾丁頓（Richard Aldington, 1892-1962），以及美國的史蒂文斯（Wallas Stevens, 1879-1955）、威廉士（William Carlos Williams, 1883-1963）、肯明斯（Edward Estlin Cummings, 1894-1962）、克萊恩（Hart Crane, 1899-1932）、杜利托斯（Hilda Doolittle, 1886-1961）、弗萊契（John Gould Fletcher, 1886-1950）、洛威爾（Amy Lowell, 1874-1925）、龐德（Ezra Pound, 1885-1973）、默爾（Marianne More, 1887-1972），還有德國的霍普特曼（Gerhart Hauptmann, 1862-1946）、格奧爾格（Stefan Georg, 1868-1933），奧地利的霍夫曼斯塔爾（Hugo von Hofmannsthal, 1874-1929）、里爾克（Rainer Maria Rilke, 1875-1926），與俄國的索洛古勃（Phedor Kouzimitz Sologoup, 1863-1927）、梅列日柯夫斯基（Dmitrie Sergeivitz Merezkowski, 1865-1941）、吉皮烏斯（Ginaida Nicolaiewa Gibbius, 1869-1945）、巴爾蒙特（Constantin Dmitrielitz Balemont, 1867-1942）、勃留索夫（Valery Yakolevitz Briousov, 1873-1924）、勃洛克（Alexander Alexandrovitz Block, 1880-1921）、葉賽寧（Sergei Alexandrovitz Esenin, 1895-1925）及日本的蒲原有明（1876-1952）和薄田泣菫（1877-1945）等人，將現代性的文學藝術創作園地經營得更加繁榮；「後現代性」也不知不覺地在其內部發展起來。在這一時期，文學中的現代性，可以稱爲現代性文化的典型代表。

現代性文化從一開始在十九世紀中葉產生，就遠遠超過文學的範圍。它首先在文學的最近鄰——藝術界蔓延開來。在藝術界的繪畫、版畫、造形藝術和音樂的各個領域，先後出現了一大批現代派的大師們。這就是前述法國的印象派、後印象派以及在歐洲各國的新藝術派、納比派和野獸派等等。

現代性文化甚至和十九世紀社會科學和人文科學的發展相互影響。

首先在哲學領域，德國的叔本華（Arthur Schopenhauer, 1788-1860）和尼采，把丹麥思想家齊克果在十九世紀三〇年代舉起的反理性主義的旗子舉得更高。尼采尤其成爲了現代派文化向傳統西方文化挑戰的最傑出的思想家。他對於傳統理性主義、阿波羅精神和基督教道德的澈底批判，爲現代派文化的發展，甚至後現代文化的產生開闢了道路。

在尼采的影響下，奧地利心理學家佛洛伊德所創立的潛意識理論和法國哲學家柏格森的生命哲學進一步在哲學上，爲從現代派到後現代派的過渡，做好了理論上的準備。

在哲學、社會科學和人文科學領域中，對於傳統文化的批判，實際上是同十九世紀三〇年代歐洲所完成的工業革命所推動的批判精神相聯結的。正因爲這樣，馬克思和他的學派從三〇年代末展開的對於近代資本主義制度及其文化的批判，也可以看做是現代派文化的一個組成部分。馬克思主義，作爲反資本主義的

意識形態，從它產生的第一天起，便嚴厲地批判了資本主義的文化。它對資本主義文化的批判，與同一時期剛剛興起的現代派對於資本主義文化的批判有異曲同工之妙。所以，馬克思的理論，有時也被某些理論家看做是現代派文化的一個組成部分；同時又因為馬克思的理論批判了資本主義的文化，使它兼有了後現代派批判現代派的某些精神，從而使馬克思的理論同時兼有現代派和後現代派文化的特點。當然，馬克思主義仍然屬於理性主義的派別，而且，它和傳統理論一樣，試圖建構一個體系化的意識形態理論。正因為這樣，馬克思主義，就其理論體系和基本概念而言，是屬於傳統文化中的現代派；就其批判和反思的原則而言，它又包含了後現代主義的創造性精神。

十九世紀下半葉到二十世紀初，整個西方社會科學和人文科學處在一個新的轉折時期。人們往往把這一時期的思想和理論建設，看作是現代文化的哲學和理論基礎的重建階段。在這一時期的西方社會科學和人文科學，出現了令人鼓舞的百家爭鳴、百花齊放的繁榮景象，也是一個推陳出新的革命時代。這就不僅成為了現代派文化自身不斷自我完善和自我充實的思想理論源泉，也隱含了從現代派向後現代派過渡的潛在精神動力。

綜觀從十九世紀三〇年代到二十世紀初的近百年西方文化發展史，可以隱約看到在現代文化創建發展過程中所包含的後現代文化的孕育過程。後現代主義雖然是對現代文化的澈底批判，但是，它又是在現代文化的發展脈絡中逐漸形成的一種革命精神力量。

「後現代」這個語詞和概念的出現以及被廣泛運用的過程，構成「後現代」概念系譜學的研究物件。「後現代」這個語詞和概念的出現以及被廣泛運用的過程，並不等同於「後現代性」本身的產生和發展史，但它至少表現了「後現代性」近一百年來在當代社會中的影響及其在理論界和學術界的研究狀況。

1870年英國畫家查普曼（John Watkins Chapman）在他舉行的個人畫展中，首先提出了「後現代」油畫的口號。查普曼用「後現代」表示超越當時的「前衛」畫派——法國的印象派——的一種批判和創造精神（Higgins, D., 1978: 7）。

「後現代」這個詞的第二次出現，在文化界是由德國作家魯道夫·潘維茲（Rudolf Pannwitz, 1881-1969）的著作《歐洲文化的危機》所提出來的（Rudolf Pannwitz, 1917: 67）。

到了二十世紀三〇年代，西班牙詩人費德利哥·德奧尼斯（Federico de Oniz）在《美洲西班牙語系西班牙詩人文集》（*Antologia de la Poesia Espanola e Hispanoamericana*, 1934）一書中，進一步明確地使用了「後現代」的概念來表示從1905到1914所出現的歐洲文化。他認為後現代主義是1896到1905的現代主義

文化（Modernismo）發展的結果，而從1914年到1932年的文化則屬於「超現代主義」（Ultramodernismo）；因此，「後現代」不過是介於現代主義和超現代主義之間的過渡性文化（Federico de Oniz, 1934: XVIII.）。1942年，當菲特（Dudley Fitts）出版《當代拉丁美洲詩歌資料集》的時候，他立即引用了德奧尼斯的「後現代」的概念。所以，哈桑加以評論說：「後現代主義是對於它在其中隱含的現代主義的一個小小反動」（Hassan, I., 1980. In Garvin, H. R., 1980: 117）。

利奧塔在談到後現代文化同現代文化的相互關係時，曾經指出：「後現代就是隱含在現代性的表現本身中那些不可表現（imprésentable）的部分；也是現代性中拒絕凝固成某種『好的形式』，並同樣拒絕成為符合某種口味的共識的那些成分。它之所以尋求新的表現，不是為了達到某種享受，而是為了更好地感受到其中包含的不可表現的成分」（Lyotard, J. –F., 1988b: 26）。

因此，後現代文化本來就隱含於、並伴隨著正處於創作和誕生時期的現代性作品中。但是，後現代性是在現代性的表現形式背後的「不可表現的東西」。在現代性文化中那些「引而不發」的因素，正是推動現代性文化誕生的力量，又是後現代性文化極力延續，並使之不凝固於表現形式的那些東西。這是一些含苞待放的創作花朵，又是不急於懸掛於固定形式的永生創作動力。它包含於現代性中，但又要超越和優先於現代性；它造成了現代性，但又要批判現代性，因為現代性一旦產生，便完全扭曲了導致現代性出生的那些活力。隨著現代性的發展，在現代性中所包含的後現代性創造精神也不斷膨脹，最後導致對整個現代性的體系的批判。

所以，後現代主義與其界定一個歷史階段的時代性範疇，不如說是社會文化範疇。

「後現代」作為一個文化範疇，嚴格地說，是從文學藝術和建築界開始出現的。後現代啟蒙者之一，法國著名作家喬治·巴岱深刻地指出：「建築是社會的靈魂的表現，正如人的體形是每個人的靈魂的表現一樣。特別是對於官方人士來說，上述比喻更是有效。實際上，只有官方權威人士所允許和禁止的那些社會心靈的理念，才在嚴格意義上表現在建築的構成部分中。因此，那些巨大的紀念碑就好像堤壩一樣矗立著，用來對抗一切與官方權威的邏輯和基本精神相對立的干擾因素。正是在大教堂和重要廣場上，教會或國家向公眾表態說話或沉默地向他們發布強制性規定」（Bataille, G., 1929: 171）。美國社會學家巴諾夫斯基（Erwin Panofsky, 1892-1968）和法國當代社會學家布迪厄也高度重視建築所隱含的社會意義。他們倆都深入研究了作為中世紀社會心態表現的哥德式建築（Panofsky, E., 1957; Bourdieu, P., 1967）。後現代建築學家和美學家彼得·艾森曼（Peter

Eisenman）也賦予建築深刻的社會文化意義。他認爲現代和後現代建築都肩負著進行社會文化改革的重要使命。他說：「建築面臨著一個困難的任務：就是將它所放置的事物進行移位」（Eisenman, P., 1988: 7）。這就是說，建築向人們在當時當地所呈現的構成形象，隱含著未來它將變動的可能方向。建築本身包含著革命的生命，因爲它是建築學家凝聚時代的精神和社會心態而建造出來的，同時，在建築中象徵化地表現出來的心態本身，也始終是充滿生命力，充滿著隨時變動的可能性。正因爲這樣，德希達說：「解構不是、也不應該僅僅是對於話語、哲學論述或概念以及與醫學的分析；它必須向制度、向社會和政治的結構、向最頑固的傳統挑戰。由此可見，既然不可能存在不隱含某種政治學的建築學論述，不可能存在不考慮經濟、技術、文化和其他因素所介入的建築學論斷，那麼，一種有效的或根本的解構，就必須通過建築來傳達和表現出來，必須通過建築師同政治權力、文化權力以及建築教學所進行的極其困難的交易來傳達。總之，所有哲學和所有西方形上學，都是銘刻在建築上的。這不僅僅指石頭的紀念碑，而且還指建築總體上所凝聚的那些有關社會的所有政治、宗教和文化的詮釋」（Derrida, J., 1987）。因此，德希達高度重視建築方面的各種解構冒險，並認爲：後現代建築師們所從事的建築結構解構活動，是在同我們生活中最頑固的文化、哲學和政治中的傳統進行較量的最富有意義的創造性工作（Ibid.）。

在西方的建築界，後現代建築的產生是同德國及瑞士的一批著名畫家和建築學家所組成的「包浩斯」（Bauhaus）學派密切相關聯的。「包浩斯」是由著名建築學家格洛畢烏斯（Walter Gropius, 1883-1969）創立於1919年的建築和運用藝術學派。這個學派先是在德國魏瑪（Weimar）建立研究和設計基地，後來於1925年至1932年遷至德國德紹市（Dessau）。包浩斯學派包括德國和瑞士畫家約翰斯・依登（Johannes Itten, 1888-1967）、費尼格爾（Lyonel Feininger, 1871-1956）、克利（Paul Klee, 1879-1940）、奧斯卡・斯連默（Oskar Schlemmer, 1888-1943）、康丁斯基（Wassily Kandinsky, 1866-1944）、約瑟夫・阿爾柏斯（Josef Albers, 1888-1976）和摩荷里那基（Laszlo Moholy-Nagy, 1895-1946）等人，還包括著名的瑞士建築學家漢斯・邁爾（Hannes Meyer, 1889-1954）、密斯・凡德羅（Ludwig Mies van der Rohe, 1886-1969）、布洛依爾（Marcel Breuer, 1902-1981）以及奧地利著名版畫家賀爾勃特・貝爾（Herbert Bayer, 1900-1985）等。包浩斯建築學派爲現代派建築奠定了基礎，也爲現代派建築過渡到後現代建築做好了充分的準備。

正是在包浩斯學派的影響下，建築學界不僅創造和推出一系列被稱爲「現代派」的建築設計產品，而且也醞釀著超出現代派的「後現代」建築風格。正如一

位建築美學家哈德那德（Joseph Hudnut）指出：在建築業，從二十世紀四〇年代起，就陸陸續續興起了後現代主義的設計思潮。他在1949年發表的《建築學與人的精神》（Hudnut, J., 1949）一書中，偶爾地使用「後現代的房屋」（The Post-Modern House）一詞，開啓了建築領域「後現代」的新時代。接著，一批又一批的建築學家試圖打破經典的現代建築藝術，創建和新建具有高度自由風格的後現代建築物。最早一批興起的後現代建築學家，是從現代派建築中脫胎而來的「十人建築集團」（Team Ten Architects），其中最有名的是建築學家艾爾多·范·義柯（Aldo van Eyck）。這個派別首先改革了傳統建築中的空間概念，以一種抽象的空間概念爲指導，設計出高濃度壓縮的層級空間高樓，被稱爲是後現代主義建築學中「批判的區域主義」的典範。正是由此出發，才產生了以博達（Mario Botta）爲代表的瑞士後現代主義的區域主義建築學派。由博達設計的瑞士弗萊堡國家銀行大廈就是這一派的傑作。

這股後現代建築的浪潮，從1960年代以後更加進一步發展。美國著名建築學家巴恩士（Edwards Larrabee Barnes）在1960年代初設計的海斯塔克山藝術工藝學校（Haystack Montain School of Arts and Crafts），成爲美國建築進入後現代階段的重要標誌。正如美國著名建築學家佐尼斯（Alexander Tzonis）等人所指出的：「巴恩士對他這幢建築物的說明所使用的關鍵概念是『連續性』。關於連續性，他首先把它描述爲整合到一個社區的個人同他那個社區之間的連續性，以此來與分裂成碎片的、暫態消逝的和經常飛逝而去的現代社會相對立。其次，連續性是指時間中的連續性，而這樣一來，每個建築都是一個過程的一部分，而不是一個世界本身，……最後，他又談到空間上的連續性，指的是在尺度、色彩和氣質方面不同，而分離的建築之間，通過其間的適當距離而顯示它們的間隔空間的重要性。……與此同時，由另一位建築師懷特塔克（Moore Lyndon Turnbull Whitaker）所設計的海邊農莊別墅（the Sea Ranch）也顯示出對於自然環境的關懷，並在設計中尊重建築物同自然環境之間的協調關係。所有這一切，顯示出建築設計對於社會互動和適應自然環境的關懷，而這些特點是五〇年代的建築所沒有的。這些特點也使後來的建築不論在形式上和在建築材料上都迥然不同」（Tzonis, A. / Lefaivre, L. / Diamond, R., 1995: 17）。巴恩士和懷特塔克等人所開創的上述建築風格，繼續發展了上述瑞士建築學家博達和義大利建築學家羅傑士（Ernesto Rogers）以及美國建築學家莫姆福特（Lewis Mumford）的「區域主義」建築學派的後現代建築風格。英國建築藝術評論家培夫史納（Nikolaus Pevsner）把後現代的建築比作「反先鋒」（Anti-Pioneers）。

但是，只有到了七〇年代，後現代建築才達到了它的新的高峰。後現代建築

的傑出代表，義大利的畢亞諾和英國的羅傑斯於1977年在巴黎市中心設計建造的「龐畢度國家藝術與文化中心」，就是後現代建築的新典範。它突出地顯示出後現代建築所追求的那種符合後現代人不斷變化的多元「**品味**」（taste）的「**風格**」（style）。「風格」成爲了後現代建築首屈一指的最重要特徵，是後現代建築在後現代社會和文化中顯現其特有文化生命和氣質的關鍵因素。從那以後，後現代的建築師們迅速地在西方各國設計和建造了成群的多種多樣的後現代大廈。在西方建築史上，1972年由世界各國電視網廣泛轉播的、發生於美國聖路易士市的舊建築群「普魯易特‧伊果」（Pruitt-Igoe）的爆破圖景，被看作是西方現代派建築死亡、後現代建築挺身而起的時間標誌。

　　現代和後現代建築的發展，從二十世紀初以來，經歷了四大階段，也表現出四種不同的風格：功能主義、折衷主義、現代主義和後現代主義。在最早的功能主義階段，各種建築基本上是一種經濟現象，推動著建築發明的動力是商業。在這個時期各種大型建築的投資者都是大銀行家，建築創作的靈感受到成本效力的約束。在這種情況下，建築成爲了工程的附屬品，而設計創造被壓制在最底層。整個的設計和創造原則都是功利主義的。例如，在十九世紀末、二十世紀初建造的芝加哥摩納特諾克建築物、共和國建築物等等，就是這時期的建築風格的典型表現。在第二時期的折衷主義階段，設計出一大批有特殊風格的摩天大樓，綜合了哥德式（Gothic）、古希臘神殿式（Mega-Greek temples）、新義大利康巴尼里派（Neo-Italian Campanili）、文藝復興巴拉其派（Renaissance Palazzi）以及中世紀各種城堡式的特色。這一時期的建築物中，有紐約的神殿大院摩天樓（temple court）、標準石油公司建築大樓（standard oil building）以及自由大樓（liberty tower）等等。現代派建築綜合了現代技術的各種成果，並以高度建築技巧創造出矗立於二十世紀大都會中的成群美觀大樓。現代派建築家在設計的過程中，充分考慮到從藝術到人類生活條件的各個領域的重大變革，同時又依據技術和文化發展的最新成果，設計出一系列在結構上高度符合美學原則、具有簡而美雙重特性的樓群。例如在二次大戰後，紐約市的列奧大廈、芝加哥的聯邦政府中心以及芝加哥的全國鋼鐵公司大廈等等，都表現了這一時期現代派建築的特點。後現代的建築把各種建築的技巧和風格推進到新的高度，以至於可以說它兼併了人類智慧發展的優點和缺點兩方面的因素，體現了人類創造自己文化的無限能力及其內在危機。例如，建造於1978年至1983年的紐約AT&T大廈、建造於美國路易士威爾的休馬納總公司（Humana Inc.）大樓以及建築於1981年的芝加哥西北的交通運輸中心大廈（Northwestern Terminal Building）等等。

　　與後現代建築同時發展的，是在文學藝術界，由美國作家易爾文‧豪厄（Ir-

ving Howe, 1920- ）發起的關於「後現代」的文學藝術評論的爭論浪潮。他在
〈大眾社會和後現代小說〉一文中指出：「現代的偉大文學作品，以葉慈、艾略
特、龐德和喬易斯的作品爲代表，是通過他們的偉大自由創造精神，爲後現代的
創作提供了思想方面的啓示」（Irving Howe, 1959: 420-436）。

　　在豪厄之後不久，美國作家哈里・列文（Harry Levin）發表了〈什麼是現
代主義〉（What was Modernism, 1966）一文，與豪厄就「後現代」同「現代文
學」的關係展開了爭論（Harry Levin, 1966[1960]: 271-295）。就這樣，在文學
評論界展開了一場關於後現代派文學的論戰。1969年美國作家費德勒（Leslie A.
Fiedler, 1917- ）發表著名論文〈穿越邊界——填滿縫隙〉。他在這篇文章中強
調：從1955年以來，現代文學陷入了垂死掙扎的階段，而後現代文學卻方興未艾
（Fiedler, L. A., 1969: 151; 230; 252-254）

　　實際上，文學藝術界的這場論戰，在歐洲的法國，由於存在主義文學和美學
的發展，早已經圍繞著「菁英文化」和「大眾文化」的關係而激烈地展開了。

　　從第二次世界大戰結束到五○年代中期，在存在主義思想家沙特、西蒙・
波娃和卡繆的影響下，法國文學出現了「荒誕派」和「新小說」以及「新批評
派」。他們都對現代主義文學藝術表示極大的不滿。他們認爲：現代主義雖然對
傳統古典文學進行了批判，但是並不澈底。現代主義的不澈底性就在於：第一，
沒有澈底破壞傳統文化的理性中心主義原則；第二，他們繼續延續傳統的語言表
達風格以及語言形式主義；第三，現代主義仍然不敢澈底打破傳統道德的約束，
也不敢向傳統的社會規範進行挑戰；第四，現代主義醉心於創建「劃時代的」作
品，醉心於「大體系」的建構。

　　在存在主義的影響下，這些文學藝術評論家和作家紛紛退回到尼采和海德格
那裡，試圖從這兩位反傳統的思想家的思想寶庫之中，吸取澈底批判傳統文化的
精神養料。同時，五○年代前後在社會和人文科學中興起的結構主義和符號論以
及詮釋學的浪潮，又進一步爲這批離經叛道的文人們推波助瀾。

　　正是在這個轉變的時刻，貝克特、尤內斯庫（Eugene Ionesco, 1912-1994）
和阿達莫夫（Arthur Adamov, 1908-1970）等人的荒誕派戲劇，在後現代文學藝
術的創作中，樹立了最好的榜樣。他們的荒誕戲劇，實際上是「反戲劇」。「反
戲劇」的出現，是後現代文化藝術的「反文化」和「反藝術」的最早模本。尤內
斯庫在1949年發表的《禿頭女歌唱家》（La catatrice chauve）、阿達莫夫在1947
年發表的《滑稽模仿》（La parodie）以及貝克特在1953年發表的《等待果陀》
（En attendant Godot），都是一反傳統戲劇的傳統，沒有故事情節，不要有個性
的人物，將人物非人性化，忽略對話，否定語言，採取奇特而怪異的表演方法和

舞臺藝術，赤裸裸地表現劇本的「反文化」的原則，旨在破壞傳統戲劇，完成戲劇的革命。

後現代文化的「反文化」原則，也集中在它對於傳統語言的澈底否定。它一方面批判傳統語言的語音中心主義，破壞傳統語言體系的「意義指涉系統」；另一方面用毫無規則、任意發明和不斷重複地進行的符號遊戲去代替文化的創造，並在這種符號遊戲中實現他們所追求的最大限度的創作自由。這就導致以遊戲的基本精神指導下的後現代藝術和當代文學批評運動的惡性發展。

後現代藝術所要揚棄的是長期限制自由思想的傳統語言、意義系統、形式和道德原則等，他們所尋求的是沒有權力關係的平面化、無特定深度的典型表象呈現，以便通過炫目的各種符號、色彩和光的多重組合去建構喚不起原物的幻影或影像，滿足感官的直接需求。因此，一切傳統文化的創作原則，都被後現代主義者看成爲限制、宰制，甚至破壞其創作自由的桎梏。

在美國文學評論界，以保爾‧德‧曼爲代表的耶魯學派主張：文學藝術創作不應該把重點放在語言的表達能力上，而是應該注重於表達思想創造自由的高度靈活的文風之造就和運作。不是語言約束文風，而應該是思想的高度自由創造出多種多樣變化不定的文風。作家的文風的不定性，還表現在：作品完成以後，文風的生命和運作就完全脫離了作者本人。在這個意義上說，只有「作者死去」（the death of author），才能夠使公諸於世的作品，眞正地成爲作者和讀者不斷重新創造的新出發點。

在英美文學界由藍森（John Crowe Ransom）、布魯克（Cleanth Brooks）和瓦倫（Robert Penn Warren）等人爲代表的「新批評派」，將對於作品文本的分析放在中心地位。他們不再重視作者個人生平、心靈和社會歷史脈絡的影響，而是在強調文本分析的同時提出了「封閉閱讀」（close reading）的基本口號。「封閉閱讀」就是只考慮作爲文本的文本，只分析文本本身。新批評派的封閉閱讀方法，雖然一方面試圖遵循德希達的「解構主義」原則，但另一方面，它並沒有澈底貫徹「解構」的基本精神。然而，新批評派畢竟將解構主義引進了文學批評運動，而且也爲耶魯學派的澈底解構文本給予了深刻的啓發。

以保爾‧德‧曼爲代表的耶魯學派文學批評家們，把法國後結構主義思想家福柯和德希達的「解構主義」應用於文學批評，使後現代文學批評注重於文本的「解構」，並在文本的解構中進行最自由的新創造。保爾‧德‧曼等人不再貫徹新批評派的原則，不在文本結構中突出尋求語音上、語意上和語句上的一貫性和系統性，而是特意尋求文本中各種不可化約和不可重複的矛盾性、含糊性和悖論性。保爾‧德‧曼等人最感興趣的是在文本結構中所隱含的「不可閱讀性」

（unreadability）。這種「不可閱讀性」與其說屬於文學性質，不如說屬於某種道德性，某種隸屬於倫理義務的因素。在米勒看來，對於一個「好讀者」來說，發現文本中的不可閱讀性是很容易的。他認為，閱讀的倫理原則並不是實行某種系統的理論分析原則，也不是為了將文本結構納入到所謂正常的觀念性論述系統中，而是有意識地去發現文本的矛盾性質及其不可閱讀性，以便使閱讀本身導致失敗。這就意味著，任何閱讀活動是一種新的創作遊戲，不是要重複文本本身的創作原則和創作途徑，而是破壞它們，並從中走出一條原本意想不到的新出路。

後現代主義的反文化性質也是高度發展的資訊和訊息社會的產物。由於後現代社會電腦和資料庫的廣泛運用，人類知識空前膨脹，也反過來約束著人類的心理運作機制和行為模式，影響著人們在日常生活和藝術創作中的品味取向。資訊化和訊息化加強了文化及其產品的符號化，更加強了文化產品複製的速度和節奏。同時，由高科技高效率生產出來的產品，在使商品化滲透到社會生活各領域的同時，也加強人們的消費意識，高雅文化和低俗文化之間的差異在商品化和消費化中逐步消失，從而改變了人們的審美觀點和品味，導致某種反文化、反藝術和反美學的傾向。

但是，從正面來講，後現代在文化上所追求的那種絕對自由的精神，如前所述，勢必導向「反文化」和「反藝術」。在實質上，後現代文化所進行的反文化和反藝術創造，只是意欲使文化變為實現思想自由的最高境界。要實現思想自由，不僅要超越現實的社會物質條件和各種文化制度，而且也要打破一切形式的約束。由於文學藝術自古以來都是以各種各樣的形式來表達不同內容的創造活動，所以傳統文學藝術始終都是脫離不了一定的形式的。在文學藝術發展的過程中，它的任何一個歷史成果和創作經驗，都以某種形式固定下來，並由此成為後世各種文學藝術創作的典範。在這種情況下，文學藝術的形式，一方面是文學藝術創作必須採取的表達方式，另一方面又成為了各種傳統文學藝術對於後世文學藝術創作的約束性力量。文學藝術形式的這個特點，自然地成為了追求絕對自由的後現代派爭相擺脫的主要批判對象。所以，後現代派所進行的反文化和反藝術，歸根結柢就是要澈底打破傳統文學藝術的各種形式。而這樣一來，反藝術和反文化，就成為了一種反形式的遊戲（詳見本書第七章）。

其實，任何反形式的遊戲，本身又是形式遊戲；只不過它是一種旨在破壞形式約束的，不以追求固定的形式為目標的形式遊戲。

根據後現代文化理論家伽達默的意見，真正的遊戲本來就是絕對自由的來回運動。任何一種真正的遊戲，其遊戲的主體絕非陷入遊戲的遊戲者，而是遊戲本身。也正因為如此，任何真正的遊戲都是無目的的、不追求形式的自由運動，是

不受到任何一種固定形式所約束的。達到了這樣真正自由狀態的遊戲活動，才是確實地進入藝術創作的領域。

由此看來，後現代藝術所追求的反形式的藝術創造活動，是一種無規則、無目的和無主體的遊戲活動，是為了創建人類文化史上從未有過的一種嶄新藝術。然而，後現代主義所追求的這種藝術遊戲，確實又受到了現實社會條件的限制。只不過後現代思想家們並不把這種限制看作他們從事藝術遊戲的障礙，反而看作是進行一場藝術創作的冒險遊戲的真正動力。後現代派對於藝術的這種態度，是他們對待生活的遊戲態度的集中表現，也是他們力爭使生活變得高度自由的表現。

後現代文化的遊戲性質，又可以集中地體現在後現代社會條件下的語言遊戲和符號遊戲。如果說，任何社會的語言論述和話語運用都是採取語言遊戲的基本形式的話，那麼後現代社會文化條件下的語言遊戲，才是真正意義的語言遊戲。這是因為一方面後現代社會文化形成前的一切語言遊戲，都是避免不了受到權力和其他社會仲介力量的干預，因而那些語言遊戲都或多或少地偏離了真正自由的語言遊戲模式；另一方面，只有在後現代社會和文化的條件下，文化的高度發展和個人自由的無限追求，使社會正當化不得不採取語言遊戲的基本模式，因此，語言遊戲才作為後現代社會人們公認的生活模式和思考行為模式，也成為處理相互關係的基本模式。

後現代思想家利奧塔等人反覆強調：後現代社會人類知識和思考行為方式都已充分納入資訊化和符號化的系列。因此，後現代的語言遊戲實際上已把遊戲中的語言逐步轉變成為各種具有文化生命力的符號（Lyotard, J. –F., 1979）。在此情況下，後現代社會的真正自由的語言遊戲，實際上也就是具有高度文化創造自由的人所進行的各種多元化符號遊戲（Baudrillard, J., 1976; 1981; 1990）。

在這樣的自由創作原則指導下，後現代派思想家和文學藝術家試圖用一種自由而瀟灑的態度去對待冷酷而異化的現實世界，以樂觀和自然的無所謂態度去迎接各種創造活動中的冒險，去品嘗創作的困難中所隱含的各種複雜的酸甜苦辣滋味，也就是在一種精神煉獄中尋求最大的自由。

所以，後現代之所以是一種社會文化範疇，恰恰是因為資本主義的文化自由創造精神是基於真正的思想自由。後現代作為文化範疇，必須具備一種比資本主義的自由更高的自由精神，才能完成它的使命。這就要求在「後現代」條件下把這種自由推向最高點，甚至發揮到極端。在這種情況下，它除了以「不確定」、「模糊」、「偶然」、「不可捉摸」、「不可表達」、「不可設定」及「不可化約」的詞來表達以外，除了採用象徵性的形式以外，再也無法採用其他的表達方

法。凡是只有採用「不確定」才能表達和運作的那種文化，才是實現了高度自由的文化。

所以，「後現代」與其是一種社會文化性的範疇，不如說是表示某種時代精神的思想性範疇和表達心態的範疇。

作為一種表示時代精神的思想性範疇，「**後現代**」所要表達的是一種「不確定」、「模糊」、「偶然」、「不可捉摸」、「不可表達」、「不可設定」及「不可化約」等精神狀態、思想模式、品味模式和事物狀態。

這首先是指在後現代文化自由創造過程中所表現的那種特殊心態模式；同時，又是生活在後現代社會條件下，面臨當代社會各種矛盾和危機以及各種悖論的後現代文化產品的人們的一種生活心態。它既是創作心態、又是品味模式；既是思考模式、又是行動樣態；既是觀看直覺方式，又是生活心態；既是自律方式，又是評判他人及處理與他人關係的標準；既是理論的準則，又是實踐的原則；兩者是相互滲透和相互轉化的。

後現代社會的形成和後現代文化氾濫的結果，早已把**生活和文化創造活動緊密地相互滲透在一起**。如前所述，後現代社會充滿著空前未有的人為和非自然的文化因素，而且這些文化因素也已經滲透到社會結構的各個方面，已經同人類各種類型的活動緊密結合在一起。創作貫穿於生活中，生活又充滿著創作活動。這一切，使後現代社會的「後現代人」產生出將創作思維模式和生活模式結合在一起的條件。

實際上，大量的人類學研究資料和文化史考察證明：人的思考和思想的基本模式是含糊性的。「**渾沌**」（Chaos）不僅是世界客觀事物存在的基本形式，也是人類思考和心態的一種原本模式。經過長期發展，並為社會文化統治者所控制和操縱的傳統文化，在確立了其統治地位之後，就逐漸地以種種有利於統治者繼續維持優先地位的各種人為方式，將人類原始本性中的模糊思考方式，逐漸地改造為邏輯精確化和表達精確化的模式。所以，後現代所追求的「模糊」思考模式，是經歷了長期文化發展曲折，而又最終返回原始自然文化形態的人類思考模式。正如斯潘諾斯所指出的，後現代主義的特徵是「**複製**」，而它的基本世界觀是重視偶然性、重視各種不確定的「**機遇**」（Spanos, W. V., 1979）。

將創作模式和生活模式結合在一起，對於後代現人來說，既是一種快樂和愉悅，同時又是一種痛苦和煩惱。這種具有雙重結構的心態模式，同時又是後現代人在生活和創作各個領域中進行遊戲的一種精神狀態。

思考和生活模式的一致性，本來是人類生存和文化的基本特徵。人類生存不同於其他動物生命活動的地方，就在於將自身的生活逐漸地、不斷地納入文化

形式。反過來，不斷發展的文化形式，又滲透於人的生存方式之中，並不斷使人的生活複雜化、豐富化和象徵化，也爲生活和文化同時地不斷發展、不斷更新創造了條件。可是，人類社會和文化發展的結果，導致一層又一層的社會分工，而且，占據優勢地位的統治者，又試圖不斷擴大和鞏固各種社會分工，並使之制度化和固定化。隨著社會分工的擴大和鞏固，上述原有的生活和文化之間的滲透和共時發展模式，逐漸地被破壞了。文化越來越脫離生活，並被統治者有意地不斷加深文化與生活的割裂，最後導致兩者之間的對立。也就是說，依據傳統的社會分工原則，只有統治階級及其所附屬的優勢社會力量，才有權力、甚至有特權掌握或壟斷文化及其再生產。這樣一來，原來普遍存在的生活和思考的共同心態模式，逐漸地被破壞；而使生活與思考分離、對立的思考模式和基本心態，逐漸地被傳統文化正當化，也因此成爲了「合理」和「正常」的心態和思考模式。

既然是「不可表達」的「不確定」，因此，試圖以各種方式，哪怕是以什麼樣的「新」方式，包括以「後現代」這個新詞來「表達」，其本身就已經是一種不得已的矛盾和悖論。

追求「不確定性」，作爲後現代的心態和思考模式，是同傳統和現代的思考模式根本對立的；因爲傳統和現代的思考模式是以追求「確定性」爲最高目標的。

自古希臘以來，邏輯中心主義和語音中心主義的思考模式總是把「確定性」當作「眞理」、「善」和「正義」的標準理想形式。第一個以邏輯中心主義和語音中心主義設立「確定性」作爲眞理標準的西方傳統思想家就是柏拉圖。柏拉圖認爲現實世界中的各種現象都是虛幻的，因爲他們都是變動的和不確定的。在柏拉圖看來，凡是不確定的就是不可靠的。爲了尋求可靠的眞理標準，柏拉圖寧願到變動著的現實世界之外的「理念世界」，把排除各種特殊性和個別性的最一般的「形式」（Idea）當作眞理的標準。形式之所以可靠，之所以成爲眞理的標準，就是因爲它是確定的、不變動的和永恆的。柏拉圖之所以在現實世界之外的理念世界中尋求眞理的標準，正是爲了使思考和行動的主體，在主體之外找到進行正確思考和正確行動的「客觀」標準。這樣一來，一方面爲傳統的主客體統一的思考模式的正當化找到了根據，另一方面又奠定了這種思考模式的客觀基礎。

從那以後，經歷近兩千年的鞏固和發展，這種傳統思考模式不僅指導了西方的文化創造活動，而且也規定了西方人的整個生活方式。值得注意的是從文藝復興以後，特別是十八世紀啓蒙運動以後，由於自然科學和生產技術的蓬勃發展，這種主客體統一的思考模式和生活方式，更加鞏固地普及開來，使之成爲了西方社會各種制度和法制所賴於建立和鞏固的思想基礎。

但是，二十世紀西方社會的迅速變化，特別是思想和文化創造活動方面的激烈變動，使西方人越來越感受到上述以邏輯中心主義和語音中心主義爲基礎的主客體統一的思考模式的僵化性和宰制性。在客觀上，自然世界和社會世界的進一步發展，顯示出世界本身本來就是充滿著不確定性和偶然性。因此，不確定性本身不是現實世界中的不正常現象；相反，否定不確定性，反而是違背世界現實狀況的，因而是不正常的現象。就人的思想運作過程而言，思想和表達思想的任何話語本身，也是充滿著不確定性。這種不確定性不僅不是不利於思想的自由開放，反而是思想自由的絕對條件。正是憑藉著思想和話語的不確定性，思想才有可能在更廣闊的時空和超時空的維度內進行自由創造。就人類的生活和行爲的方式而言，不確定性和確定性本來就是互相補充的。生活和行爲的方式，固然需要一定程度的確定性，以便在確定性的形式中不斷總結和傳遞歷史的經驗，但是，僅僅靠確定性，反而約束與限制了生活和行爲的方式。因此，生活和行爲方式對於不確定性的需求，遠遠超出對於確定性的需求，因爲只有通過不確定性的形式，生活和行爲才得到眞正開放式的自由。

反對傳統思維模式的結果，使後現代人，特別是被稱爲「新新人類」的年輕一代，不再顧忌邏輯思維和反思等嚴謹的與系統性的理性活動，只注重「當下」立即可以達到歡樂目的，並直接得到驗證而生效的感性活動。問題已不在於追求複雜曲折的眞理或各種抽象的理念，而在於能否及時滿足個人的欲望，特別是滿足隨社會激烈變動而不斷改變的個人欲望。同時，後現代社會和文化的「複製」性質及其機遇性，一方面並不要求人們費盡心思進行思考，另一方面複製的高節奏和高效率也加強和促進了「光看不想」的傾向。

由利奧塔指導並組織的「非物質資料展覽會」（l' Exposition Les immatéri-aux）就是以「一看就信」和「一看就照做」的後現代心態和行爲模式作爲指導原則。這場舉行於1985年3月至7月在巴黎「龐畢度國家藝術與文化中心」的後現代展覽會，以五光十色、琳琅滿目的後現代文化產品的自我展現，爲「一看就信」和「一看就照做」的後現代心態和行爲模式進行正當化的程序。

在這種情況下，行動和日常生活中不再需要過多的理性邏輯思維，只需要隨時可應付急變，而又高速生效的感性而已。在這個意義上，後現代的思考和生活相統一的模式，就是「不再思考」的模式。當然，「不再思考」並不意味著眞的不再思考，而是拒絕以傳統的理性邏輯思維方式，代之以最適應社會文化高度變化的非確定性思考方式。以感性代替理性邏輯思考，就是其中最普遍，又能爲多數「新新人類」所接受的一種思考模式。顯然，後現代社會和文化已將「思考」本身改變了意義和性質。不用大腦思考，只要靠眼睛、鼻子和觸覺直接辨別就夠

了。在這種情況下，像漫畫、邊唱邊看邊思考邊玩耍的生活和思考模式，迅速地在後現代社會和文化的氾濫中擴散開來。

　　把視覺提到社會活動和社會生活的首位，不僅是因為後現代社會文化的高度發展，使社會成員具有足夠的文化知識和文化生活的經驗，足以通過視覺感官本能地或直觀地判別社會文化生活中迅速湧現出來的各種新事物；而且還因為視覺在人的身體官能運作過程中始終占據重要地位。對後現代主義產生深刻思想影響的法國哲學家梅洛‧龐蒂，在研究身體和精神活動的相互關係以及身體感官的現象學時，早就深刻指出：人的眼睛和視覺是人生存的首要條件。他說：「只有當觀看和可見到、觸覺和被觸摸、一隻眼睛和另一隻眼睛、手與手之間相互交錯的時候，人的身體才存在在那兒」（Merleau-Ponty, M., 1964: 16-17）。眼睛和視覺不但保障了人的身體的存在，也為身體在自然界和社會中的運作提供最重要的條件。在這方面，梅洛‧龐蒂進一步指出：「我所看到的一切，基本上就是我的能力所及的範圍，至少是在『我能夠』的圖景中所顯示的『我的視覺的範圍』。我所看到的那個圖景和『我能夠』的圖景是相互補充的，構成我存在的整體。可看到的世界和我所能完成的計畫的世界，就是我自身存在的整個部分」（Ibid.）。其實，人類學研究也指出：任何生物和人的生命活動的最早時期，都是通過視覺和聽覺的美感而和周遭生活世界進行溝通和協調。達爾文（Charles Darwin, 1809-1882）在《物種起源》（*On the Origin of Species by Means of Natural Selection*, 1859）一書中指出，生存競爭首先就是「性選擇」；而性選擇又是首先通過視覺的美感來完成的（Darwin, Ch., 1859）。到了後現代社會，後現代人的生活方式又重新恢復到原始人的那種自然生活狀態。通過觀看和視覺，可以實現與完成社會和文化生活中的大部分事情。而視覺和觀看所具有的另一個重要優點，就是活生生地和自然地保存著客觀物件的本來面目。這對於追求「按自然方式生活」的後現代人來說是非常重要的。

　　傳統文化一向認為：只有依靠理性邏輯思考，才能掌握真理。後現代社會文化現象的高度不確定性，後現代社會文化現象高度象徵化的結構特徵，使追求固定的真理體系的各種認識活動失去了意義。資訊化的後現代文化，首先採取各種形象的象徵結構，以感性可以直接接受的赤裸裸圖形化方式，特別是以直接給予感官愉悅效果的形象結構顯示出來。其次，後現代文化藉助於高科技力量和各種管道，使資訊化的結構高效率地自我複製和自我區分，造成資訊化產品在社會中的氾濫和不斷重複，也造成生活在後現代社會中的人民大眾，身不由己地生活在這些不斷複製和不斷區分化的資訊結構中，不僅把它們當作其自身生活世界的外在條件和客觀對象，也不知不覺地成為了他們精神生活的內在組成部分。換句

話說，高效率自我複製和區分化的資訊文化，不只是停留在社會大眾的外在世界中，而且已經不斷地內在化，成為他們精神活動和肉體活動的指導原則。

以感性活動代替邏輯思考，同時就是對於主體中心本位主義的傳統思考模式的澈底批判。後現代主義強調一種無中心、無主體、無體系和不確定的思考活動，並把這種思考活動直接同實際的行動，特別是同日常生活行動結合在一起，試圖澈底克服傳統文化將理性思考抽離出實際活動，特別是抽離出日常生活世界的傾向。在後現代思想家看來，在直接性活動中，將思考同生活結合在一起，就是不再將認識活動和思考活動神祕化，從而使各種概括、比較、綜合和判斷活動，將各種一向被傳統邏輯中心主義壟斷化和分割化的思考活動，直接體現在生活的各個領域中。

後現代思想家利奧塔在八○年代初於巴黎「龐畢度國家藝術與文化中心」組織召開了一次後現代文化展覽。不但展覽會集中顯示了後現代資訊化文化的多元化和不確定的具體內容，而且，展覽會也採取後現代圖形化和象徵化的具體展現形式。利奧塔本人的意圖，不只是展現和介紹後現代文化的特徵，而且使參觀者通過「一看就懂」和「一看就信」的後現代思考模式直接進入後現代的文化世界，使參觀者走出展覽會後感受到後現代文化的內在化效果，在參觀者心目中產生後現代的心態。詹明信曾經以「認知繪圖」（cognitive mapping）的概念概括後現代社會人們認知、思考、觀察和行動的基本模式。他是借用地理學家吉文·林奇的《城市的想像》一書中的概念，用來描述人們認識城市周圍環境現象的基本觀察模式。詹明信認為後現代的「認知繪圖」基本上是一種隱喻式的思考和行動模式，用它來概括生活在高度都市化的後現代人的心態，用來描述後現代人處理個人與社會、與自然相互關係的觀察和行動方式。而在「認知繪圖」中，觀看和視覺是最重要的一環。

後現代社會的條件和文化再生產的特徵，是上述「一看就信」的思考模式得以氾濫的社會基礎。造成後現代上述思考同生活相結合的思考模式的後現代社會和文化條件，包括：第一，後現代社會的高度資訊化使社會文化現象幾乎全部化約成形象化和圖形化的資訊結構。面對形象化和圖形化的資訊結構，人們不再需要作複雜曲折的抽象理性思考。形象和象徵結構的資訊體系，將各種社會文化現象直接地顯現出來，使人們「一看就懂」。第二，在文化霸權橫行的後現代社會和文化條件下，掌握著資訊和商業溝通資源的社會特權勢力，採用在他們看來最有效的形象及象徵宣傳體系和溝通媒介機構，使被宰制的社會大眾，不得不生活，並面對被壟斷的象徵資訊體系的再生產漩渦。第三，高度發達的後現代科技力量，有能力、有意識地以高節奏和高效率的方式，不斷複製和再生產各種後現

代的資訊化社會文化現象，使生活在其中、時時刻刻面對著它的社會大眾，在來不及沉思或思考各種新產生的社會文化現象時，這些形象和象徵化的資訊化社會文化就發生不確定的變化。暫態萬變的社會資訊，加強和推動了「一看就信」的傾向，加強了不作系統思考和不遵守固定邏輯形式思考的傾向。

法國社會學家和人類學家保爾‧約納（Paul Yonnet, 1948-　）指出：從第二次世界大戰結束以來，法國人越來越醉心於賭注性的遊戲活動。他認爲，這反映了法國人的一般心態，一種建立在不確定性基礎上的賭注冒險心理（Yonnet, P., 1985）。

保爾‧約納列舉了流行於法國社會的各種冒險性賭注遊戲活動，並把這些活動同第二次世界大戰後西方社會的現代性的變遷聯繫在一起加以分析。他認爲，任何一種冒險性賭注遊戲活動，已經不是同傳統社會中早就存在的那些賭注性遊戲活動相類似，也不是它們的自然延續。在當代的每一種賭注性遊戲活動中，不僅隱含著參與這些活動的人們各種新的神祕心態，而且也隱含著同當代社會變遷緊密相關的社會歷史因素，甚至包含除了文化以外的政治、經濟和軍事等各種因素。這就是說，當代西方社會中各種賭注性遊戲活動，已經不是傳統意義的純粹遊戲，而是同時隱含參與者複雜心態和整個社會環境複雜因素的某種複合體，某種帶有更多象徵性質和象徵結構的新因素。例如，保爾‧約納指出，越來越多人做的晨跑活動，實際上就是對處在危機中的身體的一種回應；搖滾音樂無非是全球心神不定、而無方向地尋求出路的年輕一代的創造發明；風靡一時的養寵物活動，正是表現後現代人走進人間生活邊緣時對於原始自然生活的留戀；充斥社會各角落的汽車，是動盪中的社會試圖在流動中實現不流動的幻想；暫態即變的時裝表演，是在後現代緊湊生活節奏中疲勞的人們，幻想進入一種新的生活邏輯的表現；……如此等等。所有這一切，不只是遊戲活動形式的轉變，而是生活方式、社會結構和人的心態整體發生變化，並同時整體地走向不確定的表現。

在這種冒險賭注心理的指導下，基於對社會不確定性的估計，西方人越來越傾向過著某種遊戲式的生活。根據最近二十年西方各國對於民眾生活方式和風氣的多次調查統計，幾乎所有先進的西方國家，電視節目中屬於休閒遊戲的一類，特別是附有中獎機會的休閒遊戲綜藝活動，成爲最受歡迎的節目。調查還顯示，觀看和參與這些節目的民眾，其動機主要有三：第一，純粹爲了尋找快樂；第二，爲了消磨時間；第三，爲了獲取中獎機會。上述三個動機的產生都同當代社會結構的變化以及當代西方人的心態特徵有密切關係。

把尋找快樂當成生活的一個主要目標，是因爲一方面社會生活，特別是緊張的職業活動和各種令人窒息的社會動盪以及日益隔離化的異化狀態，使民眾爭先

恐後和千方百計地在大眾媒介和電視節目中尋找歡樂的機會，另一方面，後現代社會和文化的多樣化以及後現代消費生活的提升。上述原因，再加上當代社會日益嚴重的失業現象，使越來越多的成年人在失業無望的情況下，難以度日，也進一步加強了民眾觀看這些節目的傾向。流行於後現代社會的功利主義和實用主義道德風氣，也促使民眾抱著投機和營利的心態，積極參與有獲獎機會的各種綜藝節目。在法國、德國、英國和美國以及義大利，電視中有中獎機會的綜藝節目和休閒遊戲活動，多數是安排在中午休息時刻和晚飯前後，主要是吸引大量的失業者和遊手好閒的家庭婦女。大量的調查材料顯示，民眾甚至把一天中相當多的時間消耗在欣賞和參與這些節目的活動中，而他們自己也往往為參與活動而津津樂道。為了迎合這些民眾的興趣，節目主持者和策劃者投入越來越多的獎勵基金，使中獎獲利的數額提升到越來越高的程度，甚至達到中獎一次便可取得相當於一到數月薪資的程度。

生產急速發展的結果，高效率地提升了經濟生產能力，單位時間裡所生產出來的豐富社會財富，不但有可能大大縮減整個社會生產活動的時間，為生產以外的各種活動提供更多的時間空間，而且也為在經濟範圍之外解決再生產的開發和危機創造了新的可能性。就是在這樣的社會歷史條件下，要求打破生產在整個社會活動中的中心地位，打破傳統舊有的「以生產為中心」的社會活動模式，要求把消費問題放在經濟範圍之外，也就是放在整個社會系統中，使消費不再成為單純的經濟活動的附屬因素，使消費進一步同經濟以外的政治和文化因素關聯起來。通過消費在社會中的滲透和擴大，而使整個社會的各個領域和各個層面，包括原屬於私人領域和個人精神生活領域的層面，都成為消融經濟因素的汪洋大海，從而使人從原有的勞動主體的中心地位改變成社會多元化活動的主角，成為新型的以消費休閒為主的遊戲文化活動的主體。

當消費遠遠超出經濟範圍而成為社會和文化問題的時候，消費這種行為就涵蓋越來越多的社會和文化性質。因此，後現代社會的一個重要特徵，就在於：消費不只是經濟行為，而且也是社會行為和文化行為。新的消費行為改變了原有的消費概念，使社會中出現的一系列由消費活動所開創的新領域，這些新領域幾乎橫跨了社會的各個部門，例如觀光、旅遊和休閒問題，除了屬於經濟以外，還包括文化的各種複雜因素，成為經濟、政治和文化相交叉的問題，也成為當代社會的一個重要問題。只有在經濟和文化高度發展，同時社會中除了少數大量集中財富的富豪以外，又出現比例越來越大的中產階級時，也就是說，只有在社會各階層結構發生根本變化的時候，才有可能使觀光、旅遊和休閒成為社會一個新的基本問題。觀光、旅遊和休閒事業不斷發展的結果，不但反過來帶動經濟生產和交

通運輸的發展，改變了社會的城鄉結構，也加速了經濟與科學和文化間的相互滲透，同時也在很大程度上改變了人們的生活方式和生活風格，深深地影響著人們的日常生活方式和心理結構。

後現代社會和文化的資訊化及其商業化、壟斷化和全球化，又促使了休閒文化活動的膨脹，特別是導致休閒文化活動的進一步功利化和實用化。各種文化休閒活動越來越沾染上冒險賭注的遊戲性質。同時，在文化休閒領域中日益泛濫的冒險賭注的遊戲活動，共時地促成了日益眾多的民眾養成遊戲的生活方式和風氣，形成在生活中遊戲或在遊戲中生活的心態。

「後現代」是一種最新的語言或符號表達方式，也是一種論述策略，旨在表現某種不可能精確表達或難於表達的離經叛道心態、思想觀念及生活方式，表達活動中的創作生命力；它不但以批判和「解構」傳統觀念及道德原則為目標，而且也以反傳統語言的特殊表達方式進行自我表現。因此，後現代的這種特殊表達方式，既是語言性和符號式的，又是反語言和符號模糊化的綜合方式。在很多時候，後現代的這種表達方式，不只是要掩飾被表達出來的事物背後的非表達結構及其模糊意義，而且也是為了採用暗指和隱喻的委婉表達方式，達到表現那些不可能直接地和精確地被表達出來的東西；同時，後現代的這種特殊表達方式，也是有意地將表達手段和方式本身轉變為一種複雜的理解和思考過程，轉變成一種再創造和精神的再生產過程。總之，所謂後現代的不可表達性，主要是指它的「不可精確表達性」，特別是一種同號稱「精確」的傳統論述方式相對立的、含糊不清，但本身又具有其自身生命力的表達行動。

在後現代主義者看來，表達既是隸屬於思考、為思考服務的手段，又是其本身具有創造和再創造的生命力的活動和存在方式。因此，表達並不是純粹作為思考的附屬品的一種被動性活動，也不是單純尋求被表達的意義和表達形式之間的統一性的某種手段。表達本身不但是一種活動，一種建立各種新關係的思想擴散活動，而且也是不斷再創造和不斷更新的活動。正是在這個意義上而言，傳統文化把表達當成「意義」從「不在」轉化為「在場出席」的消極過程，要求表達變成符合人為邏輯規則的精確表述，都是從根本上扭曲了表達本身的性質。

在世界文學史上和藝術史上，那些最偉大的文學大師和藝術大師，往往都熟練地採用和運用上述後現代特殊的表達方式，儘管他們並不屬於後現代主義者。這就說明，後現代主義的所謂非表達性和不表達性，並不是他們的獨創，而只是被他們重視，並有意加以發揮的表達方式。同時，也進一步說明，所謂非表達性和不表達性，也是文學藝術本身一種高度熟練的表達方式，唯有那些成績卓著和富有經驗的大師們才能領會和靈活運用。利奧塔在談到後現代的上述高度熟練，

並近於神祕化的表達方式時，曾經把這種表達方式說成為「非人性」的特殊領會方式。他認為，這並不是靠契合於人類普通的感性或想像的認知能力所能達到的，只有像阿波里奈、普魯斯特和喬易斯等那樣的天才文人，才能夠熟練地運用上述委婉的暗指方式，在曲折的表達過程中，表達那些不可表達、同時又有待進一步加以發展和發揮的內涵。利奧塔說：「普魯斯特和喬易斯的作品以這樣或那樣的方式巧妙地暗示那些不被表現的事物」（Lyotard, J. –F., 1988b: 24-25）。

後現代中包含了許多不確定、變動、可能、潛在和待生的東西。在它的立體結構中，雖然也包含了通過語言論述所表達的內容，但作為一種基本上反傳統的思潮，正如本章第一節所指出的，它相當大的組成部分是無法通過傳統語言說明的。後現代的這個特性（Lecercle, J. –J., 1985），使分析和評論「後現代」的論述，必須充分考慮到其不可表達性及其論述特徵。

對後現代主義來說，一切人類知識的正當性是值得懷疑的。首先，作為一切人類知識的基礎，語言本身的生產與再生產，歷來為社會和文化界的統治階級所控制。其次，語言在建構文化和知識的運作過程中，不知不覺地變成了遠比語言更複雜得多的事物。語言本來只是這樣或那樣有規則的符號體系；它是為了被使用而按一定規則系統化的。但語言的規則體系本身，就是社會各種權力運作的結果；而語言一旦被運用，一旦被用來建構文化和知識，就涉及到占有各種權力的各特定階級或群體的實際利益，也涉及到作為語言運用（說或寫）的主體的實際利益。這一切，就不可避免地使語言及其運用過程為社會特定階級或群體所操作，並使之為達到其本身目的及其策略所利用和改造。

福柯在《什麼是作者？》（Qu'est-ce qu'un auteur ?, 1969）一文中指出：「話語自從有了『作者』以後，便成為了作者所有的財產。自從形成了話語的所有制以後，話語就不但同作者，而且也同引用該話語的人的勢力連在一起，變成一種特定的社會歷史力量」（Foucault, M., 1994: Vol. I. 799）。接著他指出：「作者的名字並不是像某個專有名詞，從一種論述的內部走向實際的某個人，走向產生這些論述的外在世界；而是在某種意義上說，在作者所切割以及他所停止論述的文本範圍內走動。作者表現出某個論述總體的事件，它是指涉在一個社會內部和在一種文化內的某種論述的地位。……因此，作者的功用就是表明在一個社會內部的某些論述的生存形態、迴圈傳播及運作的特徵」（Ibid.: 798）。通過對於西方文化發展史的研究，福柯指出：「在我們的文化中，正如在其他許多文化中一樣，論述和話語從一開始並不是一種產品、一個事物，或者一個財產。話語在過去主要的是一種行為（un acte）：這是一種被放在神聖和世俗、合法和非法，以及宗教和褻瀆神明兩個極端之間的行為。話語在歷史上，在變成某種財產，

而在財產所有權的迴圈中被取得以前，曾經是承擔著冒風險責任的某種姿態」（Ibid.: 799）。

語言符號本來就是一系列純粹的符號。可是當它產生出來和運作以後，這些符號馬上改變了性質，而成為了其使用者所擁有的社會資源和手段。為了徹底弄清語言及其實際運作的奧祕，後結構主義者首先研究作為純粹符號的語言，研究作為符號的符號所固有的特徵。這也就是為什麼符號論的研究構成了從結構主義到後結構主義過渡的重要信號。

話語本身已經不是純粹的語言因素，而是在特定的社會中根據當時當地的力量對比所產生的說話現象。因此話語的產生和增殖或散播，早已超出語言的單純領域，而變成了話語運作過程中各種現實的社會力量進行較量和協調的總和，它本身就是一種力的關係網。因此話語在其運作過程中，不管是為了表達某種意義，還是為了達到某種目的，都充滿著力的協調和交錯比試。當話語進行自我調整或向外擴張而顯示它的存在時，也就是話語賦予它本身產生意義的權力，並實際上強制性地使得接受話語的物件和整個環境承認話語所賦有的意義，實際上就是在完成它本身權力的正當化。

對於後現代主義者來說，對語言問題的分析和批判，不能像傳統語言學所做過的那樣，只是從語法和句法的觀點進行分析，單純地把語言當成一個孤立的符號體系加以分析；同樣也不能像結構主義者，那樣雖然也把語言同社會與文化現象相結合，但仍然把語言當作具有特定的穩定意義結構的符號體系去加以分析，把語言看做是思想、文化及各種社會意義的載體。因此，後結構主義者和後現代主義者並不滿足於對於一般性結構分析，而是把語言看做是有生命的，也就是活生生的同整個社會、同說話者的心態和行動密切相聯繫的現象。這樣一來，後現代主義者所要批判的語言，主要指的是「話語」、「言談」或「論談」（discourse; le ommemora; Diskurse）。

後現代主義者集中力量分析和批判話語，就是因為話語已經不是一般化的語言，而是同說話者及其所處的社會環境和文化脈絡密切相關的一種事物，或者是一種力量——一種包含權力、意向和關係取向的力的因素。

在這種情況下，**後現代主義者所批判和解析的「話語」，主要指以下三大類**：第一是作為某種**知識**體系的論述手段的話語或論談；這顯然是以知識分子或文化人作為主體的那些人所說的「話」。第二是作為某種政治或社會力量的表達手段的話語或論談；這主要是指由社會中占統治地位的階層或人們所使用的那些「話」，及其道德化和文字化的各種規則、禁律和法規等。在這些話中，顯然包含著以統治階級所占據的利益為基礎的宰制欲望及其運作力量，也包含著為達其

目的所貫穿的各種實際策略和宰制技巧。第三是指社會中各個階層的人普通說的「話」；這些話同說話者的日常生活、社會行為及文化活動的環境和脈絡緊密相聯繫，同樣也包含著極為複雜的語言以外的因素，主要包括說話者的社會地位所產生的某種欲望及其行動力量，也包含這些說話者所處的社會場域所決定的各種力量的協調總和。

後現代主義者對於語言的上述態度，使他們集中力量去摧毀語言運作中所包含的各種「意義」體系，同時也揭示語言運用中由語言本身所包含的或者滲透在語言運用中的各種「力」，主要是權力。

後現代主義對話語的批判和解構的結果，澈底粉碎了作為傳統文化和傳統社會價值基礎的語言體系，同時也揭露了歷代統治階級和各種社會力量藉助語言擴大其本身利益和權力的策略。

後現代主義者為了深入分析和批判各種話語的奧祕，非常重視對於各種話語的運作邏輯的研究。福柯和德希達特別分析了話語在社會中「增殖」或「繁殖」（proliferation）和「散播」（ommemora; disseminer）的邏輯。在他們看來，各種話語一方面具有自我散播和增殖的能力，另一方面可以同社會上各種力量或因素相結合，實現其散播或增殖的效果。顯然話語之所以能夠這樣或那樣的方式進行增殖或散播，就是因為話語本身包含了某種力量或權力，同時它又能同社會的各種力量或權力相結合，增加和擴大其本身增殖和散播的能力。

話語這種增殖和散播的能力，是話語本身所固有的生命力；其內在的力量是決定性的，而其本身同外在力量的結合則是附屬性的。但是，在後現代社會裡，由於種種因素，特別是由於後現代社會本身的結構和性質，由於高科技複製能力的加強而產生的符號化和訊息化傾向，又使話語的增殖和散播能力空前加強。這裡所指的，主要是後現代社會中兩大因素的特殊地位和功能：第一，在後現代社會中，科學技術的文化生產和複製的功能，發生了根本的變化，使得話語獲得了增殖和散播的特殊能力；第二，在後現代社會中，大眾媒介的觸角無所不在和無孔不入，形成了空前未有的全球文化統一結構，也使得話語能夠藉助這一通道迅速地與高效率地增殖和散播。

後現代社會中話語的這種特殊的增殖和散播功能，更加由於後現代社會中的統治和宰制階級的介入和利用，特別是由於各個領域中的統治集團對於權力和高科技力量的壟斷，而變得更加複雜和更加有效。在這裡，後現代社會中**權力和高科技力量**，成為了後現代社會和文化中各種話語與論述進行自我生殖和增殖，以及癌症式擴散的主要依靠力量。當然，權力和高科技這兩個因素同各種後現代話語相互滲透過程以及後現代話語的自我增殖和擴散過程，都是透過後現代社會和

文化結構中的多種複雜通道和仲介因素。因此，分析和揭露後現代話語和論述結合權力和高科技力量進行擴散的過程，必須深入透視和揭露使這一過程成爲可能的各種仲介力量。值得指出的是，後現代社會商業網絡和消費社會生活的全球化以及大眾媒介的網路化，乃是話語增殖和擴散的最重要仲介因素。

　　後現代主義者不但嚴屬批判一切傳統語言論述，不僅揭露這些論述體系的內在結構，而且也深入批判這些論述的社會基礎和社會運作邏輯。但是，他們並不滿足於對傳統語言論述的批判，而是進一步通過他們自己所發明和創造的特殊表達方式和論述策略，繼續破壞傳統語言論述的語言結構及其社會功用，並以完全不同於傳統語言論述的方式，採用多種不穩定的和非體系化的符號和象徵，以多種多樣的方式表達他們的新思想，論證他們所採取的各種行爲和生活方式的正當性。

　　如前所述，後現代主義者所要表達的，往往是傳統文化和傳統語言從來沒有表達過，也不可能表達的那些新觀念和新生活風格。因此，後現代主義者只能採用各種異於傳統表達的特殊方式，發明和創造新概念和新的語詞，採用象徵與比喻的各種手段和方式，採取多種詮釋、修辭和批判的方式（Brown, R. H., 1994），達到表達其不可捉摸、含糊不清、沒有中心和不斷更新的思想觀念和生活方式。

　　在他們看來，傳統語言論述所表現的那種所謂「系統性」、「精確性」和「穩定性」，恰好破壞了他們所要表達的那些本來不可表達的東西。所以，作爲一種語言論述和表達方式的「後現代」，也是一種反語言和反語音中心主義的運動。

　　首先，它在表達形式上，必然採取違背傳統語言法則和破壞語言準確性結構的特殊形式。其次，後現代主義所採取的特殊表達形式是多種多樣和多元的，也是不斷更新的。因此，第三，後現代盡可能採用形象、象徵和比喻等含糊不清、有多變可能而又易於被理解的表達方式，例如，目前越來越流行的漫畫形式。因此，總的來說，後現代特殊的表達方式是正在產生，並正在繼續變動的符號和象徵系列。

　　正當化（legitimatiom）始終是西方社會和文化形成和發展中的中心問題。社會和文化，作爲人與人之間、自身與他人之間、種族與種族之間以及個人和各種群體之間相互進行協調和調整的基礎和基本條件，從一開始及其後的不同發展階段中，始終都存在「正當化」的問題。但是，隨著歷史發展的不同階段，隨著社會和文化發展中所面臨的不同問題和不同條件，正當化採取不同的內容和形式，也表現出不同的程序；而且，人們對於正當化的需求和爭論內容，都有所不同。

因此，在西方社會和文化發展史上，不但不同的歷史發展階段，諸如在古希臘、中世紀、文藝復興、啓蒙運動和近代資本主義社會等不同的歷史階段，而且，在同一社會階段的不同文化領域中，都存在著不同性質和形式的正當化問題。正當化問題，成爲了西方社會和文化發展中長期爭論和不斷變化的問題，也反過來影響著整個西方社會和文化的發展過程。

後現代主義在批判傳統文化的過程中，當然也集中批判和解構傳統正當化的正當性，特別是批判傳統正當化的程序問題。在這個意義上而言，後現代主義所從事的，毋寧是一種與傳統正當化針鋒相對的「去正當化」（Delegitimation）活動。後現代的「去正當化」包含兩方面相互連結、相互促進的程序和效果：一方面是對於傳統理論和文化的原正當化程序和結論進行批判；在這個意義上，這是一種對傳統正當化的「去正當化」；另一方面就是後現代論述本身的自我展現和自我陳述，它採取了與傳統論述正好相反的策略和程序，不採取、也不聲稱進行自我正當化，而是徑直表示進行「自我去正當化」的活動，以表示對於一切正當化的鄙視和否定。因此，後現代的一切論述都是貫徹雙重的「去正當化」：既對傳統文化的正當化進行否定，又對後現代自身貫徹「去正當化」的策略。

正當化問題之所以被提出來，並被不斷加以討論和證成，是因爲它關係到構成社會和文化的核心問題。這個核心問題，就是人與人之間、人與自然之間、人與其所創造的文化產品之間、人與社會之間的適當及協調關係。問題正是在於這些「適當及協調關係」究竟以何種標準、以何種程序、以何種條件爲社會大多數人所接受和承認。因此，正當化的核心問題，關係到不同階段社會和文化中的基本關係，關係到這些基本關係是否能夠穩定下來，關係到整個社會和文化的秩序及其命運。就社會而言，正當化問題所涉及的基本關係，當然是統治者和被統治者之間的相互關係，同時也包含個人與社會、自身與他人之間的相互關係。就文化而言，正當化問題涉及到不同歷史階段的文化產品同整個社會所確認的統治秩序、道德觀念、語言論述方式以及各種日常生活習俗的相互關係。

另一方面，正當化的方式和程序是隨不同的時代和不同的文化而有所區別。因此，正當化的方式和程序也直接表現出時代和文化的特徵。

正當化這個概念，就其原義，隸屬於社會理論和政治法律理論；它所要表達的基本內容，關係到一種社會制度和政治法律的維持和鞏固的基本條件及其被公眾確認的程度。就此而言，正當化問題只能在一種國家制度的社會發展階段中才被提出來。在這種情況下，正當化問題所要解決的，是論證和確認該歷史階段和該社會中所實行和維持的政治制度是否具有正義和公平的性質。雖然，在上述情況下，現實地實行和被確認的社會政治制度，仍然可以被社會成員中的任何一

個人或任何一個團體所質疑。但正當化所確認的基本條件，在特定的社會歷史條件下，往往是為社會大多數成員所接受和確認。**由於正當化關係到社會政治制度的論證和確認，所以，正當化的核心，實際上是可被質疑的某一個正當性的論證程序。就此而言，正當化問題可以歸結為具體的正當化程序問題。**在西方社會和文化發展的不同階段中，由正當化所引起的各種問題，都集中到現實建構起來的或未來即將建立起來的各種制度的合理性問題，也就是論證不同的社會政治制度是否建立在社會大多數人所公認的基本價值觀念的基礎上。所以，任何一種正當化，其最終目的就是要促使社會大多數人取得共識，並在共識的基礎上共同維護一種社會秩序和政治制度，共同建構和信仰一種文化。

正當化來自「正當性」（legitimity），源自拉丁文lex，原意是「法」。這就是說，凡是符合法的就是正當的。就嚴格意義的法理和法制制度而言，正當性等於「合法性」（legality）。在西方社會和文化的傳統歷史上，一般而言，凡是正當的，不只是符合法，而且也是符合理性、符合道德倫理。又由於西方邏輯中心主義幾乎等同於語音中心主義，所以，正當性也就意味著符合當時當地由統治者及公眾所確認的語言論述基本原則和基本模式。長期以來，在法律實行範圍內，往往是在有關事實的爭論轉移到法的爭論時，才出現正當性的問題。也就是說，在法律爭論和訴訟範圍內，在有關「什麼樣的事實」（quid facto）爭論結束以後，便開始轉向有關「什麼樣的法」（quid juris）的爭論。在不同的社會制度中，總是存在著一系列由各種法律所構成的法制系統。在法律爭論的上述過程中，正當化的爭論最終要落實到任何法律行動的法律依據。只要這條法律依據是社會所確認的法制系統中的任何一條，正當化便可成立。在社會理論和政治理論所探討的正當性問題，是在上述嚴格法律意義的基礎上發展起來的。

正當化問題雖然始終貫穿於西方社會和文化發展中的各個階段和不同領域，但在不同歷史階段和不同領域中，採取不同的演變形式。總的來說，從古希臘到近代資本主義社會和文化為止，在正當化問題上，基本上還存在著某些共同因素和一般性質，這是一種符合西方傳統的正當化模式。在這個意義上說，直到資本主義社會和文化為止，儘管這種傳統模式也有不同的歷史形態，例如採取過古希臘正當化形態、中世紀羅馬正當化形態以及資本正當化形態等等，正當化始終採取傳統的模式。後現代思想家把批判傳統正當化模式當作最中心的問題，因為這不僅涉及到對於傳統西方社會和文化的徹底批判，也關係到後現代時期所產生的各種新文化的正當化程序。

傳統的西方正當化形式，存在著兩大特徵。第一方面是關於正當化所關注的基本問題，這就是關於立法的基礎、根據、立法者和整個社會的關係；第二方

面是關於正當化過程中理性、法、神和知識之間的相互關係。第一方面的問題關係到正當化的性質，第二方面的問題主要是關於正當化的論證、證成和執行的問題，也就是正當化的程序問題。

有關正當化的性質，涉及到整個社會和文化是否需要建構一個正義和公正基礎的問題。這個問題，在西方社會和文化傳統中，基本上又是靠法制來解決。所以，如前所述，正當化的問題就其原意是來自法律的問題，是探究法律的立法基礎及其正義性。在西方法制社會中，法決定著一切有關法的執行、訴訟、爭論和監督的問題。法成為了合法和不合法的基礎和根據，法成為了一切合法事物的根據。但是，由「法」所決定的「合法」並不一定是正義的和公正的。西方社會和文化中有關法、合法和正義的上述關係，表明社會和文化發展過程中尋求正義和公正的過程，始終包含著要不要建構由法制所統治的社會以及如何建構由公正的法制所保障的合理社會的問題。為了正義和公正，固然需要訴諸於法制，但同時卻又出現了法制本身是否公正和正義的問題。所以，關於建構一個正義與合理的社會，就同時面臨著如何處理法制、正義和理性的相互關係。西方傳統的原則，是把三者看作相互依賴的循環論證關係。在建構一種新的社會時，社會共同體所有成員所面臨的基本問題和最關懷的中心問題，首先是要把大多數人所接受和確認的理想正義原則加以法制化，也就是將理想正義原則通過一系列法制系統確定下來並加以執行，同時又以符合上述原則的法制保障執行的正當性和合理性。因此，正當化的問題又自然地集中到法制及執法的問題。如前所述，法制可以決定合法性，但不能決定公正性。由此說明：正是法制的這種具有悖論性質的問題才產生出正當性的問題。在這裡，正當性的問題就集中地圍繞著法制本身是否合法和合理。換句話說，正當性和合法性需要依據社會公認的法制，然而法制本身又存在著正當性的問題。所以，法制的正當性包含著兩個基本的問題：為了維持社會和文化的合理發展，一方面需要靠由民意所確認的政府依據法律去判決各種事物的合法性和正當性，另一方面，又需要由民意所確認的另一個立法機構來保障政府的正當性。這樣一來，法制的正當性高於法制的合法性。

關於正義、合法和正當性的相互關係，關係到人類社會的最基本建構原則。任何社會，不管是採取何種形態，建構起何種統治秩序，都回避不了整個社會共同體成員的內心意識中所產生的監督性觀察和判斷。儘管社會成員中對於社會秩序和法制的意識程度有所不同，但是每個社會成員實際上都是在有意識和無意識地觀察著和判斷著社會的問題。每個人實際上都以其內心意識中的標準和原則去觀察和判斷其本身所維護的事物和秩序，去觀察和判斷他人和整個社會所提出的各種要求。所以，在每個社會成員的意識中實際上存在一個正當性的標準，而

這個標準也構成了合法的政權的最終界限。就此而言，合法性就是政治的道德界限。

　　由於西方社會和文化是以理性中心主義作爲基本原則而發展的，所以，知識的創造和發展也成爲了整個西方社會文化的核心問題。也就是說，一切最重要的社會問題，一切政治、經濟和文化的重大問題，都必須圍繞著知識問題而展開，並獲得解決。但知識是理性的產物和最高表現，又是理性本身取得中心優越地位的正當化基本途徑。一切社會文化問題的正當化，都要靠理性來解決和判斷，而理性本身的正當化又被歸結爲，並只能被歸結爲理性本身的知識化來解決。正當化問題也就同理性的知識化問題聯繫在一起。長期以來，在西方社會和文化中，正當化合理性化始終存在相互交叉、相互辯護和相互論證的迴圈關係，而這種雙向迴圈又靠知識作爲兩者的仲介，也就是靠知識而取得正當化的地位。這樣一來，正當化、理性化和知識化三者之間的微妙關係，就成爲了西方社會和文化的奧祕所在。

　　長期以來，從古希臘經中世紀基督教文化，再經過文藝復興和啓蒙運動，理性、正當性和知識的相互關係，發展得越來越複雜和越來越神祕化，以致三者之間採取越來越精緻的掩飾形態，使得西方人自己也深深地被這種傳統神祕形態所迷惑而不可自拔，也使得西方文化本身在這種由理性、正當性和知識三者所糾結的複雜關係中越陷越深。問題的複雜性還在於：正當性、理性和知識的三者關係一方面使西方社會和文化陷入越來越複雜的異化狀態，產生出各種深刻的危機，另一方面又成爲了西方社會和文化發展的內在動力，成爲積極推動西方社會和文化不斷進步和演變的內在矛盾。

　　早在古希臘時期，處於搖籃時期的西方社會和文化，在其尋求正當性基礎及正當化程序的過程中，理性主義和知識以及道德問題就相互滲透和相互迴圈地進行論證。本來，在古希臘的史前時代，主要是靠神話的敘述，將彼岸世界神的王國的統治秩序、自然世界的客觀事物和諧關係，同此岸世界中人類社會人與人之間相互關係協調起來，從而靠神話敘述來完成此岸世界人類社會人際關係正當化的主要依據（Conger, J. A. / Kanungo, R. N., 1998）。在那個時代，神話的敘述者、創造者和詮釋者，是同人類社會中人際關係的規定者、監督者和調節者自然地相同的。該時代人類社會的最簡單自然關係，把社會的統治者和被統治者之間的相互關係自然地協調起來。也就是說，當時的統治者和被統治者之間，仍然靠相當多的自然關係因素來協調，所以統治者和被統治者之間，也自然地以自然界的客觀和諧關係作爲依據，作爲社會和諧關係的基本模式。社會關係的和諧模式也就是自然界各種客觀事物間和諧模式的翻版。但是，在人類社會和自然世界

之間，人們仍然需要由神話世界所建構的「神界」作爲仲介，作爲高於兩者之上客觀中立的判準。這樣一來，人類社會的各種事物的正當性，最終靠神話製造者、敍述者和詮釋者來決定，而決定的判準是自然界的和諧關係與超自然界的神界和諧關係。隨著社會和文化的發展，自然與超自然的和諧關係，靠越來越多的人類文化因素來詮釋和調整，從而使人爲的社會文化因素取得優越於自然和超自然和諧關係的特殊地位，對於神話的創造和詮釋也越來越成爲少數占統治地位的人的特權，人際關係正當化的詮釋和執行也集中到少數統治者手中。

隨著正當化權力和執行過程越來越集中到少數統治者手中，原有的神話敍述正當化功能逐漸失去效力。統治者本身也逐漸意識到：神話敍述正當化功能的削弱，必須靠新的正當化途徑來補充和加強；不僅如此，這種新的正當化必須採取比神話敍述更複雜、更爲高明和更爲隱蔽的形式。就是在這個條件下，理性和理性化的知識摻入到正當化的過程中，成爲了正當化程序中最重要的基本環節。柏拉圖論證道：智慧、勇敢、節制和正義是實現公正社會的基礎和基本條件（Plato, Republic）。但是，在古希臘時代，理性化的知識仍然保持同神界的密切關係，並以超自然的和諧關係作爲理想模式，這就是柏拉圖時代的希臘社會正當化和知識的的基本標準。柏拉圖曾經提出理想的「理念世界」，不僅成爲和諧的自然界的原型，而且也是人類社會的理想境界（Ibid.）。理想的理念世界也就成爲正當化的標準。

從蘇格拉底和柏拉圖的時代開始，正當性、理性和知識的三者的循環論證關係便已確立。在那個時候，知識同神話敍述相比，就其執行正當化功能而言，具有如下幾個新的特徵：第一，知識比神話敍述更採取理性的形態，靠理性的邏輯力量來表達、證實和傳播；第二，知識需要靠更多的人爲文化仲介因素來創造和不斷更新；第三，知識必須採取比神話敍述更加客觀的經驗形式來表達，必須以中立的普遍性標準來檢驗；第四，知識必須靠人類實踐所累積的經驗作爲基礎和證實，因此，比神話更遠離虛幻的想像世界，更接近現實的經驗世界；第五，知識更需要長期系統的學習和訓練，需要有穩定的系統性，完全克服了神話敍述的變動性和含糊性；第六，知識的掌握和發展更需要靠學習者和掌握者的社會力量，更需要依靠特定的社會關係和社會財富；第七，任何知識都採取嚴謹的語言論述系統加以表達和陳述，並以經驗世界中的客觀物件作爲語言論述意義的指涉範圍。

在古希臘時代，作爲正當化主要形式和手段的理性知識的優越地位，是伴隨著西方文化中兩大轉折而建構和鞏固起來的。第一個轉折是由詭辯學派的智者們所完成的，其中普羅塔哥拉斯（Protagoras de Abdera）所提出的「人是萬物的尺

度」的口號最爲典型。這個轉折標誌著西方文化從以神話爲基本形式、以自然現象爲中心而轉向以人爲中心，並以知識爲基本形式。第二個轉折是由蘇格拉底學派及其繼承者柏拉圖和亞里斯多德所完成的，使西方文化從此建構起邏輯中心主義、理性中心主義和語音中心主義的文化模式。上述兩大轉折是相互聯繫和相互補充的，同時又同希臘當時社會政治制度的變革緊密聯繫在一起。由於當時的希臘社會政治制度，已經完成了城邦議會民主制同國王專制相協調的重要變革，使社會統治的正當化問題，從原有神話敘述和君主專制的基本形式轉變爲語言邏輯敘述和民主競爭相結合的知識生產和再生產的基本形式。在當時所建立的雅典議會民主制的政府機構中，全民中最有知識的人之間的民主爭論成爲了社會所公認的正當化基本途徑。利奧塔曾經指出：「正是從柏拉圖開始，科學的正當化問題同立法者的正當化問題不可分割地連結在一起。在這種情況下，決定正確事物的權力並不是獨立於決定正義事物的權力，儘管分別從屬於科學權威和立法權威的科學和立法命題在性質上是完全不同的。問題正是在於：在被稱爲科學和被稱爲倫理政治的兩種不同類別的語言之間存在著某種類似孿生子的關係；也就是說，兩者都同樣地來自一個共同的背景或共同的選擇，這一共同性，就叫做『西方』（l'Occident）」（Lyotard, J. F., 1979: 20）。

　　在中世紀的羅馬社會中，由於羅馬基督教會和世俗國王專政政權的結合，正當化的概念及其實現途徑也發生重大的變化。作爲中世紀教會和世俗政權的思想代言人，聖奧古斯丁重新論證理性、正當性和神學知識之間的三角關係。在這一時期，任何正當性都必須由理性和神性相結合所形成的最高代表——基督教會來審核、判決和宣告。羅馬教皇是當時正當化的最高權威，不但一切社會制度和文化產品都必須經羅馬教皇審核，而且歐洲各民族君主政權也必須獲得教皇的「聖化」（sanctification）。由羅馬教會所控制的「宗教裁判所」或「異端裁判所」是當時教會濫用正當化權力的具體機構。「異端裁判所」（Inquisition）是天主教會在十三世紀建構起來用於偵察和審判異端的機構，在1220年由教皇奧諾里烏斯三世（Honorius III, ?-1227）發布通令建立起來，並委派忠實於羅馬教會的多明我會（Dominican Order）和少量方濟格會（Franciscan Order）的會士主持，遍布於法國、義大利和西班牙等國。這個「異端裁判所」由教皇直轄，裁判官由教皇任命並直接控制，不受地方教會機構和世俗政權的監督，殘酷鎮壓「異端」勢力和人士，對被害者進行嚴密審訊、嚴刑拷打，甚至處以沒收財產、監禁、流放或火刑。西班牙「異端裁判所」尤爲猖狂，在1483至1820年間共迫害三十萬人左右。文藝復興時期義大利哲學家兼物理學家布魯諾（Giordano Bruno, 1548-1600）因有異端思想流亡國外，1592年返回義大利，隨即於威尼斯被「異端裁判

所」逮捕，關押八年後被燒死在羅馬。同布魯諾一樣的許多思想家和科學家，由於主張不同於羅馬教會正統觀點的科學思想和理論而遭迫害。只是從十六世紀中葉以後，隨著羅馬教皇權勢的衰弱，「宗教裁判所」才逐漸收斂。1908年，教皇將羅馬最高「異端裁判所」改為羅馬教廷「聖職部」，並親自主持，定期公布「禁書目錄」，對於參加各種異於羅馬教會的教徒處以「絕罰」（開除教籍）。即使是在法國大革命之後，羅馬教皇的上述「聖化」正當化功能，仍然發生一定的效力。1800年法國拿破崙（Napoléon Ier, 1769-1821）稱帝時，羅馬教皇以最高權威的化身為拿破崙加冕，從而完成了拿破崙帝位的正當化程序。

任何一個歷史時代的任何一種新產生的社會制度、文化形態和科學理論，在其創造和形成時期，為了其生存和鞏固其社會地位，一方面要為其自身的正當化尋求合理途徑和方法，另一方面又要對舊的、占統治地位的社會、文化和科學理論的原有正當性進行一番「非正當化」和「去正當化」（delegitimation）的批判鬥爭過程。所以，「正當化」在社會和文化的發展中，基本上經歷**兩大過程**。**第一過程**往往發生在社會和文化發生重大變革的時期。在這一時期中，新舊兩種類型的社會文化形態，就正當性問題，也就是圍繞著正當性的內容、性質、標準及其核對總和實施程序，進行激烈的辯論，甚至訴諸於其他社會文化途徑而可能發生暴力鬥爭。在這一時期中，舊的正當性標準及其程序開始受到越來越大的爭議，並隨著社會和文化變革的發展而逐漸失去有效性；與此同時，新產生的社會和文化形態的思想代言人，提出了新的正當性標準和實現程序，並在批判舊的正當性的過程中，逐漸地在社會共同體中擴散影響力。**第二過程**發生在社會和文化發展的穩定時期。在這一時期中，占統治地位的社會和文化形態以取得社會大多數人的共識為基礎，確立正當性的標準及其程序，並對其他弱勢社會文化力量和派別施行所謂的「核准」權和程序。這種「核准」權和程序，一方面當然是為了鞏固和擴大其原有的優勢，另一方面則是為了抑制、甚至派斥「異己」因素。由此可知，正當化往往通過「鞏固、擴大其原有優勢」和「抑制、甚至派斥『異己』因素」的雙管齊下途徑和程序。

西方社會自文藝復興以來，就社會和文化的正當性問題所展開的爭論，進入了一個新的歷史階段。在這以前，雖然也發生過關於正當性問題的爭論，但基本上總是限定在極其有限的範圍內，並被極少數人所操縱和確定；而社會大多數人，受到當時社會文化制度的影響，也對正當性問題缺乏興趣，更沒有積極主動地參與。文藝復興以後，形勢發生了根本變化。有關正當性的爭論，由於資本主義自由民主制的影響，不再限定於少數占統治地位的群體及其思想家的範圍之內。

韋伯曾經將正當性問題列為社會理論研究的中心。他把西方正當化分為三大類型，即通過克里斯瑪、通過傳統和通過「法」而完成的正當化。韋伯強調，任何一種社會秩序都是建立在正當化的基礎上。他認為，正當化的過程往往是那些占據統治地位的特權階層、群體，為了維持和加強他們的「生活方式」（style of life）所實施的各種積極或消極的努力。在韋伯看來，正當化的過程往往通過**權力的壟斷**（the monopolization of power），特別是通過經濟上、政治上和宗教方面的權力壟斷，以便達到建造和維持有利於統治的**社會間距**（social distance）與**排斥**（exclusiveness）的目的（Weber, M. 1946: 187; 1954: 20-33）。

在韋伯的影響下，西方社會理論研究也始終重視正當化問題。而且，為了更深入研究分析正當性和正當化的不同類別，某些社會學家主張將正當的社會秩序同「被維持成為正當的秩序」區分開來；通過這種區分，強調正當化必須以對正當性具有信念作為基礎。某些新功能論社會學家則主張：凡是依據合法形式和確定的法規而行使的政權，都足以實現任何一種政治制度的正當化。

在韋伯的正當性概念中，**實際上已經包含對於現代理性知識的重視**。韋伯認為，資本主義社會和文化的發生和發展，都依靠一種普遍的**理性化**過程。實際上，**自啟蒙運動以來，由理性主義傳統原則所決定的正當化過程，越來越同知識本身的發展及其基本矛盾相連結**。如果說，文藝復興和啟蒙運動對於基督教社會制度和文化的深刻批判，為現代知識在整個社會生活和文化活動中取得越來越優越的地位的話，那麼，近代知識的發展就越來越將西方社會和文化捲入到知識發展的漩渦中去。**正當化問題一方面越來越靠知識本身的發展，另一方面又在知識發展的矛盾和危機中顯示出其基本危機**。利奧塔指出，當代社會中商品資訊化和資訊商品化的過程，使知識已經、並將變成一個主要的賭注場所，甚至可能成為世界範圍內權力競爭中最重要的一個關鍵環節（Lyotard, J. –F., 1979: 15）。

自十八、十九世紀以來西方資本主義社會和文化的發展，在現代知識和科學技術的推動下，已經走向高度資訊化和電腦網路化的新階段。與此同時，正當性問題也發生了根本的變化。由利奧塔所開創的對於「後現代社會」的研究，就是建立在現代知識的性質和社會地位發生根本變化的基礎上（Ibid.: 11）。

十八世紀啟蒙運動圍繞著正當化問題同時地實現了兩大歷史使命：一方面對於中世紀教會正當性地位進行挑戰，另一方面提出了以理性為中心的新社會和新文化的正當化標準。從此，一切社會和文化問題，都必須拿到理性的審判臺上，由理性自身進行判斷。凡是符合理性的，都是正當的。

知識是理性的系統表現，也是真理的基礎。推崇知識、掌握知識、發展知識，成為了近代資本主義社會中掌握和發展一切權力的關鍵。正如培根所說：

「知識就是權力」（Bacon, F., 1620, In Burtt, E. A., 1967: 123）。知識的重要性也使培養和教育社會成員掌握知識的最重要場所——各級學校，成為了人們攀登權力階梯的重要途徑。由統治者所掌握的學校系統，不僅為學生培養和掌握知識提供條件，同時也為統治者選擇和培養未來的統治者、進行權力再分配的仲介機構。不僅一切權力的正當性要靠社會中最有學問的「學者」和「學術權威」來判準，而且，在學習和受教育過程中，由法制社會所提供的機會均等和自由選擇以及民主競爭的途徑，又進一步使知識的客觀性和神聖性得到普遍的公認。

由傳統的邏輯中心主義和語音中心主義所指導的西方知識論發展過程，在啟蒙運動以後，更加成為整個社會和文化發展的中心環節，成為現代性實現正當化和自我正當化的關鍵力量。但是，知識具有其自身的發展規律和自律性，儘管知識的發展過程同社會文化的整個運作機制緊密聯繫在一起，但知識的上述中心優越地位，又使知識自身的自律性發揮到超出社會和知識創造者主觀意圖的範圍之外，使知識在近一百年來幾乎成為了主宰西方社會和文化發展命運的決定性因素，因而也使知識面臨著種種危機（Gibbins, J. R., 1999）。

西方文化和知識發展的自律性，不僅表現在文化和知識於內在性質方面的異化，而且也表現在組成、表達和擴展文化與知識的語言論述形式方面的畸形發展。原有的邏輯中心主義與語音中心主義促使語言論述形式在符號和信號結構方面的特殊演變，一方面，造成了語言論述形式在語音和意義雙重結構上的進一步分離和對立，另一方面，也促使符號從語音系統中脫離出來，成為同社會和文化整體運作機制緊密相連的獨立象徵和信號體系。西方知識和文化發展上述語言論述方面的特徵，不僅決定了當代社會知識和技術形式的資訊化與信號化的特徵，而且也改變了當代社會政權和各種文化形式的正當化程序。研究當代社會和文化特徵的思想家們，都極端重視西方文化和知識的資訊化與信號化的重大變革，並強調這種知識資訊化和信號化對整個社會發生的深刻影響。

大約從五、六〇年代起，貝爾、阿蘭・杜連、福柯以及布迪厄等人，都先後在他們的著作中注意到西方社會和文化的資訊化、符號化和象徵化的趨勢和特徵，並指出知識的資訊化和象徵化對於整個社會和文化發展的深刻影響（Bourdieu, P., 1960; Bell, D., 1973; 1976; Foucault, M., 1966; Touraine, A., 1969; 1976; 1984; 1992; 1997）。本世紀六〇年代後，西方知識和科學技術性質與社會功能的根本變化，不僅使原來靠舊的知識體系而完成正當化的西方社會本身的正當性產生了質疑，而且也使正在創造和不斷膨脹的新型知識及其派生的新社會的正當性成為了問題。

由知識的變革而產生的知識正當性，由知識正當性而產生的社會正當性和文

化正當性，在西方社會從經典資本主義過渡到晚期資本主義的時候，越來越尖銳地被討論和被分析，成為了後現代思想家們進行論述的主要內容。他們所探討的問題，可以歸納成以下三大方面：第一，由舊的科學知識論述所構成的知識系統，究竟是如何為啓蒙運動以來的經典資本主義社會和文化進行正當化論證的？這種論證的性質和程序如何？這種正當化論證本身是不是具有可靠的正當性？這一系列的問題關係到啓蒙運動以來的資本主義社會的正當性問題，實際上是對於資本主義社會和文化的正當性進行重新批判和評價，也是對原有的正當化的否定，是後現代主義的「去正當化」過程。在探討過程中，啓蒙運動以來傳統原則所確認的各種正當化原則和程序，重新被質疑、被批判和被「解構」。這一探討有利於重新評價啓蒙運動以來資本主義社會和文化的正當性。第二，由西方知識和科學技術所發展出來的當代各種最新知識和技術，具有何種性質和社會功能？其正當性如何？其正當性同舊知識的正當性的關係為何？這一探討有利於研究六〇年代後，西方社會和文化的特徵及其正當性，同時也有利於探索當代西方社會的各種矛盾和危機。第三，舊的知識正當化和新的知識技術的正當化，作為語言論述的不同類型的社會運用，其語言論述結構和特徵是什麼？如果說舊的科學知識論述以「大敘述」或「元敘述」為主要形態，那麼，新的知識和科學技術的語言論述是不是可以歸結為各種語言遊戲？知識正當化的程序是否具有語言遊戲的性質？這種語言遊戲的正當化程序，對於整個社會和文化的正當性問題產生什麼樣的意義？

第二次世界大戰以後，西方社會科學界對於正當性問題的探討，遠遠超出了傳統的範圍，特別是超出啓蒙運動以來的傳統原則，超出韋伯探討的模式範圍。

哈伯瑪斯在1976年所寫的《論歷史唯物主義的重建》（*Zur Rekonstruktion des Historischen Materialismus*, 1976）一書中，大量地、深刻地探討了近代國家的正當化問題，探討晚期資本主義正當化的特徵。他認為：「正當性意味著：依據一種相關聯的政治制度的要求，以其自身精確地論證，正確地和符合法制地進行宣告。因此，正當性意味著一種政治制度的受尊重性宣告（Legitimität bedeutet die Anerkennungswürdigkeit einer politischen Ordnung）」（Habermas, J., 1976: 271）。由此可見，哈伯瑪斯在正當化概念中增添了正當化論證的重要成分。也就是說，任何一種社會政治制度的正當化，不僅必須正確地和合法地（richtig und gerechtig）依據該社會政治制度的基本要求，而且必須嚴格遵守語言論述論證的必要程序和基本要求，必須具有論證說服力。這樣一來，語言論述論證過程及其程序的有效性，便都納入到正當化的過程中去。

哈伯瑪斯關於社會正當化的上述論述，對於理解後現代正當化的問題具有重

要意義。這主要是指哈伯瑪斯第一次明確地將正當化問題歸結爲社會中各個成員進行平等的言論溝通，相互交換彼此不同意見，尋求某種透過溝通理性所建立的共識。哈伯瑪斯在強調語言論述的溝通的重要性的同時，又嚴厲批評現代資本主義社會「權力」和「金錢」對語言論述溝通過程的干預和控制，從而嚴厲批評現代資本主義社會正當化的不合理性和非正當性。哈伯瑪斯本人儘管仍然肯定現代性，他也反對各種後現代主義的論述，但是，哈伯瑪斯的上述正當化論述，使後現代思想家們注意到社會正當化問題同語言論述的密切關係。另一方面，繼續擁護現代性計畫的哈伯瑪斯，只醉心於建構通過和理論論述溝通所達成的「合理共識」，並把這種合理共識理想化，當成現代社會正當化的基本模式。正因爲這樣，後現代主義者嚴厲批評哈伯瑪斯的上述正當化理論，他們建議以自由的語言遊戲模式取代語言論述溝通所建構的共識正當化模式。利奧塔在《後現代狀態》（*La condition postmoderne*, 1979）一書中強調指出，通過語言論述的溝通所要完成的正當化程序，並不是以追求某種共識爲目的的，因爲任何共識的建構都只是有利於統治階級的社會統一化目的。利奧塔認爲：自由的語言遊戲本身具有多質性的特質，語言遊戲也因此不可能導致任何社會統一性，而只能保障和促進社會的多質性及多元性。因此，後現代社會的正當化只能通過語言遊戲的過程來建構。

後現代主義乃是一種透視現代文化的「解構」活動。他們並不同意現代主義者所提供的「苦難／救贖」模式，因爲他們並不相信現代主義所承續的傳統「大敘述」體系可以改變歷史、改變事實或創造出「人間樂園」。後現代主義者經歷了啓蒙時期以來現代資本主義的各種危機，已經清醒地意識到現代主義所承諾的「理想」的虛幻性，並從而不再對之存有幻想。

後現代主義者是一批澈底的現實主義者。他們要用「非權力話語」的新實踐，去行使某種具有實踐意義的權力話語；要用無規則的、不斷產生差異的論述遊戲，不斷吞噬傳統文化的陣地。

後現代主義作爲一種歷史和社會範疇，作爲心態、思維模式和文化範疇，作爲一種生活方式和人類活動的新模式，作爲一種表達方式和論述策略，同時也是一種新的正當化程序。後現代主義以其自身的湧現、存在和不斷批判活動，以其向現代社會和文化的滲透，特別是通過它對於人的精神活動和心態的擴張，不斷地實現和完成它自身的自我證成及自我正當化。

因此，作爲一種實踐，它也是一種反傳統的策略遊戲，是對西方文化所經歷的整個道路義無反顧和無所禁忌的反思，是對歷史上已經完成了的各種「啓蒙」的「再啓蒙」，其根本訴求是在摧毀傳統文化中達到精神活動的最大自由，尤其

求得思想和生活的更大自由，達到他們所期望的不斷超越的目標。

　　然而，不斷超越的目標本身，又是在不斷更新中被改變。因此，嚴格地說，他們的超越活動並沒有固定的明確目標。他們同一切目的論者毫無共同之處。

　　正因爲後現代主義者沒有明確目標，所以他們也不打算在批判中提出任何一種具體的新方案來取代傳統。但是，這是一種沒有目標的目標，是「沒有目的的合目的性」，因此也是達到康德所說的「一個目的的王國」（a realm of ends）的眞正途徑。在這個「目的的王國」裡，人人都是目的自身，人人都是自身的眞正主人。後現代主義所追求的理想「目的的王國」，同傳統社會和傳統理論以及傳統道德所追求的最終目標根本不同。最大的不同點，就在於後現代主義者的理想社會中，再也不存在以人爲中心的「自然／社會」的二元對立世界，同樣也不存在人類生活世界中的「道德／非道德」、「眞理／謬誤」和「美／醜」的對立生活模式。後現代主義所追求的理想社會，使個人自由達到最高程度，但又保持著複雜變換的主體間關係的網絡。在這種社會中，不但個人間的關係、個人同團體的關係以及個人同整個社會的關係，而且人類共同體同自然和同歷史整體的關係，都變得更加不確定而模糊。表面看來，這是一種人類返回原始狀態的渾沌世界；但後現代主義者期望具有高度自由創造能力的人類社會本身，最終可以在這種渾沌的世界中實現眞正的自由。

　　當人類進入二十一世紀之後，後現代主義仍然以其新穎的形式和迷人的吸引力向各個領域擴散。因此，了解它的產生和擴散過程具有重要意義。

第二節　利奧塔的後現代論述及策略

　　利奧塔是法國最典型的後現代主義（Post-Modernisme）思想家。正是他，將從十九世紀上半葉早就形成、而後又歷經一百年左右持續發展的後現代思想，在二十世紀七〇年代，以哲學理論和方法論的系統形式，正式地提出，並加以論述和加以正當化。他在1979年發表的《後現代狀態》（*La condition postmoderne*）一書，被學術界公認爲「後現代」理論和方法論的代表作，無疑是當代後現代主義理論的奠基性著作。從那以後，後現代理論正式登上西方理論與學術舞臺，成爲二十世紀下半葉最重要的一個社會思潮；其影響之深刻和廣泛，致使整個西方人文社會科學理論和方法論以及社會生活方式都發生了巨大的變化。

　　利奧塔並不是從一開始就是明確的後現代思想家。他同其他法國同時代思想家一樣，從二次世界大戰後所形成的法國活躍理論思想界那裡，獲得了無窮無盡的思想啓示，使他有可能很快地成爲法國、以致整個西方思想界的一顆明星。

利奧塔思想發展的第一階段，是現象學和馬克思同路人時期。他最早受胡塞爾現象學的影響，並從現象學那裡學到了銳利的方法論武器，開始對傳統思想進行批判和分析。1954年發表的《現象學》（*La phénoménologie*），是他的成名作。他同當時許多法國青年思想家一樣，對現象學情有獨鍾。同時，他也和當時法國青年思想家一樣，深受馬克思思想的影響，對社會的非正義深感不滿。他在1956年發表的〈關於馬克思主義〉（Note sur le marxisme, In "Tableau de la philosophie contemporaine", Fischaber, 1956, p. 57）一文中，強調「人是他的作品的作品」（l'homme est l'oeuvre de ses oeuvres）。他當時雖然也標榜尼采主義的虛無主義觀點，但他的重點是實行一種消滅國家的左傾政治路線。因此，他參加了激進的工人團體「工人權力」（Pouvoir-Ouvrier），並同勒福特（Claude Lefort, 1924-2010）和卡斯托里亞迪斯（Cornelius Castoriadis, 1922-1997）一起，主辦《社會主義或野蠻》（*Socialisme ou Barbarie*）。在二十世紀六〇年代的學生和工人運動中，他始終都是積極的參與者和支持者。1968年法國學生運動使他進一步活躍起來，當時他成為了學生運動的主要鼓動者之一。

利奧塔思想發展的第二階段，是七〇年代上半期，當時他離開勒福特和卡斯托里亞迪斯等人，更多地從佛洛伊德和馬克思的思想中吸取思想養料，特別是更多地關心社會和文化問題，集中探討思想創作及美學問題。他引用馬克思的政治經濟學原則，並同佛洛伊德的潛意識性欲學說結合起來，完成了他的博士論文《論述和形象：一篇美學論文》（*Discours, figure: un essai d'esthétique*, 1971）。然後，他又同德勒茲等人一起，從馬克思、佛洛伊德和尼采哲學的角度，對人的欲望，特別是性欲的重要作用給以充分的注意。他將佛洛伊德、尼采同馬克思思想相結合的結果，發表了《性動力經濟學》（*Économie libidinale*, 1974）。他在上述兩篇著作中，無情地批判他以往的兩位朋友：勒福特和卡斯托里亞迪斯。利奧塔顯然已經對社會主義革命運動不感興趣，只考慮從文化方面深入分析和批判當代社會，試圖從中找到一條克服資本主義社會危機的道路。**他顯然認為，資本主義社會的根本危機（crise）是文化問題和人的思想認識問題。**他在《從馬克思和佛洛伊德偏離》（*Dérive à partir de Marx et Freud*, 1973）一書中，明確地表示他同馬克思和佛洛伊德的關係：既從他們那裡獲得啟發，又超出他們的原有觀點。他認為，馬克思理論中所宣導的「解放」運動，其本身是以一種對極權主義的崇拜作為基礎的。他決定批判馬克思這一部分思想，更多地發展馬克思所沒有來得及全面展現的文化批判觀點。他從馬克思那裡獲得的是批判的力量和靈感，而從佛洛伊德那裡吸取的是性動力（libido）的概念；但利奧塔認為，馬克思只集中批判社會經濟和政治的層面，缺乏對於文化的更深入的分析，同時也忽略了

人的內心情感的複雜性及創造性，而佛洛伊德過多地強調性欲的動力學，缺乏對於整體社會的分析和批判。因此，利奧塔決定對馬克思和佛洛伊德進行必要的修正和補充，並把他們的思想更多地同尼采的思想結合起來，使之更澈底地同傳統思想和文化劃清界限。

　　利奧塔在改造佛洛伊德和馬克思思想的同時，也同當時其他法國思想家一樣，從結構主義那裡獲得了必要的啓示。結構主義至少在批判傳統主體觀方面取得了很大的成果。利奧塔進一步揭露傳統主體（le sujet）概念的虛空性，並把它同傳統道德及各種意識形態聯繫在一起，指出它同統治階級思想的緊密關係。當然，利奧塔並不採用馬克思的階級概念，而是以結構主義的觀點，強調社會階層的區分對於思想統治的決定性影響。利奧塔在《衝動的裝置機器》（*Des dispositifs pulsionnels*, 1973）一書中，強調所謂「體系」是傳統思想和文化用以表達統治者權力意圖的敘述手段，在體系中所貫徹的，是以知識理論形式所體現的社會利益關係的調整邏輯。因此，必須以新的表達方式取代「體系」。這個同體系根本對立的新因素，就是「性動力裝置」（dispositif libidinal）；它無非就是人的自然情感心理能量的釋放、捕捉和交換的組織。在這裡，利奧塔已經明白地提出了他在後來所堅持的基本思想，這就是他反對傳統「大敘述」（grand récit）體系的新符號論。他指出，一切經濟活動，就是互相交流的能量的表現。他極端重視佛洛伊德的「能量」（energie）概念，將佛洛伊德原來用以表現性動力的「能量」概念，改造成具有信號結構的力量對比關係網，並結合當代社會的溝通活動的特點，強調能量足於構成社會活動及各種社會運動的動力。在當代社會的溝通中，能量轉化成各種資訊和資訊結構及容量。所以，符號及資訊的交流實際上就是能量的較量和均衡化過程。人類社會的平衡或穩定，主要決定於整個社會能量交換的過程及其結果。他認為，一切信號（signe），並不只是單義或多義的，而且也是「二重結構」（duplice）。因此，一切信號都是一種張力關係，因而也就是可以產生能量的機構。它不可避免地成為不斷向內和向外擴張的原動力。傳統理論就是看不到推動思想發展的這個原動力，才將思想的創造性誤導成為一系列理論上、美學上和經濟學上的「體系」。他明確地摒棄傳統的虛無主義和批判方法，也反對一切類型的辯證法，包括黑格爾的思辨辯證法、馬克思的唯物辯證法和阿多諾的「否定的辯證法」。同時他也否定一切主體哲學，包括已經進行某種改造的現象學主體哲學和拉岡的主體精神現象學在內。從這一時期利奧塔的著作中，可以看到已經形成的「欲望政治」（le politique du désire）和「欲望哲學」（la philosohie du désire）的輪廓。

　　與此同時，利奧塔還非常重視美學理論。他在這一時期以他的「性動力裝

置」範疇為基礎，提出了完整的新美學概念，使他對當代法國美學思想的創建和發展做出了重要貢獻。他在1971年發表的博士論文《論述和形象：一篇美學論文》就是一篇研究美學的專著。在他的這篇論文中，利奧塔指出，在論述環境文本中，仍然還存在另一種類的論述，這就是以「形象的空間」（l'espace figural）的形式所表現的論述。它本身無疑是形象，但它又隱含著某種「力」（la force），某種同欲望密切相關的「力」。這種以形象形式呈現的論述，就其理論層面來說，不是同一般論述相對立（opposition），而是相區別（différence）。這類同欲望相關的形象論述，作為一種力，往往不知不覺地影響著「再現」（la représentation）。利奧塔在這裡首次明確地將藝術作品中的形象（包括圖形、形式及表象等）看作特殊形式的論述，並同一般論述一樣，在藝術作品中發揮其不可或缺的社會功能。尤其值得指出的，是形象式的論述同欲望之間的特殊密切關係，因為它同欲望之間存在著密切關係，使它作為一種「力」，在相當大程度上比藝術作品中的一般論述更能征服人心，並由此而加強了藝術作品的魅力。利奧塔還指出：由於藝術作品包含著形象和一般論述兩種形式不同的論述，使藝術作品具有欺騙（déception）和批判（critique）的雙重功能。

在第三階段，利奧塔總結了系統的後現代理論。他在1979年發表的《後現代狀態》一書就是這一時期的代表作。我們將在以下專門章節集中分析他的後現代思想。他在這一時期還發表《變革者杜桑》（*Les tranformateurs Duchamp*, 1977）、《異教徒的指示》（*Instructions païennes*, 1977）、《異教徒基本知識》（*Rudiments païens*, 1977）、《震撼的敘述》（*Récits tramblants*, 1977）、《太平洋之牆》（*Le mur du Pacifique*, 1979）以及《論正義》（*Au juste*, 1979）。利奧塔在這一時期，將他的後現代理論運用於社會正義問題，將維根斯坦後期的語言遊戲（jeu de langage）理論作為基本模式，深入探索後現代社會正義的運作機制。同時，他開始大量地研究後現代社會的美學問題，對繪畫等藝術作品進行新的探討。

八〇年代後是利奧塔思想發展的最後階段。他在這一時期，繼續擴散他的後現代思想觀點，發表了一系列重要著作，包括《繪畫的部分》（*La partie de peinture*, 1980，與馬謝洛尼合著）、《阿爾伯特・艾默的近作中由色彩建構的時間》（*La constitution du temps par la couleur dans les oeuvres récentes d'Albert Ayme*, 1980）、《論區分》（*Le différend*, 1983）、《經驗透過繪畫的殺害》（*L'assassinat de l'expérience par la peinture*, 1984）、《知識分子的墳墓及其他論文》（*Tombeau de l'intellectuel et autres papiers*, 1984）、《判斷的功能》（*La faculté de juger*, 1985，與德希達等人合著）、《向兒童們解釋的後現代》（*Le*

postmoderne expliqué aux enfants, 1986）、《熱情：對於歷史的康德主義批判》
（*L'enthousiasme: La critique kantienne de l'histoire*, 1986）、《海德格與「猶太
人」》（*Heidegger et les 《juifs》*, 1988）、《非人》（*L'inhumain*, 1988）、《阿
爾及利亞的戰爭——1956-1963論文集》（*La guerre des Algériens Ecrits 1956-
1963*, 1989）、《長途旅行》（*Pérégrinations*, 1990）、《對於崇高的分析講演
錄》（*Leçons sur l'Analytique du sublime*, 1991）、《關於童年的講演集》（*Lec-
tures d'enfance*, 1991）、《游泳的天使》（*L'ange qui nage*, 1995）、《語言與自
然》（*Langage et nature*, 1996）、《馬爾羅的簽署》（*Signé Malraux*, 1996）、
《布洛格繪畫中的姿態分離》（*Flore dancia: la sécession du geste dans la peinture
de Stig Brogger*, 1997）、《由於色彩是一種塵埃》（*Pastels / Pierre Skira: Parce
que la couleur est un cas de la poussière*, 1997）、《繪畫對經驗的扼殺：摩諾里》
（*The assassination of Experience by Painting, Monory; L'assassinate de l'expérience
par la peinture, Monory*, 1998）、《法規之前和之後》（*Before the Law, After
the Law: An Interview with Jean-François Lyotard conducted by Elisabeth weber*,
1999）、《喑啞的房間》（*Chambre sourde*, 1999）、《奧古斯丁的懺悔》（*La
confession d'Augustin*, 1999）及《哲學的貧困》（*Misère de la philosohie*, 2000）等
等。由於利奧塔明顯地成為了後現代主義思潮的代表人物，1985年巴黎「龐畢度
國家藝術與文化中心」（Centre Georges Pompidou）舉辦有關後現代文化的展覽
會時，特地邀請他擔任該展覽會的總設計師和總負責人。1984年至1986年，利奧
塔繼德希達之後被法國政府任命為巴黎國際哲學研究院（Collège International de
Philosophie）院長。由於利奧塔在理論上的卓越貢獻，美國加里福尼亞大學授予
他榮譽博士學位。耶魯大學和約翰霍普金斯大學也邀請利奧塔擔任講座教授。

　　利奧塔在1979年所發表的《後現代狀態》被認為是二十世紀後現代主義者的
一份哲學宣言。利奧塔在一次談話中說：「當我發表《後現代狀態》一書的時
候，我並不抱有引起爭論的意圖；我一點都不想、一點都沒有理由去發動一場爭
論。……這項研究甚至並非由我引起的，因為這是由魁北克大學向我委託提出
的：我必須為他們研究發達社會的知識的狀況。因此，我可以很容易地肯定說，
『後現代性』這個概念，首先並不確定任何固定的定義，也不確定任何一個歷史
時代的期限；其次，它只是表明這個詞本身，也就是說，這是一個沒有連貫性的
詞。正是因為這個原因，我才選擇使用它。它只有起著一個警世告示的作用。這
個字是用來表明：在「現代性」之中存在著某種正在頹廢的事物」（Lyotard, J. -
F., 1985: 43）。

　　在這簡單的幾句話中，利奧塔關於後現代的問題作了幾個方面的說明。第

一，「後現代」問題是在西方發達國家的現代知識發展到一定程度的情況下提出來的。西方社會自十六至十七世紀出現資本主義以來，特別是自從十八世紀啓蒙運動以來，知識成爲了形成、維持和發展現代社會制度的基本條件。但是，西方社會的知識從二十世紀中葉以後，不論是其內容、形式或社會功能，都發生了根本的變化。西方現代知識的上述根本變化，導致西方社會原有的資本主義制度在性質方面的重大轉變。這一狀況引起了西方社會統治階級及其知識分子的嚴重關切。這就是利奧塔接受這項關於後現代社會的研究計畫的直接原因。正因爲這樣，在利奧塔的這本書中，幾乎從頭到尾都以分析和研究現代知識的轉變爲主題，深入從各個方面研究現代知識的變化狀況、原因、表現形式、社會基礎及其後果等等。利奧塔指出：「我們的工作的假設就是：隨著社會進入到後工業時代以及文化進入後現代時代，知識的地位及身分發生了變化。這個轉變的過渡時期，至少是從五〇年代開始，因爲對於歐洲來說，這一時期代表著它的戰後重建的結束」（Lyotard, 1979a: 11）。利奧塔接著指出：在西方各國，上述變化的時間並不相同。既然對於西方各國來說無法明確指出發生上述重大轉變的確切時間，他寧願以分析導致發生這個變化的基本原因爲主。他認爲，最能夠對他的研究計畫產生決定性影響的因素，是西方國家的現代科學知識的狀況。利奧塔強調指出，「科學知識是一種論述」（Le savoir scientifique est une espèce du discours）（Ibid.）。但是，當代社會的科學論述，已經同古典的和傳統的西方近代知識論述有根本區別。知識論述模式和方法的變化，正是後現代社會到來的一個最重要指標。我們將在以下的說明中看到：利奧塔關於後現代的分析和新論述，都是同現代知識論述結構的變化直接相關。第二，「後現代」這個詞並沒有固定的定義，也並不明確指涉某一確定的歷史時期。這是利奧塔長期研究後現代問題之後所得出的重要結論。實際上，正如拙著《後現代論》（請參看臺北五南版）所總結的，後現代主義者，連同利奧塔在內，都沒有對「後現代」做出任何明確的定義。這正是後現代主義的特徵所在。後現代主義者爲了顯示他們與傳統思想和理論的根本區別，從來都不願意給自己的思想和理論以及他們的基本概念做出確定的定義，因爲他們認爲，任何做出界定的做法和企圖，都是傳統西方思想的基本特徵：傳統思想從同一性原則出發，試圖將一切知識論述都納入邏輯中心主義的體系之內。第三，「後現代」這個詞是用來**警世告示**，告訴我們：**在「現代性」之中存在著某種正在頹廢的事物**。現代性指的是一切與現代社會相關的基本精神和基本原則。利奧塔坦承作爲現代資本主義社會基本核心的部分，已經出現某些頹廢的東西。現代性的某些頹廢傾向，導致一系列社會問題的出現，尤其是產生了正當化問題的新轉變。這個社會所立足的基本原則和基本精神，已經過時

了，它們的正當性受到了挑戰。後現代就是在這種情況下出現、慢慢發展起來，並在最後成為了一股重要思潮。

談到「後現代」的條件，首先，利奧塔顯然很重視西方社會自五〇年代以來所發生的根本變化。利奧塔在他的書中特別引用了法國社會學家阿蘭·杜連的《後工業社會》（Touraine, A., 1969, *La société postindustrielle*）、美國社會學家貝爾（Daniel Bell, 1919-2011）的《後工業社會的到來》（Bell, D., 1973, *The Coming of Post-Industrial Society*）、美國文化研究者哈桑（Ihab Hassan）的《俄爾弗斯神的肢解：後現代文學探究》（Hassan, I., 1971, *The Dismemberment of Orpheus: Toward a Post Modern Literature*）、美國文學評論家本那姆（M. Benamou）與卡拉美洛（Ch. Caramello）的《後現代文化的成就》（Benamou, M. And Caramello, Eds., *Performance in Postmodern Culture*）及德國文化研究者柯勒（M. Köhler）的《後現代主義概念歷史概述》（Köhler, M., 1977, *Postmodernismus: ein begriffgeschichtlicher Überblick*）的著作，說明「後現代社會」在經濟、政治和文化等方面的特徵。所有這些陸續發表於二十世紀六〇年代至七〇年代期間的著作，都強調「後現代」作為一個新的社會文化範疇已經普遍地產生，並向傳統所說的「現代」或「現代性」發出不可忽視的挑戰。

所以，後現代社會的出現並不是偶然的。它是自十六、十七世紀形成的現代資本主義社會發展的一個結果。資本主義社會經歷三、四百年的發展之後，不論在政治、經濟和文化方面都取得了空前未有的成就；而且，資本主義社會至今還保留它蓬勃的生命力。但是，與此同時，資本主義社會又隱患著利奧塔所說的那種「正在頹廢的事物」，包含著一系列由它自身的性質所帶來的矛盾和悖論；這些矛盾和悖論正在隨著資本主義社會的演變，而形成為它自身發生內在危機的危險因素。後現代主義者就是在這種情況下，從十九世紀中葉開始，就已經慢慢地孕育在資本主義社會內部，作為它一個強大的批判力量發展起來。二十世紀中葉是西方社會發展的重要轉捩點和分水嶺：經過半個世紀內接連發生的兩次世界大戰的浩劫，資本主義社會顯示了它難以克服的內在矛盾，使西方社會中原有的「後現代」力量獲得充分的條件，全面地在整個社會中呈現出來。在這個意義上說，**後現代主義就是現代性本身的自我批判、反省、顛覆和歷史轉機**。

利奧塔在其著作中指出，經歷現代性本身近幾個世紀的發展和演變，現代性的正當性，已經明顯地成為值得人們質疑的問題。在當代，究竟以什麼條件，才能正當地說，某一條法規是符合正義（justice）的？或者說，某一種知識是正確的？在現代社會中，曾經存在過「大敘述」，大談「公民的解放」、「精神的現實化」或者「無階級的社會」等等。整個現代社會，為了使其知識和行動取得正

當化，都訴諸於這些「大敘述」（le grand récit），作為出發點和精神依據。

但是，到了後現代社會階段，所有這些都過時了，人們不再相信這一套了。在後現代社會中，決策者為人們開創了社會財富和權勢增長的廣闊前景，並透過其高度發達的溝通手段就可以輕而易舉地使整個社會接受下來。知識成為了資訊化的商品，成為了獲利的源泉，也成為了決策和宰制的手段。

顯然，如果說，在現代社會階段，人們是透過「大敘述」來實現正當化的話，那麼，在後現代社會中，是靠什麼完成正當化？是寄望於整個系統的高效率的運作嗎？但是，這是一種屬於技術的標準，它並不能判斷正確或正義。那麼，是訴諸於公民的共識嗎？但事實卻不是這樣，因為所有技術的發明都是在意見不合的情況下做出來的。

值得注意的是，在後現代社會中，知識不僅成為權力的工具，而且，它使我們對各種不同的事物的感受變得越來越敏感，同時也增強了我們承受不可通約性的能力。更為奇特的是，知識之成為知識的真正原因，並不存在於發明它們的專家之中，而是完全取決於其發明者的謬誤推理過程。在這種情況下，社會關係或者社會正義的正當性究竟又是什麼呢？它們又如何來衡量？所有這些就是現在的後現代社會所面對的問題。

換句話說，後現代社會使技術，特別是通訊、資訊和電腦技術變成為決定社會生活的正義性和合理性的主要依據，但後現代社會的技術本身的正當性卻成為了問題。怎麼辦？利奧塔在這裡所能提出的唯一辦法，只能是訴諸於藝術，因為只有藝術的自由創造，才是擺脫這一切悖論、矛盾、困境的場所。

為了批判現代性，利奧塔針對啟蒙運動思想家對於普遍人性和個人解放的「後設論述」，進行多方面的批判。首先，利奧塔揭露了啟蒙運動思想家進行普遍人性和人類解放後設論述的邏輯中心主義錯誤原則。他同其他後現代主義者一樣，遵循現象學方法論關於「返回事物自身」的原則，不贊成對於活生生的個人進行邏輯的普遍歸納和抽象分析。他發揚胡塞爾和海德格關於生活世界中個人的現象學分析原則，強調個人生活中的不確定性和具體性，強調個人創造性的自由本質。第二，利奧塔批判了有關人類普遍歷史的錯誤概念。他認為，由中世紀基督教神學家和思想家所進一步加強的人類普遍歷史的概念，不過是繼承和發展自古希臘以來所確立的傳統人觀和歷史觀。利奧塔指出，不管是現代社會的著名文學家拉布雷（François Rabelais, 1494-1553），還是思想家蒙泰涅（Michel Eyquem de Montaigne, 1533-1592）和笛卡兒，都是從中世紀神學家聖奧古斯丁那裡借來「人類普遍歷史」的概念。而且，在利奧塔看來，整個十九和二十世紀的思想和行動，基本上都是受到一個重要概念的指導的，而這個重要概

念就是「解放」（Libération）的概念（Lyotard, J. –F., 1988b：40-41）。第三，利奧塔嚴厲批判現代人性論的形上學基礎。現代形上學在歌頌和崇尚人性的同時，不僅將人性理想化和抽象化，使人性透過邏輯抽象完全脫離現實的生活世界，脫離活生生的有生命的個人，而且也將人性同非人性絕對地割裂和區分開來，甚至對立起來。現代形上學的這種錯誤，不僅同上述理性中心主義及其二元對立統一原則密切相關，而且也試圖否定在現實生活世界中實際存在的多元化人性表現，試圖強制性地將變動著、處於潛伏狀態和有待未來發展的人性加以約束，使他們成為占統治地位的論述主體和權力主體追求利益的犧牲品。第四，利奧塔從「後現代」不斷區分的「延異」基本原則出發，強調人性和非人性的不斷區分化過程的生命特徵，強調人性和非人性的相互滲透及其不穩定性，並把人性和非人性的不穩定性當作人的基本實際存在狀態。利奧塔在《非人性》一書中指出：人性是在非人性發展中隱含的。現代性以「進步」的基本概念吞併了非人性，並把非人性排除在「進步」之外，試圖論證現代性的「進步」的人性本質（Lyotard, J. –F., 1988a）。第五，利奧塔還進一步批判以啟蒙思想為基礎所建構的資本主義社會制度，包括資本主義的政治、經濟和文化教育制度。利奧塔把整個資本主義制度體系當成是各種知識論述的實際表現，當成是知識論述的現實化。第六，利奧塔深入批判為這些論述及其制度化進行辯護和論證的正當性原則。

利奧塔對於啟蒙思想的批判，為後現代主義提供了批判現代性的基本模式。總的來講，利奧塔在他的《後現代狀態》一書中，除了分析了後現代出現的社會文化條件以外，還集中指出了導致這個轉變的「正當性」（合法性）（légitimation）和方法論的問題。

關於「正當性」問題，利奧塔首先強調了他這個概念同哈伯瑪斯的概念的不同點。他指出，他所說的正當性比哈伯瑪斯所說的概念（參看哈伯瑪斯1973年發表的《晚期資本主義的正當性問題》）包含更廣闊的含意。他認為，哈伯瑪斯更多地從權威性（autorité）觀點來談正當性（Lyotard, 1979a: 19）。所謂正當性，指的是「立法者（législateur）獲准頒布一個作為準則的法律的程序」（la légitimation, c'est le processus par lequel un législateur se trouve autorisé à promulguer cette loi comme une norme）（Ibid.）。

正當性問題包含著兩個互相牽連的方面：一方面，後現代社會的到來，使原來的正當性程序成為了人們質疑的問題，這是因為原有的正當性程序是依據十八至十九世紀時期所確定的原則和標準，社會的根本變化使這些舊有的正當性程序失去了效能，喪失了它的合法性，不再適用於當代社會；另一方面，新產生的後現代科學知識論述，也沒有經過正當的程序完成和確立其正當性。所以，利奧塔

從上述兩方面對正當性問題進行分析。

關於方法論問題，利奧塔強調透過**語言遊戲**的必要性。他說：「對於所討論的問題，我們傾向於這樣一種程序，這就是把重點放置在語言事實上，因而也集中在語言的語用方面」（Lyotard, 1979a: 20-21）。依據這種語言遊戲原則，首先，**說話就是在遊戲意義上的戰鬥**（parler est combattre, au sens de jouer），因此，語言行動類似於一般意義上的角鬥和競技（agonistique générale）；也就是具有進行體育運動競賽的性質。這種源自於古希臘城邦生活一般原則的遊戲，既表現了人類文化活動的高度禮儀性和藝術性，又顯示人與人之間透過相互競爭達到總體上提升社會文化的目的。尼采曾經高度讚賞古希臘的競技活動，認為這是具有重要社會文化意義的人類特殊活動，應該成為整個人類社會文化生活的基本模式（Ibid.: 23）。其次，利奧塔強調：不應該把語言遊戲當成神祕不可測的事物，它實際上就是可觀察到的社會聯繫（le lien social）；換句話說，社會聯繫就是語言遊戲的現場表演。「簡單地說，社會聯繫的問題，作為人與人之間的關係，是語言的一種遊戲」（Ibid.: 32）。上述兩條原則是相互補充的。

利奧塔所總結的上述後現代主義原則，包括其正當性和語言遊戲原則，都是非常重要的，它們幾乎成為了這個後現代主義者的統一訴求和基本策略。後來，利奧塔在談到後現代主義的基本原則時說：「**後現代主義就是要尋求這樣一種正義，就是敢於冒險去從事應該去做的那些假設……這類假設包含著一種絕不是經協調同意而產生的正義觀念**」（Lyotard, J. –F., 1984a）。利奧塔在談到後現代的遊戲冒險精神時，再一次批判啟蒙時代以來所確立的「協議」和「共識」的原則，強烈反對以同一性原則實行正當性程序，也反對透過「共識」所達成的合法性。在利奧塔看來，只有實行語言遊戲的方法，才能達到真正的社會正義，才能完成真正的正當性。

在談到後現代主義的基本含意時，利奧塔進一步明確地**把後現代主義的基本精神歸結為「永遠保持初生狀態」**。他說：「一部作品之所以可以成為現代的，僅僅是因為它首先是後現代的。這樣來理解的後現代主義，不是作為其終結的現代主義，而是處於其初生狀態的現代主義（in the nascent state），而且這個初生狀態是經久不變的」（Ibid.: 79）。一種經久不變的「初生狀態」，就是永遠保持新的創造精神的那股生命力。

「現代性的初生狀態」之所以珍貴，就在於它顯示了一種敢於冒險從事一切可能的事情的創造性精神。這也就是表明，後現代主義所追求的，是創作過程中的自由活動，是一種最大限度的創作自由；為此，可以不計代價、不顧效果和不講形式，不要任何約束，也不包含任何目的。簡單地說，它就是遊戲。人生就是

一場遊戲，它是以語言遊戲爲基本模式所進行的追求無限自由的活動。實際上，伽達默在《眞理與方法》一書中論述遊戲的自由性質時，也談到了遊戲中的冒險精神，他說：「遊戲本身對遊戲者來說，其實就是一種風險。我們只能與嚴肅的可能性進行遊戲。這顯然意味著，我們是在嚴肅的可能性能夠超出和勝過某一可能性時才參與到嚴肅的可能性中去。遊戲對遊戲者所展現的魅力就存在於這種冒險之中，由此我們享受一種作出決定的自由，而這種自由同時又是要擔風險的，而且是不可收回地被限制的」（Gadamer, H. –G., 1986[1960]: I. 111）。利奧塔及後現代主義者所追求的，是生命創造活動本身，而不是這個創造活動的規矩和任何結果。

如果說一切知識論述，包括後現代的科學論述及其語用活動，都不能完全符合他們所追求的語言遊戲狀態，都無法眞正達到後現代主義者所追求的最大限度的自由的話，那麼，只有在眞正的藝術創作中才能找到出路。利奧塔認爲，後現代的科學論述是以追求不確定性爲基本目標（Lyotard, 1979a: 88-90）。但後現代的科學論述所實行的不確定的原則，仍然缺乏其正當性。所以，與後現代藝術相比，即使是後現代科學論述也無法與後現代藝術的語言遊戲相比擬。

在利奧塔和後現代主義者看來，藝術（art）之爲藝術，其靈魂並非已經凝固成藝術作品的那種固定不變的外形和主題內容，而是藝術家在創作進行中的一切變動中的可能性因素。正是這些因素才體現出創作中的無限生命力，才是眞正創造的潛在動力；因爲只有可能性的因素，才是最千變萬化的，才是最具豐富和長遠的前瞻性。只有在創作中的可能性因素，不管來自主觀還是來自客觀的，才是最有創造潛力的。

後現代藝術反傳統之眞正意義，正是爲了將後現代藝術帶領到其自身所追求的那種眞正自由的可能性境界中，以便使其自身進入一種破除一切框框和規則的純粹可能性領域之中，在自己開闢的廣闊的可能性王國中施展其可塑性的潛在創作才能。後現代藝術正是以自身之可能性身分以及其陷入可能性境界爲目標。在這個意義上說，一旦其創作活動所開創的可能性維度達到極限時，它作爲藝術的眞正生命也馬上停止和喪失。爲此，後現代藝術往往盡可能尋求某種延長其可能性的方法和程序，使其藝術作品本身隨時可以在重演中再現可能性。

利奧塔和後現代藝術家之所以在其藝術創作中追求以「不確定性」（Incertitude; Indeterminacy）作爲基本形式的絕對自由，固然是因爲他們已經對傳統藝術所規定的各種確定性感到厭煩，而且更重要的，是因爲他們看到現實生活的不自由，又看到了現實生活中無法實現他們所追求的那種眞正自由，感受到在現實生活中無法實現作爲目的自身的人所追求的那種自由。因此，他們意識到只有在藝

術創作中，在藝術活動作爲一種最自然的遊戲中，才能實現人絕對自由的理想。換句話說，利奧塔和後現代主義者訴諸藝術創作的自由，顯示其對於人的自由的無限嚮往，固然是對於現實生活的否定和反叛，但同樣也是在積極探索人的自由的最大可能性。

因此，在利奧塔和後現代藝術家看來，在藝術創作中追求不確定性的那種自由，並非簡單地是一種對現實生活的回避，並不是一種烏托邦式的避難行爲，而是一種對於現實的挑戰和批判，是在創造中尋求未來自由的可能性。這是一個對於過去、現在和未來，對理想和現實的反覆反思的最高綜合。人的自由只有在這種複雜的多維度的來回運動的遊戲中，才能得到最高的實現。

正是在這個意義上說，「後現代」早就隱含於「現代」之中。利奧塔指出：「必須指出，後現代早已內含於現代之中，因爲在實際上，現代性，作爲現代的時間性，本身就包含著一種使其自身朝向另一種狀態超越的衝動力。而且，現代不僅僅要超越自身，還要在自身之中尋求達到絕對穩定狀態的解決方案，就像烏托邦的計畫那樣；此外，現代還包含著『解放』的大敘述式的政治解決方案。從它的構成過程，現代性就一直是孕育著後現代性」（Lyotard, 1988a: 34）。

利奧塔關於後現代的各種論述都是立足於對現代知識的批判的基礎上。他認爲，現代科學知識是現代社會發生根本變化的決定性力量。利奧塔發現：自第二次世界大戰以來，現代科學知識，特別是尖端科學技術的性質及形式發生重大變化，這些變化的基本特徵是同語言密切相關，由結構主義語言學家杜別依茲科依（Nikolas Serguëïevitch Troubetzkoy, 1890-1938）所創立和發展的現代音位學（phonologie）和語言理論，由維納（Norbert Wiener, 1894-1964）等人所開創的現代溝通理論和控制論（Cybernétique, Cybernetics），由數學家約翰・馮・紐曼（Johannes von Neuman, 1903-1957）等人所創立和發展的現代代數與資訊學、電腦及其語言的研究、語言翻譯學以及自然語言同機器語言之間的可容性、人工智慧的研究等等，所有這些，儘管遠沒有窮盡現代知識的發展狀況，也已經足於證明：現代科學知識的發展和革命是同語言問題密切相關。由於語言、通訊、溝通、資訊等方面的因素所引起的科學技術革命，至少從兩個方面巨大地影響了知識本身的發展：知識的研究和知識的傳播。例如，現代生物化學中的基因學就是在很大程度上受到了控制論成果的影響。而且，由於現代技術的發展，使各種機器和知識研究工具及儀器越來越精緻化、微小化、正規化和商業化，致使知識的傳播方式、途徑及其方法發生了變化，更加有利於知識的全面和迅速的傳播、普及化、大眾化及商業化。與此同時，知識的獲得、傳授、分類、儲存、生產及開發的方式也發生變化。知識本身的性質和內容也隨之發生變化。從此以後，各種

知識都可以迅速地轉化成為機器的語言，並以機器語言的方式儲存、傳播和增值以及再生產。所以，在新的社會中，只要掌握了資訊以及處理資訊的機器系統，只要壟斷資訊傳播系統及其再生產的手段，就可以迅速地控制和擴展權力，也可以控制整個社會。一切資訊機器及其傳播工具和系統，可以迫使整個社會將他們所製造和傳播的資訊當成唯一正當化的「知識論述」。而且，隨著知識的資訊化和機器化，一切知識從此就變成專門用來出售的商品。利奧塔指出：「知識是、也將是為出售而被生產出來；而且，知識的消費也成為、或將成為生產的增值；也就是說，知識是為了交換。知識再也不是為其自身的目的而存在，它將喪失其使用價值」（Lyotard, 1979a: 14）。在二十世紀六○年代，知識已經直接地成為生產力本身。

利奧塔認為，在後現代社會或後工業社會，知識的正當性問題已經發生了變化。如前所述，知識論述的正當性問題，包含著兩方面的意涵：一方面，在現代，「大敘述，不管它們所採用的統一化原則，不管是思辨型的敘述，還是解放的敘述，都已經失去它們的可信性」（Le grand récit a perdu sa crédibilté, quel que soit le mode d'unification qui lui est assigné: récit spéculative, récit de l'émancipation）（Lyotard, 1979a: 63）。另一方面，後現代的科學技術，以及各種完成資訊化、符碼化和數位化的當代論述（有關後現代社會資訊化的性質，參看拙著《當代社會理論》，臺北五南出版社，第289至311頁），作為一種新的知識論述，其正當性也存在許多值得懷疑的地方。

其實，不管是現代社會，還是後現代社會，當它們把知識作為社會存在和發展的基本力量源泉時，它們並沒有進行過任何認真的調查和驗證。幾乎一切知識體系，都是進行自我正當化程序而自我確立的。所以，不論是對於現代社會，還是對於後現代社會，知識問題從一開始就是值得懷疑的；換句話說，知識的正當性地位及其性質是值得人們質疑的（Lyotard, 1979a: 35-36）。

現代知識都以「敘述」的方式作為基本構成形式（Lyotard, 1979a: 38）。關於這一點，利奧塔是採納了現代許多思想家對於現代知識的研究成果，其中，最主要的，包括俄國結構主義民俗學家普羅柏（Vladimir Iakovievitch Propp, 1895-1970）、法國思想家和文學評論家德希達、多托洛夫及卡恩等人所做的調查和分析結果（Propp, V. I., 1958, Morphology of the Folktale, In International Journal of Linguistics, No. 24, 4, Oct. 1958; Derrida, Todorov & Kahn, 1970, Morphologie du conte, Paris: Seuil）。這種敘述體知識論述，基本上表現為兩大類的敘述方式。第一種是以歷時性（diachronie）、連續性（continuité）的方式，將在其中呈遊戲形式所展示的知識論述，按照邏輯推理的程式表述出來。施特勞斯所研究的各種

神話，實際上就是這種敘述方式的原型。第二種，依據佛洛伊德的理論，是對知識論述本身的內容進行「經濟的詮釋」。知識對其自身進行作爲詮釋，成爲了傳統知識再生產的主要方式。所以，所謂敘述就是這類傳統知識所採用的基本表達方式。

首先，傳統知識的敘述方式，是民間歷史或民俗用來敘述其自身的形成過程及其正當性，表述它們同該時代的社會秩序、制度之間的相互關係，說明它們對於社會秩序和制度究竟做出了什麼樣的貢獻。因此，這些敘述至少實現了兩大社會功能。第一，它們有助於界定該社會的能力和權能的標準和基本準則；第二，它們可以依據這些標準估價和評估該社會所達到的成果。

其次，敘述性的知識不同於較爲發達的知識形式，往往採用許多語言遊戲。在這種情況下，敘述中有秩序地組合及排列各種能力，使之相互交錯和結合起來，因而有助於實現社會的各種能力準則。

第三，爲了有利於這些知識的傳遞，敘述往往規定了一些必須遵守的規則，以便確定某些敘事語用學的原則，有助於使這些敘述傳播開來。所謂敘述語用學，指的是敘述的實際運用的程序和規則。由於敘述本身是一個流程，同時又是轉述某一事件或故事，所以，最一般的情況，往往是首先確立各個不同角色的敘述的「位置」（les "postes" narratifs）。例如敘述開始時是從「發出者」（destinateur）出發，傳遞到其「接受者」（destinataire），被講述的「英雄」（les heros），⋯⋯等等。利奧塔指出：「占據發話者地位的權利，是建立在雙重事實的基礎上：一方面是曾經占據受話者地位，另一方面是由於被賦予名稱而被一個敘事講述過，就是說曾經在其他敘事單位中處於故事指謂的地位。敘述所傳遞的知識，並非僅僅涉及陳述功能，它同時也確定：1.爲了能被聽見而應該說的東西，2.爲了能夠說話而應該聽的東西，以及3.爲了能夠成爲敘事的物件而應該在故事現實的場景中玩的東西」（Lyotard, 1979a: 40）。顯然，這種敘述性的知識實際上涉及到三種類型的語言行爲：發話者做出的發話行爲、受話者的受話行爲，以及被敘述的第三者所做出過的行爲。這就使人們清楚地看到：敘事的傳統同時又是標準的傳統，而這種標準的傳統界定了三種能力，即說話能力、聽話能力以及做事能力。在敘述中，同一個共同體與這些能力，以及與這些能力所處的環境之間，構成了遊戲的場面。這樣一來，敘述過程與構成社會關係的語用學規則，同時地在其實現中達到傳遞。

第四，敘述涉及到時間。敘述的時間是節奏與旋律的綜合。這是同音樂的聲音實施過程中的時間結構相類似的。這種類似於音樂的時間結構，有助於形成一種單調的旋律，使聽過的人，在其沒完沒了的講述和聆聽的反覆過程中，接受

和傳播同一類知識。這等於一般兒歌的形式，正是有助於迫使那些本來不明白、也聽不懂的青少年一代，將它們作爲無需思考就「應該」接受下來的「眞理」。利奧塔指出：「時間不再是記憶的基礎，而是成爲一種無法追憶的遠古的節奏」（Lyotard, 1979a: 41）。一切發生過的歷史事件和故事以及英雄們，統統都成爲迷迷糊糊的回憶，然而，這些不明不白的時間流程，正是成爲一種強迫性的記憶，作爲一種知識，被反反覆覆地灌輸給新的一代。顯然，敘述性的知識在這裡所顯示的「遺忘」功能，同前述的建構標準功能、統一功能以及調節社會的功能之間，存在著微妙的重疊關係和互補關係。透過敘述過程，在敘述中的各個不同的「位置」，完成了同一化的程序。

第五，所有的敘述都是自然地獲得其正當性。敘述的一個奇特性能，就是它們自身完成自我正當化。「這些敘述本身使自己就具有這種權威」（Lyotard, 1979a: 43）。在這些敘述中，人民只不過是實現敘述的人，而人民的現實化方式，不只是講述敘事、聆聽敘事，而且，也使自己被敘事所敘述。也就是說，人民自己玩敘述，也在敘述中被自己玩；人民自己接受和聆聽敘述，也使自己處於敘述者的位置上。

對於知識的敘述形式的重視，本來是從古代就已經開始的。但只有到了文藝復興及啓蒙運動發生之後，伴隨著資產階級脫離封建貴族的約束，敘述才眞正被當成是知識的主要形式，並在社會文化正當化的過程中扮演著非常重要的角色（Lyotard, 1979a: 52）。

爲了深入批判傳統知識的正當性，利奧塔以「思辨型」和「解放型」的大敘述作爲典型。顯然，他所說的大敘述，主要是指以黑格爾辯證法爲代表的思辨體系和啓蒙運動思想家的理論體系。他認爲，以馬克思學說爲代表的解放理論體系，是搖擺於上述兩大類型的大敘述之間。

當資產階級上臺的時候，他們訴諸於敘述，是爲了顯示一種自由民主的理念。在他們的敘述中，「英雄」的名字是「人民」，「正當性」的標誌是「人民的共識」，規範化的方式是「謹愼協商」（délibération）。但是，隨著資產階級的掌握政權，詳細分析他們所鼓吹的知識敘述形式，原來他們所說的「人民」，並不是眞正的人民大眾，而是「科學知識的操作者」（des opérateurs du savoir scientifique）（Ibid.: 53）。而且，表現爲極其抽象的敘述主體，實際上被決策的機構，也就是被國家機器所宰制和窒息，失去了主體作爲主體的眞正功能。由此可見，在現代社會中，國家同科學知識保持著非常緊密的關係。在這種情況下，國家有可能以「人民」、「民族」或「全人類」的名義，在知識形成和正當化過程中，干預認識活動和立法活動。

第九章

政治哲學的重構

第一節　當代法國政治哲學的一般狀況

法國的政治哲學，在二十世紀初的一段時期內，曾經由十九世紀流傳下來的柏格森主義、新經院主義（Néo-Scholastisme）和人格主義（Personnalisme）所統治。

1932年，柏格森在他的《道德與宗教的兩個源泉》一書中，揭示了現代人被囚困在現代科學技術成果的牢籠中，以致造成近代民主制的「非自然化」（Bergson, 1963[1932]: 1023-1215）。柏格森指出：近代民主制的基本精神，就是將自由與平等結合在一起，但是，現在，「人類呻吟著，半死不活地被壓在人自身所造成的進步之下」（Ibid.: 1245）。柏格森因此說：二十世紀的政治需要增補它的靈魂（Ibid.: 1239）。柏格森建議，爲了拯救處於危機的政治，人類精神必須簡單化，同樣地，也要使已經被複雜化的瘋狂，加以節制（Ibid.: 1237）。在柏格森的政治哲學中，顯然還保留著強烈的自然法精神，而他在面對現代政治危機時，也仍然把希望寄託在人類自己對自身理性的節制。與此同時，新經院主義的兩位傑出思想家，吉爾松和馬里坦，率領著由他們所培育出來的魯汶學派（l'école de Louvain），不僅在形上學領域，而且也在政治哲學中，獨占鰲頭。新經院主義者將中世紀的學說加以翻新，結合二十世紀初人們心理的特徵和當時的社會要求，推出了一系列新型的社會哲學與政治哲學觀點。吉爾松和馬里坦各自就國家、主權性、自然法以及民主制等重要問題，發表了劃時代的著名作品（Gilson, E. 1951; 1952; Maritain, J., 1953）。

吉爾松在《上帝之城的演變》（*Les ommemoration de la omm de Dieu*, 1952）指出：現代民主制符合聖奧古斯丁關於「上帝之城」的基本原則，因爲民主制是在基督教合理性概念的引導下創立，並在同樣的理念下，經過多世紀的探索，逐步完善起來。馬里坦在他的《人與國家》一書中，強調民主制必須建立在政治生活的道德理性化的基礎上。馬里坦說：「只有通過民主制，才有希望使政治實現一種道德理性化的過程，因爲民主制是建立在法制基礎上，自由的合理組織」（Maritain, J., 1953: 53）。馬里坦等人提醒哲學家們，要更多地重視以合理性爲基礎的人權問題和世界的政治統一化過程。馬里坦等人的新經院主義政治觀點，很快地轉化爲人格主義的思想。在他們的後繼者牟尼耶，更進一步使新經院主義政治思想，轉化爲強調個人人格的人格主義政治哲學。對於他們來說，人的基本特徵就是其生活世界、人格以及社會生活的人格化。也就是說，人及其世界，特別是他們的政治活動的特徵，就是以尊重每個人的人格爲最高準則。這種人格主義政治思想，儘管很快地讓位於存在主義，但卻深深地影響了二十世紀整個政治

哲學的發展，因爲他們對於人格的個性的重視，幾乎無例外地成爲了二十世紀政治哲學主流，特別是存在主義的基本觀點。

從第二次世界大戰開始的法國政治哲學，雖然可以分爲許多派別，但我們仍然可以大致地看到其中的三大主流思想：存在主義、現象學和馬克思主義。在這一時期的政治哲學中，最有成果的，就是屬於這三大派別的哲學家沙特、卡繆、馬爾塞、梅洛‧龐蒂、加洛迪、勒菲柏勒、阿圖塞、利科、科耶夫、雷蒙‧阿隆、埃利克‧維爾（Eric Weil, 1904-1977）、西蒙娜‧韋伊（Simone Weil, 1909-1943）、西蒙‧格雅‧法柏樂（Simone Goyard-Fabre）等。他們在這個領域的研究成果，對當代法國政治哲學的發展具有重要意義。

從六、七〇年代起，法國政治哲學的狀況，發生重大變化。結構主義和解構主義的興起，給哲學家提供了分析和研究政治的新觀點和方法。福柯、德希達和布迪厄等人，都對權力、國家、民主制、正當化、社會正義等問題感興趣。他們採取了反歷史和反主體中心主義的立場，重新探討了最重要的政治問題。

接著，從七〇年代末至八〇年代開始，後現代主義思潮，開始建構了自己的新政治哲學體系。利奧塔等人，根據他們的新型的社會、政治和文化觀，提出了一整套的後現代政治哲學理論。

由此可見，法國政治哲學的發展歷程，基本上與一般哲學思想的演變相適應。總的來講，當代法國政治哲學經歷了三大發展階段：第一階段是從第二次世界大戰到五、六〇年代，第二階段是從六〇到七〇年代，第三階段是八〇年代之後至今。

在第一和第二階段，最有影響力的政治哲學家，就是沙特、梅洛‧龐蒂、雷蒙‧阿隆、阿爾圖賽、科耶夫和埃利克‧維爾等。

自稱存在主義者和馬克思主義者，沙特的政治哲學，在他的《辯證理性批判》中典型地表現出來。沙特當然並沒有圍繞傳統政治哲學的論題來闡述自己的政治哲學觀點。沙特更多地從他實際鬥爭的需要，特別是依據他本人在理論創造中所關切的主題，論述他的政治哲學觀點。爲此，他一方面批評當時已經興起的結構主義社會歷史觀，另一方面集中論述了他爲綜合存在主義與馬克思主義而提出、以「實踐」（la praxis）概念爲核心的歷史觀。正是在這個意義上說，沙特的政治觀是以他的辯證的歷史觀爲基礎。

作爲沙特的基本政治哲學概念，所謂實踐，是指存在主義所關注的個人的實踐（la praxis individuelle）。但爲了使個人實踐跳出存在主義的狹隘範圍，沙特試圖通過它的「總體化」（la totalisation）過程，實現向馬克思主義歷史觀的過渡，從而完成沙特所想要實現的目標：存在主義與馬克思主義政治觀點的結合。

沙特寫道：「人的關係的唯一可理解性（l'intelligibilité），是辯證法。在每個以稀有性（la rereté）爲基礎的特定歷史時代中，這個可理解性，只能在相互對立中表現出來。因此，不僅作爲實踐的階級鬥爭，只能通過辯證法的解讀，才能被理解，而且，在人類的多樣歷史中展現的辯證法本身，也只能在特定歷史條件下，作爲進行中的辯證合理性的實現過程而產生出來」（Sartre, 1960: 744）。因此，在沙特那裡，實踐是人的尺度和眞理的基礎，而辯證法是「分析理性」（la raison anlytique）的永久的解析（Ibid.: 741）。

在六〇年代，沙特的觀點立即引起了存在主義與結構主義的爭論。這場爭論實際上遠遠超過政治哲學的範圍，涉及到政治哲學的基礎：社會歷史的性質。沙特指出：結構主義之所以否定歷史的存在，以斷裂性和共時性，取代連續性和發展性，是爲了整個否定馬克思主義。沙特堅持要從特定歷史環境的特點出發來分析一切政治問題。所以，當涉及到結構主義所說的「無主體的歷史」和「人已經死去」的時候，沙特再次引用他在1946年就明確主張的歷史「環境」（la situation）的概念。他指出：民主制所主張的抽象的自由主義，表面上認爲，猶太人、中國人、黑人都應該享有與其他民族平等的權利，但自由主義者宣稱，猶太人、中國人和黑人的自由權，只是當他們作爲普遍的人的時候才有效。顯然，民主制所主張的自由和人權，在具體的特定歷史環境下，便失去了它的有效性（Sartre, 1946: 233）。由此出發，沙特也明確地說：「人並不存在；存在的，只是具體的猶太人、基督徒、天主教徒、法國人、英國人、德國人、白人、黑人和黃種人」（Ibid.）。

梅洛・龐蒂是另一位發生強烈影響的存在主義政治哲學家。梅洛・龐蒂不同於沙特，他在政治上始終保持一種冷靜謹慎的態度。當法國政治家皮埃爾・蒙德斯・弗朗斯（Pierre Mendès France）在1962年發表《近代共和國》（La république moderne）的時候，梅洛・龐蒂也表現類似的政治立場，但他並無意將自己列入一定的政治營壘中。儘管梅洛・龐蒂無意捲入政治漩渦，但他始終關切政治的命運，這使他能夠以較爲客觀的立場，密切注視政治的發展方向，並及時地在當時比較普及發行的《現代》雜誌、《快報》和《世界報》等報刊上，發表他富有洞見的政治評論。

梅洛・龐蒂的政治思想經歷一段演變過程。他早期曾經對馬克思和胡塞爾的思想表現一股強烈的熱情。因此，在第二次世界大戰前後一段時間內，梅洛・龐蒂曾經對現代自由主義進行尖銳的批評。他堅持認爲，社會生活中的人，不應該像自由主義所鼓吹的個人主義的個人，而是應該相互共存，應該以「主體間性」的方式，生活在世界的群體中，應該相互支持和相互幫助。他在《辯證法

的歷險》中強調人的相互支持性。「單獨的主體是零，獨自一個人是沒有自由的」（Merleau-Ponty, 1955: 276）。同樣，他也強調馬克思所說的「實踐」的重要性。但他主張：只有在自由的環境中，人才有希望通過實踐而與人群、理事會合在一起。在歷史的實踐中，人永遠搖擺在歷史的漩渦之中，一會兒被歷史的辯證法所威脅，一會兒又返回歷史的軌道（1950: 55）。二十世紀五○年代之後，梅洛‧龐蒂發現蘇聯勞動集中營的存在，並因此逐步地採取批判蘇聯式的社會主義的立場。由此導致梅洛‧龐蒂與沙特的分歧。梅洛‧龐蒂在胡塞爾的現象學中找到進行政治改革的希望。他在《辯證法的歷險》說：「歷史中存在一個中心，這就是政治行動；在它的周圍是文化」（Merleau-Ponty, 1955: 212）。因此，梅洛‧龐蒂的政治，就是一種包含文化因素和人道主義理念的相對主義政治。

在存在主義與結構主義的爭論中，雷蒙‧阿隆是作為中間人的身分發表他具有獨特立場的政治理論。雷蒙‧阿隆以《歷史與暴力的辯證法》（*Histoire et la dialectique de la violence*）為題，闡述他的基本觀點。阿隆一方面把《辯證理性批判》說成是一種「摧毀性和魔鬼式的」檔，另一方面又客觀地分析其中所論述的問題。阿隆說：《辯證理性批判》可以做各種不同的解讀。從沙特的思想來說，這本書有雙重好處。就其思辨的利益而言，它是以實踐的理論為基礎，在強調個人意識的「自為」（pour soi）能力和實踐的範圍內，建構一個關於集體的概念。另一方面，就其實際利益或政治利益而言，《辯證理性批判》要論證實踐克服異化的可能性；因為沙特畢竟看到了實踐本身的惰性（inerte）及其異化（ommemorat）的傾向，所以，沙特極力論證：在一個以實踐為基礎的社會中，應該可以靠非暴力的方式，保障實踐的自由性質。從沙特與馬克思主義和歷史主義的關係來看，沙特的《辯證理性批判》試圖論證歷史對人的實踐的總體化過程的正當性，同時也由此寄託解放全人類的希望（Aron, 1973: 13-14）。阿隆最後強調沙特的存在主義與他的馬克思主義之間的不可協調性和矛盾性（Ibid.: 33; 59; 225-226）。雷蒙‧阿隆的政治哲學散見在他的一系列評論政治問題的著作：《從一種神聖家族到另一個：論想像中的馬克思主義》、《進步幻想的破滅》、《論自由》、《為頹廢的歐洲辯護》及《找不到的革命》等。

發生在六○年代初的沙特與施特勞斯的爭論，推動著法國政治哲學的理論建設的進程。從那以後，福柯、德希達等人，從結構主義出發，進一步提出他們的後結構主義和解構主義政治觀點，把重點指向整個傳統政治理論及其基礎。福柯在他的法蘭西學院課程中，集中轉向最敏感的政治問題：國家權力的專制及其權術策略。他在《監視與懲罰》的監獄史著作中，揭露近代政治制度對人的無時無刻、無所不在的監視、規訓、宰制、監管、控制和統治的性質及其策略。福柯針

對邊沁所發明的「全方位監控監獄」（panoptique）的問題，全面揭露現代國家的專制實質。福柯還探討國家理性與所謂的「自身的技術」的關係，指出西方近代國家，實際上繼承了自基督教以來所採用的「自身的技術」與「基督教教士權力運作模式」，使政權的運作，從當初只注意領土主權，轉向集中對被統治的個人實行全面宰制的問題。德希達也反覆對現代國家的權力濫用現象進行無情的批判，同時揭露現代國家政治制度的形上學基礎的非正當性。

在解構主義和後結構主義理論的基礎上發展起來的後現代主義，從七○年代末至八○年代初以來，首先集中批判現代政治哲學的「大敘述」（grand récit）體系的非正當性。利奧塔在其代表作《後現代狀態》中指出：現代知識所採取的大敘述體系形式，是近代理性主義的產物，它們幾乎成為了一切現代政治制度進行自我正當化的理論根據。從霍布斯、休謨、洛克到康德、黑格爾、馬克思，都竭盡全力用他們所編造出來的大敘述體系，論證他們所推崇的社會制度的合理性（Lyotard, 1979）。實際上，所有這一切，都是玩弄語言遊戲，是他們憑藉他們所依靠的權力網絡，建構有利於占統治地位的權力集團的論述體系。所以，現代政治理論，在本質上是特定論述的自我論證和自我實施。利奧塔等人更感興趣的，是實際的政治生活本身的運作過程以及為之服務的策略的運用過程。利奧塔認為，一切正義問題都必須靠公民自己來判斷，無需規定統一的法制基礎，因為所謂法制只是大敘述系統的產物。為了澈底否定現代國家的「公權力」形象，利奧塔論證了後現代社會公民社會的特徵，強調公民個人權利的不可化約性和不可歸納性。

法國後現代主義者集中關注當代政治的權力運作及其論述，特別分析其政治策略。他們不同於傳統政治哲學的地方，首先是把政治當成一種論述體系；然而接來，他們並不只是從書面論述出發，而是把重點整治論述的實踐及其策略，指向國家政權的實際權力操作及其策略和程序。而且，後現代主義者往往關注與當代實際政治生活密切相關的問題，針對實際發生的政治事件，一方面論述他們對現代國家的批判，另一方面揭示現代國家操縱國際政治的權術策略，對目前世界不合理的政治秩序進行無情的分析。他們幾乎打破傳統政治學的理論體系，也不採用傳統政治學的基本概念和方法。

首先，後現代主義者很重視從市民社會的基本觀點來觀察西方社會從「現代」到「後現代」的轉變，他們更集中地圍繞個人和社會的相互關係這個主軸，探討後現代社會的基本特徵及其政治制度的可能形式。

這樣一來，市民社會中各種輿論、媒介、傳播、爭論、決策和政策實行過程，在原則上都不容許有任何「黑箱作業」，不允許任何不透明的討論、決策和

政策施行過程。這一過程是為了保障市民社會不僅存在建立於公眾自由平等協商基礎上所產生的共識和協定，並通過這種協定而協調個人間、個人與團體間的共同普遍利益，而且，使市民社會真正變成具有思想自由的公民個人所共同建構的「有思想的社會」（sociétés de pensée）。

利奧塔等人比古典資本主義時期的思想家更加強調**市民社會的透明性、公眾性、溝通性、自由思想性和語言論述的自由競爭性**（Habermas, J., 1993[1962]）。

除了以上屬於時髦潮流的政治哲學以外，還有必要簡單論述其他較為著名的政治哲學家的觀點。首先是科耶夫。科耶夫在他撰寫於1943年的《關於法的現象學概論》（*Esquisse d'une phénoménologie du droit*）一書中，強調了從現象學立場研究法制問題的重要性，同時他也指出：法國哲學界實際上尚未對法的性質進行系統的研究。

科耶夫承認，他的關於法的定義，既是經驗性的，也是行為主義的。科耶夫從這樣的假設出發：當兩個不同的生命體（不管是個人、集體還是抽象的生命體）相遇，其中一個或者具有肉體的人格，或者是精神的人格。上述兩個人格發生互動（interaction），其中一個人格的行動，使另一個產生反應，或者，導致另一個取消、促進和激發其行為。在這個情況下，在特定社會環境下，如果從一個群體中出現第三者，出自有意識的目的，介入或干預上述兩者的互動。這個時候，也只有在這個時候，探討法的定義才有它的意義。顯然，科耶夫關於法的定義是在非常具體的社會歷史條件下提出來的。他認為，正是在這樣的社會環境下，才有必要和有可能討論關於法的行動主體以及它的條件，其中包括客觀法、法的執行規則、國內或國家積極的實證法、法的現象以及法的現象學等問題。接著科耶夫還進一步更詳細地探討法對於國家、經濟、道德、宗教的獨立性和自律的問題。為了論證法的自律地位及實行正義的可能性，科耶夫借用黑格爾法哲學中的現象學人類學原則。科耶夫認為，只有把人放在公民的主奴雙重地位中，才有可能具體解決現代人的法制行動及其正義性問題。科耶夫強調，真正的人，是包含矛盾的身分：它一方面是自己和社會的主人，另一方面又是奴僕。所謂絕對的正義，只能是上述兩種原始正義的綜合結果。整個正義的演變和實施的歷史，無非就是上述兩者的結合的逐步過程。一切實際的個人，都只能是特定社會的公民，所以，正義也只能是黑格爾所說的「平等的貴族式正義」（justice aristocratique de l'égalité）與「等價的中產階級式的正義」（justice bourgeoise de l'Equivalence）之間的一種「公平性的正義」（une justice de l'équité）。

曾經發生重大影響的另一位法國政治哲學家，就是埃利克・維爾。他在他

的知名著作《政治哲學》中指出：**政治學所思考的，是某種與道德、法制、個人、社會和國家緊密相關的歷史性合理行動**。也就是說，政治學所思考的政治行動，必須是一種正確處理與道德、法制、個人、社會和國家的合理關係的歷史性活動。政治行動，歸根究柢，是一種歷史行動，它的合理性及其實施過程，都離不開歷史條件的限制；政治學是建構在歷史的具體普遍化過程中（Eric Weil, 1971[1956]: 16）。埃利克·維爾試圖竭力阻止把政治學簡單地歸結為一種社會科學。政治科學，作為一種建立在哲學思考基礎上的理論體系，其最原初的根源，乃是道德的思考。顯然，埃利克·維爾的政治哲學同康德的政治理論有密切的關係。

在人類歷史跨越二十一世紀的門檻之後，法國的「後馬克思主義」政治哲學，面對全球化及西方各國國內政治、經濟和文化結構的新變化，積極地提出了自己的新觀點。拉畢卡就全球化與西方民主制的關係，發表《革命與民主制》，同時，根據實際社會運動的需要，還為重新發表的列寧著作《帝國主義：資本主義的最後階段》寫序，強調馬克思理論在當代社會生活中的重要意義（Labica, 2002; 2003）。與拉畢卡一起堅持研究馬克思思想的一部分巴黎大學教授，也堅持每年一次舉辦全球範圍的學術研討會，試圖不斷補充和發展馬克思對於現代社會的批判思想。

與此同時，值得指出的是，法國政治哲學還受到了一般哲學史研究的啟發。許多哲學家，是在研究黑格爾、康德、休謨、盧梭、霍布斯及胡塞爾著作時，深刻地提出他們的政治哲學觀點，對推動當代法國政治哲學的發展具有積極作用。在這方面，除了以上提到過的科耶夫和埃利克·維爾以外，還有研究黑格爾法哲學的賈克·董特和德拉迭（Derathé），研究德國古典哲學的布爾喬亞，研究康德的費洛年柯（Philonenko），研究霍布斯、孟德斯鳩和康德的西蒙·格雅·法柏樂（Simone Goyard-Fabre），研究霍布斯的莊·魯阿（Jean Roy），研究盧梭的維克多·格爾德施密特（Victor Goldschmidt）、斯達洛賓斯基（Jean Starobinski, 1920- ）、柏格林（Burgelin）等人。

另外，對於發生在英美和德國的政治哲學爭論，特別是由羅爾斯（John Rawls）、德沃爾金（Dworkin）、哈伯瑪斯（Habermas）、諾奇克（Nozick）和布哈南（Buhanan）的著作所帶動的理論爭論，法國哲學家也給予必要的注視，並在一定程度上參與了討論。在這方面，可以參看馬西爾·拉克斯的《關於平等性問題的當代論題》（*Louise Marcil-Lacoste, La thématique contemporaine de l'égalité,* 1983）、呂克·費里的《政治哲學》（Luc Ferry, *La philosohie politique,* 1984）以及西蒙·格雅·法柏樂的《政治哲學》（Simone Goyard-Fabre, *La phi-*

losophie politique, 1987）等著作。

第二節　福柯對現代政治的批判

後現代主義的政治理論，立足於尼采的政治哲學，很自然地把對於權力的批判放在最重要的地位。福柯、德希達、利奧塔等人，作爲後現代政治哲學的主要代表人物，幾乎都集中研究現代政權的權力運作策略，並把權力運作同論述的製作、擴散和再生產聯繫在一起，揭露現代政治結合現代知識、科學技術及其他理性手段，進行全方位統治的程序。

福柯雖然不是政治學家，但他的思想和著作，經常關心並深刻論述當代政治問題，也對當代政治學理論進行反覆的批判。他把當代政治學列爲重要的知識論述體系之一，在對政治學論述進行考古學和系譜學批判時，揭露了政治學論述同社會權力關係的內在聯繫，尤其集中批判了當代政治學關於權力、策略、政府、正當化和自由民主的理論。而在福柯後期的生存美學中，福柯進一步把政治列爲普通生活藝術的一個重要內容。

福柯在政治理論方面的特殊觀點，始終都是圍繞著現代社會的具體政治問題而提出來的。他從來不願意抽象地或一般地討論政治理論。而且，福柯所重視的，不是政治學的基本理論，而是現代政治活動的實際策略及其與權力關係網絡的運作機制。因此，他的政治理論的重點，是揭露現代政治的權術、策略、程序及具體技術。

一、福柯的生命政治理論

福柯對當代政治學的重要貢獻，首先就是他的「生命政治」（bio-politique）及「解剖政治學」或「政治解剖學」（anatomo-politique; anatomie politique）的理論；同時，針對資本主義社會的特殊的權力運作模式，福柯也專門研究了新型的基督教教士模式及其運作過程中所採用的權力技術。

福柯特別重視現代政治的權力技術和策略的特殊性。本書在有關福柯的尼采主義思想的分析中，已經針對福柯所提出的「政府統管術」（Gouvernementa-lité）做了詳細的論述。「政府統管術」是現代資產階級權力鬥爭經驗的總結產物。它和整個資本主義政治制度一樣，有它的宏觀和微觀兩方面的雙重機制及目標。就宏觀結構及機制而言，「政府統管術」是一系列統治制度、機構、程式、計謀、政策、策略和技術的綜合體，它是用以保障占統治地位的政府系統，能夠以各種各樣變換著的權力運作手段和形式，實現對於社會整體的人口、個人、知

識論述、政治活動、經濟發展以及保安工作的全面控制和管理。因此，現代政府統管術將主權、規訓、宰制和管理靈活地抓在手中，既保障社會的穩定性，也操縱社會的演化方向。所以，福柯在揭露現代政治時，以相當多的筆墨，分析和批判現代政府統管術的具體策略、程式和技術。

任何政治制度的產生和存在，同一定的權力技術（technique de pouvoir; technologie du pouvoir）和政治技術（technique politique）靈活機智的貫徹執行密切相關。如果說政治制度離不開權力關係及鬥爭的話，那麼，最關鍵的，是離不開政治技術或權力運作技巧。沒有靈活熟練的政治技術和權力技術，任何政治制度的存在，都是不穩定的，也會經常陷入危機。政治技術是使政治制度維持下來，並正常運作的基本保證。資本主義政治制度之所以能夠迅速戰勝封建的中世紀政治制度，並穩固地維持下來，就是因為資本主義不僅帶來了宏觀整體性的「合理」的制度及其運作法制，而且，還因為資本主義非常重視制度和權力的微觀運作技巧和具體的技術程式。資本主義善於將理性化的過程，特別是現代知識和技術的研究成果，貫徹到政治及其他一切社會領域中，建構了歷史上從未有過的理性化的政治技術和權力技術。國家作為一個統治工具，當然不得不變成越來越複雜的綜合體，也變得越來越神祕化和抽象化，但它的本質，實際上是很簡單的。現代國家的本質，在福柯看來，無非就是它的管理技術化。所謂現代國家的管理技術化，其關鍵，就是國家在管理技術方面所玩弄的計謀。現代國家在管理技術方面所玩弄的計謀，比古代國家更加狡猾、更加隱蔽（Foucault, 1994: III, 656）。

生命政治和解剖政治，既是宏觀的「合理的」政治制度，也是微觀的政治技術與策略程式的總和；生命政治是現代資本主義制度的核心和靈魂，它確保了資本主義社會整個權力關係網絡，以「性」為主軸，實現對個人和對整個社會的雙重控制。福柯指出，生命政治和解剖政治的產生及發展，是有它們的社會、經濟和文化基礎的。它是從十八世紀開始實行的；更確切地說，它主要針對由「活人」（des vivants）所構成的「人口」（population）這個總體，由現代政府實行一系列合理化的統治技巧和政治技術，以便解決和管理有關健康、衛生、出生率、死亡率、壽命統計、種族及其他與生命相關的事情（Foucault, 1994: III, 818; 參見Annuaire du Collège de France, 79ème année, pp.: 367）。從根本上說，生命政治是資本主義社會發展到它的關鍵時刻所創造出來的，它是關於掌控個人、人口群體和實行生命政治的權力技術。同時，生命政治的產生，也同資產階級掌握政權以來所積累的統治經驗，同它們圍繞政治制度所經歷的各種爭論，特別是同自由主義、社區主義、民族主義以及福利主義等爭論，有密切關係。就其實質而言，這場爭論的焦點，就是資本主義制度中的法制與個人自由的關係問題。在這

方面，發生於十九世紀的英國政治界的自由主義爭論具有典型意義。

什麼是自由主義？福柯不打算將它定義爲一種理論和意識形態，而是把它當成一種實踐方式和政治技術。作爲一種實踐方式，自由主義是資產階級追求最大限度功效的政治手段，它是以最少成本，達到最大限度經濟效果的政治實踐技巧。自由主義是現代政府實行合理化統治的原則和方法（principe et méthode de rationalisation de l'exercise du gouvernement）（Foucault, 1994: III, 819）。從自由主義的眼光來看，政府本身並非目的，而是獲取最大限度經濟功效的機器和技術。與此不同，在德國政治界所興起的「警政科學」（Polizeiwissenschaft）則更加注重國家理性。雙方的爭論，導致了生命政治及其一系列政治技術的產生和實行。

資本主義是一個由個人所組成，並維護個人自由的社會。對於資本主義社會來說，個人同整體社會的協調和配合，是以個人自由的發展爲基礎的。在現代社會中，沒有真正的個人自由，就不會有整體社會的合理運作。因此，能否對社會上極其複雜並具有意志自由的個人，進行操縱和控制，是關係到資本主義制度生死存亡的關鍵。但是，對於個人的控制，也脫離不了對於人口群體的控制。所以，政府對個人（individu）和對人口（population）總體的控制是雙向共時進行的。「人口的發現，是同發現個人以及發現可規訓的身體同時進行的」（Foucault, 1994: IV, 193）。爲了對整體性的人口和個體性的身體進行控制，資本主義在這一時期發明了解剖政治和生命政治。

正因爲這樣，在建構資本主義制度的過程中，西方社會權力關係網絡中的各個權力結構，一方面圍繞著社會整體的控制和協調，另一方面又針對社會中的個人自由，進行不斷的緊張運作和調整。所以，現代政治權力的改革和演進，一方面朝著個人化的方向發展，另一方面也朝著集中化和中心化的目標而發生變化；現代國家的權力集中化和中心化，就是後一種傾向的結果。上述兩種傾向，同時並進，相互促進，以便達到鞏固現代社會權力關係網絡的正常運作目的，同時也使資產階級的統治不斷地鞏固化和穩定化。

從十八世紀開始，隨著資本主義社會宏觀政治制度的初步建構和穩定化，權力關係網絡的運作，越來越把重點，轉向對個體、對個人的控制和規訓。道理是很清楚的。如前所述，資本主義社會是建立在個人自由的基礎上。整個社會的結構及其運作，都是離不開具有獨立的自由意志的個體的積極性及其配合。而且，現代社會中的個人自由，比整體社會的宏觀制度，更加複雜、更加難以管理和控制。如果說，從啓蒙以來，整個社會都朝著合理化的方向發展的話，那麼，這種合理化的進程，也是以規訓個人作爲其首要目標，以便使每位個體，一方面發揮

他們各自的積極性和創造性，另一方面又能協調整體社會的法制和規範，自律地約束自己，同整體社會的發展及宏觀運作相配合。爲此，對個人的規訓和宰制，成爲了資本主義社會穩定發展的關鍵。

「在沒有把個人加以規訓之前，顯然不能把他們解放出來，不可能使他們獲得自由」（Foucault, 1994: IV, 92）。任何社會統治都是爲了有效地達到控制個人的目的。但是，資本主義不同於以往社會的地方，就在於：在控制個人的同時，更注重於發揮個人自由的效率和功能；在資本主義制度容許的範圍內，個人具有無限的個人自由。資本主義制度的這個特徵，使資本主義政治制度把重點也放在對個人的規訓上，並把規訓個人的目的同承認個人自由相結合。在這方面，資本主義政治制度創造了一系列權力技術和策略。

所以，在政治方面，合理化的進程，也是以控制個人的政治技術（technique politique）的建構作爲中心目標。針對資本主義社會政治制度的上述特徵，福柯說：「我所思索的，實際上，是針對個人的政權技術的發展問題」（Foucault, 1994: IV, 136）。正是在這樣的社會背景下，福柯同時地提出了以掌控個人爲主旨的基督教教士權力運作模式及生命政治的兩個概念，以便突出現代資產階級政治策略和政權技術的特點。十八世紀之後，生命政治同現代權力的基督教教士運作模式（la modalité pastorale du pouvoir）雙管齊下，操縱、宰制和規訓每個個人。在這個意義上說，生命政治與基督教教士權力運作模式，同屬於「個人化的權力」（pouvoir individualisateur），其重點是規訓和宰制具有個人自由的個人。

生命政治在宰制和規訓個人方面，創造了一系列極其細膩而靈活的策略和技術。首先，生命政治針對個人在物質需要和精神心靈方面無止盡的欲望，抓住「性」的因素所發出的極大迷惑性和引誘性的無限力量，製造和擴散不斷更新的性論述，使性論述成爲彌漫於整個社會最主要的論述體系，控制著個人生命成長過程的每一個分分秒秒，把個人的生命活動，納入整個社會宏觀和微觀的雙重運作過程。第二，生命政治所創造和操縱的性論述，是以現代科學理論爲藍本，使各種各樣性論述都顯示科學理性的特徵。第三，生命政治的科學性論述，並不滿足於一般和抽象地談論性的問題，而是針對各個人的具體需要和欲望，有分別向不同的個人推銷特殊的性論述，使每個人都能夠接受針對個人欲望的性論述。現代生命政治所擴散的這種性論述，具有現代生理學和解剖學的特徵，顯示出現代性論述體系的「解剖」性和分析性，發揮了它們對於個人欲望的控制和宰制功能。第四，生命政治的現代性論述，利用了現代邏輯學的分析綜合程式，以歸納和演繹爲手段，達到了將具體與一般相結合的目的，有力地推銷了現代資產階級的人性論和人文主義，有利於通過人文主義的精神，把個人的性欲望、性需求和

性理想等複雜傾向，同資本主義法制體系的運作相協調。

資本主義社會的民主制（la démocratie），在福柯看來，無非就是「在十八世紀發展起來的某種自由主義（un certain libéralisme）；它把極端強制性的技術運用得非常恰當，使之在一定程度上，成爲了被允許的社會和經濟自由的基礎」（Foucault, 1994: IV, 92）。民主制的自由，並非絕對的個人自由；它實際上是以對於個人的強制性管制爲前提，也就是以實行控制個人的特種政治技術爲基礎，對個人進行規訓，使之將自身的自由限制在法制和規範所允許的範圍內。福柯將控制個人的現代政治技術，稱之爲「統治個人的政治技術」（la technologie politique des individus）（Foucault, 1994: IV, 813）。

作爲現代理性化的一個程式，上述統治個人的政治技術，又是同整個西方社會實行新型的「自身的技術」（technique de soi; Technologies of the Self）的進程緊密相關。或者，更確切地說，「統治個人的政治技術」是現代「自身的技術」一個重要組成部分；它也是現代的「自身的技術」在政治領域的主要表現形式。

如前所述，福柯從來反對抽象地討論現代政治。他始終結合現代社會的特殊政治問題，探討現代政治制度的特徵，並深入批判現代政治學理論的抽象論述體系。與此同時，福柯也把現代政治問題同整個社會的基本矛盾結合在一起加以討論。所以，當福柯提出上述「統治個人的政治技術」的時候，也首先分析了它同當代社會新型的「自身的技術」的內在關係。

在1982年10月舉行於美國維爾蒙大學（Vermont University）的學術演講會上，福柯發表了題爲「統治個人的政治技術」（The Political Technology of the Individuals）的論文（Hutton, P. H. And ali., 1988; Foucault, 1994: IV, 813-828）。在這篇論文中，福柯明確地從現代社會的「自身的技術」的特徵出發，探討和分析現代政治的根本問題。他認爲，**現代政治的明顯特徵，就在於超越了單純爭奪政治統治的鬥爭的範圍，也不再是一種單純反對經濟剝削的鬥爭，而且，更重要的，還是反對對於個人身分約束的鬥爭**（les luttes politiques aujourd'dhui n'étaient plus seulement des luttes contre les dominations politiques, plus seulement des luttes contre exploitations économiques, mais des luttes contre des assujetissements identitaires）（Foucault, 2001）。當代社會政治的這個特點，表明資本主義的發展，已經越來越把**統治的重點，轉向對個人身分的檢查、監視、限制和掌控**。

現代政治所採用的「統治個人的政治技術」，是貫穿於西方社會中的「自身的技術」當代變種。統治個人的政治技術，作爲一種最典型的現代政治技術，其重點是管制構成社會基本成員的個人。但是，值得人們深思的，是這種特殊的現代政治技術，在論述其基本目標和基本任務時，並不直接強調對個人的管制，而

是以非常「理性」的面目，採用最迷惑人的功利主義方法和手段，大談特談政府「關心個人健康」的問題。換句話說，以管制個人為中心目標的現代政治技術，其基本特點，就是以「關心個人」為主要手段，推行嚴格控制個人的政策。福柯以1779年在德國出版的《一個全面的醫療政策體系》（Frank, J. P. *System einer vollständigen Medicinischen Polizey*）為例，說明在十八世紀資產階級新政治技術的誕生及其特徵（Frank, J. P., 1780-1790）。福柯指出，通過這本書，我們可以看到：關心個人的生命，成為了這個時代現代國家的一個首要任務（Foucault, 1994: IV, 815）。但是，富有諷刺意味的是，正當資產階級高唱「保護個人健康」的口號，並實行這種政策的時候，各個主要的資本主義國家，為了發展它們的資本主義，不惜發動大規模的國內戰爭和世界大戰，驅使成千成萬的人民，在戰場上相互屠殺。正如福柯所說：在現代國家實行「保護個人健康」的政策的同一時期，法國大革命發爆發了。法國大革命是各資本主義國家發動大規模國內戰爭的重要信號，「它演出了動員國家軍隊進行大規模屠殺的悲劇」（Foucault, 1994: IV, 815）。與此相類似，在二十世紀四〇年代，正當英國經濟學家伯弗里茲（William Henry Beveridge, 1879-1963）提出他的社會公共保險計畫，並準備在1941年至1942年全面推行的時候，第二次世界大戰爆發了。資本主義國家不惜代價地再次演出了世界性慘絕人寰的大屠殺悲劇。福柯說：「在所有的大規模屠殺的歷史上，很難找到另一個實例，可以同第二次世界大戰相比較。可是，正是在這個時期，社會保護、公共健康和醫療救助政策剛剛付諸實行。也正是在這一時期，人們準備實行，或至少公布了伯弗里茲的計畫。我們可以從這個巧合而概括出一個口號：『你們進行大屠殺吧，反正我們保障你們會有一個長久而舒適的生命歷程』。總而言之，在資本主義國家中，生命保險同走向死亡是同時並進的」（Ibid.）。福柯認為，在資本主義社會中，人們可以舉出成千上萬的類似例子，表明毀滅性的殘酷屠殺過程與保護個人健康的政策，總是「成雙平行」。所有這一切，並不是偶然的。「這就是我們的政治理性中最重要的矛盾之一」（c'est l'une des antinomies centrales de notre raison politique）（Foucault, 1994: IV, 815）。福柯把這種現代的政治理性，稱為**「死與生的遊戲」**（le jeu de la mort et de la vie）（Foucault, 1994: IV, 816），它實際上是現代政治理性所玩弄的政治技術之一。

由於當代社會全面推行了社會保險和社會安全政策，把維護個人健康和實現全面的疾病保險，列為最重要的社會政策，福柯尤其集中而具體地分析批判了當代社會的保險和安全政策，並將它們當成現代政府針對居民和個人而玩弄的「死與生的遊戲」的一個顯著表現。

　　福柯早在1976年，就對現代醫療制度及其醫院組織系統的功能，進行了深入的分析批判。福柯認爲，現代醫療制度雖然屬於醫療保健機構系統，但它在本質上是現代「**疾病政治**」（noso-politique）的重要組成部分（Foucault, 1994: III, 14-15）。十八世紀是西方政治制度發生根本變化的關鍵階段，而在這一時期，一系列醫療制度的創立及其完善化，構成爲政治制度革新的關鍵。在這一時期所普遍出現的私人醫學（médecine privée）和公權力醫學（médecine publique）系統，是資本主義政治經濟發展的產物。資本主義的發展，需要使醫療事業同時採用私有制和公有制雙管齊下的制度。各種各樣醫學機構及其制度的創立，是當時的資產階級政府進行社會統治的一項普遍的策略（stratégie globale）。「毫無疑問，沒有一個社會不實行一種疾病政治」（Ibid.）。

　　法國及整個歐洲國家在十八世紀所出現的「疾病政治」，表明當時的政府，不僅把社會群體和居民的健康和疾病，當成最重要的政治經濟問題來看待，而且也以多種形式及多種機構組織的建制，保障國家能夠發揮它對於醫學系統的控制；在這個意義上說，疾病政治並不只是關係到醫學技術救助的問題，而是超越了醫學的範圍，構成爲政治統治的一般性問題（Foucault, La politique de la santé au XVIIe siècle. In Institut de l'environnement, 1976, pp.: 11-21; Foucault, 1994: III, 13-27）。在新建構的醫學治療系統中，整個社會的群體和個人，都無例外地被納入社會控制的領域中。作爲社會基本存在單位的家庭及其成員，通過醫療社會化的管道，也史無前例地隨著現代「疾病政治」的運作，而被納入社會控制（contrôle social）的圈子裡。從此以後，『醫學』，作爲健康的一般技術、爲疾病服務以及治療的藝術，在十八世紀不停地發展與膨脹的行政機構和政權機器系統中，越來越占據重要的地位」（Foucault, 1994: III, 23）。

　　1979年，福柯的上述論十八世紀健康政策的論文再版時，他更明確地把政府的健康政策同掌管整體居民的社會控制的警政系統聯繫在一起加以探討。福柯認爲，「十八世紀健康政策的出現，應該同更一般的社會進程聯繫起來，這就是當時的政權已經明確地將社會福利列爲其主要目標」（Foucault, 1994: III, 729）。爲此，福柯將當時的健康政策同警政系統的建立及運作，看作是現代國家理性統治和管理個人最重要的政治技術。

二、對現代國家理性的批判

　　爲了深入批判現代資本主義國家的性質及其政治技術，福柯特別集中地分析了「國家理性」（raison d'État）的問題。他認爲，國家理性首先是一種統治藝術（un art de gouverner），是一系列符合特定規則的政治技術的總和。國家理性是

在羅馬帝國衰落、各個新型的民族國家逐漸興起時產生出來的。在十六世紀末至十七世紀初，隨著資本主義的發展，國家統治的藝術，也不斷發生變化。國家理性雖然也包括國家統治機構與相關組織的建構及其管理，但更重要的，是強調貫穿於現代國家中的統治技術，特別是重視對人的管理藝術，將當代科學技術的特殊理性手段、計謀和策略，充分地運用於政權的操作。這些統治技術，同中世紀的封建統治方法根本不同，不是採取赤裸裸的強制性手段，也不再以神性原則作爲其正當化的最後依據，而是盡可能以理性和技術，進行政治活動，以便使政治統治不再是僵硬的單純政治鬥爭，而是使之提升到「藝術」的境界，講究科學理性的技能與效率。資產階級在其統治的過程中，特別講究政治的藝術性。國家的統治作爲一種藝術，並不是單純的暴力脅迫和直接的權力鬥爭，也不只是以實現對一個特定領土的絕對統治爲基本目標，而是採用科學理性，進行細緻計算和反思，將經濟功效同人性論遊戲相結合，以不斷提升國家的生存力和國際競爭力爲其宗旨的社會賭注。爲了達到這一目的，資產階級政治不惜利用現代科學技術的一切最新成就，並同時借用藝術的方法。就其統治對象而言，國家理性主要是針對不同的個人，尤其是針對他們複雜多變的精神心理因素。

從十七世紀開始，當現代國家還處於最初的歷史階段時，在文藝復興時期積累了豐富政治經驗的義大利政治學家，就已經爲國家理性制定了基本的定義。十六世紀的波德洛（Giovanni Botero, 1540-1617），在他的著作《論國家理性》（*Della ragione di Stato dieci libri*）中，強調了國家理性的統治藝術性質。他說：「國家理性，就是對於國家建構、鞏固、留存及富強的方法，有充分了解」（Botero, 1583）。同樣地，另一位義大利思想家巴拉佐（G. A. Palazzo），也在他的著作《政府論述及眞正的國家理性》（*Discorso del governo e della ragione vera di Stato*）中，突顯國家理性同中世紀君主專制國家的根本區別。他說：「國家理性是一種方法或藝術，通過它，我們才有可能懂得進行有秩序的統治，並在共和國內維持和平」（Palazzo, 1606）。維護國家統一、完整性及其和平局面，乃是實現國家理性的基本目標。福柯還從德國思想家謝姆尼茲（B. P. Von Chemnitz）的著作《論日爾曼羅馬帝國的國家理性》（*Dissertatio de ratione Status in imperio nostro romano-germanico*）那裡，找到同樣的證據，說明現代資產階級國家從其最初形態，就顯示它的理性特徵。謝姆尼茲說：「國家理性是非常必要的政治考慮，用以解決一切公眾問題，並做好協商和參謀工作，制定適當的計畫，其唯一目的，就是使國家得到維持、擴大和繁榮」（Chemnitz, B. P. Von, 1647; Foucault, 1994: IV, 816）。

所以，國家理性就是遵守一定規則的統治技藝。爲了保證這種政治技術的靈

活性和功效性，不但要求它尊重傳統和習俗，而且，更主要的，是採用科學理性知識。顯然，這樣來理解的國家理性，是同馬基維利和基督教的政治理論不一樣的。現代國家理性既不強調神的旨意，也不依據貴族王公們的理智和策略，而是直接從國家本身的性質及其合理性中延伸出來的。

為了實現國家理性，現代政治特別強調實際的政治實踐（pratique politique）同政治知識（savoir politique）的正常合理關係。也就是說，政治實踐提供了豐富的統治經驗，並注意到實踐本身的藝術性及其不斷提升的必要性；而政治知識是以理性分析、總結和推理為基礎，根據歷史發展的進程以及社會的需要所生產出來的。政治實踐和政治知識的結合，使現代政治有可能不斷增強國家的實力，並保證現代國家能夠適應時代的變遷而日益興盛。現代政治學就是在這種情況下誕生，並發展起來的。在這個意義上而言，現代政治學就是國家理性的一個重要組成部分，只不過它同國家保持著特定的距離，以便使它本身具有特殊的兩面性：它既是國家理性的理論基礎，又不直接參與國家事務；既為國家服務，又不同國家相重合；既討論政治，又不同於一般政治實踐。政治學不是專為政治實踐辯護、為實際政策進行正當化論證的學問，它毋寧是對國家進行監督、諮詢、批評、揭發和指引的論述體系。正因為這樣，現代政治學可以被稱為「非政治的政治」。也就是說，現代政治學是政治的一部分，但它是以「非政治」的面目和理論內容，監督和批評現代政治的發展進程。作為國家的統治機構，政府應該針對自身的統治實踐，不斷地進行理性的反思。在這個意義上，國家理性就是政府在其統治過程中對自身政治實踐的反覆總結、改進和創新。而政治學則是國家理性在理論上的概括。

在西方的政治思想史上，其實早在柏拉圖時代，就規定了國家領導人的政治學素質及本分。柏拉圖的《國家篇》（Republic）明確規定：必須由非政治的哲學家領導整個國家事務。這也就是說，在國家範圍內領導他人的政治家，必須具備特殊的政治知識，必須站在高於一般具體的政治鬥爭的層面上，以高瞻遠矚的特殊智慧的眼光，將整個國家納入，並維持在穩定合理的秩序中。政治學並不討論統治人的法制，也不關注人性或神性原則，而是只關切國家本身的性質。真正的國家（l'État），是一種專為其自身而存在的社會共同體。法學家可以從法制的角度對它的存在的正當性進行討論，但政治學家卻不同於法學家，只是從國家自然本質的角度，對國家的問題進行反思。

從關切國家本質的角度出發，政治學家所關心的第二個問題，就是維護國家強盛的管理藝術。自從現代國家誕生以後，討論國家管理藝術的政治算術（arithmétique politique）也自然而然地產生了。所謂政治算術，也可以稱為「政治統計

學」（statistique politique），它實際上就是向政治家賦予政治技術和技能，使之善於進行合理的政治算計的現代知識體系。

國家理性的第二個特點，就是從國家與歷史的關係來思考國家問題（Foucault, 1994: IV, 819）。國家不是單純從法制，而是從它的歷史興衰歷史可能性的角度，探討它的內在力量強弱的兩種潛在趨勢。國家究竟朝著什麼方向發展，問題的關鍵，是政府實行什麼樣的政治統治藝術。國家必須不斷地增強它的實力，因為任何國家都存在於與其他國家競爭的歷史環境中。所以，任何國家的存在和發展，歸根結柢，依賴於它的政府能否在有限的歷史時期內，實現國家內在力量的強盛，以便在國際實力競爭中獲勝。因此，國家理性同時也關係到政府同國家之間的合理關係，它要求政府能夠制定並執行一整套最合理的政策和策略，在最快的歷史時間內，將國家的實力提升和增強。

國家理性的第三個特點，就是「合理地」解決國家與個人的關係，盡可能地使生活於國家內部的每個人，都能夠為國家實力的增強做出貢獻。為此目的，國家必須針對個人的積極和消極兩種傾向，實行恰當的政策和策略：有的時候，國家要求個人維持健康，生活得愉快和長壽，進行有效的勞動，從事生產和消費；但有的時候，國家又要求個人做出犧牲，在必要時，為國家獻身而死（Foucault, 1994: IV, 819-820）。美國總統甘迺迪（John Fitzgerald Kennedy, 1917-1963）上任時，針對蘇聯在航太科學方面的優勢，表示將在極短時間內，迅速增強美國的實力，保證使美國的太空船能夠成功地將人運往月球。為此，甘迺迪說：每個人都不應該時時考慮國家給了自己什麼，而是應該問問自己，究竟為國家做出了什麼貢獻。甘迺迪的話，正是體現了資本主義國家的「國家理性」處理個人與國家的關係的基本原則。正如福柯說：國家理性並不只是關心個人，也不是僅僅為了關心個人而關心個人；國家關心個人，毋寧是為了使個人有利於國家的強盛目的。在這種情況下，關心個人的結果，必須使得個人的作為、生活、死亡、活動以及一切個人行為等，都能夠為國家強盛的唯一目的服務。所以，國家所推行的健康政策和疾病保險制度，並不是如同西方國家所宣稱的那樣，完全是為了照顧和關心個人的健康，為了推行福利政策，而是為國家要求個人做出必要的犧牲準備託辭。

為了深入討論現代國家中的個人同國家之間的關係，不能不涉及到現代警政系統（la police）的建構及其運作的問題。現代警政系統是伴隨著現代國家理性的誕生而建立的。實際上它是現代國家理性處理個人與國家關係的重要行政管理仲介和關鍵環節。

國家理性在討論現代國家的功能時，強調現代國家在實現對於社會及個人的

雙重統治的過程中，必須行使積極和消極兩方面的功能。如果說，國家通過法制的力量對付國內敵人，以及通過軍隊對付國外敵人，是屬於國家的消極功能的話，那麼，國家通過警政系統，維護國內生產秩序，保障公民正常生活以及促進國家強盛繁榮，就屬於國家的積極功能（Foucault, 1994: IV, 825）。現代警政系統是資本主義社會政權建設的最重要成果之一，其目的在於全面實現政府對於個人的控制、管理和規訓。在現代公民社會制度下，每位公民都具有強烈的個人自由意志，而且，他們對於國家的積極貢獻，也往往同他們對於國家的消極態度，同時地展現出來。在這種情況下，對現代公民社會所實行的政治統治，比以往任何時代都更複雜。作為現代國家的積極功能的主要保障機構，警政系統必須善於針對現代公民社會中每個公民的精神和思想的複雜變化，面對他們在生活中的各種欲望要求，進行合理的管理和嚴格的宰制。現代警政系統擔負起國家最複雜的統治任務，必須善於將強硬的管制措施及柔和的教育手段結合在一起，使各種各樣在精神思想活動方面極其不穩定的公民個人，能夠在符合國家法制和規範的範圍內，自由自在地生活。

三、政治與道德

關於政治與道德的關係，現代資產階級一方面繼承了古代希臘和中世紀基督教的某些原則，另一方面則更多地針對現代社會的實際需要以及資本主義社會本身的政治統治技術的技巧性和策略性，創造了一系列與國家理性相適應的道德規範和措施。福柯認為，現代道德的特徵，就是同現代生命政治相平行，實行一種以「性論述」（discours sexuels）為中心的新型道德原則。

在古希臘時期，福柯發現，並不實行嚴格的道德要求（austérité morale），也不存在普遍的苦行和苦修的倫理原則。在肉體和精神生活方面，某些類似的苦行生活方式，並不構成社會道德的基本要求，而只是通行的一般道德的補充性因素（Foucault, 1994: IV, 552-553）。更具體地說，古代希臘人，在其通行道德中，對於性方面的嚴格要求，並不是最基本的方面。他們把性方面的道德要求，更多地同當時多種多樣的哲學和宗教流派以及生活風格聯繫在一起。因此，希臘人在性的道德方面，與其說是強制性地要求所有的人遵守同一規範，不如說是建議人們根據自己不同的生活風格和精神生活要求，有智慧地選擇自身有節制的性生活方式。福柯認為，古希臘的性道德方面的嚴格要求，大多數是圍繞著四大論題而展現出來：肉體生活（la vie du corps）、婚姻制度（institution du mariage）、人與人之間的關係（relations entre hommes）及理智的生存方式（existence de sagesse）（Ibid.: 553）。值得注意的是，古希臘上述有關性方面的要

求，是以多樣形式，以人們的自由思考爲前提，同時又以達到身體和生活快樂爲其基本宗旨。這些性方面的嚴格要求，還只是針對男人的生活和思想風格，而不是對整個社會的兩性都有效的道德規範。所以，這些嚴格要求，並不是作爲「禁律」，而是作爲尋求精神生活豐富化和風格化的男人的討論題目，在當時有教養的男人中傳播。指出這一點，是爲了強調：西方有關性的道德原則，在歷史上曾經發生過重大的變化；而在資本主義社會建立以後，根據資產階級的政治統治的需要，在道德方面，統治者主要是創造了一系列新的性論述，修正和補充傳統的道德。

如前所述，資本主義社會是一個空前未有的性論述極其氾濫的社會。所以，資本主義社會特別創造了其特殊的道德規範體系，並將它們同資本主義社會特殊的政治技術聯繫在一起。在這方面，性論述扮演了特別的角色。福柯在1967年同義大利記者卡盧梭（P. Caruso）的對話中，強調資本主義社會中政治同道德的一致性以及性論述在其道德中的主要地位（Foucault, 1994: I, 616）。福柯指出：「在政治方面，實際上我認爲，從今以後，道德是完完全全地被整合到政治中去；道德可以被歸結爲政治本身，也就是說，道德等於政治」（Ibid.）。

如前所述，資產階級的政治，對人口、居民以及個人的生命的統治是非常重視的。正是爲了實現對居民和個人的整體性與個體性的雙重統治，現代資本主義政治才慈恩及傳播關於性的科學論述和道德論述，使之成爲其政治技術的最重要組成部分。資本主義社會的性道德，不同於中世紀的道德之處，就是它與性的科學論述緊密地相結合，也因此使資產階級的性道德論述，塗上濃厚的科學理性色彩。

一般說來，基督教在性的方面的道德論述，主要表現爲三大基本內容。第一，基督教的性道德論述，強調一夫一妻制的神聖性。第二，基督教的性道德論述強調：一切性行爲，只能爲了一個目的，就是生產。也就是說，基督教道德只允許人們爲生孩子而發生性關係。第三，一切爲尋求肉體快感的性行爲，都是犯罪和墮落的誘因。因此，基督教是從否定和消極的角度談論性快感。

崇奉理性的資產階級道德，爲了實現對居民和個人的控制，往往同「科學」的醫學、生理學、解剖學、衛生學和生物學的論述相結合，進行更爲靈活和多樣的教育和引導方式。福柯認爲，在性的方面的現代道德論述，同科學的性論述緊密地結合在一起，成爲現代生命政治不可分割的組成部分。

四、政治與法律

在福柯的理論體系中，法律的性質及其社會功能，是不能脫離它們同權力運

作的複雜關係。在1976年法蘭西學院的講稿中，福柯指出：他在1970至1971年之間，主要是探討權力「怎樣」運作的問題。研究權力「怎樣」運作，就是試圖在權力的兩大極限，即法律和真理之間，把握權力的運作機制：一方面，法律的法規嚴格地限制了權力；另一方面，權力所生產出來、並反過來引導權力的真理，也成為權力的另一個邊界。因此，很顯然，在社會的運作過程中，存在著「一個由權力、法律和真理構成的三角形」（triangle de pouvoir-droit-vérité）（Foucault, 1994: III, 175-189）。

在西方社會中，探討任何一個重要的社會問題，都不能脫離同權力和真理的相互關係；對於法律問題來說，它同權力和真理的關係就更加重要，這是因為近代西方社會是一個法制社會，而且，現代知識也成為整個社會所崇奉的論述體系。在這種情況下，法律、權力和真理構成了整個社會得以穩定正常運作的三大支柱。

在上述三角形結構的框架內，探討法律的性質及其運作機制，不只是意味著要深入分析法律同權力和真理之間相反相成的雙重關係，而且，還意味著要同時分析權力和真理之間相反相成的雙重相互關係及其對於法律的影響。這就是說，在上述三角形結構中的任何一項，不只是法律，而且，包括權力和真理在內，都不能單獨孤立地存在和運作；三角形中的任何一項，都必須在同其他兩項因素的相互關係中存在和運作。對於它們的考察，也是如此。所以，福柯說：「為了簡單地指出權力、法律和真理之間的關係的緊密程度和穩定性，而不僅僅是它們之間的相互關係機制，應當承認這樣的事實：權力迫使我們生產真理，而權力又為了它的運轉，急需知識真理；……從另一方面講，我們同樣也不得不服從真理，在這個意義上，真理制訂法律；至少在某一個方面，是真理話語對於法律的制定，起著決定性的作用；真理自身傳播和推進權力的效力。總之，根據擁有權力的特殊效力的真理話語，我們被判決、被處罰、被歸類、被迫去完成某些任務，把自己獻給某種生活方式或某種死亡方式。這樣一來，就產生法律規則、權力機制、真理效力」（ibid.: 175-179）。

福柯是在探討知識考古學和權力系譜學的情況下提出權力、法律和真理的三角形結構的。從知識考古學和權力系譜學的角度來看，首先值得深入研究的問題，就是：「究竟是什麼樣的法律規則，促使權力能夠為生產真理論述而運作起來？」（Ibid.: 175）。這就表明，在福柯看來，關於法律的性質及其重要性，是在探索權力與知識真理論述的相互關係的情況下顯示出來的。在福柯看來，在權力與知識真理之間，法律扮演了非常關鍵的角色；權力在其運作中，之所以能夠同知識論述的生產和再生產緊密地結合起來，就是靠法律的力量。權力必須訴諸

於法律，才能約束、引導知識眞理的生產和再生產，使知識論述的生產和再生產，有利於權力的運作和再分配。同樣地，知識眞理論述之所以有助於權力的正常運作及其正當化（légitimation），就是靠法律本身的強制性力量。所以，法律同權力的緊密關係，成爲了權力生產知識論述，並使知識論述反過來影響權力的一個關鍵。

但是，法律、權力、眞理之間的相互關係，並不是抽象的。三者相互關係的具體性和複雜性，首先就體現在其中任何兩項之間相互關係的仲介性和反思性（réflexivité）：其中任何兩項之間的相互關係，都要通過第三項的介入來維持和運作。因此，權力與法律相互關係的仲介性和反思性，就體現在它們同知識眞理論述之間的雙重關係：也就是說，權力同知識眞理論述之間的相互關係，是靠法律作爲其仲介因素而維持和鞏固下來。如前所述，知識眞理論述是當代西方社會中貫穿一切社會關係網絡最重要的軸心力量。因此，法律和權力，都必須以知識眞理論述作爲其仲介因素，並通過它們同知識眞理論述的複雜關係而運作。

爲了弄清上述問題，必須首先了解福柯是如何看待法律的。如同他研究權力一樣，福柯不打算對法律做出明確的一般性定義。他不是先探討「什麼是法律」，而是更多地從法律在社會生活中的實際運作狀況及其貫徹程式，探討法律的性質。他認爲，要揭示法律的性質，不能停留在它的語詞論述上，不能單純分析它的法規條文，而是更應該集中分析它的執行程式和策略，更重點地研究它在典型的實際判例和審判過程中的具體表現。福柯在其多處論述中均一再強調：現代社會以法律和憲法條文裝飾一切，強調現代權力和法律以及眞理之間的相互滲透和勾結。通過知識眞理論證法律的正當性，並以眞理的面目表現出來，用眞理論述形式顯示法律的眞理性，是當代社會一切法律的顯著特徵。但所有這一切，都還只是表面的現象。更重要的是，必須將現代法律置於其現實的運作中加以分析；同時，還必須將法律放在它同整個社會的實際關係中去考察，不能滿足於了解中央政權和中心地區的法律結構及其運作狀況，而是更應該注意邊沿地區和外省的法律結構及其運作狀況，因爲只有在那些邊沿地區，才能充分表現出現代法制的虛僞性和不合理性，才能發現權力濫用的腐敗狀態，才能看到法律屈從於權力的眞正面目。

當談到現代社會的性質時，福柯說：「主權和規訓，主權的法治和規訓化的機制，是我們社會中，政權的基本運作機制的兩項絕對的構成因素」（Foucault, 1994: III, 189）。這就是說，現代社會雖然聲稱自己是法制社會，但在實際運作中，它並不是單純地依靠法制，而是千方百計地試圖在法制之外，借助於規訓（discipline）的實際效力，使權力直接地控制社會的各個領域。現代社會是靠法

制與規訓進行雙重統治的社會。所以，就現代社會的實際狀況而言，不能對它的法制系統寄予太大的希望，更不能將其法制體系理想化和神聖化。福柯明確地指出：現代社會實際上是法制與規訓同時並重、雙管齊下的社會；而在大多數情況下，規訓的運作和干預，往往多於法制的運作。從福柯所調查的結果來看，現代法制社會在其發展過程中，有越來越違法的傾向，越來越在法制之外，訴諸於各種規範和規訓策略，去直接控制和宰制社會生活。正如本書在前面許多地方所指出的，近現代資產階級在建構其法制社會時，仍然免不了要在一定程度上繼承中世紀封建社會的基督教規訓模式，並依據當代社會嚴格控制個人的需要，將權力的基督教運作模式（modalité pastoral du pouvoir）加以理性化和完善化。因此，現代法制社會實際上已經將法制同規訓當成兩項相互補充的統治手段，甚至在一定程度上，將規訓列於優先地位。也就是說，儘管法制在表面上仍然約束規訓，但法制卻要為規訓的目的服務；在必要的時候，依據具體狀況，行政機構根據其實際的權力，可以在現有法律之外跨越法律，直接地制定規訓的規範（norme），使現代規訓的規範和程式，在實際上遠遠地超出法制的範圍，在實際生活中發揮比法制更大的效力。這樣一來，規訓本來是隸屬於法制的；但現代社會對個人進行全面管制（contrôle général）和嚴格規訓（discipline sévère）的迫切需要，促使對於個人的約束規範和規訓，在法制體系之外膨脹起來；在某種意義上說，規範和規訓，越來越占據高於法制的決定性地位。要理解這一現象，首先必須從現代政府行政部門濫用權力的現象入手。

因此，福柯在分析當代法律的性質時，首先不是從法律的書面條文及其體系，而是從現代政府行政機構及其官員的濫用權力現象出發，從法律屈從於權力的角度進行揭露。在這方面，中央政權機構往往採取更加狡猾、隱蔽和曲折的複雜方式；離中央越遠的地區和部門，越露骨地顯示出來。為此，福柯建議從當代社會的非中心地區入手，詳細探索非中心地區（邊緣省份和地方機構）的權力運作及其法制結構，調查它們貫徹法制的實際狀況，實際了解那裡的規訓系統及其運作策略。通過非中央地區各政府部門濫用權力的腐敗狀況，可以進一步揭露當代社會法律的具體性質。

福柯尤其調查了監獄系統的法制和管理制度，了解那裡的法制貫徹的具體狀況，以便揭露現代行政和司法機構的腐敗及其實際的違法程度（Foucault, 1975）。

實際上，福柯認為，「過去君主專制絕對的、戲劇性的、陰暗的權力，能夠置人於死地，而現在，由於針對人口、針對活著的人的生命權力，由於這個權力的新技術，出現了一種連續的、有學問的權力，它是『使人活』的權力。君主

專制使人死，讓人活；而現在出現了我所說的調節的權力，它相反，要使人活，讓人死」（Foucault, M., 1997）。如前所述，福柯尤其是在二十世紀七〇年代之後反覆強調，西方各國政府權力機構從十八世紀開始，其權力運作機制發生了重大變化，主要是指近代國家權力一方面對個體和個人的身體實行懲戒、監視、規訓，另一方面對整個社會人口總體進行調節、協調、管制，以便達到社會整體的平衡運作。懲戒和調整兩大機制系統雖然是不同的，但又是相互連結的。這種狀況嚴重地影響了當代社會法律的實際性質，尤其深刻地揭示了當代社會法制的虛偽性。為了揭露現代社會濫用權力和違反法制的腐敗狀況，更全面地宰制個人和整個社會，福柯尤其強調現代社會在時空方面對於個人身體的控制的全方位性。福柯認為，現代監獄對人身的拘禁，並不只是為了實現對於人心的控制，而且，其重點正是實現對於個人身體的懲戒、管制和規訓，並通過對於身體的懲戒過程，造就出一種「聽話順從的身體」（un corps docile），由此完成對於人的內心世界的控制和規訓。所以，現代社會不但沒有消除對於人身的懲戒和管訓，而且還由於生命權力的誕生和擴大，由於現代法制和規訓規範的相互結合，對於人的身體和精神心態，實現了比以往任何社會更有效得多的雙重懲戒和控制。

由此可見，現代規訓社會的產生不但沒有以管制取代法律，反而進一步使法律在社會生活的各個表面領域無限地擴張，為管制和規訓之橫行鋪路。如果認為福柯由於強調管制而否認現代社會法律的存在及其氾濫，那是絕對錯誤的。

總而言之，管訓不同於法律，但管訓離不開法律，也離不開法律的正當化，離不開法律作為真理論述的依據所發揮的實際效力。現代社會固然強化了對於個人身心和整個社會的管訓，但絲毫沒有貶低或削弱法律的傾向。福柯所批判的，正是法律掩護下的管訓機制與技術的不斷膨脹。

福柯並沒有忽視對於現代社會憲法（la constitution）和法律（droit）的研究。在他的知識考古學、道德系譜學與權力系譜學的研究中，福柯不斷地指出當代國家權力機構制度化、法治化和真理科學化的過程及其特徵，同時也揭露當代國家本身時刻濫用權力，不斷違法、逾越法規，甚至踐踏憲法的特徵。福柯認為，西方當代社會法治化、濫用權力和時刻違法的普遍現象，正是當代社會一體兩面的特徵，具有明顯的悖論性；而這種悖論性也正是西方所謂合理與科學的法治的悖論性本身。福柯說：「當我們說西方社會中主權問題是法治問題的中心時，意指的是，論述和法的技術是為了在政權內部解決統治的問題而運作的。換句話說，論述和法的技術的運作，都是為了在這種統治所在的地方，化約或掩飾兩大因素：一方面就是關於主權的正當化的權力，另一方面就是關於服從法律方面的義務。因此整個法治體系，歸根結柢，就是為了排除由第三者進行統治的事

實及其各種後果。正因爲如此，在西方社會中，法治體系和法律審判場域，始終是統治關係和多種形式的臣服計謀的永恆傳動裝置」（Foucault, M., 1994: III, 177-178）。

福柯一貫主張具體地研究和批判當代社會的法律體系及其與權力和知識眞理之間的關係。所以，他緊緊抓住監獄制度作爲典型，深入批判當代法制與權力和知識眞理的關係。

值得指出的是，福柯即使是在集中探討刑法及監獄問題的時候，也沒忘記揭露當代社會法治體系、憲法、各種具體法規的性質及其具體操作程序的詭異性。福柯在1984年的一次對話中，反覆糾正對於他研究監獄及刑法問題的各種誤解。當他談到「監視與懲罰」一書時，福柯說：「首先，在這本討論監獄的書中，我顯然不願意提出有關刑法的基礎問題。……我把有關刑法基礎的問題放在一邊不管，正是爲了突顯在我看來經常被歷史學家所忽略的那些問題，這也就是有關懲罰的手段以及它們的合理性問題。但這並不是說懲罰的基礎問題不重要」（Foucault, M., 1994: IV, 641）。對於法律和法治的問題，福柯一貫透過其與權力、知識和道德之間的複雜關係進行探討。同時，他也非常重視作爲現代性核心問題的法制和政治合理性的問題。他指出：「我們現代的合理性的主要特徵，並不是國家的憲法，並不是這個作爲最冷酷的、無情無義的魔鬼的憲法，也不是資產階級個人主義的飛躍發展。……我們的政治合理性的主要特徵，在我看來，就是這樣的事實：所有的個人，都被整合到一個共同體或一個總體性的結果，導致永遠被推動的個體化同這個總體性之間持續的相互關聯。由此觀點看來，我們才可以理解爲什麼權力與秩序的二律背反能夠容許現代政治的合理性」（ibid.: 827）。

如前所述，現代社會從十八世紀末和十九世紀初開始，就進入一種新型的規訓社會（la société displinaire）。這個規訓社會在法律方面的特點，就是明顯地呈現出悖論和矛盾的現象：它一方面實行司法改革（la réforme judiciaire），另一方面又進行刑法制度的改革，而兩者之間，卻往往脫節和相互矛盾（Foucault, 1994: II, 589）。西方不同的國家在這方面的矛盾狀況，並不是完全一樣的。但總的來講，司法改革同刑法的改革是不相適應和不協調的。

根據十八世紀的法學家，例如義大利的巴加里亞（Cesare Bonesana Beccaria, 1738-1794）、英國的邊沁和法國的布里索（Jacques Pierre Brissot, 1754-1793）等人的看法，犯罪完全不同於犯錯誤。犯錯誤只是違反道德、宗教和自然規則，而犯罪或違反刑法，則是違反社會契約以及由政府所規定的法制。犯罪是一種有害於社會的事；罪犯是整個社會的敵人。盧梭還曾經認爲，罪犯就是破壞社會契

約的人，他們是社會內在的敵人。由於各種罪行都有害於社會，法制就必須制定一整套刑法，以便懲罰罪犯，將罪犯當作敵人，使之從社會中排除出去和隔離開來，或者將他們處以死刑，或者將他們流放出去，遠離社會，或者把他們集中禁閉於特定的監獄和改造機構，剝奪他們正常的肉體和精神生活的權利，使他們在身體、精神等各個方面都過著完全不同於正常社會的生活，並以強迫勞動的方式，盡可能彌補他們的罪行所造成的損失。所有的刑法，在制定的時候，並不只是爲了監督和宰制所有個人在實際上的所作所爲，而且，更重要的，是還要進一步監督和宰制所有個人的可能作爲。把所有個人的可能作爲，全部納入被監督和被宰制的範圍內，就意味著：不僅要監督所有個人實際做的一切事情，而且也要監督一切沒有做、但有可能做出的事情。這就使刑法和法制所控制的範圍，從個人實際的、現存的、過去的行爲，進一步擴大到未來的、可能的事情。

　　所以，只能在政府法律規定的範圍內，界定犯罪的性質及其被懲罰的程度。也就是說，制定法制及刑法，是爲了鞏固政府所統治的社會秩序；在法制、法律存在以前或以外，討論犯罪的性質是沒有意義的。刑法只能從它有利於社會的角度去理解（Foucault, 1994: II, 589-590）。

　　所以，福柯認爲，所謂法律，就是一整套的法治體系，而所謂秩序無非就是一種行政管理系統，特別是國家所維持的管理體系。他嚴厲批判自十八世紀以來資產階級政治家和法學家試圖協調法律與秩序的各種努力，並把這種努力歸結爲一種不可實現的虛幻夢想。他堅定地認爲，法律與秩序的結合只能導致法律體系整合到國家秩序中去的結果（ibid.: 827-828）。

　　福柯總是把法律看做是整個社會權力機制建構的一個零件。他說，統治權和懲戒，統治權的法律、立法和懲戒機器，完全是我們社會中整體權力機制建構的兩個零件（Foucault, M., 1994: III, 179）。所謂法律，永遠都是統治權的法律，因爲一切法律如果不停留在它們口頭或書面的論述上，而是考慮到它們的實行及其各種具體程式的話，歸根結柢，都是爲了維持和鞏固一定的統治秩序。福柯認爲，通常的法律理論，只是從個人與社會的相互關係，強調一切法律基本上都具有個人自願默認的契約性質。福柯的法律理論，在批判上述傳統法律理論時，並不否認法律除了爲建構統治權服務以外，還承擔起協調整個社會以及協調個人間關係的功能。

　　有關憲法（la constitution）的問題，福柯的觀點突顯了三個方面的特徵。第一，他把憲法歸結爲一種法律上最高層次的論述體系，因此，必須把重點放在建構這個論述體系的具體策略之上，集中探討建構憲法這個論述體系時所彰顯的各種力量鬥爭的複雜關係。因此他認爲憲法在實質上不屬於法律的範疇，而是更屬

於力量的範疇；不屬於書寫的範疇，而更是屬於平衡的和協調的範疇。第二，作為整個社會各種社會力量權力鬥爭的一個權衡總機制，憲法所能表現出來的內容和形式，只能是抽象的和冠冕堂皇的。在這個意義上來說，任何憲法都只能是自由民主的最一般、甚至是空洞的保證。第三，正如對於權力機制的分析必須從中央轉向邊緣地區和基層單位的毛細管網絡一樣，任何對於法治體系的分析，也應該從憲法轉向地區化、邊緣化、專業化和具體化的法規條文及其實施程式的研究，因為正是在這些具體而處於邊緣地區的法規及其實行的細微程式中，才顯現出憲法、這些法律體系與權力的腐敗性和無效性。

正如以上反覆強調的，福柯強調規訓的程式和技術（des procédures et des techniques de la discipline），同時也指出現代法律功能的科學化、專業化、理性化與現實化。所以，福柯說，與其賦予法律以權力表現的特權，不如對它實施的各種限制技術（les techniques de la limitation）進行定位。在這個意義上說，福柯對於監獄和懲戒的深入研究，不是削弱或忽視法律；相反地，是為了更深刻地揭示當代社會法律的特徵。

如同在創作中主張逾越（transgression）和置法規於不顧（négliger la loi）一樣，福柯對於現代法制和法規，基本上是採取忽視和蔑視的態度。資本主義社會的法制既然具有上述兩面性和悖論性，對於福柯來說，就只能對之採取雙重的態度：既在必要的時候遵守它，又要有勇氣逾越和蔑視它（Foucault, 1994: I, 525-534; 536-538）。

對於福柯來說，任何時候和任何社會，都不可能實現絕對的正義，「因為一種正義始終都必須對其自身進行自我批判，就好像一個社會必須靠它對其自身和對其制度進行不停的批判一樣」（Foucault, 1994: IV, 524）。

第三節　德希達對當代政治的解構

德希達不是傳統意義上的政治哲學家，他從來不打算建構系統的政治哲學理論體系，他的政治哲學既是解構主義對當代各種政治事件的批判，又是他的解構策略的一種政治實踐，這就決定了他的政治哲學的散播性、碎片性、在場性、零散性、游擊性和事件性的特徵，相應於德希達政治哲學的特殊性，我們對於它們的研究，也只能採取多種靈活的方法，緊密地結合當時當地的狀態及其中各種力量對比關係，結合他的解構主義策略的實踐過程，進行微觀細緻的個別分析，盡可能呈現出他的政治哲學思想活靈活現的生命力及其當代社會意義。

德希達的政治哲學，主要集中在從上世紀九〇年代到2004年德希達去世為止

所關注思考並陸續闡述的政治思想中，它雖然明顯地在他生命最後時刻所寫的著作中表現出來，但它又是貫穿於德希達思想創造過程始終的核心問題；而且，每當德希達根據時代需要而闡述他的政治觀點時，他總是擺脫原來意義的「政治」，採取明顯的「解構」策略，超出哲學的範圍，特別是採用遊走於哲學、文學、精神分析學、法學等多學科的「流浪」方式，甚至穿越建築學、藝術和神學的領域，把當代政治早已背叛傳統政治概念的實際狀況，尤其把當代政治不再顧及傳統政治定義而爲所欲爲的「流氓」形象[1]，揭示在光天化日之下。

所以，研究德希達的政治哲學，如同研究他的各種思想觀點一樣，都必須從顛覆傳統概念的解構立場出發，一方面緊密結合當代政治的實際複雜狀況及其靈活多變的策略，另一方面又要注意德希達本人一貫採取的立場和方法，在當代政治的實際運作中，理解和分析德希達的政治思想及其與當代政治的複雜關係。

1996年2月1日，法國《解放報》（*Libération*）以顯著版面介紹了德希達接二連三發表的著作《難題》（*Apories*）、《論宗教》（*La religion*）以及《對抗：從精神分析學角度》（*Resistance – de la psychanalyse*），強調政治論題在這些著作中的核心地位。接著，《世界報》發表克利斯蒂安‧德拉岡班（Christian Delacampagne, 1949-2007）的評論文章，也突出地肯定了德希達對政治議題的關切[2]。

從九〇年代到2004年，德希達以非常頻繁緊湊的節奏，連續發表政治哲學著作《從法到哲學》（*Du droit à la philosophie*, Paris: Galilée, 1990）、《邊界的通道》（*Le passage des frontières*, 1992）、《馬克思的幽靈》（*Spectres de Marx*, Paris: Galilée, 1993）、《法的威力》（*Force de loi*, Paris: Galilée, 1994）、《友誼的政治》（*Politiques de l'amitié*, Paris: Galilée, 1994）、《電視的超聲波》（*Échographies de la television*, 1996）、《他者的單語主義》（*Le mono-linguisme de l'autre*, Paris: Galilée, 1996）、《論宗教》（*La Religion*, Eds. with Gianni Vattimo, Paris: Seuil, 1996）、《觸摸》（*Le Toucher, Jean-Luc Nancy*, Paris: Galilée, 2000）、《紙張機器》（*Papier Machine*, Paris: Galilée, 2001）、《明天將會怎樣……》（*De quoi demain... Dialogue*, Paris: Fayard/Galilée, 2001）、《每一次都是唯一的：論世界末日》（*Chaque fois unique, la fin du monde*, Paris: Galilée, 2003）、《流氓》（*Voyous*, Paris: Galilée, 2003）、《心靈：他者的發明》（*Psyche: Inventions de l'autre, II*, Paris: Galilée, 2003）、《9月11日的概念》

1　Derrida, *Voyous*, Paris, Galilee, 2003.

2　Delacampagne, Ch. *Le monde*, 15 novembre 1996.

（*Le "concept" du 11 septembre, Dialogues à New York, octobre-décembre 2001 avec Giovanna Borradori*, with Jürgen Habermas, Paris: Galilée, 2004）、《使「我是」得以成立的動物》（*L'animal que donc je suis*, Paris: Galilée, 2006）、《關於野獸與主權的研討會，第一集》（*Séminaire. Le bête et le souverain. Volume I (2001-2002)*, Paris: Galilée, 2008）、《關於野獸與主權的研討會，第二集》（*Séminaire. Le bête et le souverain. Volume II (2002-2003)*, Paris: Galilée, 2010）、《關於野獸與主權的研討會，第三集》（*Séminaire. La peine de mort. Volume III (1999-2000)*, Paris: Galilée, 2012）、《欺騙的歷史：導論》（*Histoire du mensonge. Prolégomènes*, Paris: Galilée, 2012）及《寬恕：不可寬恕的和不受時效限制的》（*Pardonner. L'impardonnable et l'imprescriptible*, Paris: Galilée, 2012）等。

由此可見，德希達越到晚年，就越來越直接地把解構主義闡述並實踐成爲一種新的政治哲學的實踐策略基礎。解構主義策略決定了他的政治哲學完全不同於傳統的政治哲學：既沒有系統的範疇和理論，也來回遊動於各個學科之間，表現出它的遊擊性、批判性和時代性。

一、事件的政治哲學

在哀悼德勒茲逝世的一封信中，德希達稱德勒茲是「事件思想家」[3]，把德勒茲逝世本身看作是一場活生生的事件、一場「在場出席」的事件、一場「結束性」的事件，尤其是一場「開創性」的事件，當然也是一場「解構」的事件、一場政治事件。

德希達很重視事件性，不但因爲任何事件都是不可預測的，而且，還因爲事件的不可預測性如同「他者」一樣，都屬於「看不見的來臨者」[4]。根據德希達的觀察，當代政治在任何時候都是一種「看不見的來臨者」；政治隨著時代的推進，變成越來越流動、越來越沒有規則，它隨時以人們意想不到的內容和形式突顯出來，介入它意欲控制和管制的事物、領域和個人，致使受到現代政治威脅下的各個社會成員，隨時都有可能被驅趕出自身原有的家門，被驅趕出自身原來熟悉的領域，被剝奪繼續留存於自身所占有的領域的權利，如同隨時面臨難以預料的事件一樣。

3　"Deleuze le penseur est, par dessus tout, le penseur de l'événement et toujours de cet événement ici [cet évenement-ci]. Il est resté le penseur de l'événement du commencement jusqu'à la fin", In Derrida, "Gilles Deleuze", *Chaque fois unique, la fin de monde*, Paris, Galilee, 2003: 237.

4　"L'évènement, l'autre, c'est aussi ce qu'on ne voit pas venir, ce qu'on attend sans attendre et sans horizon d'attente". In Derrida, *Échographies – de la télévision*, Paris, Galilee, 1996: 119

德希達針對當代科學技術的先進性及其無處不在的霸道性質，強調當代政治自我稱霸的任意性及其可能性。他認為，當代技術的威力及其發明和使用的高效率，使當代政治有可能充分利用技術力量的有效性及其神祕性，加強對國家及各個社會成員進行遠比傳統專制更加凶殘得多的全面管制。在這種情況下，當代政治可以隨時「在場出席」、干預、操縱和導演各種突然事件，以便進一步加強政治統治的力量。

德希達關於政治的事件性的論述，集中揭示了當代政治的性質轉換及其難以預測的後果。政治不僅可能隨時爆發，而且還可能任意「入侵」各個領域，包括入侵私人領域，達到其專制的目的。德希達抓住當代政治與當代科技緊密相結合的特徵，突出顯示當代政治的突發性、偶然性、多變性、流動性、自我生產性、自律性及其難以預料性。德希達由此顯示了當代政治的極端複雜性及其多重悖論。

作為政治事件，其珍貴性就在於它的在場性和唯一性。德希達在談到德勒茲的逝世時，反覆用「這個逝世」（cette Mort-ci），強調它的此岸性和唯一性，強調它的「在場」性質，強調它與「此時此地」現實生活的緊密聯繫性。

同樣地，在《馬克思的幽靈》一書中，德希達從一開始就反覆強調對於他所要講的馬克思逝世這個事件的「維持性」及其意義。「維持性」就是「在場性」。在這裡，德希達特意重複使用「堅持」或「維持」（maintenir）的現在分詞「maintenant, maintenant, maintenant...」，即「維持、維持、維持……」，也就是「現在、現在、現在……」，由此試圖重複馬克思幽靈「在場出現」的性質，突顯這些「在場事件」的強大威懾力及其隨時延展可能性，同時，也強調在場事件轉化為潛在力的可能性及其對未來的多重影響力，鼓勵人們抓緊利用在場事件發生瞬間所提供的各種可能性，自主地展現對抗政治事件的創造精神。

德希達之所以極端重視各種事件的政治性質，就是因為任何政治事件都具有不可取代的唯一性。正是為了突出政治事件的唯一性、獨一無二性、不可替代性、臨近性及緊迫性，德希達沿用海德格的說法，把死亡當成唯一性的典範。德希達指出：沒有任何一個人，可以取代我的或其他人的位置而死亡，因此，死亡，作為一種事件，極端地呈現了事件的唯一特殊性[5]。

正是在這個意義上說，死亡是最典型的事件，最富有特殊性的政治事件。對於人來說，死亡並不是一般性的事件。德希達引用法國超現實主義詩人朱埃‧布

5　Personne ne peut mourir à ma place ou à la place de l'autre, dit Jacques Derrida. La mort donc singularise à l'extrême, 引自Jacques Derrida, *Chaque fois unique, la fin du monde*, Ed: Galilée, 2003.

斯格（Joë Bousquet, 1897-1950）的話說，死亡只是意志的一次失敗（un échec de la volonté），但它並不意味著任何改變；死亡只是意味著「整個身體的一種就地跳躍」，實現了從原來身體的「有機體生成」轉化爲「心靈生成」而已[6]。

也就是說，死亡作爲自身意願的一次失敗，並沒有改變什麼，它僅僅是有機體的死亡，它所完成的，是從有形的身體生成，轉化成潛在的無形的精神力量，轉化成心靈生成的無限可能性。死亡終結了一段歷史，卻開闢了未來的無限可能性，因此，對於歷史來說，死亡並非可悲的和消極的，而是使歷史自身走向更有希望的未來的一次轉折，也是使歷史從危機中走脫而導向未來各種可能前景的仲介性事件。在死亡中得以慶幸的，是擺脫了充滿危機的困境而轉向潛在希望的發展新路。

因此，死亡意味著人的生存方式，從有機體生成轉化爲心靈生成。德勒茲和德希達都採用「生成」（devenir）替代「存在」，強調生命的生存以及事件發生的「生成」性質。生成是一種隨時都可以成爲「正在發生」的自我生產；在生成中，潛在著無限轉化的可能性，因此，死亡又爲生命本身提供了更爲廣闊的生存延續平臺。

德希達尤其把政治的希望寄託在「正在發生的事情」上。他在《流氓》的前言中指出：號稱「民主」和「理性」的西方國家，總是把「主權」（la souver-aineté）列爲高於一切的因素；他們打著全球化、民主和理性的口號，但實際上是要無限地擴展他們的主權，實現對全世界的統治。911事件爲西方國家提供了一個新的時機，創造「流氓國家」（État voyou; rogue State）的概念，把所有即將成爲他們的打擊對象的國家稱爲「流氓國家」，使西方國家自身可以在他們認爲需要的時候，不可預測地動用一切手段干預和侵占別國領土；而且，在他們實施干預的時候，他們還可以借用「拯救」的名義，以「救世主主義」（messian-isme）的理由，實現他們的目的[7]。

政治是由一個又一個活生生的獨一無二的事件表現出來的。每一次政治事件，它的更新和延續，是靠一個個死亡事件作爲仲介，而它的出現和結束（死亡），都是一次性；它們同時既相互區別，又一再重複（différence et répé-tition），表現出政治事件的頑固性、生成性、臨近性和不可預測性，同時又顯現它們的潛在性、可能性和希望性。顯然，德希達之所以通過死亡的一次性來突出

---

6 法語原文une sorte de saut sur place du corps entier qui échange son organique devenir pour un spirituel devenir，參見Derrida, J., *Chaque fois unique, la fin du monde*, Ed: Galilée, 2003.

7 Derrida, *Voyous*, Paris, Galilee, 2003: 9-15

政治的唯一性，就是爲了集中展現政治的內在多重矛盾性和悖論性。

德希達通過友人死亡的政治事件，尤其寄望於新世界的復興。他指出：「他人的死亡，並非僅僅宣布一種缺席，這樣或那樣的生命的一種消失，而是另一種世界新的可能性，另一種永遠唯一的新世界的可能性，關於這一點，如果關係到你所愛的人的死亡的話，就更是如此」[8]。

所以，對於懷抱深厚情感並永遠銘記友情和愛情的人來說，對於抱著希望而永遠向前看的人來說，死亡並不單純地意味著他所愛的某個人的死亡，而且是，或者，更應該是死者隨時隨地在新世界中複生並重現於活生生的人面前的多重可能性。因此，任何死亡不是僅僅意味著世界的結束，不是意味著「世界末日」的到來，而更多地意味著新生命和新世界的開始可能性，死亡事件的出現意味著未來前景的無限可能性[9]。

二、《馬克思的幽靈：負債的狀況、哀悼活動以及新國際》

德希達的「事件的政治哲學」實際上就是一種緊密聯繫實際的批判哲學。正如他自己所說，解構並不侷限於批判西方傳統形上學和語音中心主義；在解構中，他要實現的，並不只是尋求徹底批判傳統和重建現代文化的出路，而且，更重要的是，他要實現對於現代社會及其制度的實際批判。2001年德希達在中國社會科學院座談會上明確地指出，他對馬克思的研究是同他的解構工作相一致和相關聯的[10]。

二十世紀八〇年代對整個世界而言，是發生一系列重大事件的關鍵歲月。柏林牆的倒塌以及原蘇聯和東歐原社會主義國家集團的瓦解，尤其促使西方國家中的右翼知識分子乘機對馬克思宣導的國際共產主義事業進行攻擊，他們不僅發動了對馬克思及其原來的追隨者的政治攻擊，而且還在理論上提出了一系列新論述，試圖一方面論證自由主義政治哲學理論的正當性，同時另一方面也全面地對馬克思的思想理論展開新的討伐。

正是適應這個需要，從八〇年代到二十一世紀初，西方媒體出版和傳播一系列否定馬克思的社會主義和共產主義思想的著作，其中最重要的，包括《悲情

8　原文：La mort de l'autre, non seulement mais surtout si on l'aime, n'annonce pas une absence, une dis-parition, la fin de telle ou telle vie, à savoir la possibilité pour un monde [toujours unique] d'apparaître à tel vivant. 參見Derrida, J., *Chaque fois unique, la fin du monde*, Ed: Galilée, 2003.

9　Derrida, *Chaque fois unique, la fin du monde*, Paris: Galilée, 2003

10　杜小眞／張甯主編，《德里達中國演講錄》，北京：中央編譯出版社，2003年，第78頁。

的收穫：蘇聯集體化及殘暴的饑荒》[11]、《重評史達林的恐怖統治》[12]、《蘇聯的人權狀況及其與美國的比較》[13]以及《共產主義黑皮書》[14]等。在法國出版的《共產主義黑皮書》尤其尖銳地把共產主義與希特勒法西斯主義相提並論，試圖全盤抹煞近兩百年來國際共產主義運動的歷史成果。

　　爲了批判上述反共潮流，德希達和讓・賈克・貝格爾（Jean-Jacques Becker, 1928- ）一起[15]，連續發表批判性著作，一方面站在正義的立場，試圖客觀地重新評估馬克思的思想價值及其歷史效應，同時也強調新時期繼續進行對抗國際壟斷資本主義的必要性，德希達甚至以借喻形式主張重建「新國際」，以便發動全球正義力量阻止右翼分子的新神聖同盟對歷史的歪曲。

　　德希達認爲，馬克思本人雖然逝世了，但他的思想影響是不可估量的。德希達使用「幽靈」概念，不但是爲了直接應用馬克思和恩格斯在《共產黨宣言》的話語來回擊反共分子，而且，更重要的是爲了宣示一個新時代的到來；這個新時代的特點，就是傳媒技術改變了全球時空結構，使虛擬的事物以無形的方式無所不在，製造傳播、印記和各種共時化的存在條件，使眞實的和虛幻的事物混淆起來，生死模糊，眞假不分，社會的發展趨勢難以捕捉和不可預測，出現「非生非死、非在場非缺席、非眞非假」的現象。

　　德希達說：「馬克思有一段用『幽靈』論及哈姆雷特的文字。無論如何，『幽靈性』和『鬼』的特點是與『可見性』、巨大『可見性』的關係，而可見性總是在地平線上出現，就是在未來道路上出現。至於『鬼魂』（revenant），我們看不見他必然來，它不必然是可見的。他的到來是不可預見、不可見的。……，我可以大膽地說，事件，要來到的事情，不可預見地像『鬼魂』，而不是像『幽靈』和『鬼』兩者那樣來臨」[16]。

---

11 英國歷史學家羅伯特・康科斯（George Robert Ackworth Conquest, 1917- ）的專著*The Harvest of Sorrow: Soviet Collectivization and the Terror-Famine*. Oxford University Press, 1986.

12 美國歷史學家約翰・格迪（John Arch Getty, 1950- ）的專著*Stalinist Terror: New Perspectives*. Cambridge University Press, 1993.

13 美國社會學家阿爾伯特・吉曼斯基的專著Szymanski, Albert *Human Rights in the Soviet Union (Including comparisons with the U.S.A.)*. Zed Books, 1984.

14 Stéphane Courtois, Nicolas Werth, Jean-Louis Panné, Karel Bartosek, Jean-Louis Margolin, Andrzej Paczkowski et alii, *Le Livre noir du communisme. Crimes, terreur, répression*, Paris, les Éditions Robert Laffont, 1997.

15 Jean-Jacques Becker, *"Le Livre noir du communisme : de la polémique à la compréhension [archive]"*, *Vingtième siècle. Revue d'histoire*, n° 59, juillet-septembre 1998:. 177-179.

16 杜小眞／張甯主編，《德里達中國演講錄》，北京：中央編譯出版社，2003：79。

　　德希達對馬克思的悼念，也同他悼念自己親友的死亡的情感一起，成為他表達自己對生命、政治和社會的基本態度，展現出他極其特殊的政治哲學。從二十世紀下半葉到二十一世紀初，他的親人和朋友羅蘭・巴特、沙特、拉岡、保爾・德・曼、福柯、比利時哲學家、詩人馬克斯・羅絡（Max Loreau, 1928-1990）、阿圖塞、薩拉・高夫曼、德勒茲、列維納斯、利奧塔、傑拉德・格拉內爾和布朗肖等人的相繼逝世，為德希達提供了震撼性的時刻，激起他對社會和政治的「在場」反思，尤其集中地探索「責任」概念的政治意涵（implications politiques de la notion de responsabilité），並從「國家理性」（la raison d'Etat）、「他者」（l'autre）、「決定」（Décision）、「主權」（souveraineté）、「歐洲」、「友誼」及「差異」等概念的政治意涵出發，重新探索民主制的問題。

　　德希達認為，為了克服當代民主的侷限性，必須探索未來民主的可能前景。真正的民主尚未實現，關鍵在於未來；或者，更確切地說，關鍵在於「正在發生的各種事件」，德希達稱之為「到來中的民主」（Démocratie à venir）。

　　其實，在《馬克思的幽靈》中，就已經突顯了德希達政治哲學的事件性及其與死亡事件的密切關聯。德希達在《明天將會怎樣……》一書中，對魯迪內斯柯說：「事實上，《馬克思的幽靈》也可能是一本關於傷感憂鬱的書，關於傷感憂鬱的政治，關於政治與哀悼的工作。長期以來，我自己一直在做哀悼的工作，我試圖從共產主義蘇聯世界的崩潰及所謂的『馬克思之死』所震撼的國際地緣政治局勢中，引申出幾個結論」[17]。

　　《馬克思的幽靈》的副標題明確地標出「負債的狀況、哀悼活動以及新國際」（L'état de la dette, le travail du deuil et la nouvelle Internationale）[18]，直截了當地點名了本書的立足點：這是在一個不合時宜的時刻（le moment intempes-tif），針對一系列不合時宜的事件（des evenements intempestifs）而發表的政治哲學著作，試圖通過二十世紀下半葉接二連三發生的「死亡」事件（沙特、羅蘭・巴特、福柯等人的先後逝世、蘇聯的解體、阿圖塞的逝世等），揭示當代政治的極端變動性、不穩定性，特別是當代政治的事件性和悖論性。

　　在這個意義上說，通過德勒茲的死亡事件，通過馬克思的幽靈的持續再現，德希達試圖突出一種哀悼的政治（une politique du deuil），表達他對所有死者的

---

17 Derrida, *Dequoi demain...Dialogue*, Paris: Fayard/Galilée, 2001: 131.

18 注：德里達的《馬克思的幽靈》中文譯本，把*L'état de la dette*錯譯成「負債國家」，其實，正確的翻譯應該是「負債的狀況」。德里達所強調的是我們對馬克思以及以往一切死去的歷史人物的「債務」，即我們對死者的各種貢獻都負有債務（義務或責任）。

歷史貢獻的由衷謝意，也同時表達他以實際行動來償還他對所有死者的「債務」的決心。

為了揭示當代政治的事件性及其悖論性，必須緊緊地把握一系列突然發生的死亡事件，站在「此地」、「此刻」、「明天」（*ici, maintenant, demain*）的「在場」的立場，表達出一種帶有賭注性和冒險性的解構態度，以一種在戰爭遊戲中面對死亡不惜代價的犧牲精神，表達出對當前政治活生生的批判和解構的堅決態度。

顯然，德希達所強調的，首先是馬克思思想對現實社會的持續影響威力，這種影響雖然帶有一定的含糊性和不確定性，但它畢竟是到處存在的：既不能把馬克思的思想影響統一化、格式化和一元化，也不能否認它的實際威力。

其次，德希達強調未來各種事件的到來性、臨近性及其不可預見性，同時，也強調歷史本身的非終結性，特別強調中國以其自己的方式正在持續繼承馬克思的事業的重要性。為此，德希達嚴厲地批評了福山的歷史終結論，批評自由主義的政治哲學及其對美國等資本主義國家的「自由民主制」的辯解。

全球化的發展以及新自由主義的復興，造成一種充滿危機和禍害的「新世界秩序」。所以，在《馬克思的幽靈》中，德希達極其重視對二十世紀末全球狀況的實際分析，明確地指出「新世界秩序」的基本問題，就是全球面臨的十大危機：1.失業、2.流浪者的基本人權、3.各國及各共同體間無限的經濟戰爭、4.貿易保護主義和干預主義政策、5.外債的惡化及其惡果、6.軍火工業和毒品交易的擴大、7.核擴散、8.種族間的戰爭、9.資本主義黑手在各地的滲透、10.國際法的失效。在德希達看來，所謂「新世界秩序」在實質上就是為了維護本來已經極其脆弱的世界霸權統治，為了鞏固靠犧牲大多數人利益而通行於全球的市場秩序[19]。

在清理「負債的狀況」的時候，面對「新世界秩序」所引起的各種非正義現象，德希達越來越對戰友的相繼去世而感受到自己所擔當的承重責任和義務。

所以，「責任」、「承諾」（promesse）、「禮物」（don）、「見證」（témoinage）等因素，也成為了新政治的重要概念和重要現象。

在紀念保爾·德·曼逝世的文章裡，德希達清晰地指出：「死亡顯示名字的全部威力，因為這個名字繼續命名，喚起人們回想名字本身的承載者，同時提醒這個名字的承載者再也不能以他的名義回答一切。在這種情況下，死亡揭示了其死亡的可能性，因此我們就可以想到：死亡並不意味著等待死亡。正是因為如此，這死亡就意味著不斷地召喚死亡，意味著死亡本身還活著，死亡正在繼續留

---

19 Derrida, *Spectres de Marx*, Paris: Galilée, 1993.

存下來，……，意味著他還繼續思想和講話，……」[20]。

德希達並非馬克思主義者，但他從來沒有表示過對於馬克思主義的對立態度，在更多的情況下，德希達總是在事實上同當代馬克思主義者站在同一個立場而展開對不合理制度和非正義事業的批判，使他在實際上維護了當代馬克思主義者所開展的各種活動。他自己一再宣稱，他寧願繼承馬克思的國際事業，在同當代非正義世界的鬥爭中，重建一個反對非正義的「新世界秩序」的國際鬥爭。德希達並不強求形式上的鬥爭，不主張建立類似馬克思的第一或第二國際的國際性革命組織，而是要建立一個「非共同體」或「匿名」的新國際[21]。

在《最後的談話：我向我自己開戰》（2004）中，德希達強調指出：「新國際」的提出是基於「新世界秩序」的不合理性和腐朽性，同時也是爲了迎接正在向我們走來的「未來的民主」[22]。

所以，德希達首先是從新的世界秩序的意義出發，試圖集中探討新世紀在創建正義事業的過程中所可能面臨的問題，同時，也探討馬克思思想對新世紀的正義事業是可能發生的影響。德希達指出：地球上所有的人，所有的男人和女人，不管他們願意與否、知道與否，他們今天在某種程度上而言都是馬克思和馬克思主義的繼承人[23]。

三、政治事件的神祕根基：法權與正義的模糊關係

現代民主制的關鍵就是法律；現代民主制靠它的法律力量實現對現代社會的統治。那麼，現代法制的力量來自何處？法權與正義有什麼關係？正是在這裡，德希達使用解構策略，一方面對現代法律論述進行解構，另一方面分析現代法律所可能實現的正義性的潛在基礎及其一系列難題。正是在考察現代法律及其實施中的奧祕，德希達試圖揭示現代社會法制權威的神祕基礎（*fondement mystique de l'autorité*）。

德希達強調：西方法制的歷史實踐，已經顯示法律與正義的間距性及其不穩定性。換句話說，西方法制的建構及其實施，只爲正義提供可能性，但不保證正義的實行。「法律並不是正義」（le droit n'est pas la justice）。一個關鍵的因素，就是在實施法制的時候，律師和法院等法制機構和法制人員，在聲稱維護法律的獨立性的同時，又強調實行法律的機構和人員的自由。這種狀況導致法律實

20 Derrida, <*In memoriam: de l'ame*>, in *Memoires pour Paul de Man*, Paris, Galilee, 1988: 15-16.
21 德里達著，《馬克思的幽靈》，北京：中國人民大學出版社，1999年，第127頁。
22 Derrida, *"Je suis en guerre contre moi-même", Le Monde*, August 19, 2004.
23 德里達著，《馬克思的幽靈》，北京：中國人民大學出版社，1999年，第127頁。

施中遇到的難以克服的「難題」（aporie）。

在德希達看來，法律本身在實行中無非就是在判決中拿捏或斟酌的手段，或者，「一種算計的因素」（l' élément du calcul），一個電腦器（machine de calculation）。

因此，德希達認為，法律實施中面臨的第一個難題，就是要合理地或符合正義地實行法律，始終面臨一種「懸掛」[24]的過程。這是法制實施中，執法主體的一種進行掂量的功夫，也是把握分寸的技巧，也是一種難以準確達到的實踐智慧，它要求在執法主體與執法物件、目的及環境的相互關係中，根據執法主體的道德良心以及處理實際事務的經驗，進行靈活恰當的分析、拿捏以及作出判斷和決定。這一切就是一系列無法通過一般性原則約束的實施過程。

在《流氓》一書中，德希達強調指出：由於現代法律的實施不可避免地涉及到執法主體的主觀決定的程式問題，這就涉及到國家主權的濫用問題，所以，一切主權國家實際上都是潛在地成為了「流氓國家」[25]。

關於這一點，德勒茲在強調法律本身的論述性質之外，還反覆強調法制的程式性以及程式實施的策略的極端重要性。法制的實質不在於法律條文或法制體系，而在於實施過程中的具體程式（procédures juridiques）及其策略。德希達認為，在法律通向正義的曲折道路上，執法主體自然要依據複雜的內外因素，「重建法律」（re-institution de la loi），而這樣一來，法律不知不覺地從原初的文本轉化成實施中的具體法律。在這過程中，執法主體實際上運用了他自身的權威及權力，做出了本來屬於「無法決定」的決定。

對德希達來說，執法主體在執法中的「重建法律」是非法的，是一種暴力行為。但法律又無法避免這種非法的暴力性程式。

因此，法律必定要靠它本身的威力來做自我保障；而法律藉以穩固立足並得以實施的基礎，恰恰就是法律所蘊含的威力或強制力。任何法律的實施在實際上就是它的威力和強制力的實施。儘管現代民主制反覆強調它的強制力的合法性，但它的實施本身又隱含著法律強制性威力轉向暴力濫用的可能性。

德希達把法律的暴力及其非正義的關係，同語言使用中的語言暴力相比擬。就語言的規則性而言，語言類似於法律。語言運用中，實際上就是在實際生活中貫徹語言規則，實施一種大家都必須接受的規則性的暴力。

德希達用「奠基性暴力」（violence fondatrice）來揭示現代法律所隱含的暴

24 懸掛，即Epoché 源自希臘文ποχή（epokh ），法語suspension。
25 Derrida, *Voyous*, Paris, Galilee, 2003: 215.

力,而這種暴力是現代法律本身從它建構一開始就包含在其中的。但是,在法律中實際上並不存在真正意義的「奠基性的法律」或「最源初的法律」。一切法律都立足於它本身所帶有的強制力和威力;一切法律的合法性,源自它所含有的暴力性。這就是一切法律的威力的真正奧祕。

法律的這種奧祕,深藏在它的目的和手段的高度一致性及其相互證成的迴圈性。德希達在這方面高度讚賞本雅明的論述[26],但德希達堅定地認為:在法律及其實施的領域內,一切「純潔性」或「非暴力」的設想都是天真的,不可實施的,因為法律的實施無法避免一系列不可被規則化的實際過程。

當然,儘管法律無法保障正義的實施,儘管正義只能寄託於未來,但正義並非康德所說的理念而已。在這裡,德希達強調視野的決定性意義。「視野」(horizon),從它的希臘詞源開始,就明確地表示一種雙重的方向和雙重的維度,也就是說,它既是開放的,又是限定的;它意味著一個無限的進程或一個等候的時期。正義固然難以實施,但不能被動地等候,也不應該無止盡地把它推延到無限的未來。

任何符合正義的決定或判斷永遠都是很迫切、很及時的,它也不可能完全立足於無限的知識和遙遙無期的等候,它要求在緊急情況下,在某一瞬間做出決定。因此,急需作出決定的那一瞬間,恰恰就是近乎瘋狂的時刻,一個無需任何知識和任何規則的時刻。同時,也恰恰在這一關鍵時刻,法律直接地訴諸於暴力。所以,真正意義的正義,在現實中,只能是一種「可能」(peut-être)。

四、「解構」的政治性質

在談到建築師貝爾納特・朱米(Bernard Tschumi)為巴黎科學文化城拉維列特(La Vilette)的設計時,德希達指出:「解構不是,也不應該是僅僅對話語、哲學陳述或概念以及語義學的分析,它必須向制度、向社會和政治的結構、向最頑固的傳統挑戰」[27]。德希達高度讚賞美國設計師彼得・艾森曼(Peter Eisenman)在其建築設計中所貫徹的解構主義策略,肯定他在解構主義的建築設計中對統治者的政治、經濟及文化政策的對抗和挑戰。

為了反對傳統思考模式而提出的「在場」(présence)觀念,德希達把符號的存在設想為一種有生命力的持續進行差異化的結構運動。顯然,這不僅超越和

---

26 Benjamin, W. *Zur Kritik der Gewalt, 1921. In Gesammmelt Schriften II/I*. Unter Mitwirkung von Theodor W. Adorno und Gershom Scholem hrsg. von Rolf Tiedemann und Hermann Schweppenhäuser. Suhrkamp, Frankfurt am Main, 1991.

27 *Entretiens avec Derrida, par Didier Cahen*. In "Digraphe", No. 42, decembre 1987, Paris.

顛覆傳統文化將語言符號當成固定統一結構的觀點，而且，還由於賦予語言符號結構以一種「生命」，而使語言符號同「意義」的關係變成能夠進行「自我選擇」、「自我參照」、「自我運動」和「自我發展」的多元異質性的文化創造活動，並因而將語言符號的任何一種差異化的可能性，都當成人類文化不斷創造和更新的無窮動力來源。

德希達認爲，傳統思想對於語言及其概念抽象化的推崇，實際上隱含著對於現實差異的穩定化傾向，也掩蓋了差異本身的生命力。他說：「帶有a字母的differrance，相對於帶有e字母的difference，之所以有可能實現普遍化，是因爲它使我們有可能去思索在一切類型的界限以外的差異化過程，不管是涉及到文化的、國家的、語言的甚至是人本身的差別。只要有活生生的痕跡，只要有『生與死』或『出席和缺席』的關係，就存在帶有a的差異化」[28]。所以，他發明了新的表達差異的概念「產生差異的差異」（différance），即「延異」。他說：「Dif-férance中的 a 所意涵的活動性和生產性，指涉在差異化遊戲中的生成運動。差異化遊戲的生成運動中所包含的上述活動性和生產性，並不是從天上掉下來的；它們既不是只要一次就可以完全記錄在封閉的體系中，也不是可以在一次性的共時的和分類學的研究過程中就一勞永逸地完成。這些變動中的差異，乃是運動變化的結果，也是認爲以靜態的、共時的、分類學的、非歷史觀的結構概念無法理解這種差異的觀點的結果」[29]。

其實，解構是創造性的活動；既然是創造性活動，就是一種難以預料和難以界定的活動，它只有當「在場」呈現中，才能顯示其正在展開中的內容，才能顯現出它的傾向和發展趨勢，這就如同任何具體的政治事件一樣，它只有在現場實施的時候才能顯示其本質。

通過這樣一種思考模式的轉換，德希達不僅澈底摧毀了作爲傳統文化基礎的語音中心主義和邏輯中心主義，而且，也爲人類文化的澈底重建和思想創造的更廣闊的自由開拓了前景。語言文字從此不但不再作爲約束思想表達和自由創造的手段，反而成爲文化創造和人類向自由王國過渡的一種仲介性階梯。從語音中心主義解放出來的符號運作過程，也因此變成一種沒有規則的自由創作遊戲。更重要的，藉助於語言符號結構的上述遊戲化策略，人類本身也通過最自由的文化創造遊戲而實現向自由王國的過渡，並有可能由此探索出一條通向人類本身「無目的性」的最高尊嚴境界的道路。

28 Derrida, *De quoi demain...*, entretiens de Jacques Derrida et Élisabeth Roudinesco, 2003: 43.
29 Derrida, J. *Positions*. Paris, Minuit, 1972: 39.

而在《法的威力》的《從法權到正義》（*Du droit à la justice*）這個章節中，德希達更明確地說明解構的政治意義。他說，解構發生在「正義的不可解構性」與「法權的可解構性」之間，而法的可解構性，也就意味著權威、政權和主權的可解構性[30]。

德希達在《馬克思的幽靈》中也指出：「我的意圖並不是將解構的方法同歷史的終結或某種非歷史性對立起來，而是正好相反，爲了證明這個本體論暨神學、暨本源論、暨目的論，禁錮、抵消從而最終取消了歷史性。因此這就是對另一種歷史性問題的思考，不是一種新的歷史，更不必說什麼『新歷史主義』了，而是作爲歷史性的事件性的另一種開端，這種歷史性允諾給我們的不是放棄，而是相反地，容許我們開闢通往某種關於作爲允諾的彌賽亞，與解放的允諾的肯定性思想的道路：作爲允諾，而不是作爲本體論暨神學，或終極目的論暨末世論的程式或計畫。我們不僅不能放棄解放的希望，而且有必要比以往任何時候都更加保持這一希望，並作爲『有必要』的堅如磐石的保持而堅持到底。這就是重新政治化的基本條件，或許也是關於政治的另一個概念[31]。」

2015年5月法國《線路》雜誌（*Revue Lignes*）第47期發表了論述德希達政治思想的專號，彙集了莊‧呂克‧南西和愛蓮‧希克蘇等人對德希達政治思想的研究成果，也集中了由馬克‧科列波恩（Marc Crépon）和勒內‧馬佐爾（René Major）等人組織，在巴黎高等師範學院舉辦的關於德希達政治哲學的國際學術研討會的論文，系統地對德希達政治思想進行重新評價，表達了學界的多種見解，並開展了激烈爭論[32]。

絕大多數學者認爲，德希達的解構思想決定了他的政治哲學的散播性、碎片性、在場性、零散性、游擊性和事件性的特徵，從而使他不可能擁有一個嚴格意義上的政治哲學。換句話說，德希達的政治哲學思想只能是針對當代發生的各種政治事件而表達出來的突發性觀點，並對傳統政治哲學進行澈底的解構。如同在其他領域和學科的研究中，德希達始終不打算建構包括政治哲學在內的任何特定領域或學科的理論體系；在這個意義上說，德希達對於當代政治的不斷批判，試圖宣告西方傳統政治哲學的破產。

相應於德希達政治哲學的特殊性，我們對於它們的研究，也只能採取多種靈活的方法，一方面對他在不同時期具體事件中所寫的政治著作，必須緊密結合當

---

30 Derrida, *Force de loi*, Paris, Galilée, 1994.

31 Derrida, *Spectres de Marx*, Paris, Galilee, 1993.

32 *Derrida Politique, in Revue Lignes*, n°47, 2015 mai 22, Éditions Lignes.

時當地的狀態及其中各種力量的對比關係，進行微觀細緻的個別分析；另一方面還要結合他的解構主義策略的實踐過程，探索德希達在政治哲學領域的特殊理論貢獻，並盡可能呈現出他的政治哲學思想活靈活現的生命力及其當代社會意義。

第十章

二十一世紀的哲學新視野

第一節　新哲學的出發點

每當人類歷史到達世紀轉折的關鍵時刻，法國哲學總是緊緊抓住珍貴的歷史機遇，進行深沉的哲學反思，提出並創建一系列嶄新的哲學理論和思路，爲新的哲學創造開闢廣闊的視野。

在2002年的法國哲學會成立一百週年紀念會上，許多哲學家提出了對未來哲學發展的深刻意見（*Centenaire de la société française de philosophie. P.23-25*）。他們認爲，二十一世紀的世界文化和思想，不但是極其複雜，而且也將具高度變動性和靈活性。當代文化對社會整體的干預和改造的效率，達到了令人難於想像的地步；受到現代文化干擾、改造和破壞的社會與世界本身，也正以不可預測的變化而反過來影響著人的生存；自然也影響著哲學的發展。未來的哲學思想，不僅將同二十世紀的哲學相異質，而且，其變化的速度和變動頻率，也是史無前例的。如果說連人本身，也可以通過生命遺傳工程來製造的話，如果說連人的精神品質和道德意識，也可以通過生命遺傳工程加以設計和改造的話，那麼，哲學本身也可能遭受生命遺傳工程的全面宰制，變成可以數碼化和程式化的東西。一切所謂人性，將不再是眞正屬於人內在本質的東西，而是科學技術發明的產物。在這種情況下，我們所能發出的疑問，只能是複製人的哲學思維能力及其效果問題（*Centenaire de la société française de philosophie; Journée du 15 décembre*, 2001: 81-95; Derrida, 2001c: 105-128）。這樣的問題，已經遠遠超出哲學的範圍，轉變成生命遺傳工程的技術問題。爲此，當代法國哲學從新的景觀和角度，對科學技術的性質及其發展前景，開展了嚴肅的討論，尤其探討科學與哲學相互關係的可能前景。

首先，當代法國哲學，面對科學技術的長足進步及其在當代文化中的關鍵地位，特別重視及時地總結科學技術的成果，並在理論上概括出哲學的結論。法國精神與政治科學科學院（L'Académie des Sciences morales et politiques）主席兼法國國際關係學院院長孟德波利亞（Thierry de Montbrial），在他致法國哲學會所作的學術報告中，特別強調二十一世紀的資訊學（l'informatique）的重要性。他認爲，不能把當代資訊學單純地當作是一種科學或技術，而是一種遠比文字本身更複雜得多、超越時間與空間的新事物，它具有深刻的思想和文化意義（Montbrial, Thierry de, 2001）。孟德波利亞說，資訊不想語言文字那樣，只是侷限於線性表達方式，同樣也不是單靠時間與空間的架構而存在和發生運作。因此，資訊學的出現，意味著我們的文化生活中，產生了一種「超文字」（hyperécriture），它一方面具有文字本身所包含的語音和圖像的雙重關係，另

一方面又借助於技術所提供的聯結方式，可以在各種文本所構成的「超文本」（hypertexte）之間進行穿梭和遊行表演（Ibid.: 1）。正因爲這樣，資訊的氾濫和傳播，就好像以往人類歷史上文字的出現那樣，深刻地影響了文化、思想及社會組織。嚴格地說，資訊的出現及傳播，歸根結柢，關係到人本身及其文化的命運，並由此深刻地改變了哲學本身的性質及表達方式（參看Thierry de Montbrial, L'Informatique et la pensée. In Bulletin de la société française de philosophie, 95 année, No.2, Avril-Juin 2001, Paris）。

更重要的，哲學不只是實現了與科學技術的對話，而且還注意到各種社會文化實踐和最普通的日常生活實踐，期望通過哲學討論，將近現代社會所扭曲化的人及其生活世界，重新恢復其本來面目，找到其本身活生生的生命運動形式，並在具體實踐活動和「實踐智能」中，吸取哲學改造的動力和養料，使哲學的重建獲得強大生命力，並由此帶動整個人文社會科學理論研究的思維模式和風格的澈底改造，同時反過來影響社會生活和人的生活風格與生活實踐模式的改造。二十世紀世界文化的發展，顯示了文化對於生活本身、對生活世界的決定性影響。如果說哈伯瑪斯早在1981年發表他的《關於溝通行動的理論》時，就已經深刻地揭示了當代社會中各種人爲的「系統」對於生活世界的「殖民化」（die Kolonialisierung der Lebenswelt）的話，那麼，法國哲學家就比哈伯瑪斯更進一步具體地分析了被「系統」殖民化的生活世界的新結構及其運作機制。二十一世紀的社會已經不是古典資本主義社會的模式。社會分工和專業分工也發生了根本變化。與此相應的，處於社會上層建築最高層的哲學，也早已被沖刷下來，成爲社會文化的一個部分。哲學必須重新思考社會和文化的基本結構。

許多法國哲學家始終關懷哲學本身的改革，並把哲學的改革事業，當成解決時代危機的重要基礎。在這方面，愛德格‧莫林稱得上是一個卓越的典型。處在動盪的二十世紀，愛德格‧莫林始終都在積極尋求社會科學方法論的革新。爲此，他在多學科中流浪、不停地思考，並在多種可能性中，選擇創造的新方向。他經歷了二十世紀的整整八十年的時間，現在仍然繼續老當益壯地尋求革新和創造。他從四〇年代初接受了系統的高等教育之後，就一直不停地創作，歷經第二次世界大戰結束後的社會危機、六〇年代的學生運動、七〇年代的社會動盪、八〇年代東歐及蘇聯集團的垮臺以及二十世紀末的文化轉向等重大事件的考驗，使他的思維及創作深深地打上時代變遷的印記。但他從來都不是被動地隨波逐流。他在每一個歷史轉折的關鍵時刻，都能及時地選擇自己的立場，瞄準自己的思考焦點。

他的主要著作，包括《社會學》（*Sociologie*, 1994）、《論方法》（*La mé-*

thode, 4 vols., 1977-1995）、《有良心的科學》（*Science avec conscience*, 1990）
及《愛情、詩及智能》（*Amour, Poésie, Sagesse*, 1997）等。他的方法論是一種
「複雜性的方法」（Une méthode de la complexité）。

第二節　莫林的複雜性混沌理論

　　莫林本來是研究法學、史學、政治學、經濟學和哲學，後來他在喬治‧弗里
德曼的影響下，進一步研究了社會人文科學的**方法論**，並分析人類觀察世界的觀
點和方法論與人的本性、人的意識和文化的密切關係。

　　愛德格‧莫林是在多學科的廣泛領域中進行其哲學研究的。他的哲學及其方
法論，具有明顯的法國特點。

　　他認為當代科學技術的發展，使**整個世界進一步成為一種不確定的渾沌系
統**。因此，觀察世界和建構文化以及人的思想活動，都必須建立在對於這種高
度不確定性的充分估計的基礎上。在他所寫的六卷本《論方法》（*La méthode*. 6
vols, 1977-1995）中，他首先研究了人所面對的整個自然界的高度複雜性（Mo-
rin, E., 1977）。他在《論方法》第一卷中，強調人文科學和人類學應該同自然
科學相結合，並在探討人的本性和文化的過程中，首先重視整個世界的混亂性
（Ibid.）。他嚴厲批評了各種各樣的系統理論和控制論，創建了一種立足於世界
的混亂的「組織」概念。他還特別強調：對於自然界的任何知識都必須扎根於人
本和社會的認識基礎上。

　　他在《論方法》第二卷中，深入探討了由於當代自然科學中**生命科學**的革命
而引起的各種有關生命的複雜問題。他特別重視當代生命科學的發展所帶來的
人類學問題。對於人的生命的研究，在他看來，必須採用**一般化的環境保護主義**
（écologie généralisée）。「一般化的環保主義」是上述「複雜性的方法」在生命
研究中的運用，這是一種複雜的「環境保護相互關聯系統」，它高度綜合了生命
成長過程中生命同其周在世界之間的整合、選擇、適應、自我組織和互動的關係
（Morin, E., 1980）。

　　莫林在《論方法》的第三卷中，論述了「認識的認識過程」，並把這一過程
看作是「認識的人類學」（Anthroropologie de la connaissance）的研究物件（Mo-
rin, E., 1986）。在《論方法》第四卷中，莫林集中地研究了人的思想觀念、習
俗、生活作風、道德意識以及人類組織同人的思想方法的密切關聯（Morin, E.,
1991）。莫林和其他社會人類學家一樣，很關心人的**死亡文化**的起源和發展問
題。他在《人與死亡》（*L' Homme et la mort*, 1976）一書中，將人的**死亡文化**的

演化劃分爲三大歷史階段。在**古代社會**，人類受到死屍的腐爛而引起的傳染病，促使人靠想像力去塑造一個不死的精神世界。他們把死亡看作是一種再生，在**形上學的社會**階段中，人們嚴格地劃分了活者和死者的界線，而在死者的世界中又區分了**不知名的死者和有可能成爲神的偉大死者**。這樣一來，在人們的觀念中就產生了「從未出生過的死者」和「永遠不死的活者」。通過這樣的區分，人們很自然地將自己的祖先推崇爲不死的神。在第三階段，也就是**近代社會**階段，人們不再相信各種神話和各種表現神話的禮儀。這個時候，有一部分思想家，像馬克思那樣，會藉助於科學，而另一部分思想家，像尼采那樣，會直接地訴諸於人類自身的焦慮，而宣布神的死亡。因此，在科學和技術的時代，由於個人主義的發展以及各種競爭的加劇，促使人們只單純地追求功利。用海德格的話來總結，人只有在死亡中才眞正找到人生的結構：「爲了死的眞正存在，也就是實踐性的有限性，也就是人的歷史性的隱蔽的基礎」（Heidegger, M., 1927）。

我們的未來仍然難於預料和不確定。根據莫林的估計，人類社會的現階段，並未達到黃金時代，同樣也不是黃金時代的黎明階段，而仍然只處在「鐵的時代」。所以，這不是啓蒙的時代，而是處在「精神的史前期」。如果說，在二十世紀，我們遭遇到危機與進步、倒退與革命相混合的時期，那麼，在經歷了各種動盪不定的局面之後，我們現在應該開始冷靜地思考我們人類自己的思想和精神生活的基本問題。二十世紀的經歷使我們感受到人類思考模式的無能、缺欠和殘缺不全。因此，面對新的世紀，我們的首要任務，是重新思考我們自己是否有必要重新調整和重構我們的思維模式和各種概念。

莫林在他的分析中提出了令人深省的問題，其中最重要的包括：時間結構的碎裂；過去、現在與未來的分化及其各自獨立性；倒退中的進步和進步中的倒退；迷失的未來；不知去向和無所適從等等。莫林等人認爲，儘管人類科學技術已經取得很大的成果，但它遠不是眞正意義的科學。人類在科學方面所取得的進步成果，充其量也只能屬於「文明的鐵器時代」，距離人類文明的眞正理念還是很遠。所以，在許多法國哲學家看來，迄今爲止所獲得的科技成果，只能作爲今後更長遠和更宏偉的科學技術發展前景的一個起點罷了。

第三節　現象學的新轉折

新一代法國現象學家，自二十世紀八十年代以來，一方面不斷對現象學自身及其歷史，特別是對胡塞爾和海德格的原有理論和方法，發出「回問」（Rückfrage）、反思，甚至批判，另一方面，遵循「回到事物自身」（zu den Sachen selbst）的原則，針對現實生活世界所遭遇的問題，試圖開闢和擴大其理論視野，同時嘗試改進原有的現象學方法，創造了新的「生命現象學」、「倫理現象學」及實現「現象學的神學轉折」等一系列重大理論事件，不但使法國現象學運動本身發生新的重要轉折，也引起當代整個法國哲學領域的重大爭論，預示著法國哲學在新世紀的又一個創新高潮的到來。

一、轉折的主要方向

哲學作爲哲學，始終都不應該停止反思其自身的正當性。如果哲學只有這樣才有資格被稱爲「哲學」的話，那麼，原本就對哲學的正當性不斷提出懷疑的現象學，就更應該比一般的哲學，一絲不苟地審愼反思其本身的正當性，不停地以新的思想維度擴充其視野，並不斷開闢進行自我更新的可能途徑。

梅洛・龐蒂在《感知的現象學》一書的開端曾經明確表示：「現象學的未完成狀態以及它所顯示的永遠處於起步姿態，這並非代表是一種失敗的信號，而是因著它不可避免。因爲現象學的任務，就是揭示世界和理性的奧祕。如果說現象學在成爲一個學說或成爲一個系統之前，曾經是一個運動，那麼，這既非偶然，也不只是一種姿態。現象學，就像巴爾扎克、普魯斯特、保爾・瓦勒里或塞尙的作品那樣，以同樣的注意力和驚異精神，以同樣的強求意識，及以把握世界的意義或初生狀態中的歷史原本意義的同樣意願，不斷地精益求精。在這方面，現象學同近代思想的精神是相一致的」[1]。這就是說，現象學，作爲一種極其嚴謹而認眞的哲學思維方式，爲了眞正地實現它的「回到事物自身」的基本原則，它始終都把自身的不完滿性和非終極性當作自然的動力，隨著其本身思路及世界的變化，以反覆的自我更新方式，一方面從內容方面不斷地提出和創建新的探索論題，另一方面又在方法方面嘗試探究新的可能模式。

正是遵循現象學的上述原則，法國二十世紀第一代哲學家，柏格森、布倫施威克、讓・瓦爾、利科、列維納斯、米凱爾・杜夫連、沙特和梅洛・龐蒂等人，當他們將現象學移植於法國哲學界的時候，就以現象學本身的反思態度，再加上他們所固有的多樣化創造風格，發動了一場不斷煥發創新精神的法國特有的現象學運動，使這場運動不但在它的前半個多世紀中，閃爍出燦爛的智慧光芒，而且，也在二十世紀末至本世紀初的後續歲月內，仍然保持其生命力，創造高潮迭起，使現象學反而比它的故鄉德國，更顯示出迷人的活躍景象。

引人注目的是，從上個世紀的八十年代以來，法國哲學領域中，一方面，繼

1　Merleau-Ponty, *Ph*énoménologie de la perception. Avant-Propos. Paris. 1945: XVI.

續留存的老一代現象學家，利科、德希達、利歐塔、列維納斯等人，直至他們在上世紀末和本世紀初先後逝世爲止，始終堅持其創新思路，敢於向胡塞爾和海德格等現象學原創始人的理論和方法，一再地提出新的反思性問題，使他們的現象學，即使在他們的哲學生涯晚期，也不墮入保守框架，繼續保持和發揮其理論創造的潛力；另一方面，繼老一代原有的現象學家之後，又不斷湧現出一批現象學的新起之秀，他們不拘泥於老一代現象學家的理論和方法的範圍，發表了一系列足於震盪思想界和學術界的重要哲學著作，其隱含的理論價值及其造成的理論聲勢，不僅使人意識到洶湧澎湃的法國現象學運動，在經歷了近一百年的多次轉折之後，仍然生氣勃勃；而且，也向人們展示：如同上世紀中葉那樣，在現象學的再次推動下，一場新世紀的哲學創造高潮，又在法蘭西哲學園地上湧現，方興未艾。

在這批新興的現象學家中，最引人矚目的，是莊・呂克・馬里壩（Jean-Luc Marion）、米歇・亨利（Michel Henry）、多明尼克・雅尼柯（Dominique Janicaud）、溫森・德宮波（Vincent Descombes）、弗朗斯瓦斯・達絲杜（Françoise Dastur）、莊・路易・格列基安（Jean-Louis Chrétien）、賈克・達敏尼奧（Jacques Taminiaux）、艾麗安・埃斯古巴（Eliane Escoubas）、馬克・利希爾（Marc Richir）、莊・弗朗斯瓦・古爾蒂納（Jean-François Courtine）、迪第耶・弗朗克（Didier Franck）、埃馬努爾・法爾嘎（Emmanuel Falque）、約斯琳・貝努瓦（Jocelyn Benoist）、賈克・柯列特（Jacques Colette）、莊・伊夫・拉科斯特（Jean-Yves Lacoste）、米歇・哈爾（Michel Haar）、勒諾・巴爾巴拉（Renaud Barbaras）、娜達麗・德伯拉（Nathalie Depraz）、賈克・加勒利（Jacques Garelli）、巴斯卡爾・杜邦（Pascal Dupond）、勞朗・古爾納利（Laurent Cournarie）、吉爾・格勒列（Gilles Grelet）、莊・雨格・巴德列米（Jean-Hugues Barthélémy）、雨格・索柏林（Hugues Choplin）、貝爾納特・巴爾索蒂（Bernard Barsotti）、法蘭西斯・基巴爾（Francis Guibal）、瑪麗沃恩・塞松（Maryvonne Saison）、奧利維葉・德波列（Olivier Depré）、達尼爾・羅麗思（Danielle Lories）及賈克・布蘭（Jacques Poulain）等人。這一群哲學新秀散布在法國各地大學院校、國家科學研究中心、學術雜誌以及巴黎胡塞爾檔案館等研究機構，正推動著新世紀法國哲學的再改造和重建運動。

當代法國現象學運動的爭論和新轉折，基本上朝著**兩大方向**展開：一方面不斷地對現象學自身及其歷史發出「**回問**」，而進行歷史的反思；另一方面，遵循「**回到事物自身**」的原則，面對現實的**生活世界**所提出的問題，開創和擴大其理論視野，嘗試改善原有的方法。

　　現象學向來是在探問現象之爲現象，包括現象學本身的**源生性顯現**的過程中，即對它們進行「**現象學還原**」的過程中，不斷地探索事物的本質，並同時充實現象學自身的內容和方法。正如巴斯卡爾‧杜邦和勞倫‧古爾納利在總結法國現象學運動一百年的經驗時所說：「一切現象學，毫無疑問，都是重建現象學的一種嘗試（Toute phénoménologie est sans doute un essai de refondation de la phénoménologie）」[2]。

　　其實，針對現象學本身的不斷反思性，現象學的創始人胡塞爾，也早在他的《**歐洲科學的危機與超越的現象學**》的一篇附錄中，提出過這樣一個永遠值得現象學家加以自我反思的深刻問題：「究竟是誰，在其哲學家的一生中，始終把『哲學』不停地當成是一個奧祕？（Quel est celui pour qui, dans sa vie de philosophe, la 'philosophie' a jamais cessé d'être une énigme?）」[3]。其實，不是別人，正是胡塞爾自己，始終忠實貫徹他自身所提出的諾言，時刻不忘現象學制定「返回事物自身」原則的初衷，以身作則地反覆懷疑和修正自己的著作正當性及其歷史有效性。正如保爾‧利科所說：「胡塞爾的著作具有一種奇特的命運，其作者本身無止盡地更新它們；而每當決定再版它們的時候，其中的問題又早已成爲過時的了」[4]。利科爲此指出：胡塞爾的《歐洲科學的危機與先驗的現象學》從1929年起，就由於其中的「先驗的觀念論」而面臨被澈底修正的命運。但不久，胡塞爾遭受希特勒迫害，致使修正工作延續到1938年胡塞爾臨死前夕，其中的《經驗與判斷：對邏輯系譜學的探究》（*Erfahrung und Urteil. Untersuchungen zur Genealogie der Logik*）的部分，仍然未能完成，胡塞爾才不得不委託他的助手朗格列波（Ludwig Landgrebe, 1902-1991）貫徹其未竟志向，使之在1939年胡塞爾逝世後，完稿於布拉格[5]。

　　和胡塞爾一樣，海德格也早在1923年，當他在弗萊堡大學還作爲胡塞爾的助手而開設《存在論》（*Ontologie*）課程的時候，就明確宣布：一位眞正的哲學家，不能根據他所受到的多種思想影響，只能根據他所遭遇到的問題，或者，如同「問題」這個字的希臘原文Problèma所暗示的那樣，依據他所走的道路上迎面親臨的問題而思想。爲了排除人們對他的誤解，海德格特別指明影響他的四位思

2　Pascal Dupond et Laurent Cournarie, *Phénoménologie: un siècle de philosophie*. Paris. Ellipses, 2003: 3.

3　Husserl, ***Crise des sciences européennes et la phénoménologie transcendantale***. *Appendice XXVIII*. Paris. Gallimard. 1976: 568.

4　Ricoeur, ***A l'école de la phénoménologie***. Paris. 2004: 17.

5　Husserl, ***Crise des sciences européennes et la phénoménologie transcendantale***. *Appendice XXVIII*. Paris. Gallimard. 1976: 568.

想上的「同路人」（Wegbegleiter）：「在我研究中的同路人，就是年青的路德和作爲我的楷模、並被前者所厭恨的亞里斯多德；而齊克果給予我鼓舞，我的眼睛，則是胡塞爾移植過來的」[6]。

由「胡塞爾移植過來的眼睛」，就是海德格後來「觀看」事物自身的現象學視野。正是針對這種不可取代的現象學視野，海德格明確地說：「現象學是一門比自然科學更科學的學科，特別是當人們把科學理解爲源初的知識，就其梵文原字『wit＝觀看』的嚴格意義來理解的時候」[7]。海德格如此強調的「現象學觀看」，歸根究柢，就是觀看事物自身的最源初狀態的一種哲學智慧；它是對於每個哲學家的哲學思維之嚴謹性、科學性和準確性的真正檢驗。這也就是說，現象學所要求的，從一開始就不是死板的恪守或重複其創始人所制定的方法，而是以現象學的「慧眼」來克服由現象的自我遮蔽所可能引起的「現象盲目性」（Phänomenblindheit）[8]。

所以，當代的法國現象學運動，實際上繼承和發揚現象學運動本身的優良傳統，總是在不停地探索其自身歷史的過程中，開展對以往現象學運動的批判和重新估價，特別是重新反思、估價、批判和再批判現象學創始人胡塞爾、謝勒及海德格等人對於現象學源起的思索；把現象學的理論原則和基本方法，始終都當成「未完成的」、「待充實的」或「待進一步證實」的原則性前提。

與此同時，新生活世界的結構及其運作邏輯的變化，特別是八十年代後的當代社會中所發生的重大社會和歷史事件，諸如**全球化、蘇聯及東歐國家集團的垮臺、歐盟的擴大、科學技術新發明（數位電子、人造基因工程等）、恐怖主義、新宗教運動、環境汙染及大規模災難性風險的連續出現**等，都促使當代法國現象學家，站在當前生活世界的平臺上，以新的視野重新開發和審慎分析，甚至重構現象學的基本概念，試圖使現象學成爲真正有生命力的科學思想方法，跟隨人類反思能力的更新、現代性的演變，以及生命運動的不斷自我生產而日益完善化。

當代法國現象學運動的新轉折，一方面具有「**斷裂性**」和「**突發性**」，另一方面又有「**歷史連續性**」和「**延異性**」；也就是說，它固然明顯地在八十年代後突現出來，但它又不是與此前的創造運動脫離關係。它的突發性顯示了法國現象

6　Heidegger, *Ontologie. Hermeneutik der Faktizität. Gesamtausgabe*. Bd. 63. Frankfurt am Main. Klostermann. 1988: 5.

7　Heidegger, *Zollikoner Seminare: Protokolle-Gespräche-Briefe*. Ed. Medard Boss. Frankfurt am Main. 1987: 265.

8　Heidegger, *Zollikoner Seminare: Protokolle-Gespräche-Briefe*. Ed. Medard Boss. Frankfurt am Main. 1987: 397.

學思想創造本身獨一無二的特徵，必須從它的個人創造基礎來說明；而它的連續性則是法國現象學運動近一百年來一貫的創新特徵的自然延續。在實際的轉折過程中，上述兩方面的特徵，如同這場轉折的歷史背景、理論淵源、思想基礎、發生過程或內容方面，都是很錯綜複雜的，各種因素相互穿插和扭結在一起。

二、從在場現象學到生命現象學

當代法國現象學運動對生命的重新探討，是基於這樣的理論考量，即**真正實現一切現象學觀看的最基本條件，就是超越的生命對其自身的自我顯現**；也就是說，活生生生命體的在場顯現，不僅意味著一個直觀物件的「臨在」，也意味著向直觀給予物件的清晰和現實的形式之在場時間性的「親現」。正因為這樣，現象學所理解的「意識」，無非就是「在場呈現」，本身在活生生的生命體親臨現場的情況下自我顯現的可能性。為此，胡塞爾和海德格都曾經在這方面親自進行探索，並在某種意義上樹立了「榜樣」。所以，當代法國最重要的現象學家，都介入和參與重建和復興生命現象學的理論工程，並以多樣方式，批判了胡塞爾和海德格的原初模式。

胡塞爾和海德格都探索過人生在世的現象學還原的可能性。為此，胡塞爾的「生活世界」（Lebenswelt）成為了他的「主體間性」（Inersubjektivität）概念的基礎；海德格則在他的《存在與時間》中，通過「此在」（Dasein）及其「在世」（Sein-in-der-Welt）的現象學還原，建構了旨在顛覆傳統形而上學的新型「存在論」。

如果說，胡塞爾和海德格都嘗試從人存在本身的顯現過程的現象學還原出發，探索作為現象的事物真理，那麼，當代法國現象學的新秀，並不願意滿足於單純只對人的生存現象的顯現過程，而是進一步把「生命」（la vie），包括動物及世界上一切生命現象，當成解析「現象顯現」奧祕的關鍵。正是在這方面，德希達、莊・呂克・馬里墉和米歇・亨利等，向胡塞爾和海德格發出具有「轉折」意義的挑戰，超越胡塞爾和海德格，把現象學運動推進到新的階段。

三、德希達的「在場的生命現象學」

德希達是繼沙特之後，並與保爾・利科和列維納斯幾乎同時，對胡塞爾和海德格的現象學開展嚴厲批判的新哲學家。他經歷了從五十年代到本世紀初長達半個多世紀的反思和創新歷程，並在新世紀到來的時候，根據全球化、蘇聯垮臺、歐盟的擴大以及科學技術的新發明所引起的生活世界的變化，再次提出改造現象學的宏偉工程。他從八十年代起，延續他自己在前半個世紀的思想創造活動，把

自己思路的主要矛頭集中指向胡塞爾現象學的「原則的原則」，即胡塞爾所說的那種「源初的贈予意義的直觀」（l'intuition donatrice originaire）[9]。德希達早就指出，正是這個作爲現象學還原基礎的「直觀」，根本經不起哪怕是「瞬間一眨眼」（clin d'oeil de l'instant）功夫的檢驗，也就是一點也經不起「相異性」（l'altérité），即一切「在場」所不可缺乏的先驗條件之檢驗，迫使人們不得不承認：唯獨具有普遍意義的「痕跡」（la trace），才是「現在」最純粹的可能居所，成爲由它所引起的「延異」（la différance）運動的可能條件[10]。

　　直至二十一世紀初，德希達逝世前夕，在他的新著《明天將會是怎樣》[11]和《動物，才使我成爲我》（原著法語原文 L'Animal que donc je suis，或也可翻譯爲《動物：所以我存在》、《由於動物，故我在》、《動物，我成爲我的前提》）[12]中，德希達就胡塞爾和海德格等人所說的「人的思想性」和「人的語言性」問題，強調：「相對於差異的普遍化可能性，延異的生命力就在於使得在一切類型的界線之外的差異化運動成爲可能，不管是關係到文化的、民族的、語言的或甚至是人種的界線。只要有活生生的痕跡（la trace vivante），只要有生與死的關係，或者，有『在場』與『缺席』的關係，就存在延異。對我來說，動物性的重大問題早就得到了解決；也就是說，只要有活著的生命，只要有痕跡，不管有什麼界線和限制，也不管最強大的哲學或文化傳統怎樣確認和劃定『人』與『動物』之間的界線，始終都存在著延異」[13]。德希達尤其強調當代科學技術和全球化對生命所帶來的無限危害。一種新型的生命現象學，不應該毫無顧忌地或無動於衷地只限於意識直觀的現象學還原過程，而必須警惕地看到正在發生的殺害成千成萬動物的嚴重事件，必須譴責這種殘害生命的「種族滅絕政策」[14]。德希達爲此指出，對於動物生命的關懷，是他整個現象學研究不變的重點，也是他所說的「延異」的自然本性所決定的，因爲延異的提出，就是爲了反對胡塞爾和海德格把現象學還原僅僅限制在意識的思想活動和人的語言範圍，使現象學還原變成一再推延的差異化運動，使之一直推延到「超越一切界線之外」的領域，包括超越人與動物的界線之外[15]。

9　Derrida, *La voix et le phénomène*. Paris. PUF. 1967: 67-77.

10　Derrida, *La voix et le phénomène*. Paris. PUF. 1967: 75.

11　Derrida/Roudinesco, *De quoi demain……Dialogue*. Paris. Champs/Flammarion. 2003.

12　Derrida, *L'Animal que donc je suis*. Paris. Galilee. 2005.

13　Derrida/Roudinesco, *De quoi demain……Dialogue*. Paris. Champs/Flammarion. 2003：43-44.

14　Derrida/Roudinesco, *De quoi demain……Dialogue*. Paris. Champs/Flammarion. 2003：122.

15　Derrida/Roudinesco, *De quoi demain……Dialogue*. Paris. Champs/Flammarion. 2003：107.

　　因此，在場的生命現象學，就是在超越人與動物、與自然界、與一切生命體區別的原野中進行延異的眞正現象學還原運動，一種具有其自身的、活生生的自我更新能力的生命運動；在那裡，眞正實現了詩人瓦勒里、馬拉美等人的理想，使每一個生命體不再以人爲中心，更不再以人的語言和意識爲中心，任他們、她們、它們、祂們、牠們中的每一個，都眞正具有其自身的不可取代的「自身性」（l'ipséité），不但有其自身的不可剝奪的「觀看」權利，也有其自身選擇其自然「觀看」方式的權利，可以說其自身的「語言」，「想起所想」，「情系其所感」，甚至像每一個獨立的人那樣，具有「自我參照的自我性」（l'égoisté sui-référentielle）、「自我感發」（l'auto-affection）、「自我起動」（l'automotion）、「自我運動」（l'autokinèse）和「自律」（l'autonomie）等[16]。

　　爲了強調人本中心主義、邏輯中心主義和語言中心主義的傳統形而上學對於人和動物的區別以及由此引申的各種定義的荒謬性，德希達以諷喻形式套用笛卡兒的「我思故我在」（cogito, ergo sum; Je pense donc je suis）的公式，將他的新書題名爲L'animal que donc je suis。一方面，書名本身意味著：「我之所以是我」，或者，「我之存在」，乃是由於動物的存在作爲基本前提；另一方面，「動物之爲動物，才使我成爲了我」。書名《動物，才使我成爲我》的雙關意義，揭露了西方傳統形而上學玩弄同語反覆的「套套邏輯」（Tautology）[17]的實質，先是人自身自命爲具有思想和語言的優先地位，「我思故我在」占據命名世界一切事物的中心地位；也就是說，人優先把自己定爲萬物的中心，接著，把包括動物在內的一切物件排除在自我之外的情況下，進一步確證人的自我中心合法性。所以，德希達的那本書，更明確地強調：「我在，所以動物成爲動物」；「正因爲動物成爲動物，所以，我才眞正地存在」。

　　值得注意的是，在《動物，才使我成爲我》中，德希達仍然從胡塞爾和海德格所主張的那種自然的現象學的「觀看」（regard phénoménologique）出發，讓動物及其他生命體，以其自身的觀看，以自我傳記性的動物（l'animal autobiographique）的口吻，澈底顛覆以人的有意識的觀看方式，重建一個新的生命的現象學[18]。

　　在某種意義上說，莊・呂克・馬里塘也和德希達一樣，試圖重建或充實胡塞

16　Derrida, *L'Animal que donc je suis*. Paris. Galilee. 2005：90-99.

17　「套套邏輯」（tautology），數學上稱爲重言式或「同語反覆」。

18　Derrida, *L'Animal que donc je suis*. Paris. Galilee. 2005：17；88-90；94.

爾的基於「源初的贈予意義的直觀」（l'intuition donatrice originaire）的現象學，
但莊·呂克·馬里墉是從更高的超越視野，或者更確切地說，不只是從被觀看的
事物之間及其與觀看者的一般間距（écart）中，而是從某一個最高的存在與世界
一切事物的可能間距（écart possible）中，從高於人和高於一切事物的「神」的
角度，顯現源生現象的「捐贈」（la donnation）本質，使現象學擴充到它的最高
極限，擴充到它的最大可能性，即達到「一種不可能的可能性」的層面。用美國
現象學家約翰·卡普多（John D. Capito）的話來說，「使之達到現代性和存在神
學（Onto-theology）所禁止接受的極限程度」[19]；或者，用巴黎胡塞爾檔案館和
法國國家科學研究中心研究員約斯琳·貝努瓦的話來說：「莊·呂克·馬里墉的
思想構成現象學的一種極端化的形式（la pensée de Marion constitue une certaiane
forme de radicalisation）。所以，莊·呂克·馬里墉現象學的特徵，就在於它建立
在『一種關於過度的論述』（un discours de l'excedence）的基礎上」[20]。

　　莊·呂克·馬里墉首先從人的原始起源的歷史現象中，探索作爲人類存在基
本條件的「禮物」（le don）的決定性意義。人類活動的實質就是無止盡地奉獻
「禮物」。根據莊·呂克·馬里墉的看法，「禮物」是人之爲人的最原始表現，
所以，也是最源生的現象本身。這一源生現象是自然的，以至使它無須任何理
由，也無須任何論證；它既是自成原因、又自行實現。「禮物"之呈現，直接地
表現了「現象之爲現象」以及人類生命的本質。莊·呂克·馬里墉指出，不論從
任何一方面來看，我們人類永遠是不加思考，也毫不計較地進行「給予」活動
（nous donnons sans compter）。他從三個方面說明了作爲人的生存基礎的「給
予」之基本性質：第一，我們始終不停地給予（nous donnons sans cesse），就好
像我們時時刻刻呼吸一樣；第二，我們始終毫不計較地給予（nous donnons sans
mesure），因爲給予本身就意味著喪失；第三，我們始終無意識地給予（nous
donnons sans en avoir une claire conscience），以至於我們經常在不清不楚的模糊
意識下給予，幾乎自動地進行一種給予的類似機械的動作。

　　馬里墉認爲，上述禮物自然而然的特徵，使討論禮物的性質成爲不必要的事
情；它僅僅是實施的問題。同時，禮物也不爲反思提供任何內容，也無需意識來
對它意識到，而只是直接地成爲一種倫理學的需要和一種社會的義務。如果說，

---

19 John D. Capito, *On the Gift. A Discussion Between Jacques Derrida and Jean-Luc Marion Moderated by Richard Kearney,* In ***God, the Gift and Postmodernism***. IndiananUniversity Press. 1999: 54-78.

20 Jocelyn Benoist, *L'Écart plutôt que l'excédent.* In ***Philosophie***. Numéro 78. Paris. L'éditions de minuit. 2003 : 77.

禮物有時呈現一種困難，那也不是關係到它的定義，而是關係到它的實施，因為對禮物來說，沒有什麼可講的，它如同愛一樣，所涉及到的只是做的問題[21]。

透過禮物在其奉獻和捐贈的行動中自我證成、自成理由和自我合法化，莊・呂克・馬里墉終於完成了他對偶像、肉體、基督教道成肉身等「最高的不可能的可能性」的論證。他認為，禮物作為具有典範意義的現象，不僅在其可見性中（dans la visibilité），無理由、無需前提和強制性地以捐贈的形式顯現，而且，它還時時刻刻地自我增補、自我添加，直至某種不可見的過分程度，並由此繼續進行新的迴圈自我界定，重新把自身推到極致。所有的繪畫和圖像都具有上述禮物的性質。因此，捐贈在實質上是一種無條件的可能性（la possibilité sans condition），也無需充足理由律（sans principe de raison suffusante）。

馬里墉在其現象學研究中所提出的人的概念，很早就引起蒙佩利爾大學的米歇爾・昂利教授的注意和批判。與莊・呂克・馬里墉相反，米歇爾・昂利試圖在**自身內部探討顯現**（la manifestation）的現象學基礎。在他看來，哲學所應該集中研究的，只能是作為自身而存在的具體的個人（l'individu concret），他是時時刻刻經驗著其自身生命活動的生命體，也是各種既分屬於，又決定著每一個個別事物本身的存在的原始資料，是現象學追根究柢要加以澄清的「事物自身」的源生基礎，是真正的「第一事實」（la réalité première）。米歇爾・昂利指出：「比存在的真理更原始的，是人的真理」（plus originaire que la vérité de l'être est la vérité de l'homme）[22]。

米歇爾・昂利是當代法國哲學界中創造性發展梅洛・龐蒂的身體現象學，並取得重要成果的思想家[23]。他認為，為了嚴格遵守胡塞爾的「返回事物自身」的原則，必須深入探索發生於人的肉體和精神內部的最原始的「顯現」的「自我現象化」過程。換句話說，生活本身，就是作為存在的「是」的最原本意義的現象化過程（La vie est la phénoménalisation originelle de l'être）。現象學所要研究的，首先是作為一切現象顯現的可能基礎之生命本身，因為生命既成為一切現象進行自我顯現的根本條件，而且，它也是其自身通過其內在動力而進行自我顯現，並因而成為最源生的現象的起點。

米歇爾・昂利在1993年同拉波盧斯（Sébastien Labrusse）的對話中，強調他

---

21 Jean-Luc Marion, *La raison du don*, in 《*Philosophie*》 numero 78, 2003: 3.

22 Henry, ***L'Essence de la manifestation***. PUF. 1990: 53.

23 Barbaras, R. *De la phénoménologie de la perception à l'ontologie de la vie*. In *La Phénoménologie aujourd'hui*, ***Magazine littéraire*** No. 403, Novembre 2001.

的《現象的本質》（*L'Essence de la manifestation*）所研究的，無非只是事物兩種最原始的顯現方式：一種是世界的原初顯現方式，另一種是生命的自我顯現。昂利認為，現象學家固然可以通過「思想的觀看」（un voir de la pensée），發現由世界和理智所交叉構成的「光亮的空間」（espace de lumière）中呈現出的各種數學圓圈和三角形，並透過這些可見的間隔，進一步揭示它背後的不可見性。但是，這只是問題的一面。《顯現的本質》恰恰指出了海德格等人只注意到「外在的超越性」的缺點，強調還必須重視來自生命內部的內在性顯現過程。它完全不同於外在的顯現，乃是源自情感性的一種啟示，是緊密地同生命的肉體感受相聯繫。這就是源生性的最原初的感受（un se-sentir originel）。不在生命中的我們，根本談不上世界的呈現過程。海德格在他的《存在與時間》所分析的「人生在世」，無非就是「我們向世界開放的生命」。因此，真正的現象學描述，必須先指向生命的自我呈現，這是一種無需任何外在因素，甚至無需光亮，就可以直接進行的、不可見的自我去蔽過程。然而，不能把這種不可見性當成否定性的現象學觀點，因為不可見只是自我啟示的第一種形式，某種極端的和帶有神祕意味的顯現形式。它的不可見性是無可懷疑的、無可爭議的，因為它是靠自我體驗和檢驗來確證的，正是這種來自生命內部的啟示和感受，被昂利稱為「最原初的啟示」（revelation originelle）[24]。

四、創新的多元化

當代法國現象學運動的新轉折，一方面顯示了當代法國哲學本身的創造精神及其持久的生命力，另一方面也表現了現象學本身的強大思想力量，證實現象學不愧是忠實於原創者所恪守的科學精神，始終在精益求精的更新道路上開闢新的思路。

總的來講，八十年代後法國現象學的新轉折，表明法國現象學研究，同此前各個階段相比，顯示了研究創新的深化及其多元化；正因為這樣，它不但沒有遠離胡塞爾的現象學，還不愧是胡塞爾現象學的「深鑽」科學精神的發揚光大的結果。莊·格萊斯在總結法國二十世紀下半葉現象學運動的成果時，引用胡塞爾在1913年為其研究計畫撰寫的前言，胡塞爾說，他所從著手進行的，是一種「深鑽」的工作（ein Werk des Durchbruchs）；與其說是終結，不如說是起步[25]。同

---

24 Henri, M. *L'invisible et la revelation. Entretien avec Sébastien Labrusse*. In Michel Henri, ***Entretiens***. Paris. Sulliver. 2005：109-110.

25 Jean Greisch, *Les yeux de Husserl en France. Les tentatives de refondation de la phénoménologie dans la deuxième moitié du XXe siècle*. In Dupond, P. / Cournarie, L. Eds. ***Phénoménologie：un siècle de philoso-***

樣地，馬里墉本人也承認：「現象學，原本應該比其他原創性理論更加是一種開創新的開端的事業」[26]。

　　法國現象學研究深化的意義，主要表現在三大方面：第一，堅持和發揚了胡塞爾現象學的基本原則，並使之進一步多樣化。按照莊‧呂克‧馬里墉的觀點，現象學在法國儘管有不同的表現形式，但它和在德國一樣，基本上仍然保持它的三大特徵：「現象學還原」、「意向性」、「現象學的建構」。在此基礎上，在法國的現象學中，「對於詮釋學的優先重視，並不是放棄現象學的建構，而只是使其詮釋學領域進一步得到擴展；對於倫理的重視，並非否定意向性，而是使之扭轉，並給予深化；至於法國現象學所進行的『解構』，並不是破壞現象學還原，而是無條件地把還原極端化」。「因此，如果硬說胡塞爾和海德格對現象學的某些方面有所忽視的話，列維納斯與沙特、利科與德希達、梅洛‧龐蒂與昂利以及其他的法國現象學家，也為我們發現了問題。我們並不認為這些比較，可以在基本問題上引起擔憂」[27]。

　　第二，胡塞爾和海德格等人所提出的論題，進一步得到較為詳盡的闡述，並以新的形式加以論述。不論是神學的轉折，還是生命現象學的發展，都早在胡塞爾和海德格的著作中有所預見，並在基本問題上有過深刻的反思；只是他們一方面在內容上尚未全面深入展開，另一方面也在觀點和方法上尚未找到法國現象學家所採取的多樣形式。正是胡塞爾自己，而不是別人，最早坦誠現象學終將導致對神的思考；而海德格也在其探索存在論與形而上學的關係時，承認一種作為萬有的終極根據的、具有神性的「最優越的存在者」，並由此提出「存在論神學（Onto-theo-logie）」的概念。至於生命現象學，胡塞爾和海德格也提出過自己的深刻看法，強調現象學的還原，不只是要通過超越，而且也不能忽視生命的切身體驗。與胡塞爾和海德格幾乎同時代的謝勒，不論在神學現象學和生命現象學方面，都已經展現出後來的米歇爾‧昂利理論的端倪。謝勒認為，每個人身上都隱含著由神賦予的具有高尚價值的「位格」（Persona），促使人永遠朝向「偉大的基督」，並因此不斷地反思和修煉自身。正如迦達默爾所指出的：「謝勒以其資料價值倫理學，論證了一種現象學研究方向；它首次將天主教道德哲學傳統與現代哲學最進步的立場相融合，並使它至今仍然發揮作用」[28]。也正是謝勒，

phie. Paris. 2002 : 46.

26　Morion, *Reduction et donation*. Paris. 1989: 7.

27　Jean-Luc Marion, *Un moment français de la phénoménologie*. In *Rue Descartes* No. 35, Phénoménologies françaises. Pairs. 2002: 11.

28　Gadamer, *Hermeneutik II*. In *Gesammelte Werke*. Bd. II. Tübingen. 1986: 109.

使現象學的研究首先指向生命內部的精神運動及其親切體驗，發現「愛在任何時候，任何地方，都是一種創造價值的活動」，都是「對神的普世之愛的回報和回應之愛」[29]。由此可見，米歇爾・昂利把生命定義成「自我感發」以及將生命理解為對神的終極追求的思想，在很大程度上，是謝勒現象學思想的發展。

第三，法國現象學成功地將德國原創的現象學與法國思想傳統結合起來，與現實生活世界所提出的實際問題結合起來，又同各個思想家個人的思想創造風格特徵結合起來。在同法國傳統的結合方面，法國現象學家們各自根據自己的研究方向和思想風格，靈活地從蒙田、笛卡兒、帕斯卡、孔狄亞克、曼・德・畢朗、柏格森、巴舍拉、莊・納貝爾特等人的思想遺產中得到了啟發，也從法國近現代文學遺產（波特萊爾、馬拉美、瓦勒里、巴岱、阿爾托、普魯斯特）中獲得靈感。在同生活世界的實際問題相結合方面，法國現象學家也各有不同的重點，從自身對當代生活世界的理解中，找到進一步擴大視野的方向。最後，法國現象學家明顯地各自具有自己獨特的思想和語言風格，也為現象學發展的多樣化開闢廣闊的前景。

但是，對法國現象學運動的新轉折，究竟可以在什麼意義上進行估價？不論在法國，還是在德國及其他國家，都存在激烈爭論。

最突出的，是在法國現象學家中，有一部分人，以莊・呂克・馬里壩為代表，並不認為這些新轉折具有特殊的法蘭西特色；現象學只有一個，沒有德國、法國和英國的現象學之分。他們甚至認為，如果現象學過分強調它的民族性及其特殊性，就有可能面臨脫離基本原則的危險。莊・呂克・馬里壩說：「現象學，就其定義而言，它所考慮的，不應該是它自身，而是現象。它也不應該探詢其他哲學家對它的談論，同樣不應該探究現象學家對它所思考的。這個適用於其他哲學的原則，相對於其他哲學來說，更加強求現象學，因為它聲稱『回到事物自身』」[30]。為了謹慎起見，馬里壩不願意把法國現象學的成果稱為「法國的現象學」，而寧願稱之為「現象學在法國」，就像德國波鴻大學的瓦爾登費爾常說的：「現象學在法國的新發展，並不是現象學本身發生了在性質上的新變化，只能是現象學在法國的新發展而已」[31]。

進入二十一世紀以來，在法國現象學運動不斷地提出新論題的過程中，始終

29 Scheler, *Gesammelte Weke Schelers*, Bd. VII. *Wesen und Formen der Sympathie*. Berne/München. 1973: 133; 152.

30 Jean-Luc Marion, *Un moment français de la phénoménologie*. In **Rue Descartes** No. 35, Phénoménologies françaises. Pairs. 2002 : 9.

31 Bernhard Waldenfels, ***Phänomenologie in Frankreich***. Frankfurt am Main : Suhrkamp. 1998.

存在不同的爭論：這些爭論不但沒有阻止新的發現，反而激發了創新的積極性，並大大推進創新的步伐，使法國現象學運動展現出它的空前未有的活力，同時也進一步推動了法國整個哲學研究的創新事業。

第四節　阿蘭・巴迪歐的「事件哲學」

一、論巴迪歐哲學思想的複雜性

　　事件本身的突發性力量，改變了人們觀察世界的觀點和方法，它們以「在場顯現」的鮮明方式，促使哲學家及思想家們重新思考世界的眞正面目及其實際性質，尤其啓發哲學家們重新思考觀察世界及透視人生的哲學方法及其創新的可能性。巴迪歐的事件哲學具有明顯的時代性及前沿性，它把現象學、後現代性、生命哲學及自然科學的基本思路有機地聯繫在一起，重新思考了人之生命的創造本質，也進一步解決了哲學與實踐的相互結合關係問題。哲學在其思想創造中所展現的生成性典範，恰正是「事件作爲事件」的性質及其生動形象的在場表演過程。巴迪歐強調世界上每個事物和每個人的多樣化、多質化和多元化的個體存在方式；它們作爲獨立的個體存在是有差別的未分化的，因此，世界的存在表現爲混亂不堪的無秩序狀態。

　　二十世紀八〇年代及其後在法國和整個世界範圍內所發生的一系列重大事件，不僅改變了全球的政治和經濟的態勢，也深刻地影響了哲學和文化的發展趨向。各種改變歷史、改變世界和改變生活的重大突發事件，使人們感受到「事件」的存在威力及其實際意義。柏林牆的倒塌及德國的統一、原蘇聯及東歐社會主義國家集團的瓦解、全球化的突飛猛進、不確定的經濟危機迴圈地惡性爆發、突發性自然災害的連續出現、各種恐怖事件的爆發，……這一切，都震撼著生活於二十世紀末和二十一世紀初的哲學家們的精神世界，使他們重新思考世界本身的生命威力以及哲學之作爲人生藝術的新使命。

　　實際上，並非只是事件本身的突發性力量，改變了人們觀察世界的觀點和方法，而且，它們以「在場顯現」的鮮明方式，促使哲學家及思想家們重新思考世界的眞正面目及其實際性質，尤其啓發哲學家們重新思考觀察世界及透視人生的哲學方法及其創新可能性。

　　法國哲學家阿蘭・巴迪歐在1988年發表的《存在與事件》（*L'Être et l'Événement*）以及隨後他連續發表的《哲學宣言》（*Manifeste pour la philosophie*）、《數與一切數》（*Le Nombre et les Nombres*）、《簡論過渡性存在論》（*Court traité d'ontologie transitoire*）、《世界的邏輯：存在與事件第二集》

（*Logiques des mondes. L'Être et l'Événement, 2*）、《模式概念：數學的唯物主義認識論導論》（*Le Concept de modèle. Introduction à une épistémologie matérialiste des mathématiques*, réédition augmentée d'une longue préface du livre publié en 1969）、《哲學第二宣言》（*Second manifeste pour la philosophie*）、《維根斯坦的反哲學》（*L' Antiphilosophie de Wittgenstein*）以及《愛的多重奏》（*Éloge de l'Amour*）等著作，標誌著巴迪歐哲學的創新活力，也向我們暗示當代法國哲學的新轉折，預示法國哲學研究正在以多學科的視野和新方法，把現象學、後現代性、生命哲學及自然科學的基本思路有機地聯繫在一起，因應二十世紀末以來快速發展的當代社會及文化的需要，從各種事件發生的威力中得到啓發，促使人們改變對於世界的傳統看法，使哲學從傳統形而上學、本體論、認識論及倫理學的框架範圍內突破出來，同時採用了人文社會科學及自然科學的跨學科多樣化綜合思維方式，重新思考了人之生命的創造本質，也進一步解決了哲學與實踐的相互結合關係問題。這一切，對於極其複雜而又充滿不確定性的二十一世紀新社會，對於哲學的重建以及新世紀文化的創建，都具有重要的意義。

二、巴迪歐的基本論題

巴迪歐認爲，面對世界本身的多質、多維、多元、多變性及其自我創造性，哲學應該重新反省其自身的合法性，使哲學像世界那樣成爲一種能夠產生力量的力量本身；哲學，作爲改造人本身及其世界的創造性智慧，更應該成爲具有內在生成爆發力的思想創新力量的理論基礎[32]。既然事物的形成和發展，主要是依據其本身內在潛伏生命力的原發性爆發，採取爆發的方式作爲事物存在的基礎，那麼，作爲理解和改造世界的哲學本身，不應該只是用來對現成物件的思考，也不只是對不可見的抽象本質的探究，而只能是、或首先是思想創造力量的爆發式冒現，是正在活生生地進行不斷再生產的思想創造活動本身的顯現，它既是不停地進行自我生成的世界的生動寫照，又是哲學自身的自我生成過程的自我展現。在這個意義上說，如果世界是由一系列事件所構成，那麼，作爲把握世界存在性質的哲學，也自然應該作爲事件，而同作爲事件的世界共生、共存、共進。但哲學又是作爲生存於世的個人的思維方式，所以，歸根結柢，作爲事件的哲學也只能把作爲事件的個人存在於世當成它的基礎；這也就是說，哲學的事件性，自然立足於個人生存於世的事件性的基礎上。

哲學在展現其自我生成的活生生顯現中，呈現出哲學思維的生命力，也同時

---

32 Badiou, *La philosophie et l'événement, entretiens avec Fabien Tarby,* Paris, éd. Germina, 2010: 5-7; 9-10.

再現了生命的自我生成的奧祕。確切地說，真正的哲學只能是生命的自我生成的理論再現；哲學作爲生命存在的至高理論表現，具有崇高的自由價值和審美意義，在它實現思想創造的過程中，典範地通過「事件性」模式，顯示了生命自身進行自我生成的事件性及其極端複雜性和極致崇高性質。

哲學在其思想創造中所展現的生成典範，恰正是「事件作爲事件」的性質及其生動形象的在場表演過程。當存在顯現於世界，實現其在哲學視野內的無蔽而敞開時，正是存在作爲事件而成爲哲學思考的原始內容的珍貴瞬間；那是不可錯過又難以把握的真理光輝的閃爍，也是生命導致最高境界而同存在的自我展現不謀而合的奇妙時刻：生命在此時此刻實現其不可複製的自我超越，同時，存在也在其自身中，作爲事件完成自我敞開的過程，親歷並享受其自我昇華的苦樂融合爲一的生命樂趣。

也正因爲這樣，事件的發生成爲了存在得以在世呈現的良機，「存在」也因而轉化成「作爲事件的存在」。作爲事件的瞬間存在是創造的最典型的生動表演，它的瞬間性和不可預測性，使之不可能是單質性和千篇一律性，而只能是具有獨特性質的多質性和多元化，由此顯現出每個存在作爲事件的獨立自主的個體性及其不可取代的珍貴價值。

三、哲學與數學思維的照面相遇

爲了揭示哲學的自我生成的複雜程式，必須超越及跳出傳統形而上學和傳統理論思維的慣常模式。迄今發生深遠影響的慣常思維模式中，最有危險性的，莫過於主客體二元對立和專業分工原則，其惡果，集中體現在哲學與其他學科和社會實踐的區分上，尤其把哲學與以數學爲基礎的自然科學區分開來。

巴迪歐爲此把思索的眼光，從哲學本身轉向哲學以外，首先集中指向作爲「哲學緊鄰」的數學。巴迪歐及其學圈，從接受阿圖塞的教誨開始，便極端重視實施自然科學思維方法的結構主義。按照法國結構主義人類學家施特勞斯在原始民族的長期田野調查資料，人類最原始的思維及其使用的原始語言，是從學會辨認「自然數」（nombres naturels）開始起步的。施特勞斯認爲，在從自然向文化過渡的過程中，原始人慢慢地在他們所面對的自然界中，從無數各自相互區分的單個獨立存在的自然事物中，分辨它們自身的無限多差異性，然後才慢慢學會以不同的自然的「聲音」，標示不同的「意義」；而這個漫長的從自然到文化的發展過程，大致分叉成三條道路，其一是從「自然數」直接緩慢地導向「聲音／意義」的二元結構，即導致「語言」的產生，而與此平行發展的，是從「自然數」到「語言」的兩個偏離方向，這就是由純粹聲音而無意義的「音樂」結構和由純

粹意義而無聲音的「神話」結構呈現的演化路線。施特勞斯說，音樂和神話，是人類創造以語言爲核心的文化產品時所帶來的兩個「副產品」；正是在語言、神話和音樂中體現了人類創造文化的思維模式。由此可見，從人類學調查研究中，似乎證實了以自然數的辨認爲基礎的數學思維的源生性和原始性；哲學思維的原始模式存在於數學中，可見一斑。

觀察數學史、數理邏輯史、電腦史、符號學史、人工智慧及人造智慧學史的大量發展資料，可以更明顯地展示人類思維與算數技巧之間的密切關係。如果說，人類最早的原始思維是起步於自然數的比較和計算活動的話，那麼，人類思維能力的發展及其提升過程，也同樣緊密地與人類計算能力的強化和複雜化過程同步進行。認知科學學史專家讓-皮埃爾·杜畢（Jean-Pierre Dupuy）指出，早在1943年，兩位美國數理邏輯學家瓦倫·麥克古洛赫（Warren McCulloch）和瓦爾特·皮茲（Walter Pits）就已經發現：精神、機器和大腦都本能地精通於「集合式思維」[33]。當代認知科學專家丹尼爾·安德勒（Daniel Andler）由此得出結論說：「計算或算術就是被詮釋的各種標記和象徵的規則性操作」[34]。所以，在數學思維中已經包含了象徵和符號的交換運作技巧。

數學比哲學更形象地呈現出思維的自我生成結構，所以，早從近代序幕開啓前夕，克卜勒和伽利略就開創性地借用數學和物理學的方法，試圖使對於身體和事物的哲學抽象加以數學化[35]。

在他們的啓發下，先是波義耳（Robert Boyle, 1627-1691）和帕斯卡（Blaise Pascal, 1623-1662），接著是近代哲學之父笛卡兒及其後的培根、斯賓諾莎、萊布尼茲及康德等哲學家，都通過不同的途徑，把數學思維當成哲學自身進行自我探索的楷模，把數學思維的自我表演及其公式化精簡過程，當成尋求哲學抽象思維模式的理想啓示典範。

巴迪歐的貢獻在於：他不滿足於先前哲學家對數學思維模式的探索成果，而是進一步密切注視現代數學的思維模式革命，高度肯定現代數學思維從表面數量和品質關係的計算，轉向對事物內在深層張力網絡的活生生揭示程式，使數學不只是完成計算過程，而且還重現作爲世界存在根源的事物內在深層中自然爆發出來的創造力；不僅如此，巴迪歐還強調現代數學的集合論對於事件內在張力的

33　Duppy, Jean-Pierre, *Aux origines des sciences cognitives*, Paris, La decouverte, 1999: 102.

34　Andler, D. *Introduction aux sciences congnitives*, Paris, Gallimard, 2004: 33-34.

35　Kepler, *Paralipomena ad Vitellionem*, 1604. trad. Fr. *Paralipomens a Viteelion*. Paris, Vrin, 1980; Galilee. *Discorsi, IIIe Hournee* [190], trad. Fr. *Discours concernant deux sciences nouvelles*, Paris, A. Colin, 1970: 125.

「不可察覺性」和「不確定性」的深刻說明。

也正因爲這樣，巴迪歐一方面肯定把「現象的呈現」當成「事件的呈現」的現象學哲學方法，另一方面又強調現象學與拓撲學、集合論和數理邏輯的相互關聯性。

巴迪歐借用數理邏輯的公理化集合論（Axiomatic Set Theory）等現代數學方法，改造傳統哲學與數學的形式化和公式化模式，試圖論證「存在」與「事件」的差異。巴迪歐認爲，根據公理集合論的「正規公理」（l'axiome de fonda-tion），既然每一個非空集合x，總包含著一元素y，使x與y爲不交集，那麼，從存在的觀點來看，自身原本就是無所歸屬，就是空無，而事件恰恰相反，它是由於具備這種自我歸屬性（auto-appartenance）才成爲事件。所以，事件在本質上並不作爲「是什麼」而現成地存在；事件總是作爲「正在發生」而活生生地到來，它是正在生成中的那個「到來」本身。正因爲這樣，事件倒成爲了存在的條件，事件使一切存在成爲可能。

巴迪歐緊緊跟隨現代數學對事物內在凝聚的張力結構及其運作邏輯的解構，結合最新物理學、生命科學和數學的深層微觀力學的探究過程，通過現象學方法，從現代數學的創新成果中獲得啓示，聚焦現代數學思維呈現事物內在生成過程的程式，試圖透視數學思維展現事物的源生狀態的最新公式，發現其中的哲學意義。

巴迪歐借用美國數學家保羅・柯亨（Paul Cohen, 1934-2007）的數理邏輯的「力迫法」（Forcing），來表明數學對存在的事件性的深刻揭示意義。現代數學的這一成果引導當代哲學的革命，促使哲學家集中思索存在與事件的內在關係。

力迫法本來是現代數學和數理邏輯的一種獨特方法，充分發揮了集合論中的「連續統假設」（continuum hypothesis 'CH'）和「選擇公理」（axiom of choice）的重要意義，強調它們自身的內在生成威力和運作獨立性，因爲它們可以不理會集合論「徹爾梅洛—弗朗克爾標準公理體系」（Zermelo–Fraenkel axi-oms 'ZF' of set theory）的限制。

實際上，巴迪歐早年就專注於數學，主要把數學當成思想過程，集中探索集合論的思維方式。原籍俄國的德國數學家喬治・康托（Georg Cantor, 1845-1918）從兩個集合數之間「一對一的對應關係」中引申出無限的和有秩序的集合群，由此證明實數遠多於自然數，並引申出重要結論：存在著某種「無數無限性的無限性」（infinity of infinities）。

巴迪歐在《存在與事件》和《世界的邏輯》的著作中，明確地把存在論與數學思維等同起來。巴迪歐還特別強調數學中的「集合論」和「拓撲學」同邏輯學

的類似性。數學是一門研究「存在作爲存在」的學科,而集合論,作爲數學的一個重要分支,更是典型地包含和展現了存在作爲存在的基本規則,揭示了各種類型的群體、集合和多樣性的形成和組織規則。巴迪歐認爲,存在,作爲某種「什麼」,是徹頭徹尾地多樣化、多質化、多元化,但我們又不能因此而把存在誤解成各種特殊事物的多樣化,因爲存在遠比我們看得見的各種特殊事物更隱含不能被概括的「無數無限性的無限性」。

巴迪歐的這一思路,直接地與二十世紀流傳的哲學觀點相對立:一方面,他反對意識哲學,因爲按照意識哲學的看法,一切存在只有當它們呈現的時候才能被感知和把握;另一方面,巴迪歐也反對傳統物理學和化學等所謂的「精確科學」或「硬科學」,因爲它們都聲稱有可能歸納存在的規則或規律。

巴迪歐指出,現代數學思維,其珍貴在於特別重視「自我呈現」的各種現象的特徵及其內在動因。現代數學,由於德國數學家兼數理邏輯學家哥德爾(Kurt Friedrich Gödel, 1906-1978)和柯亨等人的創造性思考,在康托研究成果的基礎上,使數學有可能展現出各種事物中潛在的張力關係網絡及其顯現的各種活生生的條件。

柯亨的力迫法同哥德爾的猜想與假設遙相呼應,再次論證「連續統假設」不爲其他公式和規則所決定,不應拘泥於通用的數學原則和公式,可以和「選擇公理」那樣,堅信事物深層的潛力網絡所隱含的潛能,強調它們是自然生成的自成一體的生命系統,具有緊密的內在一致性和連貫性。

在這種情況下,所謂「存在」(l'être)無非就是未分化的多元化和多樣性(multiplicité indifférente)。用數學的語言來說,「未分化的多元化和多樣性(multiplicité indifférente)」,就是數個單一地獨立存在的不同事物。問題在於:既然存在的基礎本身是無差別和未分化,那麼,我們又應該怎樣理解眞理的多樣性及其在特定世界中的呈現?什麼是一種眞理的可見形體?回答這些問題,不能回歸到傳統的本體論和存在論,而是必須創建一種「顯現的邏輯」(une logique de l'apparaître),一種特殊的現象學。

所以,巴迪歐認爲,現象學應該成爲「事件顯現及其顯現程度的學問」(étude des degrés de l'apparaître et de l'événement),它歸根結柢無法脫離包含拓撲學在內的邏輯學。

巴迪歐的《世界的邏輯》[36]一書,強調世界上每個事物和每個人的多樣化和多元化的個體存在方式;它們作爲獨立的個體存在是有差別的未分化的個體,因

---

36 Badiou, *Logiques des mondes, L'être et l'événement 2*, Paris, Seuil, 2006.

此，世界的存在表現為混亂不堪的無秩序狀態。人的思想根據人和各種事物的個體性以及最原始的語言，試圖把這個世界描述成不同的秩序，而這些依據思想和語言所整理出來的秩序，就是所謂的真理。

由此可見，真理，從事件哲學的角度，就是從差異出發的不同的個體經驗，這種真理要靠不同個體的特有方式不斷地再生新的真理。所以，真理始終是有待更新、有待展現、有待敞開顯現，也就是說，有待各個不同的個體，在各個不同的新環境中重新體驗各種不同的世界經驗。

巴迪歐認為，現代哲學中的現象學，之所以如此具有魅力，並獲得廣泛的效應，就是因為現象學突出了「自我呈現」的生命力，並把自我呈現當成了哲學思維的基本動力，從而使哲學走出傳統形而上學思維的窠臼，重新恢復了哲學本身的活力及創造力。

在巴迪歐看來，恰正是現象學，最典型地展現了思維和事件本身原初固有的「自我呈現」的活力，不但使哲學隨時成為不斷再創造的思想舞臺，而且也使作為思想物件的世界，有機會通過哲學的自我呈現而再現世界的存在活力及其各種變動可能性。正是在這一點上，巴迪歐認為現象學最生動地體現了數學思維的能動性和自我生成性質。

四、作為事件的哲學

巴迪歐在1998年出版的論文集《狀況》（*Condition*）系列中深入論述了他的事件哲學的基本原則。在這個論文集系列中，巴迪歐通過他的三篇論文《後政治學概述》（*Abrégé de métapolitique*）、《非美學袖珍手冊》（*Petit manuel d'inesthétique*）及《過渡性存在論簡論》（*Court traité d'ontologie transitoire*），說明了各種事件是「正在生成並隨時變動的張力關係」；事件並非「在那兒」，也就是說，它不是以「現存」或「已存」的方式而存在。事件乃是變動本身，而且是不可預測的變動，是「不存在但又隨時冒現的爆發力的展示」。因此，事件只能是在它突發的瞬間中顯現。事件只能是在發生中的「到來」本身。

就事件的原詞（evenement; Event）而言，它源自拉丁字動詞 evenire，意思是「到達」或「來到」，表示一種從某處某時發出而朝著某一個方向並正在到達的動態或事態，所以，它在法語中也可以用arriver來表示，因而也與拉丁字的ripa有關：ripa表示某種事情隨水流飄動而到達水岸的意思。總之，事件的原動詞關係到一種到來中的事態。如果分析「事件」的名詞，那麼，它強調的是一種發生的結果，因為它的拉丁原名詞eventus是表示「結局」，法語是issue。

用「事件」這個概念所強調的，是把世界，或更確切地說，我們所生活於其

中的世界，展現爲某種「說不清楚、也無從弄清楚的各種正在發生的事件」所構成。巴迪歐認爲，世界並非是有秩序的固定系統，它其實表現爲一系列無止盡的事件，而且，這些原本亂七八糟的事件的到來，不但是無從說起，也無法預測它將變成什麼；因爲它們往往在某個特定時刻和特定地點發生在我們面前，促使我們感到驚訝、發愣，給予我們衝擊和刺激，促使我們有所感發，使我們爲此而產生這樣或那樣的情緒，萌生一系列對待生活的「情態」，不管這些情緒或情態是積極的還是消極的、正面的還是反面的。

顯然，事件所展示的，是以這樣或那樣的方式、途徑和狀態而在我們面前突然地發生，並使我們有所感、有所動和有所反應的事態：諸如在眼前出現的一掃而過的流星，令我們情緒波動的晴朗、雨天或閃電，使我們不知所措的地震，觸及我們情感的某事某物的「出生」、「產生」或「誕生」，引起我們憐憫或悲哀的某事某人的消亡或死亡等等。

所以，事件的發生，不只是帶有突發性和偶然性，促使我們發愣或驚訝，同時，它們也向我們發出挑戰，迫使我們迅速地或甚至即刻地做出反應，不容許我們置之度外，也迫使我們甚至來不及進行思考或反思便必須做出抉擇。在這種情況下，就像沙特所說，「不抉擇就是抉擇」。

事件的獨特性質，使事件永遠具有不可歸類性、自成一體性和獨個性，同時，這也決定了各種事件的多樣性、多質性和不一致性。

世界，作爲事件的實際當場表演的場所，可大可小；大到無邊的宏觀世界，小到不可見的微觀世界，但它們永遠處於張力關係中，處於不穩定狀態中，處於待調整的過渡情景中。因此，在這種事件哲學看來，存在不但並非是一個，而且也並非具有連續同一性的同一個事物，而是多樣的和變動的；它們包含了正在形成中、生成中和變動中的趨勢及其隱含的緊張關係網。世界既然是事件的表現場所，世界也就不存在固定的結構、格式和性質，世界也不可能通過邏輯學或科學方法加以眞正把握。

事件是自我生成，任其所成而成，任其所立而立；而且，任何自我生成，都是來自內在性，都是別具一格，都是不可化約和不可歸類，因爲生成原本是源自生命體自身的內在活力的展現。按照當代生命科學已經發現，生命的活力來自生命基本核心單位內部的複雜因素之間的矛盾所構成的張力。這種張力始終處於不穩定狀態，而且還隨時具有不斷更新化的傾向。生命的本質決定了生命體要尋求新的突破，不斷擴張和增殖，直至生命本身爲此而耗費一切內在能量爲止。

當生命突破舊的狀態而趨向新的狀態的時候，也就是新事件突發的瞬間。所以，生命是以事件突發的模態展現其生生不息的威力。

事件始終隱含悖論和自我矛盾，這些悖論和內在矛盾恰恰是事件的動力基礎（la base dynamique）。事件的悖論性決定了事件本身的雙重性質：它的創造性和隱患性。事件永遠有可能同時地導向創造和隱患，所以，事件的爆發可以是樂觀的，又是悲觀的；但它的隱患性也使事件具有可能性和創新性，使它既帶來驚奇，又包含希望。

所以，事件哲學從根本上改變了存在的性質。亞里斯多德曾經把形而上學定義爲「一種研究存在作爲存在的學問」[37]。在亞里斯多德看來，作爲存在的存在，是世界的本體和實質，是世界呈現的原始基礎；所以，用他自己的話來說，形而上學也是探索事物第一原因（aitia）和第一原則（archai）的智慧（sophia）[38]。這樣一來，存在就成爲抽象不可見的終極事物。爲此，巴迪歐首先扭轉存在的性質，把它看作是事件本身，一種即時顯現的顯現本身，或者是自我生成的創造力量的張力網，是隨時潛在地實現其自我突發的可能性。

事件的本質力量，就在於它內含的緊張力量關係，即它的張力及其極端不穩定性。張力關係的極端不穩定性是存在的動力，也是存在不斷自我更新和自我超越的動力基礎。只有存在張力關係及其不穩定性，才爲事物的存在及其更新提供動力源泉。事件的這種特有性質，使事件永遠不會是現成地展現開來，也不會是現成地「呈現在那兒」。

事件作爲事件，其關鍵屬性，就是它的突發性顯現，甚至就是它突然顯現的那一瞬間，也就是說，它是以其突發性顯現作爲其存在的根據，以其毫無理由地冒然顯現而確定其獨特身分，也以此顯示其無可征服的威力，展現其時空方面的唯一性。

事件的唯一性決定了它們的多樣性和多質性以及不可歸納性。它們具有自身獨特存在的不可取代性和至高無上的價值。因此，事件的價值是不可兌換和不可交易的，它們以其自身最源初的生成性展現出自身的尊嚴，也自然地顯現出它們的原創性價值。

把哲學研究的重點，從古典哲學所聚焦的「存在」轉向「事件」，就是爲了使哲學本身改造成爲一種思想創造的動力，同時也把哲學自身設想成「事件」，使哲學變成哲學不斷進行自我改造的原動力，也使哲學成爲自我創造的生成過程本身，或者，更確切地說，成爲自我生成本身。

其實，存在作爲存在，就其本原而言，它應該是事件，因爲存在之爲存在，

---

37 Aristotle, *Metaphysics*, W.D. Ross (ed.), 2nd ed. 1928: BookIV, Part 1.
38 Aristotle, *Metaphysics*, W.D. Ross (ed.), 2nd ed. 1928: 981b28.

就在於它自身具有自我存在和自我創造的原動力。從事件的角度來看，存在不應該是「什麼」，存在不是「就在那兒」的現存事物，而是時時正在冒現出來的「事件」。存在的事件性質，使它內在地具有源生地自我呈現的性質。

　　現象學，作爲「回到事物自身」的哲學探究，早在胡塞爾那裡，就明確指出了「事物」的「事態性質」；也就是說，現象學所研究的「事物自身」，實際上就是作爲事物自身的「自我顯現的事態」。胡塞爾認爲，要使事物自身回到自我顯現的狀態，就必須通過「現象學的還原」，即還原到事態自身最源初的發生狀態。胡塞爾指出：「只有通過還原，或者，只有通過我們所想要說的『現象學的還原』，我才能獲得一種絕對的、不提供任何超越的被給予性」[39]。法國解構主義思想家德希達爲此指出：「正是生成的課題引起了胡塞爾全部的不安。如果我們粗略地看一下有關這一課題的幾個大步驟的話，就有點類似於伴隨著兩個巨大的前進與後退的運動；它首先是對心理學主義、歷史主義和社會學主義的拒絕，對自然科學或『世間』科學的邏輯的、哲學的企圖是非法以及矛盾的。一言以蔽之，『世間』生存的存在，雖然它還沒有被胡塞爾所否認，可是，在他眼裡，既不能抵達邏輯含義的客觀性，與之相應，也不能抵達現象學意識或先驗意識的存在或尊嚴。這種意識才是一切生成的構造性源泉，它在自身之中原始地自我生成和自我呈現」[40]。

　　法國現象學家莊·呂克·馬里墉進一步闡明現象作爲事件而顯現的極端重要性。馬里墉認爲，現象不是物件，或者，現象根本不同於一般物件，它具有事件的性質：首先，任何真正意義上的最源初的現象，都像事件那樣，具有先在於我們的存在的不可控制的自身，但每個自身，又不是已經顯現的那個自身，而是「正在顯現」，也就是正在作爲誕生的各種可能的自身。也就是說，任何現象，當我們面對它們的時候，它們早已存在，而它們的先在性，是我們出現以前的實際狀態，也是我們所無法控制的；這種不可控制性，恰恰就是事件的首要特徵。

　　爲了更深入地理解和把握事件的原發性溫床，更應該深入探索各種事件自身的自我生產，即追溯到「自身產生自身」的那一剎那，在「自身產生自身」的原初溫床，在根深柢固的根源中，無限地臨近其中發生力量對比拉扯的現場。過去的尼采和其後的福柯，曾經提出不同的「系譜學」和「考古學」，其目的，正是在於追尋「自身產生自身」的現場。

---

[39] Edmund *Husserl, Husserliana XXXIV. Zur phänomenologischen Reduktion*. Texte aus dem Nachlass. 1926-1935, Dordrecht, Kluwer Academic Publishers, 2002: 36-39.

[40] Derrida, *Le problem de la genese dans la philosophie de Husserl*, Paris, PUF, 1990: 4.

最源初的現象，作爲事件，只有在它作爲事件而展現在我們面前的時候，才呈現爲我們所觀察到的現象。所以，所有的現象，都是作爲存在而顯現在我們面前時，才被我們所把握。最源初的現象既然先於物件的顯現之前，它們就無法被複製，也無法逆轉，它們同樣也無法被完全描述，完全超出我們的期望[41]。

其實，當現象學設定其「回到事物自身」的時候，就已經設定「事物的可通達性」。胡塞爾爲此探索了通達事物本身的「不斷還原」方法。而事物的可通達性也就是事物的可還原性。

海德格在批判傳統的存在概念時，固然揭示了存在之爲「正在顯現的現象」的性質，但他集中關切的存在，只是作爲不可歸納和不可化約的個體的生存力量，只是那種從生到死過程中不斷自我證成、自我超越的「此在」（Dasein）。但是，問題並沒有真正地獲得解決，因爲萬事萬物的存在，不能僅僅歸結爲「此在」本身；此在僅僅是個體化存在的表現，是個體化存在的在世生存。正如海德格自己所說：「此在的本質在於它的生存」[42]。

哲學不是單純抽象的概念群的集合體，因爲那樣的概念集合體將是凝固和體系化的框架，既逐漸地遠離實際的存在，又失去哲學作爲思想動力的原本意義。哲學應該是概念的創造過程，是創造概念的事件。正如德勒茲所指出的：「對我們來說，概念應該說事件，而不是本質」（Pour nous, le concept doit dire l'événement, non plus l'essence）[43]。哲學是創造概念的，而概念是論述事件；概念本身的創造就是事件。因此，哲學的展開，就是各種事件的展現和發生。

當哲學本身也成爲「事件」的時候，就意味著哲學成爲哲學自身進行自我更新的基礎力量，而且哲學也因此成爲隨時有待發展、有待更新的思想活力。

在巴迪歐之前，爲了強調事件的本體論意義，德勒茲已經提出了塊莖論（rhizomisme），推翻傳統認識論中的樹幹論，因爲前者強調事物內在深層無中心、無等級、無明確固定線條和結構的潛在力量張力網，後者則重視源自一個中心、一個樹根，並分上下左右等級關係而呈現出來的即成現象本身，儘管這些現象可以是分化的和有差別的[44]。

德勒茲認爲，在塊莖結構中，各個組成因素，不管它位於何處，都是相互影響和交錯滲透的，它們構成緊張的力量關係。爲此，英國哲學家希安‧波登

---

41 Marion, *De Surcroît, études sur les phénomènes saturés*, Paris, P.U.F. 2001: 35-37.

42 海德格著《存在與時間》，第42頁；《回到形而上學的深處》。

43 Deleuze, *Pourparlers*, Paris, Minuit, 1990: 40.

44 Deleuze & *Guattari, Capitalisme et Schizophrénie 1. L'Anti-Œdipe*, París: Minuit, 1972: 13.

（Sean Bowden）在其最新著作《論德勒茲對事件的優先重視》中指出，德勒茲從來都把外在世界中顯現的固定事物或所謂實體當成次於事件的現象，而且，由事件概念出發，才能眞正把握德勒茲關於感性、感覺及其個體化（individuation）理論[45]。

巴迪歐雖然曾經表示他與德勒茲決裂的決心，但他畢竟從德勒茲的事件概念中吸取了啓發性因素，並由此改造黑格爾的生成概念，創建了屬於自己的事件哲學。

黑格爾在其《哲學史講演錄》中說：「歷史與哲學，根據慣常的歷史觀念，作爲非常異質的規定性，均已經顯現出它們的『爲自身』（für sich）性質。哲學是有關眞理的、因而也是永恆的和不可磨滅的知識的本質聯繫及其體系的必要思想的科學；而歷史恰恰相反，根據大家所知道的通用觀念，是忙於處理那些發生過，因而也是那些偶然的、過渡性的和已經過去的事物」[46]。在這裡，黑格爾顯然認爲：生成和哲學，作爲兩種異質性，它們之間獨一無二的交接，將使我們陷入難解的困境。但是，黑格爾的天才就在於掌握了辯證的邏輯，使哲學不再成爲僵化的固定化的絕對眞理體系，而是使哲學成爲在其歷史中不斷生成和變化的活生生的展現過程。哲學由此避免了在其眞理體系自身中的凝固性，成爲可以靠其內在矛盾和自我再生產而不斷完善化的生命歷程。黑格爾的思想在這個意義上而言，已經很接近哲學的事件性概念。

巴迪歐改造了黑格爾哲學的發展觀，直接使各種事物「事件化」，並通過存在本身的事件化，重新給哲學賦予自我生成的生命力。成爲事件的哲學，和所有的事件一樣，僅僅屬於其自身，它也只能是自我歸屬（auto-appartenance）。哲學的自我歸屬性是它的生命本質所決定的，因爲一切生命都只能靠其自身來維持和更新；生命永遠靠其自身內部獨具特色的生命力來維持和更新。

五、愛情、藝術、政治、科學與哲學

哲學的事件性使之不可避免地立足於愛情、藝術、政治和科學（l'amour, l'art, la politique et la science）的基礎上，因爲正是愛情、藝術、政治和科學，生動地表現了永恆地隱含矛盾，並時時以突發形式而展現其內在發展欲望的神祕力量，表現了事件作爲事件的典型特徵。

愛情、藝術、政治和科學的事件性，根源於它們的歷史環境性質。歷史環境

---

45 Bowden, S. *The Priority of Events: Deleuze's Logic of Sense*, 2011.

46 Hegel, *Vorlesungen über Geschichte der Philosophie*, Frankfurt am Main, Suhrkamp, bd. XX: 467.

（situation historique）是一切巨變的眞正溫床。

巴迪歐在其對話錄中說，哲學家應該兼有「學者、藝術家、戰士、愛者」四個角色的特徵。他說：「實際上，當哲學家出場之際，他已經是精心定義的典型人物，我們可以看到，他擁有斯多亞派的全部智慧，對於七情六欲有著推理嚴密的懷疑，但是一旦見到心中佳人魅力四射地走入廳堂，他就意亂情迷，使他那些智慧全都煙消雲散。……哲學家（le philosophe）〔這個詞雖然是陽性名詞，但應作中性詞來理解，因爲女哲學家（la philosophe）也爲數不少〕毫無疑問應該成爲一位淸醒的科學家、一位詩歌愛好者、一位政治鬥士，同時還意味著，他的思想永遠都伴隨著轟轟烈烈、九曲回腸、充滿波折的愛。學者、藝術家、戰士、愛者，這就是哲學家所要求的角色。我稱之爲哲學的四個條件」[47]。

哲學家應該像柏拉圖那樣：若不從愛開始，就不可能正確理解作爲「愛」智慧的哲學[48]。哲學是從愛（philo）開始，它愛智慧（philosophie），才使它具有無窮的追求眞理的力量，也使一切哲學家懷抱對一切的愛情狂熱，推動他們產生足於震撼整個宇宙和激盪全部歷史的激情、充滿浪漫的想像創造力，不畏勞苦和無視死亡之威脅，敢於把自己的全部生命貢獻給愛的事業。

巴迪歐所深愛的詩人林波（Arthur Rimbaud）在《地獄裡的一個季節》中說：「眾所周知，愛情就是不斷地再創造」（L'amour est à réinventer, on le sait）[49]。愛情給予每個人一次又一次難以遇到的機遇，甚至把人推到充滿偶然性的漩渦中，眞正體驗瞬間的、不可重複的、顚倒的、不規則的、間斷的、突發的、驚心動魄的種種事件。相愛的人之間，不僅可以、也必將發生一次又一次的感情衝突、轉折、顚狂、滲透和交往的生命運動過程，而且還可以、也必將引起持續重複的寧靜、沉思、遐想、寄望和憧憬，使整個愛情猶如生命歷程那樣，經受驚濤駭浪、脫胎換骨、反覆折騰、生死難分等歷險，遭受生命情感最深刻的考驗和訓練，提升愛者的智慧，豐富他們的生活經驗。

正如柏拉圖所說，愛情使兩個靈魂合二爲一，兩個一半合成一個完整的生命體，共同體驗生活的酸甜苦辣，在瞬間中體驗永恆，在嚮往永恆中珍惜每一個瞬間。愛情的神祕威力，使一切人，不管是誰，都將即刻成爲詩人！柏拉圖還說，唯有愛情，才能使眞正的美徹底地和完滿地展現出來。愛情所追求的，正是人所缺乏的一切。在這這個意義上說，愛情不但是尋求未知、未在和未經事物的強大

---

47 參見鄧剛譯，巴迪歐《愛的多重奏》，上海，華東師範大學出版社，2012：32。
48 參見鄧剛譯，巴迪歐《愛的多重奏》，上海，華東師範大學出版社，2012：33。
49 Rimbaud, *Une saison en enfer,* 1873.

動力，而且也是克服偶然而實現合二爲一的典型事件。柏拉圖高度重視愛情對於提升人生境界、提升認識能力以及加深體驗生活能力的意義。

愛情對於「缺乏」的無限尋求，使它具有超驗的性質。巴迪歐在引用格洛岱爾的《分享正午》劇作的一段話後說：「眞正的愛總是會超越一個不可能的點：『彼此遠離，彼此卻仍然不斷地思念對方』，嚴格地說，愛不是一種可能性，而毋寧是一種超越，超越那看似不可能的事物。某種貌似沒有理由存在並且沒有任何出現可能性的東西，竟然存在」[50]。

柏拉圖認爲，愛情促使人從愛的萌芽開始便朝向崇高的普遍性，朝向被柏拉圖稱爲「理念」的眞理目標，朝向對於美的理念的追求。愛情把人帶到過渡的歷程，帶入從一個狀態轉向另一種狀態的「過渡性」時刻，在那裡嘗試了一切變動性、瞬息性、轉變性的因素，從而體驗到普通生活所沒有的情感、欲望、衝動以及各種充滿神祕的新事物。

所以，愛情增強了生命的驅動力，強化生命的運動節奏，把生命從死氣沉沉的穩定狀態轉向不確定的歷險中。愛情把日常生活中被僵化的庸俗生活重新震動起來，使之進入斷裂的、碎片化的和不斷待確認的分段落狀態。愛情不知不覺地把愛人們帶入他們從未想像過的新世界，開闊了他們的視野，也加強了他們追求新生活的動力。

愛，作爲兩個相異的靈魂和人體的相遇，使兩個不完整的「一半」，向其自身的「欠缺」的追求和渴望，它使相愛的兩者融入新的生命歷程，重新認識了生活，使他們回到生活的起點，也返回生命的童貞源始點，重新學習生活和社會，開創新的生活，體驗新的生命。

所以，巴迪歐說：「在愛情中，作爲起點的某種東西，就其自身而言，只是某種相遇，幾乎算不了什麼，但由相遇中的相異性而非相同性出發，人們可以經驗到一個世界。甚至，人們爲此接受考驗，爲此承受痛苦。然而，在今日世界，廣泛傳播的信念卻是每個人只需關注自己的利益。於是愛就成爲一個反向的考驗。只有當愛情不被設想爲彼此間利益的互換，也不被換算成最終可獲收益的長線投資，這樣的愛情才眞正算得是相信偶然。愛讓我們在反覆磨礪中體驗到某種基本經驗，這種經驗即差異，從而讓我們以差異的觀點來體驗世界。就此而言，愛有著普遍的意義，是一種關於普遍性的可能的個體經驗，就哲學而言這是本質性的，正如柏拉圖對此所曾經具有的第一直觀。」

接著，巴迪歐還指出：「拉岡向我們指出，在性愛中，每個個體基本上只是

---

50 參見鄧剛譯，巴迪歐《愛的多重奏》，上海，華東師範大學出版社，2012：97。

在與自己打交道。當然,這其中會有他人身體的介入,但最終仍然是自己的享樂。性並不使人成雙成對,而是使之分離。當您赤身裸體,與他(她)貼身相對,這其實只是一種圖像,一種想像的表象。實在,卻只是快感把您帶向遠處,遠離他人。實在是自戀式的,其關係是想像的。因此,拉岡斷言,性關係不存在。這樣一個表述,當然是有些駭人聽聞,因為在我們這個時代,幾乎人人都在說『性關係』。如果在性之中沒有性關係,那麼愛就是用來填補這種關係的缺乏。不過,拉岡並沒有說,愛就是性關係的偽裝,而是說性關係根本不存在,愛就是用來補充這種不存在。這一點非常有意思。這個觀點就是說,在愛之中,主體嘗試著進入『他者的存在』。正是在愛之中,主體將超越自身,超越自戀。在性之中,最終,仍然只不過是以他人為媒介而與自身發生關係。他人只是用來揭示實在的快感。在愛之中,相反,他者的媒介是為了他者自身。正是這一點,體現了愛的相遇:您躍入他者的處境,從而與他人共同生存。這是一種相當深刻的觀點,而庸俗的看法,往往是把愛視作一種基於實在的性之上的想像畫面。」

巴迪歐繼續說:「實際上,關於愛,拉岡自己也處在某種模稜兩可的哲學之中。『愛是性關係缺乏的替補』這種說法,可以從兩種方式來理解。第一種,較平庸的一種理解,就是愛是在缺乏性時的一種想像中的補充。確實,性,無論多麼精彩,一旦結束就會進入某種虛無。正因為這樣,性受制於某種重複性的法則:必須不斷地重新開始。當年紀輕輕、血氣方剛之時,日日樂此不疲。在這種空虛之中卻仍然保留有某種東西,而對於相愛的人而言,即使在性關係不存在時仍然有某種東西使之緊密相聯,愛情似乎是這樣一種觀念。在很年輕的時候,我讀到西蒙・波娃《第二性》中的一個段落,感到震驚和厭惡,她描述了,在性行為之後,男人往往會有這樣一種感受,覺得女性的身體是乏味的、萎靡的,而相應的,女性的感受則是覺得男性的身體是醜陋的、可笑的。在劇院裡,滑稽劇和輕喜劇,往往不斷地使用這一類可悲的想法來引人發笑。男人的欲望,也就是喜劇性的陽具的欲望,大腹便便、虛弱無力,而胸部萎縮、牙齒掉光的老女人形象則是一切美人的宿命。當相愛的人,彼此躺在對方的懷中,愛的溫柔,在此際就如同挪亞的大衣[51],覆蓋在這些令人不安的想法之上。不過,拉岡的想法卻與此相反,也就是說,愛有著某種可稱之為本體論的維度。於是,欲望總是朝向他人,以某種盲目崇拜的方式,朝向某些特殊的物件,好比胸部、臀部,等等……,愛總是朝向他人的存在,他人帶著他(她)的全部存在,在我的生命中

---

51 鄧剛譯注:挪亞醉酒後,裸身而睡,其子見之,以大衣覆其上,以蔽其醜,事見《舊約》之《創世記》。

出現，我的生命於是就此暫時中斷從而重新開始」。

認真地說，愛就是基於生命的缺乏的強烈訴求，它是朝向滿足缺乏的方向挺進的奇妙力量，也是促進生命本身趨向完善的動力。但生命的完善是一種無止盡的努力，它只能作為能動的力量推動著生命體的發展，甚至還盲目地推進生命體朝向連自己都無法預測的方向，並在永恆的推進中享受苦與樂，感受生命歷程的艱辛和樂趣，促使生命體在一再的體驗中「過過癮」，卻又嘗試體驗想像中的新境界，使愛情永無止盡地經受生活的考驗。

當然，有的人並不追求新的境界和新的體驗，他們會滿足於已有的愛情狀態中，把愛情的激情消磨成平庸的生活節奏，並在那裡犧牲了愛情的生命，轉換成庸庸碌碌的重複的「活命」生存方式。問題在於，即使是陷入庸碌平凡的日子，實際上，對一些人來說，還是有機會重新激盪早已平淡化的愛情欲望，甚至有機會重新點燃奄奄一息的情火，再次湧入新一波的愛情漩渦之中。這就決定於不同人的生活態度。

藝術、政治、科學和哲學，同愛情一樣，充滿著偶然的爆發、合一以及再爆發的無限呈現過程，使哲學由此獲得不斷更新和自我創造的動力。

巴迪歐認為，存在、主體和真理是三位一體；在特定事件爆發的偶然情況下，三者一體結構可以即刻轉化成一個無止盡的創造過程，並具有普遍性價值。這就是巴迪歐所說的真理。真理的存在是與構成事件突發狀況的存在相同的，它們是多樣性的多樣性，或者，是某種包含無數多樣性的多樣性（une multiplicité de multiplicités）。真理的「多樣性的多樣性」只能靠數學方式來思維和把握。正是在這個意義上說，數學等同於存在論（mathématique = ontologie）。

「無數多樣性的多樣性」首先是用來對抗傳統二元對立統一思維模式的新話語，所以，我們必須就此進行深入的分析，以便從嶄新的視野和方法，真正把握巴迪歐所強調的新型多樣性範疇的革命意義。

傳統哲學也談論多樣性，但它們的二元對立統一模式必定把多樣性當成與單一性相對立的存在方式，而且，在這種情況下，它們的多樣性只是與之對立的單一性的轉化形式，是總歸要歸屬於單一性的多樣性。這種傳統的思維模式，最終並沒有跳出柏拉圖最早提出的「一」與「多」的辯證法，即導致一種可以被抽象的「一」來統一的多樣性。巴迪歐反對這樣來理解和處理的多樣性。巴迪歐認為，多樣性之間是沒有一貫性的（incoherent），既沒有統一的可能，也沒有相互的連貫性。

其次，「無數多樣性的多樣性」又是用來突出「存在」、「主體」和「真理」之間的內在性本質，強調「存在」、「主體」和「真理」三者，均具有深不

可測的內在自我生存動力，以致三者中的任何一個，都靠其自身生命歷程中任何瞬間的內在力量緊張關係來決定其「當下即是」的狀態。這種立足於內在生命緊張力量關係的「當下即是」狀態，絕不可能歸屬於任何其外的因素。換句話說，「存在」、「主體」和「真理」之當下即是，是不可取代、不可歸屬、不可化約的唯一性，只是這種唯一性本身，一方面不可能歸化成他物，另一方面它也不從屬於和不回歸於其前身，它只能是歸屬於當下即是本身。

由此看來，「存在」、「主體」和「真理」三者均在橫的方面和縱的方面具有獨一無二性和唯一性。

巴迪歐反對各種傳統的二元論，包括真理論中的二元論（諸如主客體二元論等）。通過上述真理論，巴迪歐試圖論證：真理就是類似於正在發生和正在創建的事件爆發地域那樣交錯複雜的網織結構。真理和事件爆發地的交錯複雜性、生成性及其多樣性是一致的。至於真理的主體，在巴迪歐看來，絕不是傳統認識論所說的那種作為認識主體的固定個體，而是真理發生和生成過程中的那個地域微分點（le point différentiel local d'un processus de vérité）。由此出發，真理之所以具有普遍性，恰正由於真理存在的生成性及其存在狀況的特殊性。

從這樣的真理觀出發，當事件爆發性生成的時候，被我們所觀察的世界將是什麼樣的呢？顯然，我們不能繼續從世界秩序的角度來觀察在事件爆發時所生成的真理；相反，我們倒應該從事件的特例性、從其獨一無二性，來探討世界秩序的正當性問題。

真理以其生成性和事件性，集中地展現了真理的特殊內在性；既然真理是在一種難以歸納和難以預測的特殊世界中突然發生的，那麼，真理就是一種內在的特例。或者，真理就是發生事件的世界內部生成出來的特殊性。

當代法國哲學正在繼續走他自己的路。2004年3月27日，在由法國哲學會所組織的紀念康德逝世二百週年的紀念會（la ommemoration du bi-centenaire de la mort de Kant）上，許多哲學家集聚在法國科學院（L' Insitut de France）的莊嚴大廳裡，一方面回顧和肯定康德及其後繼者為西方哲學理論發展所奠定的基礎，另一方面又針對二十一世紀的文化前景，認真地思考由康德等人所提出的問題。法國康德哲學專家阿列克西・費洛年柯（Alexis Philonenko）在題為「論康德的假設」（Le postulat chez Kant）的論文中，認真地分析了康德對世界及人類理智能力的大膽預設。費洛年柯在報告中表現了一般法國哲學家對以往哲學傳統的歷史態度，顯示出二十一世紀新時代法國哲學家的冷靜反思立場。對於法國哲學家來說，紀念任何一位歷史人物，都具有其現實的意義。所以，另一位康德哲學專家莫尼克・卡斯蒂洛（Monique Castillo）在紀念會上，以「以進步問題的驗證來考

察康德的現代性」為題，發表重要演講，也體現了法國哲學家關切現實的現代性問題的傾向。為了強調繼承康德的哲學反思精神，法國哲學會主席布爾喬亞總結了康德的反思原則，也表現了法國當代哲學家決心發揚反思精神，深入地探索新世紀的哲學發展的新道路。當代法國哲學家充分地意識到：哲學作為哲學，永遠是發問、探險和發出驚異。在哲學面前，沒有終結；有的只是創新及其可能性的問題。

參考書目

Albistur, M. / Armogathe, D.

1977   *Histoire du féminisme français du Moyen Age à nos jours*. Paris: Editions des femmes.

Allen, G.

1999   *Intertexuality*, London: Routledge.

Althusser, L.

1959   *Montesquieu. La politique et l'histoire*. Paris: P. U. F.

1965a   *Pour Marx*. Paris: Maspero.

1965b   *Lire Le Capital*. Paris: Maspero.

1969   *Lénine et la philosophie*. suivi de *Sur le rapport de Marx à Hegel et Lénine devant Hegel*. Paris: Maspero.

1972   *Réponse à John Lewis*. Paris: Maspero.

1974a   *Éléments d'autocritique*. Paris: Maspero.

1974b   *Philosophie et philosophie spontanée de savants*. Paris: Maspero.

1976   *Positions*. Paris: Maspero.

1977   *XXIIe Congrès*. Paris: Maspero.

1978   *Ce qui ne peut pas durer dans le parti communiste français*. Paris: Maspero.

1993a   *L'Avenir dure longtemps*. Paris: Stock / Imeg.

1993b   *Journal de captivité, Stalag XA, 1940-1945*. Paris: Stock/Imeg.

Althusser, H. et ali.

1965   *Lire Le Capital*, tome 1 et tome 2. Paris: Maspero.

Arendt, H.

1998[1958] *The Human Conditions*. Chicago: University of Chicago Press.

Ariès, Ph.

1975   *Essais sur l'histoire de la mort en Occident*. Paris: Seuil

Aristotle.

1981   *Nicomachean Ethics. In The Basic Works of Aristotle*. ed. by Mckeon, R. Chicago: University of Chicago Press.

1981   *Poetics. In The Basic Works of Aristotle*. ed. by Mckeon, R. Chicago: University of Chicago Press.

Aron, Raymond.

1935   *La Sociologie allemande contemporaine*, Paris, Alcan.

1938   *Introduction à la philosophie de l'histoire. Essai sur les limites de l'objectivité historique*, Paris, Gallimard.

1938   *Essai sur la théorie de l'histoire dans l'Allemagne contemporaine. La philosophie critique de l'histoire*, Paris, Vrin.

1944   *L'Homme contre les tyrans*, New York, Éditions de la Maison française.

1945	*De l'armistice à l'insurrection nationale*, Paris, Gallimard.
1945	*L'Âge des empires et l'Avenir de la France*, Paris, Défense de la France.
1940-1945	*Chroniques de guerre*. «La France Libre», Gallimard.
1948	*Le Grand Schisme*, Paris, Gallimard.
1951	*Les Guerres en chaîne*, Paris, Gallimard.

1953   *La Coexistence pacifique. Essai d'analyse*, Paris, éditions Monde nouveau, 1953, sous le pseudonyme «François Houtisse», signalé par Boris Souvarine.

1955	*L'Opium des intellectuels*, Paris, Calmann-Lévy.
1955	*Polémiques*, Paris, Gallimard.
1957	*La Tragédie algérienne*, Paris, Plon.
1957	*Espoir et peur du siècle. Essais non partisans*, Paris, Calmann-Lévy.
1958	*L'Algérie et la République*, Paris, Plon.

1959   *La Société industrielle et la Guerre*, suivi d'un *Tableau de la diplomatie mondiale en 1958*, Paris, Plon.

1959	*Immuable et changeante. De la IVe à la Ve République*, Paris, Calmann-Lévy.
1961	*Dimensions de la conscience historique*, Paris, Plon.
1962	*Paix et guerre entre les nations*, Paris, Calmann-Lévy.
1963	*Le Grand Débat. Initiation à la stratégie atomique*, Paris, Calmann-Lévy.
1963	*Dix-huit leçons sur la société industrielle*, Paris, Gallimard.
1964	*La Lutte des classes*, Paris, Gallimard.
1965	*Essai sur les libertés*, Paris, Calmann-Lévy.
1965	*Démocratie et Totalitarisme*, Paris, Gallimard.
1966	*Trois essais sur l'âge industriel*, Paris, Plon.
1967	*Les Étapes de la pensée sociologique*, Paris, Gallimard.
1968	*De Gaulle, Israël et les Juifs*, Paris, Plon.
1968	*La Révolution introuvable. Réflexions sur les événements de mai*, Paris, Fayard.
1969	*Les Désillusions du progrès*, Paris, Calmann-Lévy.
1969	*D'une sainte famille à l'autre. Essai sur le marxisme imaginaire*, Paris, Gallimard.
1971	*De la condition historique du sociologue*, Paris.
1972	*Études politiques*, Paris, Gallimard.
1973a	*République impériale. Les États-Unis dans le monde (1945-1972)*, Paris, Calmann-Lévy.
1973	*Histoire et dialectique de la violence*, Paris, Gallimard.
1976	*Penser la guerre, Clausewitz*, 2 vol., Paris, Gallimard.
1977	*Plaidoyer pour l'Europe décadente*, Paris, Laffont.
1981	*Le Spectateur engagé* (entretiens), Paris, Julliard.
1983	*Mémoires. 50 ans de réflexion politique*, 2 volumes, Paris, Julliard, 1082 p.
1984	*Les Dernières Années du siècle*, Paris, Julliard.

1997   Raymond Aron et Louis Séchan, *Introduction à la philosophie de l'histoire*, Paris, Éditions de Fallois.

2004   *Le Marxisme de Marx*, Paris, Éditions de Fallois, 2002 et en livre de poche, 1082 p., Paris.

2005   *Raymond Aron, spectateur engagé*. Entretiens avec Raymond Aron. Durée: 2 h 30 - DVD - éditions Montparnasse.

Audi, Paul.

1997   *L'Autorité de la pensée*, Presses universitaires de France, coll. «Perspectives critiques».

1997   *Rousseau, éthique et passion*, Presses universitaires de France, coll. «Perspectives critiques».

1997   *La Tentative de Mallarmé*, Première version, Presses universitaires de France, «Perspectives critiques». Deuxième version, dans *Créer* (2010).

1998   *Picasso, picaro, picador. Portrait de l'artiste en surmâle*, Première version, Presses universitaires de France, «Perspectives critiques». Deuxième version, dans *Jubilations* (2009).

2000   *L'Éthique mise à nu par ses paradoxes, même*, Presses universitaires de France, coll. «Perspectives critiques».

2001   *Crucifixion*, Encre marine.

2003   *L'Europe et son fantôme*, Léo Scheer, coll. «Manifeste».

2003   *L'Ivresse de l'art. Nietzsche et L'esthétique*, LGF/Livre de Poche, coll. «Biblio Essais».

2004   *Où je suis. Topique du corps et de l'esprit*, Encre Marine.

2006   *Michel Henry. Une trajectoire philosophique*, Les Belles Lettres, coll. «Figures du savoir».

2007   *Supériorité de l'éthique*, Première édition, Presses universitaire de France, coll. «Perspectives critiques», 1999. Deuxième édition, revue et corrigée, Presses universitaires de France, coll. «Quadrige», 2000. Édition définitive, remaniée et augmentée, Flammarion, coll. «Champs».

2007   *Je me suis toujours été un autre. Le paradis de Romain Gary*, Christian Bourgois.

2008   *Rousseau, une philosophie de l'âme*, Verdier, coll. «Verdier/poche».

2009   *Jubilations*, Christian Bourgois, coll. «Titres».

2010   *Créer. Introduction à l'esth/éthique*, Première édition, Encre Marine, 2005. Nouvelle édition entièrement refondue, Verdier, coll. «Verdier/poche».

2010   *Le Regard libéré d'Eugène Leroy*, Galerie de France.

2011   *L'Empire de la compassion*, Les Belles Lettres, coll. «Encre marine».

2012   *Le Théorème du Surmâle. Lacan selon Jarry*, Paris, Verdier, 2011. Cet ouvrage a reçu le Prix Œdipe.

2012   *Discours sur la légitimation actuelle de l'artiste*, Les Belles Lettres, coll. «Encre marine».

2012   *La Fin de l'impossible*, Première édition, Christian Bourgois, 2005. Nouvelle édition augmentée, Christian Bourgois, coll. «Titres».

2013   *L'Affaire Nietzsche*, Verdier, coll. «Verdier/poche».

2013   *Qui témoignera pour nous? Albert Camus face à lui-même*, Verdier, 2013. Cet ouvrage a reçu le Grand Prix de la Critique littéraire, 2014 (décerné par le P.E.N Club de France) - et le Prix Littéraire du Savoir et de la Recherche.

2014   *Le Démon de l'appartenance*, Les Belles Lettres, coll. «Encre marine».

2015   *Terreur de la peinture, peinture de la Terreur. Sur* Les Onze, *de Pierre Michon*, William Blake & Co.

2015   *Lacan ironiste*, Mimesis, coll. «Philosophie et Société».

2016   *Le Pas Gagné de l'amour*, Galilée, coll. «Débats».

2017   *Analyse du sentiment intérieur*, Verdier, coll. «Verdier/poche».

2017   *Au sortir de l'enfance*, Verdier.

2017   *«... et j'ai lu tous les livres». Mallarmé-Celan*, Galilée, coll. «Débats».

Badiou, Alain.

1988   *L'Être et l'Événement*, Paris, éd. Seuil (collection «L'ordre philosophique»).

1989   *Manifeste pour la philosophie*, Paris, éd. Seuil (collection «L'ordre philosophique»).

1990   *Le Nombre et les Nombres*, Paris, éd. Seuil (collection des Travaux).

1992   *Conditions*, préface de F. Wahl, Paris, éd. Seuil (collection «L'ordre philosophique»).

1997   *Deleuze: la clameur de l'Être*. Paris: Hachette.

1997   *Deleuze. La clameur de l'Être*, Paris, éd. Hachette.

1998   *Petit manuel d'inesthétique*, Paris, éd. Seuil (collection «L'ordre philosophique»).

1998   *Court traité d'ontologie transitoire*, Paris, éd. Seuil (collection «L'ordre philosophique»).

2006   *Logiques des mondes. L'Être et l'Événement, 2*, Paris, éd. Seuil (collection «L'ordre philosophique»).

2007   *Le Concept de modèle*, Paris, Éditions Maspero, 1969 (réédition augmentée d'une préface: *Le Concept de modèle. Introduction à une épistémologie matérialiste des mathématiques*, Paris, éd. Fayard (collection «Ouvertures»).

2009   *Second manifeste pour la philosophie*, Paris, éd. Fayard (collection «Ouvertures»), (réédition poche Flammarion Champs, 2010).

2009   *L'Antiphilosophie de Wittgenstein*, Éditions NOUS.

2010   *La Philosophie et l'Événement*, entretiens avec Fabien Tarby, éd. Germina.

2010   *Le Fini et l'Infini*, Bayard, Les Petites Conférences.

2011   *Entretiens 1*, série d'entretiens 1981-1996, Éditions NOUS.

2014   (en) *Mathematics of the transcendental*, Bloomsbury publishing, (translator: A.J Bartlett, Alex Ling) (inédit en français).

2015   *Éloge des mathématiques*, avec Gilles Haéri, Flammarion (Café Voltaire), 16 septembre 2015 (EAN : 9782081352452).

Balibar, E.

1990   *Race, Nation, Classe. Les Identités Ambigues*. Avec Wallenstein, I. Paris: La Découverte.

1992   *Les frontiers de la démocratie*. Paris: La Découverte.

Barthes, R.

1957   *Mythologies*. Paris: Seuil.

1959   *Langage et Vêtement*. In *Critique* N°142. Paris.

1964   *Ecrits critiques*. Paris: Seuil.

1967   *Système de la mode*. Paris: Seuil.

1970a   *S/Z*. Paris: Seuil.

1970b   *L'empire des signes*. Genève: Skira.

1971   *Sade, Fourier, Loyola*. Paris: Seuil.

1977   *Image - Music - Text*. London: Fontana.

1985   *L'aventure sémiologique*. Paris: Seuil.

1988   *The Semiotic Challenge*. Oxford: Blackwell.

1993   *Barthes Oeuvres Complètes*. Tome I. Paris: Seuil.

1994   *Barthes Oeuvres Complètes*. Tome II. Paris: Seuil

1995   *Barthes Oeuvres Complètes*. Tome III. Paris: Seuil

Bataille, G.

1928   *Histoire de l'Oeil*. Paris: Gallimard.

1929   *Architecture*. In *Oeuvres complètes*. Vol. I. Paris: Gallimard.

1944   *Le coupable*, Paris: Gallimard.

1945   *Sur Nietzsche. Volonté de chance*. Paris: Minuit.

1947a   *L'Alleluiah, catéchisme de Dianus*. Paris: Blaizot.

1947b   *La haine de la poésie*. Paris: Gallimard.

1947c   *La Méthode de méditation*. Paris: Gallimard.

1948   *Théorie de la religion*, Paris: Gallimard.

1949   *La Part maudite. Essai d'économie générale. I: La consumation*, Paris: Gallimard.

1950   *L'abbé G*. Paris: Gallimard.

1954[1943] *L'Expérience intérieure*. Paris: Gallimard.

1955a   *La peinture préhistorique. Lascaux: La naissance de l'art*. Paris: Gallimard.

1955b   *Hegel, la mort et le sacrifice*. In "*Deucalion*", No.5: 21-43.

1957a   *La littérature et le mal*. Paris: Gallimard.

1957b   *Sade et l'essence de l'érotisme*. Paris: Gallimard.

1957c   *L'érotisme*. Paris: Gallimard.

1957d   *Le Bleu du ciel*. Paris: Gallimard.

1962   *Conférences sur le non-savoir. 1951-1952*. In Tel Quel, No. 10, Paris.

1971   *La mort*. In *Oeuvres complètes* Vol IV. Paris: Gallimard.

1985   *Visions of Excess: Selected Writings 1927-1939*. Minnesota: University of Minnesota Press.

Baudelaire, C.

1976   *Oeuvres complètes*. Paris: Gallimard.

Baudrillard, J.

1968   *Le système des objets*. Paris: Gallimard.

1970   *La société de consommation*. Paris: Le Point.

1972   *Pour une critique de l'économie politique du signe*. Paris: Gallimard.

1973   *Le miroir de la production*. Paris: Castrerman.

1976   *L'Échange symbolique et la mort*. Paris: Gallimard.

1977a   *Oublier Foucault*. Paris: Galilée.

1977b   *L'Effet Beaubourg*. Paris: Galilée.

1978a   *A l'ombre des majorités silencieuses*. Paris: Cahier d'Utopie.

1978b   *Le PC ou les Paradis artificiels du politique*. Paris: Cahier d'Utopie.

1979   *De la Séduction*. Paris: Galilée.

1981   *Simulacres et simulations*. Paris: Galilée.

1983   *Les stratégies fatales*. Paris: Grasset.

1984   *La gauche divine*. Paris: Grasset.

1985   *Le miroir de la production*. Paris: Galilée.

1986   *Amérique*. Paris: Grasset.

1987a   *L'autre par lui-même: Habilitation*. Paris: Galilée.

1987b   *Cool memories*. Paris: Galilée.

1990   *La Transparence du Mal*. Paris: Galilée.

1992   *L'Illusion de la fin, ou la grève des événements*. Paris: Galilée.

1993   *Baudrillard Live, Selected Interviews*. Ed. By Mike Gane, London: Routledge.

1995   *Le crime parfait*. Paris: Galilée.

1996   *La pensée radicale*. Paris: Seuil.

1997   *Le Paroxyste indifférent. Entretiens avec Philippe Petit*. Paris: Grasset.

1998   *L'incertitude est-elle notre seule certitude?* In "*Le nouvel observateur*", No. 2802, mars, 1998.
        Paris.

2000   *Mots de passé*. Paris: Pauvert / Fayard.

2001   *Télémorphose*. Paris: Sens & Tonka.

2003a   *D'un frangment à l'autre*. Paris: Michel.

2003b   *La viloence du monde*. Avec Edgar Morin, Paris: Du Felin.

Beauvoir, Simone de

1949   *Le deuxième sexe*. 2 Vols. Paris: Gallimard.

Bell, D.

1973   *The Coming of Post-Industrial Society*. New York: Basic Books.

Benjamin, W.

1936   *Paris, capitale du XIXe siècle, Le livre des passages*.

1968[1935] *The Work of Art in the Age of Mechanical Reproduction*. In *Illuminations*, Ed. By Hannah Arendt,
        trans. H. Zohn, New York: Schocken.

1989   *Surrealism: The Last Snapshot of the European Intelligentsia*. In *Critical Theory and Society*,
        Bronner, E. S. / Kellner, D. MacKay, London: Routledge.

Bennington, G. / Derrida, J.

1991   *Jacques Derrida*, Paris: Seuil.

Benveniste, E.

1966   *Problmes de linguistique gnrale*. (articles 1939-1964) Paris: Gallimard.

1969   *Le vocabulaire des institutions indo-européennes. I. Economie, parenté, société. II. Pouvoir, droit,
        religion*. Paris: Ed. de Minuit.

1974   *Problèmes de linguistique générale. II.* (articles 1965-1972), Paris: Gallimard.

1975[1948] *Noms d'agent et noms d'action en indo-européen*. Paris: A. Maisonneuve.

Bergson, H.

1963[1932] *Les deux sources de la morale et de la religion*. In Edition du centenaire, seconde édition. Paris: P. U. F.

Bevir, M.

1999   *The Logic of the History of Ideas*. Cambridge: Cambridge University Press.

Bégout, Bruce.

1995   *Maine de Biran, La Vérité intérieure (choix de textes et commentaires)*, étude, Payot.

2000   *La Généalogie de la logique: Husserl, l'antéprédicatif et le catégorial*, thèse publiée (présentation
        en ligne [archive]), Vrin.

2005   *La Découverte du quotidien. Éléments pour une phénoménologie du monde de la vie*, essai, Allia.

2007 *Pensées privées: Journal philosophique (1998-2006)*, Grenoble, Jérôme Millon, coll. «Krisis».

2007 *L'Enfance du monde. Recherches phénoménologiques sur la vie, le monde et le monde de la vie*, t. I, *Husserl*, étude, éditions de la Transparence, coll. «Philosophie».

2008 *Le Phénomène et son ombre. Recherches phénoménologiques sur la vie, le monde et le monde de la vie*, t. II, *Après Husserl*, étude, éditions de la Transparence, coll. «Philosophie».

Bidet, J.

1990 *Théorie de la modernité*. Paris: P. U. F.

Blackwell, D. / Girschick, M. A.

1954 *Theory of Games and Statistical Decisions*. New York.

Blanchot, M.

1969 *L'Entretien infini*, Paris: Gallimard.

Boas, F. and G. Hunt

1921 *Ethnology of the Kwakiutl*. Washington D. C.: Smithsonian Institution.

Bohannan, P.

1969 *Social Anthropology*. New York: Holt, Rinehart & Winston.

Bordo, S.

1993 *Unbearable Weight: Feminisme, Western Culture and Body*. Los Angeles: University of California Press.

Borel, E.

1941 *Le jeu, la chance et les théories scientifiques modernes*. Paris: Gallimard.

Bourdieu, P.

1958 *Sociologie de l'Algérie*. Paris: P.U.F.

1963 *Travail et travaillers en Algérie*. Paris: Minuit.

1964 *Les Héritiers*. Avec L. Boltanski, R. Castel et J. C. Chamboredon. Paris: Minuit.

1965a *Un art moyen. Essai sur les usages sociaux de la photographie*. avec L. Boltanski, R. Castel, J. C. Chamboredon. Paris: Editions de Minuit.

1965b "*Le musée et son public*". In *L'information d'histoire de l'art*. 3: pp. 120-122.

1966 *Amour de l'art, les musées d'art européens et leur public*. avec A. Darbel, D. Schnapper. Paris: Editions de Minuit.

1967a "*Sociology and Philosophy in France since 1945. Death and Resurrection of a Philosophy without Subject*". In *Social Research*. XXXIV, 1, Spring: 162-212.

1967b "*Postface* à E. Panofsky". *Architecture gothique et pensée scolastique*. Paris: Editions de Minuit.

1968 *Le métier de sociologue*. Paris: Minuit.

1970 *La reproduction. Eléments pour une théorie du système d'enseignement*. Paris: Editions de Minuit.

1971 "*Le marché des biens symboliques*". In *L'année sociologique*. 22: 49-126.

1972 *Esquisse d'une théorie de la pratique. Précédé de trois études d'ethnologie kabyle*. Geneve: Droz.

1977 *Outline of a Theory of Practice*. Cambridge: Cambridge University Press.

1979a *La distinction. Critique sociale du jugement*. Paris: Editions de Minuit.

1979b　　　"*Les trois états du capital culturel*". In *Actes de la recherche en sciences sociales*. 30: 3-6.

1979[1960] *Algeria 1960*. Cambridge: Cambridge University Press.

1980a　　　*Le sens pratique*. Paris: Editions de Minuit.

1980b　　　*Questions de sociologie*. Paris: Editions de Minuit.

1982　　　 *Ce que parler veut dire. L'économie des échanges linguistiques*. Paris: Fayard.

1982a　　　*Leçon sur la leçon*. Paris: Monuit.

1984a　　　*Homo academicus*. Paris: Editions de Minuit.

1984b　　　"*Espace social et genèse des classes*". In *Acte de la recherche en sciences sociales*. 52-53: 3-15.

1986　　　 "*Der Kampf um die symbolische Ordnung*". Avec A. Honneth, H. Kocyba, B. Schwibs. In *Aesthetik und Kommunikation*. 61-61: 142-163.

1987　　　 *Choses dites*. Paris: Editions de Minuit.

1989　　　 *La noblesse d'État. Grandes écoles et esprit de corps*. Paris: Editions de Minuit.

1990　　　 *The Logic of Practice*. trans. by R. Nice. Cambridge: Polity

1991　　　 *Language and Symbolic Power*. Cambridge: Polity

1992a　　　*Les règles de l'art. Genèse et structure du champ littéraire*. Paris: Editions de Minuit.

1992b　　　*Réponses. Pour une anthropologie réflexive*. avec Loïc J. D. Wacquant. Paris: Seuil.

1993　　　 *The Field of Cultural Production*. Cambridge: Polity Press.

1994　　　 *Raison Pratiques. Sur la théorie de l'action*. Paris: Seuil.

1996　　　 *Sur la Télévision*. Paris: Liber-Raisons d'agir.

1997　　　 *Méditations pascaliennes*. Paris: Seuil.

1997a　　　*Les usages de la science: Pour une sociologie clinique du champ scientifique*. Paris: Seuil.

1998a　　　*Contre-feux: Propos pour servir* à *la résistance contre l'invasion néo-liberal*. Paris: Seuil.

1998b　　　*La domination masculine*. Paris: Seuil.

2000　　　 *Les Structures sociales de l'économie*. Paris: Seuil.

Bourgeois, B.

1969　　　 *La pensée politique de Hegel*. Paris: P. U. F.

1970　　　 *Hegel à Francfort ou Judaisme; Christianisme, Hegelianisme*. Paris: Vrin.

1986　　　 *Le droit naturel de Hegel. Commentaire*. Paris: Vrin.

1990　　　 *Philosophie et droits de l'homme*. Paris: P.U.F.

1991　　　 *Etérnité et historicité de l'esprit selon Hegel*. Paris: P.U.F.

1992　　　 *Etudes hégéliennes (raison et décision)*. Paris: P.U.F.

1995　　　 *La philosophie Allemende classique*. Paris: P.U.F.

1995　　　 *L'Idé*alisme de Fichte. Paris: P. U. F.

1998　　　 *Hegel*. Paris: Ellipes.

2000　　　 *Fichte*. Paris: Ellipes.

2000　　　 *L'idéalisme allemand: alternatives et progrès*. Paris: Vrin.

2000　　　 *La raison moerne et le droit politique*. Paris: Vrin.

2001　　　 *Jeunesse d'une société*. In *Centenaire de la société française de philosphoie, Bulletin de la société française de philosophie*, Numéro du centenaire, 15 décembre 2001, Paris.

Braudel,F.

1979[1967] *Civilisation matérielle. Ecomonie et capitalisme, XV–XVIII siècles*. Tome I, Les structures du quotidien. Tome II, Les jeux de l'échange. Tome III, Le temps du monde. Paris: A. Collin.

1981   *Civilization and Capitalism, 15th-18th Century.* Vol.I *The Structure of Everyday Life. The Limits of the Possible.* （trans. by） Sian Reynnolds. New York: Harper & Row.

Brooks, C.

1939   *Modern Poetry and the Tradition.* Standford: University of North California Press.

Brumberg, J. J.

1988   *Fasting Girls: The Emergence of Anorexia Nervosa as a Modern Disease.* Cambridge: Harvard University Press.

Buytendijk, F. J. J.

1933   *Das menschliche Spielen.* Berlin: Wolff.

Caillois, R.

1967   *Les jeux et les hommes.* Paris: Gallimard.

Cain, P. A.

1999   *Lesbian and Gay Rights: The Legal Controversies.* New York: Westview.

Calvet, L. – J.

1978   *Les jeux de la société.* Paris: Payot.
1990   *Roland Barthes,* Paris: Flammarion.

Camus, A.

1958   *Discours de Suède, (14 décembre 1957).* Paris: Gallimard.
1961   *Le Mythe de Sisyphe: Essai sur l'Absurde.* Paris: Gallimard.
1962   *Théâtre, Récits, Nouvelles.* présentés par Roger Quilliot avec une préface de Jean Grénier. Paris: Gallimard, Editions Pléiade.

Canguilhem, G.

1943   *Le normal et le pathologie.* Paris: P. U. F.
1952   *Connaissance de la vie.* Paris: Hachette.
1955   *La formation du concept de réflexe aux XVIIe et XVIII siècles.* Paris: P. U. F.
1968   *Études d'histoire et de philosophie des sciences.* Paris: Vrin.
1977   *Idéologie et rationalité dans l'histoire des sciences de la vie.* Paris: Vrin.

Caramello, Ch.

1977   *On Styles of Postmodern Writing.* In M. Benamou and Ch. Caramello, Eds. *Performance in Postmodern Culture.* Madison: University of Wisconsin Press.

Certeau, M. de

1980   *L'invention du quotidian.* I. *Arts de faire.* Paris: Galliamrd.

Chernin, K.

1981   *The Obsession: Reflexions on the Tyranny of Slenderness.* New York: Harper and Row.
1985   *The Hungry Self: Women Eating and Identity.* New York: Harper and Row.

Conche, M.

1964   *Montaigne ou la conscience malheureuse.* Paris: Seghers.

1967   *Lucrèce et l'expérience.* Paris: Seghers.

1973   *Phyrron ou l'apparence.* Villiers-sur-Mer: Mégare.

1973   *La mort etla pensée.* Villiers-sur-Mer: Mégare.

1977   *Epicure: lettres et maximes.* Villiers-sur-Mer: Mégare.

1978   *Octave Hamelin: Sur le De fato.* Villiers-sur-Mer: Mégare.

1980   *Orientation philosophique.* Villiers-sur-Mer: Mégare.

1980   *Temps et destin.* Villiers-sur-Mer: Mégare.

1982   *Le fondement de la morale.* Villiers-sur-Mer: Mégare.

1986   *Héraclite: Fragments.* Paris: P.U.F.

1987   *Montaigne et la philosopphie.* Villiers-sur-Mer: Mégare.

1989   *L'aléatoire.* Villiers-sur-Mer: Mégare.

1991   *Anaximandre.* Paris: P.U.F.

Contat, M./Rybalka, M.

1970   *Les écrits de Sartre.* Paris: Gallimard.

Crane, Diana

1992   *The Production of Culture: Media and the Urban Arts.* New York: Sage Publications, Inc.

Culler, J.

1982   *On Deconstruction: Theory and Criticism after Structuralism.* Ithaca: Cornell University Press.

1988   *Framming the Sign. Criticism and Its Institutions.* Oxford: Blackwell.

Dean, M.

1999   *Gevernmentality: Foucault, Power and Social Structure.* London: Sage.

Deleuze, G.

1952   *Hume, sa vie, son oeuvre.* Paris: P.U.F.

1953   *Empirisme et Subjctivité.* Paris: P.U.F.

1962   *Nietzsche et la philosophie.* Paris: P.U.F.

1963   *La philosophie critique de Kant.* Paris: P.U.F.

1964   *Marcel Proust et les signes.* Paris: P.U.F. ed.augmente, 1970.

1965   *Nietzsche.* Paris: P.U.F.

1966   *Le Bergsonisme.* Paris: P.U.F.

1967   *Présentation de Sacher Masoch.* Paris: Minuit.

1968   *Spinoza et le problème de l'expression.* Paris: Minuit.

1969a   *Logique du sens.* Paris: Minuit.

1969b   *Différence et répétition.* Paris: P.U.F.

1972a   *Capitalisme et schizophrénie.* Tome I: *L'Anti-Œdipe.* avec Félix Guattari. Paris: Minuit.

1972b   *Psychanalyse et Transversalité.* avec Félix Guattari. Paris: Editions de Recherches.

1975   *Kafka: pour une littérature mineure.* avec Félix Guattari. Paris: Minuit.

1976   *Rhizome.* avec Félix Guattari. Paris: Minuit.

1977   *Dialogue.* en collaboration avec Claire Barnet. Paris: Flammarion.

1979[1973] *A quoi reconnait-on le structuralisme?* In François Chatelet, Ed. *La Philosophie au XX siècle.* Paris: Marabout.

1979   *Superpositions.* Paris: Minuit.

1980   *Capitalisme et schinophrénie.* Tome II: *Mille plateaux.* avec Félix Guattari. Paris: Minuit.

1981a   *Francis Bacon: logique de la sensation* 2 vols. Paris: La Difference.

1981b   *Spinoza-philosophie pratique,* Paris: Minuit..

1983   *Cinéma 1: L›image-mouvement.* Paris: Minuit.

        Cinéma 2: L'image-temps. Paris: Minuit.

1986   *Foucault.* Paris: Minuit.

1988a   *Périclés et Verdi. La philosophie de François Châtelet.* Paris: Minuit.

1988b   *Le pli. Leibniz et le baroque.* Paris: Minuit.

1990   *Pourparlers.* Paris: Minuit.

1991   *Qu'est-ce que la philosophie?* Paris: Minuit.

1993   *Critique et clinique.* Paris: Minuit

Derrida, J.

1962   *L'origine de la géometrie de Husserl.* Traduction et Introduction. Paris: Minuit.

1967a   *L'Écriture et la différance.* Paris: Seuil.

1967b   *La voix et le phénomène. Introduction au problème du signe dans la phénoménologie de Husserl.* Paris: P. U. F.

1967c   *De la grammatologie.* Paris: Minuit.

1971   *La mythologie blanche.* In *Poétique,* No. 5, 1971. Paris.

1972a   *La dissémination.* Paris: Seuil.

1972b   *Marges - de la philosophie.* Paris: Minuit.

1972c   *Positions.* Paris: Minuit.

1973   *L'Archeologie du frivole. Lire Condillac.* Paris: Galilée.

1974   *Glas.* Paris: Galilee.

1978a   *Eperons. Les styles de Nietzsche.* Paris: Galilée.

1978b   *La vérité en peinture* Paris: Flammarion.

1980   *La carte postale. De Socrate à Freud et au-delà.* Paris: Flammarion.

1982   *L'Oreille de l'autre. Textes et débats.* Montréal: VLB.

1983a   *D'un ton apocalyptique adopté naguère en philosophie.* Paris: Galilée.

1983b   *Signéponge / Signsponge.* New York: Columbia University Press / Paris: Seuil.

1983c   *Entretiens avec Catherine David. Derrida, Un homme sans soumis.* In "*Le Nouvel Observateur*", No. 983, du 9 septembre au 15 septembre 1983, Paris.

1984   *Otobiographies. L'enseignement de Nietzsche et la politique du nom propre.* Paris: Galilée.

1985   *Lecture de Droit de regards.* Paris: Minuit.

1986a   *Forcener le subjectile. Étude pour les Dessins et Portraits d'Antonin Artaud.* Paris: Gallimard.

1986b   *Memoires - for Paul de Man.* New York: Columbia University Press.

1986c   *Parages.* Paris: Galilée.

1987a   *De l'esprit. Heidegger et la question.* Paris: Galilée.

1987b   *Psyche. Inventions de l'autre.* Paris: Galilée.

1987c   *Ulysse gramophone. Deux mots pour Joyce.* Paris: Galilée.

1987d   *Entretiens avec Derrida, par Didier Cahen.* In "Digraphe", No. 42, decembre 1987 Paris.

| 1988 | *Limited Inc*. Illinois: Northwestern University（Édition française en 1990, Paris: Galilée）. |

1988　　*Limited Inc*. Illinois: Northwestern University（Édition française en 1990, Paris: Galilée）.

1989　　*L'esprit des drogues*. In "*Autrement*", No. 106, 1989, avril, Paris.

1990a　　*Du droit à la philosophie*. Paris: Galilée

1990b　　*Mémoires d'aveugle. L'autoportrait et autres ruines*. Louvre: Réeunion des museées nationaux.

1990c　　*Le probléme de la genèse dans la philosophie de Husserl*. Paris: Preses Universitaires de France.

1990d　　*Heidegger et la question. De l'esprit et autres essais*. Paris: Flammarion.

1991a　　*Choral Work*. London: Architectural Association..

1991b　　*Acts of Literature*. London: Routledge.

1991c　　*Entretiens avec François Wald*. In "*Le Magazine littéraire*", mars. Paris.

1992　　*The Other Heading: Reflections on Today's Europe*. Indiana University Press.

1993　　*Spectres de Marx*. Paris: Galilée.

1994a　　*Aporias*. Standford University Press.

1994b　　*Given Time: I. Counterfiet Money*. University of Chicago Press.

1994c　　*Force de loi*. Paris: Galilée.

1995a　　*Points: Interviews*. Standford University Press.

1995b　　*The Gift of Death*. University of Chicago Press.

1995c　　*On the Name*. Standford University Press.

1995d　　*Mal d'Archive*, Paris: Galilée.

1996　　*Archive Fever: A Freudian Impression*. University of Chicago Press.

1997a　　*Responsabilities of Deconstruction*. University of Chicago Press.

1997b　　*The Politics of Frienship*. University of Chicago Press.

1997c　　*Cosmopolites de tous les pays, encore un effort*, Paris: Galilée.

1997d　　*Adieu à Emmanuel Lévinas*, Paris: Galilée.

1998　　*Le monolinguisme de l'autre: ou la prothèse d'origine*. Paris: Seuil.

1998a　　*Derrida Reader: Writing Performances*. University of Nebraska Press.

1998b　　*Resistances of Psychoanalysis*. Standford University Press.

1998c　　*Rights of Inspection*. Monacelli Press.

1998d　　*Monolingualism of the Other: or The Prosthesis of Origin*. Standford: Stndford University Press.

1998e　　*Demeure, Maurice Blanchot*, Paris: Galilée.

1998f　　*Voiles*, en coll. Avec H. Cixous, Paris: Galilée.

1999a　　*Passions*. Paris: Galilée.

1999b　　*Sauf le nom*. Paris: Galilée.

1999c　　*Donner la mort*. Paris: Galilée.

2000a　　*Le toucher*. Avec Jean-luc Nancy. Paris: Galilée.

2000b　　*Tourner les mots, au bord d'un film*, avec Safaa Fathy, Paris: Galilée.

2000c　　*État d'âme de la psychanalyse: l'impossible au delà d'une souveraine cruauté*. Paris: Galilée.

2001a　　*The Work of Mourning*.

2001b　　*Papier machine: le ruban de machine à écrire et autres réponses*. Paris: Galilée.

2001c　　*De quoi demain...: Dialogue avec Elisabeth Roudinesco*. Paris.

Derrida / Todorov / Kahn,

1970　　*Morphologie du conte*. Paris: Seuil.

Descombes, V.

1979   *Le même et l'autre. Quarante-cinq ans de philosophie française. (1933-1978)*. Paris: Seuil.

Destut de Tracy, A.

1970[1801]*Éléments d'idéologie*. Paris: Payot.

D'Hondt, J.

1968a   *Hegel en son temps*. Paris: Ed. Sociale.

1968b   *Hegel secret*. Paris: P. U. F.

1971   *Hegel et Marx: La politique et le réel*. Poitiers: C.R.D. H. M.

1972   *De Hegel à Marx*. Paris: Vrin.

1974   *Hegel et la pensée grecque*. Paris: P. U. F.

1988   *Les études hégéliennes*. In André Robinet ed., *Doctrines et concepts. Cinquante ans de philosophie de langue française*. Paris: Vrin.

Dirlik, A.

1994   *The Postcolonial Aura: Third World Criticism in the Age of Global Capitalism*. In "*Critical Inquiry*"20 Winter, 1994.

Droit, R.-P.

1994   *Marx pas mort*. In *Le Monde*, 8 juillet 1994.

Durkheim, E.

1897   *Le Suicide*, Paris: Aclan.

1938   *L'Evolution pédagogique en France*. Paris: Alcan.

1968[1912] *The Elementary Forms of the Religious Life*. Trans. By Swain, J. W. New York: Macmillan.

Eco, U. et ali.

1992   *Interpretation and Overinterpretation*. Cambridge: Cambridge University Press.

Elam, D.

1994   *Feminism and Deconstruction: Mise En abyme*. London: Routledge.

Engels, F.

1886   *Ludwig Feuerbach und Der Ausgang der klassischen deutschen Philosophie*.

1985[1884]《家庭、私有制和國家的起源》，於《馬克思恩格斯全集》，第21卷。北京：人民出版社。

Eribon, D.

1991   *Plaidoyer pour le Nouveau Monde*. In "*Le Nouvel Observateur*" 5-11 Septembre.

Feifel, H. et al.

1959   *The Meaning of Death*. New York: McGraw Hill.

Fink, E

1960   *Spiel als Weltsymbol*. Stuttgart: Kohlhammer.

Fiske, J.

1989   *Popular Television and Commercial Culture: Beyond Political Economy*, in G. Burns / R. Thompson, (eds), *Television Studies: Textual Analysis*. New York: Praeger.

Foster, H.

1984   *Postmodern Culture*. London: Pluto.

Foucault, M.

1954   *Maladie mentale et Personnalité*. Paris: P.U.F.

1961a   *Folie et Déraison. Histoire de la folie à l'age classique*. Paris: Plon.

1961b   *L'Anthropologie de Kant* (thèse complémentaire en 2 vol.; t. I: *Introduction*; t. II: *Traduction et Notes*). Paris: Bibliothèque de la Sorbonne.

1962   *Maladie mentale et Psychologie*. Paris: P.U.F.

1963a   *Naissance de la clinique. Une archéologie du regard médical*. Paris: P.U.F.

1963b   *Raymond Roussel*. Paris: Gallimard.

1966   *Les Mots et les Choses. Une archéologie des sciences humaines*. Paris: Gallimard, coll. 'Bibliothèque des sciences humaines'.

1969   *L'Archéologie du savoir*. Paris: Gallimard, coll. 'Bibliothèque des sciences humaines'.

1969a   *Jean Hyppolite. 1907-1968*. In *Revue de métaphysique et de morale*. 74e année, No. 2, avril-juin. Paris.

1970   *'La folie et la société'*, Todia Kyoyogakububo, 20 novembre, repris in Watanabe (M.), *Kokan no Shinwagaku*, Tokyo, Asahi-Suppansha, 1978, pp. 64-76 (résumé de la conférence de M. Foucault à la faculté des arts libéraux de l'université de Tokyo, 7 octobre 1970, établi par M. Watanabe).

1971a   *L'Ordre du discours*. Paris: Gallimard, 'Collection blanche' (Leçon inaugurale au Collège de France, 2 décembre 1970).

1971b   *'Le groupe d'information sur les prisons'*, J'accuse, n°2, 15 février-15 mars, p. 14 (texte signé par J.-M. Domenach, M. Foucault, P. Vidal-Naquet).

1972   *The Archeology of Knowledge*. New York: Pantheon Books.

1972a   *Naissance de la clinique. Une archéologie du regard médical*. Paris: P.U.F.

1972b   *'Les intellectuels et le pouvoir'*, Le Nouvel Observateur, n°391, 8-14 mai, pp. 68-70 (extraits de l'entretien avec Gilles Deleuze, 4 mars 1972).

1973a   *'Présentation'*, in *Moi, Pierre Rivière, ayant égorgé ma mère, ma soeur et mon frère*. Un cas de parricide au XIX siècle. Paris: Gallimard-Julliard, coll.' *Archives*', n°49, pp. 9-15.

1973b   *Ceci n'est pas une pipe*. Montpellier, Fata Morgana (rééd. De l'article des Cahiers du chemin, n°2, 15 janvier 1968, pp. 79-105).

1975   *Surveiller et Punir. Naissance de la prison*. Paris: Gallimard, coll. 'Bibliothèque des histoires'.

1976   *La Volonté de savoir. Histoire de la sexualité*, t. I. Paris: Gallimard, coll. 'Bibliothèque des histoires'.

1980   *'Lettre. L'affaire Suffert'*, Le Nouvel Observateur, n°792, 14-20 janvier, p. 28.

1981   *'L'évolution de la notion d'"individu dangereux" dans la psychiatrie légale'*. Déviance et Société, vol. 5, n°4, pp. 403-422 (communication au Symposium de Toronto,'*Law and Psychiatry*', Clarke Institute of Psychiatry, 24-26 octobre 1977, publiée d'abord dans l'*International Journal of Law and Psychiatry*, vol. I, 1978, pp. 1-18).

1981a   *Est-il donc important de penser?* In *Liberation*. 30 mai 1981.

1982   *Le Désordre des familles. Lettres de cachet des archives de la Bastille* (présenté et édité par M. Foucault et A. Farge) , Paris: Gallimard-Julliard, coll. 'Archives', n°91.

1983   '*Qu'est-ce qu'un auteur?*' *Littoral. Revue de psychanalyse,* n°9: *La Discursivité,* juin, pp. 3-32 (rééd. de la communication à la Société française de philosophie du 22 février 1969 publiée dans le *Bulletin de la société française de philosophie,* 63 année, n°3, juillet-septembre 1969, pp. 73-104) .

1984a   *Histoire de la sexualité,* t. II: *L'Usage des plaisirs.* Paris: Gallimard, coll. 'Bibliothèque des histoires'.

1984b   *Histoire de la sexualité,* t. III: *Le Souci de soi.* Paris: Gallimard, coll. 'Bibliothèque des histoires'.

1984c   '*Le sexe comme une morale*', *Le Nouvel Observateur,* n°1021, 1-7 juin, pp. 86-90 (entretien avec H. Dreyfus et P. Rabinow, université de Berkeley, avril 1983; version abrégée de '*On the Genealogy of Ethics: An Overview of Work in Progress*', trad. J. Hess) .

1986   *La Pensée du dehors,* Montpellier, Fata Morgana (rééd. de l'article de *Critique,* n°229, juin 1966, pp. 523-546) .

1988   '*Herméneutique du sujet*', *Concordia. Revue internationale de philosophie,* n°12, pp. 44-68 (extraits du cours du Collège de France, année 1981-1982, '*L'herménertique du sujet*', cours des 6, 13, 27 janvier,3,10,17,24 février et du 10 mars 1982) .

1989   '*La gouvernementalité*', *Le Magazine littéraire,* n°269, septembre, pp. 97-103 (extrait du cours du Collège de France, année 1977-1978: '*Sécurité, territoire, population*', cours du 1 février 1978) .

1990   '*Qu'est-ce que la critique? Critique et Aufklärung*', *Bulletin de la Société française de philosophie,* 84 année, n°2, avril-juin, pp. 35-63 (communication à la Société française de philosophie, séance du 27 mai 1978) .

1994   *Dits et écrits.* Vol. I-IV. Paris: Gallimard.

1997   *Il faut défendre la société. Cours au Collège de France, 1976.* Paris: Gallimard.

2001   *Herméneutique du sujet, Cours au Collège de France, 1981-1982.* Paris: Galliamrd.

2001   *Les Anormaux. Cours au Collège de France, 1974-1975.* Paris: Gallimard.

2003   *Le pouvoir psychiatrique. Cours au Collège de France.* Paris: Gallimard.

Fraisse, G.

1987   *Droit naturel et question de l'origine dans la pensée féministe au XIX siècle.* In *Stratégies des femmes.* Paris: Tierce.

1994   *Reason's Muse: Sexual Diffenrence and the Birth of Democracy.* Chicago: University of Chicago Press.

Furet, F.

1993   *Marx après le marxisme.* In *Magazine littéraire,* N. 324, Sept. 1994. pp.43-46.

Gadamer, H. – G.

1986 (1960) *Wahrehit und Methode. Grundzüge einer philosophischen Hermeneutik.* Tübingen: J. C. B. Mohr (Paul Siebeck) .

Gardel, N. P.

1995   *At Century's End. Great Minds Reflect On Our Times.* Los Angeles, CA.: New Perspectives Quarterly.

Gasquet,

1980   *Conversations avec Cézanne.* Paris.

Georgin, R.

1983   *De Lévi-Strauss à Lacan.* Paris: Cistre.

Giddens, A.

1979   *Central Problems in Social Theory.* Berkeley: University of California Press.

1984   *The Constitution of Society: Outline of the Theory of Structure.* Berkeley: University of California Press.

1985   *Contemporary Critique of Historical Materialism.* Vol. II. *The Nation State and Violence.* Berkeley: University of California Press.

Gilson, E.

1951   *Les recherches historico-critique et l'avenir de la scholastique.* In *Scholastica ratione historico-critica insatuanda.* Rome.

1952   *Les métamorphoses de la cité de Dieu.* Louvain.

Girard, R.

1961   *Mensonge romantique et vérité romanesque.* Paris: Grasset.

1972   *La violence et le sacré.* Paris: Grasset.

1976   *Critique dans un souterrain.* Paris: Grasset.

1977   *Des choses cachées depuis la formation du monde.* Paris: Grasset.

1982   *Le bouc émissaire.* Paris: Grasset.

Glucksmann, A.

1975   *La cuisinnière et le mangeur d'hommes: essai sur les rapports entre l'état, le marxisme et les camps de concentration.* Paris: Seuil.

Godelier, M.

1966-1971 *Rationalité et irrationalité en économie.* 2 vols. Paris: Maspero.

1970   *Sur les sociétés précapitalistes.* Paris: Editions sociales.

1973   *Horizon, trajets marxistes en anthropologie.* Paris: Maspero.

1974   *Un domaine contesté, l'anthropologie économique.* La Haye: Mouton.

1982   *La production des grands hommes.* Paris: Fayard.

1984   *L'idéel et le matériel.* Paris: Fayard.

1989   *Sexualité, parenté et pouvoir.* In *La Reserche,* No. spécial sur la sexualité, 20 (213) . pp. 1141-1155.

1996a   *Meurtre du Père, sacrifice de la sexualité. Approches anthropologiques et psychanalytiques.* In *Les cahiers d'Arcanes.*

1996b   *L'énigme du don.* Paris: Fayard.

Goffman, E.

1959   *The Presentation of Self in Everyday Life.* New York: Anchor.

Goldmann, L.

1952   *Sciences humaines et philosophie.* Paris: PUF.

1970a   *Structures mentales et création culturelle*. Paris: Anthropos.

1970b   *Marxisme et sciences humaines*. Paris: Gallimard.

1971a   *Situation de la critique racinienne*. Paris: L'Arche.

1971b   *La création culturelle dans la société moderne*. Paris: Gonthier-Denoël.

Gordon, F. and Cross, M.

1996   *Early French Feminisms, 1830-1940*. Cheltenham: Edward Elgar.

Graef, O. de.

1992   *Serenity in Crisis: A Preface to Paul de Man, 1939-1960*, Louvain: University of Louvain.

Greimas, A. J.

1966   *Sémantique structurale*. Paris: Larousse.

1970   *Du sens*. Paris: Seuil.

1976a   *Sémiotique et sciences sociales*. Paris: Seuil.

1976b   *Maupassant. La sémiotique du texte: Exercices pratiques*. Paris: Seuil.

1978   *Sémiotique. Dictionnaire raisonné de la théorie du Language*. Paris: Hachette.

1983   *Du sens II.* Paris: Seuil.

1985   *Des dieux et des hommes*. Paris: PUF.

1986   *De l'imperfection*. Périgueux: Fanlac.

Habermas, J.

1973   *Legitimationsprobleme im Spätkapitalismus*. Frankfurt am Main: Suhrkamp.

1974[1968] *Technik und Wissenschaft als 'Ideologie'*. Frankfurt am Main: Suhrkamp.

1988[1963] *Theorie und Praxis*. Frankfurt am Main: Suhrkamp.

1990[1962] *Strukturwandel der Öffentlichkeit*. Frankfurt am Main: Suhrkamp.

1991[1968] *Erkenntnis und Interesse*. Frankfurt am Main: Suhrkamp.

Hartman, G. H.

1980   *Criticism in the Wilderness*, New Haven: Yale University Press.

Hegel,

1833   *Vorlesungen der Geschichte der Philosophie*. Band, I.. Berlin.

Heidegger, M.

1957   *Identität und Differenz*. Tübingen: Max Neimeyer Verlag.

1960   *Der Ursprung des Kunstwerks*. Stuttgart: Reclam.

1986[1927] *Sein und Zeit*, Tübingen: Max Neimeyer Verlag.

1989   *Die Metaphysik und der Ursprung des Kunstwerks*. In *Gesamtausgabe*. Bd. 65, Frankfurt am Main: Klostermann.

Henriot, J.

1969   *Le jeu*. Paris: P.U.F.

Henry, Michel

1963   *L'Essence de la manifestation*, PUF, collection «Epiméthée» (réédition 1990).

1965   *Philosophie et Phénoménologie du corps*, PUF, collection «Epiméthée» (réédition 1987).

1985   *Généalogie de la psychanalyse. Le commencement perdu*, PUF, collection «Epiméthée».

1990   *Phénoménologie matérielle*, PUF, collection «Epiméthée».

1990   *Du communisme au capitalisme. Théorie d'une catastrophe*, Odile Jacob (réédition Éditions l'Âge d'Homme, 2008).

Marx :

1991[1976] *I. Une philosophie de la réalité*, Gallimard.

1991[1976] *II. Une philosophie de l'économie*, Gallimard.

1996   *C'est moi la Vérité. Pour une philosophie du christianisme*, Éditions du Seuil.

1996   *Vie et révélation*, Publications de la Faculté des Lettres et des Sciences humaines de l'Université Saint-Joseph, Beyrouth.

2000   *Incarnation. Une philosophie de la chair*, Éditions du Seuil.

2001[1987] *La Barbarie*, Paris, P.U.F.

2002   *Paroles du Christ*, Éditions du Seuil.

2002   *Auto-donation. Entretiens et conférences*, Éditions Prétentaine, réédition Beauchesne, 2004.

2003   *Le bonheur de Spinoza*, PUF, collection «Epiméthée».

2005   *Entretiens*, Éditions Sulliver.

2008   *Le socialisme selon Marx*, Éditions Sulliver.

2010[1988] *Voir l'invisible, sur Kandinsky*, Paris, P.U.F.

2010   *Pour une phénoménologie de la vie* - entretien avec Olivier Salazar-Ferrer, suivi de *Perspectives sur la phénoménologie matérielle par Grégori Jean & Jean Leclercq*, Éditions de Corlevour.

Phénoménologie de la vie:

2003   *Tome I. De la phénoménologie*, PUF, collection «Epiméthée».

2003   *Tome II. De la subjectivité*, PUF, collection «Epiméthée».

2003   *Tome III. De l'art et du politique*, PUF, collection «Epiméthée».

2004   *Tome IV. Sur l'éthique et la religion*, PUF, collection «Epiméthée».

2015   *Tome V*, PUF, collection "Epiméthée".

Hirsch, P. M.

1980   *Television and Consumer Aesthetics*. In E. C. Hirschman & M. B. Holbrook, Eds. *Symbolic Consumer Behavior*. Ann Arbor, MI. : Association for Consumer Research.

Horkheimer, M. / Adorno, Th. W.

1972   *Dialectic of Enlightenment*. New York: The Continuum Publishing Company.

Horton, R. and Finnegan, R. eds.

1973   *Modes of Thought*. London: Faber & Faber.

Huizinga, J.

1938   *Homo ludens*. Amsterdam: Haarlem

Hunter, J. F. M.

1980   *Wittgenstein on Language Games*. In *Philosophy*. 55, 213: 293-302.

Husserl, E.

1929   *Einleitung in die tranzendentale Phanomenologie. Die Pariser Vortrage.* In *Cartesianische Meditationen.* In *Husserliana. Edmund Husserl Gesammelte Werke.* Bd. I. La Haye: Martin Nijhoff.

1954[1935-1936] *Husserliana. Edmund Husserl Gesammelte Werke. Bd. VI: Die Krisis der Europaeinischen Wissenschaften und die Transzendentale Phaenomenologie.* La Haye: Martin Nijhoff.

Hyppolite, J.

1971   *Figures de la pensée philosophique.* 2 vols. Paris: P.U.F.

Irigaray, L.

1973   *Le langage des déments.* La Haye: Mouton.

1974   *Speculum de l'autre femme.* Paris: Minuit.

1977   *Ce sexe qui n'en est pas un.* Paris: Minuit.

1979   *Et l'un ne bouge pas sans l'autre.* Paris: Minuit.

1980   *Amante marine. De Friedrich Nietzsche.* Paris: Minuit.

1981   *Le corps à corps avec la mère.* Montreal: La Pleine Lune.

1982   *Passions élémentaires.* Paris: Minuit.

1983a   *L'oubli de l'air. Chez Martin Heidegger.* Paris: Minuit.

1983b   *La croyance même.* Paris: Galilée.

1984   *L'éthique de la différence sexuelle.* Paris: Minuit.

1985a   *Parler n'est pas jamais neutre.* Paris: Minuit.

1985b   *This Sex Which Is Not One.* Ithaca: Cornell University Press.

1984-1986 *Langage, Persephone and Sacrifice.* Interview with Luce Irigaray, conducted and translated by Heather Jon Maroney. In *Borderlines,* 4, winter: 30-32.

1987a   *Sexes et parentés.* Paris: Minuit.

1987b   *Le sexe linguistique.* In *Language* No. 89. Paris: Larousse.

1989   *Le temps de la différence.* Paris: Le Livre de Poche.

1990a   *Je, tu, nous.* Paris: Grasset.

1990b   *Sexes et genres à travers les langues.* Paris: Grasset.

1992   *J'aime à toi.* Paris: Grasset.

Iser, W.

1972   *Der implizite Leser, Kommunikationsformen des Romans von Bunyan bis Beckett.* München: W. Fink Verlag.

1974   *Die Appellstruktur der Texte: Unbestimmheit als Wirkungsbedingung literarischer Prosa.* Constance: W. Fink Verlag.

1976   *Der Akt des Lesens,* München: W. Fink Verlag.

Jakobson, R., Fant, C. G. M. and M. Halle.

1952   *Preliminaries to Speech Analysis.* Cambridge (Mass.) : MIT.

Jakobson, R. and M. Halle

1956   *Fundamentals of Language.* Le Haye: Mouton.

Jameson, F.

1981   *The Political Unconscious: Narrative as a Socially Symbolic Act.*

London: Methuen.

1988   'The Politics of Theory: Ideological Positions in the Postmodernism debate', in *The Ideologies of Theory: Essays 1971-1986*, Vol. 2, London: Routledge.

1991[1984] *Postmodernism, or, the Cultural Logic of Late Capitalism*. In *New Left Review*, No. 146. Duham: Duke University Press.

1993   *On 'The Cultural Studies'*, in "*Social Text*", No. 34, Duke University Press.

Jauss, H. R.

1955   *Zeit und Erinerung in Prouss "À la recherche du temps perdu"*, Heidelberg.

1964   *Ästhetische Normen und geschichtliche Reflexion in der querelle des Anciens et des Modernes*, Munchen.

1970   *Literaturgeschichte als Provokation*. Frankfurt am Main.

1977   *Ästhetische Erfahrung und literarische Hermeneutik*, München.

Johnson, P. / Wrigley, M.

1988   *Deconstructivist Architecture*, New York: The Museum of Modern Art.

Kant, I.

1781   *Kritik der reinen Vernunft*. Riga: Hartknoch.

1784   "*Was ist Aufklärung?*", Königberg.

1949   *Critique of Judgment*. In *The Philosophy of Kant*. ed. by Carl J. Friedrich. New York: Modern Library.

Klossowski, P.

1969   *Nietzsche et le cercle vicieux*. Paris: Mercure de France.

Kojève, A. K.

1946   *Interprétation de Hegel*. In *Critique*, 1946, No. 2-3. Paris.

1947   *Introduction à la lecture de Hegel*. Paris: Gallimard.

Koyré, A.

1961   *Études d'histoire de la pénsée philosophique*. Paris: Armand Colin.

Krieger, M.

1956   *The New Apologist for Poetry*, Minneapolis: University of Minneapolis Press.

Kristeva, J.

1969   *Semeiotikè. Recherche pour une sémanalyse*, Paris: Seuil.

1970   *Le texte du roman. Approche sémiologique d'une structure discoursive transformatiomelle*, La Hayde: Mouton.

1974a   *La révolution du langage poétique. L'Avant-Garde à la fin du XIX siècle. Lautréamont et Malalrmé*. Paris: Seuil.

1974b   *Des Chinoises*. Paris: Editions des Femmes.

1975	*La traversée des signes*. Paris: Seuil.
1977	*Polylogue*, Paris: Seuil.
1979	*Folle vérité*. Pris: Seuil.
1980	*Pouvoirs de l'horreur: Essai sur l'abjections*. Paris: Seuil.
1984	*Histoire d'amour*. Paris: Denoël.
1985	*Au commencement était l'amour. Psychanalyse et foi*. Paris: Hachette.

Labica, G.

1987   *Études marxistes*. In André Robinet, Ed. Doctrines et Concepts. Cinquante ans de philosophie de longue française. Paris: Vrin.

1994   *Politique et religion*. Avec Robelin. Paris: Harmatan.

2002   *Préface* de «L'impérialisme: le dernier stade du capitalisme» de Lénine. Paris: Cérise.

2003   *Révolution et démocratie*. Paris: Cérise

Lacan, J.

1926   *Fixité du regard avec hypertonie, prédominant dans le sens vertical avec conservation des mouvements automatico-réflexes; aspect spécial du syndrome pseudo-bulbaires*. Avec Th. Alajouanine et P. Delafontaine. In *Revue neurologique*, II, 1926, pp. 410-418.

1928a   *Abasie chez une traumatisée de guerre*. Avec M. Trénel. In *Revue neurologique*. II, 1928, pp. 233-237.

1928b   *Roman policier. Du délire type hallcinatoire chronique au délire d'imagination*. Avec J. Lévy-Valensi et M. Meignant. *Revue neurologique*, I. 1928, pp. 738-739.

1929a   *Syndrome comitio-parkinsonien encéphalitique*. Avec L. Marchand et A. Courtois, *Revue neurologique*, 1, 1928, p. 128.

1929b   *Paralysie générale avec syndrome d'automatisme mental*. Avec G. Heuyer, *L'Encéphale*, 9, 1929, pp. 802-803.

1929c   *Paralyse générale prolongée*. Avec R. Torgowla, *L'Encéphale*, 1, 1930, pp. 83-85.

1930a   *Psychose hallucinatoire encéphalelitique*, Avec A. Courtois, *Annales médico-psychologique*, 1, 1930, pp. 284-285.

1930b   *Troubles mentaux homodromes chez deux frères hérédosyphilitiques*, *L'Encéphale*, 1, 1931, pp. 151-154.

1930c   *Crises toniques combinées de protusion de la langue et du trismus se produisant pendant le sommeil chez une parkinsonienne post-encéphalitique. Amputation de la langue consécutive*. *L'Encéphale*, 2, 1931, pp. 145-146.

1931a   *Structures des psychoses paranoïaques. Semaine des hôpitaux de Paris*. 7, 7, 1931, pp. 437-445.

1931b   *Folie simultanées*. Avec H. Claude et P. Migault, *Annales médico-psychologiques*, 1, 1931, pp. 483-490.

1931c   *Ecrits inspirés: schizographie. Annales médico-psychlogiques*, II, 1931, pp. 508-522.

1936   *Le stade du miroir. Théorie d'un moment structural et génétique de la constitution de la réalité, conçu en relation avec l'expérienceet la doctrine psychanalytique*. Communication au congrès psychanalytique unternational, Marienbad, 2/8, 8,1936. Index du titre de la communication: 'The looking-glass-phase', dans *International Journal of Psychoanalysis*, 1, 1937, p. 78.

1961-1962 *Le Séminaire, livre IX: L'identification*. Inédit.

1962-1963 *Le Séminaire, livre X: L'angoise*. Inédit.

1964-1965 *Le Séminaire, livre XII: Les problèmes cruciaux pour la psychoanalyse.* Inédit.

1965-1966 *Le Séminaire, livre XIII: L'obet de la psychoanalyse.* Inédit.

1966 *Ecrits I.* Paris: Seuil.

1966-1967 *Le Séminaire, livre XIV: La logique du fantasme.* Inédit.

1967-1968 *Le Séminaire, livre XV: L'acte psychoanalyse.* Inédit.

1968-1969 *Le Séminaire, livre XVI: D'un Autre à l'Autre.* Inédit.

1970-1971 *Le Séminaire, livre XVIII: Un discours qui ne serait pas du semblant.* Inédit.

1971 *Ecrits II.* Paris: Seuil.

1971-1972 *Le Séminaire, livre XIX: Sur ... ou pire.* Inédit.

1973[1964] *Le Séminaire, livre XI: Les quatre concepts fondamentaux de la psychanalyse.* Texte établi par Jacques-Alain Miller. Paris: Seuil.

1973-1974 *Le Séminaire, livre XXI: Les non-dupes errant.* Inédit.

1974 *Television.* Paris: Seuil.

1974-1975 *Le Séminaire, livre XXII: RSI.* Paris: Ornicar 2-5.

1975[1932] *De la psychose paranoïaque dans ses rapports avec la personnalité.* Texte établi par Jacques-Alain Miller. Paris: Seuil.

1975[1953-1954] *Le Séminaire, livre I: Les écrits technique de Freud.* Paris: Seuil.

1975[1972-1973] *Le Séminaire, livre XX: Encore.* Paris: Seuil.

1976-1977[1975-1976] *Le Séminaire, livre XXIII: Le sinthome.* Paris: Ornicar 6-11.

1978[1954-1955] *Le Séminaire, livre II: sur le Moi.* Texte établi par Jacques-Alain Miller. Paris: Seuil.

1978-1979[1976-1977] *Le Séminaire, livre XXIV: L'insu que sait de l'une-bévue s'aile à mourre.* Paris: Ornicar 12/13-17/18.

1978-1979 *Le Séminaire, livre XXVI: La topologie et le temps.* Inédit.

1979[1977-1978] *Le Séminaire, livre XXV: le moment de conclure.* Paris: Ornicar 19.

1980 *Le Séminaire, livre XXVII: Dissolution.* Paris: Ornicar 20/21.

1981[1955-1956] *Le Séminaire, livre III: sur les psychoses.* Texte établi par Jacques-Alain Miller. Paris: Seuil.

1981-1983[1958-1959] *Le Séminaire, livre VI: Le désir et son interprétation.* Inédit.

1984 *Les complèxes familiaux.* Paris: Navarin.

1986[1959-1960] *Le Séminaire, livre VII: L'éthique de la psychanalyse.* Texte établi par Jacques-Alain Miller. Paris: Seuil.

1991[1960-1961] *Le Séminaire, livre VIII: Le transfert.* Texte établi par Jacques-Alain Miller. Paris: Seuil.

1991[1969-1970] *Le Séminaire, livre XVII: L'envers de la psychanalyse.* Texte établi par Jacques-Alain Miller. Paris: Seuil.

1994[1956-1957] *Le Séminaire, livre IV: La relation d'objet et les structures freudiennes.* Paris: Seuil.

1998[1957-1958] *Le Séminaire, livre V: Les formations de l'inconscient.* Paris: Seuil.

Lazarus, S.

1993 *Politique et philosophie dans l'œuvre de Louis Althusser.* Paris: P.U.F.

Le Doeuff, M.

1989 *L'Étude et le le rouet.* Paris: Seuil.

Lefebvre, H.

1947 *Critique de la vie quotidienne. I.* Paris: Grasset.

1971   *Everyday Life in the Modern World*. London: Allen Lane.

Levinas, E.

1947   *De l'existence à l'existant*. Paris: Éditions de la revue "Fontaine".

1949   *En découvrant l'existence avec Husserl et Heidegger*. Paris: Vrin.

1961   *Totalité et Infini. Essais sur l'extériorité*. La Hye: Nijhoff.

1963   *Difficile liberté. Essai sur le judaïsme*. Paris: Albin Michel.

1968   *Quatre Lectures talmudiques*. Paris: Minuit.

1972   *Humanisme de l'autre homme*. Montpellier: Fata Morgana.

1974   *Autrement qu'être, ou au delà de l'essence*. La haye: Nijhoff.

1975a   *Noms propres*. Montpellier: Fata Morgana.

1975b   *Sur Maurice Blanchot*. Montpellier: Fata Morgana.

1977   *Du sacré au Saint. Cinq Lectures Talmudiques*. Paris: Minuit.

1979[1947] *Le temps et l'autre*. Montpellier: Fata Morgana.

1982a   *Au-delà du verset. Lectures et discours talmudiques*. Paris: Minuit.

1982b   *De Dieu qui vient à l'idée*. Paris: Vrin.

1982c   *Éthique et Infini*. Paris: Fayard.

1982[1935] *De l'évasion*. Montpellier: Fata Morgana.

1984   *Transcendance et Intelligibilité*. Genève: labor et Fides.

1987   *Hors sujet*. Paris: Graasset.

1991   *La mort et le temps*. In "*L'Herne*", No.60.

1991a   *Entre nous. Essais sur le penser-à-l'autre*. Paris: Grasset.

Lévi-Strauss, C.

1948   *La vie familiale et sociale des indiens nambikwara*. Paris: Société des Américanistes.

1949   *Les structures élémentaires de la parenté*. Paris : Plon.

1955   *Tristes tropiques*. Paris: Plon.

1962a   *La pensée sauvage*. Paris: Plon.

1962b   *Le totémisme aujourd'hui*. Paris: Presses Universitaires de France.

1964   *Mythologiques I. Le cru et le cuit*. Paris: Plon.

1966   *Mythologiques II. Du miel aux cendres*. Paris: Plon.

1968   *Mythologiques III. L'origine des manières de table*. Paris: Plon.

1971   *Mythologiques IV. L'homme nu*. Paris: Plon.

1975   *La voie des masques*. Paris: Plon.

1977[1958] *Structural Anthropology, Vol. I*. trans. from "*Anthropologie structurale I*." by Jacobson C. & Schoepf B. G. New York: Penguin.

1978[1973] *Structural Anthropology, Vol. II*. trans. from "*Anthropologie structurale II*." by Layton M. New York: Penguin.

1983   *Le regard eloigné*. Paris: Plon.

1984   *Paroles données*. Paris: Plon.

1985   *La potière jalouse*. Paris: Plon.

1989   *Des symboles et leurs doubles*. Paris: Plon.

1991   *Histoire de lynx*. Paris: Plon.

1993   *Regarder, écouter, lire*. Paris: Plon.

Lévi-Strauss, C. / Eribon, D.

1988   *De près et de loin, entretiens avec. D. Eribon.* Paris: Odile Jacob.

Lévy, Bernard-Henri

2000   *Le siècle de Sartre.* Paris : Le livre de poche.

Lukacs, G.

1923   *Geshcichte und Klassenbewusstsein. Studien über marxistische Dialektik.* Berlin.

Lukes, S.

1974   *Power: A Radical View*, London: Macmillan.

1979   *On the Relativity of Power.* In *Philosophical Disputes in the Social Sciences.* S. Brown Ed. Sussex: The Harvester Press.

Lyotard, J.-F.

1954   *La phénoménologie.* Paris: P.U.F.

1956   *Note sur le Marxisme.* In *Tableau de la philosophie contemporaine.* Fischaber, Ed. Paris: Vrin.

1956-1963   "*Etudes sur la question algérienne*", In *Socialisme ou barbarie.* n°18, 21, 24, 25, 33, 34.

1971   *Discours, figure.* Paris: Klincksieck.

1973a   *Dérive à partir de Marx et Freud.* Paris: U.G.E.

1973b   *Des dispositifs pulsionnels.* Paris: U.G.E.

1974   *Economie libidinale.* Paris: Minuit.

1977a   *Les transformateurs Duchamp.* Paris: Galilée.

1977b   *Instructions païennes.* Paris: Galilée.

1977c   *Récits tremblants* (avec J. Monory) . Paris: Galilée.

1979a   *La condition postmoderne.* Paris: Minuit.

1979b   *Au juste* (avec J.-L. Thébaud) . Paris: Bourgois.

1979c   *Le mur du Pacifique.* Paris: Galilée.

1980   *La constitution du temps par la couleur dans les œuvres récentes d'Albert Ayme.* Paris: Traversière.

1983a   *Essai sur le secret dans l'œuvre de Baruchello.* Feltrinelli.

1983b   *Le différend.* Paris: Minuit.

1984a   *The Postmodern Condition: A Report on Knowledge.* Manchester: Manchester University Press.

1984b   *Tombeau de l'intellectuel et autres papiers.* Paris: Galilée.

1985   *Retour au Postmoderne.* In "*Magazine Littéraire.*" Numéro 225, Décembre 1985, p.43. Paris.

1986a   *Essay on Sartre.* Minneapolis: University of Minnesota Press.

1986b   *Le postmoderne expliqué aux enfants.* Paris: Galilée.

1986c   *L'enthousiasme. La critique kantienne et l'histoire.* Paris: Galilée.

1987   *Que? peindre?* Paris: La Différence.

1988a.   *L'Inhumain. Causeries sur le temps.* Paris: Galilée.

1988b   *Le postmoderne expliqué aux enfants.* Paris: Le livre de poche.

1988c   *Heidegger et les "juifs".* Paris: Galilée.

1988d   *Peregrinations: Law, Form, Event.* New York: Columbia University Press.

1989a   *La guerre des Algériens. Ecrits 1956-1963.* Paris: Galilée.

1989b   *Por qué filosofar? Cuatro conferencias* (*1964*) . Barcelone: Ediciones Paidos.

1991   *Leçons sur l'Analytique du sublime*. Paris: Galilée.

MacIntyre, A.

1984[1981] *After Virtue: A Study in Moral Theory*. London: Duckworth.

Mackinsey, J. C. C.

1952   *Theory of Games*. New York.

Maggiori, R.

1988   *La pensée mise en plis*. In *Libération*, 22 septembre 1988, Paris.

Magnard, P.

1987   *La philosophie moderne: un nouveau art du commentaire*. In *Doctrines et concepts: Cinquante ans de philosophie de langue française*. Paris: Vrin.

Maldiney, H.

1982   *La note sur le point gris*. In *Théorie de l'art moderne*. Paris: Gonthier.

Manoni, M.

1967   *L'Enfant, sa 'maladie' et les autres*. Paris: Seuil.

Man, Paul de.

1971   *Blindness and Insight*, New York: Oxford University Press.

1982   *Sign and Symbol in Hegel's Aesthetics*, in "*Critical Inquiry*", No. 8.

1983   *Replay to Raymond Geuss*, in "*Critical Inquiry*", No. 10.

1986   *The Resistance to Theory*, Minneapolis: University of Minnesota Press.

1989a   *Allégories de la lecture*, Paris: Galilée.

1989b   *Critical Writings 1953-1978*, Minneapolis: University of Minnesota Press.

Marion, Jean-Luc

1975   *Sur l'ontologie grise de Descartes*. Paris: Vrin.

1977   *L'idole et la distance*. Paris: Grasset.

1980   *Réduction et donation. Recherches sur Husserl, Heidegger et phénoménologie*. Paris: PUF.

1981   *Sur la théologie blanche de Descartes*. Paris: PUF.

1982   *Dieu sans l'être*. Paris: Fayard.

1984   *Phénoménologie et métaphysique*. Ed. with G. Planty-Bonjour. Paris: P.U.F.

1986a   *Sur le prisme métaphysique de Descartes*. Paris: PUF.

1986b   Prolegomena a la charite. Paris : La Difference.

1991a   La croisee du visible. Paris : La Difference.

1991b   *Questions cartésiennes: Méthode et métaphysique*. Paris: P.U.F.

1996   *Questions cartésiennes II. L'ego et Dieu*. Paris: P.U.F.

1997   *Etant donnée*. Paris: P.U.F.

2000a   *Études sur Lévinas et la phénoménologie: Positivité et transcendance*. Paris: P.U.F.

2000b   *De Surcroit*. Paris: P.U.F.

2003a   *Le phénomène érotique*. Paris : P.U.F.

2003b   *La raison du don*. Paris : Minuit.

Maritain, J.

1953   *L'homme et l'État*. Paris: PUF.

1987   *Oeuvres complètes*. 7 vols. Paris/Frieburg.

Marx, K.

1848   *Manifesto der kommunistischen Partei*. 《共產黨宣言》。《馬克思恩格斯全集》中文版第四卷。北京：人民出版社。

1857   *Kritik der politischen Õkonomie. Einleitung*. 《政治經濟學批判》導言。《馬克思恩格斯全集》中文版第十二卷。北京：人民出版社。

1873[1967] *Das Kapital. Kritik der politischen Õkonomie*. Erster Band. Hamburg.

Maspero.

1973   *Les Alliances de classes*. Paris: Maspero.

1975   *L'ésclavage lignager chez les Tsanngui, Les Punu et Les Kuni du Congo-Brazzaville*. In L'ésclavage en Afrique précoloniale. ed. by Meillassoux, Paris: Maspero.

Mauss, M.

1925   Repris in *Sociologie et anthropologie*. Paris: P.U.F.

1950[1925] *Essay sur le don*. In *L'année sociologique*. Nouvelle série I.

Meillassoux, C.

1960   *Essai d'interprétationn du phénnomène économique dans les sociétés traditionnelles d'autosubsistance*. In *Cahier d'Ethnologie africaine*, 4, pp. 38-67. Paris.

1961   *L'Afrique recolonisée*. Avec Munzer, T. /Laplace, E. Paris: E.D.I.

1962   *Social and Economic Factors Affecting Markets in Guroland*.In *Markets in Africa*. eds. by P. Bohannan and G. Dalton. Boston: Northwestern University Press.

1964   *Anthropologie économique des Gouro de Côte-d'Ivoire*. Paris: Mouton.

1971   *L'Evolution du commerce africain depuis le XIX siècle en Afrique de l'Ouest* (*Introduction*) . London: Oxford University Press.

Meillet, A.

1903   *Introduction à l'étude comparative des langues indo-européennes*. Paris.

1908   *Les dialects indo-européens*. Paris.

1925   *La méthode comparative en linguistique historique*. Paris / Oslo.

Merleau-Ponty, M.

1945   *Phénoménologie de la perception*. Paris: Gallimard.

1948   *Sens et non-sens*. Paris: Nagel.

1950   *Humanisme et terreur*. Paris: Gallimard.

1953   *Eloge de la philosophie*. Paris: Gallimard.

1955   *Les aventures de la dialectique*. Paris: Gallimard.

1959   *Le philosophe et son ombre*. In *Edmund Husserl 1859-1959. Receuil commémoratif publié à l'occasion du Centenaire de la naissance de Husserl*. La Haye.

1960 (1942) *La structure du comportement*. Paris: P. U. F.

1964   *L'Œil et l'esprit*. Paris: Gallimard.

1968   *Résumés de cours. Collège de France 1952-1960*. Paris: Gallimard.

Miller, J. H.

1982   *Fiction and Repetion*, Cambridge: Harvard University Press.

1987   *The Ethics of Reading*, New York: Columbia University Press.

1991   *Theory Now and Then*, London: Harvester – Wheatsheaf.

Millet, K.

1971   *Sexual Politics*. London: Viargo.

Montbrial, Thierry de

2001   *L'Informatique et la pensée*. In *Bulletin de la société française de philosophie*, 95 année, No.2, Avril-Juin 2001, Paris

Morin, E.

1970   *L'Homme et la mort devant l'histoire*, Paris, Editions du Seuil.

1977   *La méthode I. La nature de la nature*. Paris: Seuil.

1980   *La méthode II. La vie e la vie*. Paris: Seuil.

1982   *Science avec conscience*. Paris : Fayard.

1984   *Sociologie*. Paris : Fayard.

1986   *La méthode III. La connaissance de la connaissance*. Paris: Seuil.

1990   *Introduction à la pensee complèxe*. Paris: ESF.

1991   *La méthode IV. Les idées. les habitat, leur vie, leurs moeurs, leur organisation*. Paris: Seuil.

1994   *La complexité humaine*. Paris: Flammarion.

1995   *Une année Sisyphe. Journal de la fin du siècle*. Paris: Seuil.

1997   *Politique et civilisation*. En collaboration avec Sami Nair. Paris: Arléa.

2000   *L'intelligence de la complexité*. En collaboration avec Jean-Louis Le Moigne. Paris: L'Harmatan.

2001   *La méthode V. L'humanité de l'humanité*. Paris: Seuil.

Mounin, G.

1968   *Saussure*. Paris: Segher.

Nabert, J.

1962 (1943) *Éléments pour une Éthique*. Préface par Ricoeur. Paris: Aubier.

1966   *Le desire de Dieu*. Préface de Paul Ricoeur et avertissement de Paule Levert. Paris.

Needham, R.

1972   *Belief, Language and Experience*. Oxford: Blackwell.

Neuman, J. von et al.

1953   *Theory of Games and Economic Behavior*. Princeton.

Nietzsche, F.

1966[1886] *Beyond Good and Evil.* Trans. Walter Kaufmann, New York: Vintage Books.

1969[1883] *Thus Spoke Zarathustra.* Trans. R. Hollingdale, Harmondsworth: Penguin Books.

1977[1888-1889] *Fragments posthumes*. In *Oevres philosophiques complètes*, Edition di G. Coli et M.

Montinari, Vol. XIV. Paris: Gallimard.

Norris, Ch.

1988   *Paul de Man, Deconstruction and Critique of Aesthetics Ideology*, London: Routledge.

Orbach, S.

1986   *HungerStrike: The Anorectic's Struggle as a Metaphor for Our Age*. New York: W. W. Norton.

Panofsky, E.

1957[1951] *Gothic Architecture and Scholasticism*. New York.

Parfit, D.

1986   *Reasons and Persons*. Oxford: Oxford University Press.

Payne, M.

1993   *Reading Theory. An Introduction to Lacan, Derrida, and Kristeva*. Oxford: Blackwell.

Planty-Bonjour, G.

1982   *Hegel et la religion*. Paris: P. U. F.

1986   *Droit et liberté selon Hegel*. Paris: P. U. F.

Plato

1973   *The Collected Dialogues*. Eds. By E. Hamilton / H. Cairns. Princeton: Princeton University Press.

Polanyi, K. et alii

1957   *Trade and Markets in the Early Empires*. New York: The Free Press.

1968   *Primitive, Archaic and Modern Economics*. New York: Doubleday.

Popper, K.

1945   *The Open Societies and Its Enemies*. London: Routledge & Kegan Paul.

Pouillon, J.

1956   *L'oeuvre de Claude Lévi-Strauss*. In *Les temps modernes*. No. 12. 1956. Paris.

Poulantzas, N.

1968   *Pouvoir politique et classes sociales*. Paris: Maspero.

1974   *Classes in Contemporary Capitalism*. London: NLB.

Propp, V. I.

1958   *Morphology of the Folktale*. In *International Journal of Linguistics*, No. 24, 4 Oct. 1958.

Proust, M.

1983   *Marcel Proust Oeuvres Complètes*, Vol. 3. Paris: Galliamrd.

Prus, R.

1999   *Beyond the Power Mystique: Power as Intersubjective Accomplishment*, New York: State University of New York Press.

Rabinow, P.

1986 *The Foucault Reader*. New York: Penguin Books.

Radcliffe-Brown, A. R.

1931 *The Present Position of Anthropological Studies*. In *Method in Social Anthropology: Selected Essays*. Ed. By Srinivas. Chicago.

1940 *On Social Structure*. In *Journal of the Royal Anthropological Institute*. LXX. 1940.

1941 *The Study of Kinship Systems*. In *Journal of the Royal Anthropological Institute*. LXXI. 1941.

1992 *Andaman Islanders: A Study in Social Anthropology*. Cambridge, Eng.

Ranson, J. C.

1937 *Criticism, Inc.*, in *"The world's Body"*, New York: Scribner's.

Rey, P. P.

1971 *Colonialisme, No-Colonialisme et transition au capitalisme*. Paris:

Ricoeur, P.

1947a *Karl Jaspers et la philosophie de l'existence*. Avec Mikel Duffrenne, Paris: Seuil.

1947b

1948 *Gabriel Marcel et Karl Jaspers. Philosophie du mistère et philosophie du paradoxe*. Paris: Seuil.

1964[1955]*Histoire et vérité*. Paris: Seuil.

1965 *De l'interprétation. Essai sur Freud*. Paris: Seuil.

1967[1954]*Quelques figures contemporaines. Appendice à l'Histoire de la philosophie allemande*, de E. Bréhier. Paris: Vrin.

1968 *Entretiens Paul Ricoeur - Gabriel Marcel*. Paris: Aubier-Montaigne.

1969 *Conflit des interprétations. Essais d'herméneutique*. Paris: Seuil.

1975 *La métaphore vive*. Paris: Seuil.

1981 *Hermeneutics and Human Sciences. Essays on Language, Action and Interpretation*. Paris: Maison de l'Homme.

1983a *Lectures on the Ideology and Utopia*. Chicago: Chicago University Press.

1983b *Temps et récit* I, Paris: Seuil.

1983[1961]*Préface à "Condition humaine" de Hannah Arendt*. In *"La condition de l'homme moderne"* de Hannah Arendt, version française. Paris: Calmann Lévy.

1984 *Temps et récit II, La configuaration du temps dans le récit de fiction*. Paris: Seuil.

1985 *Temps et récit III, Le temps raconté*. Paris: Seuil.

1985[1950]*Idées directrices pour une phenomenology d'Edmund Husserl. Traduction et présentation*. Paris: Gallimard.

1986 *Du texte à l'action. Essais d'hermeneutique, II*. Paris: Seuil/Esprit.

1986a[1953]*A l'école de la phénoménology*. Paris: Vrin.

1988 *L'identité narrative*. In *Esprit*, No. 7-8, 1988. Paris.

1988[1950]*Philosophie de la volonté. Tome I, Le volontaire et l'involontaire*. Paris: Aubier.

1988[1960]*Philosophie de la volonté. Tome II, Finitude et culpabilité. 1. L'homme faillible. 2. La symbolique du mal*. Paris: Aubier.

1990 *Soi-même comme un autre*. Paris: Seuil.

1991   *Love and Justice*. In *Radical Pluralism and Truth: David Tracy and the Hermeneutics of Religion*. Eds. By W. G. Jeanrond and J. L. Rike. New York: Crossroad.

1991a   *Lectures I: Autour du politique*. Paris: Seuil.

1992a   *Quel éthos nouveau pour Europe*. In *Imaginer l'Europe*, sous la direction de Peter Koslowski. Paris: Cerf.

1992b   *Fragility and responsibility*. In *"Il Tetto"*, Naples.

1992c   *Lectures II: La contrée des philosophes*. Paris: Seuil.

1994   *Lectures III: aux fronrières de la philosophie*. Paris: Seuil.

Robbe-Grillet, A.

1959   *Pour un nouveau roman*. Paris : Gallimard.

Rostovtzeff, M.

1976   *A History of the Ancient World, Vol. I: The Orient and Greece*, Oxford: Oxford University Press.

Rousseau, J.-J.

1754   *Discours sur l'origine et les fondements de l'inégalité parmi les hommes*. Amsterdam: Ray.

Roudinesco, E.

1993   *Jacques Lacan. Esquisse d'une vie, histoire d'un système de pensèe*. Paris: Fayard.

Said, E.

1993   *Culture and Imperialism*. New York

Saint Simon,

1807   *Introduction aux travaux scientifiques du XIXe siècle*. Paris.

Sartre, J.-P.

1936   *L'Imagination*. Paris: Gallimard.

1938   *La Nausée*. Paris: Gallimard.

1939   *Esquisse d'une théorie des émotions*. Paris: Gallimard.

1940   *L'Imaginaire*. Paris: Gallimard.

1943   *L'Être et le néant*. Paris: Gallimard.

1946   *L'existentialisme est un humanisme*. Paris: Gallimard.

1948   *Qu'est-ce que la littérature?* Paris: Gallimard.

1960   *Critique de la raison dialectique*. Vol. I. Paris: Gallimard.

1966   '*Jean-Paul Sartre répond*'. In *"L'Arc"*, 1966, No. 30, pp.87-88.

1981 (1964)   *Les mots*, Paris: Gallimard.

Saussure, F.

1878   *Mémoire sur le système primitif des voyelles dans les langues indo-européennes*. Leipzig.

1973[1916] *Cours de linguisitique générale*. Paris: Payot.

Sepp, H. R.

1988   *Husserl und die phänomenologische Bewegung – Zeugnisse in Text und Bild*. Freiburg.

Serres, M.

1969   *Hermès I. La communication*. Paris: Ed. de Minuit.

1972   *Hermès II. L'interférence*. Paris: Ed. de Minuit.

1974   *Hermès III. La traduction*. Paris: Ed. de Minuit.

1977   *Hermès IV. La distribution*. Paris: Ed. de Minuit.

1981   *Hermès V. Le passage du Nord-Ouest*. Paris: Ed.de Minuit.

1986   *Les cinq sens. Philosophie des corps mêlés*. t. I, Paris: Grasset.

1987   *L'Hermaphrodite*. Paris: Flammarion.

1990   *Le contrat naturel*. Paris: François Bourin.

Shannon, C. E.

1949   *The Mathematical Thoery of Communication*. Urbana: University of Illinois Press.

Smith, A.

1965[1776] *The Wealth of Nation*. London: Random.

Spanos, W. V.

1993   *Heidegger and Criticism, Retrieving the Cultural Politics of Destruction*, Minnesota: University of Minnesota Press.

Stacey, J.

1985   *Turning on Our TV Habit*. In "*USA Today*", Dec. 4.

Tarde, G.

1890   *Les lois de l'imitation. Étude sociologique*. Paris: F. Alcan.

Taylor, C.

1992   *Multiculturalism and the Politics of Recognation*. Princeton: Princeton University Press.

Teilhard de Chardin, P.

1955   *Le phénomène humain*. Paris.

Terray, E.

1969a   *Le marxisme devant les sociétés 'primitives'*. Paris: Maspero.

1969b   *L'organisation sociales des Dida de Cote-D'Ivoire*. In Annales de l'Université d'Abidjan. F. I, II: 375.

Tosel, A.

1991   *L'esprit de scission. Etudes sur Marx, Gramsci, Lukacs*. Paris: Les Belles Lettres.

Touraine, A.

1955   *L'Evolution du travail ouvrier aux Usines Renault*. Paris: Seuil.

1965a   *Sociologie de l'action*. Paris: Seuil.

1965b   *Les travaillers et les changements techniques*. Paris: Seuil.

1967   *Les ouvriers et le progrès technique*. Paris: Seuil.

1968   *Mobilité des entreprises industrielles dans la région parisienne*. Paris: Seuil.

1969   *La société post-industrielle*. Paris: Seuil.

1973　　　*Production de la Société*. Paris: Seuil.

1974　　　*Pour la sociologie* Paris: Seuil.

1976a　　*Les sociétés dépendantes*. Paris: Seuil.

1976b　　*La société invisible*. Paris: Seuil.

1976c　　*Au-déla de la crise*. Paris: Seuil.

1977　　　*Un désire d'histoire*. Paris: Seuil.

1978　　　*La Voix et le regard*. Paris: Seuil.

1979a　　*Mort d'une gauche*. Paris: Seuil.

1979b　　*Mouvements sociaux et sociologie: Actes du Coloque de Cérisy.I*. Paris: Seuil.

1980　　　*La prophétie antinucléaire*. Paris: Seuil.

1981　　　*Mouvements sociaux et sociologie: Actes du Colloque de Cérisy.II*. Paris: Seuil.

1982　　　*Mouvements sociaux d'aujourd'hui. Acteurs et Analystes*. Paris: Seuil.

1984a　　*Le mouvement ouvrier*. Paris: Seuil.

1984b　　*Le retour de l'acteur*. Paris: Fayard.

1995　　　*Critique of Modernity*. Oxford: Balckwell.

1997[1994] *What is Democracy*. Oxford: Westview Press.

Tournier, M.

1977　　　*Le vent Paraclet*. Paris: Gallimard.

Trotignon, P.

1977[1967] *Les philosophes français d'aujourd'hui*. Paris: P.U.F.

Vernant, J.-P.

1996　　　*Entre mythe et politique*, Paris: Editions du Seuil.

1989　　　*L'Individu, la mort, soi-même et l'autre en Grèce ancienne*. Paris: Gallimard.

Waldés, M.

1982　　　*Shadows in the Cave. A Phenomenological Approach to Literary Criticism Based on Hispanic Texts*. Toronto: University of Toronto Press.

Weber, M.

1964[1920] *L'Éthique protestante et l'esprit du capitalisme. Les sects protestantes et l'esprit du capitalisme*. Paris: Plon. Trad. du tome I. *Gesammelte Aufsätze zur Religionssoziologie*. Bd. I. Tübingen: Mohr.

Weil, E.

1961　　　*La Philosophie morale*. Paris: Vrin.

1971[1956] *La Philosophie politique*. Paris: Vrin.

Weil, S.

1950a　　L'attente de Dieu. Paris.

1950b　　La connaisance sur naturelle. Paris.

1956　　　Les cahiers, 1951-1956. Tomes I-III. Paris.

Weiner, A.

1992　　　*Inalienable Possessions: The Paradox of Keeping-While-Giving*. Berkeley: University of California

Press.

White, L.

1959   *The Science of Culture.* New York: Farrar Stauss.

Windelband, W.

1892   *Lehrbuch der Geschichte der Philosophie.* Tuebingen.

Winnicott, D. W.

1971   *Playing and Reality.* New York.

Wittgenstein, L.

1968[1953]*Philosophische Untersuchungen.* Oxford: Basil Blackwell.

馮俊等

2003   《後現代主義哲學講演錄》，北京商務印書館。

高宣揚

1990   《利科的解釋學》，臺北：遠流出版社。
1996   《論後現代藝術的不確定性》，臺北：唐山出版社。
1998   《當代社會理論》，上下卷，臺北：五南出版社。
1999   《後現代論》，臺北：五南出版社。
2003   《當代法國思想五十年》，臺北：五南出版社。

索　引

外文名	中文譯名	年代
Aquinas, Saint Thomas	托瑪斯・阿奎那	1225-1274
Aragon, Louis	阿拉貢	1897-1982
Archéologie	考古學	
Archéologie du savoir	知識考古學	
Archive	檔案	
Arendt, Hannah	漢娜・鄂蘭	1906-1975
Ariès, Philippe	菲力普・阿里耶斯	1914-1984
Aristotle	亞里斯多德	384-322 B.C.
Aron, Raymond	雷蒙・阿隆	1905-1983
Art	藝術	
Artaud, Antonin	阿爾托	1896-1948
Ascétisme	禁欲主義	
Attribut	屬性	
Audi, Paul	保爾・奧迪	1963-
Aufklärung	啟蒙；智慧	
Augustin, St.	聖奧古斯丁	354-430
Austin, John Langshaw	奧斯丁	1911-1960
Auteur	作者	
Authenticité	真實性	
Auto-critique	自我批評；自我批判	
Autonomie	自律；自律性	
Auto-réflexion	自我反思	
Autorité	權威	
Auto-transcendance	自我超越	
Autres	他者；他人	
Axiome	公理	
Ayme, Albert	阿爾伯特・艾默	
Aymé, Marcel	馬爾塞・艾默	1902-1967
Bachelard, Gaston	巴舍拉	1884-1962
Bachoffen, Johann Jakob	巴霍芬	1815-1887
Bacon, Francis	培根	1561-1626
Badiou, Alain	阿蘭・巴迪歐	1937-
Balibar, Etienne	艾建・巴里巴	1942-

外文名	中文譯名	年代
Baratz, Morton S.	巴拉茲	
Barth, Karl	卡爾・巴特	1886-1968
Barthes, Roland	羅蘭・巴特	1915-1980
Bataille, Georges	喬治・巴岱	1897-1962
Baudelaire, Charles	波特萊爾	1821-1867
Baudrillard, Jean	鮑德里亞	1929-2007
Beauté	美	
Beauvoir, Simone de	西蒙・波娃	1908-1986
Beckett, Samuel	貝克特	1906-1989
Bell, Daniel	貝爾	1919-2011
Bellini, Giovanni	貝里尼	1430-1516
Benamou, M.	本那姆	
Benjamin, Walter	本雅明	1892-1940
Bennington, G.	伯寧頓	
Benoist, Jean-Marie	莊・馬里・貝努阿	1942-1990
Bentham, Jeremy	邊沁	1748-1832
Benveniste, Emile	埃米爾・本維尼斯	1902-1976
Berger, Peter	彼得・柏格	1929-2017
Bergson, Henri	亨利・柏格森	1859-1941
Bergsonisme	柏格森主義	
Berkeley, George	巴克萊	1685-1753
Bernanos	貝爾納諾斯	1888-1948
Bertrand, Michèle	柏特蘭	
Bichat, François Marie Xavier	畢沙	1899-1983
Bidet, Jacques	畢德	1935-
Biologie	生物學	
Bio-politique	生命政治	
Bio-pouvoir	生命權力	
Blake, William	威廉・布拉克	1757-1827
Blanchot, Maurice	布朗索	1907-2003
Bloch, Ernst	艾倫斯特・布洛赫	1885-1977
Blondel, Claude	布隆岱	1876-1939
Blondel, Maurice	莫里斯・布隆岱	1861-1949

外文名	中文譯名	年代
Boas, Franz	法蘭茲・鮑亞士	1858-1942
Boddaert, François	弗朗斯瓦・波達埃	1951-
Boltanski, L.	柏爾丹斯基	
Bordo, Susan	蘇珊・波多	
Bouglé, Celestin	謝列斯汀・布格列	1870-1940
Bourdieu, Pierre	布迪厄	1930-2002
Bourgeois, Bernard	貝爾納特・布爾喬亞	1929-
Bourgeoisie	資產階級；中產階級	
Bouveresse, Jacques	賈克・布維列斯	1940-
Bové, José	若熱・博維	
Braudel, Fernand	費爾南特・布勞岱	1902-1985
Brecht, Bertolt	布列斯特	1898-1956
Bréhier, Émile	埃米爾・布列耶	1876-1952
Breton, André	布列東	1896-1966
Brion, Hélène	愛倫・布利昂	
Brumberg, Joan	布倫貝爾克	
Brunschvicg, Léon	列昂・布蘭希維克	1896-1944
Butor, Michel	布托	1926-2016
Cabet, Etienne	卡貝	1788-1856
Cahen, Didier	迪迪耶・加恩	
Campanella, Tommaso	康帕內拉	1568-1639
Camus, Albert	卡繆	1913-1960
Canguilhem, Georges	岡格彥	1904-1995
Capital	資本	
Capital culturel	文化資本	
Capital économique	經濟資本	
Capital social	社會資本	
Capital symbolique	象徵資本	
Capitalisme	資本主義	
Caramello, Ch.	卡拉美洛	
Carroll, Lewis	卡羅爾	1832-1898
Cassirer, Ernst	凱西勒	1874-1945
Castel, R.	卡司特爾	

外文名	中文譯名	年代
Casteli, E.	卡斯德里	
Castoriadis, Cornelius	卡斯托里亞迪斯	1922-1997
Castration	閹割	
Castration symbolique	象徵性閹割	
Catégorie	範疇	
Céline, Louis Ferdinand Destouches, dit Louis-Ferdinand	瑟林	1894-1961
Certeau, Michel Jean Emmanuel de la Barge de	德舍多	1925-1986
Cézanne, Paul	塞尚	1839-1906
Cercle de Vienne	維也納學派	
Chaines syntagmatiques	句段關係系列	
Chamboredom, J.-C.	桑伯勒東	
Champs	場域	
Changement de paradigme	典範轉換	
Chaos	混沌	
Char, René	勒内·沙爾	1907-1988
Charcot, Jean Martin	沙爾科	1825-1893
Châtelet, François	弗朗斯瓦·薩德列	1925-1985
Chernin, Kim	車爾寧	
Chomsky, Noam	卓姆斯基	1928-
Christianisme	基督教；基督教精神	
Cinema	電影	
Cixous, Hélène	西蘇	1938-
Classe	階級	
Classicisme	古典主義；經典主義	
Claude, Henri	亨利·克勞特	1869-1945
Clérambault, Gäetan Gatian de	格堂·加西昂·德克列朗柏	1872-1934
Cocteau, Jean	哥克多	1889-1963
Code	密碼	
Codification	密碼化	
colonialisme	殖民主義	
colonisation	殖民化	

外文名	中文譯名	年代
commentaire	詮釋；解釋	
communication	溝通；交往	
communisme	共產主義	
Complexe d'Œdipe	伊底帕斯情結	
comportement	行為；舉止；態度	
compréhension	理解	
Comte, Auguste	孔德	1798-1857
concept	概念	
Concret (concrète)	具體；具體性	
Concrétiser; concretisation	具體化	
Condillac, Etienne Bannot, Abbé de	孔狄亞克	1714-1780
Configuration	具形化	
connaissance	認識；認知；知識	
conscience	意識	
Conscience de soi	自我意識	
Conscience historique	歷史意識	
Conscience pure	純粹意識	
consensus	同意；共識	
consommation	消費	
constructivisme	建構主義	
Constructivisme structuraliste	結構的建構主義	
context	文本脈絡	
contingence	偶然性	
contradiction	矛盾	
Contrat social	社會契約	
contrôle	操縱；控制	
corps	身體；肉體	
Corps docile	溫馴的身體	
coutume	習慣	
Crane, D.	克蘭	
création	創造；創作	
créativité	創造性	
crime	罪	

外文名	中文譯名	年代
Desire	欲望	
Destin	命運	
Destut de Tracy, Antoine	德拉西	1754-1836
Detour	迂迴	
Détour herméneutique	詮釋學的迂迴	
Devenir	生成	
Dewey, John	杜威	1859-1952
D'Hondt, Jacques	賈克·董特	1920-
dialectique	辯證法	
diachronique	歷時性	
dialogue	對話	
Diderot, Denis	狄德羅	1713-1784
Dieu	神；上帝	
différance	延異	
différence	差異	
différentiation	差異化	
diffusion	散播	
Dilthey, Wilhelm	狄爾泰	1833-1911
Dignité humaine	人的尊嚴	
Dirlik, Arif	德里克	
discipline	紀律；規訓；懲戒	
discontinuité	不連續性	
discours	論述；言說；論說	
Discours sexuel	性論述	
dispositions	秉性	
Distance	間隔；距離	
distantiation	間距化	
distorsion	扭曲	
distribution	分配	
Dolto, Françoise	朵爾多	1908-1988
domination	統治；宰制	
don	禮物	
Dostoyevsky, Fyodor Mikhailo-vich	杜斯妥也夫斯基	1821-1881

外文名	中文譯名	年代
Double structures	雙重結構	
Dray, William H.	威廉・德雷	1921-2009
Droit	法律；權利	
Droit, Roger-Pol	德路瓦	1949-
Droit de l'homme	人權	
Droits naturels	自然權利	
Dualité	二元性	
Duality of structure	結構的二元性	
Duchamp, Marcel	馬塞爾・杜象	1887-1968
Dufrenne, Mikel Louis	米凱爾・杜夫連	1910-1995
Dullin, Charles	查理・杜林	1885-1949
Dumas, Alexandre Davy de La Pailleterie	大仲馬	1802-1870
Dumas Fils, Alexandre	小仲馬	1824-1895
Dumézil, Georges	喬治・杜美濟	1898-1986
Duns Scot, John	敦・斯科德	1266-1308
Durkheim, Émile	涂爾幹	1858-1917
échange	交換	
Échange symbolique	象徵性交換	
École de Frankfurt	法蘭克福學派	
École des Annales	年鑑學派	
École durkheimienne	涂爾幹學派	
Eco, Umberto	艾柯	1932-2016
écriture	書寫；文字	
education	教育	
Eisenman, Peter	彼得・艾森曼	
Elam, Diane	戴安・依拉姆	1958-
Eliade, Mircea	米爾西亞・埃利亞德	1907-1986
Eliot, Thomas Stearns	艾略特	1888-1965
Emergence (Enstehung)	突現；冒現	
emotion	衝動	
Empiricus, Sextus	艾姆庇里固斯	200-300 B.C.
empirisme	經驗主義；經驗論	
enfermement	關押；禁閉	

外文名	中文譯名	年代
Engels, Friedrich	恩格斯	1820-1895
Énoncé	陳述	
ensemble	集合體	
Ensemble paradigmatique	聚合關係集合體	
En-soi	自在	
Epistémè (connaissance, science)	知識、科學	
épistémologie	認識論	
Eribon, Didier	笛第爾‧艾瑞本	
Eros	情欲	
Érotisme	色情	
Espace	空間	
Esprit	精神	
Esprit de l'époque	時代精神	
Essence	本質	
essentialisme	本質主義；本質論	
esthétique	美學	
Esthétique de l'existence	生存美學；	
Étant	存在者	
État	國家	
éternel	永恆的；	
éternité	永恆；永恆性	
éthique	倫理學	
ethnocentrisme	種族中心主義	
ethnométhodologie	俗民方法論；種族方法論	
Ethos	情態；德性	
Être	存在	
Être humain	人	
euphémisme	委婉表達	
événement	事件	
exclusion	排除；排斥	
exégèse	注釋；注解	
existence	存在；生存	
existentialisme	存在主義	

外文名	中文譯名	年代
Existentialisme christianiste	基督教的存在主義	
expérience	經驗	
explication	說明；解釋	
expression	表達；語詞	
extériorité	外在性	
fantasme	幻影；幻覺	
fascisme	法西斯	
fatalité	命運；命定；厄運	
Faulkner, William Harrison	福克納	1897-1962
Favez-Boutonier, J.	法維-布東尼耶	
Febvre, Lucien	路希安・斐波伏勒	1878-1956
Federn, Ernest	恩斯特・費德勒恩	1914-2007
Federn, Paul	保爾・費德勒恩	1871-1950
féminisme	女性主義	
Ferguson, Adam	弗格森	1723-1816
Feuerbach, Ludwig	費爾巴哈	1804-1872
Feyerabend, Paul	費阿本	1924-1994
Fichte, Immanuel Hermann	費希特	1796-1879
Fichte, Johann Gottlieb	費希特	1762-1799
fiction	杜撰；小說	
Fin du siècle	世紀末	
Flaubert, Gustave	古斯塔夫・福樓拜	1821-1880
flexibilité	伸縮性；	
flexible	可塑的；開伸縮的	
Flugel, J. C.	弗里格爾	1884-1955
Flux des impressions	印象流	
folie	瘋狂；顛狂；精神病	
fonction	功能；	
fondamentalisme	基礎主義	
force	力量；強力	
formalisme	形式主義	
forme	形式	
Foucault, Michel	米歇・福柯	1926-1984

外文名	中文譯名	年代
Fourier, Charles	傅立葉	1772-1837
fragilité	脆弱性	
Fraisse, Geneviève	弗萊斯	
Franco, Francisco	弗朗哥	1892-1975
Frazer, James George	弗萊哲	1854-1941
Frege, Gottlob	弗雷格	1848-1925
Freud, Sigmund	佛洛伊德	1856-1939
Freudisme	佛洛伊德主義	
Friedmann, Georges	喬治·弗里德曼	1902-1977
Fromentin	弗洛芒丁	1820-1876
Fromm, Erich	佛洛姆	1900-1979
Furet, François	弗朗斯瓦·富列	1927-1997
Gadamer, Hans-Georg	伽達默	1900-2002
Gandillac, Maurice de	莫里斯·貢狄亞克	1906-2006
Gardels, Nathan P.	格爾岱爾	
Gauthier, Théophile	高吉耶	1811-1872
Généalogie	系譜學	
Généralité	一般性；共相	
Genet, Jean	熱內	1910-1986
Genette, Gérard	傑拉德·熱納德	1930-2018
Georgin, R.	喬金	
Geuss, Raymond	雷蒙·格斯	
Giddens, Anthony	季登斯	1938-
Gide, André	紀德	1869-1951
Giotto di Bondone	基奧多	1266-1337
Girard, René	勒耐·傑拉特	1923-2015
Glucksmann, André	格呂克曼	1937-2015
Godelier, Maurice	莫里斯·哥德里耶	1934-
Goffman, Erving	埃爾文·高夫曼	1922-1982
Goldmann, Lucien	哥德曼	1913-1970
Gorgias de Leotium	高爾吉亞	485-380 B.C.
Gouhier, Henri	亨利·古依耶	1898-1994
Goût	品味；愛好	

外文名	中文譯名	年代
gouvernement	政府	
gouvernementalité	統治心態；治心術	
Gouze, Marie	瑪麗・固茲	1748/1755-1793
Graef, O. de	格列夫	
Grammatologie	文本學	
Gramsci, Antonio	葛蘭西	1891-1937
Grands récits	大敘述	
Greimas, Algeirdas Julien	格雷馬斯	1917-1992
Guattari, Félix	費力克斯・加達里	1930-1992
Gueroult, Martial	戈魯德	1891-1976
Guesde, Jules	葛斯德	1845-1922
Habermas, Jürgen	哈伯瑪斯	1929-
Habitus	生存心態	
Halbwachs, Maurice	哈博瓦	1877-1945
Hamelin, Octave	哈梅林	1856-1907
Harrington, James	哈林頓	1611-1677
Hartman, Geoffrey	哈特曼	1929-2016
Hassan, Ihab	哈桑	1925-2015
hedonisme	享樂主義	
Hegel, Georg Wilhelm Friedrich	黑格爾	1770-1831
hégélianisme	黑格爾主義	
Hégélianisme français	法國黑格爾主義	
Heidegger, Martin	海德格	1889-1976
Heine, Heinrich	海涅	1797-1856
Henry, Michel	米歇・亨利	1922-2002
Herakleitos	赫拉克利特	544-483 B.C.
herméneutique	詮釋學	
herméneutique de l'action	行動詮釋學	
Herméneutique du sujet	主體的詮釋學	
Herméneutique philosophique	哲學詮釋學	
Herméneutique ontologique	本體論詮釋學	
herméneutique réflexive	反思的詮釋學	
Herméneutique structuraliste	結構主義詮釋學	

外文名	中文譯名	年代
Hess, Moses	摩斯・赫斯	1812-1875
hétérogéneité	異質性	
Hilbert, David	希爾伯特	1862-1943
Hirsch, E. D. Jr.	赫爾斯	
Hirsch, P. M.	赫斯	
histoire	歷史	
historicisme	歷史主義	
historicité	歷史性	
Hitler, Adolf	希特勒	1889-1945
Hjelmslev, Louis	赫耶爾姆斯列夫	1899-1965
Hobbes, Thomas	霍布斯	1588-1679
Hölderlin Friedrich	赫爾德林	1770-1843
homme	人	
Homo économicus	經濟人	
homogéneité	同質性	
Homo luden	遊戲人	
Homo nomadus	遊牧人	
Homo religious	宗教人	
homosexualité	同性戀	
Homo-viator	旅遊人	
horizon	視野；視線	
Horney, Karen	荷尼	1885-1962
Huizinga, Johan	赫伊津哈	1872-1945
Humanité	人類；人性	
humanisme	人文主義；人道主義；人性論	
Humboldt, Wilhelm	洪堡	1767-1835
Hume, David	休謨	1711-1776
Husserl, Edmund	胡塞爾	1859-1938
Hyppolite, Jean	依波利特	1907-1968
idéal	理想的	
idéalisme	觀念論；唯心論	
Idée	觀念	

外文名	中文譯名	年代
Identité	身分；認同；同一性	
idéologie	意識形態	
Illimité	無限	
imaginaire	想像力	
imagination	想像	
immanence	內在性	
immortalité	不朽	
impressionisme	印象派；印象主義	
inceste	亂倫	
incertitude	不確定性	
inconscient	潛意識；無意識	
incontinuitié	不連續性；中斷性	
individu	個人	
individualisme	個人主義	
individualité	個體性	
information	資訊	
informatique	資訊學	
inhumain	非人性	
inspiration	啓示；啓發	
institution	制度	
institutionalisation	制度化	
intégration	整合	
Intégration transdisciplinnaire	科際整合	
intellectuel	知識分子	
intelligence	理智	
intelligibilité	可理解性	
Intensité	強度；強化性	
intentionalité	意向性	
interaction	互動	
interactionisme	互動論	
Interactionisme symbolique	象徵互動論	
Interdit	禁止	
intériorité	內在性	

外文名	中文譯名	年代
interprétation	詮釋	
interrelation	交互關係	
intersubjectivité	相互主體性；主體間性	
Intertextualité	文本間性	
Intuition	直觀；直覺	
Ionesco, Eugène	尤內斯庫	1909-1994
irrationalisme	非理性主義	
irrationel	非理性	
irréductibilité	不可化約性	
irremplaçable	不可取代	
Irigaray, Luce	露斯·伊麗加蕾	1932-
Iser, Wolfgang	沃爾夫岡·伊瑟爾	1926-2007
isomorphisme	同形現象；同構	
Jakobson, Roman	傑科普生	1896-1982
James, William	詹姆斯	1842-1910
Jameson, Frederic	詹明信	1934-
Jankélévitch, Vladimir 1903-1985	弗拉基米爾·揚科列維奇	1903-1985
Jaspers, Karl	卡爾·雅斯培	1883-1969
Jaurès, Jean	莊·若雷斯	1859-1914
Jauss, Hans Robert	姚斯	1921-1997
Jean-Marc Ferry	莊·馬克·費里	1946-
Je (Moi)	我	
Jésus	耶穌	
jeu	遊戲	
Jeu du langage	語言遊戲	
Jeunes-hégélians	青年黑格爾主義者	
Joyce, James	喬易斯	1882-1941
jouissance	快感享樂；性衝動；性高潮	
jugement	判斷	
Juppé, Alain	阿蘭·朱貝	
justice	正義	
Kafka, Franz	卡夫卡	1883-1924
Kahn	卡恩	

外文名	中文譯名	年代
Kandinsky, Wassily	瓦西里‧康丁斯基	1866-1944
Kant, Immanuel	康德	1724-1804
Keets, John	濟慈	1795-1821
Kemp, Peter	彼得‧康伯	
Khrouchtchev, Nikita Sergueï-evitch	赫魯雪夫	1894-1971
Kierkegaard, Sören	齊克果	1813-1855
Klee, Paul	克利	1879-1940
Klossowski, Pièrre	克洛索夫斯基	1905-2001
Kofman, Sarah	莎拉‧柯夫曼	1934-1994
Kojève, Alexandre	科耶夫	1902-1968
Köhler, M.	柯勒	
Koselleck, Reinhard	柯熱列克	1923-2006
Koyré, Alexandre	柯以列	1892-1964
Krieger, Murray	謬雷‧克里格	
Kristeva, Julia	克利絲蒂娃	1941-
Kroeber, Alfred Louis	克魯伯	1876-1960
kula	古拉	
Kuhn, Thomas	庫恩	1922-1996
Labica, Georges	拉畢卡	1930-2009
Lacan, Jacques	拉岡	1901-1981
Laclau, Ernesto	拉克勞	
Lafarque, Marie-Madelaine	拉發格小姐	
Lafarque, Paul	拉發格	1842-1911
Lagache, Daniel	拉加斯	1903-1972
Lalande, André	安德列‧拉朗德	1867-1963
langage	語言	
Laporte, Jean	讓‧拉博特	1886-1948
Late-Capitalism	晚起資本主義	
Late Epicurean School	後期伊比鳩魯學派	
Lautman, Albert	阿爾伯特‧羅德曼	1908-1944
Lavelle, Louis	路易‧拉維爾	1883-1951
Lazarsfeld, Paul Felix	保爾‧費利克斯‧拉查斯費爾德	1901-1976

外文名	中文譯名	年代
Lazarus, S.	拉扎律斯	
Lecourt, Dominique	勒庫特	1944-
Le Doeuff	勒德福	
Lefebvre, Henri	亨利·勒斐伯勒	1901-1991
Lefort, Claude	勒福特	1924-2010
Legal	合法的	
legalisation	合法化	
légitimation	正當化	
légitime	正當的	
légitimité	正當性	
Leibniz, Gottfried Wilhelm	萊布尼茲	1646-1716
Leiris, Michel	米歇爾·萊里斯	1901-1990
Lenin, Vladimir Ilich Ulyanov	列寧	1870-1924
Le Senne, René	勒奈·勒森	1882-1954
Lessing, Gotthold Ephraim	萊辛	1729-1781
Leukippos	留基伯	500 B.C.-?
Levinas, Emmanuel	列維納斯	1906-1995
Lévi-Strauss, Claude	列奧·施特勞斯	1908-2009
Lévy, Bernard Henri	貝爾納特·亨利·列維	1948-
libéralisme	自由主義	
libération	解放	
Libération de l'homme	人的解放	
Libération humaine	人類的解放	
liberté	自由	
Liberté de pensée	思想自由	
limite	限制；限定；極限；有限的	
Limite du langage	語言的界限；語言的極限	
Limite du pouvoir	權力的極限	
linguistique	語言學	
Linguistique structurale	結構語言學	
littérature	文學	
Littérature moderne	近代文學；現代文學	
Locke, John	洛克	1632-1704

外文名	中文譯名	年代
Loewenstein, Rudolph	魯文斯坦	1898-1976
logique	邏輯	
Logique textuelle	文本邏輯	
logocentrisme	邏輯中心主義；邏各斯中心主義；語言中心主義	
logos	邏各斯	
loi	法律；規則	
Lowie, Robert Harry	洛維	1883-1957
Loyola, Ignace de	洛約拉	1491-1556
Lukács, György	盧卡奇	1885-1971
Lukes, Steven	呂克斯	
Lumières, Age de	智慧；啓蒙	
lutte	鬥爭	
Lyotard, Jean-François	讓－弗朗斯瓦·利奧塔	1924-1998
Mably	馬布利	1709-1785
Machiavelli, Niccolo	馬基維利	1469-1527
machine	機器	
Machine de désire	欲望機器	
Machine de guerre	戰爭機器	
Machine d'État	國家機器	
Maine de Biran	曼恩·德·比朗	1766-1824
Maklès, Sylvia	希爾維婭·馬克列	
Mal; evil	惡	
Maladie mentale	精神病	
Maldiney, Henri	昂利·馬爾蒂尼	1912-2013
Malinowski, Bronislaw	馬林諾夫斯基	1884-1942
Mallarmé, Stéphane	馬拉美	1842-1898
Malraux, André	馬爾羅	1901-1976
Man, Paul de	保爾·德·曼	1919-1983
Mannheim, Karl	卡爾·曼海姆	1893-1947
Mao Zedong	毛澤東	1893-1976
Marcel, Gabriel	伽普里爾·馬爾塞	1889-1973
marché	市場	

外文名	中文譯名	年代
Marcuse, Herbert	馬庫色	1898-1979
Maritain, Jacques	賈克・馬里坦	1882-1973
Martinet, André	安德列・馬丁納	1908-1999
Marx, Karl	馬克思	1818-1883
marxisme	馬克思主義	
Marxisme critique	批判的馬克思主義	
Marxisme structural	結構馬克思主義	
matérialisme	唯物主義	
Matérialisme historique	歷史唯物主義	
Mathesius, Vilèm	馬瑟希烏斯	1882-1946
Mauss, Marcel	毛斯	1872-1950
mécanisme	機制	
Média	媒體	
médiation	仲介	
méditation	沉思	
Meillassoux, Claude	克勞特・美拉恕	1925-2005
Meillet, Antoine	安瑞・梅耶	1866-1936
Mendelssohn, Moses	門德爾森	1729-1786
mentalité	心態	
Mercier-Josa, Solange	麥西耶–若莎	1931-2015
Mérimée, Prosper	梅里美	1803-1870
Merleau-Ponty, Maurice	梅洛・龐蒂	1908-1961
Meslier, Jean	梅葉	1664-1729
message	信息；訊息	
Méta-discours	後設論述	
Méta-langage	元語言	
métaphore	隱喻	
métaphysique	形上學	
méthode	方法	
Méthode fondamentale du structuralisme	結構主義基本方法	
Méthode relationnelle	相互關係的方法	
Méthodologie	方法論	
métonymie	換喻	

外文名	中文譯名	年代
Mouvement phénoménologique en France	法國現象學運動	
Mouvement social	社會運動	
Mühlmann, Wilhelm E.	謬爾曼	
Müller, Gunther	軍德爾·穆勒	1954-
Multi-disciplinnaire	多學科	
Münzer, Thomas	閔采爾	1489-1525
musique	音樂	
multipicité	多樣性	
mutualité	相互性	
mystification	神祕化	
mythe	神話	
mythologie	神話學	
Nabert, Jean	莊·納貝爾特	1881-1960
narcissisme	自戀	
narration	敘述	
narrativité	敘述性	
nation	民族	
naturalisme	自然主義	
nature	自然；本質	
Nature humaine	人性	
néant	虛無；虛空；空無	
nécessité	必要性；必然性	
négation	否定	
négativité	否定性；消極性	
Neo-canins	新犬儒學派	
Neo-critique (Nouvelle critique)	新批判派；新評論	
Neo-cyniques	新昔尼克主義者	
Neo-cynisme	新昔尼克主義	
Neo-Freudisme	新佛洛伊德主義	
Neo-hégélianisme	新黑格爾主義	
Neo-kantisme	新康德主義	
Neo-libéralisme	新自由主義	
Neo-marxisme	新馬克思主義	

外文名	中文譯名	年代
Neo-nietzcschéen	新尼采主義的	
Neo-Nietzshcéisme	新尼采主義	
Neuman, Johannes von	紐曼	1903-1957
Neutralization	中立化	
Neutralité	中立性	
New Critics	新批評派	
Newman, Baruch	約翰・馮・紐曼	1905-1970
Nietzsche, Friedrich	尼采	1844-1900
Noel, François	諾埃爾	1760-1797
nomade	游牧的；不定居的	
Nora, P.	諾拉	
normal	正常的；標準的	
norme	規範	
Norris, Christophe	克里斯多夫・諾里斯	
notion	概念	
objectivation	客觀化	
objectivisme	客觀主義	
objectivité	客觀性	
objet	對象；客體	
Odysseus	奧德修斯	
Œdipe	伊底帕斯	
Œuvre	作品	
ontologie	存在論；本體論	
Ontology de l'être	生存存在論	
Opinion publique	公眾意見	
optimisme	樂觀主義	
Orbach, Susie	歐爾巴賀	
ordre	秩序	
orientalisme	東方主義	
origine	起源；根源	
Oury, Jean	莊・烏里	
Owen, Robert	歐文	1771-1858
Pankhurst, Emmeline	艾莫琳・潘克斯特	1858-1928

外文名	中文譯名	年代
Panofsky, Erwin	巴諾夫斯基	1892-1968
Panoptique (panoptisme)	「全天候全景觀環形監控監獄」、「環形全景監控監獄」、全方位環形敞視監督	
paradoxe	弔詭；反常；悖論	
paranoïaque	偏執狂	
parenté	親屬；親屬關係	
Parfit, Derek	德列克・帕費特	1942-2017
Park, Robert E.	派克	1864-1944
Parmenides	巴門尼德	515-445 B.C.
Parnassien	帕爾納斯流派	
Parole	言說；話語	
Parti communiste français	法共	
particularité	特殊性	
Parti socialiste français	法國社會黨	
Passeron, J.C.	巴斯隆	
Pater, Walter	瓦爾德・派特	
Paulhan, Jean	莊・包蘭	1884-1968
Paz, Octavio	奧克達維約・帕茲	1914-1998
Peano, Giuseppe	畢亞諾	1858-1932
Péguy, Charles	貝季	1873-1914
peinture	繪畫；油畫	
Peirce, Charles Sanders	皮爾士	1839-1914
Pelletier, Madelaine	瑪德琳・貝勒基耶	1874-1939
Peneloppe	珮涅洛泊	
Pensée	思想；思維	
Pensée du dehors	外面的思想	
Pensée mythique	神話思維	
Pensée sauvage	原始思維	
perception	感知	
Personnalisme	人格主義	
Personnalité	人格	
perspective	景觀；取向	

外文名	中文譯名	年代
pessimisme	悲觀主義	
phallocentrisme	陽具中心主義	
phallus	陰莖；陽物；陽具	
phénomène	現象	
Phénoménologie	現象學	
Phénoménologie de l'existence corporelle	身體生存現象學	
Phénoménologie de l'expérience esthétique	美學經驗現象學	
Phénoménologie transcendantale	先驗現象學	
philologie	語文學	
philosophie	哲學	
Philosophie analytique	分析哲學	
Philosophie critique	批判哲學	
Philosophie de la conscience	意識哲學	
Philosophie de la morale	道德哲學	
Philosophie de la vie	生活哲學	
Philosophie de l'histoire	歷史哲學	
Philosohie des sciences	科學哲學	
Philosophie de sujet	主體哲學	
Philosophie du langage	語言哲學	
Philosophie française	法國哲學	
Philosophie première	第一哲學	
phonocentrisme	語音中心主義	
Phrónesis (sagesse pratique)	實踐智慧	
Piaget, Jean	皮亞傑	1896-1980
Picasso, Pablo	畢卡索	1881-1973
Plaisir	快感；快樂；喜悅	
Plato	柏拉圖	427-347 B.C.
pli	皺褶	
Plotinus	普洛丁	205-270
pluralisme	多元論；多元化	
Poe, Edgar Allen	艾倫・坡	1809-1849
poème	詩歌；詩	
poétique	詩學	

外文名	中文譯名	年代
Poincaré, Henri	亨利·龐加萊	1854-1912
Poitier, B.	布阿濟耶	
Polanyi, K.	波蘭尼	
police	員警	
Polin, Raymond	雷蒙·柏林	1910-2001
Polis (politeia)	希臘城邦；城邦政治	
Politique	政治	
Politzer, Georges	喬治·波里茲	1903-1942
Ponge, Francis	彭日	1899-1988
Popper, Karl P.	卡爾·波普	1902-1994
positivisme	實證主義	
Positivisme empirique	經驗實證主義	
Positivisme logique	邏輯實證主義	
positivité	主動性；肯定性；積極性	
possibilité	可能性	
possible	可能的	
Post-Althusserien	後阿圖塞主義的	
Post-Impressionisme	後印象派	
Post-freudisme	後佛洛伊德主義	
Post-marxisme	後馬克思主義	
Post-modernisme	後現代主義	
Post-modernist	後現代主義者	
Post-modernité	後現代性	
Post-structuralime	後結構主義	
potlatch	波德拉茲（誇富宴）	
Poulantzas, Nicos	尼柯斯·普蘭查	1936-1979
Pound, Ezra	龐德	1885-1973
Pour-soi	自為	
pouvoir	政權；權力	
Pouvoir pastoral	基督教教士權力模式	
pragmatique	語用論	
pragmatisme	實用主義	
Pratique	實踐；實際活動	

外文名	中文譯名	年代
Pratique de soi	自身的實踐	
Pratique quotidienne	日常生活實踐	
Praxis	實踐	
préférence	愛好	
préférence culturelle	文化愛好	
Présent	在場；出席	
Pré-structure	前結構	
Préjugés	偏見；先入爲主	
Prison	監獄	
privilège	特權	
Problèmatique	成問題化；問題	
problèmatisation	成問題化；提出問題	
production	生產	
Produit	產品	
Produit culturel	文化產品	
Progrès	進步	
prolétariat	無產階級	
Propp, Vladimir Iakovievitch	普羅柏	1895-1970
Protagoras de Abdera	普羅塔哥拉斯	
Proust, Marcel	普魯斯特	1871-1922
Pseudo-Denys	假德尼斯	
psychoanalyse	精神分析學	
psychiatrie	精神治療學；精神病學	
psychologie	心理學	
Punir; punition	懲罰；懲戒	
Quemada, B.	格馬達	
Queneau, Raymond	雷蒙·格諾	1903-1976
Quine, Willard van Orman	奎因	1908-2000
quotidienneté	日常生活性	
Rabelais, François	拉布雷	1494-1553
racisme	種族主義	
raison	理性	
Raison d'État	國家理性	

外文名	中文譯名	年代
Raison théorique	理論理性	
Raison pratique	實踐理性	
Rancière, Jacques	朗希耶	1940-
Ranson, John Crowe	藍森	
rapport	關係	
Rapport de force	力的關係	
rationalisation	合理化；理性化	
rationalisme	理性主義	
rationalité	合理性	
Rawls, John	羅爾斯	1921-2002
réalité	現實性；現實	
Reception Aesthetics	接受美學	
réciprocité	相互性	
récit	記述	
reconstruction	重構；重建	
redistribution	再分配	
réduction	化約；歸納	
réductionisme	化約論；歸納論	
réflexion	反思	
réflexivité	反思性	
Réformation	宗教改革	
refoulement	壓抑；擊退	
règle	規則	
Régnault, F.	雷諾	
Reich, Wilhelm	萊斯	1897-1967
Relation sociale	社會關係	
relationalité	相互關係性；相關係性	
relativisme	相對主義	
religion	宗教	
Renaissance	文藝復興	
répétition	重覆	
représentation	表象；再現	
répression	鎮壓；壓抑	

外文名	中文譯名	年代
reproduction	再生產	
Réseau	網絡	
Résistance	反抗；抗拒	
Revault-D'Allonnes, Olivier	奧里維耶·勒沃·達倫	1923-2009
Rêve	夢	
Reverchon-Jouve, B.	勒維松-朱夫	
Reverdy, Pierre	皮埃爾·勒韋爾迪	1889-1960
Revolution	革命	
Révolution culturelle	文化大革命	
Rey, Abel	阿貝·雷伊	1873-1940
Rey, P. P.	雷	
Rhétorique	修辭學	
Ricardo, David	李嘉圖	1772-1823
Richet, Charles	夏爾·利歇	1857-1904
Ricoeur, Paul	保爾·利科	1913-2005
Rieff, Philip	菲利普·里夫	
Rivaud, Albert	阿爾伯特·里沃	1876-1956
Rivet, P.	李維	
Robbe-Grillet, Alain	羅伯·格利耶	1922-2008
Roland, Pauline	寶琳·羅蘭	1805-1852
rôle	角色	
romantisme	浪漫主義	
Rorty, Richard McKay	洛迪	1931-2007
Rostovtzeff, M.	羅斯托采夫	
Rousseau, Jean-Jacques	盧梭	1712-1778
Rubel, Maximilien	麥克西密里安·盧貝爾	1905-1996
rumeur	傳言	
rupture	斷裂；中斷	
rupture épistémologique	認識論的斷裂	
Russell, Bertrand	羅素	1872-1970
rythme	節奏	
Sade, Dinatien alphonse François, dit Maquis de	沙德	1740-1814

外文名	中文譯名	年代
Saint Martin, M. de	聖馬丁	
Saint-Simon	聖西門	1760-1825
sanction	審核；核准；承認；懲處	
Sarraute, Nathalie	娜塔莉・莎羅德	1900-1999
Sartre, Jean-Paul	沙特	1905-1980
Saussure, Ferdinand de	索緒爾	1857-1913
savoir	知識	
Sayad, A.	沙雅德	
Schéma contrat-opression du pouvoir	權力的契約壓迫模式	
Schéma domination-repression du pouvoir	權力的統治鎮壓模式	
Schéma juridique du pouvoir	權力的法律模式	
Schéma guerre-opression du pouvoir	權力的戰爭鎮壓模式	
Schéma lutte-opression du pouvoir	權力的鬥爭鎮壓模式	
schizophrène	精神分裂病患者	
schizophrénie	精神分裂症	
Schnapper, D.	斯那柏爾	
Schutz, Alfred	舒茲	1899-1959
science	科學	
Sciences humaines	人文科學	
scientisme	唯科學主義；科學至上論	
scolastique	經院哲學	
Searle, John Rogers	席爾勒	1932-
Seibel, C.	賽柏爾	
Sein-in-der-Welt (Être-dans-le-monde)	在世存在	
Sémanalyse	語義素分析學	
sémantique	語義學	
sémantique structurale	結構語義學	
Sémiotique; sémiologie	符號論；符號學	
Seneca, Lucius Annaeus	塞內卡	4-65 B.C.
sens	意義	
sentiment	感情；感受力	
Serres, Michel	米歇・謝爾	1930-
Sève, Lucien	魯西安・謝夫	1926-

外文名	中文譯名	年代
Sexe; sexualité	性	
Shannon, Claude Elwood	申農	1916-2001
Shelley, Mary Godwin	雪萊夫人	1797-1851
signe	符號；信號	
signifiant	能指	
signification	意義；意涵	
signifié	所指	
simulacre	擬象	
singularité	獨特性；個別性；奇特性	
situation	情境	
Smith, Adam	亞當・斯密	1723-1790
socialisme	社會主義	
Société	社會	
Société civile	市民社會；公民社會	
Société de consommation	消費社會	
Société disciplinaire	規訓社會；監視訓誡的社會	
Société primitive	原始社會	
Sociologie	社會學	
Sociologie de la culture	文化社會學	
Sociologie de la création littéraire	文學創作社會學	
Sociologie phénoménologique	現象學社會學	
Socrates	蘇格拉底	470-399 B.C.
Soi (soi-même)	自身	
Sollers, Philippe	斐利普・索耶	1936-
Sophistes	智者派	
Sorel, Georges	索雷爾	1847-1922
Sorokin, Pitrim	索洛金	1889-1968
Souci	關心；關懷；擔憂	
Souci de soi	對自身的關心	
Soupault, Philippe	蘇波	1897-1990
soupçon	懷疑	
souveraineté	主權	
Spinoza, Baruch	斯賓諾莎	1632-1677

外文名	中文譯名	年代
Spivak, Gayatri	史畢瓦克	
Sprache ist das Haus des Seins	語言是存在的家	
Stade du miroir	鏡像階段；鏡像期	
Stalin	史達林	1879-1953
stalinisme	史達林主義	
Stendhal, Henri Beyle	斯湯達	1783-1842
stoïcisme	斯多葛主義	
stratégie	戰略；策略	
Structuralisme	結構主義	
Structuralisme constructiviste	建構的結構主義	
Structuration	結構化	
Structure	結構	
Structure du sujet véritable	真正的主體的結構	
Structure fondamentale de la culture	文化基本結構	
Structure fondamentale de la parenté	親屬基本結構	
Structure de la vie quotidenne	日常生活結構	
Structure de mythe	神話的結構	
Structure du langage	語言的結構	
Structure mentale	心態結構	
Structure sociale	社會結構	
Structure structurant	結構化的結構	
Structure structurée	被結構化的結構	
Structure symbolique	象徵性結構	
style	風格	
Styles de pensée	思想風格	
Styles de vie	生活風格	
subjectivation	主體化	
subjectivisme	主觀主義	
Subjectivité	主體性	
substantialisme	實體論	
Suicide	自殺	
Sujet	主體	
Sullivant, Harry Stack	蘇里文	1892-1949

外文名	中文譯名	年代
Super-homme	超人	
superstructure	上層建築	
Surréalisme	超現實主義	
Surveillance	監視；控制	
Surveillance panoptique	全天候全景觀監控	
Symbole	象徵	
symbolique	象徵性	
symbolisme	象徵主義	
synchronie	共時性	
syntactique	語句學；語形學	
système	體系；系統	
Système de la mode	流行體系；時裝的體系	
tabou	禁忌	
Tarde, Gabriel	塔爾特	1843-1904
tautologie	套套邏輯；同語反覆	
Taylor, Charles	泰勒	
technique	技術；技藝	
Technique de soi	自身的技術	
technocrate	技術貴族	
technocratie	技術專制	
technologie	技術	
Téléologie historique	歷史目的論	
temporalité	時間性	
temps	時間	
Terray, E.	特雷	1935-
Tesnière, Lucien	呂西安·德斯尼耶	1893-1954
Texier, Jacques	德克希耶	1932-2011
texte	文本	
théisme	有神論	
thèmatisation	論題化	
thème	主題；論題	
Le théâtre de la cruauté	殘酷戲劇	
Théocentrisme	神學中心主義	

外文名	中文譯名	年代
Théologie	神學	
théorie	理論	
Théorie de la connaissance	認識論；認知論	
Théorie de l'agir communicationnel	溝通行動理論	
thèse	論題	
Thompson, E. P.	湯普遜	1924-1993
Tillich, Paul	保爾・田立克	1886-1965
Todorov,	多托洛夫	
Tosel, André	安德列・托瑟爾	1941-2017
totalité	總體性	
totem	圖騰	
Touraine, Alain	阿蘭・杜連	1925-
Tournant épistémologique	認識論的轉折	
Tournant herméneutique	詮釋學的轉折	
Tournant linguistique	語言學的轉折	
tournant sémiologique	符號論的轉折	
Tournier, Michel	杜尼耶	1924-2016
trace	蹤跡；痕跡	
Tradition	傳統	
tragédie	悲劇	
transcendance	超越	
transcendantal	超越的	
transformation	變化；變形	
transgression	逾越	
travail	勞動	
Triade de RSI	現實性、象徵性和想像力的三重結構	
Tristan, Flora	弗洛拉・特里斯坦	1803-1844
Trois Maîtres de souçon (Marx, Nietzsche, Freud)	三位懷疑大師（即馬克思、尼采和佛洛伊德）	
Trombadori, D.	特龍巴多里	
Troubetzkoy, Nikolas Sergueïvitch	杜別茲科依	1890-1938
Tschumi, Bernard	貝爾納特・朱米	

外文名	中文譯名	年代
unité	統一性；單位	
universalité	普遍性	
univocité	單義性；一義性	
utilitarisme	功利主義	
Utopie	烏托邦	
Valdés, Mario	馬里奧‧瓦爾德斯	
Valéry, Paul	瓦勒里	1871-1945
Védrine, Hélène	維德琳	
Vendries, Joseph	約瑟夫‧汪德烈司	1875-1960
vérité	真理	
Vérité absolue	絕對真理	
Verlaine, Paul	維爾連	1844-1896
Vernant, Jean-Pierre	維爾南	1914-2007
Vico, Giambattisto	維科	1666-1744
Vie privée	私人生活	
Vie piblique	公共生活	
Vie quotidienne	日常生活	
violence	暴力	
virtuel	潛在的	
visibilité	可見性	
visible	可見的	
voir	觀看	
voix	聲音；語音	
volonté	意志	
Voltaire, François Marie Arouet	伏爾泰	1694-1778
Wahl, Jean	讓—瓦爾	1888-1974
Wald, François	弗朗斯瓦‧瓦爾德	
Wallon, Henri	瓦隆	1879-1962
Warren, Robert Penn	瓦倫	
Weber, Max	韋伯	1864-1920
Weil, Eric	埃利克‧維爾	1904-1977
Weil, Simone	西蒙娜‧韋伊	1909-1943
Weiner, Annette	安尼特‧魏納	1933-1997

外文名	中文譯名	年代
Weinrich, Harald	哈拉德・魏因里斯	1927-
Weiss, Peter	彼得・魏斯	1916-1982
White, Leslie	列斯萊・懷特	1900-1975
Wiener, Norbert	維納	1894-1964
Windelband, Wilhelm	文德爾班	1848-1915
Wittgenstein, Ludwig	維根斯坦	1889-1951
Wollstonecraft, Mary	沃爾斯頓克拉夫	
Wright, Georg Henrik von	喬治・亨利克・馮・萊德	1916-2003
Yale School	耶魯學派	
Yeats, William Butler	葉慈	1865-1939
Zetkin, Clara	克拉拉・蔡特金	1857-1933
Zu den Sachen selbst	返回事物自身	

國家圖書館出版品預行編目資料

當代法國哲學導論／高宣揚著. ──初版.
──臺北市：五南，2018.09
　面；　公分
ISBN 978-957-11-9601-5（平裝）
1.哲學　2.法國
146　　　　　　　　　107001672

1BBD

當代法國哲學導論

作　　者 ─ 高宣揚

發 行 人 ─ 楊榮川

總 經 理 ─ 楊士清

主　　編 ─ 陳姿穎

責任編輯 ─ 許馨尹

封面設計 ─ 姚孝慈、王麗娟

出 版 者 ─ 五南圖書出版股份有限公司

地　　址：106台北市大安區和平東路二段339號4樓

電　　話：(02)2705-5066　　傳　　真：(02)2706-610C

網　　址：http://www.wunan.com.tw

電子郵件：wunan@wunan.com.tw

劃撥帳號：01068953

戶　　名：五南圖書出版股份有限公司

法律顧問　林勝安律師事務所　林勝安律師

出版日期　2018年9月初版一刷

定　　價　新臺幣950元